X.media.press

Joachim Böhringer (Jahrgang 1949): Studium der Druck- und Medientechnik sowie Geschichte in Stuttgart und Darmstadt, anschließend Referendariat. Danach Lehrer für Drucktechnik an der Berufsfachschule Druck und Medientechnik in Reutlingen. Mitbegründer und Leiter der Fachschule für Informationsdesign FIND in Reutlingen. Mitgliedschaft und Mitarbeit u.a. in der Lehrplankommission für Mediengestalter und Drucker, in der Zentralen Projektgruppe Multimedia am Landesinstitut für Schulentwicklung Stuttgart sowie im Zentral-Fachausschuss für Druck und Medien.

Peter Bühler (Jahrgang 1954): Lehre als Chemigraf, Studium der Druck- und Reproduktionstechnik an der FH für Druck, Stuttgart. Gewerbelehrerstudium für Drucktechnik und Geschichte an der TH Darmstadt. Seit 1984 Lehrer an der Johannes-Gutenberg-Schule, Stuttgart, im Bereich Druckvorstufe und Computertechnik Fachberater für Druck- und Medientechnik am Oberschulamt sowie am Seminar für Schulpädagogik, Stuttgart. Mitgliedschaft und Mitarbeit u.a. in den Lehrplankommissionen Mediengestalter für Digital- und Printmedien sowie Bild und Ton, in IHK-Prüfungsausschüssen, der Zentralen Projektgruppe Multimedia am Landesinstitut für Schulentwicklung Stuttgart sowie im Zentral-Fachausschuss für Druck und Medien.

Patrick Schlaich (Jahrgang 1966): Studium der Elektrotechnik an der Universität Karlsruhe; Abschluss 1992 als Diplom-Ingenieur, danach Referendariat an den Gewerblichen Schulen Lahr, zweites Staatsexamen 1995. Seither Tätigkeit als Lehrer im Bereich Informationstechnik und Digitale Medien, Mitarbeit u. a. in den Lehrplankommissionen Mediengestalter und Medienfachwirt, Mitgliedschaft in der Zentralen Projektgruppe Multimedia am Landesinstitut für Schulentwicklung Stuttgart sowie im Zentral-Fachausschuss für Druck und Medien.

J. Böhringer • P. Bühler • P. Schlaich

Kompendium der
Mediengestaltung
für Digital- und Printmedien

3., vollständig überarbeitete und erweiterte Auflage

Dipl.-Wirt.-Ing.
Joachim Böhringer
Pfullingen

Dipl.-Ing.
Peter Bühler
Affalterbach

Dipl.-Ing.
Patrick Schlaich
Seelbach

ISSN 1439-3107
ISBN 10 3-540-24258-9 Springer-Verlag Berlin Heidelberg New York
ISBN 13 978-3-540-242581

ISBN 3-540-43558-1 2. Auflage Springer-Verlag Berlin Heidelberg New York

Bibliografische Information Der Deutschen Bibliothek
Die Deutsche Bibliothek verzeichnet diese Publikation in der Deutschen Nationalbibliografie; detaillierte bibliografische Daten sind im Internet über <http://dnb.ddb.de> abrufbar

Springer ist ein Unternehmen von Springer Science+Business Media

springer.de

Printed in Germany

Umschlaggestaltung: KünkelLopka Werbeagentur, Heidelberg
Texterfassung und Layout durch die Autoren
Druck und Bindearbeiten: Appl, Wemding

Gedruckt auf säurefreiem Papier 33/3141/Re 5 4 3 2 1 0

Hanns-Jürgen Ziegler

verstarb nach schwerer Krankheit im September 2004 in Rottweil.

Das Kompendium der Mediengestaltung wäre ohne den Enthusiasmus, die kreative Begabung und die Liebe zu seiner Berufung als Lehrer und Fachbuchautor nicht denkbar gewesen.

Die Freude an der Ausbildung junger Menschen, die sich für eine Berufsausbildung in der Medienindustrie entschieden haben, stand im Mittelpunkt seiner beruflichen Tätigkeit.

Seine Lebensfreude und der Spaß am kreativen Umgang mit modernen Medientechnologien prägte unsere über viele Jahre dauernde fachliche und freundschaftlich ausgerichtete Zusammenarbeit. Es war daher für uns nicht leicht, dieses Buch fortzuführen. Unter Wahrung unseres ursprünglich gemeinsam erarbeiteten Konzeptes, das großen Anklang gefunden hat, haben wir dieses Buch gründlich überarbeitet, inhaltlich aktualisiert und auch gestalterisch modernisiert.

Wir wissen, dass diese Überarbeitung in seinem Sinn erfolgt ist – und dass sie ihm gefallen hätte.

Joachim Böhringer, Pfullingen
Peter Bühler, Affalterbach
Patrick Schlaich, Seelbach

Vorwort zur dritten Auflage

Sechs Jahre nach Erscheinen des „Kompendiums" liegt mit der 3. Auflage ein sowohl inhaltlich als auch gestalterisch komplett überarbeitetes und erweitertes Buch vor.

Neue Trends und Entwicklungen der Medienbranche, die sich zwangsläufig auch auf die Aus- und Weiterbildung auswirken, wurden aufgegriffen und eingearbeitet. An erster Stelle ist die gestiegene Bedeutung der drucktechnischen Inhalte bis hin zum Digitaldruck zu nennen. Die noch vor einigen Jahren klare Trennung zwischen Repro und Druck existiert in dieser Form nicht mehr. Heutige „Mediengestalter" müssen den kompletten Workflow von der Datenerfassung bis zum Druck und zur Druckweiterverarbeitung kennen. JDF, Color Management und Database Publishing sind hierbei nur einige Schlagwörter. Zur Unterstützung der „grauen" Theorie finden Sie als Buchbeilage verschiedene Papiermuster.

Der Titel erhebt den Anspruch, ein Buch über Mediengestaltung zu sein. Um diesem Anspruch noch besser gerecht zu werden, wurden die sich mit der Konzeption und Gestaltung (multi-)medialer Produkte beschäftigenden Kapitel deutlich erweitert und durch zahlreiche Bilder ergänzt. Neu hinzugekommen sind Exkurse in die Werbelehre sowie die fotografische Bildgestaltung.

Auch wenn die Digitalmedien im Vergleich zu den Printmedien an Stellenwert verloren haben, nehmen Multimedia-Produkte dennoch einen festen Platz in der Medienlandschaft ein. Insbesondere der Internetauftritt ist als Kommunikations- und Vertriebsweg für alle namhaften Firmen, Behörden und Institutionen unverzichtbar geworden. Auch hierbei dürfen technologische Änderungen, wie die Forderung nach einer klaren Trennung von Inhalt (Content) und Design, nicht unberücksichtigt bleiben. Als Stichwörter seien CSS, Usability und XHTML genannt. Durch immer breitbandigere Zugänge ins Internet – man denke an DSL – spielt der Einsatz von Sound und Video im Internet eine immer größere Rolle. Darüber hinaus müssen gesetzliche Vorgaben Beachtung finden, die sich beispielsweise aus der Novellierung des Internetrechts oder der Verordnung über barrierefreies Web-Design ergeben.

Neben dem inhaltlichen erfolgte ein gestalterisches „Re-Design" des Buches. Augenfälligstes Merkmal des neuen Layouts ist die Verwendung der zeitlosen Schrift „Univers" sowie die jetzt zweispaltige Anordnung der Texte. Beides gewährleistet eine Verbesserung der Lesbarkeit und Leseführung. Die Änderung des Satzspiegels sowie des Schriftgrades hat zur Folge, dass das Buch bei gleichbleibender Seitenanzahl etwa ein Drittel mehr Informationen beinhaltet als die Zweitauflage. Hierdurch wurde die Erweiterung einiger bestehender Kapitel sowie die Aufnahme neuer Themen möglich. Um das Handling des 1100 Seiten starken Werks zu vereinfachen, wurde jedem der insgesamt neun Hauptkapitel eine Kennfarbe zugeordnet. Farbige „Register" am Seitenrand, die zusätzlich die jeweilige Kapitelüberschrift enthalten, helfen beim Auffinden eines Kapitels oder Abschnitts. Neben einem Hauptinhaltsverzeichnis am Anfang des Buches befindet sich vor jedem der vierzig Kapitel ein eigenes Inhaltsverzeichnis. Um eine bessere Zuordnung der zahlreichen Abbildungen, Infografiken und Tabellen zum Text zu erhalten, wurden diese in den Text integriert. Die bisher strikte Trennung von Text und Abbildungen wurde aufgegeben. Wichtige Informationen in Tabellen oder „Infokästen" sind nun einheitlich gestaltet und farbig hinterlegt.

Das „Kompendium" bewährt sich seit Jahren in der betrieblichen Praxis sowie als Lehrbuch im Unterricht an Berufsschulen, Fachschulen und Hochschulen. Darüber hinaus eignet es sich als Arbeitsbuch zum Selbststudium. Hierzu enthält diese Auflage am Ende jedes Kapitels wesentlich mehr Übungsaufgaben, deren komplette Lösungen sich im Anhang befinden. Als praktische Ergänzung zur Theorie empfehlen wir das Buch „Projekte zur Mediengestaltung". Es enthält Tutorials und Projekte zu allen in der Medienbranche relevanten Programmen.

An dieser Stelle ein herzliches Dankeschön an den Springer-Verlag mit Herrn Engesser und seinem Team für die immer sehr gute Zusammenarbeit. Unser besonderer Dank gilt Frau Zimpfer für ihre vorzügliche Lektoratstätigkeit an diesem Werk.

Mit dem neuen „Kompendium" liegt ein Buch vor, das die Medienbranche in der Breite beschreibt, ohne dabei an der Oberfläche zu bleiben. Wir wünschen viel Freude und Erfolg mit dem neuen Buch.

Heidelberg, im Sommer 2005

Joachim Böhringer
Peter Bühler
Patrick Schlaich

Vorwort zur zweiten Auflage

Knapp zwei Jahre nach Erscheinen der Erstauflage hat sich das „Kompendium der Mediengestaltung" im Aus- und Weiterbildungssektor der Druck- und Medienindustrie etabliert. Darüber hinaus ist es als Nachschlagewerk in den Bücherregalen zahlreicher Druckereien, Werbeagenturen, Internetdienstleister und Verlage zu finden. Der Erfolg des Buches bestätigt, dass der Bedarf nach einem umfassenden Referenzwerk in der Branche groß war und ist.

Die Zeit bleibt nicht stehen. Der Entschluss zur zweiten Auflage trägt der Tatsache Rechnung, dass die Innovationszyklen der Branche extrem kurz sind. Heute noch aktuelle Technologien können morgen schon „kalter Kaffee" sein. Aus der zweiten Auflage des „Kompendiums" wurde somit viel mehr als eine bloße Überarbeitung des bestehenden Werkes. So sind Kapitel hinzugekommen, die in der Erstauflage nicht oder nur am Rande berücksichtigt wurden. Beispiele hierfür sind Color Management, PDF-Workflow oder HTML. Ein weiterer Schwerpunkt wurde auf den Bereich Gestaltung gelegt, der vor allem in Typografie und Interface-Design deutlich erweitert wurde. Der Gesamtumfang des Werkes ist in der Summe um etwa 200 Seiten gestiegen.

Für die in den vergangenen zwei Jahren eingegangenen Hinweise und Korrekturvorschläge möchten wir uns an dieser Stelle bei unserer Leserschaft einmal recht herzlich bedanken – vieles davon konnten wir im vorliegenden Werk berücksichtigen. Ein weiteres Dankeschön gilt den zahlreichen Rezensenten, die sich in Zeitungsartikel, Zeitschriften oder via Internet positiv über das Werk geäußert haben.

Wir freuen uns, dass wir mit der zweiten Auflage eine Aktualisierung und Erweiterung des „Kompendiums" realisieren konnten, und denken, dass wir damit dem Anspruch eines Lehr- und Arbeitsbuches noch besser gerecht werden.

Heidelberg, im Sommer 2002

Joachim Böhringer
Peter Bühler
Patrick Schlaich
Hanns-Jürgen Ziegler

Vorwort zur ersten Auflage

Am Anfang des neuen Jahrtausends ist die Wandlung unserer Gesellschaft in eine Medien- und Informationsgesellschaft in vollem Gange. Dieser Wandel führt in der Druck- und Medienindustrie zu interessanten neuen Berufen und Tätigkeitsfeldern. Sie stellen komplexe technische und gestalterische Anforderungen an alle Beteiligten der Medienproduktion.

Das vorliegende zweibändige Werk „Kompendium der Mediengestaltung" und „Workshop zur Mediengestaltung" beinhaltet das notwendige moderne Grundwissen. Es wird der Workflow der modernen Print- und Nonprintproduktion in seiner gesamten Breite beschrieben. Gestalterische und technische Aspekte kommen hierbei ebenso zur Sprache wie betriebswirtschaftliches und rechtliches Know-how. Die Entstehung von Medienprodukten kann von ersten planerischen Überlegungen bis zur Präsentation des Ergebnisses nachvollzogen werden. Neben den benötigten Grundkenntnissen wird dabei das Datenhandling von der Erfassung über die Bearbeitung bis zur Archivierung und Ausgabe der Daten beschrieben.

Die Bücher sind einheitlich und leicht verständlich strukturiert. Die Texte auf den rechten Buchseiten werden dabei durchgängig durch eine große Anzahl von Bildern und Grafiken auf den linken Seiten ergänzt. Dem Lernenden ermöglicht dies einerseits das kontinuierliche Lesen eines Kapitels als auch ein Vertiefen des Gelernten durch die Visualisierung der Lerninhalte.

In der Marginalienspalte auf den rechten Seiten sind die wesentlichen Informationen nochmals kurz zusammengefasst. Ein detailliertes Stichwortverzeichnis erleichtert das Auffinden der gewünschten Themen.

Zur Unterstützung des Lernprozesses dienen zahlreiche Aufgaben in den einzelnen Kapiteln. Die Lösungen ergeben sich aus dem Inhalt [I] und aus der betrieblichen Praxis [P]. Zusätzlich befinden sich Lösungen [L] im Anhang. Durch die Beschäftigung mit den Aufgaben kann der Lernende seinen Wissensstand feststellen, erweitern und sich auf Prüfungen vorbereiten.

Der zweite Band „Workshop zur Mediengestaltung" erleichtert den selbstständigen Einstieg in die branchenübliche Software. Neben den Programmen zur Bildverarbeitung, Grafik- und Layouterstellung kommen Multimedia-Standardprogramme zur Anwendung. Videoschnitt, Soundbearbeitung und 3D-Animation gehören ebenso dazu wie Autorensystem und Web-Editor.

Kennzeichen beider Bände ist die branchentypische Breite der benötigten Kenntnisse. Die dem zweiten Band beigefügte CD-ROM enthält neben den für die Übungen erforderlichen Daten zusätzlich noch Demoversionen der beschriebenen Software. Dem Lernenden bietet sich damit die Möglichkeit, die Programme kennen zu lernen und die Übungen durchzuführen.

Die Einführung in die einzelnen Programme erfolgt weitgehend in Form von Schritt-für-Schritt-Anleitungen. Da die Autoren allesamt aus der Unterrichtspraxis kommen, sind sämtliche Kapitel mehrfach getestet und von Unstimmigkeiten weitgehend bereinigt.

Das vorliegende zweibändige Werk wendet sich an alle an der Medienproduktion Interessierten. Es eignet sich zum Selbststudium sowie zum Einsatz in den Berufs-, Fach- und Hochschulen.

Darüber hinaus ist zu hoffen, dass unser Werk eine lehrreiche Lektüre für all diejenigen ist, die sich für die Geheimnisse unserer spannenden multimedialen Welt interessieren.

Heidelberg, im Frühjahr 2000

Joachim Böhringer
Peter Bühler
Patrick Schlaich
Hanns-Jürgen Ziegler

Inhaltsverzeichnis

Konzeption und Gestaltung

1.3 Typografie und Layout 47

1.4 Interface-Design 121

1.5 Bild- und Filmgestaltung 173

1.7 Briefing 219

Medientechnik

2.1 Digitale Daten 233

2.2 Schrifttechnologie 245

Informationstechnik

Drucktechnik

4.2 Digitaler Druck 535

4.3 Ausschießen 561

4.4 Druckformherstellung 571

4.5 Druckveredelung 593

4.6 Weiterverarbeitung 605

4.7 Papier 615

Printmedien

5.1 Arbeitsvorbereitung 643

5.2 Color Management 657

Digitalmedien

Medienrecht

Medienkalkulation

Präsentation

Anhang

Konzeption und Gestaltung

1.1 Wahrnehmung

1.1.1 Wahrnehmung

Menschen nehmen immer und überall Informationen wahr. Sie orientieren sich dadurch in ihrer Umwelt, erkennen drohende Gefahren, bewerten die Stimmung ihres Gegenübers ... kurz Wahrnehmung ist für uns Menschen überlebenswichtig.

Allgemein wird Wahrnehmung als Tätigkeit oder Vorgang der Informationsaufnahme durch unsere Sinne beschrieben. Wahrnehmen ist ein kontinuierlicher Prozess, bei dem die Informationen aber nicht nur aufgenommen, sondern auch ständig ausgewählt und bewertet werden. Wahrnehmen ist dabei mehr als Sehen, Hören, Riechen, Schmecken oder Fühlen. Es wirken immer die Wahrnehmungen aller Sinnesorgane zusammen. Eine angenehme Umgebung lässt uns Musik anders wahrnehmen als eine grelle, womöglich noch übelriechende Umgebung.

Selektive Wahrnehmung

Alle Menschen suchen sich aus der übergroßen Fülle der angebotenen Informationen die für sie subjektiv relevanten Teile heraus. Dies sind konkrete, uns direkt betreffende Gegebenheiten der Umwelt, die unsere eigenen Erfahrungen, Bewertungen und Handlungsmöglichkeiten beeinflussen. Wahrnehmung ist somit niemals wertfrei.

Die Kunst besteht darin, Ihre Aufmerksamkeit zu erlangen und Ihren Blick in die gewünschte Richtung zu lenken.

Selektive Wahrnehmung

Heiß und nichts los – gibt es hier irgendwo ein Eis?

1.1.2 Visuelle Wahrnehmung

Das menschliche Auge wird oft mit einer Kamera verglichen. Die Linse mit der Irisblende entspricht dem Objektiv, die Netzhaut findet ihre technische Entsprechung im fotografischen Film bzw. dem CCD-Element. Als Fotorezeptoren befinden sich auf der Netzhaut Stäbchen für das Helligkeitssehen und Zapfen für das Farbensehen. Ein Drittel der Zapfen ist jeweils für rotes, grünes und blaues Licht empfindlich. Sie sehen also nur drei Farben: Rot, Grün und Blau.

Bis dahin stimmt die Parallele. Auch das CCD-Element Ihres Scanners oder Ihrer Digitalkamera besitzt Rezeptoren für rotes, grünes und blaues Licht. Das eigentliche Sehen aber beginnt erst mit der Interpretation der elektrischen Impulse des Sehnervs im Sehzentrum des Gehirns. Dort werden die Reize zusammen mit den Meldungen anderer Sinnesorgane, ist es warm oder kalt, fühle ich mich wohl, bin ich müde usw., ausgewertet. Hinzu kommt die gespeicherte Erfahrung und die vorhandenen Vor-Bilder.

Die visuelle Wahrnehmung wird somit nicht nur durch das auf der Netzhaut abgebildete Reizmuster bestimmt, vielmehr ist die Wahrnehmung das Ergebnis der Interpretation der jeweils verfügbaren Daten. Wahrnehmung ist also nicht wirklich wahr. Was Sie wie wahrnehmen, ist nicht nur das Ergebnis der Physiologie des Sehvorgangs. Ihre Wahrnehmung wird ebenfalls stark durch die Psychologie und Ihr subjektives Empfinden bestimmt. Das Auge sieht, aber das Gehirn nimmt wahr.

Gestaltung knüpft bewusst an vorhandene Muster an, löst Assoziationen aus, schafft neue Vor-Bilder. Gute Gestaltung kennt und nutzt diese Erkenntnis. Sie leitet die Wahrnehmung des Betrachters so, dass der Aussagewunsch realisiert wird.

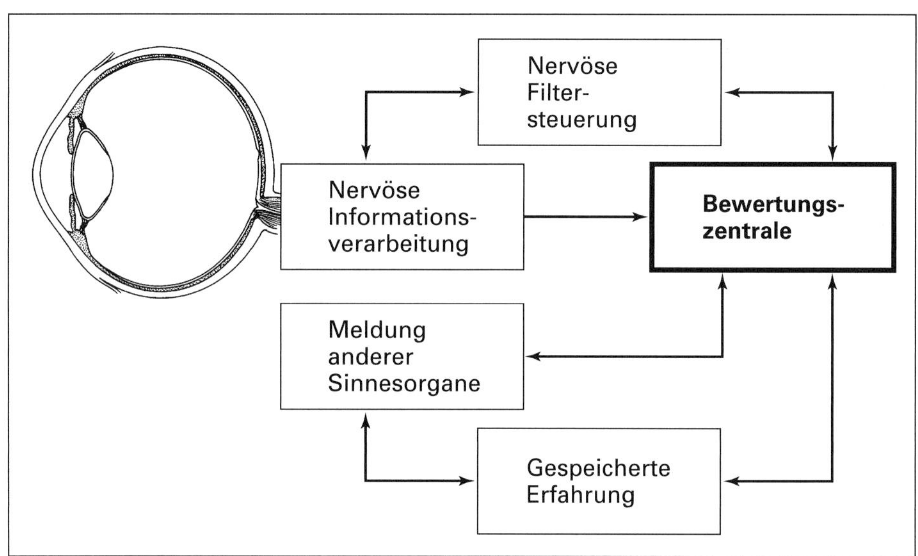

Schematische Darstellung der visuellen Wahrnehmung

A B C

12 13 14

Wahrnehmung im Kontext

Wahrnehmung ist nicht immer eindeutig. Lesen Sie die Zeichen zuerst in gewohnter Weise von links nach rechts. Sie werden wahrscheinlich A, B, C, 12, 13, 14 lesen.

Lesen Sie jetzt jeweils von oben nach unten. Sie werden vermutlich A, 12, 13, 13, C, 14 lesen. Je nach Kontext wird das mittlere Zeichen einmal als der Buchstabe B und einmal als die Zahl 13 interpretiert.

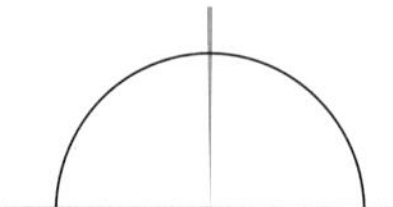

Horizontales Gesichtsfeld 180°, scharf abgebildeter Bildwinkel 1,5°

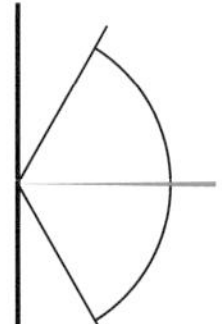

Vertikales Gesichtsfeld 120°, scharf abgebildeter Bildwinkel 1,5°

Gesichtsfeld – optische Spannung

Das menschliche Gesichtsfeld erfasst in der Horizontalen einen Bereich von ca. 180°, in der Vertikalen von ca. 120°. Der tatsächlich scharf abgebildete Bildwinkel ist allerdings nur 1,5°.

Das Auge richtet den Blick auf ein Detail, um es scharf zu sehen. Die andauernden Augen- und Kopfbewegungen führen zu weiteren Details. Diese Teile des Blickfelds werden einzeln aufgenommen und im Gehirn zu einem Gesamteindruck verschmolzen. Die optische Wahrnehmung gibt dabei den seriellen Sehvorgang nicht wieder.

Der Weg des Auges unterliegt großteils nicht dem bewussten Willen, sondern wird von dem knapp außerhalb des scharf abgebildeten Bereichs liegenden Element angezogen. Aus dem Zurückspringen auf das vorher Gesehene entsteht ein spannungsvolles Gleichgewicht. Ein weiterer Blickfang führt das Auge über das Format. Immer wenn das Auge einen bestimmten Punkt erreicht hat, muss ein neues dynamisches Spannungsfeld den Blick weiterleiten. Die unterschiedlichen visuellen Gewichte der Flächenelemente erzeugen ein Spannungsmuster, gleichwertige Elemente führen zu einem Patt, das Auge irrt über das Format.

Folgen Sie mit den Augen den Punkten. In welchem Bereich werden Sie geleitet? In welchem Bereich irren Sie über die Fläche?

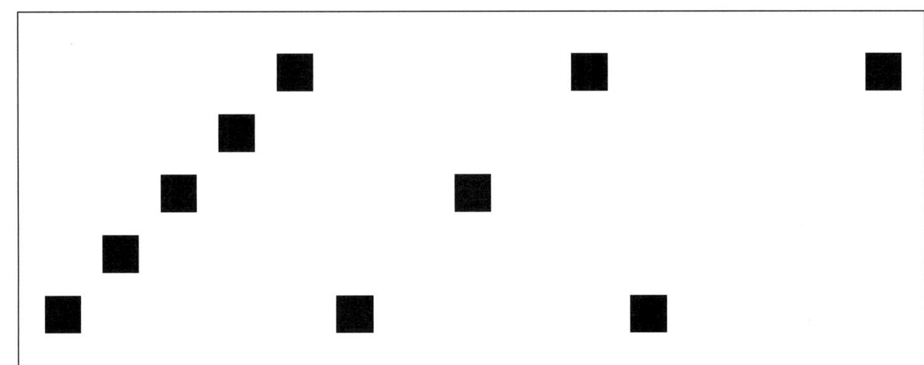

1.1.3 Gestaltgesetze

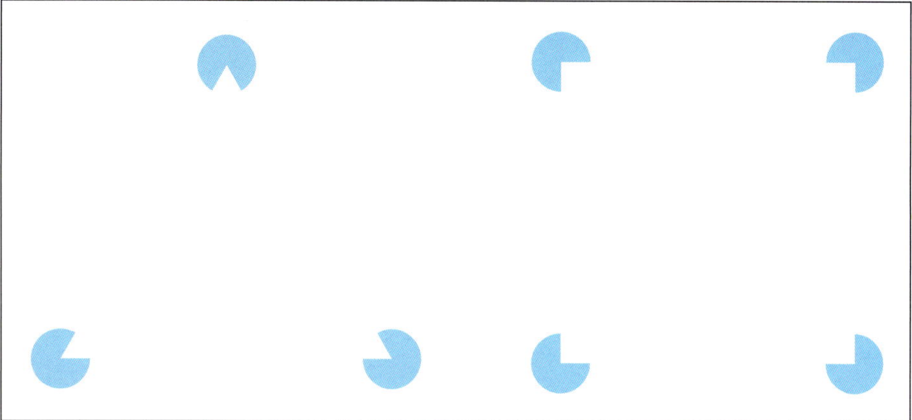

Formenwahrnehmung

Visuelle Reize werden immer in der jeweils einfachsten Form wahrgenommen.

Sie erkennen sicherlich zunächst ein Dreieck und ein Quadrat. Erst auf den zweiten Blick werden Sie die Grafik weiter analysieren und die verschieden angeschnittenen Kreise wahrnehmen und bewerten.

Die hier vorgestellten Grundlagen der Wahrnehmung sind im Wesentlichen Erkenntnisse der Gestaltpsychologie. Sie wurde zu Beginn des 20. Jahrhunderts begründet und beruht vor allem auf der empirischen Erforschung der Wahrnehmung.

Die Wahrnehmung unserer Umwelt geschieht nach der Gestaltpsychologie durch die Wahrnehmung von Formen. Nur so kann die unbestimmte Komplexität der Sinneswahrnehmungen aufgelöst und bewertet werden. Wesentlich ist dabei die so genannte Figur-Grund-Beziehung. Der Betrachter teilt bei der Wahrnehmung sein Wahrnehmungsfeld in Figur und Grund bzw. Hintergrund auf.

Die Gestaltpsychologie hat verschiedene Gesetze zur Wahrnehmungsorganisation formuliert. Diese so genannten Gestaltgesetze sollen die Ergebnisse der Wahrnehmung unterschiedlicher Formenkonfigurationen beschreiben.

1.1.3.1 Gesetz von der einfachen Gestalt

Das Gesetz von der einfachen Gestalt, oft auch als Gesetz von der guten Form bezeichnet, ist in der Gestaltpsychologie das Grundgesetz der menschlichen Wahrnehmung. Die Wahrnehmung wird danach grundlegend auf die Bewegung und auf einfache geometrische Gestalten wie Kreise, Quadrate, Rechtecke und Dreiecke zurückgeführt.

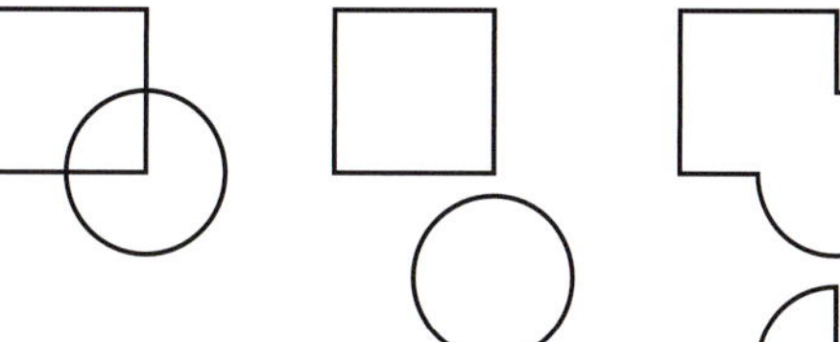

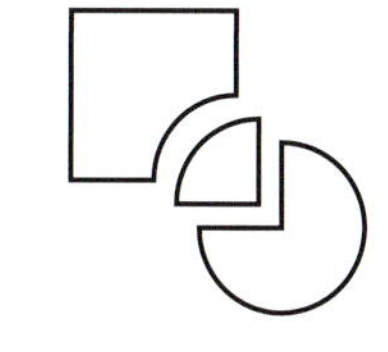

Formenwahrnehmung

Wahrscheinlich sehen Sie einen Kreis, der über einem Quadrat liegt.

Die Wahrnehmung einfacher geometrischer Gestalten ist in uns Menschen durch die Evolution angelegt. Kinder können schon im ersten Lebensjahr Quadrate, Kreise und Dreiecke unterscheiden. Die Gestaltpsychologie geht von der Hypothese aus, dass die menschliche Wahrnehmung zunächst durch geometrisch vereinfachte Formen und dann in Details erfolgt.

1.1.3.2 Gesetz der Nähe

Nahe beieinander befindliche Elemente werden vom Betrachter als einer Gruppe zugehörig wahrgenommen. Die Grenze der Gruppe liegt dort, wo die Abstände größer werden.

Gliederung durch Nähe

Die klare Strukturierung in waagerechte und senkrechte Reihen wird durch die Farbe teilweise wieder aufgehoben. Der farbige Punkt links unten ist so weit von den andern drei Punkten der farbigen Reihe entfernt, dass es schwer fällt, ihn direkt der Gruppe zuzuordnen.

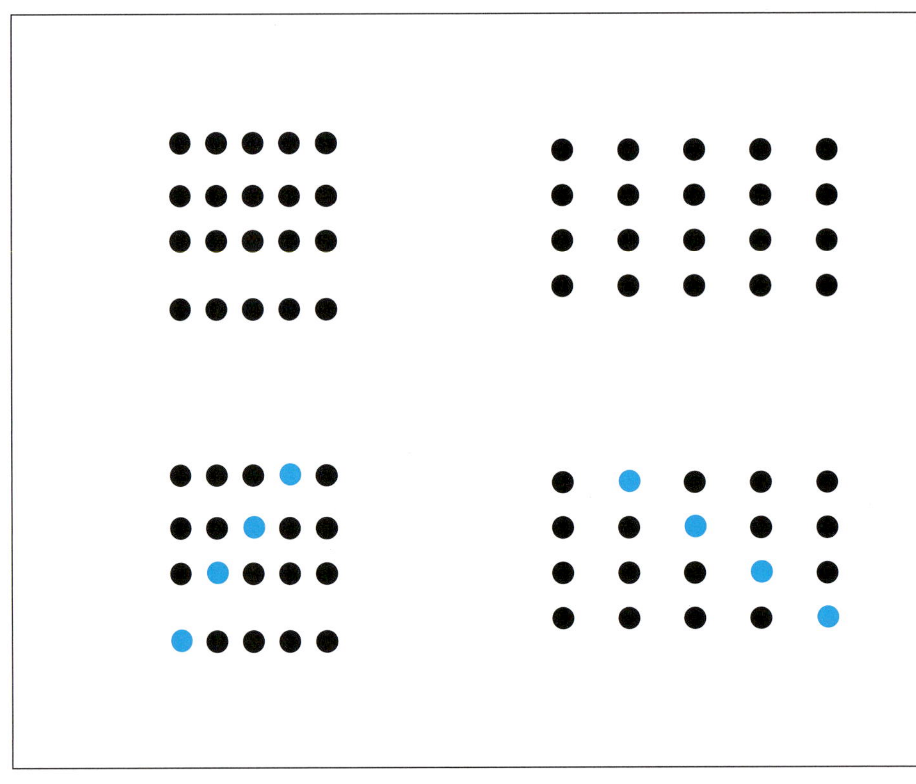

1.1.3.3 Gesetz der Gleichheit

Das Gestaltgesetz der Gleichheit wird oft auch als Gesetz der Ähnlichkeit bezeichnet. Danach werden Elemente, die gemeinsame Unterscheidungsmerkmale zur Umgebung aufweisen, vom Betrachter als zusammengehörig wahrgenommen. Mehrere Merkmale, z.B. Form und Farbe, verstärken die Gruppenbildung. In den Grenzbereichen überwiegt das Gesetz der Gleichheit gegenüber dem der Nähe.

Gruppierung durch Gleichheit

Unterscheidungsmerkmale Tonwert, Farbe, Größe und Form. Welches Unterscheidungsmerkmal hat die stärkste Wirkung?

1.1.3.4 Gesetz der Geschlossenheit

Geschlossene Flächen, z.B. Rahmen, werden vom Betrachter als Einheit angesehen. Der Rahmen bildet durch seine Begrenzung das Wahrnehmungsfeld. Sie nehmen dadurch die Objekte als zusammengehörig wahr.

Gliederung durch Geschlossenheit

Die Abgrenzung durch einen Rahmen ist eindeutig. Sie wirkt deshalb stärker als die Gleichheit oder Nähe der Elemente.

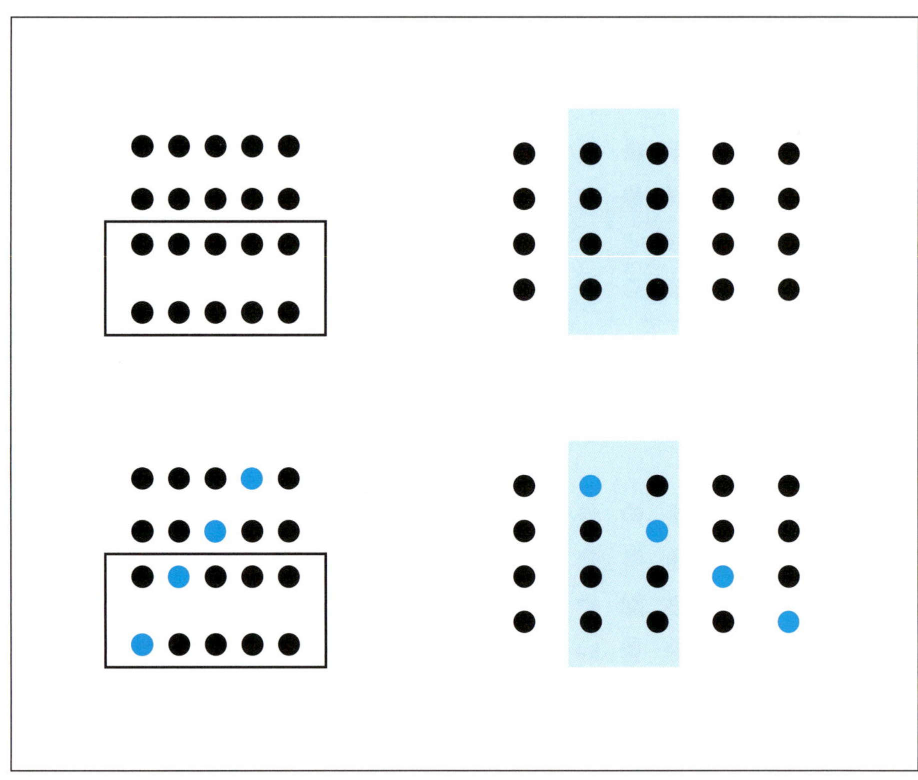

1.1.3.5 Gesetz der Erfahrung

Wahrnehmen ist auch Wiedererkennen. Wir können bekannte Formen, Zeichen oder Körper auch bei starker Transformation noch erkennen.

Erkennen von Gesichtern

Ob von vorn, im Profil oder von der Seite, Sie erkennen auf einen Blick, dass es sich um ein und dasselbe Gesicht handelt.

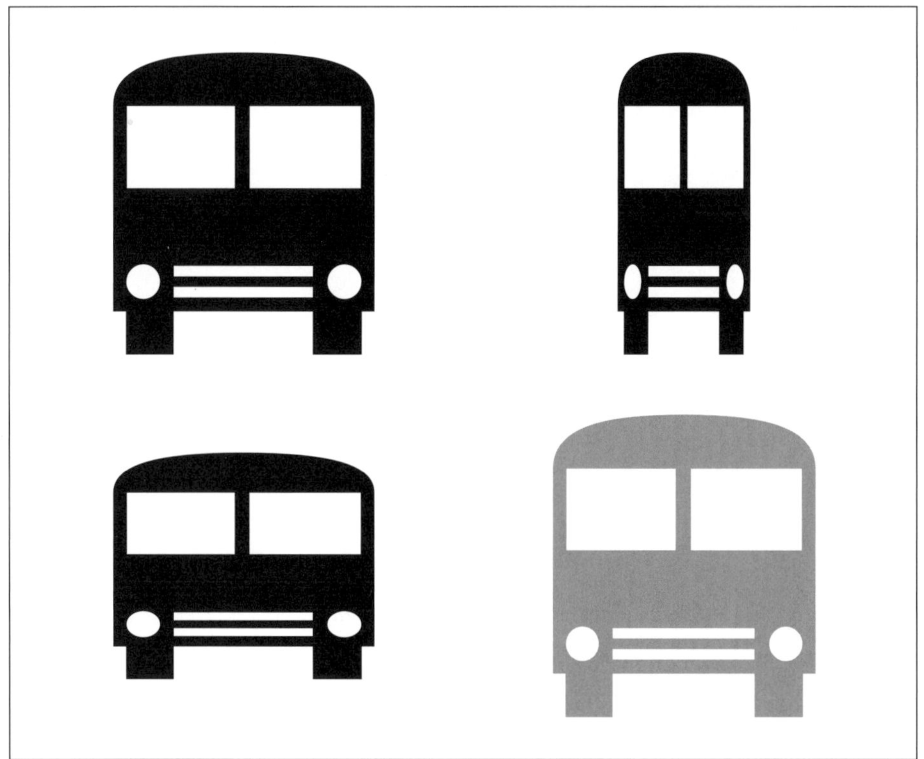

Wahrnehmen der Struktur

Sie erkennen die Figur in allen Variationen, da durch die Transformation ihre Strukturinformation nicht verändert wurde.

1.1.3.6 Gesetz der Konstanz

Objekte werden vom Betrachter in ihrer Größe, Form und Farbe immer in ihrem Umfeld wahrgenommen. Die wahrgenommenen und die gesehenen Objekte können sich je nach Bewertung unterscheiden. Die Wahrnehmung von Objekten, die unterschiedlich gesehen, aber als gleich bewertet werden, nennt man konstant.

Simultankontrast

Die beiden Balken haben den gleichen Tonwert. Durch das unterschiedliche Umfeld wirken sie aber unterschiedlich hell.

Größe ist relativ

Sind alle Quadrate gleich groß?
Sind beide Linien gleich lang?

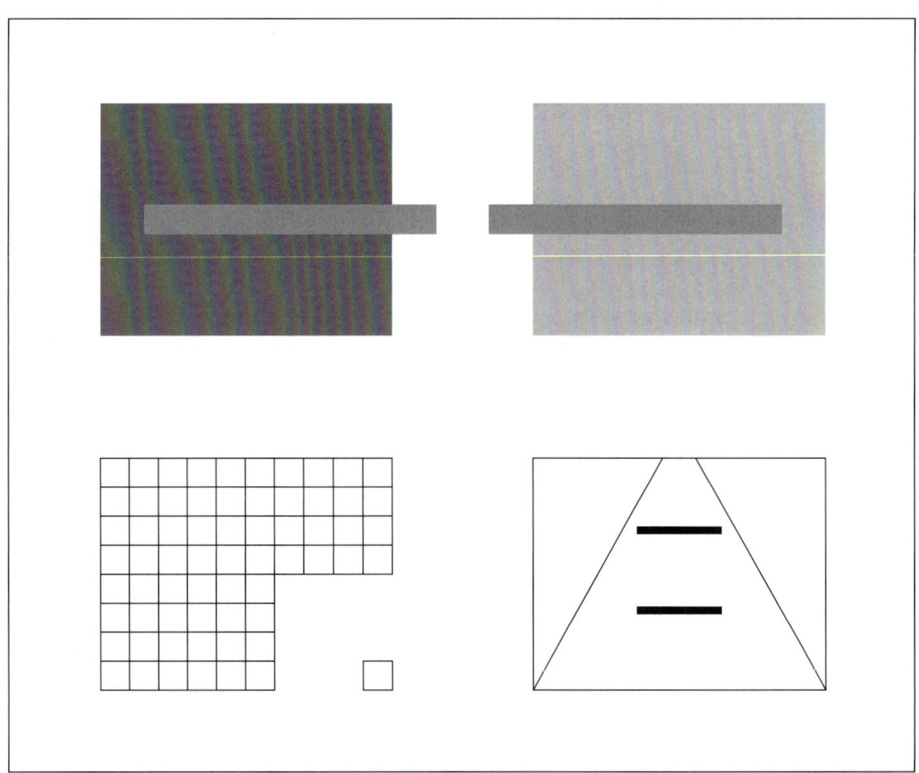

1.1.3.7 Gesetz der Figur-Grund-Trennung

Wahrnehmen ist nur möglich, wenn das Wahrnehmungsfeld in unterschiedliche Bereiche gegliedert ist. Das Objekt der Wahrnehmung muss sich vom Umfeld abheben, damit Sie es wahrnehmen können. Man nennt diese Aufteilung Figur-Grund-Trennung oder Segmentierung.

Die notwendige Inhomogenität unserer visuellen Wahrnehmungswelt entsteht durch Konturen, Kontraste, Texturen, Bewegungen und Farben.

Flächenaufteilung in Form und Grund

Für die Form-Grund-Beziehung ist immer die trennende Linie verantwortlich. Sie bildet den eingeschlossenen Raum, die Figur, und den ausgeschlossenen Raum, den Hintergrund. Die Ton- und Farbwerte der Flächen sind dabei sekundär.

1.1.4 Wahrnehmung von Wörtern – Lesen

Lesen ist eine Interaktion zwischen der Formwahrnehmung und der Verbalisierung. Wir nehmen meist nicht die einzelnen Buchstaben eines Wortes wahr, sondern das Wort als Wortbild, als so genanntes Graphem. Dabei spielt die Sinnhaftigkeit des Wahrgenommenen eine wichtige Rolle. Aus der Gesamtform ergibt sich für den Leser ein Begriffsbild.

Wortbild und Inhalt

Sagen Sie die Farben der Wörter laut für sich.

Sie haben die erste Hälfte sicherlich ohne Problem gemeistert. Die untere Hälfte der Farbwörter kam wahrscheinlich etwas zögerlicher. Grund ist der Wahrnehmungskonflikt zwischen der Farbe des Wortes und dem Farbwort.

rot
gelb
grün
cyan
blau
magenta

blau
rot
magenta
gelb
cyan
grün

Buchstaben und Wörter

Für das Wahrnehmen von Wörtern spielt das Gestaltgesetz der Erfahrung eine wichtige Rolle. Sie müssen die Zeichen in ihrer Form und Bedeutung kennen, damit Sie die codierte Information erfassen können. Die einzelnen Buchstaben und Zeichen werden als eine Art Schablone abgespeichert und beim Lesen jeweils damit verglichen. Dadurch ist es Ihnen möglich, Variationen der Form, z.B. „a" und „*a*", als den gleichen Buchstaben zu erkennen.

Zeilen und Seite

Die Wahrnehmung, also das Lesen einer Zeile, erfolgt nicht in einer kontinuierlichen Bewegung, sondern ruckartig. Das Auge springt von einer Fixation, einem festen Blickpunkt, mit einer ruckartigen Bewegung, der so genannten Saccade, zur nächsten Fixation. In einer Fixation können Sie bei normaler Schriftgröße neun Zeichen erfassen und als Schablone eines Buchstaben- bzw. Wortbildes analysieren. Wenn das Wortbild oder der Inhalt unverständlich ist, erfolgt ein Rücksprung, eine Regression. Der Zeilenwechsel ist wiederum eine Saccade.

Die Reihenfolge der Wahrnehmung entspricht in unserem Kulturkreis üblicherweise der Leserichtung, von links nach rechts und von oben nach unten. Die klare Anordnung der einzelnen Textteile und eine logische Blickführung ist die Voraussetzung für eine gute Wahrnehmung und Erfassung von Texten.

Im Kapitel 1.3 „Typografie und Layout" ab Seite 47 wird die typografische Umsetzung der Wahrnehmungsgesetze ausführlich behandelt und mit vielen Beispielen veranschaulicht.

1.1.5 Farbwahrnehmung

Die Farbwahrnehmung erfasst nicht die absoluten, messbaren Farben einer Fläche bzw. eines Objekts, sondern die Farbverhältnisse. Dies bedeutet, dass Sie auch unter sich ändernden Beleuchtungen Farben richtig erkennen können. Hinzu kommt Ihre Erfahrung über die Farben der Welt. Jedermann hat eine klare Vorstellung vom Rot einer Tomate oder vom Weiß des Papiers.

Ebenso wie die Formenwahrnehmung wird auch die Farbwahrnehmung von ihrem Umfeld beeinflusst. Die wahrgenommene Wechselwirkung verschiedener Farben wird als Farbkontrast bezeichnet.

Tomatenrot?

Die Beleuchtung ist blau – welche Farbe haben die Papiere?

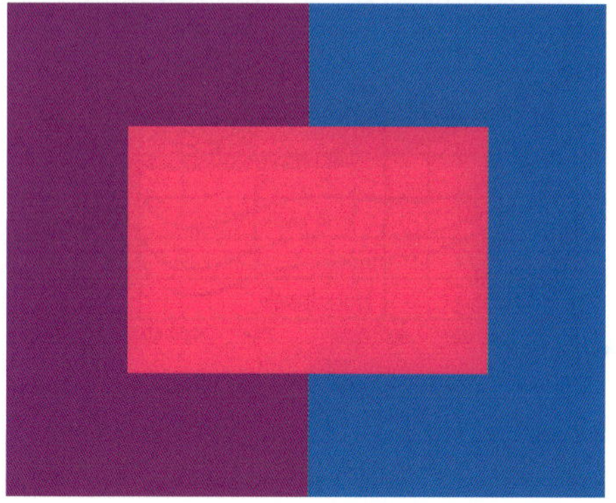

Komplementärkontrast, links
Starker Kontrast zweier Farben, die sich im Farbkreis gegenüberliegen.

Simultankontrast, rechts
Die Farbwahrnehmung im farbigen Umfeld beeinflusst den wahrgenommenen Farbton.

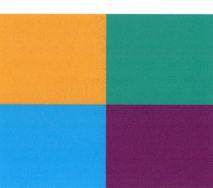

Quantitätskontrast, links
Die Wirkung einer Farbe ist von der Größe der Farbfläche im Umfeld abhängig.

Kalt-Warm-Kontrast, rechts
Farbenpaare kalt, z.B. blaugrün, und warm, z.B. orange, wirkender Farben.

1.1.6 Auditive Wahrnehmung – Hören

Neben den Augen sind die Ohren sicherlich die wichtigsten Sinnesorgane, um uns in der Welt zurechtzufinden. Wir hören immer und können, anders als die Augen, unsere Ohren nicht verschließen. Dies deutet darauf hin, dass in der Evolution des Menschen der Hörsinn stärker als der Sehsinn zur allgemeinen Überwachung der Umwelt angelegt wurde.

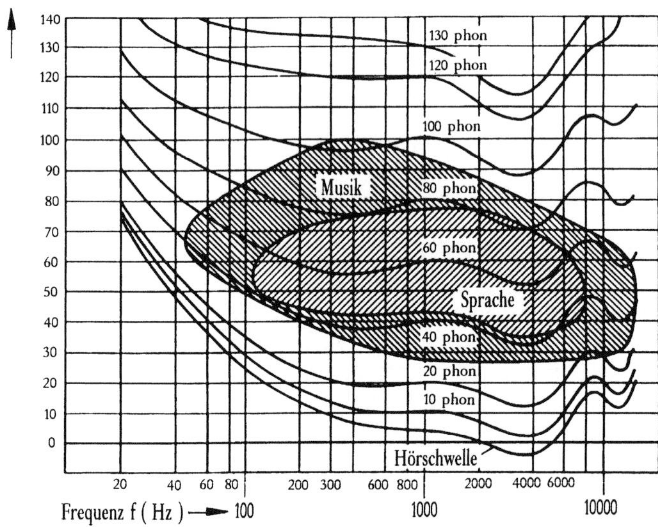

Hörflächen des menschlichen Ohres

(Abb. aus: Johannes Webers, Audio, Film und Videotechnik, Franzis, 1992)

Lokalisation

Der Schall erreicht unsere Ohren, außer wenn er direkt von vorne kommt, immer mit zeitlicher Differenz. Wir können dadurch die Position der Schallquelle im Raum bestimmen. Diese auditive Wahrnehmung ist aber weniger lokal als die visuelle Wahrnehmung.

Figur-Grund-Trennung

Ebenso wie bei der visuellen Wahrnehmung durch unser Auge muss beim Hören eine Figur-Grund-Trennung stattfinden. Der so genannte Cocktailparty-Effekt beschreibt die Notwendigkeit sehr anschaulich. Sie sind mit vielen anderen Menschen in einem Raum, Hintergrundmusik, viele Stimmen und trotzdem können Sie Ihrem Gesprächspartner, Ihrer Gesprächspartnerin folgen. Ermöglicht wird dies durch auditive Segregation. Unter auditiver Segregation versteht man die Aufmerksamkeitslenkung und selektive Wahrnehmung durch eine Figur-Grund-Trennung. Sie können die jeweilige Sprechweise, Stimmlage, Sprachmelodie usw. von den umgebenden Stimmen unterscheiden, Ihre Aufmerksamkeit darauf lenken und die anderen Geräusche praktisch ausblenden.

Lautstärke

Die Lautstärke beschreibt den Grad der Schallempfindung. Wir nehmen Geräusche in verschiedenen Situationen und Umgebungen unterschiedlich laut wahr. Ihr Wecker tickt nur nachts laut. Während der Autofahrt stellen Sie die Musik lauter. Nebengeräusche maskieren die eigentlich wichtige Information. Sie können diese Maskierung durch eine erhöhte Lautstärke der Schallquelle oder durch genaueres Hinhören demaskieren.

Tonhöhe

Die Tonhöhe wird durch die Frequenzen der Schallwellen bestimmt. Kinderstimmen enthalten mehr hochfrequente Schwingungen als die Stimmen Erwachsener. Sie klingen dadurch heller.

Identifikation

Die Identifikation von Tönen und Geräuschen erfolgt vor allem durch den Vergleich von Lautstärke, Tonhöhe, zeitlicher Struktur und der Quelle des Gehörten mit Schablonen des akustischen Gedächtnisses.

1.1.7 Aufmerksamkeit

Wahrnehmung setzt Aufmerksamkeit voraus. Aber wodurch wird unsere Aufmerksamkeit erregt? Es ist von entscheidender Bedeutung, dass unser Medium Aufmerksamkeit erregt und somit auch wahrgenommen wird.

Faktoren zur Erregung und Steuerung der Aufmerksamkeit

Aufmerksamkeit

starker Kontrast gegenüber der Umgebung

unerwartete Reize

große Reizintensität

mittlere Komplexität der Reize

Abweichung von der Norm

Einstellung und Erwartung

1.1.8 Aufgaben „Wahrnehmung“

Aufgabe 1.1.8.1
Wahrnehmung durch verschiedene Sinne

Ordnen Sie den fünf Sinnesorganen des Menschen den jeweiligen Wahrnehmungssinn zu.

Aufgabe 1.1.8.2
Physiologie des Sehens

Beschreiben Sie das physiologische Prinzip des menschlichen Sehens.

Aufgabe 1.1.8.3
Sehen und Wahrnehmen

Warum unterscheidet sich das visuell Wahrgenommene von dem tatsächlich Gesehenen?

Aufgabe 1.1.8.4
Das menschliche Gesichtsfeld

Wie groß ist das menschliche Gesichtsfeld?

Aufgabe 1.1.8.5
Das menschliche Gesichtsfeld

Welchen Einfluss hat die Größe des menschlichen Gesichtfeldes auf die Gestaltung?

Aufgabe 1.1.8.6
Gestaltgesetze

Die Gestaltgesetze vom Beginn des 20. Jahrhunderts bestimmen auch heute noch wesentlich unsere Vorstellung der Wahrnehmung.

Welchen Inhalt haben die Gestaltgesetze?

Aufgabe 1.1.8.7
Gesetz von der einfachen Gestalt

Das Gesetz von der einfachen Gestalt wird häufig auch als das Grundgesetz der menschlichen Wahrnehmung bezeichnet.

Begründen Sie diese These.

Aufgabe 1.1.8.8
Unterschiedliche Wahrnehmung

Erklären Sie, warum die Wahrnehmung der Zeichen in der mittleren Spalte von der Leserichtung abhängig ist.

A B C
12 13 14

Aufgabe 1.1.8.9
Visualisierung der Gestaltgesetze

Visualisieren Sie durch einfache grafische Elemente folgende Gestaltgesetze.

a. Gesetz der Nähe

b. Gesetz der Figur-Grund-Trennung

Aufgabe 1.1.8.10
Lesen

Lesen ist eine besondere Form der Wahrnehmung.

Beschreiben Sie das Prinzip der Wahrnehmung beim Lesen.

Aufgabe 1.1.8.11
Farbkontraste

a. Welche Farbkontraste sind hier dargestellt?
b. Erklären Sie die Wirkung dieser Farbkontraste.

Aufgabe 1.1.8.12
Auditive Wahrnehmung

Erklären Sie die Fachbegriffe der auditiven Wahrnehmung.

a. Lautstärke
b. Tonhöhe

Aufgabe 1.1.8.13
Aufmerksamkeit

Nennen Sie vier Faktoren zur Erregung und Steuerung von Aufmerksamkeit.

1.2 Grundelemente

Kreativ sein, etwas schaffen, anderen etwas mitteilen, mit verschiedenen Medien arbeiten – toll!
Aber wer kennt nicht die Angst des Künstlers vor der weißen Leinwand – der erste Strich ist der schwerste. Alle, die gestalten, stehen immer wieder vor dem gleichen Problem: Wie fange ich an? Es gibt keine Patentlösung, aber Gestaltungskompetenz hilft. Gestaltung kann man nicht aus Büchern lernen. Eigenes Tun und Erleben ist notwendig. In diesem Kapitel werden verschiedene Grundregeln mit den Grundelementen der visuellen Gestaltung, Punkt, Linie, Form, Fläche, an Beispielen vorgestellt. Die Aufgaben ermöglichen einen ersten Einstieg in die Erarbeitung.

Vakatfläche
Platz für Ideen!

1.2.1 Format

Die Fläche Ihrer Gestaltung hat immer ein bestimmtes Format, das sich aus dem Seitenverhältnis von Breite und Höhe der Fläche ergibt. In den Digitalmedien, bedingt durch das Monitorformat, meist Querformat, in den Printmedien üblicherweise Hochformat. Das Seitenverhältnis und die Aufteilung der Fläche folgen, je nach Vorgabe, bestimmten Proportionsregeln oder sie unterliegen Ihrer freien gestalterischen Entscheidung. So genannte Polaritätsprofile können Ihnen bei der Formatwahl helfen. Natürlich entspricht das Profil dem subjektiven Empfinden des Betrachters. Wenn Sie aber mehrere Personen jeweils ein Profil eines Formats erstellen lassen, dann ergibt sich meist ein eindeutiges Ergebnis.

	2	1	0	1	2	
gespannt						entspannt
dynamisch						statisch
eng						weit
jung						alt
aktiv						passiv
modern						altmodisch
gefangen						frei
fröhlich						traurig
stehend						liegend
ruhig						unruhig
voll						leer
klein						groß

Polaritätsprofil zur Beurteilung verschiedener Formate

	2	1	0	1	2	
gespannt				x		entspannt
dynamisch		x				statisch
eng	x					weit
jung			x			alt
aktiv		x				passiv
modern				x		altmodisch
gefangen				x		frei
fröhlich		x				traurig
stehend	x					liegend
ruhig		x				unruhig
voll				x		leer
klein				x		groß

	2	1	0	1	2	
gespannt					x	entspannt
dynamisch				x		statisch
eng				x		weit
jung				x		alt
aktiv			x			passiv
modern				x		altmodisch
gefangen				x		frei
fröhlich		x				traurig
stehend					x	liegend
ruhig		x				unruhig
voll				x		leer
klein				x		groß

	2	1	0	1	2	
gespannt			x			entspannt
dynamisch			x			statisch
eng			x			weit
jung				x		alt
aktiv		x				passiv
modern		x				altmodisch
gefangen			x			frei
fröhlich			x			traurig
stehend			x			liegend
ruhig		x				unruhig
voll			x			leer
klein			x			groß

DIN-A-Reihe
Die Formate ergeben sich dadurch, dass man das Ausgangsformat DIN A0 (841 mm x 1189 mm = 1 qm, Seitenverhältnis 1 :√2) immer wieder an der langen Seite halbiert. Ebenso können aus kleineren Formaten durch Verdoppeln der kurzen Seite jeweils die größeren Formate erstellt werden.

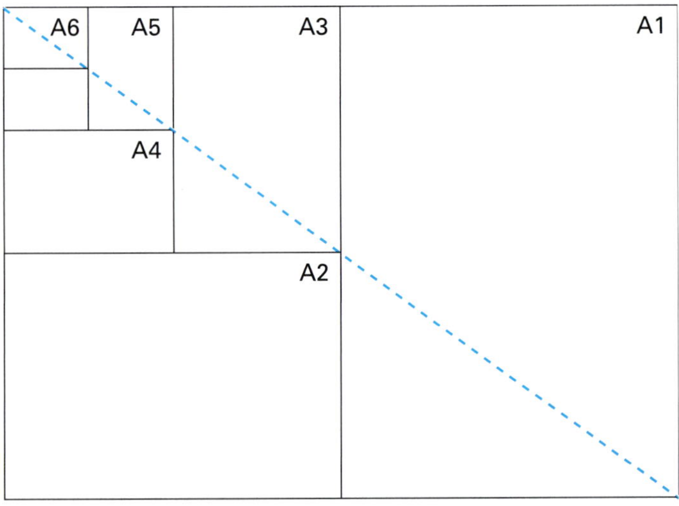

Formatbezeichnung	Papierformat		
A 0	841 mm	x	1189 mm
A 1	594 mm	x	841 mm
A 2	420 mm	x	594 mm
A 3	297 mm	x	420 mm
A 4	210 mm	x	297 mm
A 5	148 mm	x	210 mm
A 6	105 mm	x	148 mm
A 7	74 mm	x	105 mm
A 8	52 mm	x	74 mm
A 9	37 mm	x	52 mm
A 10	26 mm	x	37 mm

Neben der DIN-A-Reihe gibt es noch die DIN-B-Reihe als unbeschnittene A-Reihe und die DIN-C-Reihe für Briefumschläge.

Amerikanisches Format
Die amerikanischen Formate sind meist willkürlich, sie entsprechen keiner mathematischen Gesetzmäßigkeit wie z.B. die DIN-A-Reihe. Der amerikanische Briefbogen ist etwas kleiner als DIN A4: 8,5 inch x 11 inch (DIN A4 8,27 inch x 11,69 inch).

Die Bedeutung der amerikanischen Formate liegt für uns weniger in der gestalterischen Relevanz als darin, dass die Soft- und Hardware in ihren Grundeinstellungen häufig auf diese Formate ausgerichtet ist.

Sonstige Formate
Während die Formate für die Printmedien relativ frei wählbar sind, gibt es in der Fotografie und den Digitalmedien systembedingte Vorgaben. Das Seitenverhältnis beträgt bei:

- Kleinbilddia 3 : 2
- Monitor 1,33 : 1 bzw. 4 : 3
- Fernsehen 4 : 3 oder 16 : 9

1.2.2 Gleichgewicht

„Aus dunkler Pappe schneiden wir eine kreisrunde Scheibe und legen sie auf ein weißes Quadrat", so beginnt Rudolf Arnheim sein Buch „Kunst und Sehen – Eine Psychologie des schöpferischen Auges".

Wenn Sie diese Übung machen und das Ergebnis betrachten, werden Sie vermutlich erkennen, dass Ihr Kreis nicht genau in der Mitte des Quadrats liegt. Sie stellen automatisch im Sinne der Gestaltgesetze eine Beziehung zwischen dem Kreis und dem Quadrat als Gesamtfigur her und bewerten diese.

Versuchen Sie die Gesamtfigur, Punkt und Quadrat, im Gleichgewicht zueinander anzuordnen.

Machen Sie diese Übung anschließend mit einem rechteckigen Format.

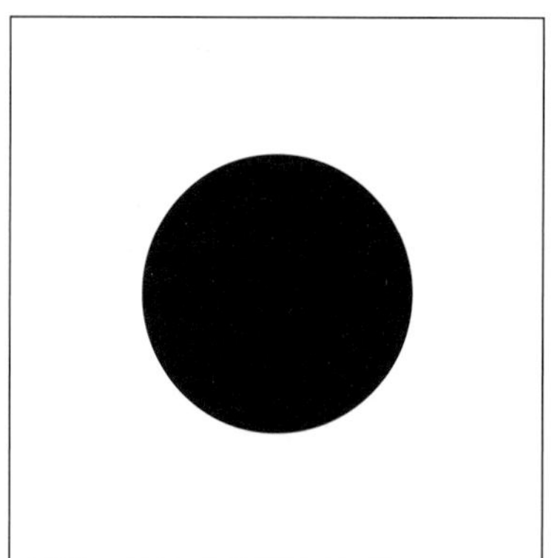

Die stabilste Lage hat der Punkt, wenn sein Mittelpunkt denkungsgleich mit dem Mittelpunkt des Quadrates ist.

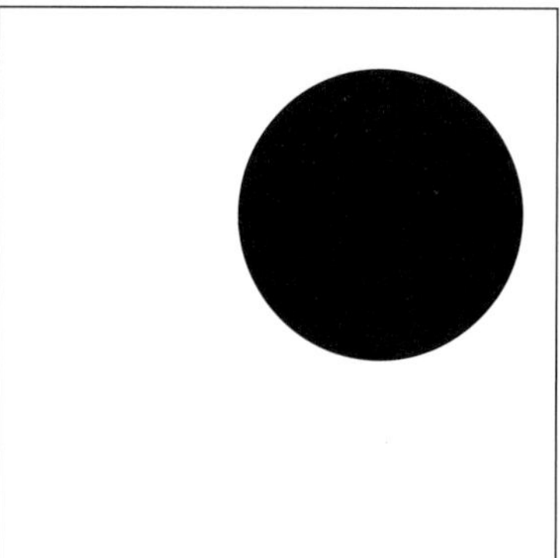

Der Punkt strebt zum rechten Rand des Quadrats. Diese Aussage ist das Ergebnis einer Interpretation unserer Wahrnehmung. Das Quadrat dient dabei als Strukturelement der gesamten Figur.

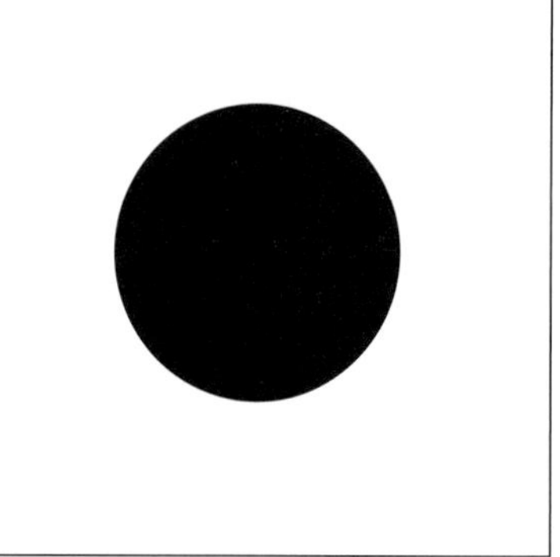

Knapp daneben, die Wahrnehmung ist irritierend und indifferent. Etwas das Sie in der Gestaltung tunlichst vermeiden sollten. Ebenso wie Ihr Aussagewunsch sollte auch die Umsetzung in Ihrer Gestaltung eindeutig sein.

1.2.3 Visuelles Gewicht

Das Wahrnehmungsgewicht eines grafischen oder typografischen Seitenelementes bzw. eines Bildteils wirkt immer im Zusammenspiel mit dem Format und dem Gewicht der anderen Elemente. Abhängig davon, wie die Gewichte austariert sind, erzeugen sie ein harmonisches Gleichgewicht oder Dynamik.

Mit welchem Gewicht Sie die verschiedenen Elemente wahrnehmen, hängt von verschiedenen Faktoren ab. Alle wirken bei der Gestaltung. Sie setzen gezielt Ihren Schwerpunkt auf die Wirkung eines Faktors.

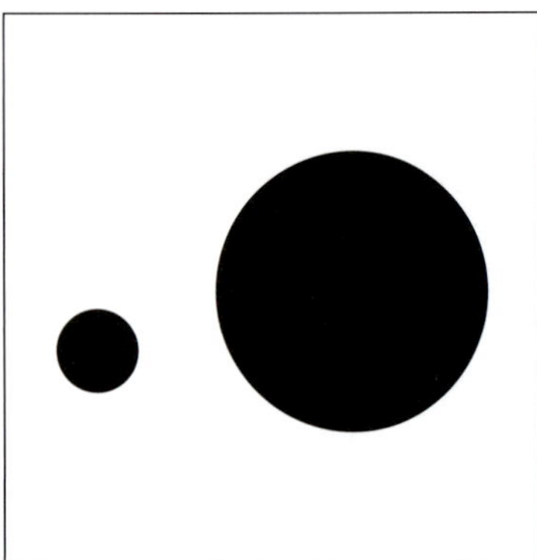

Größe

Das größere Objekt hat, wenn sonst alle Faktoren gleich sind, das größere Gewicht.

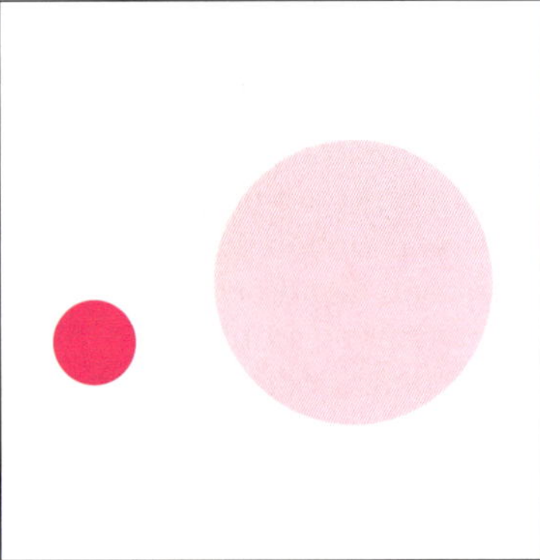

Farbe und Helligkeit

Das Gewicht verschiedener Farben ist nicht absolut definiert. Allgemein gilt aber: Helle Flächenelemente haben mehr Gewicht als dunkle Elemente, warme Farben wie Rot, Orange oder Gelb wiegen schwerer als kalte Farben wie Blau oder Türkis. Intensive leuchtende Farben sind gewichtiger als zarte oder blasse Farben.

Form

Geometrisch klare Formen wirken schwerer als unregelmäßige Formen.

Drehen Sie das Buch. Betrachten Sie die Abbildung aus verschiedenen Formatlagen und bewerten Sie das Ergebnis.

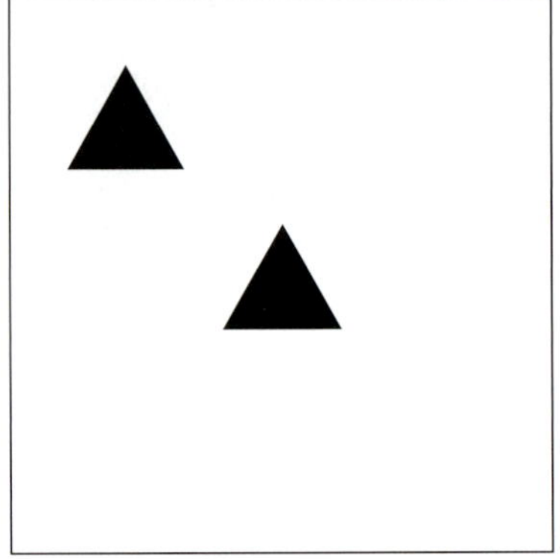

Formatlage

Das Gewicht eines Elementes nimmt mit dem Abstand zum Formatmittelpunkt zu.

Isoliert stehende Elemente haben ein größeres Gewicht als der gleichartige Teil einer Gruppe.

Wissen und Interesse

Das Wissen um das physikalische Gewicht eines Gegenstands beeinflusst sein Wahrnehmungsgewicht.

Die Gewichtung wird maßgeblich durch die Interessenlage des Betrachters bestimmt.

1.2.4 Richtung

Die bei uns übliche Leserichtung ist von links nach rechts und von oben nach unten. Eine Ausrichtung von links unten nach rechts oben wird allgemein als aufsteigend empfunden, von links oben nach rechts unten gilt als absteigend.

In der Gestaltung wird die Richtung nicht nur durch die beschriebene Konvention, sondern durch weitere Faktoren bestimmt. Die Anziehungskraft des Wahrnehmungsgewichtes benachbarter Elemente führt den Betrachter in eine bestimmte Richtung. Außerdem wird die Richtung durch die Form und vor allem auch durch den Inhalt bestimmt.

Die Blickrichtung eines Menschen in einem Bild lenkt auch Ihren Blick in diese Richtung. Bewegungen im Bild geben die Richtung an.

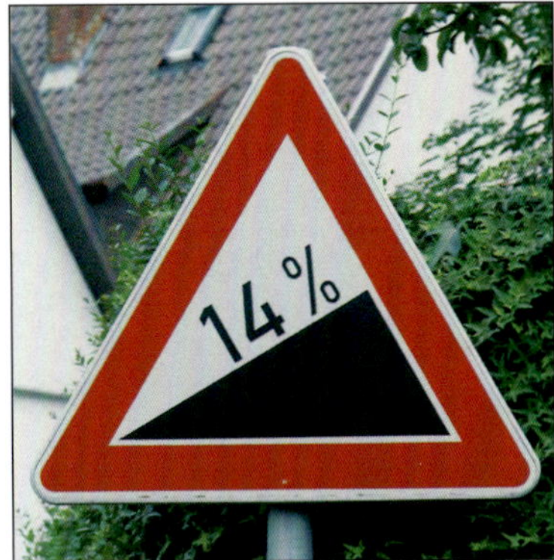

Steigung und Gefälle

Die Verkehrsschilder für Steigung und Gefälle folgen der üblichen Wahrnehmung. Von links unten nach rechts oben bedeutet ansteigend, von links oben nach rechts unten abfallend.

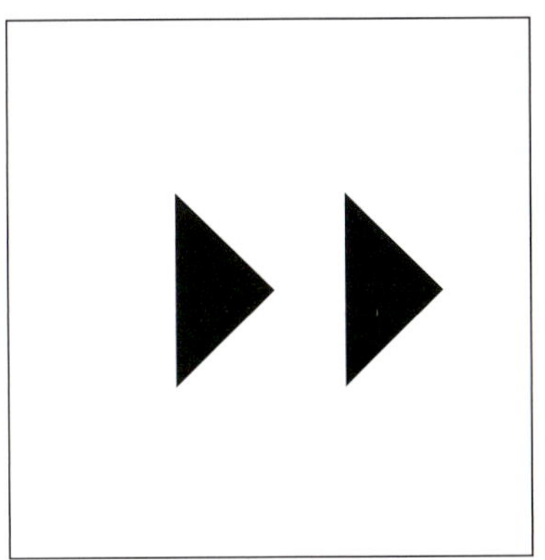

Form

Die beiden Dreiecke zeigen eindeutig nach rechts. Die Richtungsweisung wird durch die seitliche Verschiebung noch verstärkt.

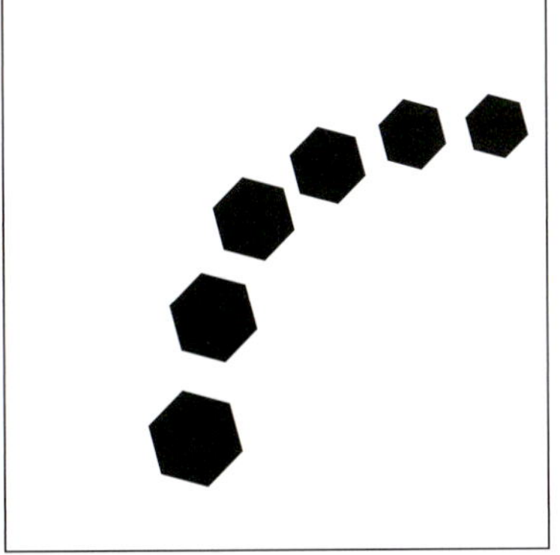

Größe und Formatlage

Die Reihe führt nach links unten, oder doch nach rechts oben. Es ist schwierig, sich gegen die übliche Wahrnehmungsrichtung zu stellen.

Inhalt

Die Lok fährt auf Sie zu – Vorsicht an der Bahnsteigkante.

1.2.5 Dynamik, Spannung, Bewegung

Außer bei Animationen in Digitalmedien sind die Seitenelemente immer unbeweglich. Trotzdem ist es möglich, dass Ihre Gestaltung dynamisch wirkt. Die Dynamik der Gestaltung entsteht durch ein bewusstes Ungleichgewicht. Formen, die von der harmonischen Grundform abweichen, wirken dynamischer. So erzeugt ein überspitztes Dreieck die gerichtete Spannung, die dem gleichseitigen Dreieck fehlt.

Die Spannung entsteht im Zusammenhang der Gesamtgestaltung. Alle Elemente müssen Teil des dynamischen Konzeptes sein. Dies lässt sich z.B. durch eine generelle Ausrichtung bzw. Sichtweise erreichen. Die Schräge ist sicherlich eine einfache Möglichkeit, eine gerichtete Spannung zu erzeugen. Vertikale und horizontale Strukturen wirken allgemein eher statisch.

Eine weitere Möglichkeit, Bewegung zu visualisieren, ist die Anordnung der Elemente in einer bestimmten rhythmischen Abfolge. Größen, Formen, Abstände weisen gesetzmäßige Proportionen auf. Dabei lassen sich rhythmische Reihen, so genannte Progressionen, durch Zahlenreihen ausdrücken.

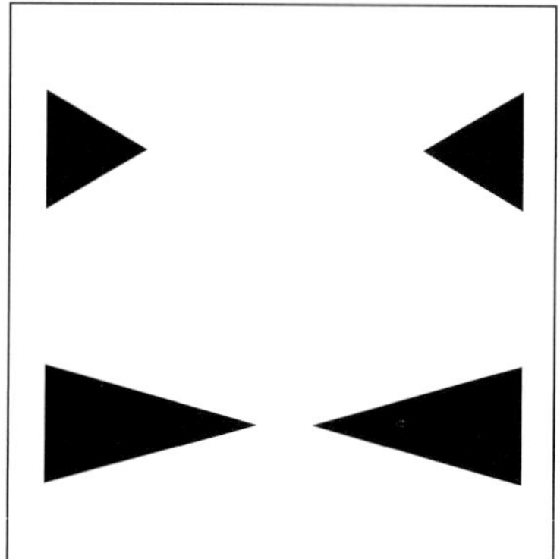

Form

Die Abweichung von der harmonischen Grundform erzeugt Spannung. Die beiden unteren Dreiecke stehen eindeutig in einer spannungsvollen Beziehung zueinander. Bei den beiden oberen gleichseitigen Dreiecken ist die Bewegung nicht eindeutig. Einerseits sind sie aufeinander gerichtet, andererseits scheinen sie aber auch nach links bzw. rechts oben zu streben.

Ausrichtung

Die horizontale und vertikale Ausrichtung der Flügel vermittelt die Anmutung des Stillstandes, der Windstille. Schrägstehende Windmühlenflügel würden dynamischer wirken und damit der Bewegung Ausdruck verleihen.

Progression

Durch die Verkürzung der Linien und die gleichzeitige progessive Verringerung des Abstandes zwischen den Linien entsteht eine räumliche Wirkung. Der Weg scheint in die Tiefe des Raums zu führen.

1.2.6 Symmetrie – Asymmetrie

Unter Symmetrie versteht man laut Duden:

1. Gleich- oder Ebenmaß; die harmonische Anordnung mehrerer Teile zueinander; Gegensatz Asymmetrie.
2. Spiegelungsgleichheit; Eigenschaft von Figuren, Körpern o.Ä., die beiderseits einer [gedachten] Mittelachse ein jeweils spiegelgleiches Bild ergeben; Gegensatz Asymmetrie.
3. die wechselseitige Entsprechung von Teilen in Bezug auf Größe, die Form oder die Anordnung.

Gestaltung nach den Regeln der Symmetrie ist klar und eindeutig, aber auch streng und manchmal statisch und einfallslos. Die Asymmetrie gibt keine Vorgaben. Sie können frei und ohne Zwang gestalten. Überlassen Sie die Anordnung der Elemente den Kräften der Gestaltung.

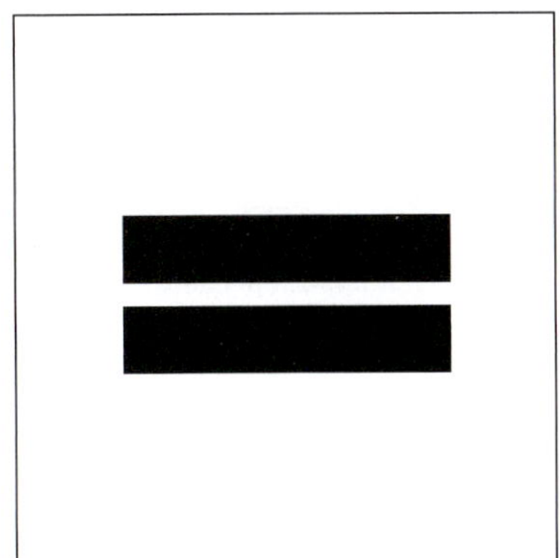

Geometrische Mitte

Die geometrische Mitte entspricht exakt der horizontalen Symmetrieachse. Die Objekte wirken etwas zu tief positioniert.

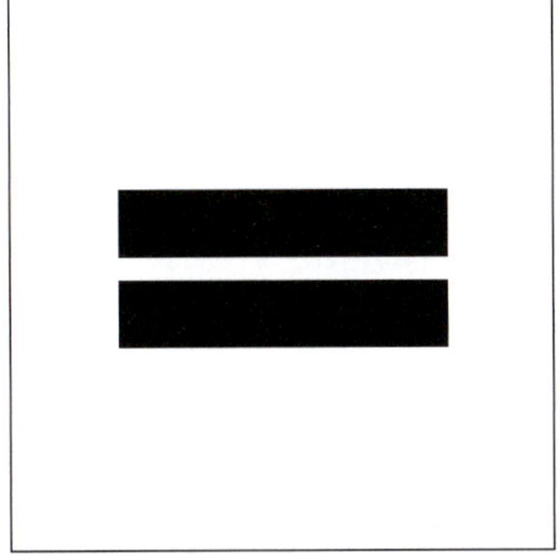

Optische Mitte

Die optische Mitte liegt etwas oberhalb der horizontalen Symmetrieachse. Die Anordnung wirkt dadurch optisch korrekt.

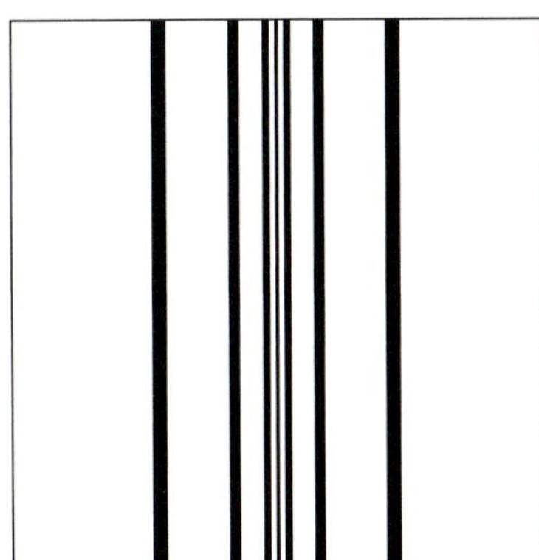

Vertikale Spiegelung

Diagonale Symmetrieachsen

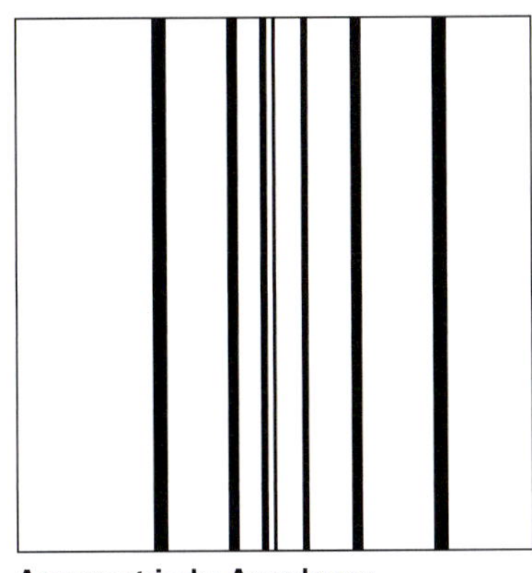

Asymmetrische Anordnung

1.2.7 Umfeld

Gestaltungselemente haben immer ein Umfeld, in dem sie wahrgenommen werden. Es gibt kein „Nichts" als Umfeld. Auch die vermeintlich leere Fläche wirkt. In der Typografie spricht man von Weißraum. Das Weiß des Papiers oder der farbige Hintergrund sind gleichberechtigt mit den Gestaltungselementen. Die Figur-Grund-Trennung der Gestaltgesetze erklärt die Abhängigkeit unserer Wahrnehmung vom Umfeld.

Vase oder Köpfe?

Die klassiche Kippfigur, in ähnlicher Form erstmals 1915 von dem Psychologen Edgar Rubin veröffentlicht.

Beide Wahrnehmungen sind möglich, da Figur und Grund gleichwertig und dadurch nicht eindeutig zuzuordnen sind.

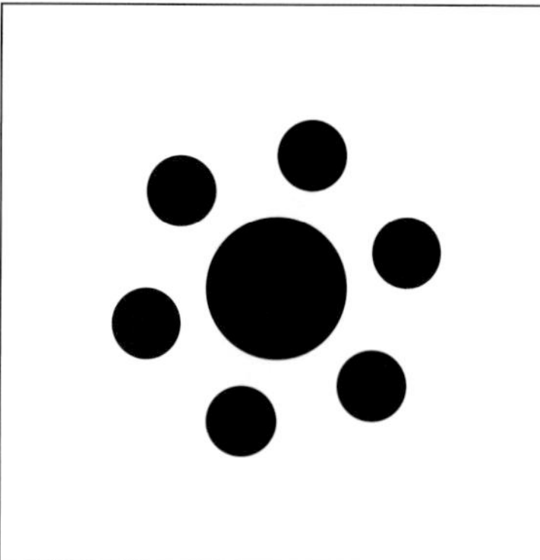

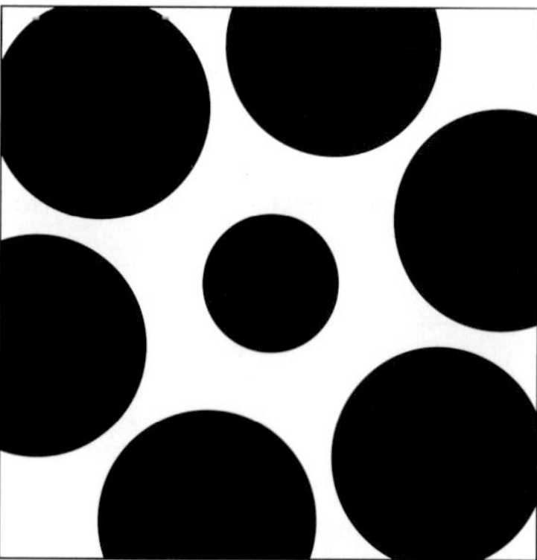

Größe ist relativ!

Sind die inneren Kreise in beiden Abbildungen gleich groß? Ja!

Durch das unterschiedliche Umfeld erscheint aber der Kreis in der linken Abbildung größer als der in der rechten Abbildung.

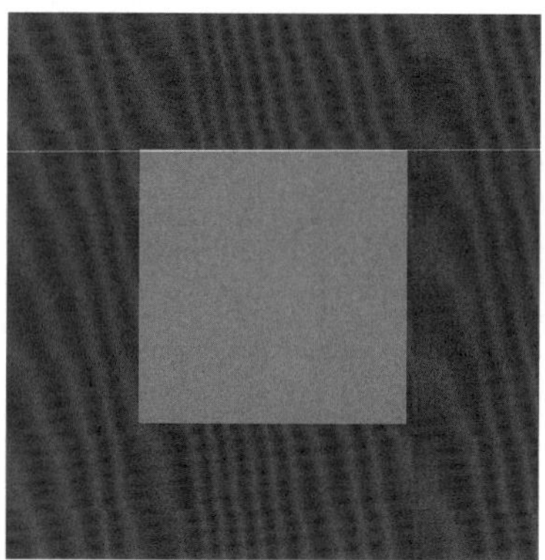

Helligkeit ist relativ!

Helligkeiten von Flächen, Figuren oder Zeichen werden abhängig von der Helligkeit ihres Umfelds unterschiedlich wahrgenommen. Ein dunkleres Umfeld lässt das Objekt immer heller erscheinen, als es tatsächlich ist. Man nennt diesen Effekt Simultan- oder Umfeldkontrast.

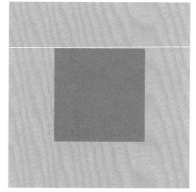

1.2.8 Unterteilung und Struktur

Durch die Unterteilung und Strukturierung gliedern wir das Umfeld. Die Aufteilung kann frei nach dem gestalterischen Empfinden erfolgen oder sich an bestimmten mathematischen Proportionsregeln orientieren.

1.2.8.1 Goldener Schnitt

Die Regeln des goldenen Schnitts sind nur eine der vielfältigen Proportionsgesetze. Der goldene Schnitt findet sich als harmonische Proportion in vielen Bau- und Kunstwerken, aber auch in der Natur. Er erfüllt für die Mehrzahl der Betrachter die Forderung nach Harmonie und Ästhetik.

Die Proportionsregel des goldenen Schnitts lautet: Das Verhältnis des kleineren Teils zum größeren ist wie der größere Teil zur Gesamtlänge der zu teilenden Strecke. Die Anwendung dieser Regel ergibt als Verhältniszahl 1,61803... Um die Anwendung in der Praxis zu vereinfachen, wurde daraus die gerundete Zahlenreihe 3 : 5, 5 : 8, 8 : 13, 13 : 21... abgeleitet.

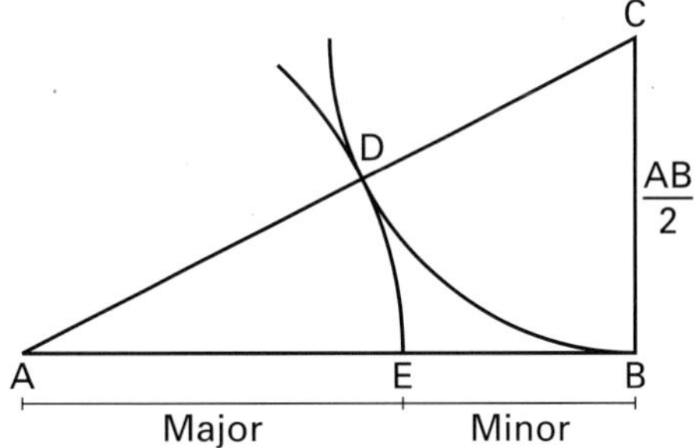

Konstruktive Ermittlung des goldenen Schnitts

Konstruktion

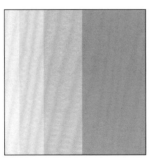

Die Strecke AB soll im Verhältnis des goldenen Schnitts geteilt werden.

1. Zeichnen Sie die Gerade AB.
2. Errichten Sie nun im Punkt B eine Senkrechte mit der halben Länge von AB.
3. Schließen Sie das rechtwinklige Dreieck mit einer Geraden.
4. Schlagen Sie jetzt einen Kreisbogen um den Punkt C mit dem Radius BC, der die Strecke AC im Punkt D schneidet.
5 Zum Schluss schlagen Sie einen Kreisbogen mit dem Radius AD um den Punkt A. Der Schnittpunkt E auf der Geraden AB teilt diese in zwei Teilstücke. Das Verhältnis der Strecken AE und BE entspricht dem goldenen Schnitt.

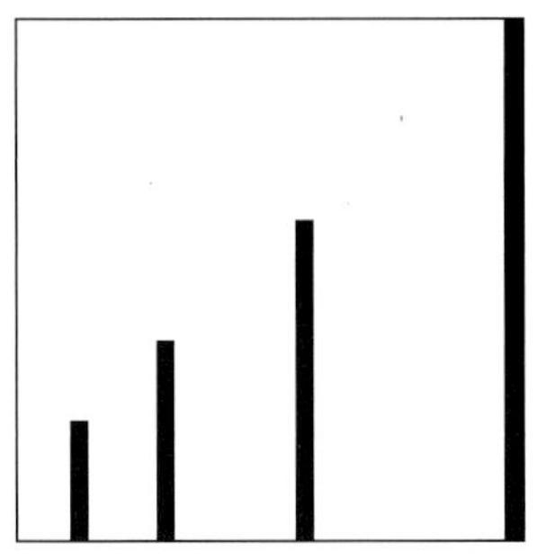

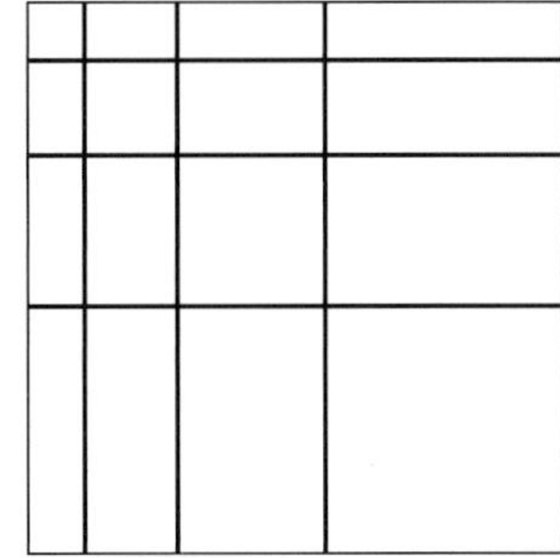

Gliederungen nach dem Verhältnis des goldenen Schnitts

Beispiel:
3 : 5 : 8 : 13

1.2.8.2 Arithmetische Folge/Reihe

Die arithmetische Folge ist eine Zahlenfolge, bei der die Differenz zwischen den einzelnen Zahlen der Folge immer gleich ist.

In der Gestaltung bedeutet dies, dass z.B. Abstände zwischen einzelnen Elementen immer gleich groß sind. Tonwertabstufungen haben eine feste Schrittweite.

Allgemeine mathematische Form:

$a; a + d; a + 2d; a + 3d; z = a + (n-1)d$

a: Anfangsglied
d: Differenz
z: letztes Glied
n: Anzahl der Glieder
s: Summe der Reihe

Gliederungen nach der arithmetischen Folge

Beispiel:
a = 2,66; d = 9; n = 4
s = 2,66 + 11,66 + 20,66 + 29,66

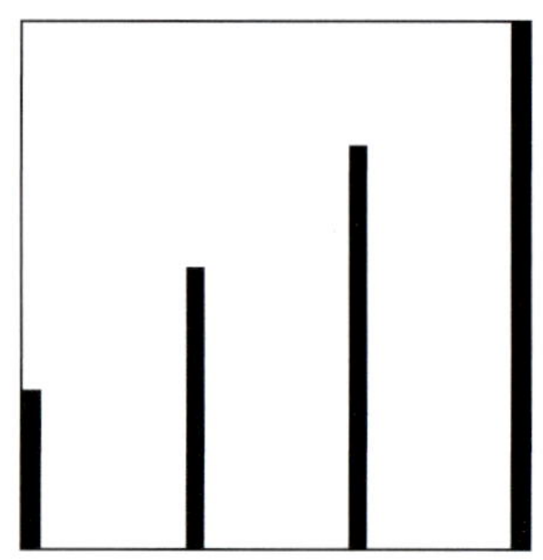

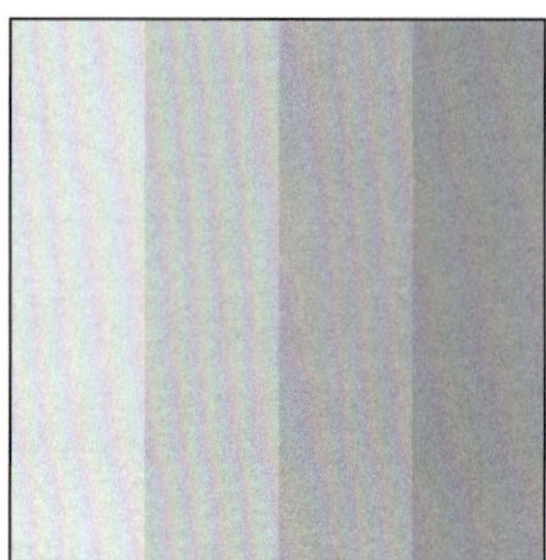

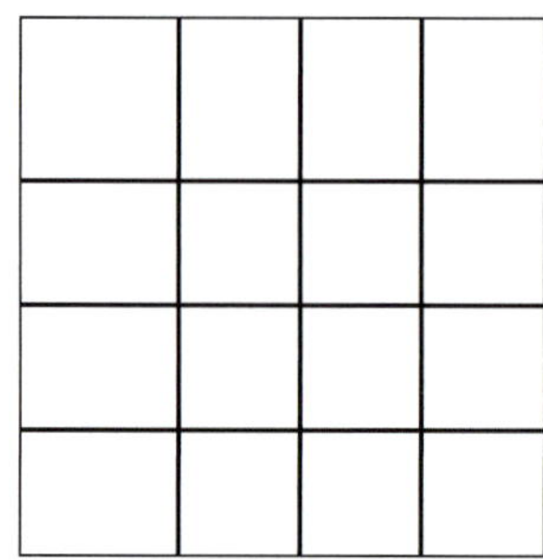

1.2.8.3 Geometrische Folge

Eine geometrische Folge entsteht, wenn in einer Folge oder Reihe von Zahlen der Quotient zweier aufeinander folgender Zahlen immer gleich groß ist.

Allgemeine mathematische Form:

$a; a \times q; a \times q^2; a \times q^3; z = a \times q^{n-1}$

a: Anfangsglied
d: Quotient
z: letztes Glied
n: Anzahl der Glieder
s: Summe der Reihe

Gliederungen nach der geometrischen Folge

Beispiel:
a = 5; q = 2; n = 4;
s = 5 + 10 + 20 + 40

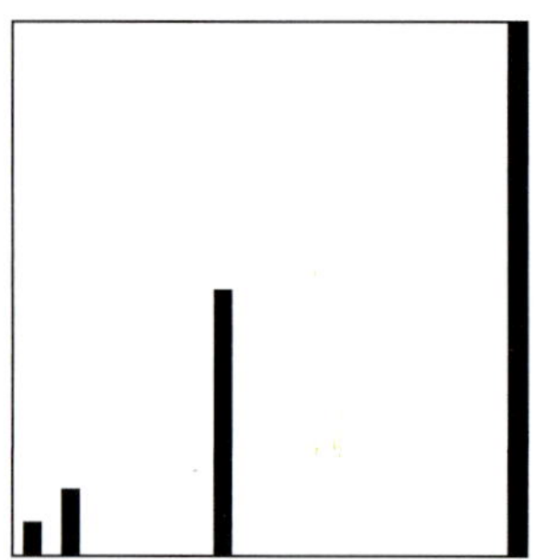

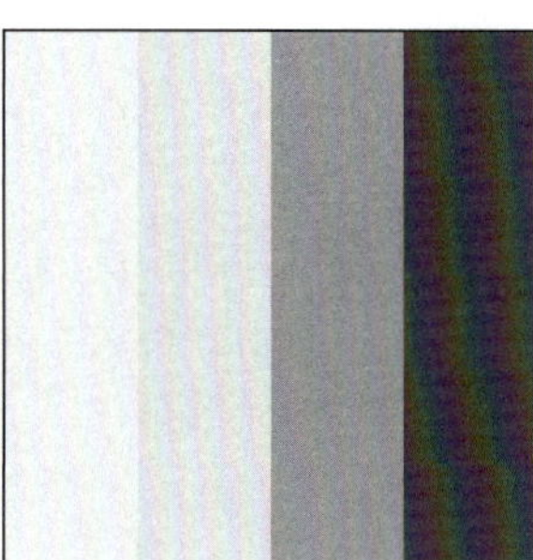

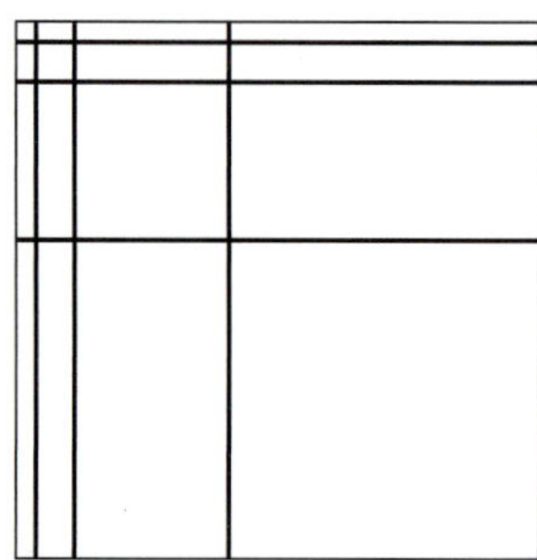

1.2.9.1 Raum und Perspektive

Die Welt ist räumlich. Unser Medium ist die Fläche. Wir können aber die Vorstellung von Räumlichkeit beim Betrachter durch verschiedene Techniken erreichen.

Überlagerung und Größe
Elemente, die andere Elemente teilweise überdecken, erscheinen uns näher.

Das kleinere von zwei gleichförmigen Elementen erscheint weiter weg. Überlagern sich gleich große Flächen, so erscheint die hintere größer.

Raumwirkung

durch Überlagerung und Variation der Objektgröße. Die nach hinten heller werdende Farbe unterstützt die Wirkung zusätzlich.

Farbe
Die Intensität der Farben verringert sich mit wachsender Entfernung. Bei Landschaften scheint sich die Ferne im Himmel zu verlieren.

Parallelperspektive

Perspektive
Die Perspektive ermöglicht es, die dreidimensionale Welt, also Höhe, Breite und Tiefe, auf einer Fläche zweidimensional darzustellen. Dabei ist die Bildebene eine senkrecht vor dem Auge stehende Projektionswand.

Wir unterscheiden zwischen Parallel- und Fluchtpunktperspektive. Bei der Parallelperspektive verlaufen alle Linien parallel. In der Fluchtpunktperspektive treffen sich parallele Linien in der Waagerechten jeweils in einem Fluchtpunkt auf dem Horizont. Die senkrechten Linien sind in der Zentral- und Zweipunktperspektive senkrecht, in der Vogel- bzw. Froschperspektive treffen sich die Senkrechten in einem dritten Fluchtpunkt ober- bzw. unterhalb des Horizonts.

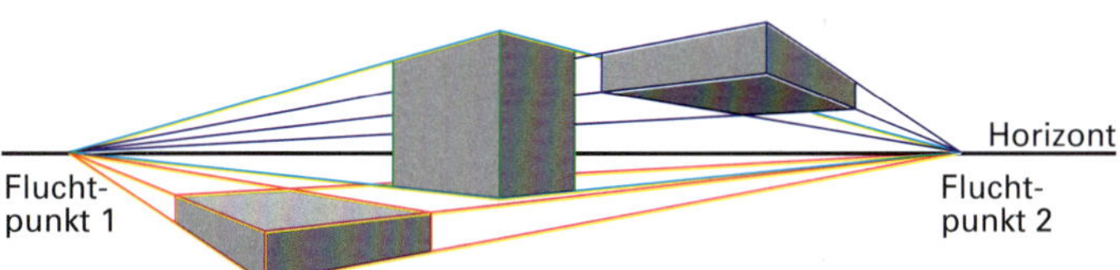

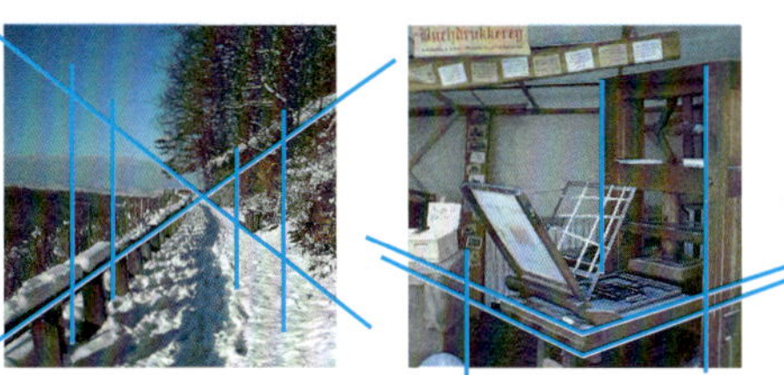

Einpunktperspektive **Zweipunkt-perspektive** **Dreipunktperspektive**

1.2.9.2 Licht und Schatten

Die Form bestimmt den räumlichen Eindruck eines Körpers nicht alleine. Erst im Zusammenspiel der Form-Erscheinung und der Hell-Dunkel-Erscheinung aus Licht und Schatten wirkt ein Gegenstand räumlich und plastisch. Gegenstände, die hell erscheinen, werden eher wahrgenommen als dunklere.

Wenn Licht auf einen Körper trifft, entsteht Schatten. Neben der Art der Lichtquelle, ob Punktlicht oder Flächenlicht, ist die Position zum Gegenstand wichtig. Aus diesen Faktoren ergeben sich Schattenrichtung und Schattenlänge. Auch ohne Schattendarstellung bilden sich durch die Beleuchtung eines Körpers unterschiedlich helle Flächen. Dadurch wird die Raumwirkung unterstützt.

Die Beleuchtung muss für alle Elemente einer Gestaltung einheitlich sein. Wenn Sie z.B. dreidimensionale Buttons gestalten, dann muss das Licht natürlich bei allen Buttons aus der gleichen Richtung strahlen. Nur so ist gewährleistet, dass der Betrachter eindeutig den Schaltzustand erkennen kann.

Schattenkonstruktion

Neben den Körperfluchtpunkten müssen Sie bei der Schattenkonstruktion die beiden Schattenfluchtpunkte beachten.

Der erste Schattenfluchtpunkt liegt in der Mitte der Lichtquelle, der zweite ist senkrecht unter der Lichtquelle auf dem Boden.

Bei mehreren Lichtquellen entsteht der Kernschatten, ein vollkommen dunkler Bereich, in dem sich alle Schatten überlappen. Die anderen sich bildenden Schatten nennt man Halbschatten.

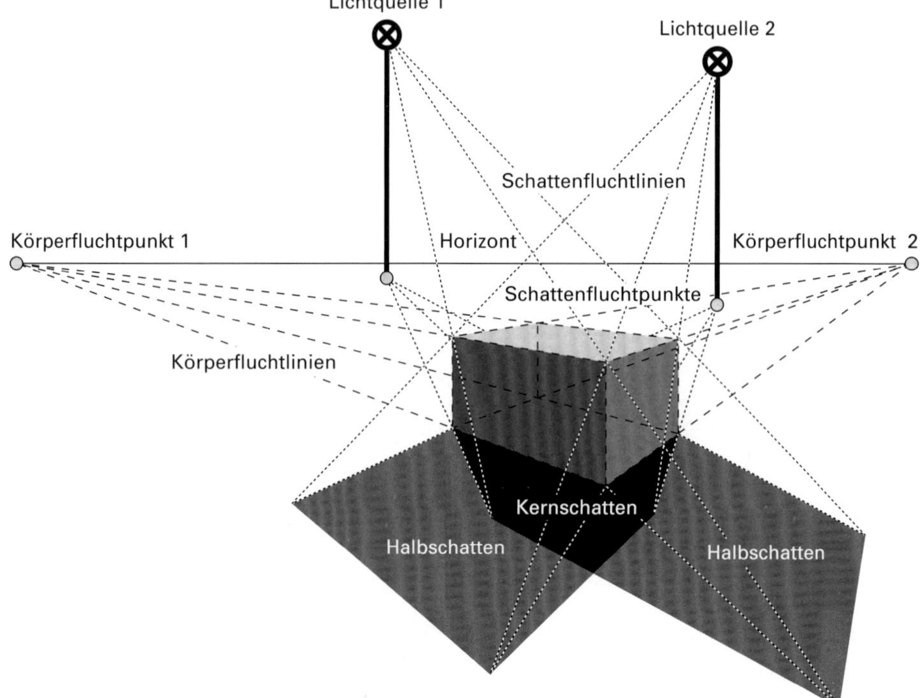

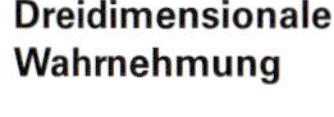

Dreidimensionale Wahrnehmung

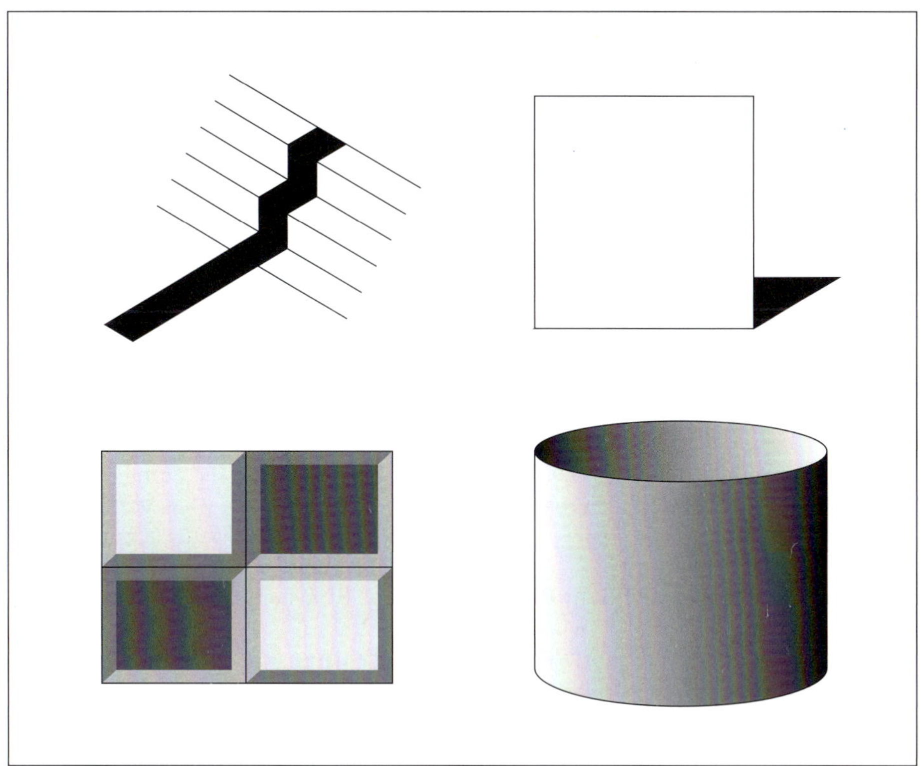

Licht und Schatten in der Natur

- Der gleiche Strand zur gleichen Zeit?
- Die Abendsonne wirft lange Schatten.
- Die im Schatten sieht man nicht.
- Kurze Schatten – high noon
- Tiefenwirkung durch dunkle Schatten.

1.2.10 Farbe

Farbe ...

... ist Ihr wichtigstes Gestaltungsmittel. Farbe schmückt, Farbe signalisiert, Farbe schreit, Farbe gliedert, Farbe kommuniziert, Farbe ...

... ist relativ. Wie alle Sinneswahrnehmungen ist auch die Farbwahrnehmung nicht eindeutig. Farben wirken in verschiedenen Umgebungen unterschiedlich. Die Identität der Farbe liegt also nicht in der Farbe selbst, sondern sie wird durch den Zusammenhang bestimmt.

... hat immer eine bestimmte Botschaft.

... muss immer auch technisch mit vernünftigem Aufwand realisierbar sein.

Farbe im Druck und auf dem Bildschirm

Die Farbwirkung im Druck wird durch den Zusammendruck verschiedenfarbiger Druckfarben erzielt. Prozessgrundfarben sind die subtraktiven Primärfarben Cyan, Magenta und Gelb, ergänzt durch Schwarz (CMYK). Für spezielle Anwendungen werden zusätzliche Sonderfarben gedruckt. Dies sind z.B. bestimmte Pantone- oder HKS-Farben als Hausfarbe einer Firma. Jede Druckfarbe bedarf einer eigenen Druckform und einem Druckwerk in der Druckmaschine. Sie müssen deshalb schon bei der Mediengestaltung den Aufwand im Druck berücksichtigen.

Auf dem Bildschirm werden alle Farben aus der additiven Mischung der drei Grundfarben Rot, Grün und Blau erzeugt. Es stehen Ihnen deshalb keine Sonderfarben zur Verfügung. Sie haben aber die freie Auswahl aus den 16,7 Millionen Farben des RGB-Systems.

Im Printmedium bestimmt das Papier als Informationsträger meist auch den Hintergrund Ihrer Gestaltung. Nur bei wenigen Produkten wird der Hintergrund vollständig farbig gedruckt. Im Gegensatz dazu müssen Sie im Screen-Design immer auch die Farbe des Hintergrunds definieren. Dies verführt dazu, da es nur eines Mausklicks bedarf, möglichst viele der 16,7 Millionen Farben des RGB-Farbraums einzusetzen.

Die Wirkung der Farben

Farben wirken auf uns Menschen auf ganz unterschiedliche Weise. Eva Heller unterscheidet in ihrem Buch „Wie Farben wirken" sechs verschiedene Arten der Farbwirkung:

- Psychologische Wirkung
- Symbolische Wirkung
- Kulturelle Wirkung
- Politische Wirkung
- Traditionelle Wirkung
- Kreative Wirkung

Je nach Kontext, Stimmung und persönlichem Hintergrund assoziieren Sie mit einzelnen Farben unterschiedliche Begriffe, Gefühle und Eigenschaften.

RGB – CMY

l.: Additive Farbmischung, Grundfarben Rot, Grün und Blau
r.: Subtraktive Farbmischung, Grundfarben Cyan, Magenta und Gelb

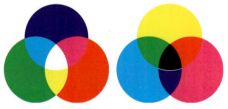

Cyan
kühl, sachlich, frisch, sportlich, jung, winterlich, ...

Magenta
modern, musikalisch, kühl, emotional, kommunikativ, ...

Gelb
hell, sonnig, neidisch, sauber, modern, giftig, sauer, ...

Schwarz
edel, traurig, mächtig, sachlich, geheimnisvoll, ...

Rot
feurig, aufreizend, dynamisch, warnend, agressiv, ...

Grün
natürlich, frisch, gesund, neu, sportlich, beruhigend, ...

Blau
seriös, klar, kühl, modern, genau, sachlich, sportlich, ...

Weiß
sauber, hell, unberührt, wahrhaftig, kalt, sachlich, ...

Farbkontrast

Farbkontraste beruhen auf der Wechselwirkung von Farben mit ihrem Umfeld. Sie müssen deshalb bei der Farbwahl immer die Gesamtheit der Farben Ihrer Gestaltung beachten.

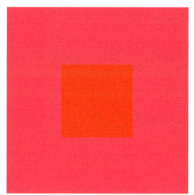

Wirkung von Farbe im Umfeld

Die Farbwirkung verändert sich in Abhängigkeit von der Umfeldfarbe. Beurteilen Sie die Wirkung des roten Farbfeldes auf den wechselnden Hintergründen. Beschreiben Sie die Farbe mit Adjektiven.

Farbabstufung

Bei Farbabstufungen werden Farben über mehrere Farbflächen hinweg modifiziert. Man verändert oft nur die Helligkeit und/oder die Sättigung einer Farbe und behält den Farbton bei.

Gestalterisch lässt sich damit z.B. Räumlichkeit erzielen. In der Farbperspektive verringert sich die Helligkeit und Sättigung der Farbe mit zunehmender Entfernung. In der Fotografie und Landschaftsmalerei nennt man dieses Phänomen Luftperspektive.

Farbperspektive

Die Farbabstufung erzeugt eine räumliche Wirkung. In der linken Abbildung gehen wir in die Tiefe, die rechte Abbildung zeigt den senkrechten Blick von oben auf eine Pyramide – oder sehen Sie die gegensätzliche Wirkung?

Luftperspektive

Die Farben werden mit wachsender Raumtiefe schwächer.

Checkliste zur Farbauswahl
Kundenorientierung
Zielgruppenorientierung
Eindeutigkeit
Lesbarkeit
Orientierung
Inhaltsbezug
Farbsystem
Technische Umsetzung
Farbenzahl
Farbharmonie und Kontrast

Farbauswahl

Für die gestalterische und farbliche Konsistenz Ihres Designs ist es notwendig, dass Sie sich über die Aufgaben und die Anzahl der Farben im Klaren sind. Eine Hilfestellung bietet die „Checkliste zur Farbauswahl".

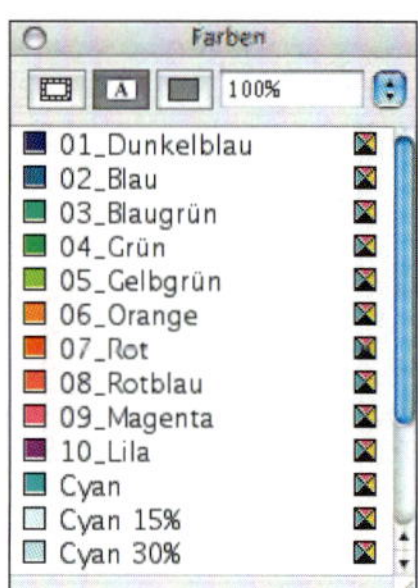

Farbschema in QuarkXPress

Das Farbschema dieses Buches. Die Farben 01 bis 10 dienen zur Kennzeichnung der Kapitel; Cyan ist die Auszeichnungsfarbe.

1.2.11 Gestaltung beurteilen und bewerten

Die Beurteilung und Bewertung von Gestaltung ist nicht einfach. Es gibt keine allgemein gültigen Checklisten.

Die beiden hier vorgestellten Möglichkeiten sollen Ihnen Anregung geben, eigene Schemata zur Bewertung Ihrer Gestaltung zu entwickeln. Nur zu sagen „mir gefällt es oder mir gefällt es nicht", ist nicht zielführend und somit unprofessionell.

Die Farben der Jahreszeiten

Beurteilen Sie die Umsetzung des Themas.

1.2.11.1 Bewertungsziele

Dario Zuffo, ein visueller Gestalter aus der Schweiz, nennt in seinem Buch „Die Grundlagen der visuellen Gestaltung" zwölf Bewertungsziele:

1. **Idee**
   Originalität, Grad der Neuheit, Beachtungswert
2. **Wirkung**
   Eindruck, Empfindung, Gefühl
3. **Ziel**
   Zielgruppe, Funktion, Zweckmäßigkeit
4. **Gliederung**
   Lesereihenfolge, Textaufteilung
5. **Schrift**
   Lesbarkeit ganz allgemein; Schriftwahl, Schriftmischung, Schriftgröße
6. **Proportionen**
   Format, Raumaufteilung, Bildgröße, bedruckte/unbedruckte Teile
7. **Rhythmus**
   Wortrhythmus, Zeilenrhythmus, Textgruppenrhythmus, unbedruckter Flächenrhythmus
8. **Kontrast**
   Schrift, Farbe, Bilder, bedruckt/unbedruckt
9. **Papier**
   Papierwahl nach Art, Farbe, Funktion
10. **Farbe**
    Farbwahl, Farbharmonien, Farbwirkung
11. **Ausführung**
    Sauberkeit, Aussehen
12. **Besonderes**
    Zeitaufwand, Aufwand der Lösung, Schwierigkeitsgrad der Aufgabenstellung, vorhandene technische Möglichkeiten, finanzielle Möglichkeiten

1.2.11.2 Bewertung der Wahrnehmung

Die folgenden Fragebögen stammen aus dem Buch von Jürgen Weber „Das Urteil des Auges". Er hat über viele Jahre hinweg mit seinen Studenten an der Universität Braunschweig Fragestellungen zur Wahrnehmung und Gestaltung bearbeitet. Es gibt, wie Sie sehen, keine absoluten Ergebnisse, aber mehrheitliche Tendenzen sind durchaus zu erkennen.

Aufgabenstellung

Bitte schauen Sie sich die Figur gründlich an, eventuell, indem Sie das Blatt weiter von sich halten, lesen Sie sich zuerst alle Antwortmöglichkeiten durch und kreuzen Sie dann bitte nur eine Möglichkeit an.

Reflektieren Sie die Ergebnisse Ihrer Gestaltungsarbeit mit eigenen Fragestellungen.

1. Bewegung, Linie

Die übliche Leserichtung von links nach rechts spielt sicherlich bei der Wahrnehmung der Formen eine wichtige Rolle.

Bei den beiden ungleich gekrümmten Linien liest die Mehrheit der Betrachter die Form von der flachen Krümmung hin zur starken Krümmung. Diese Interpretation wird zusätzlich noch durch die gewohnte Leserichtung beeinflusst.

Häufigkeit der Bewertung:

- 1.1: 2,4%
  1.2: 14,6%
  1.3: 83,0%
- 1.4: 65,5%
  1.5: 33,9%
  1.6: 0,6%
- 1.7: 26,3%
  1.8: 73,1%
  1.9: 0,6%

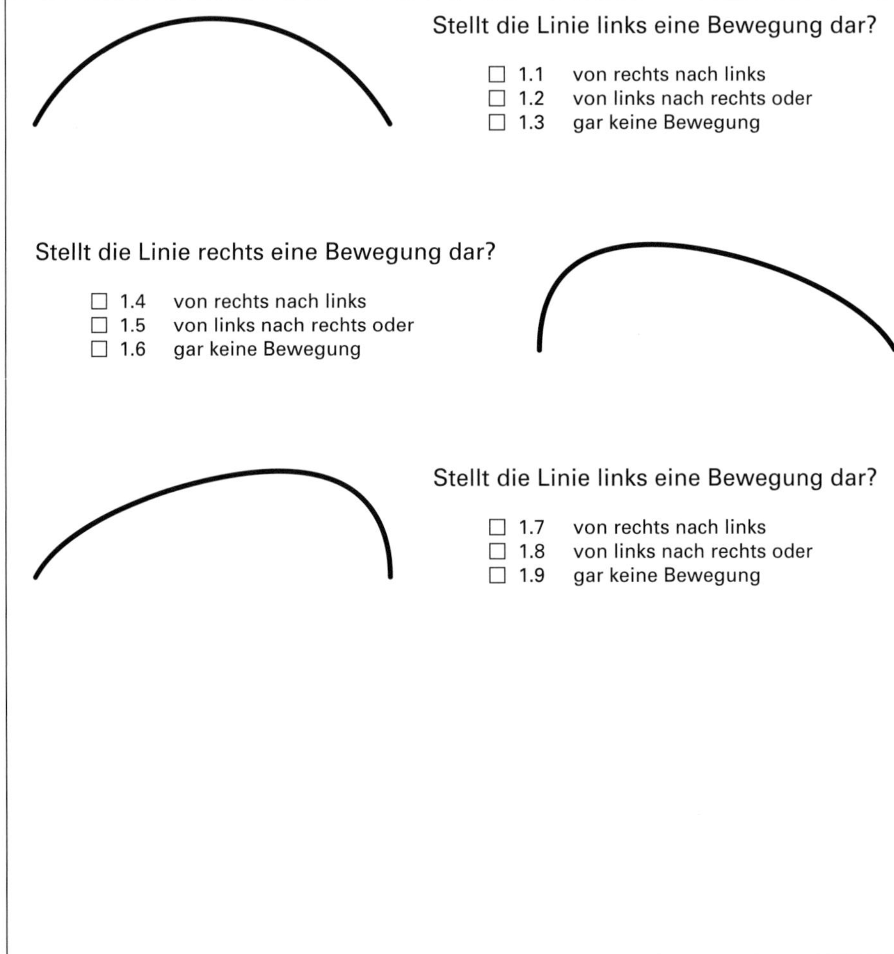

Stellt die Linie links eine Bewegung dar?
☐ 1.1 von rechts nach links
☐ 1.2 von links nach rechts oder
☐ 1.3 gar keine Bewegung
Stellt die Linie rechts eine Bewegung dar?
☐ 1.4 von rechts nach links
☐ 1.5 von links nach rechts oder
☐ 1.6 gar keine Bewegung
Stellt die Linie links eine Bewegung dar?
☐ 1.7 von rechts nach links
☐ 1.8 von links nach rechts oder
☐ 1.9 gar keine Bewegung

Ich sehe

- ☐ 2.1 eine Bewegung von links nach rechts
- ☐ 2.2 eine Bewegung von rechts nach links
- ☐ 2.3 gar keine Bewegung

Ich sehe

- ☐ 2.4 eine Bewegung von links nach rechts
- ☐ 2.5 eine Bewegung von rechts nach links
- ☐ 2.6 gar keine Bewegung

Ich sehe

- ☐ 2.7 eine Bewegung von links nach rechts
- ☐ 2.8 eine Bewegung von rechts nach links
- ☐ 2.9 gar keine Bewegung

Ich sehe

- ☐ 2.10 eine Bewegung von links nach rechts
- ☐ 2.11 ein starres unbewegliches Gebilde
- ☐ 2.12 eine Bewegung von rechts nach links
- ☐ 2.13 eine undeutliche Bewegung

Ich sehe

- ☐ 2.14 eine Bewegung von links nach rechts
- ☐ 2.15 ein starres unbewegliches Gebilde
- ☐ 2.16 eine Bewegung von rechts nach links
- ☐ 2.17 eine undeutliche Bewegung

Ich sehe

- ☐ 2.18 eine Bewegung von links nach rechts
- ☐ 2.19 ein starres unbewegliches Gebilde
- ☐ 2.20 eine Bewegung von rechts nach links
- ☐ 2.21 eine undeutliche Bewegung

2. Bewegung, Fläche

Die wahrgenommene Bewegung hängt wesentlich von der Verdichtung bzw. Lockerung in Leserichtung ab.

Häufigkeit der Bewertung:

- 2.1: 65,7%
  2.2: 30,7%
  2.3: 3,6%
- 2.4: 0,7%
  2.5: 0,7%
  2.6: 98,6%
- 2.7: 44,5%
  2.8: 51,1%
  2.9: 4,4%
- 2.10: 34,8%
  2.11: 1,8%
  2.12: 57,1%
  2.13: 2,7%
- 2.14: 0%
  2.15: 92,7%
  2.16: 2,7%
  2.17: 4,6%
- 2.18: 63,7%
  2.19: 0,9%
  2.20: 31,8%
  2.21: 2,7%

3. Räumlichkeit

Durch Variation der Kreisabstände nach außen hin entsteht ein räumlicher Eindruck.

Häufigkeit der Bewertung:

- 3.1: 77,1%
  3.2: 13,9%
  3.3: 9%
- 3.4: 1,3%
  3.5: 98%
  3.6: 0,7%
- 3.7: 48%
  3.8: 34,4%
  3.9: 17,6%
- 3.10: 20%
  3.11: 78,9%
  3.12: 1,1%

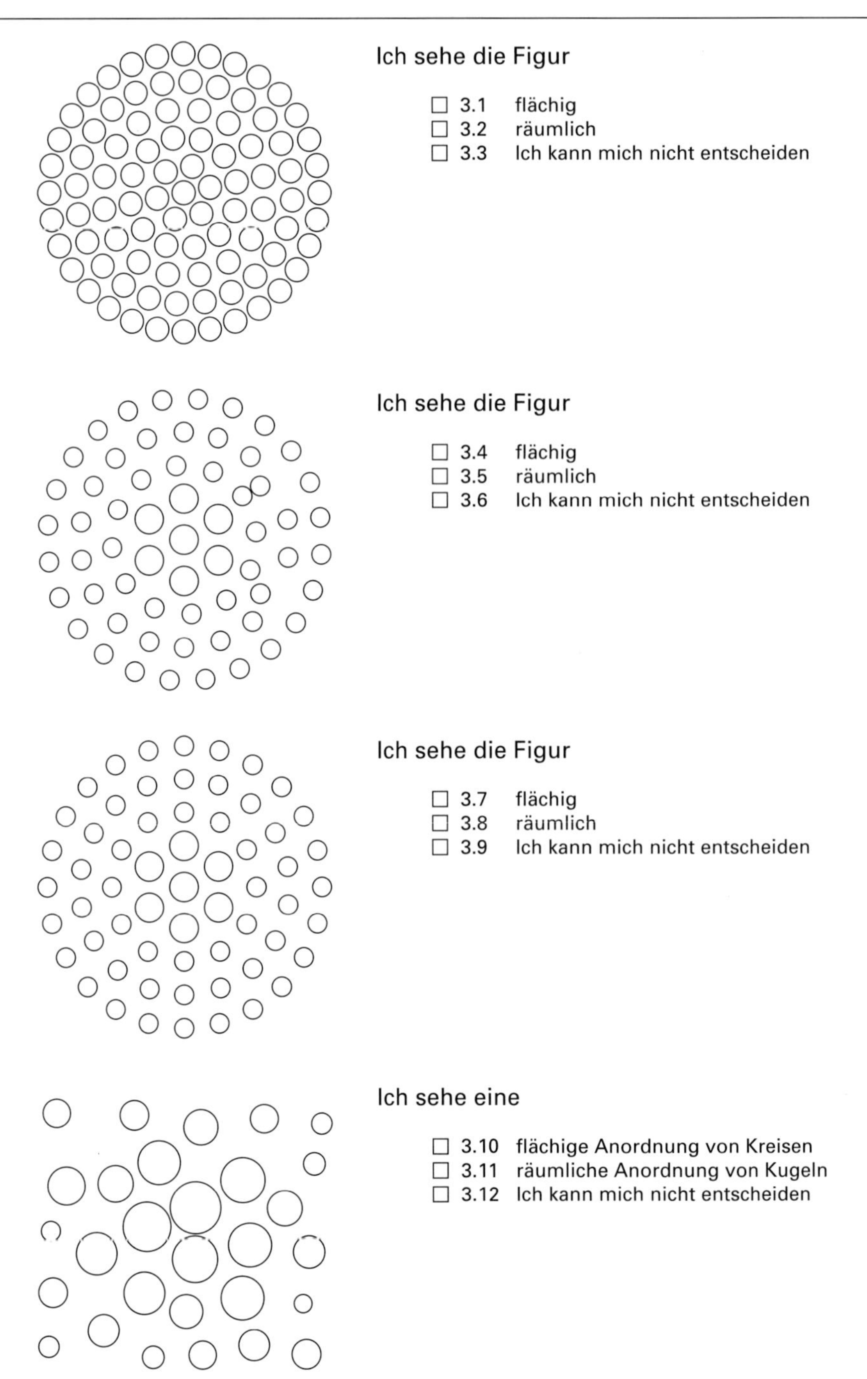

Ich sehe die Figur
☐ 3.1 flächig
☐ 3.2 räumlich
☐ 3.3 Ich kann mich nicht entscheiden
Ich sehe die Figur
☐ 3.4 flächig
☐ 3.5 räumlich
☐ 3.6 Ich kann mich nicht entscheiden
Ich sehe die Figur
☐ 3.7 flächig
☐ 3.8 räumlich
☐ 3.9 Ich kann mich nicht entscheiden
Ich sehe eine
☐ 3.10 flächige Anordnung von Kreisen
☐ 3.11 räumliche Anordnung von Kugeln
☐ 3.12 Ich kann mich nicht entscheiden

In welche Richtung weisen die 6 Linien?

- ☐ 4.1 von links nach rechts
- ☐ 4.2 von rechts nach links
- ☐ 4.3 Die Linien weisen in gar keine Richtung.

In welche Richtung weisen die 6 Linien?

- ☐ 4.4 von links nach rechts
- ☐ 4.5 von rechts nach links
- ☐ 4.6 Die Linien weisen in gar keine Richtung.

In welche Richtung weisen die 6 Linien?

- ☐ 4.7 von links nach rechts
- ☐ 4.8 von rechts nach links
- ☐ 4.9 Die Linien weisen in gar keine Richtung.

4. Richtungsweisend

Die übergeordnete einfache Form bestimmt die wahrgenommene Richtung.

Häufigkeit der Bewertung:

- 4.1: 4,47%
  2.2: 2,23%
  2.3: 92,53%
- 4.4: 13,43%
  4.5: 85,82%
  4.6: 0%
- 4.7: 26,86%
  4.8: 47,76%
  4.9: 24,62%

1.2.12 Aufgaben „Grundelemente"

Aufgabe 1.2.12.1
DIN-A-Reihe

Welchem Schema der Formatteilung folgt die DIN-A-Reihe?

Aufgabe 1.2.12.2
DIN-A-Formate

Welches Format in Millimeter hat

a. DIN A3
b. DIN A4
c. DIN A6

Aufgabe 1.2.12.3
Optisches Gleichgewicht visualisieren

Visualisieren Sie durch einfache grafische Elemente ein optisches Gleichgewicht und ein optisches Ungleichgewicht.

Aufgabe 1.2.12.4
Visuelles Gewicht

Nennen Sie vier Faktoren, die das optische Gewicht einer Flächengestaltung bestimmen.

Aufgabe 1.2.12.5
Richtung

In welcher Weise wird die aufsteigende und fallende Richtung üblicherweise dargestellt?

Aufgabe 1.2.12.6
Dynamik und Bewegung

Visualisieren Sie durch einfache grafische Elemente eine Bewegung von links nach rechts.

Aufgabe 1.2.12.7
Optische und geometrische Mitte

Wodurch unterscheiden sich optische und geometrische Mitte bei der Flächengestaltung?

Aufgabe 1.2.12.8
Goldener Schnitt

Wie lautet die Proportionsregel des goldenen Schnitts?

Aufgabe 1.2.12.9
Goldener Schnitt

Teilen Sie das Format durch eine senkrechte und eine waagerechte Linie im Verhältnis des goldenen Schnitts.

Aufgabe 1.2.12.10
Arithmetische und geometrische Folge

Wie heißt die allgemeine mathematische Form

a. der arithmetischen Folge?
b. der geometrischen Folge?

Aufgabe 1.2.12.11
Zweipunktperspektive

Zeichnen Sie die Draufsicht eines Quaders in Zweipunktperspektive.

Aufgabe 1.2.12.12
Farbwirkung

Nennen Sie die sechs Arten der Farbwirkung nach Eva Heller.

Aufgabe 1.2.12.13
Wirkung von Farbe im Umfeld

Visualisieren Sie mit Buntstiften oder in einem Grafikprogramm am Computer die Wirkung einer Farbe im Umfeld.

Aufgabe 1.2.12.14
Farbkontrast

Welcher Farbkontrast beschreibt die Wirkung einer Farbe im Umfeld?

1.3 Typografie und Layout

1.3.1 Kurze Schriftgeschichte

Schreiben und Zeichnen war ursprünglich eins. Die gleiche Hand, das gleiche Werkzeug, das gleiche Material formte die Zeichen. Nur ein Bedürfnis lag zugrunde: sich anderen mitzuteilen, Zeichen zu geben und wichtige Informationen weiterzureichen.

Bevor es Schrift gab, verständigten sich die Menschen mit Hilfe der verschiedensten Zeichen – Rauchzeichen, Trommelzeichen, Kerbhölzer und Knotenschnüre waren einige Informations- und Kommunikationsmittel.

Die erste nichtflüchtige Kommunikationsform in der Entwicklung des Menschen waren auf einem Informationsträger gezeichnete Bilder, das Aneinanderreihen von Symbolen und Zeichnungen. Wir kennen derartige „Zeichen" aus den Höhlenmalereien. Die ersten Höhlenbilder dienten nicht nur der kurzfristigen Information, sondern sollten der Nachwelt das Leben, die Sitten und Gebräuche der Ahnen übermitteln.

Die alten Bilderschriften wurden unabhängig von einem bestimmten Wortlaut gedeutet. Die Piktografie als erste primitive Bilderschrift verfügt noch nicht über eine einheitliche Wortbedeutung. Die dargestellten Bildfiguren ließen noch die unterschiedlichsten Deutungen und Aussprachen zu, eine Lautvorstellung war noch keinem bestimmten Bild zugeordnet.

Die Ideografie war die Weiterentwicklung der Bilderschrift zur Wortbilderschrift. Einzelne Bildformen hatten bereits eigene, festgelegt Bedeutungen.

Die für die Schriftgeschichte bedeutendste Silbenschrift mit sehr bildhaftem Charakter entstand in Ägypten. Die Hieroglyphen sind der direkteste Vorfahre unserer heutigen Schriftzeichen. Die Schrift setzt sich zusammen aus Zeichen für die heiligen Göttergestalten in Tier- und Menschenform. Daneben stehen abstrakte Lautzeichen, die als Regulativ oder Anweisung für die Aussprache dienen. Aus den ägyptischen Hieroglyphen entwickelten die Phönizier, ein Seefahrer- und Handelsvolk, phonetische Bildzeichen.

Das immer größer werdende Kommunikationsbedürfnis durch den zunehmenden Handel verlangte eine Vereinfachung vorhandener Bildzeichen. Die Phönizier schufen ein Alphabet, bestehend aus 22 Konsonanten. Dieses Alphabet wurde etwa ab dem 13. Jahrhundert v. Chr. von den Griechen erweitert. Um 1100 v. Chr. war aus den phönizischen Schriftzeichen ein Alphabet mit 24 Zeichen entstanden. Mit diesen 24 Darstellungselementen konnte jeder Text wiedergegeben werden. Von Griechenland aus gelangte es nach Italien und wurde dort zum lateinischen Alphabet.

Das erste lateinische Alphabet bestand nur aus Großbuchstaben, Versalien, und wurde vor allem in der Baukunst verwendet. Die Gebrauchsschriften (Capitalis rustica und Majuskelkursiv) entwickelten sich, als mit der Feder auf Pergament und mit dem Ritzgriffel auf Ton- und Wachstafeln geschrieben wurde. Je mehr und je schneller geschrieben wurde, desto flüchtiger wurden die Buchstaben aneinander gereiht, es bildete sich die Minuskelkursive.

Parallel zu diesen Gebrauchsschriften entwickelte sich eine aus Versalien bestehende, formschöne, harmonische Schrift, die Capitalis quadrata. Buchstabenform und -abstände, Wort- und Zeilenabstände baute auf den Gesetzen des goldenen Schnittes auf. Die merowingische Buchminuskel, auch Unziale, leitet sich ebenso wie die Weiterentwicklung zur humanistischen Minuskel aus der Capitalis quadrata ab. Zur Zeit

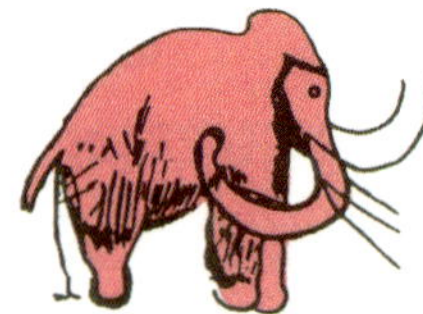

Höhlenmalereien

Oben:
Malerei aus der Höhle von Les Combarelles in farbiger Darstellung.
Mitte:
Fallender Krieger.
Fundort: Valltora-Schlucht in Spanien.
Unten:
Hirsche in Braun.
Fundort: Valltora-Schlucht in Spanien.

Phönizische Schrift

Griechische Schrift

Capitalis Monumentalis

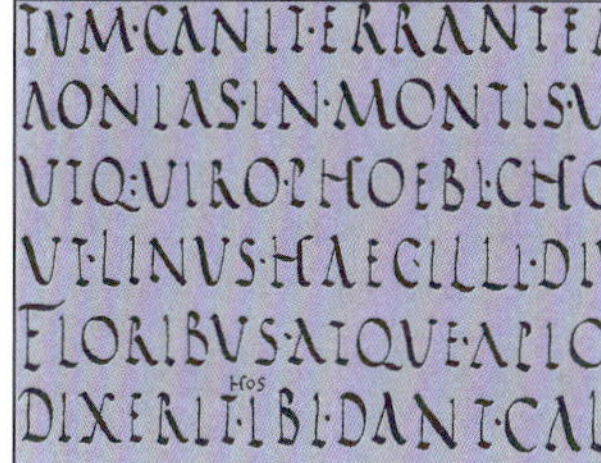

Capitalis rustica

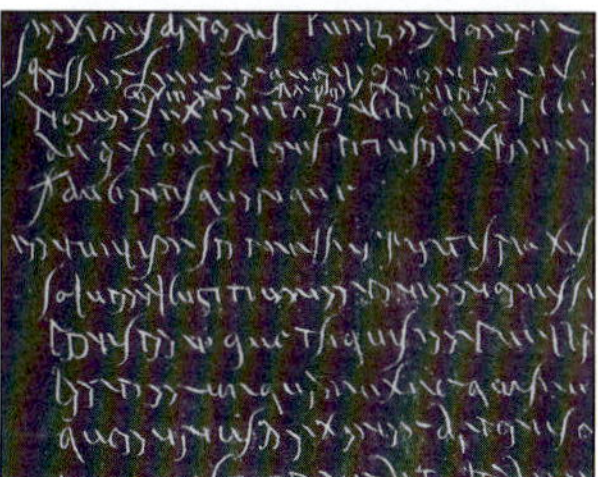

Majuskel kursiv

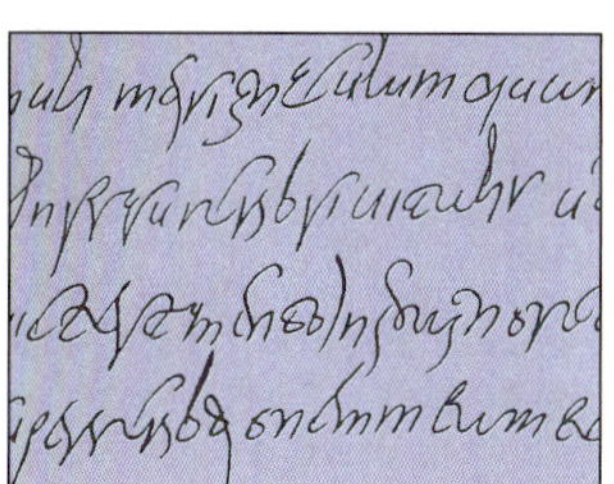

Minuskel kursiv

Capitalis quadrata

Stationen der Schriftentwicklung

der Gotik schrieb man nur noch den ersten Buchstaben eines Wortes in Versalien, also als Uniziale.

In der Renaissance stellte man der humanistischen Minuskel die römische Capitalis als Versalie voran. Unsere Buchstaben, vor allem die Versalien, gehen aus den Grundformen Dreieck, Quadrat und Kreis hervor. Die Kleinbuchstaben, Gemeinen, weisen einen wesentlich größeren Formenreichtum als die Versalien auf. Nicht alle Buchstaben bestehen aus diesen reinen Formen, sondern aus Mischformen.

1.3.2 Schriftklassifizierung

Betrachten Sie Ihre Mitmenschen – Sie finden anmutige, elegante, rundliche, schwerfällige, farbige, farblose, junge, alte, schmale, sympatische, unsympatische, hübsche und weniger hübsche Mitbewohner dieser Welt. So wie unsere vielen Mitmenschen unterschiedlich auf uns wirken, ist es auch mit der Vielzahl der Schriften – jede ist irgendwie anders.

Wir Menschen haben im Laufe der Zeit die Eigenart entwickelt, dass wir in unübersichtliche Dinge oder Sachverhalte logische Strukturen hineinbringen wollen. So geht uns dies auch mit der Schrift. Die verschiedensten Druckereien, Hochschulen und Normungs-Institutionen haben versucht, möglichst alle vorhandenen Druckschriften in Ordnungsschemata zu bringen. Dabei sind in vielen Ländern die unterschiedlichsten Ordnungssysteme entstanden, welche mehr oder weniger brauchbar waren. So richtig gut gelungen ist dies aber lange nicht.

Ein einfacher Ordnungsversuch bestand darin, die Schriften nach ihren Entstehungsjahren oder einfach nach den Schriftkünstlern zu strukturieren. Übrig blieb eine Liste der wichtigsten Schriften mit ihren Schöpfern und das Entstehungsjahr der jeweiligen Schrift:

Schrift	Schriftkünstler	Entstehungsjahr
Garamond	Claude Garamond	1532
Baskerville	John Baskerville	1754
Bodoni	Giambattista Bodoni	1789
Walbaum	Erich Walbaum	1810
Caslon	William Caslon	1816
Gill	Erich Gill	1927
Futura	Paul Renner	1928
Times	Stanley Morrison	1931
Palatino	Hermann Zapf	1950
Clarendon	H. Eidenbenz	1951
Helvetica	Max Miedinger	1957
Univers	Adrian Frutiger	1957
Rotis	Ottl Aicher	1988
Stone-Familiy	Summer Stone	1991
Swift	Gerhard Unger	1995
Landry Gothic	Andrew Leman	2003

Dieser Ordnungsversuch ist sicherlich nicht geglückt, aber Sie haben immerhin einige der bedeutendsten Schriftkünstler Europas mit Namen kennen gelernt. Zwei brauchbare Ordnungssysteme werden Ihnen auf den folgenden Seiten vorgestellt:

- Schriftklassifikation nach DIN 16 518 aus dem Jahr 1964,
- Schriftklassifikation nach DIN 16 518 aus dem Jahr 1998 (Entwurf).

Die

JUNGFRAU VON ORLEANS

EINE ROMANTISCHE TRAGÖDIE

VON

SCHILLER

Mit einem Kupfer

BERLIN.
Bei Johann Friedrich Ungel.
1802

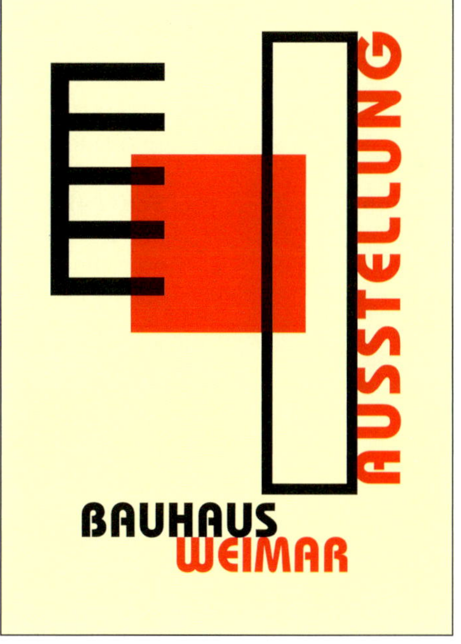

Verschiedene Schriftanwendungen
(im Uhrzeigersinn)

Traktätchen Berlin 1802

Schmuckalphabet, Wien 1844

Bauhaus Weimar, Ausstellungsplakat 1923

Ausstellungsplakat Dokumenta Kassel 1968

1.3.2.1 Schriftklassifikation nach DIN 16 518 – 1964

Schneidler	**Gruppe 1:**	**Venezianische Renaissance-Antiqua** Entwickelt aus der humanistischen Minuskel des 15. Jahrhunderts. Wurde mit einer schräg angesetzten Feder geschrieben. Feine Strichformen.
Garamond	**Gruppe 2:**	**Französische Renaissance-Antiqua** Ähnlich wie die Venezianische Renaissance-Antiqua, wird leicht mit dieser verwechselt. Insgesamt hat die Schrift gröbere Strichformen.
Times Baskerville	**Gruppe 3:**	**Barock-Antiqua** Sie wurde von der Kunst des Kupferstichs beeinflusst und weist daher größere Unterschiede in ihren Strichstärken auf.
Bodonie **Bodonie**	**Gruppe 4:**	**Klassizistische Antiqua** Orientiert sich an den klassischen römischen Schriften. Weist große Unterschiede in den Strichstärken auf und hat waagerechte Anstriche.
Clarendon **Wanted**	**Gruppe 5:**	**Serifenbetonte Linear-Antiqua** Die Grundstriche und die waagerechten Striche sind fast identisch oder gleich. Die Serifen sind stark ausgeprägt.
Univers Rotis	**Gruppe 6:**	**Serifenlose Linear-Antiqua** Bei den meisten Schriften dieser Gruppe erscheinen die Strichstärken optisch gleich stark zu sein.
Curlz, **Boeklin**	**Gruppe 7:**	**Antiqua-Varianten** Hierzu zählen alle Schriften, deren Zuordnung zu den anderen Antiqua-Gruppen nicht eindeutig möglich ist.
Künstler-Script	**Gruppe 8:**	**Schreibschriften** Dies sind die zur Druckschrift gewordenen lateinischen Kanzlei- und Schulschriften.
Chancery *Zapfino*	**Gruppe 9:**	**Handschriftliche Antiqua** Eine zur Handschrift gemachte Druckschrift. Die Schriften der Gruppe 8 und 9 gehören zu den Akzidenzschriften.

Gruppe 10: **Gebrochene Schriften**
Erkennbar an den gebrochenen Rundungen. Es gibt fünf Untergruppen: a) Gotisch, b) Rundgotisch, c) Schwabacher, d) Fraktur, e) Fraktur-Varianten.

Klingspor-Gotisch
Fette Fraktur

Gruppe 11: **Fremde Schriften**
Alle Schriften nicht lateinischer Herkunft

ԱԲԳԴԵԶԷԸԹԺԻԼԽԾԿ
ՄՅՆՇՈՉՊՋՌՍՎՏՐՑՒ
աբգդեզէըթժիլխծկհձղ

Die Schriftklassifikation nach DIN 16 518 aus dem Jahr 1964 ist ein Ordnungssystem, das viele Jahre Bestand hatte und heute noch gültig ist. Hier liegt ein Ordnungssystem vor, in welches sich alle gängigen Druckschriften einordnen lassen. Diese Schriftklassifikation ist in der Fachwelt eingeführt, wird in Schulen und Hochschulen gelehrt und gelernt und doch sind viele Typografen mit dieser Klassifikation nicht glücklich. Ob diese Klassifikation tatsächlich noch einen praktikablen Standard darstellt, wird von vielen in der Druck- und Medienindustrie in Frage gestellt. Daher wird seit Jahren der Versuch unternommen, eine etwas logischere und übersichtlichere Ordnung für die Vielfalt der verfügbaren Schriften zu entwickeln. Dies ist kein einfaches Unterfangen, da sich zwar eine Vielzahl von Ordnungskriterien finden lassen, die letztendlich aber alle zu keinem einfacheren und übersichtlicheren Schriftordnungssystem geführt haben.

1998 wurde eine neue Schriftklassifikation nach DIN 16 518 als Entwurf vorgestellt. Die alte Norm aus dem Jahr 1964 wurde mit diesem Entwurf vollständig überarbeitet. Ein neues, durchaus als besser zu bezeichnendes Ordnungsschema wurde eingeführt und der Fachwelt vorgestellt. Der Normentwurf ist seit 1998 in der Diskussion, verabschiedet wurde er bislang als gültige Norm noch nicht. Stattdessen wurden von Max Bollwage (2000) und Hans Peter Willberg (2001) alternative Ordnungsschemata vorgelegt.

Keines der neuen Ordnungssysteme hat sich bis heute als großer Wurf herausgestellt und durchgesetzt – daher müssen wir mit der neuen Norm nach DIN 16 518 aus dem Jahr 1998 leben, da deren Bezeichnungen und Benennungen z.B. bei Schriftbestellungen und Verlagsverträgen bindend sein können.

Dieser Normentwurf nach DIN 16 518 (1998) wird Ihnen auf der folgenden Seite vorgestellt.

1.3.2.2 Schriftklassifikation nach DIN 16 518 – 1998

Der Klassifizierungsentwurf für Druckschriften nach DIN 16 518 von 1998 versucht, die Vielzahl der Schriften in fünf Gruppen einzuordnen. Die Norm dient der Auswahl, Einordnung und Bestimmung der Schriften. Durch die Reduzierung der Schriftklassen auf fünf Gruppen soll eine leichter überschaubare und besser nachvollziehbare Einteilung ermöglicht werden.

Gruppe 1 Gebrochene Schriften	Gruppe 2 Römische Serifen-Schriften	Gruppe 3 Lineare Schriften	Gruppe 4 Serifenbetonte Schriften	Gruppe 5 Geschriebene Schriften
1.1 Gotische Fraktur	2.1 Renaissance-Antiqua Garamond	3.1 Grotesk Univers	4.1 Egyptienne Egyptienne	5.1 Flachfederschrift Zapf Chancery
1.2 Rundgotisch Wallau	2.2 Barock-Antiqua Times	3.2 Anglogrotesk Franklin Gothic	4.2 Clarendon Clarendon	5.2 Spitzfederschrift Schreibschrift
1.3 Schwabacher Alte Schwabacher	2.3 Klassizismus-Antiqua Bodonie	3.3 Konstruierte Grotesk Bauhaus	4.3 Italienne Italiene	5.3 Rundfederschrift Bradley Hand
1.4 Fraktur Fette Fraktur		3.4 Geschriebene Grotesk Optima		5.4 Pinselschrift Brush
1.5 Varianten	2.5 Varianten CAPITALIS	3.5 Varianten Marker Felt	4.5 Varianten Boton	5.5 Varianten Curlz
1.6 Dekorative Duc de Berry	2.6 Dekorative Arnold Böcklin Bordeaux Roman	3.6 Dekorative COOPER BLACK	4.6 Dekorative Nubian	5.6 Dekorative PAPYRUS

ABCDEFGH
IJKLMNOPQSTUVWXYZ

ABCDEFGH
IJKLMNOPQSTUVWXYZ

abcdefghijklmnopqrstuvwxyz 1234567890
abcdefghijklmnopqrstuvwxyz 1234567890

Die hier gezeigten Schriftgrade und Schnitte sind aus der Linotype Library Gold Collection entnommen.

Auf die rationale und optimale Lösung einer Entwurfsaufgabe kam es ihnen einst an der Ulmer Hochschule für Gestaltung an. Sie glaubten, mit einem

Auf die rationale und optimale Lösung einer Entwurfsaufgabe kam es ihnen einst an der Ulmer Hochschule für Gestaltung an. Sie glaubten, mit einem

Auf die rationale und optimale Lösung einer Entwurfsaufgabe kam es ihnen einst an der Ulmer Hochschule für Gestaltung an. Sie glaubten, mit einem Begriff von Gestaltung,

Auf die rationale und optimale Lösung einer Entwurfsaufgabe kam es ihnen einst an der Ulmer Hochschule für Gestaltung an. Sie glaubten, mit einem Begriff von

Auf die rationale und optimale Lösung einer Entwurfsaufgabe kam es ihnen einst an der Ulmer Hochschule für Gestaltung an. Sie glaubten, mit einem Begriff von Gestaltung, der den

Auf die rationale und optimale Lösung einer Entwurfsaufgabe kam es ihnen einst an der Ulmer Hochschule für Gestaltung an. Sie glaubten, mit einem Begriff von Gestaltung, der den

Auf die rationale und optimale Lösung einer Entwurfsaufgabe kam es ihnen einst an der Ulmer Hochschule für Gestaltung an. Sie glaubten, mit einem Begriff von Gestaltung, der den ganzen

Auf die rationale und optimale Lösung einer Entwurfsaufgabe kam es ihnen einst an der Ulmer Hochschule für Gestaltung an. Sie glaubten, mit einem Begriff von Gestaltung, der den ganzen

Schriftdarstellung

Schrift Rotis in einem Schriftmusterbuch

1.3.3 Der Buchstabe

Der Buchstabe ist das kleinste typografische Element unserer Sprache. Aus der Summe der einzelnen Zeichen setzen sich in den unterschiedlichsten Kombinationen alle Informationen unserer Sprache zusammen. Um mit den Buchstaben, also den Versalien, Gemeinen und Zeichen eines Alphabetes, Informationen zu übermitteln, ist es unabdingbar, einige Grundinformationen über unsere Schrift zu wissen. Nur wer Grundwissen über die „Architektur" der Buchstaben besitzt, kann typografisch arbeiten – also mit den Formen der Buchstaben schreiben, gestalten und damit Informationen transportieren.

Fachbezeichnungen

Am Beispiel der Schriften Palatino und Helvetica und den auf dieser Doppelseite gezeigten Abbildungen werden Ihnen die wichtigsten Fachbegriffe zu Buchstaben und Schrift genannt und auch optisch verdeutlicht.

Schriftgröße oder Schriftgrad

Dieses Werk wurde in der Schrift Univers gesetzt. Der Schriftgrad für die Grundschrift beträgt 9 Punkt. Die Bezeichnung 9 Punkt stammt aus dem typografischen Maßsystem. Schriftgrößen werden meistens in typografischen Punkten angegeben. Im Bleisatz waren diese Schriftgrößen standardisiert (z.B. 8 pt, 9 pt, 10, 12, 14 pt). Der Computersatz lässt beliebige Schriftgrößen zu, die beim Satz im entsprechenden Menü eingegeben werden. So sind die Bildunterschriften und Marginalien in diesem Buch in der Schriftgröße Univers 7,5 pt gesetzt. Die Angabe einer Schriftgröße in mm ist ebenfalls möglich.

Das Vier-Linien-System der Schrift

zeigt
- die Gesamtschrifthöhe
- die Oberlänge
- die Mittellänge
- die Unterlänge an.

Die Ober- und Mittellänge bilden die Versalhöhe. Oberlänge, Mittel- und Unterlänge ergeben die Schrifthöhe.

4
10 Hamburgo 11
1 6
2 5 7 8 12
3 9 13

Fachbezeichnungen am Musterwort „Hamburgo"

1 = Hauptstrich/Grundstrich
2 = Haarstrich
3 = Serife (siehe unten)
4 = Scheitel
5 = Bauch
6 = Anstrich
7 = Kehlung
8 = Endstrich
9 = Symmetrieachse
10 = Versalhöhe
11 = Oberlänge
12 = Mittellänge oder Höhe der Gemeine
13 = Unterlänge

Diese Fachbezeichnungen sind gültig für alle Schriften und für alle Schriftschnitte.

Verschiedene Serifen

Runde und betonte Serifenform sowie mit Haarstrichen.

Benennungen an Schriften 1

1 = Schrifthöhe
2 = Versalhöhe
3 = Mittellänge
4 = Oberlänge
5 = Unterlänge

Benennungen an Schriften 2

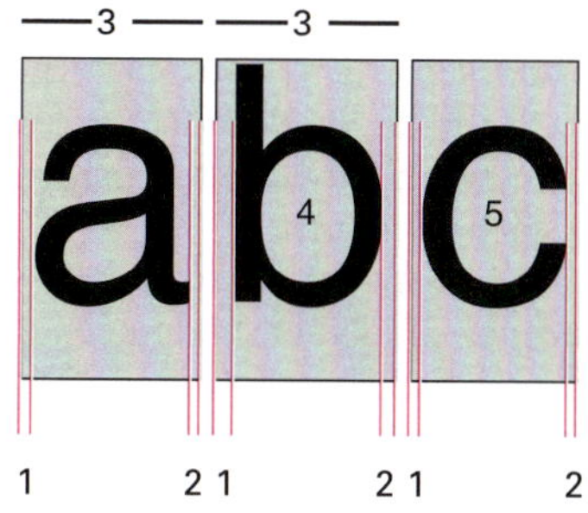

1 = Vorbreite
2 = Nachbreite
3 = Zeichenbreite oder Dickte
4 = Geschlossene Punzen
5 = Offene Punzen

Benennungen an Schriften 3

1

2

3

1 = Normalbreite
2 = Schmal
3 = Breit

AAA HHH NNN

ttt mm gg fff oo

Schriftbildgrößen verschiedener Schriften

- Verschiedene Versalhöhen bei gleichem Schriftgrad.
- Die Oberlängen sind unterschiedlich.
- Unterschiedliche Unterlängen
- Unterschiedliche Mittellängen
- Oberlängen gehen zum Teil über die Versalhöhe.
- Gleich ist immer die Schriftlinie.

1.3.4 Schriftfamilie

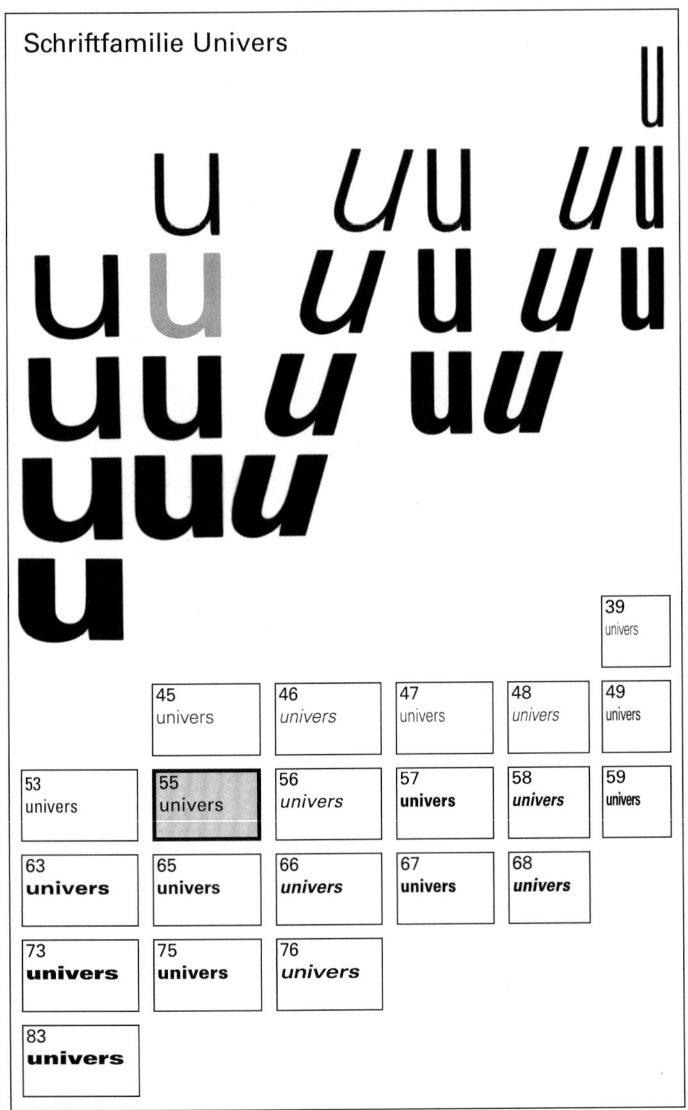

Schriftfamilie Univers

von Adrian Frutiger mit allen verfügbaren Schriftschnitten

Eine Schriftfamilie umfasst alle Schnitte einer Schrift, die vom Schriftkünstler geschaffen wurden. Wie viele Schnitte eine Schrift aufweist, hängt vom jeweiligen Schriftkünstler ab – der eine zeichnet mehr, der andere weniger.

Üblicherweise gibt es aber immer die folgende Schnitte, die sich durch die Lage der Formelemente (normale oder kursive Strichlage), die Strichstärke (leicht, halbfett und fett) sowie die Laufbreite (schmal, normal, breit und extrabreit) unterscheiden. Der Begriff „normal" wird üblicherweise nicht verwendet, es sei denn, eine Schrift weist zwei magere Schnitte auf.

Für die jeweiligen Abstufungsbezeichnungen sind sowohl deutsche als auch englische Bezeichnungen geläufig. Da Schriften aus allen Ländern zu uns gelangen, finden Sie hier die international üblichen Bezeichnungen wie Light, Normal, Book, Light-Italic, Italic, Bold, Extra Bold, Extra Black Bold, Ultra Black, Semibold, Black Italic, Oblique, Kursiv.

Links sehen Sie die Schriftfamilie der Univers von Adrian Frutiger mit den verfügbaren Schriftschnitten. Mit der Univers wurde erstmals konsequent eine Schrift entworfen, bei der alle denkbaren Schnitte bereits bei der Entwicklung mit berücksichtigt wurden. Bis dahin hatte eher der Markterfolg einer Schrift zur Erweiterung einer Schriftfamilie geführt. Ein Beispiel dafür ist die Schrift Futura, die es im Laufe ihrer Entwicklung auf über zwanzig Varianten brachte.

Die Univers 55 ist der Ausgangsschnitt oder der Normalschnitt dieser Schriftfamilie. Alle Schnitte sind durch Zahlen gekennzeichnet. In der Praxis wird z.B. die Univers 83 als UniversExtraBlackExt von der Firma Linotype angeboten. Es wird also sowohl mit den Kennzahlen als auch mit den üblichen Schriftschnittbezeichnungen gearbeitet oder es werden Kombination beider Benennungssysteme verwendet.

Schriftarten und ihre Kennzeichen
Der Begriff Schrift umfasst für einen Schriftkünstler die Gesamtheit der Buchstaben eines Schriftgrades, also das vollständige Alphabet der Versalien und Gemeinen einschließlich möglicher Ligaturen, Ziffern und Punkturen. Weiter gehören dazu sämtliche Zeichen, die für den Fremdsprachensatz erforderlich sind. Nur bei Antiqua-Schriften kamen früher üblicherweise noch die Kapitälchen hinzu, zwischenzeitlich sind durch die Möglichkeit der elektronischen Schriftveränderung Kapitälchen bei allen Schriften möglich.

Die Gesamtheit der Formen einer Schrift ergibt die Schriftart. Es werden gebrochene Schriften, römische Serifenschriften, lineare Schriften, serifenbetonte Schriften und geschriebene Schriften unterschieden.

Jede Schrift weist bestimmte Merkmale auf, die nur für die betreffende Schriftart typisch sind. Werden die Formelemente verändert, so entsteht ein anderer Schriftcharakter. Derartig typische Schriftmerkmale sind bei den gebrochenen Schriften z.B. die Würfel am Kopf und Fuß der Geraden, ferner die Gabelung am Kopf der Buchstaben b, h und l. Der Schnörkel, auch Elefantenrüssel genannt, ist ein herausragendes Kennzeichen der Frakturversalien.

Gebrochene Schriften
Wilhelm Klingspor Gotisch

Römische Serifenschrift
Times

Lineare Schrift
Univers 55

Serifenbetonte Schrift
Clarendon

Geschriebene Schrift
KünstlerScript

Die typischen Formmerkmale der römischen Schriften sind die senkrechten Grundstriche, die waagerechten Querstriche, die Dach- bzw. Anstriche bei den Kleinbuchstaben sowie die manchmal sehr deutlichen Unterschiede in den Strichstärken bei Grund- und Haarstrichen. Auslaufpunkte bei Buchstaben wie a, c, f, g, r sind festzustellen. Die Versalien weisen deutliche Serifen auf, die sich bei manchen Schnitten zu optischen Dreiecken bei den Versalien E, F, L, T, Z ausbilden.

Alle linearen Schriften haben keine Anstriche, keine Serifen und weisen eine fast gleichmäßige Strichstärke auf. Bei manchen linearen Schriften ist deutlich die Konstruktion mit den geometrischen Grundformen Kreis, Dreieck und Rechteck (Quadrat) erkennbar.

Serifenbetonte Schriften weisen eine deutliche Angleichung der Serifen an die Grundstriche auf. Wobei hier bei den Italienneschnitten bereits eine Überbetonung der Serifen zum Charakter der Schrift gehört.

Schreibschriften sind im Prinzip Kursivschriften mit der Eigenart, dass die einzelnen Buchstaben untereinander verbunden sind. Dadurch entsteht der Eindruck einer flüssig geschriebenen Schrift. Manchen Schreibschriften ist charakteristisch, dass das Schreibwerkzeug erkennbar ist. Wir erkennen hier Schriften, die z.B. deutlich den Charakter der Pinselzug- oder Spitzfederschrift aufweisen.

Versalien = Großbuchstaben
Gemeine = Kleinbuchstaben
Ligaturen = Doppelbuchstaben
Punkturen = Interpunktionszeichen

Siehe Abschnitt 1.2.3.2 „Schriftklassifikation nach DIN 16518 – 1998“

1.3.5 Buchstabenbreite und Laufweite

Vgl. Kapitel 1.3.3

In Kapitel 1.3.3 haben Sie den Aufbau und die Benennungen der Buchstaben kennen gelernt. Dabei wurden die Begriffe „Vorbreite", „Nachbreite" und „Zeichenbreite (Dickte)" als wichtige Begriffe an Beispielen erläutert.

Ein Schriftkünstler, der eine Schrift entwickelt, hat die Vor- und Nachbreite sowie die Buchstabendickte optimal auf die Schrift und die damit verbundene Lesbarkeit abgestimmt. Damit wird erreicht, dass möglichst viele verschiedene Buchstabenkombinationen gleichartige Abständen zueinander aufweisen und somit ein einheitliches und gleichmäßiges Graubild ergeben. Der Leser erfasst eine gut zugerichtete Schrift schnell und ohne Anstrengung.

Unterschneiden = Verringern der Buchstabenabstände

Spationieren = Vergrößern der Buchstabenabstände

In eine derartig vom Schriftkünstler zugerichtete Schrift sollte der Mediengestalter möglichst nicht eingreifen. Sollte dies aus verschiedenen Gründen einmal notwendig sein, so spricht man vom Unterschneiden bzw. vom Spationieren einer Schrift. Technisch bedeutet dieses Unterschneiden bzw. Spationieren, dass zwischen den Buchstaben zur vorhandenen Vor- und Nachbreite noch Einheiten abgezogen oder addiert werden. Im untenstehenden Beispiel ist dies am Wort „Heidelberg" gezeigt. Die entsprechenden Einstellungen sind jeweils angegeben (Programm QuarkXPress).

Heidelberg	Einstellung ± 0
Heidelberg	Einstellung + 5
Heidelberg	Einstellung – 5

Laufweitenänderung – wann ist das erlaubt?

Schriften sind in der Regel für die Schriftgrade 8 bis 14/18 p gut zugerichtet. Die Lesbarkeit ist auf diese Größen optimiert und es ergibt sich normalerweise keine Situation, bei diesen Schriftgraden die Laufweite zu verändern. Allerdings kann es vorkommen, dass dies trotzdem notwendig wird. Dies kann in folgenden Fällen sein:

- Zur Vermeidung unschöner Trennungen vorwiegend im Blocksatz. Durch Laufweitenänderung kann eine Verbesserung erreicht werden.
- Eine vorgegebene Textmenge muss in ein festgelegtes Layout eingepasst werden. Um den gesamten Text zu platzieren, kann die Laufweite reduziert werden. Damit kann der informative Text vollständig gesetzt werden, allerdings geht dies zu Lasten der Ästhetik.
- Bei einem Schriftsatz mit kleinen Schriftgraden (< 7 pt) können Sie die Laufweite geringfügig erhöhen. Dies verbessert bei vielen Schriften die Lesbarkeit.
- Verwenden Sie Schriften >20 pt, sollte die Laufweite etwas reduziert werden, um ein optisches Auseinanderfallen der Buchstaben zu vermeiden. Dies gilt insbesondere für den Satz von Headlines in Büchern, Katalogen, Titeln und besonders bei der Plakatgestaltung.
- Die Veränderung einer Schrift aus typografischen Gründen ist schwierig. Hier müssen Sie als Gestalter über viel Erfahrung und typografisches Gespür verfügen, um eine Schriftwirkung über die Laufweitenänderung zu optimieren. Verwenden Sie im Zweifel einfach eine andere, vielleicht besser geeignete Schrift für Ihren Auftrag ...

Auf die rationale und optimale Lösung einer Entwurfsaufgabe kam es ihnen einst an der Ulmer Hochschule für Gestaltung an. Sie glaubten, mit einem Begriff von Gestaltung, der den ganzen Lebensraum umfasst, und die Beschränkung auf das Funktionale, Praktische und Maßvolle die besseren Menschen für die Demokratie heranbilden zu können. Durch Max Bill, der in Dessau studiert hatte, war die HFG in Ulm zunächst am Bauhaus orientiert. An Grundlagenarbeiten sieht man schön, wie 1953 noch die Konkrete Kunst Inspirationen für Flächen- und Farbübungen war.

Der nebenstehende Text ist mit der Schrift Univers 55 mit einer normalen Laufweite gesetzt worden. Dies ergibt ein harmonisches Satzbild mit einem guten Grauwert. Die Lesbarkeit des Textes ist gut gegeben.

Auf die rationale und optimale Lösung einer Entwurfsaufgabe kam es ihnen einst an der Ulmer Hochschule für Gestaltung an. Sie glaubten, mit einem Begriff von Gestaltung, der den ganzen Lebensraum umfasst, und die Beschränkung auf das Funktionale, Praktische und Maßvolle die besseren Menschen für die Demokratie heranbilden zu können. Durch Max Bill, der in Dessau studiert hatte, war die HFG in Ulm zunächst am Bauhaus orientiert. An Grundlagenarbeiten sieht man schön, wie 1953 noch die Konkrete Kunst Inspirationen für Flächen- und Farbübungen war.

Die Laufweite der Univers 55 ist auf -2 gesetzt worden. Dies ergibt ein harmonisches Satzbild mit schmäleren Abständen und einem guten Grauwert. Die Lesbarkeit des Textes ist gut gegeben.

Auf die rationale und optimale Lösung einer Entwurfsaufgabe kam es ihnen einst an der Ulmer Hochschule für Gestaltung an. Sie glaubten, mit einem Begriff von Gestaltung, der den ganzen Lebensraum umfasst, und die Beschränkung auf das Funktionale, Praktische und Maßvolle die besseren Menschen für die Demokratie heranbilden zu können. Durch Max Bill, der in Dessau studiert hatte, war die HFG in Ulm zunächst am Bauhaus orientiert. An Grundlagenarbeiten sieht man schön, wie 1953 noch die Konkrete Kunst Inspirationen für Flächen- und Farbübungen war.

Die Laufweite der Univers 55 ist auf -4 gesetzt worden. Dies ergibt ein Satzbild mit zu engen Abständen und einem zu dunklen Grauwert. Die Lesbarkeit des Textes ist reduziert, die Buchstabenunterscheidung wird für den Leser erschwert.

Auf die rationale und optimale Lösung einer Entwurfsaufgabe kam es ihnen einst an der Ulmer Hochschule für Gestaltung an. Sie glaubten, mit einem Begriff von Gestaltung, der den ganzen Lebensraum umfasst, und die Beschränkung auf das Funktionale, Praktische und Maßvolle die besseren Menschen für die Demokratie heranbilden zu können. Durch Max Bill, der in Dessau studiert hatte, war die HFG in Ulm zunächst am Bauhaus orientiert. An Grundlagenarbeiten sieht man schön, wie 1953 noch die Konkrete Kunst Inspirationen für Flächen- und Farbübungen war.

Die Laufweite der Univers 55 ist auf +4 gesetzt worden. Dies ergibt ein Satzbild mit zu weiten Abständen und einem zu hellen Grauwert. Die Lesbarkeit des Textes ist reduziert, Wortzusammenhänge können für den Leser verloren gehen.

1.3.6 Satzarten

Blocksatz: Alle Zeilen sind gleich lang. Die Wortabstände verändern sich. Blocksatz sollte bei weniger als 40 Zeichen/Zeile nicht verwendet werden. Lassen Sie nicht mehr als drei Trennungen in Folge zu. Der Wortabstand sollte minimal 80 % und maximal 140 % der Schriftgröße betragen.

Auf die rationale und optimale Lösung einer Entwurfsaufgabe kam es ihnen einst an der Ulmer Hochschule für Gestaltung an. Sie glaubten, mit einem Begriff von Gestaltung, der den ganzen Lebensraum umfasst, und die Beschränkung auf das Funktionale, Praktische und Maßvolle die besseren Menschen für die Demokratie heranbilden zu können. Durch Max Bill, der in Dessau studiert hatte, war die HFG in Ulm zunächst am Bauhaus orientiert. An Grundlagenarbeiten sieht man schön, wie 1953 noch die Konkrete Kunst Inspirationen für Flächen- und Farbübungen war.

Flattersatz, links und rechtsbündig: Die Flatterzone sollte maximal 1/5 der Zeilenlänge entsprechen. Trennungen folgen dem Inhalt und dem Leserhythmus. Vermeiden Sie unbedingt Treppen und Löcher im Satz.

Auf die rationale und optimale Lösung einer Entwurfsaufgabe kam es ihnen einst an der Ulmer Hochschule für Gestaltung an. Sie glaubten, mit einem Begriff von Gestaltung, der den ganzen Lebensraum umfasst, und die Beschränkung auf das Funktionale, Praktische und Maßvolle die besseren Menschen für die Demokratie heranbilden zu können. Durch Max Bill, der in Dessau studiert hatte, war die HFG in Ulm zunächst am Bauhaus orientiert. An Grundlagenarbeiten sieht man schön, wie 1953 noch die Konkrete Kunst Inspirationen für Flächen- und Farbübungen war.

Rausatz: Die Zeilen flattern kaum. Die Flatterzone ist kleiner als beim Flattersatz. Es passt ungefähr so viel Text in eine Zeile wie beim Blocksatz. Es sind maximal vier Trennungen hintereinander vertretbar.

Auf die rationale und optimale Lösung einer Entwurfsaufgabe kam es ihnen einst an der Ulmer Hochschule für Gestaltung an. Sie glaubten, mit einem Begriff von Gestaltung, der den ganzen Lebensraum umfasst, und die Beschränkung auf das Funktionale, Praktische und Maßvolle die besseren Menschen für die Demokratie heranbilden zu können. Durch Max Bill, der in Dessau studiert hatte, war die HFG in Ulm zunächst am Bauhaus orientiert. An Grundlagenarbeiten sieht man schön, wie 1953 noch die Konkrete Kunst Inspirationen für Flächen- und Farbübungen war.

Mittelachsensatz: Satzachse ist die Mitte, die Zeilen flattern rhythmisch. Die Zeilenfolge ist z.B. kurz, lang, mittel, kurz. Eine Orientierung für die Zeilenfolge kann auch der jeweilige Sinnzusammenhang sein.

Auf die rationale und optimale Lösung
einer Entwurfsaufgabe kam es ihnen einst an der
Ulmer Hochschule für Gestaltung an.
Sie glaubten, mit einem Begriff von Gestaltung,
der den ganzen Lebensraum umfasst,
und die Beschränkung auf das Funktionale, Praktische
und Maßvolle die besseren Menschen
für die Demokratie heranbilden zu können.
Durch Max Bill, der in Dessau studiert hatte,
war die HFG in Ulm zunächst am Bauhaus orientiert.

Blocksatz
wird für Bücher aller Art verwendet, ist im Zeitungs- und Zeitschriftendesign anzutreffen. Der Blocksatz ermöglicht es, viel Information auf geringem Platz unterzubringen – daher ist bei Tageszeitungen der Blocksatz die Standardsatzart.

Linksbündiger Flattersatz
ist für ansprechende, ästhetisch anmutende und gut lesbare Drucksachen zu verwenden. Er ist auf Internetseiten die Standardsatzart, da dort ein Blocksatz in guter Qualität nur schwer realisierbar ist. Rechtsbündiger Flattersatz wird bei Marginalien, Bildunterschriften und bei Tabellen verwendet. Vermittelt eine schlechte Lesbarkeit, da er unseren Lesegewohnheiten widerspricht.

Rausatz
ist bei Taschenbüchern und ähnlichen Produkten zu finden, die über automatisierte Umbruchsysteme erstellt werden. Ferner ist der Rausatz im modernen Zeitschriftenbereich anzutreffen, der die Strenge des Blocksatzes zugunsten einer leichteren optischen Wirkung aufbricht.

Mittelachsensatz
findet sich bei lyrischen Gedichten, Headlines, Plakaten, Buchtiteln und ganzen Titelbogen, bei Urkunden und vergleichbaren Dokumenten. Mittelachsensatz erfordert eine gute Orientierung am Inhalt, damit der Sinnzusammenhang leicht erfasst werden kann.

WALLENSTEIN
ZWEITER
TEIL

PICCOLOMINI

DRAMATISCHE
DICHTUNG
IN FÜNF AUFZÜGEN

VON
FRIEDRICH SCHILLER

Weimar 2004

EHRENURKUNDE
Gerhard-Scheufelen-Preis 2005

Dr. Karl-Friedrich Rempfer
Universität Tübingen

Herrn Dr. Rempfer wird für herausragende
Leistungen auf dem Gebiet der Material-
forschnung, insbesondere der Erforschung
der Faserverbindungen für Rollendruckpapiere, der
Scheufelen-Preis 2005 verliehen.

Für die Stiftung

Dr. Karl Lendberg Dr. Friedericke Grosse

Stuttgart, am 12. Dezember 2005

Mittelachsensatz

Oben bei einem klassischen Buchtitel und unten bei der Ehrenurkunde einer Wissenschaftsstiftung.

1.3.7 Zeilenbreite und Lesbarkeit

Einteilung der Schriftgrößen

Konsultationsgrößen sind die Schriftgrade bis 8 Punkt. Sie werden für Marginalien, Fußnoten u. Ä. verwendet.

Lesegrößen sind die Schriftgrade von 8 bis 12 Punkt. Sie sind in Büchern, Zeitungen, Zeitschriften und Geschäftsdrucksachen zu finden.

Schaugrößen liegen zwischen 12- und 48 Punkt und werden z.B. als Headlines oder bei Kleinplakaten eingesetzt.

Plakat- oder Displayschriften liegen über 48 Punkt.

„Lesen heißt arbeiten" – ein alter Lehrsatz mit einem Kern Wahrheit für uns Gestalter. Ermöglichen wir es unseren Lesern, durch gute typografische Gestaltung das Lesen, also das Arbeiten, so leicht wie möglich zu machen.

Dazu gehört neben der Wahl der richtigen Schrift, der richtigen Schriftgröße, der richtigen Satzart, des richtigen Zeilenabstandes auch die Wahl der richtigen Zeilenbreite.

Entscheidend für den Erfolg eines Medienproduktes ist, neben dem Inhalt des Werkes, die gute Lesbarkeit des Textes – ein Leser muss einen Text mühelos, schnell und ermüdungsfrei aufnehmen können. Nur wenn uns das gelingt, ist eine erfolgreiche Arbeit des Lesens möglich.

Die typografisch korrekte Aufbereitung von Texten erlaubt dem Leser ein schnelles und müheloses Erfassen eines Textes. Um dieses Erfassen eines Textes gut zu ermöglichen, müssen wir uns kurz mit der Art, wie wir Textinformationen aufnehmen, beschäftigen.

Ein Grundschüler liest seine Wörter, zumindest am Anfang seiner Leserlaufbahn, immer buchstabenweise und setzt die Buchstaben zu einzelnen Wörtern zusammen. Ein Zusammenhang zwischen einzelnen Wörtern zu einem ganzen Satz wird im Anfangsunterricht zuerst nicht möglich sein.

Wenn ein Schüler in den höheren Klassen liest, hat sich das Leseverhalten im Vergleich zu einem Grundschulkind völlig verändert. Der geübte Leser erfasst ganze Wortgruppen und Zeilenteile. Er erkennt bekannte Wortmuster und baut aus diesen einen Sinnzusammenhang auf. Voraussetzung für das Erkennen der Wortmuster und der sich automatisch bildenden Wort- und Satzzusammenhänge ist, dass Schriftgröße, Zeilenlänge und Schriftart in einem richtigen Verhältnis stehen. Dieses Verhältnis muss so sein, dass der Leser gleichzeitig mehrere Wörter, Zeilenanfänge und Zeilenenden erfassen kann.

Unter der Mithilfe von Blickaufzeichnungskameras wurden viele Versuche zum Leseverhalten mit Personen unterschiedlichen Alters durchgeführt. Daraus ergaben sich folgende Punkte, die für das so genannte Textdesign wichtig sind:

- Es müssen gut lesbare Schriften für Mengentexte verwendet werden.
- Die Buchstaben dürfen nicht zu stark unterschnitten oder spationiert werden, da dies die Lesbarkeit stark beeinträchtigt.
- Es dürfen keine zu großen Wortabstände, vor allem beim Blocksatz, vorhanden sein. Zu große Lücken behindern die Aufnahme mehrerer Wörter und stören den Lesefluss.
- Zeilen können zu viele Buchstaben enthalten und dadurch zu lang sein. Dies verhindert die Fixation des Auges auf die nächste Zeile – der Leser verliert den Zeilensprung und hat keine oder eine schlechte Orientierung im Textblock.
- Der Zeilenabstand kann falsch sein und stört dadurch den Grauwert einer Seite. Dies führt zu einer Reduzierung des Leseflusses.
- Erleichtern Sie dem Leser durch eine geeignete Satzart und durch geeignete Einzüge die Fixierung auf die notwendigen Bezugspunkte im Textblock, um einen mühelosen Zeilenwechsel beim Lesen zu ermöglichen.
- Achten Sie bei Mengentexten auf die korrekte Schriftgröße. Größen von 8 bis 12 Punkt sind für alle Altersgruppen gut lesbar. Wenn es kleiner wird, ist es oftmals böse Absicht, dass man das „Kleingedruckte" nicht lesen kann oder soll.

Auf die rationale und optimale Lösung einer Entwurfsaufgabe kam es ihnen einst an der Ulmer Hochschule für Gestaltung an. Sie glaubten, mit einem Begriff von Gestaltung, der den ganzen Lebensraum umfasst, und die Beschränkung auf das Funktionale, Praktische und Maßvolle die besseren Menschen für die Demokratie heranbilden zu können. Durch Max Bill, der in Dessau studiert hatte, war die HFG in Ulm zunächst am Bauhaus orientiert. An Grundlagenarbeiten sieht man schön, wie 1953 noch die Konkrete Kunst Inspirationen für Flächen- und Farbübungen war.

ca. 100 Zeichen/Zeile

Auf die rationale und optimale Lösung einer Entwurfsaufgabe kam es ihnen einst an der Ulmer Hochschule für Gestaltung an. Sie glaubten, mit einem Begriff von Gestaltung, der den ganzen Lebensraum umfasst, und die Beschränkung auf das Funktionale, Praktische und Maßvolle die besseren Menschen für die Demokratie heranbilden zu können. Durch Max Bill, der in Dessau studiert hatte, war die HFG in Ulm zunächst am Bauhaus orientiert. An Grundlagenarbeiten sieht man schön, wie 1953 noch die Konkrete Kunst Inspirationen für Flächen- und Farbübungen war.

ca. 60 Zeichen/Zeile

Auf die rationale und optimale Lösung einer Entwurfsaufgabe kam es ihnen einst an der Ulmer Hochschule für Gestaltung an. Sie glaubten, mit einem Begriff von Gestaltung, der den ganzen Lebensraum umfasst, und die Beschränkung auf das Funktionale, Praktische und Maßvolle die besseren Menschen für die Demokratie heranbilden zu können. Durch Max Bill, der in Dessau studiert hatte, war die HFG in Ulm zunächst am Bauhaus orientiert. An Grundlagenarbeiten sieht man schön, wie 1953 noch die Konkrete Kunst Inspirationen für Flächen- und Farbübungen an der HFG war.

ca. 30 Zeichen/Zeile

Zeilenbreite: Die Wahl einer Zeilenbreite muss immer vor dem Hintergrund der Lesbarkeit gesehen werden.

Im oberen Beispiel liegt eine Satzbreite mit etwa 100 Buchstaben vor. Hier hat der Leser Probleme bei der Orientierung, die Fixation des Auges verliert in den langen Zeilen die notwendigen Bezugspunkte, das Lesen wird deutlich erschwert.

Beim mittleren Beispiel stimmen Schriftgröße bzw. Schriftgrad, Zeilenlänge und Buchstabenanzahl (ca. 60 Zeichen/Zeile) überein – eine gute Lesbarkeit ist hier gegeben. Ein Leser wird hier lange und mit Erfolg lesen.

Das unten gezeigte Satzmuster mit etwa 30 Zeichen/Zeile zeigt deutlich die Probleme, die beim Blocksatz entstehen, wenn die Zeilen zu kurz sind. Die Wortabstände sind zu groß, es entstehen optische Löcher im Satz, die Lesbarkeit wird deutlich verschlechtert. Das Auge muss vermehrt Fixationspunkte suchen, ermüdet dadurch schnell und der Leser verliert, ohne zu Wissen warum, die Lust am Lesen seines Textes.

1.3.8 Zeilenabstand

Der grafische
Zeilenabstand 1 2

1 = Durchschuss
2 = Zeilenabstand von Schriftlinie zu Schriftlinie

Es gibt eine Regel, die besagt, dass sich Unter- und Oberlängen nie berühren dürfen.

Es gibt für diese Regel die Ausnahme, dass Berühren erlaubt ist, wenn's besser aussieht.

Erik Spiekermann

Der Zeilenabstand ist der vertikale Abstand von Schriftlinie zu Schriftlinie. In der oberen Abbildung ist dieser Abstand durch die Ziffer 2 gekennzeichnet. Der Zeilendurchschuss, welcher die Zeilen im Abstand auseinander treibt, ist durch die Ziffer 1 markiert. Der Durchschuss ist der cyanfarben gekennzeichnete vertikale Abstand von der Schriftunterkante (Unterlänge) bis zur nächsten Schriftoberkante.

Bei den heute üblichen Grafik- und Layoutprogrammen hat es sich eingebürgert, dass als Voreinstellung für den Zeilendurchschuss 20 % der verwendeten Schriftgröße voreingestellt sind. Die Abbildung rechts zeigt diese Grundeinstellung für den automatischen Zeilenabstand im Programm InDesign und QuarkXPress. Soll dieser Abstand für einen Auftrag verändert werden, müssen die Dokumentenvorgaben auf den typografisch korrekten Wert eingestellt werden. Im gleichen Menü werden auch noch die Einstellungen für das Grundlinienraster, also für den festen Zeilenabstand (= Schrittweite) eines Grundtextes, definiert.

Den optimalen Zeilenabstand gibt es nicht. Für jede Schrift und für jede typografische Neugestaltung muss der optimale Zeilenabstand für die Lesbarkeit des neuen Produktes ermittelt werden.

Auf der gegenüberliegenden Seite sehen Sie einen Vergleich der Zeilenabstände für die 11 pt Palatino und die 11 pt Helvetica. Die Schriften sind von oben nach unten wie folgt gesetzt: 11/11pt (kompress), 11/12 pt (1 p Durchschuss), 11/13 pt (2 pt Durchschuss) und 11/14 pt (3 pt Durchschuss). Sie erkennen, dass die Palatino mit einem Durchschuss von von 1 bis 2 Punkt optimal lesbar ist, die Helvetica bei einem Durchschuss von 2 bis 3 Punkt. Je nach Duktus der Schrift ist für eine Optimierung der Lesbarkeit ein unterschiedlicher Zeilenabstand zu ermitteln. Dies erfordert vom Designer einige Erfahrung und optisches Gespür im Umgang mit derTextgestaltung.

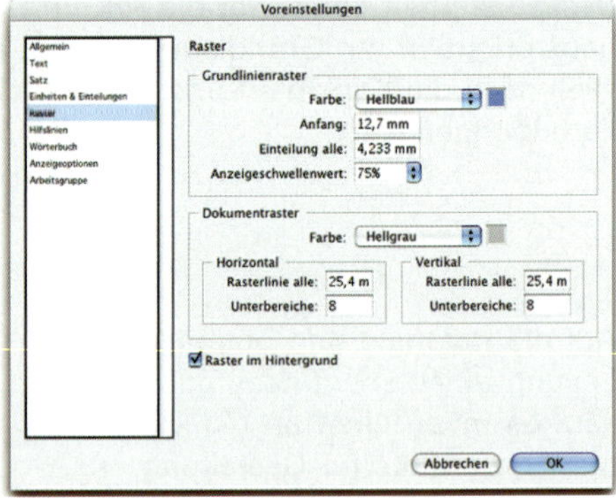

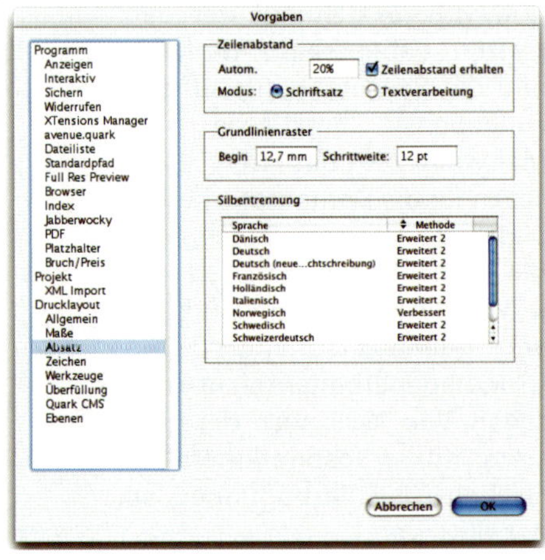

Voreinstellungen

für den Zeilenabstand und das Grundlinienraster in den Programmen Adobe InDesign (oben) und QuarkXPress (unten).

Auf die rationale und optimale Lösung einer Entwurfsaufgabe kam es ihnen einst an der Ulmer Hochschule für Gestaltung an. Sie glaubten, mit einem Begriff von Gestaltung, der den ganzen Lebensraum umfasst, und die Beschränkung auf das Funktionale, Praktische und Maßvolle die besseren Menschen

Auf die rationale und optimale Lösung einer Entwurfsaufgabe kam es ihnen einst an der Ulmer Hochschule für Gestaltung an. Sie glaubten, mit einem Begriff von Gestaltung, der den ganzen Lebensraum umfasst, und die Beschränkung auf das Funktionale, Praktische und Maßvolle die besseren Menschen

Auf die rationale und optimale Lösung einer Entwurfsaufgabe kam es ihnen einst an der Ulmer Hochschule für Gestaltung an. Sie glaubten, mit einem Begriff von Gestaltung, der den ganzen Lebensraum umfasst, und die Beschränkung auf das Funktionale, Praktische und Maßvolle die besseren Menschen

Auf die rationale und optimale Lösung einer Entwurfsaufgabe kam es ihnen einst an der Ulmer Hochschule für Gestaltung an. Sie glaubten, mit einem Begriff von Gestaltung, der den ganzen Lebensraum umfasst, und die Beschränkung auf das Funktionale, Praktische und Maßvolle die besseren Menschen

Auf die rationale und optimale Lösung einer Entwurfsaufgabe kam es ihnen einst an der Ulmer Hochschule für Gestaltung an. Sie glaubten, mit einem Begriff von Gestaltung, der den ganzen Lebensraum umfasst, und die Beschränkung auf das Funktionale, Praktische und Maßvolle die besseren Menschen

Auf die rationale und optimale Lösung einer Entwurfsaufgabe kam es ihnen einst an der Ulmer Hochschule für Gestaltung an. Sie glaubten, mit einem Begriff von Gestaltung, der den ganzen Lebensraum umfasst, und die Beschränkung auf das Funktionale, Praktische und Maßvolle die besseren Menschen

Auf die rationale und optimale Lösung einer Entwurfsaufgabe kam es ihnen einst an der Ulmer Hochschule für Gestaltung an. Sie glaubten, mit einem Begriff von Gestaltung, der den ganzen Lebensraum umfasst, und die Beschränkung auf das Funktionale, Praktische und Maßvolle die besseren Menschen

Auf die rationale und optimale Lösung einer Entwurfsaufgabe kam es ihnen einst an der Ulmer Hochschule für Gestaltung an. Sie glaubten, mit einem Begriff von Gestaltung, der den ganzen Lebensraum umfasst, und die Beschränkung auf das Funktionale, Praktische und Maßvolle die besseren Menschen

Gegenüberstellung des Zeilenabstandes der Schriften Palatino und Helvetica in der Größe 11 Punkt.

Im oberen Absatz ist der Zeilenabstand kompress, also die 11-Punkt-Schrift ist ohne Zeilenabstand gesetzt. In den dann folgenden Absätzen ist der Zeilenabstand jeweils um einen Punkt erhöht worden. Der Unterschied in der Lesefreundlichkeit der Texte wird beim Lesen der einzelnen Absätze recht schnell verdeutlicht. Versuchen Sie es!

1.3.9 Schriftmischungen

Schriftmischungen sind Zeiterscheinungen und somit aktuellen Modetrends unterworfen, sie sollten daher für langlebige Drucksachen wie Bücher oder Urkunden nicht verwendet werden.

Schriften zu mischen ist schwer und unterliegt keinen feststehenden Regeln. Schriftmischen ist eine geschmacklich gelenkte Operation, die bestimmten, auch wechselnden Schönheitsidealen unterliegt und unter anderem auch abhängig ist von den Kenntnissen über schriftgeschichtliche Zusammenhänge des jeweiligen Designers. Trotzdem lassen sich einige grundlegende Regeln aufstellen:

- Es können jederzeit Schriften einer Schriftfamilie miteinander kombiniert werden. Prinzipiell ist dies keine Schriftmischung im eigentlichen Sinn, da die verschiedenen Schnitte einer Schriftfamilie gerade für den Zweck der Auszeichnung geschaffen wurden.
- Druckarbeiten, die längere Zeit überdauern sollen, werden ohne Schriftmischung gestaltet. Schriftmischungen sind Zeiterscheinungen, aktuellen Modetrends unterworfen und daher für langlebige Drucksachen wie Bücher oder Urkunden wenig geeignet.
  Bei Druckarbeiten mit einer kurzen Lebensdauer können Schriftmischungen verwendet werden. Ihre Verweildauer beim Leser ist kurz, Modetrends und aktuelle Schriften können berücksichtigt werden.
- Schriften mit gleichartigem Duktus (= ähnliche Linienführung und Strichstärke) und ähnlichen Proportionen lassen sich gut mischen.
- Antiqua-Schriften und Schreibschriften lassen sich kombinieren, es sollte allerdings auf einen ähnlichen Duktus geachtet werden.
- Schreibschriften und Antiqua-Schriften sind in der Regel gut miteinander zu verwenden.
- Zwei gebrochene Schriften sollten nicht miteinander kombiniert werden, auch wenn der Duktus gleich oder ähnlich ist.
- Versuchen Sie, bei der Schriftmischung deutliche Kontraste zu setzen. Dies ist möglich, wenn die Schriften verschiedenen Schriftklassen angehören, aber einen deutlichen Unterschied im Ausdruck aufweisen. Kontraste erhöhen die Aufmerksamkeit und wirken auf den Leser.
- Vermeiden Sie Schriftmischungen mit Schriften, welche beide aus der gleichen Gruppe der Schriftklassifikation kommen. Deswegen sollten Sie sich mit den verschiedenen Schriftklassen unbedingt vertraut machen.

Damit Sie eine Vorstellung von gelungenen und vielleicht auch beispielhaften Schriftmischungen haben, sind auf der folgenden Doppelseite zuerst einige Schriften mit ihrem Schriftaufbau bzw. Duktus dargestellt. Es werden für jede Schrift die verwendeten Grund- und Haarstriche einzeln durch Linien gezeigt.

Auf den gegenüberliegenden Seiten 70 und 71 sind Mischungen dieser Beispielschriften untereinander durchgeführt. Diese Mischungen orientieren sich jeweils am Schriftcharakter, der Schriftanmutung und am Duktus der verwendeten Schriften. Die Qualität der gezeigten Mischungen wird dabei kurz angesprochen und stellt eine persönliche Wertung der Autoren dar.

BAVARIA-

SCHUH UND SCHLÜSSELDIENST G. M. B. H.

www.bavaria-schluessel.de

Damenabsätze nur 6.50 bis 8.50 Euro

solange der Vorrat reicht.

Nach unserem bewährten Motto:

Vor dem Einkauf gebracht,
während des Einkaufs gemacht!

Panorama-Center

INTERSPAR SB-Warenhaus

Wir feiern mit bayrischer Blasmusik u. frisch gezapftem Freibier... und für die Kids gibt`s Coca-Cola aus der Riesendose.

TOP-Kauf

Spitze! Für nur 3 Euro gibt`s eine Portion vom frisch gegrillten Ochsen am Spieß – mit Brot und Salat!

Hallo Kinder! Ein Riesenspaß! 5000 Riesenbälle warten auf euch. Die ersten 100 erhalten eine Riesenbrezel – lasst euch bringen!

Frisches Obst vom Bodensee! In Körben! Für Sie! Sonderpreise!!

Bananen, Bananen zu Schleuderpreisen! TOP-Qualität! 1-A-Preise!

Anzeigen

Die Anzeige BAVARIA kommt auf acht Gestaltungselemente mit Schrift. Eine vollkommen misslungene typografische Arbeit – aber oftmals zu sehen in ähnlicher Form im Anzeigenteil bei Tageszeitungen und Wochenblättern. Mit drei Schriftgrößen und einer vernünftigen Raumaufteilung müsste diese Anzeige leicht zu optimieren sein. Wer alles hervorheben will, wird nichts hervorheben! Die Anzeige des SB-Warenhauses ist ein einziger Schrift- und Typografiesalat. Alles, was ein PC mit Schriften ermöglicht, wurde in diese Anzeige hineingestaltet. Schriftgrößen, -typen und -farben sind wahllos gemischt. Unfassbar, dass Derartiges mit Schriften hergestellt wird – aber Schriften können sich nicht wehren ...!
Verbessern Sie diese Anzeigen als Übung in einem geeigneten Programm.

Schwungvoll, weiblich

Schreibschriften hinterlassen einen schwungvollen, dynamischen Eindruck. Der Schriftaufbau bzw. der Duktus ist fett – fein.

Alte Zeiten, traditionelles

Gebrochene, gotische Schriften weisen einen fett – feinen Duktus auf. Sie machen einen konservativen, bewahrenden Eindruck und erinnern an frühere Zeiten.

Sachlich, nüchtern

Grotesk-Schriften wirken, vor allem in schmalen Schnitten, skeletthaft, nüchtern und streng. Ihr Duktus weist nur eine Strichstärke auf.

Gebrochen, früher

Frakturschriften verwenden einen fett – feinen Duktus und wirken nicht so eng wie gotische Schriften, gelten aber ebenfalls als konservativ in ihrem Erscheinungsbild.

Elegant, klassisch

Klassizistische Schriften wirken ausgewogen, elegant und verwenden einen ausgeprägten und deutlichen fett – feinen Duktus.

Bewegt, schwungvoll

Handschriftliche Antiqua-Schriften haben ein bewegtes Schriftbild. Der Strich geht oftmals von einem fetten langsam in einen stumpffeinen Linienstrich über.

Lesbarkeit ist gut

Eine Antiqua-Schrift wirkt ruhig, ausgeglichen und ist gut lesbar als Einzelzeile und vor allem als Schrift für große Textmengen. Der Duktus dieser Schriften weist keine großen Gegensätze auf.

Sachlichkeit, Ruhe

Die serifenlose Linear-Antiqua weist geringe Unterschiede in der Strichstärke auf, der Duktus ist gleichartig und die Gesamtwirkung ist ruhig, sachlich und modern.

Die Wirkung und das Erscheinungsbild der beiden Schriften ist gegensätzlich. Der Duktus beider Schriften stimmt in einer Linie überein – eine Mischung ist möglich.

weiblich || | nüchtern

Die Anmutung der Antiqua- und der klassizistischen Schrift sind gleichartig. Ihr Duktus stimmt nicht überein. Eine Mischung, die keinen guten Eindruck vermittelt und nicht kontrastierend wirkt.

ruhig ||| || klassisch

Gebrochen und rund sind kontrastierende Schnitte. Beide weisen den gleichen Duktus auf. Eine gelungene Schriftmischung.

früher || || klassisch

Gebrochene Schriften weisen eine nahezu gleichwertige Anmutung auf. Die Strichstärken sind gleich, aber zwei derartige Schriften ergeben eine wiedersprüchliche Mischung.

früher || || alte Zeiten

Ruhe und Bewegung mit Dynamik und Schwung sind Gegensätze – und diese Gegensätze ergeben eine brauchbare Schriftmischung.

ruhig ||| ||| bewegt

Eine schwungvolle und eine bewegte Schrift mit ähnlicher Anmutung und Wirkung ergibt keine gelungene Mischung. Dies gilt umso mehr, als der Duktus nicht zusammenpasst.

weiblich || ||| bewegt

Eine sachlich moderne und eine romantisch an die alte Zeit erinnernde Schrift sind echte Gegenpole und ergänzen sich in ihrer Wirkung – eine gute Mischung, zumal der Duktus der Schriften passt.

nüchtern | || alte Zeiten

Der Buchstabe ist ein oder das Instrument der visuellen Kommunikation. Im Wort versteckt, bemerkt ihn der eilige Leser kaum. Seine vornehmste Aufgabe ist es, sich so wenig wie möglich hervorzutun.

Massin

1.3.9.1 Elektronische Schriftmischungen

Moderne Layout-, Grafik- und Textverarbeitungssoftware bietet die vielfältigsten Möglichkeiten an, Einzelbuchstaben, Wörter und ganze Textgruppen zu manipulieren. Wie Sie in Kapitel 1.3.3 nachschlagen können, weist jeder Buchstabe eine bestimmte Vor- und Nachbreite auf, die vom Schriftkünstler beim Entwurf geschaffen und festgelegt wurden. Das Gleiche gilt für Wortabstände und prinzipiell auch für die Zeilenabstände. Jeder Schriftkünstler ordnet bei seinem Schriftentwurf allen Buchstaben eine ideale Breite zu, um ein ästhetisches Gesamtbild des Textbildes zu erhalten.

Durch das Verändern der Maße innerhalb eines Schriftschnittes wird das Erscheinungsbild und damit die Wirkung einer Schrift extrem verändert. Die elektronische Schriftänderung führt zu einer Veränderung der Strichstärken sowohl im horizontalen als auch im vertikalen Bereich einer Schrift. Dadurch kann der Schriftcharakter so verfälscht werden, dass selbst der Schriftkünstler seine Schrift kaum mehr erkennt. Dies wäre weiter nicht tragisch – aber bei elekronischen Schriftänderungen verändern sich die Grauwerte, die Lesbarkeit und das Aussehen einer Schrift deutlich. Daher sollte beim Einsatz von Auszeichnungen immer ein Originalschriftschnitt verwendet und auf die elektronische Variation der Schrift nach Möglichkeit verzichtet werden.

1.3.9.2 Schriftenkauf und Schriftrechte

Einer der Hauptgründe für den Einsatz der elektronischen Schriftänderungen dürfte das Fehlen eines entsprechenden Schriftschnittes sein. Die Nutzung einer Schrift oder auch nur eines einzelnen Schriftschnittes aus einer Schriftfamilie erfordert immer die Beachtung der entsprechenden Rechte.

Auf Ihrem PC-System besitzen Sie unterschiedliche Schriften. Ein Teil der Schriften wird mit dem Rechner und dem dazugehörenden Betriebssystem mitgeliefert. An diesen Systemschriften haben Sie alle Nutzungsrechte. Das bedeutet, dass mit diesen Schriften Aufträge bearbeitet und ausgegeben werden dürfen.

Wenn weitere Schriften erforderlich sind, müssen diese käuflich erworben werden. Dies geschieht üblicherweise mit einer Schriften-CD-ROM. Darauf befinden sich alle Schriften eines Herstellers. Die Bildschirmschriften sind üblicherweise zur freien Verfügung.

Benötigen Sie für eine hochwertige Ausgabe (Film- oder Plattenbelichtung, Digitaldruck) einen PostScript- oder TrueType-Zeichensatz, so muss dieser käuflich erworben werden. Nach Bezahlung des Preises erhalten Sie dann einen Code, mit dessen Hilfe der entsprechende Zeichensatz kopiert werden kann. Dieser Zeichensatz darf dann zur Belichtung oder Druckausgabe auch einer anderen Firma zur Ausgabe zur Verfügung gestellt werden. Nachdem der Auftrag ausgegeben wurde, muss der vom Kunden für die Ausgabe gelieferte Zeichensatz vom Dienstleister wieder von seinem Ausgabesystem gelöscht werden. Zur Lizenzvereinbarung einer Schrift gehört also auch die Ausgabe auf fremden Computersystemen. Allerdings muss der Lizenznehmer dafür Sorge tragen, dass die Schrift nach der Nutzung für den Lizenznehmer von den Rechnersystemen eines Dienstleisters gelöscht wird.

	Univers mit Originalschriftfonts	Normalschnitt Univers 55 elektronisch modifiziert
Normal	Univers 55 im Normalschnitt	
Sperren	U n i v e r s 5 5 g e s p e r r t	
Kursiv	*Univers 55 kursiv (Oblique)*	*Univers 55 kursiv*
Schräg	*Univers 45 Oblique*	
Kapitälchen		UNIVERS 55 KAPITÄLCHEN
Versalien	UNIVERS 55 MIT VERSALIEN	UNIVERS 55 VERSALIEN
Fett	**Univers 65 Bold**	**Univers 55 fett**
Extra fett	**Univers ExtraBlackExt**	
Unterstreichen		Univers 55 + Univers 55
Negativ	**Univers 65 Bold**	**Univers 55 fett**
Konturiert		Univers 55 konturiert
Schattiert		Univers 55 schattiert **Univers 55 fett schattiert**
Schnitte	Univers ThinUltraCondensed Univers 57 Condensed Univers Extended *Univers ExtendedOblique* ***Univers 65 BoldExtObl*** **Univers 67 Condensed Bold** **Univers 75 Black** **Univers BlackExtended** ***Univers BlackExtObl*** ***Univers 75 BlackOblique*** **Univers ExtraBlack** **Univers ExtraBlackExt** ***Univers ExtraBlackExtObl*** ***Univers ExtraBlackOblique***	

Schriftschnitte

In der linken Spalte immer mit dem Originalschriftfont dargestellt, in der rechten Spalte sind die möglichen elektronischen Modifikationen für die Schrift Univers 55 abgebildet.

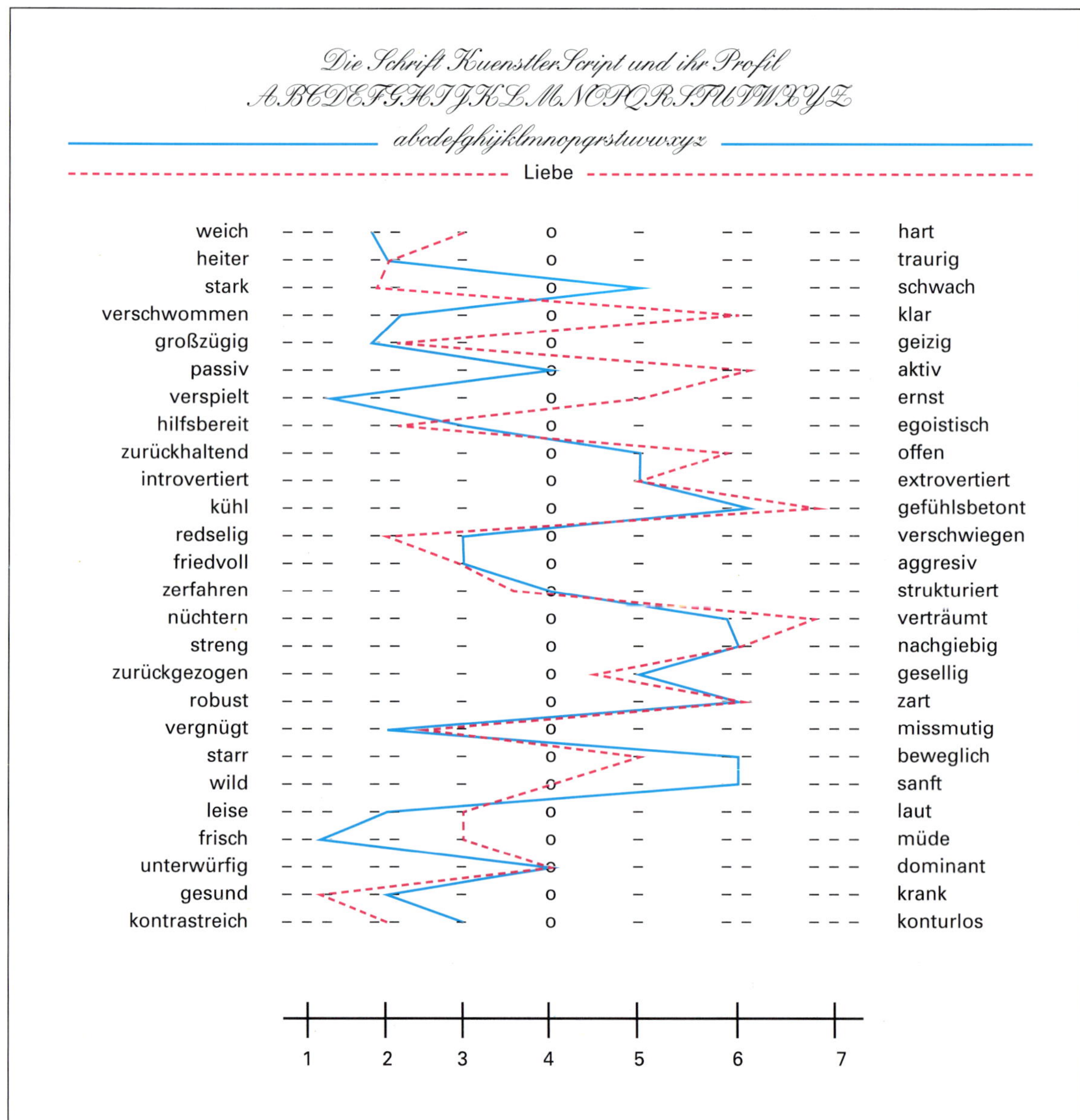

Polaritätsprofil

für die Schreibschrift KuenstlerScript und den Begriff „Liebe".

1.3.10 Polaritätsprofile für Schriften

Wenn einer Anzahl von Versuchspersonen eine Auswahl an Schriften vorgelegt wird und diese aufgefordert werden, diesen Schriften bestimmte Eigenschaften oder Eigenarten zuzuordnen, so lassen sich Anmutungen zu den einzelnen Schriften erfassen. Diese Anmutungen erlauben eine Aussage darüber, für welche Produkte bestimmte Schriften sinnvollerweise verwendet werden, um eine Übereinstimmung von Schriftwahl und Schriftaussage zu finden.

Die Identifikation mit einem Produkt erfolgt über mehrere Faktoren. Einer der wichtigsten ist die Wirkung der Schrift auf den Betrachter. Daher ist es wichtig, zu wissen, welche Meinungen, Stimmungen und Empfindungen beim Betrachten einer Schrift beim Leser – mehr oder weniger unbewusst – entstehen.

Profilerstellung

Wie erstellt man ein derartiges Profil: Die Versuchspersonen erhalten zu einer vorgelegten Schrift eine vorgegebene Liste mit gegensätzlichen Eigenschaftspaaren. Diese Polaritäten wie z.B. kalt – heiß, heiter – traurig u.ä. werden in einem vorbereiteten Formular aufgeführt und mit einer Prioritätenskala von sieben Stufen versehen. In dem links abgebildeten Beispiel für die Schrift KuenstlerScript ist ein derartiges Befragungsformular und die Auswertung dazu gezeigt.

Zwischen den jeweiligen gegensätzlichen Eigenschaftspaaren muss die Versuchsperson ihr Urteil zur jeweiligen Schrift abgeben. Bei jedem Polaritätspaar wird sich die Person überlegen und entscheiden, ob die Schrift mehr dem einen oder anderen Pol der Skala zuzuordnen ist.

Wenn eine genügend große Gruppe an Versuchspersonen diese Befragungen durchgeführt hat, lassen sich aus den Befragungsergebnissen die Wirkung der Schrift und die Einsatzmöglichkeiten für verschiedene Schriften herausfinden.

Profilauswertung

Im gezeigten Beispiel links ist es sicherlich eindeutig, dass diese Schreibschrift nicht für die Drucksachen einer Maschinenfabrik eingesetzt werden können, da zwischen der Schrift und der ebenfalls abgefragten Anmutung für Liebe eine hohe Übereinstimmung besteht. (Tipp: Schreiben Sie Ihren nächsten Liebesbrief in einer schönen Schreibschrift – das macht Eindruck.)

Die Schrift offenbart uns den Reichtum der Seele. Sie ist Mittlerin unter den Menschen und durch sie wird das unsichtbare Geistige lebendig. In Jahrtausenden haben sich durch Mühe und Fleiß Formen entwickelt, die unsere Welt reicher und schöner gemacht haben.

Horst Erich Wolter

1.3.11 Schriftanwendung und Schriftempfinden

Wie die Schrift einer Drucksache wirkt, hängt oftmals damit zusammen, wie sie es vermag, die Bedeutung eines Wortes, eines Namens oder eines ganzen Textes gestalterisch mitzuteilen – zu transportieren. Es muss vom Designer die Empfindung gekannt werden, die eine Schrift beim Betrachter auslöst. Hilfsmittel dazu ist das vorne angesprochene Polaritätsprofil einer Schrift. Der Designer kann mit Hilfe dieses Profils Kenntnisse über die Wirkung von Schriften erlangen, die helfen, beim Leser eine bestimmte Empfindung auszulösen, damit die gesendete Botschaft ankommt und aufgenommen wird. Machen Sie dazu den folgenden kleinen Test.

CORPUS JURIS
Schwerindustrie
LEUCHTRÖHREN
Ritterturnier
Kohle und Brikett
Damenhüte

Übereinstimmung (oben)

Beispiele für treffende Übereinstimmung von Wortinhalten und Schriftcharakter.

ROHEISEN UND STAHL
HEUTIGE DAMENHÜTE
Maschineningenieur
Zeitalter der Technik
harte Männer
Träumerei
Phantasie

Mangelnde Übereinstimmung (oben)

Beispiele für mangelnde Übereinstimmung von Wortinhalten und Schriftcharakter.

Welche der unten aufgeführten Schriften vermitteln Ihnen

a) den Begriff Himmel am besten?	b) den Begriff Sport am besten?
Himmel	Sport
Himmel	Sport
Himmel	Sport
Himmel	Sport
Himmel	Sport
Himmel	Sport
Himmel	Sport

Sie bekommen hier keine Lösung angezeigt. Diskutieren Sie das Ergebnis Ihrer Überlegungen und finden Sie eventell bessere Schriften. Es ist sicherlich möglich, eine noch bessere Übereinstimmung zwischen Wortinhalt und Schriftcharakter zu finden ...

Schriftorientierte Typografie
Die beiden Beispiele zeigen kontrastierende typografische Gestaltung, die ihre Wirkung aus dem Schwarz-Weiß-Kontrast der Schriften und der Flächen beziehen.

Das Beispiel von Frank Bodin (Agentur Euro RSCG Schweiz) nimmt Schriftelemente als grafisches Stilmittel auf und nutzt das Mittel der Wiederholung und Aufzählung, um die Aufmerksamkeit des Betrachters auf eine prikäre politische Situation zu lenken. Wiederholungen von grafischen oder typografischen Elementen wirken dann besonders stark, wenn diese durch eine optisch auffällige Abweichung gestört werden. Die Wahrnehmung wird irritiert und die Aufmerksamkeit des Betrachters erzwungen.

Das von Michael Bierut (Pentagramm Design New York) entworfene Plakat „Save Our City" lebt vom Schwarz-Weiß-Kontrast und der ungewöhnlichen Schriftanordnung. Die als Skyline von New York angeordneten Versalzeilen geben den optischen Bezugsrahmen zur Stadt. Die Skyline mit den beleuchteten Wolkenkratzern scheint sich gegen den dunklen Nachthimmel abzuheben, der weiße untere Teil des Plakats symbolisiert die Lage New Yorks direkt am Hudson-River und an der Atlantikküste. Die nur zur Hälfte sichtbare Headline verdeutlicht die Notwendigkeit der Hilfe in Form eines untergehenden Hilferufs. Dieser symbolisiert die Dringlichkeit, die Lebenssituation der

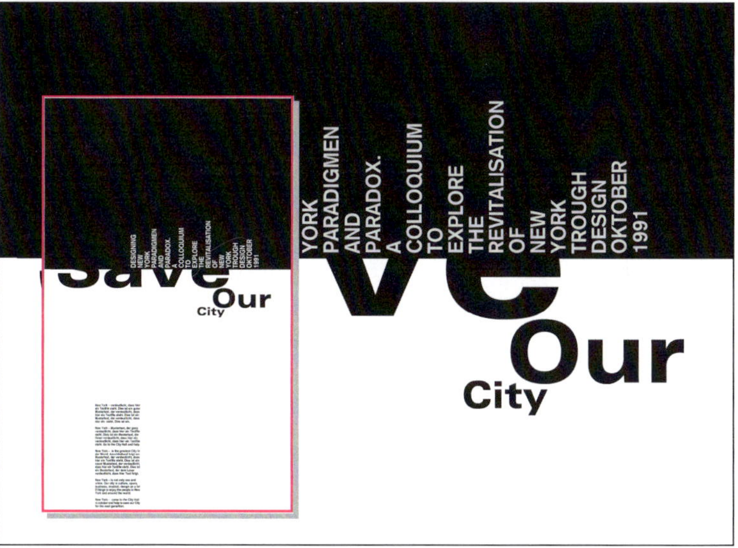

Stadt zu verbessern, bevor sie unterzugehen droht.

Das Originalplakat ist im Hochformat gedruckt. Im Bild oben ist im Hintergrund ein Ausschnitt und im Vordergrund verkleinert das ganze Plakat gezeigt.

Plakate

bei denen Schriftempfindung, -anwendung und Gestaltung eine homogene Einheit bilden.

Beispiel Lehrbuch für informative Typografie

Lehrbuch zur Gynäkologie und Geburtshilfe. In der oberen Reihe ist der Buchtitel dargestellt, darunter eine Doppelseite dieses wissenschaftlichen Werkes zur Geburtshilfe. Erkennbar ist die klare Strukturierung durch Kapitelnummern, Headlines, Einzüge bei Aufzählungen und die Informationsverstärkung durch sachbezogene grafische Darstellungen. Die Grenze von der informativen zur didaktischen Typografie ist fließend. Entscheidend ist die zielgruppengerechte Aufbereitung eines Buchinhaltes durch den Designer.

(Abbildungen mit freundlicher Genehmigung durch Herrn Prof. Dr. Heinz Spitzbart, Erfurt)

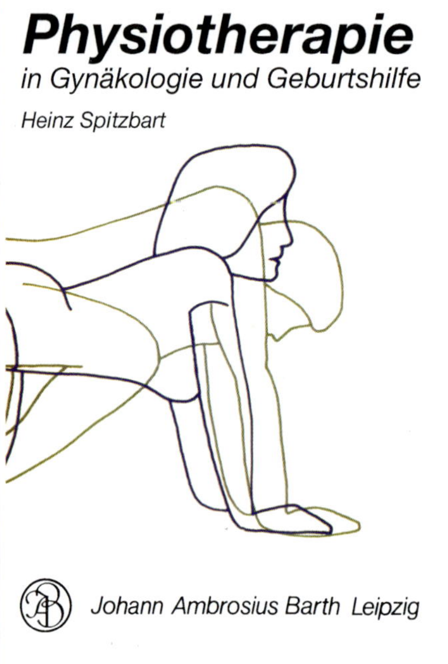

Physiotherapie
in Gynäkologie und Geburtshilfe
Heinz Spitzbart
Johann Ambrosius Barth Leipzig

62 Geburtshilfe

Stellung = Verhältnis des kindlichen Rückens zur Seite der Mutter (1. Stellung = kindlicher Rücken links, 2. Stellung = kindlicher Rücken rechts). Bei Querlagen dient als Richtmaß der Kopf.

Haltung = Verhältnis der kindlichen Körperteile zueinander (Flexion, Deflexion).

Einstellung = Beziehung des vorliegenden Kindsteiles zum mütterlichen Becken.

2.6. Aufteilung der kindlichen Lagen

96 % Schädellagen (1 % Deflexionslagen);
3,5 % Beckenendlagen;
0,5 % Querlagen.

Die Lage der Frucht im Uterus wird durch verschiedene Faktoren beeinträchtigt:

Kopf des Kindes;
vorliegende Plazenta;
Schlaffheit und Dehnung von Bauchdecken und Uteruswand;
regelwidrige Form des Uterus;
Hydramnion;
Geschwulstbildung.

2.7. Untersuchung der Schwangeren

Die äußere Untersuchung der Schwangeren bei fortgeschrittener Schwangerschaft zur Feststellung von Lage und Stellung des Kindes: Dazu dienen die *Leopold*schen Handgriffe und der Zusatzhandgriff.

Der 1. *Leopold*sche Handgriff bestimmt die Höhe des Fundus uteri.

Der 2. *Leopold*sche Handgriff zeigt an, wo der Rücken des Kindes liegt.

Der 3. *Leopold*sche Handgriff gibt Auskunft über Art und Größe des vorangehenden Teiles.

Der 4. *Leopold*sche Handgriff zeigt uns, wo der vorangehende Teil und wie weit er bereits in die Tiefe des Beckens gerückt ist (Bild 30).

Der Zusatzhandgriff kann nur angewandt werden, wenn Kopf und Becken Beziehung zueinander haben. Er sagt aus, ob der Kopf durch das Becken geht.

Zur äußeren Untersuchung gehören weiterhin die Kontrolle der kindlichen Herztöne und die Beckenmessung sowie Feststellung des Leibesumfanges. Bei der äußeren Untersuchung bestehen aber Unterschiede bei Erst- und Mehrgebärenden. Bei der Erstgebärenden ist der kindliche Kopf im letzten Monat der Schwangerschaft fest im Beckeneingang, während bei einer Mehr-

2. Normale Schwangerschaft 63

gebärenden der Kopf noch frei beweglich ist. Der Muttermund ist bei einer Mehrgebärenden für Fingerkuppe einlegbar, bei einer Erstgebärenden geschlossen und rund.

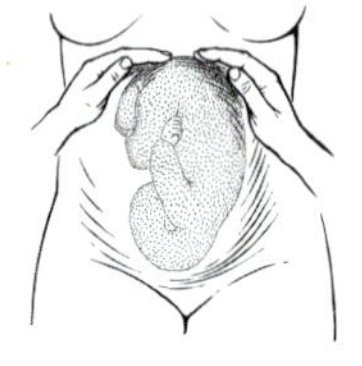
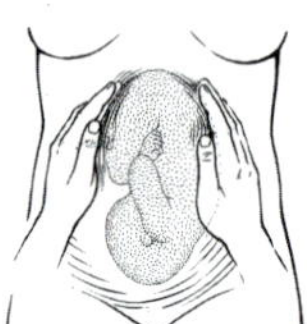
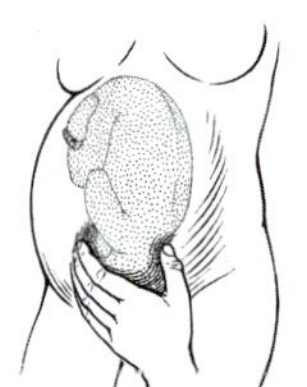
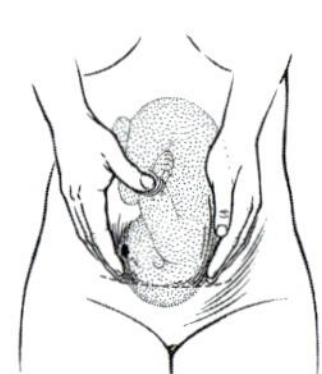

Bild 30 Die 4 *Leopold*schen Handgriffe

2.8. Uteruswachstum und Größenbestimmung der Frucht

Frühdiagnose der Gravidität durch:
palpatorische Vergrößerung der Gebärmutter;

1.3.12 Funktionen der Typografie

Informative oder ordnende Typografie

Die informative Typografie umfasst den größten Teil der gedruckten Texte. Dies entspricht dem informierenden Sprechen, wie wir es von einfachen Mitteilungen am Bahnhof, Flughafen oder bei öffentlichen Veranstaltungen kennen. Die Mitteilung ist ohne Zusammenhang und ohne belehrende oder didaktische Absicht – sie informiert nur. Informative Typografie unterscheidet nun zwischen wichtigen und weniger wichtigen Informationen und hebt erstere entsprechend hervor. Zur Hervorhebung dienen Absätze, Einzüge, Hervorhebungen im Text, Headlines und Subheadlines. Auszeichnungen im Text sind in der Regel kursive Schnitte und Kapitälchen, aber auch Farbe.

Einige Anwendungsgebiete der informativen Typografie sollen Ihnen als Beispiel dienen:

- Tageszeitungen und deren Satzanordnung in Spalten
- Akzidenztypografie wie z.B. Bedienungsanleitungen
- Buchtypografie im Bereich des wissenschaftlichen Buches
- Belletristik, deren Inhalte wertfrei und neutral gestaltet und dargestellt werden.

Didaktische Typografie

Der Übergang von der informativen zur didaktischen Typografie ist fließend. Didaktische Typografie findet sich beim Schulbuch, beim Lehrbuch und bei populärwissenschaftlichen Werken. Weiter finden wir didaktische Typografie bei multimedialen Produkten. Hier wird zum Teil „multimedial" im wahren Wortsinn gearbeitet, indem Verknüpfungen von Buch und interaktivem Medium mit einem einheitlichen Lernkonzept erstellt werden. Sprachbücher mit entsprechenden Medien wie CD-ROM, DVD oder Video sind in vielen Bereichen des Lernens in Schule und Betrieb eingeführt.

Die didaktische Typografie hat ihre Entsprechung im rhetorischen Bereich in der Unterrichtsstunde, in der Vorlesung und dem wissenschaftlichen Vortrag. Ziel des Unterichtsgeschehens und der didaktischen Typografie ist es, Lernprozesse anzuregen und zu unterstützen.

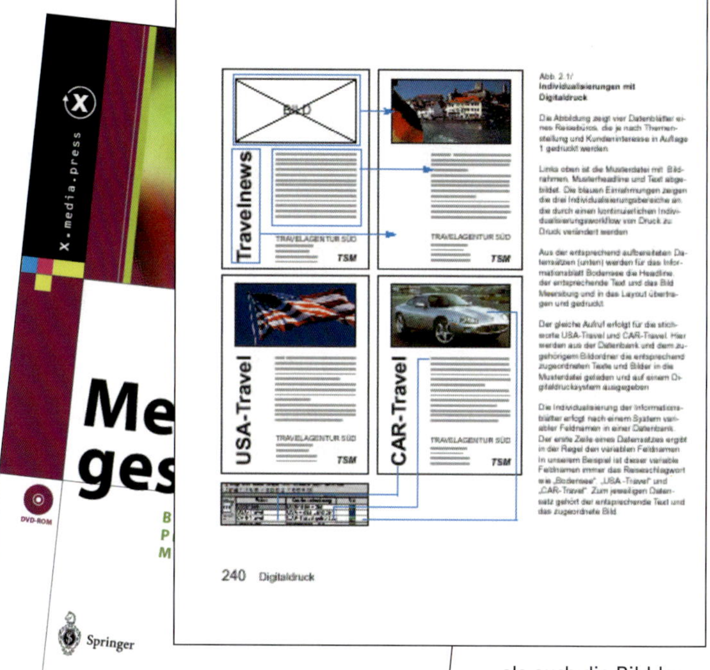

Abb. 2.1/
Individualisierungen mit Digitaldruck

Die Abbildung zeigt vier Datenblätter eines Reisebüros, die je nach Themenstellung und Kundeninteresse in Auflage 1 gedruckt werden.

Links oben ist die Musterdatei mit Bildrahmen, Musterheadline und Text abgebildet. Die blauen Einrahmungen zeigen die drei Individualisierungsbereiche an, die durch einen kontinuierlichen Individualisierungsworkflow von Druck zu Druck verändert werden.

Aus den entsprechend aufbereiteten Datensätzen (unten) werden für das Informationsblatt Bodensee die Headline, der entsprechende Text und das Bild Meersburg und in das Layout übertragen und gedruckt.

Der gleiche Aufruf erfolgt für die Stichworte USA-Travel und CAR-Travel. Hier werden aus der Datenbank und dem zugehörigem Bildordner die entsprechend zugeordneten Texte und Bilder in die Musterdatei geladen und auf einem Digitaldrucksystem ausgegeben.

Die Individualisierung der Informationsblätter erfolgt nach einem System variabler Feldnamen in einer Datenbank. Der erste Zeile eines Datensatzes ergibt in der Regel den variablen Feldnamen. In unserem Beispiel ist dieser variable Feldnamen immer das Reiseschlagwort wie „Bodensee", „USA-Travel" und „CAR-Travel". Zum jeweiligen Datensatz gehört der entsprechende Text und das zugeordnete Bild.

240 Digitaldruck

Beispiel für didaktische Typografie

Lehrbuch für Mediengestalter, Titelseite des Lehrbuchs und ein Ausschnitt aus dem Inhalt. Die Darstellung komplexer Sachverhalte und Zusammenhänge erfordert sowohl den klar strukturierten Text als auch die Bilddarstellung. Die Beispielseite verwendet Pfeile als Typoelemente zur Darstellung und Verdeutlichung des Textinhaltes, der sich bei dem gezeigten Seitenausschnitt mit Datenbankzuordnungen für den Digitaldruck befasst.

Dabei sollte durch ein durchdachtes typografisches Konzept der Aufwand an Zeit und Energie für den Lernenden möglichst gering sein – er muss in kurzer Zeit möglicht effektiv notwendige Lernstoffe verarbeiten können.

Dabei sind die anzuwendenden typografischen Mittel auf das Alter der Zielgruppe, auf den Wissensstand und auf die angestrebte Lernmethodik sowie

Didaktische Typografie

Beispiel für didaktische Typografie: Deutschbuch für Kinder, Titelseite des Lesebuches für Zweitklässler und daraus entnommene Beispielseite für die Leseschulung von Grundschulkindern. Schriftwahl, Schriftgröße und die Textgestaltung sind auf die Zielgruppe abgestimmt. Die Zielgruppe ansprechende Bilder bzw. Illustrationen ergänzen die Texte.

(Quelle: Hirschgraben Verlag)

Wick

Hinter Idaroberstein,
hör zu und laß dir was sagen,
sitzen drei Zwerge
vor dem Berge
und reden von alten Tagen.

Der erste heißt Schnack,
der zweite heißt Schnick,
der dritte heißt
Schnigelschnagelguckgagelzibelzabeldiwick.

Manche Herrn
und gewisse Damen
lernen nie seinen Namen.
Nein.
Aber du,
wenn du ihn triffst,
sagst einfach: „Tag, Wick!
Weißt du mir einen Edelstein?“
Dann schenkt er dir ein schönes Stück.

So ein Kerl
ist Schnigelschnagelguckgagelzibelzabeldiwick.

Josef Guggenmos

16

Spiele mit Buchstaben und Wörtern

Paprikaschnitzel
Schnaprikapitzel
Piprikaschnatzel
Schniprikapatzel

Mandarine
Randamine
Rindamane
Mindarane

Schokolade
Lokoschade
Lakeschode
Schakelode

Kannst du solche Sprachspiele erfinden?

die Lernfähigkeit der Lernenden abzustimmen. Dies ist eine nicht ganz einfache Aufgabe für den Designer – hängt doch der Lernerfolg ganzer Schüler- oder Studentengenerationen nicht nur vom Inhalt ab, sondern auch von der typografischen oder grafischen Gestaltung eines gedruckten oder interaktiven Lehrmediums.

Die didaktische Typografie wird gut lesbare Grotesk- oder Antiqua-Schriften für die Aufbereitung von Print- und Nonprintmedien verwenden. Als Auszeichnungsmöglichkeiten für Grundtexte sind halbfette oder fette Schriftschnitte geeignet. Eine Sammmlung von Typoelementen wie fette Punkte, farbige Unterlegungen, Rechtecke, Quadrate, Hinweispfeile, Randstriche u.a. kann die Lerntätigkeit und das Wiederauffinden von Textstellen unterstützen. Voraussetzung für jedes Lernen ist die klare Strukturierung und logische Gliederung des Inhalts. Der Gliederungsstruktur entsprechende Headlines, Subheadlines sowie lebende Kolumnentitel unterstützen das Arbeiten. Inhaltsverzeichnis und Register sind unverzichtbarer Bestandteil der didaktischen Typografie, sowohl im gedruckten Buch wie im interaktiven Medium.

Ebenfalls unverzichtbar für die didaktische Typografie sind das Bild und die Illustration. Erst durch die optische Verdeutlichung von Inhalten des gedruckten Textes wird aus einem Lehrbuch ein gutes Lehrbuch. Durch Bilder und Grafiken können Lerninhalte deutlich besser und schneller weitergegeben und verstanden werden. Daher ist die gute Illustration eines Lehrmittels eine wichtige Voraussetzung für den späteren Lernerfolg und letztlich auch für den Verkaufserfolg eines Buches.

Anmutende Typografie

Diese typografische Richtung umfasst die Gestaltung der so genannten schöngeistigen Literatur. Die Klassiker der Literatur werden hier in das entsprechende optische Gewand gesetzt. Hier muss die Typografie den Bezug herstellen zu den geistigen und kulturellen Strömungen der jeweiligen Entstehungsgeschichte der Textvorlage. Das Werk Goethes oder Schillers muss anders dargestellt werden als die klassische griechische Sagenwelt oder Texte von Homer mit ihren mythologischen Einlassungen. Rainer Maria Rilke oder Berthold Brecht verlangen wiederum völlig unterschiedliche typografische Formen, um Inhalt und Form zu einer Einheit zu bringen.

Papierauswahl, harmonische Satzspiegel, Schriftwahl, Auszeichnungen, Gliederung und notwendige Struktur müssen der darzustellenden Literatur entsprechen. Modische Trends und aktuelle typografische Effekte sind hier nicht angebracht. Die anmutende Typografie verlangt vom Designer viel. Wissen über Literatur und deren zeitliche Zuordnung ist notwendig, um eine passende Gestaltung zu ermöglichen. Die Qualität der Textaufbereitung verlangt ein hohes Maß an mikrotypografischen Kenntnissen und Fertigkeiten. Gutes Ausgleichen bei Versal- und Kapitälchensatz sollte ebenso beherrscht werden wie das Gestalten ansprechender Titelseiten für solch anspruchsvolle Literatur.

Werbetypografie

Akzidenzen, Plakate, Anzeigen, Prospekte, aber auch Buchumschläge und Internetseiten gehören zum weiten Feld der Werbetypografie. Die Werbetypografie will (oder muss) Aufmerksamkeit erregen mit optischen Anreizen, mit augenfälliger Verführung der Sinne, mit Überraschungen oder aber auch mit klassischer Schönheit und edlen Proportionen. Je nach Zielgruppe ist hier nahezu jede typografische Form zulässig, welche das Ziel der Verkaufssteigerung oder der Erhöhung der Aufmerksamkeit für einen Auftraggeber erreicht. Modeerscheinungen, optische Gags oder der Rückgriff auf nostalgische For-

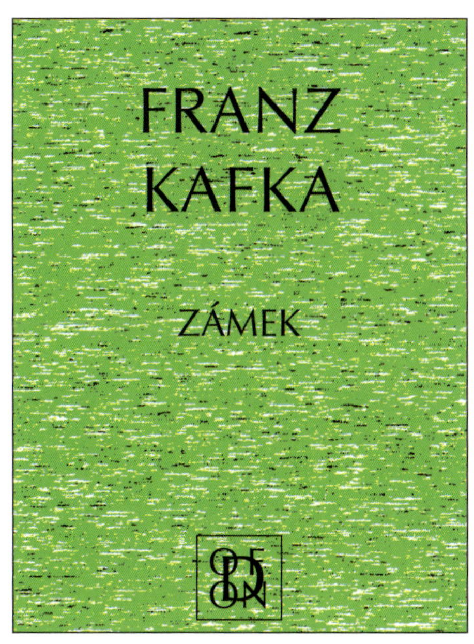

Bertolt
Brecht
Große kommentierte
Berliner und
Frankfurter Ausgabe
Journale 2
Suhrkamp Verlag

Anmutende Typografie

Beispiele für anmutende Typografie, von oben nach unten: Franz Kafka, Prag 1992 Bertolt Brecht Frankfurt 1995 men sind hier möglich. Durch die Werbetypografie werden Trends gesetzt und neue Stilrichtungen geboren.

Werbetypografie beschäftigt sich nicht mit längeren Texten – sie will und muss Aufmerksamkeit erzeugen durch gezielte optische Verführung der Konsumenten. Das erreicht sie durch gestalterische Überraschungen, Eyecatcher, optische Sensationen, Tabubrüche, eventuell durch Provokation oder Schock.

Bei der Vielfältigkeit unserer heutigen informationsüberladenen Lebensform ist es schwer, Aufmerksamkeit zu erreichen. Wenn Sie wollen, dass Ihre Werbetypografie wahr genommen wird, dann muss zu einer mehr oder weniger starken Provokation gegriffen werden. Provokation bedeutet, dass der Betrachter herausgefordert, gereizt, aufgerüttelt und damit zum näheren Betrachten veranlasst wird – oder besser dazu, dass er sich z.B. den Markennamen in der Anzeige merkt.

Beispiele für Werbetypografie

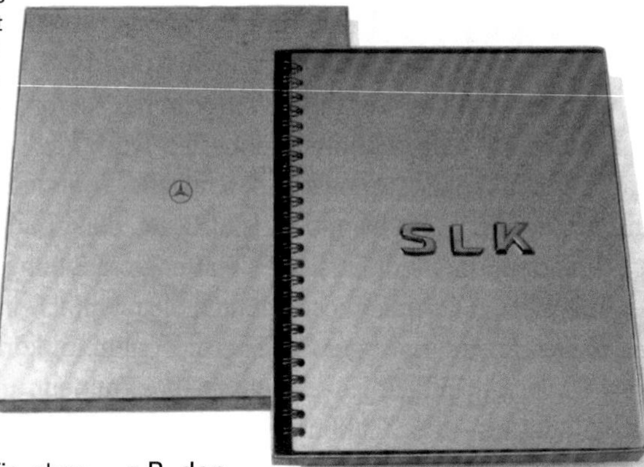

Personalisierte Broschüre zum Mercedes SLK mit Metalldeckel und erhabener Modellreihenbezeichnung – exakt wie auf dem Kofferraumdeckel am Heck des Sportwagens. Ein Beispiel für innovative Typografie, abgestimmt auf Produkt, Zielgruppe und Erscheinungsbild des Auftraggebers.

(Quelle: Raff Digital, Raff Druck Riederich)

Wenn Sie wissen, dass eine Anzeige durchschnittlich etwa 1,7 Sekunden betrachtet wird, dann wird Ihnen klar, dass die Werbetypografie ein nachhaltig wirkendes Aha-Erlebnis schaffen muss, damit eine Werbebotschaft übertragen wird. Ziel der Werbetypografie ist, dass Aufmerksamkeit erlangt wird, um ein Konsumgut zu verkaufen, Meinungen zu beeinflussen oder Wertvorstellungen zu verändern. Neben der reinen kommerziell orientierten Werbung kennen wir z.B. die Wahlwerbung für politische Parteien, Informationsplakate der Berufsgenossenschaften oder die Autobahnplakate gegen Raser oder Alkohol am Steuer.

Die Werbetypografie kann zu vielen Stilmitteln greifen. Schriftmischungen und -auszeichnungen, Farbe, Kontraste, Typoelemente, Freiräume, Raumaufteilung, Piktogramme, Grafik und Bild sind nur einige Elemente, die bei der werbetypografischen Gestaltung verwendet werden. Häufig wird in der Werbetypografie die Grafik und das Bild die Schrift ergänzen oder die Schrift wird oftmals in den Hintergrund gedrängt. Der Übergang von der reinen Werbetypografie zur Werbegrafik bzw. -design ist fließend und nicht exakt abzugrenzen.

Werbetypografie kann mit verschiedenen Effekten arbeiten: vergleichende Werbung, Gegenüberstellungen, Aufzählungen, Wiederholungen, Übertreibungen, optischen Täuschungen, Symbolen, Doppeldeutigkeiten, ungewöhnlichen Blickfängen und ungewohnten Visualisierungen.

Werbetypografie ist in der Regel kurzlebig – daher kann auf aktuelle Ereignisse oder auch Vorgänge des Zeitgeschehens eingegangen werden.

Bildorientierte Typografie

In allen Publikationen und Medientypen ist seit vielen Jahren der Trend zum Bild festzustellen. Veränderte Lesegewohnheiten, ausgelöst durch Fernsehkonsum, Videonutzung und bildhafte Darstellungen in vielen Print- und Nonprintmedien, geben dem Bild einen ho-

Beispiele für provokative Werbetypografie und -strategie

Eine holländische Kampagne für eine Schuhmarke, die mit beinamputierten Modellen wirbt. Ein provakativer, schockierender Hingucker ...!
(Quelle: KesselsKramer, Amsterdam)

Provokante Werbung für eine Autovermietung. In jeder Anzeige dieser Serie für den Autovermieter steckt ein so genanntes „Trojanisches Pferd", also ein verstecktes Preisangebot, das im Prinzip überhaupt nicht zur Aussage der Headline passt, aber trotzdem wahrgenommen wird. Die Provokation dieser Anzeige bestand darin, dass Bundeskanzler Schröder in der tagesaktuellen Politik vorgeworfen wurde, keine Farbe über politische Inhalte zu bekennen. Die abgebildete Printwerbung erschien als überregionale Anzeige und als Plakat auf Flughäfen im gesamten Bundesgebiet.
Provozierende Werbung muss vorsichtig und gekonnt eingesetzt werden, da die Nebenwirkungen nur schwer abschätzbar sind. Im Fall der Sixt-Werbung war und ist die Provokation Teil der Strategie, den Mietwagenmarkt als Marktführer zu erobern und zu behaupten.
Provokante Werbung hält diesen Dienstleistungsanbieter im Gespräche und setzt durch diese aggressive Werbung die Umsätze deutlich messbar nach oben. Am Beispiel der Mietwagenfirma Sixt ist dies exakt nachweisbar.

(Quelle: Jung von Matt, Hamburg)

hen Stellenwert in der typografischen Gestaltung.

Die prinzipiell einfache Text-Bild-Integration durch Software in allen möglichen Programmen lassen die Bildnutzung technisch zu einem Kinderspiel werden. Kenngrößen für den Einsatz eines Bildes in der typografischen Seitengestaltung sind für viele Gestalter die Bildposition auf der Seite und die Bildgröße als Flächenelement.

Die weitaus entscheidenderen Kenngrößen sind die Bildaussage und die Bildgestaltung. Es wird vom Designer neben der reinen Bildpositionierung verlangt, dass er in der Lage ist, die Text-Bild-Integration so durchzuführen, dass ein Layout spannend, interessant, anregend und manchmal auch provokativ erscheint.

Bilder können so auf einer Seite positioniert werden, dass diese ausgewogen und ruhig erscheint. Dies dient der Lesbarkeit und sorgt dafür, dass keiner solche Seiten ein zweites Mal betrach-

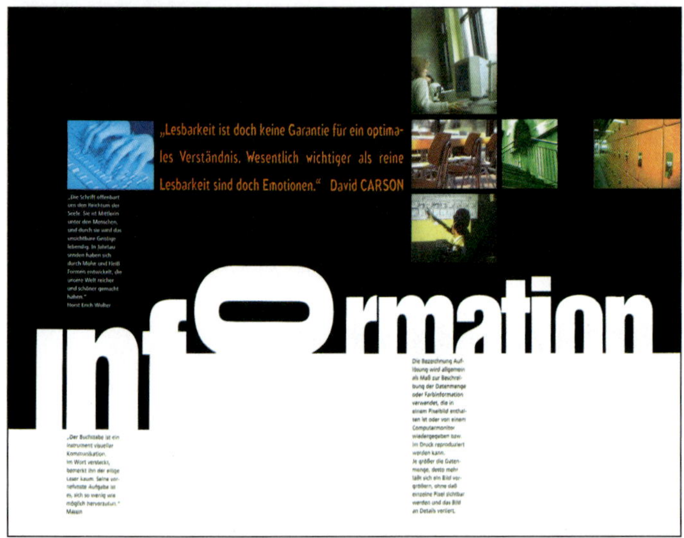

Text-auf-Bild-Überlagerung I

Die Abbildung zeigt die Doppelseite einer Informationsbroschüre für die Ausbildung zum Informationsdesigner. Die Doppelseite ist mit Hilfe eines Rastersystems aufgebaut, das Verhältnis von schwarzer zu weißer Fläche ist dem goldenen Schnitt entsprechend gewählt worden. Wegen der starken Kontraste, der ungewöhnlichen Buchstabenanordnung der Headline und der klaren Rasterstruktur der Bilder und Texte haben wir eine spannungsreiche Seite vorliegen. Die Wirkung beruht vor allem darauf, dass Texte, Fläche und Bilder durch die geschickte Text-Bild-Kombination zu einer homogenen Einheit werden.

(Quelle: Sandra Ostertag, Fachschule für Informationsdesign Reutlingen)

Text-auf-Bild-Überlagerung II

Eine unglückliche Liebe? Ein scharfes Sandwich? Billige Wimperntusche? Dem Betrachter werden, je nach individueller Auswahl der für ihn „geeignetsten“ Headline neue Handlungsperspektiven geboten. Es ergeben sich Fragen: Welche Story stimmt? Müssen solche Augenblicke festgehalten werden? Wie macht man das? Am besten mit einer neuen Kamera! Durch die gelungene Text-Bild-Überlagerung wird für jeden Betrachter eine neue Situation entstehen, die eine völlig individuelle Sicht der Dinge gestattet. Dies ist nur möglich mit einer überlegten Wahl der Texte und des dazu gehörenden außergewöhnlichen Bildes.
Foto: Jacek Soltan.

(Quelle: TBWA/H-neth-work, Amsterdam)

tet. Aber es gibt gute Möglichkeiten, das Layout einer Seite ohne großen Aufwand zu optimieren:

- Größenänderungen der Bilder innerhalb eines Rastersystems
- Bildanordnung, Bildkombinationen, Wahl des Bildausschnittes
- Bildformen, Freistellungen, Kontursatz
- Ausschnittkombinationen mit verschiedenen Bildgrößen
- Hell-Dunkel-Kontraste auf einer Seite, hervorgerufen durch Text-Bild-Anordnung.
- Detailaufnahmen aus einem oder mehreren Bildern
- Bildhauptrichtung – viele Bilder haben eine Haupt- oder Blickrichtung,

die oftmals diagonal nach oben oder unten weist. Nehmen Sie diese Blickrichtung auf und integrieren Sie den Text und das Bild so, dass eine geführte Leseachse zur Lenkung des Lesers entsteht.

- Stellen Sie gleichartige oder ähnliche Bilder zusammen.
- Kombinieren Sie Text und Bild in Form einer Text-Bild-Überlagerung.

Text-auf-Bild-Überlagerung

Eine interessante Möglichkeit, ein Layout spannend und interessant zu gestalten, besteht in der direkten Kombination von Text auf einer Fläche oder einem Bild. Im oberen Bild der gegenüberliegenden Seite sehen Sie das Wort „Information" als negativen Schriftzug auf eine schwarze Fläche gelegt. Die Buchstabenbilder sind am unteren Rand als Grenzlinie zur weißen Fläche angeschnitten und gehen nahtlos in die angrenzende Fläche über. Das Beispiel zeigt, wie durch die geschickte Kombination von Flächen und Texten in verschiedenen Größen und Schnitten eine spannungsreiche Seite aufgebaut werden kann. Unterstützt wird dies durch ein klares Gestaltungsraster.

Die direkte Montage von Text in Bilder birgt zwei Gefahrenmomente: Der Text wird schwer lesbar oder die Bilddarstellung und deren Aussage geht verloren. Beides ist schlecht!

Betrachten Sie das Bild links unten: Drei Vorschläge, die zu einem jeweils unterschiedlichen Bildzusammenhang führen, werden dem Betrachter durch die überlagernden Texte angeboten. Je nach subjektiver Wahl der Bild-Text-Aussage wird die Bedeutung auf einen neuen anderen Zusammenhang gesetzt. Beim Betrachter wird eine neue Wahrnehmung hervorgerufen, die ihn veranlassen soll, sich mit einem neuen Produkt zu beschäftigen.

Was ist bei der Gestaltung mit Text-Bild-Überlagerungen zu beachten:

- Die wesentlichen Teile eines Bildes dürfen nicht vom Text verdeckt werden. In unseren Beispielen auf dieser Seite sind dies bei zwei Abbildungen die Köpfe. Das Bild sollte dominant bleiben und der Text zur Aussageverstärkung beitragen.
- Geben Sie Texte auf einem Bild scharfkantig wieder. Vermeiden Sie das oft verwendete Absoften. Es reduziert die Lesbarkeit!
- Wenn Text auf einem Bild steht, muss zwischen den beiden grafischen Elementen der Kontrast ausreichend gewählt werden. Nur wenn ein deutlicher Kontrast zwischen Text und Bild vorliegt, ist die Lesbarkeit gewährleistet.
- Ein Bild sollte, wenn Text darauf platziert wird, nicht zu unruhig in der Bildstruktur sein. Die Texterkennung und damit Lesbarkeit leidet sonst deutlich bei einem nicht geeigneten Bildhintergrund.

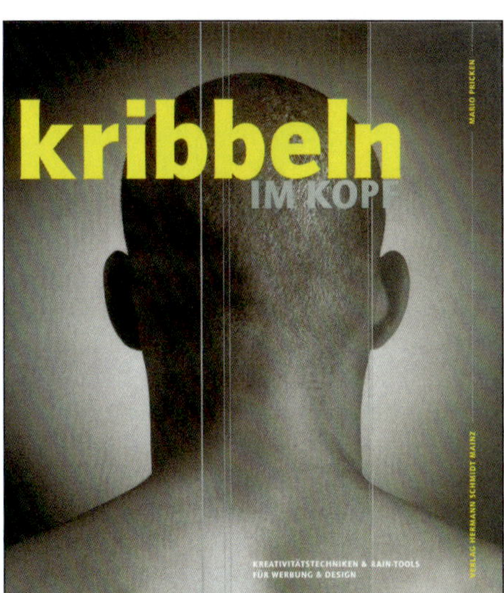

kribbeln IM KOPF

Kreativitätstechniken und Brain-Tools für Werbung und Design. Nicht nur ein ausgezeichnetes Buch, sondern auch eine gelungene Text-auf-Bild-Überlagerung beim Titel des Werkes.

(Quelle: Verlag Hermann Schmidt, Mainz)

1.3.13 Farbe in der Typografie

Die eingefärbte Banane

Bei welchen Farbkombinationen vergeht Ihnen der Appetit? Welche Banane würden Sie mit Sicherheit nicht essen wollen?
Versuchen Sie eine Begründung für Ihre Entscheidung zu finden – und dann lesen Sie für die Auflösung das nebenstehende Kapitel.

Farben sind nicht nur etwas für das Auge – Farben zielen auf den Bauch und auf die Seele. Farben vermitteln emotionale Botschaften. Diese Botschaften sind wirksamer als die rationalen Informationen von reinen Schwarz-Weiß-Textbotschaften. Farbe hat zu 68 % eine überwiegend affektive, unbewusste Wirkung auf den Betrachter und nur zu 32 % eine rational bewusste Wirkung (Prof. Häberle, Fachhochschule für Druck und Medien, Stuttgart 2003). Die Frage – nicht nur für Mediengestalter – ist, welche Farben vermitteln welche Botschaften und welche Farben lösen welche Emotionen aus?

In einem Kulturkreis oder einer Gesellschaft haben viele Menschen ähnliche Erfahrungen mit Farben. Nehmen wir als Beispiel die Farbe Rot: Milch in einer roten Flasche – da graust es den Käufer. Wenn Milch rot erscheint, assoziiert das Gehirn Blut: So was trinken wir in unserem Kulturkreis nicht! Die Assoziation von Rot und Liebe wird aber bei den meisten Menschen unserer Gesellschaft hergestellt. Dass Rot auch die Farbe für Gefahr z.B. Feuer darstellt, muss kein Widerspruch zur vorherigen Aussage sein.

Außerhalb unseres Kulturkreises wird vieles anders gesehen. Gelb ist zum Beispiel in China die Farbe der Glückseligkeit, des Ruhms, der Weisheit und der Harmonie. Neid, Eifersucht und Verlogenheit würden Chinesen mit dieser Farbe nie in Verbindung bringen, wir Europäer tun dies.

Grün ist für uns Mitteleuropäer keine besondere Farbe, im Islam ist es die heilige Farbe, Mohammed nannte sie die Farbe des Paradieses, sicherlich nicht verwunderlich bei einer Bevölkerung, die mehrheitlich in Wüstenregionen lebt. Bei den Buddhisten ist die Farbe der Trauer nicht schwarz, sondern weiß, in Südamerika ist der Tod bunt.

Zurück zum uns vertrauten Farbempfinden. Die Psychologin Eva Heller hat eine repräsentative Auswahl von 2000 Bundesbürgern zum Thema Farbe befragt, um allgemein gültige Assoziationen zu sammeln. Die Probanten berichten, wie die einzelnen Farben auf sie wirken und welche Gefühle durch die einzelnen Farben angesprochen und ausgelöst werden. Das Ergebnis der Untersuchung kommt zu dem Schluss, dass Farben unabhängig von individuellen Geschmacksfragen aufgrund allgemeiner Lernerfahrungen von Kindheit an bei den meisten Menschen eines Kulturkreises gleiche oder ähnliche Empfindungen bewirken.

Die Wirkung der Farben auf den Menschen lässt sich im Wesentlichen wie folgt zusammenfassen:

- Die Wirkung und die Empfindung, welche eine Einzelfarbe bei uns auslöst, ist im Allgemeinen bei Menschen eines Kulturkreises immer ähnlich (Beispiele siehe Tabelle „Die emotionale Wirkung der Farben" auf der nächsten Seite).
- Die Wirkung von Farbklängen oder Farbkombinationen löst bei den meisten Menschen im europäischen Kulturkreis gleichartige Empfindungen aus. Rot mit Orange (Wärme) wirkt anders als Rot mit Schwarz und Blau (Kraft).
  Der Farbklang Blau, Weiß und Silber steht für Kühle. Der sinnliche Eindruck Kühle weckt Empfindungen von Reinheit und Klarheit. Dass Kosmetik- und Hygiene-Produkte oft in Verpackungen mit diesem Farbklang angeboten werden, ist vor diesem Hintergrund nachvollziehbar.
- Über die Farbgestaltung werden die Sinne direkt emotional angesprochen. Ist ein Produkt mit einer Farbe oder Farbkombination versehen, wird es über die Farbgebung unbewusst mit verschiedenen Eigenschaften belegt und bestimmte Qualitätsmerkmale werden unbewusst transportiert. Daher wird der Farbgebung von Produkten eine hohe Bedeutung zugemessen, da über die Farbgebung Produktqualitäten und -empfindungen weitergegeben werden.

Diese Erkenntnisse der Farb-Emotionalität sind bei der Farbgestaltung von Druck- bzw. Medienprodukten zu berücksichtigen. Die emotionale Qualität einer Farbe oder eines Farbklangs wird

Milka: Schutz der Farbe Lila geglückt.

Der Schokoladenhersteller Milka hat vor Gericht den Schutz der Farbe Lila gegen einen Gebäckhersteller durchgesetzt, der seine Ware in lilafarbenes Papier verpackte. Wie bereits die Vorinstanzen, das Landgericht und das Oberlandesgericht Bremen, sah der Bundesgerichtshof in Karlsruhe eine Verwechslungsgefahr. Die farbe Lila sei zum Inbegriff der Milka-Produkte geworden, hieß es in der Begründung. Damit verfüge die Farbe über eine Kennzeichnungskraft. Wegen der Ähnlichkeit der Produkte des Verpackungsmaterials bestehe eine Verwechslungsgefahr. Damit darf die Gebäckmischung wegen der Verletzung der Farbmarke nicht mehr in Lila verpackt werden.

(Quelle: AZ Bundesgerichtshof I ZR 91/02)

auf das Produkt übertragen. Bekannte Beispiele hierzu sind Ihnen geläufig – wir haben zwischenzeitlich gelernt, dass Strom gelb (Yellow-Strom) ist, dass Telekommunikation mit magentafarbener Technologie (Telekom) funktioniert und dass „lilafarbene“ braune Schokolade (Milka) besonders schmackhaft ist.

All diese Produkte beziehen sich in ihrem werblichen Erscheinungsbild auf einen festgelegten Farbton als eigentlichen Werbeträger, der eine hohe Wiedererkennung zulässt, der günstig in der Produktion ist, werblich und gestalterisch aber vielfältige Einsatzmöglichkeiten in der Werbung zulässt.

Die emotionale Wirkung der Farben

Gelb:
Die Farbe des Vergnügens, der Freude, des Optimismus, des Glücks, aber auch des Verrats und der Eifersucht. Gelb wirkt sonnig, heiter, freundlich und geistig anregend.

Grün:
Farbe der Fruchtbarkeit, der Hoffnung, der Ruhe, Zufriedenheit. Grün wirkt beruhigend und ausgleichend, erfrischt und regeneriert, fördert die Konzentration.

Rosa:
Farbe für die romantische Liebe, der Zärtlichkeit, der Schwärmerei. Rosa beruhigt und erfrischt, man denkt an zarte und leise Situationen, die behutsam anzugehen sind.

Orange:
Farbe der Lebhaftigkeit, Geselligkeit, Tatkraft und Ausdauer sowie des Mutes. Orange wirkt aufbauend, leistungssteigernd, macht Menschen fröhlich und genussfreudig.

Rot:
Leidenschaft und Aktivität, Kampf und Gefahr, Liebe und Lust wird durch Rot verkörpert. Rot wirkt stimulierend und wärmend, macht unruhig und wirkt schnell.

Braun:
Farbe der Gemütlichkeit, der Anpassung, der Zurückgezogenheit, Erdverbundenheit. Braun wirkt schwergewichtig, unbeholfen, muffig und altbacken.

Blau:
Farbe der Harmonie, der Treue und Freundschaft, aber auch der Distanz und der geistigen Tugenden. In ihrer Wirkung die kälteste Farbe, sie wirkt entspannend und harmonisierend.

Violett:
Farbe der Mystik, der Magie, der Inspiration, der Exklusivität und der Eitelkeit. Violett fördert das innere Gleichgewicht und regt das Unterbewusstsein an.

Schwarz:
Farbe der Macht, Gewalt, des Todes, der Negation, aber auch der Eleganz und Funktionalität. Wirkt eng, hart und schwer.

Weiß:
Farbe der Reinheit, Sauberkeit, der Unschuld, Leichtigkeit und Weite, des Guten und des Wohlbefindens. Wirkt kühl und leicht.

1.3.14 Werkumfangsberechnung

Die Werkumfangsberechnung beschäftigt sich mit der Ermittlung des Gesamtumfangs eines Werkes. Dazu muss der Text eines Manuskriptes mengenmäßig erfasst werden. Ebenso müssen die Bilder, Titelei, Inhaltsverzeichnis und Index ermittelt und in die Umfangsberechnung einbezogen werden.

Es muss zuerst die Gesamtzahl der Manuskriptzeilen berechnet werden. Daraus wird dann, bei einer vorgegebenen Gestaltung, die Anzahl der benötigten Druckseiten ermittelt. Grundsätzlich gilt die Regel, dass die „Buchstabenmenge des Manuskriptes" = der „Buchstabenmenge des gedruckten Werkes" entspricht. Eine Werkumfangsberechnung ist erst durchführbar, wenn für das zu druckende Werk die gestalterischen Vorgaben erstellt wurden. Dies sind die Angaben über die Schriftgröße(n), Schriftart, Satzbreite, Satzspiegelhöhe und den Zeilenabstand. Auf der Grundlage dieser Informationen ist es möglich, eine Werkumfangsberechnung durchzuführen. Der für ein Werk errechnete Umfang ist dann Grundlage für die Kostenkalkulation.

Üblicherweise wird bei der Werkumfangsberechnung die Anzahl der Druckseiten gesucht. Dies kann mit untenstehender Formel durchgeführt werden:

$$\textbf{Druckseiten} = \frac{\textbf{Buchstabenzahl/Manuskript x Zeilenzahl/Manuskript x Manuskriptseiten}}{\textbf{Buchstabenzahl/Druckzeile x Zeilenzahl/Druckseite}}$$

Beispielaufgabe 1

Ein Manuskript umfasst 60 Seiten mit je 30 Zeilen und durchschnittlich 55 Buchstaben bzw. Anschläge pro Zeile. Eine ausgegebene und verbindliche Musterseite weist 50 Zeilen mit durchschnittlich 75 Buchstaben auf. Welchen Umfang hat das zu erstellende neue Werk?

$$\text{Druckseiten} = \frac{\text{55 Buchstaben/Manuskript x 30 Zeilen/Manuskript x 60 Manuskriptseiten}}{\text{75 Buchstaben/Druckzeile x 50 Zeilen/Druckseite}}$$

$$= \frac{\text{55 BM x 30 ZM x 60 MS}}{\text{75 BD x 50 DZ}} = \text{26,4 Druckseiten} = \text{27 Druckseiten}$$

Beispielaufgabe 2

Ein Manuskript umfasst 750 Seiten mit je 40 Zeilen und durchschnittlich 65 Buchstaben bzw. Anschläge pro Zeile. Die Musterseite weist 55 Zeilen mit durchschnittlich 70 Buchstaben auf. Welchen Umfang hat das zu erstellende neue Werk, wenn für die Titelei 8 Seiten, das Register 12 Seiten und für die Abbildungen insgesamt 50 Seiten zu berücksichtigen sind?

$$\text{Textseiten} = \frac{\text{65 BM x 40 ZM x 750 MS}}{\text{70 BD x 55 DZ}} = \text{506,4 Textseiten}$$

Druckseiten = 506,4 Textseiten + 8 Seiten Titelei + 12 Seiten Register + 50 Seiten Bilder

= 576,4 Druckseiten

1.3.15 Scribble und Typografie

Die Entwurfsarbeit muss gezielt und technikunabhängig geplant und durchgeführt werden.

Der Begriff des Scribbles ist umstritten und unklar definiert. Versuchen wir hier eine beispielhafte Begriffs- und Funktionsabklärung zu geben:

Oftmals setzen sich Mediendesigner nach einem ersten Briefing mit ihrem Auftraggeber an den PC und versuchen, Ideen und Entwürfe für diesen Auftrag zu entwickeln. Irgendwann stellt sich für den Designer das Problem, dass er einen Entwurf im Grafikprogramm aufbauen möchte – aber das Programm lässt einen gewünschten Befehl nicht zu, die Wunschfarbe muss definiert werden und anderes mehr. Plötzlich steht nicht die Kreativität für die geplante Aufgabe im Mittelpunkt, sondern ein technisches Problem – der Kreativitätsfaden ist gerissen. Was ist zu tun, um Derartiges zu verhindern.

Die Entwurfsarbeit muss gezielt und technikunabhängig geplant und durchgeführt werden. Suchen Sie sich einen ruhigen Raum, verbannen Sie alle störenden Geräte wie Mobiltelefon oder Laptop in weite Ferne und versuchen Sie, am besten in einem Kreativteam, Ihren Gedanken freien Lauf zu lassen. Notieren Sie sich alle Einfälle zum Thema, zur Aufgabe, halten Sie alles fest.

Ideenskizze oder Scribble

Sie arbeiten am Beginn der Entwurfsphase mit flüchtigen Ideenskizzen, so genannten Scribbles. Solche Scribbles sind auf der gegenüberliegenden Seite abgebildet. Mit Hilfe dieser flüchtig skizzierten Ideen zum Thema entwickeln sich Gedanken, aus einem entsteht der nächste und so erhalten Sie in kürzester Zeit eine Vielzahl von visualisierten Anregungen, Gestaltungsideen und damit Vorschläge für die Umsetzung eines geplanten Auftrages. Aus der Fülle der „zugeflogenen" Ideen und Gedanken entwickeln sich Gestaltungsformen, die verworfen werden oder die es wert sind, dass sie weiterentwickelt werden.

Sind in der Summe der angefertigten Scribbles Ideen dabei, die sich weiterentwickeln lassen, wird aus dem flüchtigen Scribble ein detaillierter Entwurf in Originalgröße gefertigt. In der Abbildung rechts sehen Sie die Weiterentwicklung zweier Entwürfe aus den oberen Scribbles. Diese Entwürfe sind keine flüchtigen Scribbles mehr. Dazu sind die Details bereits zu weit ausgearbeitet. Das Gestaltungsprinzip, die Text- und Bildanordnung, typografische Gestaltung sowie der Schriftcharakter – zumindest der Headlines – sind jetzt bereits klar erkennbar. In welcher Qualität und Darstellungsform ein derartiger Entwurf erfolgt, ist abhängig von der Abwicklung des Auftrages, von den beteiligten Personen und deren Typografie- und Designverständnis. Da es sich bei diesen Skizzen in aller Regel um den ersten Entwurf zu einem Auftrag handelt, ist es noch nicht erforderlich, bereits hier mit allem notwendigen Text- und Bildmaterial zu arbeiten. Wichtig ist ein stimmiges Typografie- bzw. Gestaltungskonzept, das dem Kunden vorgelegt und mit ihm zusammen oftmals noch modifiziert wird.

Das Bemühen um Perfektion bei derartigen gescribbelten Entwürfen sollte nicht zu hoch getrieben werden. Der Entwurf muss einen möglichst genauen Eindruck der geplanten Arbeit vermitteln, aber es soll und darf keine reproreife Reinzeichnung sein.

Ein gescribbelter Entwurf soll einen möglichst guten optischen Eindruck von der Idee und dem späteren Aussehen vermitteln. Je nach Kunde kann hier unterschiedlich verfahren werden. Der Art-Direktor einer Werbeagentur wird vermutlich mit einer ungenauen Entwurfsskizze etwas anfangen können,

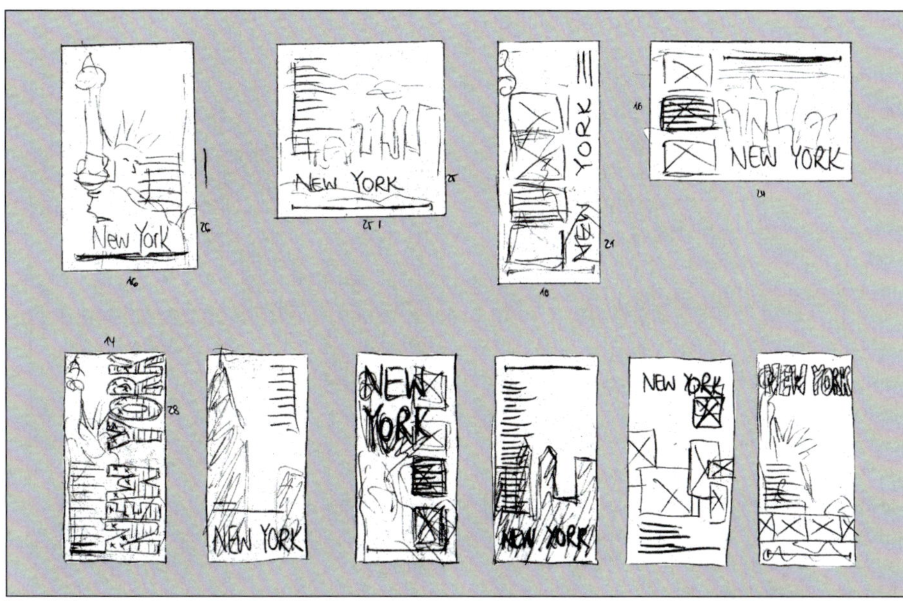

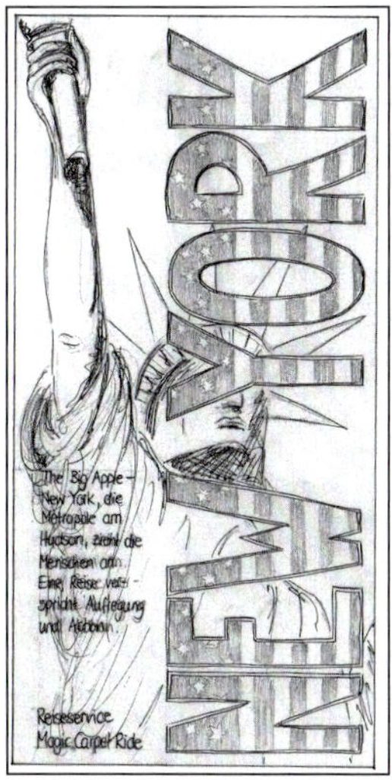

der Werbeleiter einer Maschinenfabrik eher nicht. Es ist daher sinnvoll, bereits beim Briefing abzuklären, in welcher Form die ersten Entwürfe für den Kunden präsentiert werden.

Zur Verdeutlichung eines Entwurfs ist es hilfreich, wenn zur Präsentation beim Kunden passende Schriften, Bilder oder Illustrationen vorgelegt werden, die den Stil und die Farbgestaltung der gefundenen Idee verdeutlichen. Um die Farben exakt zu definieren, muss ein Farbfächer zur Ausstattung des Designers gehören. Die ersten Entwürfe sind immer eine Gesprächsgrundlage und nicht als endgültige Variante anzusehen.

Kreativentwicklung

Die Abbildung zeigt oben Ideenscribbles, die mit Bleistift in kurzer Zeit visualisiert werden, um die Titelseite eines Reiseprospektes zu finden. Hierbei wurden noch verschiedene Formate und Seitenverhältnisse eines Auftrages in die Designentwicklung einbezogen. Nach Absprache im Team werden die tragfähigen Ideen im Originalformat in eine bessere Form gescribbelt oder bereits am PC umgesetzt. Farbe wird in dieser Phase bei Scribbles noch nicht eingesetzt – allenfalls in einer Anlage zum Entwurf beschrieben oder auf vorhandene Fotos verwiesen.
In der unteren Reihe sind zwei derartige „Entwurfsscribbles" abgebildet. Der Begriff Scribble ist hier nicht mehr angebracht, da die Qualität dieser Darstellung über das übliche Scribble hinausgeht. Das Thema wird deutlich visualisiert und verständlich dargestellt. Nach diesem Entwurf kann eine Arbeitsvorbereitung für die Realisierung angefertigt werden. Eine Ergebnisvariante ist rechts unten dargestellt.

1.3.16 Systematische Typografie

Oben: Schedelsche Weltchronik

Anton Kohberger, 1493

Unten: In evangelium lucae paraphrasis

Erasmus von Rotterdam, Basel 1523/1524

Jede typografische Gestaltung soll einen Rahmen schaffen, in dem sich der Inhalt eines Medienproduktes auf verschiedene Art und Weise ausdrücken lässt. Der Inhalt und Ausdruck einer Seite, eines Web-Auftritts oder eines Werkes sollen harmonisieren und einen ganzheitlichen Eindruck erwecken.

Um das Ziel zu erreichen, Texte und Bilder übersichtlich, einheitlich und lesefreundlich zu ordnen, legt der Designer ein Gestaltungsraster als Ordnungssystem an. Dieses Raster ist bei einem Druckprodukt oder bei Benutzeroberflächen ein durchgängiges Schema zur Anordnung von allen vorhandenen Seitenelementen.

Ein Gestaltungsraster basiert auf einem horizontalen und vertikalen X/Y-Koordinatensystem. In diesem System werden Texte, Bilder, Flächen, Farben und optische Räume lesefreundlich und damit zweckgerichtet angeordnet.

Der Satzspiegel ist das bekannteste und vermutlich älteste Gestaltungsraster. Klassische Satzspiegel und deren Anwendung sind aus der mittelalterlichen Buchkunst bekannt. Ein Satzspiegel besteht aus den nichtbedruckten Randbereichen (Bund, Kopf, Seite, Fuß) und der von Text und Bild eingenommenen bedruckten Fläche. In den Abbildungen zu diesem Kapitel sind diese Satzspiegelflächen immer mit grauen Tonwerten dargestellt.

Um optisch möglichst einen optimalen Stand des Satzspiegels, also ein optimales Verhältnis zwischen bedruckter und unbedruckter Fläche einer Seite, zu erhalten, kann unter verschiedenen Einteilungsregeln gewählt werden. Die bekanntesten Regeln sind:

- Seiteneinteilung nach dem goldenen Schnitt
- Faustregel der Renaissance
- Neunerteilung

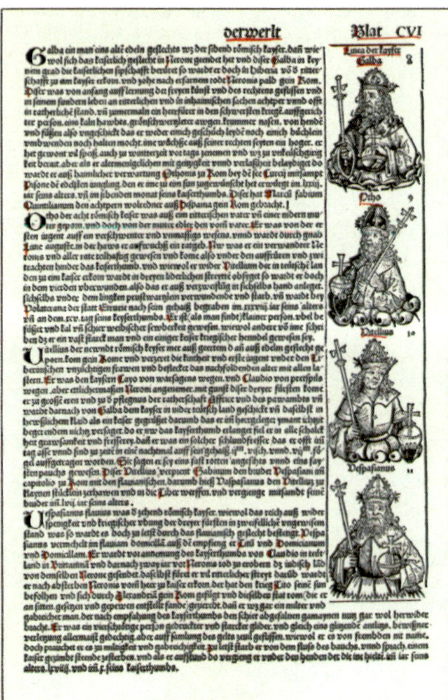

IN EVANGELIVM LV CAE PARAPHRASIS PER ERASMVM RO TERODAMVM.

N humanis histo rijs, quoniam ex cognitione reru non mediocris ca pitur uel uolu ptas uel utilitas, in primis requi solet narrationis fides. Sed hanc multo magis esse oportet in Euan gelica narratione, quæ non solum adfert oblectatio nem animi uacui, aut utilitatem ad uitam hanc tem porariam, uerum etiam necessaria est ad ueram pieta tem, sine qua nemo consequitur æternam salutem, uitæq; immortalis nunquam interituram felicitatem. Nec enim magnum periculum sit, si quis ignoret, quis fuerit Hannibal aut Alexander: quid rerum gesserit Epaminundas, aut Scipio: quid scripserit Solon, Ly curgus, aut Draco: quid docuerit Socrates, Plato, uel Aristoteles: quanquam harum quoque rerum co gnitio

Quoniam quidē mul ti conati sunt.

a

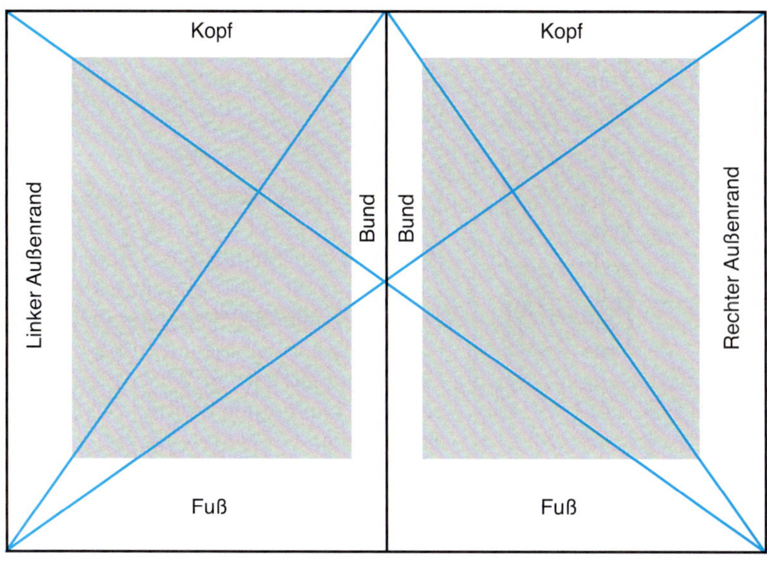

Satzspiegelkonstruktion durch Diagonalzug (Villardsche Figur)

Durch das Ziehen von Diagonalen ergeben sich Schnittpunkte, von denen die Anfangspunkte des Satzspiegels abgeleitet werden. Aus dieser Villardschen Figur lassen sich Satzspiegelkonstruktionen mit lebendem oder toten Kolumnentitel ableiten.
Durch Erweiterung der Villardschen Figur nach dem untenstehenden Muster können die Spaltenbreiten für ein Werk ermittelt werden.
Die Villardsche Figur ist eine frühgotische geometrische Konstruktion zur ästhetischen Aufteilung von Flächen. Dieses auf Koordinaten, Diagonalen und Symmetrien basierende Konstruktionsprinzip kam bei der Gestaltung von Prachthandschriften, Folios und Inkunabeln zur Anwendung. Villard de Honnecourt-sur-l`Escoult war Dombaumeister in Nordfrankreich. Überliefert ist das Werk „Vilars de Honcort, Livre de portraiture", in dem theoretische Anmerkungen und Skizzen zur Proportionslehre und zur Ästhetik enthalten sind.

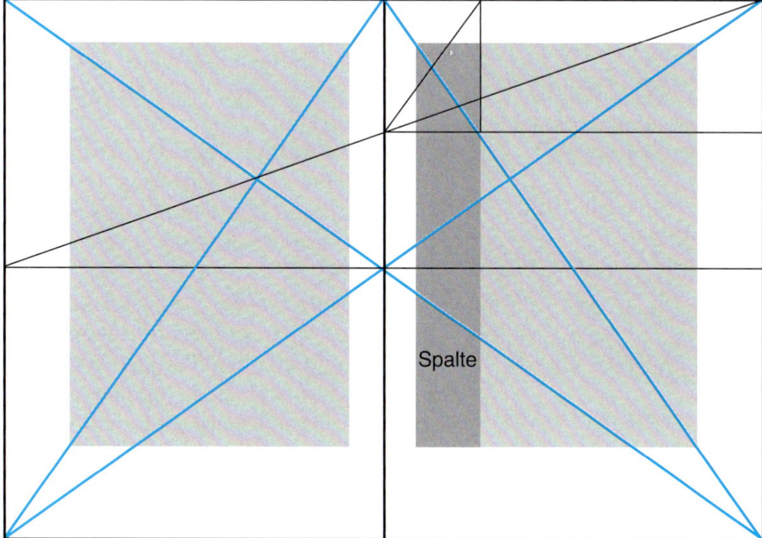

- Konstruktion durch Diagonalzug (Villardsche Figur)

Die oben genannten Satzspiegel werden als konventionelle Satzspiegel bezeichnet. Sie folgen klassischen Proportionsgesetzen und sind von rechter zu linker Seite symmetrisch angeordnet.

Diese Satzspiegel werden heute typischerweise in der belletristischen Literatur, im Werksatz und auch im klassischen Sachbuchbereich verwendet. Für Zeitschriften, Zeitungen, Kataloge und moderne Fachbücher sind sie wenig geeignet.

QUEEN ELIZABETH 2 · HIER WERDEN SIE ES KÖNIGLICH GENIESSEN, PASSAGIER ZU SEIN

Wie es möglich ist, dass Ihnen hier jeder Wunsch von den Lippen abgelesen wird? Es ist eines der Geheimnisse für das Wohlbefinden an Bord – und mit ein Grund, warum das Reisen mit der QUEEN ELIZABETH 2 so angenehm ist. Zum erstklassigen Service passend: die kulinarischen Genüsse, die selbst anspruchsvolle Gourmets begeistern. Serviert in einem der fünf Restaurants oder gern auch per Room-Service in Ihrer Suite oder Kabine. Zu jeder Kabinenkategorie passend erhalten Sie eine Tischreservierung in einem der Restaurants. Ganz gleich, für welche Kategorie Sie sich entscheiden – überall kommen Sie in den Genuss der exzellenten Küche und der zuvorkommenden Bedienung nach den hohen Maßstäben des Cunard White Star Service™.

Sie können sicher sein, dass alle Suiten und Kabinen stilvoll und komfortabel ausgestattet sind. Damit Sie sich auch in Ihrem Privatbereich so fühlen, wie man sich auf der QUEEN ELIZABETH 2 seit jeher fühlt: einfach königlich.

Typisch A-Klasse AVANTGARDE.
1. Die dunklen bichromatischen Heckleuchten und die Auspuff-Endrohrblende in Edelstahl.
2. Die Säulenverkleidung im AVANTGARDE Design.
3. Die Außenspiegel in Wagenfarbe.
4. Das AVANTGARDE Gesicht mit dem silber lackierten 4-Lamellen-Kühlergrill. Die Stoßfänger und Schutzleisten sind in Wagenfarbe – inklusive Chromzierrat. Dazu Leichtmetallfelgen im 5-Speichen-Design.

30

Rastersystemanwendung bei einem Reiseprospekt der Hamburger Reederei Cunard und einem Verkaufsprospekt für einen PKW der Daimler-Chrysler AG Stuttgart. In beiden Beispielen sind klare Strukturen bei spannungsreichen Seiten gegeben. Übersichtliche Lesbarkeit und klare Text-Bild-Zuordnungen sind als eindeutiges Designprinzip in beiden Prospekten gut erkennbar.

(Quelle: Reederei Cunard, Hamburg DaimlerCrysler, Stuttgart)

Satzspiegel können aber auch asymmetrisch geplant werden. Frei definierte Satzspiegel haben ihren Reiz und finden Anwendung in der Gestaltung aktueller Drucksachen.

Entwurf eines Gestaltungsrasters

Der Entwurf eines Gestaltungsrasters gehört zu den wichtigsten Aufgaben eines Designers. Gestaltungsraster werden in allen Bereichen der visuellen Kommunikation eingesetzt: Briefpapier, Geschäftsdrucksachen, Bücher, Zeitschriften, Zeitungen, Werbedrucksachen, Plakate, Corporate Design, Benutzeroberflächen für CD-ROM und Internet u.a.m.

Ein optimales Gestaltungsraster gibt es nicht. Für jedes Medienprodukt muss ein eigenständiges Gestaltungssystem gefunden werden. Bei der Entwicklung eines solchen Rasters wenden Sie neben den technischen und gestalterischen Aspekten auch Kenntnisse über das Leseverhalten, über Betrachtungsgewohnheiten der Zielgruppe, über Bildaufbau und Bildwirkung sowie typografische und mikrotypografische Regeln an.

Das Entwerfen des Gestaltungsrasters ist der Makrotypografie zuzuordnen. Dabei wird ein ästhetisches Ordnungssystem entwickelt, das Leseerleichterungen schafft, Betrachtungs- und Lesegewohnheiten der Zielgruppe berücksichtigt, Blickführung von Bildern und Texten beachtet und dabei mit Seitenformaten arbeitet, die ein rationelles und kostengünstiges Produzieren ermöglicht.

Damit alle Text- und Bildelemente innerhalb des Rasters gut zu positionieren sind, wird der Satzspiegel in kleine rechteckige Module als Untereinheit gegliedert. Die Breite eines Moduls entspricht bei einspaltigem Satz der

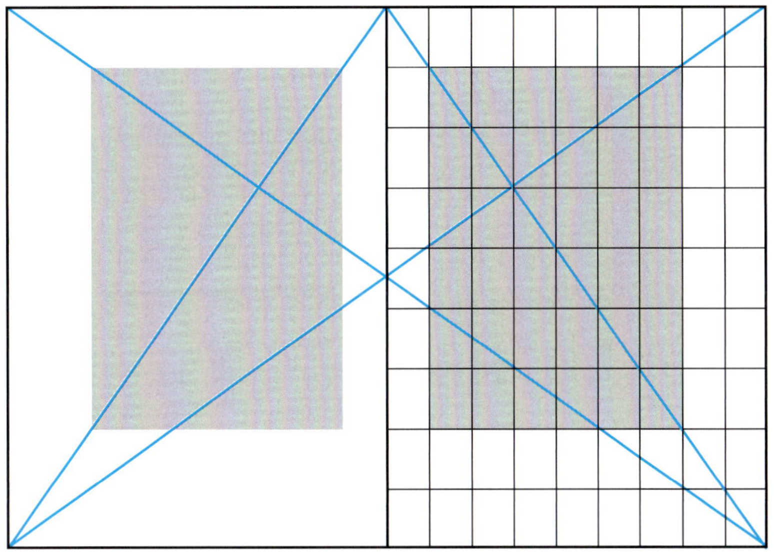

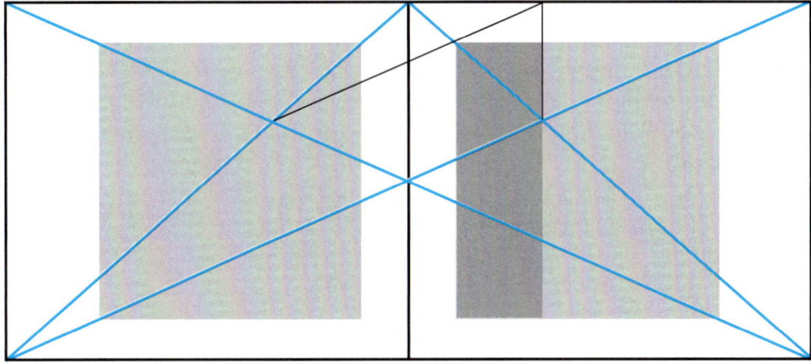

Neunerteilung

Auf der Grundlage der Villardschen Figur des Diagonalzuges lässt sich die Papierfläche in jeweils neun senkrechte und waagerechte Felder unterteilen.

Durch die Neunerteilung der Seite ergibt sich ein harmonische Gestaltungsraster, das den aktuellen Designanforderungen für Drucksachen im Prospekt- und Buchbereich entspricht.

Die Anwendung der Neunerteilung und die Diagonalzug-Konstruktion lassen sich von den üblichen hochstehenden DIN-Formaten auch auf Querformate oder Nicht-DIN-Formate übertragen. Hier werden durch diese bewährten Konstruktionen ansprechende und harmonische Satzspiegel ermöglicht.

Die Neunerteilung, die auf den holländischen Typografen van de Graaf zurückgeführt wird, ergibt einen Satzspiegel mit den folgenden Werten für die Satzbreite und -höhe:
Bund 1/9 der Seitenbreite, der Außenrand 2/9, Kopf 1/9 und Fuß 2/9 der Seitenbreite. Der Satzspiegel besteht aus 6/9 in der Satzbreite und der Satzhöhe.
Die Verwendung eines lebenden oder toten Kolumnentitels ist möglich, ebenso die Anlage von Marginalien.

Breite des Satzspiegels. Ist eine stärkere Gliederung erforderlich, wird das einspaltige Layout durch eine zusätzliche vertikale Gliederung in mehrere Spalten unterteilt. Durch die dann notwendigen Spaltentrennlinien entsteht automatisch eine weitere vertikale Teilung. Für die Höhe eines Moduls eignen sich etwa fünf bis sechs Zeilen der geplanten Grundschrift.

Die genaue Festlegung der Modulgrößen kann erst dann erfolgen, wenn die Entscheidung für eine Grundschrift gefallen ist. Die obere Begrenzung eines rechteckigen Moduls muss mit der Oberlänge der Buchstaben abschließen, die untere Begrenzungslinie bildet die Begrenzung für die Unterlängen der Schrift. Manche Designer verwenden für die untere Begrenzung aus optischen Gründen auch die Schriftlinie.

Die Idee eines Gestaltungsrasters besteht darin, dass der zur Verfügung stehende Satzspiegel in ein Raster von gleich großen Feldern aufgeteilt wird, in welche sich Text und Bildelemente nach einem immer gleichartigen Schema einordnen lassen. Um dieses zu errei-

Gestaltungsraster

Aufteilung und Darstellung des Rastersystems für die linke Seite dieses Buches. Die Doppelseiten sind symmetrisch gestaltet, so dass Texte und Bilder auf beiden Seiten beliebig positioniert werden können. Die Grundschrift Univers in 9 Punkt orientiert sich an der oberen Grundlinie. Beim Marginaltext orientiert sich nur die erste Zeile an der Grundlinie, die folgenden Zeilen folgen dem Zeilenabstand der 7,5 Punkt großen Schrift. Die grauen Flächen zeigen die möglichen Positionen von Text oder Bild im Satzspiegel.

chen, lässt sich die Herstellung eines derartigen Rasters in die folgenden Gliederungsschritte einteilen:

- Papierformat oder Screenformat festlegen.
- Seiteneinteilung und Ränder bestimmen
- Satzspiegel in mehrere Spalten gliedern. Zu empfehlen sind mehr als zwei Spalten, allerdings sollte dabei die Lesbarkeit beachtet werden. Die Spalten sollten also nicht zu schmal werden, da kurze Zeilen die Lesbarkeit eines Textes erschweren.
- Grundschrift, Schriftgröße, Auszeichnungen, Headlines und Zeilenzahlen hinsichtlich der Rasterfelder und der Satzhöhe festlegen. Alle Schriften exakt definieren.
- Technische Standards für die Entwicklung von Web-Rastern definieren.
- Spaltenhöhe in Spaltenfelder einteilen – jedes Feld muss die gleiche Zeilenanzahl enthalten.
- Abbildungen, Headlines, Textgruppen dürfen sich horizontal oder vertikal über mehrere Rasterfelder ausbreiten.
- Bildformate und Bildbehandlung (Formen, Freistellungen, Proportionen, Anschnitt, Farben) festlegen.
- Mehrsprachigkeit und deren Struktur für multilinguale Medienprodukte in der Gestaltungsanweisung festlegen.

Stellen Sie ein entwickeltes Gestaltungsraster für ein Printmedium immer auf Doppelseiten dar. Nur wenn Sie die linke und rechte Seite gegenüberliegend sehen, kann das Ergebnis beurteilt werden. Erstellen Sie für das geplante Produkt, wenn möglich mit den Originaltexten und Bildern, einen realen Entwurf her. Mit Bildern und Texten können dann reale Umbruchsituationen erzeugt werden, die etwaige Unstimmigkeiten im Gestaltungsraster aufdecken.

Gestaltungsraster im Internet

Gestaltungsraster werden von Screen-Designern auch für den Aufbau von Webseiten verwendet. Dabei greift man weitgehend auf die bekannten Regeln für Gestaltungsraster des Printbereichs zurück und passt diese für den Internetseitenaufbau an. Allerdings sind reduzierte Gestaltungsmöglichkeiten gegeben, da nicht alle Aspekte bei der Wiedergabe der Seite vom Gestalter beeinflusst werden, sondern vom Nutzer und seinen individuellen Einstellungsparametern im Browser.

Daher muss beim Design von Internetseiten immer mit Kompromissen gearbeitet werden. Diese Kompromisse beziehen sich auf die Schriftverwendung, Schriftdarstellung, Farbwiedergabe, Browsertyp und -version, notwendige Plug-ins und vieles mehr. Trotz aller Einschränkungen gelingen ansprechende Seiten mit klarer Struktur. Der Aufbau klar gestalteter Seiten erfolgt mit Hilfe der so genannten Frame-Set-Technologie. Zwei Beispiele sollen hier vorgestellt werden.

Die oben gezeigte Audi-Website zeigt ein klares Profil. Aktuelle Informationen werden mit Text und Bild präsentiert. Das dreispaltige Grundraster wird deutlich sichtbar. Der rechte Rand zeigt den Navigationsbereich, dessen Breite sich ebenfalls am Rasterfeld ausrichtet. Der freie Raum zwischen der aktuellen Information und der Navigation ist variabel und ändert seine Breite je nach der Browsereinstellung des Nutzers. Dieser freie Raum wird auf den Folgeseiten auch für weitergehende Informationen genutzt.

Der unten gezeigte Web-Auftritt der Bundesregierung erinnert in seiner Struktur an Online-Zeitungen. Hauptnachrichten werden in der Mitte plakativ mit Bild und Text dargestellt. Weniger bedeutende Informationen werden in den Kurzspots in den Randspalten aufgelistet und per Mausklick wird ein zusätzliches Informationsfenster zur weiteren Darstellung der Sachverhalte geöffnet. Die Navigation innerhalb des Rastersystems oben und links ermöglicht eine Sprachauswahl und den Sprung zu weiteren Themen- und Suchbereichen.

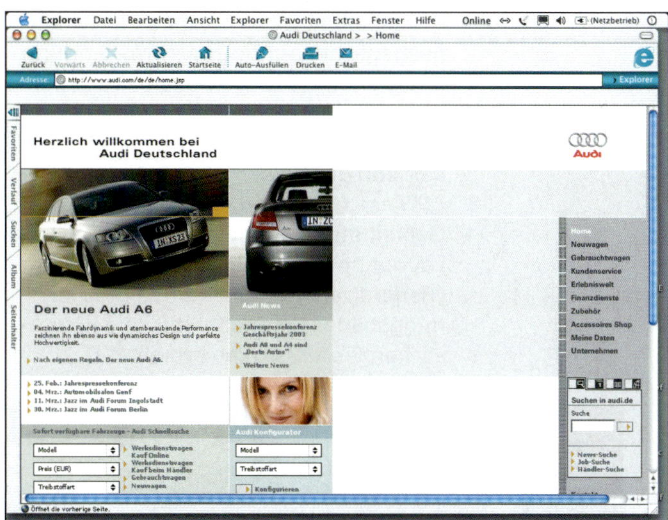

Übrigens: Besuchen Sie die gezeigten Seiten, sie sind gestalterisch sehr interessant:

www. audi.de
www.bundesregierung.de
http://styleguide.bundesregierung.de/index de.html

1.3.17 Gestaltungsraster – Anwendung

Zweispaltige Gestaltungsraster wirken ausgeglichen und ruhig. In Verbindung mit großzügig eingesetztem Weißraum vermittelt diese Layoutanordnung in der Regel den Eindruck der Großzügigkeit und Eleganz.

Diese Grundwirkung zweispaltiger Gestaltungsraster lässt sich für das Layout hochwertiger Geschäftsdrucksachen nutzen. Repräsentative Erscheinungsbilder für anspruchsvolle Drucksachen lassen sich so erstellen.

Zukunftsweisende Innovationen à la Mercedes-Benz

Neben größtmöglicher Individualität, Ästhetik und Präzision setzt die neue Luxuswagenmarke im DaimlerChrysler-Konzern vor allem auf Technologieführerschaft, und steht damit ebenfalls in der Tradition der legendären Maybach-Limousinen der Dreißigerjahre.

Die Entwicklung des Maybach liegt in den Händen der besten Ingenieure des Mercedes Technologie-Centers (MTC) in Sindelfingen, sodass die neue Marke von einem reibungslosen Know-how-Transfer profitiert. Zudem bietet der Maybach in wichtigen Bereichen wie Sicherheit, Zuverlässigkeit, Funktionalität, Langlebigkeit bewährte Mercedes-Qualität.

Maybach-Kunden können zwischen zwei einzigartigen Karosserievarianten wählen. In der Chauffeur-Limousine mit langem Radstand genießt der Kunde ein beispielloses Raumangebot und einen vorbildlichen Komfort. So können die Fondpassagiere ihre Einzelsitze problemlos in eine bequeme Liegeposition bringen, die dank automatisch ausfahrender Bein- und Fußstützen ein besonders entspanntes Reisen garantiert.

Unter der Motorhaube des Luxuswagens arbeitet ein neu entwickeltes V12-Triebwerk mit Biturbo-Aufladung, das für überlegene Fahrleistungen sorgt und zugleich dem hohen Komfortanspruch der neuen Automobilmarke gerecht wird.

Technische Daten Maybach „Typ 12"

	„Typ 12"-Motor 1929–1938	„Typ 12"-Motor 2002
Zylinder/Anordnung	12/V, 60°	12/V, 60°
Hubraum cm³	6.922 ab 1931: 7.922	5.513
Bohrung/Hub mm	86/100 ab 1931: 92/100	82/87
Ventile	2 pro Zylinder, hängend	3 pro Zylinder
Leistung kW/PS bei U/min	110/150 bei 2.800 ab 1931: 147/200 bei 3.200	405/550 bei 5.250
Verdichtungsverhältnis	6,3 : 1 ab 1931: 6,5 : 1	9,0 : 1
Gemischaufbereitung	2 Doppelstufenvergaser	Elektronische Motorst., 2 Abgasturbolader, LLK
Zündung	Batterie, 12 Volt	Batterie, 12 Volt, Wechselstrom-Doppelzündung mit Ionenstrom-Auswertung zur Aussetzer-Erkennung

Zweispaltig gestalteter Prospekt mit Textspalte links und farbig unterlegter Tabelle. Die oberen und unteren Bild- bzw. Flächenelemente runden die querformatige Seite ab.

(Quelle: FIND Reutlingen)

Derartig gestaltete Imagebroschüren, Zeitschriften, Geschäftsberichte und Prospekte sind leicht zu erfassen, die Zeilenlängen und Schriftgrade sind lesefreundlich und mit wenig Trennungen versehen. Der Zeilendurchschuss wird licht gehalten. All dies unterstützt den Eindruck der Großzügigkeit.

Die Headlines werden bei größeren Schriftgraden oft über beide Spalten geführt und sind von viel Weißraum umgeben. Von der Verwendung zu großer Schriftgrade für Headlines ist abzuraten, besser ist die Hervorhebung durch fette Schriftschnitte und Farbe.

Zweispalter weisen oft große Abbildungen auf oder eine Ansammlung mehrerer kleinerer Bilder, die zu einem wirkungsvollen Bildblock arrangiert sind. Durch den Platz, den zweispaltige Layouts zur Verfügung stellen, sind die Abbildungen meist groß und wirkungsvoll. Bedingung für die Verwendung dieser Bildgröße ist, dass die Abbildungen hochwertig sind. Nur wenn hochwertiges Bildmaterial zur Verfügung steht, lohnen sich große Abbildungen.

Diagramme, Tabellen, Informationsgrafiken und auch besonders hervorzuhebender Text können wie ein Bild behandelt werden. Dazu sollte ein entsprechender Tonwert unterlegt werden, der den Tabellentext deutlich aus seiner Umgebung hervorhebt.

Beleben lassen sich die einfachen, ruhig wirkenden Layouts durch grafische Elemente, die in den Umbruch integriert werden. Dies können rhythmisch angeordnete Bilder, Typoelemente wie z.B. Linien, Initialien am Satzbeginn oder Vergleichbares sein.

Auflockern lässt sich der strenge Umbruch eines Zweispalters auch durch die Verwendung von Zwischenüberschriften, die durchaus in Farbe gesetzt werden können. Durch Zwischenüberschriften wird eine Auflockerung des Textes erreicht. Dies gilt insbesondere dann, wenn um diese Zwischenüberschriften optische Freiräume entstehen. Diese dienen gleichzeitig auch der Textgliederung und damit auch der Leseerleichterung.

Im rechts abgebildeten Beispiel des Nürnberger Unternehmens Infowerk ag sind die angesprochenen Punkte für den zweispaltigen, hochformatigen und gefalteten Leporello-Flyer vorbildlich umgesetzt. Auf der abgebildeten Innenseite wird der potenzielle Kunde über Geschäftsbereiche informiert, die Außenseite ist entsprechend den Designvorgaben des Unternehmens gestaltet.

Digitalisieren.

Das Objekt bestimmt die Technik.

In Abhängigkeit von der geplanten Nutzung der Daten werden Qualität und Projektverlauf festgelegt.

Sowohl die Fachkompetenz als auch die entsprechenden Scansysteme stehen bei ArsPublica zur Verfügung.

Kameratische und Buchwippen erlauben auch vor Ort das schonende Erfassen berührungsempfindlicher Exponate.

Die Belastung der Vorlagen wird auf ein Minimum reduziert. Plandrücken und intensive Bewegungen der Blätter sowie überflüssiger Kontakt mit Fremdmaterial finden nicht statt.

Die Direkt-Digitalisierung erfolgt mit einer Auflösung von bis zu 75 Millionen Bildpunkten und erlaubt sowohl die Digitalisierung von wertvollen Einzelstücken als auch von komplexen Sammlungsbeständen.

Archivieren.

Kulturelles Erbe bewahren.

Die verlustfreie Archivierung und das sichere Aufbewahren digitaler Daten erfordert eine kontinuierliche Pflegeroutine. Gerade, wenn es sich um kulturell oder wissenschaftlich bedeutsame Dokumente handelt, ist bei der Datenarchivierung besonders verantwortungsbewusstes Handeln gefordert.

Fortbestand und Lesbarkeit der digitalen Information werden bei infowerk durch ständige Technologieanpassung langfristig gewährleistet. Medienneutrale Daten, strukturiert in einer Datenbank gespeichert, ermöglichen die Offenheit für künftige Entwicklungen.

Unterstützt durch Fachleute aus den Bereichen System-Entwicklung und Medien-Produktion entwickeln wir individuelle Lösungen.

Bereits in der Planungsphase werden Datenbankstrukturen für optimale Retrievalsysteme und sinnvolle Migrationskonzepte erarbeitet. Durch geeignete Backup-Systeme, die den jeweiligen Anforderungen und Sicherheitsbestimmungen der Projekte entsprechen, garantiert ArsPublica eine sichere und professionelle Datenarchivierung.

Publizieren.

Die Vielfalt der Medien nutzen.

Die infowerk ag bietet ein breites Angebot an elektronischen und digitalen Ausgabemöglichkeiten.

Nach der Erfassung der Exponate können, beginnend mit der automatisierten Erstellung von Katalogen, über den Druck von Großplakaten und Stoffbannern bis hin zu hochwertigen Faksimile-Ausgaben, die digitalen Daten zur Erstellung unterschiedlichster Medien verwendet werden.

Die infowerk ag bietet die verschiedensten Produktionsmöglichkeiten unter einem Dach.

Für Archive, Bibliotheken und museale Sammlungen entstehen neue Möglichkeiten, ihre Bestände einem breiten Publikum zur Verfügung zu stellen. Durch datenbankgestützte Internet-Präsentationen entstehen völlig neue Nutzungsmöglichkeiten auch für Wissenschaft und Forschung.

Elektronische Medien.

- CD-ROM Produktion.
- Internet-Publishing.
- Electronic Commerce.

Print-Medien.

- Groß-Druck auf Papier, Planenmaterialien, Stoffe usw.
- Digital-Druck und Weiterverarbeitung.
- Filmbelichtung und Proof.
- Konventionelle Druckverfahren.

Zweispaltiges Gestaltungsraster

Das Beispiel einer Drucksache des Nürnberger Unternehmens Infowerk.ag zeigt ein gelungenes Layout für einen zweispaltigen, hochformatigen und gefalteten Leporello-Flyer, der vorbildlich gestaltet wurde.
Auf der abgebildeten Innenseite werden potenzielle Kunden über die Geschäftsbereiche informiert, die Außenseite ist entsprechend den CI-Richtlinien des Unternehmens gestaltet.

Der Gesamteindruck ist leicht und elegant, das Verhältnis der bedruckten und unbedruckten Flächen ist spannungsreich. Bilder und Texte sind harmonisch angeordnet und ergeben im gefalteten Zustand einen interessanten Kleinprospekt. Aufgeschlagen harmonieren die Seiten und es entsteht ein ansprechender und modern wirkender Gesamteindruck.

(Quelle: www. infowerk.de)

✱ multimedia

Digitale Weltkultur

Die Schätze Ägyptens können jetzt im Internet erkundet werden: VIRTUELLE RUNDGÄNGE und Animationen machen auf einzigartige Weise das Reich der Pharaonen lebendig

Gigantische Pyramiden recken sich aus dem Wüstensand, Ruinen einst prunkvoller Tempel thronen am Ufer des Stromes, geheimnisumwitterte Grabkammern kauern im Fels der Kalksteinhügel – die Schätze Ägyptens sind unermesslich. Gezählt hat die Fülle kultureller Erbstücke aus den vergangenen Jahrtausenden im Land am Nil keiner. Allein das Museum in Kairo birst aus allen Fugen, 120000 Kostbarkeiten lagern in seinen Mauern und locken die Touristen.

Die Hinterlassenschaften aus ältester menschlicher Zivilisation kann man neuerdings nicht nur vor Ort bewundern, sondern in der ganzen Welt – zumindest elektronisch. In dieser Woche präsentieren das ägyptische „Center for Documentation of Cultural and Natural Heritage" (CultNat) und der amerikanische IBM-Konzern das Projekt „Ewiges Ägypten". Drei Jahre lang haben 200 Mitarbeiter der Behörde und des Informationstechnologie-Riesen getüftelt; Millionen Dollar wurden investiert. Herausgekommen ist Einmaliges: Monumente und Kunstwerke des Landes in fantastischen digitalen Bildern und Animationen zum „Anfassen" für jedermann. „Hier geht es nicht nur um die Ära der Pharaonen, sondern um unser gesamtes Erbe – Zivilisationen aus einem Zeitraum von 3000 Jahren vor Christus bis heute", sagt Fathi Saleh, Direktor von CultNat. „Dabei haben wir eine Technologie benutzt, die es zum ersten Mal möglich macht, unser Land so zu sehen, wie es nie zuvor jemand sehen konnte."

„EWIGES ÄGYPTEN" hat drei Komponenten. So sollen in Zukunft kleine digitale Bildschirmgeräte, die der Tourist vor Ort in die Hand bekommt, durch die verwirrende Vielfalt in den Räumen des Kairoer Museums führen. Mit ihrer Hilfe lassen sich Informationen zu Mumien, Schmuck und Skulpturen in mehreren Sprachen abrufen. So kann jeder Besucher individuell seinen Wissensdurst stillen und thematische Schwerpunkte setzen. Darüber hinaus sollen spezielle Handys bei einigen historischen Stätten im Land zum Einsatz kommen. Die elektronischen Helfer haben eine ähnliche Funktion wie die neuen Museumsguides und werden zunächst Touristen im Tempel von Luxor und bei den Pyramiden von Gizeh kenntnisreich und unterhaltsam geleiten. Auf die Displays lassen sich beispielsweise der jeweilige Standort, aber auch jede Menge Hinweise und Geschichten zu den Monumenten holen.

Das Herzstück des Projektes jedoch ist die Website, die in dieser Woche freige-

Im Computer wurde der Luxor-Tempel (links der heutige Eingang) bis in alle Details rekonstruiert

schaltet wird. „Hier offerieren wir die Schätze Ägyptens auf daumennagelgroßen Bildern, eingebettet in Grafiken, die ihre Beziehung zueinander zeigen", sagt John Tolva, Projektmanager von IBM. „Man kann in jedes einzelne Objekt zoomen, es sorgfältig studieren, die Begleittexte lesen, dann wieder hinausgehen und zum Beispiel gucken, ob dieses Stück mit anderen in ein und derselben archäologischen Ausgrabungsstätte gefunden wurde." Außerdem sind dreidimensionale Rekonstruktionen von Monumenten anklickbar, 360-Grad-Aufnahmen sowie aktuelle Panoramablicke von Webkameras, die zum Beispiel auf dem Karnak-Tempel in Luxor und auf dem Fort Qait Bay in Alexandria montiert sind. Besonderer Leckerbissen: Animationen längst vergangener Zeiten. So ist etwa der legendäre Leuchtturm von Alexandria nachgebildet, wie er vor seiner Zerstörung in der Antike aussah, auch der Luxor-Tempel mit all seinen Veränderungen und Verwitterungen im Laufe der Jahrtausende und das Grab des berühmten Königs Tutanchamun – so, wie es 1922 vom britischen Archäologen Howard Carter entdeckt wurde. Heute ist es ausgeräumt, seine Kostbarkeiten sind ins Kairoer Museum gebracht worden.

Geboren wurde die Idee zu „Ewiges Ägypten" vor vier Jahren. Als die Regierung des nordafrikanischen Staates 2000 ihre Behörde CultNat gründete, nahmen deren Mitarbeiter sofort Kontakt zu IBM auf, denn die dortigen Experten hatten mit der elektronischen Umsetzung von Kunstprojekten bereits eine Menge Know-how vorzuweisen. Beispielsweise bauten die US-Spezialisten 1994 die Dresdner Frauenkirche digital wieder auf, sodass das Bauwerk auf dem Bildschirm zu „begehen" war; 1998 digitalisierten sie in Florenz Michelangelos Meisterstück „Pieta" und restaurierten die zerstörte Skulptur im Computer; 2001 entwickelten sie die Software für virtuelle Rundgänge durch die Kunstsammlung der St. Petersburger Eremitage.

Schnell wurden sich Ägypter und IBM einig. Im Frühjahr 2002 brachten die Amerikaner drei Scanner nach Kairo, mit Hilfe von Lichtstrahlen vermaßen die Ingenieure und Wissenschaftler kleine und große Kostbarkeiten zwei- und dreidimensional, spezielle Software konstruierte dann aus den Daten die Bilder. Mehr als tausend Objekte wurden eingescannt. „Das ist aber erst der Anfang", sagt Ahmed Tantawy, Chef des Technologischen Entwicklungzentrums von IBM in Ägypten, „wir werden uns Jahr für Jahr weitere Objekte vornehmen. Wir überlegen, das komplette kulturelle Erbe Ägyptens für ein digitales Museum aufzubereiten."

Ein wahnwitziges Vorhaben – wie einst der Bau der Pyramiden von Gizeh.

HORST GÜNTHEROTH

Mehr Infos im Internet
www.eternalegypt.org Die Website des Projekts mit allen Bildern und Animationen

Aus einem digitalen Gitternetz (l.) entstand die Nachbildung des Grabs von Tutanchamun. Vorne der Kopf einer Statue

STERN 10/2004 185

Dreispaltiges Gestaltungsraster

Der Ausschnitt aus dem Stern Nr. 10 aus dem Jahr 2004 zeigt eine typische, aber gelungene Darstellung eines dreispaltigen Layouts. Die kompakt wirkende Doppelseite lässt viele Gestaltungsvariationen zu. Wie im abgebildeten Beispiel kann die Dominanz bei den Bildern und der Headline liegen, aber ebenso ist eine textlastige Seitengestaltung denkbar, bei der Bilder eine untergeordnete Rolle spielen. Auch ein Ausbrechen aus dem starren Gestaltungsraster ist möglich und wird hier durch die kleinen Abbildungen am unteren Heftrand und in der linken Seite dokumentiert. Durch die vielfältigen Variationsmöglichkeiten innerhalb eines Gestaltungsrasters sind spannungsreiche Seiten mit abwechslungslungsreichen Erscheinungsbildern möglich. In der abgebildeten Doppelseite dominieren das quadratische Computerbild des Luxortempels und die unteren Computeranimationen der Tempelgräber. Durch den Verzicht auf die ganze Spaltenbreite bei den unteren Bildern wird die Strenge des dreispaltigen Rasters aufgebrochen und es entstehen kleine, spannungsreiche und optisch ansprechende Freiräume.

(Quelle: Stern 10/2004)

Dreispaltiges Gestaltungsraster

Am weitesten verbreitet ist in der Mediengestaltung das dreispaltige Ge-

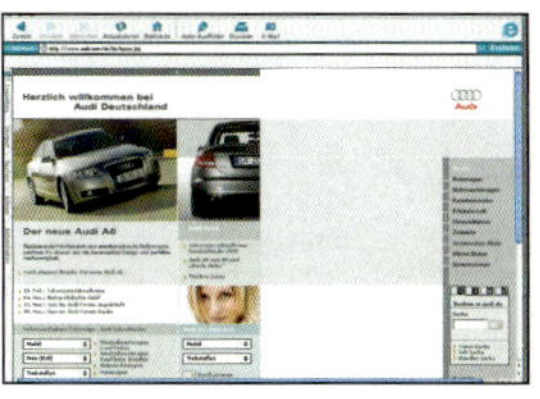

Dreispaltige Gestaltungsraster

Oben: Web-Auftritt der Firma AUDI

Mitte: Informationsheft zur Pflegeversicherung und zur Krankenversicherung

Unten: Eine Doppelseite aus der Fachzeitschrift „Der Druckspiegel"

staltungsraster. Die vielseitigen Variationen, die mit dem Dreispalter möglich sind, lassen diese Gestaltungsvariante bei Zeitschriften, Bildbänden, Zeitungen, Broschüren, Prospekten und anderen Drucksachen, aber auch bei Web-Auftritten oftmals als ideales Raster erscheinen.

Headlines lassen sich über eine, zwei oder drei Spalten anlegen. Je nach Seitenaufbau und Inhalt ist die Wirkung von Headlines von zurückhaltend bis dominant möglich. Die Verwendung ein- bis dreispaltiger Headlines lässt bei entsprechender Gestaltung Weißräume entstehen, welche einer Seite gestalterische Spannung verleihen können.

Der Mengentext wirkt auf dreispaltigen Seiten streng und neutral, wenn keine besondere Rhythmisierung angestrengt wird. Die Zeilenlänge lässt sich in der Regel gut lesen. Zu viele Trennungen gibt es bei den entstehenden Zeilenlängen nicht. Da bei drei Spalten immer die Möglichkeit gegeben ist, zwei Spalten zusammenzufassen, lassen sich Tabellen, Informationsgrafiken oder besondere Informationskästen oder Infoboxen leicht erstellen. Durch den Verzicht auf eine Spalte lassen sich optisch leicht wirkende Zweispalter z.B. mit einer Marginalienspalte kombinieren, denen auf einer gegenüberliegenden Seite ein Dreispalter entgegenstehen kann. Durch die unterschiedliche Ausnutzung der Zeilenzahl je Spalte lässt sich eine typografische Unruhe am unteren Seitenrand entwickeln, die dem Produkt durch die entstehenden Freiräume zu optischer Leichtigkeit verhilft. Ein dreispaltiges Layout muss also nicht in jedem Fall immer für jede Spalte die maximal mögliche Zeilenanzahl aufweisen – weniger ist hier oft besser.

Den oben beschriebenen Variationsmöglichkeiten des Textes steht die Variabilität mit Bildern gegenüber. Es gibt vier Grundbreiten, mit denen sich mit Bildmaterial ausgezeichnet arbeiten lässt: ein-, eineinhalb-, zwei- und dreispaltige Bildbreiten. Mit diesen Bildbreiten lassen sich Bilder sowohl sehr groß als auch auf das Minimale reduziert abbilden.

Das dreispaltige Layout erlaubt die Bildung von Bildkontrasten durch unterschiedliche Abbildungsgrößen – sehr kleine Bilder lassen sich mit großen Abbildungen kombinieren. Ein Beispiel dafür ist auf der gegenüberliegenden Seite bei der Abbildung der Doppelseite zu sehen. Weiter ist die Verwendung von freigestellten Bildern bei dreispaltigen Layouts attraktiv und wirkungsvoll anzuwenden.

Beim dreispaltigen Layout ist das Spiel mit den Weißräumen gut möglich. Durch das Freischlagen einer Spaltenbreite entsteht ein optisch wirkungsvoller Freiraum, der einer Seite gestalterische Spannung vermitteln kann.

Vierspaltiges Layout aus der Zeitschrift Focus (12/2004). Viele Abbildungen unterschiedlicher Größe und Struktur lockern die Seite auf. Die Unterlegung einzelner Artikel mit Tonflächen strukturiert die Seite. Optischen Halt und Ruhe erzeugt der rote Balken am Kolumnenkopf und die roten punktierten Linien mit dem auffälligen Freiraum.

(Quelle: Focus 12/2004)

GALERIE

Münchens Alte Pinakothek: ab 1946 von Döllgast wiederaufgebaut

Bauen als Charakterfrage

Hans Döllgast (1891–1974) prägte Münchens Stadtbild nach 1945

Vor 30 Jahren, am 18. März 1974, starb der Architekt, dessen geniale Wiederherstellung der Alten Pinakothek in München weltberühmt wurde: Von 1929–57 an der TH der Isarstadt, beeinflusste **Hans Döllgast** Generationen von Architekten. Bei Pustet sind soeben die drei Hefte **„Journal retour"** (Faksimile, 35 Euro) erschienen, ein Füllhorn von Ideen mit aufschlussreichen Zeichnungen – das Manifest eines Unmodischen.

Polittheater: Banker in der Schusslinie, Premiere ist am 20.3.

Bohren am Berliner Nerv

„Theater muss den Gegenwartsnerv treffen", postuliert **Volker Hesse,** Intendant des Berliner Maxim Gorki Theaters. Mit dem von Lutz Hübner verfassten **„Bankenstück"** scheint das zu gelingen – die ersten Vorstellungen Ende März sind ausverkauft.

Hesse bringt den Milliardenskandal um die Berliner Bankgesellschaft auf die Bühne. Allerdings siedelt er die Handlung 2006 an. Das Stück sei „Political Fiction", die Figuren „aus Aspekten der Realität zusammengesetzt".

Anatomie der Mode

Aus den Roben blitzen die Etiketten berühmter Couturiers: Dior, Balenciaga, Lanvin. Doch statt am Körper von Mannequins sind die Kleider auf Schneiderpuppen drapiert – verkehrt herum. Auf ihren Fotos gewährt die Wienerin **Christin Losta** einen Blick hinter die Fassade der Fashion-Welt.

Da rückt das Depot des New Yorker Metropolitan Museum of Art ins Rampenlicht, oder Yves Saint Laurent schwebt als Geist über seinem Atelier. Mit der Kamera seziert Losta die Anatomie des Kleidungsstücks – „pas de problème" heißt ihre Fotoschau in der Münchner Galerie Tanit (bis 30.4.).

Alte Kleiderpuppen: Costume Institute New York, 1999

Ästhetik-Vermittler: Bazon Brocks Opus Magnum „Der Barbar als Kulturheld" erschien im DuMont-Verlag (954 Seiten, 48 Euro)

Philosoph als Verkaufsbeschleuniger

Das gravitätische Buch des Wuppertaler Ästhetikprofessors **Bazon Brock** war zunächst nur ein Geheimtipp. Ende Februar warb jedoch **Peter Sloterdijk** im Fernsehen für „Der Barbar als Kulturheld": „Das ist eines der reichsten Bücher deutscher Sprache in der Gegenwart. Hier wird danach geforscht, was heute Bildung überhaupt bedeuten kann und wie Menschen aus ihren eigenen Leben so etwas wie exemplarische Individualität entwickeln können." Prompt stiegen die Verkaufszahlen des Werkes, das Stoff für unzählige Feuilletondebatten liefert.

„Der beste Reiseführer durch die ungeheure Landschaft des Sichbildens in der Gegenwart"

Peter Sloterdijk, Philosoph, über Brocks Werk

92

FOCUS 12/2004

Übrigens: Wie finden Sie das vierspaltige Layout dieser Seite?

Gestaltungsraster mit vier Spalten

Vier- und mehrspaltige Layouts gelten immer als lebhaft und abwechslungsreich, aber auch als unübersichtlich. Dies liegt im Wesentlichen daran, dass wir als Leser bei mehr als drei Spalten leicht den Überblick verlieren. Oft korrespondiert diese Unübersichtlichkeit mit einem unklaren Layout.

Bei vier oder mehr Spalten kann ein variantenreiches Layout mit vielen Text-Bild-Kombinationen erstellt werden. Dadurch entsteht ein vielfältiges Miteinander von Text, Grafik und Bild. Entsprechend den Layoutvorgaben können Textspalten zusammengefasst, mit Tonflächen unterlegt oder gar große Freiflächen zugelassen werden.

Headlines

Headlines sind ein- oder mehrspaltig möglich. Eine Kombination von ein- und zweispaltigem Text ist denkbar und lockert eine Seite auf.

Die Lesbarkeit vier- und mehrspaltiger Layouts ist nur bedingt gut. Kurze Zeilen ergeben häufige Trennungen. Blocksatz ist im Prinzip nicht möglich, da die kurzen Zeilen mit wenig Wortzwischenräumen optische Löcher im Text erzeugen, welche die Lesbarkeit reduzieren.

Vierspaltige Layouts erzeugen, vor allem bei hochformatigen Medienprodukten, bedingt durch die schmalen und hohen Spalten einen starken vertikalen optischen Eindruck. Dies kann dazu führen, dass ein Gefühl der Unübersichtlichkeit erweckt wird.

Horizontale Achsen

Ein Hilfsmittel zur Strukturierung derartiger Seiten sind klare horizontale Achsen, die in die Seite eingefügt werden. Solche horizontalen optischen Achsen wirken der Senkrechten entgegen und bringen Ruhe und klare Strukturen in die mehrspaltige Seite. Zur Auflockerung und zur Vermeidung zu strenger Layoutwirkungen ist es möglich, dass nicht alle Textspalten bis an den Rand des unteren Satzspiegels laufen, sondern ungleich lang sind und dadurch Freiräume schaffen.

Ein wichtiges Gestaltungsmittel sind Bilder und Grafiken. Der optischen Strenge vieler hoher und gleich wirkender Textspalten kann dadurch entgegengewirkt werden, dass Bilder, Grafiken oder Typoelemente verwendet werden, die der Seite optischen Halt und Struktur geben. Bilder können bei vier- und mehrspaltigen Gestaltungsrastern unterschiedliche Größen aufweisen. Bei den Bildgrößen sollte man sich an der vorgegebenen Spaltenbreite orientieren. Ein- oder zweispaltige Bilder und Grafiken sind üblicherweise gut zu verwenden. Wird die Bildbreite noch größer gewählt, entstehen starke Kontraste zwischen Text und Bild, mit denen gute Wirkungen erzielt werden können.

Vierspaltiges Layout eines Fahrzeugprospektes im Querformat.
Durch die starke Betonung der Horizontalen, hervorgerufen durch den oberen, blau unterlegten Bildteil des Prospektes wird der Vierspaltigkeit des Textes viel von seiner Strenge genommen. Da die Texte nicht über die gesamte Höhe des Prospektes gesetzt wurden, wird die Wirkung des Querformates deutlich unterstützt.

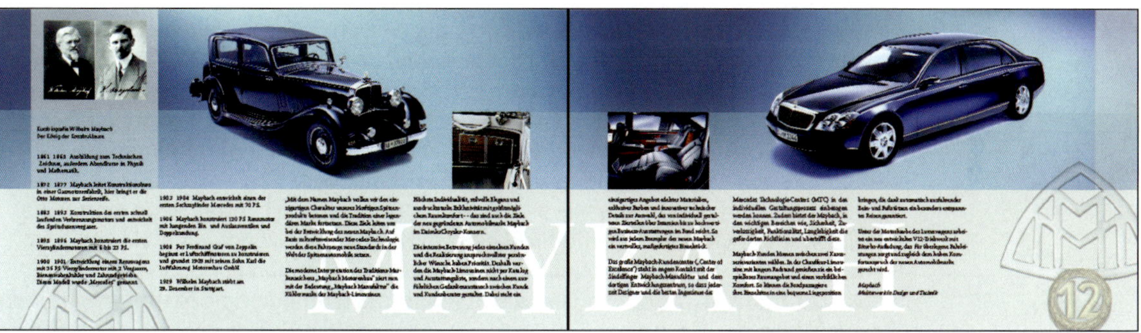

Die unteren Abbildungen zeigen das vierspaltige Layout des Internetauftritts für das im obigen Prospekt beworbene Fahrzeug. Die Webseiten wurden nach dem gleichen Gestaltungsraster, den annähernd gleichen Farbvorgaben und einem nahezu identischen Seitenaufbau wie das Druckprodukt zusammengestellt.
Die einheitliche Gestaltungslinie von Print- und Nonprintprodukt ist deutlich erkennbar. Internettypische Funktionen wie Navigationselemente oder Animationen sind dezent und unaufdringlich in die Webseite integriert.

(Quelle: FIND Reutlingen)

1.3.18 Gliederung von Texten

Gliederung mit Schrift
Eine klare Gliederung ermöglicht das schnelle Erfassen aller Informationen einer Drucksache oder eines interaktiven Mediums. Dabei ist eine rein typografische Gliederung nur mit Hilfe der Schrift die einfachste und oft effektvollste gestalterische Lösung.

Eine Möglichkeit ist die Variation der Schriftgröße. Wird bei einem Werk der Grundtext 10 pt groß gesetzt, sollte die nächste Schriftgröße 13 pt oder mehr betragen. In diesem Werk wurde der Grundtext in 9 pt Univers 55 gesetzt, die Kapitelüberschrift in 14 pt Univers 57 Condensed. Dabei wurde allerdings ein zweiter Schriftschnitt verwendet, was bereits zur nächsten Gliederungsmöglichkeit führt.

Eine weitere Gliederungsmöglichkeit ist das Mischen von Schriftschnitten aus einer Schriftfamilie. Zum Beispiel wie in diesem Werk: der Grundtext 9 pt und die Untertitel 9 pt halbfett.

Aber Vorsicht beim Einsatz der Gliederungselemente, zu viel macht wieder unübersichtlich.

Einige Grundregeln
- Gleichwertiges soll typografisch gleich gestaltet werden.
- Zwei bis drei Größenabstufungen genügen.
- Mischen von Schriftschnitten sparsam verwenden.
- Schriftmischungen kaum benutzen, wenn doch, dann
- nur zwei Schriftcharaktere verwenden.
- Schriften sollen zueinander passen = Kontraste bilden. Das heißt eine Serifenschrift mit einer serifenlosen Schrift mischen (siehe dazu auch Kapitel 1.3.9).

Gliederung mit Text und Raum
Typografie bedeutet Gestalten mit und ohne Schriften. Das Positionieren von Text, freier Fläche (Raum), bedruckter Fläche mit Farben, Bildern oder Grafiken teilt die Seite in bedruckte und unbedruckte Flächen auf. Die Wechselwirkung zwischen bedruckter und unbedruckter Fläche bleibt immer erhalten. Die unbedruckte Fläche (weiß oder farbig) bildet die Basis für effektvolle und spannungsgeladene Lösungen.

Setzen Sie eine Seite nicht mit Text voll. Lassen Sie einer Zeile, einem Text Raum, damit er gesehen wird und wirken kann. Textmenge und freie Fläche müssen Spannungen zueinander entwickeln.

Bei einer zu großen Textmenge, die ohne den notwendigen Freiraum platziert wird, gehen die Spannungen verloren. Wenn nur viele Textinformationen auf ein Blatt Papier gesetzt werden, ermuntert dies nicht zum Lesen. Der Text muss mit Räumen strukturiert und textlich aufbereitet werden.

Absatzgliederung
Eine Absatzgliederung innerhalb eines größeren Grundtextes durch Leerzeilen ist immer ungünstig. Der Text verliert den Sachzusammenhang, der Lesefluss wird beeinträchtigt und es entsteht eine Rauminflation. Für Absatzgliederungen ist die sinnvollste Methode der Worteinzug. Er strukturiert klar, ist leseerleichternd und weist eine typografisch gefällige Form auf.

Bei Aufzählungen könnten Leerzeilen möglich sein, bessere Gliederungselemente sind Satzzeichen wie Punkt •, Gedankenstrich –, Symbole oder der Einzug.

Weitere Gliederungselemente sind Linien oder kleine Schmuckelemente. Linien unterteilen und führen gleichzeitig im Textfluss. Bei zu viel weißer Fläche kann mit Schmuckelementen eine weitere Gliederung und optisch ansprechende Wirkung erreicht werden.

Allerdings: Wenn zu viele Linien und Schmuckelemente auf einer Seite zu finden sind, wird in aller Regel das Erscheinungsbild der Seite gestört.

Linien und Flächen

Abstände und Freiräume sind das klarste Gestaltungs- und Gliederungselement. Linien haben häufig Schmuckcharakter und sind zumeist nicht notwendig. Wenn eine Gestaltung ohne Linie gut aussieht, lassen Sie die Linie weg. Zu viele Linien zerstören eine gute Gestaltung.

Benützen Sie Linien wirklich nur als Schmuckelemente für Kleinanzeigen, Programme, Speisekarten, Vernissagen usw., nicht aber in reinen Textseiten in Büchern oder Katalogen.

Einige Grundregeln

- Linien von 0,3 pt bis 0,6 pt dienen für Spalten, Kästchen, Coupons.
- 1 pt starke Linien sind weder Fisch noch Fleisch, vermeiden Sie diese, auch wenn viele Programme diese als Standard anbieten.
- Linienstärken von 2 pt bis 4 pt bilden einen guten Kontrast zum Grundtext.
- 8 pt bis 12 pt starke Linien sind für Übergangsbereiche zwischen Flächen sehr wirkungsvoll und plakativ einsetzbar.
- Doppellinien können reizvoll sein und bilden gute Kontraste.
- Gestrichelte oder strichpunktierte Linien gehören zumeist in Zeichnungen.
- Dünne gepunktete Linien dienen als Perforationslinien oder Schneidlinien.

Eine Vielzahl von Linienarten bieten die Programme an. Denken Sie daran, die Linien zweckgemäß einzusetzen, und gehen Sie sparsam damit um. Linien und Rahmen können den darin befindlichen Text, das Bild, die Grafik oder die Tabelle erdrücken.

Linienarten

0,3 pt

0,5 pt

0,6 pt

1 pt

2 pt

3 pt

4 pt

8 pt

12 pt

Dick-Dünn

Gestrichelt 2

Strich-Punkt

Dick-Dünn-Dick

Alle Punkte

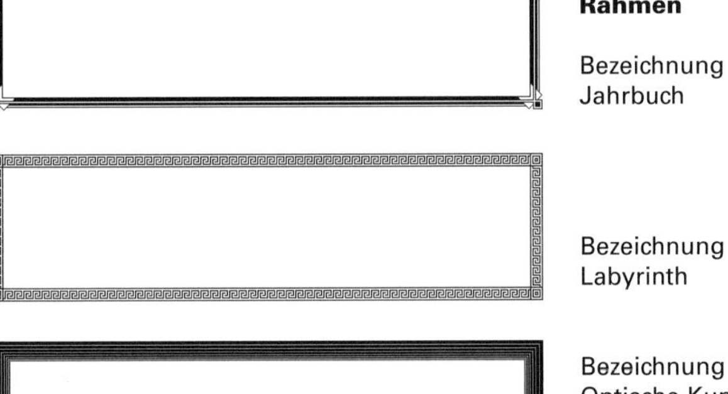

Schmucklinien als Rahmen

Bezeichnung Jahrbuch

Bezeichnung Labyrinth

Bezeichnung Optische Kunst 1

Alle Linien sind im Programm QuarkXPress verfügbar

1.3.19 Kontraste

Typografische Gestaltung, aber auch Fotografie oder Grafik ohne Kontraste ist wie Essen ohne Salz. Reine Textseiten wirken fad, langweilig, ohne Hepp und Pepp, eben wie ungewürzte Speisen. Mit Kontrasten bzw. Gegensätzen erreicht man Spannung, Dynamik und Dramatik – dies ist eine der wichtigsten Grundregeln des Gestaltens.

Wer einförmig einen Text über die weiße Papierfläche verteilt, erzeugt weder Kontraste noch Spannung, er wird keine oder sehr geringe Aufmerksamkeit erwecken. Weißflächen als Gestaltungselement lassen einen Text besser zur Geltung kommen, ein Text braucht Raum zum Wirken.

Designer müssen die Wirkung von Kontrasten auf einen Betrachter nutzen und in ihre Gestaltungsüberlegungen mit einbeziehen. Kontraste können dazu dienen, die Wirkung einer Seite zu erhöhen und eine harmonische, aber spannungsreiche Gesamtgestaltung zu erreichen. Gut gestaltete Medien verwenden immer Kontrastwirkungen: das Weiß eines Papiers zum Grauwert einer Schriftgruppe oder zum Schwarzwert einer Headline. Große Schriftgrade zu kleinen, das Positiv zum Negativ, Fett zu Mager, Bunt zu Unbunt, große Flächen zu kleinen Flächen, Komplementärkontrast, Simultankontrast, Warm-Kalt-Kontrast usw.

Siehe auch Kapitel 1.2.10 zu Farbkontrasten und Farbwirkung

Negativ

Positiv

Fett

Fein

GROSS

klein

Einzeln Vielfach Vielfach Vielfach Vielfach Vielfach

Farbige Schrift ist gut lesbar

Farbige Schrift ist gut lesbar

Kalt Warm

1.3.20 Werksatz

Der Werksatz ist die älteste Satzart. Ein Werk oder Buch gliedert sich im Prinzip immer nach dem gleichen Schema auf:

- Titelseiten oder Titelbogen
- Inhalt mit Text- und/oder Bildseiten
- Anhang

Titelbogen

Zum Titelbogen gehören Schmutztitel (nur Titel des Buches), Haupttitel (Autor oder Autorenteam, Haupttitel, Untertitel und Verlag), Impressum (mit Copyright-Vermerk und ISBN-Nummer), Vorwort der Autoren oder des Herausgebers und das Inhaltsverzeichnis mit einer oder mehreren Seiten.

Manche Werke enthalten noch einen Widmungs- oder Dedikationstitel. Diese rechte Seite kann vor dem Vorwort eingefügt werden. Es folgt dann eine linke Vakaatseite und danach das Vorwort. Durch den Einschub eines Dedikationstitels wird der Titelbogen um zwei Seiten erweitert. Der Titelbogen ist nicht paginiert. Bei umfangreichen Inhaltsverzeichnissen erfolgt eine Paginierung häufig mit römischen Zahlen. Dadurch wird optisch ein deutlicher Unterschied zur Paginierung im Textteil hergestellt.

Inhalt mit Text und Bild

Alle Inhaltsseiten haben im Prinzip einen gleichen Layoutaufbau. Text- und Bild werden nach den Erfordernissen des Inhalts passend auf die einzelnen Seiten in den Satzspiegel (grau dargestellt) gruppiert. Die Paginierung erfolgt mit lateinischen Zahlen.

Anhang

Hier findet sich häufig das Stichwort- und Literaturverzeichnis, ein Fachwortglossar und ein Abbildungsnachweis wären bei Bedarf möglich. Die Paginierung des Anhangs erfolgt fortlaufend mit lateinischen Ziffern.

Schema eines Titelbogens für den Werksatz:

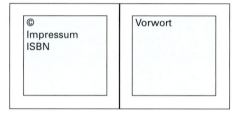

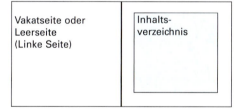

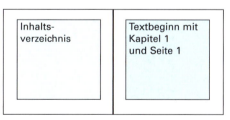

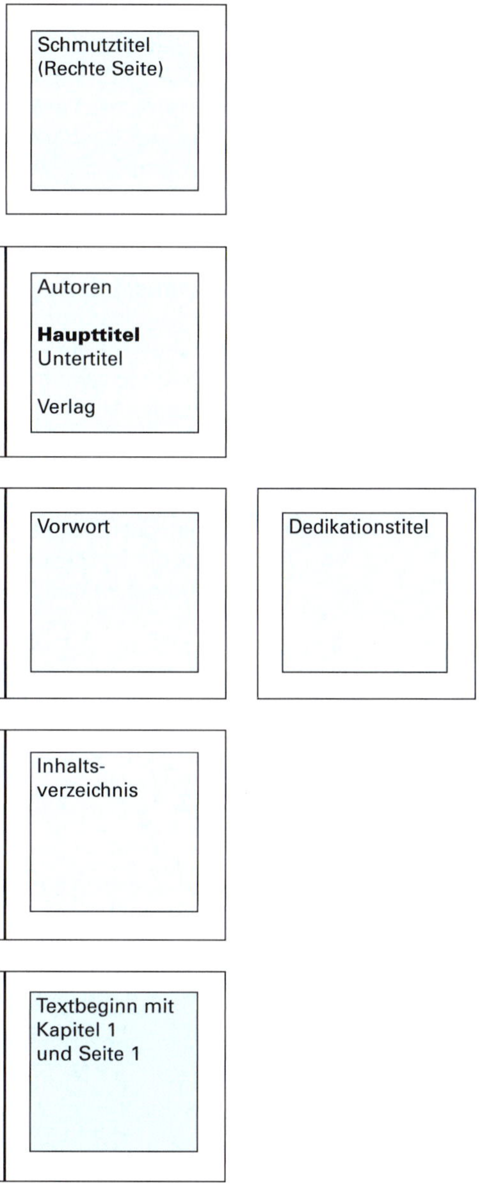

Schmutztitel
(Rechte Seite)

Vakatseite oder
Leerseite
(Linke Seite)

Autoren

Haupttitel
Untertitel

Verlag

©
Impressum
ISBN

Vorwort

Dedikationstitel

Vakatseite oder
Leerseite
(Linke Seite)

Inhalts-
verzeichnis

Inhalts-
verzeichnis

Textbeginn mit
Kapitel 1
und Seite 1

Sonderformen

des Werksatzes sind der Gedicht- oder Lyriksatz, Dramensatz und der Satz wissenschaftlicher Inhalte. Diese Werksatzarten erfordern eine besondere Sorgfalt in der technischen und gestalterischen Herstellung. Charakteristisch für den Gedichtsatz ist die asymmetrische Anordnung der Zeilen, deren Länge durch das Versmaß definiert wird. Eine gute Lesbarkeit wird durch die Gliederung z.B. in Textblöcke erreicht, wenn dies vom Sinn und Handlungsablauf eines Gedichtes her möglich ist.

Ähnliches wie für den Gedichtsatz gilt für die Gestaltung von Dramen. Hier wird zur klareren Strukturierung des Inhaltes auf die vermehrte Anwendung von Kursivschnitten, Kapitälchen und Versalien zurückgegriffen.

Beispiel für Formelsatz

$2\,AgCl \xrightarrow{Licht} 2\,Ag + Cl_2$

Silberchlorid   Silber   Chlor

Ein besonderes Augenmerk ist auf den Satz von naturwissenschaftlichen Werken zu richten. Der Satz mathematischer, chemischer oder physikalischer Formeln ist schwierig und erfordert Genauigkeit und Sorgfalt. In einer Reihe von Layoutprogrammen gibt es für den Satz schwieriger Formeln so genannte Extensions, also Programmerweiterungen, die den Formelsatz deutlich vereinfachen.

Typografischer Aufbau einer Werksatz-Doppelseite

In der Buchherstellung folgt man im Seitenaufbau einer bestimmten Struktur, die sich bewährt hat und an die der Leser auch gewöhnt ist. Dieser Seitenaufbau kann bei der Verteilung der Räume variieren, die Anzahl der Zeilen und Spalten ist variabel – aber das grundsätzliche Prinzip des Seitenaufbaus hat sich bewährt. Dieses Grundprinzip des typografischen Aufbaus einer Werksatz-Doppelseite ist in der untenstehenden Abbildung verdeutlicht.

1 = Vorschlag/-raum
2 = Headline
3 = Initial
4 = Subheadline
5 = Toter Kolumnentitel
6 = Lebender Kolumnentitel
7 = Grundtext Bodytext
8 = Marginalien oder Randbemerkungen
9 = Fußnoten durch Linie getrennt
10 = Bogennorm und Bogensignatur (i.d.R. im Beschnitt zu finden und nicht auf der Seite)

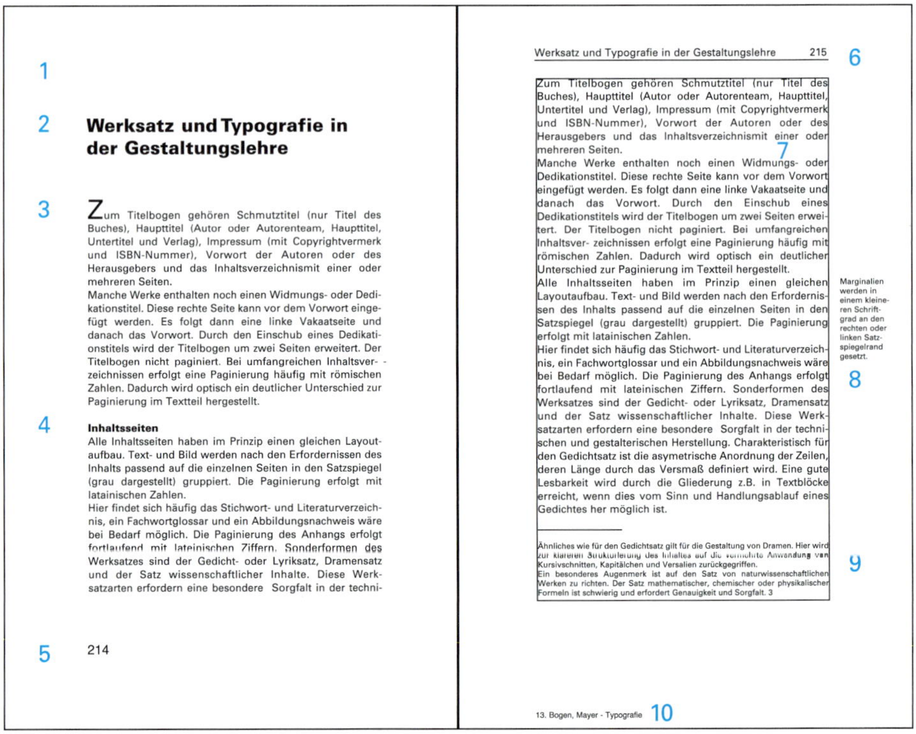

1.3.21 Geschäftsdrucksachen

Eine Alltagsarbeit ist die Gestaltung von Visitenkarten, Briefbögen, Overheadfolien oder eine einfache Präsentation für eine Firma. In diesen und noch in vielen weiteren Anwendungsfällen, in denen eine Firma nach außen und nach innen wirkt, macht das *einheitliche Erscheinungsbild*, das *CI* eines Betriebes, das Unternehmen am Markt unverwechselbar und fördert die Wiedererkennung durch die Kunden. Zur Konzeption dieser Unternehmensidentität gehören *das Unternehmensbild* (CD), die *Unternehmenskultur* und die *Unternehmenskommunikation*.

Corporate Design (CD) ist das visuelle Erscheinungsbild. Durch die Verwendung derselben gestalterischen Elemente soll eine schnelle Wiedererkennung und Identifikation mit der Firma bzw. deren Produkte und Dienstleistungen erzielt werden.

Zum CD gehören z.B. das Logo, die Typografie, die Hausfarbe, der Slogan, einheitliche Geschäftspapiere, einheitliche Standarddrucksachen, einheitliche Medienauftritte, einheitliche Fahrzeugbeschriftungen, einheitliche Gebäudekennzeichnungen und einheitliche Verpackungen.

Wird ein Produkt durch seinen Markennamen auf viele Konkurrenzprodukte angewendet, ist das einer der größten CD-Erfolge. Zum Beispiel für Papiertaschentücher gibt es viele unterschiedliche Marken, aber landläufig sagt man Tempo-Taschentuch.

Normbriefbogen nach DIN

Die schnelle kaufmännische Verarbeitung von Geschäftsbriefen verlangt nach einem einheitlichen, immer gleichen Normbriefbogen. Dadurch ist eine schnelle und sichere Bearbeitung und Archivierung von Geschäftsdrucksachen möglich. Alle Geschäftsdrucksachen und die dafür gedachten Ordnungssysteme verwenden Formate nach den verschiedenen DIN-Reihen:

DIN-A-Reihe	**DIN-B-Reihe**	**DIN-C-Reihe**
Vorzugsreihe z.B. für Geschäftsdrucksachen	Ordner z.B. Ordner und Heftmappen	insbesondere Umschläge z.B. Briefhüllen

Die Bearbeitung eines Geschäftsbriefes verlangt:

- einen Heftrand von 20 mm,
- eine Lochmarke in halber Höhe des Blattes, etwa 0,5 cm vom linken Papierrand entfernt,
- einen Raum für Bearbeitungsvermerke, Eingangsstempel und sonstige Anmerkungen zu einem Geschäftsgang. Der dafür vorgesehene Platz ist 105 mm breit und 45 mm hoch. Oftmals wird dieser Raum für Gestaltungszwecke mitgenutzt. Doch sollte bei der Entwicklung einer Gestaltungsidee berücksichtigt werden, dass genügend Raum für Bearbeitungsvermerke vorhanden ist.
- Die Ortsfestlegung z.B. der Bezugszeichenzeile dient der schnellen Orientierung des Lesers auf einem Geschäftsbrief. Informationen lassen sich dadurch schneller finden, aufnehmen und verarbeiten.

Die Vorgaben der DIN-Norm lassen für Gestaltungsideen bei der Entwicklung von Geschäftsdrucksachen genügend Spielraum. Zwischen Norm und pfiffig gestalteten Briefbogen besteht kein unlösbarer Widerspruch.

Der Geschäftsbrief

Gestaltung von Schriftstücken nach DIN 5008, DIN 5009, DIN 676
Ausgabe: 2002

Schreib- und Gestaltungsregeln für die Textverarbeitung nach DIN 5008
Ausgabe: 2001

Die Reihen A und B sind in der DIN-Norm 476 Teil 1 (EN 20216 und ISO 216) festgelegt, während die Reihe C in der DIN-Norm 476 Teil 2 beschrieben ist, aber nicht als internationale Norm übernommen wurde.

www.din.de
www.dtp-praxis.de

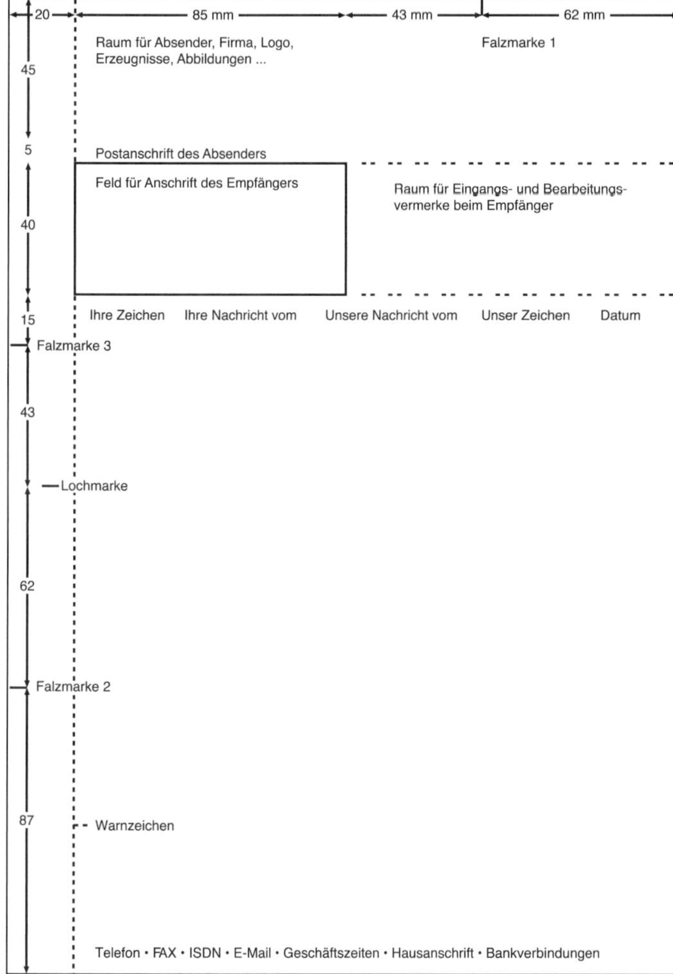

Normbriefbogen nach DIN

Die Abbildung des Normbriefbogens zeigt die wichtigsten Maße und Einteilungen des DIN-A4-Briefbogens für den Geschäftsbrief.

Diese Darstellung entspricht den Normvorgaben. Der Designer hat im Rahmen der Normfestlegungen erhebliche Spielräume, um spannungsreiche und interessante Geschäftsbriefbogen zu entwickeln. Der „Raum für Eingangs- und Bearbeitungsvermerke beim Empfänger" wurde in der Form wie in der Abbildung dargestellt, aus der alten Norm übernommen. Das bedeutet, dass der ausgewiesene Raum für Gestaltungszwecke zur Verfügung stehen kann. Allerdings sollte jede Gestaltung die notwendigen Bearbeitungsvermerke beim Empfänger eines Geschäftsbriefes zulassen. Grundgedanke muss immer sein, dass der Versand und die Bearbeitung des Geschäftsbriefes nach einem schnellen und eindeutigen Verfahren z.B. in der Poststelle eines Großbetriebes ermöglicht wird.

Der abgebildete Briefbogen ist für die Verwendung von Fensterbriefhüllen nach DIN-C6-Normalhülle oder der DIN-C6-Langhülle eingerichtet.

Nicht abgebildet ist der so genannte Betreff, der 12,5 mm unter der Bezugszeichenzeile stehen sollte. Bei modernen Briefbogen wird diese vorgedruckte Zeile im Schriftverkehr nicht mehr verwendet. Das Gleiche gilt für die Bezugszeichenzeile. Diese wird von den Textverarbeitungssystemen an der dafür vorgesehenen Position eingedruckt.

Das Warnzeichen am unteren Ende wird oft nur als kleiner Punkt mitgedruckt. Werden die Briefe mit Textverarbeitungssystemen erstellt, ist dieses Zeichen nicht notwendig. In der Regel wird mit Textmasken gearbeitet, die vor dem Erreichen der letzten Zeilen akustisch vor dem Seitenende warnen.

1.3.22 Zeitungstypografie

Lesen heißt arbeiten – diese Erkenntnis ist in den meisten Lesern von Druckerzeugnissen nur im Unterbewusstsein vorhanden. Vielen Lesern ist oftmals unklar, warum sie ein bestimmtes Druckerzeugnis gerne lesen und ein anderes nicht.

Würde man dieses unbewusste Verhalten analysieren, so würden bei einem großen Teil der Leser nicht inhaltliche Gründe für das Nichtlesen einer Zeitung, einer Zeitschrift oder eines Buches angegeben. Viele Leser, und dies kennt man aus entsprechenden Untersuchungen, finden sich in einem Druckprodukt nicht zurecht – es fehlt an der klaren Gliederung, an Orientierungshilfen oder einfach an einer gut lesbaren Schrift.

Hilfen beim Lesen eines Druckproduktes sind besonders beim Aufbau und der Gestaltung einer Tageszeitung von großer Bedeutung, da es sich beim Zeitungsprodukt zumeist um ein großes und unhandliches Druckformat handelt. Wegen seiner Größe ist eine Zeitung in vielen Situationen (Bus, Eisenbahn, Flugzeug) schlecht zu lesen. Um diesen Formatnachteil auszugleichen, muss ein klarer und möglichst immer gleich bleibender typografischer Aufbau gesucht werden, der dem Leser die Orientierung innerhalb seiner Zeitung erleichtert.

Hauptsächlich werden drei Standardgrößen im Zeitungsdruck benützt: Berliner Format 470 mm x 630 mm, Rheinisches Format 530 mm x 720 mm und das Nordische Format 570 mm x 800 mm. Aus technischen Gründen ist es nicht möglich, ein Zeitungsformat ständig zu ändern, da dies eine neue Rotationsmaschine mit entsprechend angepassten Druckzylindern voraussetzen würde.

Der Zeitungsdesigner versucht bei der Erstellung seines Blattes, dem Leser einen Leseweg vorzugeben, um ihm die Informationsaufnahme zu erleichtern. Dazu muss er sich allerdings an ein feststehendes Raster halten, das er nicht verändern kann. Dieses Raster ist die Spaltenzahl und der Satzspiegel. Wie viel Spalten eine Zeitung hat, ist abhängig vom Format. Je größer dies ist, um so mehr Spalten sind möglich.

Die meisten Zeitungen verwenden zwischen vier und sechs Spalten und als Satzart den Blocksatz. Der Blocksatz ermöglicht es einer Redaktion, ungefähr 10–15% mehr Text auf einer Seite unterzubringen als im Flatter- oder Rausatz.

Bei der Gestaltung der Zeitung sollte ein Artikel nach Möglichkeit mit Überschrift, Text und Bild ein geschlossenes Rechteck bilden. Dies kann vom Leser klar und deutlich erfasst werden und es ergibt in der Regel eine gute Leseführung. Bei der Zeitungsgestaltung kann problemlos zwischen einspaltigen und mehrspaltigen Artikeln gewechselt werden. Wichtig ist die Anordnung im geometrischen Grundmuster des Rechtecks und die Einbindung der Überschrift. Überschriftzeilen können durchaus auch bei großen Schriftgraden zweizeilig sein, der Leser dankt es dem Zeitungsmacher durch eine erhöhte Lesequote.

Grundlayouts für Tageszeitungen

Auf der folgenden Seite sind mögliche Zeitungslayouts für drei Zeitungstypen als Layoutskizze dargestellt. Sie können diese drei Layouts durchaus bestehenden Zeitungstypen zuordnen. Diese Tageszeitungen verfolgen mit dem gewählten Layout ein bestimmtes Erscheinungsbild, um ein spezielles Image zu dokumentieren und um damit auch eine bestimmte Leserschaft zielgerichtet zu erreichen.

Reutlinger General-Anzeiger

Das große Rasen hat begonnen

Kinder leiden nach Unfällen

Der Traum vom Klonmensch

le dauphiné

L'HÔTE DE COMBLOUX

Reutlinger General-Anzeiger

Der Gesprächsfaden ist gerissen

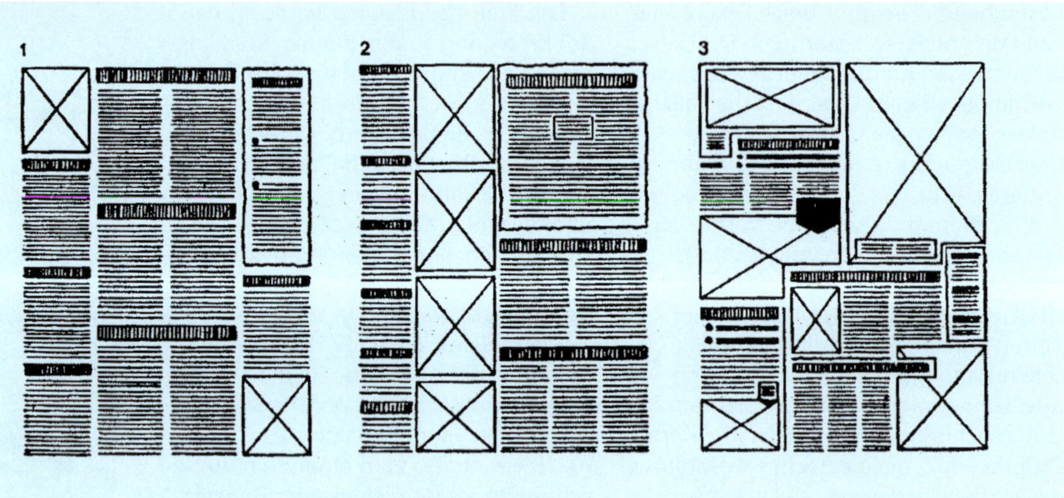

Grundlayouts bei Tageszeitungen

Das Layout 1 zeigt eine klare Gliederung in vier Spalten. Das Erscheinungsbild und der Lesefluss sind ruhig und klar – vielleicht sogar ein wenig langweilig. Eine gewisse Auflockerung erfolgt durch Rahmen und Bilder. Die STUTTGARTER ZEITUNG oder DIE ZEIT könnten als Vertreter dieser ruhigen und sachlichen Zeitungstypografie genannt werden.

Layout 2 wirkt ansprechend durch Variationen in verschiedene Spaltenbreiten. Diese aufgelockerte Gestaltung findet sich bei vielen modernen Kreis- und Regionalzeitungen. Das Layout besticht durch Textvariationen in verschiedenen Spaltenbreiten, Infoboxen können eingesetzt werden, Bildleisten und eine klare Gestaltungsstruktur z.B. durch unterschiedliche Größen der Headlines ermöglichen dem Leser eine gute und leichte Orientierung.

Layout 3 entspricht dem Typ der Boulevardzeitung mit zwar lebendiger, aber unübersichtlicher Gestaltung und einer schwer nachvollziehbaren Leseführung – Beispiel Bildzeitung. Der Leser muss sich hier die Textfolge oft selbst zusammensuchen. Dabei geht der Lesefluss häufig über mehrere Seiten hinweg. Dieser Zwangslesefluss orientiert sich meist an Texten und Bildern und führt zu einem unruhigen und oftmals unvollständigen Lesen der Zeitung.

Zeitungs- und auch Zeitschriftentext besteht vorwiegend aus so genanntem glattem Text. Typisch für diese Textart ist die Anordnung in schmalen Spalten. Diese Spalteneinteilung und die sich daraus ergebenden kurzen Zeilen wirken oft lesehemmend. Der zumeist verwendete Blocksatz ergibt unterschiedliche Wortzwischenräume und häufige Worttrennungen. Dies stört, in Verbindung mit vielen Überschriften, den Lesefluss enorm. Ein Ausweg aus diesem Dilemma der Zeitungsgestaltung bietet der bereits angesprochene Flattersatz. Er gewährleistet prinzipiell die bessere Lesbarkeit, allerdings bei geringerem Textaufnahmevermögen der Seite.

Die Vielfalt der nebeneinander gestellten wichtigen und weniger wichtigen Meldungen, der Einbau von Bildern, Informationsgrafiken, Farbelementen und Anzeigen im redaktionellen Teil einer Zeitung machen den Satzspiegel einer Tageszeitung sehr unruhig.

Schauen Sie sich daraufhin einmal die Seiten mit dem Thema „Weltspiegel/Aus aller Welt" Ihrer Zeitung an. Sie gehören in aller Regel zu den unruhigsten Seiten in allen Zeitungen. Um der Unruhe entgegenzuwirken und die Lesbarkeit zu gewährleisten, wurden spezielle Zeitungsschriften entworfen.

Schrift in der Tageszeitung

Ein Kennzeichen dieser Zeitungsschriften ist, dass sie nicht zu mager wirken. Damit ist die Lesbarkeit auf den relativ rauen Oberflächen der Zeitungspapiere sichergestellt. Das Schriftbild sollte groß und offen sein sowie hohe Mittellängen haben. Die Versalien werden niedriger gehalten, um sie nicht zu sehr aus dem Graubild einer Seite hervortreten zu lassen. Die wohl bekannteste Zeitungsschrift ist die Times. Eine Version dieser Schrift wird heute nahezu jedem PC-System mitgegeben. Die Times hat kleine Serifen. Sie bilden einen optischen Rahmen für jedes Wort, fassen die Einzelbuchstaben optisch zu Wortgruppen zusammen und unterstützen damit den schnellen Lesevorgang. Der Lesevorgang besteht bekanntlich nicht aus dem Erfassen des Einzelbuchstabens, sondern aus dem Erkennen von Buchstaben- oder Wortgruppen und deren Sinngehalt. Dieses Erkennen von Wortgruppen wird durch Schriften mit Serifen an den Ober- und Unterlängen unterstützt. Übrigens: Dieser Text ist in der Zeitungsschrift Times erstellt, die selbstverständlich nicht nur in Zeitungen verwendet wird. In letzter Zeit tauchen immer wieder Zeitungen auf, die serifenlose Schriften verwenden. Damit soll der Geist der modernen Industriegesellschaft dokumentiert werden – aber die Lesbarkeit leidet unter diesem Versuch, Modernität in der Zeitung durch die Schrift auszudrücken.

Anzeigenseiten

Der Designer einer Tageszeitung gibt eine Reihe von Gestaltungsrichtlinien vor, welche in der Herstellung der redaktionellen Seiten streng eingehalten werden. Dies ist bei den Anzeigenseiten an sich auch geplant und erwünscht. Gestalterisch sind Anzeigenseiten eine anspruchsvolle Aufgabe. Diese Seiten sind aus Linien, Typoelementen und den verschiedensten Schriften zusammengefügt. Die Anzeigen sollten möglichst einheitlich gestaltet werden, um ein ruhiges Lesebild zu ergeben. Dies ist aber oft nicht möglich, da hier der Kunde seine Wünsche anmeldet, unabhängig von den Vorstellungen der Zeitungsmacher.

In vielen Fällen bestimmt der Kunde das Bild der Seiten mit den Werbemitteln, die er für seine Produkte einsetzt. Die Zeitung selbst hat auf die Gestaltung der Anzeigen relativ wenig Einfluss. Anzeigen großer, überregional agierender Firmen wie die Automobilindustrie geben den Tageszeitungen ihre Gestaltungen über Werbeagenturen vor. Die Zeitung muss in der Herstellung nur noch die entsprechende Anzeigenbreite auf ihr spezifisches Anzeigenspaltenmaß bringen. Über die Anzeigenabteilungen kann versucht werden, die Gestaltung der Kundenanzeigen zu beeinflussen, aber dies hat bei Großkunden in der Regel wenig Erfolg, da diese nach vorgegebenen CI-Richtlinien verwendet werden müssen.
Anders sieht es bei den Inserenten aus, die nur ab und an eine Anzeige aufgeben. Diese Kunden erhalten die von der Zeitung im Normalfall vorgegebene Gestaltung. Die Anzeigen fügen sich

Schrift Times

Die Times wurde vom Schriftkünstler **Stanley Morrison** 1961 bei der Schriftgießerei Wagner in Ingolstadt für die englische Tageszeitung „THE TIMES" gegossen.

1 Reutlinger General-Anzeiger in traditioneller Aufmachung. Da das Erscheinungsbild der Zeitung über viele Jahre so herausgegeben wurde, stand ein Redesign für die Zeitung an. Verschiedene Studien wurden erstellt, bis letztlich die Entscheidung für das jetzt aktuelle Design (**4**) gefällt wurde.

2 Seriöse Aufmachung mit klarer Gliederung. Der Zeitungskopf im modernen Stil mit Wappen von Kreis und Stadt. Inhaltsangabe unter dem Titel und in der linken Randspalte dienen der Orientierung für den Leser. Ruhige Gesamtwirkung mit klarer Lesestruktur.

3 Aufmachung der Zeitung nach skandinavischem Vorbild mit großen Bildern. Die Inhaltsangabe befindet sich über dem Zeitungskopf und links unten in einer Infobox. Der Gesamteindruck ist unruhig, da auf der Seite viele kleinere Beiträge stehen.

4 Aktuelles Design mit traditioneller Headline und klarer, bilddominierter Aufmachung. Die wichtigsten Nachrichten werden über dem Zeitungskopf und in einem Infoblock unten an den Leser vermittelt. Wetter und Inhaltsangabe ergänzen die Information auf einen Blick.

1 Design bis 2003

Nach 17 Jahren wurde ein Traum wahr: VfL Pfullingen in der Bundesliga – Seiten 18 und 25 - 32

Reutlinger General-Anzeiger

UNABHÄNGIGE TAGESZEITUNG FÜR … POLITIK · KULTUR · WIRTSCHAFT · SPORT

FDP mit Kanzlerkandidat

Israel hält sich Optionen offen

Warnung vor Rechtsruck in Europa

Studie **2**

Reutlinger General-Anzeiger

DIE UNABHÄNGIGE TAGESZEITUNG FÜR … POLITIK · KULTUR · WIRTSCHAFT · SPORT

Castor Syndrom | Der Schauprozess | Sanfte Melodiker | Hotel-Herrlichkeit

Region

Heute im GEA

Sport aktuell

Mittwochslotto

Das Wetter

Das große Rasen hat begonnen

Schon wieder Tote beim Formel 1 Rennen in Melbourne

Leitzinsen in USA deutlich gesenkt

Die Justiz entscheidet

Kinder leiden nach Unfällen

Der Traum vom Klonmensch

Studie **3**

Zukunft | Börse | Sport

REUTLINGER GENERAL-ANZEIGER

Sanierungspaket Ericsson

Raumstation Mir macht „Rekord-Absacker“

Japan hofft auf kontrollierten Absturz der russischen Raumstation Mir.

Merkel-Kritik an Schröder und Trittin

Lachend und feixend sitzt Bundesumweltminister Jürgen Trittin während der Rede desCDU/CSU-Fraktionsführers Friedrich Merz.

FlowTex-Bruder festgenommen

ver.di-Gründung steht bevor

Gründung der größten Einzelgewerkschaft

REGION

Kreatives Bündnis

»Ein sozialer Skandal erster Ordnung«

WETTER

4 Design seit 2003

GEA

Reutlinger General-Anzeiger

UNABHÄNGIGE TAGESZEITUNG FÜR REUTLINGEN UND DIE REGION

Mittwoch, 7. Mai 2003

Beiträge drohen weiter zu steigen

Der Gesprächsfaden ist gerissen

Milde Strafe im Bombenprozess

Powell kommt nächste Woche

Ringen um den Aufbau der Nachkriegsordnung am Golf

Dätenerhöhung in Stuttgart

INHALT

REGIONALWETTER

AUS DER REGION

SPORT

damit harmonisch in das Gesamterscheinungsbild einer Tageszeitung ein.

Das innere Erscheinungsbild einer Tageszeitung wird zum großen Teil von den Anzeigenseiten bestimmt. Dabei handelt es sich nicht immer um das gleiche Bild, das bestimmte Anzeigentypen abgeben. Zu den Seiten mit dem höchsten Leserinteresse gehören die mit den Todesanzeigen. Das Interesse der Mitmenschen an denen, welche verstorben sind, ist entsprechenden Untersuchungen nach sehr groß. Diese Seiten sind in jeder Tageszeitung leicht zu finden, da sie ein ganz typisches Erscheinungsbild abgeben und vom Leser außerordentlich leicht erkannt werden. Ähnlich verhält es sich mit den Automobilverkaufsanzeigen, Stellenanzeigen, Immobilienanzeigen usw. Im Laufe der Zeit hat sich für viele Anzeigenarten ein bestimmter Anzeigenstil herausgebildet, den der Leser erkennt und zur schnelleren Orientierung auch sucht. Hilfreich dazu sind auch bestimmte Eingangslogos z.B. für den regionalen oder überregionalen Stellenmarkt einer Zeitung.

Der Anzeigenteil und seine Bedeutung für die Zeitung

Der Anzeigenteil und seine Nutzungsmöglichkeiten für breite Leser- und Bevölkerungsschichten in einer Region stellt ein bedeutendes Medium dar. Neben diesem Nutzungsaspekt für den Leser ist der wirtschaftliche Aspekt für die Tageszeitung selbst von Bedeutung. Ganz grob lässt sich feststellen, dass sich die Tageszeitungen bei einer gesunden Finanzstruktur etwa zur Hälfte aus den Abonnementsverträgen und zur anderen Hälfte aus dem Anzeigenaufkommen finanzieren.

Aus dieser Kostensituation heraus kann der Leser direkt den Umfang einer Zeitung ableiten: Ist das Anzeigenaufkommen hoch, steigt der Umfang der redaktionellen Seiten an, ist das Anzeigenaufkommen niedrig, sind demzufolge weniger redaktionelle Seiten vorzufinden. Man kann dies sehr gut im Ablauf einer Woche verfolgen: Die Montagausgabe ist sehr dünn, da das Anzeigenaufkommen niedrig ist, die Samstagausgabe ist entsprechend dem Anzeigenaufkommen außerordentlich umfangreich.

Der Umfang einer Zeitung hat also nichts mit der Nachrichtenlage zu tun, sondern hängt eng mit dem Anzeigenaufkommen zusammen.

Zusatzfarben

In der technischen Herstellung erfordern Zusatzfarben einen sehr hohen Aufwand. Daher werden sie mit einem höheren mm-Preis berechnet. Der höhere Aufwand liegt vor allem in der Herstellung zusätzlicher Druckformen und in der Bereitstellung zusätzlicher Druckwerke für die Zusatzfarben.

Beachtungszuwachs durch Farbe

Untersuchungen bei regionalen Tageszeitungen haben ergeben, dass eine Zusatzfarbe in einer Anzeige für den Leser Signalcharakter besitzt: Der Beachtungszuwachs beim Einsatz von Farbe liegt bei + 25 %.

Die Untersuchung, die obige Aussage belegt, bezog sich auf die Anzeigen einer Drogeriemarktkette. Basis waren die Leser regionaler Abonnementszeitungen, in denen die Drogeriemarktkette Anzeigen geschaltet hatte. Bei den Untersuchungen wurde festgestellt, dass die Leser der untersuchten Zeitungen zu 61 % die Schwarzweißanzeigen beachtet haben. Die gleichen Anzeigen mit einer Zusatzfarbe versehen wurden von 76 % der Leser gesehen – Farbe erweckt demzufolge Aufmerksamkeit, bringt eine erhöhte Wirkung für eine gedruckte Information und damit eine verbesserte Effektivität für den Werbekunden. Neben den verbesserten gestalterischen Möglichkeiten sprechen vor allem die Zahlen der Leserforschung für die Schaltung einer mehrfarbigen Anzeige. Dies gilt insbesondere für die zweifarbige Anzeige. Die zweite Farbe erhöht die Aufmerksamkeit enorm, eine dritte oder vierte Farbe erbringt dagegen nicht die erhoffte Aufmerksamkeitssteigerung beim Leser.

Die Herstellung einer vierfarbigen Anzeige ist aufwändig und drucktechnisch nicht immer mit gutem Resultat verbunden. Der Einsatz einer so genannten Schmuckfarbe in einer Anzeige lohnt sich für den Auftraggeber dagegen – die Aufmerksamkeits- und die Beachtungssteigerung rechtfertigt den höheren Preis.

Umsatzsteigerungen bei Handelsunternehmungen sind bei der Verwendung einer zweiten Farbe in einer Anzeigenserie im Vergleich zu S/W-Anzeigen direkt nachweisbar.

Anzeigen in der Tageszeitung

Ausschnitt einer Anzeigenseite der Stuttgarter Zeitung vom 26.02.2004

1.3.23 Aufgaben „Typografie und Layout"

Aufgabe 1.3.23.1
Schriftgeschichte kennen

Nennen Sie die für die Schriftentwicklung wichtigsten Schriften der Schriftgeschichte.

Aufgabe 1.3.23.2
Grundformen der Schriften wissen

Aus welchen Grundformen bestehen die meisten Versalschriften?

Aufgabe 1.3.23.3
Schriftkünstler benennen

Zählen Sie fünf wichtige Schriftkünstler auf und ordnen Sie die von Ihnen entwickelten Schriften zu.

Aufgabe 1.3.23.4
Schriftklassifikation kennen und anwenden

Nennen Sie zu jeder der 11 Schriftgruppen der Schriftklassifikation von 1964 eine Schrift.

Aufgabe 1.3.23.5
Schriftklassifikation kennen und anwenden

Nennen Sie die fünf Gruppen der Schriftklassifikation von 1998 mit den entsprechenden Untergruppen.

Aufgabe 1.3.23.6
Schriftaufbau kennen und benennen

Erstellen Sie eine Skizze, aus der das Vier-Linien-System der Schrift hervorgeht, und benennen Sie diese Skizze mit den korrekten Begriffen.

Aufgabe 1.3.23.7
Schriftbenennungen verstehen

Erläutern Sie folgende Fachbegriffe:

a. Vorbreite
b. Versalhöhe
c. Punzen
d. Dickte
e. Haarstrich
f. Schriftlinie

Aufgabe 1.3.23.8
Begriffe zur Schrift anwenden

Erläutern Sie den Begriff der „Schriftfamilie".

Aufgabe 1.3.23.9
Begriffe zur Schrift anwenden

Erklären Sie folgende Begriffe:

a. Versalien
b. Gemeine
c. Punkturen
d. Ligaturen

Aufgabe 1.3.23.10
Begriffe zur Schrift anwenden

Unterschneiden und Spationieren sind Gegensätze – erklären Sie.

Aufgabe 1.3.23.11
Begriffe zur Schrift anwenden

Laufweitenänderungen sind im Prinzip bei gutem Satz nicht zulässig – aber Ausnahmen sind doch möglich. Nennen Sie drei mögliche Situationen, in denen eine Laufweitenänderung gerechtfertigt ist.

Aufgabe 1.3.23.12
Satztechnische Begriffe wissen

Nennen Sie die vier wichtigsten Satzarten.

Aufgabe 1.3.23.13
Satztechnische Begriffe wissen

Wann wird Rausatz und wann wird Flattersatz eingesetzt – erklären Sie.

Aufgabe 1.3.23.14
Satztechnische Begriffe kennen

Was wird unter der so genannten Konsultationsgröße, der Lesegröße, der Schaugröße und der Plakatgröße bei Schriften verstanden?

Aufgabe 1.3.23.15
Das Leseverhalten unserer Kunden kennen

Wie liest ein Grundschüler seinen Text am Anfang seiner „Leserlaufbahn"? Erklären Sie.

Aufgabe 1.3.23.16
Das Leseverhalten unserer Kunden kennen

Wie liest ein erfahrener Leser seinen Text und wie können Sie ihn dabei unterstützen?

Aufgabe 1.3.23.17
Begriffe des Textdesigns anwenden

Nennen Sie vier Punkte, die wichtig sind für das so genannte Textdesign, also für gute Lesbarkeit.

Aufgabe 1.3.23.18
Zeilenabstand – Begriffsklärung

Welche Einstellungen zum Zeilenabstand weisen die meisten professionellen Layout- und Grafikprogramme auf.

Aufgabe 1.3.23.19
Schriftmischungen – Begriffsklärung

Kennen Sie die Regeln zur Schriftmischung? Wenn ja – zählen Sie diese auf.

Aufgabe 1.3.23.20
Schriftmischungen – Anwendung

Geben Sie zu den folgenden Schriften eine passende Schriftmischung an:

a. Schreibschrift
b. Gebrochene, gotische Schrift
c. Klassizistische Schrift
d. Serifenlose Linear-Antiqua

Aufgabe 1.3.23.21
Schriftanwendung – die rechtliche Seite

Dürfen Sie mit Ihrer fertigen Layoutdatei die zum Belichten erforderlichen Schriften in ein Belichtungsstudio zur Ausgabe mitgeben? Oder verletzen Sie dadurch vorgegebene Lizenzvereinbarungen? Begründen Sie.

Aufgabe 1.3.23.22
Polaritätsprofile für Schriften kennen

Welche Informationen lassen sich aus einem Polaritätsprofil herauslesen, das für eine Schrift erstellt wurde?

Aufgabe 1.3.23.23
Polaritätsprofile für Schriften kennen

Bilden Sie selbst Polaritätspaare für eine beliebige Schrift. Erstellen Sie danach einen Fragebogen und führen Sie dann eine Befragung zur Wirkung der gewählten Schrift durch und werten Sie diese aus.

Aufgabe 1.3.23.24
Schriftanwendung praktizieren

Welche der folgenden Schriften passt zu einem Opernhaus:
a. OPER FRANKFURT
b. OPER FRANKFURT
c. **OPER FRANKFURT**
d. **OPER FRANKFURT**
e. **OPER FRANKFURT**

Aufgabe 1.3.23.25
Typografie anwenden

Welche Medienprodukte werden der informativen Typografie zugeordnet? Nennen Sie vier Beispiele.

Aufgabe 1.3.23.26
Typografiestile anwenden

Nennen Sie mindestens vier Beispiele für die „didaktische Typografie".

Aufgabe 1.3.23.27
Typografiestile anwenden

Anmutende Typografie wird für ein bestimmtes Medienprodukt verwendet. Nennen Sie Beispiele für diese Art der Typografie.

Aufgabe 1.3.23.28
Typografische Stilmittel einsetzen

Zu welchen Stilmitteln kann die Werbetypografie greifen, um ein beworbenes Produkt aussagefähig und wirkungsvoll in Szene zu setzen? Nennen Sie mindestens vier Stil- oder Gestaltungsmittel.

Aufgabe 1.3.23.29
Typografiefunktionen kennen

Welche Funktion hat die so genannte provokative Typografie. Erklären Sie die Grundidee für diese Werbeart.

Aufgabe 1.3.23.30
Typografische Techniken kennen

Was ist bei Text-auf-Bild-Überlagerungen zu beachten?

Aufgabe 1.3.23.31
Typografie und Farbe verbinden

Welche emotionale Wirkung haben die folgenden Farben üblicherweise auf uns Mitteleuropäer?
a. Grün
b. Orange
c. Weiß
d. Rot

Aufgabe 1.3.23.32
Typografische Entwurfstechnik kennen

a. Machen Sie den Versuch, den Begriff „Scribble" zu definieren.
b. Welche Scribblearten kennen Sie?

Aufgabe 1.3.23.33
Grundlagen der Layoutentwicklung nennen

Erklären Sie:
a. Neunerteilung
b. Villardsche Figur

Aufgabe 1.3.23.34
Gestaltungsraster kennen

Nennen Sie Vor- und Nachteile eines dreispaltigen Gestaltungsrasters.

1.4 Interface-Design

1.4.1 Einführung

1.4.1.1 Benutzeroberfläche (User Interface)

Gehen Sie doch einmal ins Badezimmer und betrachten Sie dort Ihre Zahnbürste: Sie werden feststellen, dass diese einen speziell geformten Griff besitzt, der möglicherweise aus unterschiedlichen Materialien besteht. Vermutlich ist er an einigen Stellen geriffelt oder mit Noppen versehen. Die Borsten werden unterschiedliche Länge besitzen und in bestimmter Art und Weise gruppiert sein. Beantworten Sie nun folgende Frage: Weshalb ist eine schlichte Zahnbürste ein derart aufwändiges und teuer zu produzierendes Gebilde?

Die Antwort ist einfach: Der Hersteller hat versucht, die Zahnbürste möglichst optimal an die Form und Beschaffenheit der menschlichen Hand (Griff) sowie des Gebisses (Kopf mit Borsten) anzupassen. Anders gesagt: Die Schnittstelle (engl.: interface) zwischen Mensch und Produkt wurde optimiert.

Auch am Computer gibt es zahlreiche Schnittstellen zwischen Mensch und technischem Gerät: Tastatur, Maus, Bildschirm. Alle Komponenten sollten so geformt und beschaffen sein, dass sie für den Anwender ein möglichst benutzerfreundliches Design erhalten. Dies gilt nicht nur für Hardware: Jede Software benötigt eine Schnittstelle zur Kommunikation zwischen Nutzer und (digitalem) Produkt – das „User Interface" oder die Benutzeroberfläche.

Interface-Design beschäftigt sich also mit Fragen, wie eine derartige Oberfläche beschaffen sein muss, damit sie ihren Zweck optimal erfüllt. Hierbei geht es primär *nicht* darum, eine Oberfläche „schön" aussehen zu lassen. Vielmehr geht es um folgende Fragen:

- Wie müssen die Bedien- und Navigationselemente angeordnet werden, damit sich der Nutzer schnell zurecht findet?
- Welche Empfindungen werden durch bestimmte Farben ausgelöst?
- Wie müssen Texte gestaltet werden, damit sie trotz schlechter Bildschirmauflösung dennoch gut lesbar sind?
- Wie kann/muss ein Nutzer bei der Bedienung des digitalen Produktes unterstützt werden?
- Wie müssen Informationen gegliedert werden, damit sie logisch nachvollziehbar sind und möglichst schnell gefunden werden?
- Wie lässt sich Ermüdung am Bildschirm vermeiden?
- Welche Optimierungen müssen vorgenommen werden, damit die Lade- und damit Wartezeiten möglichst gering werden?
- Wie lässt sich das Auge des Betrachters durch gezielte Blickführung lenken?
- Wie kann verhindert werden, dass der Nutzer zu einer anderen Site „weitersurft"?

Sie erkennen, dass Interface-Design wesentlich mehr beinhaltet als die reine Gestaltung einer Oberfläche. Diese als Screen-Design bezeichnete Tätigkeit ist lediglich eine Komponente des „Interfaces" zwischen Nutzer und Produkt.

1.4.1.2 Benutzerfreundlichkeit (Usability)

Mittlerweile gibt es zahlreiche Bücher, die sich ausschließlich mit der Frage beschäftigen, wie eine Benutzeroberfläche beschaffen sein muss, damit sie möglichst benutzerfreundlich wird. Der hierfür auch im Deutschen verwendete Fachbegriff ist die „Usability“ des Produktes.

Um die Usability eines Produktes zu untersuchen, gibt es eine Reihe von Möglichkeiten. Hierbei wird unterschieden zwischen „Labor“-Untersuchungen mit Hilfe von Testpersonen und Feldversuchen, an denen Vertreter der Zielgruppe in großer Anzahl beteiligt werden können.

Im Labor lassen sich beispielsweise die Maus- (Mouse-Tracking) oder Augenbewegungen (Eye-Tracking) während der Bedienung einer Software, Webseite oder anderen digitalen Produkten aufzeichnen. Hieraus kann geschlossen werden, ob die Platzierung der einzelnen Elemente der Oberfläche geändert werden muss. Weiterhin kann mit Hilfe einer Kamera das Gesicht der Versuchsperson gefilmt werden, um später aus der Gesichtsmimik (z.B. fragender, zufriedener, verärgerter Gesichtsausdruck) Rückschlüsse ziehen zu können.

Feldversuche außerhalb des Labors haben den Vorteil, dass eine größere Anzahl an Probanden erreicht werden kann. Außerdem wurde festgestellt, dass auch die Umgebungsbedingungen (Lichtverhältnisse, Lärm, Unruhe usw.) einen Einfluss auf das Nutzerverhalten haben. Als Usability-Tests stehen in diesem Fall im Wesentlichen Fragebögen und/oder Interviews zur Verfügung.

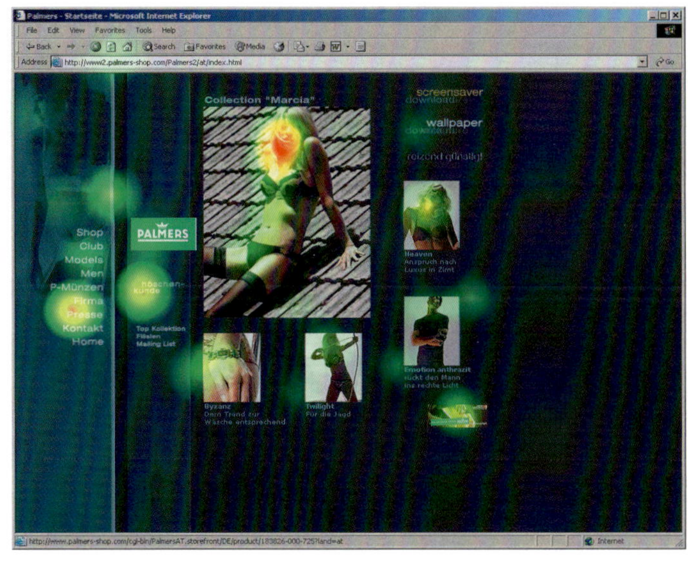

Hotspots (oben) und Eye-Tracking (unten)

Die „Hotspots“ zeigen die Verweildauer der Augen auf bestimmten Stellen: Kurze Verweildauer wird hellgrün dargestellt, lange Dauer gelb bzw. rot. Beim Eye-Tracking-Verfahren wird die Bewegung der Augen über eine Benutzeroberfläche aufgezeichnet (Linie und blaue Punkte). Beide Verfahren ermöglichen Rückschlüsse auf die Platzierung der Seiteninhalte.

(Quelle: Interface Consult, www.usability.at)

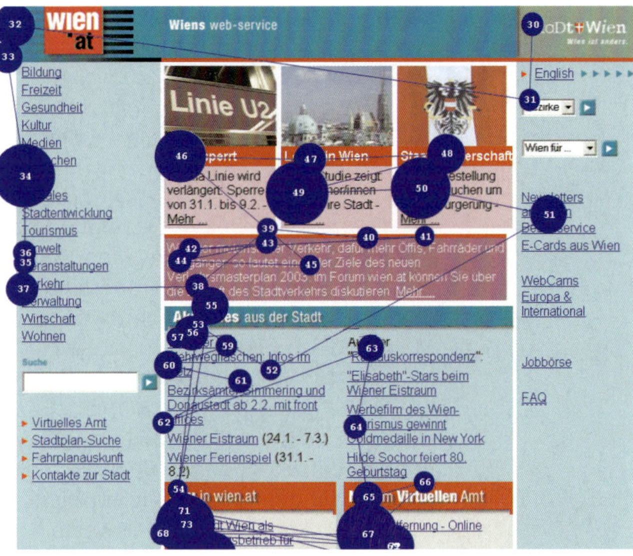

1.4.2 Konzeption

1.4.2.1 Übersicht

Multimediale Produkte – man denke beispielsweise an eine interaktive CD-ROM oder an einen größeren Internetauftritt – können komplex, aufwändig und kostenintensiv sein. An ihrer Produktion sind zahlreiche Menschen unterschiedlicher beruflicher Herkunft wie Screen-Designer, Texter, Fotografen, Mediengestalter und Programmierer beteiligt. Nur durch effizientes Projektmanagement kann gewährleistet werden, dass alle Teilarbeiten zeitlich koordiniert rechtzeitig fertig gestellt und zu einem Endprodukt zusammengeführt werden.

Die Realisation derart komplexer Projekte setzt eine detaillierte Konzeption und Planung voraus. Nur so kann sichergestellt werden, dass im späteren Produktionsprozess keine Überraschungen auftreten, die das Projekt im schlimmsten Fall zu einem Flop werden lassen. Die Grafik zeigt wichtige planerische Vorüberlegungen und konzeptionelle Schritte eines Multimedia-Projektes.

An erster Stelle ist die Projektidee bzw. das Projektthema zu nennen. Es wird normalerweise vom auftraggebenden Kunden vorgegeben und durch die zu erreichenden Projektziele konkretisiert. Diese könnten beispielsweise lauten: „Gewinnung von Neukunden über den Vertriebsweg Internet" oder „Ersatz des gedruckten Warenkataloges durch einen digitalen Katalog auf CD-ROM".

Die Kommunikation zwischen dem auftraggebenden Kunden und der ausführenden Agentur erfolgt in Form eines Briefings, im weiteren Verlauf des Projektes kommen Re-Briefings hinzu. Hier werden offene Fragen sowie die den Auftrag betreffenden Rahmenbedingungen besprochen. Bei größeren Aufträgen werden die Ergebnisse dieser Gespräche in einem Pflichtenheft festgehalten.

Eine möglichst exakte Definition der potenziellen Zielgruppe ist eine wesentliche Voraussetzung für den späteren Erfolg des Multimedia-Produktes. Möglicherweise wurde eine Zielgruppenanalyse bereits im Vorfeld durch den Auftraggeber durchgeführt, so dass dieser Schritt in diesem Fall entfällt.

Um für den Auftraggeber ein Angebot erstellen zu können, müssen die zu erwartenden Kosten des Projektes ermittelt werden. Hierzu ist es notwendig, die für die Produktion benötigte Zeit abzuschätzen. Anhand der Stundensätze lassen sich dann die Lohnkosten ermitteln. Zusätzlich müssen alle Kosten berücksichtigt werden, die nicht direkt mit dem Projekt zu tun haben, beispielsweise Kosten für Miete, Heizung, Strom, Geräte, Material (vgl. Kapitel 8) oder die Kosten für Angestellte in der Verwaltung.

Die gestalterische Konzeption des Projektes beginnt mit ersten Ideenskizzen und Entwürfen für das Screen-Design des Projektes. Bei größeren Aufträgen müssen *vor* Auftragserteilung einige Demo-Screens realisiert werden, die der potenzielle Kunde bei einer Präsentation mit den Arbeiten der Wettbewerber vergleichen kann. Beachten Sie, dass die hierbei entstehenden Kosten bei Nichterteilung des Auftrages im Regelfall nicht erstattet werden.

Die Festlegung der Navigationsstruktur stellt eine der schwierigsten konzeptionellen Aufgaben dar. Wie in Kapitel 1.4.3 ausgeführt, wird hierdurch festgelegt, wie die einzelnen Screens des multimedialen Produktes miteinander verlinkt werden. Werden hierbei konzeptionelle Fehler gemacht, führt dies – im schlimmsten Fall – zu einer späteren Ablehnung des Produktes durch den Nutzer.

Wie bei einer Filmproduktion erfordern auch größere multimediale Projekte ein Drehbuch oder Storyboard. Es dient als Vorlage für die spätere Produktion und muss somit alle Informationen enthalten, die hierfür benötigt werden (vgl. Abschnitt 1.4.2.6).

Abschließend soll darauf hingewiesen werden, dass zur Konzeption multimedialer Produkte auch die Klärung rechtlicher Fragen zur Nutzung bzw. Verwertung von Text-, Bild- oder Tonmaterial gehört. Die Novellierung des Urheberrechtes sieht hohe Strafen bei dessen Missachtung vor (vgl. Kapitel 7).

1.4.2.2 Zielgruppe

Vor dem Entwurf einer Multimedia-Präsentation muss die Frage nach der Zielgruppe geklärt werden: Welche Zielgruppe soll durch das Multimedia-Produkt angesprochen werden?

Kenntnisse über die Zielgruppe bzw. den Zielmarkt haben entscheidenden Einfluss auf die Auswahl der Inhalte

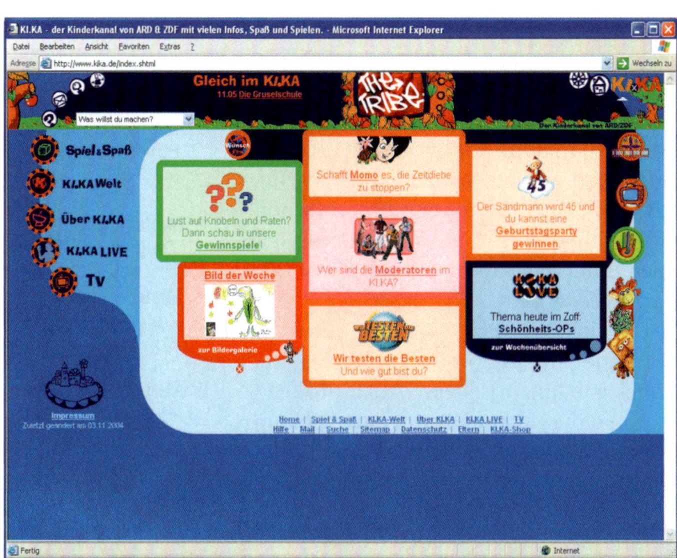

Zielgruppe „Kinder"

Die Site ist farbenfroh, enthält wenig Text, viele Grafiken und spielerische, abgerundete Elemente.

(Quelle: ARD/ZDF)

Zielgruppe „Porsche-Fahrer"

Auch die Webseite muss die hohen Erwartungen erfüllen, die potenzielle Käufer an die Porsche-Produkte stellen.

(Quelle: Porsche)

sowie auf die gestalterische Umsetzung eines Multimedia-Projektes. Es ist ein Unterschied, ob ein Online-Portal für Kinder erstellt wird oder ob eine Webseite für die potenziellen Käufer eines teuren Sportwagens produziert werden soll. Vergleichen Sie die gezeigten Screenshots hinsichtlich Seitenaufteilung, Farben, Text, Bilder und Grafiken.

Die Frage nach der zu erwartenden Zielgruppe muss *vor* Beginn der Produktion geklärt werden. Eine Zielgruppendefinition ist teuer und aufwändig und wird in aller Regel nur bei großen Aufträgen neu erstellt. Bei den hierfür zuständigen Marktforschungsunternehmen können derartige Definitionen nach unterschiedlichen Kriterien abgefragt werden.

Bei kleineren Projekten genügt es in der Regel, die Zielgruppe anhand einer Checkliste einzugrenzen. Auch ohne teure Feldversuche lassen sich wichtige Rückschlüsse auf die Konzeption und Produktion einer Multimedia-Anwendung ziehen. Die Tabelle zeigt einen derartigen Fragenkatalog:

Checkliste „Zielgruppe"
• Welcher Altersgruppe gehört die Zielgruppe an?
• Ist die Zielgruppe eher männlich oder eher weiblich?
• Verfügt sie über Erfahrungen im Umgang mit dem Computer? Welche Soft- und Hardware besitzt sie? Verfügt sie über Erfahrungen im Umgang mit Multimedia-Anwendungen?
• Welche Berufe/Bildungsabschlüsse haben die Mitglieder der Zielgruppe? Welcher Einkommensgruppe gehört die Zielgruppe an?
• Welche geografische Herkunft besitzt die Zielgruppe? Welche Sprache(n) spricht sie?
• Welche Freizeitgewohnheiten besitzt die Zielgruppe? Wird die Freizeit (teilweise) am Computer verbracht?
• Welche Erwartungen hat die Zielgruppe an das geplante Produkt? Welche Bedeutung/Konsequenzen hat es für die Zielgruppe?

1.4.2.3 Pflichtenheft

Ein Pflichtenheft enthält die detaillierte Beschreibung der im Rahmen eines Auftrages zu erbringenden Leistungen. Es wird vom Auftragnehmer erstellt und von beiden Seiten unterschrieben. Damit ist es vertraglich bindend und dient beiden Parteien als Sicherheit. An mündlich getroffene Vereinbarungen kann sich im Zweifelsfall niemand mehr erinnern ...

Inhalte eines Pflichtenheftes (Beispiel)

1. Projektbeschreibung
   - 1.1 Projektdefinition
   - 1.2 Projektziele, -zielgruppe
   - 1.3 Aufgabenverteilung (zwischen Auftragnehmer und -geber)
2. Projektanforderungen
   - 2.1 Projektumfang (z.B. Anzahl Screens, statische vs. dynamische Site)
   - 2.2 Screen-Design
   - 2.3 Funktionalitäten (z.B. Datenbank-anbindung, Programmieraufwand)
   - 2.4 Besonderheiten (z.B. Animationen)
3. Rahmenbedingungen
   - 3.1 Software- und Hardwareanforderung
   - 3.2 Datenrecherche/-bereitstellung
   - 3.3 Rechtliche Fragen
4. Projektphasen und -ablauf
   - 4.1 Zwischentermine (Meilensteine)
   - 4.2 Endtermin
5. Unterschriften

Die möglichen Inhalte eines Pflichtenheftes sind in obiger Tabelle zusammengestellt. Beachten Sie aber, dass jedes Projekt seine Besonderheiten besitzt. Aus diesem Grund ist die Erstellung eines „Musterpflichtenheftes" nicht möglich.

1.4.2.4 Hard- und Software

Ein wesentlicher Unterschied zu gedruckten Medien besteht darin, dass zur Wiedergabe eines multimedialen Produktes stets ein Gerät erforderlich ist. In den meisten Fällen ist dies derzeit ein Computer, zunehmend werden aber auch Fernseher und Handys für derartige Produkte eingesetzt.

Wegen der großen Unterschiede hinsichtlich der verwendeten Endgeräte muss im Vorfeld einer Produktion entschieden werden, welche Mindestanforderungen an die abspielende Hard- und Software gestellt werden. Im Falle von CD-ROMs oder DVDs müssen diese Anforderungen für den Käufer deutlich sichtbar auf der Hülle angebracht sein. Erfüllt ein Computer die genannten Anforderungen und läuft das Produkt trotzdem nicht fehlerfrei, muss der Hersteller die CD bzw. DVD zurücknehmen und den Kaufpreis erstatten.

Checkliste „Hard- und Software"

Offline-Produkte
- Welcher Prozessortyp wird benötigt?
- Wie viel Speicher (Festplatte, Arbeitsspeicher) ist notwendig?
- Welche Anforderungen werden an die Grafikkarte gestellt?
- Ist eine Soundkarte erforderlich?
- Welches Betriebssystem ist erforderlich? (Win 9x/ME/2000/XP, Mac OS 9x/X, Linux)
- Wird Zusatzsoftware benötigt? (z.B. Acrobat Reader, Browser, ...)

Online-Produkte
- Welcher Browser wird vorausgesetzt?
- Welche Monitorauflösung wird vorausgesetzt?
- Werden Plug-ins (Flash, Shockwave, ...) benötigt?
- Werden JavaScript, Java oder andere Skriptsprachen verwendet?
- Welches Betriebssystem wird verwendet? (Windows, Mac OS, Linux)

Systemvoraussetzung der CD-ROM

- Intel Pentium 4
- Windows ME, 2000 oder XP
- 128 MB RAM
- 50 MB freier Festplatten-speicher
- Internet Explorer ab 5.0
- Farbmonitor mit 1.024 x 768 Pixel
- DirectX 9.0
- Windows Media Player
- Acrobat Reader 6.0

Projektplanung

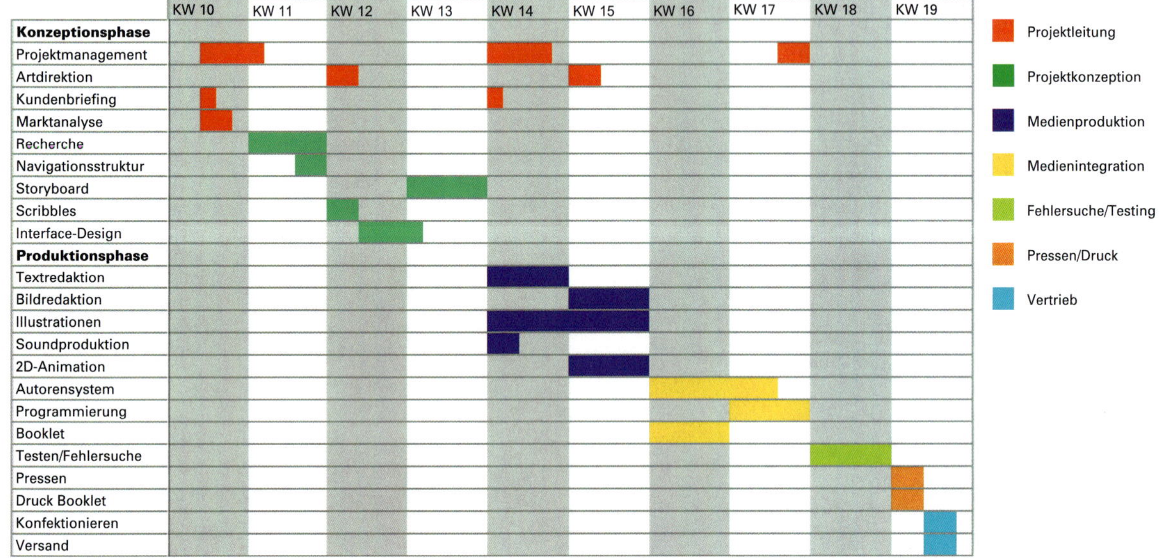

Projektplanung mit Excel

1.4.2.5 Projektplanung

Je mehr Menschen an einem multimedialen Projekt beteiligt sind, umso wichtiger ist die zeitliche Koordination der einzelnen Arbeitsschritte und Aufgaben. Hierbei muss entschieden werden, welche Teilaufgaben parallel durchgeführt werden können und wann eine zeitliche Abfolge zwingend eingehalten werden muss. Zur Visualisierung dient eine Tabelle, die vertikal die einzelnen Arbeitsschritte und horizontal eine Zeitleiste erhält.

Zur digitalen Unterstützung der Planung stehen am Markt etliche Tools und Programme zur Verfügung. Für kleinere Projekte reicht es aus, die Visualisierung des zeitlichen Ablaufs mittels Tabellenkalkulations- oder Textverarbeitungssoftware zu erstellen. Das obige Beispiel zeigt eine Projektplanung, die mit Hilfe von Microsoft Excel realisiert wurde.

1.4.2.6 Storyboard

Der Begriff „Storyboard" (deutsch: Drehbuch) entstammt der Filmproduktion und bezeichnet dort die zeichnerische Umsetzung des Drehbuches. Ein Storyboard dient somit als Vorlage für den Aufbau und die Gestaltung der einzelnen Szenen.

Übertragen auf die Multimedia-Branche übernimmt ein Storyboard eine ganz ähnliche Funktion: Es bildet die zeichnerische Vorlage für die Gestaltung der einzelnen Screens. Abgesehen von Scribbles kann ein Storyboard Informationen über zu verwendende Schriften, Farben, Dateien, Navigationselemente, Effekte, Übergänge, Animationen, Sounds und Videos enthalten.

Auf der nächsten Seite sehen Sie zwei Beispiele aus Storyboards und die zugehörige Umsetzung am Rechner.

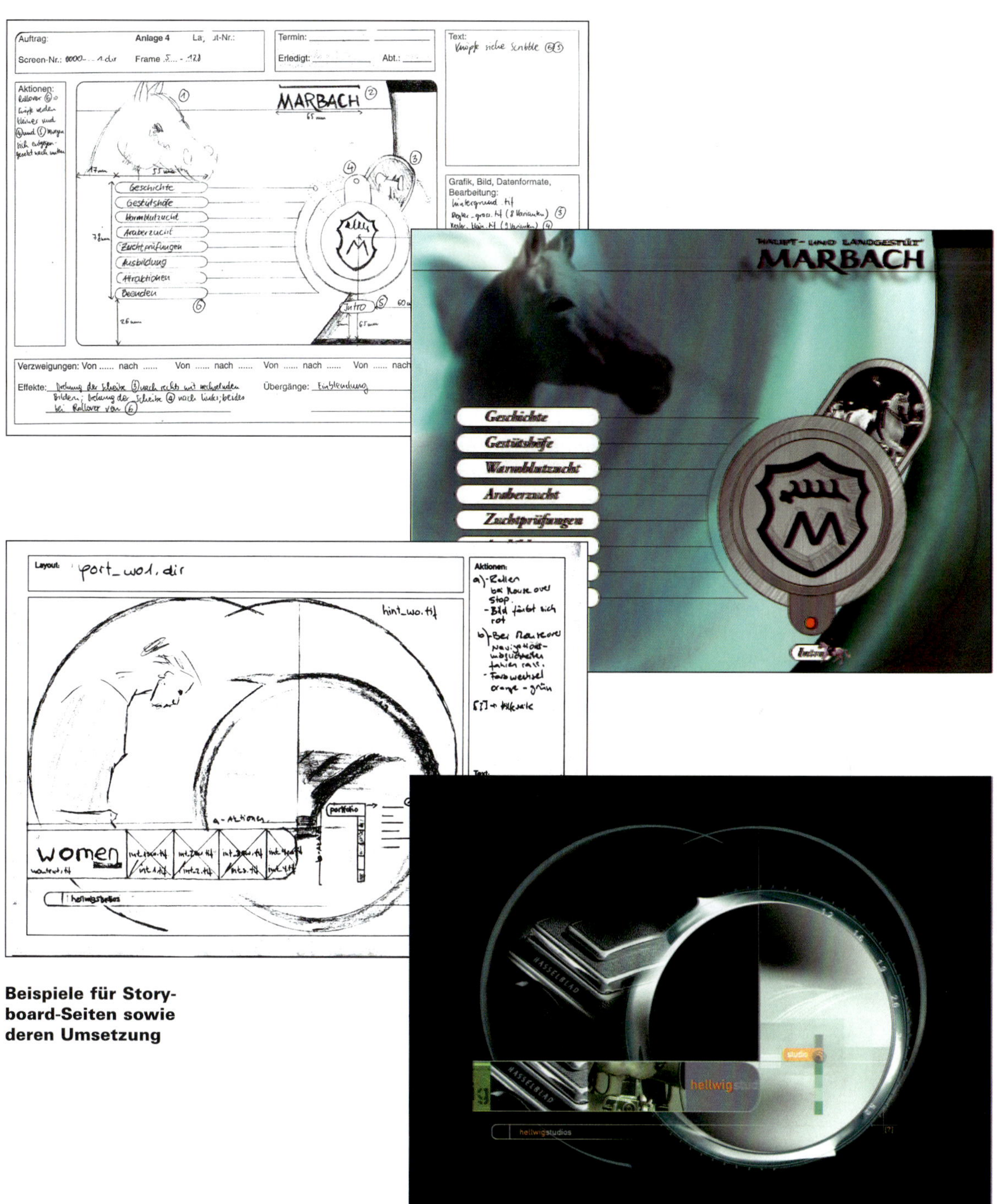

Beispiele für Storyboard-Seiten sowie deren Umsetzung

1.4.3 Navigationsstruktur

Die Navigationsstruktur bestimmt, wie die einzelnen Screens eines multimedialen Produktes miteinander verbunden (verlinkt) werden. Obwohl es hierbei eine ganze Reihe von Sonder- und Mischformen gibt, lassen sich drei grundlegende Strukturen unterscheiden:

1.4.3.1 Lineare Struktur

Bei einer linearen Abfolge der Screens hat der Nutzer keinerlei Entscheidungsfreiheit, sieht man einmal von der Rückkehr zur vorherigen Seite ab.

Der wesentliche Vorteil dieser Struktur ist darin zu sehen, dass die Informationen in einer vorgegebenen Reihenfolge präsentiert werden können. Dies wird beispielsweise bei Bestellvorgängen (vgl. Screenshot unten) oder Online-Tutorials benötigt.

Weiterhin können lineare Präsentationen – zum Beispiel auf Messen – selbstablaufend und damit benutzerunabhängig als Endlosschleife realisiert werden.

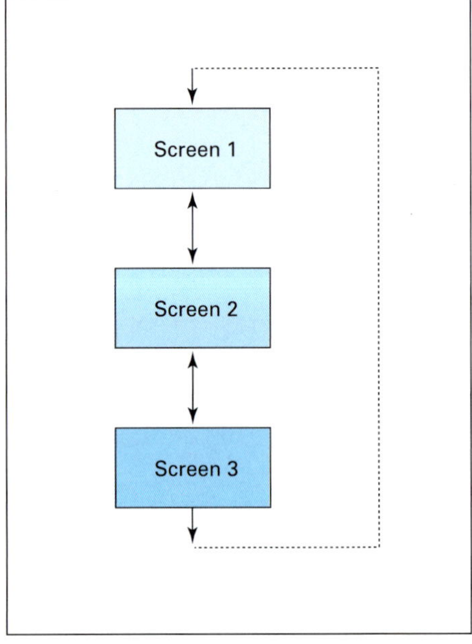

Das Haupteinsatzgebiet der linearen Struktur sind Bildschirmpräsentationen, die sich nicht zuletzt durch Microsofts PowerPoint einer großen Beliebtheit erfreuen.

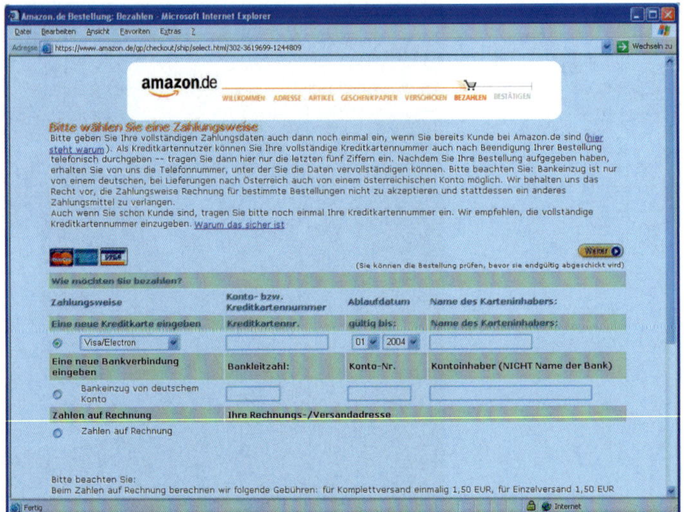

Lineare Struktur

Ein Bestellvorgang benötigt eine lineare Sequenz, da der Nutzer eine vorgegebene Reihenfolge einhalten muss.

(Quelle: Amazon)

1.4.3.2 Baumstruktur

Die mit Abstand am häufigsten verwendete Navigationsstruktur ist die Baumstruktur, oft auch als hierarchische Struktur bezeichnet. (Genauer gesagt handelt es sich um einen umgedrehten Baum.)

Die Baumstruktur bietet dem Nutzer auf jeder Ebene die Möglichkeit, sich für einen „Ast" zu entscheiden und hierdurch eine Ebene tiefer zu gelangen. Die Rückkehr zum Ausgangspunkt erfolgt in umgekehrter Weise von Ebene zu Ebene.

Eine derartige Gliederung von Information ist uns allen bestens vertraut, da sie in jedem Fachbuch vorzufinden ist. Die einzelnen Informationsebenen entsprechen dort den Kapiteln und Unterkapiteln. Jedes Inhaltsverzeichnis kann in Form eines „Baumes" gezeichnet werden. Auch eine Mindmap bedient sich dieser Symbolik.

Die intuitive Benutzerführung und einfache Bedienung der hierarchischen Struktur dürfte für deren große Verbreitung ausschlaggebend gewesen sein.

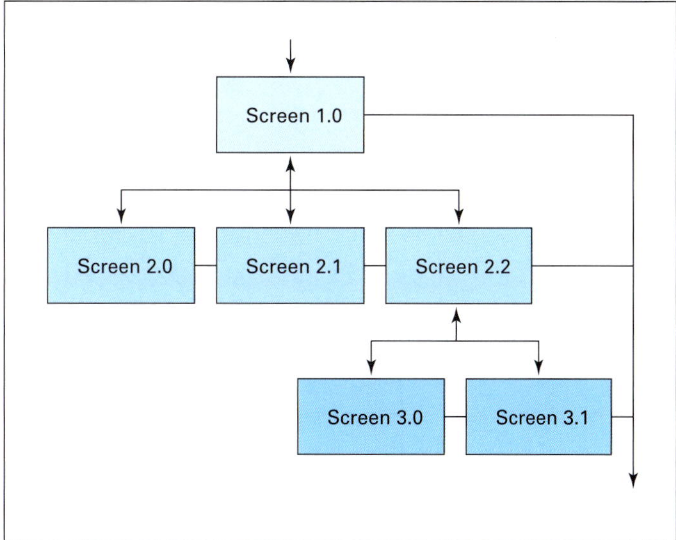

So sind nicht nur die Mehrzahl der Webseiten, sondern auch die meisten Offline-Produkte hierarchisch strukturiert – man denke beispielsweise an die Benutzerführung auf einer Video-DVD oder die Menüstrukturen von Anwendersoftware.

Baumstruktur

Bei eBay kann der Kunde aus einer langen Liste die gewünschte Kategorie auswählen, vergleichbar mit einem Wegweiser im Kaufhaus. Hinweis: eBay stellt zusätzliche Suchfunktionen zur Verfügung, so dass das Portal genau genommen eine Kombination aus Baum- und Netzstruktur ist.

(Quelle: eBay)

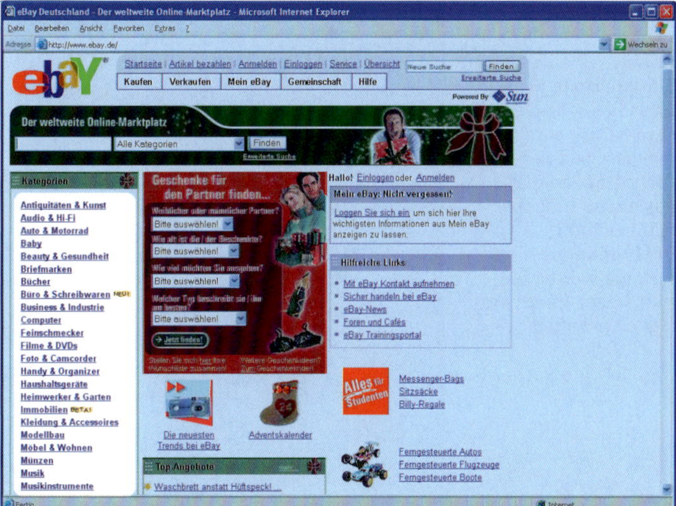

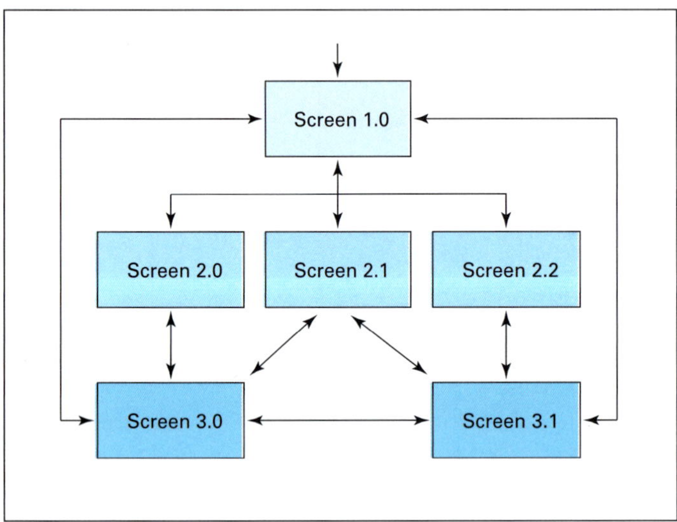

1.4.3.3 Netzstruktur

Eine netzartig strukturierte Multimedia-Anwendung weist für den Nutzer keine eindeutige und klare Hierarchie auf. Stattdessen sind die einzelnen Screens in vielfältiger Weise miteinander verlinkt – im Extremfall kann der Nutzer von einer Seite auf jede weitere Seite gelangen.

Netzstrukturen sind dann sinnvoll, wenn es darum geht, dem Nutzer einen möglichst großen Entscheidungsspielraum zu lassen. Im Unterschied zur hierarchischen Struktur kann er – beispielsweise durch Eingabe eines Suchbegriffs – sehr schnell zur gewünschten Information gelangen.

Andererseits birgt die Netzstruktur die Gefahr, sich hoffnungslos zu „verirren". Damit dies nicht geschieht, sind hohe Anforderungen an die Navigationselemente und -hilfen zu stellen. Der Nutzer muss mit Hilfe übersichtlicher und sprachlich eindeutiger Navigationselemente durch die Multimedia-Anwendung geführt werden. Außerdem sollte ihm stets visualisiert werden, wo er sich gerade befindet. Zusätzlich kann eine Online-Hilfe angeboten werden.

Standardbeispiele für vernetzte Strukturen sind Suchmaschinen, elektronische Kataloge, Lexika oder Web-Shops.

Netzstruktur

Google – die weltweit erfolgreichste Suchmaschine – bietet dem Nutzer eine minimalistische Oberfläche, die lediglich aus einem Eingabefeld besteht.
Die Ergebnisse einer Anfrage werden in sehr hoher Geschwindigkeit ermittelt.

(Quelle: Google)

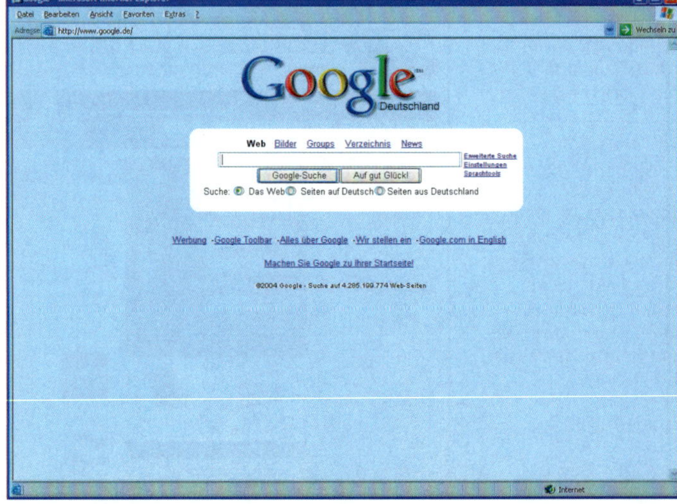

1.4.3.4 Entwurf einer Navigationsstruktur

Der Entwurf einer Navigationsstruktur stellt eine große konzeptionelle Herausforderung dar. Hierbei bietet sich wiederum der Vergleich zum Fachbuch an: Ein Fachbuch ist gut, wenn die gesuchten Informationen im Buch enthalten sind und möglichst schnell gefunden werden. Verbergen sich diese an einer nicht vermuteten Stelle, werden sie nicht oder nur zufällig entdeckt – ein Ärgernis für den Leser. Kommt dies wiederholt vor, wird er das Buch nicht mehr benutzen.

Im Bereich der Digitalmedien ist eine klare Gliederung von Information noch wichtiger als im Fachbuch. Hier sieht der Nutzer immer nur einen Screen, ein schnelles Durchblättern oder Überfliegen von Seiten ist nicht möglich.

Navigationspläne werden insbesondere für hierarchisch organisierte Produkte in der Baumstruktur entworfen. Obwohl jedes Projekt einen individuellen Entwurf erfordert, lassen sich doch einige grundlegende Regeln aufzählen (vgl. Tabelle rechts).

Entwurf einer Baumstruktur
• Versetzen Sie sich beim Entwurf gedanklich in den späteren Nutzer des Produktes. Dieser muss stets folgende Fragen beantworten können: Wo befinde ich mich aktuell? Wie komme ich zum Ausgangspunkt? Wie kann ich von hier aus weitermachen?
• Gliedern Sie Ihre Informationen so, dass sich horizontal nicht mehr als sieben Screens ergeben. Bei der späteren Realisation wird für jeden Screen ein Button benötigt. Hierbei sollten sich nicht mehr als sieben Buttons auf einem Screen befinden (vgl. nächster Abschnitt).
• Gliedern Sie Ihre Informationen so, dass sich vertikal nicht mehr als drei Ebenen ergeben. Die Startseite wird hierbei nicht als Ebene gezählt. Zu viele Unterebenen verwirren den Nutzer und lassen ihn den Überblick verlieren.
• Achten Sie darauf, dass sich Ihre Informationen von oben nach unten verfeinern und nicht umgekehrt.
• Achten Sie auf eine logische und sinnvolle Zuordnung der Inhalte zu den übergeordneten Screens. Bedenken Sie, dass der Nutzer später anhand spärlich beschrifteter Buttons entscheiden muss, welchen Weg er wählt.

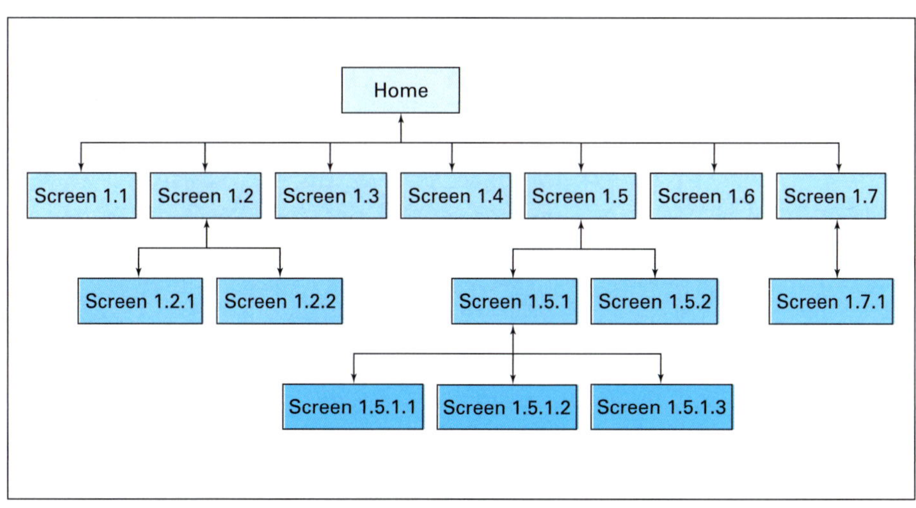

Navigationsstruktur

Horizontal sollten nach Möglichkeit nicht mehr als sieben Screens angeordnet werden. Vertikal ist die Struktur auf drei Ebenen zu begrenzen, da das Projekt sonst unübersichtlich wird. Die Startseite (Homepage) wird hierbei nicht mitgezählt.

1.4.3.5 Dynamische Navigation

Die Internetauftritte großer Firmen oder Behörden bestehen aus sehr vielen Unterseiten, so dass eine „statische", feste Navigationsstruktur schon aus Platzgründen nicht realisierbar ist.

Die Idee liegt also nahe, eine Navigationsstruktur zu schaffen, die sich dem jeweiligen Seiteninhalt anpasst und sich mit diesem Inhalt „dynamisch" verändert. Hierdurch entsteht maximale Flexibilität, da Änderungen der Navigation problemlos in einer Datenbank vorgenommen werden können.

Die Gefahr dynamischer Navigationsstrukturen besteht darin, dass die Webseite an Übersichtlichkeit und Benutzerfreundlichkeit einbüßt. Aus diesem Grund muss stets ein Kompromiss zwischen hoher Flexibilität und guter Bedienbarkeit gefunden werden. BMW gelingt dies durch Kombination von statischen und dynamischen Strukturen. Weiterhin wurde versucht, auch bei den dynamischen Elementen eine weitgehende Übereinstimmung zu realisieren – sie unterscheiden sich nur in einzelnen Unterpunkten.

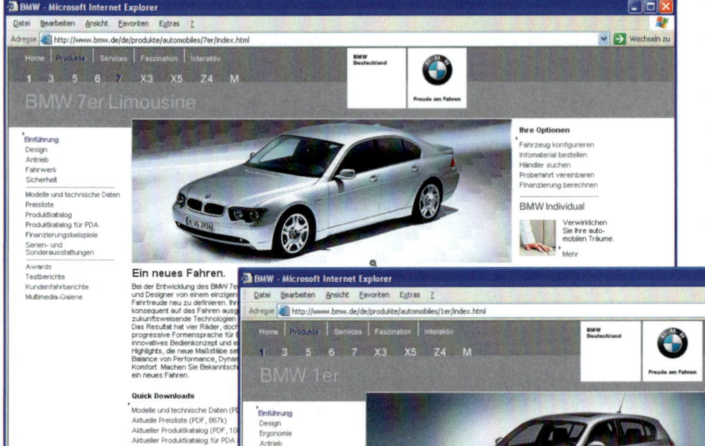

Dynamische Navigation

Die BMW-Site besitzt im oberen Bereich eine statische Hauptnavigation und links eine variable Unternavigation. Diese verändert sich in Abhängigkeit vom gewählten Oberbegriff.

(Quelle: BMW)

1.4.3.6 Navigationshilfen

Suchfunktion

Neben einer Navigationsleiste befindet sich auf der Homepage bei größeren Projekten stets auch ein Eingabefeld für Text. Der Nutzer erhält hierdurch die Möglichkeit, die Texte sämtlicher Unterseiten nach einem oder mehreren Stichwörtern durchsuchen zu lassen.

Beachten Sie, dass eine Volltextsuche nur möglich ist, wenn die Site „dynamisch" realisiert wird: Diese Sites laden die Texte und Bilder auf Anfrage aus einer Datenbank. Letztere ermöglicht die Auswertung von Suchanfragen, da alle Texte zentral verwaltet werden. Bei „statischen" Sites, deren Texte fest in verschiedene HTML-Dateien eingebunden sind, ist eine Suchanfrage nicht möglich.

Navigationspfad

Bei größeren Sites sollte der Nutzer ständig darüber informiert sein, in welchem „Ast" der Baumstruktur er sich aktuell befindet. Dies ist möglich, indem der zugehörige Pfad von der „Wurzel" bis zum aktuellen Ast jeder Unterseite angezeigt wird.

Sinnvollerweise wird der Navigationspfad als Link realisiert, so dass die Rückkehr zu einem übergeordneten Kapitel mit einem Mausklick möglich ist.

Sitemap

Bei mittleren bis großen Internetauftritten ist eine Sitemap unerlässlich. Sie stellt ein digitales Inhaltsverzeichnis der Webseite bzw. des multimedialen Produktes dar. Ihr Vorteil gegenüber gedruckten Inhaltsverzeichnissen ist, dass alle Stichwörter anklickbar sind und der Nutzer dadurch direkt an die gewünschte Stelle navigieren kann.

Die Realisation der Sitemap – wie bei Mercedes Benz – als (externes) Popup-Fenster hat den Vorteil, dass sie für den Anwender ständig sichtbar bleibt. Nachteilig ist, dass die Anzeige der Sitemap nicht möglich ist, wenn der Anwender das Öffnen von Popup-Fenstern unterbindet. Infolge der wachsenden „Popup-Flut" ist dies bei immer mehr Anwendern zu erwarten ...

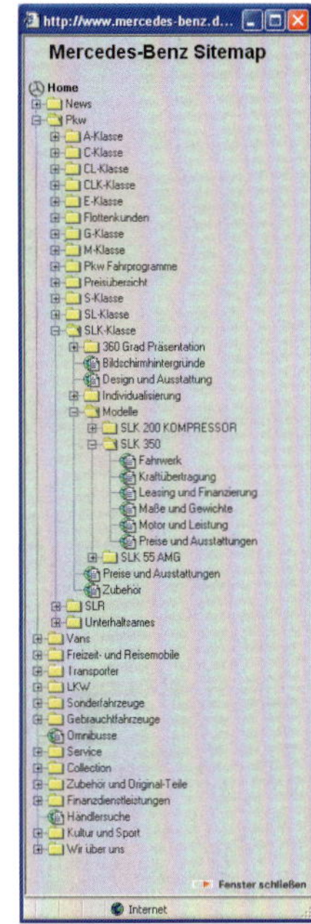

Sitemap

Die Ordnerstruktur der Sitemap des Internetportals von Mercedes-Benz ähnelt dem Microsoft Explorer. Jeder Computernutzer wird sich ohne weitere Hilfe zurechtfinden.

(Quelle: Mercedes-Benz)

Suchfunktion und Navigationspfad

In einem Online-Shop mit Tausenden von Artikeln verliert der Kunde schnell den Überblick. Der Navigationspfad: *Wohnen/ Wohnzimmer/Polstermöbel/Garnituren* zeigt ihm, wo er sich aktuell befindet. Alternativ kann er im linken Bereich einen Suchbegriff eingeben.

(Quelle: Ottoversand)

1.4.4 Interaktivität

1.4.4.1 Begriffsdefinition

Interaktive Produkte gestatten es dem Nutzer, selbst tätig („aktiv“) zu werden. Die Tätigkeit findet zwischen („inter“) Nutzer und Produkt statt. Die Benutzeroberfläche stellt die hierfür benötigten Komponenten zur Verfügung, z.B. Links, Eingabefelder, Formulare.

Im Unterschied zu den Printmedien, wo die Aktivität im Wesentlichen auf Lesen begrenzt ist, bieten sich im Bereich der Digitalmedien zahllose Möglichkeiten der Interaktion.

Die Softwareindustrie hat dieses Potenzial längst erkannt und bringt Monat für Monat neue Produkte auf den Markt. Die wichtigsten Branchen dieses „Milliardengeschäftes“ sind:

- *Unterhaltung* z.B. Computerspiele
- *Bildung* z.B. durch Lern- oder CBT-Software (Computer Based Training)
- *Information* z.B. Produktpräsentationen
- *Kommunikation* z.B. E-Mail, Chat, Foren, Internettelefonie
- *Werbung* z.B. Werbebanner

HTTPS

Insbesondere beim Online-Banking ist eine verschlüsselte Übertragung personenbezogener Daten unerlässlich.

(Quelle: BBBank)

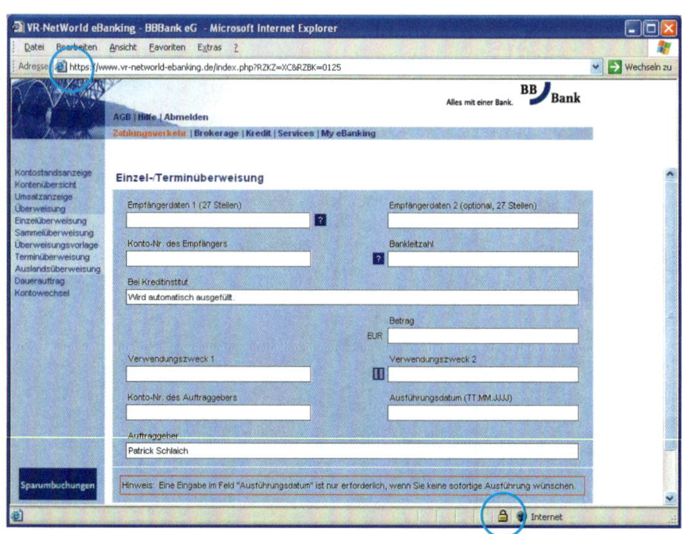

1.4.4.2 Interaktive Webseiten

Auf Webseiten wird vor allem die Möglichkeit der Kommunikation zwischen Nutzer und Anbieter der Site benötigt. Hierfür stehen mehrere Wege zur Verfügung, die im Folgenden kurz vorgestellt werden sollen.

E-Mail

Ein E-Mail-Link gehört heute zum Standard, der auf keiner Webseite fehlen darf. Der Vorteil gegenüber einem Telefonanruf ist, dass E-Mails rund um die Uhr versandt werden können. Langes Warten, wie Sie dies von Telefonhotlines kennen, entfällt, und durch das Schreiben ist man gezwungen, seine Fragen oder Wünsche klar zu formulieren.

Leider etwas in Verruf gekommen ist das Mailen wegen der Spam-Flut, die tagtäglich über die Netze geschickt wird. Auch die Gefahr, sich via Mail einen Virus oder Wurm auf den Rechner zu laden, ist nicht unerheblich. Ein dritter und entscheidender Nachteil ist, dass einige Anbieter das Beantworten von E-Mails anscheinend nicht für nötig halten. Dann bleibt letztlich doch wieder nur der Griff zum Telefon ...

Formular

Ob für eine Bestellung, Überweisung oder Telefonnummerauskunft – Formulare bilden die wichtigste Möglichkeit der Interaktion zwischen Ihnen als Nutzer und dem Anbieter einer Webseite. Durch Verwendung einer so genannten „sicheren Verbindung“ können Sie (relativ) unbesorgt sein, was das Ausspionieren von persönlichen Daten anbelangt. Wichtigstes Protokoll für die verschlüsselte Datenübertragung ist das „Hypertext Transfer Protocol Secure“ (HTTPS).

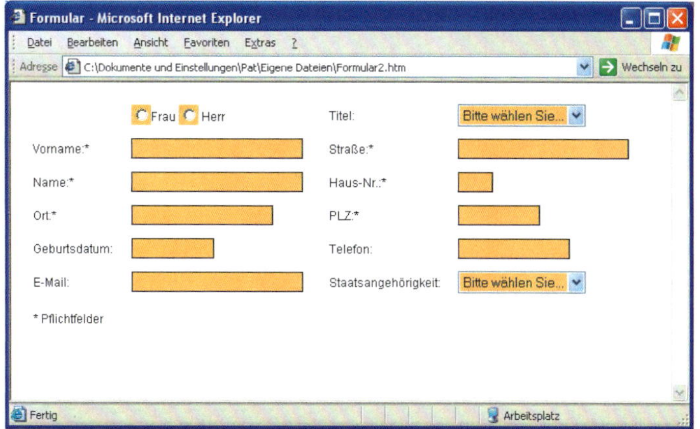

Formular-Design I

Die übliche Lesefolge von links nach rechts und von oben nach unten wurde nicht beachtet (Vorname > Straße > Name > Haus-Nr. ...)
Der Nutzer weiß nicht, in welcher Form Geburtsdatum und Telefonnummer eingegeben werden müssen.
Die Farbgebung ist schlecht gewählt – heller Hintergrund, dunkle Formularfelder.

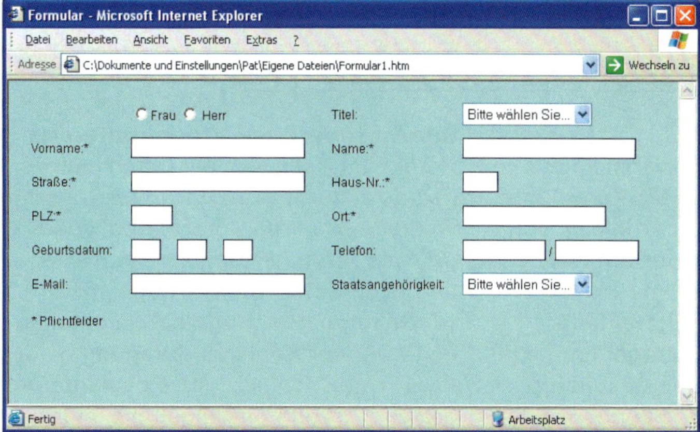

Formular-Design II

Die Fehler des Formulars aus dem vorherigen Beispiel wurden hier behoben.
Der Nutzer kann sich mittels Tabulator-Taste durch das Formular bewegen, ohne dass er die Maus benötigt. Dies ist insbesondere für Menschen mit motorischer Behinderung wichtig.

Die Verwendung von Formularen ist im Internet allgegenwärtig. Bei genauerer Betrachtung werden Sie feststellen, dass es bedienungsfreundliche und umständliche Lösungen gibt. Letztere verärgern den Anwender, insbesondere, wenn er das Formular häufig ausfüllen muss.

Formular-Design stellt also eine weitere Disziplin der Konzeption multimedialer Produkte dar. Hierbei ist das zentrale Ziel, dass sich dem Benutzer die Struktur und Logik des Formulars intuitiv erschließt, ohne dass zusätzliche Erklärungen notwendig sind.

Ein weiterer Aspekt ist, dass Formulare so zu gestalten sind, dass sie auch von Menschen mit Behinderung bedienbar sind (vgl. Kapitel 1.4.7).

Zur Optimierung der Benutzerführung bei Formularen kann möglicherweise das in Abschnitt 1.4.1.2 beschriebene Verfahren des „Eye-Trackings“ genutzt werden. Hierbei werden die Augenbewegungen einer Versuchsperson aufgezeichnet, um daraus Rückschlüsse auf eine geeignete Platzierung der einzelnen (Formular-)Elemente ziehen zu können.

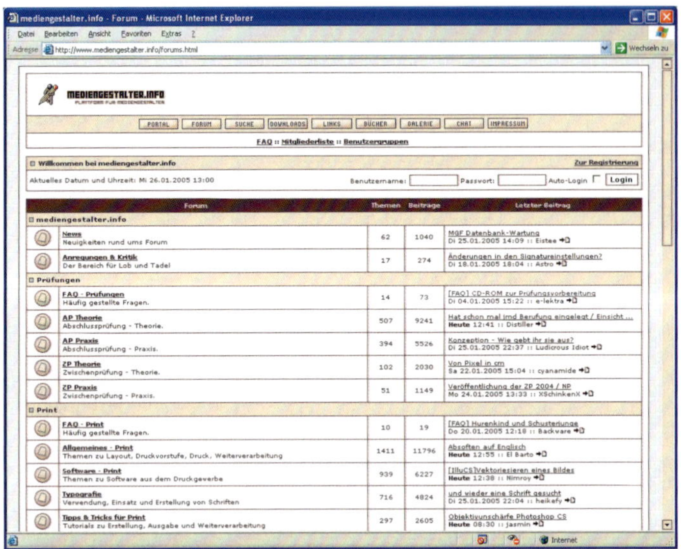

Forum

Auch für Mediengestalter gibt es mehrere Foren im Internet, z.B. www.mediengestalter.info

Forum, Gästebuch

Die Realisation eines Forums bietet sich an, wenn eine Webseite die Kommunikation nicht nur mit dem Anbieter, sondern auch unter deren Nutzern ermöglichen soll. Diese nutzen ein Forum, indem sie Fragen oder Statements schriftlich ins Forum eintragen und auf eine Antwort oder Gegendarstellung warten. Im Laufe der Zeit können sich hieraus regelrechte Dialoge ergeben. Wer sich selbst nicht aktiv beteiligen will, hat immerhin die Möglichkeit, sich die veröffentlichten Beiträge durchzulesen.

Foren finden sich weniger auf kommerziell genutzten Webseiten als im Bereich der Information und Bildung. Ein geeignetes Forum lässt sich zu vielen Themen des alltäglichen und beruflichen Lebens finden. Nachteilig ist der möglicherweise hohe Suchaufwand, der nicht immer von Erfolg gekrönt ist. Denn eine Gewähr für die Richtigkeit der Postings – wie die in ein Forum eingetragenen Artikel genannt werden – wird keiner übernehmen.

Internettelefonie, Videokonferenz

Natürlich lassen sich die Datenleitungen des Internets auch zur Übertragung von digitalisierten Sprach- und Videosignalen nutzen. (Genauer gesagt ist es umgekehrt: Das Internet bedient sich zur Datenübertragung der Telefonleitungen.) Das zur Sprachübertragung benötigte Protokoll heißt „Voice over Internet Protocol“ (VoIP) und regelt die hierfür notwendigen Anpassungen. Internettelefonie bietet sich vorwiegend als Ersatz teurer Telefonate ins Ausland an.

Mit Hilfe kleiner Videokameras (Webcams) lassen sich zusätzlich Videobilder der Gesprächspartner übertragen – eine ausreichende Übertragungskapazität vorausgesetzt. Derartige Videokonferenzen sind vor allem für Firmen mit mehreren Firmensitzen von Interesse und machen somit manche Geschäftsreise überflüssig.

1.4.5 Content

1.4.5.1 Content versus Design

Vergleichen Sie ein Multimedia-Produkt einmal mit einem Auto: Die Funktion eines Autos besteht darin, sich – schneller und bequemer als zu Fuß – von einem Ort A zu einem Ort B zu bewegen. Zu diesem Zweck werden ein Verbrennungsmotor, Bremsen, Lenkung und vier Räder benötigt. Diese Komponenten stellen die Inhalte (den Content) des Produktes „Auto" dar. Um dem Nutzer die Bedienung des Autos zu erleichtern, kümmern sich Designer um eine möglichst optimale Anpassung des Autos an die Erfordernisse des Menschen. Karosserie, Armaturen, Sitze und Stoßdämpfer sind im Grunde nicht notwendig, erleichtern aber die Nutzung des Autos erheblich.

Die Inhalte (der Content) multimedialer Produkte bestehen aus Texten, Bildern, Grafiken und gegebenenfalls Sounds, Videos und Animationen. Um diese dem Nutzer in möglichst idealer Art und Weise darzubieten, entwerfen Screen-Designer eine Benutzeroberfläche. Letztere erleichtert dem Nutzer die Bedienung des Produktes.

Regel 1
Trennen Sie Content und Design Ihres Produktes!

Bei der Konzeption sollte von Anfang an darauf geachtet werden, dass Content und Screen-Design eines Multimedia-Produktes streng voneinander unterschieden werden müssen. Denn während die Benutzeroberfläche in der Regel zumindest für einige Monate beibehalten wird, ändert sich der Inhalt vieler Produkte täglich, stündlich oder minütlich, denken Sie an eBay!

1.4.5.2 Statisch versus dynamisch

Bei kleineren Internetauftritten wird die im vorherigen Abschnitt aufgestellte Regel häufig missachtet: Die zugehörigen HTML- oder Flash-Dateien enthalten neben der Benutzeroberfläche auch sämtliche Inhalte der Site. Der Content der Site ist in diesem Fall „statisch" im Sinne von fest, unveränderlich in die Site eingebettet. Diese Vorgehensweise hat eine Reihe von Nachteilen:

- Die Aktualisierung der Inhalte ist mühsam und aufwändig, vor allem wenn der Internetauftritt aus vielen Seiten besteht.
- Die Pflege der Inhalte kann nur von Fachleuten mit HTML- bzw. Flash-Kenntnissen durchgeführt werden.
- Bei einer Änderung des Screen-Designs müssen auch sämtliche Inhalte neu platziert werden.

Um diese Nachteile zu vermeiden, sollte bei größeren Internetauftritten Content und Design stets getrennt werden. Für die separate Verwaltung des Contents bietet sich der Einsatz einer Datenbank an. Die Platzierung der Inhalte im Seitenlayout erfolgt erst beim Aufrufen der Site durch den Nutzer. Derartig konzipierte Sites werden als „dynamisch" bezeichnet, da ihre Inhalte quasi „beweglich" im Sinne von veränderlich und austauschbar sind.
Für die Erstellung einer dynamischen Site sind Kenntnisse in einer Skriptsprache sowie in Datenbanken erforderlich. Eine Übersicht gibt Kapitel 6.1.12.

Regel 2
Realisieren Sie größere Webseiten dynamisch!

1.4.5.3 Content-Management-System (CMS)

Wenn Sie die in den vorherigen Abschnitten aufgestellten Regeln befolgen, dann erhalten Sie eine dynamische Webseite, deren Inhalte in Abhängigkeit von der Nutzeranfrage – in der Regel aus einer Datenbank – geladen werden. Beispiele für derartige Sites sind Shopsysteme oder Suchmaschinen.

Seitens der Anbieter der Webseiten kommt zu den bisherigen Forderungen häufig eine weitere hinzu: Die Inhalte des Internetauftritts sollen von jedermann/-frau ohne HTML- und Datenbankkenntnisse „gepflegt", d.h. geändert, ergänzt oder gelöscht werden können.

Diese Forderung erfüllt ein Content-Management-System, kurz: CMS. (Hinweis: Leider wird die Abkürzung CMS auch für Color-Management-System verwendet!) Wie der Name sagt, übernimmt die Software die komplette Verwaltung des Contents. Sie sorgt dafür, dass ein neu eingegebener Text an der hierfür vorgesehenen Stelle im Layout platziert wird.

CMS Typo3

Typo3 ist ein mächtiges Content-Management-System, das darüber hinaus zur „Open Source"-Software gehört und damit kostenlos verfügbar ist: www.typo3.com

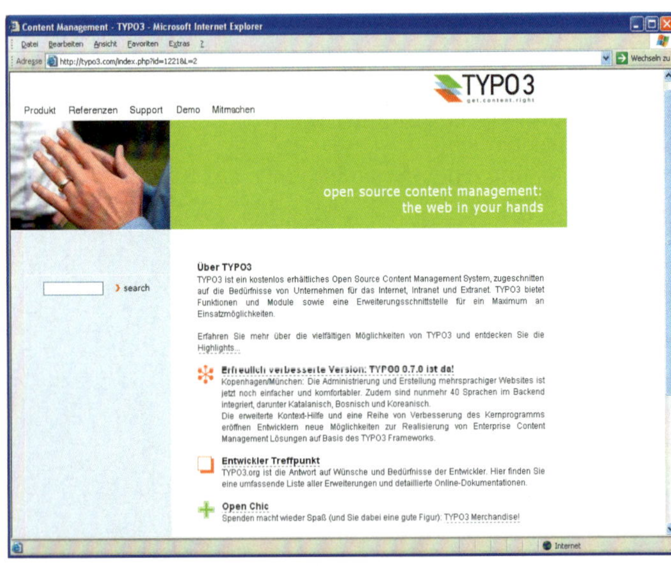

> **Regel 3**
> Vewenden Sie ein CMS, um die Pflege einer Webseite zu vereinfachen.

Selbstverständlich ermöglicht ein CMS die Vergabe von Zugriffsrechten, so dass beispielsweise ein neuer Text zunächst durch eine autorisierte Person „freigeschaltet" werden muss.

Content-Management-Systeme haben mittlerweile eine große Verbreitung erlangt, weil sie die Nutzung des Internets deutlich vereinfachen. Sie stehen teilweise sogar kostenlos im Internet zur Verfügung. Eine gute Übersicht über den CMS-Markt erhalten Sie unter www.contentmanager.de.

1.4.5.4 Text

Zur Übermittlung von Information stellt Text den wichtigsten „Content" multimedialer Produkte dar. Bei der Konzeption muss darauf geachtet werden, dass es wesentliche Unterschiede zu gedruckten Texten gibt.

Lesen am Bildschirm

Können Sie sich vorstellen, ein ganzes Buch am Bildschirm zu lesen? Vermutlich eher nicht. Der wesentliche Grund hierfür ist, dass die Auflösung eines Monitors im Vergleich zur Auflösung einer Druckmaschine deutlich geringer ist. Hieraus folgt, dass Schriften am Monitor „unruhig" und pixelig dargestellt werden.

Ein weiterer Grund für die verminderte Lesbarkeit im Vergleich zu gedruckten Texten liegt in der Kontrast-

und Farbwiedergabe von Bildschirmen: Monitore sind „Selbststrahler", deren Farben durch den Monitor selbst erzeugt werden. Auf bedrucktem Papier hingegen entsteht die Farbwirkung durch Reflexion der Strahlen einer externen Lichtquelle. Dies erklärt, dass die auf das Auge treffende Lichtmenge im ersten Fall deutlich höher ist. Am Monitor sind aus diesem Grund stark gesättigte Farben sowie (zu) hohe Kontraste möglich. Denken Sie an eine schwarze Schrift auf weißem Hintergrund!

Beide Aspekte – Auflösung und Farb- bzw. Kontrastwiedergabe – erklären, weshalb Lesen am Bildschirm anstrengend und ermüdend ist. Dieser Tatsache muss bereits bei der Konzeption eines Digitalmediums Rechnung getragen werden.

Anforderungen an Text

Die im vorherigen Abschnitt beschriebenen Nachteile sind „physikalischer" Natur und können daher nicht behoben werden. Dennoch lassen sich einige Maßnahmen treffen, die zumindest eine Verbesserung und Optimierung der Lesbarkeit zur Folge haben.

Checkliste „Texte"

- Vermeiden Sie wenn möglich lange Texte. Reduzieren Sie Ihre Texte auf wesentliche Kernaussagen und lassen Sie alle ausschmückenden Zusätze weg.
- Stellen Sie längere Texte *zusätzlich* in einer druckbaren Version (schwarze Schrift auf weißem Hintergrund) oder als PDF zur Verfügung. Der Nutzer kann nun selbst entscheiden, ob er den Text am Bildschirm lesen oder ausdrucken will.
- Fassen Sie längere Texte durch einen Einleitungstext (Teaser) zusammen. Ergänzen Sie am Ende des Teasers einen Textlink: Lesen Sie mehr. Der Leser kann nun entscheiden, ob er den ganzen Text lesen will oder nicht.
- Wählen Sie eine bildschirmtaugliche Schrift und Schriftgröße.
- Lesen Sie zur bildschirmgerechten Gestaltung von Texten bitte Abschnitt 1.4.6.5.

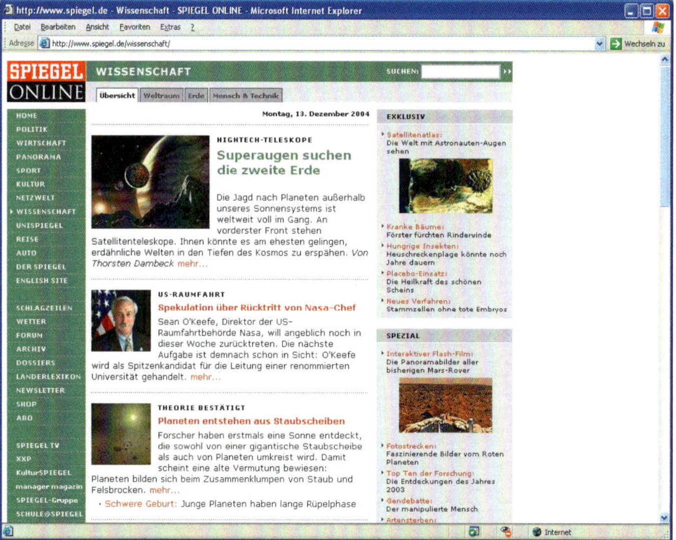

Teaser

Der Inhalt eines jeden Beitrags wird in einem Aufmachertext (Teaser) zusammengefasst. Der Nutzer kann entscheiden, ob er den ganzen Artikel lesen will oder nicht.

(Quelle: Spiegel)

1.4.5.5 Bild und Grafik

Während Texte am Monitor schlecht lesbar sind und aus diesem Grund möglichst knapp gehalten werden sollten, eignet sich der Bildschirm zur Wiedergabe von Bildern bzw. Grafiken hervorragend.

Visuelle Wahrnehmung
Die Bedeutung von Bildern und Grafiken ist bei Digitalmedien deutlich höher als bei Printmedien. Während ein Buch mit 500 Seiten auch ohne ein einziges Bild erfolgreich sein kann, ist dies für einen Internetauftritt in heutiger Zeit nicht mehr vorstellbar. Multimediale Produkte stellen visuelle Medien dar, deren Informationen viel stärker über statische oder bewegte Bilder als über Texte transportiert werden.

Im Übrigen könnte diese Tatsache zumindest einer der Gründe dafür sein, weshalb die junge Generation immer stärkere Schwierigkeiten mit dem Lesen von Texten hat (siehe PISA-Studie!).

Thumbnail

Thumbnails (deutsch: Daumennagel) sind kleine Vorschaubilder. Erst durch Anklicken wird das Bild in voller Auflösung geladen.

(Quelle: Canon)

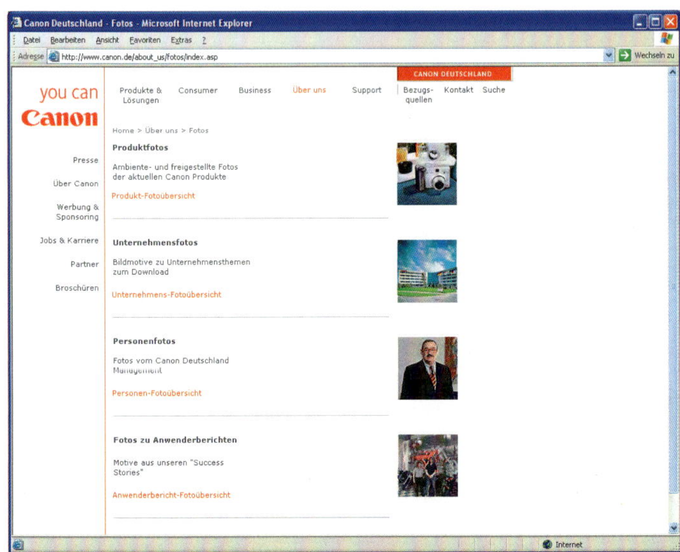

Anforderungen an Bild und Grafik
Die Auswahl und Gestaltung von Bildern und Grafiken stellt eine wichtige konzeptionelle Aufgabe des Interface-Designs dar. Hierbei sind einige Punkte zu beachten, die in Form einer Checkliste zusammengefasst sind:

Checkliste „Bild und Grafik"

- Wählen Sie ein geeignetes Dateiformat aus: Für Fotografien oder Bilder mit vielen Farben eignet sich das JPG-Format, bei Grafiken oder Texten, die als Grafik gespeichert werden, ist das GIF-Format zu bevorzugen. Lesen Sie Kapitel 6.1.5.
- Finden Sie einen Kompromiss zwischen Bildqualität und Datenmenge. Beachten Sie, dass viele Nutzer immer noch über einen ISDN-Anschluss verfügen, der maximal 8 Kilobyte pro Sekunde überträgt. Das Laden eines Bildes mit 80 KB dauert dann mindestens 10 Sekunden!
- Vermeiden Sie große Bilder, da diese eine lange Ladezeit zur Folge haben. Zerlegen Sie größere Bilder in mehrere Teile (Slices). Alternativ kann eine verkleinerte Voransicht (Thumbnail) gezeigt werden. Der Nutzer kann dann entscheiden, ob er durch Anklicken der Voransicht die vergrößerte Darstellung laden möchte.
- Beachten Sie das Urheberrecht bei Bildern. Wer ein fremdes Bild verwenden will, muss sich zuvor um die Verwertungsrechte kümmern. Die Missachtung des Urheberrechts kann hohe Strafen zur Folge haben.

1.4.5.6 Sound

Text, Bild und Grafik sind die Bestandteile der Printmedien. So richtig „multimedial" wird ein digitales Produkt erst, wenn es darüber hinaus Komponenten enthält, die nicht gedruckt werden können. Ein gemeinsames Merkmal dieser Medien ist, dass sie sich in Abhängigkeit von der Zeit verändern. Unterschieden werden hierbei:

- Sounds
- Animationen
- Videos

Auditive Wahrnehmung
Stellen Sie bei einem spannenden Film doch einmal für einige Zeit den Ton ab. Sie werden feststellen, wie wichtig der Sound für das „Erleben" des Films ist.

Durch Sound wird der Hörsinn des Menschen angesprochen und erweitert die ansonsten nur visuelle Wahrnehmung des Produktes. Durch die Kombination von Bild und Ton lassen sich im Extremfall tiefe Emotionen von Angst- bis Glücksgefühlen erzeugen. Jeder von uns kennt dies aus dem Kino.

Der Einsatz von Sound im Multimedia-Bereich ist sicherlich nicht mit der Bedeutung des Tons im Spielfilm vergleichbar. Dennoch kann ein Sound das multimediale Produkt auf vielfältige Weise unterstützen:

- Sprechertexte z.B. zur Benutzerführung oder im Bereich der Lernsoftware
- Hintergrundsound zur dramaturgischen Unterstützung des Screen-Designs
- Geräusche wie Button-Klicks zur Unterstützung der Benutzerführung

Anforderungen an Sound
Während der Einsatz von Sound auf CD-ROM oder DVD ohne Einschränkung möglich ist, steht der Verwendung von Sound im Internet derzeit noch die hohe Datenmenge entgegen. Wie in Abschnitt 6.2.3.5 erläutert, benötigt ein MP3 in Audio-CD-Qualität eine Datenrate von 128 kbps (Kilobit/Sekunde). Zur Übertragung dieses Sounds sind also mindestens zwei ISDN-Kanäle mit je 64 kbps notwendig. Internetnutzer mit ISDN-Zugang können Sounds nur abspielen, wenn diese im Voraus komplett geladen werden.

Ein so genanntes „Streaming" des Sounds, also das Abspielen in Echtzeit, wie dies beispielsweise bei Internet- oder Web-Radios erforderlich ist, kann mit einem ISDN-Zugang nicht oder nur in schlechter Qualität realisiert werden. Die zunehmende Verbreitung von DSL-Zugängen ins Internet entschärft die Problematik der Datenmenge immer mehr. Deshalb wird die Bedeutung von Sound in naher Zukunft auch bei der Erstellung von Webseiten eine größere Rolle spielen.

Checkliste „Sound"

- Wählen Sie ein Dateiformat, das eine starke Kompression der Sounddaten gestattet. Beispiele hierfür sind MP3, WMA oder RA (vgl. Abschnitt 6.2.3.5).
- Wählen Sie Sounds, die zum Inhalt und zur Zielgruppe Ihres Produktes passen. Wie Sie wissen, gehen gerade bei Musik die Geschmäcker stark auseinander! Wählen Sie Sounds, die für alle akzeptabel sind.
- Verwenden Sie kurze Sounds, die idealerweise „geloopt" sind. Dies bedeutet, dass Anfang und Ende zusammenpassen und somit eine Wiederholung der Soundschleife möglich ist.
- Sehen Sie in jedem Fall die Möglichkeit vor, das Produkt auch ohne Sound benutzen bzw. den Sound abstellen zu können.
- Beachten Sie, dass zum Streaming (Live-Abspielen) von Sound ein entsprechender Streaming-Server benötigt wird. Zum Abhören ist eine Player-Software notwendig, z.B. Real- oder WindowsMedia Player.
- Beachten Sie auch bei Sounds das Urheberrecht. Missachtung kann teuer werden! Im Internet finden sich lizenzfreie Sounds bzw. Soundloops.

Ladeanzeige

Das Laden einer längeren Animation sollte dem Nutzer visualisiert werden. Hierdurch wird die Bereitschaft verstärkt, den Ladevorgang abzuwarten.

1.4.5.7 Animation

Bei Animationen muss zwischen zweidimensionaler (2D-) und dreidimensionaler (3D-)Animation unterschieden werden.

2D-Animation

Bei zweidimensionalen Animationen entstehen die zu animierenden Objekte wie beim Zeichentrickfilm in der Ebene. Räumlichkeit wird durch perspektivische Darstellung erzielt. Zur Animation derartiger Objekte stehen verschiedene Techniken zur Verfügung:

- Bei einer *Bild-für-Bild-Animation* setzt sich eine Bewegung aus vielen Einzelbildern zusammen, die – wie bei einem Daumenkino – nacheinander abgespielt werden.
- Beim so genannten *Tweening* werden lediglich einige Schlüsselbilder benötigt, z.B. am Anfang und Ende der Animationssequenz. Die Berechnung der Animation übernimmt die Software durch Berechnung (Interpolation) der Zwischenbilder.
- Das *Morphing* gestattet die „Umwandlung" eines Objektes in ein anderes, indem im Start- und Zielobjekt Stützpunkte definiert werden, die durch Interpolation ineinander umgerechnet werden.

Für den erfolgreichen Einsatz von zweidimensionalen Animationen im Bereich der Digitalmedien ist vor allem Flash von Macromedia verantwortlich (vgl. Kapitel 6.1.13). Die geringe Datenmenge von Flashfilmen hat deren Einsatz auch im Internet ermöglicht. Nachteilig ist, dass der Browser zum Abspielen einer Flashdatei über ein Plug-in verfügen muss. Dieses kann kostenlos heruntergeladen und installiert werden (www. macromedia.com).

Flashanimationen

Neostream reizt die Möglichkeiten von Flash auf geniale Weise aus! Voraussetzung ist allerdings ein schneller Internetzugang.

(Quelle: www.neostream.com)

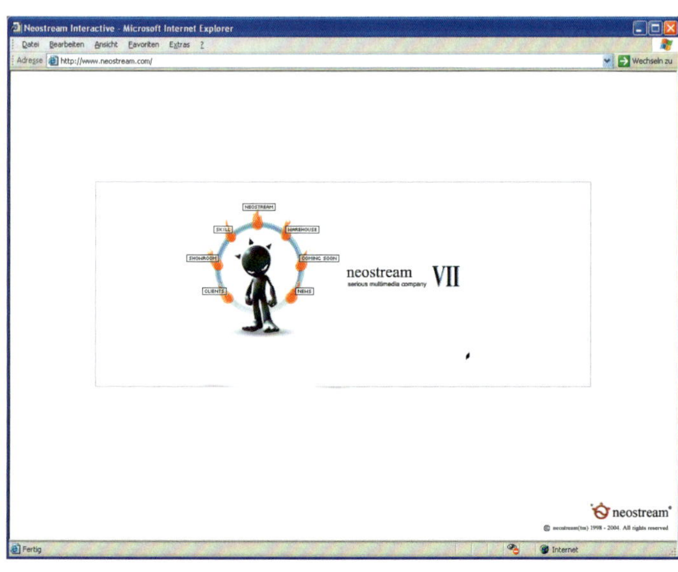

Checkliste „Animation"

- Verzichten Sie auf Animationen, wenn diese keinerlei Funktion erfüllen. Sie sind nervig und stören die Bedienung der Site (Denken Sie an Werbebanner!).
- Beachten Sie die Ladezeit. Wenn sich zehn Sekunden nichts tut, verlässt ein durchschnittlicher Nutzer die Site. Realisieren Sie eine Ladeanzeige, wenn ein längerer Ladevorgang notwendig ist.
- Sehen Sie in jedem Fall einen „Skip"-Button vor, der ein Überspringen der Animation ermöglicht.
- Weniger ist mehr – dies gilt insbesondere für Animationen!
- Testen Sie Ihre Animation auf verschiedenen Rechnern. Auch wenn eine Animation auf Ihrem Rechner ruckelfrei abläuft, kann sie durch ein älteres Gerät möglicherweise nicht abgespielt werden.
- Beachten Sie, dass eine mit Flash realisierte Webseite nicht funktioniert, wenn der Nutzer kein Flash-Plug-in installiert hat. Wer eine möglichst große Zielgruppe erreichen will, sollte sich also überlegen, ob er nicht auf Flash verzichtet.

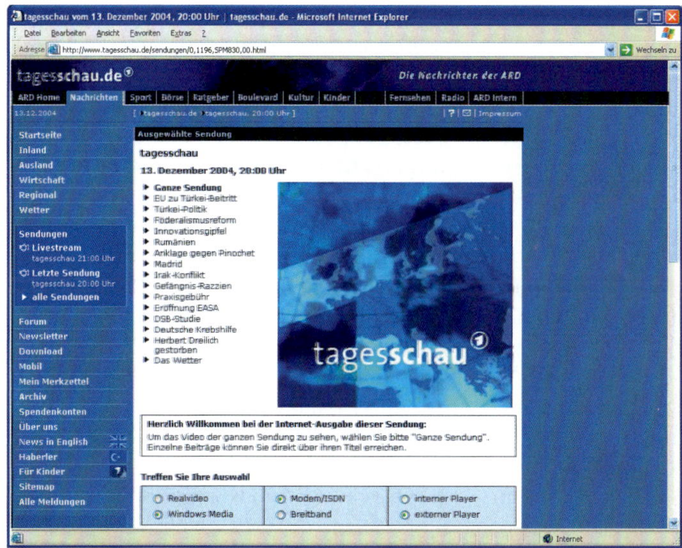

Tagesschau-Online

Alle Sendungen der Tagesschau werden als Livestream im Internet übertragen. Die Qualität ist allerdings bescheiden, wenn der Internetzugang über ISDN erfolgt.

(Quelle: ARD)

3D-Animation

Dreidimensionale Objekte entstehen durch Modellbildung. Dies bedeutet, dass beispielsweise ein Quader durch seine acht Eckkoordinaten beschrieben wird. Seine sechs Flächen werden im zweiten Schritt mit einer Oberfläche (Textur) versehen. In einem als *Rendering* bezeichneten Vorgang berechnet die Software eine dreidimensionale Darstellung des Quaders.

Animationen entstehen entweder durch eine Veränderung der Objektkoordinaten im Raum oder durch eine Bewegung der „Kamera" um das Objekt. Mittlerweile gibt es ganze Spielfilme, die mit dieser Technik produziert werden, z.B. „Findet Nemo" oder „Die Unglaublichen".

Die aufwändige und kostspielige Produktion von 3D-Animationen wird im Multimedia-Bereich vorwiegend bei der Spieleproduktion eingesetzt. Durch immer leistungsfähigere Grafikkarten sind bei derartigen Produkten zunehmend fotorealistische Darstellungen möglich.

1.4.5.8 Video

Der Preisverfall sowie die Miniaturisierung der DV-Kameras (Digital Video) haben dafür gesorgt, dass die Aufnahme eines digitalen Videos in semiprofessioneller Qualität mittlerweile für jedermann möglich ist.

Im Vergleich zu Sound oder Animationen ist die Datenmenge eines digitalen Videos um ein Vielfaches höher: Die Videoaufzeichnung im DV-Format liefert einen Datenstrom von 25 MBit/s! Auch wenn dieser Datenstrom deutlich komprimiert wird – bei MPEG-2 auf 4 bis 8 MBit/s –, bleibt ein sinnvoller Einsatz von Video bislang auf den Offline-Bereich beschränkt. So bietet sich insbesondere das Speichermedium DVD mit einer Kapazität von rund 5 GB oder höher für das Abspeichern digitaler Videos in Spielfilmlänge an.

Im Internet ist der Einsatz von Video in einer Qualität, die mit dem Fernsehen vergleichbar ist, aufgrund der hohen Datenmenge auch in nächster Zeit nicht absehbar.

1.4.6 Screen-Design

1.4.6.1 Screen- und Print-Design

Nachdem in den vorherigen Kapiteln vor allem die konzeptionellen und technischen Aspekte des Interface-Designs zur Sprache kamen, widmet sich dieses Kapitel den gestalterischen Gesichtspunkten.

Screen-Design heißt in der wörtlichen Übersetzung „Entwerfen für den Bildschirm". Letzterer unterscheidet sich wesentlich von gedruckten Medien, so dass ein vorhandenes Print-Design nicht einfach auf das Medium „Screen" übertragen werden kann. In der Tabelle sind die wesentlichen Unterschiede zwischen gedruckten und digitalen Produkten zusammengestellt.

Wie der Tabelle zu entnehmen ist, liegen die Nachteile des Mediums „Bildschirm" vor allem in der geringen Auflösung der Monitore, in der fehlenden Farbverbindlichkeit, in der stark eingeschränkten Schriftenauswahl sowie in der Festlegung auf eine querformatige Ausgabe.

Die Stärken der Digitalmedien begründen sich in ihren vielfältigen interaktiven und multimedialen Möglichkeiten sowie – im Falle des Internets – in einer hohen Aktualität und einer weltweiten Verfügbarkeit.

Screen-Design heißt also nicht einfach, „hübsch" aussehende Seiten zu gestalten, sondern vor allem die Stärken des Mediums optimal zu nutzen. Wer sich auf statische Seiten beschränkt, die möglicherweise nur einmal im Monat aktualisiert werden, muss sich die Frage gefallen lassen, ob er dem Medium und dessen Möglichkeiten wirklich gerecht wird. Vielleicht wäre im einen oder anderen Fall eine gezielte Mailing-Aktion per Post oder Fax erfolgreicher ...

Auch wenn Sie jetzt möglicherweise den Eindruck erhalten haben, dass sich Screen- und Print-Design grundsätzlich unterscheiden, sollten Sie dennoch beachten, dass es auch viele Gemeinsamkeiten gibt: So sind alle gestalterischen Grundlagen von der Seitenaufteilung über die Farbenlehre bis hin zur Typografie allgemein gültig.

In den folgenden Abschnitten kommen deshalb nur die Aspekte zur Sprache, die als zusätzliche Besonderheiten für das Ausgabemedium „Bildschirm" gelten.

Kriterium	Print-Design	Screen-Design
Format	meistens Hochformat, oft DIN-A-Format (1 : 1,41)	Querformat, meistens im Seitenverhältnis 4:3
Schrift	Schrift beliebig wählbar, soweit als Zeichensatz vorhanden	nur bildschirmtaugliche Schriften bzw. Systemschriften
Farben	subtraktive Farbmischung, CMYK-Farbraum (geräteabhängig), Farbverbindlichkeit durch CMS	additive Farbmischung, RGB-Farbraum (monitorabhängig), keine Farbverbindlichkeit
Auflösung	hoch z.B. 2400 dpi (belichterabhängig)	niedrig 72 bis 96 ppi
Interaktivität	nicht möglich	z.B. Formulare, E-Mail, Foren, ...
Multimedialität	nicht möglich	Sound, Video, Animation
Aktualität	Nachdruck erforderlich, mit Kosten verbunden	Aktualisierung einfach und kostengünstig
Verbreitung	regional, national, internationl	regional bis global (Internet)

1.4.6.2 Format

Das Format digitaler Produkte ist vom Monitor abhängig. Diese besitzen ein festes Verhältnis von Breite zu Höhe, beispielsweise 4 : 3. Die Auflösung des Monitors, also Breite x Höhe in Pixel, hängt einerseits von dessen Größe und andererseits von der Grafikkarte ab. Die wichtigsten Grafikstandards sind in Abschnitt 3.1.7.1 aufgeführt.

Die unterschiedlichen Monitorauflösungen stellen für den Screen-Designer ein großes Problem dar: Beschränkt er sich auf 800 x 600 Pixel, so bleibt auf großen Monitoren jede Menge Platz frei. Konzipiert er seine Seiten umgekehrt für eine Auflösung von beispielsweise 1280 x 1024 Pixel, so wird die Site auf kleinen Monitoren nicht komplett dargestellt und der Nutzer muss scrollen.

Erschwerend kommt hinzu, dass nicht absehbar ist, ob der spätere Kunde der Webseite seinen Browser als Vollbild oder in einem kleinen Fenster öffnet. Zwar lässt sich die Fenstergröße per JavaScript auf eine feste Größe einstellen. Dies könnte jedoch vom User als „Gängelung" empfunden werden. Außerdem funktioniert die Site nicht mehr, wenn der Nutzer JavaScript aus Sicherheitsgründen deaktiviert.

Die Wahl des Formats stellt aus oben genannten Gründen immer einen Kompromiss dar. Zurzeit wird meistens von einem Monitorstandard von 1024 x 768 Pixel ausgegangen. Da Webseiten zur Darstellung einen Browser benötigen, müssen zur Ermittlung der tatsächlich nutzbaren Fläche noch die Bereiche abgezogen werden, die durch das Browserfenster bedeckt werden. Tatsächlich verbleiben aus diesem Grund etwa 1000 x 600 Pixel.

Wegen der variablen Fenstergröße des Browsers sollte darauf geachtet werden, dass wichtige Informationen bevorzugt links oder oben platziert werden. Dieser Bereich ist auch bei einem stark verkleinerten Browserfenster ohne Scrollen sichtbar. Vergleichen Sie hierzu den auf der nächsten Seite dargestellten Screenshot der Bahn AG.

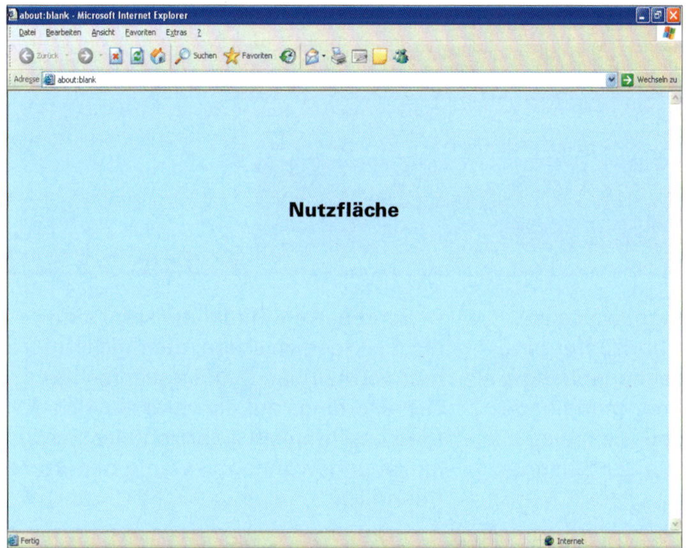

Nutzfläche beim Screen-Design

Bei allen browserabhängigen Produkten muss berücksichtigt werden, dass das Browserfenster vor allem in vertikaler Richtung Platz benötigt.

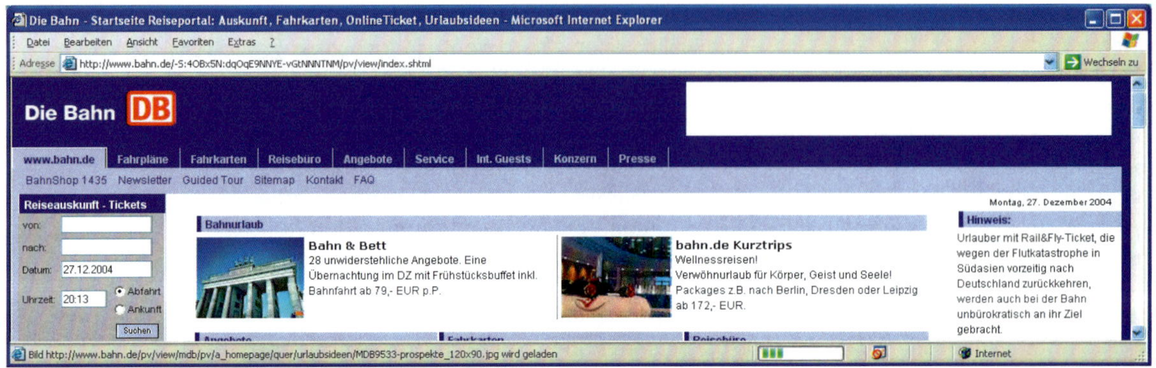

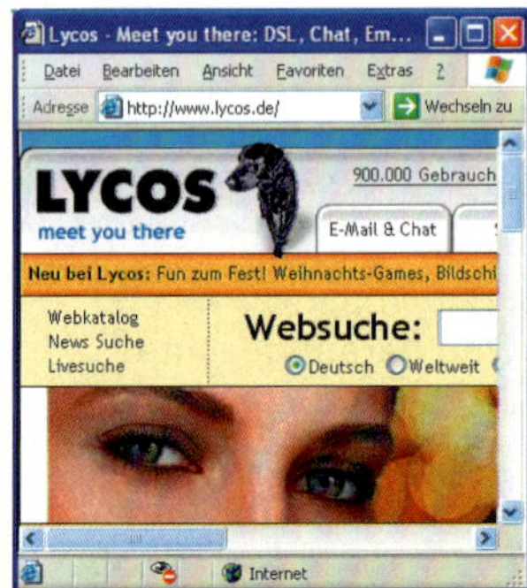

Browserunabhängiges Screen-Design

Auf der Webseite der Bahn AG nimmt die Bedeutung der Inhalte von links nach rechts ab. Das Firmenlogo sowie die Reiseauskunft werden am linken Rand platziert, so dass sie auch bei extremer Verkleinerung des Browsers sichtbar bleiben. Lycos geht einen anderen Weg: Die Inhalte der Site werden mittig platziert und von einem Hintergrund umgeben. Dies bietet den Vorteil, dass die Darstellung der Site weitgehend unabhängig von der Größe des Browserfensters ist. Auch bei kleinem Fenster bleiben das Logo und die Funktion der Site (Websuche) erkennbar.

(Quellen: Bahn, Lycos)

Eine alternative Vorgehensweise ist, dass die Seiteninhalte horizontal zentriert werden, so dass sie unabhängig von der Auflösung immer mittig angezeigt werden. Betrachten Sie hierzu als Beispiel die Screenshots der Suchmaschine „Lycos".

Scrollbalken (Bildlaufleisten) sind nicht sonderlich schön, aber nicht immer vermeidbar. Das Scrollen sollte sich allerdings auf die vertikale Richtung beschränken – horizontales Scrollen ist ungewohnt und wenig benutzerfreundlich.

1.4.6.3 Gestaltungsraster

Wenn Sie aus dem Bereich der Printproduktion kommen, dann ist Ihnen die Arbeit mit Gestaltungsrastern bestens vertraut: Die Realisation einer Broschüre, einer Zeitung oder eines Buches wäre ohne eine detaillierte Planung des Seitenlayouts nicht denkbar. Die Rand- bzw. Spaltenhilfslinien sowie die Grundlinien der Schrift ergeben ein Raster, in das sich die Text- und Bildrahmen einpassen lassen. Auf diese Weise entsteht ein einheitlich gestaltetes Layout.

Dem Screen-Designer stehen die genannten Hilfslinien zunächst nicht zur Verfügung. Dennoch wird auch er sein Layout mit einer Aufteilung der verfügbaren Fläche beginnen. Den entstehenden Teilflächen werden die gewünschten Funktionen zugewiesen, z.B.:

- Hauptnavigation
- Unternavigation
- Inhaltsbereich – Text
- Inhaltsbereich – Bild
- Firmenpräsentation, Logo
- Such- und Hilfsfunktion
- Freiraum, Freifläche

Das entstandene Raster ist mit einem Gestaltungsraster bei Printprodukten vergleichbar.

Entscheidend ist die konsequente Anwendung des Rasters auf sämtliche Screens des multimedialen Produktes. Nur hierdurch kann gewährleistet werden, dass sich auch ein ungeübter Nutzer auf den Seiten intuitiv und ohne fremde Hilfe zurechtfinden wird.

Zur Übertragung eines Seitenlayouts auf sämtliche Seiten eines Produktes dienen im Printbereich „Musterseiten". Diese werden einmalig erstellt und bilden dann die Vorlage für alle weiteren Seiten. Das Pendant im Bereich des Screen-Designs heißt „Template".

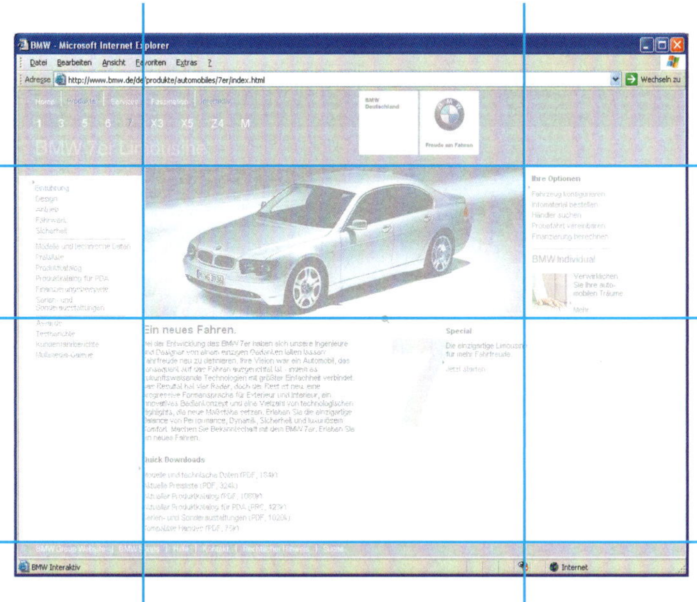

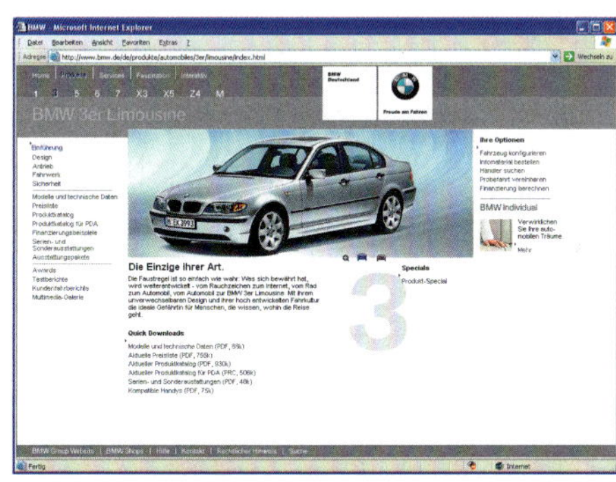

Gestaltungsraster

Die unveränderliche Hauptnavigation befindet sich im oberen Bereich. Links und rechts finden sich weitere Navigationsleisten, die sich mit dem Inhalt verändern. Das Farbfoto ist als Blickfänger im Mittelpunkt der Seiten platziert, der Text darunter. Die freien Flächen in der unteren Bildhälfte verschaffen den Screens die nötige „Luft".

(Quelle: BMW)

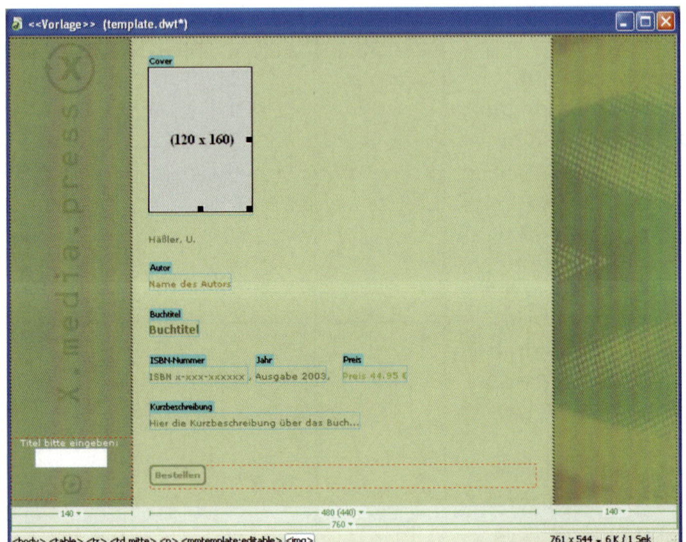

Template

Ein Template enthält alle Seitenelemente, die auf jedem Screen zu sehen sein sollen. Für alle veränderlichen Inhalte der Seiten – also vor allem Texte und Bilder – werden „Platzhalter" eingefügt.

Templates

Ein Template ist eine „Musterseite" für Webseiten. Es enthält alle Seitenelemente, die auf jedem Screen zu sehen sein sollen. Dies kann neben dem Seitenhintergrund beispielsweise ein Logo und eine Buttonleiste sein. Für die veränderlichen Inhalte der Seiten – also vor allem Texte und Bilder – werden auf dem Template lediglich „Platzhalter" eingefügt.

Beim Erstellen der eigentlichen Seiten brauchen nur noch die „Platzhalter" mit den gewünschten Inhalten gefüllt werden. Dies kann manuell (statisch) oder – wie bei größeren Webseiten – automatisiert (dynamisch) erfolgen.

Der große Vorteile dieser Vorgehensweise ist, dass eine nachträgliche Änderung des Layouts problemlos möglich ist: Eine Modifikation des Templates wirkt sich auf alle bereits erstellten Seiten aus.

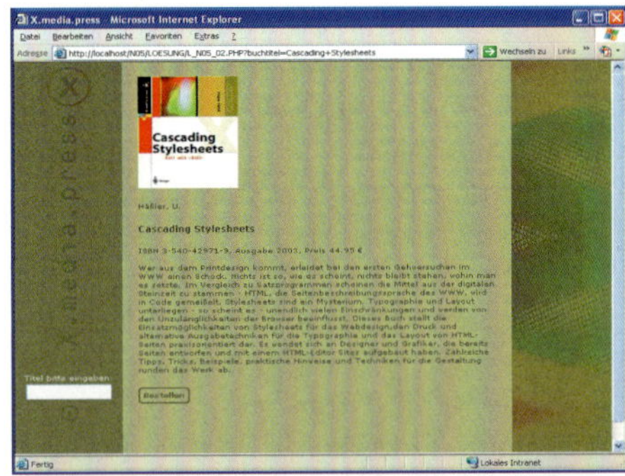

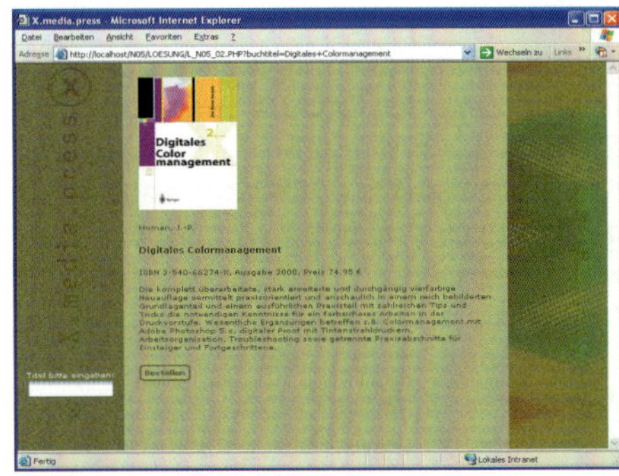

1.4.6.4 Farben

Farbdarstellung

Im Unterschied zum Druck, wo mit den Körperfarben Cyan, Magenta, Gelb und Schwarz (CMYK) gearbeitet wird, verwenden Monitore die Lichtfarben Rot, Grün und Blau (RGB). Die Darstellung dieser Bildschirmfarben hängt maßgeblich von der Qualität und von den Einstellungen des eingesetzten Monitors und von der Grafikkarte ab. Wesentliche Faktoren sind:

- Alter des Monitors
- Konvergenz des Monitors
- Blickwinkel auf den Monitor
- Lichtverhältnisse am Arbeitsplatz
- Helligkeit- und Kontrast-Einstellung am Monitor
- Farbtemperatur des Monitors
- Farbtiefe der Grafikkarte

Monitore haben farbliche Stärken und Schwächen. Wie die Abbildungen auf dieser Seite zeigen, liegen ihre Stärken im Blau- und Violettbereich, die Schwächen im Gelbbereich. Metallische Farben wie Gold oder Silber müssen durch normale Farben simuliert werden. Glänzende oder matte Farben können ebenfalls nicht angezeigt werden. Andererseits ist der RGB-Farbraum deutlich größer als der CMYK-Farbraum, so dass viele – insbesondere leuchtende, stark gesättigte – Farben im Rot-, Grün- und Blaubereich zwar am Monitor dargestellt, aber nicht gedruckt werden können.

Werden Farben benötigt, die sowohl gedruckt als auch auf dem Monitor dargestellt werden können, dann sind sie der Schnittmenge des RGB- und CMYK-Farbraums zu entnehmen.

Mit kalibrierten und damit farbverbindlichen Monitoren wird nur im professionellen Bereich der Medienproduktion gearbeitet. Für Screen-Designer folgt aus obigen Tatsachen, dass sie sich nicht auf eine verbindliche Darstellung der gewählten Farben verlassen können. Verlässliche und reproduzierbare Farben wie im Printbereich sind nicht möglich. Sozusagen als kleinster gemeinsamer Nenner, der auf allen Monitoren angezeigt werden kann, wurde der sRGB-Farbraum definiert.

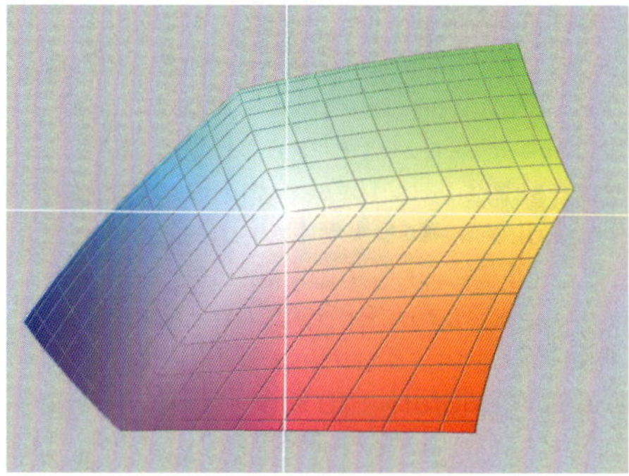

RGB-Farbraum eines LCD-Monitors

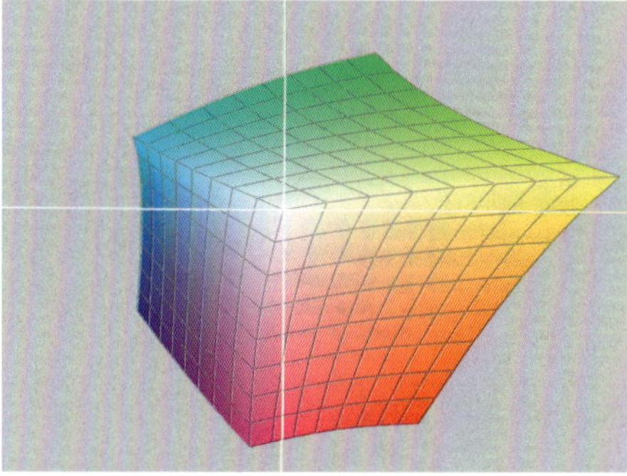

CMYK-Farbraum einer Druckmaschine

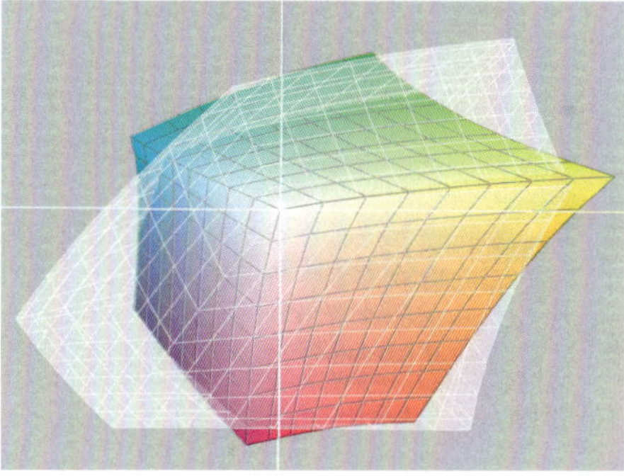

Monitor- und Druckfarbraum im Vergleich

Die Überlagerung beider Farbräume zeigt, dass der Monitorfarbraum deutlich größer ist. Allerdings gibt es auch druckbare Farben, die vom Monitor nicht angezeigt werden, z.B. Gelbtöne. Farben die sowohl druckbar sind als auch am Monitor dargestellt werden können, müssen aus der Schnittmenge beider Farbräume gewählt werden.

Farbkontraste

Farben stehen niemals für sich alleine, sie bilden immer einen Kontrast zum umgebenden Hintergrund. Diese Farbkontraste beeinflussen die Benutzerfreundlichkeit (Usability) maßgeblich. So wird das ohnehin mühsame Lesen eines Textes am Bildschirm durch einen mangelhaften Kontrast von Text- zu Hintergrundfarbe zu einer Zumutung. Im schlimmsten Fall kann die Gesundheit des Nutzers beeinträchtigt werden, beispielsweise in Form von Kopfschmerzen.

Die linke Seite zeigt *Beispiele für schlechte Kontraste*. Hierzu gehören:

- Sehr hohe Kontraste wie zum Beispiel Schwarz/Weiß
- Sehr geringe Kontraste
- Komplementär-Kontraste: Farben, die

Die Beurteilung der Eignung von Farben für ihren Einsatz am Bildschirm kann nur am Bildschirm selbst erfolgen. Die Farbwiedergabe im Druck unterscheidet sich davon erheblich.

Sehr hoher Kontrast

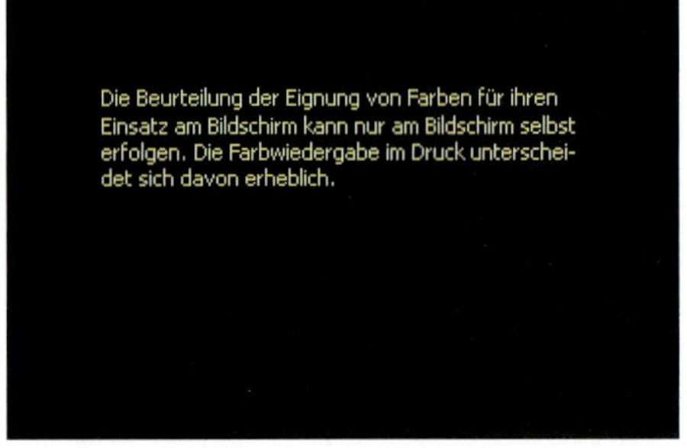

Negative Schrift mit sehr hohem Kontrast

Die Beurteilung der Eignung von Farben für ihren Einsatz am Bildschirm kann nur am Bildschirm selbst erfolgen. Die Farbwiedergabe im Druck unterscheidet sich davon erheblich.

Komplementärkontrast

Die Beurteilung der Eignung von Farben für ihren Einsatz am Bildschirm kann nur am Bildschirm selbst erfolgen. Die Farbwiedergabe im Druck unterscheidet sich davon erheblich.

Komplementärkontrast

Die Beurteilung der Eignung von Farben für ihren Einsatz am Bildschirm kann nur am Bildschirm selbst erfolgen. Die Farbwiedergabe im Druck unterscheidet sich davon erheblich.

Sehr geringer Kontrast

Die Beurteilung der Eignung von Farben für ihren Einsatz am Bildschirm kann nur am Bildschirm selbst erfolgen. Die Farbwiedergabe im Druck unterscheidet sich davon erheblich.

Sehr geringer Kontrast

im Farbkreis gegenüberliegen, lösen sehr starke Reize im Auge aus. Dies kann zum Flimmereffekt führen, bei dem die Schriftkonturen nicht mehr scharf wahrgenommen werden.
- Helle (negative) Schrift auf dunklem Hintergrund: Dies entspricht nicht unseren Sehgewohnheiten und ist bei größerer Textmenge zu vermeiden.
- Grelle oder stark gesättigte Farben im Hintergrund, die den Vordergrund „überstrahlen".

Die rechte Seite zeigt *Beispiele für gute Kontraste*. Hierzu gehören:
- Bunt-Unbunt-Kontrast: Kombination einer Farbe mit Grau, Schwarz oder mit einer wenig gesättigten (unbunten) Farbe.
- Kalt-Warm-Kontrast: Kombination

Die Beurteilung der Eignung von Farben für ihren Einsatz am Bildschirm kann nur am Bildschirm selbst erfolgen. Die Farbwiedergabe im Druck unterscheidet sich davon erheblich.

Bunt-Unbunt-Kontrast

Die Beurteilung der Eignung von Farben für ihren Einsatz am Bildschirm kann nur am Bildschirm selbst erfolgen. Die Farbwiedergabe im Druck unterscheidet sich davon erheblich.

Bunt-Unbunt-Kontrast

Die Beurteilung der Eignung von Farben für ihren Einsatz am Bildschirm kann nur am Bildschirm selbst erfolgen. Die Farbwiedergabe im Druck unterscheidet sich davon erheblich.

Kalt-Warm-Kontrast

Die Beurteilung der Eignung von Farben für ihren Einsatz am Bildschirm kann nur am Bildschirm selbst erfolgen. Die Farbwiedergabe im Druck unterscheidet sich davon erheblich.

Negative Schrift

Die Beurteilung der Eignung von Farben für ihren Einsatz am Bildschirm kann nur am Bildschirm selbst erfolgen. Die Farbwiedergabe im Druck unterscheidet sich davon erheblich.

Intensitätskontrast

Die Beurteilung der Eignung von Farben für ihren Einsatz am Bildschirm kann nur am Bildschirm selbst erfolgen. Die Farbwiedergabe im Druck unterscheidet sich davon erheblich.

Intensitätskontrast

von warmen (Gelb, Orange) mit kalten (Blau) Farben.

- Intensitäts-Kontraste: Kombination von Farben, die sich in Helligkeit und Sättigung deutlich voneinander unterscheiden.
- Dezente Farben oder ein helles Grau eignen sich als Hintergrund besser ein reines Weiß.
- Wenn negative Schrift verwendet wird, dann darf der Kontrast zum Hintergrund nicht zu groß sein.

Farbwirkung

Die Wahrnehmung von Farben ruft bei uns Menschen bestimmte Assoziationen und sogar Emotionen hervor. Was fällt Ihnen spontan zur Farbe Rot ein? Vielleicht Liebe, Feuer, Gefahr, Energie, Blut, Zorn, ...?

Durch die Wahl der Farben für eine Webseite oder eine Multimedia-CD nimmt der Screen-Designer Einfluss darauf, wie dieses Produkt „empfunden" wird. Dieser Vorgang läuft weitgehend unbewusst ab – die Werbung nutzt dies sehr geschickt aus!

(Quellen: Diebels, ARD, Yello-Strom, Coca Cola, Rotkäppchen, Designueberfall, Antwerpes, Milka, eMedia-Institut, Netzkunst)

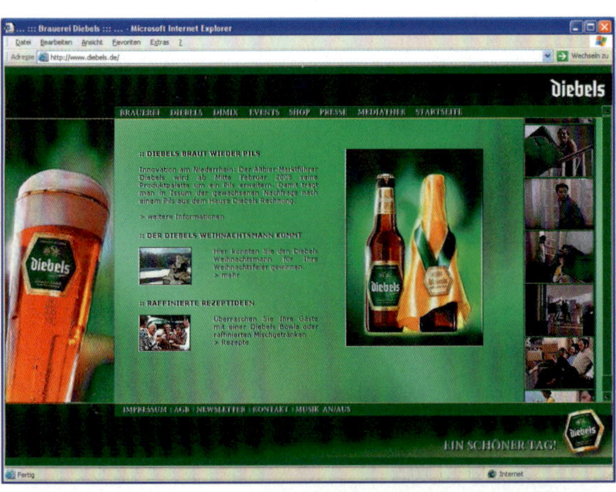

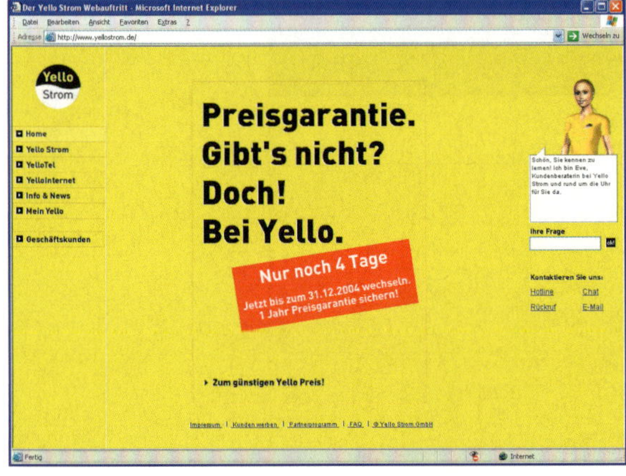

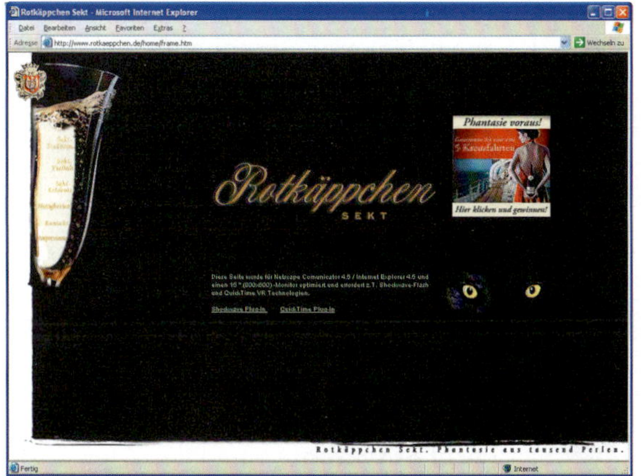
Rotkäppchen Sekt - Microsoft Internet Explorer
Phantasie voraus!
Rotkäppchen
SEKT
Hier klicken und gewinnen!

DESIGNUEBERFALL - Agenten mit Qualitätsfilter - Microsoft Internet Explorer
DESIGNUEBERFALL

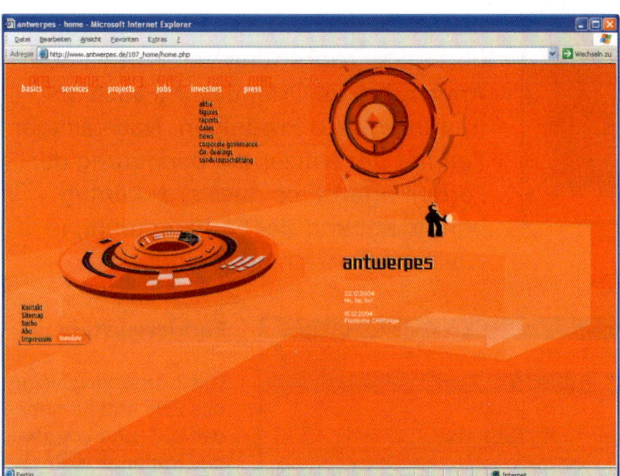
antwerpes - home - Microsoft Internet Explorer
basics
services
projects
jobs
investors
press
antwerpes

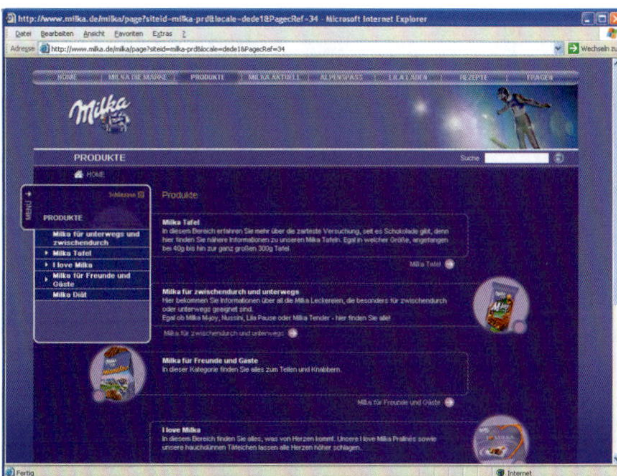
Milka
PRODUKTE

e-Media Institute - Microsoft Internet Explorer
e media
HOME

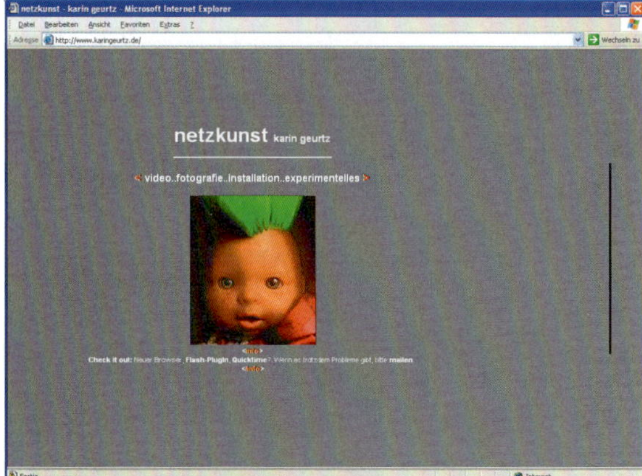
netzkunst - karin geurtz - Microsoft Internet Explorer
netzkunst karin geurtz
video.fotografie.installation.experimentelles

Beliebtheit der Farben

(Quelle: www.metacolor.de)

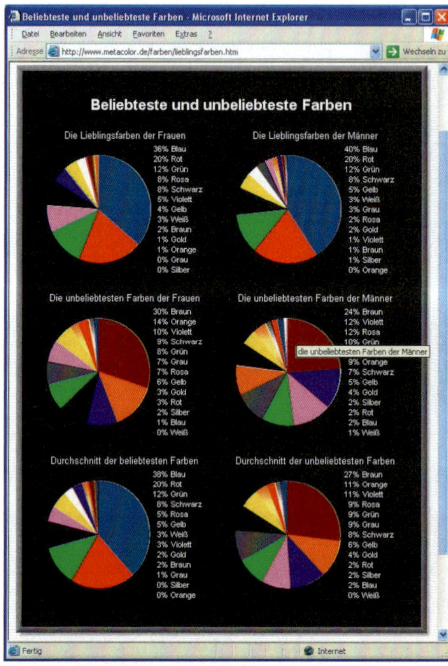

Führen Sie doch ein kleines Experiment durch: Notieren Sie spontan zwei, drei Adjektive, die Sie mit den Webseiten auf der vorherigen Seite assoziieren. Vergleichen Sie Ihre Notizen mit den Farbattributen in Kapitel 1.2.10.

Welches ist Ihre Lieblingsfarbe? Untersuchungen zeigen, dass die Lieblingsfarben von Männern und Frauen Blau, Rot und Grün (in dieser Reihenfolge) sind. Die unbeliebteste Farbe bei beiden Geschlechtern ist Braun.

Farbleitsystem

Vergleichbar mit der Farbcodierung dieses Buches, erleichtert die themenbezogene Zuordnung von Farben dem Anwender die Orientierung auch in multimedialen Produkten. Nach einiger Zeit hat der Nutzer die Bedeutung der Farben erlernt, so dass er zukünftig bereits anhand der Farbe erkennt, in welchem Bereich er sich befindet.

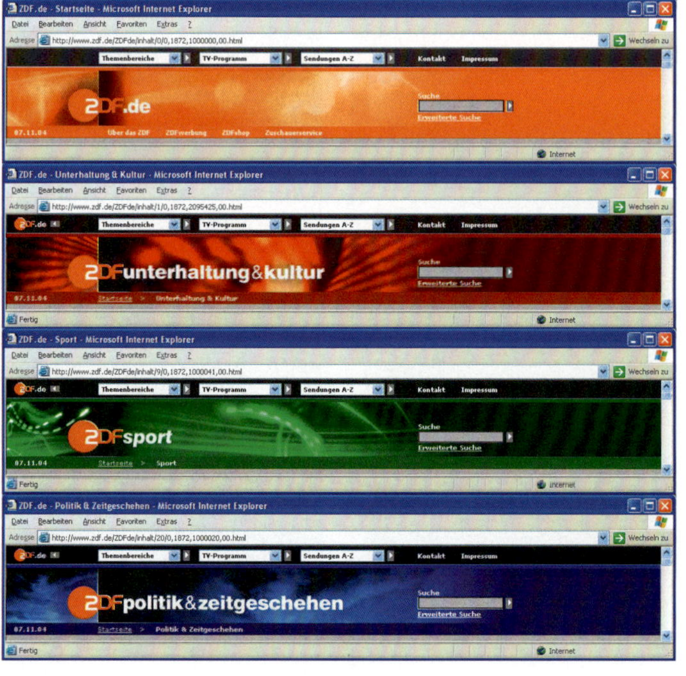

Farbleitsystem

Das Corporate Design des ZDF enthält neben der Leit- und Logofarbe Orange drei Genrefarben: Rot für Entertainment, Grün für Sport und Blau für Information.

(Quelle: ZDF)

1.4.6.5 Schriften

Während die Wahl der Schrift für Printmedien ausschließlich gestalterischen Kriterien unterliegt, erweist sich die Verwendung von Schriften in digitalen Produkten als problematisch. Die wesentlichen Gründe hierfür sind:

- Die sehr geringe Monitorauflösung
- Die Notwendigkeit der Verwendung von Systemschriften für (HTML-basierte) Webseiten

Monitorauflösung

Beim Vergleich einer gedruckten Schrift mit der Darstellung am Bildschirm fällt auf, dass sich das Druckbild von der Bildschirmanzeige maßgeblich unterscheidet. Ursache hierfür ist die unterschiedliche Auflösung beider Ausgabemedien. Diese gibt die Anzahl an Punkten an, die pro Längeneinheit (Zentimeter oder Inch) dargestellt werden. Je höher die Auflösung ist, umso feinere Details lassen sich wiedergeben. Nun liegt die Auflösung eines Monitors unveränderlich fest und beträgt zwischen 72 und 96 ppi (Pixel pro Inch). Um eine Schrift drucken zu können, muss zunächst eine Druckplatte hergestellt werden. Zur Übertragung des Druckbildes auf die Platte wird diese entweder direkt oder mit Hilfe eines Films belichtet. Eine hierfür typische Belichterauflösung beträgt 2540 dpi (Dots per Inch). Da unser Auge „nur" etwa 800 dpi auflösen kann, wirken gedruckte Schriften glatt und stufenlos, einzelne Rasterpunkte können nur mit Hilfe eines Fadenzählers unterschieden werden. Die Auflösung eines Monitors ist hingegen deutlich schlechter als die Auflösung unserer Augen. Daraus folgt, dass wir problemlos einzelne Pixel unterscheiden und deshalb schräge Linien als Stufen wahrnehmen.

Für die Darstellung und Verwendbarkeit von Schriften in Fließtexten ergeben sich aus obiger Erkenntnis erhebliche Konsequenzen:

- Gekrümmte Linien werden stufig und „zerhackt" dargestellt.
- Alle Feinheiten und Details der Schrift gehen verloren.
- Buchstabenabstände sind uneinheitlich und unausgeglichen.
- Der Schriftcharakter geht verloren.
- Das Schriftbild wird unruhig und ungleichmäßig.
- Die Lesbarkeit wird beeinträchtigt.

Zusammenfassend lässt sich sagen, dass sich viele Schriften – zumindest in den Lesegrößen zwischen 8 und 12 Punkt – für die Bildschirmausgabe nicht eignen. Hierzu gehören Schriften mit filigranen Serifen und feinen Duktusunterschieden, kursive Schriften/Schriftschnitte, Schreibschriften, schmal laufende Schriften/Schriftschnitte und gebrochene Schriften.

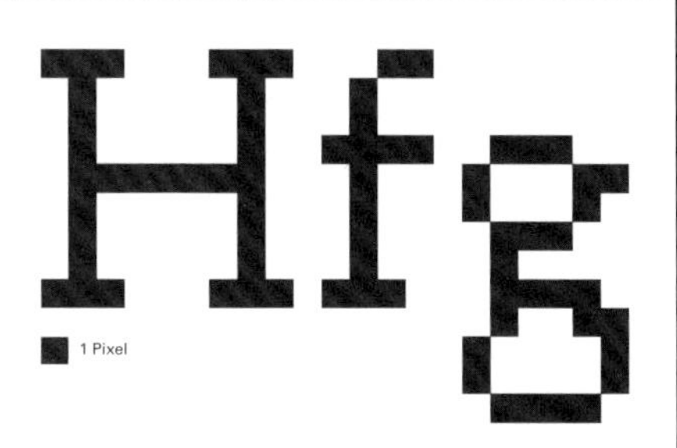

Druck- und Bildschirmdarstellung im Vergleich

Das Beispiel zeigt eine 12-pt-Palatino in 14-facher Vergrößerung

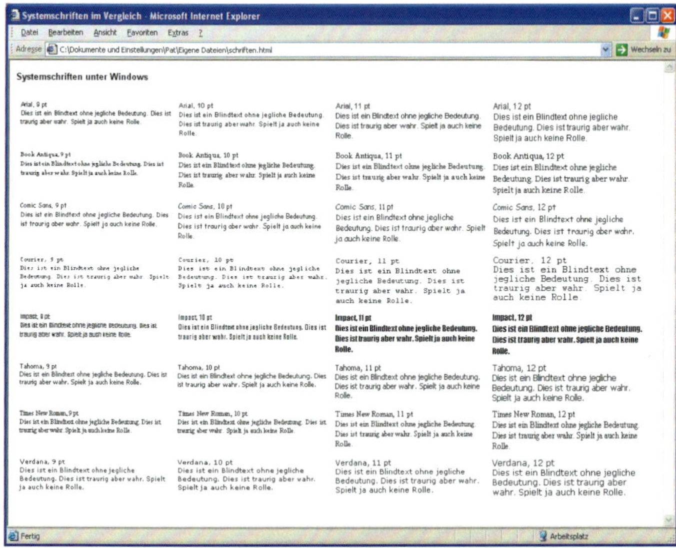

Windows-Systemschriften

Systemschriften

Eine weitere große Einschränkung stellt die Auswahl von Schriften für Webseiten dar. Da in HTML-Dateien – im Unterschied zu PDF- oder Flash-Dateien – Schriften nicht eingebettet werden, bleibt für Webseiten nur die Beschränkung auf Systemschriften übrig. Diese wurden mit dem Betriebssystem installiert und stehen somit dem Web-Browser zur Darstellung der HTML-Seiten zur Verfügung.

Die geringe Anzahl an Systemschriften stellen einen Alptraum für jeden Web-Designer dar! An der ständig verwendeten „Arial", „Verdana" oder „Tahoma" hat man sich längst satt gesehen. Allerdings gibt es auch keine Alternativen, da diese Schriften für die Verwendung in den Schriftgraden zwischen 9 bis 12 Punkt optimiert wurden und deshalb gut lesbar sind.

Für die „Mac"-User gilt: Da die große Mehrheit der Internetnutzer an einem PC mit Windows-Betriebssystem sitzt, müssen Sie bei der Auswahl auf eine Mac-Systemschrift zurückgreifen, die auch unter Windows eine Systemschrift ist: Arial, Times (New Roman), Courier, Verdana, Tahoma. Andernfalls wird die von Ihnen gewählte Schrift am Windows-PC durch eine andere Schrift ersetzt.

Schriftvergleich

Im Beispiel wird die Bildschirmdarstellung der Systemschrift „Verdana" (links) mit der Druckschrift „Frutiger" (rechts) verglichen.
Durch die Anpassung der Buchstaben und Laufweite an das grobe Raster des Monitors ist die Lesbarkeit von Verdana gegenüber der Frutiger deutlich verbessert.

ABCDEFGHIJKLMNOPQRSTUVWXYZ
abcdefghijklmnopqrstuvxwyz
1234567890(,;:?!$%&*°){}[]<>

ABCDEFGHIJKLMNOPQRSTUVWXYZ
abcdefghijklmnopqrstuvxwyz
1234567890(,;:?!$%&*°){}[]<>

ABCDEFGHIJKLMNOPQRSTUVWXYZ
abcdefghijklmnopqrstuvxwyz
1234567890(,;:?!$%&°){}[]<>*

Bildschirmtypografie
Bildschirmtypografie
Bildschirmtypografie
Bildschirmtypografie
Bildschirmtypografie
Bildschirmtypografie
Bildschirmtypografie

Beurteilen Sie die Lesbarkeit dieses Schriftbeispiels. Um Schriften am Bildschirm miteinander vergleichen zu können, müssen Screenshots gemacht werden. Ein Ausdruck des Schriftbeispiels würde gänzlich andere Ergebnisse zeigen, weil die Bildschirm- und die Druckerdarstellung einer Schrift unterschiedlich sind. Achten Sie beim Vergleich auf die Laufweite der Buchstaben, auf die Buchstabenzwischenräume, die Strichstärke und das Graubild der Schrift.

ABCDEFGHIJKLMNOPQRSTUVWXYZ
abcdefghijklmnopqrstuvxwyz
1234567890(,;:?!$%&*°){}[]<>

ABCDEFGHIJKLMNOPQRSTUVWXYZ
abcdefghijklmnopqrstuvxwyz
1234567890(,;:?!$%&*°){}[]<>

ABCDEFGHIJKLMNOPQRSTUVWXYZ
abcdefghijklmnopqrstuvxwyz
1234567890(,;:?!$%&°){}[]<>*

Bildschirmtypografie
Bildschirmtypografie
Bildschirmtypografie
Bildschirmtypografie
Bildschirmtypografie
Bildschirmtypografie
Bildschirmtypografie

Beurteilen Sie die Lesbarkeit dieses Schriftbeispiels. Um Schriften am Bildschirm miteinander vergleichen zu können, müssen Screenshots gemacht werden. Ein Ausdruck des Schriftbeispiels würde gänzlich andere Ergebnisse zeigen, weil die Bildschirm- und die Druckerdarstellung einer Schrift unterschiedlich sind. Achten Sie beim Vergleich auf die Laufweite der Buchstaben, auf die Buchstabenzwischenräume, die Strichstärke und das Graubild der Schrift

Pixelfonts

Mittlerweile gibt es eine große Anzahl an Schriften, die speziell für das grobe Raster eines Monitors entwickelt wurden. Sie werden als Bildschirm- oder Pixelfonts bezeichnet. Pixelfonts gibt es in Größen ab fünf Pixel, die meisten jedoch sind für Schriftgrade zwischen 8 und 12 Pixel optimiert.

Wie bereits erwähnt können Pixelfonts auf Webseiten nicht verwendet werden, da es sich um keine Systemschriften handelt. Eine Möglichkeit ist jedoch, die Schriften als GIF-Dateien abzuspeichern, um sie dann als Grafik einzubinden. Die Datenmenge ist hier-

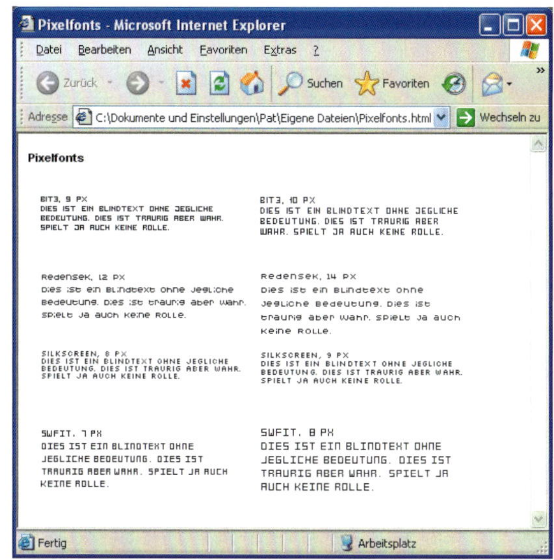

bei gering. Nachteilig ist, dass ein späteres Editieren nicht möglich ist. Aus diesem Grund ist das Verfahren für ständig zu aktualisierende Texte nicht geeignet.

Pixelfonts werden im Internet vielfach kostenlos zum Download zur Verfügung gestellt. Stellvertretend sei auf die Webseite www.pixelfonts.de verwiesen.

Bildschirmtypografie

Für die Typografie am und für den Bildschirm gelten im Wesentlichen die Regeln, die im Typografie-Kapitel aufgestellt und besprochen werden (vgl. Kapitel 1.3).

Da das Lesen am Bildschirm anstrengender ist als auf Papier, sollten Sie die Regeln eher noch schärfer anwenden. Die Checkliste links fasst nochmals die wichtigsten Merkmale für die Verwendung von Schrift zusammen. Beachten Sie auch die Checkliste für Texte in Abschnitt 1.4.5.4.

Checkliste „Bildschirmtypografie"

- Die Zeilenlänge sollte 50 Zeichen pro Zeile nicht überschreiten. Setzen Sie den Text eher zweispaltig.
- Wählen Sie für Fließtext einen Schriftgrad zwischen 10 und 12 Pixel.
- Gliedern Sie Ihre Texte in überschaubare Einheiten oder Blöcke. Leiten Sie einen längeren Text durch einen „Aufmacher" (Teaser) ein.
- Bieten Sie dem Nutzer die Möglichkeit, längere Texte alternativ auszudrucken. Stellen Sie sie ihm hierfür als PDF-Datei oder in einer druckbaren HTML-Version (ohne Farbe) zur Verfügung.
- Achten Sie auf einen ausreichenden, aber nicht zu hohen Kontrast zwischen Schrift- und Hintergrundfarbe (vgl. 1.4.6.4).
- Vermeiden Sie Schriften, die am Bildschirm schlecht lesbar sind. Dies sind beispielsweise feine, kursive, schmale, gebrochene oder geschriebene Schriften.
- Verwenden Sie zur Auszeichnung einen fetten Schnitt oder eine andere Farbe. Kursiv ist schlecht lesbar und Unterstreichungen sind den Links vorbehalten.

1.4.6.6 Navigationselemente

Einer der großen Unterschiede zwischen Print- und Digitalmedien besteht darin, dass digitale Informationen in beliebiger Weise miteinander verknüpft werden können. Der Fachbegriff hierfür lautet Hyperlink (kurz: Link), so dass – sprachlich nicht sonderlich schön – von „verlinkten" Seiten gesprochen wird. Zur Realisation dieser Links gibt es mehrere Möglichkeiten, die im Folgenden zur Sprache kommen sollen:

Textlinks

Die einfachste Möglichkeit der Verlinkung bietet die Verwendung von Text. Ein Textlink ist gemäß HTML-Standard blau und unterstrichen. Aus gestalterischer Sicht wirkt dies nicht besonders ansprechend, so dass Screen-Designer eine an die jeweilige Gestaltung der Seite angepasste Formatierung von **Textlinks** vorziehen.

Der Vorteil von Textlinks ist, dass die anfallende Datenmenge und damit die Ladezeit minimal ist. Internetauftritte, die einen möglichst schnellen Benutzer-

Textlinks

Yahoo begnügt sich mit spartanischen Textlinks. Vorteil: Die Ladezeiten sind minimal!

(Quelle: Yahoo)

Gestaltung einer Buttonleiste

- Achten Sie darauf, dass Ihre Buttonleiste nicht zu groß wird. Es wäre auch beim Fernsehen störend, wenn die Fernbedienung ständig ein Drittel des Bildes verdeckt.
- Vermeiden Sie auch den umgekehrten Fall einer zu kleinen Navigationsleiste. Wenn das Anklicken eines Buttons zur Zielübung wird, ist der Nutzer schnell genervt.
- Achten Sie auf eine klare Trennung von Navigation und Inhalt (Content). Der Nutzer muss diesen wichtigen Unterschied auf den ersten Blick erkennen.
- Beachten Sie die Anzahl an Buttons: Unser Gehirn kann maximal sieben Elemente auf einen Blick erfassen. Wird diese Zahl überschritten, benötigt der Nutzer deutlich länger zur Erfassung des Inhalts.
- Achten Sie darauf, dass die Navigationsleiste unabhängig von der Größe des Browserfensters sichtbar sein muss. Die Navigationselemente bei Webseiten befinden sich deshalb links oder oben. (Bei browserunabhängigen Produkten mit fester Fenstergröße gilt diese Regel nicht!)
- Wählen Sie eine kurze, aber treffende Wortwahl für Ihre Buttons. Beachten Sie, dass bei deutscher Beschriftung Ihre Site auch nur im deutschsprachigen Raum verstanden wird. Internationale Sites müssen eine Sprachauswahl ermöglichen.
- Eine Alternative zur textuellen Beschriftung von Buttons stellt die Verwendung von grafischen Symbole dar. Auch hierbei werden häufig Metaphern verwendet, z.B. ein Briefumschlag für Kontakt, ein „?" für Hilfe. Achten Sie darauf, dass Ihre Symbole selbsterklärend sind, oder blenden Sie zusätzlich einen Text ein, wenn der Button mit der Maus berührt wird.
- Platzieren Sie Ihre Navigationsleiste immer an der gleichen Stelle. Nichts ist schlimmer, als wenn sich der Nutzer jedes Mal neu orientieren muss.
- Achten Sie auf die Datenmenge, sie bestimmt letztlich die Ladezeit.

zugriff wünschen, verwenden zur Navigation ausschließlich Textlinks. Beispiele hierfür sind die Webseiten von eBay oder Google.

Bei der Formulierung von Textlinks ist auf eine sinnvolle und logische Wortwahl zu achten. Vergleichen Sie hierzu Abschnitt 6.1.7.1.

Buttons

An allen Geräten unseres täglichen Gebrauchs, vom Fernseher bis zum Küchenherd, befinden sich Bedienelemente wie Taster, Schalter und Regler. Ihre Bedienung ist uns bestens vertraut.

Es liegt also nahe, bei der Erstellung einer Bedienoberfläche für eine Software auf Bekanntes zurückzugreifen, um dem Nutzer damit die Bedienung zu erleichtern. Buttons sind nichts anderes als die zeichnerische Nachbildung eines Tasters oder eines Schalters. Der bekannten Funktion eines alltäglichen Gegenstandes wird hierbei eine neue Bedeutung zugewiesen. Man spricht von einer Metapher (vgl. Abschnitt 1.4.6.7).

Wie bei einer Fernbedienung für den Fernseher werden Buttons dazu verwendet, das „Programm" zu wechseln. Soll der Benutzer auswählen können, müssen mehrere Buttons angeboten werden. Diese ergeben eine Button- oder Navigationsleiste. Die Buttons sollten sich bei Betätigung verändern, so dass der Nutzer erkennt, welchen Button er angeklickt hat.

Weitere Regeln, die beim Entwurf einer Buttonleiste zu beachten sind, finden Sie in der Tabelle.

Menü

Größere Webseiten oder multimediale CD-ROMs bestehen aus sehr vielen Unterseiten. Zur Navigation werden entsprechend viele Buttons benötigt, die viel Platz beanspruchen und nicht gerade benutzerfreundlich sind.

Abhilfe kann in diesem Fall durch eine Menüführung geschaffen werden. Die Bedienung dieser – zumeist horizontalen – Leisten ist allen Computernutzern vertraut, da sich alle Programme dieser Technik bedienen. Die Übertragung auf Multimedia-Produkte ist deshalb problemlos möglich. Ein Argument gegen die Verwendung von

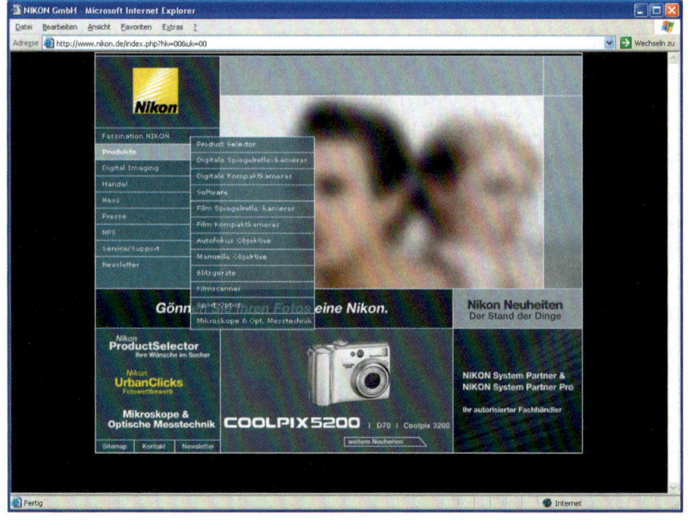

Menü

Durch Menüs gelingt es Nikon, viele Unterpunkte auf wenig Fläche zu präsentieren. Die insgesamt sehr ansprechende Site wurde mit Flash realisiert.

(Quelle: Nikon)

Slices

Der Photoshop-Screenshot zeigt die Aufteilung einer Grafik in 17 Slices. Jedem Slice kann eine eigene Zieladresse (URL) zugeordnet werden.

Menüs könnte sein, dass ein Menü mit HTML nicht realisierbar ist. Menüs müssen entweder mittels Skriptsprache programmiert oder mit einer Zusatzsoftware wie Flash erstellt werden. Da viele Nutzer aus Sicherheitsgründen die Ausführung von Skripten nicht zulassen und auch kein Flash-Plug-in verwenden, funktioniert bei dieser Gruppe die Menüsteuerung nicht. Wer also möglichst viele Menschen mit seinem Internetauftritt erreichen will, wird auf eine Menüsteuerung verzichten.

Slices

Die Slices-Technologie ermöglicht die Erstellung einer Navigationsleiste mit Hilfe eines Bildverarbeitungsprogramms, ohne dass HTML-Kenntnisse erforderlich sind. Dies ist insbesondere für Grafik-Designer interessant, die sich eher um Gestaltung als um die dahinter verborgene Technik kümmern möchten.

Ein Bild oder eine Grafik wird bei dieser Vorgehensweise in Einzelteile (slice, engl.: Stück, Teil) zerlegt. Hierbei ist darauf zu achten, dass jeder Bildteil, der zur Schaltfläche werden soll, als Slice vorliegt und eine Zieladresse zugeordnet bekommt. Die Software setzt das derart zerlegte Bild in eine HTML-Tabelle um – fertig!

Programme, die zusätzliche Features für Web-Designer enthalten, gestatten es, die Slices mit einer so genannten Rollover- oder Mouseover-Funktionalität zu versehen. Dies bedeutet, dass sich die Schaltfläche verändert, wenn sie mit der Maus berührt oder angeklickt wird. Beachten Sie jedoch, dass hierzu CSS oder ein JavaScript benötigt wird. Lässt der Nutzer die Ausführung von JavaScript nicht zu, wird der gewünschte Effekt nicht funktionieren.

Um die Erstellung von Mouseover-Effekten ohne JavaScript-Kenntnisse zu realisieren, bietet sich für Photoshop-User die Verwendung der Software ImageReady an, da dieses Programm zusammen mit Photoshop ausgeliefert und installiert wird.

Imagemap

Ein Nachteil von Slices ist, dass diese immer rechteckig sein müssen. Wer seine Webseite mit runden oder beliebig geformten Schaltflächen versehen möchte, muss deshalb auf Imagemaps zurückgreifen (vgl. Abschnitt 2.5.8.3).

Eine Imagemap lässt sich ebenfalls mit ImageReady oder einem ähnlichen Programm erstellen. Im Unterschied zu Slices wird bei der Berechnung der HTML-Seite das Bild nicht zerschnitten. Im HTML-Code werden lediglich die Koordinaten der gewünschten Schaltflächen abgespeichert. Ein JavaScript ist hierfür nicht nötig. Beachten Sie aber, dass die Ladezeit des Gesamtbildes in der Regel höher ist, als wenn es in kleineren Einheiten geladen wird.

1.4.6.7 Icons und Metaphern

„Ein Bild sagt mehr als 1000 Worte." Der Satz wurde so häufig zitiert, dass in keiner mehr hören kann. Dennoch bestätigen Untersuchungen, dass sich unsere Gesellschaft immer stärker am „Visuellen" orientiert, Informationen also zunehmend über Bilder statt über Texte aufgenommen werden. Vor allem die jüngere Generation bevorzugt Fernseher und Computer gegenüber Buch und Zeitung.

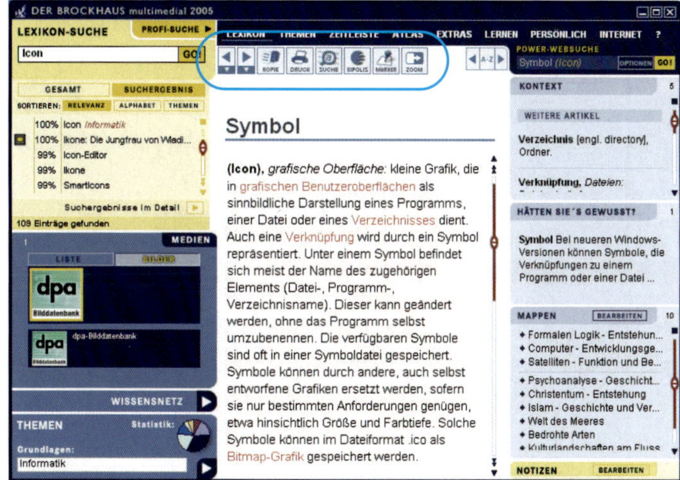

Icons

Die Navigation wird durch Icons unterstützt. (Der Screenshot zeigt auch die lexikalische Definition des Begriffes „Icon".)

(Quelle: Brockhaus)

Icons

Mit der Entwicklung der grafischen Benutzeroberfläche der Betriebssysteme begann die Nutzung digitaler Bilder und Grafiken am Computer. Der Trend bei Betriebssystemen geht heute eindeutig in die Richtung, textuelle Informationen durch farbige, grafische Elemente, so genannte Icons, zu ersetzen. Ihre Aufgabe besteht darin, die Bedienung der Software zu erleichtern.

Wie Sie der Lexikondefinition im „Brockhaus multimedial" entnehmen, ist ein Icon eine stark verkleinerte grafische Darstellung (vgl. Screenshot oben). Dabei kann es sich um die stilisierte Abbildung realer Objekte (z.B. Drucker, CD-ROM, Festplatte) oder um frei gestaltete Grafiken (z.B. Programm-Icons) handeln.

Die Verwendung von Icons kann auch auf Webseiten oder in multimedialen Produkten sinnvoll sein: Erklärtes Ziel ist hierbei, die Navigation durch das Produkt selbsterklärend und damit intuitiv erlernbar zu machen. Die Verwendung grafischer Elemente bietet hierbei eine Reihe von Vorteilen:

- Ihre Bedeutung bzw. Funktion ist schneller erfassbar als mit Text.
- Grafische Elemente sind unabhängig von der Landessprache und damit international verständlich.
- Grafische Elemente werden auch von Personengruppen erfasst, die des Lesens nicht mächtig sind, z.B. Kinder oder Analphabeten.
- Der Umgang mit grafischen Elementen ist jedem Computernutzer seit der Einführung grafischer Oberflächen bestens vertraut.

Trotz unbestreitbarer Vorteile birgt die Verwendung grafischer Elemente auch eine Reihe von Gefahren:

- Ist die metaphorische Bedeutung der Grafik nicht bekannt oder unklar, wird die Benutzung des Buttons zum Ratespiel.
- Die symbolische Bedeutung einer Grafik kann sich international durchaus unterscheiden. Bestes Beispiel ist der Rechts-Pfeil: In unserem Kulturraum wird dieser – bedingt durch die Leserichtung von links nach rechts – als „weiter" oder „vorwärts" interpretiert. In arabischen Ländern mit umgekehrter Leserichtung hat der Rechts-Pfeil die Bedeutung „zurück" oder „rückwärts".

Fotorealistische Icons bei Mac OS X

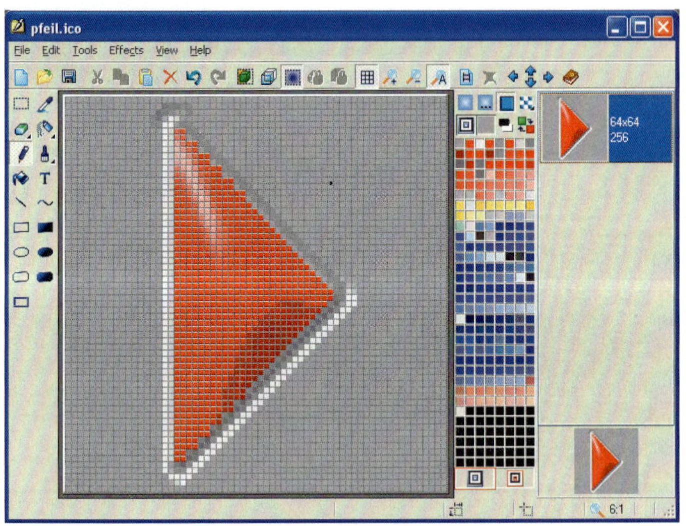

Icon-Design

Die Shareware Icon-XP ermöglicht die komfortable Erstellung von Icons.

(Quelle: www.aha-soft.com)

Die Erstellung eines Icons kann prinzipiell mit jedem Bildbearbeitungsprogramm erfolgen. Einfacher ist es, eine Software zu verwenden, die spezielle Funktionen für das Icon-Design anbietet, z.B. eine Vorschau des Icons in Originalgröße oder ein Pixelraster. Derartige Programme stehen im Internet zahlreich zur Verfügung, meistens als Free- oder Shareware. Achten Sie bei der Auswahl darauf, dass ein Export der Icons (Endung: .ico) als GIF-Datei möglich sein muss!

Metaphern

Die Grundidee aller grafischen Benutzeroberflächen besteht darin, den Bildschirm als virtuellen Schreibtisch zu betrachten, daher ja auch der Begriff „Desktop Publishing". Der Begriff „Schreibtisch" erhält am Computer eine neue Bedeutung oder besser gesagt: Die Bedeutung des Begriffes „Schreibtisch" wird auf den Computer übertragen. Eine derartige Übertragung der Bedeutung eines Begriffes wird als Metapher bezeichnet.

Nach Einführung der Schreibtisch-Metapher ist es ein Leichtes, weitere Metaphern zu finden, z.B.:

- Papierkorb zum „Wegwerfen" von nicht mehr benötigten Daten (nicht ganz logisch, weil ein Papierkorb selten *auf* einem Schreibtisch steht ;-)
- Aktenordner als Sammelmappen für Dokumente
- Blätter mit „Eselsohren" als Metapher für Dateien.

Metaphern bei Mac OS X

Wir haben uns an diese Bild-Metaphern bereits so sehr gewöhnt, dass sie uns nicht mehr auffallen.

Der intuitive Umgang mit Metaphern kann und sollte sich der Screen-Designer zunutze machen: Denn auch im Bereich der digitalen Medienproduktion sind längst Bild-Metaphern eingeführt, die keiner weiteren Erklärung mehr bedürfen. Testen Sie dies selbst, indem Sie die Buttonleiste des Internet Explorers betrachten (unten) und alle Ihnen bekannten Buttonfunktionen benennen! Vermutlich kennen Sie die Bedeutung sämtlicher Buttons, so dass die Bedienung des Browsers zügig und unbewusst ohne Nachdenken erfolgen kann.

Metaphern des Internet Explorers

1.4.7 Barrierefreies Web-Design

1.4.7.1 Begriffsdefinition

Eine „Barriere" ist laut Duden eine Schranke oder Sperre, die den ungehinderten Zugang zu einem bestimmten Ort oder einer Sache verhindert.

Im Kontext dieses Kapitels verhindern „Barrieren" den *un*behinderten Zugang ins Internet für behinderte Menschen. Dies sind

- blinde Menschen, die einen so genannten Screen-Reader benötigen, der den Seiteninhalt in eine Braille-Zeile (in Blindenschrift) umsetzt oder vorliest;
- Menschen mit Sehbehinderung, die Lesehilfen benötigen, z.B. eine starke Vergrößerung des Textes;
- Farbenfehlsichtige oder -blinde, die kontrastreiche, farbfreie Texte benötigen;
- Menschen mit motorischen Einschränkungen, denen z.B. die Bedienung einer Maus nicht möglich ist.

Barrierefreie Webseiten müssen derart konzipiert und gestaltet werden, dass Menschen mit oben genannten Behinderungen ein Zugang ermöglicht wird. Dabei genügt es nicht, einige „kosmetische" Änderungen des Internetauftritts vorzunehmen.

Barrierefreies Web-Design beginnt bei der Konzeption einer Site, beispielsweise durch konsequente Trennung von Inhalt (Content) und Struktur (Design). Auf lieb gewonnene Techniken, wie das Layouten mit unsichtbaren Tabellen, muss ebenso verzichtet werden wie auf Frames oder JavaScript. Falsch ist hingegen die Annahme, dass barrierefreie Webseiten keinerlei Bilder enthalten dürfen. Die Kombination von Text und Bild ist gerade beim Medium „Internet" unerlässlich. Sehbehinderten oder blinden Menschen müssen die Bildinformationen jedoch in Form eines kurzen Textes zur Verfügung gestellt werden.

Barrierefreies Web-Design

Die Webseite bietet umfassende Informationen zum Thema.

(Quelle: www.barrierefreies-webdesign.de)

1.4.7.2 Barrierefreie Informationstechnik-Verordnung (BITV)

Die weitgehende Gleichstellung von behinderten Menschen ist eine Aufgabe, der sich der Gesetzgeber angenommen hat. So existiert bereits seit Juli 2002 ein Gesetz mit dem Titel „Barrierefreie Informationstechnik-Verordnung", kurz BITV. Dieses regelt in vierzehn Punkten, was unter „Barrierefreiheit" zu verstehen ist (siehe Kasten). Für Internetauftritte von Behörden und anderen öffentlichen Einrichtungen ist das Gesetz bindend – ihre Webseiten müssen ab dem Stichtag 01.01.2006 „barrierefrei" sein, andernfalls drohen Strafen.

Die Vorlage für die BITV kommt – wie so vieles im Bereich Internet – vom amerikanischen W3C-Internetkonsortium und trägt die Bezeichnung „Web Content Accessibility Guidelines", kurz WCAG. Derzeit wird an einer Erweiterung (Version 2.0) gearbeitet, die neben HTML auch andere Web-Technologien, wie zum Beispiel Flash, einbeziehen soll. Eine Veröffentlichung wird nicht vor 2006 erwartet.

Web-Designer kommen also um das Thema „Barrierefreiheit" nicht mehr herum, es sei denn, sie können sich den Luxus leisten, auf öffentliche Aufträge gegebenenfalls zu verzichten …

BITV im Überblick

1. Für Bilder, Sounds und Videos müssen äquivalente Alternativen zur Verfügung gestellt werden, z.B. Alternativtexte für Grafiken, Untertitel bei Sound und Video.
2. Texte, Bilder und Grafiken müssen für Fehlsichtige deutlich – auch ohne Farben – erkennbar sein.
3. HTML und CSS sind gemäß ihrer Spezifikation zu verwenden: HTML dient hierbei zur formalen Beschreibung der Inhalte, CSS zur Gestaltung und Formatierung der Seiten.
4. Sprachliche Besonderheiten wie Abkürzungen oder Sprachwechsel müssen kenntlich gemacht werden.
5. Tabellen dürfen nur zur Darstellung tabellarischer Daten verwendet werden, nicht zum Layouten der Seiten.
6. Internetangebote müssen weitgehend browserunabhängig nutzbar sein, also ohne Plug-ins, JavaScript, Applets usw.
7. „Zeitgesteuerte" Inhalte müssen durch den Nutzer kontrollierbar sein. Automatische Aktualisierung, Weiterleitung u.Ä. darf nicht erfolgen.
8. Der Zugriff auf Benutzerschnittstellen, z.B. zur Datenbankanbindung, muss behindertengerecht möglich sein.
9. Der gesamte Funktionsumfang eines Internetauftritts muss unabhängig vom Ein- oder Ausgabegerät genutzt werden können, z.B. durch Navigation per Tastatur statt mit der Maus.
10. Das Internetangebot muss auch mit älterer Software nutzbar sein, z.B. durch Verzicht auf Funktionen, die nur die neuesten Browserversionen beherrschen.
11. Alle zur Erstellung der Webseite verwendeten Technologien müssen vollständig dokumentiert sein.
12. Dem Nutzer müssen Orientierungshilfen zur Verfügung gestellt werden.
13. Die Navigation muss übersichtlich und nachvollziehbar sein, z.B. durch Angabe der Hyperlink-Ziele, Sitemaps, Suchfunktionen.
14. Für das erleichterte Verständnis der Inhalte müssen geeignete Maßnahmen getroffen werden, z.B. durch Verwendung einer einfachen, klaren Sprache.

1.4.7.3 Webseiten ohne Barrieren

Wer barrierefreie Webseiten erstellen will, muss sich in die Lage derer versetzen, für die Barrieren bestehen. Zwei einfache Maßnahmen vermitteln Ihnen einen ersten guten Eindruck:

- Deaktivieren Sie die Anzeige von Grafiken in Ihrem Browser. (Diese Option bieten sämtliche Web-Browser!)
- Versuchen Sie, die Webseite „mausfrei" ausschließlich mit der Tastatur zu steuern.

Vermutlich wird es Ihnen ergehen wie dem Autor dieses Kapitels: Viele der getesteten Webseiten sind entweder unbrauchbar oder aber äußerst mühsam zu bedienen. Dabei haben wir den großen Vorteil, dass wir den Inhalt der Seite *sehen.*

Ein Blinder oder stark sehbehinderter Mensch ist darauf angewiesen, dass ihm der Inhalt einer Webseite durch einen Screen-Reader vorgelesen oder zeilenweise in Blindenschrift (Braille-Zeile) umgesetzt wird. Die dargestellte Seite könnte durch einen Screen-Reader folgendermaßen interpretiert werden:

> Seite hat zwei Links Titel Barrierefreies Web Bindestrich Design Bindestrich Mozilla Firefox Ist diese Seite barrierefrei Fragezeichen Die Tabelle zeigt mögliche Barrieren einer Webseite Doppelpunkt Tabelle mit zwei Spalten und vier Reihen Layout Bindestrich Tabellen Layout Bindestrich Tabellen sind durch Screen Bindestrich Reader nicht interpretierbar. Bilder Schrägstrich Grafiken Abkürzungen Abkürzungen kann ein Screen Bindestrich Reader nicht auflösen, z.B. WWW Buttonleiste Link Grafik buttoneins.gif Link Grafik buttonzwei.gif Tabellenende

Das Beispiel illustriert die Problembereiche der Webseite:

- Der Gliederung des Textes ist nicht erkennbar, weil weder die Überschrift noch die sonstigen Texte ausgezeichnet sind.
- Bildinformationen gehen komplett verloren.
- Die vielen Zusatzinformationen (blau hinterlegt) unterbrechen den Lesefluss.
- Die für das Layout verwendete Tabelle hat für den Nutzer keinerlei Funktion, da sie die Information nicht nachvollziehbar gliedert.

Screen-Reader

Screen-Reader lesen die Inhalte von HTML-Seiten vor oder setzen sie in eine Blindenschrift um.

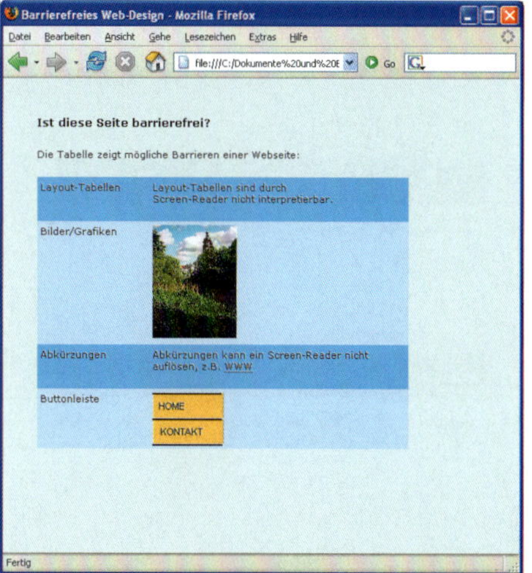

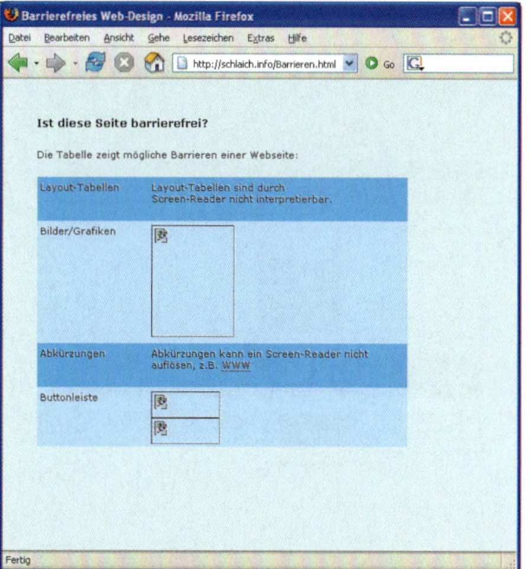

Barrieren

Ohne Bilder sind viele Webseiten nicht mehr brauchbar, insbesondere, wenn sie grafische Navigationselemente (Buttons) enthalten.

- Abkürzungen werden nicht korrekt vorgelesen, im Beispiel ein langes W.
- Die Namensgebung der Button-Dateien bietet dem Nutzer keine Information über deren Funktion.
- Die Bedienung von Buttons mittels Tastatur ist äußerst schwierig, da ein Blinder nicht weiß, auf welchem Button er sich aktuell befindet.

Im Folgenden kommen Maßnahmen zur Sprache, um die Barrieren zu entfernen:

Semantische Gliederung

Eine barrierefreie Webseite verwendet HTML-Tags um die *Bedeutung* (Semantik) der Seitenelemente zu beschreiben: Überschriften, Absätze, Listen, Hyperlinks. Tabellen dürfen nur dann verwendet werden, wenn sie zur tabellarischen Darstellung von Informationen benötigt werden. Das beliebte Layouten mit unsichtbaren Tabellen ist verboten!

Die Formatierung und Gestaltung der Seite erfolgt nicht mit HTML, sondern konsequent mit Stylesheets (CSS). Für Screen-Reader spielt diese Formatierung keine Rolle, wohl aber für Menschen, die eingeschränkt sehen können. Für diese Gruppe ist darauf zu achten, dass die Schrift einen ausreichend hohen Kontrast zum Hintergrund bietet. Außerdem sollten alle Angaben über Schriftgrößen nicht absolut in pt oder px, sondern relativ in em angegeben werden. Hierdurch ergibt sich für Sehbehinderte die Möglichkeit, den dargestellten Schriftgrad in den Browsereinstellungen zu erhöhen.

Texte

Die Texte einer behindertengerechten Webseite sind so zu verfassen, dass das Vorlesen einen möglichst sinnvollen Text ergibt. Im Text auf der vorigen Seite stört die Wiederholung der Worte „Layout-Tabellen“ und „Abkürzungen“. Auch Sonder- und Satzzeichen müssen durch Screen-Reader umgesetzt werden und stören den Textfluss.

Bilder/Grafiken

Beim Einbinden eines Bildes oder einer Grafik ermöglicht das <img>-Tag die Angabe eines Alternativtextes, z.B.: <img src="hamburg.jpg" alt="Bild vom Hamburger Michel" />

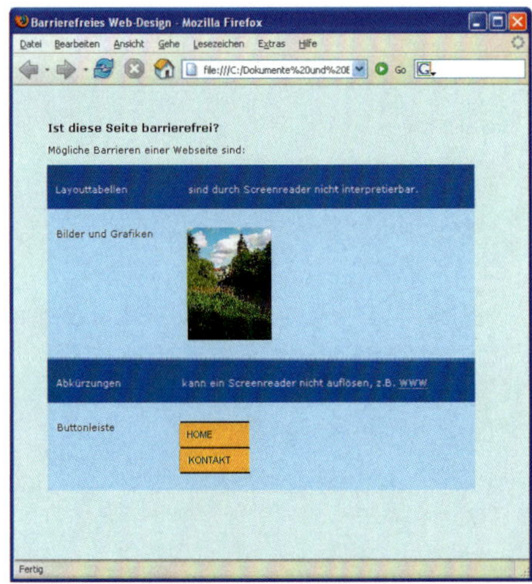

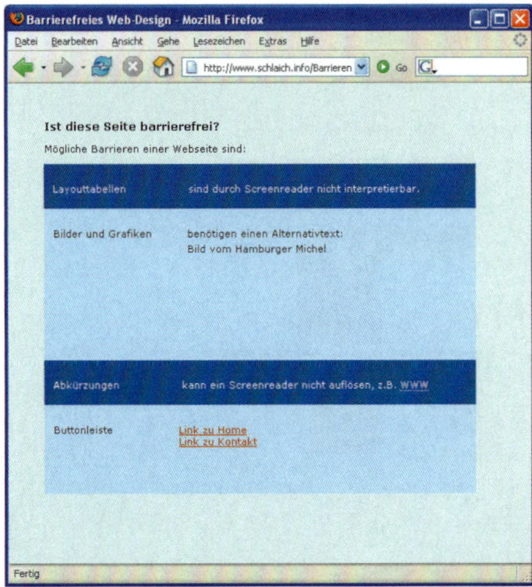

Barrierefrei

Tabellenfreie Überarbeitung der Seite mit Hilfe von CSS. Durch die Alternativtexte der Bilder und Buttons kann die Webseite auch verwendet werden, wenn die Bildanzeige deaktiviert ist (rechts).

Der Text wird angezeigt, falls die Seite ohne Bilder betrachtet wird. Außerdem wird er durch einen Screen-Reader vorgelesen. Er sollte kurz und prägnant die wesentliche Bildaussage beschreiben. Bei Buttons muss aus dem Alternativtext die Funktion des Buttons zu entnehmen sein.

Tabellen
Wie bereits erwähnt stellen Layouttabellen eine der größten Barrieren auf Webseiten dar, insbesondere, wenn sie auch noch ineinander verschachtelt sind. Auch wenn es etwas gewöhnungsbedürftig ist: Layouten funktioniert auch ohne Tabellen mit Hilfe von Stylesheets (CSS).

Das Layout der links dargestellten Webseite ähnelt stark der Version mit Tabelle auf der vorigen Doppelseite, wurde aber ausschließlich mittels CSS erstellt. Statt Tabellenreihen und -spalten wird das ansonsten funktionslose <div>-Tag verwendet. Diesem können beliebige Style-Eigenschaften wie Höhe, Breite, Randbreite, Farbe zugeordnet werden.

Abkürzungen
Abkürzungen werden durch Screen-Reader nur korrekt umgesetzt, wenn sie als solche kenntlich gemacht werden. HTML stellt hierfür das <acronym>-Tag zur Verfügung:
<acronym title="World Wide Web">
WWW</acronym>

Hyperlinks
Da Blinde oder stark sehbehinderte Menschen die Navigationselemente einer Site nicht sehen können, ist ihnen die Bedienung mit Hilfe der Maus nicht möglich und sie sind auf die Tastatur angewiesen. Die Navigation von Button zu Button ist standardmäßig mit der Tabulator-Taste möglich. Wer nichts sieht muss darüber hinaus aber auch noch wissen, auf welchem Button er sich gerade befindet. HTML stellt hierfür im <a>-Tag zwei Eigenschaften zur Verfügung:
<a href="index.html" tabindex="1" accesskey="1">HOME</a>
Mit „tabindex" lässt sich die Reihenfolge festlegen, in der die Links durch Betätigen der Tab-Taste angesteuert werden. „accesskey" ermöglicht die Zuordnung einer Alt-Tastenkombination zur Aktivierung des Buttons. Im Beispiel entspricht Alt + 1 dem Anklicken des Buttons.

Zusammenfassung
Das Beispiel zeigt, dass sich eine barrierefreie Webseite optisch nicht von einer Site unterscheiden muss, die zahlreiche Hürden für behinderte Menschen enthält. „Barrierefreiheit" beginnt bei der Konzeption der Site (Navigation, Texte, Bildauswahl) und endet bei deren Umsetzung mit HTML-Tags zur semantischen Beschreibung des Seiteninhalts und CSS zur tabellenfreien Gestaltung.

Die Ausgabe der jetzt barrierefreien Seite durch einen Screen-Reader könnte wie folgt lauten:

Seite hat zwei Links Titel Barrierefreies Web Bindestrich Design Bindestrich Mozilla Firefox Überschrift Größe 2 Ist diese Seite barrierefrei Fragezeichen Absatz Mögliche Barrieren einer Webseite sind Doppelpunkt Absatz Layouttabellen sind durch Screenreader nicht interpretierbar. Absatz Bilder und Grafiken benötigen einen Alternativtext Doppelpunkt Bild vom Hamburger Michel Absatz Abkürzungen kann ein Screenreader nicht auflösen, z.B. World Wide Web Absatz Buttonleiste Link Grafik Link zu Home alt plus 1 Link Grafik Link zu Kontakt alt plus 2

Screen-Reader

Vergleichen Sie den Text der barrierefreien Webseite mit dem Text auf der vorherigen Doppelseite.

1.4.8 Aufgaben „Interface-Design“

Aufgabe 1.4.8.1
Multimediale Produkte konzipieren

Zählen Sie acht Tätigkeiten auf, die zur Konzeption und Planung eines multimedialen Produktes gehören.

Aufgabe 1.4.8.2
Webseiten konzipieren

Zählen Sie fünf wesentliche Aspekte auf, die die „Usability“ einer Webseite verbessern.

Aufgabe 1.4.8.3
Zielgruppengerecht gestalten

Nennen Sie fünf Anforderungen an eine Webseite für Kinder im Alter von 6 bis 10 Jahren.

Aufgabe 1.4.8.4
Navigationsstruktur entwerfen

Für einen Sportverein soll ein Internetauftritt mit fünfzehn Screens (siehe unten) erstellt werden.

Entwerfen Sie eine Navigationsstruktur.

Aufgabe 1.4.8.5
Navigationsstrukturen unterscheiden

Zählen Sie drei Argumente auf, die für die Verwendung einer Baumstruktur im Vergleich zur linearen bzw. vernetzten Struktur sprechen.

Aufgabe 1.4.8.6
Navigationshilfen realisieren

Zählen Sie drei Möglichkeiten auf, um den Nutzer bei der Navigation zu unterstützen.

Aufgabe 1.4.8.7
Interaktive Webseiten realisieren

a. Definieren Sie den Begriff „Interaktivität“.
b. Nennen Sie drei Möglichkeiten der Interaktivität auf einer Webseite.

Aufgabe 1.4.8.8
Texte auf Webseiten verwenden

„Lesen am Bildschirm ist anstrengend und ermüdend.“

Formulieren Sie fünf Konsequenzen für die Umsetzung von Text auf einer Webseite.

Aufgabe 1.4.8.9
Sounds auf Webseiten verwenden

a. Wie muss ein Sound aufbereitet werden, damit er trotz unbekannter Verweildauer des Nutzers auf der Webseite nicht zu früh endet?
b. Welche Dateiformate eignen sich für die Verwendung von Sound?

Aufgabe 1.4.8.10
Videos auf Webseiten verwenden

Aus welchem Grund spielt der Einsatz von Video im Internet derzeit eine (noch) untergeordnete Rolle?

Aufgabe 1.4.8.11
Format für das Screen-Design wählen

a. Weshalb ist die nutzbare Fläche für das Screen-Design einer Webseite kleiner als das Monitorformat?
b. Wo sollten wichtige Seitenelemente bevorzugt platziert werden? (Mit Begründung)

Aufgabe 1.4.8.12
Schriften wählen

a. Weshalb eignen sich die meisten Druckschriften nicht für die Verwendung in Digitalmedien?
b. Weshalb muss für den Fließtext einer Webseite eine Systemschrift verwendet werden?
c. Nennen Sie drei Systemschriften, die unter Mac OS und Windows vorhanden sind.
d. Welche Möglichkeit gibt es, wenn eine Schrift verwendet werden soll, die *keine* Systemschrift ist?

Aufgabe 1.4.8.13
Bild-Metaphern finden

a. Erklären Sie den Begriff „Bild-Metapher“ anhand eines Beispiels.
b. Skizzieren Sie eine Bild-Metapher für die Buttons
   - Hilfe
   - Anfahrt

Aufgabe 1.4.8.14
Barrierefreie Webseiten erstellen

Nennen Sie fünf Anforderungen an eine barrierefreie Webseite.

Aufgabe 1.4.8.15
Gestaltungsraster ermitteln

Ermitteln Sie das Gestaltungsraster der Webseite von Alfa Romeo, indem Sie folgende Bereiche zuordnen:

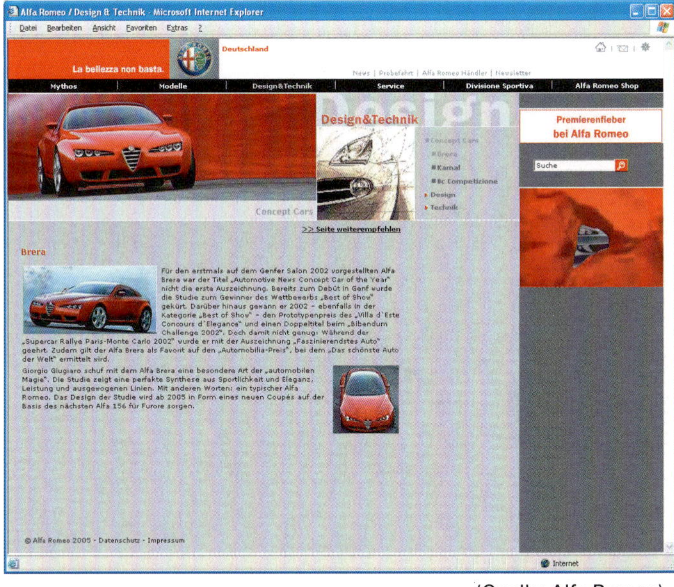

(Quelle: Alfa Romeo)

- Firmenlogo und Slogan
- Inhaltsbereich Bild
- Inhaltsbereich Text/Bild
- Hauptnavigation
- Hilfsnavigation
- Unternavigation
- Bereich für Werbung

1.5 Bild- und Filmgestaltung

1.5.1 Bildsprache

Ein Bild sagt mehr als 1000 Worte.

Was sagt Ihnen dieses Bild? Die Bedeutung eines Bildes lässt sich nicht einfach in einem Bildsprachenbuch nachschauen. Die Buchstaben und Zeichen einer Schrift sind definiert. In ihrer Kombination ergeben sich Wörter, z.B. Fliegenpilz, Herbst, giftig oder Wald, deren Bedeutung Sie in Wörterbüchern nachlesen können. Im Gegensatz zur verbalen Sprache gibt es für die Bildsprache keine Wörterbücher. Die Einzelteile eines Bildes, wie Rasterpunkte, Pixel oder Bildpunkte auf einem Monitor, sind nicht codiert. Die Teile bilden in der Gesamtheit das Bild. Seine Bedeutung ist dadurch aber nicht bestimmt. Das Bild lässt zahllose unterschiedliche Interpretationen zu.

1.5.1.1 Bildsymbole

Die Bedeutung von Bildsymbolen oder Bildzeichen ist eindeutig bestimmt. Ihre Bedeutung muss allerdings gelernt werden wie die Vokabeln einer verbalen Sprache.

1.5.1.2 Fotografie

„Jede Fotografie ist eine Übersetzung der Wirklichkeit in die Form eines Bildes. Und ähnlich wie eine Übersetzung von einer Sprache in die andere kann die visuelle Übersetzung der Wirklichkeit in die »Bildsprache« der Fotografie auf zwei grundlegend verschiedene Arten vorgenommen werden: buchstäblich und frei."

Andreas Feininger:
Große Fotolehre,
Heyne Verlag 2001
S. 260

buchstäblich

Werbung für ein Tennisturnier mit dem Bild eines Tennisspielers. Der Betrachter sieht sofort: Hier geht es um Tennis, nicht um Fußball.

und frei

Das Bild der jungen Frau symbolisiert Freiheit und Lebensfreude, Emotionen, die der Kunde auch mit dem Produkt Mobilfunk „sunrise" verbinden soll.

1.5.2 Standort – Wahrnehmungsfeld

Ein Bild zeigt immer nur einen Ausschnitt der Wirklichkeit. Sie legen bei der fotografischen oder filmischen Aufnahme durch Ihren Standort und den gewählten Bildausschnitt das Wahrnehmungsfeld des Bildbetrachters fest

Bilder einer Landschaft

Entlang des Skulpturenpfads von Aidlingen im Kreis Böblingen sind verschiedene Tore aufgestellt. Der Blick durchs Tor bietet jeweils einen anderen Fokus.

1.5.3 Bildausschnitt

Die erste gestalterische Entscheidung fällt vor bzw. während der Aufnahme. Häufig bekommen Sie aber in der Mediengestaltung Bilder geliefert, die nicht im vollen Format verwendet werden. Dies kann die Ursache z.B. im Gestaltungsraster haben. Es ist aber auch möglich, die Bildaussage durch einen veränderten Auschnitt oder eine geänderte Formatlage zu verändern. Voraussetzung ist dabei immer, dass der neue Bildausschnitt genügend Pixel beinhaltet, um eine technisch einwandfreie Verarbeitung zu gewährleisten.

Das ursprüngliche Seitenverhältnis wurde verändert. Das extreme Querformat reduziert die Bildaussage auf die Brücke. Der großzügige Bildaufbau mit Blick in die Ferne auf den Gebirgszug geht verloren.
Der rechte Bildausschnitt ergibt ein Hochformat. Auch hier steht die Brücke stärker im Mittelpunkt als im Originalbild. Durch das Fehlen des rechten Ufers im Bild wird beim Betrachter Spannung aufgebaut. Dadurch wird die Dominanz des Baumes in der rechten Bildhälfte ausgeglichen. Die Einordnung im Umfeld bleibt erhalten.

1.5.4 Linien führen das Auge

Sichtbare oder imaginäre Linien führen den Betrachter durch das Bild. Die Linienführung folgt dabei den allgemeinen Wahrnehmungsregeln. Schräg verlaufende Linien wirken dynamischer als waagerechte oder senkrechte Linien.

Der Betrachter sieht nach dem „Betreten" des Bildes das Hauptmotiv, er wird dann durch das Bild geleitet und kehrt schließlich zum Hauptmotiv zurück.

1.5.5 Bildperspektive

Die Bildperspektive beschreibt den Blickwinkel des Fotografen auf das Motiv. Perspektivwechsel verändern den Blick des Betrachters auf das Motiv und beeinflussen dadurch die Bildaussage. Die Bildperspektive ist damit ein sehr wirkungsvolles Element der Bildgestaltung.

1.5.6 Bildkomposition – Bildwirkung

Die linke Lok nähert sich und die rechte Lok fährt wieder weg?

Häufig wird in Bildern die Bewegungsrichtung von links nach rechts gelesen – aber natürlich fahren Züge nicht nur in eine Richtung.

Oben und unten

Wir verbinden mit oben Himmel, Helligkeit, Licht, Leichtigkeit ... Unten assoziieren wir mit Erde, Statik, Geborgenheit ...

Bilder, die von diesen allgemeinen Erwartungen abweichen, wirken irritierend oder gar bedrohlich.

Links und rechts

In unserem Kulturkreis lesen wir von links nach rechts. Unser Blick fällt deshalb meist zuerst auf die linke Bildhälfte. Bei den Nachrichten sitzt der Nachrichtensprecher rechts im Bild. In der linken Bildhälfte werden die aktuellen Einspielungen gezeigt.

Die Symbolik der beiden Bildhälften ist aber weniger zu verallgemeinern als die Oben-Unten-Symbolik.

Visuelles Gewicht

Der für die Bildaussage wichtige Bildbereich muss ein optisch stärkeres Gewicht als das übrige Bild haben. Sie erreichen dies durch besondere Eigenschaften des Bildteils. Er ist z.B. heller, bunter, größer, schärfer, harmonisch oder spannungsreich positioniert ...

Tiefenwirkung

Schräge Linien führen den Blick in die Tiefen des Bildes. Bilder mit überwiegend waagerechter und senkrechter Ausrichtung wirken flach und zweidimensional.

Vordergrundmotive, Durchblicke oder Rahmen geben dem Bild ebenfalls Tiefenwirkung.

1.5.7 Beleuchtung

Fotografieren heißt mit Licht schreiben, mit Licht zeichnen. Licht ist also absolut notwendig, damit sich das Motiv auf dem Film oder dem Chip in der Kamera abbildet. Ohne Licht sieht Ihre Kamera nichts. Neben den grundlegenden geometrischen Gestaltungsmitteln wie Bildausschnitt und Bildperspektive ist die Beleuchtung damit ein wichtiger Aspekt gelungener Bildgestaltung.

1.5.7.1 Art der Beleuchtung

Natürliches Licht

Bei allen Außenaufnahmen haben wir natürliches Licht. Die Sonne ist die wichtigste und schönste natürliche Lichtquelle. Das Sonnenlicht ist aber nicht immer gleich. Im Tagesverlauf verändert sich die Position der Sonne, die Helligkeit, die Farbigkeit des Lichts, denken Sie an das warme Licht des Morgen- oder des Abendrots.

Künstliches Licht

Bei Aufnahmen von Innenräumen ist fast immer künstliches Licht zur Beleuchtung notwendig. Man spricht dabei oft nicht von Beleuchtung, sondern von Ausleuchtung. Ausleuchtung bedeutet, dass Sie das Motiv mit verschiedenen Lichtquellen und Aufhellern optimal beleuchten. Es stehen dazu eine ganze Reihe von Lichtquellen zur Verfügung. Dauerlicht für Videoaufnahmen, Dauerlicht oder Blitzlicht in der Fotografie. Wir unterscheiden bei den Lichtarten grundsätzlich zwischen Flächenlicht und Punktlicht.

Mischlicht

Aufnahmen mit Kunstlicht bedeutet fast immer Mischlicht. Bei Innenaufnahmen haben Sie zusätzlich die Raumbeleuchtung und/oder mehrere Lichtquellen. In

Morgenrot

Abendrot

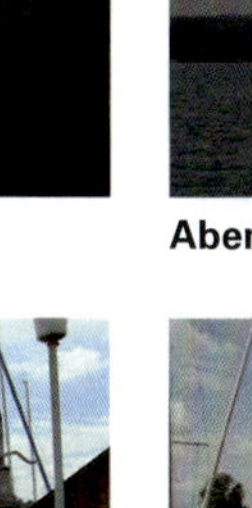

Bei Sonnenschein

Die Sonne ist hinter einer Wolke

Licht und Schatten ohne Blitz

Frontlicht durch Kamerablitz

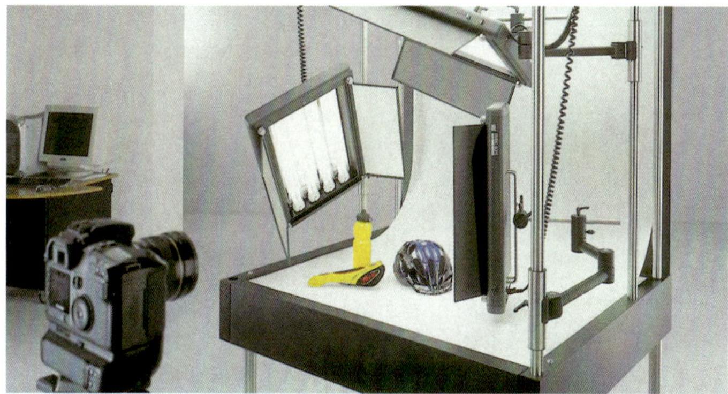

Aufnahmeplatz mit professioneller Ausleuchtung
(Abb.: Just)

Ohne Licht und Schatten

Seitenlicht

Frontlicht

Seitenlicht

Streiflicht

Gegenlicht

Außenaufnahmen konkurrieren immer die natürliche Beleuchtung der Sonne mit dem Kunstlicht.

1.5.7.2 Richtung der Beleuchtung

Die Richtung der Beleuchtung bestimmt Licht und Schatten im Motiv. Licht und Schatten beeinflussen ganz wesentlich die Bildwirkung. Die Räumlichkeit einer Aufnahme, aber auch die Bildstimmungen, romantisch, bedrohlich usw., werden durch Licht und Schatten gestaltet.

Bei Außenaufnahmen ohne Kunstlicht können Sie die Richtung der Beleuchtung nur durch Wechsel des Kamerastandortes verändern. Oft reicht schon eine kleine Veränderung, um den Lichteinfall und damit die Wirkung von Licht und Schatten, zu optimieren.

Frontlicht
Frontlicht oder Vorderlicht strahlt in der Achse der Kamera auf das Motiv. Das frontal auftreffende Licht wirft keine Schatten, das Motiv wirkt flach. Sie sollten den Standort wechseln, damit das Licht von der Seite kommt, oder zusätzlich mit einem seitlichen Führungslicht Akzente setzen.

Seitenlicht
Seitenlicht, die klassische Lichtrichtung. Der seitliche Lichteinfall bewirkt ausgeprägte Licht- und Schattenbereiche. Dadurch wird die Räumlichkeit und Tiefe der Szenerie betont.

Gegenlicht
Üblicherweise steht die Sonne hinter der Kamera. Bei der Gegenlichtaufnahme befindet sich die Sonne direkt hinter dem Objekt. Dies führt meist zu Lichtsäumen um den Schattenriss des Motivs. Spezielle Effekte können Sie durch Ausleuchtung des Objekts durch Aufheller oder einen Aufhellblitz erzielen.

Streiflicht ist eine besondere Form des Gegenlichts. Die Lichtquelle steht dabei nicht direkt hinter dem Objekt.

1.5.7.3 Qualität der Beleuchtung

Die Qualität der Beleuchtung bestimmt neben der Richtung und Anordnung der Lichtquellen wesentlich die Lichtstimmung der Aufnahme. Diffuses Licht wirkt weich ohne starke Kontraste. Hartes Punktlicht fokussiert den Blick des Betrachters.

1.5.8 Bildbeurteilung und -bewertung

Die Beurteilung von Bildern ist, wie die Beurteilung jeglicher Gestaltung, nicht einfach. Es gibt keine allgemein gültigen Maßstäbe oder Regeln, aus der Sie eine Checkliste ableiten können.

Ein Bild sagt mehr als 1000 Worte. Mit diesem weitverbreiteten Satz begann das Kapitel „Bild und Filmgestaltung". Die Beantwortung der Fragen zeigt, ob es die richtigen Worte für Ihre Gestaltung sind:

- Treffen diese über tausend Worte den Aussagewunsch der Gestaltung?
- Ist die Bildaussage wahr?
- Ist sie dem Betrachter verständlich?
- Ist das Bild stimmig oder steht es im Widerspruch zum Aussagewunsch?
- Ist das Motiv vertretbar oder zu schockierend?
- Entspricht das Bild den formalen Regeln der Bildgestaltung?
- Ist es technisch einwandfrei, ist es unscharf oder farbstichig?
- Ist das Motiv oder die Bildgestaltung innovativ oder sieht man Altbekanntes?
- Werden Sie sich auch nach langer Zeit noch an das Bild erinnern?
- Symbolisiert das Bild Ihre Botschaft?
- Hat das Bild Relevanz oder ist es halt nur ein Bild, damit man nicht nur Text hat?

Ihre Antworten ergeben ein Polaritätsprofil für ein Bild in einer bestimmten Situation für ein bestimmtes Medienprodukt.

	2	1	0	1	2	
gültig, wahr						nicht gültig, unwahr
verständlich						unverständlich
stimmig						widersprüchlich
vertretbar						nicht vertretbar
formal gelungen						formal nicht gelungen
technisch einwandfrei						technisch mangelhaft
innovativ						herkömmlich
bleibend wirkend						flüchtig wirkend
symbolhaft						oberflächlich
relevant						belanglos

1.5.9 Von der Idee zum Film

Wie bei jeder kreativen Umsetzung stehen Idee und Aussagewunsch am Anfang und im Mittelpunkt. Lösen Sie sich von der Faszination der Technik und machen Sie sich zuerst grundlegende Gedanken und Skizzen zur Umsetzung. Versuchen Sie nicht Hollywood zu imitieren. Suchen und Finden Sie eigene Themen und Wege, diese zu realisieren. Experimentieren Sie, haben Sie Mut und nehmen Sie sich Zeit.

1.5.9.1 Vorplanung

Filmen erfordert exakte Planung und Dokumentation. Jeder Film entsteht letztendlich erst bei der Montage bzw. beim Schneiden. Was Sie nicht gedreht haben, können Sie nicht reinschneiden. Sie müssen deshalb schon bei der Planung Ihres Films und beim Drehen ans Schneiden denken.

Die folgenden Fragen helfen Ihnen bei der Planung:

- Was wird warum wann wo und mit wem wie gedreht?
- Was brauche ich zum Dreh? Ort, Licht, Requisite, Akteure, Material, Kameras, Ton ...
- Was wurde wann wo und mit wem wie gedreht?
- Was wird warum wie montiert?

1.5.9.2 Dokumentationen

Die Ergebnisse Ihrer Vorplanung fixieren Sie schriftlich in verschiedenen Dokumentationen.

Exposé
Erste schriftliche Ausarbeitung einer Filmidee, Ideenskizze.

Treatment
Das Treatment wird im Wesentlichen durch den Inhalt des Films bestimmt. Personen, Ort, Zeit und Handlung sind präzise festgelegt. Die filmische Umsetzung steht noch im Hintergrund.

Storyboard
Die einzelnen Einstellungen des Films sind zeichnerisch umgesetzt. Bildaufbau und -ausschnitte für den späteren Dreh werden dadurch präzisiert und schon im Vorfeld ergibt sich eine Vorstellung für Bildübergänge und die spätere Montage.

Drehbuch
Der ganze Film in schriftlicher Form: Ideen und ihre geplante Umsetzung, Einstellungen, technische Anweisungen, Dialoge usw. Oft werden Storyboard und Drehbuch in einer Dokumentation zusammengeführt.

Drehplan
Der zeitliche Ablauf der Dreharbeiten mit den jeweils benötigten Ressourcen.

Bestandsplan
Zählerstand, kurze Beschreibung von Inhalt und Qualität jeder Einstellung.

Schnittplan
Der Schnittplan ist nicht chronologisch aufgebaut. Er enthält Einstellungen/Inhalt, Überblendungen, Effekte und Ton nach der dramaturgischen Reihenfolge des Films.

1.5.10 Einstellung

Die Einstellung (shot) ist die kleinste Einheit eines Films. Sie ist eine nicht unterbrochene Aufnahme. Der Name Einstellung stammt aus der Stummfilmzeit, als die Kameraeinstellung während einer Szene nicht verändert wurde. Heute ist die Kamerabewegung auch in einem ununterbrochen gefilmten Vorgang üblich. Die Einstellungen wechseln in einer Szene.

Aktive Gestaltungsmittel einer Einstellung
Der Aussagewunsch bestimmt auch hier die Gestaltung.

- Einstellungsgröße
- Bildkomposition
- Brennweite
- Standpunkt und Blickwinkel
- Kamerabewegung
- Lichtgestaltung
- Dauer der Einstellung

Nach der Aufnahme erfolgt die Gestaltung in der Montage. Wahlloses Bildersammeln und anschließendes Basteln am Schneidesystem führt allerdings meist nicht zum gewünschten Ergebnis. Die Intensionen der Montage müssen deshalb bei der Aufnahme berücksichtigt werden.

Einstellungsgrößen

- Totale (long shot), Überblick, Orientierung
- Halbtotale (medium long shot), Szenerie, eingeschränktes Blickfeld
- Amerikanische Einstellung (american shot), z.B. vom Knie aufwärts
- Halbnahaufnahme (medium close-up), z.B. obere Körperhälfte
- Nahaufnahme (close-up), z.B. Drittel der Körpergröße
- Großaufnahme (very close-up), z.B. Kopf bildfüllend
- Detailaufnahme (extreme close-up), z.B. Teile des Gesichts

Einstellungslänge
Die Dauer ist von den Intentionen abhängig. Sollen alle Details einer Einstellung wahrgenommen werden, so muss die Einstellung etwa so lange stehen, wie ihre verbale Beschreibung dauert.

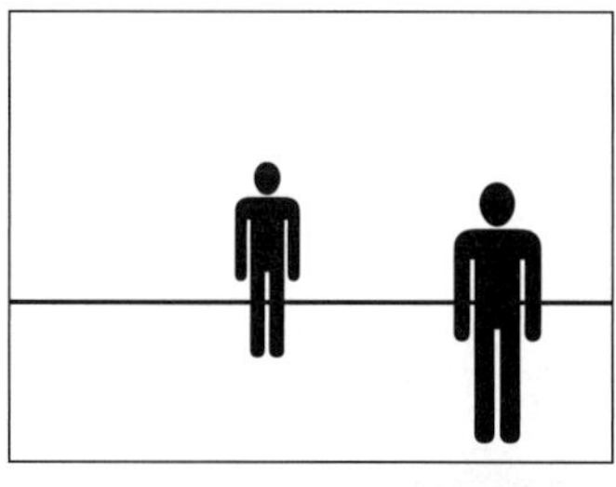

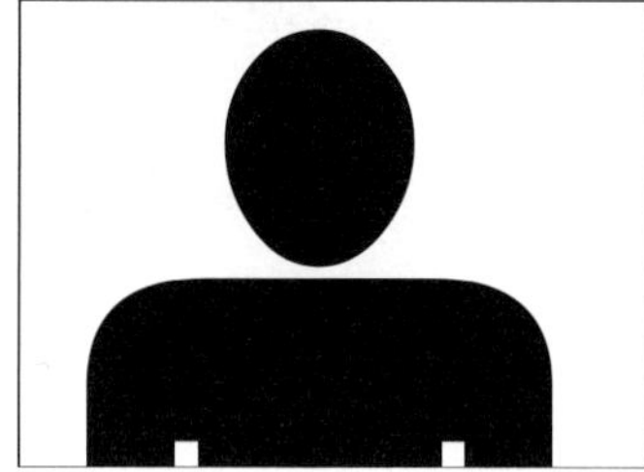

1.5.11 Kamerabewegung

1.5.11.1 Schwenk

Jeder Schwenk hat grundsätzlich einen Anfang und ein Ende. Beim Schwenk entsteht immer etwas Neues. Beim Mitschwenken/-gehen bleibt das Wesentliche gleich.

Schwenk

Der langsame panoramierende Schwenk erfasst wesentlich mehr Details als die Totale.

- Langsamer panoramierender Schwenk, er wirkt als erweiterte Totale und hat orientierende und hinführende Wirkung.
- Zügiger Schwenk, er verbindet zwei Einstellungen räumlich miteinander, das stehende Anfangsbild und das stehende Schlussbild sind die eigentlichen Aussageträger.
- Reißschwenk, die Kamera wird so schnell bewegt, dass keine Einzelheiten zu erkennen sind, er schafft räumliche und zeitliche Verbindungen.
- Geführter Schwenk, die Kamera verfolgt die Bewegung einer Person oder eines Gegenstandes.

1.5.11.2 Fahrt

Bei der echten Kamerafahrt verändert sich die Perspektive, der Aufnahmestandpunkt und der Bildausschnitt.

Als Faustregel für den gestalterischen Einsatz der Kamerabewegungen gilt: Maximal jede sechste Einstellung sollte ein Schwenk oder eine Fahrt sein. Die Gestaltungsmittel müssen wie immer inhaltlich und dramaturgisch gerechtfertigt sein.

1.5.11.3 Zoom

Bei der Zoomfahrt verändert sich durch die kontinuierliche Brennweitenveränderung der Bildausschnitt, der Kamerastandpunkt bleibt erhalten.

Die Zufahrt bewirkt Zuwendung, die Rückfahrt führt vom Besonderen zum Allgemeinen.

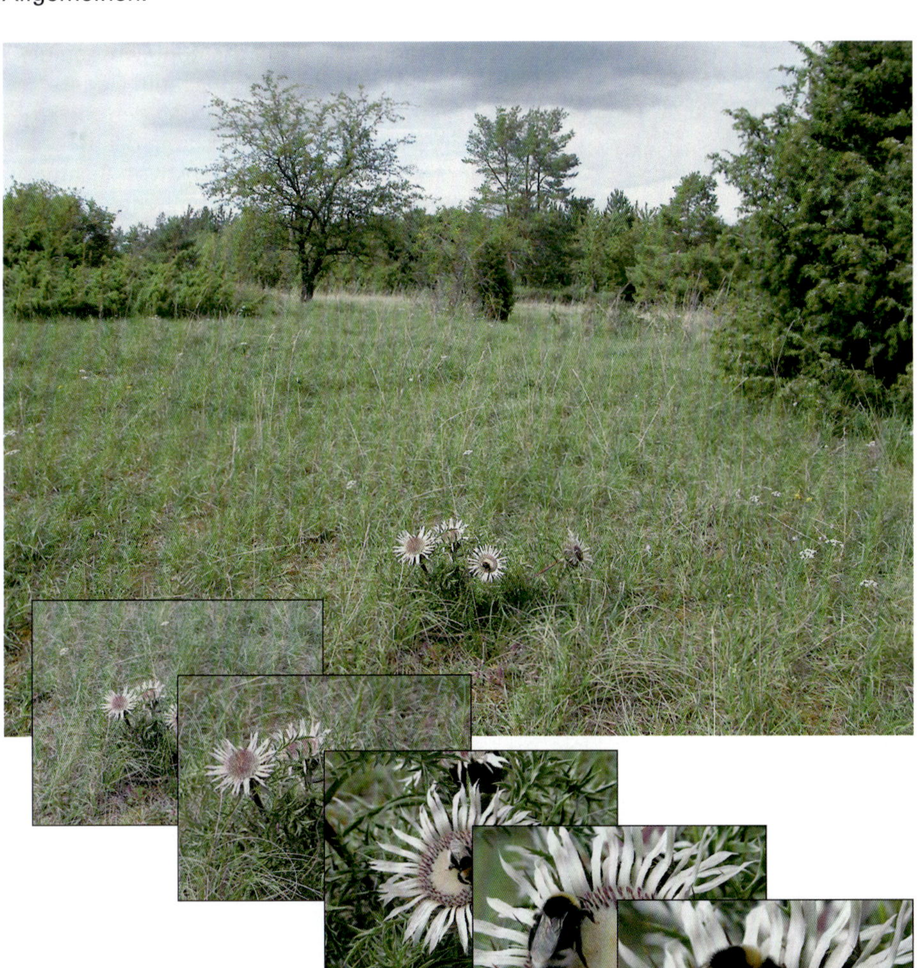

Zoomfahrt

Der Kamerastandpunkt bleibt gleich. Die Brennweitenänderung bewirkt eine Hinwendung vom Allgemeinen zum Besonderen.

1.5.12 Richtungen

1.5.12.1 Blickrichtung

Bei der Darstellung von Menschen in Großaufnahme und Profil muss der Kameramann der Person in der Blickrichtung Luft geben. Obwohl der Akteur asymmetrisch im Bild ist, zieht die Spannung den Blick des Zuschauers mit dem Blick des Darstellers quer über das Bild.

1.5.12.2 Achsensprung

Bewegungen vor der Kamera sind immer gerichtet. Die Bewegung des Objekts muss für den Zuschauer immer logisch und nachvollziehbar sein. Ein ungeschickter Standortwechsel kann dazu führen, dass sich das Motiv scheinbar entgegengesetzt bewegt. Die Wahrnehmung und Interpretation einer Bewegung vor der Kamera orientiert sich an der Bild- bzw. Handlungsachse. Sie ist eine gedachte Linie, an der sich die Handlung oder auch nur die Blickrichtung entlang bewegt. Das unvorbereitete Überschreiten der Bildachse heißt Achsensprung. Durch die Montage eines neutralen Zwischenbildes wird der Achsensprung für den Zuschauer nachvollziehbar und somit akzeptabel.

1.5.12.3 Schuss/Gegenschuss

Standort und Blickrichtung werden gewechselt. Durch Schuss und Gegenschuss kann z.B. zwischen der objektiven Sichtweise/Einstellung des Betrachters und der subjektiven Sichtweise/Einstellung des Akteurs gewechselt werden. Obwohl die Einstellungen gegebenenfalls nacheinander gedreht werden, erscheinen sie dem Zuschauer durch die Schnittfolge räumlich und zeitlich zusammengehörig.

Schuss und Gegenschuss werden häufig bei Interviews eingesetzt.

1.5.12.4 Anschlüsse

Die einzelnen später im Film direkt aufeinander folgenden Einstellungen werden oft zeitlich auseinander liegend gedreht. Trotzdem müssen die Anschlüsse stimmen. Die Kleidung und die Frisur der handelnden Personen oder z.B. das Licht müssen gleich sein. Bei Abweichungen spricht man von so genannten Anschlussfehlern.

Achsensprung
Ohne Zwischenbild scheint der Rennwagen in der zweiten Einstellung in die Gegenrichtung zu fahren

1.5.13 Filmschnitt – Filmmontage

Der Filmschnitt ist der letzte Bereich der Filmherstellung. Er ist visuell gewordene Assoziation, er strukturiert den Film.

Eine Einstellung (shot) ist die Grundeinheit der Filmmontage. Sie kann mehrere Minuten oder auch nur 1/24 bzw. 1/25 Sekunde, d.h. ein Einzelbild lang, dauern. Die einzelnen Einstellungen werden in einer bestimmten Reihenfolge montiert. Dadurch entsteht im Bewusstsein des Zuschauers die gewünschte filmische Realität. Die Filmzeit scheint der längeren Realzeit zu entsprechen.

1.5.13.1 Vertikale Montage

Einstellung auf Einstellung ergeben eine Geschichte.

Inhaltliche Montageformen

- Erzählende Montage, einzelne Stadien eines längeren Prozesses werden exemplarisch gezeigt.
- Analysierende Montage, Darstellung von Ursache und Wirkung
- Intellektuelle Montage, Ideen und Begriffe werden visuell übersetzt.
- Kontrast-Montage, z.B. Hunger – Essen
- Analogie-Montage, z.B. Schafherde und Fabrikeinheiten in „Moderne Zeiten"
- Parallel-Montage, zwei Handlungsstränge laufen parallel nebeneinander her und werden ständig wechselnd geschnitten, z.B. Verfolgungsjagd, die Stränge werden am Ende zusammengeführt, beide Stränge wissen meist von Anfang an voneinander.
- Parallelisierende Montage, beide Handlungsstränge sind wie bei der Parallel-Montage zeitgleich, sie wissen aber nichts voneinander und müssen sich nicht treffen.
- Metaphorische Montage, im Bereich der Handlung angesiedelte oder fremde Metapher

Wahrnehmungsästhetische Montageformen

- Abwechslung, Reizerneuerung
- Kontrast, gezielte systematische Abwechslung
- Rhythmus, periodische Wiederkehr bestimmter Abwechslungsformen

1.5.13.2 Horizontale Montage

Bei der horizontalen Montage ist Filmzeit gleich Realzeit. Ohne Schnitt wird mit verschiedenen Einstellungsgrößen durchgehend gedreht. Die Kamera ist wissend, sie führt den Zuschauer durch die Plansequenz.

1.5.13.3 Formale Montagearten

- Harte Montage / harte Schnitte, krass aufeinander folgend, Brüche, wechselnde Bewegungsrichtung
- Weiche Montage / weiche Schnitte, harmonisch, kaum wahrnehmbare Übergänge
- Rhythmische Montage, Schnittrhythmus wird durch die Filmmusik bestimmt – die Filmmusik orientiert sich am Bilderrhythmus.
- Springende Montage, nicht harmonisch, zerfällt in einzelne Einstellungen, Aufzählung, harte Brüche
- Schockmontage, zwei aufeinander folgende Einstellungen haben scheinbar keine Verbindung, bewusste Desorientierung des Zuschauers.

1.5.14 Infografik

Infografiken finden Sie heute in allen Medien, im Fernsehen, auf Internetseiten und vor allem in den verschiedensten Printmedien. Wie Bilder und Texte sind Grafiken ein Teil visueller Kommunikation. Durch die Infografiken werden abstrakte, oft komplexe Sachverhalte visualisiert und dem Leser vermittelt. dies bedeutet, dass eine Infografik über die reine Darstellung und Illustration hinausgehend Informationen vermitteln muss.

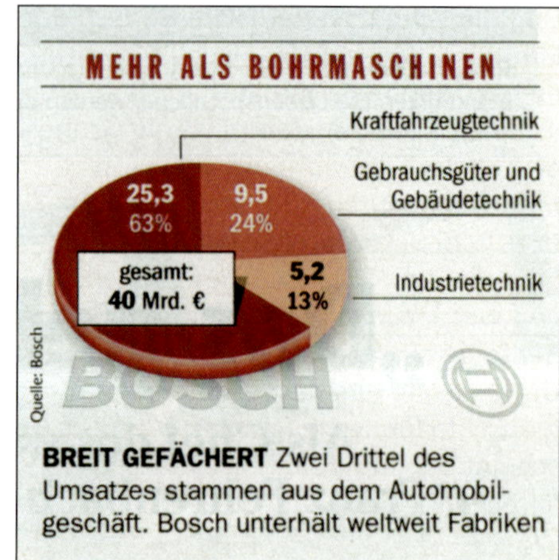

Prozentuale und absolute Verteilung

Dreidimensionales Tortendiagramm, die perspektivische Darstellung verkleinert den hinteren Bereich der Torte zugunsten der vorderen Hälfte.
(Focus 6/2005)

1.5.14.1 Infografikarten

Bildstatistik

Die bekannteste Art einer Infografik ist sicherlich die Bildstatistik. Jeder kennt die Balkendiagramme und Torten, die am Wahlabend die Stimmen- und Sitzverteilung der Parteien im Parlament zeigen.

Die Aufgabe einer Bildstatistik ist es, verschiedene Kennzahlen zu visualisieren. Dabei ist es wichtig, dass die Kennzahlen eindeutig definiert und in der Infografik angegeben sind. Visualisiert werden:

- Zusammensetzung, Anteile
- Verlauf, Tendenz
- Vergleich

Prozentuale Verteilung

Die prozentuale Verteilung der Sitze wird hier abweichend vom klassischen Tortendiagramm dargestellt. Das Halbrund erinnert an die Sitzanordnung im Parlament.
(Stern 7/2005)

Prozentuale Verteilung

Dreidimensionales Tortendiagramm, die perspektivische Darstellung verkleinert den hinteren Bereich der Torte zugunsten der vorderen Hälfte. Die Aussage ist weniger konkret als in der oberen Abbildung, da nur die Prozentwerte angegeben sind.
(Focus 6/2005)

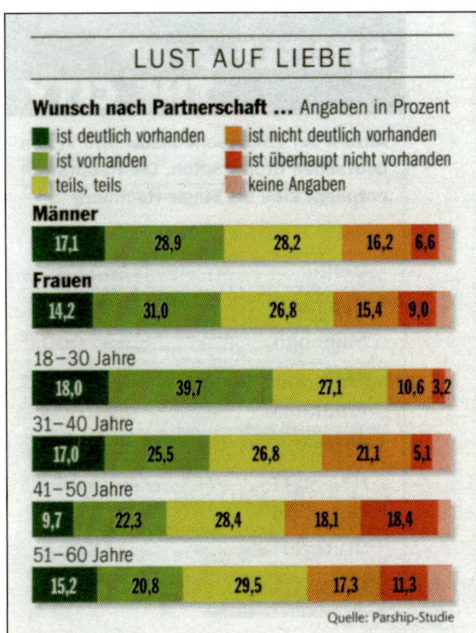

Prozentuale Verteilung

Statt sechs Torten werden in dieser Infografik Balken nach den Anteilen prozentual unterteilt. (Focus 6/2005)

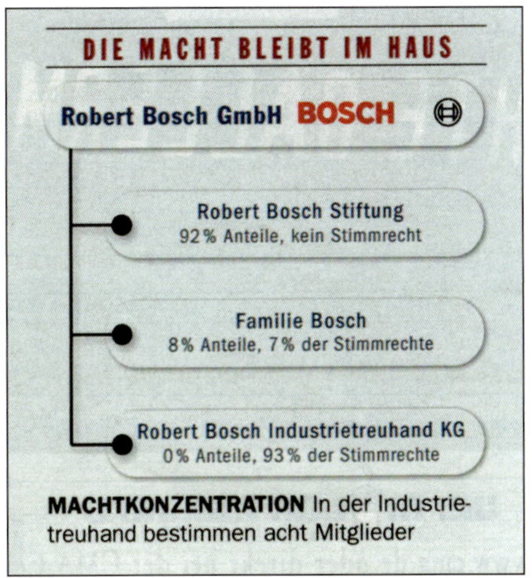

Anteile

Die Größe der Anteile wird nur als Zahl angegeben. Die Visualisierung der drei Anteilsinhaber erfolgt durch die Gliederung der Grafik. (Focus 6/2005)

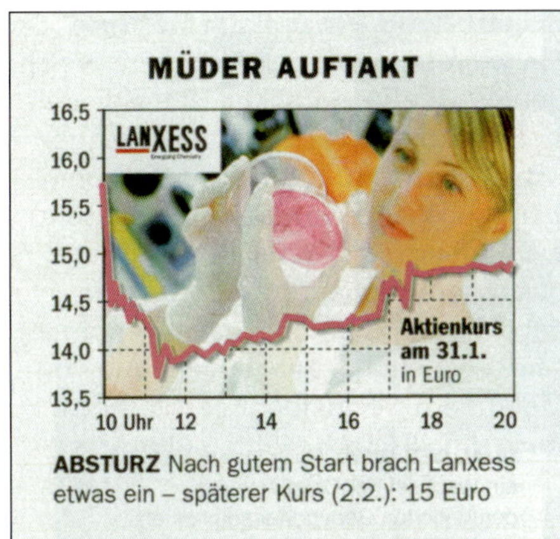

Liniendiagramm mit Hintergrundbild

Das Liniendiagramm zeigt die Entwicklung des Aktienkurses über den Tagesverlauf am 31.1.2005. Die Farbe der Linie und die Anmutung des Hintergrundbildes widersprechen dem Text.
(Focus 6/2005)

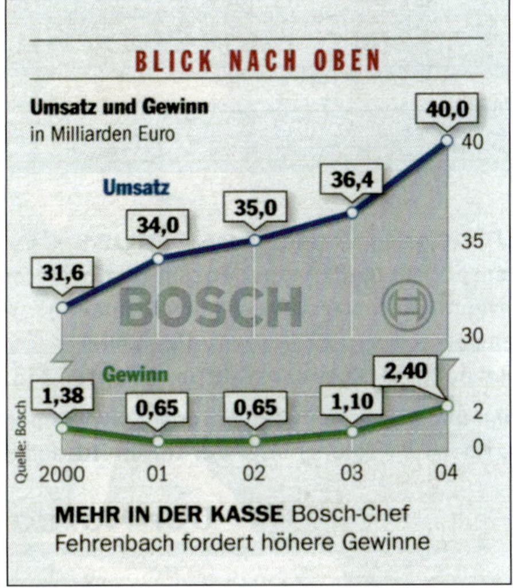

Liniendiagramm mit Hintergrundgrafik

Die Hintergrundgrafik zeigt auf einen Blick, um welche Firma es sich handelt. Der Zwischenschnitt in der Ordinate ist schlecht erkennbar.
(Focus 6/2005)

Gewinner und Verlierer der Woche

Veränderung des Aktienkurses in Prozent

Gewinner		Verlierer	
Bayer	+ 6,00	Saint Gobain	- 1,94
Société Générale	+ 5,60	Aegon	- 1,62
San Paolo-Imi	+ 4,57	Deutsche Bank	- 1,13
BASF	+ 3,96	Carrefour	- 0,92
Banco Santander	+ 3,14	DaimlerChrysler	- 0,84
Münchener Rück	+ 2,75	Unilever	- 0,58
Allianz	+ 2,72	Deutsche Telekom	- 0,43
Enel	+ 2,41	Danone	- 0,28
LVMH	+ 2,38	Suez-Lyonnaise	- 0,19
Iberdrola	+ 2,34	Lafarge	- 0,06

Wertentwicklung in Euro Stoxx 50 / Quelle: LBBW

Tabelle

Die Kopfzeile mit der Börsensymbolik und die beiden Dreiecke mit dem Plus- und Minuszeichen zeigen auf einen Blick, um was es in der Tabelle geht.
(Stuttgarter Nachrichten 12/2/2005)

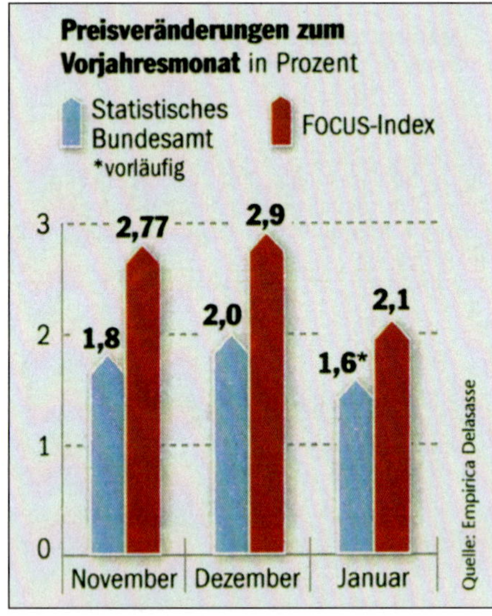

Balkendiagramm

Eine aus verschiedenen Datenquellen stammende Kennziffer wird vergleichend dargestellt. Die Farben der Balken zeigen die Wertigkeit.
(Focus 6/2005)

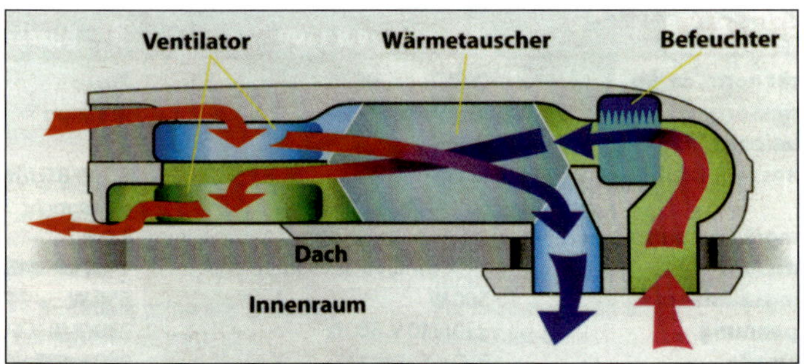

Funktionsdarstellung einer Klimaanlage

(Fritz Berger Hauptkatalog 2005)

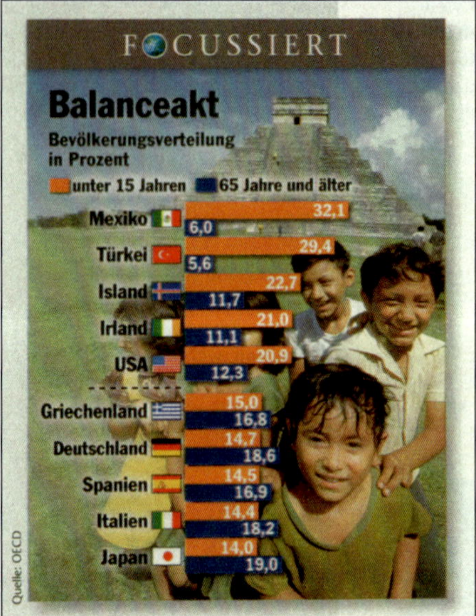

Balkendiagramm mit Hintergrundbild

Die Aussage der Statistik wird durch die Wahl des Hintergrundbildes unterstützt.
(Focus 6/2005)

Prinzip- und Prozessdarstellung

Ein weiterer wichtiger Aufgabenbereich der Informationsgrafiken ist die Visualisierung komplexer Zusammenhänge, z.B. die Funktion technischer Systeme. Damit abstrakte Vorgänge transparent werden, ist die Darstellungsform von besonderer Bedeutung. Oft werden dabei Fotografien mit Grafik kombiniert. Aber Vorsicht bei der Verwendung von Metaphern. Vermeiden Sie Klischees. Auch die allseits beliebten Clip-Arts sind meist nur Selbstzweck und tragen nicht zum Verständnis bei.

Um einen Sachverhalt oder Prozess vereinfacht, aber sachlich richtig darzustellen, müssen Sie ihn verstanden haben. Machen Sie sich kundig, kommunizieren Sie mit den Technikern.

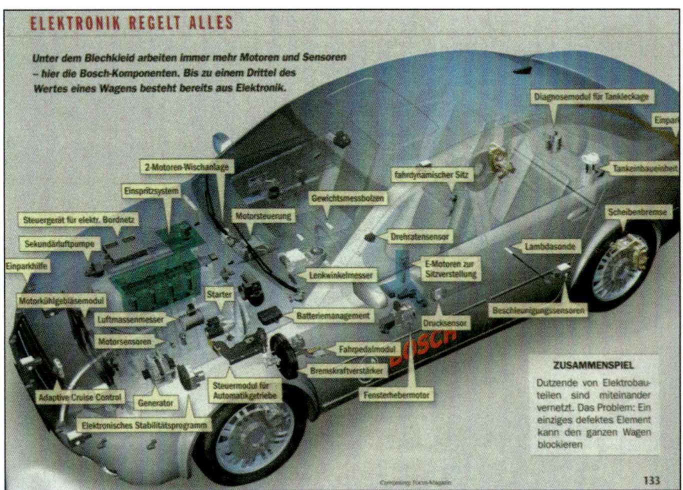

Realistische Grafik mit Text

Die realistische Darstellung in der Grafik ermöglicht dem Betrachter eine konkrete Vorstellung des benannten Bauteils. (Focus 6/2005)

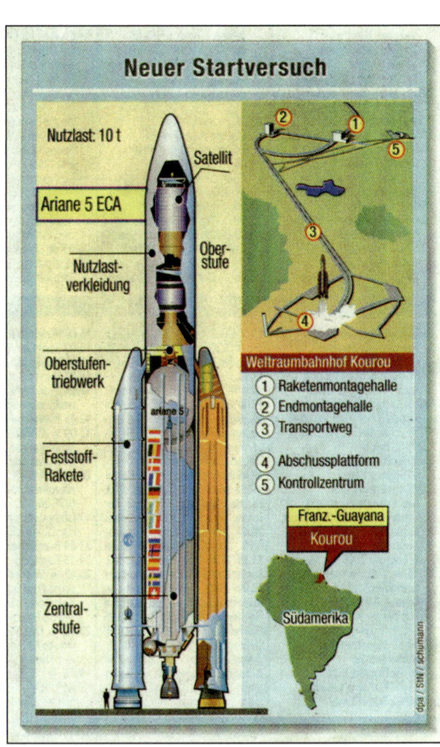

Kombinierte Infografik

Prinzipdarstellung der Rakete kombiniert mit der kartografischen Darstellung des Startplatzes. (Stuttgarter Nachrichten 12/2/2005)

Kartografische Infografiken

Kartografische Infografiken sind für die Visualisierung räumlicher Zusammenhänge und Geschehnisse unverzichtbar. Für das Verständnis ist der Kartenausschnitt und die Generalisierung, d.h. Vereinfachung, von großer Bedeutung. Zeigen Sie nur Details, die für Ihren Zweck wichtig sind. Unverzichtbar in allen kartografischen Darstellungen sind die Angabe des Kartenmaßstabs und die korrekte Ausrichtung des Kartenbildes nach Norden.

Die Karten in Infografiken sind meist abgezeichnet und anschließend überarbeitet. Im Sinne des Urheberrechts ist dies nicht zulässig. Legale Kartengrundlagen gibt es z.B. bei den staatlichen Landesvermessungsämtern oder bei kartografischen Verlagen.

Kartografische Infografik

Der Kartenausschnitt ermöglicht dem Leser die geografische Einordnung. Weitere Details in der Karte sind dazu nicht notwendig. (Focus 6/2005)

Isotype-Grafiken

Das Isotype-Prinzip zur Erstellung von Infografiken wurde in den 20er und 30er Jahren des vergangenen Jahrhunderts von Otto Neurath in Wien entwickelt. In Isotype-Grafiken werden Mengen durch gegenständliche Symbole veranschaulicht. Dabei ändert sich nie die Größe der Symbole, sondern deren Anzahl.

Häufig sieht man aber auch die Variation der Symbolgröße. Meist stimmen die Volumina der Symbole dabei nicht mit den repräsentierten Daten überein. Wenn Sie vom Isotype-Prinzip abweichen, dann variieren Sie nur eine Dimension, damit die Verhältnisse gewahrt bleiben.

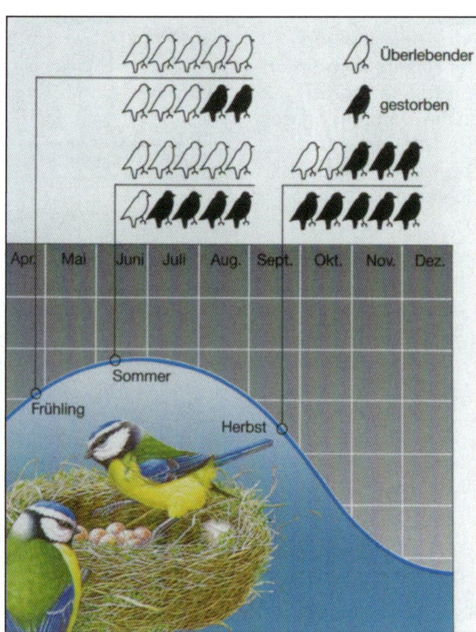

Isotype-Grafik

Die Zahl der weißen und schwarzen Vogelsilhouetten visualisiert die Situation der Vogelpopulation im Jahresverlauf.

(aus: Sally Morgan, Leben und Umwelt, Bertelsmann Verlag 1995, S. 113)

1.5.14.2 Infografiken erstellen

Gestaltungsregeln

Wie bei jeder Gestaltung ist auch bei der Erstellung von Informationsgrafiken der Aussagewunsch die Basis Ihrer Arbeit. Welche Information soll welcher Zielgruppe in welchem Medium wie vermittelt werden? Aus der Fragestellung ergeben sich verschiedene Regeln, die Sie bei der Gestaltung und Erstellung einer Infografik beachten sollten.

- Eine Infografik muss eigenständig und unabhängig von ihrem Umfeld verständlich sein.
- Jede Infografik braucht eine Überschrift.
- Der Inhalt muss klar strukturiert sein.
- Die Kernaussage muss erkennbar und verständlich visualisiert sein.
- Visuelle Metapher werden gezielt eingesetzt.
- Die Datenquelle muss angegeben werden.
- Die Infografik darf nicht manipulativ sein.
- Bei Mengendarstellungen müssen die Verhältnisse gewahrt werden.
- Form und Inhalt der Infografik bilden eine Einheit.
- Die Infografik passt zum Umfeld.

Diagramme in Adobe Illustrator

Adobe Illustrator steht hier stellvertretend für die Diagrammfunktionen anderer Grafikprogramme. Die Besonderheit der Diagrammfunktion ist die Erstellung von Bildstatistiken aus dem Datenbestand.

Nach der Auswahl des gewünschten Diagrammtyps können Sie die Daten entweder aus Programmen wie Microsoft Excel importieren oder sie direkt im Programm in die Tabelle eingeben. Ein Vorteil gegenüber Diagrammen aus Tabellenkalkulationen ist der, dass Ihnen die ganze Bandbreite der grafischen Bearbeitungsmöglichkeiten eines Grafikprogramms zur Verfügung stehen. Unter Menü *Objekt > Diagramm* können Sie neben verschiedenen Einstellungen auch eigene Symbole definieren, um Isotype-Grafiken zu erstellen.

Unter Menü *Datei > Platzieren...* können Sie Pixelbilder in Ihre Grafik integrieren.

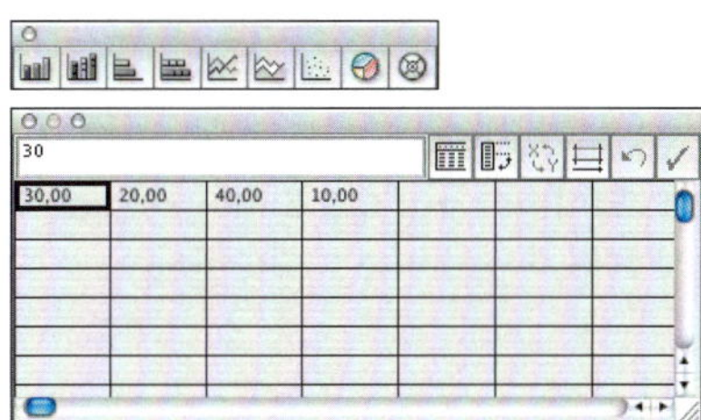

Diagramme in Microsoft Excel

Zur Funktionalität eines Tabellenkalkulationsprogramms gehört die Visualisierung der Daten in Diagrammen. Excel stellt dazu eine große Bandbreite an Diagrammtypen zur Verfügung.

Unter Menü *Einfügen > Diagramm...* können Sie die Diagrammart und Grundeinstellungen definieren. In der Formatierungspalette können Sie anschließend weitere Anpassungen vornehmen. Naturgemäß ist aber die weiter gehende Bearbeitung deutlich eingeschränkter als in einem Grafikprogramm.

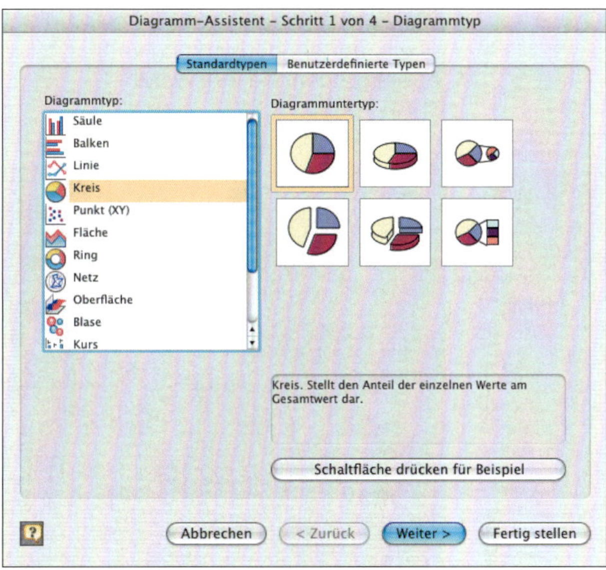

1.5.15 Aufgaben „Bild- und Filmgestaltung"

Aufgabe 1.5.15.1
Bildausschnitt

Welchen Einfluss auf die Bildaussage hat die Wahl des Bildausschnitts?

Aufgabe 1.5.15.2
Bildausschnitt und Formatlage

a. Zeichnen Sie in das quadratische Bild einen rechtwinkligen Bildausschnitt ein, der die Bildwirkung verstärkt.
b. Begründen Sie Ihre Wahl.

Aufgabe 1.5.15.3
Aufnahmestandpunkt und -perspektive

Die folgenden Fragen beziehen sich auf das Bild in Aufgabe 1.5.15.2.
a. Wo befindet sich der Aufnahmestandpunkt im Verhältnis zum Motiv?
b. Welchen Einfluss hat die Aufnahmeperspektive auf die Bildwirkung?

Aufgabe 1.5.15.4
Bildkomposition

a. Welches der beiden Bilder hat eine stärkere Raumwirkung?
b. Begründen Sie Ihre Aussage.

Aufgabe 1.5.15.5
Beleuchtung und Ausleuchtung

Erklären Sie folgende Begriffe:
a. Beleuchtung
b. Ausleuchtung

Aufgabe 1.5.15.6
Beleuchtungsrichtung

Welche Wirkung haben die folgenden drei Beleuchtungsrichtungen auf die Aufnahme?

a. Frontlicht
b. Seitenlicht
c. Gegenlicht

Aufgabe 1.5.15.7
Filmkonzeption

Die Konzeption eines Films wird in den einzelnen Entwicklungsstufen in verschiedenen Dokumentationen festgehalten.
Welchen Inhalt haben
a. Exposé,
b. Treatment,
c. Storyboard?

Aufgabe 1.5.15.8
Einstellungsgrößen

a. Welche Einstellungsgröße zeigt die Abbildung?
b. Nennen Sie die verschiedenen Einstellungsgrößen.

Aufgabe 1.5.15.9
Schwenk

Worin unterschieden sich

a. langsamer panoramierender Schwenk,
b. geführter Schwenk?

Aufgabe 1.5.15.10
Anschluss

Nennen Sie ein Beispiel für einen Anschlussfehler.

Aufgabe 1.5.15.11
Infografik – Bildstatistik

Nennen Sie drei Diagrammarten zur Visualisierung von Statistiken.

Aufgabe 1.5.15.12
Infografik – Bildstatistik

Welche Diagrammart wählen Sie zur Darstellung der Entwicklung des Aktienkurses?

Aufgabe 1.5.15.13
Regeln zur Erstellung von Infografiken

Welche Regeln müssen Sie bei der Erstellung von Infografiken beachten?

1.6 Werbelehre

1.6.1 Begriff und Aufgabe der Werbung

1.6.1.1 Definition des Werbebegriffs

Werbung – ein schwieriger Begriff. Aufgrund der nahezu unendlichen Erscheinungsformen der Werbung gibt es zwar eine weitgehende Übereinstimmung über das Wesen von Werbung. Aber eine einheitliche Definition dessen, was unter Werbung zu verstehen ist, wurde weder von der Wissenschaft noch von der Praxis erstellt.

Versucht werden muss es dennoch: Werbung ist ein Instrument der Kommunikation zwischen einem Unternehmen und seinem Markt sowie den Marktteilnehmern. Werbung ist ein absatzpolitisches Instrument der Betriebswirtschaftslehre, das die Menschen zu Kaufhandlungen veranlassen soll.

Der Begriff der Werbung bezieht sich aber nicht nur auf den wirtschaftlichen Bereich, sondern auch auf andere Bereiche des menschlichen Lebens. Werbung ist ein Instrument, um Menschen zur freiwilligen Vornahme bestimmter Handlungen zu veranlassen. Dies kann der Kauf einer Ware sein, aber auch die Unterstützung der Zielsetzung einer politischen Partei oder einer Religionsgemeinschaft.

Einem Unternehmen dient die Werbung zur möglichst objektiven Information potenzieller Kunden über ein bestimmtes Angebot. Allerdings wird damit von der Seite eines Unternehmens auch der Zweck verfolgt, eine Nachfrage nach einem Produkt zu schaffen, diese zu erhalten oder gar auszuweiten.

Weiter dient Werbung dem Anbieter und dem Verbraucher zur Schaffung von Markttransparenz. Beide Marktpartner erhalten dadurch einen besseren Überblick über das Marktgeschehen. Damit übernimmt die Werbung neben der betriebswirtschaftlichen Aufgabe der Absatzförderung auch noch eine volkswirtschaftliche Steuerungsfunktion.

Absatzwerbung

Der Begriff der Werbung wird für unsere Betrachtung im Wesentlichen im Sinne von Absatzwerbung gebraucht. Absatzwerbung ist ein Marketinginstrument, das durch den absichtlichen und zwangsfreien Einsatz spezieller Kommunikationsmittel bestimmte Zielpersonen zu einem Verhalten veranlassen soll, das zur Erfüllung von Werbezielen eines Unternehmens beiträgt. Werbung ist dabei eine Art der Kommunikation, die unpersönlich und fern des eigentlichen Verkaufsortes durchgeführt wird. Dabei bezieht sich Werbung auf ein oder mehrere Produkte oder auf eine Gruppe von Bedürfnissen.

Neben dem Begriff der Absatzwerbung werden noch die Bezeichnungen Reklame und Propaganda genutzt. Unter Propaganda verstehen wir in der Regel die Werbung für kirchliche oder politische Ideen. Propaganda löst negative Assoziationen in uns aus, da mit diesem Wort starke Manipulationseinflüsse verknüpft werden. Werbung wird von den meisten Menschen als notwendiges Instrument der Ökonomie betrachtet, während der Propaganda üblicherweise unterstellt wird, für nichtwirtschaftliche ideologische Zwecke eingesetzt zu werden.

Das Wort Reklame stand früher für den Versuch, Massenbeeinflussung im wirtschaftlichen Bereich vorzunehmen. Heute verstehen wir den Begriff „Reklame" als veralteten Ausdruck, der Werbung antiquiert und auch durchaus negativ beschreibt. In der modernen Werbe- und Kommunikationslehre ist kein Raum mehr für „Reklame".

1.6.1.2 Aufgaben der Werbung

Die Aufgabenstellung der Werbung erklärt sich sehr schön am Beispiel eines Produktlebens eines beliebigen Wirtschaftsgutes. Die einzelnen Produktphasen gehen von der Einführungs- über die Wachstums- und Reifephase bis zur Produktdegeneration und dem abschließenden Produktauslauf. Damit verbunden sind immer bestimmte Werbemaßnahmen:

1. **Einführungswerbung**
   Ein neues Produkt wird zur Markteinführung beworben.
2. **Stabilisierungswerbung**
   Alle Werbemaßnahmen dienen jetzt dazu, Marktanteile zu sichern, auszuweiten und Gegenmaßnahmen der Konkurrenzanbieter aufzufangen.
3. **Erhaltungswerbung**
   Durchgeführte Werbeaktionen werden vorwiegend als so genannte *Erinnerungswerbung* strukturiert, um bestehende Kundenstrukturen zu halten, auszubauen bzw. zu erneuern.
4. **Expansionswerbung**
   Bei stagnierenden Marktanteilen dienen alle Werbemaßnahmen dem Versuch, die *Absatzgebiete* und damit die *Marktanteile* zu vergrößern.
5. **Produktauslauf**
   Ist der Lebenszyklus eines Produktes ausgelaufen, wird es üblicherweise still vom Markt genommen. Handelt es sich um ein Produkt, das durch eine Neu- oder Weiterentwicklung ersetzt wird, muss dieses durch eine entsprechende Einführungswerbung unterstützt werden.

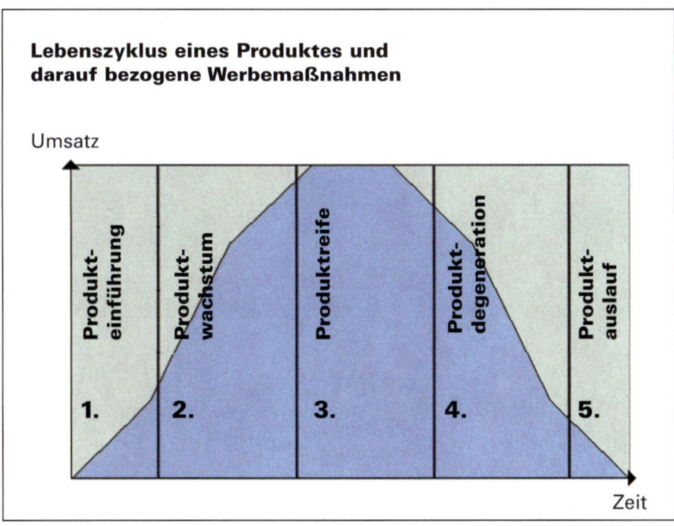

Lebenszyklus eines Produktes und darauf bezogene Werbemaßnahmen

Primäre Aufgabenstellungen
Während einer Produkteinführungsphase ist die wichtigste Aufgabe der Werbung, ein neues Produkt oder eine neue Dienstleistung am Markt bekannt zu machen. Eine weitere Aufgabe besteht darin, beim möglichen Kunden ein *Mangelgefühl* zu erzeugen. Die erfolgte Produktwerbung bietet gleichzeitig die Lösung an: Erwerbe das neue Produkt und alle Bedürfnisse sind damit abgedeckt. Fachsprachlich wird dies als *Bedarfsweckung* und *Bedarfslenkung* bezeichnet. Um diese Bedarfsweckung erfolgreich durchzuführen und die gewählte Zielgruppe zu erreichen, bedient man sich einer einfachen Methode – der Penetration. Durch ständiges Wiederholen und einen hohen Werbedruck wird der Versuch unternommen, eine nachhaltige Wirkung beim Verbraucher zu erzielen.

Werbung als Kommunikationsinstrument moderner Unternehmensstrategie erreicht eine hohe Wirkung beim Ver-

Erfolgreiche Marktpenetration

Beispiel Mediamarkt: Lasst Euch nicht verarschen!

braucher und muss deswegen immer wieder kritisch hinterfragt werden. Bedingung für einen verantwortungsbewussten Umgang mit Werbung muss sein, dass diese informativ, überzeugend und glaubwürdig ist. Weiter muss Werbung Wirksamkeit, Wahrheit und Wirtschaftlichkeit nachweisen können. Ist eine Werbemaßnahme nicht wirksam, hat sie ihren Zweck verfehlt und ist damit gleichzeitig unwirtschaftlich.

Wirksamkeit

Bei der Auswahl der Werbemethoden und -mittel kommt es darauf an, dass diese wirksam sind, also dass sie ihren beabsichtigten Zweck erreichen. Dazu bedarf es einer genauen Kenntnis der umworbenen Zielgruppe, um beabsichtigte Reaktionen hervorzurufen und Verhaltensänderungen (z.B. kaufen) zu bewirken. Je größer eine beworbene Zielgruppe ist, umso schwieriger wird es, wirksame Werbemittel zu finden.

Die psychologische Struktur großer Massen ist sehr differenziert und daher ist der Einsatz der richtigen Werbemittel schwierig zu beurteilen. Hier wird das Problem und vielleicht auch die Grenze von Werbung deutlich: Werbung ist kein rationales Rechenexempel, sondern es müssen viele irrationale Faktoren beachtet werden, die sich nicht immer vollständig und richtig einschätzen lassen. Hier ist die Erfahrung und Hilfe von Werbepsychologen erforderlich.

Wahrheit

Ein wichtiger Grundsatz, der bei der Werbung beachtet werden muss, ist der *Grundsatz der Wahrheit* der Werbeaussage. Werbung soll der sachlichen Unterrichtung des Umworbenen dienen. Es darf nicht der Versuch gemacht werden, mit übertriebenen Versprechungen, Übertreibungen oder durch das Verwenden von Superlativen zu täuschen oder irrezuführen. Dies gilt nicht nur deswegen, weil darin ein Verstoß gegen Gesetze (z.B. unlauterer Wettbewerb) oder gegen moralische und sittliche Empfindungen liegen kann, sondern weil ein solches Verhalten auf Dauer auch unwirtschaftlich ist. Ein Kunde, der durch irreführende Werbestrategien getäuscht wurde, wird ein zweites Mal nicht kaufen und wird in seinem privaten und beruflichen Umfeld vor dem Produkt warnen.

Auf lange Sicht wird bei der Nichtbeachtung der Wahrheit in der Werbung der Schaden für ein Produkt größer sein als ein kurzfristiger Erfolg. Die Nichtbeachtung der Wahrheit stellt deshalb einen Verstoß gegen das Gebot der Wirtschaftlichkeit dar.

Wirtschaftlichkeit

Werbeetats richten sich immer nach dem ökonomischen Prinzip. Ein Unternehmen gibt Kapital dafür aus, dass ein Produkt beworben wird, um Marktanteile zu sichern oder auszuweiten und Umsatz und Ertragslage zu verbessern. Absatzsteigerungen durch erfolgreiche Werbung führen zur Erhöhung der Produktion, damit zur Kostenreduzierung in der Herstellung eines Produktes und in letzter Konsequenz kann eine Preisreduzierung des Produktes erfolgen. Dies sichert letztlich die Arbeitsplätze im Betrieb eines Werbekunden.

Die Kosten einer Werbemaßnahme lassen sich in aller Regel kalkulieren und exakt beziffern. Der Erfolg einer Maßnahme ist nicht immer eindeutig feststellbar. Wenn Umsatzzahlen oder die Rendite steigen, ist der Erfolg gut messbar, wenn Image oder Einstellungen verändert werden sollen, sind der Messbarkeit aufgrund der vielen Einflussfaktoren Grenzen gesetzt.

1.6.2 Werbearten

Neben den grundlegenden wirtschaftlichen Aufgaben der Werbung sind noch einige beachtenswerte Nebeneffekte, die durch Werbung ausgelöst werden, zu nennen.

Produkt-, Kommunikations- und Werbedesign beeinflussen den Massengeschmack in einer Gesellschaft. Es werden durch Design Trends entwickelt, die den Geschmack ganzer Bevölkerungsgruppen beeinflussen oder gar verändern können.

Werbung erhöht für den Verbraucher insgesamt die Markttransparenz. Die Informationen über Waren, Dienstleistungen, Preise, Einkaufsquellen und Auswahlmöglichkeiten können genutzt werden. Allerdings muss bei der Vielzahl der werblichen Informationsmöglichkeiten vom Verbraucher eine bewusste Selektion durchgeführt werden, damit Fehl- oder einseitige Informationen vermieden werden. Der Verbraucher muss also lernen, mit Werbung selektiv umzugehen.

Es sind verschiedene Arten der Absatzwerbung zu unterscheiden. Nach der Anzahl der Personen, die durch eine Werbemaßnahme angesprochen werden sollen, trennt man zwischen Einzel- und Massenwerbung.

1.6.2.1 Einzelwerbung

Einzelwerbung wendet sich direkt an den einzelnen Kunden. Ein Unternehmen hat die Möglichkeit, einen Kunden im Rahmen einer Direktmarketing-Aktion anzusprechen und sich auf die individuellen Bedürfnisse des Kunden einzustellen. Direktmarketing umfasst den Einsatz von Maßnahmen der direkten Kommunikation mit dem Ziel des Aufbaues einer individuellen und langfristig dauernden Beziehung mit dem Kunden. Da die direkte Kommunikation mit dem Kunden hier das wichtigste Merkmal ist, wird statt des Begriffs Direktmarketing zunehmend auch der Begriff Dialogmarketing verwendet.

Direkt- oder Dialogmarketing wird im Zuge immer kleiner werdender Zielgruppen und einer stärkeren Aufsplitterung von Marktsegmenten immer wichtiger. Es müssen also Methoden und auch Technologien gefunden und angewendet werden, welche diese immer kleineren Zielgruppen direkt, erfolgreich und mit wenig Streuverlusten ansprechen.

Zum Direktmarketing zählt auch das so genannte 1:1-Marketing. Diese „Marketingtechnologie" wird vor allem durch die Möglichkeiten des personalisierten Digitaldrucks unterstützt und setzt eine gute Datenbasis über die jeweils beworbenen Zielgruppen voraus.

Durch Methoden des Dialogmarketing fühlt sich der Umworbene persönlich angesprochen, er ist wichtig und wird ernst genommen als Dialogpartner. Die Werbewirkung ist hier insgesamt größer als bei der klassischen Massenkommunikation. Dialogmarketing ist allerdings für den Auftraggeber mit höheren Kosten verbunden, vor allem deswegen, da auf eine langfristig angelegte Dialogkommunikation Wert gelegt wird.

Allgemeine Ziele des Direkt- oder Dialogmarketings lassen sich wie folgt beschreiben:

- Käufer wollen individuell behandelt werden. Sie wollen zunehmend auf ihre Person oder Situation zugeschnittene Problemlösungen und keine Massenabfertigung wie durch die klassische Werbung.
- Kunden wollen direkt und individuell angesprochen werden.
- Dem Kunden muss die Möglichkeit der Antwort oder der Reaktion gegeben werden. Dieser „Response" (Response = Antwort) kann aus der Teilnahme an einem Spiel im Internet bestehen, einem Informationswunsch oder auch einer Bestellung. Ziel ist, dass aus einem einmaligen

Dialogmarketing/ Direktmarketing

Überblick über die Möglichkeiten der Kommunikation mit dem Kunden

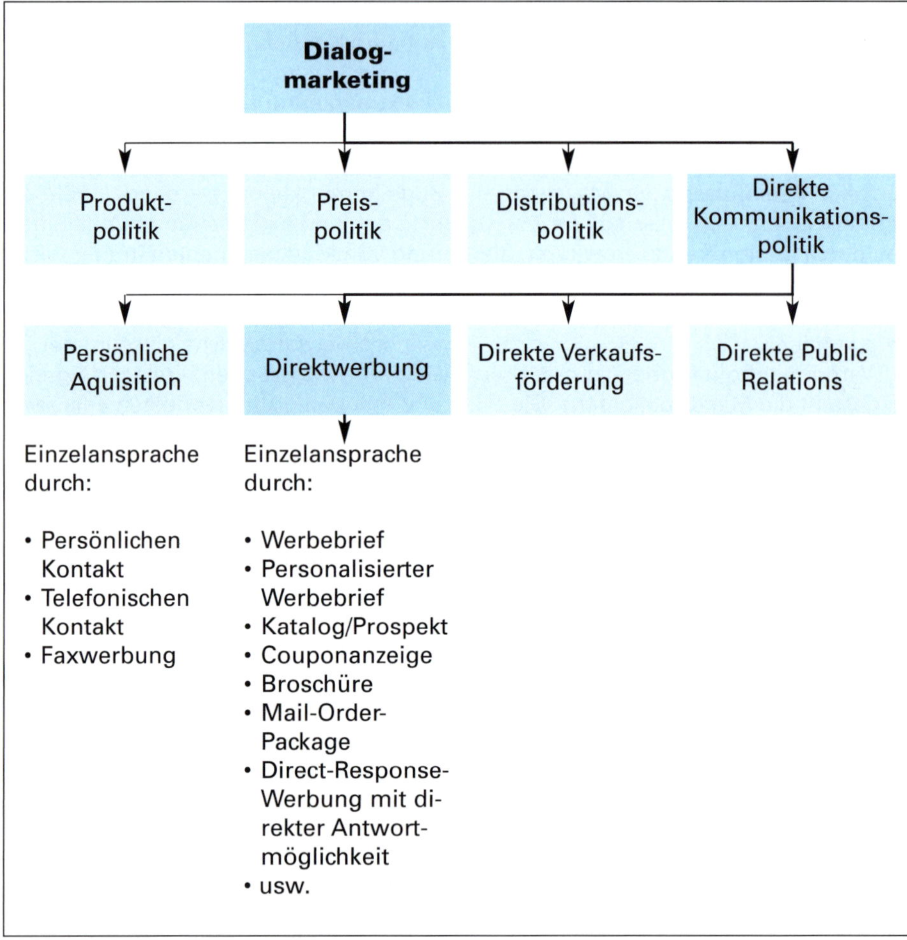

Produktinteressenten ein Dauerkunde wird. Die so genannte Responsequote gibt Auskunft über den Rücklauf z.B. einer personalisierten Mailing-Aktion.

- Jedes Werbemittel sollte eine Response-Möglichkeit erhalten, damit eine Zielperson direkt, schnell und kostengünstig antworten kann.
- Response-Möglichkeiten sind z.B. Antwortkarten, Couponanzeigen, E-Mail-Anschrift, Telefonnummern u.a.
- Grundlage für jede Art der Direktwerbung ist eine Kundendatenbank (Database) der betreffenden Zielgruppe.
- Die Datenbank muss gepflegt werden. Jede Reaktion des Kunden sollte gespeichert werden. Dadurch gewinnt die Datenbank an Qualität. Eine gut aufbereitete Datenbank ermöglicht effektives Database-Marketing, da Zielgruppen direkt angesprochen werden können.

Durch Direktmarketing-Aktionen sollen

- neue Kunden aquiriert,
- ehemalige Kunden wieder aktiviert,
- bestehende Kunden gehalten und zu neuen Handlungen aktiviert werden.

1.6.2.2 Massenkommunikation

Durch Massenwerbung bzw. -kommunikation wird ein räumlich verstreutes und anonymes Publikum angesprochen, das lediglich in seinen soziodemografischen Ausprägungen definiert ist. Es wird also ein Personenkreis angesprochen, der gleiche Interessen und gleiche Verbrauchergewohnheiten hat.

Die Wirksamkeit der Werbung, z.B. Anzeigen in Tageszeitungen, Rundfunk-, Fernsehwerbung oder Kinowerbefilme, hängt im Wesentlichen davon ab, ob es durch die gewählten Werbetexte bzw. Filmsequenzen gelingt, eine möglichst breite Schicht von Käufern aufmerksam zu machen und zu interessieren, auch wenn sie sich hinsichtlich des Bildungsniveaus, des Berufes, der Höhe des Einkommens usw. erheblich unterscheiden. Je kleiner eine Zielgruppe ist, die angesprochen werden soll, und je gleichartiger die Struktur der Zielgruppe ist, umso eher wird es gelingen, dass Werbung bei einem großen Teil der Gruppe ankommt und auch wirksam ist.

Massenkommunikation kann gezielte Werbung sein, wenn z.B. an 30 000 namentlich bekannte Personen, die nach bestimmten Merkmalen ausgewählt wurden, Prospekte oder Kataloge verschickt werden. Massenkommunikation kann aber auch gestreute Werbung sein, wenn ein Prospekt einer Tageszeitung beigelegt wird oder als Postwurfsendung an alle Haushalte einer bestimmten Region geht.

KINO AKTUELL

WAS UNTERNEHMEN WIR?

„Viel Glück und ein bisschen Talent"

„Ein Riesenspaß!"

Indien - Rajasthan und das goldene Dreieck

Sie werden genau studiert.

Die Kalender 2005:

Massenkommunikation Tageszeitung

Anzeigen, platziert im Anzeigenteil der Rheinischen Post Düsseldorf.

IKEA-Katalog

In den Regionen, in denen IKEA-Möbelhäuser zu finden sind, werden die IKEA-Hauptkataloge als Postwurfsendungen an alle Haushalte verteilt – wie die regionalen Besucherströme beweisen mit durchschlagendem Erfolg.

Tageszeitung

Die Tageszeitung hat als Träger der Anzeigenwerbung eine Reihe von Vor- und nachteilen aufzuweisen, die hier kurz aufgeführt werden sollen.

Vorteile sind die unbegrenzte und kurzfristige Verfügbarkeit; bereits mit einer Schaltung erreicht man eine hohe Reichweite, allerdings werden kaum Leser unter 40 Jahren angesprochen. Anzeigen bauen schnell viele Kontakte auf und erreichen als Zeitungsanzeige eine hohe Akzeptanz und Glaubwürdigkeit. Anzeigen werden als zentrale Informationsquelle für den Einkauf genutzt und sind für regionale bzw. lokale Märkte sehr gut nutzbar. Die hohen Preise für die Anzeigenschaltung werden durch die sehr gute Reichweitenwirksamkeit relativiert.

Die Nachteile sind nicht zu vernachlässigen: Tageszeitungen haben eine kurze Lebensdauer, eine begrenzte Druckqualität, begrenzte zielgruppenspezifische Selektion, vor allem die Reichweiten bei jugendlichen Zielgruppen sind sehr begrenzt. Die hohen Kosten für die Insertion und die unübersichtliche Preisgestaltung und Abrechnung erschweren den Umgang mit diesem Werbeträger.

Zeitung online

Dies ist ein Informationsdienst der zentralen Marketingorganistion der deutschen Zeitungen. Hier können Sie interessante und aktuelle Informationen und Links zum Zeitungsmarketing erfahren. Schauen Sie nach unter …

www.Zeitungen-online.de

Die derzeitige Gesamttendenz ist schwierig: Sinkende Akzeptanz bei jungen Zielgruppen, damit verbunden ist ein Auflagenrückgang und eine sinkende Haushaltsabdeckung. Gegenteilige Trends sind aber bei einigen Tageszeitungen feststellbar: So wird z.B. das Online-Angebot der Rheinischen Post in Düsseldorf überregional von jungen Zielgruppen genutzt.

www.Rheinische-Post.de

Rundfunkwerbung

Diese Werbeart wird korrekt als Hörfunkwerbung bezeichnet. Sie kann neben den lokalen Rundfunksendern mit geringer technischer Sendeleistung bei den elf ARD-Rundfunkanstalten gebucht werden. Die ARD-Sender haben aufgrund ihrer landesweiten Ausstrahlung eine hohe Reichweite. Es werden pro durchschnittlichem Werbespot von ca. 30 Sekunden etwa 21 % Hörer einer Zielgruppe erreicht (Quelle Media-Analyse 1999).

Wichtig sind für den Erfolg einer Hörfunkwerbung die *Nutzungskriterien* durch die Hörer. Morgens wird am meisten Radio gehört. Dementsprechend hoch sind hier die Sekundenpreise für die Sendung eines Spots. Die Anzahl der Hörer nimmt im Laufe des Tages ab. Viele Hörer nutzen den Hörfunk als Medium, das bei einer Tätigkeit nebenbei läuft. Die Chancen, Werbebotschaften und Werbekontakte zu erhalten, sind abhängig von der Spotpene-

tration und den bewusst zuhörenden Rundfunkteilnehmern. Den Penetrationsmöglichkeiten werden durch „Zappen“ und die Hörerfluktuation Grenzen aufgezeigt.

Die Wirkung von Hörfunkspots ist regional betrachtet gut. Vor allem, wenn es darum geht, ein neues Produkt oder neue Marken bekannt zu machen.

Fernsehwerbung

Die erste Fernsehwerbung in Deutschland wurde anlässlich der Olympischen Spiele 1936 gesendet, war jedoch einem ausgesuchten Publikum vorbehalten – wer hatte damals schon ein Fernsehgerät!

Heute stehen in Deutschland etwa 32 Millionen angemeldete Fernsehgeräte. 95 % der Haushalte in der BRD können private und öffentlich-rechtliche Sender empfangen. Über diese Geräte erreichen die Fernsehanstalten mit ihren Werbesendungen alle denkbaren Zielgruppen. Pro Tag werden im Durchschnitt mit Werbesendungen

- 62,9 % aller möglichen Fernsehzuschauer ab 14 Jahren erreicht, davon
- 29,8 % aller Männer und
- 33,1 % aller Frauen.

Die *Nutzungskriterien* von Werbung im Fernsehen sind bei den öffentlich-rechtlichen Sendern klar geregelt: Feste Werbeblöcke von maximal 20 Minuten Dauer von Montag bis Samstag bis maximal 20.00 Uhr. Danach ist Sponsoring möglich. Die maximale Werbezeit darf 20 % des redaktionellen Teils nicht überschreiten. Durch das Zappingverhalten der Zuschauer durch lange Werbeblöcke wird die Effektivität der Zielgruppenansprache reduziert.

Fernsehwerbung hat die höchste Reichweite aller Werbemedien. Wenn ein Spot gesehen wird, ist die Wirkung hoch. Dadurch ist erklärbar, dass hier die höchsten Zuwachsraten aller Werbeträger zu finden sind. Kein anderes Medium kann die hohe Reichweite des Fernsehens aufweisen.

Eindeutige Nachteile gibt es auch. Die hohen Schalt- und Produktionskosten machen es für kleinere Anbieter schwer, sich an diesem Werbemarkt zu beteiligen. Durch den hohen Anteil der Zapper bei Werbeunterbrechungen wird die Effektivität der Werbespots reduziert. Vor allem bei den privaten Fernsehanbietern ist für den Zuschauer die Trennung zwischen redaktionellen und werblichen Inhalten oft nicht klar erkennbar.

Eine hohe Zuwachsrate ist bei dem so genannten Product-Placement zu beobachten. Darunter wird die gezielte Platzierung eines Markenartikels in einer Spielfilmhandlung verstanden (z.B. fährt James Bond einen BMW).

Kinowerbung

71 % der Kinobesucher sind zwischen 14 und 29 Jahre alt. Kinowerbung garantiert sehr hohe Kontaktzahlen bei der Zielgruppe unter 30 Jahren. Bei jugendlichen Zielgruppen weist Kinowerbung die geringsten Streuverluste auf. Diese Zielgruppe der Kinobesucher verfügt über ein höheres Bildungsniveau und ein besseres Einkommen als der Durchschnitt.

Kinowerbung wird als unterstützendes Medium betrachtet, da mit Werbefilmen eine hohe emotionale Wirkung erreicht werden kann und ein „Sehzwang" besteht. Der Zuschauer kann sich nicht entziehen.

Werbespot zur Produkteinführung

Anlässlich der Markteinführung eines neuen, hochpreisigen Geländewagens wurde ein Werbespot gezeigt, der die mögliche Zielgruppe mit dem Ambiente und dem gedachten Umfeld des Fahrzeuges ansprechen soll. Oben links das Film-Intro, rechts darunter das beworbene Produkt.

www.landrover.de

AGIREV

Arbeitsgemeinschaft Internet Research e.V. Zusammenschluss mehrerer Vermarkter und Anbieter von Internetangeboten: Adlink, AOL, G+J, Bauer Media, web.de u.a.

Onlinewerbung

Zielgruppendefinition der FAZ.NET. Diese Definition entspricht weitgehend den derzeitigen Erkenntnissen über die Hauptnutzer des Internets.

www.faz.net

Online-Werbung

Jung, gut ausgebildet und gut verdienend – eine der interessantesten Zielgruppen für die Werbeindustrie. Etwa 60 % der 30 bis 39-Jährigen sind online, bei den jüngeren Altersklassen liegt der Prozentanteil bei steigender Tendenz noch höher.

Gleichzeitig steht dieser Zielgruppe durch berufliche, familiäre bzw. private Belastungen immer weniger Informationszeit zur Verfügung. Daher werden Informationen nicht mehr nur über die klassischen Medien konsumiert, sondern zu einem großen Teil über das schnelle Medium Internet zielgerichtet abgerufen.

Für die Werbung bedeutet das: Sie muss sich auf das gewandelte Informationsverhalten einstellen. Junge Gutverdiener müssen dort angesprochen werden, wo sie sich aufhalten und das ist zunehmend im Internet.

Die am meisten genutzten Themengebiete sind:

- Weltnachrichten (43 %)
- Reisen/Touristik (37 %)
- Musik (37 %)
- Computer (35 %)
- Lokale Nachrichten (33 %)
- Bücher (32 %)
- Telekommunikation (30 %)
- Auto und Motor (30 %)
- Film/Video (28 %)
  (Quelle AGIREV e.V.)

Fast 75 % der Online-Nutzer kaufen auch online ein – das sind etwa 17–20 Millionen Menschen in Deutschland. Diese Menschen haben die folgenden Produkte erworben:

- Bücher (44 %)
- Produkte bei Auktionen (37 %)
- CDs (35 %)
- Kleidung und Schuhe (31 %)
- Geschenkartikel (28 %)
- Tickets (22 %)
- Computer und Zubehör (22 %)
- CD-ROMs und DVDs (20 %)
- Software (20 %)

Einsatzbereiche und Nutzung

Jede Branche und jedes Unternehmen benötigt einen auf ihre Bedürfnisse zugeschnittenen Internetauftritt. Investitionsgüterproduzenten bieten in der Regel ihre Produkte durch informative und sachorientierte Werbung im Netz an. Konsumgüteranbieter legen ihren Schwerpunkt auf Unterhaltung und setzen auf Image, da die Käufer oft nicht nur durch sachliche Argumentation zum Kauf eines Produktes überzeugt werden können.

In vielen Bereichen ist die Online-Werbung fester Bestandteil der Werbelandschaft und oft Teil eines Medienmixes aus Print- und Nonprintwerbung. Online-Zeitungen und -Zeitschriften verbunden mit Werbe- oder Sponsoringbannern auf diesen Seiten werden stark genutzt. Unternehmensdarstellungen, virtuelle Messeplätze, Fernuniversitäten, Suchmaschinen, Informationsbörsen und Maildienste usw. sind Teil der Netzkommunikation.

Diese Internetdienste bieten für den Werbetreibenden folgende Vorteile:

- Einfache, schnelle und preisgünstige Aktualisierung von Daten. Alle Informationen können immer sehr aktuell gehalten werden.
- Direkter und persönlicher Kontakt zu Unternehmen, Behörden und Privatpersonen kann unkompliziert hergestellt werden.
- Informationen, Bilder, Grafiken, Sounds und Videos können direkt vom Schreibtisch abgerufen werden.
- Gute Recherchemöglichkeiten und ausführliche Hintergrundinformationen können von vielen Servern abgerufen werden.
- Geringere Kosten der Seitenherstellung als für ein Printprodukt und schnellere Aktualisierung, allerdings mit geringerer Nachhaltigkeit.
- Möglichkeit der direkten Zielgruppenansprache über Specials-Interest-Medien.
- Das Web bietet sehr gute Möglichkeiten im Bereich der Marktforschung durch Informationen über Zugriffszeiten und Nutzung einzelner Seiten.

Nachteile des Webs müssen auch genannt werden:

- Schlechte Videoqualität bei Videoübertragung (-streaming).
- Probleme der Datensicherheit sind noch nicht hinreichend gelöst.
- Der Nutzer muss mit PC oder Handy ausgestattet sein. Man erreicht nicht die Allgemeinbevölkerung, sondern nur segmentierte Zielgruppen, die technisch und innovativ sind.
- Der Konsument muss selbst aktiv werden. Deswegen muss auf die Website einer Unternehmung aufmerksam gemacht werden. Dies benötigt teilweise die Unterstützung durch die klassischen Werbemedien.

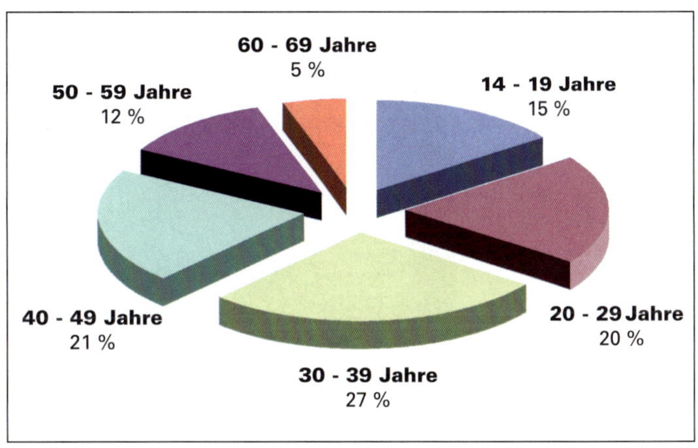

Struktur der Online-Nutzer in Deutschland

Etwa die Hälfte der Online-Nutzer ist zwischen 20 und 40 Jahren alt.
Diese Gruppe stellt einen attraktiven Werbemarkt dar, da sie finanzstark, interessiert und aufgeschlossen für neue Produkte und Dienstleistungen und deren moderne Vermarktung ist.

Ob Werbung im Internet ankommt oder nicht, ist oft unklar. Daher haben sich die Online-Werber Bewertungskriterien für Werbung im Netz erstellt. *„PageView"* bezeichnet die Anzahl der Sichtkontakte mit einer werbeführenden HTML-Seite. Sie liefert das Maß für die Nutzung und damit den Erfolg einzelner Seiten aus dem vielfältigen Angebot des Webs. Die Summe aller PageViews (oft auch als Klicks bezeichnet) ist ein Hinweis für die Attraktivität eines Internetangebotes. Als *„Visit"* (Besuch) wird ein zusammenhängender Nutzungsvorgang eines Web-Auftritts bezeichnet. Er definiert den Werbeträgerkontakt. Ein Nutzungsvorgang ist ein technisch erfolgreicher und gezählter Zugriff eines Browsers auf ein aktuelles Angebot.

Die Möglichkeiten der statischen Auswertung einer Internetseite sind auf der folgenden Seite mit Hilfe von Grafiken dargestellt. Die ausgewertete Webseite bietet Pferde-Kutschfahrten auf der Schwäbischen Alb an.

Statistische Nutzungsauswertung

Jede Webseite kann eine Nutzungsauswertung erfahren. Daraus lässt sich die Häufigkeit der Nutzung exakt auswerten.

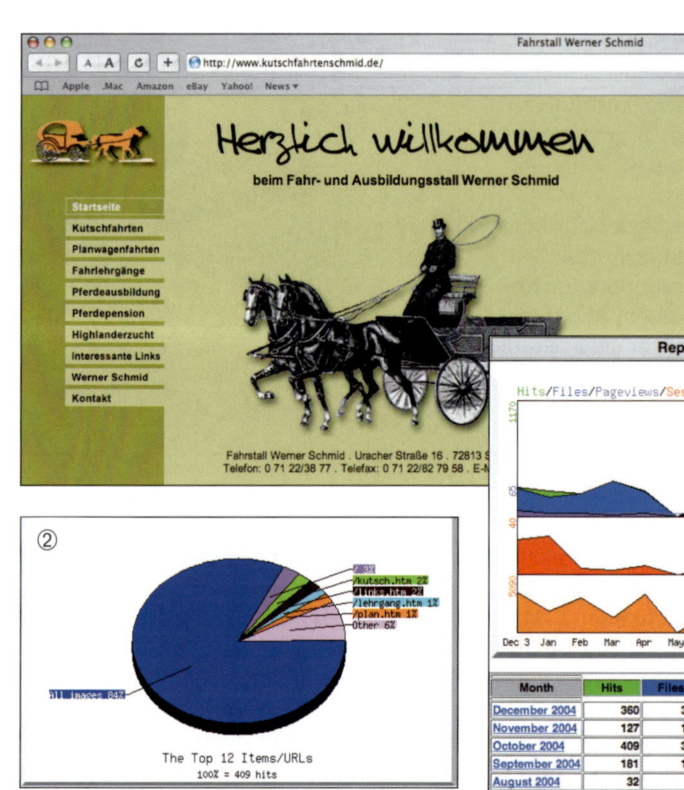

①

Report for 2004

Hits/Files/Pageviews/Sessions/Kilobytes by month

Dec 3 Jan Feb Mar Apr May Jun Jul Aug Sep Oct Nov Dec 4

Month	Hits	Files	Pageviews	Sessions	KBytes sent
December 2004	360	319	63	16	5091
November 2004	127	124	18	17	1179
October 2004	409	316	65	40	4548
September 2004	181	126	18	4	1232
August 2004	32	25	2	2	62
July 2004	1170	1001	33	5	3663
June 2004	178	113	31	2	1796
May 2004	0	0	0	0	0
April 2004	262	258	34	6	3553
March 2004	364	364	12	3	1356
February 2004	241	241	36	4	3172
January 2004	264	199	30	28	1966
Total	3588	3086	342	127	27615

②

/ 3%
/kutsch.htm 2%
/links.htm 2%
/lehrgang.htm 1%
/plan.htm 1%
Other 6%
All images 84%

The Top 12 Items/URLs
100% = 409 hits

Navigation Window

Full Statistics for October 2004	
Hits:	by Day / by Weekday & Hour / by Country /
Items/URLs:	Top Ten / Overview /
Client Domain:	Top Ten / Overview /
Browser Type:	Top Ten / Overview / List
Referrer URL:	Overview / List

Summary for 2004 / Close navigation window

③

Full Statistics for October 2004

Monthly Summary	
Total hits	409
Total files sent	316
Total Code 304's (Not Modified)	93
Other responses (see below)	0
Total pageviews	65
Remaining responses	344
Total KB requested	5184
Total KB transferred	4548
Total KB saved by cache	636
Total unique URLs	60
Total unique sites	40
Total user sessions per 24 hours	40
Total unique agents	7
Total unique referrer URLs	16
Maximum/Average hits	
Max hits per day	114
Average hits per day	13
Max hits per hour	61
Average hits per hour	0

Statistische Auswertung der obigen Internetseite.

① Jahresreport der Seite mit grafischer und statistischer Darstellung der Klickhäufigkeit. Nutzungsschwerpunkte entsprechen dem jahreszeitlichen Nutzungsverlauf der Angebotes.

② Darstellung der prozentualen Nutzung der einzelnen Menüpunkte obiger Webseite.

③ Statistisches Auswertungsmenü für den Monat Oktober.

1.6.3 AIDA und andere Prinzipien

1.6.3.1 Werbegrundsätze

Bei der Planung von Werbeauftritten müssen eine Reihe von Grundsätzen beachtet werden, die für den Werbekunden und die angesprochene Zielgruppe von hoher Bedeutung sind. Eine Reihe dieser Grundsätze ist bereits in Abschnitt 1.6.1.2 beschrieben worden. Daher sollen hier nur noch einige Punkte und Gedanken ergänzt werden:

- Werbung muss klar sein. Nur klare, eindeutige, verständliche und deutliche Aussagen bringen einem beworbenen Produkt dauerhaften Erfolg.
- Werbung muss wirksam sein. Originalität, Treffsicherheit, Einprägsamkeit und Stetigkeit, auch in der Wiederholung, zeichnen eine gute Werbeplanung aus. Eine gute, erfolgversprechende Werbeplanung ist nur möglich, wenn verlässliche Grundinformationen über das Produkt, die Zielgruppe, verfolgte Werbeziele und über die Konkurrenzsituation vorhanden sind.
- Werbung muss überprüfbar sein. Die Prüfung der Wirtschaftlichkeit einer Werbemaßnahme wird durch eine gezielte Werbeerfolgskontrolle durchgeführt. Um die Wirkung einer Werbemaßnahme zu beurteilen, benötigt man Werbeerfolgskennziffern oder Werbeerfolgsparameter. Diese haben den Zweck, die in den Werbezielen und der Werbeplanung beschriebenen Maßnahmen zu überprüfen und zu bewerten. Zentrale Werbeerfolgsparameter sind:
  - Erstkaufrate – Zahl der Erstverwender eines beworbenen Produktes.
  - Bekanntheitsgrad eines Produktes am Markt in Prozent.
  - Reichweite einer Werbemaßnahme in Prozent der theoretisch erreichbaren Zielgruppe.
  - Frequenz, d.h. die Häufigkeit, mit der eine Werbemaßnahme am Markt wiederholt wurde.
  - Die Eindrucksqualität einer Maßnahme. Darunter wird ein Schätzwert für die emotionale Wirkung einer Werbemaßnahme bei der angesprochenen Zielgruppe verstanden. Die Eindrucksqualität ist ungemein schwer bzw. nur mit hohem Aufwand zu erfassen. Die Eindrucksqualität einer Werbemaßnahme ist oftmals eine große Unbekannte. Dies ist deutlich hervorzuheben, da es sich hier um eine kulturrelevante Größe handelt. Dies bedeutet, dass die Eindrucksqualität an einem Ort eine ganz andere sein kann als in einem anderen Kulturkreis (Stadt/Land oder Bayern/Nordseeküste) oder gar in einem anderen Land (Europa/Japan).
    Die Fastfood-Kette MacDonalds erlebte mit dem Werbeclown Ronnie McDonalds in Japan eine schwere Werbeschlappe: Der Clown hatte, wie bei uns üblich, ein weiß geschminktes Gesicht. In Japan ist dies aber die Farbe des Todes und hat damit eine ganz andere Eindrucksqualität. Die Firma hatte daraufhin in Japan zumindest kurzfristig ein Problem!

1.6.3.2 Werbeziele

Unter Werbung werden alle Maßnahmen verstanden, die einen Menschen veranlassen, freiwillig bestimmte Handlungen vorzunehmen. Dies kann der Kauf von Gütern, die Wahl eines Abgeordneten oder der Besuch eines Konzertes sein.

Die meiste Werbung wird von Unternehmen mit dem Ziel veranlasst, dass

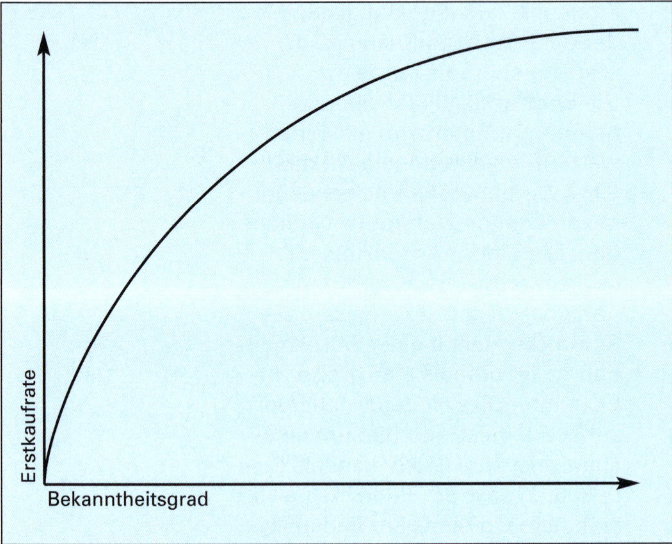

Die Erstkaufrate als Funktion des Bekanntheitsgrades

Dieser Graph zeigt, dass mit zunehmender Bekanntheit eines Produktes die Erstkaufrate zurückgeht. Das bedeutet, dass mit jeder weiteren Werbefrequenz der Nutzen der jeweiligen Werbemaßnahme sinkt. Die erste Werbemaßnahme bringt den größten Erfolg und jede weitere ein jeweils geringeres Umsatzergebnis, i.d.R. aber eine Steigerung des Bekanntheitsgrades.

(Quelle: Kotler/Bliemel, Marketing-Management, Stuttgart 1995)

potenzielle oder bereits vorhandene Kunden für ihre Bedürfnisse und ihre Kaufkraft die richtigen Sachgüter und Dienstleistungen zu günstigen Bedingungen erwerben. Dabei versucht Werbung, Bedürfnisse beim Kunden zu wecken und diese dann zur Bedürfnisbefriedigung zu veranlassen. Dies ist für die Volkswirtschaft insoweit nützlich, da jede Werbemaßnahme den Wettbewerb anregt und so zu einer Leistungssteigerung der einzelnen Betriebe und damit der Volkswirtschaft beiträgt.

Bedürfniserweckung

Ziele und Aufgaben der Werbung liegen also darin, Bedürfnisse nach Gütern zu erwecken, den Bedarf zu beeinflussen und Marktanteile möglichst zugunsten der werbenden Betriebe zu verändern. Wird durch die Werbung das Bedürfnis nach einem neuen Gut erstmalig hervorgerufen, spricht man von *Bedürfniserweckung*.

Bedarfsausweitung

Bei einem am Markt bereits eingeführten Produkt kann durch entsprechende Marketingmaßnahmen die Käuferschicht vergrößert werden. Wenn dies gelingt, wurde eine erfolgreiche *Bedarfsausweitung* durchgeführt. Das geschieht dadurch, dass vorhandene Kunden angeregt werden, von einem bestimmten Gut mehr als bisher abzunehmen. Dies geht oft nur durch die Beeinflussung der eigenen Marktanteile und bedeutet, dass andere Marktanbieter Kunden und damit Marktanteile verlieren. Tritt ein solcher Fall ein, kann nur durch eine verstärkte Eigenwerbung versucht werden, diese Abwerbung von Kunden zu verhindern. Dazu werden Werbemaßnahmen eingesetzt, die der *Kundenerhaltung* dienen.

Werbewirksamkeit

Die Wirksamkeit von Werbung hängt vor allem von einer guten Werbeplanung ab. Originelle, die Zielgruppe treffende, einprägsame und informative Werbung läuft im Allgemeinen nach dem AIDA-Prinzip ab. Das AIDA-Prinzip ist ein Leitfaden für Werbung. AIDA ist eine Abkürzung für die vier wichtigsten Aufgaben, die Werbung zu erfüllen hat:

A steht für Attention = Aufmerksamkeit
I steht für Interest = Interesse
D steht für Desire = Verlangen
A steht für Action = Handlung

Die vier Stufen des AIDA-Modells stellen verschiedene Aktivierungsgrade eines potenziellen Kunden dar. Die reine Aufmerksamkeit ist dabei die niedrigste Aktivierungsstufe und der durchgeführte Kaufakt die höchste Stufe.

Nach E.K. Strong kann die Wirkungsweise einer Werbebotschaft mit dem AIDA-Prinzip wie folgt zusammengefasst werden:

Kognitive Ebene	**A**	Attention: Beobachten, Aufmerksamkeit, Wahrnehmung der Werbebotschaft
Affektive Ebene	**I**	Interest: Interesse an dem beworbenen Produkt
	D	Desire: Wunsch nach dem beworbenen Produkt
Konative Ebene	**A**	Action: Handlung, Kauf des beworbenen Produktes

Die vier Phasen des AIDA-Prinzips sind umso wirkungsvoller, je zielgruppengerechter eine Werbemaßnahme angelegt und durchgeführt wird. Passt die Werbemaßnahme zur Zielgruppe, wird eher eine angestrebte Handlung erreicht.

Dabei durchläuft die Werbung verschiedene Wirkungsstufen. Diese gehen von der ersten Wahrnehmung über das Verstehen und Bejahen der Werbebotschaft. Wird die Botschaft grundsätzlich bejaht, wird eine positive Kaufbereitschaft erzeugt. Dies ist allerdings nur dann der Fall, wenn der Kauf im sozialen Umfeld des Käufers vermutlich positiv aufgenommen wird. Kaufintension und positive Einstellung zum beworbenen Produkt führen zum Kauf, wenn die finanziellen Mittel vorhanden sind und externe sowie soziale Störfaktoren weitgehend ausbleiben.

AIDA, GIULIA und Internet

Gedruckte Werbung folgt notwendigerweise den oben beschriebenen Regeln nach dem AIDA-Prinzip. Keine Anzeige, keine Zeitungsbeilage kann Verlangen erzeugen, ohne dass zuvor Aufmerksamkeit und Interesse geweckt wurde. Bei der Konzeption und Entwicklung der Printwerbung konzentrieren sich viele Designer bei ihren Überlegungen darauf, wie Aufmerksamkeit und Interesse für ein Produkt oder eine Sache zu erreichen ist. Man versucht, mit den unterschiedlichen Hilfsmitteln die Punkte Attention (Aufmerksamkeit) und Interest (Interesse) abzudecken. Die Frage nach Desire und Action wird oft nicht sonderlich intensiv in die Gestaltungsüberlegungen mit einbezogen und oftmals auch nicht direkt überprüft.

Wie ist nun die Situation bei der Gestaltung von Internetseiten. Hier müssen die Punkte Attention und Interest im Prinzip nicht beachtet werden. Wenn ein User eine interessante Web-Adresse wie www.springer.de eingibt, hat er sein Interesse bereits bekundet, sonst würde er die Adresse nicht eingeben. Interesse muss also nicht durch den Designer aufgebaut werden. Attention- und Interest-Überlegungen sind bei der Gestaltung von Webseiten also nicht von Bedeutung.

Desire im Web ist eine andere Sache – der Web-User hat sein Produkt (also Informationen) bereits dann, wenn er eine Seite aufgerufen hat. Der Web-User holt sich seine Information also selbst. Er ist aktiver Nutzer und nicht „passiver" Konsument wie bei einem Printmedium. Dies bedingt, dass der Web-Designer eine Reihe von anderen Überlegungen bei der Gestaltung der

AIDA	Erklärung	Ziele und Hilfsmittel
A	**Attention** Die Aufmerksamkeit, ein erster Blick eines möglichen Betrachters muss erregt werden.	Der Betrachter muss dazu angeregt werden, auf eine Werbung mit Aufmerksamkeit zu reagieren. Hilfsmittel dazu können sein: Schöne Frauen/Männer; nackte Haut; Fangfoto, das etwas zeigt, was neugierig macht; große Darstellung; niedliche Tiere; Kinder; grelle Farben; heiße Sprüche ...
I	**Interest** Das Interesse des Betrachters für die Werbung soll gebunden werden, er soll sich mit der Werbung beschäftigen, er soll vor der Werbung verweilen.	Der erste Blick eines Betrachters soll gefangen bzw. gehalten werden. Er soll vor der Werbung verweilen und sich mit ihr beschäftigen, deshalb bietet Werbung eine Story, einen Witz, einen Gag an. Hilfsmittel dazu sind zum Beispiel: Eine Geschichte wird erzählt, durch ein Bild, einen Clip; eine unerwartete Pointe; ein Witz wird dargestellt; ein Rätsel macht neugierig; eine Andeutung soll aufgelöst werden; ...
D	**Desire** Das Verlangen des Betrachters nach dem beworbenen Produkt soll möglichst rational und emotional geweckt werden.	Ein Betrachter bekommt Gründe dafür genannt, warum er das beworbene Produkt erwerben soll. Dabei können rationale und emotionale Gründe unterschieden werden. Während die Vernunftgründe den kritischen Verbraucher ansprechen, zielen die gefühlsmäßigen Versprechungen auf den verführbaren, unmündigen Verbraucher, der das Image eines Konsumgutes höher schätzt als dessen tatsächliche Qualitäten. Hilfsmittel: Ein Produkt bekommt einen bestimmten Status oder ein bestimmtes Image zugewiesen. Der Käufer wirkt dadurch sexy, erfolgreich, bekommt viele Freunde und wird niemals alleine sein ...
A	**Action** Eine Handlung, genauer eine Kaufhandlung, soll ausgelöst und erleichtert werden.	Werbung hat nur einen Zweck: Als Produktwerbung muss sie den Betrachter dazu bringen, die beworbene Ware zu kaufen. Dazu muss der Betrachter das Produkt benennen und im Geschäft sofort identifizieren können. Außerdem muss er das Produkt möglichst sofort kaufen. Hilfsmittel dazu sind folgende Maßnahmen: Produktabbildungen; Kontaktinformationen; Drängen durch jetzt, sofort oder andere Aufforderungen; Wiedererkennung eines Markenzeichens; Sonderangebote; limitierte Angebote; ...

interaktiven Webseiten anstellen muss. Bei der Nutzung von Internetseiten durch den Endanwender liegt eine völlig andere Kommunikationssituation vor wie bei der Betrachtung von gedruckter Werbung.

Zum einen ist – logischerweise – die Nutzung des dynamischen Internets anderen technischen Zwängen unterworfen wie das Lesen oder Wahrnehmen eines Buches oder eines Plakates. Um ein interaktives Medium effektiv anzuwenden, ist vor allem dem Design der Nutzeroberfläche und der logischen Navigationsstruktur große Aufmerksamkeit zu schenken. Das statische Druckprodukt kennt ein derartiges Problem selbstverständlich nicht.

Diese kurze Betrachtung verdeutlicht, dass AIDA sinnvoll für die Überlegungen bei allen Printprodukten ist – für gutes Web-Design hilft uns AIDA nur bedingt. Für die Gestaltung von Webseiten kann das wenig bekannte GIULIA-Prinzip hilfreich sein.

GIULIA steht für Glaubwürdigkeit, Information, Unverwechselbarkeit, Lesbarkeit, Interesse und Aufmerksamkeit. Im Vergleich zu AIDA geht GIULIA von einem anderen Ansatz im Verhältnis zwischen Web-Anbieter und Nutzer aus. Erst durch ein Vertrauensverhältnis zwischen dem Anbieter einer Webseite und dem Leser entsteht im Endeffekt Interesse an Produkten oder Dienstleistungen. Damit dieses funktionieren kann, ist eine strukturell logische und sichere Aufbereitung einer Webseite Voraussetzung. Unverwechselbare und langlebige Seiten mit einer „langen Userbindung" durch gute Funktion, hohen Nutz- bzw. Informationswert sollten das Ziel sein.

Wenn eine informative Webseite den Leser bzw. den User zu einer Dienstleistung oder zu einem Produkt geführt hat, dann wird er häufig zur gedruckten Werbung greifen – und dann gilt wieder, vermutlich in abgeschwächter Form, das bekannte AIDA-Prinzip.

GIULIA steht für

Glaubwürdigkeit
Information
Unverwechselbarkeit
Lesbarkeit
Interesse
Aufmerksamkeit

Erscheinungsbild

Das Erscheinungsbild eines Unternehmens bestimmt bis zu einem gewissen Grad seine Stellung am Markt. Das Erscheinungsbild sollte orientiert sein an den konkreten Zielsetzungen und Wertvorstellungen, der Unternehmensgeschichte, dem Image, den Produkten und der damit verbundenen Kompetenz sowie dem Standort.

Das Auftreten eines Unternehmens, das Verhalten seiner Mitarbeiter und die Übereinstimmung zwischen dem nach außen wirkenden Leitbild und der innen wirksamen Realität wird als *Corporate Identity* bezeichnet. Diese idealistisch zu betrachtenden Wertkomponenten treten nach außen optisch nicht in Erscheinung.

Corporate Identity

Neben den „inneren Werten" einer Unternehmung spielen das visuelle Erscheinungsbild eines Unternehmens noch eine bedeutende Rolle. Dieses visuelle Erscheinungsbild wird unter dem Begriff *Corporate Design* (CD) zusammengefasst. Die immer gleichen Erscheinungsmerkmale wie Schrift, Logo, Symbole, Farbe, Fahrzeuglackierung, Farbleitpläne, Gebäudedesign, Werbe- und Designstruktur sollen ein einheitlich positives Bild einer Unternehmung in der Öffentlichkeit vermitteln.

Corporate Design, wird festgehalten in einem Style-Guide.

Corporate Identitiy und *Corporate Design* erhöhen den Wiedererkennungswert eines Unternehmens am Markt. Das Bild und die Wertvorstellungen, das sich Mitarbeiter, Kunden, Konkurrenten und andere am Wirtschaftsleben Beteiligte von einem Unternehmen machen, wird stark durch den Wiedererkennungswert bestimmt.

Kommunikationsmodell mit den 6 W

Modell mit den 6 W und dem daraus folgenden Prozessablauf.

Kommunikationsmodell

Wer	Unternehmer, Werbender u.a.
sagt **Was**	Werbebotschaft
mit welcher **Wirkungsabsicht**	Werbeziele
auf welchem **Wege**	Kommunikationsmittel, Werbeträger, Werbemittel, Verkäufer
zu **Wem**	Zielgruppen
mit welcher **Wirkung?**	Werbeziele wie: Produktkauf, Einstellungsänderung, Imageverbesserung, Erinnerungswerbung, Bedürfnisweckung, Produktinformation, Verhaltensänderung

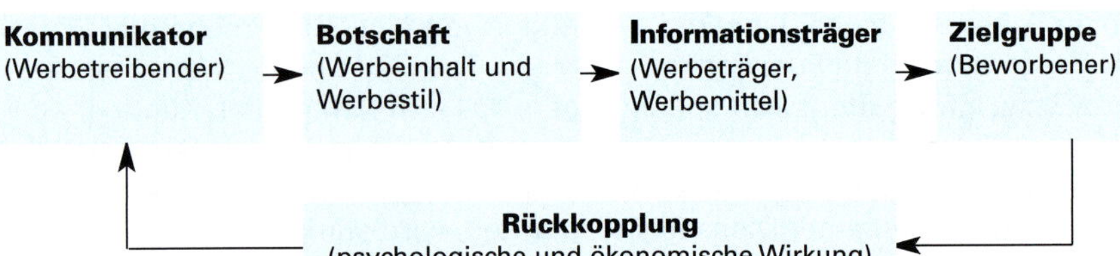

1.6.4 Aufgaben „Werbelehre“

Aufgabe 1.6.4.1
Definition des Werbebegriffs

Versuchen Sie ein kurze und prägnante Definition für den Begriff „Werbung“ zu formulieren.

Aufgabe 1.6.4.2
Wirtschaftliche Funktionen der Werbung

Welche Aufgaben hat die Werbung für die am Wirtschaftsleben beteiligten Unternehmen und Personen?

Aufgabe 1.6.4.3
Gesellschaftliche Funktionen der Werbung

Welche Funktionen hat Werbung für Anbieter und Verbraucher?

Aufgabe 1.6.4.4
Funktionen der Werbung

Nennen und erklären Sie die Lebenszyklen einer Ware bzw. eines Produktes und die damit verbundenen Werbephasen.

Aufgabe 1.6.4.5
Begriffe der Werbung erklären

Erläutern Sie:
a. Bedarfsweckung b. Propaganda
c. Marktpenetration d. Zielgruppe

Aufgabe 1.6.4.6
Bedingungen für Werbung nennen

Damit Werbung bei einer Zielgruppe wirksam werden kann, müssen bestimmte Grundregeln beachtet werden, die immer wieder zu überprüfen sind. Welche Regeln gelten für den verantwortungsbewussten Werbefachmann bzw. -frau immer?

Aufgabe 1.6.4.7
Begriffe der Absatzwerbung kennen

Erläutern Sie:
a. Einzelwerbung b. Massenkommunikation
c. Response

Aufgabe 1.6.4.8
Ziele des Direktmarketings beschreiben

Nennen Sie mindestens drei Ziele, die durch Direktmarketing verfolgt werden.

Aufgabe 1.6.4.9
Möglichkeiten der Direktwerbung wissen

Welche Möglichkeiten oder Methoden der Einzelansprache eines möglichen Kunden kennen Sie bei der so genannten Direktwerbung?

Aufgabe 1.6.4.10
Online-Werbung und deren Möglichkeiten

Beschreiben Sie die Alters- und Einkommensstruktur der Online-Nutzer in der Bundesrepublik.

Aufgabe 1.6.4.11
Wirkungsweise von Werbebotschaften

Die Wirkungsweise bzw. Wirksamkeit einer Werbebotschaft kann mit dem Begriff „AIDA“ umschrieben werden. Erläutern Sie dieses Prinzip!

1.7 Briefing

1.7.1 Grundlagen des Briefings

1.7.1.1 Briefing-Arten

Briefing	=	Erteilung eines Werbeauftrages an einen Medienbetrieb.
Re-Briefing	=	Nachbesprechung des Auftrages mit dem Kunden nach der Auftragserteilung. Eventuelle Korrektur- und Abstimmungsmöglichkeiten für Auftraggeber und Auftragnehmer.
De-Briefing	=	Feedback durch den Auftraggeber nach Abschluss der Auftragsarbeiten hinsichtlich Qualität und Auftragsdurchführung.
Brand Review Meeting	=	Alle am Werbe- und Kommunikationsprozess Beteiligten tauschen in regelmäßigen Abständen Meinungen und Informationen aus, um Prozesse zu verbessern und zu optimieren.

Briefing-Arten

Briefing – ein Begriff aus der Werbe- und Medienbranche, der ein weites Feld umfasst und schwierig zu definieren ist. In der eigentlichen Definition versteht man unter Briefing die Auftragserteilung für werbliche Arbeiten. Dabei kann es um die Entwicklung ganzer Kampagnen gehen, aber auch um die Ausarbeitung einzelner Aufträge.

Die Erteilung eines Auftrages zur Medienproduktion kann an die Werbeabteilung eines Unternehmens, an eine Werbeagentur oder an eine Druckerei erfolgen. Oftmals ergeben sich daraus mehrstufig angelegte Briefings. Das bedeutet, dass eine Werbeagentur einen Auftrag erhält. Daraus entwickeln sich bei einer größeren Marketingstrategie mit einem Medienmix mehrere Einzelbriefings an andere Agenturen und Druckereien. Bei mehrstufigen Briefings besteht die große Gefahr der Veränderung und Abweichung von der ursprünglichen Vorgabe durch das Grundbriefing. Dies kann durch schriftliche oder mündliche Varianten und Interpretationen von Vorgaben entstehen. Letztere führen zu Veränderungen in der Auftragsdurchführung und damit zu mehr oder weniger großen Irritationen zwischen Auftraggeber und den einzelnen an der Ausführung Beteiligten. Daher gilt, dass immer derjenige, welcher ein Auftragsergebnis zu verantworten hat, direkt mit dem in Kontakt treten sollte, der den Auftrag durchführt. Alle Zwischenstufen mindern die Leistung, erhöhen die Fehlerquellen und damit die Kosten.

Briefing
Mit Hilfe des Briefings informiert der Auftraggeber über die folgenden Punkte eines Auftrages:

- Punkt 1: Zweck und Bestimmung des Auftrages
- Punkt 2: Wichtige Bestimmungsgrößen im Umfeld des Auftrages

Je exakter der Auftraggeber diese Informationen ermittelt, umso sicherer kann er sein, dass der Auftrag seinen Wünschen entsprechend durchgeführt wird. Dabei muss ein Briefing für die Jahreskampagne eines großen Unternehmens ausführlicher ausfallen als der Auftrag für eine Einzelmaßnahme eines kleinen Handelsunternehmens. Entscheidend ist, dass alle wichtigen Daten und Fakten genannt werden. Zu wenig Information führt zu einer Leistungsminderung und damit zu einem schlechteren Ergebnis, zu viel Information erschwert die Selektion des Wichtigen vom Unwichtigen und verlängert die Vorbereitung eines Auftrages.

Neben der Art des Auftrages ist auch die Beziehung zwischen den Vertragspartnern von Bedeutung. Arbeiten die

Partner schon längere Zeit erfolgreich miteinander, so kann die Informationsfülle geringer gehalten werden als bei zwei erstmals zusammenwirkenden Partnern. Da die Zusammenarbeit zwischen Kunde und Werbeagentur in der Regel langfristig angelegt ist, sammelt sich im Laufe der Zeit enormes Wissen an. Dies führt tendenziell zu einem eher knappen und kurzen Briefing, da die Grundinformationen zumindest bei Routineaufträgen bekannt sind.

Arbeiten Vertragspartner das erste Mal an einem gemeinsamen Projekt, muss das Briefing ausführlicher ausfallen. Hier liegt es am Auftraggeber, alle auftragsrelevanten Fakten zu sammeln und darzubieten. Derjenige, der einen Auftrag erteilt, muss diesen so präzise darstellen, dass er ein Ergebnis bekommt, das seinen Wünschen und Vorstellungen entspricht. Andererseits hat derjenige, der einen Auftrag annimmt, die Pflicht, Sachverhalte zu erfragen und notwendige Informationen beim Auftraggeber abzurufen.

Um einwandfreie Arbeit zu leisten, müssen im Briefing die folgenden Punkte angesprochen und dargestellt werden:

- Angebotsumfeld
- Werbeziele
- Marketingstrategie
- Werbeobjekte
- Abgrenzung des Marktes
- Werbeetat
- Käuferverhalten
- Beurteilung der Werbung

Re-Briefing

Nach einem Briefing, das ja einen Auftrag aus der Sicht des Auftraggebers präsentiert, sollte ein Re-Briefing vereinbart werden. Hier legt der Auftragnehmer nach Auftragsannahme sein Verständnis des Auftrages dar, um ein völliges Übereinstimmen zwischen den Vertragspartnern zu erreichen. Unklarheiten, Missverständnisse und konzeptionelle Mängel können bei diesem Re-Briefing ausgeräumt und korrigiert werden. Ein Re-Briefing erhöht die Sicherheit bei der Auftragsabwicklung und schafft ein Klima für schnelles, vertrauensvolles und effektives Arbeiten.

De-Briefing

Am Ende aller Tätigkeiten für einen Auftrag sollte das De-Briefing stehen. Hierbei werden vom Auftraggeber Rückmeldungen über die Qualität der geleisteten Arbeit gegeben. Daraus können von beiden Seiten wertvolle Erkenntnisse über die weitere effektive Zusammenarbeit gezogen werden. Bei Unternehmen, welche über einen längeren Zeitraum hinweg zusammenarbeiten, hat sich im einen oder anderen Fall das so genannte „Brand Review Meeting" bewährt. Dabei treffen sich die Auftraggeber und die Mitarbeiter der Werbeagentur in regelmäßigen Zeitabständen. Bei diesen Meetings werden dann mit allen Beteiligten sämtliche durchgeführten Werbemaßnahmen, die sich daraus ergebenden Erfahrungen, Erfolge und Misserfolge besprochen. Solche regelmäßigen Meetings verbessern die Kommunikation zwischen Auftraggeber und Werber, führen zu besseren Ergebnissen und letztendlich zu einem partnerschaftlichen Verhältnis zwischen den verschiedenen Vertragsparteien.

Der Trend geht zu kurzen, effektiven Briefings, vor allem wenn Kunde und Agentur lange zusammenarbeiten.

1.7.1.2 Angebotsumfeld

Für die erfolgreiche Umsetzung eines Werbeauftrages ist es erforderlich, dass sich die Hersteller der Werbemedien mit dem Umfeld des beworbenen Produktes beschäftigen und auskennen. Dazu bedarf es der Kenntnisse folgender Fakten:

- Markt
- Kommunikation
- Wettbewerber
- Beworbenes Angebot
- Zielgruppe (Abnehmer)
- Randbedingungen

Zu jedem dieser Faktoren werden geeignete Analysen durchgeführt, um die Auftragsabwicklung exakt an das Werbeprodukt anzupassen. Als Erstes ist eine Marktanalyse zu erstellen, in welcher die Chancen und die Risiken des Produktes erfasst werden. Ergänzend dazu ist eine Bedarfsanalyse anzufertigen, in welcher vor allem die Absatzsituation des beworbenen Produktes dargestellt wird.

Für die Erstellung einer Werbekampagne sind Kenntnisse über die aktuellen Wettbewerber unerlässlich. Die Mitbewerber, deren Produkte und deren Werbeaktivitäten sind zu analysieren. Qualität, Image, Preis, Lieferfähigkeit, Marken- und Werbestrategie sind Punkte, die es zu untersuchen und zu bewerten gilt. Vor allem bei Markenartikeln gilt es, nicht nur den Blick auf die Marken-Mitbewerber und deren Werbestrategie zu lenken, sondern auch auf die Substitutionsgutanbieter und deren Aktivitäten zu achten. Substitutionsgutanbieter können zum Beispiel so genannte No-Name- bzw. Billiganbieter und deren Vermarktungsstrategie sein. So ist es zum Beispiel für ein Bekleidungshaus außerordentlich schwierig, hochwertigste Bekleidung zu verkaufen, wenn sich im Angebotsumfeld und Einzugsbereich eines solchen Hauses ein Outlet-Center befindet, welches die Markenware zu erheblich niedrigeren Preisen anbietet.

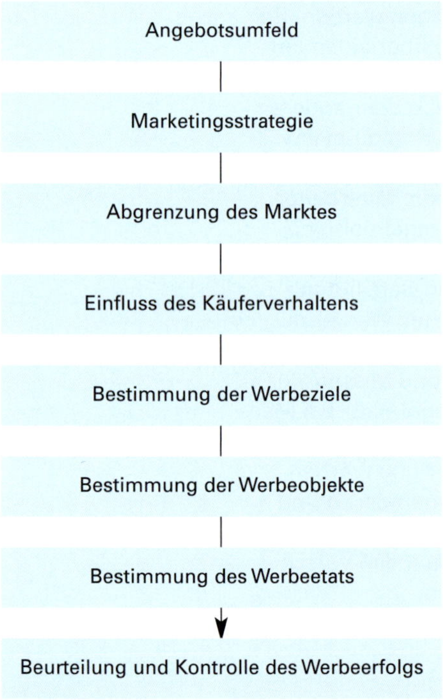

Angebotsumfeld
↓
Marketingsstrategie
↓
Abgrenzung des Marktes
↓
Einfluss des Käuferverhaltens
↓
Bestimmung der Werbeziele
↓
Bestimmung der Werbeobjekte
↓
Bestimmung des Werbeetats
↓
Beurteilung und Kontrolle des Werbeerfolgs

Mögliche Briefing-Elemente

1.7.1.3 Zielgruppe (Abnehmer)

Wichtige Informationen in Bezug auf die Zielgruppe sind Kenntnisse über deren Einstellungen zum beworbenen Produkt, Informations- und Entscheidungsverhalten beim Kauf, altersgerechte Zielgruppenansprache, Qualitätserwartungen und notwendiger Qualitätsanspruch an ein Produkt.

In die Überlegungen zur Werbestrategie für ein Auto muss zum Beispiel immer berücksichtigt werden, dass der durchschnittliche Käufer seine Kaufentscheidung etwa 21 Monate bedenkt, bevor er „sein" Auto kauft. Die Entscheidung für eine Marke hat er aber in aller Regel schon wesentlich früher getroffen. Eine derartige Entscheidung hängt wiederum von den verschiedensten Faktoren ab. Die wichtigsten sind Markenakzeptanz und Markentreue, die Lifestyle-Orientierung (Käufer- bzw. Verwendungsstruktur), die Kaufsituation, das Kaufintervall, die Wahl des Einkaufsortes und vieles mehr. Entscheidend bei diesen Kenntnissen über die Zielgruppe ist, dass alle diese Informationen zu nutzen sind, um einen Teil der Abnehmer zu einem bestimmten Kaufverhalten zu animieren.

1.7.1.4 Leistungen der Agentur

Aufgrund der im Briefing genannten und festgehaltenen Informationen kann die Agentur einen Auftrag zur Erstellung von Medien abwickeln. Das Ziel ist, werbewirksame Medienprodukte termingerecht zu erstellen und auszuliefern. Diese Medienprodukte können Prospekte, Handzettel, Plakate, Rundbriefe, Kataloge, Videoclips, Internetauftritte und deren Aktualisierungen, CD-ROMs und anderes mehr sein. Um dieses zu erreichen, muss die Agentur ein gutes Kommunikationsklima zwischen Auftraggeber und Agentur herstellen, ebenso ist eine partnerschaftliche Verbindung zwischen Agentur und Medientechniker notwendig.

Auf einen kurzen Nenner gebracht, besteht die Leistung der Werbeagentur darin, Planung, Gestaltung und Durchführung einer Werbeleistung zu organisieren. Grundlage dieser Organisation ist das vom Kunden erbrachte Auftragsbriefing. Aus diesem Briefing leiten sich die einzelnen Planungsschritte für die Ausführung eines Werbeauftrages ab:

- Grundlagenphase
- Strategiephase
- Entwicklungsphase
- Gestaltungsphase
- Ausführungsphase
- Kontrollphase

Die *Grundlagenphase* ist in der Agentur dem Außendienst vorbehalten. Der so genannte „Kontakter" erarbeitet mit dem Kunden eine Beschreibung des Werbeauftrages. Er ist bei der Briefing-Erstellung behilflich, sofern dieses nicht beim Auftraggeber selbst durch Marketingspezialisten erfolgt. Der Kontakter hat bei der Durchführung eines Auftrages eine wichtige Funktion: Er ist Vertreter des Kunden in der Agentur. Er muss die Vorstellungen des Kunden innerhalb der Agentur verdeutlichen. Dazu gehört ein ständiger Kontakt zum Kunden, zur Druckerei, zur Multimedia-Agentur und sonstigen an der Produktion Beteiligten.

Kontakter = Kundenberater und Außendienstmitarbeiter einer Werbeagentur

In der *Strategiephase* werden die Marketingziele definiert und festgelegt, die Gestaltungsstrategie wird erarbeitet, gescribbelt und definiert, Zielgruppenansprache, Verkaufsförderung und Öffentlichkeitsarbeit werden besprochen. Zentrales Thema der Werbekonzeption ist die Gestal-tungsstrategie. Hier wird die gedankliche Arbeit zur Visualisierung und Verbalisierung der Werbebotschaft erarbeitet. Die Werbebotschaft für die Vermarktung eines Produktes wird entworfen. Gleichzeitig wird die Übertragbarkeit der Werbebotschaft auf die unterschiedlichen Medien und Kommunikationsträger geprüft.

Die Marktanalyse

- → Chancen – Risiko – Abwägung
- → Bedarfsanalyse

Die Wettbewerbsanalyse

- → Aktuelle Mitbewerber und deren Werbe- und Marketingstrategie
- → Potenzielle Mitbewerber und deren mögliche Werbe- und Marketingstrategie
- → Substitutionsgutanbieter

An diesen Tätigkeiten sind verschiedene Spezialisten beteiligt: Kontakter, Mediaplaner, Grafiker, Screen-Designer und Mediengestalter entwerfen konzep-

Spezialisten in Werbeagenturen: Mediaplaner, Grafiker, Screen-Designer, Mediengestalter, Informations-Designer, Typografen, Psychologen, Texter, Drehbuchautoren usw.

Produktioner = technischer Fachmann in einer Werbeagentur. Verantwortlich für die organisatorische und technische Herstellung der Medienprodukte.

tionelle und visuelle Darstellungen. Diese Entwürfe werden mit dem Auftraggeber abgesprochen und von diesem genehmigt. Damit kann von einer gesicherten und vom Kunden genehmigten Arbeitsbasis zur nächsten Herstellungsphase übergegangen werden.

Mit der *Entwicklungsphase* beginnt die eigentliche kreative Arbeit. Kreativteams werden in Agenturen gebildet, die sich je nach Aufgabenstellung unterschiedlich zusammensetzen. Texter, Visualisierer, Grafiker, Illustratoren, Designer, Typografen, Psychologen, Mediaplaner, Sound-Designer und Drehbuchautoren arbeiten Hand in Hand an der Umsetzung einer Gestaltungsaufgabe. Das Erscheinungsbild wird in gemeinsamen Teamsitzungen erarbeitet. Die Ergebnisse von Marktanalysen, Meinungserhebungen, Interviews fließen in die gestalterische Tätigkeit ein. Man muss sich in dieser Phase in das Produkt, in die mögliche Zielgruppe und in den Endverbraucher hineinversetzen, um das zu bewerbende Produkt gut darstellen und verkaufen zu können. In dieser Entwicklungsphase eines Auftrages kommt vor allem in größeren Agenturen der Produktioner in das Team. Er muss die technische Realisierbarkeit beurteilen und überprüfen. Notwendige, vor allem kostensparende Änderungen können von dieser Person eingebracht und bei der späteren Ausführung berücksichtigt werden. Die frühe Einbeziehung des Produktioners ist hilfreich, da er in der Regel Kreatives verstehen wird und die Umsetzbarkeit von Ideen unter den Aspekten der Technik und der Kosten sehr schnell beurteilen und bewerten kann.

Die sich anschließende *Gestaltungsphase* setzt die entstandenen Rohentwürfe um. Hier müssen auf der Grundlage der entwickelten Texte, Bilder und Grafiken ansprechende Layouts gefunden werden. Exakte Layouts werden mit Hilfe digitaler Technologie erstellt. Ziel der Gestaltungsphase ist die präsentationsreife Form. Hier werden so viele weitgehend fertig gestaltete Werbemittel erstellt, dass für den Kunden eine Präsentation möglich ist. Nach erfolgter Präsentation kann sich der Kunde aufgrund der produzierten Werbemittel das Gesamtkonzept vorstellen. Der durch das Briefing definierte Auftrag wird hier in seiner praktischen Umsetzung deutlich.

Die nun folgende *Ausführungsphase* dient der kompletten Erstellung der Werbemittel. Dies kann in verschiedenen Medienbetrieben erfolgen: Druckerei, Reproanstalt, Multimedia-Agentur und Tonstudio sind mögliche Produktionsorte. Produktioner und Kontroller überwachen die Herstellung aller geplanten Medien und sorgen vor allem für einen termingerechten Ablauf der Produktion in den unterschiedlichen Unternehmen. Ziel ist die termingerechte Platzierung aller erstellten Medien an den vorgeplanten Media-Standorten.

Jede Werbemaßnahme folgt dem Grundsatz, dass möglichst nichts dem Zufall überlassen bleibt. Daher muss die Effektivität einer Werbekampagne in einer abschließenden *Kontrollphase* kontrolliert werden. Dies liegt sowohl im Interesse der Agentur als auch des Kunden. Die Agentur hat mit der Kontrolle einer Werbemaßnahme einen klaren Nachweis des Erfolges für ihre Arbeit.

Fast jede Wirkung einer Werbekampagne lässt sich durch eine Erfolgskontrolle nachweisen: Verkaufserfolge, Steigerung des Bekanntheitsgrades einer Marke, Erfolg einer geplanten Aktion durch Publikumszulauf sind nur einige Beispiele.

1.7.2 Präsentationen durch Agenturen

1.7.2.1 Präsentationsarten

Unter einer Präsentation versteht man die Vorstellung einer Sache. Der eigentliche Wortsinn reicht vom Zeigen einer Sammlung über die militärische Ehrenbezeugung bis zum Vorlegen eines Wechsels im Geschäftsleben. Im Bereich der Werbung versteht man darunter das Ausarbeiten einer werblichen Problemlösung und deren Vorstellung vor dem Kunden.

In der Regel wird bei einer Präsentation eine komplexe Lösung für ein Produkt mit allen denkbaren werblichen Varianten vorgestellt. Als Beispiel sei die Entwicklung einer Werbekampagne für ein Unternehmen genannt, die aus einem Medienmix im Print- und Nonprintbereich besteht. Hierbei werden alle geplanten Printmedien im Entwurf gezeigt, ebenso wie geplante Fernsehspots oder Internetaktivitäten. Neben dem Präsentieren der Werbemedien werden hier auch Kosten- und Mediapläne vorgestellt. Eine Präsentation enthält also nicht nur werbliche und konzeptionelle Elemente, es werden auch alle rechtlichen und finanziellen Aspekte angesprochen.

Unter den verschiedenen Präsentationsformen haben sich einige typische Varianten herauskristallisiert. Man unterscheidet:

- Agentur-Präsentation
- Konkurrenz-Präsentation
- Etat-Präsentation
- Akquisitions-Präsentation

Agentur-Präsentation

Die *Agentur-Präsentation* dient hauptsächlich der Selbstdarstellung. Sie kann auf Messen erfolgen, aber auch als Direktwerbung eingesetzt werden. Ziel ist immer die Gewinnung neuer Kunden. Die Agentur-Präsentation ist inhaltlich immer sehr allgemein: Sie konzentriert sich auf Leistungsangebot, Organisation und Arbeitsstil. Wachstumskurven der letzten Jahre können von der Dynamik ebenso berichten wie einige gut gelungene Beispiele aus der aktuellen Agenturarbeit.

Konkurrenz-Präsentation

Zwischen großen Agenturen ist die *Konkurrenz-Präsentation* die klassische Form der Produktvorstellung. Drei bis vier Agenturen bewerben sich in aller Regel unter Konkurrenz- und Zeitdruck um die Übernahme und Betreuung eines neuen Werbeetats. Wer bei einer derartigen Präsentation mit klaren, übersichtlichen Layouts und einleuchtenden Konzepten und Etatverwendungen auftrumpfen kann, hat die Chance, aus einer derartigen Präsentation als Wettbewerbssieger hervorzugehen. Der Erfolg einer Konkurrenz-Präsentation hängt von der Vorbereitung ab: Marktanalysen, Verbraucherbefragungen, Leistungserwartungen, Kostenvorstellungen und Kostenverwendung, Ideen, Slogans, Bilder, Grafiken usw. müssen vorbereitet und in ansprechender und attraktiver Form vorgestellt werden. Einer Agentur entstehen hierbei erhebliche Kosten. Für Präsentationen kann die Agentur keine Kostendeckung erwarten. Als Richtsatz gilt: Zwei Drittel der Kosten trägt die Agentur, ein Drittel der Auftraggeber. Die Kostenbeteiligung sollte vor der Präsentation durch Angebot und Auftragsbestätigung formell vereinbart werden.

Etat-Präsentation

Eine *Etat-Präsentation* wird vereinbart, wenn in einer bestehenden Geschäftsverbindung die Werbestrategie für das folgende Etatjahr festzulegen ist. Zu den Themen gehören: Entwicklungen des Marktes, Veränderungen der Geschäftspolitik des Kunden, Umsatzentwicklung sowie eine Bilanz und Darstellung des vergangenen Werbejahres. Eine Etat-Präsentation ist genauso sorgfältig vorzubereiten wie eine Konkur-

Akquisitions-Präsentation: Aquisition = allgemein Anschaffung; speziell = Kundenwerbung; der Begriff wird auch häufig im Anzeigengeschäft von Zeitungen und Zeitschriften verwendet.

renz-Präsentation. Da Erreichtes schnell vergessen wird, ist es gut, wenn neue Ideen, neue Werbeaussagen und Slogans gefunden werden. Stichhaltige Begründungen können gegeben sowie Entwürfe und Layouts dargestellt und erläutert werden. Eine erfolgreiche Etat-Präsentation stellt die Beziehungen zwischen Auftraggeber und Agentur auf eine neue Basis, in der Regel für das folgende Geschäftsjahr.

Die *Akquisitions-Präsentation* versucht, einem potenziellen Kunden eine Problemlösung zu offerieren. Akquisitions-Präsentationen sind eine Möglichkeit für neu gegründete Agenturen und Designerteams, ins Geschäft zu kommen. Von etablierten Agenturen wird weniger mit Akquisitions-Präsentationen gearbeitet – die vorherigen Präsentationsarten werden bevorzugt eingesetzt. Akquisition stellt ein gewisses Risiko dar: Kommt keine Geschäftsverbindung zustande, kann nicht mit Honorar gerechnet werden. Außerdem besteht die Gefahr, dass vorgetragene Ideen teilweise oder abgewandelt übernommen werden. Solche Plagiate lassen sich nicht ausschließen und sind rechtlich schwer anfechtbar.

1.7.2.2 Präsentation – Aufgabe und Umfang

Umfang und Aufgabe einer Präsentation müssen mit dem Auftraggeber bereits beim Briefing abgestimmt werden. Der Umfang ist in der Regel durch das zur Verfügung stehende Honorar begrenzt. Deshalb ist die Festlegung wichtig, welche Werbemedien als Reinentwürfe ausgeführt werden sollen. Eine Möglichkeit, eine Präsentation kostengünstig zu erweitern, ist das Vorweisen von Scribbles und Layouts, die in der Entwicklungsphase des Auftrages entstanden sind. Damit wird die Entstehungsgeschichte und der damit verbundene kreative Prozess dokumentiert. Diese so genannte 1 : 1-Präsentation kann durch die Projektion von Diagrammen und Bildmaterial ergänzt werden.

Der Präsentationsumfang kann von ausgesuchten Teilaspekten bis zur Darstellung einer kompletten Kampagne reichen. Verständigt man sich auf die Darstellung eines kleinen Aspektes, kann die Werbe-Idee exemplarisch mit Hilfe eines Beispiels dargestellt werden. Ein mittlerer Aufwand ist erforderlich, wenn ein Auftraggeber einige repräsen-

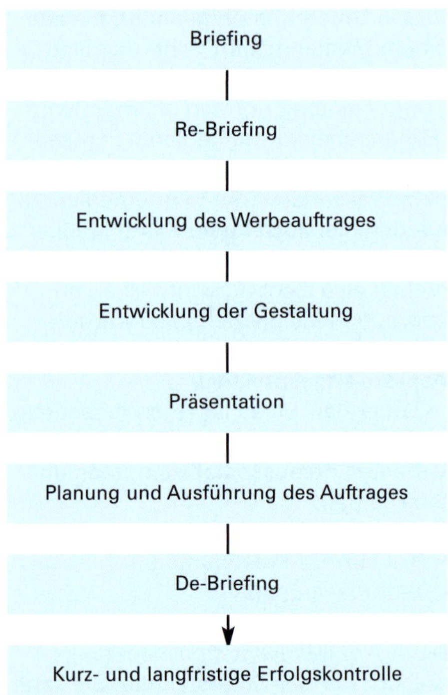

Ablaufschema eines Werbeauftrages vom Briefing bis zur Erfolgskontrolle tative Sujets wie Anzeigen, Plakate und Internetauftritt sehen möchte. Muss eine komplette Kampagne vorgestellt werden, ist der Aufwand und Kapitaleinsatz hoch: Anzeigenserie, Plakate, Prospekte, CD-ROM, Messestand, Geschäftspapiere und anderes müssen erstellt werden.

Bei der Ausarbeitung der Präsentationsunterlagen ist Teamarbeit gefordert. In vielen Fällen sind alle Mitarbeiter eines Kreativteams an der Präsentationserstellung beteiligt: Art-Direktor, Konzeptionist, Texter, Mediengestalter, Grafiker, Fotograf, Etat-Direktor und häufig auch der Produktioner. Bereits in der Entwicklungsphase eines Auftrages muss sich das Agenturteam darüber klar werden, welcher Personenkreis an der Präsentation bei ihrem Kunden teilnehmen wird. Es ist zu berücksichtigen, ob vor dem Vorstand eines Großunternehmens präsentiert wird oder vor Marketingspezialisten, vor Ingenieuren oder Technikern. Alle weisen einen unterschiedlichen Zugang zur Werbung auf, sprechen unterschiedliche Sprachen und haben eigene Interessen. Dies ist bei der Planung zu berücksichtigen.

Präsentation

einer Plakatserie für die Firma Kärcher, Bereich Fahrzeugpflege. Die Plakatserie wurde an einer Autowaschanlage aufgenommen und die daraus entstandenen Bilder für die Plakatserie verwendet. Die Präsentation der Plakatserie fand am Platz des Fotoshootings statt, so dass der Kunde real die Entstehung der Fotoserie nachvollziehen konnte. Eine aufwändige und teure Präsentation, die beim Kunden Eindruck hinterlassen hat.

1.7.3 Aufgaben „Briefing"

Aufgabe 1.7.3.1
Definition Briefing

Ein wichtiger Begriff in der Werbe- und Medienindustrie ist „Briefing". Der Begriff ist schwierig zu definieren, da er ein weites Feld umfasst. Versuchen Sie es trotzdem.

Aufgabe 1.7.3.2
Verschiedene Briefing-Arten wissen

Es sind verschiedene Arten des Briefings bekannt. Nennen Sie die vier wichtigsten Briefing-Arten.

Aufgabe 1.7.3.3
Verschiedene Briefing-Arten definieren

Erläutern Sie, was unter den folgenden Briefing-Arten zu verstehen ist:
a. Re-Briefing
b. De-Briefing
c. Brand Review Meeting

Aufgabe 1.7.3.4
Aufgabe des Briefings erläutern

Mit Hilfe des Briefings informiert ein Kunde den Produktioner über seinen Auftrag. Welche Punkte werden dabei üblicherweise angesprochen? Nennen Sie mindestens fünf Besprechungsthemen.

Aufgabe 1.7.3.5
Angebotsumfeld einer Maßnahme benennen

Für die Umsetzung eines Auftrages ist es erforderlich, dass sich die Produktionsagentur mit dem Umfeld des beworbenen Produktes auseinander setzt. Nennen Sie die Fakten, die Sie für eine erfolgreiche Werbemaßnahme unbedingt kennen müssen, bevor mit der Auftragsbearbeitung begonnen werden kann.

Aufgabe 1.7.3.6
Begriff Zielgruppe

Erklären Sie, was unter einer Zielgruppe zu verstehen ist. Versuchen Sie, für ein Produkt, das Ihnen selbst wichtig ist, eine möglichst vollständige Zielgruppendefinition zu erstellen.

Aufgabe 1.7.3.7
Tätigkeitsbereiche einer Agentur kennen

Die unten genannten beruflichen Tätigkeiten finden Sie in Agentur und Druckerei. Erklären Sie kurz deren Aufgaben bzw. Funktionen.

a. Kontakter
b. Texter
c. Layouter
d. Mediaplaner
e. Informationsdesigner
f. Produktioner

Aufgabe 1.7.3.8
Planungsschritte für einen Werbeauftrag

Aus einem Briefing werden die einzelnen Planungsschritte für die Ausführung eines Werbeauftrages abgeleitet. Nennen Sie diese sechs Planungsphasen.

Aufgabe 1.7.3.9
Planungsschritte für einen Werbeauftrag

Was wird unter einer Wettbewerbsanalyse verstanden? Erklären Sie diesen Begriff.

Aufgabe 1.7.3.10

Planungsschritte für einen Werbeauftrag

Erklären Sie, welche Aufgaben und Tätigkeiten in den einzelnen Ausführungsphasen durchzuführen sind, die Sie in der Aufgabe 1.7.3.8 als Lösung genannt haben.

Aufgabe 1.7.3.11

Werbeerfolgskontrolle

Welche Möglichkeiten und welche Indikatoren können herangezogen werden, um den Erfolg einer Werbemaßnahme zu überprüfen?

Aufgabe 1.7.3.12

Präsentationsarten in einer Agentur

Es gibt die unterschiedlichsten Arten der Präsentation. In Werbeagenturen haben sich durch die Praxis vier bestimmte Präsentationstypen herausgebildet. Nennen Sie diese.

Aufgabe 1.7.3.13

Präsentationsarten in einer Agentur

Erklären Sie die folgenden Begriffe:

a. Agentur-Präsentation
b. Konkurrenz-Präsentation
c. Etat-Präsentation
d. Akquisitions-Präsentation

Aufgabe 1.7.3.14

Auftragsablauf in einer Agentur beschreiben

Erstellen Sie ein Ablaufdiagramm über die Bearbeitung eines Werbeauftrages ab dem Zeitpunkt des Briefings bis zur Werbeerfolgskontrolle.

Medientechnik

2.1 Digitale Daten

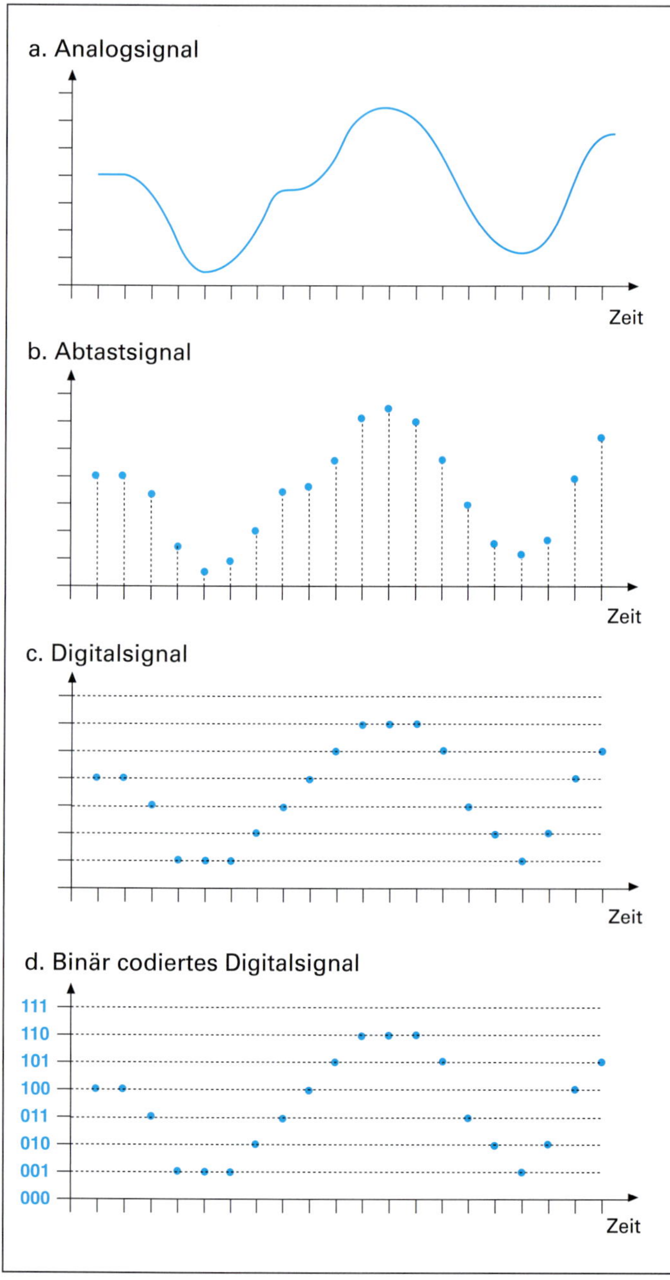

Analog-Digital-Wandlung

2.1.1.1 Analoge Daten

Wir leben in einer analogen Welt: Musik, Sprache, Farben, Formen, Helligkeiten, Kontraste.

Zur Verarbeitung werden diese Informationen mit Hilfe von elektrischen Geräten gemessen. So wird beispielsweise bei einem Scanner eine Zeile mit lichtempfindlichen elektronischen Bauelementen über die beleuchtete Vorlage bewegt und die reflektierte Lichtmenge gemessen. Bei einem Mikrofon werden die Luftdruckschwankungen in elektrische Spannungen umgesetzt und bei einer Digitalkamera messen lichtempfindliche CCD-Elemente die einfallende Lichtmenge.

Alle Messungen ergeben kontinuierliche Signale. Dies bedeutet, dass zu jeder beliebigen Zeit ein elektrischer Messwert vorhanden ist (vgl. Abb. a). Gemeinsames Merkmal analoger Signale ist also, dass es sich um zeitlich und elektrisch kontinuierliche Signale handelt. Computer können mit derartigen Signalen nichts anfangen, da sie beliebig (unendlich) viele Informationen enthalten.

2.1.1.2 Analog-Digital-Wandlung

Computer verarbeiten ausschließlich Zahlen – genauer gesagt Nullen und Einsen. Daraus folgt, dass alle analogen Signale zur Verarbeitung durch einen Computer umgewandelt werden müssen. Dieser Vorgang wird als Analog-Digital-Wandlung bezeichnet. Er findet stets in folgenden zwei Schritten statt:

Abtastung (Sampling)
Die Messung eines Analogsignals zu festen Zeiten wird als Abtastung bezeichnet. Hierdurch wird erreicht, dass

eine unendlich große Zahl von Messwerten auf eine abzählbare, „diskrete" Anzahl reduziert wird. Bis zur nächsten Messung wird der gemessene Wert zwischengespeichert, so dass sich die in der Abbildung b dargestellte Treppenfunktion ergibt.

Der Kennwert einer Abtastung ist die Anzahl an Messwerten, die pro Sekunde gemessen werden. Physikalisch betrachtet handelt es sich um eine Frequenz, genauer um die Abtastfrequenz. Frequenzen werden in Hertz (Hz) gemessen. Eine Abtastfrequenz von 20 kHz bedeutet, dass 20.000 Messungen pro Sekunde vorgenommen werden.

Beachten Sie, dass ein Abtastsignal immer noch analog ist, da die Messwerte beliebige (kontinuierliche) Werte annehmen können. Eine Verarbeitung durch einen Computer ist zu diesem Zeitpunkt also noch nicht möglich.

Digitalisierung

Im zweiten Schritt einer Analog-Digital-Wandlung muss also eine Reduktion der Messwerte auf eine abzählbare Anzahl reduziert werden. Dieser Vorgang wird als Digitalisierung bezeichnet (vgl. Abb. c). Nach der Festlegung der digitalen Stufenzahl, kann jeder Messwert der Stufe zugeordnet werden, der er am nächsten ist. Dies ist zwangsläufig mit einer geringfügigen Verfälschung des Signals verbunden. Damit sich dieser Qualitätsverlust nicht negativ auf die weitere Verarbeitung der Daten auswirkt, muss die Anzahl der Stufen ausreichend hoch gewählt werden.

Da die Anzahl an digitalen Stufen maßgeblichen Einfluss auf die Datenmenge hat, ist es sinnvoll, die Stufenanzahl als Vielfaches der Speichereinheit „Bit" anzugeben (vgl. Kapitel 2.1.4). Hierbei besteht folgender rechnerischer Zusammenhang: Ein Speicherplatz von n Bit ergibt 2^n mögliche Stufen. So wird beispielsweise bei der Bildverarbeitung üblicherweise mit 24 Bit gearbeitet, so dass sich 2^{24} Stufen und damit 16,78 Millionen Farbmöglichkeiten ergeben. Hochwertige Scanner digitalisieren sogar mit 48 Bit. Für Sounds genügen für CD-Qualität bereits 16 Bit, das entspricht 65.536 Stufen.

Abschließend sei darauf hingewiesen, dass einige Ausgabegeräte wie beispielsweise ein Röhrenmonitor oder Lautsprecher wiederum analoge Signale benötigen, so dass die Grafik- bzw. Soundkarte eine Digital-Analog-Wandlung vornehmen muss.

2.1.1.3 Binäre Daten

Nach Abschluss der Analog-Digital-Wandlung liegen alle Informationen in Form von Zahlen vor, mit denen ein Computer allerdings noch immer nichts anfangen kann.

Der Grund hierfür ist, dass der Mikroprozessor eines Computers aus einer sehr großen Anzahl von elektronischen Schaltern (Transistoren) besteht. Diese können – wie alle Schalter – nur die beiden Zustände Ein und Aus annehmen. Um mit Hilfe von Schaltern Daten verarbeiten zu können, müssen diese nun ebenfalls auf zwei Zustände reduziert werden. Es liegt also nahe, alle Zahlen derart umzuwandeln, dass nur noch Nullen und Einsen vorhanden sind. Man spricht in diesem Fall von binären Daten. Ein binäres Signal ist also ein digitales Signal, bei dem nur zwei Werte vorkommen.

Damit ein Computer auch alphanumerische Daten, also Buchstaben, verarbeiten kann, müssen auch diese in binäre Ziffernfolgen umgewandelt werden (vgl. Kapitel 2.1.3).

2.1.2 Zahlensysteme

2.1.2.1 Dezimalsystem

Zum Verständnis des binären Zahlensystems ist es hilfreich, zunächst einen Blick auf das uns vertraute Dezimalsystem zu werfen. Dieses Zahlensystem besteht aus zehn Ziffern von 0 bis 9 und der Zahlenbasis 10. Das Beispiel zeigt, wie sich eine Zahl aus Ziffern und Basis zusammensetzen lässt:

$$365 = 5 \times 10^0 + 6 \times 10^1 + 3 \times 10^2$$

Aus der Position der Ziffer – also die Einer, Zehner, Hunderter – ergibt sich der jeweilige Exponent für die Zahlenbasis 10. Wichtig ist, dass von rechts immer mit dem Exponent null begonnen wird (10^0 ergibt 1).

2.1.2.2 Binärsystem

Nach diesen Vorüberlegungen ist der Aufbau des Binärsystems leicht zu verstehen. Das Zahlensystem enthält lediglich die beiden Ziffern 0 und 1 und besitzt die Zahlenbasis 2. Der Aufbau einer Zahl erfolgt analog zum Dezimalsystem durch fortlaufende Multiplikation von Ziffern mit der Basis hoch Stellenzahl:

$$\begin{aligned} &10011\ b \\ &= 1 \times 2^0 + 1 \times 2^1 + 0 \times 2^2 + 0 \times 2^3 + 1 \times 2^4 \\ &= 1 + 2 + 0 + 0 + 16 \\ &= 19 \end{aligned}$$

Zur Darstellung der Dezimalzahl 19 im Binärsystem ist also die Ziffernfolge 10011 b notwendig. Durch das „b" wird angedeutet, dass es sich um eine Binärzahl und nicht um die Dezimalzahl zehntausendundelf handelt. Zur weiteren Unterscheidung sollten Binärzahlen immer als einzelne Ziffern – also Eins-Null-Null-Eins-Eins – gelesen werden.

Beim Vergleich von Dezimal- mit Binärzahlen ist zu erkennen, dass für die Darstellung der gleichen Zahl im Binärsystem wesentlich mehr Stellen benötigt werden. So lassen sich im Dezimalsystem mit acht Stellen 10^8 oder 100 Millionen Zahlen von 0 bis 99.999.999 darstellen. Im Binärsystem sind mit acht Stellen nur 2^8 oder 256 unterschiedliche Zahlen möglich, wobei die kleinste Zahl 0 b und die größte Zahl 1111 1111 b (255) lautet. Ein Nachteil des binären Zahlensystems besteht also darin, dass die Zahlen sehr groß werden und damit auch viel Speicherplatz belegen.

Oft ist es erforderlich, dass die Zahlenkonvertierung in umgekehrter Richtung vom Dezimal- in das Binärsystem erfolgt. Auch diese Konvertierung ist nicht sonderlich schwierig und geschieht durch fortlaufende Division der Dezimalzahl durch die Zahlenbasis 2 des Binärsystems. Der jeweils verbleibende Rest der ganzzahligen Division liefert die Stellen der sich ergebenden Binärzahl. Das Beispiel zeigt die Umwandlung der Dezimalzahl 35 in die zugehörige Binärzahl:

35:2 =	17	Rest: 1 ↑
17:2 =	8	Rest: 1
8:2 =	4	Rest: 0
4:2 =	2	Rest: 0
2:2 =	1	Rest: 0
1:2 =	0	Rest: 1

Das Schema endet, wenn sich als Ergebnis der Division 0 Rest 1 ergibt.

Wichtig ist, dass die Binärzahl in Pfeilrichtung von unten nach oben gelesen wird: 100011 b.

Zur Sicherheit sollte eine Gegenprobe durchgeführt werden:

100011 b
$= 1 \times 2^0 + 1 \times 2^1 + 1 \times 2^5$
$= 1 + 2 + 32$
$= 35$

2.1.2.3 Hexadezimalsystem

Nicht unerwähnt bleiben soll ein weiteres Zahlensystem, welches in der Computertechnik weit verbreitet ist und sich zur kompakten Darstellung von Binärzahlen hervorragend eignet: das Hexadezimalsystem. Wie der Name sagt, besitzt es als Basis die Zahl 16 und benötigt somit 16 unterschiedliche Ziffern. Da unser Dezimalsystem nur Ziffern von 0 bis 9 zur Verfügung stellt, wurden kurzerhand fünf Buchstaben von A bis F hinzugenommen. Das „A" entspricht dabei der 10., das „F" der 15. Ziffer. Das Beispiel zeigt, wie eine Hexadezimalzahl in eine Dezimalzahl umgerechnet werden kann:

2FA h
$= 10\,(A) \times 16^0 + 15\,(F) \times 16^1 + 2 \times 16^2$
$= 10 + 240 + 512$
$= 762$

Zur Umwandlung einer Dezimalzahl in eine Hexadezimalzahl kann das oben beschriebene Schema verwendet werden. Dabei ist der Divisor in diesem Fall die Zahl 16 und nicht die Zahl 2. Der Rest der ganzzahligen Division kann nun zwischen 0 und 15 betragen, was den Ziffern des Hexadezimalsystems entspricht:

762 : 16 = 47	Rest: 10 (A)	↑
47 : 16 = 2	Rest: 15 (F)	
2 : 16 = 0	Rest: 2	

Der Grund für die Einführung des Hexadezimalsystems liegt in der sehr kompakten Schreibweise von Binärzahlen. Ursache hierfür ist, dass $2^4 = 16$ ergibt und somit jeweils vier Binärziffern eine Hexadezimalziffer bilden:

0001	1100	1000	0011	b
1	C	8	3	h

Zur Konvertierung einer Hexadezimalzahl in eine Binärzahl ist es lediglich notwendig, dass die Darstellung der ersten 16 Hexadezimalziffern als Binärzahlen bekannt ist (vgl. Tabelle rechts).

In der Tabelle unten sind die drei beschriebenen Zahlensysteme noch einmal zusammengefasst:

System	Dezimal	Binär	Hexadezimal
Basis	10	2	16
Ziffern	0, 1, ... 9	0, 1	0, 1, 2, ... 9 A, B, ... F
Stellen	n	n	n
Werte	10^n	2^n	16^n
Beispiel	123: 3×10^0 $+ 2 \times 10^1$ $+ 1 \times 10^2$	1111011 b: 1×2^0 $+ 1 \times 2^1$ $+ 0 \times 2^2$ $+ 1 \times 2^3$ $+ 1 \times 2^4$ $+ 1 \times 2^5$ $+ 1 \times 2^6$	7B h : 11×16^0 $+ 7 \times 16^1$

Zahlensysteme im Überblick

binär	hexadez.
0000	0
0001	1
0010	2
0011	3
0100	4
0101	5
0110	6
0111	7
1000	8
1001	9
1010	A
1011	B
1100	C
1101	D
1110	E
1111	F

Hexadezimalziffern als Binärzahlen

2.1.3 Alphanumerische Codes

2.1.3.1 ASCII

Im vorherigen Abschnitt wurde die computergestützte Verarbeitung von Zahlen betrachtet. Nun ist die Textverarbeitung eine weitere Hauptaufgabe eines Computers. Texte enthalten neben Buchstaben (Alphazeichen) und Ziffern (numerische Zeichen) auch Sonderzeichen wie beispielsweise Fragezeichen oder Doppelpunkt. In der Summe wird von einem alphanumerischen Zeichensatz gesprochen. Wie bei der Verarbeitung von Zahlen ist es auch hier erforderlich, eine Codierung in binäre Daten vorzunehmen. Dabei muss jedem einzelnen Zeichen eine eindeutige binäre Ziffernfolge zugewiesen werden.

Der für das Betriebssystem DOS in Amerika entwickelte „Urvater" der alphanumerischen Codes wurde unter dem Namen ASCII (American Standard Code for Information Interchange) bekannt. Wegen der internationalen Bedeutung des Internets ist er für die Codierung von E-Mails und HTML-Seiten bis heute der wichtigste alphanumerische Code geblieben.

Wie in der Tabelle dargestellt, handelt es sich beim ASCII ursprünglich um einen 7-Bit-Code mit 128 Zeichen. Neben Buchstaben, Ziffern und Sonderzeichen enthält er eine Reihe von Steuerzeichen, mit denen Steueranweisungen an Peripheriegeräte gegeben werden können. So veranlasst beispielsweise „LF" (Line feed) den Zeilenvorschub eines Druckkopfes oder „CR" (Carriage Return) die Rückkehr des Druckkopfes zum Zeilenanfang.

Wer sich die ASCII-Tabelle betrachtet, erkennt schnell zwei Nachteile dieses Codes: Erstens werden Daten niemals in 7-Bit-, sondern immer nur in 8-Bit-Blöcken verarbeitet (vgl. Kapitel 2.1.4) und zweitens fehlen im ASCII etliche Buchstaben und Zeichen, die im europäischen Sprachraum vorkommen, beispielsweise ä, ö, ü, ß, ç, æ, ¢. Es liegt also nahe, das achte Bit zur Erweiterung des Codes zu nutzen und neben zusätzlichen Buchstaben auch einige grafische und mathematische Zeichen hinzuzufügen. Dieser 256 Zeichen enthaltende 8-Bit-Code wird als erweiterter ASCII bezeichnet.

ASCII

				Bit 6	0	0	0	0	1	1	1	1
				Bit 5	0	0	1	1	0	0	1	1
Bit 3	Bit 2	Bit 1	Bit 0	Bit 4	0	1	0	1	0	1	0	1
0	0	0	0		NUL	DLE	SP	0	@	P	`	p
0	0	0	1		SOH	DC1	!	1	A	Q	a	q
0	0	1	0		STX	DC2	"	2	B	R	b	r
0	0	1	1		ETX	DC3	#	3	C	S	c	s
0	1	0	0		EOT	DC4	$	4	D	T	d	t
0	1	0	1		ENQ	NAK	%	5	E	U	e	u
0	1	1	0		ACK	SYN	&	6	F	V	f	v
0	1	1	1		BEL	ETB	'	7	G	W	g	w
1	0	0	0		BS	CAN	(	8	H	X	h	x
1	0	0	1		HT	EM	)	9	I	Y	i	y
1	0	1	0		LF	SUB	*	:	J	Z	j	z
1	0	1	1		VT	ESC	+	;	K	[	k	{
1	1	0	0		FF	FS	,	<	L	\	l	|
1	1	0	1		CR	GS	-	=	M	]	m	}
1	1	1	0		S0	RS	.	>	N	^	n	~
1	1	1	1		S1	US	/	?	O	_	o	DEL

2.1.3.2 ANSI

Für das Betriebssystem Windows wurde vom „American National Standards Institute" (ANSI) ein gleichnamiger 8-Bit-Zeichensatz entwickelt, der den betagten ASCII ablösen sollte. Die 256 Zeichen des ANSI-Codes enthalten bereits die wichtigsten europäischen Buchstaben und Sonderzeichen wie © oder @. Zu beachten ist, dass etliche ANSI-Zeichen nicht fest definiert sind, sondern vom gewählten Schriftzeichensatz abhängig sind.

Für die große Vielzahl an europäischen Buchstaben sowie Sonderzeichen wie Pfeile, Piktogramme oder Ziffern, sind die 256 Zeichen des ANSI-Codes nicht ausreichend. Abhilfe wurde hier mit Sonderzeichensätzen geschaffen, die eine Sammlung von zusätzlichen Zeichen enthalten. Beispiele sind die Zeichensätze „Windings" und „Symbol" für Windows-PCs oder „Zapf Dingsbat" für den Mac.

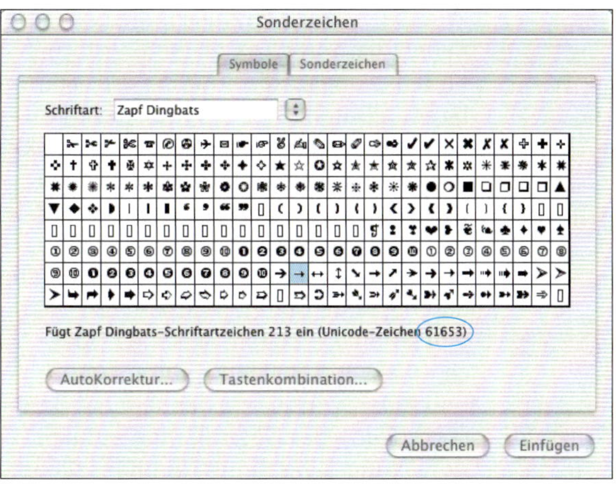

Sonderzeichen

2.1.3.3 Unicode

Wie oben erwähnt ist eine Vielzahl von Zeichen- und Sonderzeichensätzen notwendig, um die Fülle an Buchstaben, Ziffern, Symbolen und Sonderzeichen codieren zu können. Die Idee liegt also nahe, einen *einzigen* Zeichensatz zu schaffen, der alle Sonderzeichen sowie die Zeichensätze der Sprachen dieser Welt vereint: Unicode.

Für Unicode stehen im Unterschied zu ASCII und ANSI 16 Bit zur Verfügung, so dass 65.536 Zeichen eindeutig codiert werden können. Neben unseren lateinischen Buchstaben enthält Unicode beispielsweise das griechische, kyrillische, arabische, hebräische, japanische, chinesische und koreanische Alphabet, zusätzlich mathematische, kaufmännische und technische Sonderzeichen.

Jedem einzelnen Zeichen des Unicodes ist eine 16-Bit-Binärzahl eindeutig zugeordnet, dezimal entspricht dies einer Zahl zwischen 0 und 65.535. Die auf diese Weise realisierte Codierung wird als UCS-2 bezeichnet, wobei die Abkürzung für Universal Character Set mit zwei Byte steht.

Im Screenshot oben sehen Sie den Unicode des hellbau markierten Pfeiles aus dem Sonderzeichensatz „Zapf Dingbats".

Unicode wird von allen führenden IT-Unternehmen wie Microsoft, Apple, IBM und Sun unterstützt und ist seit 1996 als ISO 10646 genormt.

Um unicodierte Zeichen in HTML- oder XML-Dokumenten verwenden zu können, ist eine „Maskierung" der Zeichen notwendig: Hierzu muss in einer Unicode-Zeichentabelle – z.B. bei www.unicode.org oder bei www.selfhtml.org – der hexadezimale oder dezimale Code des Zeichens nachgelesen werden. Danach kann das Zeichen im HTML-Quelltext eingesetzt werden: © ergibt beispielsweise das ©-Zeichen.

Damit das maskierte Zeichen auch dargestellt werden kann, muss erstens der Browser Unicode-kompatibel sein, zweitens muss ein „passender" Zeichensatz installiert sein. Erste Zeichensätze, die UCS-2 komplett enthalten, gibt es bereits, z.B. „Arial Unicode MS".

2.1.4 Datenformate

Wie die vorherigen Abschnitte gezeigt haben, verarbeiten Computer Informationen grundsätzlich nur in Form von binären Daten. Diese eignen sich hervorragend zur Verarbeitung durch elektronische Schaltkreise sowie zur Speicherung. Als nachteilig dabei erweist sich die Tatsache, dass durch die Konvertierung und Codierung der Originaldaten riesige Mengen an binären Daten entstehen. Zu Zeiten, in denen Speicherplatz und Rechenleistung knapp und teuer waren, war deshalb die Beschränkung der Datenmenge auf ein notwendiges Minimum oberstes Gebot. In heutiger Zeit scheinen sowohl Speichermedien als auch Rechenleistung in nahezu unbegrenzter Menge vorhanden zu sein. Parallel dazu steigen jedoch auch die Datenmengen explosiv an, man denke beispielsweise an digitalen Videoschnitt oder 3D-Echtzeitspiele. Im Wettlauf zwischen verbesserter Hardware und speicherhungriger Software ist zumindest heute noch kein Ende absehbar.

Obige Überlegungen zeigen, dass eine geeignete Verwaltung der Daten eine unabdingbare Voraussetzung für ein fehlerfreies Funktionieren der binären Datenverarbeitung ist. Dabei wurde zunächst festgelegt, dass binäre Daten nur in bestimmten Formaten gespeichert und verarbeitet werden dürfen. Die Entwicklung dieser Formate ist historisch bedingt und geht einher mit der Entwicklung von Mikroprozessoren, die diese Formate mit ihren Rechenwerken verarbeiten konnten.

Die kleinste Informationseinheit bildet eine einzige Binärziffer. Aus der englischen Übersetzung „binary digit" wurde hierfür das Kunstwort Bit geschaffen. Eine achtstellige Binärzahl besteht aus acht Bit und wird Byte genannt. Die ersten Mikroprozessoren konnten jeweils ein Byte parallel verarbeiten. Die meisten Speichermedien speichern Daten bis heute byteweise ab. Zur Erinnerung: Mit einem Byte lässt sich eine Dezimalzahl zwischen 0 und 255 darstellen. Alternativ kann ein Zeichen des erweiterten ASCII oder ANSI-Codes codiert werden.

Es ist einleuchtend, dass das Bestreben nach mehr Rechenleistung zu einer Erhöhung der Anzahl an parallelen Datenleitungen geführt hat. So werden zwei Byte oder 16 Bit als Word bezeichnet; vier Byte oder 32 Bit bilden ein Long- oder Double-Word und acht Byte oder 64 Bit ergeben ein Quad-Word:

Name	Ziffern	Zahlenbereich
Bit	1	$2^1 = 2$
Byte	8	$2^8 = 256$
Word	16	$2^{16} = 65.536$
Long-Word	32	$2^{32} = 4,29 \times 10^9$
Quad-Word	64	$2^{64} = 1,84 \times 10^{19}$

Werden Angaben für Computerhardware gemacht, so ergeben sich astronomische Zahlen. Eine Festplatte kann beispielsweise 85.899.345.920 Byte an Daten speichern. Sie erkennen, dass infolge der großen Zahlen weitere

Vielfache eines Byte

1 Byte (B)	= 8 Bit (b)		
1 Kilobyte (KB)	$= 2^{10}$ Byte	= 1.024 Byte	
1 Megabyte (MB)	$= 2^{20}$ Byte	$= 1.024^2$ Byte	= 1.048.576 Byte
1 Gigabyte (GB)	$= 2^{30}$ Byte	$= 1.024^3$ Byte	= 1.073.741.824 Byte
1 Terabyte (TB)	$= 2^{40}$ Byte	$= 1.024^4$ Byte	$= 1,0995 \times 10^{12}$ Byte

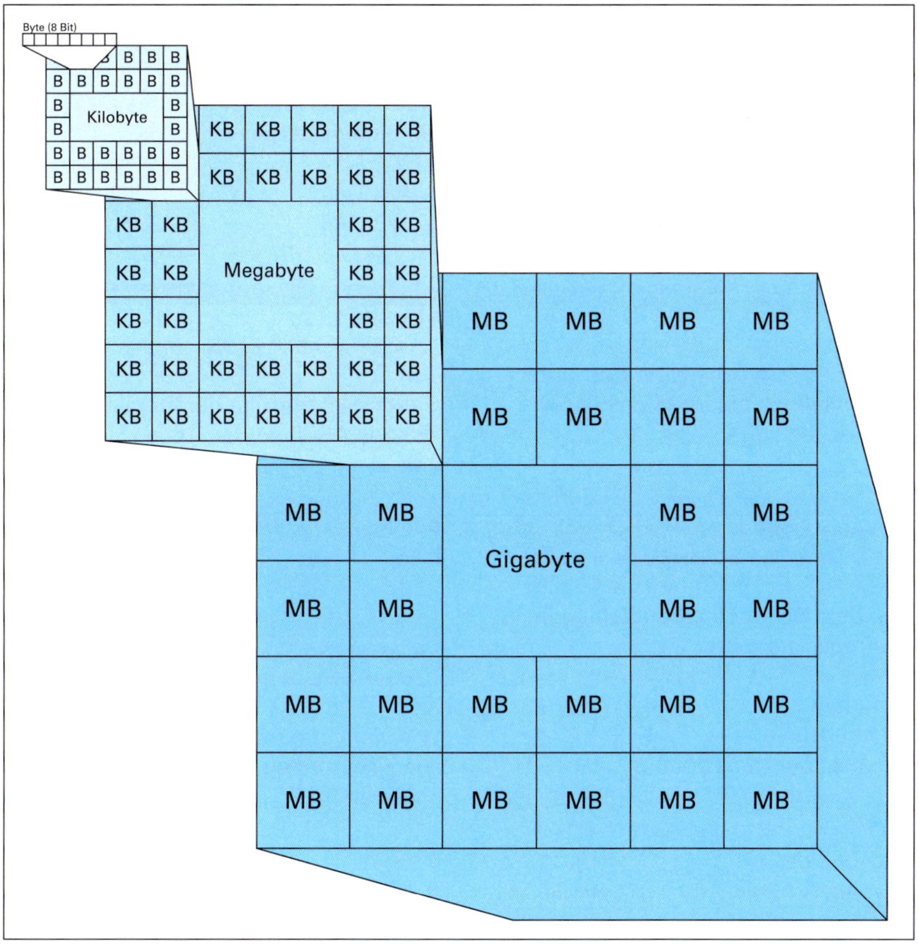

Grafische Darstellung von Byte, KB, MB und GB

Beachten Sie, dass für das nächstgrößere Vielfache jeweils 1024 Einheiten notwendig sind.

Maßeinheiten benötigt werden. Dabei hat man sich in Anlehnung an unser Dezimalsystem für die Vielfachen Kilo (K), Mega (M), Giga (G), Tera (T) usw. entschieden. Diese Lösung erweist sich als verwirrend, weil den Einheiten im Bereich der Computertechnik eine andere Bedeutung zugewiesen wurde. So bedeutet Kilobyte (KB) nicht etwa 1000 Byte, sondern 1024 Byte. Grund hierfür ist, dass das binäre Zahlensystem die Basis 2 (und nicht 10) besitzt und die Vielfachen in diesem Zahlensystem demzufolge mit 2^x und nicht 10^x berechnet werden.

Einzige Ausnahme ist die Angabe von Datenübertragungsraten, die häufig in kBit/s angegeben werden. In diesem Fall steht das (kleingeschriebene) „k“ tatsächlich für 1000 und nicht für 1024.

Abschließend ist zu erwähnen, dass für alle Angaben in Bit zur Unterscheidung von Byte immer ein kleines „b“ als Einheit verwendet werden sollte: b (Bit), Mb (Megabit), Kb (Kilobit).

2.1.5 Aufgaben „Digitale Daten"

Aufgabe 2.1.5.1
Analog-Digital-Wandlung beschreiben

Beschreiben Sie die zwei Schritte der Analog-Digital-Wandlung und geben Sie den jeweiligen Kennwert an.

Aufgabe 2.1.5.2
Die binäre Arbeitsweise eines Computers verstehen

Erklären Sie, weshalb ein Computer ausschließlich binäre Informationen verarbeiten kann.

Aufgabe 2.1.5.3
Binäre in dezimale Zahlen umwandeln

Wandeln Sie die binären Zahlen ins Dezimalsystem um:

a. 1000 b
b. 1100 1100 b
c. 1000 0000 0000 0000 b

Aufgabe 2.1.5.4
Dezimale in binäre Zahlen umwandeln

Wandeln Sie die dezimalen Zahlen ins Binärsystem um:

a. 64
b. 255

Aufgabe 2.1.5.5
Binäre in hexadezimale Zahlen umwandeln

Wandeln Sie die binären Zahlen ins Hexadezimalsystem um:

a. 1100 0001 1111 0000 b
b. 1111 1010 0010 0100 b

Aufgabe 2.1.5.6
Hexadezimale in binäre Zahlen umwandeln

Wandeln Sie die hexadezimalen Zahlen ins Binärsystem um.

a. ABCD h
b. 1234 h

Aufgabe 2.1.5.7
Zeichen im ASCII angeben

Geben Sie mit Hilfe der Tabelle auf Seite 238 den ASCII der gegebenen Zeichen an:

a. P
b. ?

Aufgabe 2.1.5.8
Zeichencodes kennen

Wie viele unterschiedliche Zeichen lassen sich mit den gegebenen Codes codieren?

a. ASCII
b. ANSI
c. Unicode

Aufgabe 2.1.5.9
Mit Datenformaten rechnen

Geben Sie die Datenmenge in Byte, Kilo- und Megabyte an:

a. 8.192 Bit
b. 41.943.040 Bit

Aufgabe 2.1.5.10
Mit Datenformaten rechnen

Wie viele CDs passen auf eine DVD?

CD-ROM: 650 MB
DVD-ROM: 4,7 GB

Aufgabe 2.1.5.11
Mit Datenformaten rechnen

a. Wie viele Buchstaben (je 1 Byte) passen auf eine 80-GB-Festplatte?
b. Wie vielen Büchern entspricht dies, wenn pro Buch 200 Seiten mit je 50 Zeilen und 80 Buchstaben pro Zeile angenommen werden?

Aufgabe 2.1.5.12
Mit Datenformaten rechnen

Wie viele CDs sind notwendig, um eine MP3-Sammlung komplett zu speichern?

MP3: 1500 Stück mit je 2,8 MB
CD-R: 650 MB

2.2 Schrifttechnologie

2.2.1 Grundbegriffe

Bitmap- und Outline-Fonts

Outline-Fonts besitzen den großen Vorteil einer gleichbleibend hohen Qualität, da sie in Abhängigkeit von der Ausgabeauflösung gerastert werden.

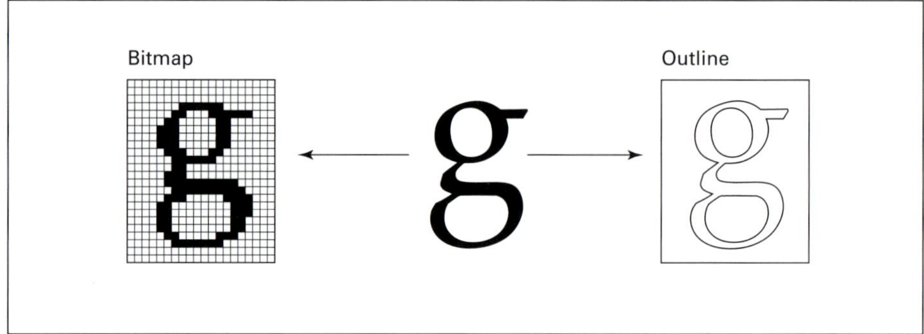

2.2.1.1 Bitmap-Fonts

Die grundlegende Idee zur digitalen Darstellung einer Schrift ist einfach: Für alle Pixel, die sich innerhalb der Buchstabenkontur befinden, wird eine binäre „1" gespeichert, alle Pixel außerhalb der Schriftkontur ergeben eine „0". Die so erstellte „Bit-Karte" hat dieser Art der digitalen Speicherung von Schriften den Namen gegeben: Bitmap-Font. (Der englische Begriff „Font" hat sich zur Bezeichnung von Schriften am Computer eingebürgert.)

Der Vorteil des Bitmap-Verfahrens ist, dass eine Schrift in Abhängigkeit vom Ausgabemedium relativ genau gerastert werden kann. Dies ist insbesondere für die Darstellung der Schrift am Monitor wichtig, da dieser eine geringe Auflösung besitzt und unsaubere Schriftdarstellung als störend (stufig, pixelig) empfunden wird.

Der entscheidende Nachteil von Bitmap-Fonts ist, dass ein Skalieren dieser Zeichensätze nicht möglich ist. Insbesondere die Vergrößerung würde zu merklichen Qualitätsverlusten führen. Deshalb muss für jede gewünschte Schriftgröße ein eigener Zeichensatz entworfen werden – eine aufwändige und unflexible Methode.

Obiger Nachteil ist der Grund dafür, dass Bitmap-Fonts heute praktisch keine Rolle mehr spielen. Dies liegt unter anderem auch daran, dass heutige Betriebssysteme (Windows 2000 und XP, Mac OS X) zur Darstellung von Outline-Fonts keine Zusatzsoftware mehr benötigen (vgl. Kapitel 2.2.3).

2.2.1.2 Outline-Fonts

Die zweite Möglichkeit der digitalen Beschreibung von Schriften ist die mathematische Beschreibung der Schriftkontur (Outline). Mit Hilfe von Bézierkurven (Type-1-Fonts) bzw. Splines (TrueType-Fonts) lassen sich beliebige Konturen formelmäßig beschreiben und als digitaler Datensatz abspeichern.

Es leuchtet ein, dass zur Darstellung derartiger Daten eine Software notwendig ist, die aus der mathematischen Beschreibung der Buchstaben deren Konturen berechnet. Dieser Vorgang wird als Rasterung bezeichnet und entspricht dem Öffnen einer Vektorgrafik in einer Bildbearbeitungssoftware wie Photoshop.

Da sich die großen Softwarehersteller Microsoft und Adobe auf keinen gemeinsamen Weg einigen konnten, existieren bis heute zwei Technologien: TrueType von Microsoft und Type 1 von Adobe. Es ist nicht verwunderlich, dass zur Verwendung von Adobes Type-1-Fonts eine Schriftverwaltungssoftware benötigt wurde (Adobe Type Manager), während TrueType-Fonts bereits durch das Betriebssystem gerastert werden können. Mittlerweile haben sich beide Firmen glücklicherweise geeinigt, so dass Windows 2000 und XP auch Type-1-Fonts ohne Type Manager verarbeiten. Auch unter Mac OS X können beide Technologien ohne zusätzliche Software verwendet werden. Vergleichen Sie in diesem Zusammenhang auch den Abschnitt 2.2.2.3 über „OpenType", einem Format, das die Vereinheitlichung von TrueType und Type 1 zum Ziel hat.

Die Rasterung von Schriften wird zum Problem, wenn die Auflösung gering ist. Beispiel: Eine 12-pt-Schrift ist gemäß Definition des DTP-Punktes (0,3528 mm) etwa 4,23 mm hoch. Ein 1200-dpi-Drucker druckt etwa 47 Punkte pro Millimeter (ein Inch entspricht 25,4 mm). Für 4,23 mm stehen also 200 Punkte zur Verfügung. Diese hohe Anzahl an Druckpunkten gewährleistet, dass auch feine Unterschiede in der Strichstärke gedruckt werden können.

Ein 72-ppi-Monitor kann im Vergleich dazu lediglich 2,8 Pixel pro Millimeter darstellen – für die 4,23 mm der Schrifthöhe stehen also lediglich 12 Pixel zur Verfügung. Es leuchtet ein, dass bei dieser Rasterung sämtliche Feinheiten und Details der Schrift verloren gehen.

Das Rechenbeispiel zeigt, dass die Darstellung von Schriften auf Monitoren ein großes Problem darstellt. Viele Schriften – z.B. Schreibschriften, feine Schriften, kursive Schriften – eignen sich grundsätzlich nicht für den Monitor (vgl. Abschnitt 1.4.6.5). Doch auch für bildschirmtaugliche (System-)Schriften müssen einige „Tricks" angewendet werden, die in den nächsten beiden Abschnitten zur Sprache kommen.

2.2.1.3 Hinting

Wie oben beschrieben ist die Darstellung einer Schrift bei einer geringen Auflösung nicht exakt möglich. Aufgabe des Hintings ist die Optimierung von Schriften insbesondere für die Verwendung am Monitor. Dabei darf der Charakter der Schrift nicht verloren gehen.

Ein wesentliches Merkmal einer mittels „Hints" optimierten Schrift ist, dass die senkrechten oder waagerechten Linien in Buchstaben wie bei I, T, H oder L immer mit der gleichen Anzahl an Punkten bzw. Pixeln dargestellt wird. Weiterhin müssen die gemeinsamen Merkmale einer Schrift, zum Beispiel ihre Serifen, einheitlich gehandhabt werden.

Hints sind keine automatischen Anweisungen an den Type-1- bzw. TrueType-Rasterizer. Sie müssen vom Schriftenhersteller mit Hilfe von Spezialsoftware definiert werden. Ein Beispiel für eine derartige Software ist Fontlab (www.fontlab.com). Gutes Hinting ist sehr aufwändig und stellt ein Qualitätsmerkmal einer Schrift dar.

Ab einer Auflösung von 600 dpi sind Hints nicht mehr nötig, da dann genügend Punkte zur Wiedergabe der Buchstaben-Outlines vorhanden sind.

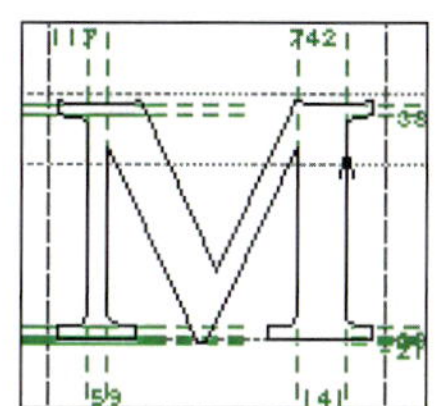

Hints

Die grünen Linien sowie die Zahlen definieren die zulässige Verminderung oder Verbreiterung von Pixeln.

2.2.1.4 Anti-Aliasing

Vor allem schräge Linien und Rundungen wirken am Monitor pixelig und unruhig. Mit Hilfe von Anti-Aliasing wird eine Kantenglättung der Schriftkonturen erzielt, indem zusätzliche Pixel ergänzt werden, die eine Mischung aus Schrift- und Hintergrundfarbe erhalten. Bei schwarzer Schrift auf weißem Hintergrund also Pixel in Graustufen. Die (scheinbare) Glättung der Schriftkontur wird dadurch erreicht, dass unser Auge die pixelige Kontur nicht mehr wahrnehmen kann.

Nachteilig ist, dass die hinzugefügten Pixel zu einer Weichzeichnung führen und die Schrift an Kontrast und Schärfe verliert. Dies wirkt sich insbesondere bei kleinen Schriftgraden unter zehn Pixel störend auf die Lesbarkeit aus.

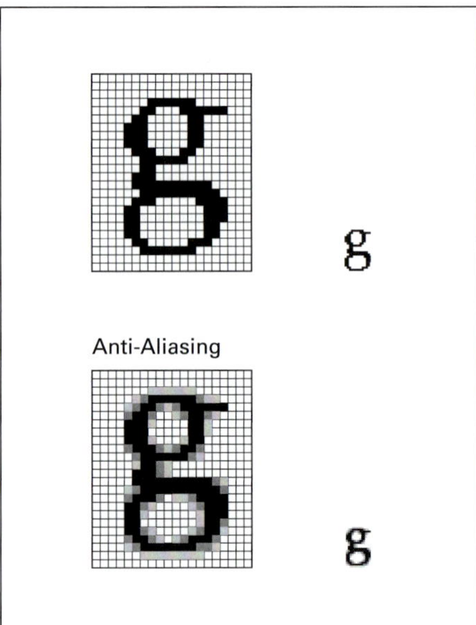

Anti-Aliasing (links)

Anti-Aliasing führt zu einer Glättung der pixeligen Darstellung schräger oder runder Linien.

2.2.1.5 Kerning

Während sich die letzten Abschnitte vorwiegend mit der verbesserten Darstellung von Schriften auf Monitoren beschäftigt haben, ist das Kerning (Unterschneiden) von Schriften eine Aufgabe, die insbesondere bei der Druckausgabe von Schriften von Bedeutung ist.

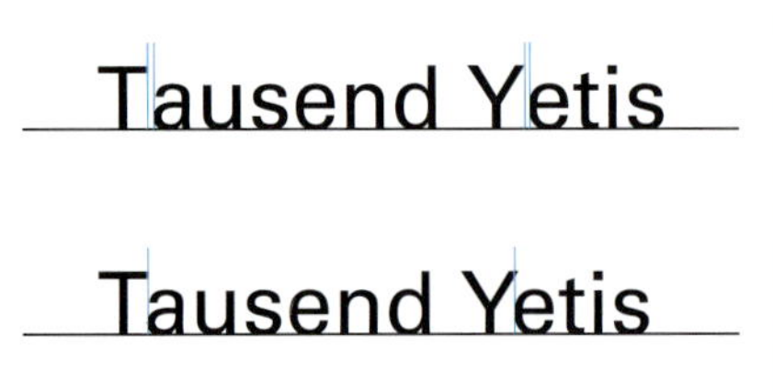

Kerning

Das Beispiel zeigt ein Schriftbeispiel ohne (oben) und mit (unten) Kerning.

Unter Kerning wird der – manuelle oder automatische – Ausgleich der Buchstabenabstände verstanden. Dieser ist notwendig, weil bestimmte Buchstabenkombinationen zu optischen Lücken innerhalb eines Wortes führen. Das Schriftbild wird hierdurch unruhig, der Text schlechter lesbar.

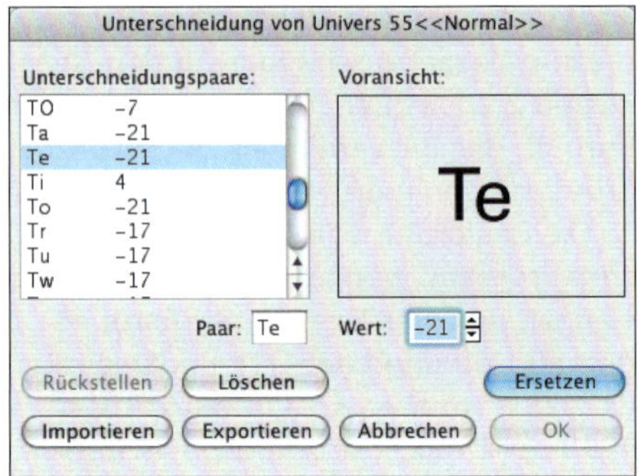

Kerningtabelle (rechts)

Der Screenshot zeigt die Kerningtabelle der in diesem Buch verwendeten Schrift „Univers 55". Die Kerningwerte sollten nicht verändert werden.

Für jede Schrift existiert eine so genannte Kerningtabelle, in der für alle kritischen Buchstabenkombinationen entsprechende Unterschneidungswerte eingetragen sind. Eine Layoutsoftware (in der Abbildung: QuarkXPress) greift auf diese Tabelle zu und unterschneidet einen Text automatisch.

Die Zahlenangaben beziehen sich bei QuarkXPress auf ein zweihundertstel Geviert, welches wiederum der Breite zweier Nullen „00" entspricht. Die Angabe –20 besagt also, dass die Unterschneidung 20/200 oder 1/10 oder 10% der Breite von „00" beträgt.

Manuelles Kerning ist nur in Spezialfällen notwendig und sinnvoll, beispielsweise bei Überschriften oder im Versaliensatz.

2.2.2 Fontformate

2.2.2.1 Type-1-Fonts

Type-1-Fonts haben in der Medienvorstufe derzeit die größte Bedeutung, weil Schriften in der weit verbreiteten Seitenbeschreibungssprache PostScript beschrieben werden. Aus diesem Grund wird bei Type-1-Fonts alternativ auch oft von PostScript-Schriften gesprochen.

Wie im vorherigen Kapitel erläutert, handelt es sich bei Type-1-Fonts um Schriftzeichensätze, deren Konturen (Outlines) mit Hilfe der mathematischen Bézierkurven-Technik definiert werden. Zur Darstellung der Schrift auf dem Monitor oder zum Ausdruck muss die Schrift zunächst in der benötigten Ausgabeauflösung gerastert werden.

Aufgrund der vektoriellen Beschreibung der Schriften sind Type-1-Fonts frei skalierbar, können also in jeder beliebigen Größe dargestellt oder ausgedruckt werden. Zur Verbesserung der Qualität bei geringer Auflösung – insbesondere zur Darstellung auf Monitoren – kommt die in Abschnitt 2.2.1.3 besprochene Hinting-Technik zum Einsatz. Diese gewährleistet ein gleichmäßiges Schriftbild.

Leider sind Type-1-Fonts nicht plattformunabhängig, so dass ein Austausch der Schriften zwischen Apple- und Windows-Computern nicht möglich ist.

Type 1 unter Windows

Wie bereits erwähnt stammen Type-1-Fonts von Adobe. Die Schrifttechnologie war ursprünglich streng geheim und verschlüsselt, denn Adobe wollte mit Lizenzgebühren Geld verdienen. Die Darstellung der Schriften auf Windows-PCs war mit älteren Betriebssystemen (Windows 95, 98, ME) ohne Zusatzsoftware nicht möglich, da der geeignete Rasterizer nicht verfügbar war. Besagte Zusatzsoftware stellte – wie kann es anders sein – Adobe mit dem Type Manager (ATM) zur Verfügung (vgl. Kapitel 2.2.3).

Wegen des erfolgreichen Konkurrenzproduktes „TrueType", übrigens in Kooperation von Microsoft und Apple (!) entstanden, musste Adobe seine Produktpolitik ändern und lüftete alle Geheimnisse über PostScript-Schriften. So ist es nicht verwunderlich, dass die neueren Betriebssysteme Windows 2000 und XP bereits über den notwendigen Rasterizer verfügen und Type-1-

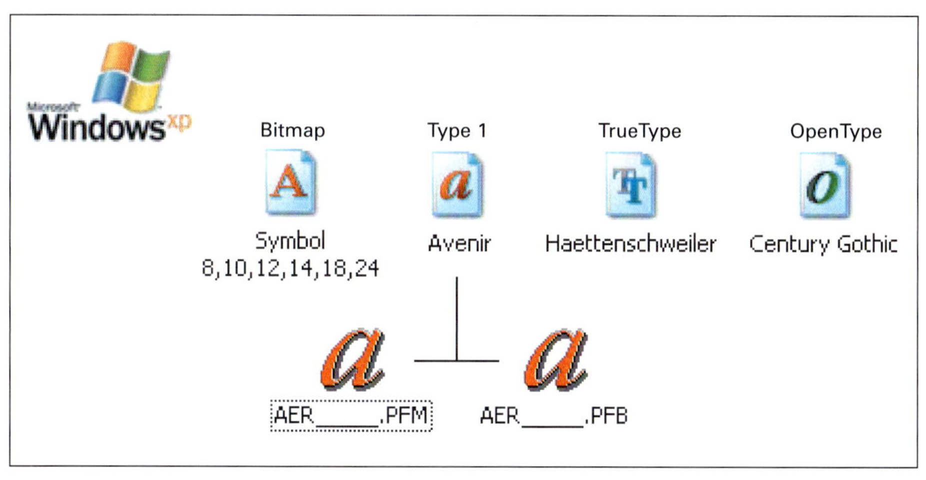

Fontformate unter Windows XP

Die Zahlenangaben bei Bitmap-Fonts geben die realisierten Schriftgrößen an. Bitmap-Schriften spielen allerdings fast keine Rolle mehr.

Beachten Sie auch, dass Type-1-Fonts grundsätzlich aus zwei Dateien bestehen (vgl. Text).

Fontformate unter Mac OS X

Nicht dargestellt ist das DFONT-Format, in dem Apple einige seiner Systemschriften ausliefert, das aber keine weitere Bedeutung besitzt.

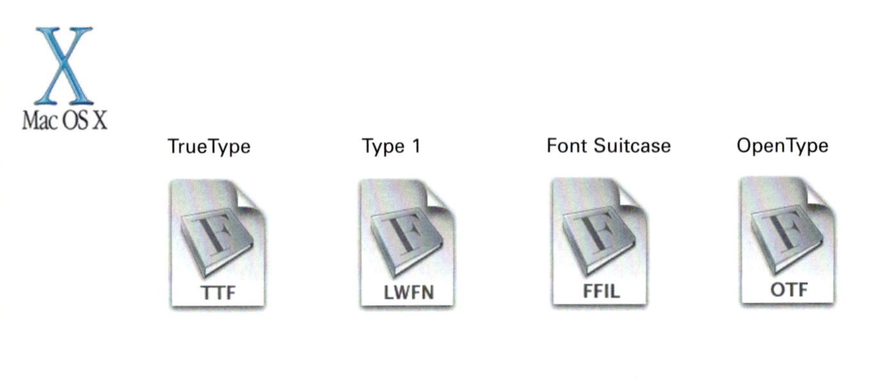

Schriften auch ohne Adobe Type Manager darstellen können.

Zur vollständigen Beschreibung einer Type-1-Schrift werden zwei Dateien benötigt: Die Daten zur Beschreibung der Schrift-Outlines befinden sich in einer Datei mit der Endung PFB (Printer Font Binary). Alle metrischen Angaben zur Schrift wie Laufweite oder Kerning befinden sich in einer PFM-Datei (Printer Font Metric). Alternativ können auch zwei Textdateien mit den Endungen ATM und INF verwendet werden. Ein Austausch von Type-1-Fonts zwischen Windows und Apple ist nicht möglich.

Type 1 bei Apple

Auch für Apple-Rechner bis zum Betriebssystem 9 gilt, dass zur Darstellung von PostScript-Schriften das Schriftverwaltungsprogramm Adobe Type Manager (ATM) benötigt wurde, da das Betriebssystem selbst über keinen Rasterizer verfügte.

Seit Mac OS X können Type-1-Schriften glücklicherweise auch ohne ATM verwendet werden. Seit Version 10.3 stellt Apple sogar ein eigenes kleines Schriftverwaltungsprogramm zur Verfügung (vgl. Abschnitt 2.2.3.2).

Auch unter Apple sind für Type-1-Schriften zwei Dateien erforderlich: Die PostScript-Outlines befinden sich in einer LWFN-Datei (Laser Writer Font), während die fontmetrischen Daten in einer AFM-Datei enthalten sind. Alternativ gibt es bei Mac OS so genannte FFIL-Dateien (Font Suitcase), die alle benötigten Informationen über eine Schrift in einem „Schriftkoffer“ zusammenpacken.

Ein großer Nachteil der PostScript-Schriften ist die Beschränkung auf maximal 256 Zeichen pro Zeichensatz. Hier sind die 16-Bit-Formate TrueType bzw. OpenType deutlich überlegen.

2.2.2.2 TrueType-Fonts

„TrueType“ ist die Antwort von Microsoft und Apple auf die Produktpolitik und Geheimniskrämerei um Adobes Type-1-Schriften. Technologisch unterscheiden sich TrueType- von Type-1-Fonts dadurch, dass zur Beschreibung der Schrift-Outlines keine Bézierkurven, sondern so genannte Splines verwendet werden. (Dem Anwender dürfte dies letztlich aber egal sein ...)

Aufgrund der großen Verbreitung der Windows-Betriebssysteme und die von vornherein offen gelegte Schriftcodierung verbreiteten sich TrueType-Fonts schnell, außerdem wurden zahlreiche – mehr oder weniger – brauchbare Fonts neu entwickelt. Bei TrueType-Fonts gibt es leider große qualitative Unterschiede, was insbesondere bei der Belichtung und im Druck immer wieder zu Schwierigkeiten führt. Bei der Verwendung von TrueType-Fonts muss darauf geachtet werden, dass die Schrift von namhaften Herstellern stammt. Große Qualitätsunterschiede sind auch daran erkennbar, dass nicht alle TrueType-Fonts mit den für geringe Ausgabeauflösungen erforderlichen Hints ausgestattet sind.

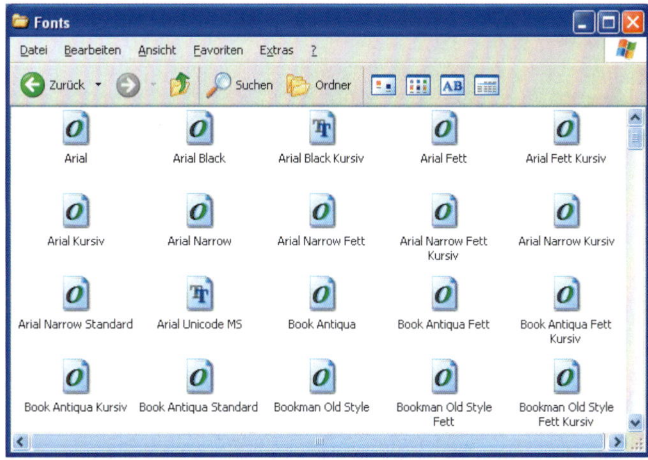

OpenType-Fonts bei Windows XP

Abgesehen von den oben erwähnten Problemen bieten TrueType-Fonts eine Reihe von Vorteilen: Da sie einer Koproduktion von Apple und Microsoft entstammen, verfügen beide Betriebssysteme über einen Rasterizer. Eine zusätzliche Software zur Verwendung von TrueType-Schriften ist nicht erforderlich. Weiterhin basieren TrueType-Fonts auf dem zweibytigen Unicode, mit dem – im Unterschied zu 256 Zeichen bei Type-1-Fonts – 65.000 Zeichen pro Zeichensatz codiert werden können.

Ein weiterer Vorteil von TrueType-Schriften ist darin zu sehen, dass sowohl unter Windows als auch bei Apple lediglich eine Datei (TTF) erforderlich ist. Die Schriftverwaltung wird hierdurch einfacher und übersichtlicher als bei Type-1-Schriften.

2.2.2.3 OpenType-Fonts

Ein zukünftig wichtiges Format könnte das von Microsoft und Adobe 1996 gemeinsam entwickelte „OpenType" werden. OpenType-Fonts werden als Weiterentwicklung und Vereinigung von Type-1- und TrueType-Fonts angesehen. Ein OpenType-Font kann sowohl PostScript- als auch TrueType-Outlines enthalten. Weiterhin sind in der Datei (wie bei TrueType) bereits alle fontmetrischen Angaben vorhanden, so dass keine zweite Datei notwendig ist.

Eine wesentliche Neuerung gegenüber Type-1-Schriften ist die Verwendung von Unicode (vgl. Abschnitt 2.1.3.3). Da es sich um einen 16-Bit-Code handelt, sind bis zu 65.000 Zeichen pro Zeichensatz möglich. Insbesondere für Sonderzeichen oder für asiatische Sprachen mit großem Alphabet bzw. Silbenvorrat stellt die Beschränkung auf acht Bit (256 Zeichen) ein großes Problem dar.

Ein weiteres Ziel von OpenType ist die plattformunabhängige Einsatzmöglichkeit der Schriften – vergleichbar mit TrueType. Wie bei Type-1-Fonts wird bei neueren Betriebssystemen (Windows 2000/XP bzw. Mac OS X) für OpenType keine Schriftverwaltungssoftware benötigt. Wer mit älteren Betriebssystemen arbeitet, muss zur Verwendung von OpenType-Fonts den Adobe Type Manager installieren. (Eine Ausnahme bilden einige Adobe-Programme, die OpenType-Schriften „von Haus aus" unterstützen.)

2.2.3 Fontverwaltung

2.2.3.1 Adobe Type Manager (ATM)

ATM unter Windows XP

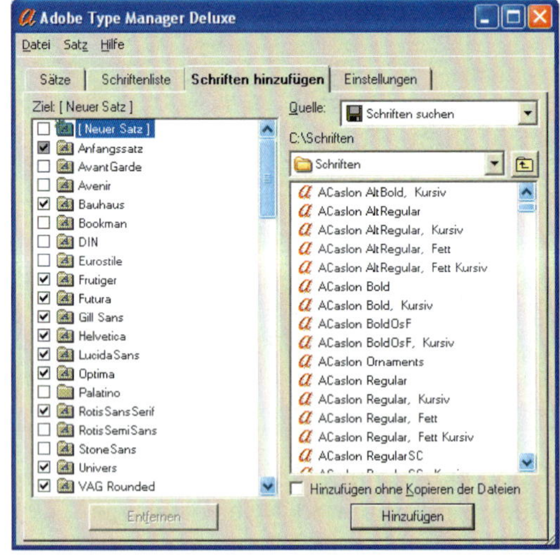

Lange Zeit tobte ein „Schriftenkrieg" zwischen Adobe und Microsoft/Apple (ausnahmsweise einmal als Allianz!). Grund hierfür war, dass Adobe den Quellcode seiner Type-1-Schriften unter Verschluss hielt, um hohe Lizenzgebühren zu kassieren. Zur Verwendung dieser Schriften war eine Software notwendig, die die Rasterung der Outlines erledigte: Adobes Type Manager. Alle älteren Betriebssysteme (Windows 95, 98, ME, Mac OS bis Version 9) benötigen das Programm, um PostScript-Schriften darstellen zu können.

Dem großen Erfolg der TrueType-Schriften ist es zu verdanken, dass Adobe seine Monopolstellung aufgeben und den Schriftencode offen legen musste. Heutige Betriebssysteme (Windows 2000, XP und Mac OS X) integrieren den zur Darstellung notwendigen Rasterizer und können alle Schriftformate (TrueType, Type 1, OpenType) auch ohne zusätzliche Software darstellen.

Abgesehen von der Rasterung der Fonts für die jeweils benötigte Ausgabeauflösung bietet eine Fontverwaltungssoftware die Möglichkeit, Schriften – wie der Name sagt – verwalten zu können. Hierzu lassen sich Schriftsätze anlegen, die die Dateien aller benötigten Schriftschnitte enthalten. Per Mausklick lässt sich ein Satz aktivieren bzw. deaktivieren. Alle aktivierten Schriften müssen in den Arbeitsspeicher geladen werden und benötigen entsprechenden Speicherplatz. Wer mit vielen Schriften arbeitet, belastet sein Betriebssystem nicht unerheblich.

Fontverwaltung unter Mac OS X

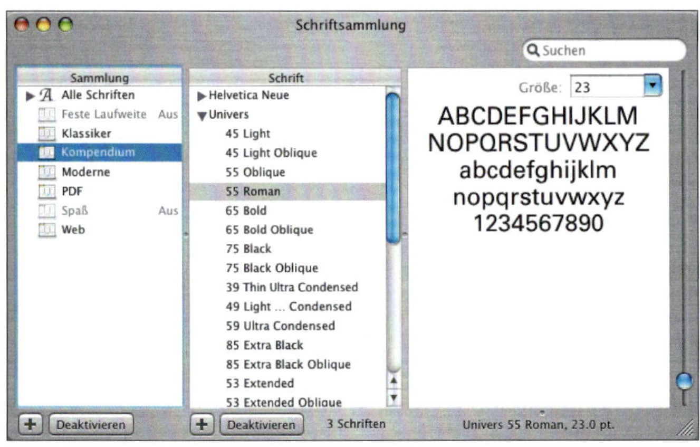

2.2.3.2 Schriftsammlung (Mac OS X)

Mac-User setzten bislang oft die Schriftverwaltungssoftware „Suitcase" ein. Seit Mac OS X (10.3) enthält das Betriebssystem ein kleines, aber dennoch brauchbares Schriftverwaltungsprogramm, das den einfallsreichen Namen „Schriftsammlung" besitzt. Auch wenn es nicht den Funktionsumfang eines ATM aufweist, so lassen sich auch hier Schriftsätze anlegen, aktivieren bzw. deaktivieren – Pech für Adobe!

2.2.4 Aufgaben „Schrifttechnologie“

Aufgabe 2.2.4.1

Den Unterschied zwischen Bitmap- und Outline-Fonts kennen

Beschreiben Sie den wesentlichen Unterschied zwischen einem Bitmap- und einem Outline-Font.

Aufgabe 2.2.4.2

Den Unterschied zwischen Bitmap- und Outline-Font kennen

Welchen großen Nachteil besitzen Bitmap-Fonts gegenüber Outline-Fonts?

Aufgabe 2.2.4.3

Maßnahmen zur Verbesserung der Schriftdarstellung kennen

Nennen Sie Maßnahmen zur Verbesserung der Schriftdarstellung

a. am Bildschirm,
b. im Druck.

Aufgabe 2.2.4.4

Fontformate kennen

Nennen Sie die drei wichtigsten Fontformate.

Aufgabe 2.2.4.5

Die Funktionen von Fontverwaltungssoftware kennen

Nennen Sie zwei wesentliche Funktionen einer Schrift- oder Fontverwaltungssoftware.

2.3 Farbenlehre

Hans E. J. Neugebauer schrieb in seiner Dissertation: „Zur Theorie des Mehrfarbenbuchdrucks" (Dresden 1935, S. 24): „In diesem Kapitel soll die weitere Aufgabe behandelt werden, in wieweit es möglich ist, in einem rein automatisch ablaufenden Verfahren Farben der Natur durch Drucken getreu wiederzugeben. Die wiederzugebenden Farben müssen dabei selbstverständlich im Innern des im vorliegenden Kapitel beschriebenen Körpers liegen, so daß insbesondere glänzende und selbstleuchtende Gegenstände ausgeschlossen sind. Ferner wird davon abgesehen, daß unter Umständen die wiederzugebenden Gegenstände von einer Lichtquelle anderer Helligkeit und Energieverteilung als das gedruckte Bild bei der Betrachtung beleuchtet werden: Nur die Helligkeitsverhältnisse gegen Weiß sollen in der Natur und im Bild die gleichen sein."

Die Probleme sind heute die gleichen wie 1935, allerdings ergänzt um Themenstellungen wie Monitordarstellung, Crossmedia, digitale Druckverfahren und …

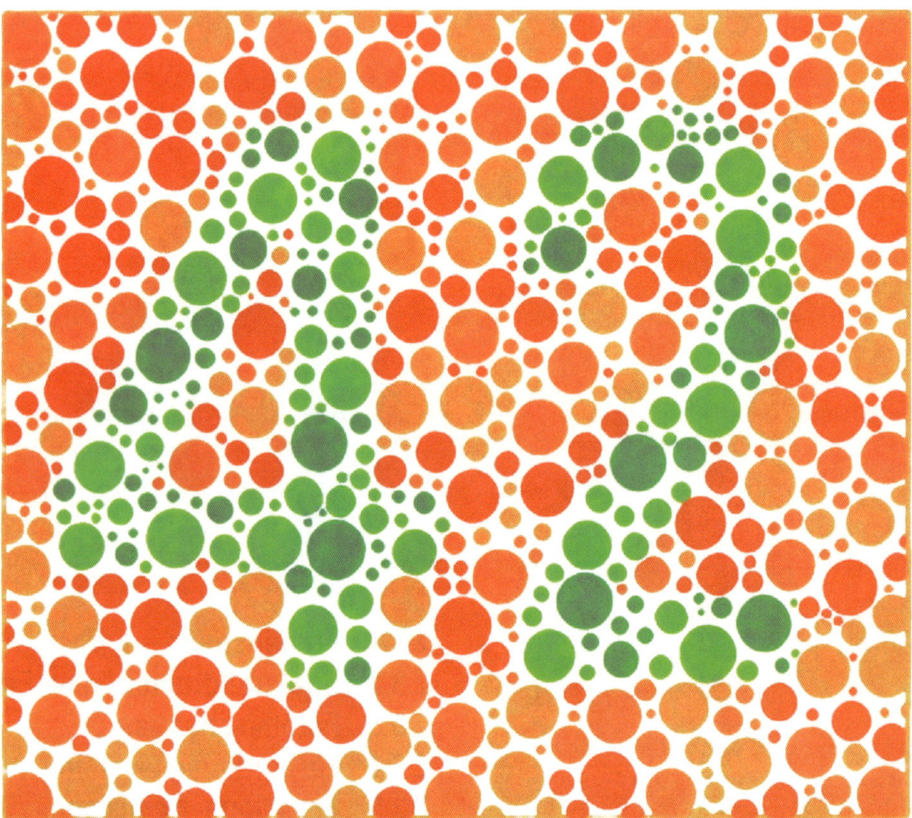

Sind Sie farbtüchtig?

Die eigentliche lichtempfindliche Struktur des Auges ist die Netzhaut. Sie enthält die Fotorezeptoren (Stäbchen und Zapfen) sowie verschiedenartige Nervenzellen, die sich schließlich zum Sehnerv vereinen.

Die Rezeptoren wandeln als Messfühler den Lichtreiz in Erregung um. Nur die Zapfen sind farbtüchtig. Es gibt drei verschiedene Zapfentypen, die je ein spezifisches Fotopigment besitzen, dessen Lichtabsorption in einem ganz bestimmten Wellenlängenbereich ein Maximum aufweist. Diese Maxima liegen im Rotbereich bei 600 – 610 nm (Rotrezeptor), im Grünbereich bei 550 – 570 nm (Grünrezeptor) und im Blaubereich bei 450 – 470 nm (Blaurezeptor). Durch die Überschneidung der Absorptionskurven sprechen auf viele Wellenlängen mehrere Zapfentypen in unterschiedlicher Stärke an. Jede Farbe wird durch ein für sie typisches Erregungsverhältnis der drei Rezeptorentypen bestimmt.

Die Farbvalenz ist die Bewertung eines Farbreizes durch die drei Empfindlichkeitsfunktionen des Auges. Pathologisch können eine oder mehrere Komponenten gestört sein oder ganz fehlen. Es kommt dann zu Farbsehstörungen, der Farbenschwäche oder Farbenblindheit. Diese Störungen werden über das X-Chromosom rezessiv vererbt. Sie treten daher bei Männern viel häufiger (ca. 8%) als bei Frauen (ca. 0,5%) auf.

Die Farbmetrik entwickelt Systeme zur quantitativen Erfassung und Kennzeichnung der Farbeindrücke (Farbvalenzen). Das menschliche Farbensehen wird messtechnisch erfassbar und ermöglicht somit eine objektive Prozesssteuerung des gesamten Workflows.

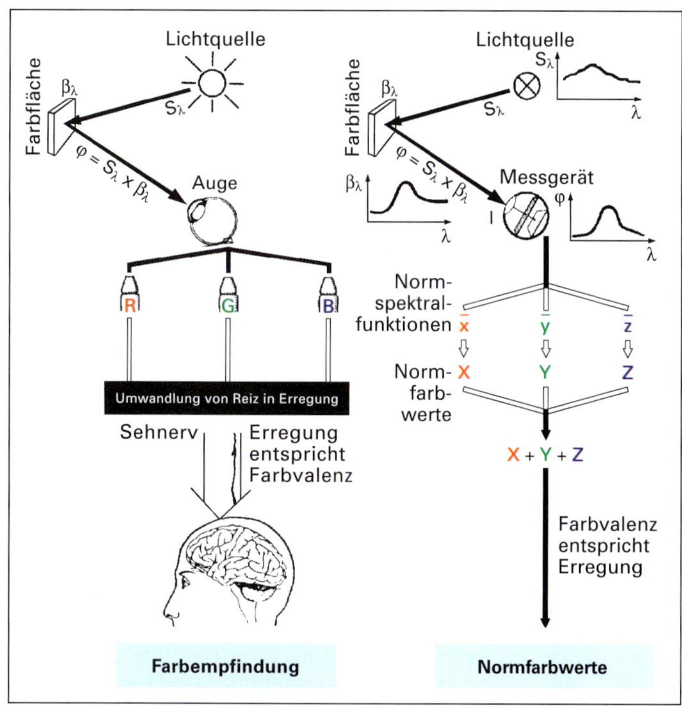

Vergleich Farbensehen – Farbmetrik

Die Normfarbwertanteile x(λ), y(λ) und z(λ) kennzeichnen den geometrischen Farbort einer Farbe. Sie lassen sich einfach aus den Farbvalenzen (Normvalenzen) errechnen.

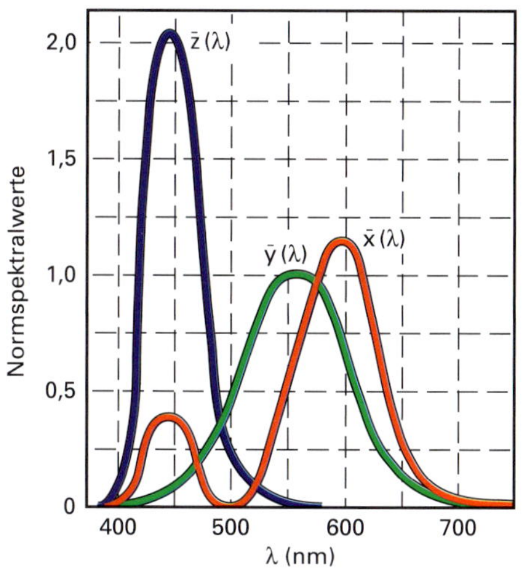

Normspektralwertkurven

Die Kurven beschreiben die spektrale Empfindlichkeit des Normalbeobachters, dem statistischen Mittel mehrerer Versuchspersonen.

Die Kurven sind analog den spektralen Empfindlichkeitskurven eines physikalischen Strahlungsempfängers.

Messvorgaben:
- 2° Sehwinkel
- Lichtart D50

2.3.2 Spektralfotometrische Farbmessung

Die farbmetrische Messung von Farben wird mit Spektralfotometern durchgeführt. Hierbei wird der visuelle Eindruck einer Farbe mit den Farbmaßzahlen des im Messgerät voreingestellten Farbordnungssystems dargestellt.

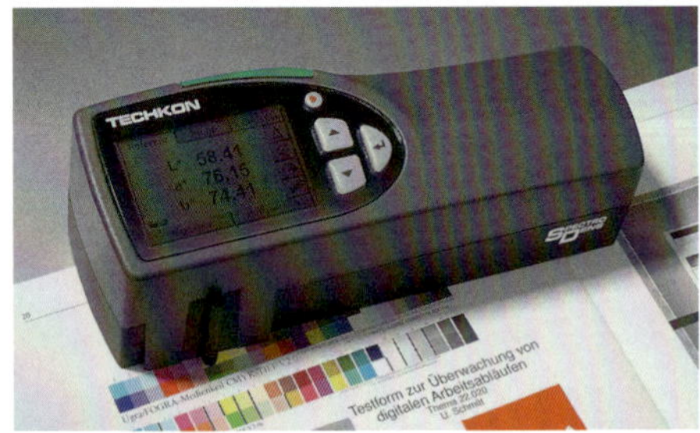

Spektralfotometrische Messung eines Drucks

(Abb.: Techkon)

Körperfarbmessung

Jeder Spektralfotometer zur Messung von Körperfarben, z.B. von Drucken, hat eine Lichtquelle, die das gesamte sichtbare Spektrum emittiert. Ihre spektrale Strahlungsverteilung wird auf Idealweiß und auf die Strahlungsverteilung der einzelnen Normlichtarten bzw. Glühlampenlicht bezogen. Zusätzliche Xenonblitzlampen ermöglichen die messtechnische Erfassung optischer Aufheller.

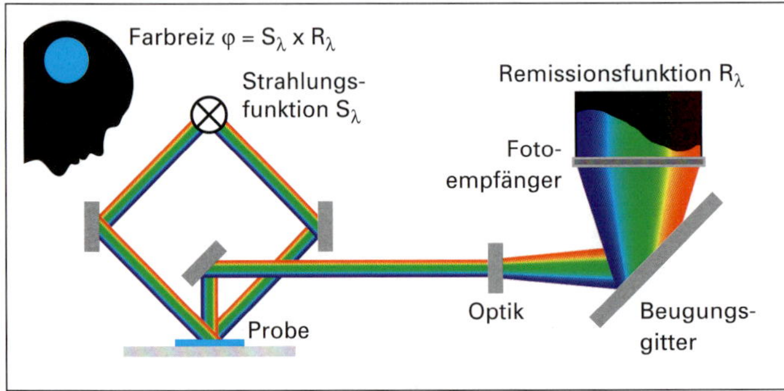

Messprinzip eines Spektralfotometers

Messvariable

Der visuelle Eindruck einer Farbe ist von der Beleuchtung und dem Beobachtungswinkel abhängig. Deshalb ist es notwendig, dass auch in der Messung diese Einflussgrößen verändert werden können.

Grundsätzlich ermöglichen alle Spektralfotometer die Messung mit unterschiedlichen Messvariablen:

- Lichtart, z.B. D50 oder D65
- Beobachtungswinkel 2° oder 10°

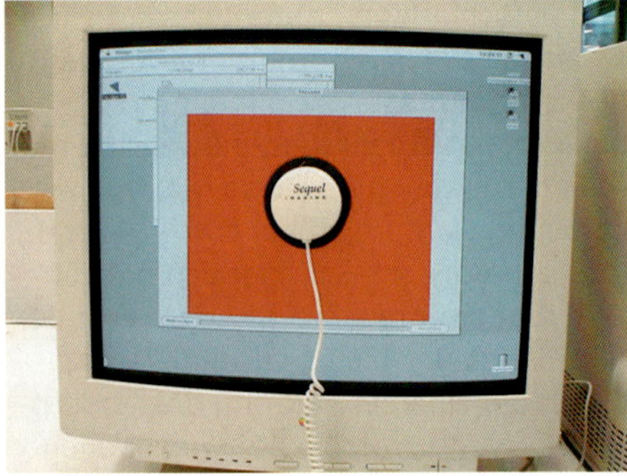

Spektralfotometrische Messung eines Monitors

Lichtfarbmessung

Spektralfotometer zur Lichtfarbmessung haben keine eigene Lichtquelle. Bei Geräten, die Körper- und Lichtfarbmessung ermöglichen, wird die interne Lichtquelle zur Lichtfarbmessung ausgeschaltet.

Messwerterfassung

Das von der Probe remittierte oder emittierte Licht wird durch ein Beugungsgitter oder schmalbandige Farbfilter mit einer Schrittweite von z.B. 20 nm aufgespalten, von Fotodioden erfasst und in elektrische Spannung umgewandelt. Die Signale werden zur weiteren Auswertung an den Rechner des Spektralfotometers bzw. an einen online verbundenen Computer weitergeleitet.

2.3.3 Farbmischungen

2.3.3.1 Additive Farbmischung – physiologische Farbmischung

Bei der additiven Farbmischung wird Lichtenergie verschiedener Spektralbereiche addiert. Die Mischfarbe (Lichtfarbe) enthält also mehr Licht als die Ausgangsfarben. Sie ist somit immer heller.

Bei der additiven Mischung von Rot, Grün und Blau entsteht durch Addition der drei Spektralbereiche das komplette sichtbare Spektrum, d.h. Weiß.

Beispiele für die Anwendung der additiven Farbmischung sind der Monitor, die Digitalkamera, die Bühnenbeleuchtung und die Addition der drei Teilreize (Farbvalenzen) beim menschlichen Farbensehen. Man nennt deshalb die additive Farbmischung auch physiologische Farbmischung.

Additive Farbmischung

Drei Lichtpunkte der Primärfarben RGB strahlen übereinander und addieren ihre Lichtenergie zu den drei Sekundärfarben CMY und der Tertiärfarbe Weiß.

Subtraktive Farbmischung

Drei Farbflächen mit den Primärfarben CMY überdecken sich teilweise. Durch die lasierenden Druckfarben entstehen die drei Sekundärfarben RGB und im Bereich der dreifachen Überlappung als Tertiärfarbe Schwarz.

2.3.3.2 Subtraktive Farbmischung – physikalische Farbmischung

Bei der subtraktiven Farbmischung wird Lichtenergie subtrahiert. Jede hinzukommende Farbe absorbiert einen weiteren Teil des Spektrums. Die Mischfarbe (Körperfarbe) ist deshalb immer dunkler als die jeweiligen Ausgangsfarben der Mischung.

Bei der subtraktiven Farbmischung von Cyan, Magenta und Gelb entsteht durch die Subtraktion (Absorption) von Licht der jeweiligen Komplementärfarbe Schwarz.

Beispiele für die Anwendung sind der Farbdruck und künstlerische Mal- und Zeichentechniken.

	Additive Farbmischung			Subtraktive Farbmischung		
Primärfarben	Rot	Grün	Blau	Cyan	Magenta	Yellow
Sekundärfarben	G + B = Cyan	R + B = Magenta	R + G = Yellow (Gelb)	M + Y = Rot	C + Y = Grün	C + M = Blau
Tertiärfarben		R + G + B = Weiß			C + M + Y = Schwarz (Key oder BlacK)	

2.3.3.3 Autotypische Farbmischung – Farbmischung im Druck

Die Mischung der Farben im Druck wird allgemein als autotypische Farbmischung bezeichnet. Ihre Gesetzmäßigkeiten gelten für alle Druckverfahren, vom Digitaldruck bis hin zu künstlerischen Drucktechniken wie der Serigrafie.

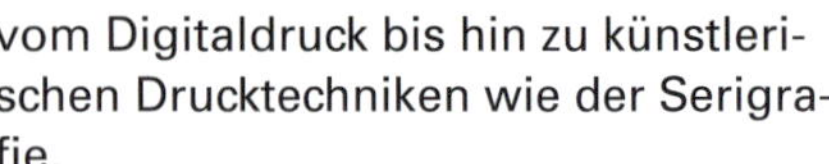

Die autotypische Farbmischung vereinigt die additive und die subtraktive Farbmischung. Voraussetzung ist allerdings, dass die Größe der gedruckten Farbflächen unterhalb des Auflösungsvermögens des menschlichen Auges liegt. Das remittierte Licht der nebeneinander liegenden Farbflächen mischt sich dann additiv im Auge (physiologisch), die übereinander gedruckten Flächenelemente mischen sich subtraktiv auf dem Bedruckstoff (physikalisch).

Autotypische Farbmischung

Durch den groben Raster sehen Sie die einzelnen Rasterpunkte. Vergößern Sie den Betrachtungsabstand – die Farben mischen sich autotypisch zu einem Gesamtbild.

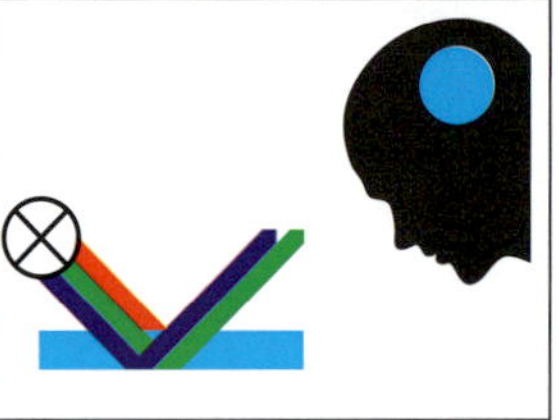

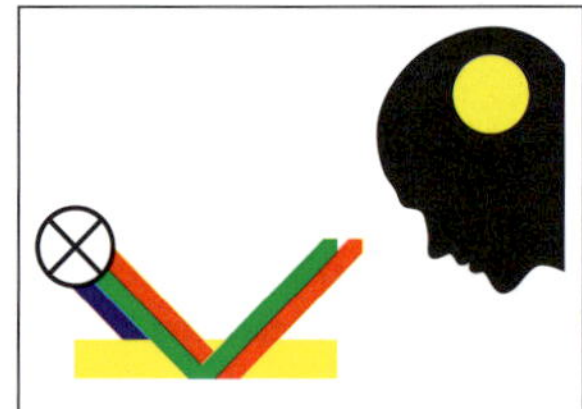

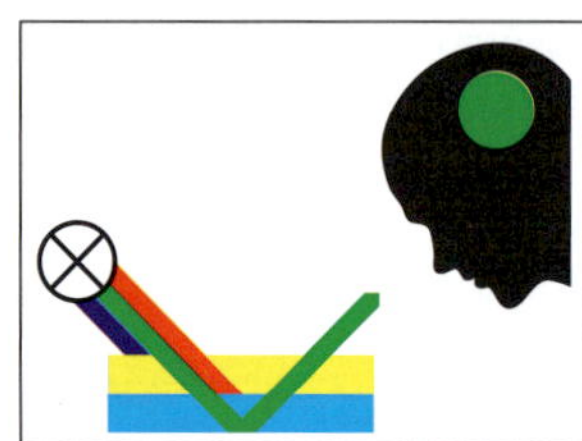

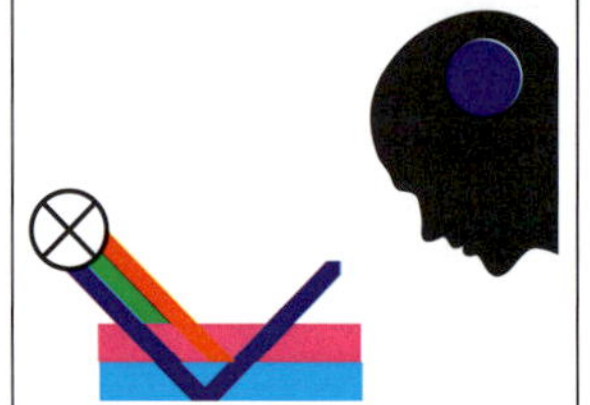

Schematische Darstellung der Farbmischung im Druck

Die lasierenden Druckfarben transmittieren ihre Lichtfarben und absorbieren ihre Komplementärfarbe.

Der Bedruckstoff remittiert die Lichtfarben. Diese werden im Auge additiv zum Farbeindruck der Körperfarbe gemischt.

2.3.4.1 Einteilung

Es gibt Dutzende Farbordnungssysteme mit ganz unterschiedlichen Ordnungskriterien. Die in der Medienproduktion gebräuchlichsten Systeme werden im Folgenden vorgestellt.

Farbmischsysteme
Farbmischsysteme orientieren sich an herstellungstechnischen Kriterien. Beispiele hierfür sind das System Itten und Hickethier, aber auch das RGB-System und das CMYK-System.

Farbauswahlsysteme
Aus den Farben eines Bildes werden bestimmte Farben ausgewählt und in eine Farbpalette/Farbtabelle übertragen. Ein indiziertes Farbbild basiert auf einer Farbtabelle mit maximal 256 Farben. Diese Auswahl ist nicht genormt, sondern systembedingt verschieden.

Farbmaßsysteme
Farbmaßsysteme basieren auf der valenzmetrischen Messung von Farben. Sie unterscheiden sich damit grundsätzlich von den Farbmischsystemen. Als Beispiele wären das CIE-Normvalenzsystem, das CIELAB-System und das CIELUV-System zu nennen.

2.3.4.2 Sechsteiliger Farbkreis

Das einfachste Farbordnungssystem ist der sechsteilige Farbkreis. Die 3 Grundfarben der additiven Farbmischung (RGB) und die 3 Grundfarben der subtraktiven Farbmischung (CMY) sind immer abwechselnd, entsprechend den Farbmischgesetzen, angeordnet.

Magenta ist als einzige Grundfarbe nicht im Spektrum vertreten. Sie ist die additive Mischung aus den beiden Enden des Spektrums Blau und Rot. Durch die Kreisform wird das Spektrum geschlossen.

Sechsteiliger Farbkreis

Komplementärfarben
Komplementärfarben sind Farbenpaare, die in einer besonderen Beziehung zueinander stehen:

- Komplementärfarben liegen sich im Farbkreis gegenüber.
- Komplementärfarben ergänzen sich zu Unbunt.
  (Komplement: lat. Ergänzung)
- Komplementärfarbe zu einer Grundfarbe ist immer die Mischfarbe der beiden anderen Grundfarben.

Bei der Farbtrennung in Digitalkameras und Scannern werden Komplementärfilter eingesetzt. In der Gestaltung ist der Komplementärkontrast einer der wichtigsten und häufig angewandten Kontraste.

Komplementärfarbenpaare

Additiv:
Mischung bzw. Ergänzung zu Weiß

Subtraktiv:
Mischung bzw. Ergänzung zu Schwarz

2.3.4.3 RGB-System

Rot, Grün und Blau (RGB) sind die additiven Grundfarben. Alle Farben, die der Mensch sieht, setzen sich aus diesen drei Grundfarben zusammen. Folgerichtig basieren technische Anwendungen wie der Farbmonitor, die Digitalkamera und der Scanner auf dem RGB-System.

Das RGB-System ermöglicht keine absolute Farbkennzeichnung. Wie bei den als Druckfarben verwendeten subtraktiven Grundfarben CMY sind herstellerbedingt unterschiedliche spektrale Werte vorhanden.

Beispiele für RGB-Farbräume sind: Der sRGB-Farbraum (standardRGB), er wird von vielen Soft- und Hardwareherstellern unterstützt; CIE RGB, er umfasst einen größeren RGB-Farbraum und ist dadurch nicht in allen Komponenten realisierbar; ECI RGB, als empfohlener Basisfarbraum für den Color-Management-Workflow, Sie können das Profil unter www.eci.org kostenlos herunterladen, und schließlich PAL/SECAM für den aktuellen Farbfernsehstandard.

2.3.4.4 CMYK-System

Die Buchstaben CMY bezeichnen die Grundfarben der subtraktiven Farbmischung Cyan, Magenta und Gelb (Yellow). Beim Mehrfarbendruck wird zur Kontrastunterstützung noch zusätzlich Schwarz (BlacK oder Key) gedruckt. Die

RGB- und CMY-Farbraum

Die Tabellen bezeichnen die Eckpunkte der jeweiligen Farbräume.

RGB:
255 maximaler Farbanteil
0 kein Farbanteil, d.h. kein Licht

CMY:
100 maximaler Farbanteil
0 keine Farbe, Papierweiß

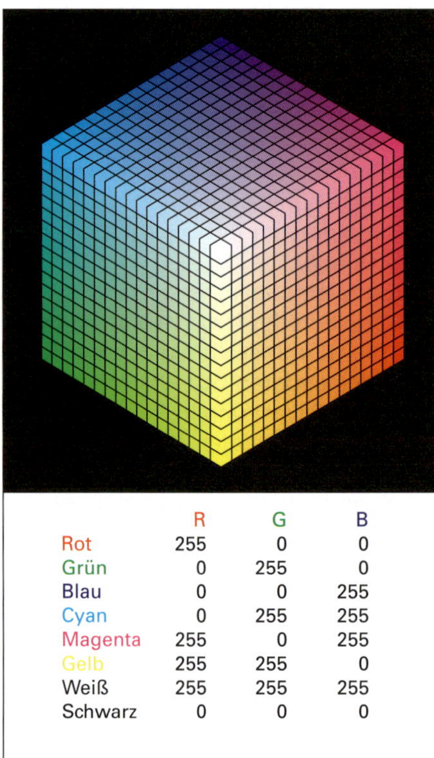

	R	G	B
Rot	255	0	0
Grün	0	255	0
Blau	0	0	255
Cyan	0	255	255
Magenta	255	0	255
Gelb	255	255	0
Weiß	255	255	255
Schwarz	0	0	0

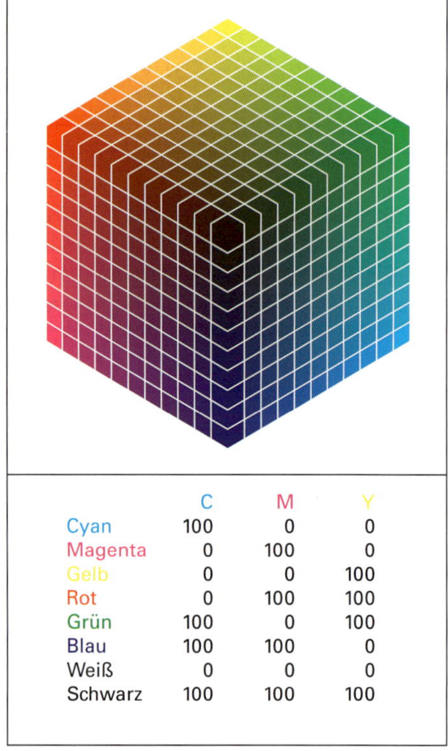

	C	M	Y
Cyan	100	0	0
Magenta	0	100	0
Gelb	0	0	100
Rot	0	100	100
Grün	100	0	100
Blau	100	100	0
Weiß	0	0	0
Schwarz	100	100	100

Koordinaten des Farbenraums sind die Flächendeckungen, mit denen die Farben gedruckt werden.

Da ein Farbraum durch vier Grundfarben überbestimmt ist, muss bei jedem CMYK-Farbraum die Grundfarbe Schwarz definiert werden. Die eindeutigste Definition ergibt sich, wenn keine Mischfarbe durch mehr als drei Grundfarben entsteht, nämlich entweder durch drei Buntfarben (Buntaufbau) oder durch zwei Buntfarben und Schwarz (Unbuntaufbau).

Abhängig von der Separationsart, dem Papier und den Druckbedingungen ergeben sich andere farbmetrische Eckpunkte. Es gibt somit mindestens so viele CMYK-Farbräume, wie es unterschiedliche Kombinationen von Papier und Druckbedingungen gibt.

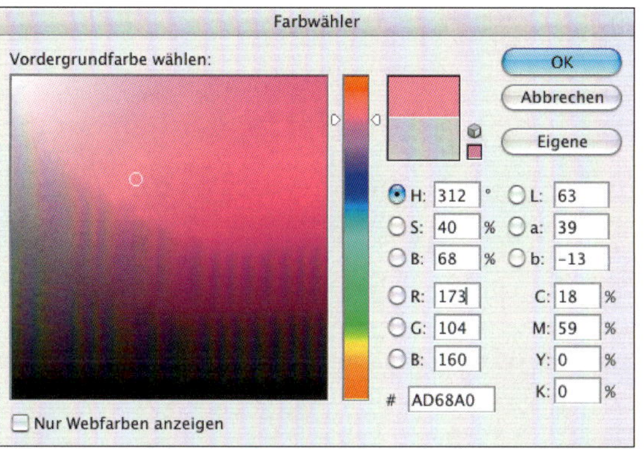

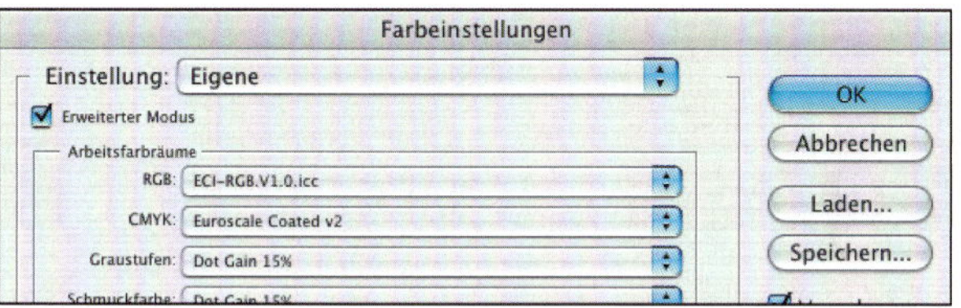

Farbwähler und Farbeinstellungen in Adobe Photoshop

Farbatlas

Die folgenden Seiten zeigen Farbtafeln zur Bewertung und Definition eines Farbtons im Druck und auf dem Monitor.

Die Abweichungen der Farbwerte von ihrem Standard sind von der Drucktechnik und von den Farbeinstellungen in der Software abhängig.

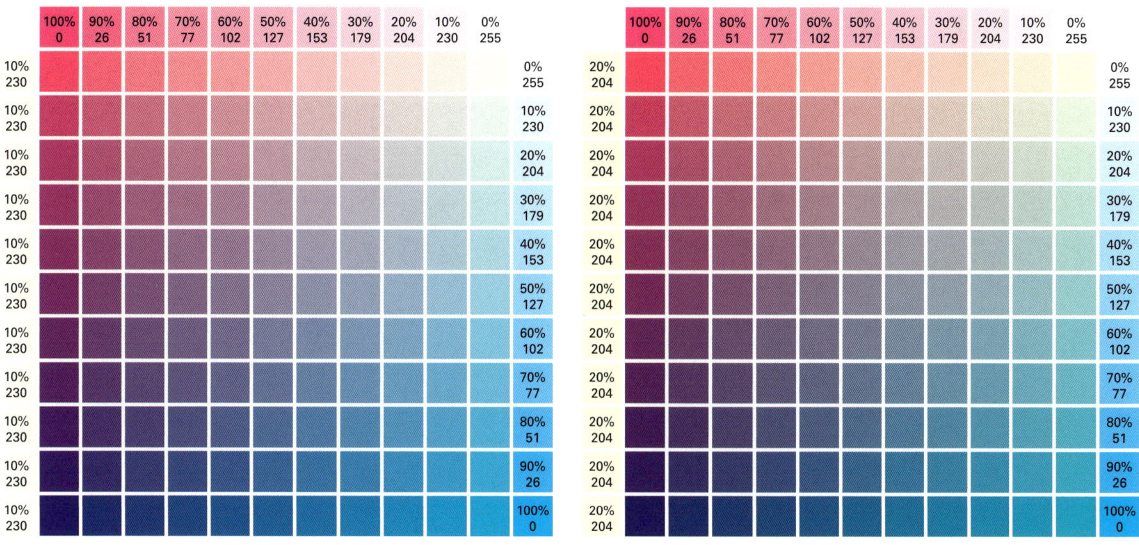

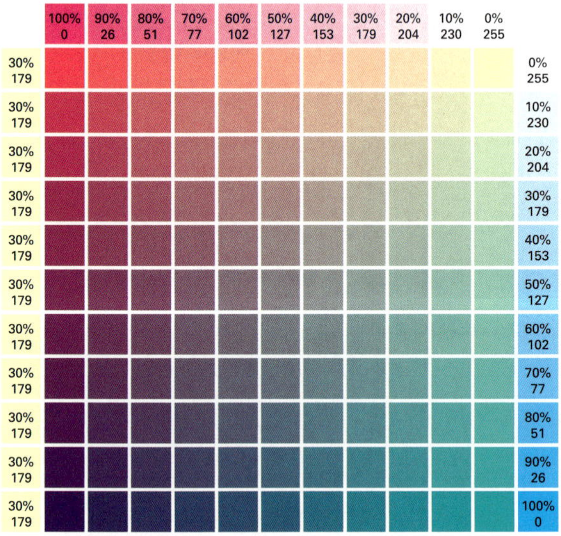

	100% 0	90% 26	80% 51	70% 77	60% 102	50% 127	40% 153	30% 179	20% 204	10% 230	0% 255	
30% 179												0% 255
30% 179												10% 230
30% 179												20% 204
30% 179												30% 179
30% 179												40% 153
30% 179												50% 127
30% 179												60% 102
30% 179												70% 77
30% 179												80% 51
30% 179												90% 26
30% 179												100% 0

	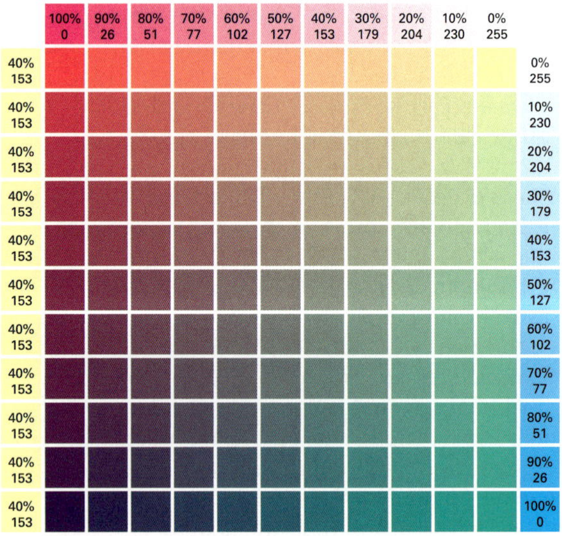 100% 0	90% 26	80% 51	70% 77	60% 102	50% 127	40% 153	30% 179	20% 204	10% 230	0% 255	
40% 153												0% 255
40% 153												10% 230
40% 153												20% 204
40% 153												30% 179
40% 153												40% 153
40% 153												50% 127
40% 153												60% 102
40% 153												70% 77
40% 153												80% 51
40% 153												90% 26
40% 153												100% 0

	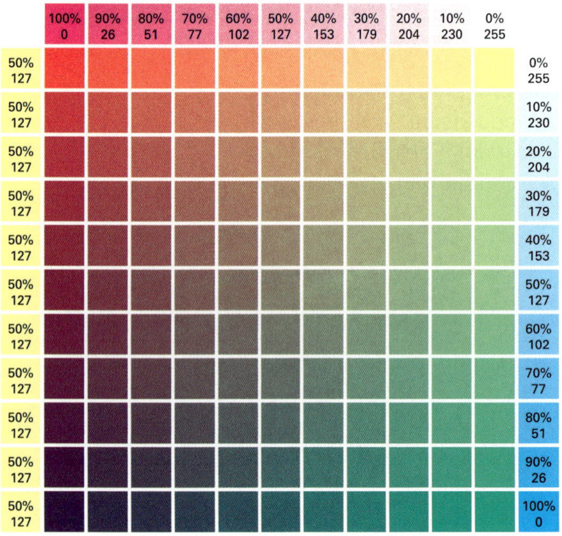 100% 0	90% 26	80% 51	70% 77	60% 102	50% 127	40% 153	30% 179	20% 204	10% 230	0% 255	
50% 127												0% 255
50% 127												10% 230
50% 127												20% 204
50% 127												30% 179
50% 127												40% 153
50% 127												50% 127
50% 127												60% 102
50% 127												70% 77
50% 127												80% 51
50% 127												90% 26
50% 127												100% 0

	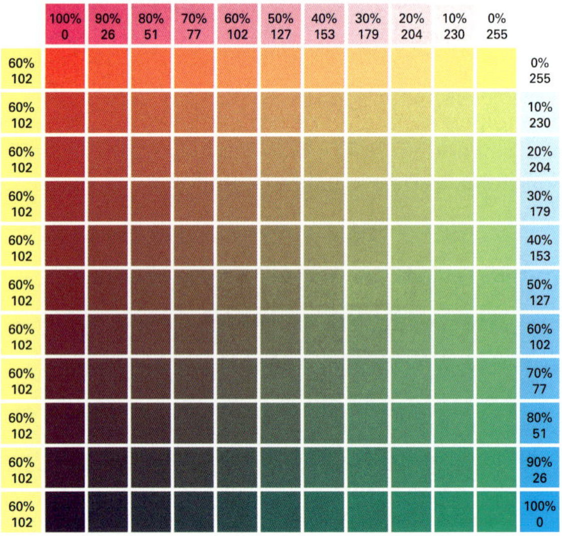 100% 0	90% 26	80% 51	70% 77	60% 102	50% 127	40% 153	30% 179	20% 204	10% 230	0% 255	
60% 102												0% 255
60% 102												10% 230
60% 102												20% 204
60% 102												30% 179
60% 102												40% 153
60% 102												50% 127
60% 102												60% 102
60% 102												70% 77
60% 102												80% 51
60% 102												90% 26
60% 102												100% 0

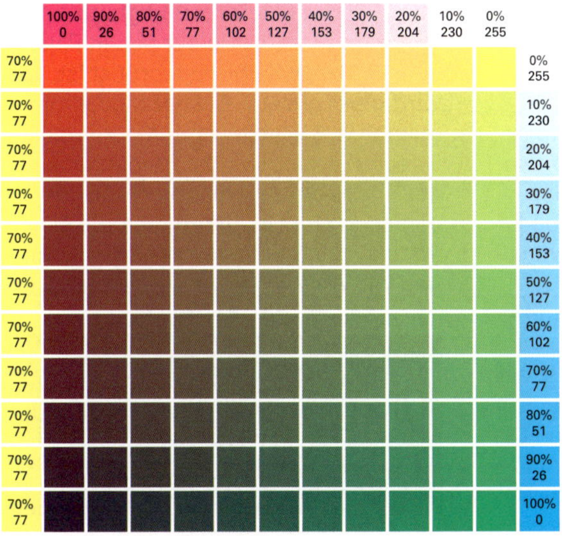

	100% 0	90% 26	80% 51	70% 77	60% 102	50% 127	40% 153	30% 179	20% 204	10% 230	0% 255	
70% 77												0% 255
70% 77												10% 230
70% 77												20% 204
70% 77												30% 179
70% 77												40% 153
70% 77												50% 127
70% 77												60% 102
70% 77												70% 77
70% 77												80% 51
70% 77												90% 26
70% 77												100% 0

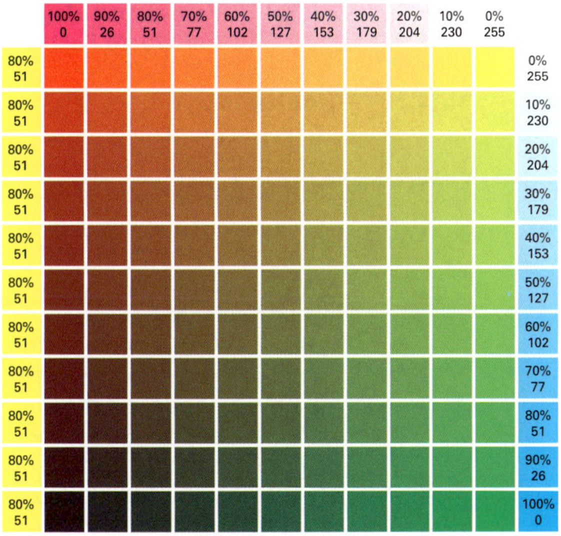

	100% 0	90% 26	80% 51	70% 77	60% 102	50% 127	40% 153	30% 179	20% 204	10% 230	0% 255	
80% 51												0% 255
80% 51												10% 230
80% 51												20% 204
80% 51												30% 179
80% 51												40% 153
80% 51												50% 127
80% 51												60% 102
80% 51												70% 77
80% 51												80% 51
80% 51												90% 26
80% 51												100% 0

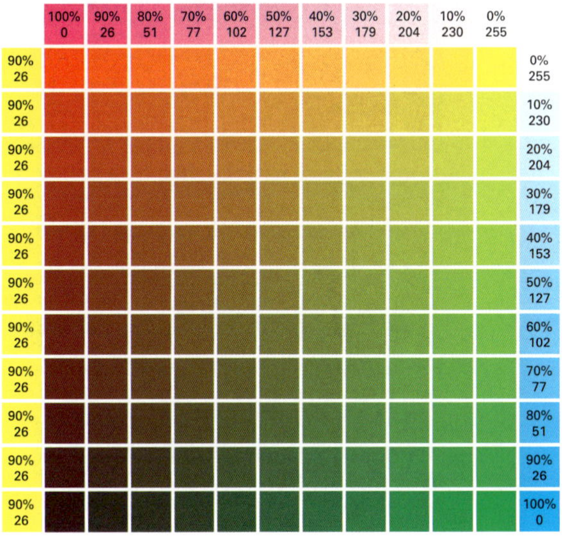

	100% 0	90% 26	80% 51	70% 77	60% 102	50% 127	40% 153	30% 179	20% 204	10% 230	0% 255	
90% 26												0% 255
90% 26												10% 230
90% 26												20% 204
90% 26												30% 179
90% 26												40% 153
90% 26												50% 127
90% 26												60% 102
90% 26												70% 77
90% 26												80% 51
90% 26												90% 26
90% 26												100% 0

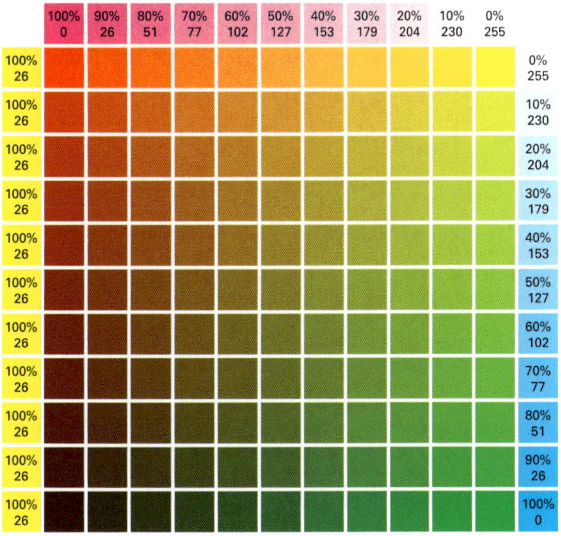

	100% 0	90% 26	80% 51	70% 77	60% 102	50% 127	40% 153	30% 179	20% 204	10% 230	0% 255	
100% 26												0% 255
100% 26												10% 230
100% 26												20% 204
100% 26												30% 179
100% 26												40% 153
100% 26												50% 127
100% 26												60% 102
100% 26												70% 77
100% 26												80% 51
100% 26												90% 26
100% 26												100% 0

2.3.4.5 Farbauswahlsysteme – indizierte Farben

Indizierung

Das System der indizierten Farben ist weder ein Farbmischsystem noch ein Farbmaßsystem. Es ist ein Farbauswahlsystem. Ein indiziertes Farbbild basiert auf einer Farbtabelle mit maximal 256 Farben.

Der geringe Speicherbedarf indizierter Bilder (8 Bit) bedingt eine Auswahl von 256 Farben. Diese Auswahl ist nicht genormt, sondern systemabhängig. Die Art und Position der Farben in den Systempaletten von Mac OS und Windows sind unterschiedlich. Zusätzlich können Sie bei der Indizierung noch zwischen verschiedenen Rendering Intents wählen. Rendering Intents bestimmen die Art der Farbauswahl.

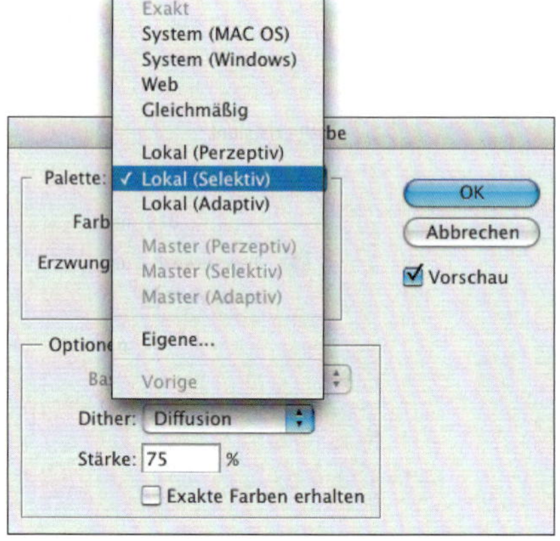

Rendering Intents bei der Indizierung eines RGB-Bildes

Bei der Indizierung lässt sich auch die Farbtiefe, d.h. die Anzahl der Bits für die Farbinformation pro Pixel, festlegen. 4 Bit/Pixel stellt gleichzeitig $2^4 = 16$ Farben dar. In den Farbtabellen/-paletten ist jede Stelle nummeriert. Wechselt die Palette, so bleibt die Farbnummer des Pixels im Bild gleich. Wenn die Nummer in der neuen Palette einer anderen Farbe zugeordnet ist, so wird diese gesetzt. Bei der Medienproduktion (z.B. Darsteller in Macromedia Director) ergibt sich die Problematik, dass das geladene Bild nicht mit der geladenen Palette harmoniert. Es kann dadurch zu absurden Farbverschiebungen kommen.

Farbverfälschungen durch falsche Zuordnung der Farbpaletten

Browserunabhängige Farben – Web-Palette

Bei der farblichen Gestaltung von Internetseiten und der Bildverarbeitung fürs Web ist nur eines bekannt: Die Seite wird mit einem Browser auf dem Monitor betrachtet. Monitoreinstellung, Gamma, Grafikkarte, Betriebssystem, Rechner, Art des Browsers sind alles unbekannte Variable. Um trotzdem eine möglichst konsistente Farbdarstellung und Sicherheit bei der Gestaltung zu erreichen, wurde die Web-Palette definiert.

Die Web-Palette umfasst die 216 Farben, die der Win- und der Mac-Systempalette gemeinsam sind. Alle gängigen Browser unterstützen diese Palette. Die 216 Farben wurden nach mathematischen, nicht nach gestalterischen Gesichtspunkten ausgewählt. Die RGB-Werte jeder Farbe haben 6 mögliche Einstellungen mit einer Schrittweite von 51: Im Dezimalsystem 0, 51, 102, 153, 204 und 255; im Hexadezimalsystem sind die Werte 00, 33, 66, 99, CC und FF. Die 6 x 6 x 6 Variationen ergeben 216 Möglichkeiten, d.h. Farben.

Die Web-Palette eignet sich sehr gut für die konsistente Gestaltung von Grafiken und Buttons. Für Bilder ist sie aber ungeeignet, da die Farbanzahl zu gering ist und durch das Dithering bei der Indizierung störende Muster und Strukturen erzeugt werden. Es empfiehlt sich bei Bildern die perzeptive Indizierung, bei der die 256 bildwichtigsten Farben ausgewählt werden, oder die Komprimierung mit JPEG, wobei die 24-Bit-Farbtiefe erhalten bleibt.

Web-Palette

Farbtafel der 216 plattformunabhängigen Farben mit ihren dezimalen und hexadezimalen Kennzahlen. Die links oben stehenden Zahlen zeigen den Rotanteil der jeweiligen Teilfarbtafel.

Die CMYK-Darstellung des Drucks bedingt Abweichungen von der Bildschirmdarstellung.

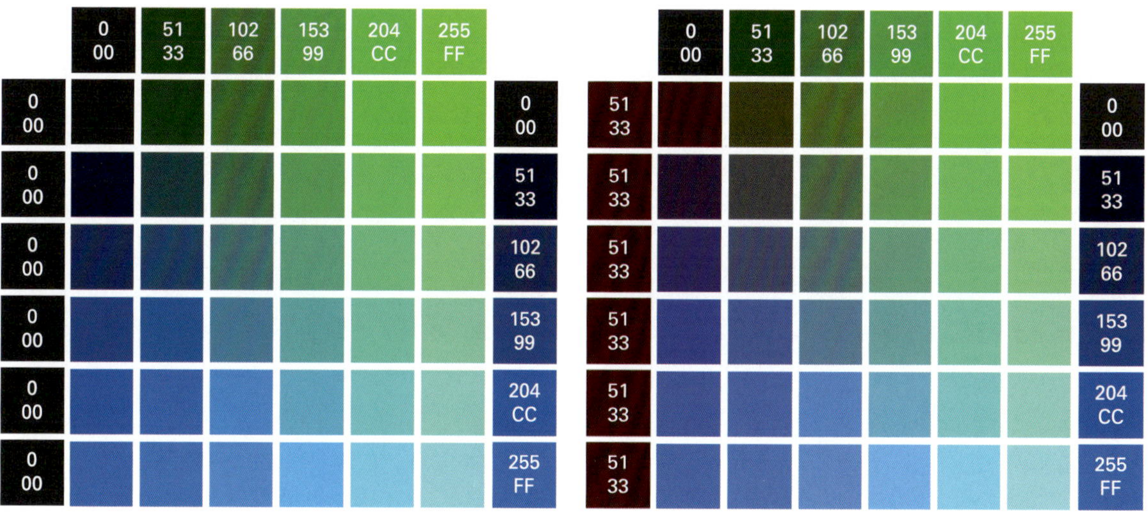

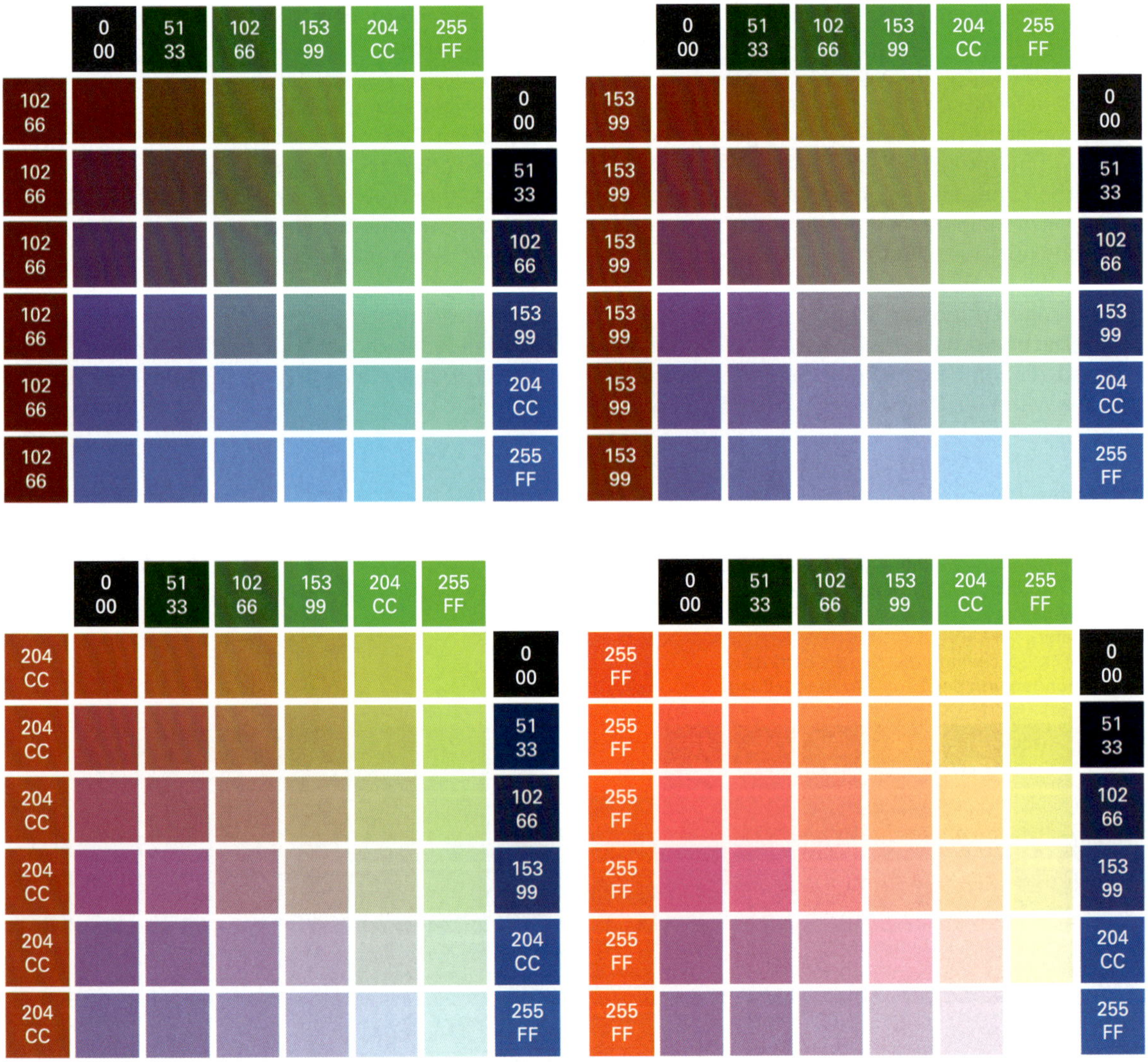

	0 00	51 33	102 66	153 99	204 CC	255 FF	
102 66							0 00
102 66							51 33
102 66							102 66
102 66							153 99
102 66							204 CC
102 66							255 FF

	0 00	51 33	102 66	153 99	204 CC	255 FF	
153 99							0 00
153 99							51 33
153 99							102 66
153 99							153 99
153 99							204 CC
153 99							255 FF

	0 00	51 33	102 66	153 99	204 CC	255 FF	
204 CC							0 00
204 CC							51 33
204 CC							102 66
204 CC							153 99
204 CC							204 CC
204 CC							255 FF

	0 00	51 33	102 66	153 99	204 CC	255 FF	
255 FF							0 00
255 FF							51 33
255 FF							102 66
255 FF							153 99
255 FF							204 CC
255 FF							255 FF

2.3.4.6 CIE-Normvalenzsystem

Als eine der ersten internationalen Normen wurde 1931 von der CIE das Normvalenzsystem eingeführt. CIE ist die Abkürzung von Commission Internationale de l'Eclairage, auf deutsch Internationale Beleuchtungskommission. Das System basiert auf der Definition der Farbe als Gesichtssinn. Die subjektive Farbempfindung wurde durch eine Versuchsreihe mit verschiedenen Testpersonen auf allgemeine Farbmaßzahlen, den Farbvalenzen, zurückgeführt (Normalbeobachter).

Die Farbvalenz ist die Bewertung eines Farbreizes durch die drei Empfindlichkeitsfunktionen des Auges. Die Farbmaßzahlen X, Y und Z dienen zur eindeutigen Kennzeichnung einer Farbvalenz.

Die Normfarbwertanteile x(λ), y(λ) und z(λ) kennzeichnen den geometrischen Farbort einer Farbe. Sie lassen sich einfach aus den Farbvalenzen (Normvalenzen) errechnen. Da die Summe der Normspektralwertanteile $x + y + z = 1$ ist, genügen die x- und y-Anteile zur Eintragung der Farbart als Farbort in die Farbtafel.

Beschreibung

- Im Normfarbenraum sind alle sichtbaren Farben wiedergegeben.
- Die Spektralfarben (gesättigte Farben) liegen auf der unteren gekrümmten Außenlinie.
- Auf der unteren Geraden liegen die gesättigten Purpurfarben (additive Mischfarben aus Blau und Rot).
- Im Unbuntpunkt E ($x = y = z = 0{,}33$) steht senkrecht die Grauachse (Unbuntachse), Hellbezugswert $Y = 0$: Schwarz, $Y = 100$: Weiß.
- Additive Mischfarben liegen auf der Geraden zwischen den beiden Ausgangsfarben.

Farbortbestimmung

Zur Bestimmung des Farbortes einer Farbe genügen drei Kenngrößen:

- Farbton T
  Lage auf der Außenlinie
- Sättigung S
  Entfernung von der Außenlinie
- Helligkeit Y
  Ebene im Farbkörper

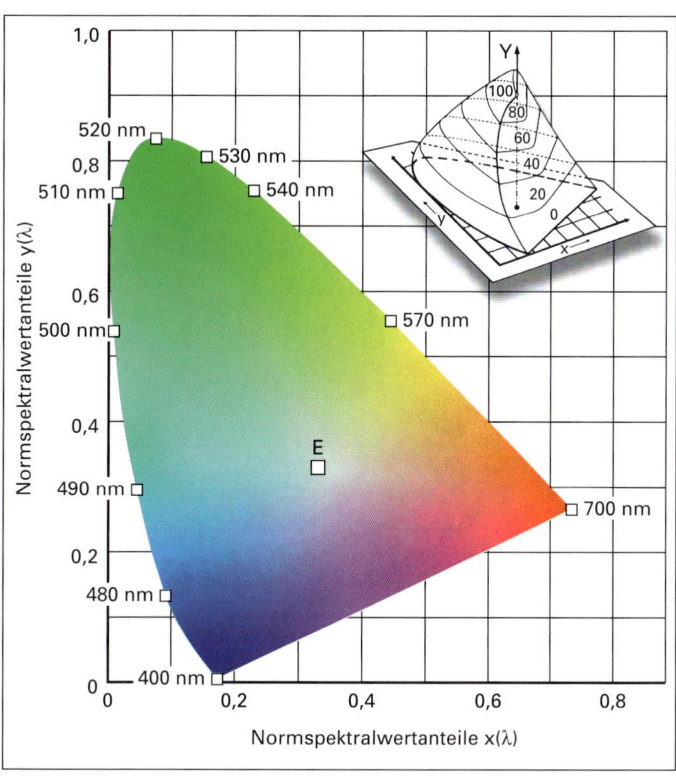

CIE-Normvalenzsystem

Normfarbtafel mit der Darstellung des Farbraums nach Rösch. Die Farbtafel zeigt die Luftaufnahme des Farbkörpers.

2.3.4.7 CIELAB-System

Der amerikanische Physiker David L. MacAdam untersuchte die Beziehung zwischen dem visuellen und dem geometrischen Farbabstand im CIE-Normvalenzsystem. Er fand dabei heraus, dass Farben, die empfindungsgemäß nicht zu unterscheiden sind, im Blaubereich nur einen verhältnismäßig kleinen geometrischen Abstand aufweisen. Im Grünbereich erscheinen dagegen auch geometrisch weit entfernte Farben gleich. Die so genannten MacAdam-Ellipsen veranschaulichen dies. Alle innerhalb einer Ellipse liegenden Farben sind von der Bezugsfarbe im Mittelpunkt visuell nicht zu unterscheiden.

Die CIE führte 1976 einen neuen Farbraum ein. Im CIELAB-Farbsystem sind die beschriebenen Mängel des Normvalenzsystems durch eine mathematische Transformation behoben. In den letzten Jahren hat sich das LAB-System als Referenzmodell für die unterschiedlichsten Anwendungsbereiche bewährt.

1,0
520 nm
530 nm
0,8
510 nm
540 nm
0,6
500 nm
570 nm
0,4
E
490 nm
700 nm
0,2
480 nm
0
400 nm
0
0,2
0,4
0,6
0,8
Normspektralwertanteile y(λ)
Normspektralwertanteile x(λ)

Normvalenzsystem mit MacAdam-Ellipsen

Die Farben innerhalb der MacAdam-Ellipsen sind empfindungsgemäß gleich.

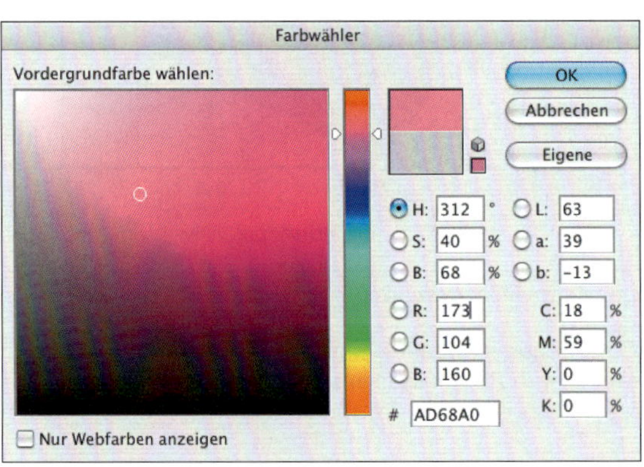

Farbwähler in Adobe Photoshop

mit der Farbdefinition in LAB, RGB und CMYK

Beschreibung

- Im L*a*b*-Farbenraum sind alle sichtbaren Farben wiedergegeben.
- Die Abbildung stellt das Innere des Farbenraums dar.
- Die gesättigten Farben (Spektral- und Purpurfarben) liegen auf der Außenlinie der mittleren Ebene (L* = 50).
- In der Mitte des Farbenraums steht senkrecht die Unbunt- bzw. Grauachse (a* = b* = 0; L* = 0 : Schwarz, L* = 100 : Weiß).

Farbortbestimmung

Zur Bestimmung des Farbortes einer Farbe genügen drei Kenngrößen:

- Helligkeit L* (Luminanz)
  Ebene im Farbkörper
- Sättigung C* (Chroma)
  Entfernung vom Unbuntpunkt
- Farbton H* (Hue)
  Richtung vom Unbuntpunkt

H* und C* werden auf zweierlei Arten beschrieben:

- Durch die Koordinaten a* und b* in der Farbebene
- Durch den Bunttonbeitrag ΔH*ab (Bunttonwinkel h*, a* = 0°, mathematisch positive Richtung) und den Buntheitsbeitrag ΔC*ab

Farbabstand ΔE*

Eine wichtige Aufgabe der Farbmetrik besteht darin, den visuellen Sinneseindruck Farbe messtechnisch erfassbar zu machen.

Im LAB-System entsprechen sich der visuelle Abstand und der geometrische Abstand zweier Farben. Der Farbabstand ΔE* ist die Strecke zwischen zwei Farbörtern im Farbraum.

Berechnung von ΔE*

Die Berechnung des Farbabstandes erfolgt nach dem Satz des Pythagoras: $c^2 = a^2 + b^2$.

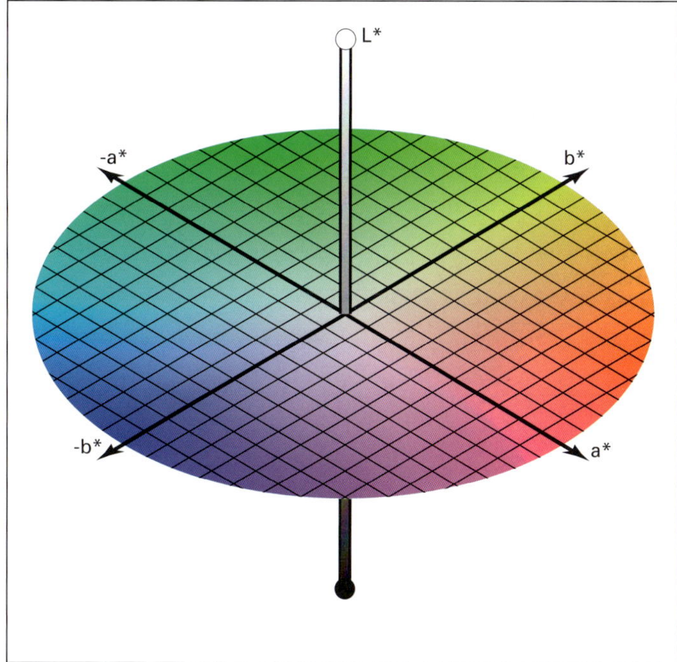

CIELAB-System

Die Farbtafel zeigt den inneren Bereich der mittleren Ebene.
L* = 50
a*/-a*-Achse: Rot/Grün
b*/-b*-Achse: Gelb/Blau
Unbunt-, Grauachse:
a* = b* = 0
L* = 100 Weiß
L* = 0 Schwarz

Der Farbabstand ΔE* ist dabei die Diagonale eines Quaders, der aus Δa*, Δb* und ΔL* gebildet wird.

$$\Delta E^* = \sqrt{(\Delta L^*)^2 + (\Delta a^*)^2 + (\Delta b^*)^2}$$

Der ΔE*-Wert reicht zur Bewertung des Farbunterschiedes allein nicht aus. Zur genauen Beurteilung müssen Sie zusätzlich die Differenz der anderen Kenngrößen betrachten.

Die Differenzen Δ sind dabei immer die Differenzen zwischen Probe (Nachstellung, Istfarbe) und Bezug (Vorlage, Sollfarbe):

$$\text{D-Wert} = \text{WertProbe} - \text{WertBezug}$$

Bei ΔL*, Δa*, Δb* zeigt das Vorzeichen die Richtung der Abweichung an.

Berechnung des Farbabstands ΔE

Schritt 1:
Berechnung der Diagonalen in der Ebene a*/b*

$c^2 = (\Delta a^*)^2 + (\Delta b^*)^2$

Schritt 2:
Berechnung der Diagonalen im Quader

$c = \sqrt{(\Delta a^*)^2 + (\Delta b^*)^2}$

wobei:

$\Delta E^* = \sqrt{c^2 + (\Delta L^*)^2}$

daraus folgt:

$\Delta E^* = \sqrt{(\Delta a^*)^2 + (\Delta b^*)^2 + (\Delta L^*)^2}$

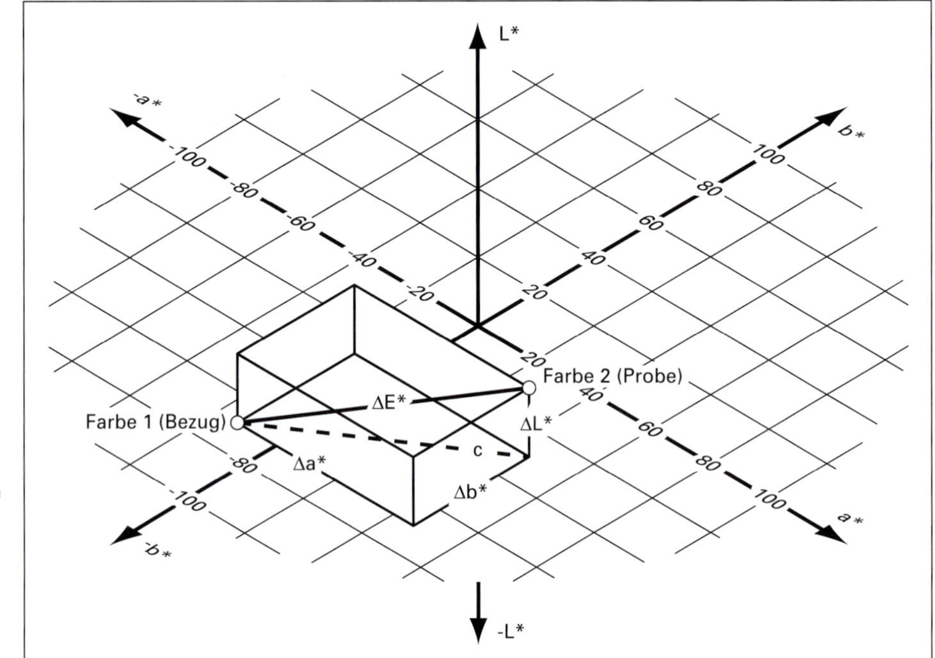

Visuelle Bewertung des Farbabstands ΔE*

Die Bewertung des Farbabstands ist vom jeweiligen Produkt abhängig. Sonderfarben im Verpackungsdruck bedingen allgemein engere Toleranzen als Abbildungen im 4c-Auflagendruck. Die Bewertung durch Noten entspricht den üblichen Schulnoten.

Farbabstand ΔE*	Unterschieds-anteil	Note
1	unsicher erkennbar	1
2	erkennbar	2
4	mittlere Differenz	3
8	große Differenz	4
16	zu große Differenz	5

Farbkorrektur im LAB-/LCH-Farbraum

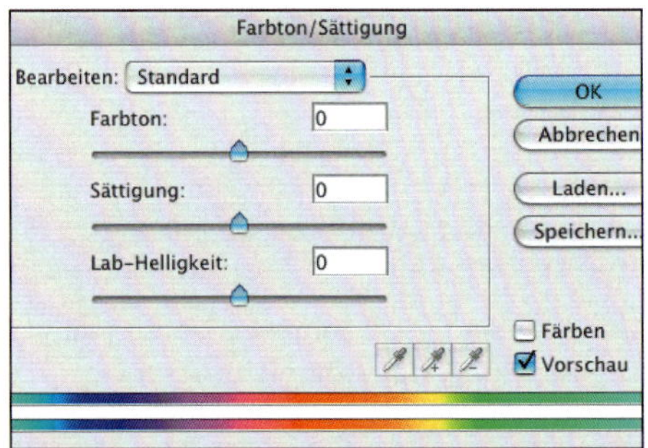

LAB oder LCH?

Die Bewertung von Farben und die Bestimmung von Farbdifferenzen erfolgt meist im CIELAB-Farbraum über die Kenngrößen L*, a* und b*. Farbton H* und Sättigung S* werden dabei in der Ebene durch die Koordinaten a* und b* beschrieben. In der Bildverarbeitung ist es sinnvoller, die drei Größen L*, C* und H* unabhängig voneinander verändern zu können. Wir sprechen dann vom CIELCH-Farbraum. Dieser ist aber grundsätzlich identisch mit dem CIELAB-Farbraum. Der einzige Unterschied ist die Kennzeichnung des Farbortes in der Ebene.

In Adobe Photoshop finden Sie im Farbwähler die Farbkennzeichnung über L*, a* und b*. Unter Menü *Bild > Anpassen > Farbton/Sättigung...* oder in der Einstellungsebene *Farbton/Sättigung...* erfolgt die Veränderung der Farbe durch drei unabhängige Regler.

2.3.5 Emission – Remission

2.3.5.1 Emission

Wesentliches Kennzeichen einer Lichtquelle ist die spektrale Verteilung der Strahlung (Sλ), die emittiert wird. Strahlungsverteilung wird häufig mit der Farbtemperatur gekennzeichnet.

Die Farbtemperatur wird mit einem schwarzen Strahler bestimmt, einem beheizten Hohlraum mit kleiner Öffnung. Wenn ein schwarzer Strahler erhitzt wird, dann emittiert er bei unterschiedlichen Temperaturen jeweils Licht mit einer bestimmten spektralen Energieverteilung durch diese Öffnung. Man bezeichnet die Temperatur, bei der der schwarze Strahler eine bestimmte Farbart emittiert, als Farbtemperatur. Die Farbtemperatur einer Lichtquelle entspricht also der Temperatur eines schwarzen Strahlers, bei der er die gleiche Farbart abgibt wie die Lichtquelle. Mit der Farbtemperatur wird die Strahlungsleistung einer Lichtquelle in den verschiedenen Wellenlängen, nicht die Temperatur der Lichtquelle beschrieben. Die Einheit der Farbtemperatur ist Kelvin K, die SI-Einheit für die Temperatur.

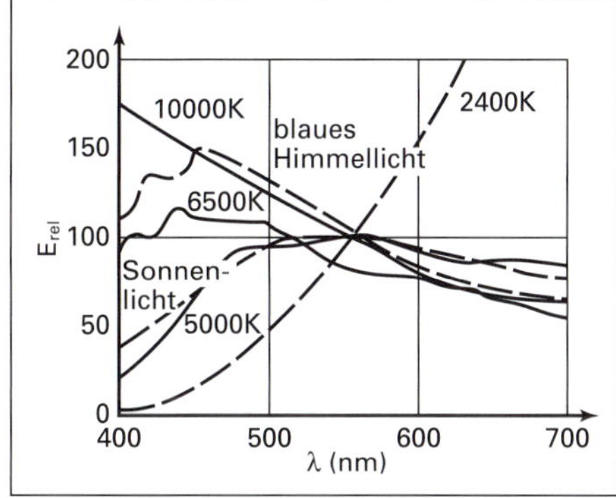

Farbtemperaturen und ihre relative spektrale Energieverteilung

Lichtquelle	Farbtemperatur
Kerzenlicht	ca. 1900 K
Glühlampe	ca. 2400 K
Mondlicht	ca. 4100 K
Sonnenlilcht	5600 K – 6500 K
bedeckter Himmel	6500 K – 7000 K
blauer Himmel	12000 K – 27000 K
Normlicht D50	5000 K
Normlicht D65	6500 K

2.3.5.2 Remission

Spektrale Remissionswerte geben Auskunft über die spektrale Zusammensetzung (Eigenschaft) einer Körperfarbe. Je höher der Remissionsgrad einzelner Wellenlängen ist, desto größer ist ihr Anteil an der Farbwirkung.

Ideale Körperfarben

Die spektrale Remission der idealen Skalenfarben CMY unterscheidet sich erheblich von der spektralen Strahlungsverteilung der realen Farben. Bei den idealen Farben werden jeweils zwei Spektralbereiche remittiert, der dritte Spektralbereich (Komplementärfarbe) wird absorbiert. Die remittierten Lichtfarben liegen im 6-teiligen Farbkreis neben der jeweiligen Körperfarbe; die absorbierte Lichtfarbe liegt gegenüber.

Ideal-Weiß

Der spektrale Remissionsgrad β(λ) einer ideal-weißen Oberfläche ist für alle Wellenlängenbereiche (Δλ): 1 bzw. 100%.

Ideale Remission der Skalenfarben CMY

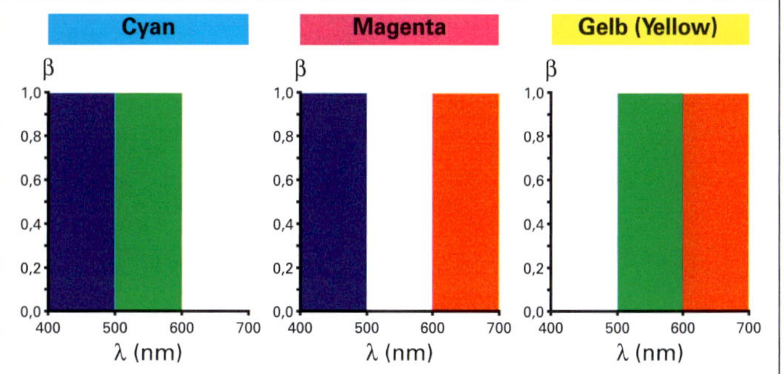

Reale Körperfarben

Bei den realen Körperfarben wird die Komplementärfarbe nicht vollständig absorbiert, die Eigenfarben werden nicht vollständig remittiert. Diese Abweichung der Druckfarben von ihrer spektralen Idealfunktion führt ohne Basisfarbkorrektur zu einem farblich stark verfälschten Druckergebnis. Hervorgerufen wird dieser Farbfehler durch die Absorption der Nebenfarben und die Remission der additiven Komplementärfarbe. Die Nebenabsorption bewirkt, dass zu wenig Licht remittiert wird. Dadurch wirkt die Farbe dunkler, man spricht von Verschmutzung oder Verschwärzlichung der Farbe. Durch die Remission der Komplementärfarbe erscheint die Farbe heller, sie wird verweißlicht. Die Korrektur dieser spektralen Mängel erfolgt durch die Scan- oder Bildverarbeitungssoftware. Sie kann von Ihnen i.d.R. nicht beeinflusst werden, sondern läuft automatisch im Hintergrund ab. Zur Berechnung ist in einer Farbtabelle, einer so genannten Color-Look-Up-Tables (CLUT), die Idealfunktion hinterlegt. Beim Einsatz eines Color-Management-Systems sind die Korrekturtabellen im ICC-Profil integriert. Da in den einzelnen Programmen nicht dieselben Algorithmen zur Berechnung der Farbkorrektur eingesetzt werden, führt die Basisfarbkorrektur zu jeweils unterschiedlichen Ergebnissen.

Ideale und reale Remission der Skalenfarben CMY

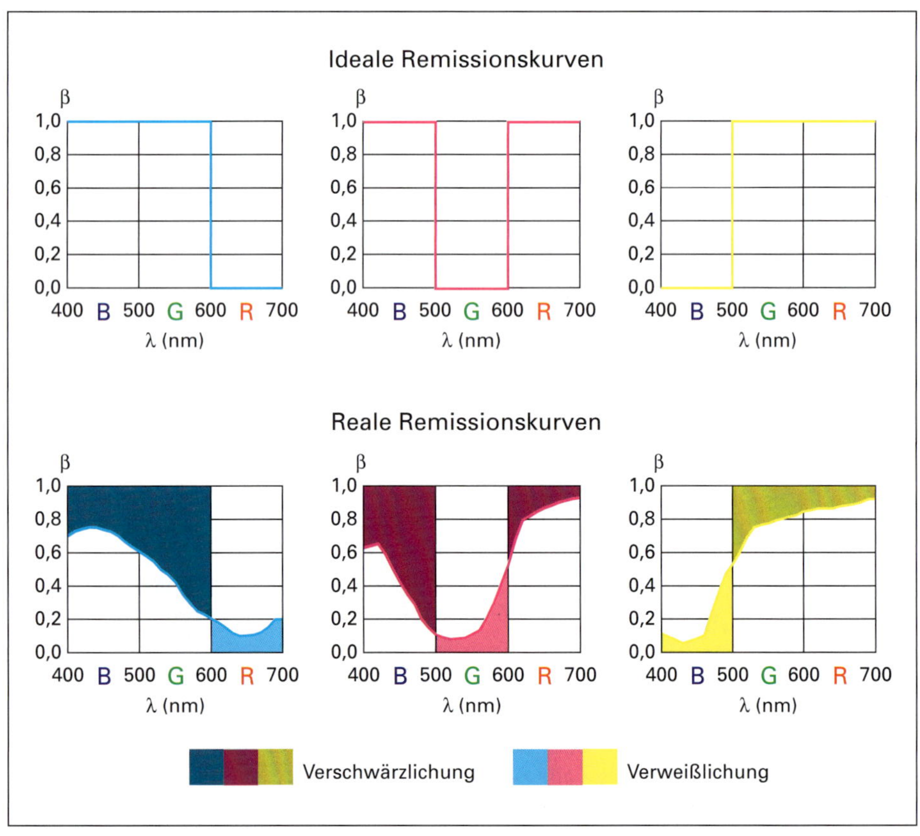

2.3.6 Weißabgleich – Graublance

2.3.6.1 Weißabgleich

Das menschliche Auge passt sich Farbveränderungen der Beleuchtung automatisch an. Sie empfinden weißes Schreibmaschinenpapier auch unter rötlichem oder gelblichem Licht als weiß.

Bei Digitalkameras muss die sich verändernde spektrale Zusammensetzung der Beleuchtung korrigiert werden. Man nennt diese Korrektur Weißabgleich. Die drei Teilfarbenanteile Rot, Grün und Blau werden dabei so aufeinander abgestimmt, dass sie ein neutrales Weiß ergeben. Dies kann automatisch durch die Software der Kamera oder manuell erfolgen. Beim manuellen Weißabgleich wird eine Graukarte fotografiert und diese dann über die Software in der Aufnahme neutral eingestellt. Der Weißabgleich ist also eher ein Grauabgleich. Da aber die Farbbalance für alle unbunten Tonwerte von Weiß über Grau bis Schwarz gilt, ist mit dem Abgleich mittels Graukarte auch das Weiß abgeglichen.

2.3.6.2 Graubalance

Die Graubalance, auch als Graubedingung oder Farbbalance bezeichnet, ist das gleichgewichtige Verhältnis der Druckfarben Cyan, Magenta und Gelb (Yellow).

Bedingt durch die spektralen Mängel ergeben gleichwertige Farbanteile von CMY kein neutrales, sondern ein farbstichiges Grau. Durch farblich gleichwertige Anteile von CMY wird die Graubedingung erfüllt.

Das menschliche Auge kann bei der visuellen Beurteilung im neutralen Bereich, von Weiß über Grau nach Schwarz, Farbabweichungen am besten erkennen. Neutrale Töne gelten deshalb als Indikator für die Farbbalance im Bild. Stimmt die Graubalance, dann stimmt auch das Verhältnis der Farben in den Buntfarbtönen.

Die Graubalance ist in verschiedenen Bereichen der Bildverarbeitung von Bedeutung:

- Festlegen der neutralen Töne beim Scannen und in der Bildverarbeitung
- Farbstichausgleich
- Einstellen der neutralen Töne bei der Bildschirmkalibrierung
- Anpassen der Bildschirmdarstellung an den Druck
- Separationseinstellung
- Kontrollfelder im Druckkontrollstreifen, das Rasterfeld CMY ergibt bei korrekten Druckbedingungen angenähert ein neutrales Grau.

Zur Einstellung der Graubalance im Photoshop muss in der Kanäle-Palette der Composite-Kanal ausgewählt sein.

Farbstich durch falsche Gaubalance

- K 10%-Stufen
- CMY je 10%-Stufen

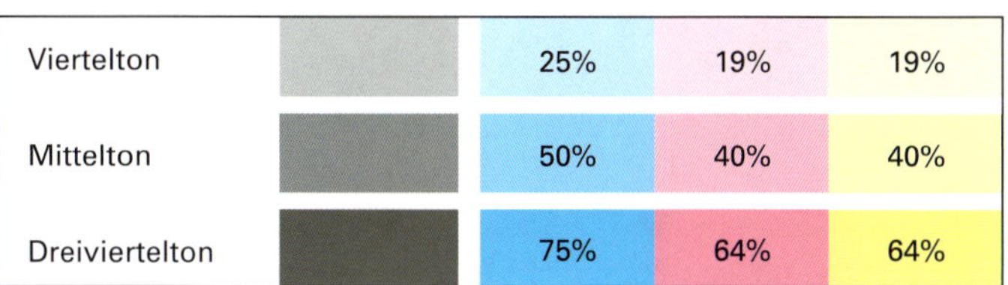

Viertelton		25%	19%	19%
Mittelton		50%	40%	40%
Dreivierteltton		75%	64%	64%

Graubalance nach DIN/ISO 12647-2

2.3.7 Metamerie

Die Metamerie beschreibt das Phänomen, dass spektral unterschiedliche Farbreize die gleiche Farbempfindung auslösen. Die Transmissions- bzw. Remissionskurven der beiden zu vergleichenden Farben sind nicht gleich. Die Produkte aus der spektralen Emissionsfunktion (Sλ) einer bestimmten Lichtquelle und den Transmissions- bzw. Remissionsfunktionen (Tλ, Pλ oder βλ) der Proben haben aber denselben Wert. Die Flächen unter den Farbreizkurven beider Proben sind deshalb gleich. Daraus ergibt sich die gleiche Farbvalenz. Die beiden Farben sind visuell nicht unterscheidbar, sie sehen gleich aus. Ändert sich der Faktor Licht (Sλ), dann sind die Proben meist visuell wieder unterscheidbar.

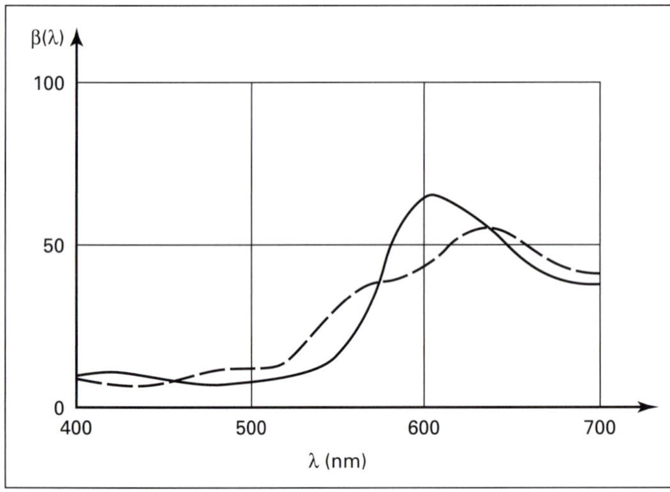

Remissionskurven zweier metamerer Farben

Metamerie-Index

Der Farbabstand zwischen zwei Proben unter einer bestimmten Lichtquelle wird als Metamerie-Index M_T bezeichnet. Die Metamerie zweier Farben ist umso ausgeprägter, je größer der Metamerie-Index, d.h. der Farbabstand nach dem Wechsel der Lichtart, ist.

Bedingt-gleiche oder metamere Farben

Bedingt-gleiche Farben sind zwei Proben, die unter einer bestimmten Beleuchtung einer Bezugslichtart (= Bedingung), z.B. D50, visuell nicht unterscheidbar sind, aber unterschiedliche spektrale Transmissions- bzw. Remissionskurven haben. Wenn Sie nun die beiden Proben unter einer veränderten Testlichtart, z.B. D65, betrachten, dann sind die Farben visuell unterschiedlich. Ihr Metamerie-Index ist als Farbabstand messbar.

Farben, deren Spektralkurven wenigstens zwei Kreuzungen aufweisen, sind meist metamer.

Unbedingt-gleiche Farben

Unbedingt-gleiche Farben sind Farben mit identischen Spektralfunktionen. Sie haben immer den Metamerie-Index $M_T = 0$. Unbedingt-gleiche Farben sind unabhängig von der Beleuchtung visuell nie unterscheidbar.

2.3.8 Aufgaben „Farbenlehre"

Aufgabe 2.3.8.1
Farbensehen

Beschreiben Sie das Prinzip des Farbensehens.

Aufgabe 2.3.8.2
Farbvalenz

Definieren Sie den Begriff „Farbvalenz".

Aufgabe 2.3.8.3
Farbmetrik

Mit welchen Inhalten befasst sich die Farbmetrik.

Aufgabe 2.3.8.4
Normspektralwerte

a. Welcher Sachverhalt wird mit den Kurven im folgenden Diagramm dargestellt?
b. Welche Kurve gilt für welche Farbe?

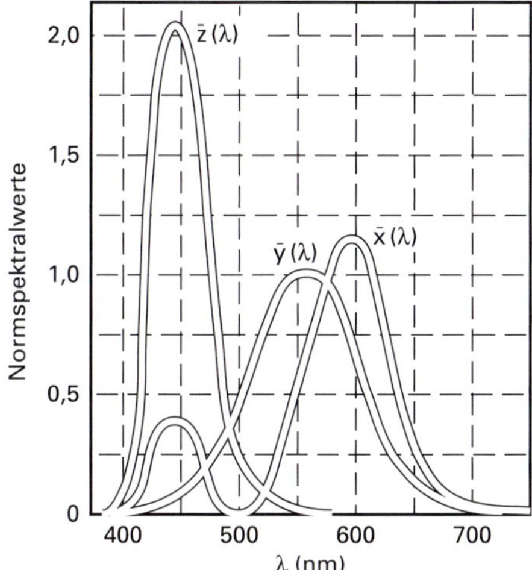

Aufgabe 2.3.8.5
Additive Farbmischung

a. Wie heißen die Grundfarben der additiven Fabmischung?
b. Warum wird die additive Farbmischung auch physiologische Farbmischung genannt?

Aufgabe 2.3.8.6
Subtraktive Farbmischung

a. Wie heißen die Grundfarben der subtraktiven Fabmischung?
b. Warum wird die subtraktive Farbmischung auch physikalische Farbmischung genannt?

Aufgabe 2.3.8.7
Primär-, Sekundär- und Tertiärfarben

Stellen Sie die Primär-, Sekundär- und Tertiärfarben der additven und der subtraktiven Farbmischung tabellarisch dar.

Aufgabe 2.3.8.8
Farbmischung im Druck

Beschreiben Sie das Prinzip der autotypischen Farbmischung im Druck.

Aufgabe 2.3.8.9
Farbkreis

Zeichnen Sie die Grundfarben der additiven und der subtraktiven Farbmischung in einem sechsteiligen Farbkreis ein.

Aufgabe 2.3.8.10
Komplementärfarben

a. Definieren Sie den Begriff „Komplementärfarbe".
b. Nennen sie zwei praktische Anwendungen der Komplementärfarben.

Aufgabe 2.3.8.11
RGB-System

Mit welchen Farbanteilen wird im RGB-System Weiß definiert?

Aufgabe 2.3.8.12
CMYK-System

Mit welchen Farbanteilen wird im CMYK-System Schwarz definiert?

Aufgabe 2.3.8.13
Indizierte Farben

Wie viele Farbkanäle hat ein Bild im indizierten Farbmodus?

Aufgabe 2.3.8.14
Indizierte Farben

Nennen Sie die Farbwerte der Web-Palette
a. dezimal
b. hexadezimal

Aufgabe 2.3.8.15
CIE

Was bedeuten die drei Buchstaben CIE?

Aufgabe 2.3.8.16
Konstruktion des CIE-Normvalenzsystems

Tragen Sie die Messwerte aus der Tabelle in ein Koordinatensystem ein. Verbinden Sie die Datenpunkte in der Reihenfolge der Wellenlängen. Schließen Sie den Anfangs- und den Endpunkt des Kurvenzuges mit einer Geraden.

λ [nm]	Normspektralwertanteile x (λ)	y (λ)	z (λ)
400	0,1733	0,0048	0,8219
425	0,1703	0,0058	0,8239
450	0,1566	0,0177	0,8257
500	0,0082	0,5384	0,4534
510	0,0139	0,7502	0,2359
520	0,0743	0,8338	0,0919
530	0,1547	0,8059	0,0394
540	0,2296	0,7543	0,0161
550	0,3016	0,6923	0,0061
575	0,4788	0,5202	0,0010
600	0,6270	0,3725	0,0005
650	0,7260	0,2740	0,0000
700	0,7347	0,2653	0,0000

Aufgabe 2.3.8.17
Farbortbestimmung

Mit welchen Kenngrößen wird ein Farbort im CIE-Normvalenzsystem eindeutig bestimmt?

Aufgabe 2.3.8.18
Koordinaten des Unbuntpunktes E

Welche Koordinaten hat der Unbuntpunkt E im CIE-Normvalenzsystem?

Aufgabe 2.3.8.19
MacAdam-Ellipsen

Welcher Sachverhalt wird durch die MacAdam-Ellipsen visualisiert?

Aufgabe 2.3.8.20
Farbortbestimmung im CIELAB-System

Mit welchen Kenngrößen wird ein Farbort im CIELAB-System eindeutig bestimmt?

Aufgabe 2.3.8.21
Farbachsen im CIELAB-System

Welche Farben verbindet die
a. a*-Achse,
b. b*-Achse?

Aufgabe 2.3.8.22
Unbuntachse im CIELAB-System

Welche a*-b*-Koordinaten hat die Unbuntachse im CIELAB-System?

Aufgabe 2.3.8.23
Farbabstand ΔE*

Welchen Abstand bezeichnet der Farbabstand ΔE*?

Aufgabe 2.3.8.24
Farbabstandsformel

Wie lautet die Formel zur Berechnung des Farbabstands ΔE*?

Aufgabe 2.3.8.25
Farbtemperatur

a. Welche Eigenschaft einer Lichtquelle wird mit der Farbtemperatur beschrieben?
b. Wie wird die Farbtemperatur definiert?

Aufgabe 2.3.8.26
Ideale Remission von Körperfarben

Zeichnen Sie die ideale Remissionskurve der Skalenfarbe Magenta.

Aufgabe 2.3.8.27
Graubalance

Wie lauten die CMY-Werte für die Graubalance nach DIN/ISO 12647-2 im
a. Viertelton,
b. Mittelton,
c. Dreiviertelton?

Aufgabe 2.3.8.28
Metamerie

Welches farbliche Phänomen wird mit dem Begriff „Metamerie“ bezeichnet?

Aufgabe 2.3.8.29
Unbedingt-gleiche Farben

Was sind unbedingt-gleiche Farben?

2.4 Optik

2.4.1 Das Wesen des Lichts

2.4.1.1 Lichtentstehung

Im Ruhezustand eines Atoms sind seine Elektronen auf den jeweiligen Energieniveaus – je nach Modell: Bahnen oder Orbitale – im energetischen Gleichgewicht. Durch äußere Energiezufuhr wird das Atom angeregt und in Schwingung versetzt. Einzelne Elektronen springen auf eine höhere Energiestufe. Beim Übergang zurück auf das niedrige Energieniveau wird die Energiedifferenz in Form eines Photons abgegeben.

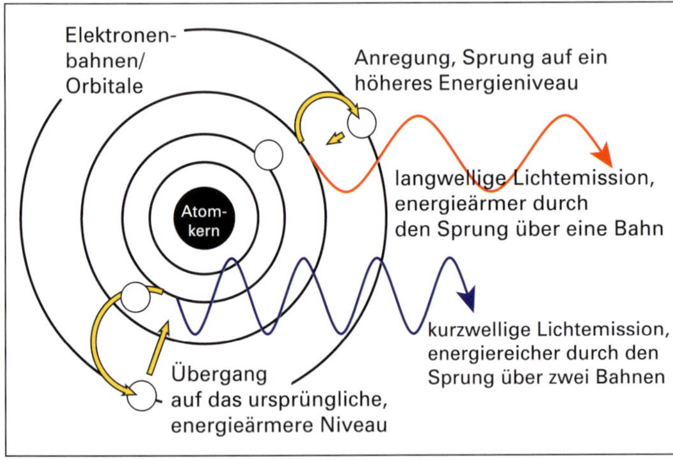

Prinzip der Lichtentstehung

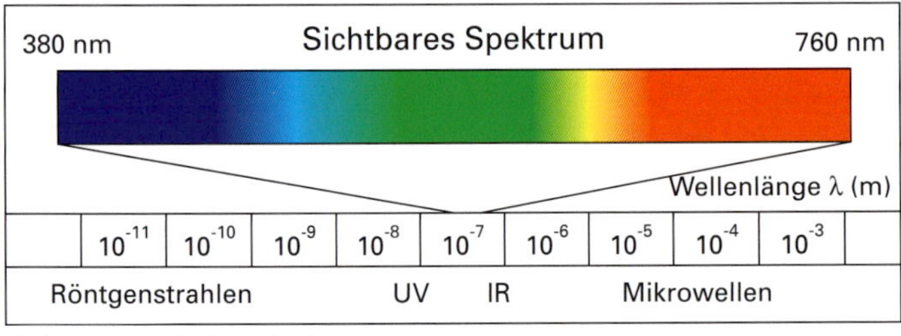

Elektomagnetisches Spektrum

Formel zur Berechnung der Lichtgeschwindigkeit

$$c = \nu \times \lambda$$

2.4.1.2 Welle-Teilchen-Dualismus

Licht ist der Teil des elektromagnetischen Spektrums, für den das menschliche Auge empfindlich ist. Auf der langwelligen Seite schließt die Infrarotstrahlung (IR), auf der kurzwelligen Seite die Ultraviolettstrahlung (UV) an. UV, Licht und IR umfassen zusammen einen Wellenlängenbereich von etwa 10^{-6}m bis 10^{-8}m.

Der Wellencharakter beschreibt die Ausbreitungs-, Beugungs- und Interferenzerscheinungen. Emissions- und Absorptionserscheinungen lassen sich mit der Wellentheorie nicht erklären. Licht ist demzufolge nicht nur eine elektromagnetische Welle, sondern auch eine Teilchenstrahlung, in der die Teilchen bestimmte Energiewerte haben. Die Lichtteilchen werden als Quanten oder Photonen bezeichnet.

Kenngrößen des Wellenmodells

- Periode
  Zeitdauer, nach der sich der Schwingungsvorgang wiederholt.
- Wellenlänge λ (m)
  Abstand zweier Perioden, Kenngröße für die Farbigkeit des Lichts
- Frequenz ν (Hz)
  Kehrwert der Periode, Schwingungen pro Sekunde
- Amplitude
  Auslenkung der Welle, Kenngröße für die Helligkeit des Lichts

2.4.1.3 Lichtgeschwindigkeit

Elektromagnetische Wellen können sich auch ohne Medium ausbreiten. Ihre Geschwindigkeit beträgt im Vakuum: c = 300.000 km/s (c von lat. celer, schnell).

2.4.2 Wellenoptik

2.4.2.1 Polarisation

Die Wellen unpolarisierten Lichts schwingen in allen Winkeln zur Ausbreitungsrichtung. Polarisiertes Licht schwingt nur in einer Ebene.

Reflektiertes Licht ist teilpolarisiert, d.h., seine Wellen bewegen sich hauptsächlich in einer Ebene. Durch den Einsatz von Polarisationsfiltern können Spiegelungen, z.B. bei der densitometrischen Messung nasser Druckfarbe, gelöscht werden.

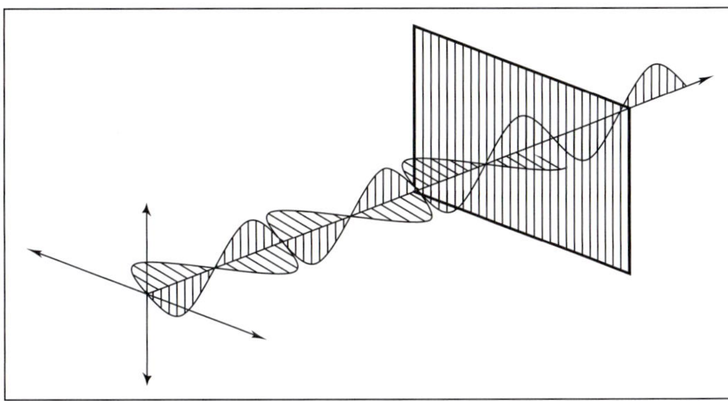

Polarisation durch Polarisationsfilter

2.4.2.2 Interferenz

Interferenz ist die Überlagerung mehrerer Wellen. Je nach Verhältnis der Phasen kommt es zur Verstärkung, Abschwächung oder Auslöschung der Wellen.

Bekannte Beispiele für Interferenzerscheinungen sind die schillernden Seifenblasen und Newtonringe, die z.B. bei Kontakten auftreten können. Beide Male findet an dünnen Schichten durch Totalreflexion die Verstärkung bzw. Auslöschung bestimmter Wellenlängen statt. Das Ergebnis sind farbige Muster.

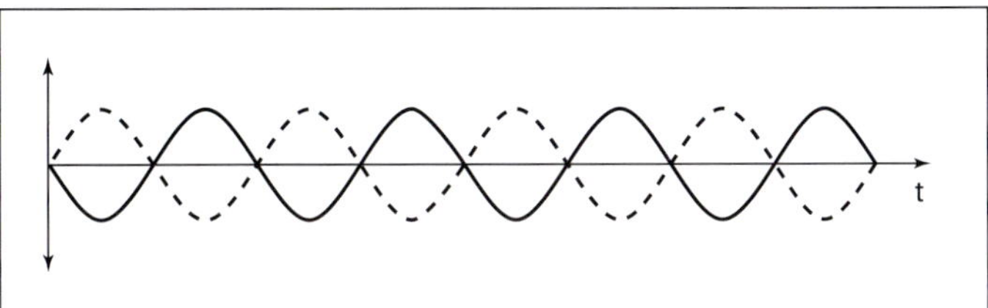

Interferenz zweier Wellen mit einer Phasenverschiebung von $\lambda/2$

2.4.2.3 Beugung (Diffraktion)

Beim Auftreffen einer Welle auf eine Kante geht ein Teil der Intensität in den geometrischen Schattenraum – die Welle wird gebeugt.

Jede Begrenzung eines Lichtstrahls verursacht Beugung. Dadurch ist auch der minimal erreichbare Durchmesser bei der Fokussierung eines Lichtstrahls mit einer Linse begrenzt. In der geometrischen Optik wird allerdings vereinfachend von einem punktförmigen Strahl ausgegangen.

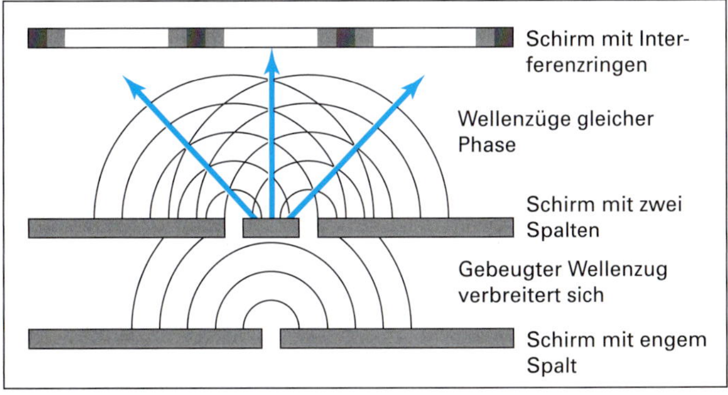

Beugung am Spalt

2.4.3 Geometrische Optik

Die geometrische Optik beschäftigt sich mit der Wechselwirkung des Lichts mit Objekten, die wesentlich größer sind als die Wellenlänge des Lichts. Das Licht breitet sich dabei, wenn es nicht auf ein Hindernis stößt, nur geradlinig aus.

2.4.3.1 Reflexion – Totalreflexion

Licht bewegt sich geradlinig in einer Richtung, bis es auf ein anderes Medium trifft. Dort ändert sich plötzlich die Richtung. Nach dem Reflexionsgesetz ist der Einfallswinkel gleich dem Reflexions- oder Ausfallswinkel. Bei einem idealen Spiegel wird alles auftreffende Licht gerichtet reflektiert. Reale Oberflächen reflektieren nur einen Teil des Lichts gerichtet, der andere Teil wird diffus reflektiert bzw. remittiert. Totalreflexion heißt, dass ein Lichtstrahl, der unter einem bestimmten Winkel auf die Grenzfläche eines Mediums trifft, sein Medium nicht verlassen kann. Innere Totalreflexion tritt unter bestimmten Bedingungen auf:

- Das Licht bewegt sich in einem Medium mit hohem Brechungsindex, z.B. Glas.
- Der Brechungsindex des umgebenden Mediums ist gering, z.B. Luft.
- Der Lichtstrahl trifft die Grenzfläche in einem flachen Winkel.

Reflexion – Totalreflexion

Bei jedem Einfallswinkel $\alpha > \alpha_g$ erfolgt eine Totalreflexion. Für die Grenzfläche Glas – Luft beträgt der Grenzwinkel $\alpha_g = 42°$.
n: Brechungsindex

Einfalls- winkel | Reflexions- winkel | α_1 | α_2

$\sin \alpha_g = \frac{n_1}{n_2}$

Einfalls- winkel | Reflexions- winkel | α_1 | α_2 | Medium 1, n_1 | Medium 2, n_2 | $n_1 > n_2$ | β | Brechungs- winkel

2.4.3.2 Brechung (Refraktion)

Wenn Licht von einer Substanz in eine andere übergeht, wird es gebrochen. Licht breitet sich im optisch dichteren Medium langsamer aus. Die Seite der Wellenfront, die zuerst auf das dichtere Medium trifft, wird verlangsamt, der Strahl, der sich senkrecht zur Wellenfront ausbreitet, schwenkt um die Ecke. In umgekehrter Richtung verläuft der Vorgang sinngemäß.

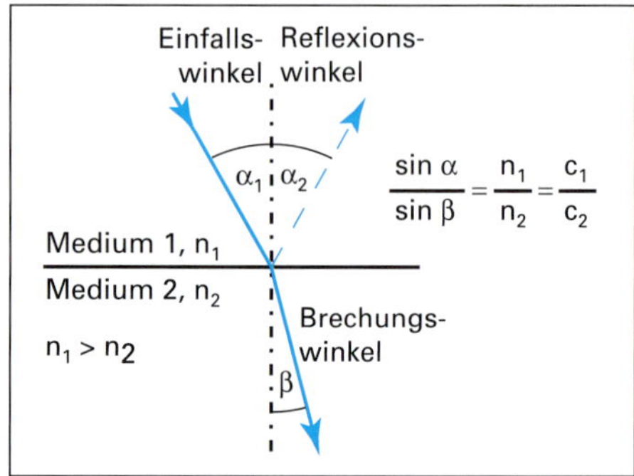

Brechung

Farbe	Brechungsindex n				
	Vakuum	Wasser	Kronglas	Flintglas	Diamant
Rot	1,0	1,331	1,514	1,571	2,410
Grün	1,0	1,333	1,517	1,575	2,418
Blau	1,0	1,340	1,528	1,594	2,450

Flintglas hat durch die Beimischung von Blei einen höheren Brechungsindex als Kronglas.

Die optischen Eigenschaften der Objektive werden durch die unterschiedlichen Glassorten der eingesetzten Linsen und deren Form bestimmt.

Lichtgeschwindigkeit c in	
Vakuum	300.000 km/s
Wasser	225.000 km/s
Kronglas	197.000 km/s
Flintglas	167.000 km/s

2.4.3.3 Dispersion

Der Brechungsindex n ist für Licht verschiedener Wellenlängen unterschiedlich hoch. Da n_{Blau} größer als n_{Rot} ist, wird das blaue Licht an jeder Grenzfläche stärker gebrochen als das rote Licht.

Isaac Newton (1642–1727) wies mit einem Prisma nach, dass weißes Licht aus allen Spektralfarben besteht.

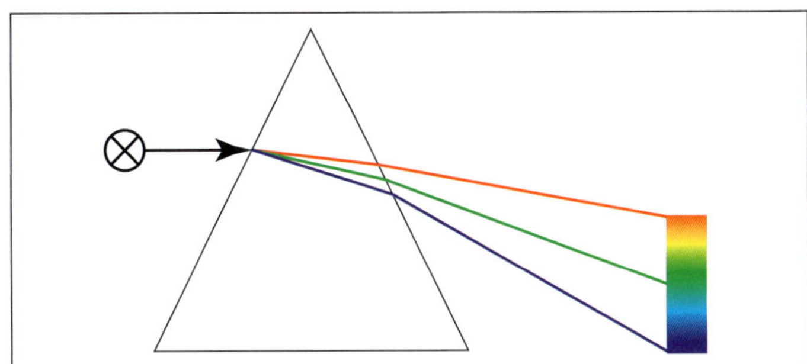

Dispersion des Lichts in einem Prisma

2.4.3.4 Streuung

Licht verändert bei der Streuung seine Ausbreitungsrichtung durch die Ablenkung an der inneren Struktur des Mediums. Die Wahrscheinlichkeit für Streuung wächst mit abnehmender Wellenlänge. Deshalb ist der Himmel bei Tage blau, das blaue Licht wird an den Luftmolekülen wesentlich stärker gestreut als das langwellige Grün und Rot.

2.4.3.5 Bildkonstruktion

Die Bildkonstruktion an einer Linse erfolgt mit Hilfe von zwei der drei folgenden Strahlen:

- Parallelstrahl
- Mittelpunktstrahl
- Brennpunktstrahl

Im Schnittpunkt entsteht der mit dem Gegenstandspunkt korrespondierende Bildpunkt. Für die Bildkonstruktion bei Objektiven gilt jeweils die nächstgelegene Hauptebene.

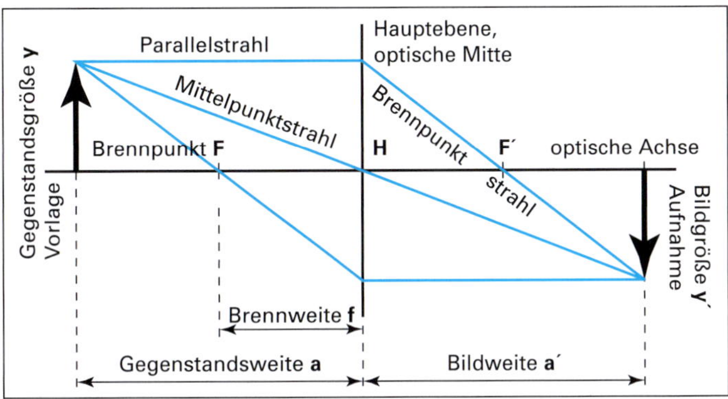

Optische Achse
Die optische Achse ist die Symmetrieachse der Linsen. Auf ihr steht senkrecht die Hauptebene.

Hauptebene, Hauptpunkt
Objektive haben eine gegenstandsseitige und eine bildseitige Hauptebene. Von ihr aus wird jeweils die Brennweite, Gegenstands- und Bildweite gerechnet. Die Hauptebene schneidet im Hauptpunkt **H** die optische Achse.

Brennweite, Brennpunkt
Die Brennweite **f** ist der Abstand des Brennpunkts **F** vom Hauptpunkt **H**. Im Brennpunkt treffen sich die von einer Sammellinse gebrochenen Strahlen.

Gegenstandsweite, Bildweite
Die Gegenstandsweite **a** ist der Abstand zwischen Objekt **y** und dem Hauptpunkt. Die Bildweite **a´** ist die Entfernung des bildseitigen Hauptpunkts zum Bild **y´**.

Abbildungsgesetze

Bei Vergrößerung und Verkleinerung verändern sich Gegenstandsweite und Bildweite entsprechend den Verhältnissen der Abbildungsgesetze.

- Abbildungsmaßstab v
  $v = y'/y = a'/a$
- Gegenstandsweite a
  $a = f(1/x + 1)$
- Bildweite a´
  $a' = f(v + 1)$
- Linsengleichung
  $1/f = 1/a + 1/a'$

2.4.4 Fotografische Optik

2.4.4.1 Linsen

Linsen und Objektive werden in allen Geräten zur Bilddatenerfassung und Belichtung eingesetzt. Sie ermöglichen eine scharfe und lichtstarke Abbildung der Bildinformation.

Die meisten optischen Linsen sind sphärische Linsen, d.h., ihre Oberflächengeometrie ist ein Ausschnitt aus einer Kugeloberfläche. Man unterscheidet grundsätzlich konvexe Linsen, die das Licht sammeln, und konkave Linsen, die das durchfallende Licht streuen.

Neben der Linsenform bestimmt die Glasart der Linse ihre optische Eigenschaft. Je kleiner der Radius der Krümmung, desto stärker ist die Brechung der Linse. Die Wirkung des Linsenmaterials wird durch den Brechungsindex beschrieben. Ein höherer Brechungsindex beschreibt eine stärkere Brechung. Bei der Bezeichnung der Linse wird die betimmende Eigenschaft nach hinten gestellt. Eine konkav-konvexe Linse ist demnach eine Sammellinse mit einem kleineren konvexen und einem größeren konkaven Radius.

Linsenformen und ihr Strahlengang

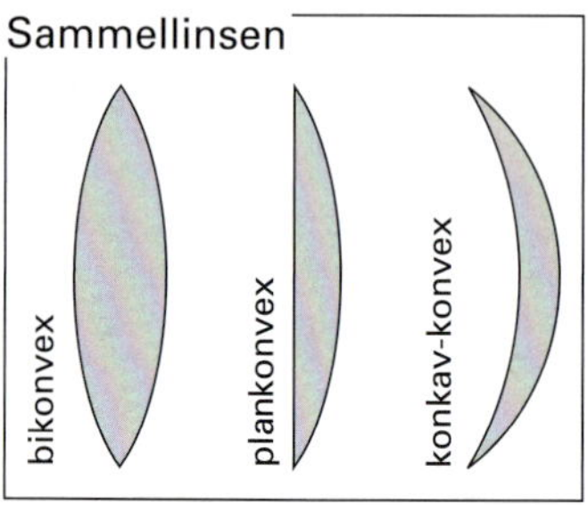

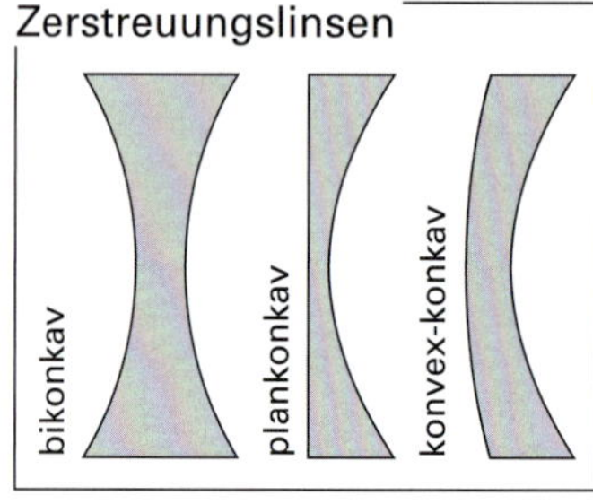

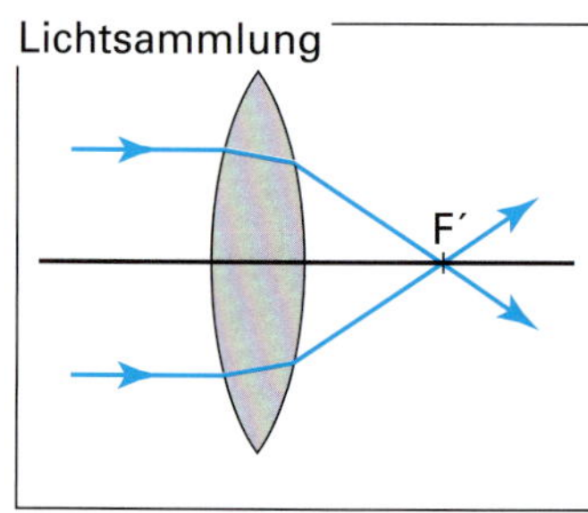

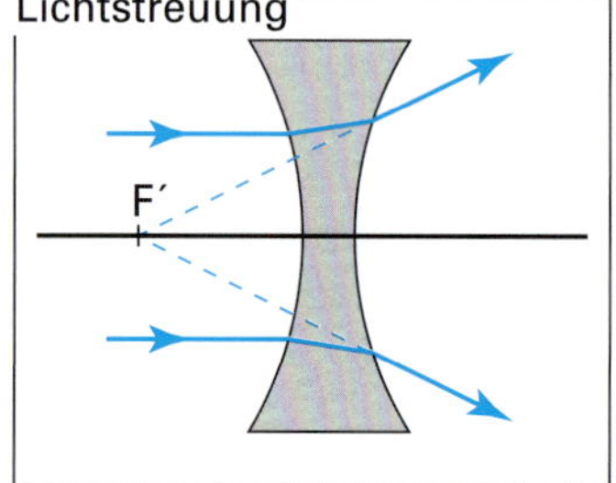

2.4.4.2 Objektiv

Objektive sind gemeinsam auf einer optischen Achse zentrierte Linsen. Durch die Kombination mehrerer konvexer und konkaver Linsen ist es möglich, die optischen Fehler, mit denen jede Linse behaftet ist, zu korrigieren. Des Weiteren ergeben sich eine erhöhte Lichtstärke und unterschiedliche Brennweiten.

Vereinfacht ausgedrückt, werden zwei Hauptebenen senkrecht zur optischen Achse für beide Seiten des Objektivs festgelegt. Brennweite, Gegenstandsweite und Bildweite werden von der nächstgelegenen Hauptebene gerechnet. Zwischen den Hauptebenen verlaufen die Strahlen parallel. Die Gesamtbrechkraft eines Objektivs ist die Summe der Einzelbrechkräfte. Dabei wird die Brechkraft von Sammellinsen positiv und die von Zerstreuungslinsen negativ bewertet.

Die Einteilung der Objektive erfolgt nach der Brennweite in Tele-, Normal- und Weitwinkelobjektive. Für das Kleinbildformat 24 x 36 mm betragen die Werte:

- f = 28 mm Weitwinkelobjektiv
- f = 50 mm Normalobjektiv
- f = 135 mm Teleobjektiv

Die meisten Digitalkameras haben durch ihr Chipformat einen anderen Bildwinkel als eine Kleinbildkamera und dadurch eine veränderte Objektivcharakteristik. Den entsprechenden Faktor entnehmen Sie dem Datenblatt Ihrer Kamera.

2.4.4.3 Bildwinkel

Der Bildwinkel ist der Winkel, unter dem eine Kamera das aufgenommene Motiv sieht. Er wird entlang der Bilddiagonalen gemessen.

Die Bildgröße ist proportional zur Objektivbrennweite. Ein Teleobjektiv mit großer Brennweite erzeugt also ein großes Bild und hat einen kleinen Bildwinkel. Objektive mit kurzer Brennweite haben die entgegengesetzte Wirkung. Sie heißen deshalb Weitwinkelobjektive. Als Normalobjektiv wird ein Objektiv bezeichnet, dessen Brennweite ungefähr der Aufnahmediagonalen entspricht.

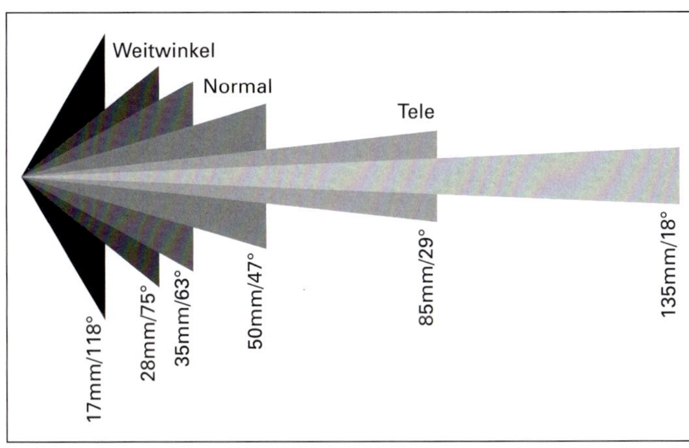

Objektivbrennweiten und -bildwinkel für Kleinbildkameras

2.4.4.4 Blende

Die Blende ist die verstellbare Öffnung des Objektivs, durch die Licht auf die Bildebene fällt.

Bei Kameraobjektiven wird die Blendengröße durch die Blendenzahl der „Internationalen Blendenreihe" angegeben. Die Blendenzahl errechnet sich aus der Division der Objektivbrennweite durch den Durchmesser der Blende. Die gleiche Blendenzahl steht deshalb bei längeren Brennweiten für eine größere Öffnung.

2.4.4.5 Schärfentiefe

Die Schärfentiefe ist der Bereich des Motivs, der vor und hinter einer scharf eingestellten Ebene zusätzlich scharf abgebildet wird. Sie ist von der Brennweite, der Blende und der Entfernungseinstellung abhängig. Grundsätzlich gilt:

- Je kürzer die Brennweite, desto größer ist die Schärfentiefe.
- Je kleiner die Blendenöffnung, desto größer ist die Schärfentiefe
- Je kürzer der Aufnahmeabstand, desto geringer ist die Schärfentiefe.

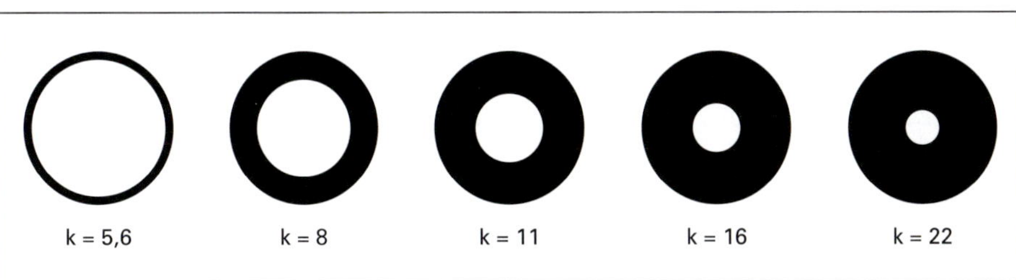

Blendenöffnungen aus der Blendenreihe von 5,6 – 22

Blendenzahl k = f/D
f: Brennweite
D: Durchmesser der Blendenöffnung

2.4.5 Lichttechnik

2.4.5.1 Lichttechnische Grundgrößen

Lichtstärke I (cd, Candela)
Die Lichtstärke ist eine der sieben Basis-SI-Einheiten. Sie beschreibt die von einer Lichtquelle emittierte fotometrische Strahlstärke bzw. Lichtenergie.

Lichtstrom Φ (lm, Lumen)
Der Lichtstrom ist das von einer Lichtquelle in einen bestimmten Raumwinkel ausgestrahlte Licht.

Lichtmenge Q (lms, Lumensekunde)
Die Lichtmenge einer Strahlungsquelle wird aus dem Produkt des emittierten Lichtstroms und der Strahlungsdauer errechnet.

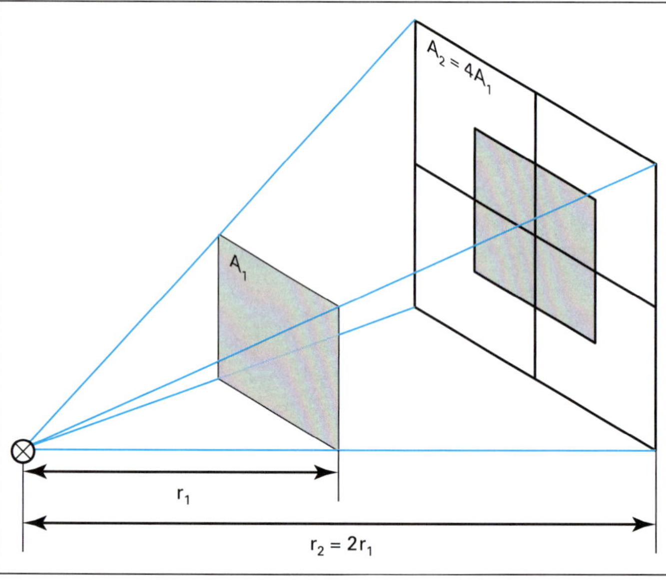

Fotometrisches Entfernungsgesetz

Bei doppelter Entfernung wird die vierfache Fläche beleuchtet, d.h. mit einem Viertel der Beleuchtungsstärke pro Teilfläche.

Leuchtdichte L (sb, Stilb)
Die Leuchtdichte bestimmt den subjektiven Lichteindruck einer Lichtquelle. Sie entspricht der Lichtstärke bezogen auf eine bestimmte ausstrahlende Fläche. Wenn die Lichtmenge auf eine beleuchtete Fläche bezogen wird, spricht man von Beleuchtungsstärke.

Beleuchtungsstärke E (lx, Lux)
Die Beleuchtungsstärke ist die Lichtenergie, die auf eine Fläche auftrifft. Sie ist die entscheidende Kenngröße bei der Beleuchtung und bei der Belichtung in der Fotografie, beim Scannen und bei der Film- und Druckformbelichtung.

Belichtung H (lxs, Luxsekunden)
Die Belichtung ist das Produkt aus Beleuchtungsstärke und Zeit. Aus ihr resultiert die fotochemische oder fotoelektrische Wirkung z.B. bei der Bilddatenerfassung in der Fotografie.

2.4.5.2 Fotometrisches Entfernungsgesetz

Das fotometrische Entfernungsgesetz wurde von dem französischen Physiker Johann Lambert (1728–1777) postuliert. Es besagt, dass sich die Beleuchtungsstärke umgekehrt proportional dem Quadrat der Entfernung zwischen Lichtquelle und Empfängerfläche verhält. Oder anders ausgedrückt: Die Beleuchtungsstärke verändert sich im Quadrat der Entfernung.

$$r_1^2 : r_2^2 = A_1 : A_2$$
$$r_1^2 : r_2^2 = E_2 : E_1$$

2.4.6 Lichtquellen

2.4.6.1 Laser

Laserlicht finden Sie in den unterschiedlichsten Geräten bei der Medienproduktion. Für das Lesen und Brennen optischer Speichermedien wie die CD und DVD in Computerlaufwerken bis hin zur Bebilderung von Druckformen in CtP-Belichtern sind Laser im Einsatz.

Laser ist die Abkürzung von „Light amplification by stimulated emission of radiation", auf deutsch „Lichtverstärkung durch stimulierte Strahlungsemission". Die Entwicklung des Lasers erfolgte in den 50er Jahren des vergangenen Jahrhunderts in den USA.

Prinzip der Laserlichterzeugung
Die Erzeugung von Laserlicht erfolgt durch induzierte Emission. Zur Lichtverstärkung muss die stimulierte Emission größer sein als die Absorption. Dies ist dann der Fall, wenn die Besetzung der Atome invertiert ist. D.h., die Zahl der Atome auf höherem Energieniveau ist größer als die auf dem niedrigen Energieniveau. Man nennt die zur Anregung zugeführte optische oder elektrische Energie Pumpenergie.

Ein optischer Resonator, Spiegel an beiden Enden des Lasers, führt dazu, dass die Lichtstrahlen das Lasermaterial mehrfach durchlaufen und sich die Wellen dabei verstärken. Durch einen teildurchlässigen Spiegel auf einer Seite des Lasers wird das Laserlicht emittiert.

Als Lasermaterial werden Gase, Flüssigkeiten, Festkörper und Halbleiter verwendet.

Eigenschaften des Laserlichts
Das emittierte Licht aller Laser ist:

- Monochromatisch
  Laserlicht besteht nur aus einer oder sehr wenigen Wellenlängen – enges Emissionsspektrum.
- Kohärent
  Die Laserlichtwellen sind kohärent, d.h., sie schwingen in der gleichen Phase.
- Parallel
  Laserlicht strahlt parallel, die Divergenz eines Laserstrahl ist dadurch sehr gering.

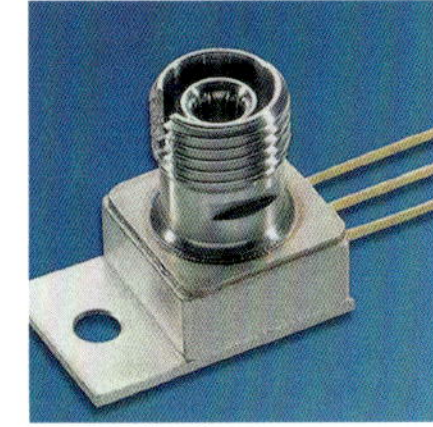

Laserdiode
(Abb.: Osram)

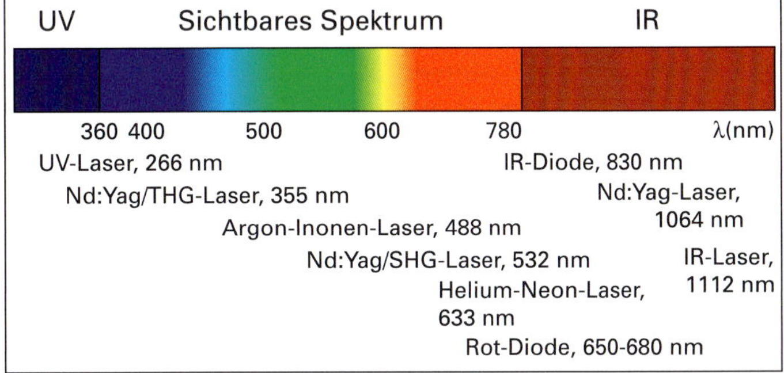

Laser-Emissionsspektren

2.4.6.2 Entladungslampen

Entladungslampen emittieren Licht durch die Ionisierung eines Gases. Metallentladungslampen enthalten Metalldampf, z.B. Quecksilber. Gasentladungslampen sind mit Edelgas gefüllt, z.B. Neon oder Xenon. Das Emissionsspektrum der Entladungslampen entspricht dem des Tageslichts. Sie sind deshalb besonders gut zur Beleuchtung in der Fotografie und als Abtastlampe in Scannern geeignet.

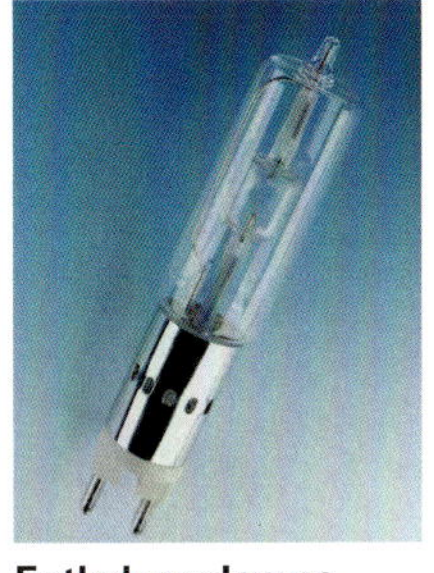

Entladungslampe
(Abb.: Osram)

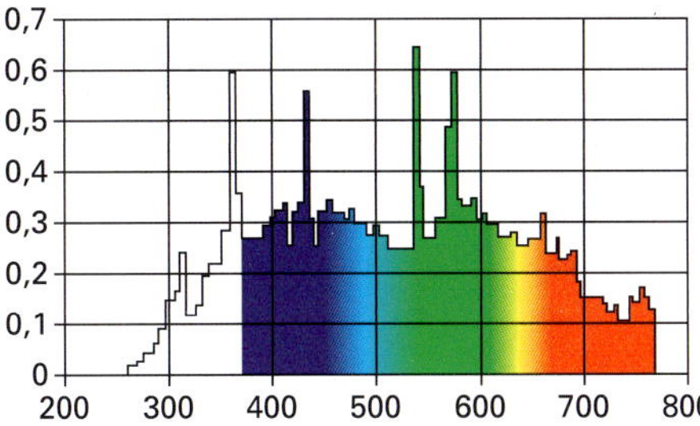

Emissionsspektrum einer Entladungslampe

2.4.7 Densitometrie

In der Densitometrie wird die optische Dichte D von Vorlagen, Drucken und fotografischen Materialien gemessen. Zur Bestimmung der Dichte werden Densitometer verwendet.

Auftreffende Lichtintensität I_0
$I_0 = 100\%$
Opazität O
$O = I_0/I_1$
$O = 10^D$
$O = 1/T$
Transparenz T
$T = I_1/I_0$
$T = 1/O$
Dichte D
$D = \log O$

Kenngrößen

- Opazität O (Lichtundurchlässigkeit)
  Die Opazität ist das Verhältnis der auftreffenden Lichtintensität bzw. Lichtmenge zur durchgelassenen Intensität.
- Transparenz T (Lichtdurchlässigkeit)
  Die Transparenz T ist der Kehrwert der Opazität, d.h. das Verhältnis der durchgelassenen Lichtmenge zur auftreffenden Lichtmenge.
- Dichte
  Das menschliche Auge empfindet Helligkeitsunterschiede nicht linear, sondern logarithmisch. Der Unterschied zwischen der Opazität O (Lichtundurchlässigkeit) von 1 und 100 wirkt auf das Auge also 2-fach, nicht 100-fach (2 = log 100). Die Dichte wird deshalb durch die Logarithmierung der Opazität errechnet.

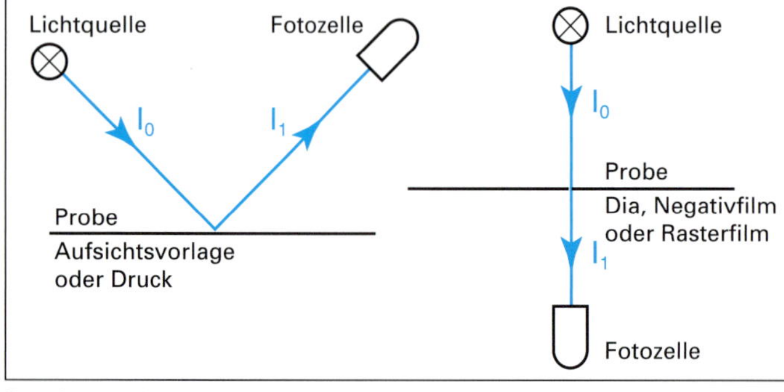

Densitometrische Messung

Prinzipielle Messgeometrie der Aufsichts- und Durchsichtsmessung

2.4.7.1 Halbtondichtemessung

Bei der densitometrischen Messung von Halbtönen, z.B. Dias oder Fotos, muss zunächst das Densitometer kalibriert werden. Dies geschieht durch eine erste Messung ohne Probe. I1 wird damit gleich I0 und somit zu 100% gesetzt. Bei der folgenden Messung auf der Bildstelle wird die durch die optische Dichte reduzierte I1 gemessen. Die anschließende Berechnung im Densitometer ergibt die Bilddichte D.

2.4.7.2 Durchlicht-Rasterdichtemessung

Die Rasterdichtemessung, auch integrale Dichtemessung, bestimmt als I1 den Mittelwert aus gedeckter und ungedeckter Fläche. Dazu ist es notwendig, wenigstens 100 Rasterpunkte zu erfassen. Die Messblende ist deshalb mit einem Durchmesser von ca. 3 mm größer als bei der Halbtondichtemessung.

Die Kalibrierung erfolgt auf einer nicht mit Rasterpunkten bedeckten blanken Filmstelle bzw. bei Aufsicht auf weißem Papier. Somit repräsentiert I1 bei der Messung nur die rasterfreien Flächenanteile. Die Differenz zwischen 100% und I1 ergibt den Rastertonwert.

2.4.7.3 Auflicht-Rasterdichtemessung

Anders als bei der Durchlichtmessung sind die geometrische und die optischwirksame Flächendeckung nicht gleich. Durch die diffuse Streuung des auftreffenden Lichts am Rand der Rasterelemente erscheint der Rastertonwert dunkler. Man nennt diesen Effekt Lichtfang.

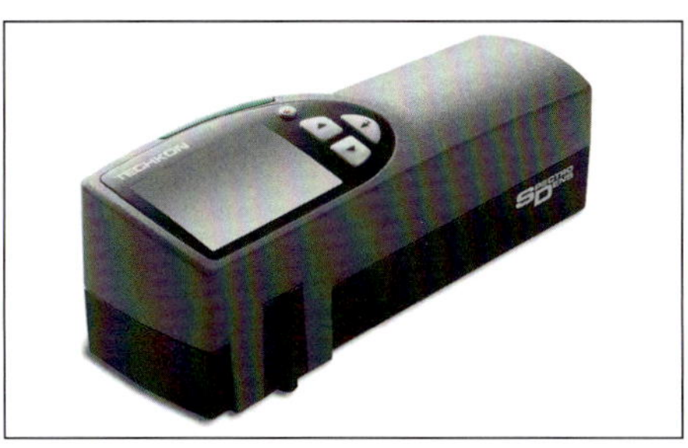

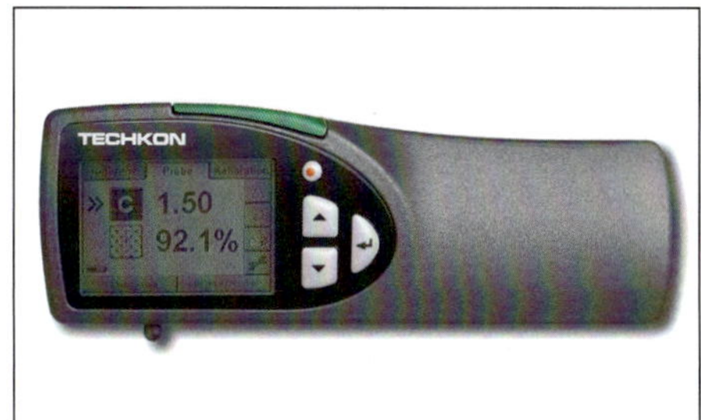

Aufsichtsdensitometer

Anzeige der Dichte und des Tonwerts eines Cyan-Farbfeldes nach der Messung (Abb.: Techkon)

Rastermessung im Druck
Die wirksame Flächendeckung im Druck wird mit der Murray-Davies-Formel berechnet.

$$F = (10^{-D_B} - 10^{-D_R})/(10^{-D_B} - 10^{-D_V})$$

$$F = (R_B - R_R)/(R_B - R_V)$$

Bedruckstoff: D_B Farbdichte, R_B Remission
Rasterfläche: D_R Farbdichte, R_R Remission
Vollton: D_V Farbdichte, R_V Remission

Rastertonwert (%): 0, 10, 20, 30, 40, 50, 60, 70, 80, 90, 99
Dichte: 0.0, 0.2, 0.4, 0.6, 0.8, 1.0, 1.2, 1.4, 1.6, 1.8, 2.0

Beziehung Dichte – Rastertonwert (%)

Rastermessung auf der Druckform
Auf der Druckform muss nicht der optisch wirksame, sondern die geometrische Flächendeckung gemessen werden. Das Ergebnis der Berechnung nach der Murray-Davis-Formel wird deshalb noch mit dem Yule-Nielsen-Faktor n korrigiert. Sie können den Faktor n mit dem Densitometer auf einem Rastertonwert mit bekannter Flächendeckung, z.B. 50%, ermitteln.

$$F = (1 - 10^{-D_R/n})/(1 - 10^{-D_V/n})$$

2.4.8 Aufgaben „Optik

Aufgabe 2.4.8.1
Kenngrößen einer Welle

Definieren Sie die Kenngrößen einer Welle:

a. Periode
b. Wellenlänge
c. Frequenz
d. Amplitude

Aufgabe 2.4.8.2
Lichtgeschwindigkeit

a. Wie hoch ist die Lichtqeschwindigkeit im Vakuum?
b. Wie ist die Beziehung zwischen Lichtgeschwindigkeit, Frequenz und Wellenlänge?

Aufgabe 2.4.8.3
Elektromagnetisches Spektrum

Welchen Wellenlängenbereich des elektromagnetischen Spektrums umfasst das sichtbare Licht?

Aufgabe 2.4.8.4
Polarisiertes Licht

a. Worin unterscheidet sich unpolarisiertes von polarisiertem Licht?
b. Nennen Sie eine Anwendung von Polarisationsfiltern in der Praxis.

Aufgabe 2.4.8.5
Reflexionsgesetz

Wie lautet das Reflexionsgesetz?

Aufgabe 2.4.8.6
Totalreflexion

a. Was versteht man unter Totalreflexion?
b Nennen Sie ein Beispiel für die Anwendung der Totalreflexion in der Praxis.

Aufgabe 2.4.8.7
Dispersion des Lichts

Welchen Einfluss hat der Brechungsindex auf die Dispersion des Lichts?

Aufgabe 2.4.8.8
Geometrische Optik

Welches Kurzzeichen bezeichnet in der geometrischen Optik

a. Vorlage,
b. Reproduktion/Abbildung?

Aufgabe 2.4.8.9
Berechnung des Abbildungsmaßstabs

Wie lautet die Formel zur Berechnung des Abbildungsmaßstabs?

Aufgabe 2.4.8.10
Berechnung des Abbildungsmaßstabs

Welchen Prozentwert müssen Sie in der Scansoftware einstellen, wenn ein Kleinbilddia (24 mm x 36 mm) auf 100 mm Breite vergrößert werden soll?

Aufgabe 2.4.8.11
Linsenformen

Wie lautet der Fachbegriff für
a. Sammellinsen,
b. Zerstreuungslinsen?

Aufgabe 2.4.8.12
Linsenformen

Zeichnen Sie den Querschnitt einer
a. Sammellinse,
b. Zerstreuungslinse.

Aufgabe 2.4.8.13
Bildwinkel und Blende

Erklären Sie die beiden Begriffe aus der fotografischen Optik:
a. Bildwinkel
b. Blende

Aufgabe 2.4.8.14
Grundgrößen der Lichttechnik

Definieren Sie die lichttechnischen Grundgrößen:
a. Lichtstärke
b. Beleuchtungsstärke
c. Belichtung

Aufgabe 2.4.8.15
Fotometrisches Entfernungsgesetz

Wie lautet das fotometrische Entfernungsgesetz?

Aufgabe 2.4.8.16
Berechnung der Beleuchtungsstärke

In welchem Maß verändert sich die Beleuchtungsstärke, wenn Sie den Abstand der Lichtquelle verdoppeln?
(E_1 = 1000 lx, r_1 = 2 m, r_2 = 4 m)

Aufgabe 2.4.8.17
Laser

Wofür steht das Wort Laser?

Aufgabe 2.4.8.18
Densitometrie

Was wird in der Densitometrie gemessen?

Aufgabe 2.4.8.19
Halbtondichtemessung

Beschreiben Sie die densitometrische Messung von Halbtonvorlagen.

Aufgabe 2.4.8.20
Rasterdichtemessung

Beschreiben Sie die densitometrische Messung von Rasterdichten.

Aufgabe 2.4.8.21
Rasterberechnungen

Welcher densitometrischen Dichte entsprechen die Rastertonwerte von
a. 25%,
b. 50%,
c. 95%?

2.5 Bildverarbeitung

2.5.1 Vorlagen

2.5.1.1 Vorlagenarten

Vorlage ist der Sammelbegriff für alle Fotos, Zeichnungen, Drucke usw., die gescannt werden. Eine Vorlage ist das physikalische Medium der Bildinformation. Diese ist als optische Information gespeichert und muss deshalb zur Bildverarbeitung erfasst und in elektronische digitale Information umgewandelt werden.

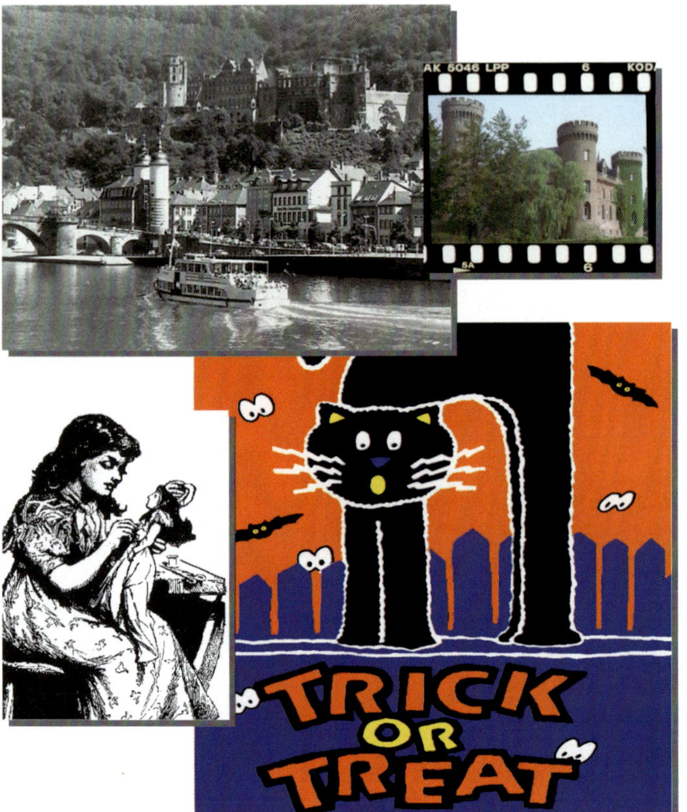

Die grundsätzliche Unterscheidung der Vorlagen erfolgt nach der Art der Bildinformation in ein- oder mehrfarbige Halbton- und Strichvorlagen. Gerasterte Vorlagen bilden eine Sonderform. In ihnen liegt die Bildinformation als unechte Halbtöne vor.

Halbtonvorlagen
Halbtonvorlagen bestehen aus abgestuften oder verlaufenden Ton- bzw. Farbwerten. Die überwiegende Zahl der Vorlagen sind Fotos (Aufsicht) oder Farbdias/-negative (Durchsicht).

Strichvorlagen
Strichvorlagen enthalten nur Volltöne, d.h. keine abgestuften Tonwerte. Die Vorlagen sind ein- oder mehrfarbig. Je nach Struktur und Größe der Farbflächen wird in Grobstrich, Feinstrich oder Feinststrich unterschieden.

Gerasterte Vorlagen
Gerasterte Vorlagen sind Drucke oder Rasterfilme, die redigitalisiert werden. Dabei müssen Sie das Druckraster beim Scannen (z.B. mit der Copydot-Funktion von Farbauszügen) oder im Bildverarbeitungsprogramm entfernen, um ein Moiré im erneuten Druck zu verhindern.

Digitale Vorlagen
Digitale Bilder aus der Digitalfotografie oder aus digitalen Bildarchiven nehmen einen immer größeren Anteil an den im Medienworkflow zu bearbeitenden Bildern ein.

2.5.1.2 Fachbegriffe

- Tonwerte
  Unterschiedliche Helligkeiten im Bild
  Spitzlicht: „Allerhellste" Bildstelle, ein metallischer Reflex, das Funkeln im Auge
  Licht/Lichter: Hellste Bildstelle, helle Bildbereiche
  Vierteltöne: Tonwerte zwischen Licht und Mittelton
  Mitteltöne: Mittlere Helligkeiten im Bild
  Dreivierteltöne: Tonwerte zwischen Mittelton und Tiefe
  Tiefe, Tiefen: Dunkelste Bildstelle, dunkle Bildbereiche
- Kontrast
  Visuelle Differenz zwischen hellen und dunklen Bildstellen
- Gradation
  Tonwertabstufung, Bildcharakteristik
- Zeichnung
  Unterscheidbare Tonwerte, Stukturen
- Dichte
  Logarithmisches Maß für die Schwärzung einer Bildstelle; gemessen mit dem Densitometer
- Dichteumfang
  Differenz der maximalen und der minimalen Bilddichte
- Farbwert
  Farbigkeit einer Bildstelle, definiert als Anteile der Prozessfarben
- Farbstich
  Ungleichgewicht der Prozessfarben
- Weißpunkt, Weißabgleich, Graubalance, Graubedingung
  Verhältnis der Prozessfarben (RGB oder CMYK), das ein neutrales Weiß bzw. Grau ergibt
- Farbmodus
  Prozessfarbraum, z.B. RGB oder CMYK
- Schärfe
  Detailkontrast benachbarter Bildstellen

Bild zur Analyse und Bewertung mit Hilfe der Fachbegriffe

Korrekturzeichen nach DIN 16549-1

+	Verstärken, Pluskorrektur	⇆↓↑	Verschieben, Pfeilrichtung
./.	Verringern, Minuskorrektur	⟲⟳	Rotieren
~	Angleichen, z.B. Tonwert	U	Umkehren, Tonwertumkehr
[Zeichen]	Schärfen, z.B. Kontur	K	Kontern, Seitenumkehr
P	Passer (Druck)	|← →|	Größenänderung
₰	Wegnehmen	[Zeichen]	Unter-/Überfüllung

2.5.2 Scannen

Flachbettscanner CanoScan 8000F

Arbeitsumgebung und technische Daten (Abb.: Canon)

Scannertyp	Flachbettscanner mit Durchlichteinheit
Scanelement, -system	CCD (Charge Coupled Device), Single-Pass
Lichtquelle	Kaltkathoden-Fluoreszenslampe, Infrarot-LED bei FARE
Optische Auflösung	2400 x 4800 dpi
Interpolierte Auflösung	25 – 9600 dpi
Schnittstellen	USB 2.0 Hi-Speed (USB 1.1 kompatibel)
Farbtiefe	
Farbe	48 Bit intern / 48 Bit extern
Graustufen	16 Bit intern / 16 Bit extern
Scanfläche	A4/Letter/216 x 297 mm
Prescan	ca. 5 Sekunden (ohne Datentransfer)
Scangeschwindigkeit	
Farbe/Graustufen/SW	10,8 ms/Zeile (1200/2400 dpi)
Film	5,4 – 172,8 ms/Zeile
Filmtypen Filmhandling Besonderheiten	Negativ- und Positiv-KB-Filme, Mehrfachscans bis zu 12 Aufnahmen oder 4 gerahmte Dias mit Canon FARE Level 1 (Film Automatic Retouching and Enhancement – automatische Staub- und Kratzerentfernung)
Betriebssystem/ Anforderungen	
Für USB 2.0 Hi-Speed Windows 2000 Pro, ME, XP (Home/Pro)	CPU: Intel PIII, P4, Celeron (556 MHz und höher). AMD Athlon, Athlon MP/XP, Duron. 128 MB RAM. USB 2.0-Anschluss, CD-ROM-Laufwerk
Für USB 1.1 Windows 98, 2000 Pro ME, XP (Home/Pro)	CPU: Pentium 233 MHz oder höher. 64 MB RAM. USB Anschluss, CD-ROM-Laufwerk
Mac OS (USB 1.1)	CPU: PowerPC G3 oder höher. OS 9, OS 10.1 oder höher (Classic). OS 10.3 oder höher (Native). Mac mit USB-Unterstützung, 64 MB RAM.

2.5.2.1 Scanner

Die Scanner in der Bildverarbeitung haben die Aufgabe, Bildinformation zu erfassen und zu digitalisieren. Dazu wird die Vorlage beim Scannen in Flächeneinheiten, so genannte Pixel, zerlegt. Pixel ist ein Kunstwort, zusammengesetzt aus den beiden englischen Wörtern „picture“ und „element“. Ein Pixel beschreibt die kleinste Flächeneinheit eines digitalisierten Bildes. Die Größe der Pixel ist von der gewählten Auflösung abhängig. Wir unterscheiden dabei zwischen optischer Auflösung und interpolierter Auflösung. Jedem Pixel ist die Farbinformation der entsprechenden Vorlagenstelle zugeordnet.

Im Kapitel 2.5.4 „Das digitale Bild“ finden Sie die Begriffe Auflösung und Farbtiefe ausführlich erklärt.

Bauprinzip	Vorlage	Beleuchtung	Bildwandler	Farbtrennung	Digitalisierung
– Flachbett – Trommel	– Halbton – Strich – Druck – Text – Rasterfilm – s/w, farbig – starr, flexibel, 3-dimensional – Fotografie – Gemälde, Grafik – Negativ – Diapositiv – APS-Film	– Auflicht – Durchlicht	– CCD Charge Coupled Device – CMOS Complementary Metal-Oxide Semiconductor – PMT Photomultiplier Tube	– Single-Pass – Three-Shot	Auflösung – Physikalisch – Interpoliert Datentiefe/Farbe – 8 Bit – 10 Bit – 12 Bit – 14 Bit – 16 Bit Farbmodi – Bitmap (s/w) – Graustufen – RGB – CMYK – LAB

Einteilung der Scanner

Scanner werden nach unterschiedlichen Kriterien eingeteilt. Die Wahl des jeweiligen Scanners ist vom Anforderungsprofil abhängig.

Funktionsweise eines Flachbettscanners

Von der Lichtquelle wird Licht auf die Vorlage gestrahlt. Das von der Aufsichtsvorlage remittierte Licht wird über ein Spiegelsystem durch eine Optik auf das CCD-Element projiziert.

Die Farbtrennung erfolgt während der Abtastung. Meist sind auf der CCD-Zeile jeweils ein Rezeptor für das Rot-, das Grün- und das Blausignal eines Pixels.

Die maximale Auflösung wird durch die Anzahl der CCDs auf der CCD-Zeile über die Vorlagenbreite bzw. durch den schrittweisen Vorschub über die Länge der Vorlage beim Scannen bestimmt. Bei vielen Scannern ist die optische Auflösung in Vorschubrichtung durch die doppelte Taktung des Abtastsignals doppelt so hoch wie in der Breite.

XY-Scanner tasten die Abtastlinienbreite in mehreren versetzten Durchgängen ab.

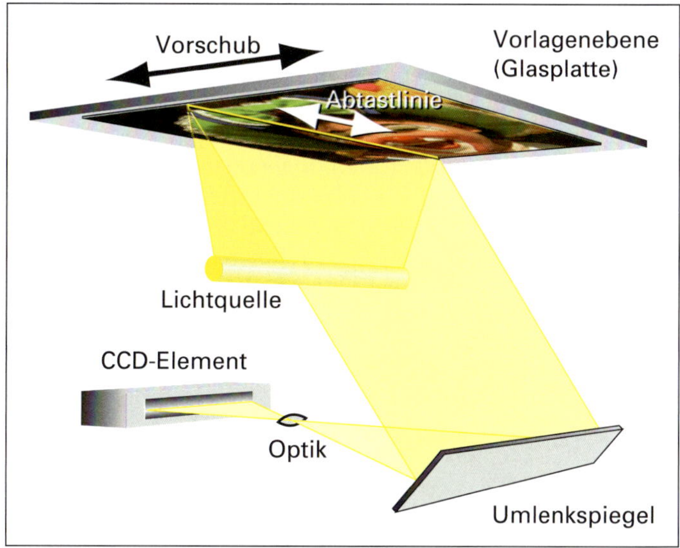

Funktionsschema eines Flachbettscanners

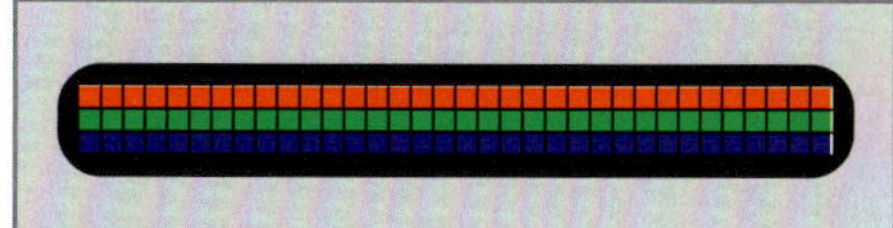

Single-Pass-CCD-Zeile

2.5.2.2 Grundeinstellungen

Die notwendigen Grundeinstellungen unterscheiden sich je nach Vorlagenart und späterer Verwendung des digitalisierten Bildes.

Vorlagenvorbereitung
Die Vorlage muss plan und sauber sein.

Prescan oder Vorschau
Der Prescan scannt die ganze Scanfläche mit niedriger Auflösung. Die Scansoftware erkennt dabei den Vorlagentyp und die Vorlagenlage.

Mit dem Prescan treffen Sie verschiedene Einstellungen:

1. Festlegen des späteren Scanbereichs. Er wird beim späteren Feinscan gescannt. Alle automatischen und manuellen Bildeinstellungen wirken nur auf diesen Bereich.
2. Einstellen der Bildgröße
   Proportionale oder nicht proportionale Maßstabsänderung
3. Festlegen der Scanauflösung
   Die Scanauflösung ist von der späteren Bildgröße und dem Ausgabeprozess abhängig.
4. Einstellen des Farbmodus
   - Graustufen
   - Farbe
     - Farbmodus, z.B. RGB
     - Farbtiefe, z.B. 24 Bit TrueColor mit 16,7 Millionen Farben
   - Schwarz/Weiß (Strich)
5. Schärfe

Die nachfolgenden Einstellungen sind häufig in der Scansoftware automatisiert. Ihre Funktion können Sie aber manuell verändern.

6. Licht und Tiefe
   Festlegen der hellsten und dunkelsten Bildstelle
7. Gradation, Gamma
   Die Tonwertcharakteristik des Bildes zwischen Licht und Tiefe
8. Farbbalance
   Hier kann z.B. ein Farbstich der Vorlage ausgeglichen werden.

Grundsätzlich gilt: Bildinformation, die durch falsche Einstellung der Scanparameter nicht erfasst wurde, ist für den weiteren Prozess unwiederbringlich verloren.

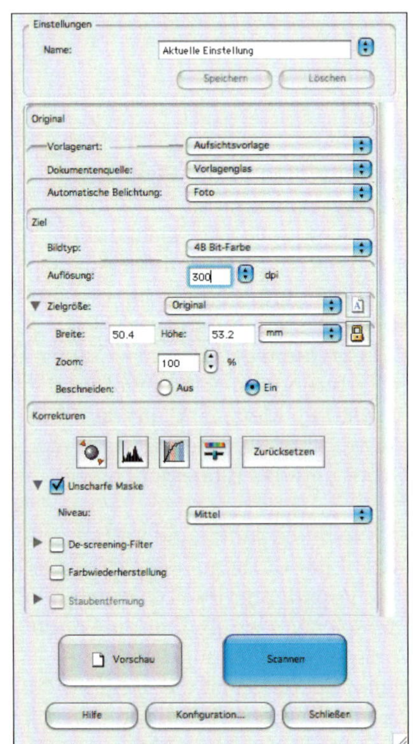

Feinscan
Entsprechend Ihren Einstellungen im Prescan erfolgt anschließend der Feinscan. Je nach Scansoftwaretyp wird das Bild direkt in ein Bildverarbeitungsprogramm importiert oder in der Scansoftware abgespeichert.

2.5.2.3 Halbtonvorlagen scannen

Die wichtigsten manuellen Einstellungen bei Halbtonscans sind die Farb- und Tonwertkorrektur. Der Titel und das Aussehen der Dialogfelder unterscheiden sich in den verschiedenen Scanprogrammen. Ihre Funktion ist aber in allen Programmen grundsätzlich gleich.

Bildkorrektur, Farbkorrektur
Einstellung von Helligkeit und Kontrast sowie der Farbstichkorrektur

Histogrammanpassung
Korrektur der Tonwertverteilung im RGB-Bild und in den einzelnen Farbkanälen

Tonwertkorrektur
Gradationseinstellungen zur Veränderung des Kontrastes im Tonwertverlauf von Licht bis Tiefe. Korrektur erfolgt im RGB-Bild oder in den einzelnen Farbkanälen.

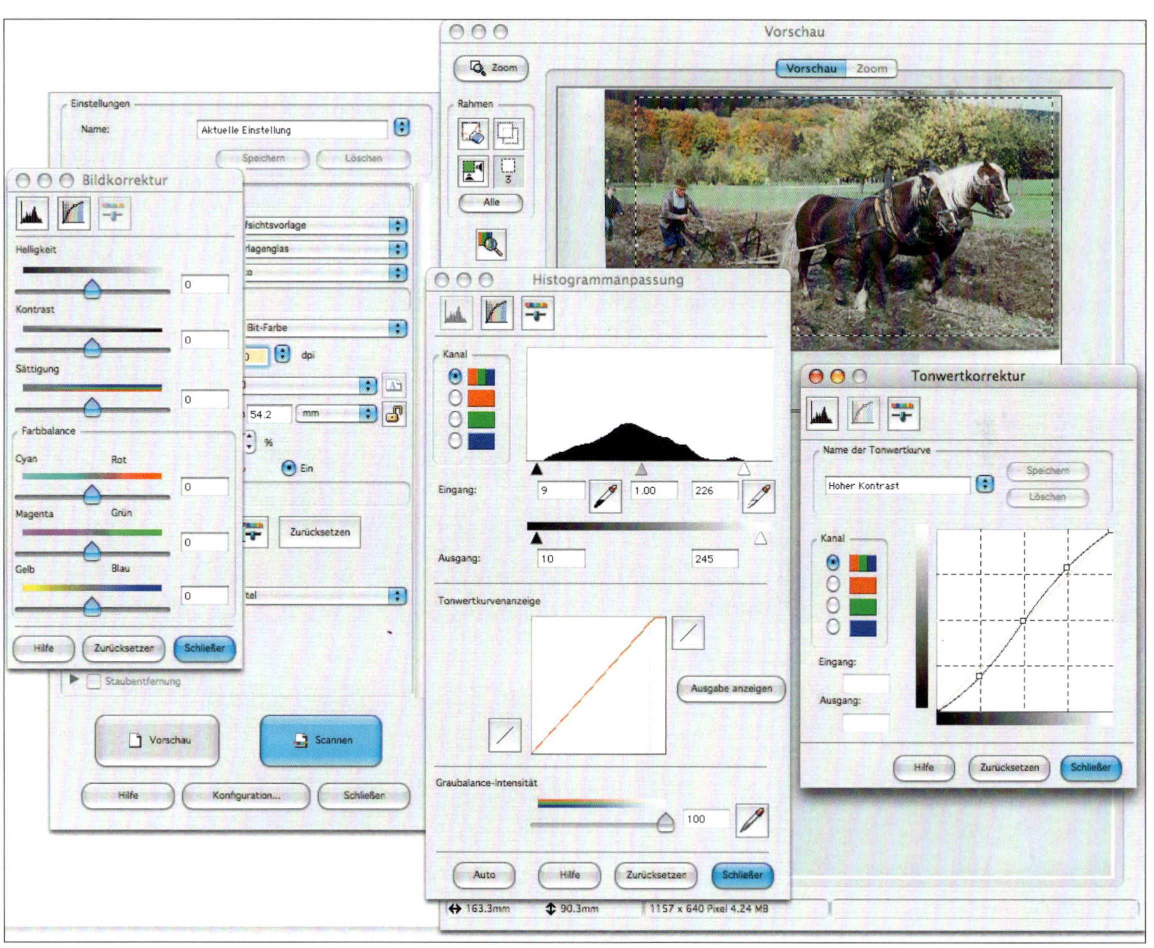

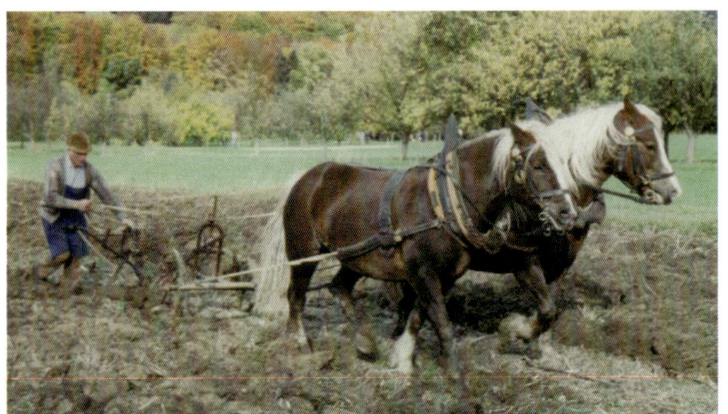

Referenz-Scan

Der Scan wurde mit der Scanautomatik der Scansoftware durchgeführt. Die folgenden Bildoptimierungseinstellungen beruhen auf dieser Basis.

Gradationskorrektur

Die Tonwertübertragung von der Vorlage zum Scan wird durch die Gradationskurve beschrieben. Bei einer proportionalen Tonwertübertragung verläuft die Gradationskurve linear. Ein steilerer Verlauf bewirkt eine Kontraststeigerung in diesen Tonwertbereichen. Da Licht und Tiefe nicht verändert werden, führt die Aufsteilung in bestimmten Tonwertbereichen zwangsläufig zu einer Verflachung, d.h. Kontrastreduzierung, in den übrigen Tonwerten. Welche der Grundgradationen Sie wählen, hängt von der Tonwertcharakteristik Ihrer Vorlage ab. Allgemein sollten Sie den Kontrast in den für das Bild wichtigen Tonwertbereichen verstärken.

Sie sollten die Möglichkeit der Gradationskorrektur beim Scannen nutzen, da Sie hier die Zahl der Tonwerte in bildwichtigen Tonwertbereichen festlegen. Die spätere Korrektur der Gradation im Bildverarbeitungsprogramm erlaubt nur eine Tonwertspreizung bzw. Tonwertreduzierung. Auch hier gilt: Tonwerte, die nicht gesannt wurden, kann man nachher auch nicht korrigieren.

Abdunkeln

Aufhellen

Kontrastreduzierung

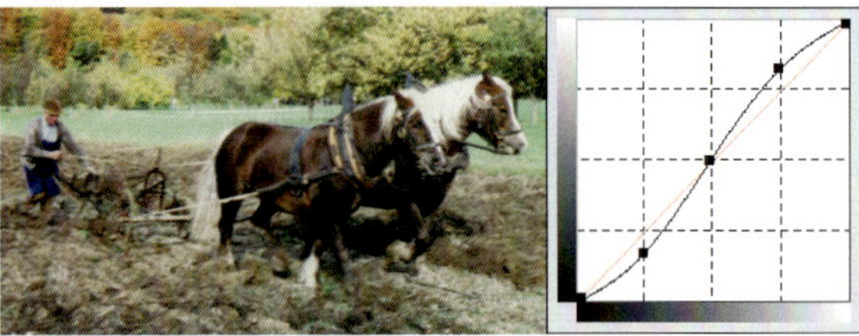

Kontraststeigerung

Schärfeeinstellungen

Die Schärfe wird bei den meisten Scannern nicht optisch, sondern digital geregelt. Durch die Kontraststeigerung benachbarter Pixel wird der Schärfeeindruck des Bildes gesteigert. Eine Kontrastreduzierung im Detail verringert die Bildschärfe.

Schärfe niedrig

Schärfe hoch

Tiefenpunkt definieren

Mit der dunklen Pipette können Sie den Tiefenpunkt durch Anklicken der Bildstelle definieren. Hier wurde fälschlicherweise ein Dreivierteltton als Tiefe festgelegt. Alle Tonwerte, die dunkler als der ausgewählte Tonwert sind, werden ebenfalls schwarz wiedergegeben.

Tiefenpunkt neu definiert

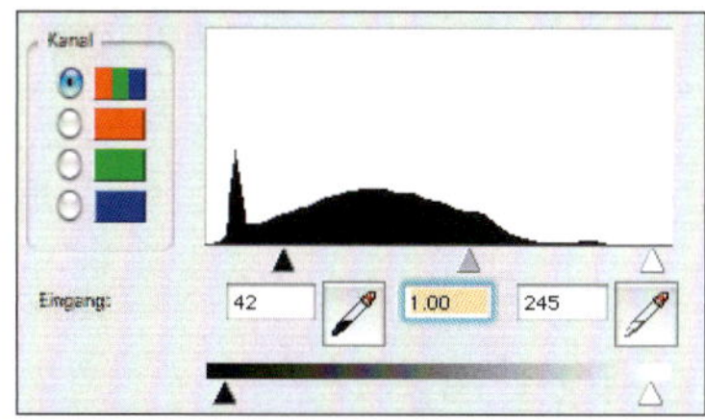

Histogramm nach der Neudefinition

Lichterpunkt definieren

Der Lichterpunkt wird mit der weißen Pipette im Bild durch Anklicken definiert. Wenn Sie wie hier nicht die hellste Bildstelle, sondern einen Viertelton zum Licht erklären, dann werden alle helleren Tonwerte damit automatisch weiß.

Lichterpunkt neu definiert

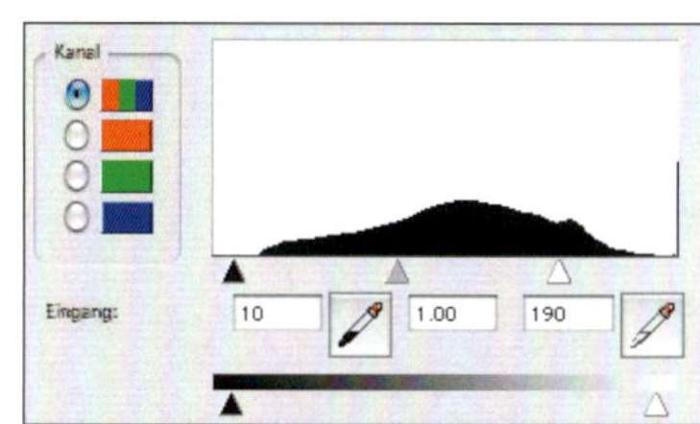

Histogramm nach der Neudefinition

Graubalance definieren

Die Graubalance beschreibt das Verhältnis der Farbanteile von Rot, Grün und Blau in einem neutralen Grau. Sie steht stellvertretend für die Farbbalance des ganzen Bildes. Deshalb führt eine falsche Definition des Verhältnisses von Rot, Grün und Blau zu Farbverfälschungen in allen Farben des Bildes.

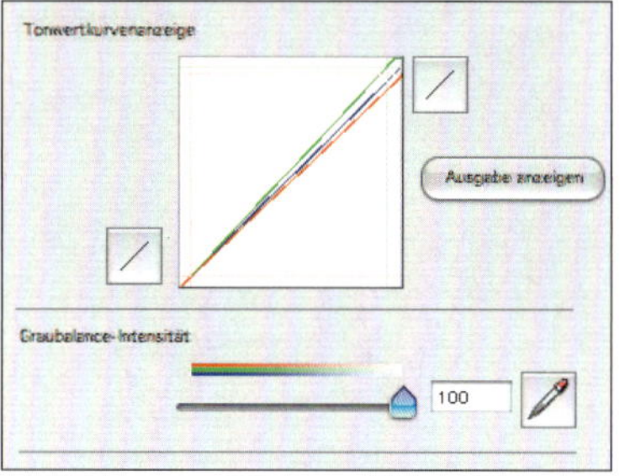

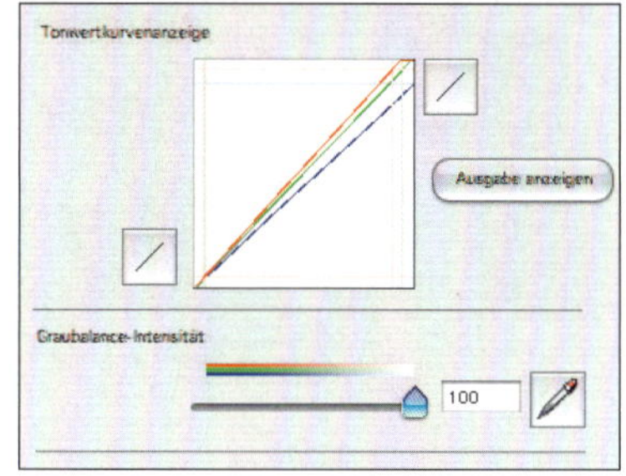

2.5.2.4 Strichvorlagen scannen

Das Scannen von Strichvorlagen unterscheidet sich grundsätzlich vom Scannen der Halbtonvorlagen.

Auflösung

Wie beim Halbtonscan wird die Bildinformation in Pixel zerlegt. Die Ausgabe auf einem Drucker oder Belichter erfolgt aber ohne die abermalige Umwandlung in Rasterelemente. Optimal ist deshalb, wenn die Scanauflösung gleich der Ausgabeauflösung ist. Bei hochauflösenden Ausgabegeräten sollte die Eingabeauflösung einen ganzzahligen Teil der Ausgabeauflösung, mindestens aber 1200 dpi, betragen. Andere Auflösungsverhältnisse können durch die notwendige Interpolation u.a. zu schwankenden Strichstärken führen.

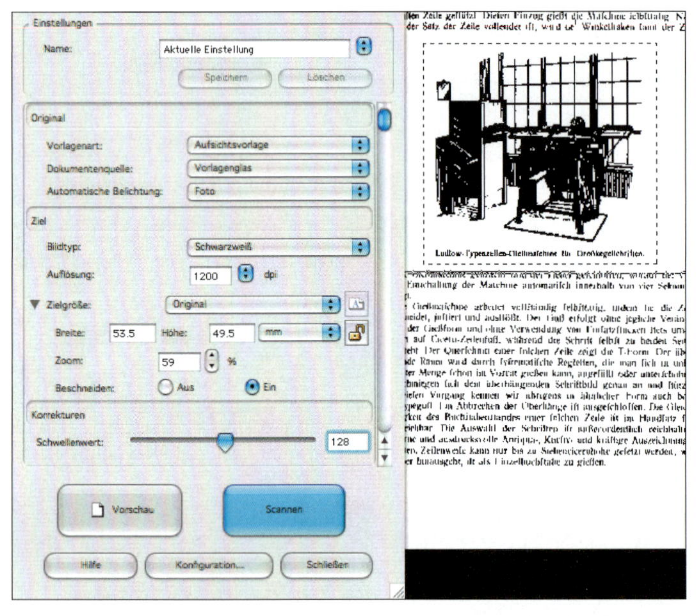

Schwellenwert

Da ein Strichscan als binäres System nur Schwarz oder Weiß enthält, müssen Sie über die Schwellen- bzw. Schwellwerteinstellung festgelegen, ob ein Pixel schwarz oder weiß gescannt wird.

Wenn die Schwellenwertfunktion des Scanprogramms nicht zum gewünschten Ergebnis führt, scannen Sie die Strichvorlage als Halbtonbild und bearbeiten sie dann in einem Bildverarbeitungsprogramm partiell nach. Die Wandlung erfolgt anschließend über die Schwellenwertfunktion Ihres Bildverarbeitungsprogramms.

Schwellenwert 64

Schwellenwert 128

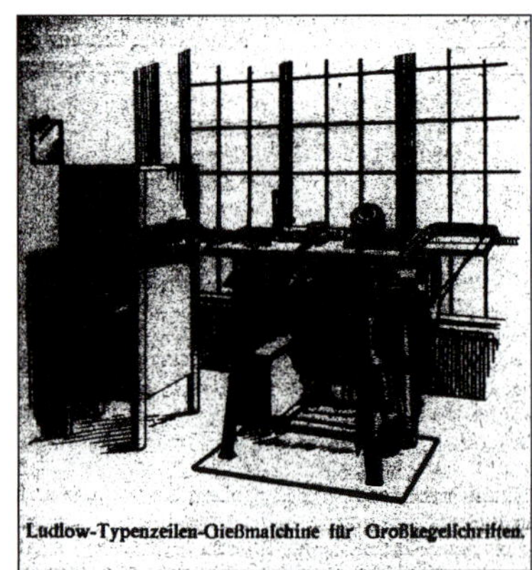

Schwellenwert 192

2.5.3.1 Digitalkameras

Der wesentliche Unterschied zwischen der digitalen und der herkömmlichen Fotografie liegt darin, dass die Bilder in der Kamera als digitale Daten erstellt werden. Das Licht der Aufnahme wird von CCD- oder CMOS-Elementen, i.d.R. Flächenchips, in analoge elektrische Signale gewandelt und dann im A/D-Wandler der Kamera digitalisiert.

Die digitalen Kamerasysteme unterscheiden wir im Wesentlichen nach den drei Kenngrößen:

- Suchersystem
- Pixelzahl
- Objektiv

Suchersysteme

In Digitalkameras finden wir, je nach Bauart, vier verschiedene Suchersysteme:

1. LCD-Monitor mit meist geringer Auflösung auf der Kamerarückseite
2. Messsucher und auf der Kamerarückseite einen LCD-Monitor
3. Kleines LCD-Display in der Kamera, analog eines Spiegelreflexsuchers, und einen oft schwenkbaren LCD-Monitor auf der Kamerarückseite
4. Optisches Spiegelreflexsystem und einen oft schwenkbaren LCD-Monitor auf der Kamerarückseite

Das kleine LCD-Display des Suchertyps 3 genügt, um den Bildausschnitt zu wählen, ist aber nicht ausreichend, um visuell zu fokussieren. Die Bildmonitore dienen zur Motivkontrolle und als Datenbildschirm der Kameraeinstellungen. Sie sind nicht geeignet, um Details, Schärfe und Farbigkeit der Aufnahme qualifiziert zu bewerten.

Pixelzahl

Die Anzahl der Pixel einer Digitalkamera wird meist als Megapixel angegeben. Welche Pixelzahl genügt, hängt u.a. von der gewünschten Ausgabegröße des Bildes im Druck ab. Eine größere Pixelzahl vergrößert die Bilddatei. Sie ermöglicht es Ihnen aber auch, Ausschnitte mit ausreichender Pixelzahl im Bildverarbeitungsprogramm zu erstellen.

Bildgröße (px)	Datenmenge (MB)	Bildgröße (cm, 300 ppi)	Bildgröße (cm) Optimal	Bildgröße (cm) Standard
640 x 480	0,90	5,42 x 4,06	– x –	– x –
1024 x 768	2,25	8,67 x 6,50	– x –	9 x 13
1280 x 960	3,52	10,84 x 8,13	9 x 13	10 x 15
1536 x 1024	4,50	13,00 x 8,67	9 x 13	10 x 15
1600 x 1200	5,50	13,55 x 10,16	10 x 15	13 x 18
1800 x 1200	6,19	15,24 x 10,16	10 x 15	13 x 18
2048 x 1536	9,44	17,34 x 13,00	13 x 18	20 x 30

Übersicht verschiedener Bildgrößen zum Ausbelichten von Bilddateien auf Fotopapier

Objektive

Aufnahmeobjektive werden nach der Brennweite in Weitwinkel-, Normal- und Teleobjektive eingeteilt. Die meisten Digitalkameras sind mit festen so genannten Zoomobjektiven ausgerüstet.

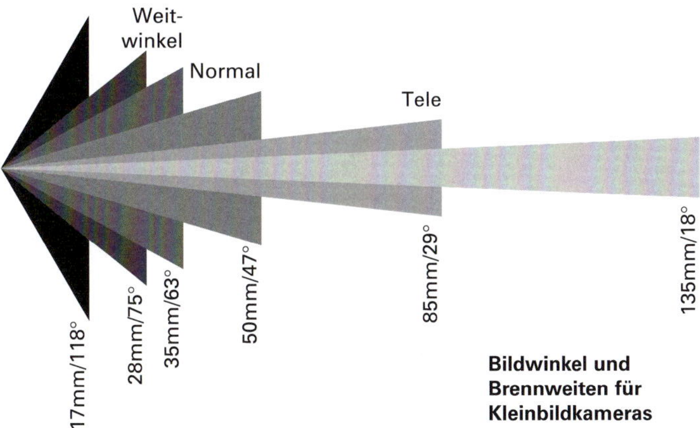

Bildwinkel und Brennweiten für Kleinbildkameras

Aufnahmen mit einem Zoomobjektiv

Zoomobjektive sind Objektive mit einem variablen Brennweitenbereich. Dieser reicht vom Weitwinkel- über den Normal- bis hin zum Telebereich. Sie können mit einem Zoomobjektiv den Bildausschnitt frei wählen, ohne den Standort wechseln zu müssen.

Mit der Brennweite verändert sich die Bilddarstellung. Weitwinkelobjektive neigen zur Verzeichnung von waagerechten und senkrechten Linien. Teleobjektive verkürzen optisch den Abstand zwischen Objekten. Objektive mit großen Brennweiten haben einen geringeren Schärfentiefenbereich als kurzbrennweitige Objektive.

Die Bildsensoren der meisten Digitalkameras sind kleiner als das Kleinbildformat von 36 x 24 mm. Daraus ergibt sich, dass die Objektivbrennweite mit einem kameraspezifischen Faktor multipliziert werden muss, um der Bildwirkung eines adäquaten Kleinbildobjektivs zu entsprechen.

Die Blende ist die verstellbare Öffnung des Objektivs, durch die Licht auf die Bildebene fällt. Bei Kameraobjektiven wird die Blendengröße durch die Blendenzahl der „Internationalen Blendenreihe" angegeben. Die Blendenzahl errechnet sich aus der Division der Objektivbrennweite durch den Durchmesser der Blende. Die gleiche Blendenzahl steht deshalb bei längeren Brennweiten für eine größere Öffnung.

Blendenöffnungen aus der Blendenreihe von 5,6 bis 16

Die Schärfentiefe ist der Bereich des Motivs, der vor und hinter einer scharf eingestellten Ebene zusätzlich scharf abgebildet wird. Sie ist von der Brennweite, der Blende und der Entfernungseinstellung abhängig:

- Je kürzer die Brennweite, desto größer ist die Schärfentiefe.
- Je kleiner die Blendenöffnung, desto größer ist die Schärfentiefe.
- Je kürzer der Aufnahmeabstand, desto geringer ist die Schärfentiefe.

Digitalkameras
(Abb.:
Canon, Nikon, HP)

Technische Daten	Canon EOS-1Ds Mark II	Nikon Coolpix 8800	HP Photosmart R507
Kameratyp	Digital-Spiegelreflexkamera	Digital-Kompaktkamera	Digital-Kompaktkamera
Auflösung (effektiv)	16,7 Megapixel	8,0 Megapixel	4,1 Megapixel
Bildsensor	CMOS 36 x 24 mm	CCD 2/3 Zoll	CCD 1/2,5 Zoll
Sucher	Pentaprisma Spiegel	0,044-Zoll-TFT-Farbdisplay 235.000 Bildpunkte	Messsucher
Monitor	2,0-Zoll-TFT-Farbmonitor 230.000 Bildpunkte	1,8-Zoll-TFT-Farbmonitor 134.000 Bildpunkte	1,5-Zoll-TFT-Farbmonnitor 120.480 Bildpunkte
Objektiv	EF-Wechselobjektive	10-fach-Zoom, Nikkor 8,9 bis 89 mm, entspricht 35 bis 350 mm Kleinbildformat Lichtstärke 1:2,8 bis 1:5,2	3-fach-Zoom, Pentax 5,8 bis 17,4 mm, entspricht 35 bis 105 mm Kleinbildformat Lichtstärke 1:2,6 bis 1:7,7
Bildgröße (maximal)	4992 x 3328 px	3264 x 2448 px	2320 x 1744 px
Weißabgleich	Automatik Tageslicht, Schatten, Bewölkt, Kunstlicht, Fluoreszierendes Licht, Blitz, Farbtemperatur und Individualfunktionen	Automatik Tageslicht, Schatten, Bewölkt, Kunstlicht, Blitz, manuell	Automatik Tageslicht, Schatten, Bewölkt, Kunstlicht, Blitz, manuell
Verschlusszeiten	1/8000 bis 30 Sekunden, Langzeitbelichtung	1/3000 bis 8 Sekunden, Langzeitbelichtung	1/2000 bis 16 Sekunden
Belichtungsmessung	Mehrfeldmessung, Selektivmessung, Spotmessung, Multispotmessung	256-Segment-Matrixmessung, mittenbetonte Messung, Spotmessung	Durchschnittsmessung, mittenbetonte Messung, Spotmessung
Belichtungssteuerung	Programm-, Zeit- und Blendenautomatik, manuelle Einstellung	Programm-, Zeit- und Blendenautomatik, manuelle Einstellung	Automatik, manuelle Einstellung
Entfernungseinstellung	TTL-AREA-SIR mit CMOS-Sensor, manueller Fokus	Autofokus, manueller Fokus	Autofokus
Motivprogramme	–	Porträt, Innenaufnahme, Nachtporträt, Strand/Schnee, Landschaft, Sonnenuntergang, Nachtaufnahme, Museum, Feuerwerk, Nahaufnahme, Dokumentkopie, Gegenlicht, Panorama, Sport, Dämmerung	Automatik, Action, Landschaft, Porträt, Strand/Schnee, Sonnenuntergang, Zeitautomatik, Panorama
Empfindlichkeit (ISO)	100 bis 1600	50, 100, 200, 400	100, 200, 400
Speicherformate	RAW, JPEG	RAW, TIFF-RGB, JPEG, QuickTime, WAV	JPEG für Fotos, MPEG-1 für Videoclips
Speicherkarten	CompactFlash Typ I/II, Microdrive, SD-Speicherkarte	CompactFlash Typ I/II, Microdrive	SD-/MMC-Speicherkarte
Schnittstellen	IEEE1394, USB 1.1, Video	USB 2.0, Audio/Video	USB 2.0, HP-Dockingstation

2.5.3.2 Dateiformate

Die meisten Digitalkameras erlauben es, die Bilder in verschiedenen Dateiformaten abzuspeichern. Je nach Dateiformat benötigen die Bilddateien unterschiedlich viel Speicherplatz auf dem Datenträger der Kamera. In den einzelnen Dateiformaten werden die Bilddaten verlustfrei oder verlustbehaftetet komprimiert. Auch die Speicherung der Farbinformationen unterscheidet sich je nach gewähltem Dateiformat.

TIFF – Tag Image File Format

Das TIF-Format ist weit verbreitet. Es wird von allen Bildverarbeitungsprogrammen unterstützt. Die Bilddaten sind mit 24 Bit Farbtiefe als RGB-Bild gespeichert. Sie können, je nach Kameraausstattung, Ihre Bilder unkomprimiert oder verlustfrei mit dem LZW-Komprimierungsverfahren abspeichern.

Die TIFF-Dateierweiterung ist *.tif.

RAW – Rohdaten (engl. raw = roh)

RAW-Bilddaten werden direkt aus dem Bildwandler der Kamera ohne weitere Signalbearbeitung abgespeichert. Sie sind deshalb herstellerspezifisch codiert und können nur mit spezieller Software angezeigt und weiterverarbeitet werden. Für die hier vorgestellte Canon EOS-1Ds Mark II ist Digital Photo Professional v 1.5 das Konvertierungprogramm, die Nikon-Dateien müssen mit der Software Nikon View konvertiert werden. RAW-Dateien sind kleiner als TIFF-Dateien. Sie lassen sich ebenfalls verlustfrei komprimieren.

Die RAW-Dateierweiterungen: Canon *.crw; Kodak *dcr, *.dcs; Minolta *.mrw, *mdc; Nikon *.nef; Olympus *.orf; Sigma *.x3f.

DNG – Digital Negative Specification

DNG ist ein neues Dateiformat der Firma Adobe. Adobe hat DNG öffentlich dokumentiert, um, ähnlich wie bei PDF, einen einheitlichen Standard zu schaffen. Es soll das Speichern digitaler Bilder im Originalzustand mit maximaler Qualität bei geringer Dateigröße ermöglichen.

Adobe bietet zum Download unter www.adobe.com/dng einen kostenlosen Konverter an, der die RAW-Dateien von mehr als 65 Kameramodellen konvertiert. In Photoshop CS können Sie zur Konvertierung das Camera-Raw-Plug-in installieren.

JPEG – Joint Photographic Experts Group

Im JPEG-Format werden die Bilddateien immer verlustbehaftet komprimiert. Je stärker die Bilddateien komprimiert werden, desto kleiner wird die Datei, aber umso deutlicher ist der Qualitätsverlust. Die Auswirkungen der Komprimierung sind als so genannte Artefakte, Strukturen, im Bild sichtbar.

JPEG-Artefakte

Die meisten Kameras speichern die Bilddatei im EXIF-Format (Exchangeable Image File Format). Dabei handelt es sich um eine besondere Form von JPEG. Es ermöglicht die Speicherung zusätzlicher Informationen in der Bilddatei. Das EXIF-Format wurde von der Japanese Electronics Industry Development Association (JEIDA) entwickelt und wird in fast allen Digitalkameras verwendet.

Print Image Matching (PIM) wurde von der Firma Epson in Zusammenarbeit mit den führenden Digitalkamera-Herstellern entwickelt. Im Header der EXIF-Datei werden Informationen über die Farbraum- und Farbanpassungseinstellungen der Digitalkamera gespeichert. Somit ist die Einbindung des in der Digitalfotografie üblichen YCbCr-Farbraums in das Color Management möglich.

Die JPEG-Dateierweiterung ist *.jpg.

2.5.3.3 Speicherkarten

Die Speicherung der Bilder erfolgt bei den meisten Digitalkameras auf austauschbaren Speichermedien. Die Datenübertragung von der Kamera zum Computer ist sowohl online oder offline möglich über:

- Schnittstellenkabel, z.B. USB oder IEEE 1394 FireWire
- Verwenden eines Speicherkarten-Lesegeräts

CompactFlash-Karte

Die CompactFlash-Technologie wird derzeit von den meisten Kameraherstellern unterstützt. CF-Speicherkarten speichern die Daten ohne bewegliche Teile in einem Flash-Speicher. Auf der Karte befindet sich ebenfalls ein Controller zur Steuerung des Schreiblesevorgangs.

4-GB-CF-Karte
(Abb.: ScanDisk)

Deshalb lassen sich CF-Karten ohne zusätzliche Elektronik in vielen Geräten einsetzen.

Die maximale Speichergröße ist zurzeit 8 GB. Die Datenübertragungsgeschwindigkeit beträgt bis zu 9 MB/s. Es gibt zwei Bauformen:

- CF-I, 42,8 x 36,4 x 33,3 mm
- CF-II, 42,8 x 36,4 x 5 mm, CF-Plus oder „Microdrive Kompatibel"

SD Memory Card

SD ist die Kurzform für Secure Digital. Die Daten werden auf SD-Karten wie bei der CF-Karte ohne bewegliche Teile gespeichert. Die Karten besitzen ebenfalls einen eigenen Controller. Eine SD-Karte ist 32 x 24 x 2,1 mm groß. Die maximale Speicherkapazität beträgt 1 GB (Mitte 2004). So genannte Highspeed-Karten können mit Übertragungsraten von 7.000 kB/s lesen und 3.500 kB/s schreiben.

1-GB-SD-Karte
(Abb.: ScanDisk)

MultiMedia-Card

Die MultiMedia-Card speichert die Daten ebenfalls in einem Flash-Speicher, ein integrierter Controller steuert die Speicherung. Die Maße sind mit 32 x 24 x 1,4 mm ähnlich der SD-Karte. MMC lassen sich deshalb in vielen Geräten betreiben, die für SD-Karten ausgelegt sind. Die durchschnittliche Datenübertragungsrate ist 2,5 MB/s.

Microdrive

Microdrives sind Festplatten im Format einer CF-Speicherkarte. Sie enthalten bewegliche Teile und einen Motor. Wie alle Festplatten können starke Erschütterungen das Medium beschädigen.

Ein Microdrive ist 42,8 x 36,4 x 5 mm groß. Die maximale Speichergröße beträgt derzeit 4 GB. Die Festplatte arbeitet mit einer Datenübertragungsrate von maximal 4,2 MB/s.

2.5.3.4 Störungen und Fehler

Rauschen

Elektronische Verstärker rauschen umso stärker, je geringer das zu verstärkende Signal ist. Das so genannte Verstärkerrauschen ist deshalb in den dunklen Bildbereichen am größten. Wenn an der Digitalkamera eine höhere Lichtempfindlichkeit eingestellt wird, dann verstärkt sich das Rauschen hin zu den Mitteltönen. Der Grund liegt darin, dass ja nicht die physikalische Empfindlichkeit des CCD-Chips, sondern nur die Verstärkerleistung erhöht wurde.
Bei Langzeitbelichtungen kommt zusätzlich noch das thermische Rauschen hinzu, da sich die Potenziale der einzelnen CCDs nicht gleichförmig füllen. Durch den unterschiedlichen Energiegehalt der einzelnen Wellenlängen ist der Effekt im Blaukanal am höchsten.
Das sichtbare Rauschen kann z.B. in Photoshop mit den Filtern „Störungen entfernen" oder „Helligkeit interpolieren" reduziert werden.

Bildrauschen und Blooming

Blooming

Mit dem Begriff Blooming wird beschrieben, dass Elektronen von einem CCD-Pixel auf ein benachbartes überlaufen. Da dies meist bei vollem Potenzial geschieht, wirkt sich dieser Effekt in den hellen Bildbereichen aus. Ein typischer Bloomingeffekt ist das Überstrahlen von Reflexen und Lichtkanten in benachbarte Bildbereiche.

Farbsäume

Farbsäume entstehen durch die Interpolation und Zuordnung der drei Farbsignale zu einem Pixel. Eine Ursache der Farbverschiebung in den drei Kanälen kann das nicht optimale Kameraobjektiv sein. Da Abbildungsfehler des Objektivs vor allem im Randbereich auftreten, sind die Farbsäume dort stärker zu sehen.

Farbsäume lassen sich leider nicht mit Filtern, sondern nur mit Geduld und Geschick durch manuelle Retusche im Bildverarbeitungsprogramm entfernen.

Moiré

Ein Moirémuster bildet sich immer dann, wenn sich regelmäßige Strukturen in einem bestimmten Winkel überlagern. In der Digitalfotografie entsteht ein Moiré durch die Interferenz zwischen einer Motivstruktur und der Anordnungsstruktur der Elemente des Bildsensors.

Moiré

Moiré entsteht durch die Interferenz der Ziegelstruktur und des Anordnungsschemas der Bildsensoren.

Farbstich – fehlerhafter Weißabgleich

Das menschliche Auge passt sich problemlos und schnell an farbliche Veränderungen der Beleuchtung an. Ein weißes Papier erscheint Ihnen unter rötlichem Licht genauso weiß wie unter bläulichem Licht. Digitalkameras leisten diese Anpassung durch den Weißabgleich. Hierbei wird das Verhältnis von Rot, Grün und Blau, abhängig von der Beleuchtung, so gewählt, dass farblich neutrale Flächen auch in der Aufnahme farblich neutral wiedergegeben werden.

Ein fehlerhafter Weißabgleich führt zu einem Farbstich. Die Korrektur von Farbstichen ist in allen Bildverarbeitungsprogrammen z.B. durch die Funktionen „Tonwertkorrektur" oder „Gradationskurven" möglich.

Farbstiche

durch fehlerhaften Weißabgleich

2.5.4 Das digitale Bild

2.5.4.1 Auflösung

Bei der Digitalisierung eines Bildes wird es in einzelne meist quadratische Flächenelemente zerlegt, die so genannten Pixel (px). Die Anzahl der Pixel pro Streckeneinheit wird als Auflösung bezeichnet. Die Auflösung hat als Einheit Pixel/Zoll bzw. Pixel/Inch, ppi, oder Pixel/Zentimeter, ppcm bzw. px/cm. Abhängig von der Bildart und dem Ausgabeprozess müssen Sie die entsprechende Bildauflösung beim Scannen wählen oder im Bildverarbeitungsprogramm einstellen.

Ausgabe			Eingabe	
Anwendung	Bildauflösung Ausgabe	Farbmodi	Bildauflösung Scan/Bildverarbeitung	Farbmodi
Offsetdruck	48 L/cm, 120 lpi 60 L/cm, 150 lpi 70 L/cm, 175 lpi	CMYK	240 ppi 300 ppi 350 ppi	RGB, CMYK, LAB
Tintenstrahldruck	720 dpi	CMYK	150 ppi	RGB, CMYK
Farblaserdruck	600 dpi	CMYK	150 ppi	RGB, CMYK
Multimedia	72 dpi (Mac) 96 dpi (PC)	RGB, Indiziert	72 dpi 96 dpi	RGB, Indiziert

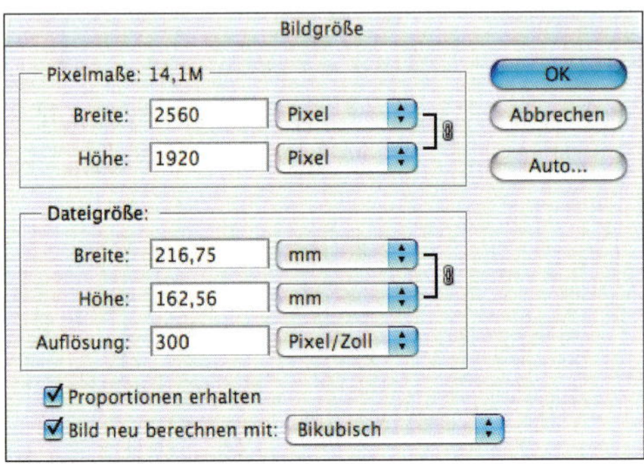

Strichbilder im Druck
Strichbilder sind Bilder mit vollfarbigen Flächen. Sie werden i.d.R. nicht aufgerastert und brauchen deshalb eine höhere Auflösung als gerastert gedruckte Halbtonbilder. Die Auflösung für Strichbilder beträgt mindestens 1200 ppi. Bei höherer Auflösung ist ein ganzzahliges Verhältnis zur Ausgabeauflösung sinnvoll, um Interpolationsfehler zu vermeiden.

Halbtonbilder im Druck
Die Auflösung ist vom Ausgabeprozess abhängig. Bei der autotypischen Rasterung im Druck soll das Verhältnis Pixel : Rasterpunkte gleich 2 : 1 betragen. Man nennt den Faktor, der sich aus diesem Verhältnis ergibt, Qualitätsfaktor (QF). Für einen Druck mit 60 L/cm ist die Auflösung bei einem QF = 2 also 60 L/cm x 2 px/L = 120 px/cm oder 300 ppi.

Für die frequenzmodulierte Rasterung und den Digitaldruck müssen Sie die notwendige Auflösung als Kenngröße des jeweiligen Prozesses bestimmen bzw. erhalten vom Hersteller die notwendigen Vorgaben.

Strich- und Halbtonbilder auf dem Monitor
Bei der Ausgabe auf dem Bildschirm beträgt die Auflösung sowohl für Strich- als auch für Halbtonbilder üblicherweise 72 ppi oder 96 ppi.

Da heute viele Monitore eine variable Auflösung ermöglichen, wird für die Ausgabe in Digitalmedien neben der Auflösung auch das absolute Pixelmaß, d.h. die Zahl der Pixel in Breite und Höhe des Bildes, angegeben.

Halbton 72 ppi

Halbton 150 ppi

Halbton 300 ppi

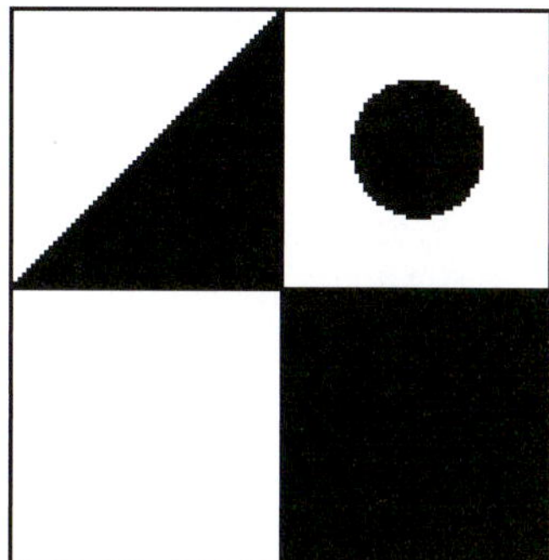

Strich 72 ppi

Strich 300 ppi

Strich 1200 ppi

2.5.4.2 Datentiefe, Farbtiefe

Die Datentiefe bezeichnet die Anzahl der Bits pro Pixel eines digitalen Bildes. Nach der Regel: Mit n Bit lassen sich 2^n Informationen darstellen, ist damit auch die Zahl der möglichen Ton- und Farbwerte beschrieben. Deshalb wird die Datentiefe auch als Farbtiefe bezeichnet.

Im RGB-Modus mit z.B. 24 Bit Farbtiefe (8 Bit x 3 Kanäle) kann jede der 256 Stufen eines Kanals mit jeder Stufe der anderen Kanäle kombiniert werden. Daraus ergeben sich 256 x 256 x 256 = 16,78 Millionen Farben.

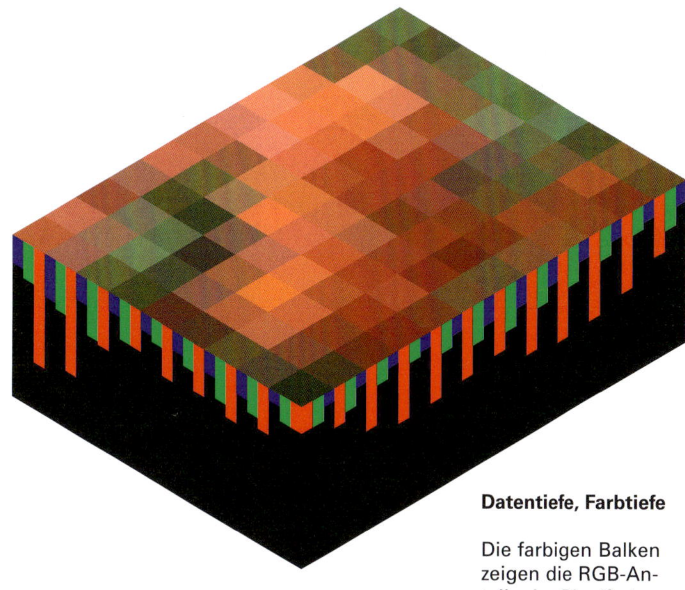

Datentiefe, Farbtiefe

Die farbigen Balken zeigen die RGB-Anteile der Pixelfarbe.

2.5.4.3 Farbmodus

Der Farbmodus gibt an, nach welchem Farbmodell die Farben eines digitalen Bildes aufgebaut sind. Sie können den Farbmodus bei der Bilddatenerfassung oder im Bildverarbeitungsprogramm bestimmen. Mit der Wahl des Farbmodus Ihres Bildes konvertieren Sie das Bild in den voreingestellten Arbeitsfarbraum. Zur medienneutralen Bildverarbeitung und -archivierung empfiehlt sich der farbmetrisch definierte ECI-RGB-Farbraum.

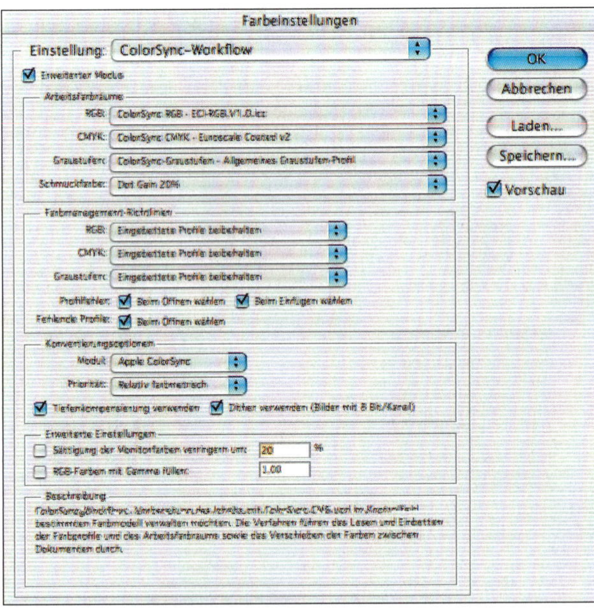

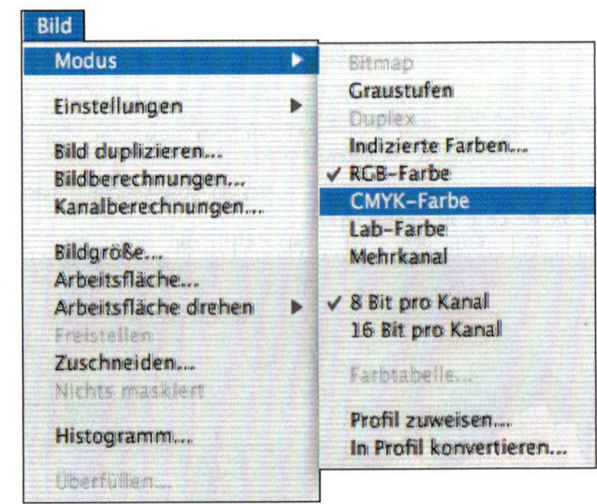

Farbmodus	Kanäle	Datentiefe/Pixel	Darstellbare Farben
Bitmap (Strich)	1	1 Bit	2
Graustufen	1	8 Bit	256
Indizierte Farben	1	8 Bit	256
RGB	3	3 x 8 Bit = 24 Bit	16.777.216
LAB	3	3 x 8 Bit = 24 Bit	16.777.216
CMYK	4	4 x 8 Bit = 32 Bit	16.777.216

Je nach Separationseinstellung wird der Unbuntanteil im CMYK-Farbraum durch die Komplementärfarbe und/oder durch Schwarz gebildet. Schwarz erweitert deshalb im CMYK-Modus den Umfang des Farbraums nicht. Sie erhalten wie im RGB-Modus aus den Prozessfarben 16.777.216 mögliche Farben.

2.5.4.4 Pixel und Vektor

Eine Bilddatei kann Pixel- und Vektordaten enthalten. Die Bildinformation ist üblicherweise als Pixelbild gespeichert. Vektoren werden in den Bildverarbeitungsprogrammen zur Erzeugung von Objekten und Schriften eingesetzt. Mit der Option *Rendern* oder *Rastern* wandeln Sie die Vektorobjekte in Pixel um.

Pfadvektoren dienen zur geometrischen Auswahl einzelner Bildbereiche und als Beschneidungspfad bei der Dateiausgabe.

Sie können den Freistellungspfad in Photoshop unter Menü *Datei > Speichern unter... > Photoshop EPS > Mit Vektordaten* speichern. Bei der Positionierung im Layoutprogramm und bei der Belichtung werden alle Bildbereiche außerhalb des Pfades ausgeblendet.

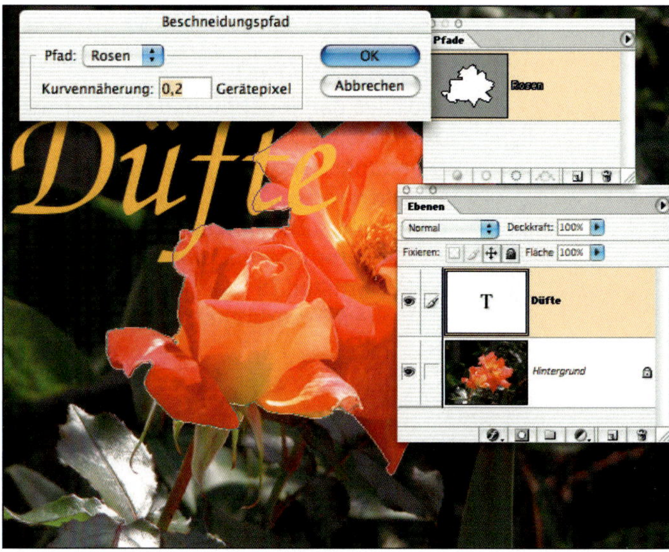

Freistellungspfad

Positionierung der Bilddatei mit Freistellungspfad im Layoutprogramm. Die Hintergrundfarbe ist die Flächenfarbe des Bildrahmens.

2.5.4.5 Dateiformate

Unter Dateiformat versteht man die innere logische Struktur einer Datei. Alle Bildverarbeitungprogramme bieten neben dem „programmeigenen" Dateiformat noch eine Reihe weiterer Dateiformate, z.B. als Exportformat, beim Abspeichern der Bilddatei an.

Dateiformatwahl

Welches der angebotenen Dateiformate zu wählen ist, hängt vom weiteren Verwendungszweck der Datei ab:

- Bildverarbeitung: programmeigenes Format, z.B. Photoshop PSD
- Layoutprogramm: abhängig vom Importfilter, TIF oder EPS sind am weitesten verbreitet.
- Web-Editor: GIF, JPG und PNG
- Präsentationssystem: abhängig vom Importfilter, z.B. BMP, TIF
- Autorensystem: abhängig vom Importfilter, z.B. PIC, BMP oder TIF

Eingebettete Einstellungen

Einzelne Dateiformate ermöglichen zum Abspeichern der reinen Bildinformation noch die zusätzliche Speicherung verschiedener Einstellungen wie:

- Alphakanäle aus Photoshop im TIF- und PNG-Format
- Rastereinstellungen, Druckkennlinie und Beschneidungspfade im EPS-Format
- ICC-Farbprofile z.B. im PSD-, TIF- und EPS-Format

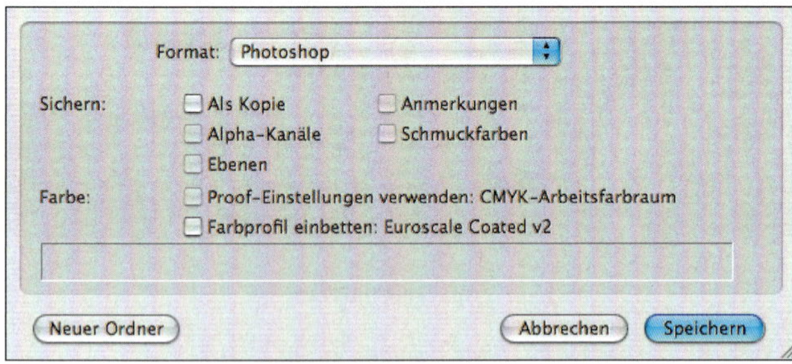

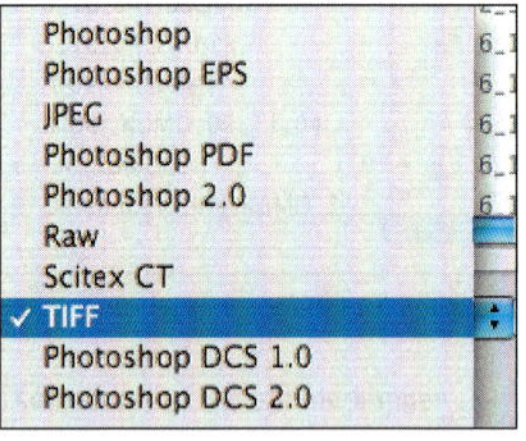

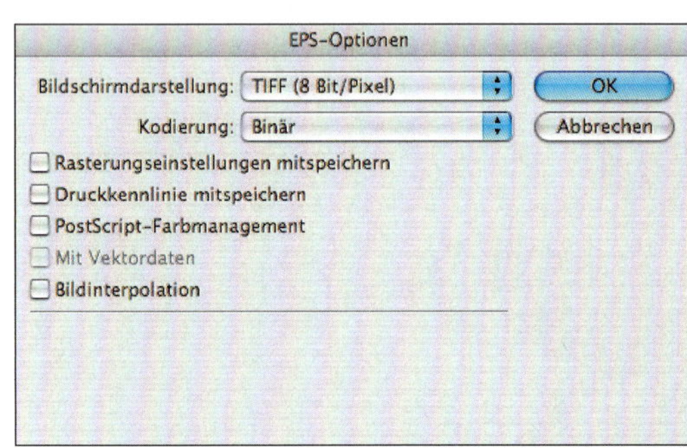

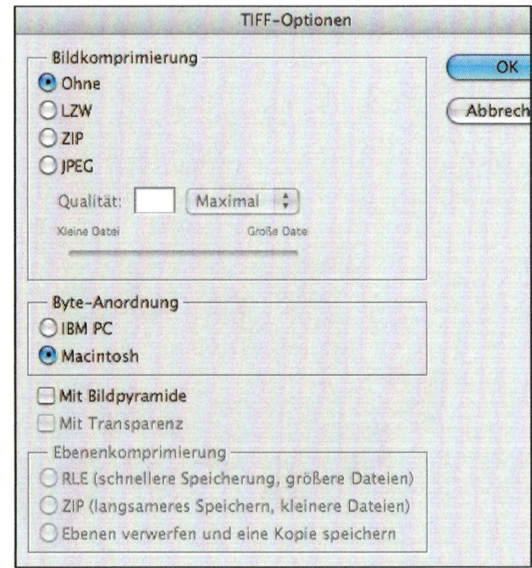

Dateiformate

Optionen für die Dateiformate *.psd, *.eps und *.tif in Adobe Photoshop
Menü *Datei > Speichern unter...*

2.5.5 Bilddatenübernahme

Bei der Bilddatenübernahme bzw. bei der Weitergabe Ihrer Bilddaten sind eine Reihe von technischen Parametern zu beachten. Nur durch eine qualifizierte Kommunikation aller am Workflow der Medienproduktion beteiligten Partner ist ein farbrichtiges einwandfreies Ergebnis möglich.

Checkliste für die digitale Bilddatenübernahme

Checkliste für die digitale Bilddatenübernahme

Ansprechpartner ____________________

Fon ____________ Fax ____________ E-Mail ____________

Anzahl
❏ ...

Datenmenge
❏ ...

Datenübertragung
❏ ISDN ❏ DSL ❏ Begleitfax
❏ Software/Protokoll ...

Datenträger
❏ CD ❏ DVD ❏ ...

Dateiformat
❏ PSD ❏ TIF ❏ EPS ❏ PDF
❏ BMP ❏ JPG ❏ PNG ❏ ....

Dateinamen
❏ eindeutig ❏ nicht eindeutig

Tonwerte
❏ Halbton ❏ Strich

Ausgabegröße (%)
❏ 100 ❏ ...

Auflösung (ppi)
❏ 300 ❏ 1200 ❏ 72 ❏ ....

Format (mm)
❏ angegeben ❏ entspricht Layout
❏ nicht angegeben

Beschnitt
❏ 3 mm ❏ ohne ❏ nicht angelegt

Komprimierung
❏ ohne ❏ LZW ❏ JPEG ❏ ....

Farben
❏ CMYK ❏ RGB ❏ Duplex ❏ ...
❏ Graustufen ❏ sw
❏ Sonderfarben ❏ HKS ❏ Pantone
❏ Farbnummern angegeben

Farbprofil
❏ ohne ❏ ...

Alphakanäle und Masken
❏ ohne ❏ mit ...
❏ Freistellungspfad

Ausdruck
❏ Farbproof ❏ Farbdruck
❏ mitgeliefert ❏ muss erstellt werden

Bearbeitung
❏ Korrektur
____
____

❏ Composing
____
____

❏ Rasterung
____
____

2.5.6 Bildoptimierung

2.5.6.1 Licht und Tiefe

Der erste Schritt in der Bildverarbeitung ist immer die Kontrolle und ggf. Korrektur von Licht, Weißpunkt, und Tiefe, Schwarzpunkt, eines Bildes. Dies können Sie einfach im Dialogfeld „Tonwertkorrektur" durchführen. Das Histogramm zeigt die statistische Verteilung der Tonwerte über den gesamten Tonwertumfang von der Tiefe (links) bis zum Licht (rechts).

In unserem Beispiel fehlen durch falsche Belichtungseinstellung die Tiefen.

Making of ...

- Ziehen Sie den Tiefenregler (schwarzes Dreieck unter dem Histogramm) zum ersten Tiefenwert.
- Bestätigen Sie die Korrektur mit „OK".
- Das abermalige Aufrufen der Tonwertkorrektur zeigt die neue Tonwertverteilung.

2.5.6.2 Gradation

Die Tonwertverteilung eines Bildes zwischen Licht und Tiefe nennt man Gradation. Sie wird in Scan- und Bildverarbeitungsprogrammen als Gradationskurve dargestellt. Die Gradationskurve beschreibt das Verhältnis der Tonwerte als Übertragungskennlinie. Wenn keine Tonwertverschiebung oder Tonwertkorrektur stattfindet, dann ist der Verlauf der Gradationskurve geradlinig mit einem Steigungswinkel von 45°. Der Tangens des Steigungswinkels heißt Gamma γ (tan 45° = 1). Die Standardeinstellung ist $\gamma = 1$, der Tonwertumfang der Arbeitsdatei und der Tonwertumfang der Ausgabedatei ist gleich.

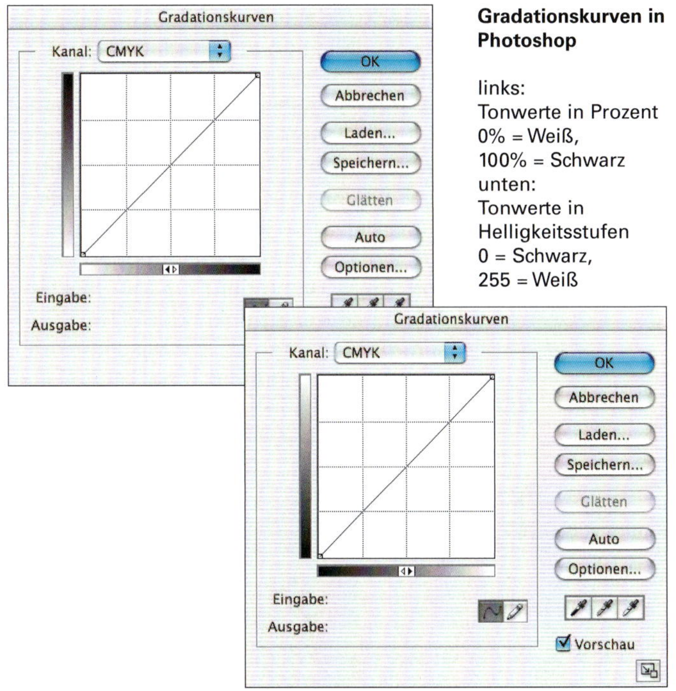

Gradationskurven in Photoshop

links:
Tonwerte in Prozent
0% = Weiß,
100% = Schwarz
unten:
Tonwerte in Helligkeitsstufen
0 = Schwarz,
255 = Weiß

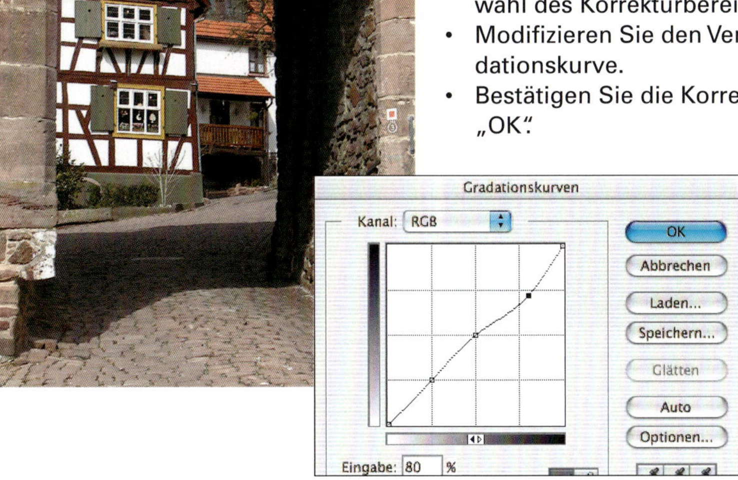

Die Tiefenzeichnung im Torbogen soll durch Gradationskorrektur verbessert werden.

Making of ...

- Erstellen Sie eine geometrische Auswahl des Korrekturbereichs im Bild.
- Modifizieren Sie den Verlauf der Gradationskurve.
- Bestätigen Sie die Korrektur mit „OK".

Grundgradationen

Die Modifikation der Gradationskurven erlaubt eine differenziertere Korrektur der Tonwerte als die Funktion „Tonwertkorrektur". Statt die Korrekturen mit nur drei Variablen (Lichter, Tiefen und Mitteltöne) vorzunehmen, kann hier jeder Punkt der von 0 bis 255 bzw. 0% bis 100% reichenden Skala verändert werden. Die Wirkung der Korrektur lässt sich durch Ankerpunkte gezielt auf bestimmte Tonwertbereiche beschränken. Eine Aufsteilung eines Tonwertbereichs führt immer zur Kontraststeigerung. Da der Tonwertumfang zwischen Licht und Tiefe festgelegt ist, wird dabei zwangsläufig der Kontrast in den anderen Tonwertbereichen durch eine Verflachung reduziert.

Im Folgenden sind fünf idealtypische Grundgradationen dargestellt. Ausgangspunkt für die Gradationskorrekturen war jeweils die Grundgradation 1. Die Grauskalen und die Histogramme sollen Ihnen die Veränderung des Tonwertverlaufs veranschaulichen. In der Praxis wählen Sie eine der Gradationen und passen die Einstellungen an die gegebene Bildcharakteristik an.

Grundgradation 1

Proportionale Tonwertübertragung

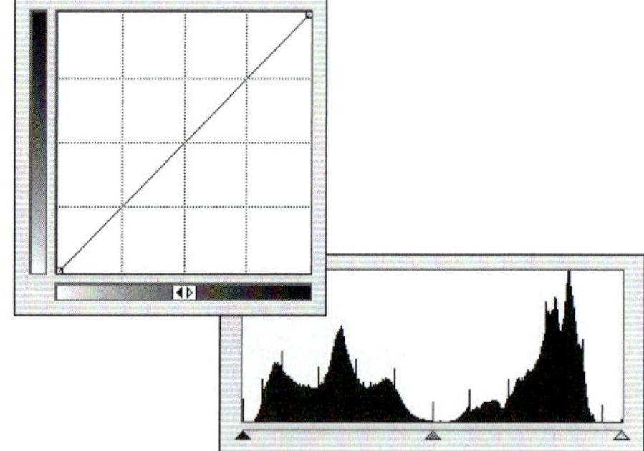

Grundgradation 2

Tonwertspreizung von den Lichtern über die Vierteltöne bis zu den Mitteltönen, Tonwertverdichtung von den Mitteltönen über die Dreivierteltöne bis zu den Tiefen

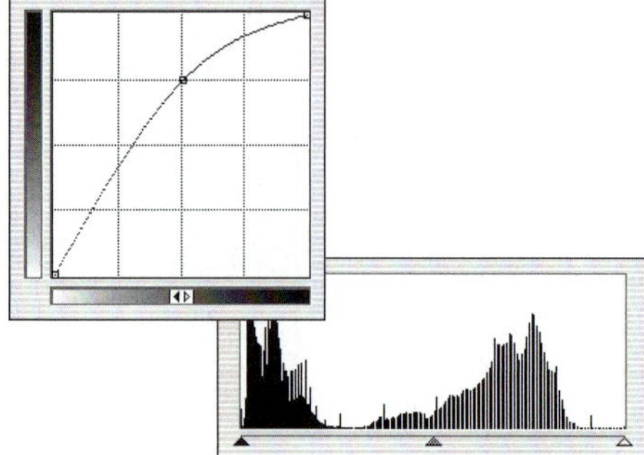

Grundgradation 3

Tonwertverdichtung von den Lichtern über die Vierteltöne bis zu den Mitteltönen, Tonwertspreizung von den Mitteltönen über die Dreivierteltöne bis zu den Tiefen

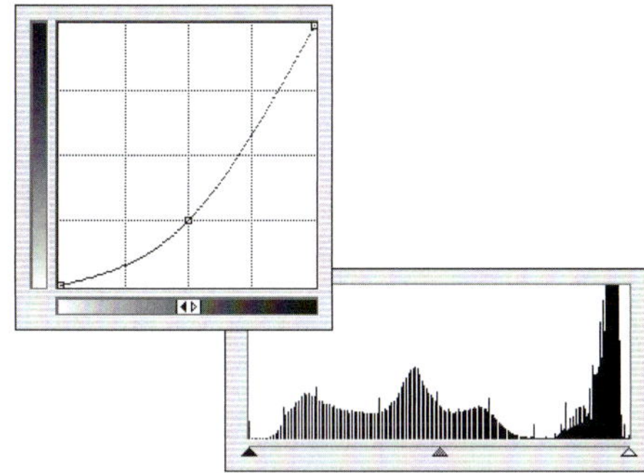

Grundgradation 4

Tonwertspreizung von den Vierteltönen über die Mitteltöne bis zu den Dreivierteltönen, Tonwertverdichtung in den Lichtern und den Tiefen

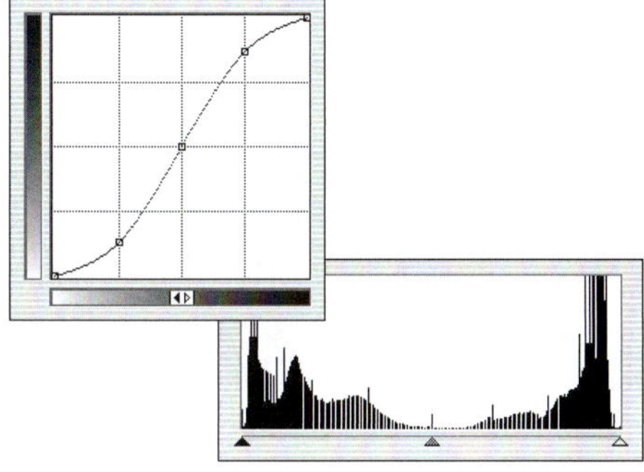

Grundgradation 5

Tonwertverdichtung von den Vierteltönen über die Mitteltöne bis zu den Dreivierteltönen, Tonwertspreizung in den Lichtern und den Tiefen

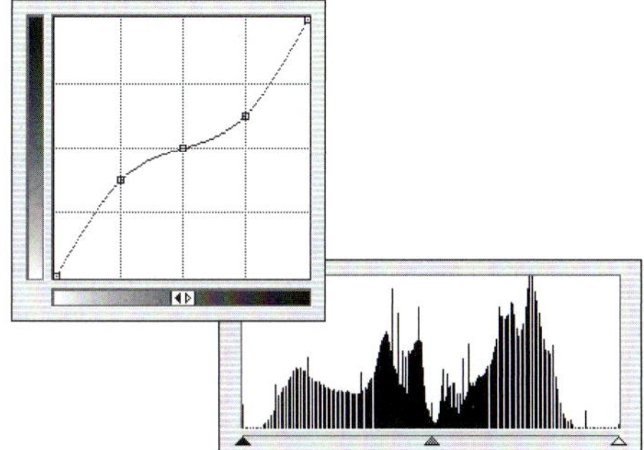

2.5.6.3 Schärfe

Scharfzeichnen

Bei der Bilddatenerfassung im Scanner und in der Digitalkamera treten grundsätzlich Unschärfen im Bild auf. Dies ist zum einen technisch bedingt wie z.B. durch die Größe der Abtastblende oder Überstrahlungseffekte der CCD-Elemente. Zum anderen führt auch die Interpolation bei der Bildberechnung zu Unschärfen. Es wird deshalb grundsätzlich bei der Bilddatenerfassung durch die entsprechende Software scharfgezeichnet. Die Funktion Scharfzeichnung heißt auch Unscharfmaskierung (USM) oder Detailkontrast. Der Begriff Detailkontrast beschreibt anschaulich das Prinzip der Scharfzeichnung: Der Kontrast benachbarter Pixel wird erhöht.

USM in Photoshop

- Stärke, Maß für die Schärfung
- Radius, Umkreis der Kontraststelle, in dem geschärft wird
- Schwellenwert, Tonwertdifferenz benachbarter Pixel, ab der geschärft wird

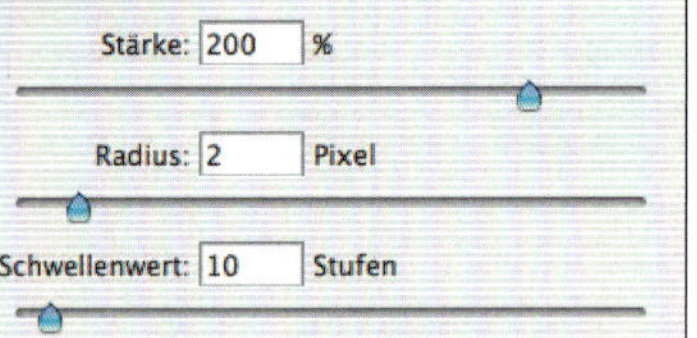

Scharfzeichnungsfilter

In der Nachbearbeitung digitaler Bilder kann die Bildschärfe nachträglich mit verschiedenen Funktionen beeinflusst werden. Stehen in Ihrer Bildverarbeitungssoftware mehrere Funktionen zur Verfügung, dann wählen Sie immer die mit der größten Bandbreite an Einstellungen.

Scharfzeichnungsfilter zeichnen unscharfe Bilder scharf, indem sie den Kontrast der benachbarten Pixel erhöhen.

Weichzeichnen in Photoshop

- Radius, Umkreis, der weichgezeichnet wird
- Schwellenwert, Tonwertdifferenz benachbarter Pixel, ab der weichgezeichnet wird

Optionen
Radius 3.0
Schwellenwert 25.0
Qualität: Hoch
Modus: Flächen

Weichzeichnen

Weichzeichnungsfilter glätten Übergänge, indem sie Durchschnittswerte der Pixel berechnen, die sich neben harten Kanten von Linien und Schatten mit deutlichen Farbübergängen befinden.

Störungsfilter werden benutzt, um fehlerhafte Bereiche eines Bildes, z.B. Staub und Kratzer, zu korrigieren und um ungewöhnliche Strukturen zu erzeugen. Sie arbeiten wie die Scharfzeichnungs- und Weichzeichnungsfilter nach dem Prinzip des Pixelvergleichs.

2.5.6.4 Farbkorrektur

In der Bildverarbeitung spielt die Farbkorrektur eine besondere Rolle. Die bisherigen Bildkorrekturen veränderten das Bild in den ausgewählten Bereichen insgesamt. Mit der Farbkorrektur greifen Sie in das Verhältnis der einzelnen Farbkanäle Ihres Bildes ein. Dazu stehen Ihnen in den verschiedenen Bildverarbeitungsprogrammen eine Vielzahl von Funktionen zur Verfügung.

Farbmodus

Führen Sie die Farbkorrekturen möglichst in einem medienneutralen Arbeitsfarbraum aus. Sie können das ICC-Profil des farbmetrisch definierten ECI-RGB-Farbraums unter www.eci.org kostenlos aus dem Internet herunterladen und in das System Ihres Rechners (ColorSync oder ICM) kopieren.

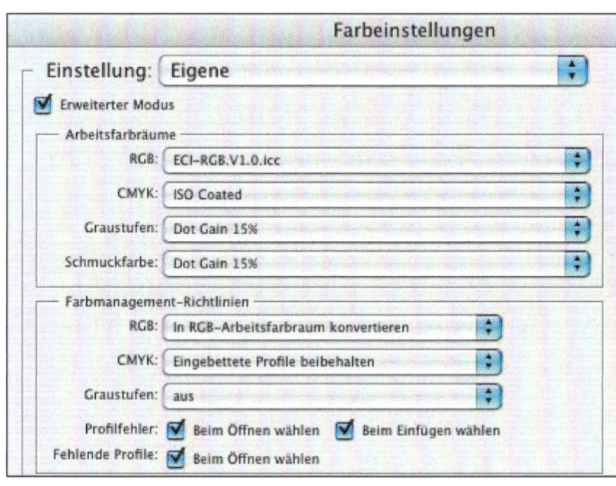

Monitoreinstellungen

Zur visuellen Kontrolle der Farbkorrekturen ist ein kalibrierter Monitor absolut notwendig.

Wählen Sie als Bildschirmhintergrund zur Bildverarbeitung möglichst einen neutralgrauen Hintergrund.

Farbbalance – Farbstichausgleich

Die Teilfarben eines Bildes, RGB bzw. CMYK, stehen in einem harmonischen Verhältnis zueinander. Verschiebungen dieser Balance, z.B. durch Beleuchtung mit nicht neutralem Licht oder fehlerhaftem Weißabgleich, führen zu einem so genannten Farbstich.

Sie haben wie immer mehrere Möglichkeiten, den Farbstich zu neutralisieren. Die Korrektur über die Funktion „Tonwertkorrektur“ erlaubt Ihnen gleichzeitig Licht und Tiefe zu definieren.

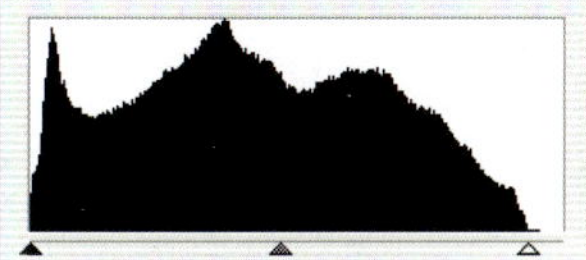

Tonwertkorrektur RGB

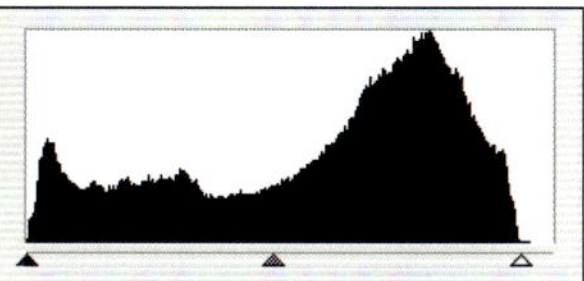

Tonwertkorrektur Rot-Kanal

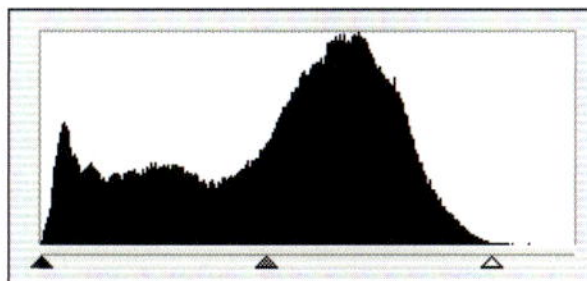

Tonwertkorrektur Grün-Kanal

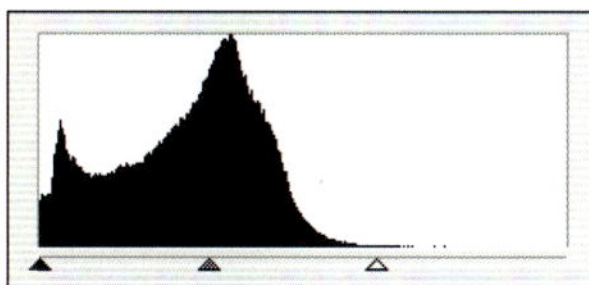

Tonwertkorrektur Blau-Kanal

Vor der Farbstichkorrektur

Nach der Farbstichkorrektur

Farbkorrekturen mit LAB

Viele Funktionen zur Farbkorrektur in den Bildverarbeitungsprogrammen beruhen auf einem dreidimensionalen Farbraum, z.B. LAB, in dem die Farben durch die drei Kenngrößen Farbton, Sättigung und Helligkeit definiert sind. Der Farbton ändert sich, wenn Sie sich bei gleichbleibendem Radius im Kreis bewegen. Die Sättigung ändert sich bei gleichbleibendem Farbwinkel durch die Veränderung des Radius. Nach innen nimmt die Sättigung im Farbkreis ab, nach außen hin zu. Die dritte Dimension wird durch die Helligkeit beschrieben. Wenn Sie die Helligkeit verändern, dann bewegen Sie sich im Farbraum nach oben, heller, oder nach unten, dunkler. Der Farbkreis zeigt die Farben in der gewählten Ebene (Regler) im Farbraum. In welcher Ebene Sie sich befinden, visualisiert der Helligkeitsregler neben dem Farbkreis.

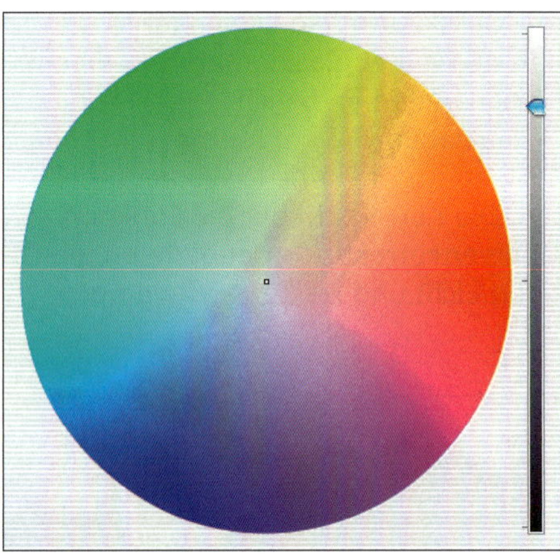

Farbton/Sättigung
Bearbeiten: Grüntöne
Farbton: -96
Sättigung:
Lab-Helligkeit:
75°/105°
OK
Abbrechen

Farbton/Sättigung
Bearbeiten: Blautöne
Farbton: +96
Sättigung: 0
Lab-Helligkeit: 0
195°/225° 255°\285°
OK
Abbrechen
Laden...
Speichern...
Färben
Vorschau

Farbton/Sättigung in Photoshop

Mit Menü *Bild > Einstellungen > Farbton/Sättigung...* können Sie durch die voneinander unabhängige Steuerung der drei Kenngrößen Farbton, Sättigung und Helligkeit komplexe Farbkorrekturen und sogar Umfärbungen einfach durchführen. Zusätzlich können die sechs grundlegenden Farbbereiche, Rot, Gelb, Grün, Cyan, Blau und Magenta, selektiv modifiziert werden.

vorher

nachher

Farbvariationen

Unter Menü *Bild > Einstellungen > Variationen...* finden Sie in Photoshop eine mächtige Funktion zur einfachen intuitiven Farbkorrektur.

Making of ...

- Wählen Sie den zu korrigierenden Bereich aus.
- Korrigieren Sie in den „Variationen". Überkorrekturen lassen sich durch Anklicken der Komplementärfarbe leicht rückgängig machen.

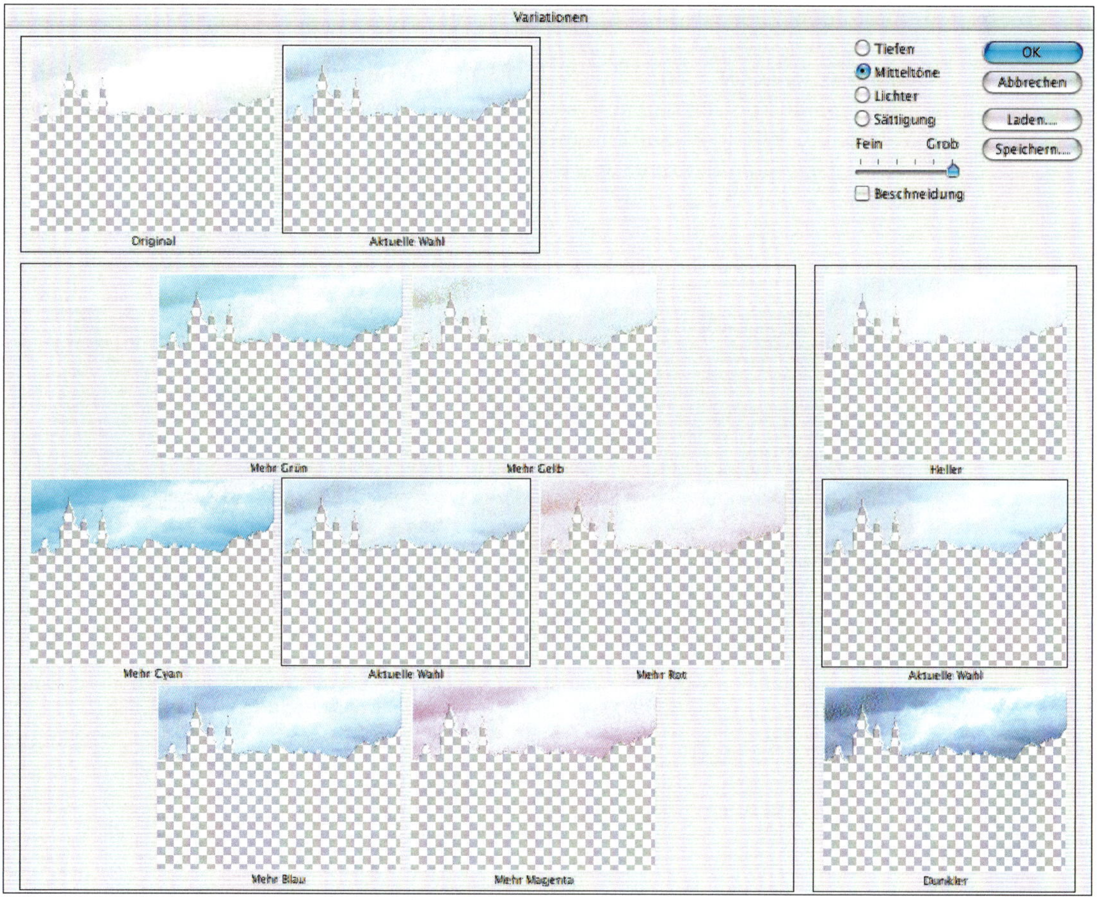

Variationen

Tiefen
Mitteltöne
Lichter
Sättigung
Fein Grob
Beschneidung
OK
Abbrechen
Laden...
Speichern...
Original
Aktuelle Wahl
Mehr Grün
Mehr Gelb
Heller
Mehr Cyan
Aktuelle Wahl
Mehr Rot
Aktuelle Wahl
Mehr Blau
Mehr Magenta
Dunkler

2.5.6.5 Retusche

Retusche bedeutet meist unerwünschte Bildbereiche zu entfernen. Dazu stehen Ihnen in den einzelnen Bildverarbeitungsprogrammen verschiedene Werkzeuge zur Verfügung. In Photoshop sind dies neben den verschiedenen Malwerkzeugen der Kopierstempel, der Reparaturpinsel und das Ausbessern-Werkzeug.

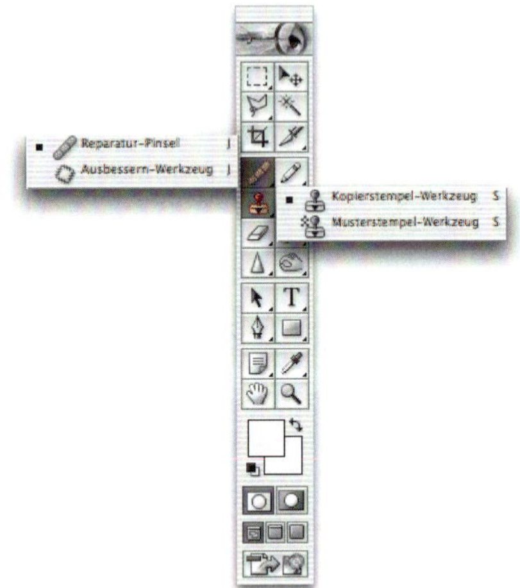

Kopierstempel
Der Kopierstempel ist das klassische Werkzeug, um Bildstellen zu kopieren und parallel an eine andere Stelle zu übertragen.

Reparaturpinsel
Der Reparaturpinsel, neu ab Photoshop Version 7.0, erhält die Zeichnung und Helligkeit an der retuschierten Bildstelle.

Ausbessern-Werkzeug
Mit dem Ausbessern-Werkzeug, ebenfalls ab Photoshop 7.0, können Sie größere Bildbereiche klonen. Bei der Korrekturberechnung werden, wie beim Reparaturpinsel, Zeichnung und Helligkeit des retuschierten Bereichs erhalten.

Vorlage, Lampe in der rechten Bildhälfte muss entfernt werden.

Der Kopierstempel ist hier das am besten geeignete Werkzeug, da die Struktur der Lampe natürlich nicht erhalten werden soll.

2.5.6.6 Perspektive korrigieren

Stürzende Senkrechte, d.h. die Verzeichnung der Perspektive von in der Realität parallelen Kanten, lassen sich im Bildverarbeitungprogramm auf einfache Weise korrigieren.

Making of ...

- Vergrößern Sie die Arbeitsfläche, damit Sie Platz zum Verzerren haben.
- Blenden Sie das Raster ein, es dient bei der Korrektur als Hilfsmittel zur Ausrichtung.
- Wählen Sie jetzt das Bild rechtwinklig aus.
- Mit der Funktion „Verzerren“ können Sie nun das Motiv ausrichten.
- Stellen Sie zum Schluss das Bild rechtwinklig frei.

2.5.6.7 Composing

Composing ist die Kombination zweier oder mehrerer Bilder zu einem neuen Bild. Dabei werden gegensätzliche Intentionen verfolgt:

- Der Betrachter soll/darf merken, dass das neue Bild so nie real war. Es muss insgesamt nur stimmig erscheinen.
- Der Betrachter soll/darf nicht merken, dass das neue Bild eine Fotomontage ist. Es muss im Charakter und Aufbau absolut real und harmonisch sein.

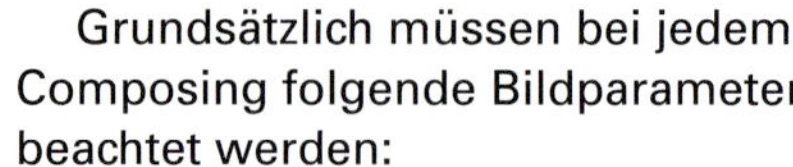

Grundsätzlich müssen bei jedem Composing folgende Bildparameter beachtet werden:

- Schärfe
- Farbcharakter
- Licht und Schatten
- Perspektive
- Größenverhältnisse
- Proportionen

Beim Composing mehrerer Bilddateien gelten immer die Einstellungen von Auflösung und Farbmodus der Zieldatei.

Making of ...

- Duplizieren Sie die Hintergrundebene der Burg.
- Stellen Sie die Burg mit Felsen frei.
- Ziehen Sie mit dem Bewegen-Werkzeug das Meer in die Burgdatei hinter die freigestellte Ebene.
- Positionieren Sie die Ebene.
- Ergänzen Sie die fehlenden Bildteile mit den Retuschewerkzeugen.
- Führen Sie alle Ton- und Farbwertkorrekturen aus, die nur eine Ebene betreffen.
- Reduzieren Sie die Ebenen auf eine Ebene.
- Jetzt können Sie noch Korrekturen ausführen, die das gesamte Bild betreffen.

Blick vom Reußenstein auf der Schwäbischen Alb bis zur Küste nach Gotland

2.5.6.8 Bildgröße, Auflösung

Bei der Bilddatenerfassung werden die einzelnen Bereiche der Bildgröße festgelegt:

- Geometrisches Format
- Auflösung
- Farbmodus
- Dateigröße

Die Neuberechnung eines Bildes ist in allen Bildverarbeitungsprogrammen möglich. In Adobe Photoshop z.B. mit Menü *Bild > Bildgröße ...* Die Qualität der Bildgrößenneuberechnung ist von mehreren Faktoren abhängig. Grundsätzlich gilt aber, dass nachträgliche Bildgrößenänderungen meist zur Verringerung der Bildqualität führen.

Interpolationsmethode

Die Interpolationsmethode bestimmt, wie den neuen Pixeln auf Basis der im Bild vorhandenen Pixel Ton- und Farbwerte zugeordnet werden. Bei indizierten Bildern, z.B. GIF, wählen Sie „Pixelwiederholung", da hier keine neuen Farben eingerechnet werden. Bei Bilddateien in anderen Farbmodi, z.B. CMYK für den Druck, führen die Interpolationsmethoden „Bilinear" oder „Bikubisch" zu besseren Ergebnissen. Die Einberechnung neuer Farben ergibt weichere Übergänge und glattere Kanten.

Vergrößerung bei gleichbleibender Auflösung

Durch die Vergrößerung werden, bei konstanter Auflösung, zusätzliche Pixel eingefügt. Das Bild wird unscharf, weil die zusätzlich eingefügten Pixel als Ton- bzw. Farbwerte Mittelwerte der benachbarten vorhandenen Pixel zugewiesen bekommen. Nach der Neuberechnung müssen Sie deshalb das Bild scharfzeichnen.

Vergrößerung bei gleichbleibender Pixelzahl

Wenn die Anzahl der Pixel bei der Vergrößerung gleich bleibt, sinkt die Auflösung des Bildes. Dies kann zu einer „Verpixelung" führen, d.h., die Pixel bilden sich auf dem Bildschirm oder im Druck ab.

Verkleinerung

Die Verkleinerung führt zum Verlust von Pixeln und somit zum Verlust von Bilddetails.

Auf dem Monitor werden Bildpixel direkt in Monitorpixel umgewandelt. Deshalb erscheint das Bild bei höherer Bildauflösung auf dem Monitor größer. Dies hat aber keinen Einfluss auf die Bildgröße im Druck.

Bei der Größenänderung von Screenshots ist es wichtig, dass Sie die Zahl der Pixel beibehalten. Nur so kann die Pixelmatrix des Monitors auch im Druck wiedergegeben werden.

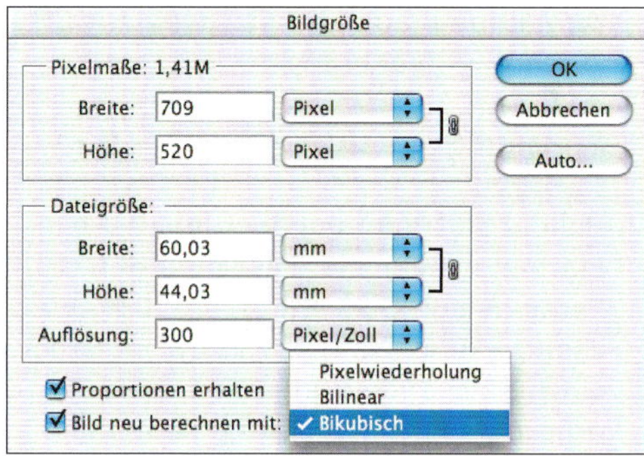

2.5.7 Bilddatenausgabe für Printmedien

2.5.7.1 Separation

Unter Farbseparation versteht man die Umrechnung der digitalen Bilddaten aus einem gegebenen Farbraum, z.B. RGB, in den CMYK-Farbraum des Mehrfarbendrucks.

Der farbige Druck basiert auf der subtraktiven Körperfarbmischung. Die Skalengrundfarben sind somit die drei subtraktiven Grundfarben Cyan, Magenta und Gelb (Yellow). Da diese drei Farben, bedingt durch spektrale Mängel, im Zusammendruck kein neutrales Schwarz ergeben, muss Schwarz als vierte Prozessdruckfarbe eingesetzt werden.

Jede Farbe ist im Farbraum durch drei Koordinaten hinlänglich definiert. Durch das Hinzukommen der vierten Farbe Schwarz ist der Farbraum überbestimmt. Mit der Separation wird nun festgelegt, ob und mit welchem Anteil die Verschwärzlichung der Tertiärfarbe durch die Komplementärfarbe (UCR, Buntaufbau) oder durch Schwarz (GCR, Unbuntaufbau) erfolgt.

Buntaufbau – UCR, Under Color Removal

Bei der Farbtrennung werden schwarze Flächen in allen vier Farbauszügen mit Farbe belegt. Dies ergibt, bei 100% Flächendeckung pro Farbauszug, im Druck 400% Flächendeckung. Die maximale druckbare Flächendeckung liegt aber bei 280–320%. Deshalb werden die Buntfarben, die unter dem Schwarz liegen, reduziert.

Schwarz dient nur zur Kontrastverstärkung in den Tiefen, den neutralen dunklen Bildteilen. Alle bunten Farbtöne werden dreifarbig mit CMY aufgebaut.

Unbuntaufbau – GCR, Gray Component Replacement

Alle Farbtöne eines Bildes, die aus drei Grundfarben aufgebaut werden, enthalten einen Unbuntanteil. Dieser Unbuntanteil entspricht idealisiert dem Anteil der geringsten Buntfarbe in allen drei Buntfarbauszügen.

Der Unbuntanteil wird in den Buntfarbauszügen von der jeweiligen Positivdichte abgezogen und zum Schwarzpositiv addiert.

Desktop Color Separations – DCS

Das DCS-Format (Desktop Color Separations) ist eine Version des Standard-EPS-Formats. Es ermöglicht das Speichern einer Farbseparation von CMYK- oder Mehrkanaldateien.

- Das DCS-1.0-Format erstellt für jeden der vier Farbkanäle eine Datei sowie als fünfte Datei eine Masterdatei. Die Masterdatei kann eine 72-ppi-Graustufen- oder eine Farbversion des Gesamtbildes enthalten. Sie entspricht dem Composite-Kanal.
- Das DCS-2.0-Format dient zum Exportieren von Bildern mit Volltonfarbkanälen.

Die Optionen werden beim Speichern als Format ausgewählt. Der Druck bzw. die Belichtung von DCS-Dateien setzt ein PostScript-Ausgabegerät voraus.

In-RIP-Separation

Bei der In-RIP-Separation wird die Bilddatei nicht im Bildverarbeitungsprogramm, sondern erst im Raster Image Processor (RIP) separiert. die Separation erfolgt entweder durch UCR- bzw. GCR-Einstellungen in der RIP-Software oder über ICC-Profile.

RGB-Datei (Farbflächen simuliert)

R138 G138 B138 R125 G130 B79

Separations-Optionen
Separationsart: GCR ◉ UCR
Schwarzaufbau: Ohne
Maximum Schwarz: 95 %
Gesamtfarbauftrag: 300 %
Unterfarbenzugabe: %
Grauachse:

C64 M49 Y50 K0 C64 M49 Y81 K8

Separations-Optionen
Separationsart: GCR ◉ UCR
Schwarzaufbau: Ohne
Maximum Schwarz: 0 %
Gesamtfarbauftrag: 300 %
Unterfarbenzugabe: %
Grauachse:

C64 M49 Y50 K0 C64 M50 Y79 K0

Separations-Optionen
Separationsart: ◉ GCR UCR
Schwarzaufbau: Maximum
Maximum Schwarz: 95 %
Gesamtfarbauftrag: 300 %
Unterfarbenzugabe: 0 %
Grauachse:

C4 M0 Y3 K61 C14 M0 Y49 K59

Separations-Optionen
Separationsart: ◉ GCR UCR
Schwarzaufbau: Mittel
Maximum Schwarz: 95 %
Gesamtfarbauftrag: 300 %
Unterfarbenzugabe: 0 %
Grauachse:

C54 M38 Y39 K27 C48 M30 Y74 K37

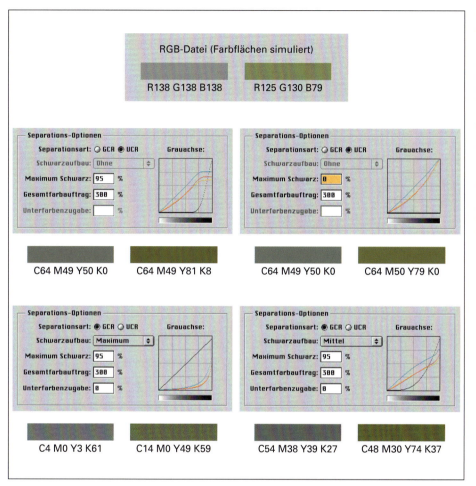

Separationseinstellungen

Die Farbflächen ergeben innerhalb der Druckprozesstoleranzen unabhängig von der Separationsart jeweils den gleichen Farbton.

Der Farbsatz auf den Seiten 334 u. 335 ist mit diesen Einstellungen separiert. Sie finden die Einstellungen in Photoshop unter Menü *Photoshop > Farbeinstellungen > Arbeitsfarbräume > CMYK > Eigenes CMYK...*

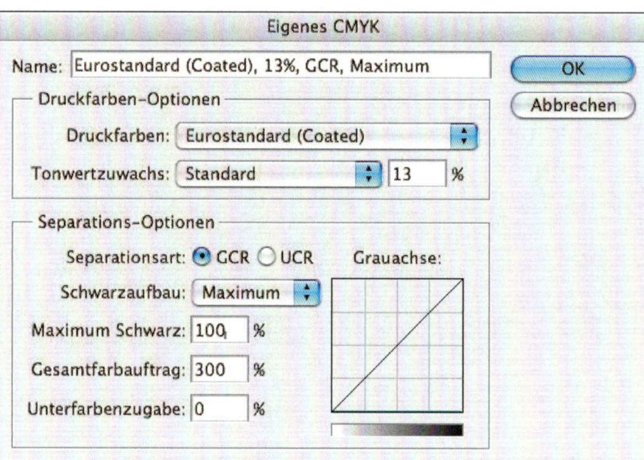

Eigenes CMYK...

Mit dieser Separationseinstellung können Sie Screenshots separieren. Die grauen Flächen werden dann nur mit Schwarz aufgebaut. Sie vermeiden dadurch Farbstiche im Druck.

Sie können die Separation in den einzelnen Bildverarbeitungsprogrammen auf unterschiedliche Weise durchführen.

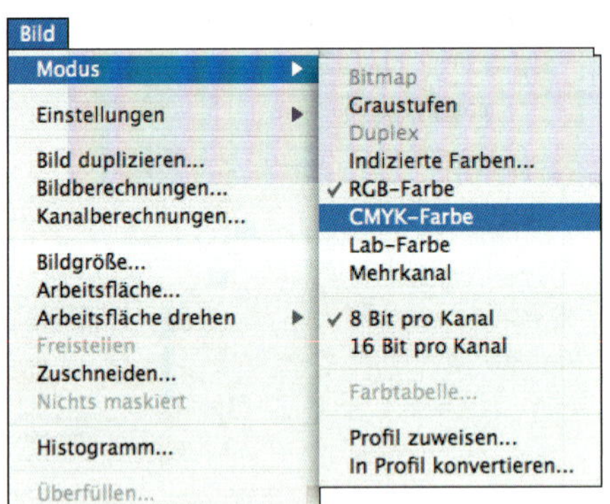

Moduswandel

Die Separation erfolgt durch einfache Anwahl des CMYK-Modus im entsprechenden Programmmenü. In Photoshop unter Menü *Bild > Modus*. Die Moduswandlung erfolgt dabei nach den Vorgaben, die Sie im Dialogfeld „Farbeinstellungen" getroffen haben.

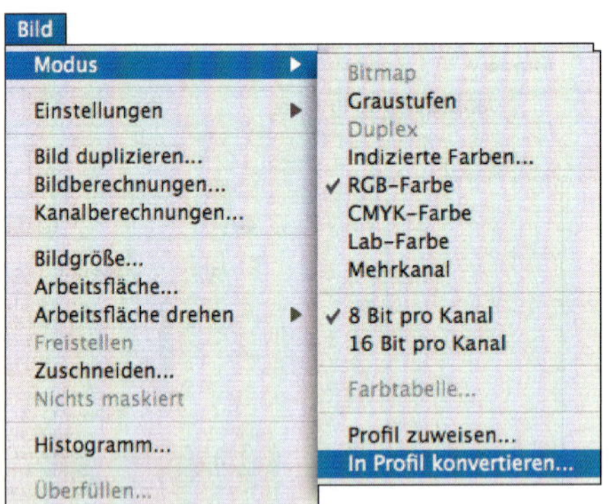

Moduskonvertierung

Bei dieser Option können Sie die Separationseinstellungen bzw. das Farbprofil direkt wählen, ohne die allgemeinen Farbeinstellungen verändern zu müssen.

Sie können im Dialogfeld die CMM und das Rendering Intent für Ihre Konvertierung einstellen. Unter *Zielfarbraum > Profil* können Sie zwischen allen Profilen, die auf Ihrem Computer geladen sind, wählen. Zusätzlich stehen Ihnen noch die eigenen Separationseinstellungen UCR und GCR zur Verfügung. Menü *Photoshop > Farbeinstellungen > Arbeitsfarbräume > CMYK > Eigenes CMYK...*

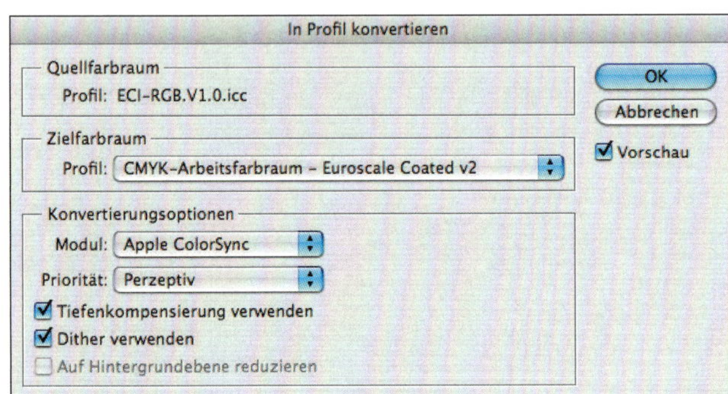

Separation von RGB nach CMYK

Die RGB-Datei wurde mit der Separationseinstellung „CMYK-Arbeitsfarbraum Euroscale Coated V2" separiert.

Die Ausrufungszeichen hinter den CMYK-Werten in der Infopalette der RGB-Datei besagen, dass dieser Farbton außerhalb des CMYK-Farbraums liegt.

Separationsarten

Separationseinstellung, Schwarzanteil/
Gesamtfarbauftrag, Farbauszug

UCR
CMYK 95/300

UCR
CMYK 0/300

UCR
Cyan-Auszug

UCR
Cyan-Auszug

UCR
Magenta-Auszug

UCR
Magenta-Auszug

UCR
Gelb-Auszug

UCR
Gelb-Auszug

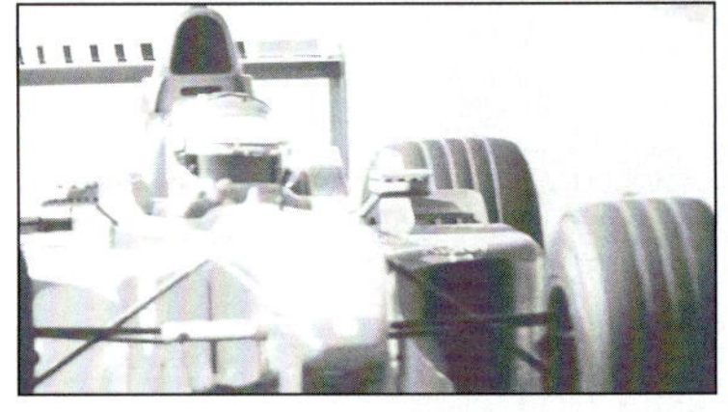

UCR
Schwarz-Auszug

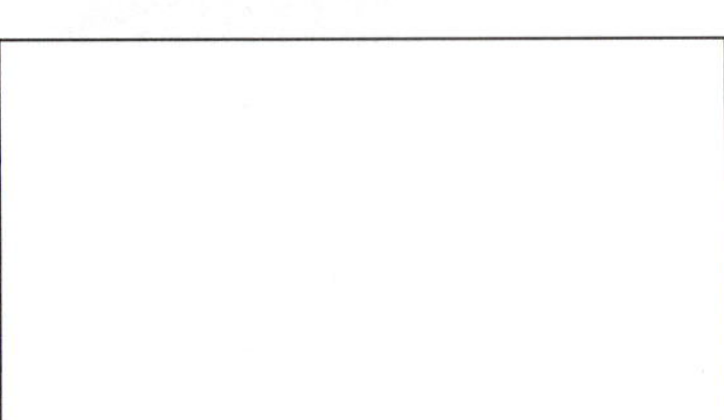

UCR
Schwarz-Auszug

Keine Schwarzanteile, da das Bild komplett bunt aufgebaut ist.

GCR – mittel
CMYK 95/300

GCR – maximum
CMYK 95/300

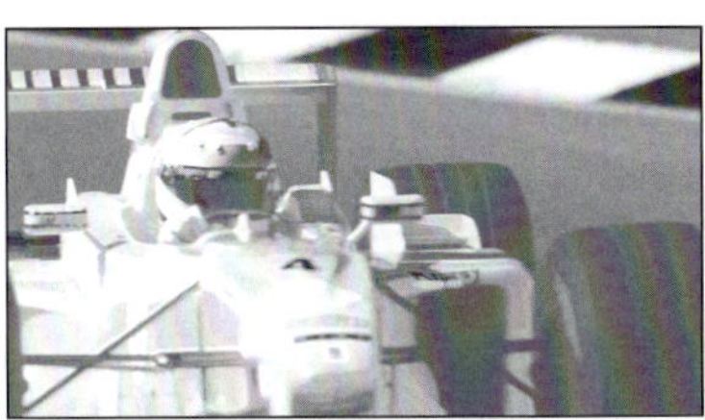

GCR – mittel
Cyan-Auszug

GCR – maximum
Cyan-Auszug

GCR – mittel
Magenta-Auszug

GCR – maximum
Magenta-Auszug

GCR – mittel
Gelb-Auszug

GCR – maximum
Gelb-Auszug

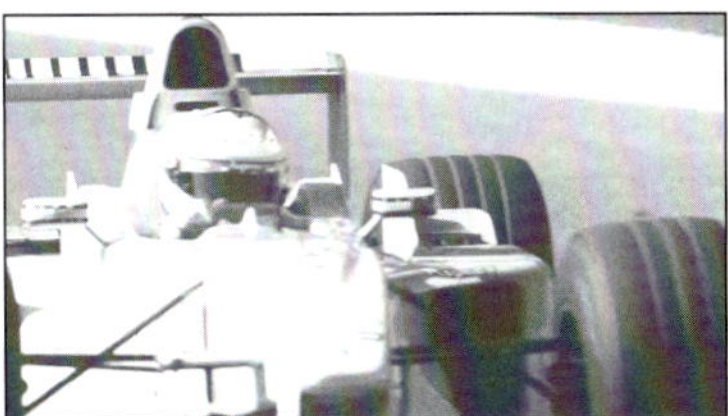

GCR – mittel
Schwarz-Auszug

GCR – maximum
Schwarz-Auszug

2.5.7.2 Preflight-Check

Mit dem Preflight-Check sollen Fehler eines digitalen Dokuments bereits in einem möglichst frühen Produktionsstadium, d.h. vor der Ausgabe, festgestellt werden. Mögliche Fehler sind fehlende Bilder oder Schriften, falsche Bildauflösungen oder falsche Farbmodi. Einen Preflight-Check können Sie mit spezieller Software oder im PDF-Workflow z.B. direkt in Adobe Acrobat durchführen.

Mängel wie falscher Stand oder falsche Strichstärken können bei Preflight-Checks nicht erkannt werden.

2.5.7.3 Computer to...

Der letzte Arbeitsschritt in der Bildverarbeitung ist die Ausgabe der digitalen Bilddaten zum Druck. Dies erfolgt je nach Art der Druckformherstellung bzw. Druckverfahren auf verschiedene Weise.

- Computer-to-Film
  Einzelseiten oder die digital ausgeschossene Form werden auf Film belichtet. Von diesen Filmen werden anschließend die Druckformen durch Kopie hergestellt.
- Computer-to-Plate
  Hier werden die Seiten- oder Bogendaten direkt auf die Druckform belichtet. Die Bebilderung kann in speziellen Plattenbelichtern oder direkt in der Druckmaschine erfolgen.
- Computer-to-Press
  Die Seitendaten werden direkt in der Druckmaschine über einen immateriellen Druckbildspeicher eines Digitaldrucksystems, die Halbleitertrommel eines Laserdruckers oder den Ausgabespeicher bei Tintenstrahldruckern auf den Bedruckstoff übertragen. Da jeder Druck neu aufgebaut wird, sind mit diesen Verfahren z.B. personalisierte Drucke möglich.

Schema des RIP-Prozesses

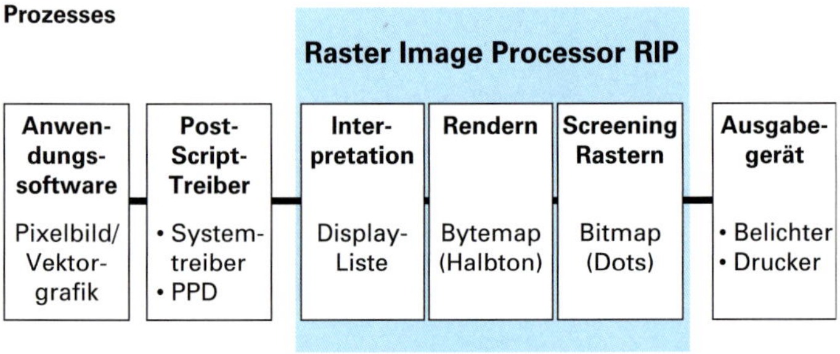

Anwendungssoftware	PostScript-Treiber	Inter-pretation	Rendern	Screening Rastern	Ausgabegerät
Pixelbild/ Vektorgrafik	• Systemtreiber • PPD	Display-Liste	Bytemap (Halbton)	Bitmap (Dots)	• Belichter • Drucker

(Raster Image Processor RIP: Interpretation, Rendern, Screening/Rastern)

2.5.7.4 Raster Image Processor

Die Berechnung der Steuerungsdaten des Bilddatenausgabesystems, Belichter oder Drucker, erfolgt im Raster Image Processor (RIP). Beim Hardware-RIP ist die Rechnerarchitektur auf die RIP-Software hin optimiert; Software-RIP sind spezielle Computerprogramme, die auf Standardhardware, PC oder Mac, laufen.

Im RIP werden keine fertig gerasterten, auf einen bestimmten Ausgabeprozess festgelegten Daten erzeugt. Stattdessen verwenden die Systeme ein Zwischenformat, in dem zwar schon alle Seitenelemente in Pixel zerlegt sind, aber in Pixel höherer Ordnung. Dabei bleiben alle Halbtöne zunächst als Halbtöne bestehen. Ein Grau wird weiterhin als Grau definiert und nicht durch die ihm entsprechende Anzahl Dots in der Rasterzelle. Zusätzlich zu dieser Halbtonebene (CT, continuous tone) enthalten die gerippten Seiten eine Ebene, auf der sich alle Vektorelemente befinden. Diese zweite Ebene (LW, linework) hat eine wesentlich höhere Auflösung.

Die eigentliche Rasterung findet erst unmittelbar vor der Belichtung statt.

2.5.7.5 Überfüllen – Trapping

In der Druckvorstufe wird mit dem Begriff Trapping die Überfüllung von Farbflächen beschrieben. Im Druck steht Trapping für das unterschiedliche Farbannahmeverhalten von Drucken. Dies kann in der fachlichen Kommunikation zu Missverständnissen führen.

Prinzip des Trappings

Die Prozessfarben eines Bildes werden in den konventionellen Druckverfahren, wie Offset- oder Tiefdruck, von einzelnen Druckformen nacheinander auf den Bedruckstoff übertragen. Nebeneinander liegende Farbflächen müssen deshalb über- bzw. unterfüllt sein, damit keine Blitzer, d.h. weiße Kanten, entstehen.

- Überfüllung
  Objekt überlappt Hintergrund
- Unterfüllung
  Hintergrund überlappt Objekt

Überfüllungs-/Unterfüllungsregeln

- Alle Farben werden unter Schwarz überfüllt.
- Gelb wird unter Cyan, Magenta und Schwarz überfüllt.
- Hellere Farben werden unter dunklere Farben überfüllt.
- Reines Cyan und reines Magenta werden zu gleichen Teilen überfüllt.
- Um zu vermeiden, dass die Überfüllungslinie durchscheint, kann der Tonwert der Überfüllungsfarbe, z.B. Gelb, geändert werden.
- Grafik ist vor dem Überfüllen auf ihre endgültige Größe zu skalieren.
- Bei der Überfüllung von Text steht die Lesbarkeit im Vordergrund. Alternativ: Überdrucken des Hintergrunds.

Überfüllungen können mit speziellen Überfüllungsprogrammen wie TrapWise oder in den jeweiligen Grafik- und Layoutprogrammen angelegt werden.

In-RIP-Trapping

Oft ist es bei gelieferten Daten nicht eindeutig nachvollziehbar, ob und in welcher Art überfüllt wurde. Beim In-RIP-Trapping erfolgt das Trapping im RIP bei der Ausgabeberechnung. Die Einstellungen aus vorherigen Programmen werden dabei ignoriert.

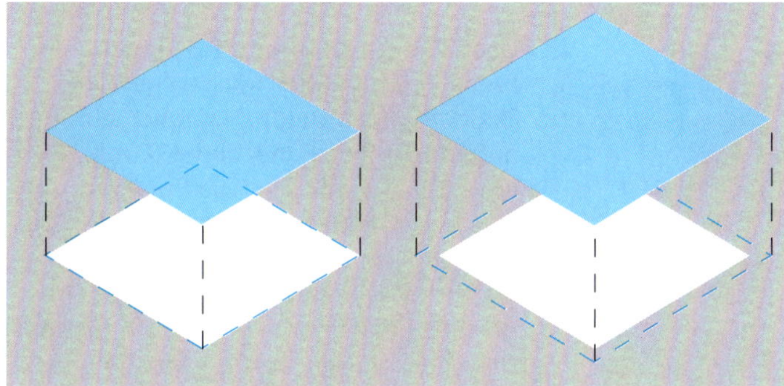

Ohne Überfüllung und mit Überfüllung

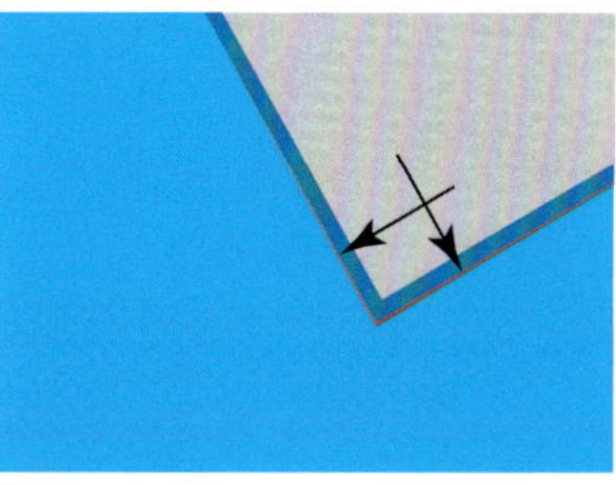

Überfüllung

Die hellere Fläche überlappt den dunkleren Hintergrund.

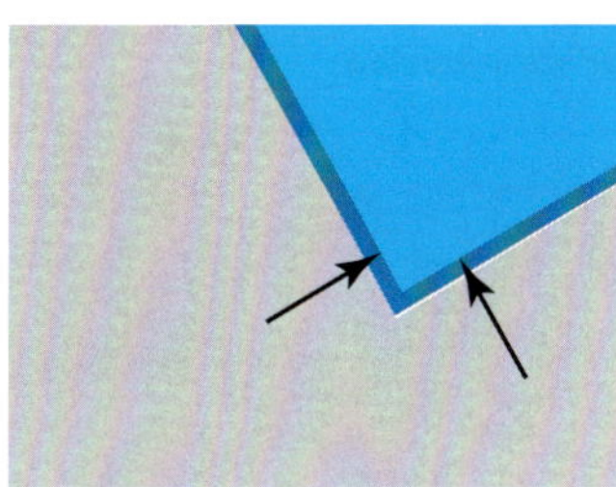

Unterfüllung

Der hellere Hintergrund überlappt die dunklere Fläche.

2.5.7.6 R.O.O.M. – Rip once, output many

Beim R.O.O.M.-Workflow-Konzept wird im RIP ein Datenformat erzeugt, das grundsätzlich systemunabhängig ist. Damit ist es möglich, einmal gerippte Dateien ohne erneuten RIP-Vorgang direkt zu proofen oder auf verschiedenen Belichtern auszugeben.

2.5.7.7 OPI – Open Prepress Interface

OPI-Druckdialog

Das Layoutprogramm, z.B. QuarkXPress, fügt statt der hochaufgelösten Bilddaten (Feindaten) lediglich niedrigaufgelöste Platzhalterbilder (Grobdaten) mit Pfadangaben ein. Die Pfadkommentare beschreiben, wo sich auf dem Speichermedium die Feindaten befinden, an welcher Position und mit welcher Größe sie zu platzieren sind, ob sie gedreht oder beschnitten werden. Der OPI-Server wertet die Kommentare aus und bindet die Bilddaten bei der Ausgabe den Vorgaben gemäß ein.

2.5.7.8 Rasterung im Druck

Der Druck von Tonwerten, d.h. von Helligkeitsstufen, ist nur durch die Rasterung möglich. Die Bildinformation wird dabei einzelnen Flächenelementen, den Rasterpunkten, zugeordnet. Form und Größe dieser Elemente sind verfahrensabhängig verschieden. Grundsätzlich liegt die Rasterteilung immer unterhalb des Auflösungsvermögens des menschliches Auges. Das von der bedruckten Fläche zurückgestrahlte Licht mischt sich im Auge zu so genannten unechten Halbtönen.

2.5.7.9 Amplitudenmodulierte Rasterung (AM)

Die amplitudenmodulierte, autotypische Rasterung ist das klassische Rasterungsverfahren im Druck. Alle AM-Rasterungen sind durch die folgenden drei Merkmale gekennzeichnet:

- Die Mittelpunkte der Rasterelemente sind immer gleichabständig.
- Die Fläche der Rasterelemente variiert je nach Tonwert.
- Die Farbschichtdicke ist grundsätzlich in allen Tonwerten gleich.

Rastertonwert

Anteil der bedruckten Fläche in Prozent

Rasterweite

Anzahl der Rasterelemente pro Streckeneinheit: Linien pro cm (L/cm), lines per inch (lpi)

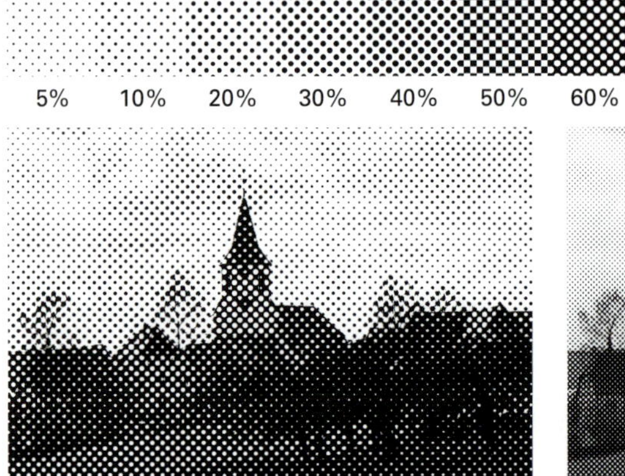

Rasterpunktform

Form der Rasterelemente, z.B. Punkt oder Ellipse

Rasterwinkelung

Lage der Rasterelemente zur Bildachse.

- Einfarbige Bilder: 45° bzw. 135° – die Rasterstruktur erscheint am unauffälligsten.
  links: 0 Grad
  rechts: 135 Grad
- Mehrfarbige Bilder DIN/ISO 12647-2: Bei Rastern mit Hauptachse muss die Winkeldifferenz zwischen Cyan, Magenta und Schwarz 60° betragen. Gelb muss einen Abstand von 15 ° zur nächsten Farbe haben. Die Winkelung der zeichnenden, dominanten Farbe sollte 45° oder 135° betragen, z.B. C 75°, M 45°, Y 0°, K 15°. Raster ohne Hauptachse sollen einen Winkelabstand von 30° bzw. 15° für Gelb haben.

Moiré

Die falsche Rasterwinkelung führt im Mehrfarbendruck zu einem Moiré. Mit Moiré bezeichnet man das störende Muster, das durch die Überlagerung der regelmäßigen Rasterstruktur der einzelnen Farbauszüge entsteht. Sie können ein Moiré durch die Wahl der richtigen Rasterwinkelung für die einzelnen Farben verhindern.

C 75°, M 45°, Y 0°, K 15°

C 5°, M 10°, Y 15°, K 20°

Rasterpunktbildung

Der einzelne Rasterpunkt entsteht bei der Belichtung innerhalb einer Rasterzelle, auch Basis- oder Rasterquadrat genannt. Die Größe einer Rasterzelle wird durch das Verhältnis der Belichter- bzw. Druckerauflösung zur Rasterweite bestimmt. Abhängig vom Tonwert der Pixel werden unterschiedlich viele Dots in der Rasterzelle angesteuert. Dazu ist es notwendig, dass linear für jeden Rasterpunkt unabhängige Information zur Verfügung steht. Das Verhältnis Pixel : Rasterpunkt muss deshalb, wie in der Zeichnung dargestellt, bei einer Rasterwinkelung von 45° wenigstens $\sqrt{2}$: 1 betragen. Zur einfacheren Berechnung und um Spielraum für z.B. layoutbedingte nachträgliche Bildgrößenänderungen zu haben, wird allgemein das Verhältnis 2 : 1 angewandt. Die Bildauflösung ist also doppelt so hoch wie die später zu belichtende Rasterweite. Dieser Faktor heißt Qualitätsfaktor. Ein digitales Bild mit beispielsweise einer Auflösung von 300 ppi wird mit einer Rasterweite von 150 lpi (60er-Raster) gedruckt.

In der Rasterkonfiguration der RIP-Software ist die Reihenfolge festgelegt, in der die einzelnen Dots nacheinander belichtet werden. Die Liste wird bei der Rasterberechnung im Raster Image Processor (RIP) erstellt. Dabei werden, neben der Punktgröße (Rastertonwert), auch die Rasterwinkelung, die Rasterweite und die Rasterpunktform berechnet.

Bestimmung des Qualitätsfaktors

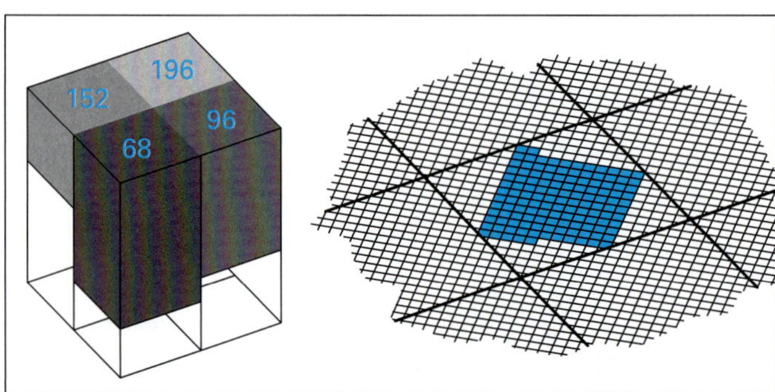

Rasterpunktberechnung

- Qualitätsfaktor 2
- Datentiefe 8 Bit = 256 Tonwerte

Der Mittelwert aus den vier Pixeln bestimmt die Anzahl der belichteten Dots in der Rasterzelle:
68 + 96 + 152 + 196 = 512
512/4 = <u>128 Dots</u>

Anzahl der Tonwerte

Die Anzahl der möglichen Tonwerte entspricht den möglichen Rasterpunktgrößen. Sie wird durch die Anzahl der Dots pro Rasterzelle bestimmt. Bei gegebener Belichterauflösung stehen die Zahl der möglichen Tonwerte und die Rasterweite in umgekehrtem Verhältnis.

Berechnung der Tonwerte einer Rasterkonfiguration:

- Die maximale Anzahl der Tonwerte: Belichterlinien je Rasterzelle^2 + 1. Die 1 steht dabei für Papierweiß, d.h., kein Dot ist belichtet.
- Die tatsächliche Anzahl der Tonwerte wird durch den kleinsten druckbaren Rasterpunkt beschränkt:
  1% = 256 Dots/100% = 2,56 Dots
  5% = 12,8 Dots ≈ 13 Dots
  Dies ergibt von 5% bis 95%
  256 –26 = <u>230 Tonwerte</u>.

Rationale Rasterung – Superzellen
Durch die rationalen Gesetzmäßigkeiten der PostScript-Rasterung ist die Positionierung einer Rasterzellenecke nur auf die Ecke eines Dots möglich. Der Tangens des Rasterwinkels muss ein ganzzahliges Verhältnis haben: tan α = a/b.

Um eine möglichst optimale Annäherung an die Rasterwinkel von 15° und 75° zu erreichen, werden sehr große Zellen, sog. Superzellen, gebildet, die wiederum in einzelne Subzellen (Rasterzellen) unterteilt werden. Die Superzellen entsprechen den Anforderungen der rationalen Rasterung: ganzzahliger Tangens des Rasterwinkels. Die Subzellen liegen mit ihren Mittelpunkten auf dem statistischen Mittel der Rasterwinkelung.

Die Größe eines Dots ergibt sich aus der Belichter- bzw. Druckerauflösung.

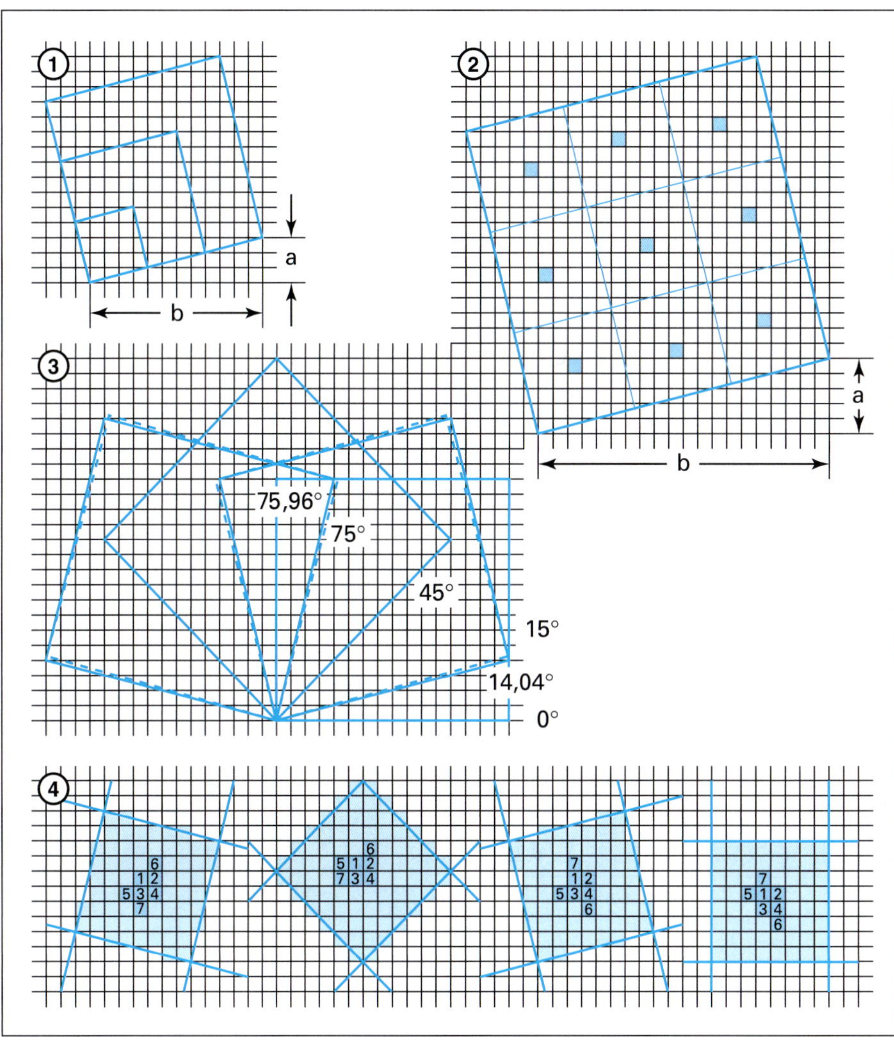

Rationale Rasterung

1. Rasterweite: Bei gegebener Rasterwinkelung sind nur bestimmte Rasterweiten möglich.

2. Superzelle: hier mit neun Subzellen (Rasterzellen)

3. Rasterwinkelung: 14,04° statt 15° und 75,96° statt 75°, da das rationale Verhältnis eingehalten werden muss.

4. Punktaufbau für unterschiedliche Rasterwinkelungen. Die Ziffern in den Dots bezeichnen die Reihenfolge der Belichtung

2.5.7.10 Frequenzmodulierte Rasterung (FM)

Die frequenzmodulierte Rasterung stellt unterschiedliche Tonwerte ebenfalls durch die Flächendeckung dar. Es wird dabei aber nicht die Größe eines Rasterpunktes variiert, sondern die Zahl der Rasterpunkte, also die Frequenz der Punkte (Dots) im Basisquadrat.

Beim FM-Raster ist keine allgemein gültige Auflösung der Bilddatei vorgegeben. Die Angaben schwanken bei den verschiedenen Anbietern der Rasterkonfigurationen von Qualitätsfaktor QF = 1 bis QF = 2.

Die Verteilung der Dots erfolgt nach softwarespezifischen Algorithmen. Dabei müssen bestimmte Regeln beachtet werden:

- Keine regelmäßig wiederkehrenden Strukturen
- Gleichmäßige Verteilung in glatten Flächen
- Unterscheidung der einzelnen Druckfarben

Durch die Frequenzmodulation werden die typischen Rosetten des amplitudenmodulierten Farbdrucks und Moirés durch falsche Rasterwinkelungen und Bildstrukturen vermieden. Das durch Überlagerung von Vorlagenstrukturen und der Abtastfrequenz des Scanners oder der CCD-Matrix Ihrer Digitalkamera entstehende Moiré kann allerdings auch durch FM-Raster nicht verhindert werden. Dieses Moiré können Sie nur vermeiden, indem Sie die Bildauflösung verändern.

192	235	243	235	192	141
230	217	218	240	230	205

Pixel mit Helligkeitswerten

Die mittlere Helligkeit von jeweils vier Pixeln bestimmt die Anzahl der belichteten Dots im Rasterbasisquadrat (QF = 2). Ihre Berechnung erfolgt im Raster Image Processor (RIP).

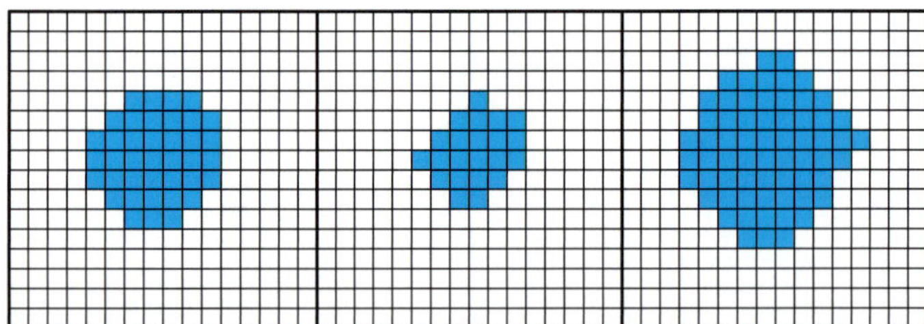

AM-Rasterung

Die Dots werden als Rasterpunkte zusammenhängend in der Mitte des Rasterbasisquadrats belichtet. Der jeweilige Tonwert wird durch die Rasterpunktgröße, Anzahl der Dots, bestimmt.

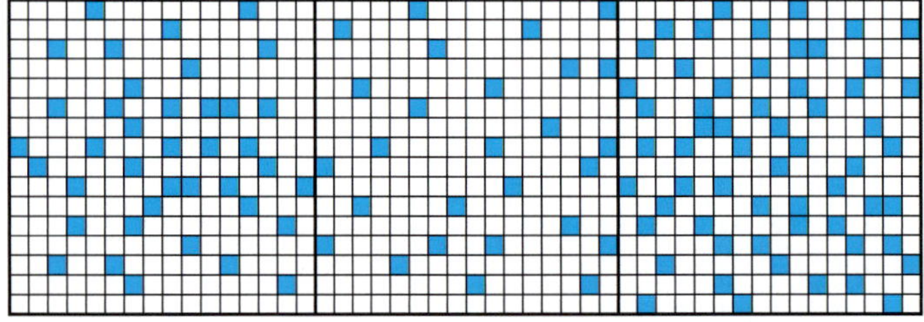

FM-Rasterung

Die Dots werden nicht zusammenhängend, sondern nach speziellen Algorithmen zufällig im Rasterbasisquadrat angeordnet. Der jeweilige Tonwert wird nur durch die Zahl der Dots bestimmt.

FM-gerastertes Bild

2.5.7.11 Hybrid-Rasterung

Die Hybrid-Rasterung vereinigt die Prinzipien der amplitudenmodulierten Rasterung mit denen der frequenzmodulierten Rasterung.

Die XM-Rastertechnologie der Firma AGFA belichtet in den Lichtern und Tiefen frequenzmodulierte Raster und in den Mitteltönen amplitudenmodulierte Raster. Damit wird erreicht, dass im Druck die Lichter heller und die Tiefen dunkler wiedergegeben werden können. Die Mitteltöne wirken weniger unruhig und können mit entsprechend feiner Rasterweite reproduziert werden. Mit der unter dem Markennamen Sublima von AGFA vertriebenen Rastertechnologie können Rasterweiten bis zu 340 lpi = 133 L/cm generiert werden.

2.5.7.12 Effektraster

Durch die Wahl der Art der Rasterelemente, z.B. Linien- oder Kornraster, können Sie zusätzlich zur Tonwertdarstellung noch eine bestimmte grafische Bildwirkung erzielen. Verschiedene Softwarehersteller bieten dazu Rastertechnologien an. Sie können aber auch in Ihrer Bildverarbeitungssoftware interessante Rastereffekte selbst erzeugen.

Mit eigenem Muster gerastertes Bild

Making of ...

... in Adobe Photoshop:

1. Teilen Sie das CMYK-Bild in seine Farbkanäle: *Kanalpalette > Kanäle teilen...*

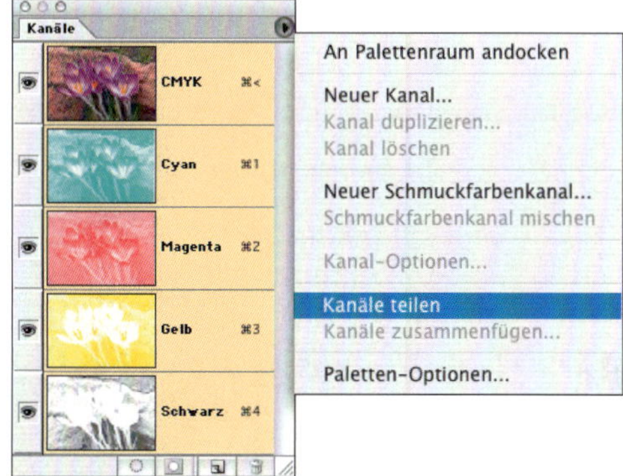

2. Wandeln Sie nun die vier Graustufenbilder: Menü *Bild > Modus> Bitmap...*
3. Stellen Sie die Zielauflösung ein, im Bildbeispiel 300 dpi.
4. Unter der Option „Eigenes Muster" können Sie jetzt das gewünschte Muster auswählen. Bestätigen Sie dann mit „OK".
5. Konvertieren Sie das Bitmap-Bild wieder in Graustufen: Menü *Bild > Modus > Graustufen...*, Größenverhältnis 1 : 1.
6. Sie müssen jetzt nur noch die vier Graustufenbilder zu einem CMYK-Bild zusammenfügen: *Kanalpalette > Kanäle zusammenfügen...*

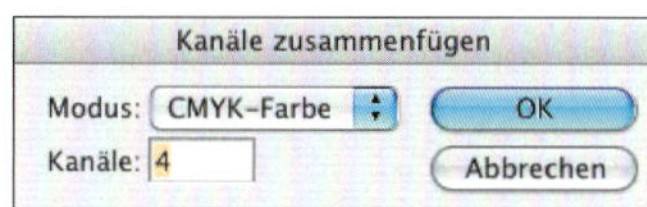

2.5.7.13 Prozesskontrolle nach DIN/ISO 12647

Die zu reproduzierenden Farbvorlagen haben, wie bereits beschrieben, i.d.R. einen höheren Dichteumfang und somit auch größeren Farbraum als das im Mehrfarbendruck wiedergegebene Bild. Um trotz dieser prozessbedingten Einschränkungen zu einem möglichst optimalen Ergebnis zu kommen, ist es notwendig, die Prozessparameter des Bildverarbeitungsworkflows zu definieren. Basis sind fünf Druckpapiere, die sowohl Teil der DIN/ISO-Norm 12647-2 als auch des „Prozessstandard Offsetdruck" des Bundesverbandes Druck und Medien sind.

	Papiertyp	Messgrößen	Papierweiß	BlacK	Cyan	Magenta	Yellow	Rot	Grün	Blau
1	glänzend gestrichen	L*	93	18	54	47	88	48	49	26
	holzfrei	a*	0	0	-37	75	-6	65	-65	22
	115 g/m²	b*	-3	-1	-50	-6	95	45	30	-45
		D		1.95	1.66	1.61	1.55			
2	matt gestrichen	L*	92	18	54	47	88	47	47	26
	holzfrei	a*	0	1	-33	72	-5	63	-60	24
	115 g/m²	b*	-3	1	-49	-3	90	42	26	-43
		D		1.84	1.54	1.49	1.34			
3	glänzend gestrichen	L*	87	20	54	45	82	46	50	26
	LWC	a*	-1	0	-37	71	-6	61	-62	20
	Rolle	b*	3	0	-42	-2	86	42	29	-41
	65 g/m²	D		1.89	1.57	1.05	1.44			
4	ungestrichen	L*	92	35	62	53	86	51	52	38
	weiß	a*	0	2	-23	56	-4	53	-38	12
	Offset	b*	-3	1	-39	-2	68	22	17	-28
	115 g/m²	D		1.35	1.10	1.05	1.06			
5	ungestrichen	L*	88	35	58	53	84	50	52	38
	gelblich	a*	0	1	-25	55	-2	50	-38	14
	Offset	b*	6	2	-35	1	70	26	17	-28
	115 g/m²	D		1.37	1.15	1.14	1.16			
Toleranzen ΔE*										
	Abweichung			4,0	5,0	8,0	6,0			
	Toleranz			2,0	2,5	4,0	3,0			

Optische Volltoneigenschaften nach DIN/ISO 12647-2

Messvorgaben:
- Farbreihenfolge K–C–M–Y
- Messung 2°, D50
- Densitometer mit Polfilter

Neben der Festlegung der LAB-Werte und Volltondichten der Primär- und Sekundärfarben sind eine ganze Reihe weiterer Prozessparameter definiert.

Rasterung

- Rasterweite
  - 45 L/cm bis 60 L/cm: Zeitschriften und Rollenoffset
  - 52 L/cm bis 60 L/cm: Endlosformulardruck
  - 60 L/cm bis 80 L/cm: Akzidenzoffset
- Rasterwinkelung
  - Rasterpunkte ohne Hauptachse: 30° Abstand zwischen C, M und K, 15° Abstand für Y, dominierende Farbe auf 45°
  - Rasterpunkte mit Hauptachse (Kettenpunkt): 60° Abstand zwischen C, M und K, 15° Abstand für Y, dominierende Farbe auf 45° oder 135°
- Rasterpunktform
  Kreis-, Quadrat- oder Kettenpunkt mit Punktschluss zwischen 40% und 60%

Rastertonwertumfang

- 40 L/cm bis 70 L/cm
  3% bis 97%
- 80 L/cm
  5% bis 95%

Tonwertsumme

- Bogenoffset maximal 350%
- Rollenoffset maximal 300%

Tonwertzunahme (Druckkennlinie)

Die Tonwertzunahme im Druck muss für jede Skalenfarbe festgelegt werden. Im Auflagendruck darf die Zunahme nicht mehr als 4% von den festgelegten Werten abweichen.

Graubalance

- Viertelton
  C 25%, M 19%, Y 19%
- Mittelton
  C 50%, M 40%, Y 40%
- Dreiviertelton
  C 75%, M 64%, Y 64%

2.5.8 Bilddatenausgabe für Digitalmedien

2.5.8.1 Bildoptimierung

Bildoptimierung heißt in der Multimedia-Produktion und insbesondere im Internet, eine möglichst optimale Anzeigequalität auf dem Bildschirm bei kleinstmöglicher Dateigröße zu erreichen.

Dateigröße
Die Speichergröße einer Bilddatei ist vom gewählten Dateiformat und der Komprimierungseinstellung abhängig. Zusätzliche Features wie Interlaced oder Alphakanäle beeinflussen die Dateigröße ebenfalls negativ.

Bildgröße
Die geometrische Bildgröße wird durch die Anzahl der Pixel in der Breite und in der Höhe festgelegt, nicht durch die Auflösung in Pixel pro Streckeneinheit. Da das Verhältnis Bildpixel zu Bildschirmpunkten von der gewählten Monitorauflösung abhängt, variiert die tatsächliche Darstellungsgröße.

Dateiformat
Das Dateiformat wählen Sie beim abschließenden Speichern Ihrer Bilddatei nach der Bildverarbeitung. Welches Dateiformat Sie wählen, hängt wesentlich von der Zielapplikation ab.

Für die Veröffentlichung im Internet stehen drei Dateiformate zur Verfügung:
- GIF
- JPEG
- PNG

Wenn Ihr Bild in Programme wie Director oder Flash importiert wird, dann sind weitere Dateiformate möglich, z.B.
- SWF
- TIFF

Die Spezifikationen der einzelnen Dateiformate sind im Kapitel 2.6 „Dateiformate" näher beschrieben.

Bildkomprimierung
Beim Speichern einer Bilddatei im Bildverarbeitungsprogramm werden für die einzelnen Dateiformaten verschiedene Komprimierungsmethoden angeboten:
- LZW
  Verlustfreie Komprimierung von 24-Bit-Farbbildern und Grafiken mit bis zu 256 Farben in den Dateiformaten TIFF, PDF und GIF
- JPEG
  Verlustbehaftete Komprimierung für 24-Bit-Farbbilder die von den Dateiformaten JPEG, TIFF und PDF unterstützt wird.
- CCITT
  Verlustfreie Komprimierung für Schwarzweißbilder im Format PDF
- ZIP
  Verlustfreie Komprimierung von Bildern in den Formaten TIFF und PDF

Gewichtete Optimierung
Durch Masken, Alphakanäle oder Vektorformen können Sie bestimmte Bildbereiche auswählen und mit der Option „gewichtete Optimierung" jeweils im optimalen Format komprimieren und speichern.

Bildoptionen
Beim Speichern der Bilddatei in das jeweilige Dateiformat können Sie verschiedene Bildoptionen auswählen und festlegen. Welche Option Sie in welcher Einstellung wählen, hängt sehr stark vom Motiv und den Qualitäts- bzw. Quantitätsansprüchen an die Bilddatei ab. Es gibt leider keine allgemein gültigen Kochrezepte.

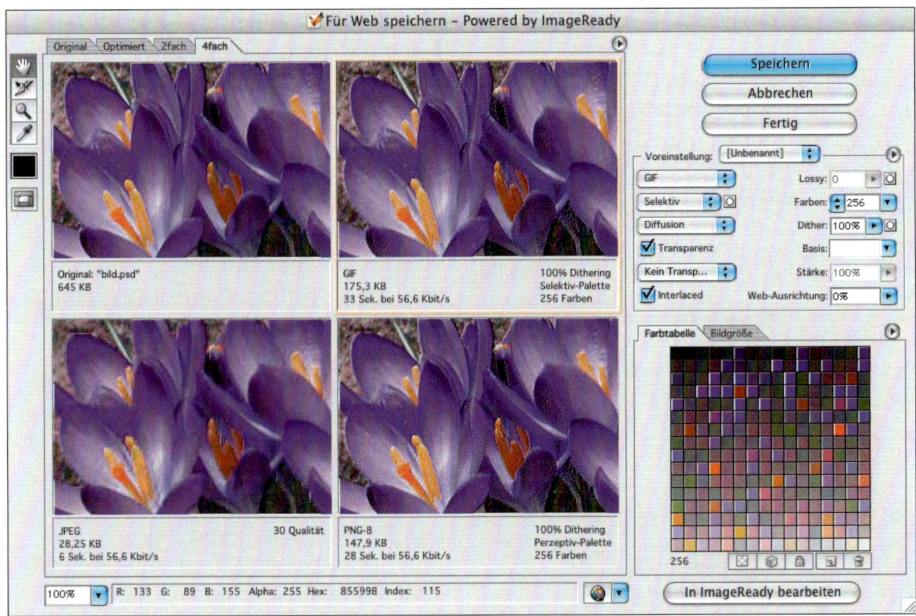

Für Web speichern

Optimierung der Bilddatei durch die Wahl der geeigneten Dateiformat-, Farb- und Komprimierungseinstellung:

- In Photoshop unter Menü *Datei > Für Web speichern...*
- In ImageReady unter Menü *Datei > Optimiert Version speichern unter*

JPEG – niedrige Qualität (20 KB)

JPEG – mittlere Qualität (32 KB)

JPEG – hohe Qualität (56 KB)

GIF – perzeptive Farbauswahl (156 KB)

GIF – selektive Farbauswahl (156 KB)

GIF – adaptive Farbauswahl (160 KB)

2.5.8.2 Slices

Slices sind rechteckige Bildbereiche, die z.B. in Photoshop und ImageReady erzeugt werden können. Sie können die Slices analog einer Tabelle automatisch erzeugen oder manuell mit dem Slice-Werkzeug aus der Werkzeug-Palette. Beim Speichern der Datei können Sie unter verschiedenen Optionen wählen. Durch das Unterteilen eines Bildes in Slices wird der Ladevorgang aufgeteilt. Die Slices werden nacheinander z.B. in eine Tabelle geladen. Der HTML-Code wird entsprechend der Ausgabeeinstellung beim Abspeichern automatisch erzeugt.

Einzelne Slices können ausgewählt und zum Erstellen von Links, Rollovers und Animationen verwendet werden. Da die Slices eines Bildes eigene Dateien sind, können Sie sie in verschiedenen Dateiformaten und mit unterschiedlichen Komprimierungseinstellungen abspeichern.

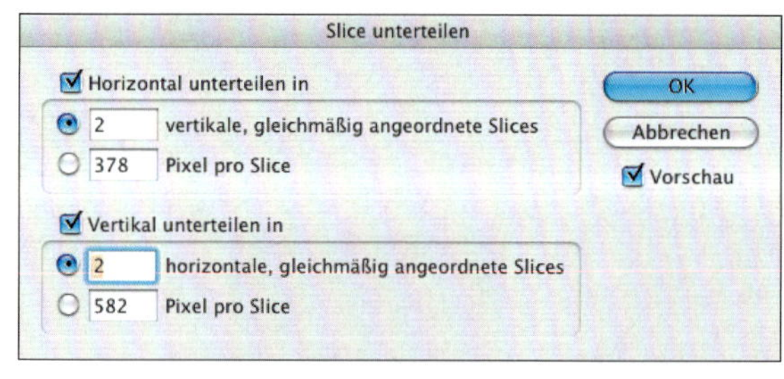

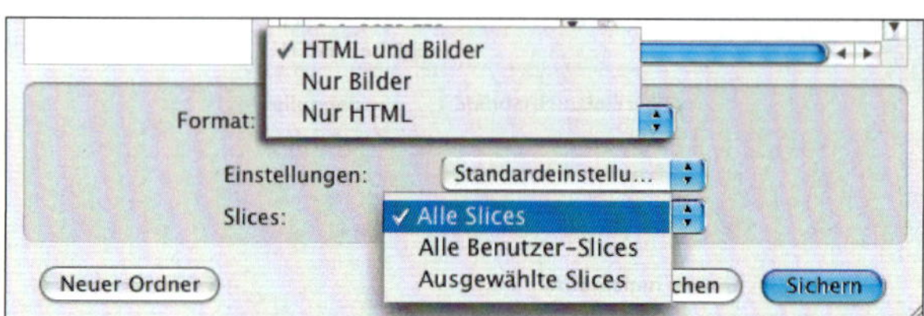

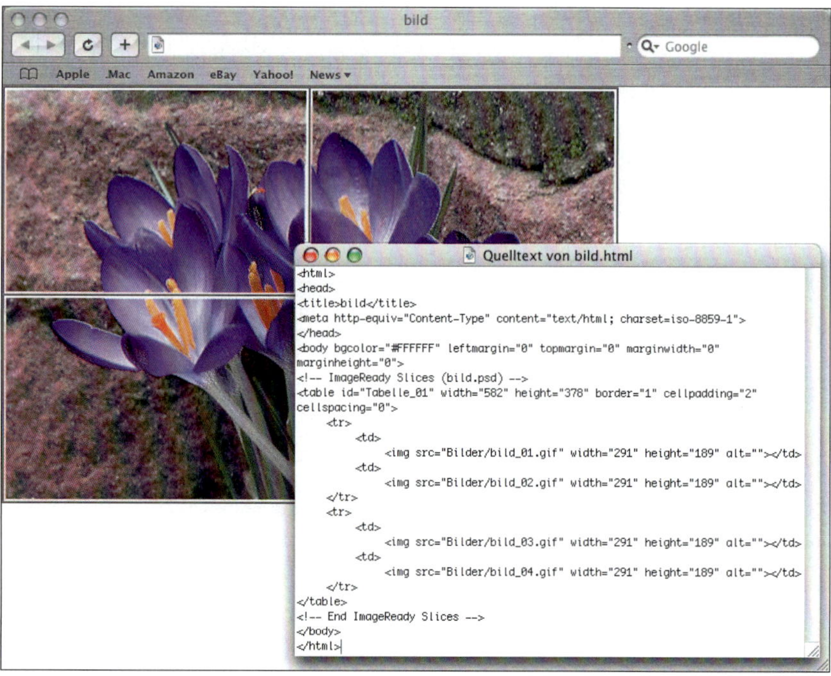

Automatische Slices

Das Bild wurde in ImageReady unter Menü *Slice > Slice unterteilen...* in vier Slices aufgeteilt. Die beim Speichern automatisch erzeugte Tabelle wurde mit *border="1" cellpadding="2"* modifiziert, um die vier Bildteile deutlich zu zeigen.

2.5.8.3 Imagemap

Mit Imagemaps können Sie einen Bildbereich direkt mit einer URL verknüpfen. Im Gegensatz zur Aufteilung in Slices bleibt hier das Bild aber eine einzige Datei. Außerdem sind nicht nur rechteckige, sondern beliebige geometrische Flächen möglich. Allerdings sind Sie nicht so flexibel in der Optimierung einzelner Bildbereiche.

Sie können Imagemaps in Web-Editoren wie Macromedia Dreamweaver, aber auch in Bildverarbeitungsprogrammen wie Adobe ImageReady erstellen.

Werkzeugbasierte Imagemaps

ImageReady bietet Ihnen in der Werkzeug-Palette verschiedene Werkzeuge zur Erstellung einer Imagemap.

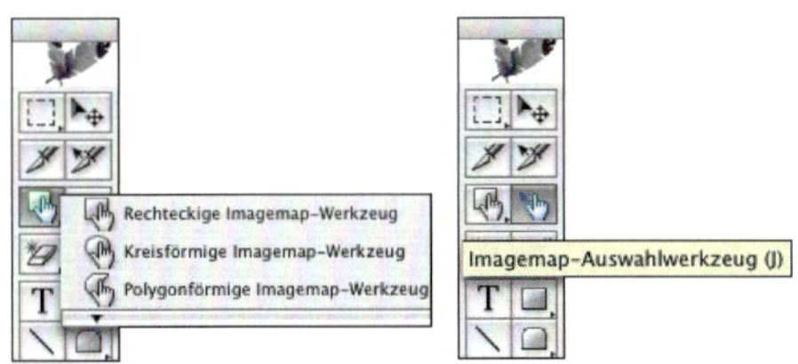

Ebenenbasierte Imagemaps

Sie können den Inhalt einer Ebene als Imagemap festlegen. Menü *Ebene > Neuer ebenenbasierter Imagemap-Bereich*.

Beim Ändern der Form ändert sich automatisch die Form der Imagemap. Zur Auswahl müssen Sie die entsprechende Ebene in der Ebenen-Palette auswählen.

Einstellungen

Die Einstellungen Ihrer Imagemap können Sie unter Menü *ImageReady > Voreinstellungen... > Imagemap* und in der Imagemap-Palette unter Menü *Fenster > Imagemap* vornehmen.

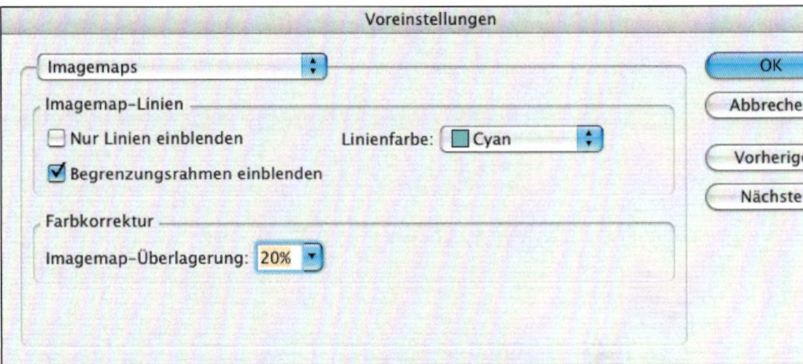

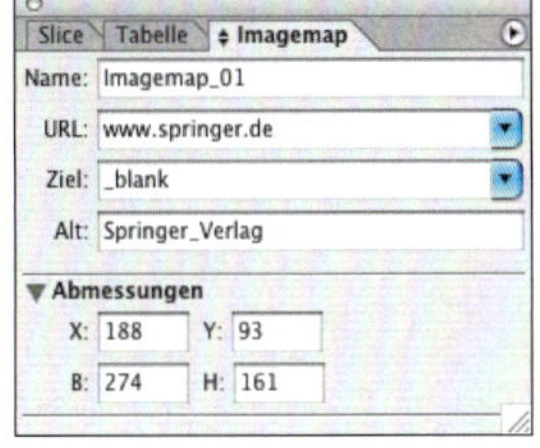

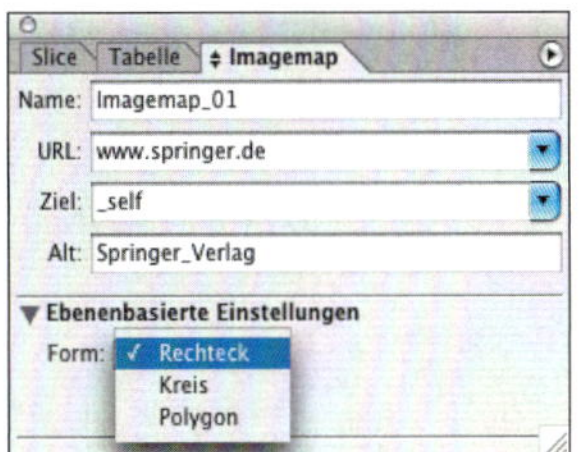

2.5.9 Aufgaben „Bildverarbeitung“

Aufgabe 2.5.9.1
Fachbegriffe zur technischen Bildanalyse

Definieren Sie die Begriffe
a. Tonwert,
b. Kontrast,
c. Gradation,
d. Farbwert.

Aufgabe 2.5.9.2
Pixel

Was ist ein Pixel?

Aufgabe 2.5.9.3
Scannen

Erklären Sie die Aufgabe von
a. Prescan,
b. Feinscan.

Aufgabe 2.5.9.4
Scaneinstellungen

Nennen Sie vier Einstellungen, die vor dem Feinscan gemacht werden können.

Aufgabe 2.5.9.5
Schwellenwert

Welche Bedeutung hat die Schwellenwerteinstellung beim Scannen von Strichvorlagen?

Aufgabe 2.5.9.6
Pixelanzahl einer Digitalkamera

Wie viele Megapixel hat eine Digitalkamera mit einem maximalen Bildformat von 2048 x 1536 Pixel?

Aufgabe 2.5.9.7
Schärfentiefe

a. Was versteht man unter Schärfentiefe?
b. Welcher Zusammenhang besteht bei der Schärfentiefe zwischen der Objektivbrennweite und der eingestellten Blende?

Aufgabe 2.5.9.8
Speicherkarten für Digitalkameras

Nennen Sie vier Speicherkarten, die in Digitalkameras zur Speicherung der Bilddaten eingesetzt werden.

Aufgabe 2.5.9.9
Störungen und Fehler in digitalen Aufnahmen

Welche Ursachen haben folgende Störungen und Fehler in digitalen Fotografien:
a. Rauschen,
b. Blooming,
c. Farbsäume,
d. Moiré?

Aufgabe 2.5.9.10
Auflösung und Datentiefe

Erklären Sie die Begriffe
a. Auflösung,
b. Datentiefe.

Aufgabe 2.5.9.11
Farbenzahl im RGB-Modus

Wie viele Farben kann ein Bild im RGB-Modus maximal enthalten?

Aufgabe 2.5.9.12
Gradationskorrektur

Wie wirkt sich die folgende Korrektur der Gradationskurve auf ein Bild aus?

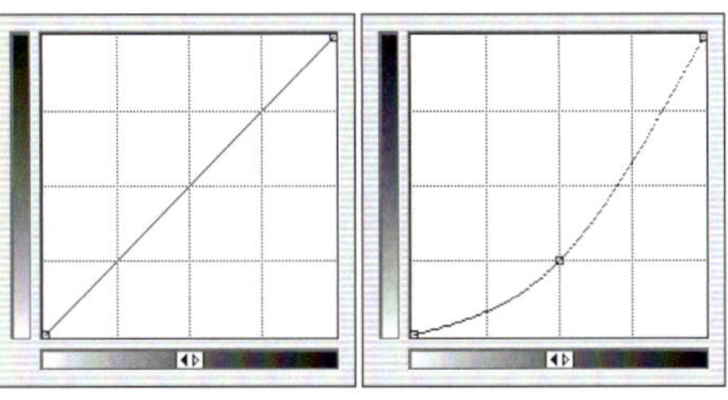

Vor der Korrektur **Korrekturkurve**

Aufgabe 2.5.9.13
Farbseparation

Was versteht man unter Farbseparation?

Aufgabe 2.5.9.14
Farbseparation

Was bedeuten die Abkürzungen
a. UCR,
b. GCR,
c. DCS?

Aufgabe 2.5.9.15
In-RIP-Separation

Wann und wie erfolgt die In-RIP-Separation?

Aufgabe 2.5.9.16
Überfüllung

Warum ist beim Mehrfarbendruck eine Überfüllung notwendig?

Aufgabe 2.5.9.17
Echte und unechte Halbtöne

Wodurch unterscheiden sich
a. echte Halbtöne,
b. unechte Halbtöne?

Aufgabe 2.5.9.18
AM- und FM-Rasterung

Beschreiben Sie das Grundprinzip der
a. AM-Rasterung,
b. FM-Rasterung.

Aufgabe 2.5.9.19
Rasterwinkelung im Farbdruck

Mit welcher Rasterwinkelung müssen die Teilfarben eines 4c-Farbdrucks gewinkelt sein?

Aufgabe 2.5.9.20
Gewichtete Optimierung

Was versteht man unter der gewichteten Optimierung von Bildern für die Ausgabe in Digitalmedien?

Aufgabe 2.5.9.21
Slices

Was sind Slices?

Aufgabe 2.5.9.22
Bildgrößenberechnung

Bis zu welcher maximalen Größe kann ein Bild mit dem Pixelmaß von 2560 x 1920 Pixel im 60er-Raster reproduziert werden?

2.6 Dateiformate

2.6.1 Einführung

Qual der Wahl

AI, PSD, MOV, DOC, EPS, PDF, MP3, PHP, XML, ... – Die Anzahl an Dateiformaten und -endungen ist riesig und nahezu unüberschaubar.

Das richtige „Datenhandling“ stellt eine der Kernkompetenzen der Medienproduktion dar. Dabei ist es nicht ausreichend, sich mit den Dateiformaten einiger Programme zu beschäftigen. Für die Weiterverarbeitung der unterschiedlichen Daten muss bekannt sein, wie diese exportiert werden müssen, damit sie in der nächsten Stufe des Workflows wieder importiert werden können.

Die Grafiken auf den folgenden Seiten zeigen mögliche Dateiformate eines typischen Print- und eines typischen Nonprint-Workflows. Diese sind beispielhaft zu verstehen, denn selbstverständlich können auch andere Programme zum Einsatz kommen.

Neben der Auswahl jeweils geeigneter Formate müssen zwei weitere Gesichtspunkte beachtet werden:

Programmversion

Jedes Jahr erscheinen erweiterte und verbesserte Versionen der gängigen Branchensoftware. Leider ergeben sich hieraus häufig Kompatibilitätsprobleme: Zwar lassen sich Dateien, die in der älteren Version erstellt wurden, meistens problemlos in der neueren Software öffnen, da die neue Software „abwärtskompatibel“ ist.

Umgekehrt ergibt sich häufig ein Problem: Dateien der neueren Version lassen sich in der älteren Software nicht mehr öffnen, da diese nicht „aufwärtskompatibel“ ist. Für die Medienproduktion ergibt sich daraus die Notwendigkeit, dass gegebenenfalls mehrere Versionen parallel vorhanden sein müssen.

Betriebssystem

Mittlerweile hat sich der Datenaustausch von Mac zu Windows-PC und umgekehrt deutlich verbessert und vereinfacht. Nichtsdestotrotz gibt es immer wieder Fälle, in denen ein Dateiformat nach Übertragung in das andere Betriebssystem nicht mehr (korrekt) funktioniert. (Bei der Produktion dieses Buches stellte sich dies als Ärgernis heraus!)

Zwischen Mac und Windows-PC gibt es im Hinblick auf die Dateiformate einen grundsätzlichen Unterschied: Unter Windows wird der Dateityp anhand einer drei- bis vierbuchstabigen Dateiendung erkannt. Diese so genannte Extension wird durch einen Punkt vom Dateinamen getrennt, z.B. index.htm, foto.tif, sound.wav.

Das Betriebssystem Mac OS speichert alle Dateiinformationen im Dateikopf, so auch den zugehörigen Dateityp. Eine Dateiendung kann zwar vergeben werden, ist aber nicht zwingend erforderlich: Obige Dateien können also index foto und sound heißen und werden am Mac als HTML-, Bild- bzw. Sounddatei erkannt. Ein Windows-Rechner kann mit diesen Dateien allerdings nichts anfangen! Es empfiehlt sich also dringend, dass auch eingefleischte Mac-Fans immer Windows-Dateiendungen an die Dateinamen anhängen.

Für Screen- und Web-Designer ergibt sich eine weitere Einschränkung: Während Windows und Mac OS zwischen Groß- und Kleinschreibung nicht unterscheiden, tun dies unter Linux oder Unix betriebene Rechner sehr wohl. Da die meisten Webserver diese Betriebssysteme verwenden, muss dies bei der Namensvergabe von Anfang an beachtet werden. Andernfalls sind Fehler bei der Verlinkung der Seiten vorprogrammiert.

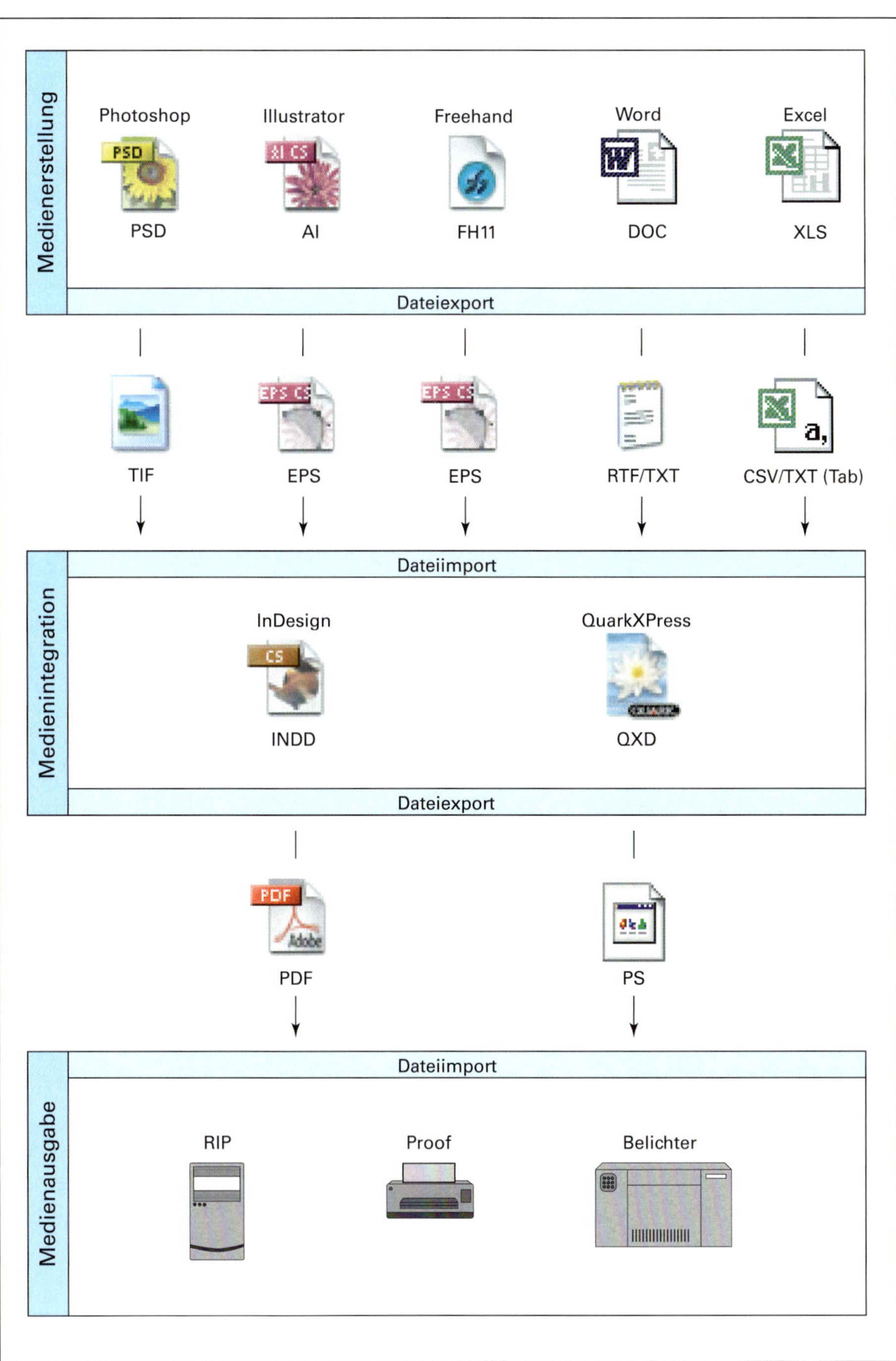

Dateiformate des Print-Workflows

Die Grafik erhebt keinen Anspruch auf Vollständigkeit, sondern ist exemplarisch zu verstehen.

(Hinweis: InDesign kann Word- und Excel-Dateien seit der CS-Version auch direkt importieren!)

Dateiformate des Digital-Workflows

Auch diese Grafik ist lediglich beispielhaft zu verstehen. Die Anzahl an Programmen ist gerade im Nonprintbereich sehr groß!

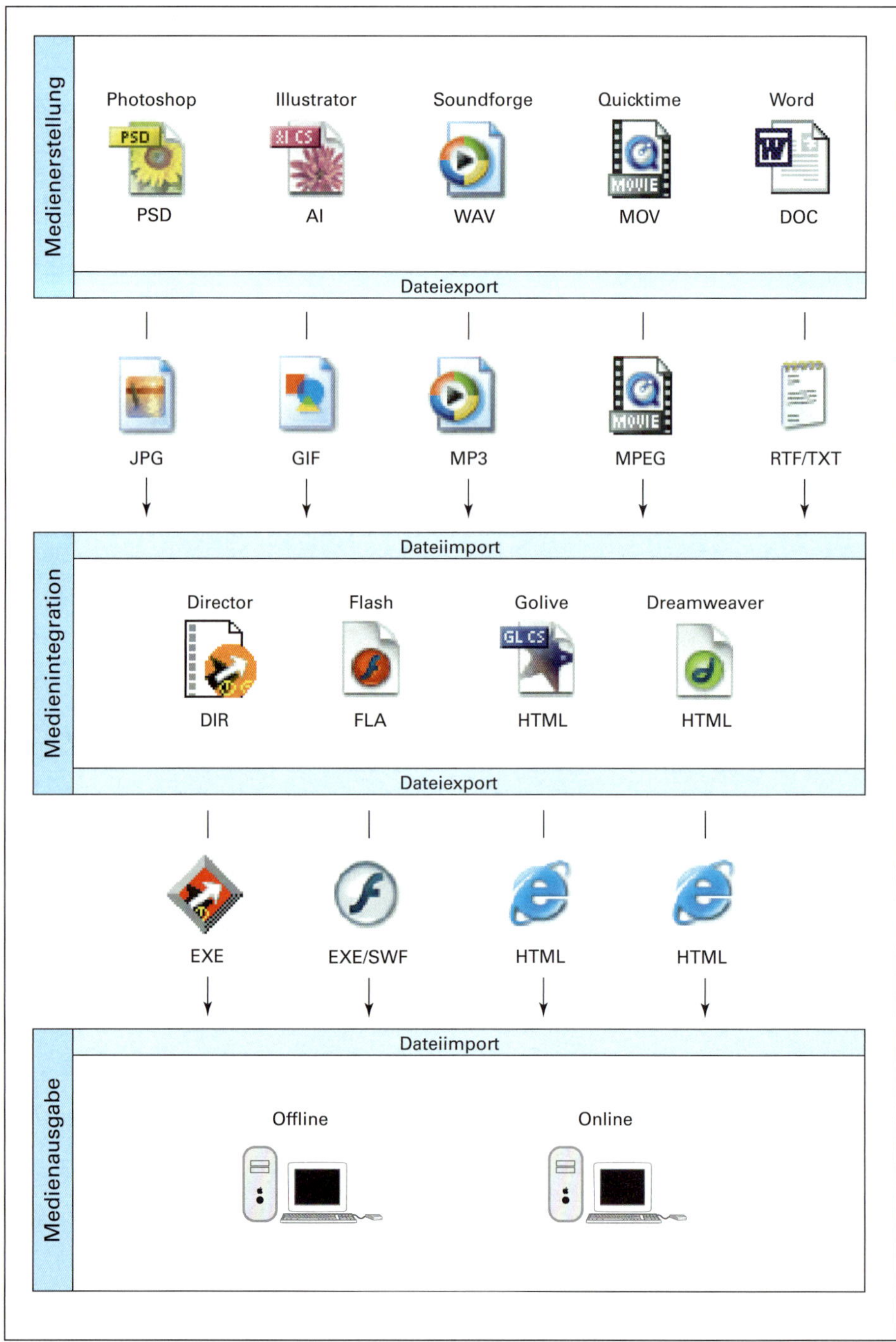

2.6.2 Alphabetische Übersicht

Format	Datentausch	Text	Layout	Pixelbild	Vektorgrafik	Internet	Multimedia	Skriptsprache	Audio	Video	Office	Sonstiges	Seite
AAC									✗				364
AI					✗								360
AIF/AIFF									✗				364
AVI										✗			364
BMP	✗			✗									360
CDR					✗								360
CSS						✗							362
CSV											✗		359
DBF											✗		359
DIR						(✗)	✗						362
DOC											✗		359
DOT											✗		359
DXF	✗				✗								360
EPS	✗			(✗)	✗								360
EXE							(✗)					✗	362
FHx					✗								360
FLA						✗	✗						362
GIF				✗		✗							360
HTM/HTML						✗							363
INDD			✗										358
JPG/JPEG				✗		✗							360
JS						✗		✗					363
MDB											✗		359
MID									✗				364
MOV										✗			364

Format	Datentausch	Text	Layout	Pixelbild	Vektorgrafik	Internet	Multimedia	Skriptsprache	Audio	Video	Office	Sonstiges	Seite
MP3									✗				364
MPG/MPEG										✗			365
PDF	✗		✗										358
PHP						✗		✗					363
PCT/PICT				✗									361
PL						✗		✗					363
PNG				✗		✗							361
PPT											✗		359
PS/PRN	✗		✗										358
PSD				✗									361
QXD			✗										358
RA									✗				365
RAW				✗									361
RM										✗			365
RTF	✗	✗											358
SVG					✗	(✗)							361
SWF						✗	✗						363
TIF/TIFF	✗			✗									361
TXT	✗	✗											358
WAV									✗				365
WMA									✗				365
WMF	(✗)			(✗)	✗								361
WMV										✗			365
XLS											✗		359
XML	✗	(✗)	✗									✗	358

Die Tabelle zeigt eine Übersicht über 50 Dateiformate, die in der Medienbranche von Bedeutung sind. Bitte beachten Sie, dass es sich lediglich um eine Auswahl handelt, die keinen Anspruch auf Vollständigkeit erhebt. So finden beispielsweise Dateiformate aus dem Bereich 3D-Modelling und -Animation, Schriftdateiformate sowie Formate des digitalen Workflows keine Berücksichtigung.

Die Bedeutung der Abkürzung sowie einige wesentliche Merkmale des Dateiformates finden Sie auf den jeweils angegebenen Seiten. Die thematische Gliederung der Dateiformate in den nachfolgenden Kapiteln erfolgte gemäß den Kriterien:

- Layoutsoftware
- Office-Programme: Textverarbeitung, Tabellenkalkulation, Datenbanken, Präsentation
- Software zur Bildbearbeitung und Grafikerstellung
- Software und Technologien zur Herstellung von Webseiten und Multimedia-Produkten
- Software für die Sound- und Videoproduktion

2.6.3 Text- und Layoutformate

Format	Name	Tausch	Text	Layout	Merkmale
INDD	InDesign Document			✗	Dateiformat von InDesign-Dateien (Adobe) • Für die Druckausgabe müssen InDesign-Dateien als PostScript- oder PDF-Dateien abgespeichert werden.
PDF	Portable Document File	✗		✗	Austauschformat für DTP-Dateien (Adobe) • Universelles und geräteunabhängiges Dateiformat – auf der Seitenbeschreibungssprache PostScript basierend. • Einsatz im Print- (Datenausgabe für den Druck) und Digitalbereich (z.B. E-Books) • Erzeugen von PDF-Dateien durch Acrobat Distiller mit zahlreichen Optionen z.B. Einbettung von Schriften, Kompression von Bildern, Auflösung, Farbmanagement. • Zur Wiedergabe von PDF-Dateien ist der kostenlose Adobe Reader bzw. ein Browser-Plug-in notwendig. • Die Spezifikation von PDF-Dateien für die Druckausgabe erfolgt durch PDF/X-3 (PDF exchange).
PS PRN	PostScript (Mac) Printer (Windows)	✗		✗	Seitenbeschreibungssprache für die Druckausgabe (Adobe) • Geräteunabhängig und in drei Levels standardisiert: PostScript Level 1, 2 oder 3. • PostScript-Dateien werden durch einen PostScript-Druckertreiber erzeugt. Ein direktes Betrachten von PS-Dateien ist im Unterschied zu EPS- (→ EPS) und PDF-Dateien nicht möglich. • PostScript-fähige Geräte sind Laserdrucker, Belichter und RIPs. • PostScript wird zunehmend durch PDF ersetzt!
QXD	QuarkXPress Document			✗	Dateiformat von QuarkXPress-Dateien (Quark) • Für die Druckausgabe müssen Quark-Dateien als PS- oder PDF-Dateien abgespeichert werden.
RTF	Rich Text Format	✗	✗		Austauschformat für Textdateien (Microsoft) • Im Unterschied zu TXT-Dateien bleibt die Formatierung bei RTF weitgehend erhalten.
TXT	Text	✗	✗		Austauschformat für Textdateien (Microsoft) • Im Unterschied zu RTF-Dateien speichert TXT ausschließlich den ASCI- bzw. ANSI-Code des Textes ab – Formatierungen gehen verloren. • TXT-Dateien lassen sich in zahlreiche Programme importieren.
XML	Extensible Markup Language	✗	(✗)	✗	„Metasprache" zur Beschreibung von Dokumenten • Medien- und ausgabeunabhängige Beschreibung von Dokumenten. • Zur ausgabeabhängigen Formatierung werden Stylesheet-Sprachen (XSL) verwendet.

2.6.4 Office-Formate

Format	Name	Textverarbeitung	Tabellenkalkulation	Datenbank	Präsentation	Merkmale
CSV	Comma Separated Value	✗	✗			CSV speichert tabellarische Daten als Text mit Trennzeichen (z.B. Strichpunkt) ab. Hierdurch wird ein Austausch zwischen Textverarbeitung, Tabellenkalkulation und Datenbanken möglich.
DBF	dBase File			✗		Standardformat für dBase-Dateien • Beim Import/Export muss die Version beachtet werden (dBase II, III, IV).
DOC	Word Document	✗				Speicherformat für Word-Dateien (Microsoft) • Neben dem Text und dessen Formatierung werden zahlreiche Metainformationen abgespeichert. • In Word-Dateien lassen sich Bilder einbetten. • Der Datenaustausch mit anderen Programmen des Office-Paketes ist über die Zwischenablage möglich (OLE).
DOT	Word Document Template	✗				Speicherformat für Word-Dokumentvorlagen • Dokumentvorlagen sind vergleichbar mit Musterseiten bei InDesign oder QuarkXPress.
PPT	PowerPoint				✗	Speicherformat für PowerPoint-Dateien (Microsoft) • Quasistandard bei Präsentationssoftware • PowerPoint ermöglicht auch einfache Animationen sowie das Verlinken von „Folien“.
MDB	Microsoft DataBase			✗		Speicherformat für Access-Dateien (Microsoft) • In MDB-Dateien werden neben Tabellen unter anderem auch Formulare, Berichte und Abfrage gespeichert. • Über die ODBC-Schnittstelle ist eine Anbindung an andere Datenbank-Managementsysteme wie z.B. MySQL möglich.
XLS	Excel Sheet		✗			Speicherformat für Excel-Dateien (Microsoft) • Quasistandard bei Tabellenkalkulationssoftware • Der Funktionsumfang von Excel ist sehr hoch, es lassen sich unter anderem auch Diagramme und kleine Datenbanken realisieren.

Hinweis: Die Tabelle beschränkt sich wegen der hohen Verbreitung auf Dateiformate von Microsoft Office.

2.6.5 Bild- und Grafikformate

Format	Name	Internet	Tausch	Pixel	Vektor	Merkmale
AI	Adobe Illustrator				✗	Speicherformat für Illustrator-Grafiken (Adobe) • AI-Dateien müssen zur Verwendung in anderen Programmen in ein Austauschformat (→ EPS) exportiert werden.
BMP	Bitmap		✗	✗		Standard-Pixelformat von Windows (Microsoft) • Farbtiefe zwischen 1 und 32 Bit • Kein CMYK! • Import in vielen Programmen möglich • Keine oder verlustfreie (RLE-)Kompression
CDR	Corel Draw				✗	Speicherformat für Corel-Draw-Dateien (Corel) • CDR-Dateien müssen zur Verwendung in anderen Programmen in ein Austauschformat (→ EPS) exportiert werden.
DXF	Drawing Exchange Format		✗		✗	Austauschformat von AutoCAD (Autodesk) • Einsatz: CAD-, CAM-, 3D-Software • Objektbeschreibung über Drahtgittermodelle
EPS	Encapsulated PostScript		✗	(✗)	✗	Austauschformat für Vektorgrafiken • Alle Objekte der Grafik einschließlich Schriften werden mit der Seitenbeschreibungssprache PostScript beschrieben und in die Datei eingebunden (encapsulated). Der PostScript-Code dient zur Ansteuerung des Druckers oder Belichters. • PostScript-Daten können im Layoutprogramm nicht angezeigt werden. Deshalb wird die Grafik zusätzlich als Pixeldaten mit einer Farbtiefe von 1 oder 8 Bit abgespeichert. • Einbinden von Farbprofilen möglich
FHx	Freehand (x steht für die Versionsnummer, z.B. FH11)				✗	Speicherformat für Freehand-Grafiken (Macromedia) • FH-Dateien müssen zur Verwendung in anderen Programmen in ein Austauschformat (→ EPS) exportiert werden.
GIF	Graphics Interchange Format	✗		✗		Pixelformat für Grafiken und Texte auf Webseiten • Farbtiefe maximal 8 Bit (256 Farben) • Wählbare Farbpalette z.B. perzeptiv, selektiv, adaptiv, Windows, Mac, Web • Transparente Pixel möglich • Animation möglich (Animated GIF) • „Interlacter" Bildaufbau von unscharf zu scharf • Dithering (Simulation von Halbtönen) • Verlustfreie Kompression nach LZW-Verfahren
JPG JPEG	Joint Photographic Experts Group	✗		✗		Pixelformat für Halbtonbilder auf Webseiten • Farbtiefe 24 Bit • Keine Transparenz möglich • Stufenlos einstellbare Kompressionsrate • „Progressiver" Bildaufbau (unscharf zu scharf)

Format	Name	Internet	Tausch	Pixel	Vektor	Merkmale
PCT PICT	Picture			✗		Standard-Pixelformat von Apple • Farbtiefe 16 oder 32 Bit • Kein CMYK! • Wahlweise ohne oder mit JPEG-Kompression
PNG	Portable Network Graphics (sprich: Ping)	✗		✗		Pixelformat für Grafiken und Bilder auf Webseiten • Farbtiefe zwischen 1 und 48 Bit • Transparenz durch Alphakanal möglich • Bildaufbau von unscharf zu scharf möglich • Verlustfreie (LZ77-)Kompression • Trotz vieler Vorteile keine Durchsetzung gegenüber GIF und JPG
PSD	Photoshop Document			✗		Speicherformat für Photoshop-Dateien (Adobe) • Erhaltung sämtlicher Photoshop-Merkmale, z.B. Kanäle, Ebenen, Slices, Masken, Filter,... • PSD-Dateien müssen zur Verwendung in anderen Programmen in ein Austauschformat (→TIF, EPS, JPG) exportiert werden.
RAW	RAW (engl.: roh) CRW Canon DCR/DCS Kodak MRW/MDC Minolta NEF Nikon ORF Olympus X3F Sigma			✗		„Roh"-Datenformat von Digitalkameras • Geräteabhängig, deshalb kein einheitlicher Standard und keine einheitliche Dateiendung • Spezielle Software zur Anzeige notwendig • Verlustfreie Kompression möglich
SVG	Scalable Vector Graphics	(✗)			✗	Einziges Vektorformat für Grafiken auf Webseiten • XML-basiertes Format • Skalierbar (Zoomfunktion auf Webseiten) • Geringe Datenmengen durch vektorbasiertes Speichern • SVG-Viewer notwendig (Browser-Plug-in)
TIF TIFF	Tagged Image File (Format)		✗	✗		Wichtigstes Austauschformat der Printproduktion • Farbtiefe von 1 bis 48 Bit • Alphakanäle möglich • Wahlweise ohne, mit verlustfreier (LZW, ZIP) oder verlustbehafteter (JPEG-)Kompression • Farbprofile können eingebettet werden • (Photoshop-)Ebenen werden wahlweise abgespeichert
WMF	Windows Meta File		(✗)	(✗)	✗	Standardformat für Vektorgrafiken unter Windows • Vektorformat, Pixelbilder können jedoch eingebettet werden • Für professionellen Einsatz im DTP-Bereich nicht geeignet • Datenaustausch über die Zwischenablage (OLE)

2.6.6 Web- und Multimedia-Formate

Format	Name	Internet	Multimedia	Skriptsprache	Merkmale
ASP	Active Server Pages	✗		(✗)	Webtechnologie zur Erstellung dynamischer und interaktiver Webseiten (Microsoft) • Die Skripte werden z.B. als Java- oder VB-Skript direkt in den HTML-Quellcode eingebunden. Die Ausführung erfolgt „serverseitig" durch den Webserver. • ASP setzt Microsoft-Technologie voraus: Internet Information Server (IIS) oder Personal Web Server (PWS).
CSS	Cascading Style Sheet	✗			Formatierungssprache des W3-Konsortiums zur Formatierung und Gestaltung von HTML-Seiten • Ziel ist die strikte Trennung von Inhalt (→ HTML) und Form (CSS). • CSS-Dateien sind reine Textdateien, sie können mit jedem Texteditor erstellt werden. • CSS kann alternativ auch in den HTML-Quelltext integriert werden.
DIR	Director	(✗)	✗		Speicherformat des Autorensystems Director (Macromedia) • Director wird vorwiegend zur Produktion multimedialer Offline-Produkte (CD-ROM, DVD, Präsentationen) eingesetzt. • Integration von Text, Bild, Grafik, Sound, Video, Animation • Director integriert die Skriptsprache Lingo. • Fertige Director-Filme müssen in eine ausführbare Datei (→ EXE) konvertiert werden.
EXE	Executable		(✗)		Dateiendung einer ausführbaren Datei unter Windows • Eine EXE-Datei wird benötigt, um eine browserunabhängige Multimedia-Produktion (→ FLA, → DIR) zu realisieren. Das Programm kann durch Doppelklick gestartet werden. • Vorsicht: Ausführbare Dateien am Mac besitzen keine Dateiendung!
FLA	Flash	✗	✗		Speicherformat der Animations- und Autorensoftware Flash (Macromedia) • Flash kann für Internet- und Multimedia-Produktionen eingesetzt werden, da Flash-Filme in HTML-Dateien (→ SWF) eingebunden oder als ausführbare Dateien (→ EXE) realisiert werden können. • Flash integriert die Skriptsprache ActionScript • Flash zeichnet sich insbesondere durch sehr gute Animationsmöglichkeiten aus.

Format	Name	Internet	Multimedia	Skriptsprache	Merkmale
HTM HTML	Hypertext Markup Language	✗			Auszeichnungssprache zur Erstellung hypertextbasierter (Web-)Seiten • HTML beschreibt die Inhalte (Überschriften, Absätze, Tabellen, Hyperlinks) von Webseiten. • Zur Formatierung von HTML-Seiten stehen die Cascading Style Sheets (→ CSS) zur Verfügung. • HTML-Dateien sind reine Textdateien – sie können mit jedem Texteditor erstellt werden. • Zur Darstellung von HTML-Seiten ist ein Web-Browser notwendig. Dieser enthält einen „Parser", der die HTML-Auszeichnungen interpretieren und umsetzen kann.
JS	JavaScript	✗		✗	Skriptsprache für Webseiten • Mit JavaScript lassen sich Funktionen realisieren, die mit HTML nicht möglich sind, z.B. Änderung des Buttons bei Berührung mit der Maus, Fehlermeldung bei falschen Formulareinträgen. • JavaScript kann als externe Datei realisiert oder direkt im HTML-Quellcode eingebunden werden. • JavaScript wird „clientseitig" durch den Webbrowser ausgeführt. Die Ausführung von JavaScript durch den Web-Browser kann aus Sicherheitsgründen auch deaktiviert werden.
PHP PHP3 PHP4	Hyertext Preprocessor (ursprünglich: Personal Homepage Tools)	✗		✗	Skriptsprache, die sich zum Quasistandard bei dynamischen Webseiten etabliert hat. • Mit PHP lassen sich zahlreiche Funktionalitäten für die Verwendung auf Webseiten realisieren, z.B. Gästebücher, Foren, Kalender, Datenbankanbindung. • PHP kann als externe Datei realisiert oder direkt im HTML-Quellcode eingebunden werden. HTML-Dateien mit PHP-Code müssen die Dateiendung PHP erhalten. • PHP-Skripte werden „serverseitig" auf dem Webserver ausgeführt.
PL	Perl	✗		✗	Skriptsprache, die hauptsächlich bei dynamischen Webseiten eingesetzt wird. • Perl-Skripte werden „serverseitig" auf dem Webserver ausgeführt. Die Softwareschnittstelle heißt CGI (Common Gateway Interface). • Perl hat durch den großen Erfolg von PHP an Bedeutung verloren.
SWF	Shockwave Flash	✗	✗		Aufgabeformat fertiger Flash-Produktionen • SWF-Dateien lassen sich in HTML-Seiten integrieren oder mittels Flash-Player abspielen. • Ein Bearbeiten von SWF-Dateien in Flash ist nicht möglich (→ FLA).

2.6.7 Audio- und Videoformate

Format	Name	Audio	Video	Merkmale
AAC	Advanced Audio Encoding	✗		Audio-Anteil des Video-Kompressionsstandards MPEG-2 • Bessere Qualität als MP3 • AAC-Dateien sind kopiergeschützt – ihre Verwendung erfordert den Erwerb einer Lizenz.
AIF AIFF	Audio Interchange Format File	✗		Verlustfreies Audioformat (Apple) • Das Format ermöglicht keine Kompression, so dass die Datenmenge sehr hoch (ca. 10 MB pro Minute) ist. • Für den Einsatz in Multimedia-Produktionen ist eine Konvertierung in ein anderes Format (→ MP3) anzuraten.
AVI	Audio Video Interleave		✗	Speicherformat für Video (Microsoft) • Audio- und Videodaten werden in einen Datenstrom verschachtelt (interleaved) • Zur Datenkompression stehen – in Abhängigkeit vom Programm – unterschiedliche Codecs (z.B. Cinepak, DV) zur Verfügung.
MID	Musical Instrument Digital Interface	✗		Standardschnittstelle zur Steuerung elektronischer Musikelemente • In MIDI-Dateien werden keine Sounds, sondern Steuerinformationen, z.B. Tonhöhe, Tonstärke, Tondauer, gespeichert. Die Tonerzeugung erfolgt durch die Soundkarte (Wavetables) bzw. einen Synthesizer.
MOV	QuickTime Movie		✗	Speicherformat für QuickTime-Video (Apple) • MOV-Dateien lassen sich mit dem kostenlosen QuickTime-Player abspielen. • Wie bei → AVI-Dateien können auch MOV-Videos mit unterschiedlichen Codecs (z.B. Cinepak, Motion JPEG, Sorenson) erzeugt werden.
MP3	Moving Pictures Experts Group Layer 3	✗		Wichtigstes Audioformat mit Datenkompression • MP3 ist der „Audio-Layer“ des Videoformates → MPEG 1. • MP3 ermöglicht eine Kompression von 12:1 mit kaum hörbaren Qualitätsverlusten. Die Datenmenge beträgt dann etwa 128 Kilobit/Sekunde. • Durch die geringe Datenmenge bietet sich die Verwendung von MP3-Dateien bei multimedialer Produktion an.

Format	Name	Audio	Video	Merkmale
MPG MPEG	Moving Pictures Experts Group		✗	Videoformat bzw. Kompressionsverfahren • Für MPEG wurden verschiedene Standards definiert: MPEG-1, MPEG-2 (DVD/Digitalfernsehen) und MPEG-4. Der Standard bestimmt die Auflösung, Qualität sowie die Datenrate. • Um MPEG-Video erzeugen zu können, wird eine Encoder-Software benötigt. • Zur Integration des Sounds stehen verschiedene Möglichkeiten zur Verfügung, z.B. → AAC, Dolby Digital bei MPEG-2.
RA	Real Audio	✗		Streamingformat für Sound (RealNetworks) • RA-Sound kann „live" über das Internet abgespielt werden. Diese Streaming-Technologie ermöglicht z.B. Web-Radios. • Zum Abspielen von RA-Sounds wird der kostenlose RealOne-Player benötigt. • Das Streamen von Video erfolgt entsprechend über das → RM-Format.
RM	Real Media			Streamingformat für Video (RealNetworks) • RM-Video ermöglicht das „Live"-Senden von Videos über das Internet mit Hilfe eines speziellen Streaming-Servers. • Zur Wiedergabe ist der kostenlose RealOne-Player notwendig.
WAV	Wave	✗		Verlustfreies Audioformat (Microsoft) • Das Format ermöglicht keine Kompression, so dass die Datenmenge sehr hoch (ca. 10 MB pro Minute) ist. • Für den Einsatz in Multimedia-Produktionen ist eine Konvertierung in ein anderes Format (→ MP3) anzuraten.
WMA	Windows Media Audio	✗		Audioformat der Windows-Media-Technologie • Die Windows-Media-Technologie ist kostenlos – Microsoft versucht damit, den umkämpften Audio-Video-Markt zu erobern. • Die Wiedergabe von WMA-Dateien erfolgt mittels Windows Media Player. • WMA-Dateien lassen sich „streamen", also quasi „live" über das Internet abspielen. Sie stellen ein Konkurrenzprodukt zu → RA dar.
WMV	Windows Media Video		✗	Videoformat der Windows-Media-Technologie • Der Encoder für WMV-Dateien ist kostenlos! • Die Wiedergabe von WMV-Video erfolgt mittels Windows Media Player. • WMV-Dateien können gestreamt werden (→ RM).

2.6.8 Aufgaben „Dateiformate“

Aufgabe 2.6.8.1
Dateiformate zuordnen

Ordnen Sie die gegebenen Dateiformate zu:

WAV	TIF	MOV
TXT	MP3	AVI
PSD	RTF	GIF
JPG	AIF	BMP

a. Textdatei
b. Sounddatei
c. Bilddatei
d. Videodatei

Aufgabe 2.6.8.2
Bild- und Grafikformate unterscheiden

Ordnen Sie den gegebenen Bild- und Grafikformaten ihren Verwendungszweck zu:

TIF	GIF	AI
EPS	PNG	RAW
JPG	PSD	CDR

a. Verwendung auf Webseiten
b. Verwendung für Printprodukte
c. Export in ein anderes Format notwendig

Aufgabe 2.6.8.3
Skriptsprachen für Webseiten kennen

Nennen Sie zwei Skriptsprachen, die sich zur Erstellung interaktiver Webseiten verwenden lassen.

Aufgabe 2.6.8.4
Programmabhängige Formate von Austauschformaten unterscheiden

Welche der genannten Dateiformate sind programmabhängig?
Wie heißt das zugehörige Programm?

a. INDD
b. EPS
c. PSD
d. AI
e. HTML
f. DIR
g. TIF

Aufgabe 2.6.8.5
Dateiformate im Print-Workflow kennen

Bringen Sie die gegebenen Dateiformate in die richtige Abfolge des Workflows:

a. Bildverarbeitung
   INDD – RAW – PDF – TIF
b. Texterfassung/-verarbeitung
   PS – TXT – QXD – DOC
c. Grafikerstellung/-verarbeitung
   EPS – PDF– AI

Aufgabe 2.6.8.6
Dateiformate für Webseiten kennen

Nennen Sie das geeignete Dateiformat, um auf einer Webseite folgende Dateien einzubinden:

a. Foto
b. Zweifarbiges Logo
c. Cascading Stylesheets
d. Flash-Film
e. Text als Grafik

Aufgabe 2.6.8.6

Merkmale von Dateinamen in Abhängigkeit vom Betriebssystem kennen

Kreuzen Sie in derTabelle an, welche Merkmale auf das Betriebssystem zutreffen:

a. Jeder Dateiname muss eine Dateiendung aus drei oder vier Buchstaben besitzen.
b. Das Betriebssystem unterscheidet Groß- und Kleinschreibung.
c. Sonderzeichen wie / oder ? sind zulässig.
d. Der Dateityp wird anhand der Dateiendung erkannt.

Betriebssystem:	a.	b.	c.	d.
Windows				
Mac OS				
Linux				

Informationstechnik

3.1 Hardware

3.1.1 Mikrocomputer und Peripherie

Das Gehirn eines Mikrocomputers ist der Mikroprozessor (CPU). Dabei handelt es sich um ein Bauelement von wenigen Quadratzentimetern Größe, das hochintegrierte Schaltkreise zur Steuerung des Computers sowie zur Berechnung der Daten enthält. Über die als Systembus bezeichneten Verbindungsleitungen ist der Mikroprozessor mit dem Arbeitsspeicher (RAM) verbunden. Dieser im Vergleich zu externen Speichern sehr schnelle Speicher hält sowohl den aktuell benötigten Programmcode – zum Beispiel ein Textverarbeitungsprogramm – als auch die aktuellen Daten – zum Beispiel einen Brief – zur Verarbeitung durch den Mikroprozessor bereit. Erst durch das Abspeichern des Briefes werden die Daten vom Arbeitsspeicher auf ein externes Speichermedium, in der Regel eine Festplatte, übertragen und damit vor Datenverlust gesichert.

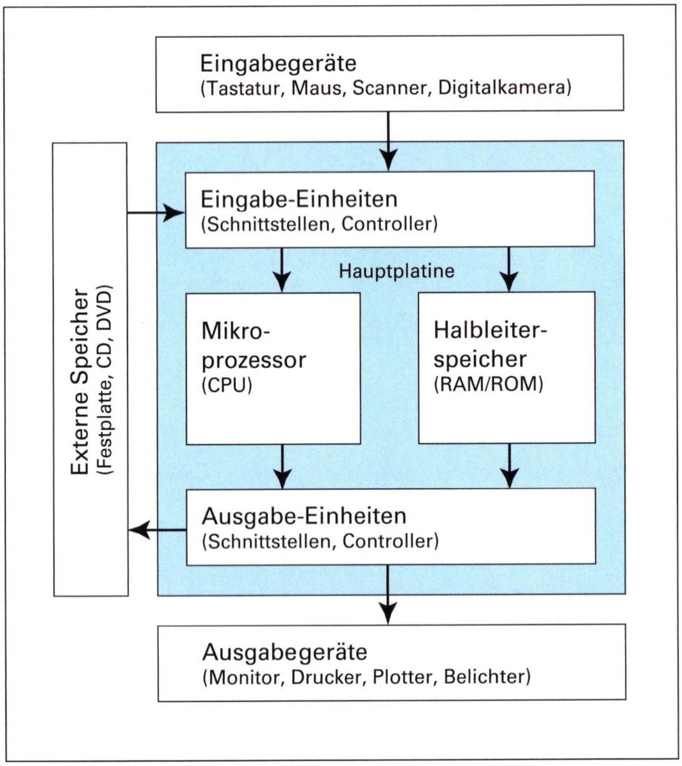

Mikrocomputer mit Peripherie

Zum Anschluss externer (peripherer) Geräte an den Mikrocomputer muss eine Anpassung der unterschiedlichen Datenformate und Übertragungsgeschwindigkeiten vorgenommen werden. Diese Anpassung wird durch eine Vielzahl von Ein- und Ausgabe-Einheiten (I-/O-Units) übernommen, die sich entweder bereits auf der Hauptplatine des Mikrocomputers befinden oder bei Bedarf nachgerüstet werden können.

In Abhängigkeit von der zu übernehmenden Aufgabe lassen sich Schnittstellen wie die serielle Schnittstelle, USB oder FireWire, Controller wie beispielsweise Festplatten-Controller und Ein-/Ausgabekarten wie Sound-, Grafik- oder Netzwerkkarten unterscheiden. Zunehmend wird die Ein-/Ausgabeelektronik bereits auf der Hauptplatine integriert.

Die riesige Anzahl an heute zur Verfügung stehender Peripheriegeräte lässt sich funktionell in drei Gruppen gliedern: Zur bereits erwähnten Gruppe der peripheren Speicher gehören neben Festplatten zurzeit vor allem CD- und DVD-Laufwerke, Speicherkarten sowie als Streamer bezeichnete Bandlaufwerke zur Sicherung großer Datenmengen. Als Eingabegeräte dienen in der Medienindustrie neben Tastatur und Maus vor allem Grafiktabletts, Scanner, digitale Foto- und Videokameras sowie Mikrofone. Als Ausgabegeräte wird in jedem Fall ein Monitor benötigt, zum Ausdrucken der Daten stehen Drucker, Plotter, Proofgeräte sowie Belichter zur Verfügung. Letztere dienen zur Herstellung von Filmen beziehungsweise zur Belichtung von Druckplatten für den Einsatz in Druckmaschinen.

3.1.2 Hauptplatine (Mainboard)

Wer einmal das Gehäuse eines modernen Computers öffnet, findet dort neben Netzteil, Festplatte, Laufwerken und großen Lüftern eine als Hauptplatine, Motherboard oder Mainboard bezeichnete Leiterplatte, auf die sämtliche elektronischen Komponenten entweder bereits aufgelötet sind oder in Steckplätze (Slots) eingesteckt werden können. Letztere ermöglichen es, einen Computer nach Belieben mit frei wählbaren Komponenten wie Grafikkarte, Arbeitsspeicher, Festplatte, Netzwerkkarte usw. auszustatten.

Wesentliches Kennzeichen einer Hauptplatine sind die als Systembus bezeichneten Verbindungsleitungen zwischen den einzelnen Komponenten. Funktionell gliedert sich der Systembus in einen Datenbus zum Transport der eigentlichen Informationen, einen Adressbus zur Bestimmung des Zielorts der Informationen und einen Steuerbus zur Koordination und Steuerung des Mikrocomputers. Der derzeit aktuelle und sowohl in Windows- als auch in Apple-PCs zum Einsatz kommende Systembus trägt die Bezeichnung PCI (Peripheral Component Interconnect). Auf den Hauptplatinen befinden sich demzufolge immer eine Reihe von PCI-Slots zur Aufnahme von PCI-Karten.

Speziell zur Beschleunigung der Grafikausgabe wurde der AGP-Bus (Accelerated Graphics Port) entwickelt. Vor allem aufwändige 3D-Spiele erfordern einen hohen Datendurchsatz. Die meisten Boards enthalten zur Aufnahme einer AGP-Grafikkarte einen entsprechenden Slot.

Die genannten Bussysteme könnten durch den Highspeed-Bus PCI Express (PCI E) abgelöst werden. Die Datenübertragung erfolgt hierbei im Unterschied zu PCI nicht parallel über viele Datenleitungen, sondern seriell über zwei Leitungspaare (Lanes) für das Senden und Empfangen von Daten.

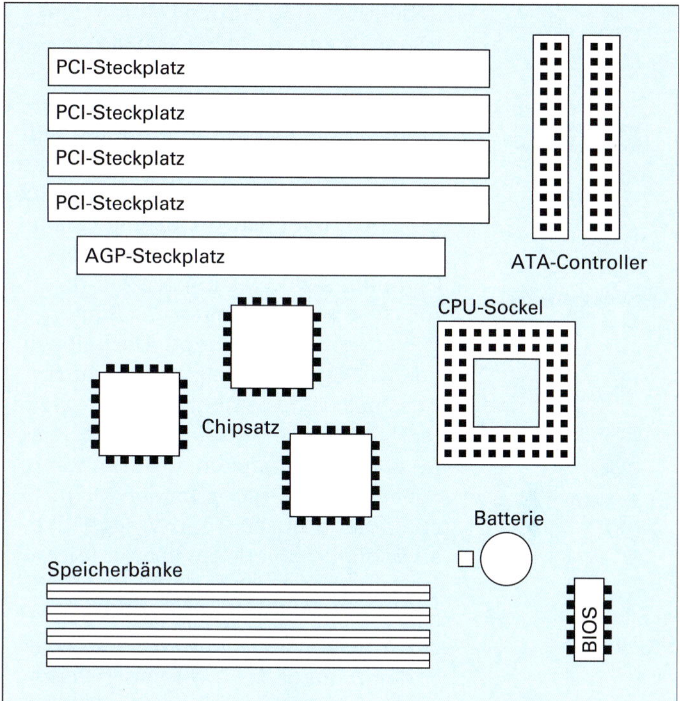

Komponenten der Hauptplatine (Mainboard)

Während PCI eine Datenrate von maximal 133 MB/s ermöglicht, liefert PCI E x1 (ein Lane) bereits 500 MB/s. Die Technologie gestattet die parallele Verwendung von bis zu 16 Lanes, so dass mit PCI E x16 die unvorstellbar hohe Datenrate von 8 GB/s realisierbar sind – das 60-Fache von PCI!

Zum Anschluss externer Geräte an den Computer stehen eine ganze Reihe von Schnittstellen zur Verfügung (vgl. Abbildung nächste Seite). Hierbei muss – wie beim internen Systembus – zwischen parallelen und seriellen Schnittstellen unterschieden werden. Im ersten Fall werden zum Beispiel acht Datenbits gleichzeitig, das heißt mit Hilfe von acht parallelen Leitungen, übertragen. Bei der seriellen Datenübertragung werden die Datenbits zeitlich nachein-

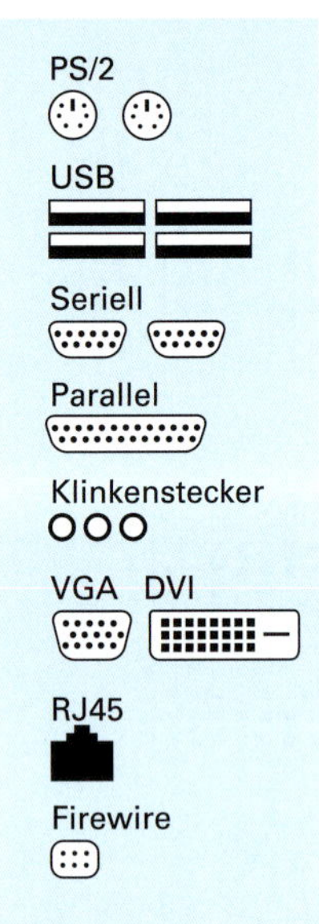

Schnittstellen eines Computers

ander über eine einzige Leitung übertragen. Mittlerweile hat sich die serielle Datenübertragung durchgesetzt. Neben einem geringeren Stromverbrauch ermöglicht sie auch längere Verbindungsleitungen zwischen Computer und Peripheriegerät. Die Tabelle unten gibt eine Übersicht über aktuelle Schnittstellen.

Bei professioneller Nutzung eines Computers sind die Einsteck- und Anschlussmöglichkeiten des Standard-PCs schnell ausgeschöpft. Deshalb wurde die Möglichkeit geschaffen, durch Anschluss eines externen Busses weitere Peripheriegeräte wie beispielsweise zusätzliche Festplatten, CD-Brenner, Scanner oder Drucker an den Mikrocomputer anzuschließen. Weitgehend an Bedeutung verloren hat der noch vor einigen Jahren sehr erfolgreiche SCSI-Bus (Small Computer System Interface), mit dem sich mehrere Geräte wie Perlen zu einer Kette verbinden lassen.

Vor allem seit der Spezifikation 2.0 hat sich sowohl im Windows- als auch im Apple-Bereich USB (Universal Serial Bus) durchsetzen können. Sämtliche Peripheriegeräte von der Maus bis zur Digitalkamera sind mittlerweile USB-fähig und lösen damit die früher wichtigen seriellen (COM) und parallelen (LPT) Schnittstellen ab. Vorteile von USB sind einerseits die Möglichkeit der Stromversorgung von Endgeräten, andererseits ist USB „Hot-Plug-&-Play"-fähig: Dies bedeutet, dass USB-Geräte bei laufendem Computer angeschlossen oder entfernt werden können.

Unerlässlich für den Betrieb eines Mikrocomputers ist das Vorhandensein eines Arbeitsspeichers (DRAM). Die hierfür notwendigen Speicherbausteine befinden sich auf kleinen Platinen, die sich in spezielle Steckplätze (Speicherbänke) auf der Hauptplatine einstecken lassen. Durch Austausch oder Ergänzung der Speicherbänke ist die Erweiterung des Hauptspeichers problemlos möglich. Wie in Abschnitt 3.1.4 beschrieben, muss hierbei beachtet werden, dass es unterschiedliche Typen von DRAM-Modulen gibt.

Zur Steuerung des Datenflusses zu oder von externen Speichermedien wie Festplatte, CD- oder DVD-Laufwerk befinden sich auf der Hauptplatine entsprechende Controller. Durchgesetzt haben sich hierbei ATA-Controller (Advanced Technology Attachment), die es in verschiedenen Spezifikationen, z.B. Ultra-ATA oder neuerdings SATA (Serial ATA) gibt. SCSI-Festplatten spielen nur noch im Serverbereich eine Rolle.

Derzeitiger Trend – vor allem bei kostengünstigen PCs – ist die Integration diverser Controller auf der Hauptplatine. So finden sich Mainboards, die bereits eine Grafik-, Sound-, Netzwerkkarte „on board" besitzen und somit keine externe Karte mehr benötigen. Qualitativ reichen diese Komponenten allerdings nicht an externe Karten heran.

Leistungsdaten der Schnittstellen eines Computers

Name	Typ	Datenrate	Geräte	Anwendungsbeispiele
COM (RS232C)	seriell	0,01 MB/s	1	Maus, Modem (veraltet)
LPT (Centronics)	parallel	1 MB/s	1	Drucker (veraltet)
Ultra-ATA/133	parallel	133 MB/s	2	interne Festplatte und Laufwerke
SATA	seriell	150 MB/s	1	interne Festplatte
USB 1.x	seriell	1,2 MB/s	127	Peripheriegeräte aller Art
USB 2.0	seriell	60 MB/s	127	Peripheriegeräte aller Art
FireWire (1394)	seriell	50 MB/s	63	externe Festplatte, DV-Kamera
FireWire (1394b)	seriell	200 MB/s	63	externe Festplatte, DV-Kamera

3.1.3 Mikroprozessor

3.1.3.1 Entwicklung

Ein Mikroprozessor stellt vermutlich das komplexeste und komplizierteste Bauelement dar, das der Mensch jemals entwickelt hat. Voraussetzung für seine Entwicklung war dabei zunächst die Erfindung des elektronischen Schalters (Transistor) im Jahr 1948. Mit Hilfe von Transistoren ließen sich binäre Operationen auf elektronische Schaltkreise übertragen, da jeder Schalter genau zwei Zustände – entsprechend der binären Null und Eins – darstellen kann. Durch die parallelen Fortschritte in der Halbleitertechnologie wurde eine Miniaturisierung dieser Schaltungen möglich, so dass heute mehrere Millionen Transistoren auf einer Fläche von wenigen Quadratzentimetern Platz finden. Die Folge war, dass raumfüllende Großcomputer nach und nach verschwanden und stattdessen der „persönliche Computer", „Personal Computer" oder kurz „PC", ins Leben gerufen wurde.

Schon bald nach dem Erscheinen der ersten PCs vor rund 25 Jahren – allen voran der legendäre Apple II oder C64 – wurden auch die großen Firmen der Branche auf die Möglichkeiten des PCs aufmerksam. So kam der erste IBM-PC mit 8088-Prozessor von Intel und dem Betriebssystem DOS von Microsoft im Jahr 1981 auf den Markt. Im damit eröffneten Wettlauf um immer kleinere, schnellere und gleichzeitig billigere Mikroprozessoren ist auch heute noch kein Ende absehbar. Obwohl die Leistungsdaten heutiger Prozessoren noch vor zwanzig Jahren unvorstellbar gewesen wären, besteht nach wie vor der Wunsch nach mehr Leistung und Geschwindigkeit. Die Ursache hierfür liegt einerseits in den immer komplexer werdenden Softwarepaketen. Andererseits werden dem PC heute zunehmend Aufgaben übertragen, die enorme Rechenleistungen voraussetzen. Beispiele hierfür sind der digitale Videoschnitt oder aufwändige 3D-Animationen bei Computerspielen.

Der Mikroprozessor-Markt ist hart umkämpft und wird unter wenigen Firmen aufgeteilt. Im Bereich der Windows- bzw. Linux-PCs konkurriert die Firma Intel (Pentium, Celeron, Xeon, Itanium) mit der Firma AMD (Athlon, Duron). Die Prozessoren für die Apple-Powermacs G3, G4 und G5 stammen von IBM (PowerPC).

Der derzeitige Trend geht in Richtung „Mobile Computing" – Laptops, Notebooks und Pocket-PCs sind stark nachgefragt. Für diese Geräte sind Mikroprozessoren erforderlich, deren Strom- und Kühlungsbedarf deutlich unter dem der leistungsstarken Desktop-Prozessoren liegt. Ein Beispiel hierfür ist der von Intel speziell für dieses Marktsegment entwickelte Pentium M.

Typ	Baujahr	Datenbus	Adressbus	Adressraum	Taktfrequenz	L1/L2-Cache
i8086	1978	16 Bit	20 Bit	1 MB	4,77 MHz	–/–
i80286	1982	16 Bit	24 Bit	16 MB	6 – 12 MHz	–/–
i80368DX	1985	32 Bit	32 Bit	4 GB	16 – 40 MHz	–/–
i80486DX	1989	32 Bit	32 Bit	4 GB	33 – 100 MHz	8 KB/–
Pentium	1993	64 Bit	32 Bit	4 GB	60 – 266 MHz	16 KB/–
Pentium II	1997	64 Bit	32 Bit	4 GB	233 – 400 MHz	32/512 KB
Pentium III	1999	64 Bit	32 Bit	4 GB	400 – 1100 MHz	32/512 KB
Pentium 4	2000	64 Bit	36 Bit	64 GB	1,3 GHz – 3 GHz	16/1024 KB

Entwicklung des Mikroprozessors am Beispiel Intel

(Stand: 4/2005)

3.1.3.2 Funktionsprinzip und Kennwerte

Trotz seiner Komplexität lässt sich die prinzipielle Funktionsweise eines Mikroprozessors mit Hilfe eines Blockschaltbildes relativ leicht verstehen: Die Buseinheit steuert die Datenübernahme in den Prozessor bzw. -übergabe auf den Datenbus. Die Datenbusbreite, also die Anzahl der parallelen Datenleitungen, stellt einen wichtigen Kennwert des Prozessors dar. Heutige Prozessoren besitzen eine Datenbusbreite von 64 Bit, bei der nächsten Generation wird es sich um 128-Bit-Prozessoren handeln.

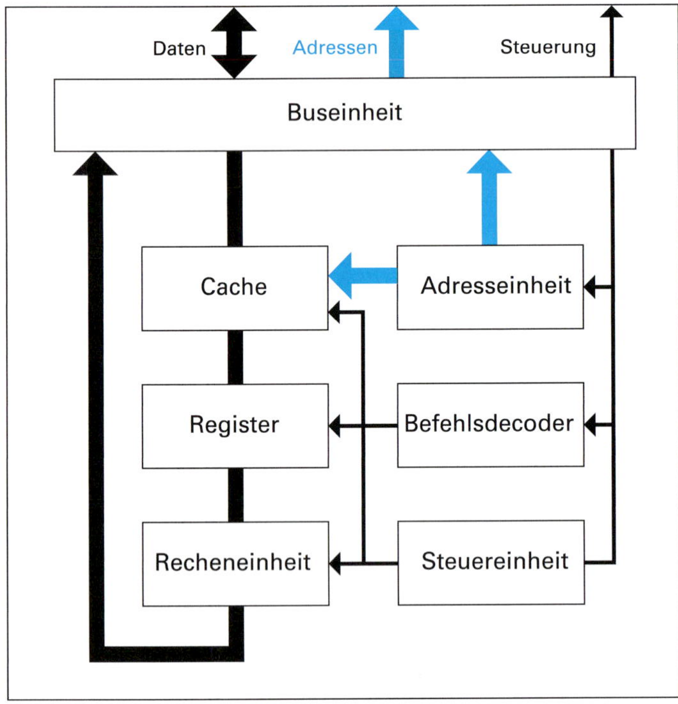

Blockschaltbild eines Mikroprozessors

Die ankommenden Daten und Befehle gelangen zunächst in einen als Cache bezeichneten Zwischenspeicher. Der Befehlsdecoder ermittelt nun, um welche Art von Befehle es sich handelt und welche Operanden hierfür benötigt werden. Nach dieser Decodierung bereitet die Steuereinheit die Befehlsausführung vor. Handelt es sich beispielsweise um einen Additionsbefehl, dann müssen die zwei Operanden in so genannte Register übertragen werden. Auf diese Register greift nun die Recheneinheit (Arithmetic Logic Unit, ALU) zu und führt die Addition durch.

Zur Übertragung des Ergebnisses in eine Speicherzelle des Arbeitsspeichers muss durch die Adresseinheit zunächst deren Adresse berechnet werden. Die Adressbusbreite des Prozessors legt dabei die maximale Größe des Arbeitsspeichers fest. Heutige Prozessoren mit einer Adressbusbreite von 36 Bit können 2^{36} Adressen verwalten. Da jede Adresse eine Speicherzelle von einem Byte adressiert, ist mit 2^{36} Adressen die Adressierung von maximal 64 Gigabyte DRAM möglich.

Zur Synchronisation des Datenflusses innerhalb des Prozessors wird dieser durch einen externen Taktgeber (Quarz) mit einem Rechteckimpuls versorgt. Die Anzahl der Rechteckimpulse pro Sekunde wird in Megahertz (MHz) angegeben und ist ein wichtiges Leistungsmerkmal eines Mikroprozessors. Während der erste IBM-PC eine Taktfrequenz von knapp 5 MHz besaß, sind heute bereits Prozessoren mit 5 GHz zu erwarten – also eine um den Faktor 1000 höhere Taktfrequenz.

Weitere Leistungssteigerungen werden durch eine geschickte Kaskadierung der schnellen Cache-Speicher (L1-, L2- und L3-Cache) sowie durch so genanntes Pipelining erzielt. Bei diesem Verfahren werden die nächsten Befehle und Operanden zur Ausführung vorbereitet, während die Recheneinheit mit der Ausführung des aktuellen Befehls beschäftigt ist.

3.1.4 Halbleiterspeicher

3.1.4.1 Speicherhierarchie

Zur effizienten Verarbeitung von Daten benötigt ein Mikrocomputer unterschiedliche Speicher, die hinsichtlich Speicherkapazität und Zugriffszeit auf die Daten an die jeweilige Aufgabe angepasst sind. Dabei gilt folgender Grundsatz: Je näher sich der Speicher am Mikroprozessor befindet, umso schneller muss der Zugriff auf den Speicherinhalt werden. Aus diesem Grund werden in Prozessornähe ausschließlich Halbleiterspeicher eingesetzt, weil der elektronische Zugriff auf Daten wesentlich weniger Zeit benötigt als der mechanische Zugriff auf eine Platte oder Scheibe. Unterschieden werden hierbei die als Register bezeichneten prozessoreigenen Speicher, die allerdings nur die gerade aktuellen Befehle bzw. Daten für die Verarbeitung durch das Rechenwerk bereithalten können. In direkter Prozessornähe befinden sich sehr schnelle Zwischenspeicher, die in einen 1st-Level-, 2nd-Level- und – je nach Prozessor auch noch – einen 3rd-Level-Cache gegliedert sind. Ihre Aufgabe ist es, die aktuell benötigten Befehlsfolgen für den Prozessor bereitzuhalten, indem sie diese aus dem deutlich langsameren Arbeitsspeicher (DRAM) kopieren. Umgekehrt müssen die Rechenergebnisse des Prozessors aus dem Cache in den Arbeitsspeicher geschrieben werden.

Der im Vergleich zum Cache langsame Arbeitsspeicher hält aufgrund seiner Größe – bei heutigen Computern oft schon 1 GB oder mehr – alle für die Arbeitssitzung benötigten Programme und Daten bereit, indem er sie von der Festplatte kopiert. Letztere bietet im Unterschied zu den elektronischen Speichern den großen Vorteil, dass sie ihre Daten auch nach dem Abschalten des Computers nicht verliert.

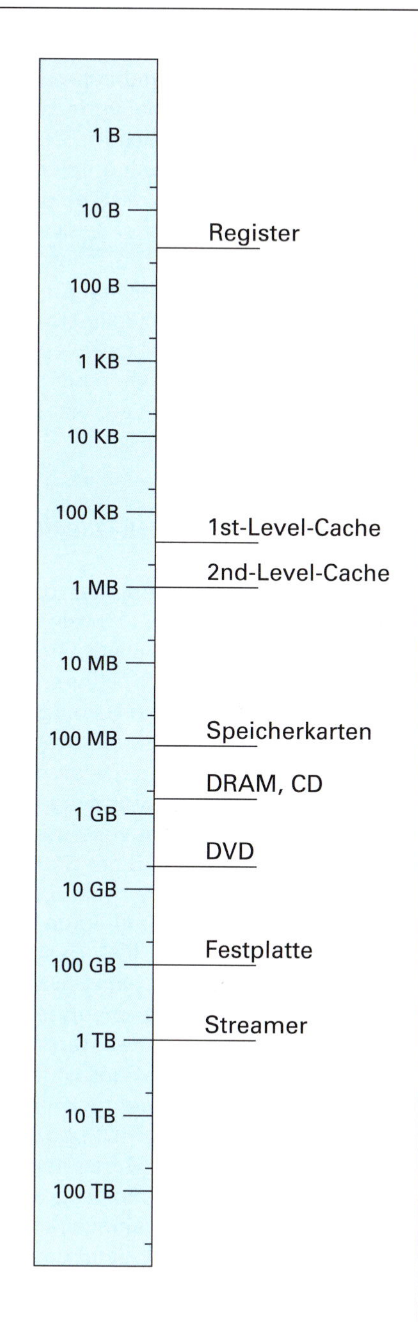

Speicherkapazitäten der internen und externen Speicher

Beachten Sie die logarithmische Achsenteilung

Alle (prozessornahen) Halbleiterspeicher werden auch als interne Speicher bezeichnet. Auch wenn sich Festplatte und CD- oder DVD-Laufwerke ebenfalls innerhalb des Computergehäuses befinden, spricht man hierbei von externen oder peripheren Speichern. Diese Unterscheidung erklärt sich durch die unterschiedliche Arbeitsweise beider Gruppen: Halbleiterspeicher speichern Daten mit Hilfe von elektronischen Bauelementen, die einen schnellen Zugriff auf jede einzelne Speicherzelle ermöglichen. Alle Festplatten und Laufwerke hingegen schreiben die Daten auf sich drehende Scheiben – ein vergleichsweise zeitaufwändiger Vorgang.

3.1.4.2 Nur-Lese-Speicher (ROM)

Die große Familie der Halbleiterspeicher lässt sich funktionell in zwei Gruppen teilen: In einen Nur-Lese-Speicher (Read Only Memory, ROM) können – wie der Name sagt – keine Daten geschrieben werden. Sein Vorteil besteht jedoch darin, dass er seine Daten nicht verliert, wenn der Computer ausgeschaltet wird, man spricht von einem nichtflüchtigen Speicher. Beim Starten eines Computers greift der Mikroprozessor deshalb zunächst auf einen ROM-Baustein mit dem BIOS (Basic Input Output System) zu. Das BIOS liefert alle benötigten Informationen zur Erkennung der vorhandenen Hardware. Erst danach kann das Betriebssystem von der Festplatte gestartet (gebootet) werden. Eine als Flash-EPROM bezeichnete Sonderform der ROM-Bausteine ist elektrisch lösch- und neu programmierbar, so dass hiermit eine Veränderung (zum Beispiel ein Update) des Speicherinhaltes möglich wird. Diese Technologie macht man sich auch im Bereich der externen Speicher zunutze: In Form von kompakten Speicherkarten in Notebooks, Digitalkameras oder als „Memory Sticks" sind Flash-EPROM-Speicher mittlerweile in einer großen Auswahl erhältlich und ersetzen zunehmend Diskette und beschreibbare CDs.

3.1.4.3 Schreib-Lese-Speicher (RAM)

Die zweite Gruppe der Halbleiterspeicher bilden die Schreib-Lese-Speicher, besser bekannt als Arbeitsspeicher oder RAM (Random Access Memory). Der Arbeitsspeicher besitzt die Funktion eines Zwischenspeichers. Gemeinsames Kennzeichen aller RAM-Module ist es, dass sie flüchtig sind, also beim Ausschalten des Computers gelöscht werden. Um diesem Datenverlust vorzubeugen, müssen also spätestens vor dem Beenden der Computersitzung alle gewünschten Daten auf einen peripheren Speicher gesichert werden. Da die Arbeit am Computer immer die Gefahr des „Rechnerabsturzes" in sich birgt, werden erfahrene Computeranwender diesen Speichervorgang regelmäßig durchführen ...

Die Vielfalt an RAM-Modulen ist verwirrend. Zur Strukturierung sollte zwischen zwei Untergruppen, den statischen und den dynamischen RAM-Bausteinen, unterschieden werden:

Ein dynamischer oder DRAM-Baustein speichert ein Bit mit Hilfe eines einzigen Transistors. Dadurch lässt sich eine sehr hohe Anzahl an Speicherzellen auf kleinstem Raum unterbringen. Nachteilig dabei ist, dass sich die winzigen Bauelemente schnell entladen und die gespeicherte Information deshalb ständig aufgefrischt werden muss (Refresh-Zyklus). Die hierfür benötigte Zeit

Halbleiterspeicher (Interne Speicher)

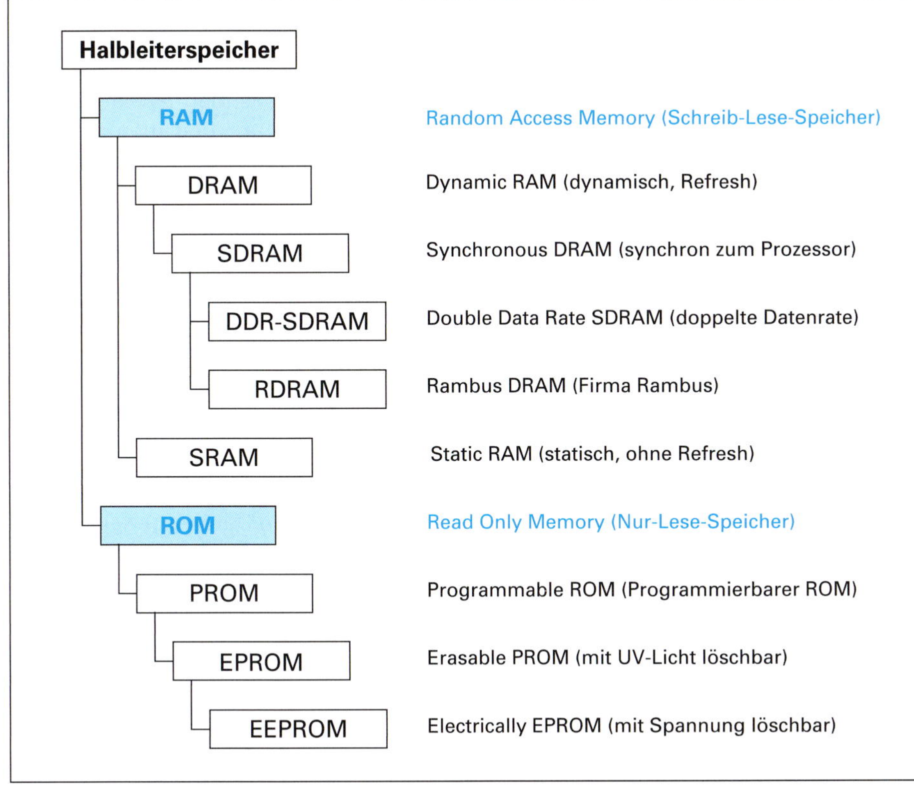

geht zu Lasten der Zugriffszeit auf den Speicher. Aufgrund ihrer kompakten Bauweise und der geringen Kosten machen die DRAM-Module den Hauptanteil des Arbeitsspeichers aus. Während der Einsatz von 256 MB DRAM zur Grundausstattung gehört, ist die Erweiterung des Arbeitsspeichers auf 512, 1.024 oder mehr Megabyte zum Beispiel im Bereich der Bildbearbeitung durchaus sinnvoll. Innerhalb der DRAM-Bausteine gibt es Subgruppen: SDRAM, DDR-SDRAM und RDRAM (Rambus).

Ein statischer oder SRAM-Baustein verwendet zum Speichern eines Bits nicht ein einziges Bauelement, sondern eine Schaltung aus mehreren Transistoren. Dies hat den Nachteil, dass Platzbedarf und Kosten pro Megabyte deutlich höher sind als beim DRAM-Baustein. Der Vorteil hierbei ist, dass die zeitintensiven Refresh-Zyklen entfallen und SRAM-Speicher somit eine sehr geringe Zugriffszeit besitzen. Dies erklärt, weshalb SRAM als schneller Zwischenspeicher (Cache) zwischen DRAM und Mikroprozessor eingesetzt wird. Eine Steuerlogik sorgt dafür, dass oft benötigte Daten im Cache verbleiben oder in diesen kopiert werden. Der Mikroprozessor hat in diesem Fall einen schnellen Zugriff auf diese Daten. Die Größe des Cache-Speichers ist von Prozessor zu Prozessor unterschiedlich, beträgt aber normalerweise zwischen 256 und 1.024 Kilobyte.

3.1.5 Externe Speicher

3.1.5.1 Speicherverfahren

Während die binären Informationen bei Halbleiterspeichern immer in Form von elektrischer Ladung gespeichert werden, kommen im Bereich der externen Speicher unterschiedliche Verfahren zum Einsatz:

Beim magnetischen Speicherverfahren wird eine magnetisierbare Schicht durch einen sehr feinen Elektromagneten entsprechend der binären Information magnetisiert. Vereinfacht gesagt heißt dies: Eine binäre Eins wird durch einen magnetischen Südpol gespeichert, eine binäre Null durch einen magnetischen Nordpol. Dieses Speicherverfahren wird bei Festplatten, Disketten sowie bei Streamern (Bandlaufwerke) angewandt. Der große Vorteil besteht darin, dass die Platten oder Bänder jederzeit gelöscht und neu beschrieben werden können. Nachteilig ist die hohe Empfindlichkeit gegenüber äußeren Magnetfeldern und thermischen Einflüssen.

Bei beschreibbaren CDs und DVDs werden die Informationen mit Hilfe eines optischen Verfahrens gespeichert. Dabei „brennt" ein Laserstrahl im wahrsten Sinne des Wortes das binäre Informationsmuster als Erhöhungen (Land) und Vertiefungen (Pit) in eine Metallschicht. Bei kommerziellen Datenträgern wird ein „Glasmaster" erstellt, der zum Pressen der gewünschten Auflage herangezogen wird. Beim Lesen der CD oder DVD werden die Informationen durch die unterschiedliche Reflexion der Pits und Lands wiedergewonnen. Vorteil der optischen Datenspeicher ist die relativ große Unempfindlichkeit gegenüber äußeren Einflüssen. Selbst kleine Kratzer können durch entsprechende Korrekturverfahren eliminiert werden.

Eine Kombination aus den beiden erstgenannten Verfahren stellt das magneto-optische Verfahren dar, bei dem ein Laserstrahl das magnetisierbare Trägermaterial punktuell erwärmt, während gleichzeitig ein Magnet die Magnetisierung vornimmt. Das Lesen erfolgt wie bei der CD oder DVD mit Hilfe eines schwächeren Laserstrahls. Dabei wird ausgenutzt, dass das Laserlicht in Abhängigkeit von Magnetfeldern unterschiedlich polarisiert wird, was durch einen Polarisationsfilter erkannt werden kann. Ein Vorteil der MO-Speicher ist die hohe Unempfindlichkeit gegenüber Wärme und Magnetfelder. Da sie im Unterschied zu Bändern einen wahlfreien Zugriff auf die Daten ermöglichen, werden sie gerne zur Datensicherung (Backup) eingesetzt.

Seit einigen Jahren etabliert sich auch im Bereich der externen Speicher die Halbleitertechnologie: Auf Speicherkarten lassen sich immer größere Datenmengen auf kleinstem Raum archivieren. Damit die Daten auch ohne Versorgungsspannung erhalten bleiben, wird die Flash-EPROM-Technologie verwendet (vgl. Abschnitt 3.1.4.2). Halbleiterspeicher bieten hierbei neben ihrer sehr kompakten Bauweise den Vorteil eines schnellen Datenzugriffs. Speicherkarten sind mittlerweile in zahlreichen Varianten und Ausführungen bis zu einem GB erhältlich, beispielsweise unter dem Namen CompactFlash, SmartMedia oder Memory-Stick. Ihr Einsatz ist überall dort, wo kein Platz für größere Laufwerke vorhanden ist, zum Beispiel in Digitalkameras, Notebooks oder Handhelds. Außerdem eignen sich die an eine USB-Schnittstelle anschließbaren „Flash-Pens" in idealer Weise zum Datentransfer. Das endgültige Aus der Diskette ist somit absehbar.

Magnetische Datenspeicherung

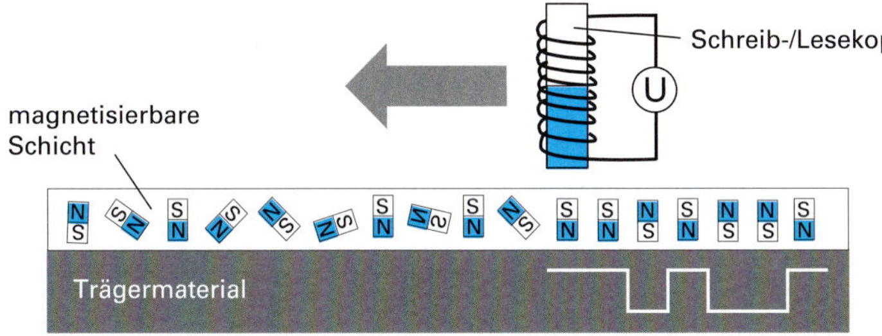

Optische Datenspeicherung

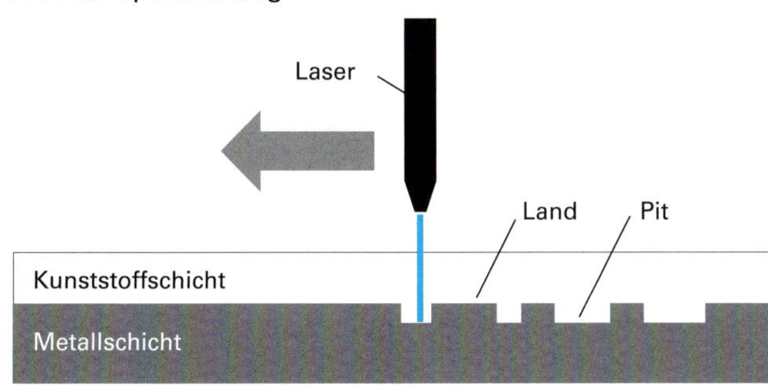

Magneto-optische Datenspeicherung

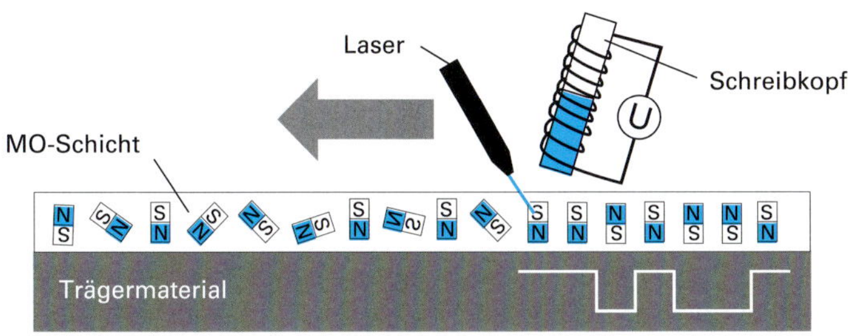

Datenspeicherung

Schematische Darstellung der magnetischen, optischen und magneto-optischen Datenspeicherung (Schreibvorgang)

3.1.5.2 Speicherkennwerte

Speicherkapazität

Ein wichtiges Unterscheidungsmerkmal der Speichermedien ist die als Speicherkapazität bezeichnete Gesamtmenge an speicherbaren Informationen. Die Einheit der Speicherkapazität ist das Byte sowie die Vielfachen Kilobyte (KB), Megabyte (MB), Gigabyte (GB) und Terabyte (TB). Wie in Abbildung auf Seite 375 zu sehen ist, nimmt die Speicherkapazität von den prozessornahen Halbleiterspeichern zu peripheren Speichern enorm zu. Die Speicherkonfiguration eines heute aktuellen PCs könnte sein (Stand: 2005):

- Mikroprozessor (L1-Cache) 16 KB
- SRAM (L2-Cache) 1024 KB
- Arbeitsspeicher 512 MB
- Festplatte 120 GB
- DVD+RW 4,7 GB

Hierbei nehmen die Kosten pro Megabyte von oben nach unten ab, die Geschwindigkeit des Datenzugriffs allerdings auch.

Zugriffszeit

Die Angabe der Geschwindigkeit des Zugriffs auf die Daten eines Speichermediums wird durch zwei Parameter beschrieben. Bei der in Sekunden angegebenen Zugriffszeit handelt es sich um die durchschnittliche Dauer von der Adressierung der gewünschten Daten bis zu deren Erhalt auf dem Datenbus. Bei Halbleiterspeichern ist diese Zeit für den Zugriff auf alle Speicherzellen nahezu konstant. Bei allen mechanisch bewegten Platten oder Scheiben hingegen muss der Schreib-/Lesekopf zunächst an die zugehörige Stelle bewegt werden. In Abhängigkeit von der zurückzulegenden Weglänge unterscheiden sich die Zugriffszeiten deshalb stark, so dass hier nur eine mittlere Zugriffszeit angegeben werden kann. Bei allen Bandlaufwerken macht aufgrund der notwendigen Spulvorgänge die Angabe einer Zugriffszeit keinen Sinn.

Datenübertragungsrate

Aussagekräftiger über den Datentransfer von oder zu einem Speicher ist die Angabe einer in MB/s oder GB/s gemessenen Datenübertragungsrate. Hierdurch wird ein direkter Geschwindigkeitsvergleich zwischen peripheren Speichern möglich. Beispielhaft seien hier einige zurzeit aktuellen Werte genannt:

- RDRAM 4 GB/s
- SATA-Festplatte 40 MB/s
- 52x CD-RW 7,6 MB/s
- 12x DVD-ROM 13,2 MB/s

Externe Speichermedien im Vergleich

Typ	Format	Kapazität	Verfahren	Schnittstelle	Lesen	Schreiben
Diskette	3,5″	1,44 MB	magnetisch	Disccontroller	ja	ja
Festplatte	2,5 – 3,5 ″	bis 320 GB	magnetisch	ATA, SATA, SCSI	ja	ja
MOD	3,5″	bis 1,3 GB	magneto-opt.	USB	ja	ja
CD-ROM	12 cm	700 MB	optisch	USB, EIDE	ja	nein
CD-R	12 cm	650 MB	optisch	USB, EIDE	ja	1x
CD-RW	12 cm	650 MB	optisch	USB, EIDE	ja	ja
DVD-ROM	12 cm	bis 17 GB	optisch	USB, FireWire, EIDE	ja	nein
DVD-R/+R	12 cm	4,7 GB	optisch	USB, FireWire, EIDE	ja	1x
DVD-RW/+RW	12 cm	4,7 GB	optisch	USB, FireWire, EIDE	ja	ja
DVD-RAM	12 cm	4,7 GB	optisch	USB, FireWire, EIDE	ja	ja
Streamer	divers	bis TB	magnetisch	SCSI, FireWire, ATAPI	ja	ja

Beachtlich ist der Unterschied zwischen der Zugriffszeit auf einen RAM-Speicher im Vergleich zu einer Festplatte: Im Beispiel ist das DRAM-Modul um das 100-Fache schneller als die Festplatte. Dies erklärt die große Bedeutung des Arbeitsspeichers für die Performance des Computers!

3.1.5.3 Festplatten

Die Festplatte stellt nach wie vor den wichtigsten externen Speicher des Computers dar. Der Name ist im Grunde genommen falsch, da eine Festplatte nicht aus einer, sondern aus einem Stapel von beschichteten Aluminiumscheiben besteht, die sich auf einer Achse befinden und sich mit einer Geschwindigkeit von 7.000 bis 15.000 Umdrehungen pro Minute drehen. Durch Erhöhung der Umdrehungsgeschwindigkeit lässt sich die Zugriffszeit auf die Daten reduzieren, allerdings steigen auch Geräusch- und Wärmeentwicklung deutlich an. Zwischen den Platten bewegen sich die Schreib- und Leseköpfe auf einem kammförmigen Träger hin und her. Es handelt sich dabei um winzige Elektromagnete, die beim Schreibvorgang die bewegte Scheibe magnetisieren und beim Lesevorgang die magnetisierte Stelle in ein elektrisches Signal umwandeln.

Entscheidend für das Funktionieren der Festplatte ist, dass keine der Scheiben durch einen Schreib-/Lesekopf jemals berührt wird. Dieser so genannte „Headcrash" würde unwiderruflich zur Zerstörung der Festplatte führen. Obwohl heutige Platten relativ unempfindlich sind, sollten Erschütterungen vermieden werden. Dies gilt insbesondere auch für Laptops, bei denen die Erschütterungsgefahr besonders groß ist.

Der Datenzugriff erfolgt bei heutigen Platten ausschließlich mit Hilfe der LBA-Adressierung (Large Block Address): Das Verfahren teilt jede Platte in konzentrische Kreise (Zylinder) ein, die ihrerseits in gleich große Sektoren von jeweils 512 Byte unterteilt werden. Jeder Sektor erhält eine eindeutige 48-Bit-Adresse. Mit dieser Zahl lassen sich Festplatten bis 128 Petabyte (2^{50} Byte) adressieren, so dass diese Technologie noch eine Weile ausreichend sein dürfte ...

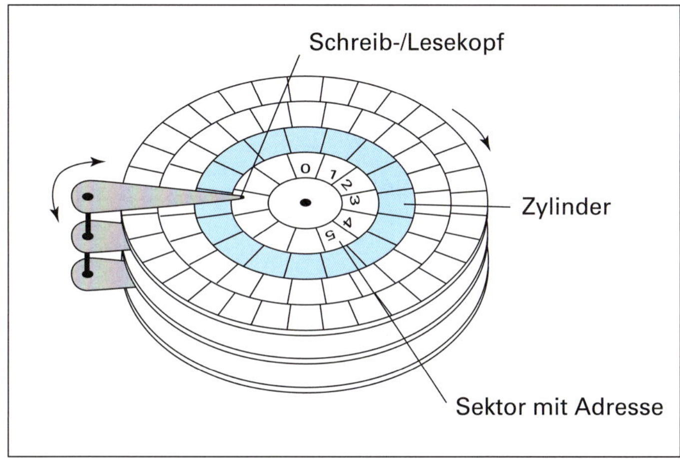

Aufbau einer Festplatte mit LBA-Adressierung

RAID

Nicht nur in Firmen, sondern auch bei privater Nutzung eines Computers sollte ein Konzept zur konsequenten Sicherung aller relevanten Daten erarbeitet werden. Neben der Datensicherung auf beschreibbare CDs, DVDs oder Bändern setzen viele Unternehmen die RAID-Technologie (Redundant Array of Independent Disks) ein. Dabei werden Daten durch einen RAID-Controller auf mehrere Festplatten verteilt, so dass dieser bei Ausfall einer Festplatte die gesamte Information wiedergewinnen kann. Unterschieden werden hierbei acht RAID-Level, wobei vorzugsweise die Level 0, 1 und 5 eingesetzt werden:

RAID Level 0, 1 und 5 im Vergleich

Die Anzahl der Plattensegmente spiegelt den unterschiedlichen Plattenbedarf wider

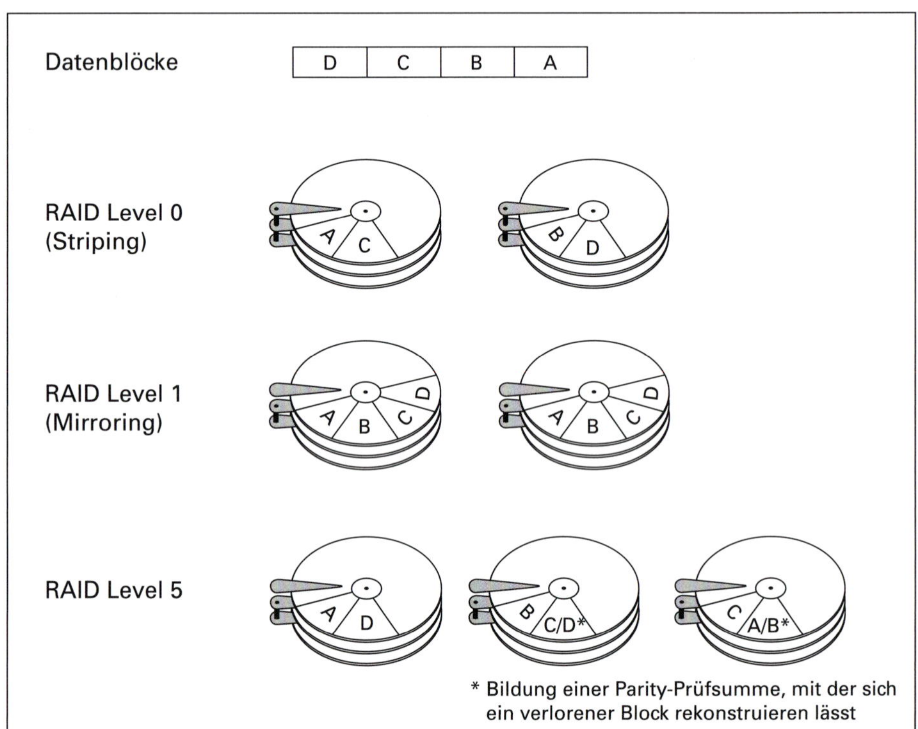

- RAID Level 0
  Die Daten werden in Blöcke zerlegt und abwechselnd auf zwei (oder mehr) Festplatten verteilt. Dies erhöht die Sicherheit der Daten nicht, verdoppelt aber die Zugriffsgeschwindigkeit, weil gleichzeitig auf zwei Platten zugegriffen wird.
- RAID Level 1
  Auch hier werden die Daten auf zwei (oder mehr) Platten verteilt, allerdings wird jeder Datenblock auf zwei Platten gespeichert. Es handelt sich also um eine Datenspiegelung (Mirroring), so dass bei Ausfall einer Platte die Daten auf der anderen Platte erhalten sind.
- RAID Level 5
  Einen Kompromiss zwischen hoher Performance (RAID Level 0) und hoher Sicherheit (RAID Level 1) stellt RAID Level 5 dar. Alle Daten werden auch hier in Blöcke aufgeteilt und auf mindestens drei Platten gespeichert. Anstatt die Daten jedoch komplett zu spiegeln, werden Prüfsummen der jeweiligen Blöcke gebildet, mit deren Hilfe sich die Daten bei Verlust rekonstruieren lassen. Die hierfür benötigte Plattenkapazität ist geringer als bei einer Spiegelung (vgl. Abbildung).

Hundertprozentige Sicherheit bietet keines der vorgestellten Verfahren, da auch der RAID-Controller ausfallen kann und damit eine Rekonstruktion der Daten nicht mehr möglich ist. Um ganz sicher zu gehen, müsste demnach auch der RAID-Controller redundant ausgelegt werden. Zusätzlich empfiehlt sich ein Backup auf CD, DVD oder Streamerband.

3.1.5.4 CD (Compact Disc)

Farbige Bücher

Die (Audio-)CD wurde 1982 als Nachfolger der Vinyl-Schallplatte vorgestellt – erst drei Jahre später erkannte man ihre Vorteile für die Archivierung von Computerdaten und der Siegeszug dieses Speichermediums konnte beginnen. Heute scheint eine Ablösung der CD durch die DVD absehbar.

Die unterschiedlichen CD-Spezifikationen sind in den so genannten „farbigen Büchern" (Rainbow Books) festgelegt:

- Red Book (1982): Audio-CD
- Yellow Book (1985): CD-ROM
- Green Book (1987): CD-I
- White Book (1993): Video-CD
- Orange Book (1990): CD-R, CD-RW
- Blue Book (1995): CD-Extra

Audio-CD (CD-DA)

Die Audio-CD hat im Grunde genommen nichts mit einem Computer zu tun, sondern speichert bis zu 78 Minuten Musik, die mit Hilfe eines CD-Players abgespielt werden kann. Die digitalen Musikdaten sind hierbei in Tracks unterteilt.

Die Konvertierung der Audiodaten in WAV-Dateien für den Computer ist mit Hilfe einer speziellen Software (Audio-Grabber) möglich. Umgekehrt ermöglicht jede Brennersoftware das Schreiben einer Audio-CD, die stets in einer Session geschrieben werden muss (Disc-at-once).

CD-ROM

Eine CD-ROM kann – wie der Name ROM (Read Only Memory) besagt – gelesen, aber nicht beschrieben werden. Sie besitzt eine maximale Datenmenge von 682 MB. Eine CD-ROM besteht, wie alle anderen Varianten auch, aus einer Kunststoffscheibe mit einem Durchmesser von 12 cm. Im Unterschied zur Festplatte sind die Daten nicht in konzentrischen Kreisen, sondern auf einer spiralförmigen Spur angeordnet. Die Spur ist in Sektoren mit jeweils 2 KB an Nutzdaten unterteilt und wird stets von innen nach außen beschrieben. Im Unterschied zur Festplatte, die sich mit einer konstanten Geschwindigkeit dreht, hängt die Drehzahl der CD-ROM von der Position der Daten ab: Im inneren Bereich dreht sie sich schneller, im äußeren Bereich langsamer. Auf diese Weise kann gewährleistet werden, dass die Datenrate innen und außen gleich groß ist. Letztere wird auch heute noch auf ein „Single-Speed-Laufwerk" bezogen, das zu Beginn der CD-ROM-Ära eine Datenrate von 150 KB/s geliefert hat. Die Angabe „52x" eines modernen Laufwerks bedeutet also: 52 x 150 KB/s = 7.800 KB/s.

Oberflächenbeschichtung mit Label
Schutzschicht
Reflexionsschicht aus Aluminium
Aufzeichnungsschicht mit Farbstoff
Trägerschicht aus Polycarbonat

Aufbau einer CD-R

CD-R/CD-RW

Nach der Markteinführung der CD-ROM kam der Wunsch nach beschreibbaren Medien. So wurde im „Orange Book" ein Standard für einmal beschreibbare CD-R (Recordable) und mehrmals beschreibbare CD-RW (Rewritable) festgelegt. Der Schreibvorgang eines optischen Speichers ist in Abschnitt 3.1.5.1 beschrieben.

Um eine CD-RW beschreiben und wieder löschen zu können, wird eine spezielle Kristallschicht verwendet. Diese hat die Eigenschaft, dass sich ihre kristallinen Eigenschaften in Abhängigkeit von der Temperatur (Laser) verändern: Bei hoher Temperatur richten sich die Kristalle aus, während sie bei mittlerer Temperatur in einen ungeordneten (amorphen) Zustand übergehen. Diese Kristalleigenschaft wird zum Beschreiben bzw. Löschen der CD-RW genutzt (Phase-Change-Technik). Da sich beim Übergang von ungeordnet in geordnet das Reflexionsverhalten der Schicht ändert, ist ein Auslesen der Information möglich.

Das Lesen, Schreiben und Wiederbeschreiben einer CD dauert unterschiedlich lange, so dass die Hersteller von CD-Brenner drei Geschwindigkeitsangaben machen: 52x/24x/48x bedeutet, dass eine CD mit 52x gelesen, eine CD-RW mit 24x beschrieben und eine CD-R mit 48x beschrieben werden kann. Zu beachten ist, dass die verwendeten Rohlinge für diese Datenraten ausgelegt sein müssen.

Eine CD-R kann zwar nicht gelöscht werden, dennoch muss der Schreibvorgang nicht an einem Stück erfolgen. Mittels Multisession-Technik ist es möglich, den Datenträger nach und nach durch Hinzufügen weiterer Sessions zu beschreiben. Eine Session besteht dabei immer aus drei Teilen:

- Lead-in: Beginn der Session
- Datenbereich
- Lead-out: Ende der Session

Durch die Multisession-Technik und die heute sehr günstigen CD-R-Rohlinge ist es kaum mehr erforderlich, auf die deutlich teureren CD-RW-Rohlinge zurückzugreifen.

Video-CD (VCD)

Auf einer Video-CD lassen sich etwa 70 Minuten Video im Format 352 x 288 Pixel MPEG-1-codiert abspeichern. Bei 25 Bildern/s ergibt sich ein Datenstrom von 1.150 kBit/s. Diese mittelmäßige Qualität entspricht im DVD-Zeitalter sicherlich nicht mehr den Ansprüchen des Betrachters. Zum Vergleich: DVD-Video verwendet das volle PAL-Format (752 x 576 Pixel) und speichert die Daten im qualitativ deutlich überlegenen MPEG-2-Format.

CD-Dateisysteme

Zum Brennen einer CD ist die Kenntnis der unterschiedlichen Dateisysteme unerlässlich, da das gewünschte Dateisystem im Brennprogramm eingestellt werden muss:

- ISO 9660
  Der „Veteran" der Dateisysteme geht auf DOS zurück und verlangt Dateinamen mit maximal acht Buchstaben (nur Großbuchstaben, Zahlen und Unterstriche) sowie einer durch einen Punkt getrennten Dateiendung von drei Buchstaben (8.3-Konvention): KAPITEL3.QXD, TEIL_5.TXT
- ISO 9660/Joliet
  Mit der Einführung von Windows 95 wurden lange Dateinamen möglich, die beim Brennen einer CD gemäß ISO 9660 radikal auf 8.3 gekürzt werden. Um dies zu verhindern, erweitert die Joliet-Konvention die Dateinamenlänge auf bis zu 64 Zeichen

und lässt nun auch Sonder- und Leerzeichen zu: Kapitel 3.qxd, Alles klar oder etwa nicht?.txt

- HFS (Hierarchical File System)
  HFS ist das Dateisystem des Apple-Betriebssystems Mac OS. Eine CD, die in diesem Format am „Mac" gebrannt wurde, kann durch Windows-Betriebssysteme nicht gelesen werden. (Umgekehrt können Windows-CDs auch am Mac gelesen werden.)
- Hybrid-CD
  Soll eine CD sowohl unter Windows als auch unter Mac OS lesbar sein, müssen zwei Partitionen – eine ISO- und eine HFS-Partition – erstellt werden. Das Brennen einer Hybrid-CD sollte am Mac erfolgen, beispielsweise mit Hilfe der Software Toast von Roxio, da unter Windows eine externe Festplatte mit HFS-Dateisystem angeschlossen werden müsste.
- UDF (Universal Disc Format)
  Mit UDF wurde 1995 ein neues Dateisystem für optische Datenträger geschaffen, das sowohl hinsichtlich Dateinamen keinen Einschränkungen mehr unterliegt als auch von allen Betriebssystemen gelesen werden kann. UDF 1.50 spezifiziert das Schreiben von CDs, UDF 2.01 das Schreiben von DVDs.

CD-Auflagen-Produktion

Bei einer größeren Auflage werden die CDs nicht gebrannt, sondern in einem Presswerk hergestellt. Hierzu müssen die Daten zunächst auf einen mit einem lichtempfindlichen Material beschichteten Glasträger übertragen werden. Nach der Belichtung wird eine hauchdünne Silberschicht aufgedampft – damit ist der Glasmaster fertig und kann im CD-Laufwerk getestet werden.

In einem galvanischen Prozess wird eine Nickelschicht aufgebracht, die die Erhöhungen und Vertiefungen nun spiegelbildlich enthält, der so genannte „Vater". In zwei weiteren Prozessschritten wird zunächst wieder ein seitenrichtiges Gegenstück hergestellt, um von dieser „Mutter" schließlich eine oder mehrere Pressformen („Töchter") zu erhalten.

Die Tochterformen werden nun zur Auflagen-Produktion mit Polycarbonat gefüllt und unter hohem Druck gepresst. Wie in der Abbildung auf Seite 383 dargestellt, folgt eine Reflexionsschicht aus Aluminium oder Gold, eine Schutzschicht aus Lack sowie die Oberflächenbeschichtung, die wiederum im Siebdruck bedruckt werden kann.

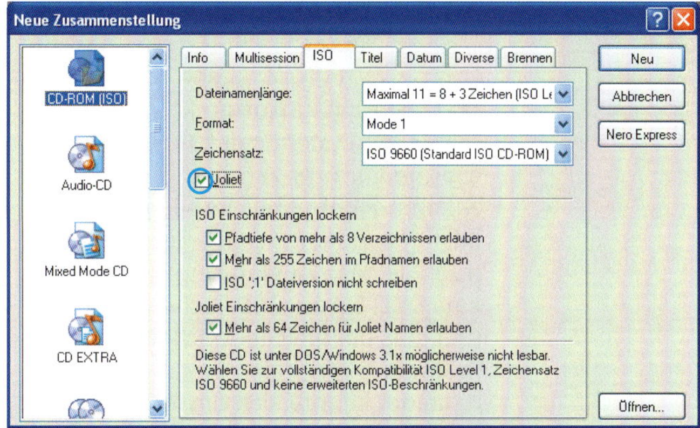

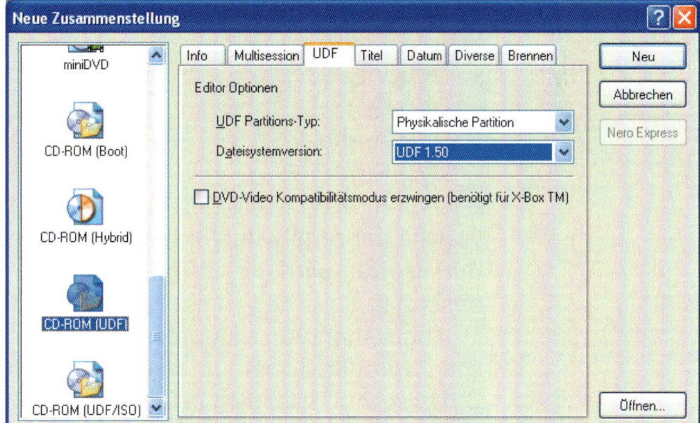

Beschreiben einer CD im ISO-Format

Die Screenshots zeigen die Brennersoftware Nero von Ahead

3.1.5.5 DVD (Digital Versatile Disc)

DVD-Spezifikationen

Mit der DVD steht seit 1995 ein Speichermedium zur Verfügung, das dem zunehmenden Speicherbedarf – vor allem im Videobereich – Rechnung trägt. Je nach Ausführung speichert eine DVD bis zum 25-Fachen einer CD – und dies bei gleichem Scheibendurchmesser!

Leider konnte sich die Industrie bislang nicht auf einen Standard einigen, so dass es derzeit mehrere DVD-Spezifikationen gibt:

- DVD-Video
- DVD-ROM
- DVD-Audio
- DVD-R/DVD+R
- DVD-RW/DVD+RW/DVD-RAM

Welche der unterschiedlichen Typen sich durchsetzen wird, ist derzeit noch nicht absehbar.

Abgesehen von den unterschiedlichen Spezifikationen unterscheiden sich DVDs auch hinsichtlich ihrer Speicherkapazität: Ursache hierfür ist, dass eine DVD ein- oder zweiseitig beschichtet werden kann und sich zusätzlich auf jeder Seite ein oder zwei Schichten befinden können (vgl. Abbildung). Technisch wird dies ermöglicht, indem für die obere Schicht ein halbdurchlässiges Material verwendet wird, so dass der Laserstrahl in Abhängigkeit vom Winkel nur die obere oder nur die untere Schicht liest.

Die Tabelle zeigt eine Übersicht der sich hieraus ergebenden Möglichkeiten:

Typ	Kapazität	Art	Videolänge
DVD-5	4,7 GB	SS/SL	ca. 2 h
DVD-9	8,5 GB	SS/DL	ca. 3,6 h
DVD-10	9,4 GB	DS/SL	ca. 4 h
DVD-18	17 GB	DS/DL	ca. 7,2 h

DVD-Video (Video-DVD)

Der Haupteinsatzbereich der DVD liegt im Videobereich. Das Angebot an DVD-Videos ist mittlerweile riesig und in absehbarer Zeit wird die analoge VHS-Kassette vom Markt verschwunden sein.

Im Vergleich zur Video-CD speichert die Video-DVD ein Video im vollen PAL-Format (720 x 576 Pixel) MPEG-2-codiert ab. Zusätzlich ist Surround-Sound (Dolby Digital/AC-3, DTS), möglich, so dass im Wohnzimmer echte „Kinoatmosphäre" erzeugt werden kann. Die erforderliche Datenrate bewegt sich in Abhängigkeit von der Kompression zwischen 4 und 8 MBit/s. Um eine Video-DVD abspielen zu können,

Möglichkeiten der Beschichtung einer DVD

SS/SL (Single Sided/Single Layer)

DS/SL (Double Sided/Single Layer)

SS/DL (Single Sided/Double Layer)

DS/DL (Double Sided/Double Layer)

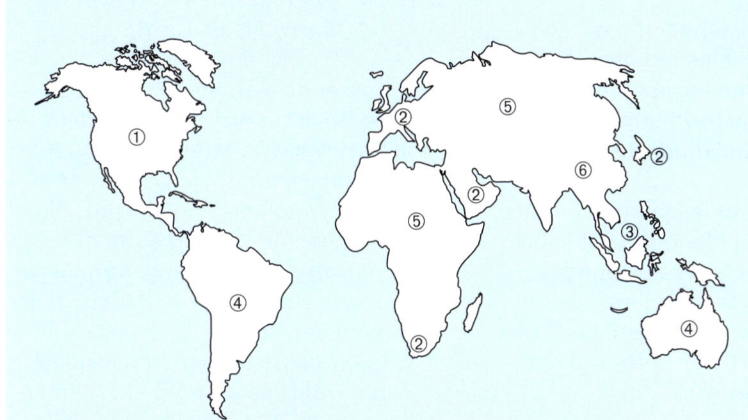

Regionalcodes zur Codierung von DVDs

(Quelle: Das große PC-Lexikon 2004, Data Becker)

ist eine Hard- oder Software notwendig, die die komprimierten Videodaten decodiert. Hardwaremäßig erfolgt die Decodierung entweder durch einen separaten DVD-Player oder mit Hilfe einer Decoderkarte, mit der ein Computer nachgerüstet werden kann. Wer diese Kosten scheut, kann sich auch einer softwaremäßigen Lösung bedienen, was allerdings einen leistungsstarken Mikroprozessor erfordert. Software-Decoder für Windows-PCs sind beispielsweise PowerDVD von Cyberlink (www.gocyberlink.com) oder WinDVD (www.intervideo.com) von Intervideo.

Zur Produktion einer Video-DVD ist eine spezielle Software erforderlich. Diese DVD-Authoring-Programme ermöglichen das Zusammenstellen aller Videos einer DVD, das Erstellen einer Menü- sowie einer Szenenstruktur, mit deren Hilfe später an bestimmte Stellen des Videos gesprungen werden kann.

Zu beachten ist, dass alle käuflichen DVDs mit einem so genannten Regionalcode versehen und nach diesem Code überprüft werden (vgl. Abbildung). Eine DVD aus den USA mit Regionalcode 1 kann in einem hiesigen DVD-Player nicht abgespielt werden, da hierzulande der Regionalcode 2 gilt. Das Umgehen des Regionalcodes ist nach dem deutschen Urheberrecht verboten. Ebenso untersagt ist das als „Rippen" bezeichnete Konvertieren von Videos von DVD auf Festplatte.

DVD-ROM

Eine DVD-ROM stellt analog zur CD-ROM einen Nur-Lese-Speicher für den PC dar. In der einseitigen und einschichtigen Ausführung kann er bis zu 4,7 GB an Daten enthalten, so dass der Inhalt von etwas mehr als sieben CDs auf einer DVD-ROM untergebracht werden kann. Computerspiele oder größere Programme finden damit bequem auf einer einzigen Scheibe Platz.

Die Lesegeschwindigkeit wird bei einer DVD ebenfalls als Vielfaches eines Single-Speed-Laufwerkes angegeben – allerdings besitzt dieses eine Datenrate von 1,1 MB/s. Die Angabe „16x" bedeutet also: 16 x 1,1 MB/s = 17,6 MB/s.

Glücklicherweise sind DVD-Laufwerke in der Lage, CDs zu lesen. So kann auf ein zusätzliches CD-Laufwerk verzichtet werden. Umgekehrt gilt dies allerdings nicht!

DVD-Audio

Noch ist nicht absehbar, ob die DVD-Audio zu einer Ablösung der Audio-CD führen wird, denn es gibt hier ein von Sony und Philips bevorzugtes Konkurrenzprodukt – die Super-Audio-CD (SACD).

Beide Produkte zeichnen sich durch eine verbesserte Klangqualität sowie die Möglichkeiten des Surround-Sounds (vgl. DVD-Video) aus. Es muss letztlich abgewartet werden, ob DVD-Audio oder SACD zur Ablösung der Audio-CD führen wird.

DVD-R/DVD+R

Im Bereich der einmalig beschreibbaren DVDs gibt es zwei Spezifikationen, die auch noch unterschiedliche Rohlinge erfordern. Verstehe da einer den Sinn!

Es bleibt zu hoffen, dass spätestens bei der 4. Auflage dieses Buches geklärt sein wird, welchem Format denn nun die Zukunft gehören soll.

DVD-RW/DVD+RW/DVD-RAM

Technologisch entspricht das löschbare Beschreiben einer DVD der CD-RW (Phase-Change-Technik) und kann dort nachgelesen werden. Bei den wiederbeschreibbaren DVDs gibt es derzeit sogar drei Produkte, die das Wiederbeschreiben von DVD-Rohlingen ermöglichen.

Während DVD-RAM bereits an Bedeutung verliert, ist das Rennen um „Plus" oder „Minus" noch nicht entschieden. Empfehlenswert ist der Kauf eines DVD-Writers, der beide Medientypen beschreiben kann. Wie bei CD-Laufwerken werden auch bei DVD-Writern unterschiedliche Datenraten angegeben, z.B.: 12x DVD-ROM, 40x CD-ROM, 8x DVD+R, 4x DVD+RW, 4x DVD-R, 2x DVD-RW, 40x CD-R, 24x CD-RW (kein Witz!).

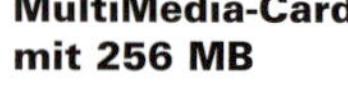
MultiMedia-Card mit 256 MB

3.1.5.6 Speicherkarten (Memory Card, Flash Card)

Eine immer größere Bedeutung als externe Speicher erlangen elektronische Speicher. Wie in Abschnitt 3.1.5.1 beschrieben, kommt hierbei die Flash-EPROM-Technologie zum Einsatz, die das Löschen und Wiederbeschreiben elektronischer Bauelemente ermöglicht. Die Vorteile elektronischer Bauelemente liegen auf der Hand:

- Große Speicherkapazität auf kleinem Raum – derzeit bis 1 GB in Briefmarkengröße!
- Keine mechanischen Verschleißteile wie bei rotierenden Platten
- Sehr geringer Strombedarf

Speicherkarten werden aus den genannten Gründen vorwiegend in Geräten eingesetzt, die mit Akkus betrieben werden und in denen Platz Mangelware ist: Digitalkameras, MP3-Player, Notebooks oder die noch kleineren Handhelds.

Da sich die Industrie – wie so oft – auf keinen gemeinsamen Standard einigen konnte, gibt es eine ganze Reihe unterschiedlicher Fabrikate: CompactFlash (CF), SmartMedia (SM), Secure Digital (SD), MultiMedia-Card (MMC), xD-Picture-Card und Memory-Stick (MS). Lesen Sie auch Abschnitt 2.5.3.3.

Zur Verbindung der winzigen Speicherkarten mit dem Computer ist ein Adapter notwendig. Während diese als PC-Card (früher: PCMCIA-Card) bezeichneten Geräte bei Kameras und Notebooks bereits eingebaut sind, gibt es auch externe Adapter, die über die USB-Schnittstelle mit dem PC verbunden werden können.

Als Zwischenspeicher oder zum Datentransport von A nach B eignen sich in idealer Weise stiftförmige „Flash-Pens", die bereits über eine USB-Schnittstelle verfügen.

3.1.6 Steckkarten (Slot Cards)

3.1.6.1 Funktion

Zum Anschluss von Peripheriegeräten an den Computer ist eine Anpassung des jeweiligen Datenformats erforderlich. So muss beispielsweise bei einer Mikrofonaufnahme das analoge Sprachsignal in einen digitalen Datenstrom konvertiert werden. Andererseits müssen die digitalen Daten zur Ansteuerung eines Bildschirms zwischengespeichert und analoge Signale umgesetzt werden.

Um eine freie Wahl der für diese und ähnliche Aufgaben erforderlichen Controller zu ermöglichen, sind auf der Hauptplatine mehrere freie Steckplätze (Slots) vorhanden, in die sich die gewünschten Ein- oder Ausgabekarten einstecken lassen.

Die alternative Variante ist die feste Verdrahtung der Ein-und Ausgabekomponenten auf der Hauptplatine in Form von „On-board-Units". Zwar sind diese in der Regel leistungsschwächer als externe Komponenten, dennoch genügen sie den Standardanforderungen und reduzieren die Gesamtkosten des Computers. Beim Kauf eines Computers muss also abgewogen werden, in welchem Bereich leistungsstarke Komponenten erforderlich sind und wo auf die kostengünstigeren On-board-Einheiten zurückgegriffen werden kann.

3.1.6.2 Grafikkarte

Funktion

Eine Grafikkarte hat die Aufgabe, die in Form von binären Zahlen vorliegenden Farbinformationen eines Bildpunktes (Pixel) in elektrische Spannungen umzusetzen. Letztere dienen im Falle eines Röhrenmonitors zur Steuerung der Elektronenstrahlen des Monitors, im Falle eines TFT-Monitors zur Ansteuerung der Transistoren, die für die Erzeugung des Bildes zuständig sind.

Bei beiden Monitortechnologien werden Farben additiv aus den drei Primärfarben Rot (R), Grün (G) und Blau (B) gemischt. Die Summe aller möglichen Farben durch Mischung der Primärfarben wird als RGB-Farbraum bezeichnet. Da es sich um Lichtenergie handelt, führt die Mischung von RGB-Farben zu helleren Farben. So ergibt zum Beispiel die additive Farbmischung von Rot und Grün die Farbe Gelb, die Mischung von Rot, Grün und Blau ergibt Weiß – die Farbe des Sonnenlichts.

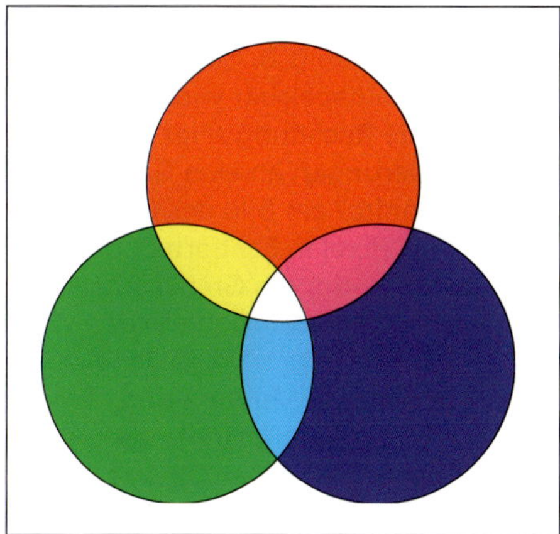

Additive Farbmischung

Die Farbe eines jeden Pixels ist durch Angabe dreier Zahlenwerte für Rot, Grün und Blau eindeutig festgelegt. Im RGB-Farbraum werden für die drei Primärfarben jeweils acht Bit reserviert, so dass sich pro Farbe $2^8 = 256$ Abstufungen erzielen lassen.

Da jede beliebige Kombination der Rot-, Grün- und Blautöne möglich ist, ergeben sich $2^8 \times 2^8 \times 2^8 = 2^{24} = 16{,}78$ Millionen darstellbare Farben pro Bildpunkt. Bei dieser Farbenanzahl wird von Echtfarben (TrueColor) gesprochen.

Der Speicherplatzbedarf pro Pixel beträgt bei TrueColor 3 x 8 Bit = 24 Bit = 3 Byte. Zur Berechnung des Speicherplatzbedarfs eines Monitorbildes muss die gesamte Anzahl an Pixeln demnach mit drei Byte multipliziert werden. Nach diesen Vorüberlegungen lassen sich die nachfolgend beschriebenen Kennwerte einer Grafikkarte verstehen.

Kennwerte

Um einen schnellen Bildaufbau zu ermöglichen, besitzt jede Grafikkarte einen Bildspeicher. Es handelt sich dabei entweder um DRAM-Module, wie sie auch als Arbeitsspeicher verwendet werden (z.B. SDRAM), oder um Speichermodule, die speziell für Grafikdaten optimiert wurden (z.B. SGRAM).

Wie viel Bildspeicher wird benötigt? Die folgende Rechnung zeigt die Mindestanforderungen an eine Grafikkarte: Soll ein Monitor ein Bild der Größe 1280 x 1024 Pixel in Echtfarben darstellen, dann benötigt die Grafikkarte zum Abspeichern eines einzigen Bildes 1280 x 1024 x 3 Byte = 3,75 MB Bildspeicher. Demnach wäre die Verwendung einer 4-MB-Karte die untere Grenze. Heutige Karten besitzen zwischen 32 und 256 Megabyte Bildspeicher und erfüllen damit obige Forderung problemlos. Der zusätzliche Speicher kann beispielsweise zur Ansteuerung eines weiteren Monitors oder als Bild-Zwischenspeicher bei aufwändigen 3D-Spielen genutzt werden. Vor allem der 3D-Spielemarkt ist verantwortlich dafür, dass immer schnellere und leistungsfähigere Grafikkarten benötigt werden. Grund hierfür ist, dass zur „ruckelfreien" Darstellung einer 3D-Szene etwa 25 Bilder pro Sekunde in Echtzeit berechnet werden müssen. Dies stellt eine extreme Herausforderung an den Grafikprozessor dar.

Zur Umsetzung der als Binärzahlen vorliegenden Farbinformationen in analoge Spannungen besitzt jede Grafikkarte einen als RAMDAC bezeichneten Digital-Analog-Wandler. Dieser ist maßgeblich für die Qualität der Darstellung verantwortlich. Entscheidend für die Geschwindigkeit eines RAMDACs ist wie beim Prozessor dessen Taktfrequenz. Schnelle Grafikkarten werden mit 400 MHz oder höher getaktet.

Wie bereits in Kapitel 3.1.2 erwähnt, werden heutige Grafikkarten entweder als PCI- oder als AGP-Karten angeboten. Bei AGP (Accelerated Graphics Port) handelt es sich um eine speziell für die Grafikausgabe entwickelte Erweiterung des PCI-Busses, die zur Beschleunigung der Datenübertragung vom Arbeitsspeicher zur Grafikkarte dient. Diese Beschleunigung ist bei „normaler" PC-Benutzung nicht notwendig, wohl aber bei 3D-Spielen. Diese benötigen – wie oben erwähnt – zur ständigen Berechnung dreidimensionaler Spieleszenen einen enorm hohen Datentransfer zu Grafikkarte und Monitor. Zur Entlastung des Mikroprozessors bei der Berechnung der räumlichen Spieleszenen gibt es spezielle 3D-Bausteine, die sich direkt auf der Grafikkarte befinden. Damit der Karte ein direkter Zugriff auf die PC-Hardware wie Arbeitsspeicher und Festplatte möglich ist, wurde hierfür von Microsoft die mittlerweile standardisierte Programmierschnittstelle Direct X entwickelt.

Zum Anschluss eines Monitors an die Grafikkarte gibt es zwei Schnittstellen: Konventionell wird ein Röhren- oder TFT-Monitor mittels Sub-D-Stecker an die analoge VGA-Schnittstelle der Grafikkarte angeschlossen. Die Zukunft gehört jedoch aller Voraussicht nach der digitalen Schnittstelle DVI (Digital Video Interface). Bei dieser Technologie ent-

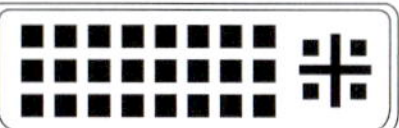
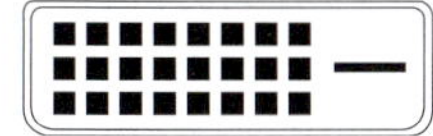

links: DVI-I (digital und analog)
rechts: DVI-D (nur digital)

fällt die Digital-Analog-Konvertierung durch den RAMDAC, was insbesondere bei TFT-Bildschirmen von Vorteil ist, da diese intern ohnehin digital arbeiten. Weiterhin ist DVI billiger und liefert darüber hinaus eine bessere Bildqualität. Der Anschluss von Röhrenmonitoren an DVI funktioniert nur, wenn die Digital-Analog-Wandlung im Monitor erfolgt.

3.1.6.3 Videokarte

Eine Videokarte ermöglicht die Übernahme analoger bzw. digitaler Videodaten in den Computer. Im ersten Fall besitzt die Karte einen Composite- bzw. S-Video-Eingang zum Anschluss einer VHS- bzw. S-VHS-Kamera und wandelt die analogen Videodaten mittels Analog-Digital-Wandler in einen digitalen Datenstrom um. Im zweiten Fall werden die bereits digitalen Videodaten einer DV-Kamera über eine FireWire-Schnittstelle in den Computer übernommen.

3.1.6.4 TV-Karte

Mit Hilfe einer TV-Karte kann der Computer zu einem Fernseher umfunktioniert werden. Wie bei den Videokarten wird zwischen Karten für Analogfernsehen und Digitalfernsehen (DVB-Card) unterschieden. Die Karte benötigt in beiden Fällen eine Anschlussmöglichkeit für das Antennenkabel und besitzt meistens einen zusätzlichen Eingang zum Anschluss einer Videokamera. Die Bildqualität eines Fernsehers wird mit Hilfe einer TV-Karte normalerweise nicht erreicht.

Beachten Sie, dass auch einige Grafikkarten einen TV-Eingang zur Verfügung stellen und somit der Kauf einer separaten Karte entfallen kann.

3.1.6.5 Soundkarte

Bei einer Soundkarte handelt es sich um eine Mischung aus Ein- und Ausgabekarte, da sie einerseits einen Mikrofoneingang und andererseits einen Kopfhörer- bzw. Verstärkerausgang zur Verfügung stellt.

Nähere Informationen zu den Kennwerten einer Soundkarte finden Sie in Abschnitt 6.2.4.5.

3.1.6.6 Netzwerkkarte

Eine Netzwerkkarte ist nicht nur zur Verkabelung mehrerer Computer über einen Switch erforderlich, zunehmender Beliebtheit erfreuen sich Karten zur drahtlosen (wireless) Verbindung mit anderen Computern oder ins Internet.

Weitere Erläuterungen zu Netzwerkkarten finden Sie in Abschnitt 3.2.4.2.

3.1.7 Peripheriegeräte

3.1.7.1 Monitor

Monitortechnologien
Im Bereich der Monitore konkurrieren (noch) zwei Technologien:

Herzstück eines Kathodenstrahl-Monitors (cathode ray tube, CRT) ist eine evakuierte Glasröhre. In ihrem hinteren Teil befindet sich eine Glühkathode, aus der negativ geladene Elektronen austreten und in Richtung einer (positiv geladenen) Anode beschleunigt werden. Die Ablenkung und Fokussierung des Elektronenstrahls erfolgt mit Hilfe von Elektromagneten in der Art, dass das Monitorbild zeilenweise von oben nach unten aufgebaut wird. Der Farbeindruck entsteht dadurch, dass der für das Auge unsichtbare Elektronenstrahl auf eine Leuchtschicht auftrifft und dort durch Energieabgabe ein Leuchten hervorruft. Um ein Farbbild zu erzeugen, werden nach den Ausführungen im Abschnitt über Grafikkarten drei Elektronenstrahlen sowie eine Leuchtschicht mit rot, grün und blau leuchtenden Punkten benötigt. Eine hinter der Leuchtschicht angebrachte Lochmaske sorgt dafür, dass die drei Elektronenstrahlen gebündelt werden und genau einen farbigen Bildpunkt ergeben. Der Lochabstand beträgt bei den meisten Monitoren zwischen 0,23 und 0,27 mm. Ein guter Monitor sollte einen möglichst geringen Lochabstand besitzen.

Die Ablösung der „klassischen" Röhrenmonitore durch Flachbildschirme (TFT-Monitore) ist in vollem Gange. Das Funktionsprinzip eines TFT-Monitors besteht darin, dass organische Materialien (Flüssigkristalle) entdeckt wurden, die durch Anlegen eines elektrischen Feldes ihre Lage verändern und dabei lichtdurchlässig werden. Das elektrische Feld ist durch winzige elektronische Schalter (thin film transistor, TFT) ein- oder ausschaltbar. Für jeden Bildpunkt werden drei Transistoren für den roten, grünen und blauen Anteil der Farbe benötigt, was durch den Einsatz von Farbfiltern möglich wird. Für ein Display mit 1.024 x 768 Bildpunkten ergibt

Röhrenmonitor (CRT-Monitor)

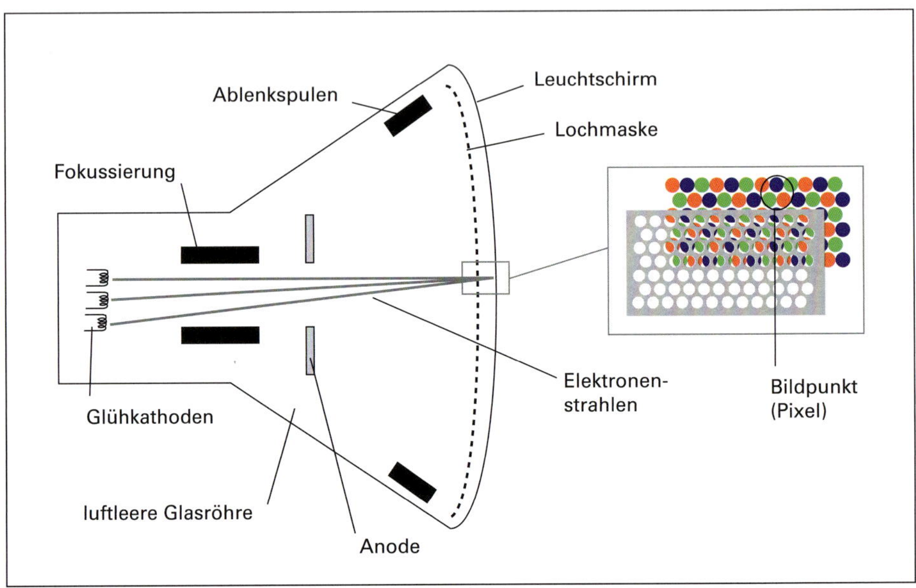

Flachbildschirm (TFT-Monitor)

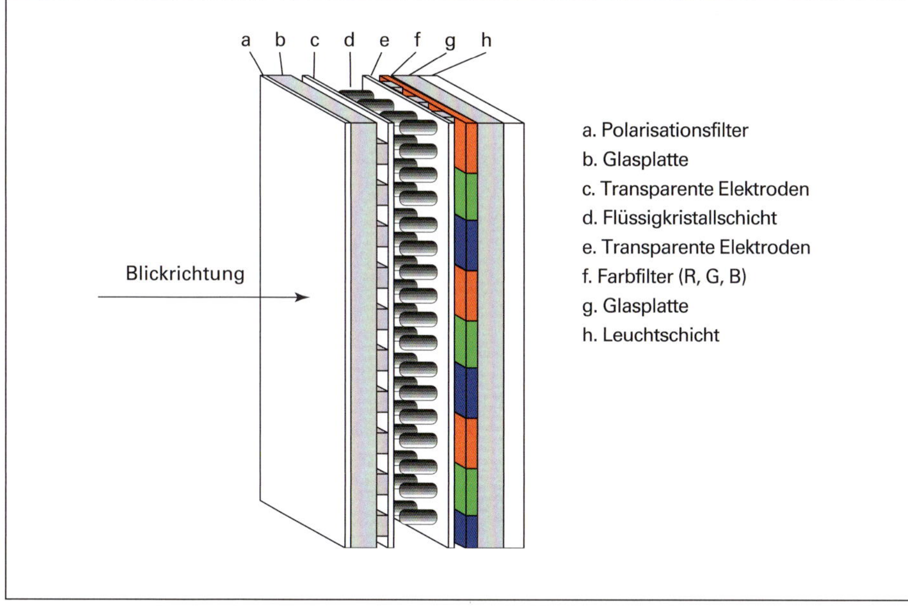

sich damit ein Bedarf von 1.024 x 768 x 3 = 2.359.296 Transistoren, wobei jeder Transistor einzeln ansteuerbar sein muss. Dies erklärt den zumindest zurzeit noch höheren Preis im Vergleich zu Röhrenmonitoren. Dennoch nimmt der Anteil an verkauften TFT-Monitoren stetig zu. Als Gründe hierfür sind zu nennen:

- Geringerer Platzbedarf
- Geringerer Strombedarf
- Geringere Wärmeentwicklung
- Flimmerfreies Bild
- Sehr kontrastreiches Bild
- Sehr scharfes Bild
- Fast keine Strahlung
- Völlig ebenes Bild

Mittlerweile besteht sogar die Möglichkeit, TFT-Monitore zu kalibrieren. Dies bedeutet, dass die Farbwiedergabe des Monitors mit Hilfe eines Messgerätes und entsprechender Software exakt einstellbar ist. Diese Kalibration ist vor allem in der grafischen Industrie von großer Bedeutung, weil am Monitor die Farbkorrekturen von Bildern für den späteren Druck vorgenommen werden müssen.

Bilddiagonale

Die Kennzeichnung der Monitorgröße erfolgt durch Angabe der Bilddiagonale in Zoll (Abkürzung: "). Ein Zoll entspricht einer Länge von 2,54 Zentimetern, so dass ein 17"-Monitor eine sichtbare Bilddiagonale von etwa 43,2 cm aufweist. Handelsübliche Monitore besitzen eine Bilddiagonale zwischen 17 und 24 Zoll, wobei jedes weitere Zoll eine deutliche Preissteigerung bedeutet.

Logische Auflösung

Die Anzahl an Bildpunkten in horizontaler und vertikaler Richtung wird als logische Auflösung des Monitors bezeichnet. Hierbei wurden in den letzten Jahren Standardgrößen definiert, die zu einer Vereinheitlichung der Monitore geführt haben. Die gängigsten Grafikstandards sind in der Tabelle zusammengefasst:

Grafikstandards

Grafikstandard	Auflösung
VGA (Video Graphics Adapter)	640 x 480
SVGA (Super VGA)	800 x 600
XGA (Extended GA)	1.024 x 768
SXGA (Super XGA)	1.400 x 1.050
UXGA (Ultra XGA)	1.600 x 1.200
WXGA (Wide XGA)	1.280 x 800
WSXGA (Wide Super XGA)	1.680 x 1.050
WUXGA (Wide Ultra XGA)	1.920 x 1.200

Welche Auflösung gewählt wird, hängt neben dem Monitor auch von der Grafikkarte ab. Dabei gilt: Je mehr Pixel dargestellt werden, desto mehr Details werden erkennbar. Da die Bilddiagonale jedoch konstant bleibt, werden die Objekte entsprechend kleiner dargestellt.

Physikalische Auflösung

Etwas verwirrend ist, dass der Begriff „Auflösung" eine zweite Bedeutung hat: Die physikalische Auflösung eines Monitors bezeichnet die Anzahl an Bildpunkten bezogen auf eine Längeneinheit – meistens auf ein Inch. Die Einheit der physikalischen Auflösung ist demnach ppi (Pixel per Inch). Sie ist unveränderlich und hängt vom gewählten Betriebssystem ab: Monitore für Apple-Rechner arbeiten mit 72 ppi, Windows-Monitore mit 96 bis 100 ppi.

Die Kenntnis der physikalischen Auflösung ist unter anderem für die Bildbearbeitung von großer Bedeutung.

Bildwiederhol- und Zeilenfrequenz

Voraussetzung für das tägliche Arbeiten an einem Monitor ist ein flimmerfreies Bild. Flimmern entsteht durch eine zu geringe Vertikal- oder Bildwiederholfrequenz, das heißt, die Anzahl an Bildwiederholungen pro Sekunde ist zu klein. Ein Beispiel hierfür ist das PAL-Fernsehen, das mit einer Vertikalfrequenz von nur 25 Hz – genauer gesagt handelt es sich um 50 Halbbilder – arbeitet. Wer sich einmal direkt vor einen Fernseher gesetzt hat, wird das Flimmern deutlich wahrnehmen.

Um ein Monitorbild flimmerfrei wahrzunehmen, ist bei Röhrenmonitoren eine Bildwiederholfrequenz von mindestens 70 Hz notwendig. TFT-Flachbildschirme haben den Vorteil, dass es technologisch bedingt zu einem Nachleuchten des Bildes kommt, so dass bereits ein 60-Hertz-Bild als flimmerfrei empfunden wird.

Im Datenblatt eines Monitors wird eine zweite Frequenz – die Horizontal- oder Zeilenfrequenz – angegeben. Diese bezeichnet die maximale Anzahl an Zeilen, die der Monitor pro Sekunde schreiben kann. Zwischen der Bildwiederhol- und der Zeilenfrequenz besteht ein einfacher rechnerischer Zusammenhang: Zeilenfrequenz = Bildwiederholfrequenz x Zeilenzahl.

Beispiel: Um die 768 Zeilen eines XGA-Bildes mit einer Frequenz von 100 Hz darstellen zu können, ist eine Zeilenfrequenz von 768 x 100 Hz = 76.800 Hz = 76,8 kHz erforderlich.

TCO-Norm

Die schwedischen TCO-Normen geben Richtlinien für strahlungsarme Monitore vor. Achten Sie beim Kauf eines Monitors auf eine vom TÜV vergebene TCO-Prüfplakette – aktuell ist dies TCO-03.

TCO-Plakette für strahlungsarme Monitore

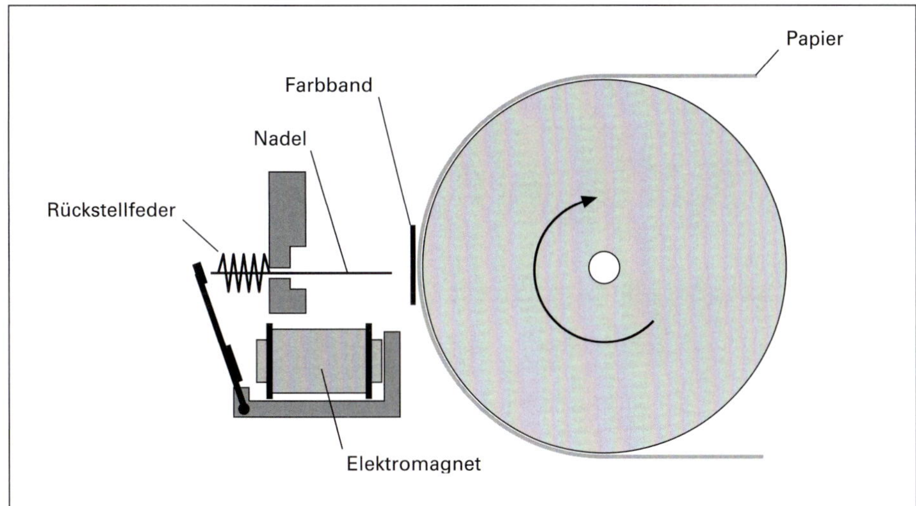

Druckprinzip eines Nadeldruckers

3.1.7.2 Drucker

Nadeldrucker

Noch vor zwanzig Jahren war jeder Computeranwender froh, einen Nadeldrucker sein Eigen nennen zu können. Dieser ermöglichte immerhin einen einigermaßen lesbaren Schwarzweißausdruck. Im Druckkopf eines Nadeldruckers befinden sich hierzu zwischen 9 und 24 feine Nadeln, die durch kleine Elektromagneten einzeln bewegbar sind. Um Buchstaben zu drucken, muss die Druckersteuerung die entsprechenden Nadeln in Richtung Farbband und Papier bewegen, so dass hierdurch die Farbe des Farbbandes auf das Papier übertragen wird. Nachteil dieser Technologie ist, dass sie relativ laut ist und deshalb aus den Büros weitgehend verschwunden ist. Die Vorteile eines Nadeldruckers liegen in seinen geringen laufenden Kosten, außerdem ist nur diese Drucktechnologie in der Lage, Originaldurchschläge zu erstellen. Einsatzgebiet des Nadeldruckers ist deshalb der Formular- und Endloslistendruck.

Tintenstrahldrucker

Für Farbausdrucke in hoher Qualität bis hin zum Fotodruck sind Tintenstrahldrucker die richtige Wahl. Wie der Name sagt, arbeitet ein Tintenstrahldrucker mit flüssiger Tinte, die nach den Gesetzmäßigkeiten der Farbmischung in den drei subtraktiven Primärfarben Cyan, Magenta und Gelb (Yellow) vorhanden sein muss. Zur Kontrastverbesserung und für Schwarzweißausdrucke wird als vierte „Farbe" Schwarz ergänzt. Fotodrucker verwenden zur Verbesserung der schwierigen Wiedergabe von Hauttönen zusätzliche Farben, zum Beispiel Hell-Magenta und Hell-Cyan.

Im Gegensatz zum Drucker selbst sind die Nachfüllpackungen für die Tinte oft sehr teuer, was für so manchen Druckerbesitzer zum Ärgernis wird. Zu beachten ist hierbei, dass je nach Fabrikat die Farben einzeln ausgetauscht werden können oder gemeinsam ausgetauscht werden müssen.

Bei den Tintenstrahldruckern muss zwischen dem so genannten Bubble-Jet- und dem Ink-Jet-Verfahren unterschieden werden. Im ersten Fall wird

Druckprinzip eines Tintenstrahldruckers

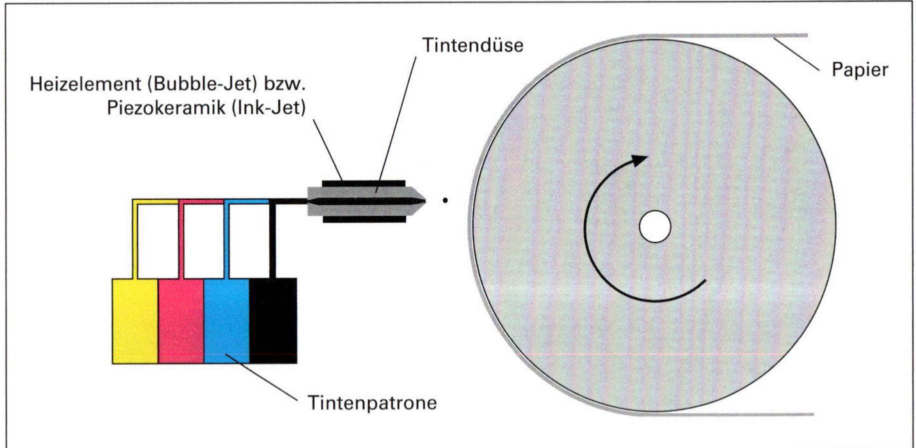

die Tinte tröpfchenförmig aus einer erhitzten Düse geschleudert, weil sich in dieser durch die Erwärmung eine winzige Gasblase bildet. Da die Druckköpfe von Bubble-Jet-Druckern kostengünstiger herzustellen sind, haben sie die größere Verbreitung.

Das Ink-Jet-Verfahren kommt bei Epson-Druckern zum Einsatz: Hierbei wird die Tintendüse durch eine sie umgebende Piezokeramik zusammengepresst. Dieses Material besitzt die Eigenschaft, dass es sich durch Anlegen einer elektrischen Spannung zusammenzieht und dadurch einen hohen Druck auf die Düse erzeugt. Durch diesen Druck wird die Tinte aus der Düse geschleudert.

Laserdrucker

Vor allem im Bereich des Schwarzweißdrucks sind Laserdrucker hinsichtlich Qualität, Geschwindigkeit und Verbrauchskosten unerreicht. Bei dieser

Druckprinzip eines Laserdruckers

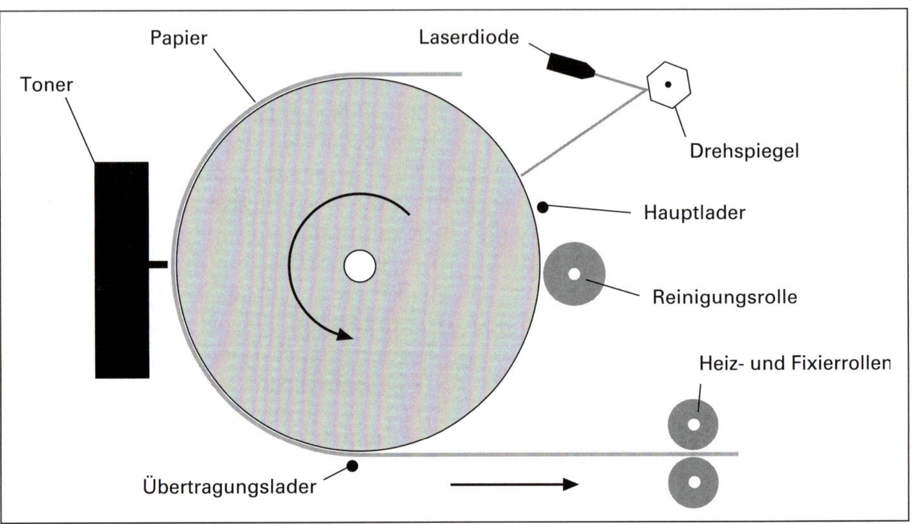

Drucktechnologie entlädt ein elektronisch gesteuerter Laserstrahl oder eine LED-Zeile die lichtempfindliche Schicht einer durch den Hauptlader negativ aufgeladenen Trommel, so dass an diesen Stellen das ebenfalls negativ geladene Tonermaterial haften bleibt. Der auf der Trommel befindliche Toner wird auf das Papier übertragen, da dieses durch den Übertragungslader positiv aufgeladen wird. Abschließend wird durch Druck und Hitze der Toner auf dem Papier fixiert.

Laserdrucker sind immer dann empfehlenswert, wenn eine große Anzahl an Schwarzweißdrucken zu erwarten ist. Die vergleichsweise geringen Kosten für den Toner machen die höheren Anschaffungskosten im Vergleich zum Tintenstrahldrucker schnell wett.

Farblaserdrucker werden derzeit immer günstiger, so dass sie eine bedenkenswerte Alternative zu Tintenstrahldruckern darstellen – insbesondere, wenn viele Ausdrucke gemacht werden müssen. Wenn es um farbverbindliche Ausdrucke in hoher Qualität geht, sind Tintenstrahldrucker im Vergleich zu Farblaserdruckern die bessere Wahl.

Thermodrucker

Bei der vierten Gruppe, den Thermodruckern, wird zwischen Thermotransfer- und Thermosublimationsdruckern unterschieden. Beim Thermotransferdruck wird durch punktuelle Erhitzung einer wachsähnlichen Farbfolie der Farbstoff auf normales Papier übertragen und dort eingeschmolzen. Thermotransferdrucker werden beispielsweise in Faxgeräten, zum Etikettendruck oder in Kassen eingesetzt.

Auch ein Thermosublimationsdrucker arbeitet mit Farbfolie und punktueller Erhitzung, allerdings mit deutlich höherer Temperatur. Dies hat zur Folge, dass der Farbstoff gasförmig wird (sublimiert) und in dieser Form in das Papier eindringt. Hierdurch wird das Drucken echter Halbtöne möglich, was den Drucker für High-End-Farbausdrucke (Proofs) prädestiniert. Für die private Nutzung sind Thermotransferdrucker für den Ausdruck digitaler Fotos auf Spezialpapier erhältlich.

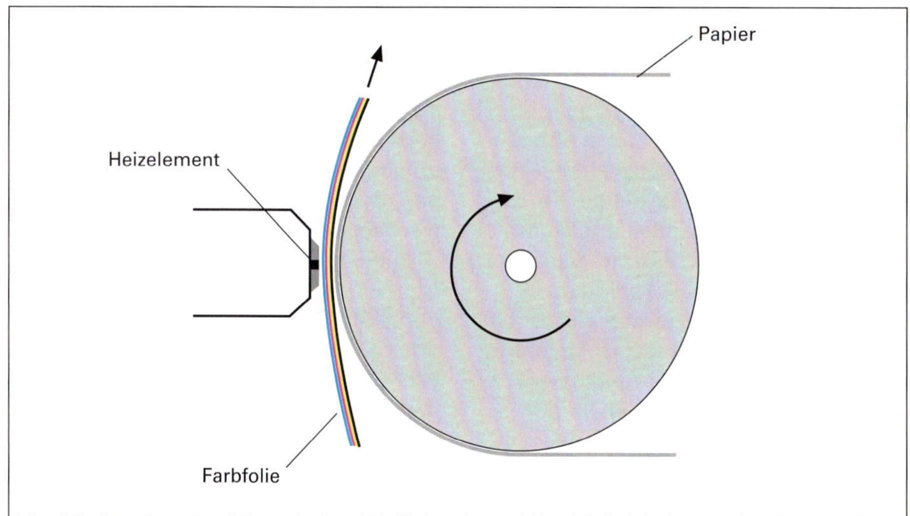

Druckprinzip eines Thermodruckers

Auflösung
Der wichtigste Kennwert eines Druckers ist seine Auflösung: Hierunter wird die Anzahl an Druckpunkten (dots) verstanden, die der Drucker auf einer Strecke von einem Inch (= 2,54 cm) ausdrucken kann. Die Einheit der Auflösung wird in dpi (dots per inch) angegeben.

Heutige Laserdrucker besitzen Auflösungen von 600 dpi bis 2.400 dpi, Tintenstrahldrucker arbeiten mittlerweile mit noch höheren Auflösungen bis 4.800 dpi und erreichen damit bereits die Auflösung eines Offsetdrucks.

Wegen der im vorherigen Abschnitt beschriebenen unterschiedlichen Drucktechnologien kann aus einer höheren Auflösung nicht automatisch eine bessere Druckqualität gefolgert werden. So kann ein 2.400-dpi-Ausdruck eines Tintenstrahlers schlechter sein als ein 1.200-dpi-Ausdruck auf einem Laserdrucker, wenn das verwendete Papier ein Verlaufen der Tinte bewirkt.

Viele Druckermodelle verwenden eine unterschiedliche Auflösung in horizontaler und vertikaler Richtung. Dieser Unterschied wird durch die Angabe zweier Auflösungen (z. B. 1.440 x 720 dpi) zum Ausdruck gebracht – und dies im wahrsten Sinne des Wortes!

Druckformat
Bei den Druckformaten halten sich die Hersteller glücklicherweise an die Papiernormung der DIN-A-Reihe. Bei den meisten Druckern handelt es sich um DIN-A4- oder DIN-A3-Geräte. Beachten Sie hierbei, dass ein vollständiges Bedrucken bis zum Papierrand nicht möglich ist, weil der Drucker das Papier am Rand greifen muss. Wer randlos ausdrucken möchte, muss deshalb auf Drucker mit Überformat (DIN-A4+, DIN-A3+) zurückgreifen.

Druckgeschwindigkeit
Die Druckgeschwindigkeit wird durch Angabe der druckbaren Seiten pro Minute angegeben, manchmal auch als ppm (pages per minute) abgekürzt. Hierbei zeigen sich Unterschiede zwischen den einzelnen Druckertypen: Während Tintenstrahldrucker mit 15 Farbseiten/Minute bereits als schnell bezeichnet werden können, sind bei Laserdruckern derzeit bis zu 50 Seiten/Minute erreichbar. Damit unterscheiden sie sich kaum mehr von Fotokopierern.

Schnittstellen
In der Vergangenheit waren Drucker meistens mit einer Centronics- (PC) bzw. RS-423-Schnittstelle (Mac) ausgestattet. Diese Schnittstellen werden heute zunehmend durch USB abgelöst. Wer seinen Drucker in einem Netzwerk betreiben will, muss auf das Vorhandensein einer Ethernet-Schnittstelle achten.

Bedruckstoffe
Bei der Entscheidung für einen Drucker sollte von vornherein auch auf die zulässigen Bedruckstoffe geachtet werden. Hierbei kommen neben Papier und Karton eventuell auch Etiketten und Folien in Frage.

Laserdrucker sind hinsichtlich der Kosten für Bedruckstoffe sicherlich die beste Alternative, da sie auf kostengünstiges Kopierpapier drucken können. Bei Folien muss darauf geachtet werden, dass diese hitzebeständig sind.

Für Tintenstrahldrucker steht eine große Auswahl an Papieren zur Verfügung. Für qualitativ hochwertige Ausdrucke muss teures Spezialpapier verwendet werden (Inkjet-Papier, Fotopapier), da bei normalem Kopierpapier die Farben verlaufen. Beachten Sie auch, dass für Tintenstrahldrucker nur spezielle Inkjet-Folien einsetzbar sind.

3.1.7.3 Tastatur

Das Vorhandensein einer Tastatur am Computer ist selbstverständlich. Die vielseitigen Funktionen der Tasten und Tastenkombinationen im Einzelnen zu erläutern, würde den Rahmen dieses Buches sprengen. Gemäß dem Motto „Learning by doing" ist dies jedoch weder notwendig noch sinnvoll.

Wer sowohl an einem Apple- als auch an einem Windows-PC arbeitet, kennt das Problem, dass sich die zugehörigen Tastaturen in den Sondertasten unterscheiden. Die Grafik rechts zeigt beide Tastaturen im Vergleich. Wie bei den Sonderzeichen und Tastenkürzeln zu sehen ist, gibt es durchaus Entsprechungen bei den Tasten:

Der wichtigen Steuerungstaste am Windows-PC entspricht bei Apple die Befehls- oder Apfel-Taste. Die unter Windows für Sonderzeichen häufig verwendete AltGr-Taste entspricht bei Apple der Alt-(Wahl-)Taste. Die drei Windows-Sondertasten sind auf der Apple-Tastatur logischerweise nicht vorhanden – deren Notwendigkeit kann ohnehin bezweifelt werden.

In der Grafik nicht dargestellt ist der zusätzliche numerische Tastenblock zur schnelleren Eingabe von Ziffern. Weiterhin besitzt jede Tastatur zwölf Funktionstasten F1 bis F12, die für bestimmte Programmfunktionen reserviert sind. Unter Windows wird beispielsweise mit F1 standardmäßig die Hilfe aufgerufen, Alt + F4 beendet ein Programm. Manche Programme gestatten auch eine freie Belegung der Funktionstasten mit wichtigen Programmfunktionen.

Die Verbindung der Tastatur mit dem Computer erfolgt bei Apple über USB, unter Windows wahlweise über PS/2 oder ebenfalls über USB.

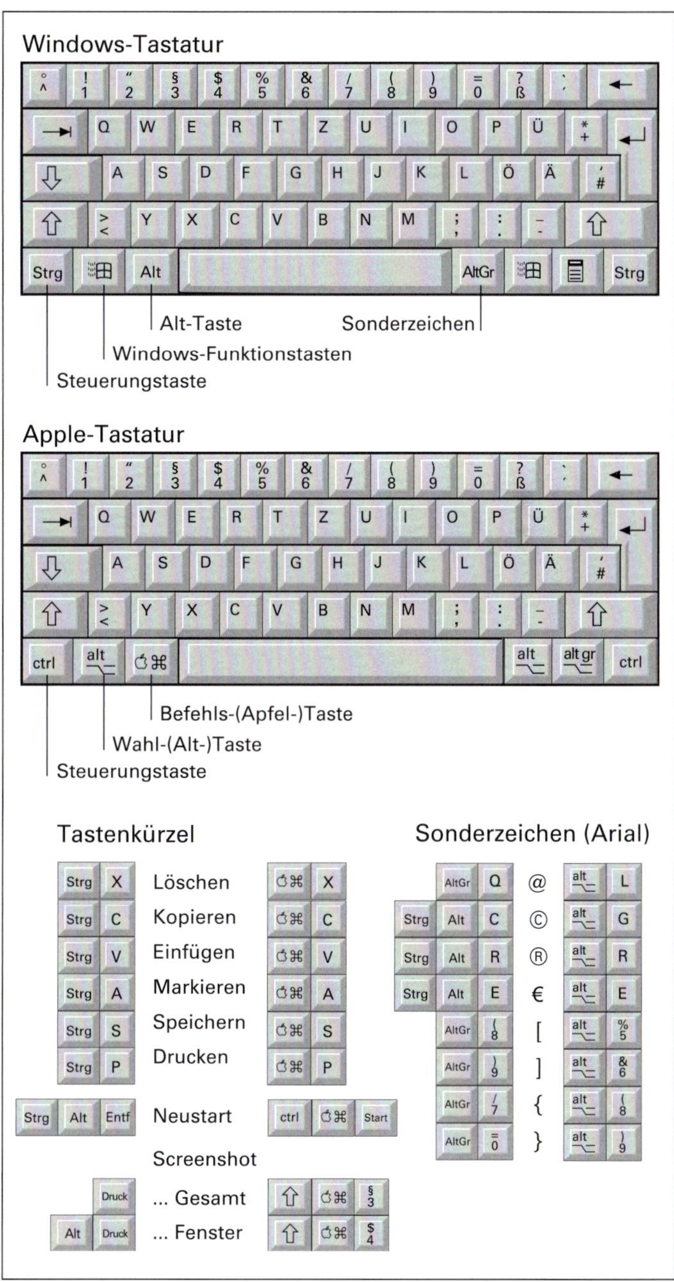

Unterschiede zwischen Windows- und Apple-Tastatur

Funktionsprinzip einer mechanischen Maus

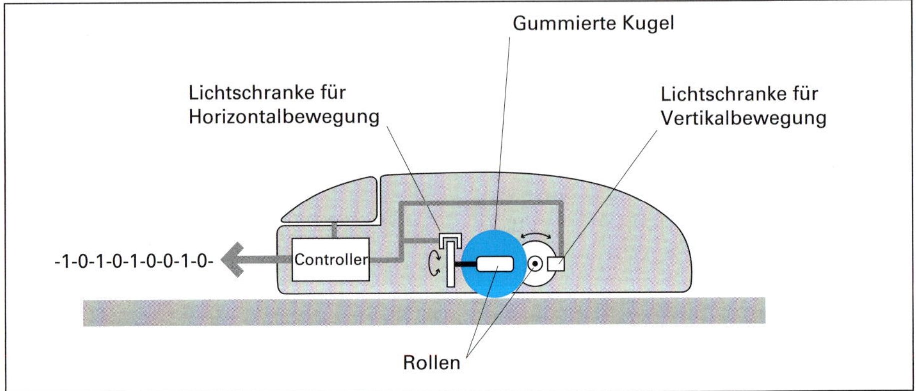

3.1.7.4 Maus

Mäuse werden in vielen Varianten angeboten, die sich technologisch und preislich unterscheiden. Folgende Zusammenfassung kann lediglich einen Überblick vermitteln:

Kabelgebundene Mäuse werden entweder über einen PS/2- oder heute zunehmend über einen USB-Anschluss mit dem Computer verbunden. Die serielle Schnittstelle wird kaum noch verwendet. Kabellose Mäuse senden ihre Daten entweder über eine Infrarot-Schnittstelle oder per Funk zum Computer. Nachteilig hierbei ist, dass eine Batterie notwendig ist.

Bei mechanischen Mäusen dreht sich durch die Mausbewegung eine Kugel, die ihrerseits zwei Abtastrollen antreibt. Eine Elektronik ermittelt aus Drehrichtung und -geschwindigkeit der Rollen den zurückgelegten Weg und generiert einen entsprechenden Digitalcode, der zum Computer übertragen wird.

Optische Mäuse besitzen eine Lichtquelle. Sie ermitteln die Bewegungsrichtung und -geschwindigkeit aufgrund der Lichtreflexionen der Unterlage.

Neben Mäusen mit einer (Apple) und zwei (Windows) Tasten gibt es Varianten mit einer dritten Taste oder mit einem Scroll-Rad. Diese können mit Sonderfunktionen belegt werden.

Die am Windows-PC sinnvoll einsetzbare rechte Maustaste lässt sich auch am Apple-Rechner simulieren, indem während des Mausklicks die ctrl-Taste gedrückt wird.

Funktionsprinzip einer optischen Maus

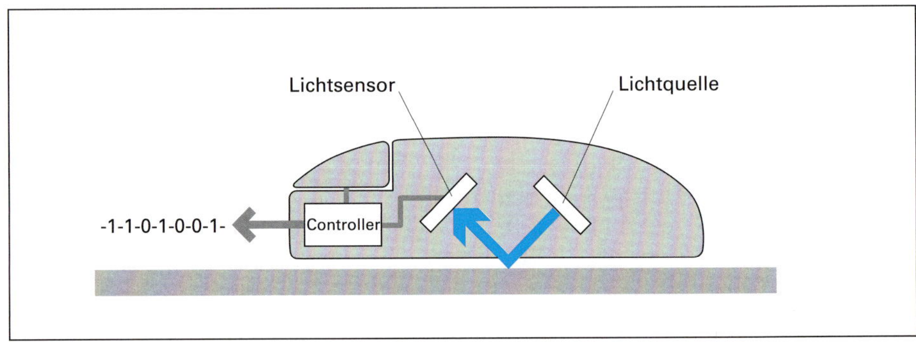

3.1.8 Aufgaben „Hardware“

Aufgabe 3.1.8.1
Hardwarekomponeten zuordnen

Ordnen Sie die gegebenen Komponenten zu.

Tastatur – Festplatte – Mikroprozessor – RAM – Drucker – DVD – USB – Digitalkamera – FireWire

a. Peripheriegeräte
b. Teil des Mikrocomputers
c. Externe Speicher

Aufgabe 3.1.8.2
Schnittstellen kennen

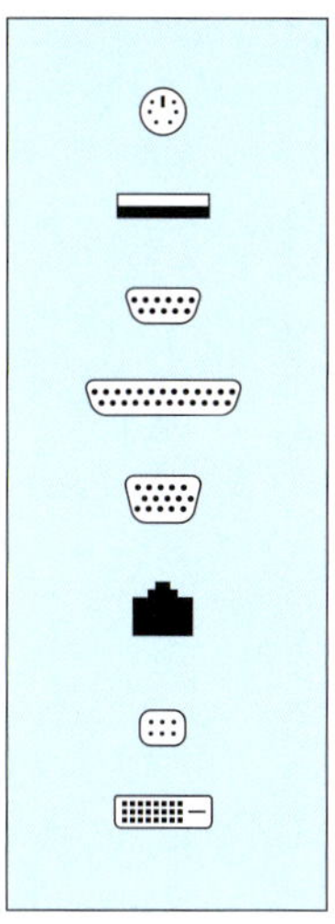

Geben Sie die Bezeichnung der Schnittstellen an und nennen Sie für jede Schnittstelle ein Anschlussbeispiel.

Aufgabe 3.1.8.3
Komponenten eines Mikroprozessors kennen

Erklären Sie die Funktion folgender Bauelemente eines Mikroprozessors:

a. ALU
b. Cache
c. Register
d. Datenbus

Aufgabe 3.1.8.4
Speicher einordnen können

Ordnen Sie die gegebenen Speicher nach den unten genannten Kriterien.

RAM – Festplatte – 40x CD-R – 1st-Level-Cache – Streamer – 8x DVD-R

a. Geschwindigkeit des Datenzugriffs von langsam nach schnell
b. Kosten pro Megabyte von niedrig bis hoch
c. Speicher, die keine Spannungsversorgung benötigen
d. Halbleiterspeicher

Aufgabe 3.1.8.5
DVI-Schnittstelle kennen

Worin unterscheiden sich die gezeigten DVI-Schnittstellen?

Aufgabe 3.1.8.6
Monitortechnologien unterscheiden

Zählen Sie fünf Vorteile eines Flachbild- oder TFT-Bildschirms im Vergleich zum Röhrenmonitor auf.

Aufgabe 3.1.8.7
Speicherplatz berechnen

Wie viel Speicherplatz in MB benötigt ein RGB-Bild auf der Grafikkarte, wenn es im Format 1.920 x 1.200 Pixel dargestellt werden soll?

3.2 Netzwerktechnik

3.2.1 Grundlagen

Netzwerke in der Natur ...

3.2.1.1 Klassifikation von Netzen

Datennetze wurden ursprünglich hinsichtlich ihrer örtlichen Ausdehnung klassifiziert:

LAN (Local Area Network)
Lokale Netze stellen die mit Abstand größte Gruppe der Datennetze dar. Ihre Ausdehnung ist auf ein Gebäude oder Fabrikgelände beschränkt und damit auf etwa einen Kilometer begrenzt.

MAN (Metropolitan Area Network)
Datennetze innerhalb von Städten werden entsprechend als MAN (Metropolitan Area Network) bezeichnet. Ein Beispiel hierfür ist ein rechnergestütztes Verkehrsleitsystem innerhalb einer Stadt.

WAN (Wide Area Network)
Unter WAN werden landesweite oder länderübergreifende Netze verstanden, wie sie beispielsweise für die Mobiltelefonie zur Verfügung stehen.

GAN (Global Area Network)
Bei weltumspannenden Netzen wie dem Internet spricht man von GAN.

Intranet – Internet
Während noch in den 80er Jahren die oben beschriebenen Subnetze weitgehend voneinander getrennt waren, zeichnet sich heute mehr und mehr die Verbindung der Teilnetze zu heterogenen Gesamtnetzen ab. Die obige begriffliche Trennung von Netzen hinsichtlich ihrer örtlichen Ausdehnung verliert dadurch zusehends an Bedeutung. Denn bereits wenn zwei Firmengebäude über eine öffentliche Straße hinweg miteinander verbunden werden, handelt es sich im engeren Sinn nicht mehr um ein lokales Netz. Im Falle von Unternehmen sollte stattdessen eher von einem Corporate Network gesprochen werden.

Die zum Betrieb der Netze notwendigen Betriebssysteme vollziehen die oben beschriebene Integration nach. Begrifflich haben sich dabei die Bezeichnungen Intranet für unternehmensinterne und Internet für die weltweite Datenkommunikation durchgesetzt. Die hierfür benötigte Technik ist – von den verwendeten Protokollen (vor allem TCP/IP) bis hin zur Benutzeroberfläche – für beide Bereiche identisch. Für den Anwender bedeutet dies, dass er einen Arbeitsplatz zur Verfügung gestellt bekommt, der ihm wahlweise die firmeninterne und weltweite Datenkommunikation ermöglicht. So kann sich ein Firmenmitarbeiter beispielsweise mit ein und derselben Software die von ihm benötigten Daten von einer firmeninternen Datenbank oder per FTP von einem externen Datenserver in den USA holen. Ebenso kann er eine E-Mail an seinen Vorgesetzten im Nachbarraum oder an einen Kunden in Australien senden.

3.2.1.2 Nutzungsmöglichkeiten

File-Sharing
Der Datenbestand eines Netzwerkes wird auf einem Server zentral gespeichert und ist nur dort abrufbar. Dies erhöht die Datensicherheit, weil ein Datenbackup nur an diesem Rechner durchgeführt werden muss. Durch Passwörter und unterschiedliche Zugriffsrechte auf die Daten ist auch der Datenschutz wesentlich besser gewährleistet.

Die zentrale Installation von Anwenderprogrammen bietet den Vorteil, dass der Aufwand für Installation und Update der Software beträchtlich sinkt. Allerdings erfordert der gemeinsame Zugriff eine gute Netzanbindung.

Resource-Sharing
Der sicherlich bekannteste Vorteil von Datennetzen ist in der gemeinsamen Nutzung von Peripheriegeräten zu sehen. So können beispielsweise Drucker oder Scanner im Netz eingebunden und von allen Benutzern gemeinsam verwendet werden. Auch der Zugang ins Internet erfolgt üblicherweise an zentraler Stelle.

Electronic Mailing (E-Mail)
Alle Teilnehmer können firmenintern oder weltweit miteinander kommunizieren, ohne dass ein ständiger Griff zum Telefon notwendig ist. Über Verteiler kann eine E-Mail gleichzeitig an beliebig viele Mitarbeiter verschickt werden. Mit Hilfe von Anhängen (Attachments) besteht eine einfache Möglichkeit des Datenaustausches.

Remote Login
Zur Installation und Administration eines Netzes ist das Einloggen in ein Netzwerk von beliebiger Stelle aus möglich. Einem Systembetreuer wird dadurch der Zugriff auf Rechner möglich, die Hunderte von Kilometern entfernt sein können.

3.2.1.3 Vernetzungskonzepte

Zentralrechnerkonzept
Bereits in den 70er Jahren hielten große Rechenanlagen Einzug in Industrie und Wirtschaft. Ansatzpunkt damaliger Entwicklungen war, dass Rechenleistung umso preiswerter wird, je größer

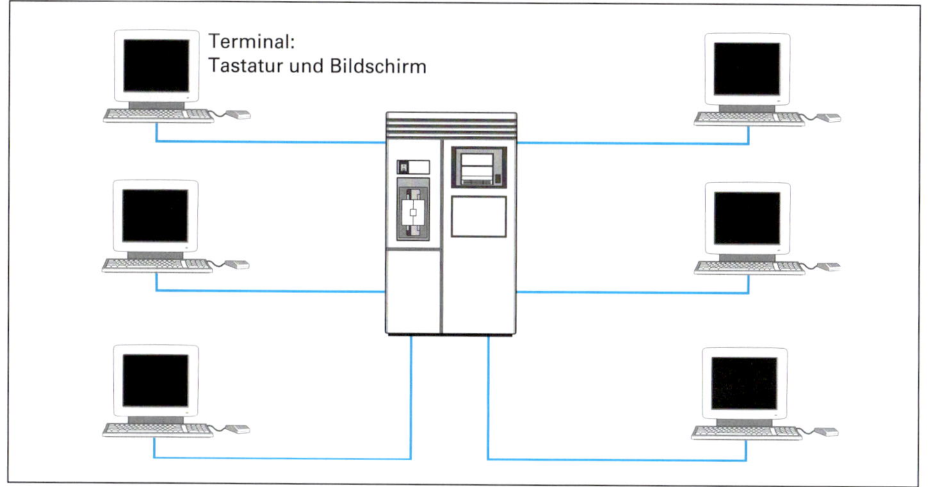

Zentralrechnerkonzept

Das Rechnernetz besteht aus einem zentralen (Groß-) Rechner und „dummen" Terminals.

Peer-to-Peer-Konzept

Alle Rechner sind gleichwertig über ein Switch miteinander verbunden.

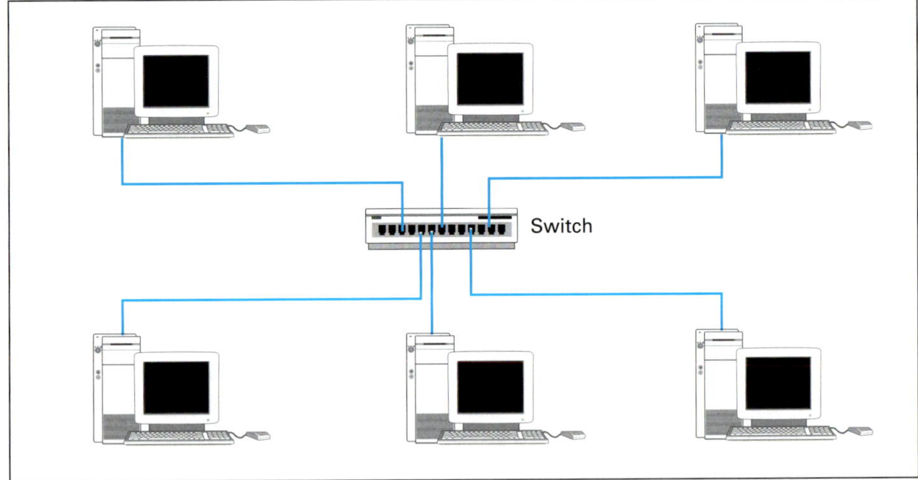

die Rechenanlage ist. So entstanden Großrechner, für die spezielle Räume und eigenes Bedienpersonal (Operator) erforderlich waren.

Zur Einwahl an einem Großrechner genügt der Einsatz von Terminals, bestehend aus Tastatur und Bildschirm, von denen aus ein interaktiver Dialog mit dem Großrechner möglich ist. Dieser arbeitet die Aufgaben der Teilnehmer nacheinander im „Timesharing"-Verfahren ab, so dass dadurch eine scheinbare Parallelverarbeitung erzielt wird.

Aufgrund der enormen technologischen Entwicklung von immer kleineren und immer leistungsfähigeren Prozessoren hat die Bedeutung der zentralen Datenverarbeitung stark abgenommen. Großrechner werden heute nur noch installiert, wenn – meist zu Forschungszwecken – sehr hohe Rechenleistung benötigt wird. Weltweit existieren einige Hundert dieser „Super-Computer", die durch Parallelbetrieb von sehr vielen Prozessoren auf enorme Rechenleistungen kommen. Diese Rechenpower wird z.B. für die Berechnung von Klimamodellen benötigt.

Peer-to-Peer-Konzept

Mit der Entwicklung des PCs (Personal Computer) Anfang der 80er Jahre wurde für die meisten Aufgaben die Nutzung eines Großrechners überflüssig. Das Verbinden gleichwertiger Computer wird als Peer-to-Peer-Netz bezeichnet, wobei der Begriff „peer" aus dem Englischen stammt und so viel wie „gleichgestellt", „ebenbürtig" bedeutet. Da alle am Netz partizipierenden Rechner also die gleiche Rechenleistung besitzen, dient die Verbindung der Rechner ausschließlich zum Datenaustausch, zur Nutzung gemeinsamer Ressourcen und zum E-Mailing.

Peer-to-Peer-Netze bieten sich zur Vernetzung kleinerer Anlagen bis zu etwa 50 Arbeitsstationen an. Ihr Vorteil liegt in der relativ einfachen Konfiguration und Verwaltung des Netzwerkes, ohne dass ein speziell ausgebildeter Systemadministrator benötigt wird. Nachteilig ist, dass das im vorherigen Abschnitt beschriebene File-Sharing in einem Peer-to-Peer-Netz nicht möglich ist, da hierfür ein Server erforderlich ist.

Beispiele für Betriebssysteme mit der Möglichkeit der Peer-to-Peer-Vernet-

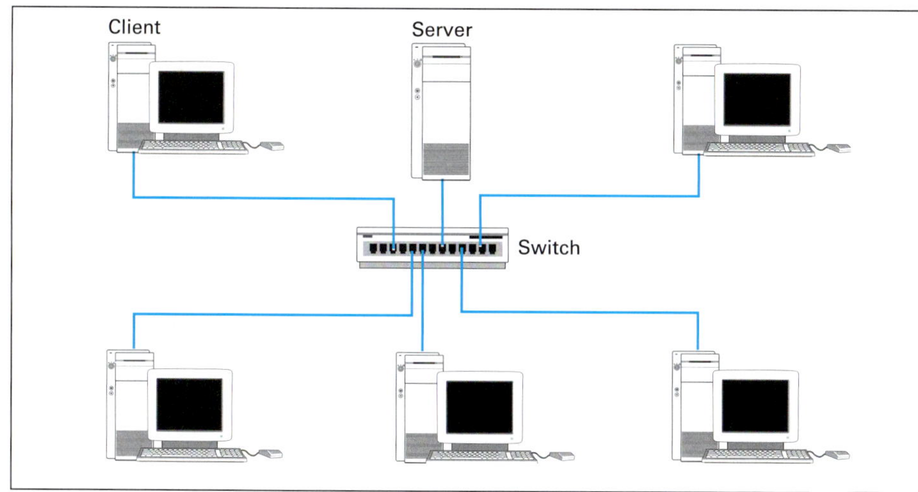

Client-Server-Konzept

Ein oder mehrere Server übernehmen Spezialaufgaben für die Clients.

zung sind Windows 95, 98, ME, 2000 und XP, Mac OS 8 und höher oder das Personal NetWare von Novell.

Client-Server-Konzept

Bei einem Client-Server-Netz sind nicht nur sämtliche Arbeitsstationen (Clients) miteinander verbunden, zusätzlich stehen noch ein oder mehrere Rechner zur Verfügung, die spezielle Aufgaben für die Clients übernehmen und als Server (von „to serve": dienen) bezeichnet werden. Typische Spezialaufgaben für Server sind:

- Fileserver: Server mit gemeinsam oder individuell nutzbaren Daten und gegebenenfalls auch Programmen
- Printserver: Server zur Ansteuerung gemeinsamer Drucker, oft mit Software-RIP zur Rasterung von PostScript-Daten
- Mailserver: Server zur Verwaltung des E-Mail-Verkehrs
- Webserver: Server mit festem Internetzugang zur Verwaltung von Webseiten – gegebenenfalls mit Datenbankanbindung

Neben der Datenverwaltung gehört zu den zentralen Aufgaben eines Servers die Verwaltung der Benutzer des Netzes. So können die Zugriffsmöglichkeiten auf Daten oder Programme für jeden Benutzer individuell freigegeben oder gesperrt und damit Datenmissbrauch verhindert werden.

Ein weiterer Vorteil eines Fileservers ist in der erhöhten Datensicherheit zu sehen, da Datenbackups auf Bänder oder redundante Festplatten (RAID-Systeme, vgl. Abschnitt 3.1.5.3) zentral durchgeführt werden können.

Durch Anbindung des Servers an das Telefonnetz beziehungsweise an Datenfernnetze besteht die bereits erwähnte Möglichkeit des Remote Logins.

Client-Server-Strukturen haben sich als Vernetzungskonzept durchgesetzt und ermöglichen die Realisierung von komplexen Rechnernetzen mit mehreren Hundert Arbeitsstationen.

Beispiele für derzeit aktuelle Server-Betriebssysteme sind Windows NT, 2000, 2003 und XP, Mac OS X und Linux.

3.2.2 Netzwerktopologien

Topologie ist die Lehre von der Lage und Anordnung geometrischer Gebilde im Raum. Bezogen auf die Netzwerktechnik wird unter Topologie die Art und Weise verstanden, wie Computer physikalisch miteinander verbunden sind.

Trotz ihrer Vorteile wird die Bus-Topologie heute kaum mehr eingesetzt, da heutige Netze in der Regel als sternförmig installiert werden. Eine Ausnahme stellt die Realisation von „Backbones" dar (vgl. Abschnitt 3.2.2.5).

3.2.2.1 Bus-Topologie

Bei der Bus-Topologie werden alle Rechner einschließlich Server an einer zentralen Leitung – dem Bus – angeschlossen. Damit die Datensignale an den Enden des Busses nicht reflektiert werden, müssen sich dort Abschlusswiderstände (Terminatoren) befinden. Vor- und Nachteile der Bus-Topologie:

- Einfache Installation
- Einfache Einbindung weiterer Rechner
- Geringer Verkabelungsaufwand
- Geringe Kosten
- Begrenzte maximale Leitungslänge (vgl. Abschnitt 3.2.4.1)
- Schwierige Fehlersuche bei Netzausfall
- Häufige Datenkollision

3.2.2.2 Stern-Topologie

Die Stern-Topologie entstammt der Zeit der Großrechner und Workstations, in der alle Terminals mit einem zentralen Rechner verbunden waren. Die heutige sternförmige Verbindung von Rechnern erfolgt mit Hilfe eines so genannten Sternverteilers. Diese als Hub oder Switch bezeichneten Geräte ermöglichen durch Einstöpseln einer Zweidrahtleitung den Anschluss eines Rechners ans bestehende Netz. Wird ein Client-Server-Netz realisiert, dann werden der oder die Server ebenfalls am Sternverteiler angeschlossen. In diesem Fall ist es sinnvoll, zu den Servern eine schnellere Verbindung als zu den Clients vorzusehen. Ein Sternnetz kann alternativ auch ohne Server als Peer-to-Peer-Netz betrieben werden.

Bus-Topologie

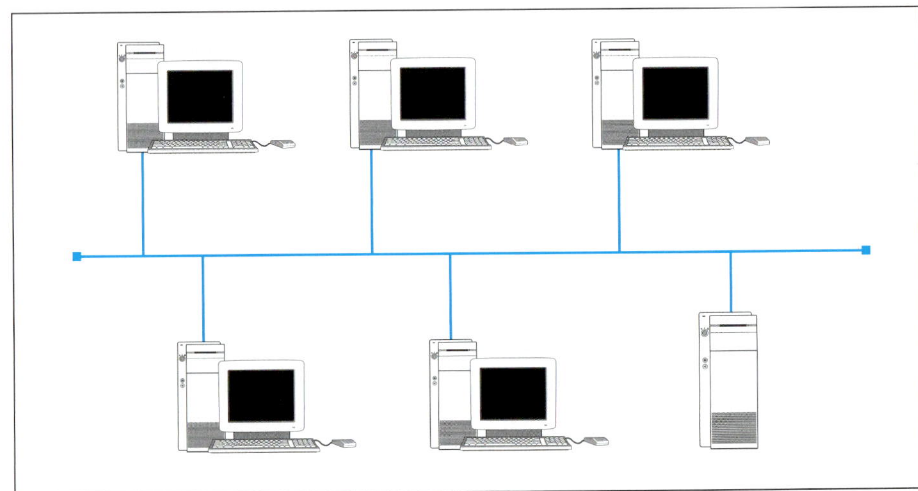

Stern-Topologie

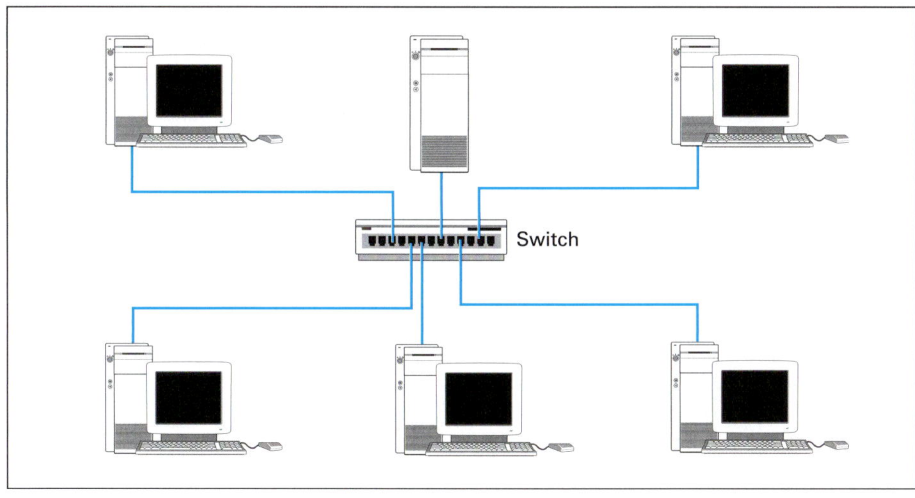

Vor- und Nachteile der Stern-Topologie:

- Vermeidung von Datenkollisionen (bei Einsatz eines Switches)
- Einfache Erweiterung des Netzes
- Gute Sicherungsmöglichkeiten gegen unerlaubten Zugriff
- Aufwändige Verkabelung, da ein Leitungspaar zu jedem Rechner geführt werden muss
- Begrenzte Leitungslänge vom einzelnen Rechner zum Switch (vgl. Abschnitt 3.2.4.1)

Sternförmige Netze stellen heute die mit Abstand wichtigste Netzwerktopologie dar. In neuen Gebäuden werden die hierfür benötigten Leitungen sowie Anschlussdosen bereits vorinstalliert, so dass die Einrichtung eines Netzes sehr einfach möglich ist.

3.2.2.3 Ring-Topologie

Die Ring-Topologie verbindet alle Arbeitsstationen und den oder die Server ringförmig miteinander (vgl. Abbildung auf der nächsten Seite). Die Daten werden dabei vom Quellrechner in den Ring eingespeist und „wandern" danach von Rechner zu Rechner. Anhand ihrer Adresse werden sie schließlich vom Zielrechner erkannt.

Vor- und Nachteile der Ring-Topologie:

- Hohe Ausfallsicherheit durch Einsatz eines Doppelrings (FDDI)
- Keine Datenkollision (vgl. Abschnitt 3.2.5.3)
- Keine Beschränkung der Gesamtlänge des Netzes, da die einzelnen Rechner als Zwischenverstärker wirken
- Hoher Verkabelungsaufwand, da zu jedem Rechner eine Doppelleitung geführt werden muss
- Höherer Kostenaufwand als bei Stern-Technologie

Die im Vergleich zu sternförmigen deutlich teureren ringförmigen Netze sind immer dann einzusetzen, wenn eine sichere Datenübertragung erforderlich ist. Grund hierfür ist, dass Datenkollisionen wegen des hier eingesetzten Zugriffsverfahrens (Token Passing) nicht möglich sind. Da es bei Sternnetzen durch den Einsatz von Switches jedoch ebenfalls zu keinen Kollisionen mehr kommen kann, verlieren die (langsameren) Ringnetze zusehends an Bedeutung.

Ring-Topologie

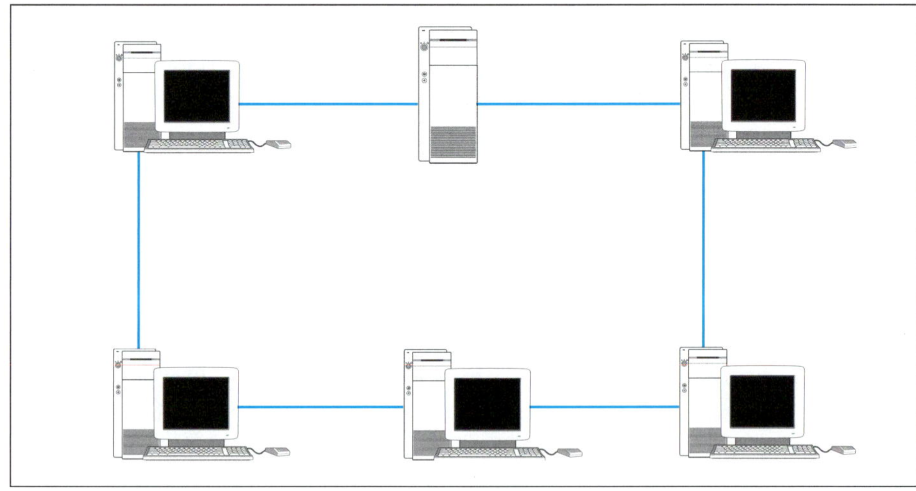

3.2.2.4 Physikalische und logische Topologie

Beachten Sie den wichtigen Unterschied zwischen physikalischer und logischer Topologie. Im ersten Fall handelt es sich um die in den vorherigen Abschnitten beschriebene Art der (hardwaremäßigen) Verbindung der Rechner.

Unter der logischen Topologie wird verstanden, wie das Netz durch das Betriebssystem administriert wird. Über das Zugriffsverfahren wird festgelegt, ob das Netz logisch als Bus betrieben wird und alle Rechner gleichzeitig Daten senden dürfen. Alternativ kann aber auch ein Senderecht vergeben werden, so dass ein logischer Ring entsteht.

Die physikalische und logische Topologie eines Netzwerks müssen nicht miteinander übereinstimmen: So kann beispielsweise ein Netz über ein Switch physikalisch sternförmig miteinander verbunden sein und dennoch logisch als Ring betrieben werden. Die einzelnen Rechner erhalten dann vom Betriebssystem nacheinander ein Senderecht, als ob sie tatsächlich im Ring verbunden wären.

3.2.2.5 Heterogene Topologien

Die hier beschriebenen Topologien Bus, Stern und Ring können miteinander kombiniert werden, so dass sich ein heterogenes Netz ergibt, das aus vielen Teilnetzen besteht.

Die in der Praxis am häufigsten auftretende Mischform ist die Kombination von Stern- und Busnetzen: Während die Rechner eines Raumes oder eines Stockwerkes mittels Switch sternförmig verbunden werden, kommunizieren die einzelnen Switches im Gebäude über eine als Backbone (engl.: Rückgrat) genannte busförmige Verbindung, die eine hohe Übertragungskapazität aufweist und deshalb häufig mit Lichtwellenleiter realisiert wird.

Anwendungsbeispiele

Auf den folgenden beiden Seiten sind zwei Netzstrukturen dargestellt, wie sie im Bereich der Medienindustrie vorzufinden sind. Im ersten Beispiel ist das Netzwerk einer großen Internetagentur dargestellt, das zweite Beispiel zeigt einen typischen Reprobetrieb.

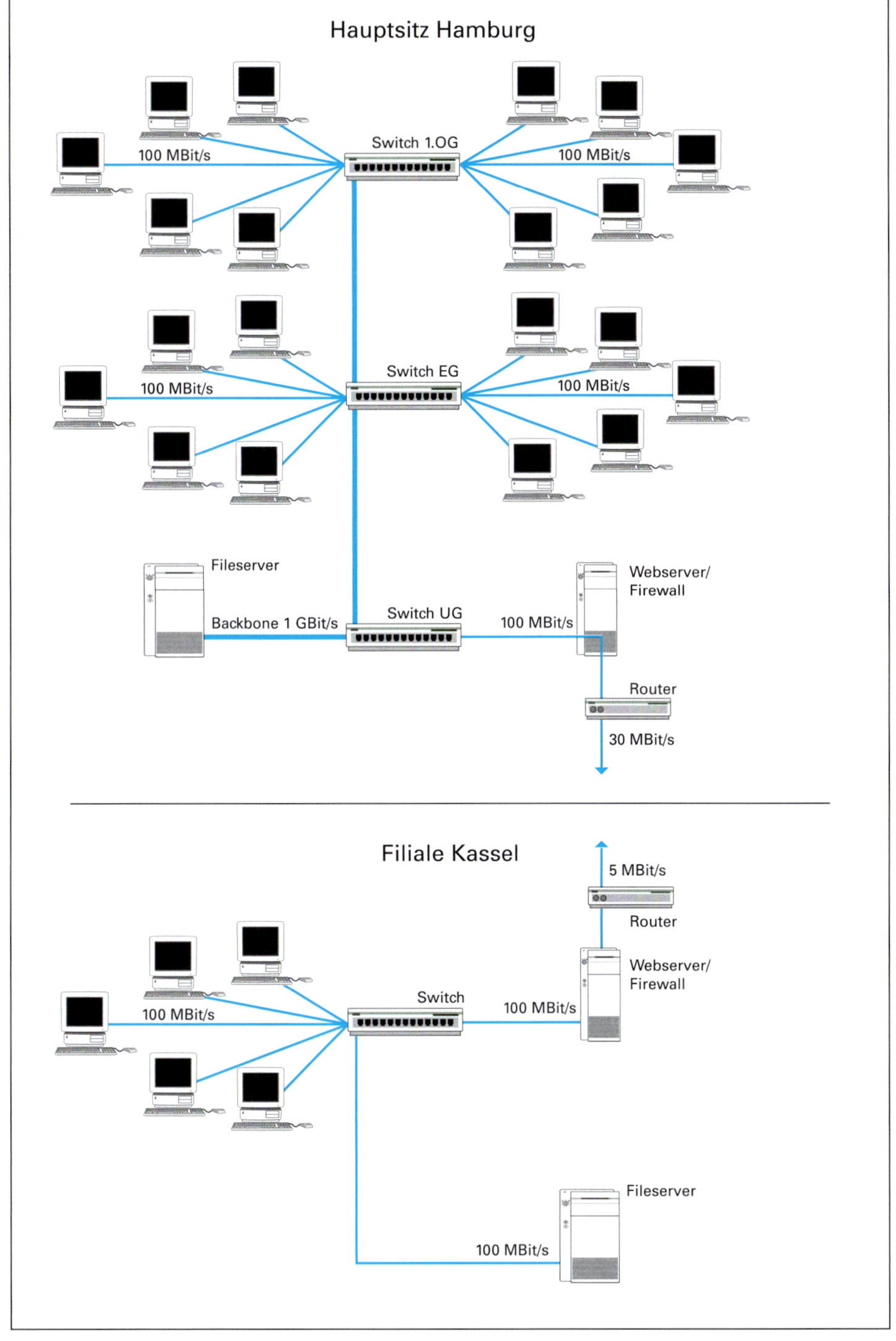

Netzstruktur einer Internetagentur

Netzstruktur eines Reprobetriebes

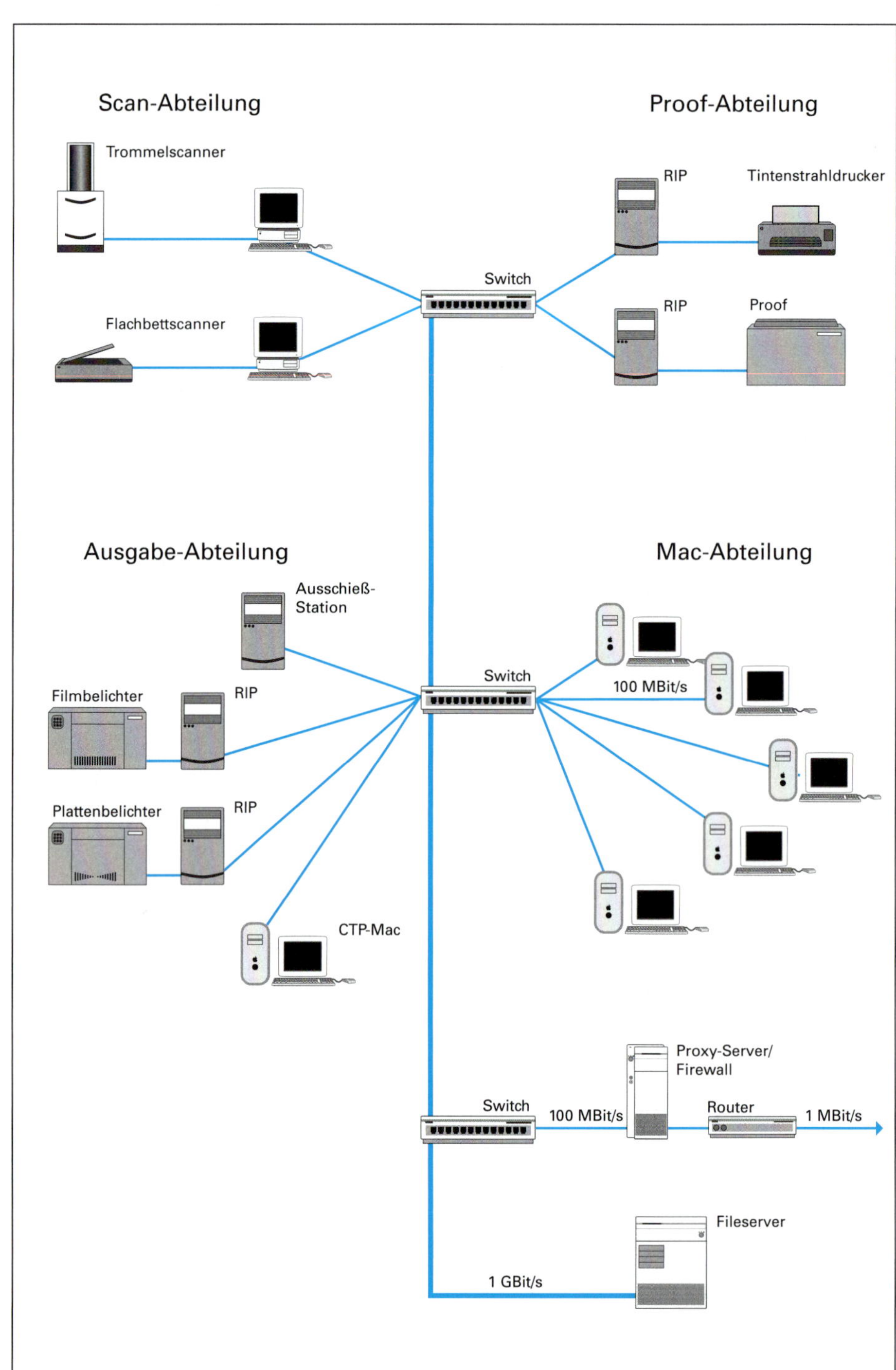

3.2.3 Vernetzte Druckerei

Die moderne Medienproduktion wird netzbasiert durchgeführt. Ohne eine sinnvolle Netzwerkstruktur ist es kaum noch denkbar, Medienprodukte herzustellen. Entscheidend für die Schnelligkeit, Qualität und den Erfolg eines Mediendienstleisters ist unter anderem die Vernetzungsstruktur für einen Produktionsworkflow. Um schnell und sicher produzieren zu können, sind eine Reihe von Anforderungen an eine Netzwerkstruktur zu stellen:

- Datenhaltung und Datentransfer müssen nach klaren und sicheren Regeln erfolgen.
- Die Datenübertragungsgeschwindigkeit muss hoch sein.
- Unnötige Datentransfers sollten vermieden werden.
- Die Funktion des Gesamtnetzwerkes und des damit verbundenen Gesamtsystems zur Produktion muss nach der Installation aller Software-Applikationen sichergestellt sein.
- Für auftretende Probleme muss ein Lösungsansatz bereits bei der Planung einer vernetzten Produktion entwickelt werden.
- Es muss sichergestellt sein, dass bei Problemen Produktionsprozesse nicht abgebrochen werden müssen.

Datenhaltung und Datentransfer werden durch die verwendete Netzwerkarchitektur festgelegt. Die Netzwerkarchitektur ist neben den vorhandenen JDF-Schnittstellen und deren Funktionen entscheidend für den Erfolg der vernetzten Druckerei.

Vernetzungsarchitekturen

JDF (Job Definition Format, vgl. Abschnitt 5.4.1.5) ist der definierte Standard für den Datenaustausch innerhalb einer Printmedienproduktion. Die JDF-Spezifikationen legen allerdings nicht fest, wo Informationen gespeichert werden, wer auf diese Informationen zugreifen und diese vielleicht sogar ändern darf. Für die JDF-basierte Produktion innerhalb einer vernetzten Druckerei sind folgende Komponenten erforderlich:

- *Agents* haben die Aufgabe, ein JDF zu schreiben, zu erweitern oder zu ändern.
- *Controller* versenden ein JDF an die vorgesehenen Knoten.
- *Devices* stellen die Verbindung zwischen Softwareapplikationen und Maschinen her. Sie interpretieren ein JDF am jeweiligen spezifischen Knoten und steuern die richtigen Maschinen an.
- *Machines* sind Workflow-Komponenten, welche notwendige Prozesse ausführen. Sie werden von *Devices* gesteuert.

Agents, *Controller* und *Devices* verarbeiten nicht nur JDF, sondern stellen auf der Basis von JMF (Job Messaging Format) aktuelle Informationen zur Verfügung. Dies können aktuelle Auftragslisten, Geräteeinstellungen wie Auflösung oder eingestelltes Format eines Belichters, Statusmeldung z.B. über den Stand eines RIP-Prozesses oder Informationen über den Fortdruck sein. Damit JMF-Informationen übertragen werden können, ist das Hypertext Transfer Protocol (HTTP) erforderlich, das für den Datenaustausch im Internet genutzt wird.

Zentrale Vernetzungsarchitektur

Hier wird das jeweilige Master-JDF eines Auftrages für eine zentrale Datenbank aufbereitet, gespeichert und auf dem zentralen Server verwaltet. Die zentrale Datenbank mit den Auftragsdaten erlaubt den gleichzeitigen Zugriff mehrerer Arbeitsstationen auf ein JDF. Mehrere Teilnehmer können also gleich-

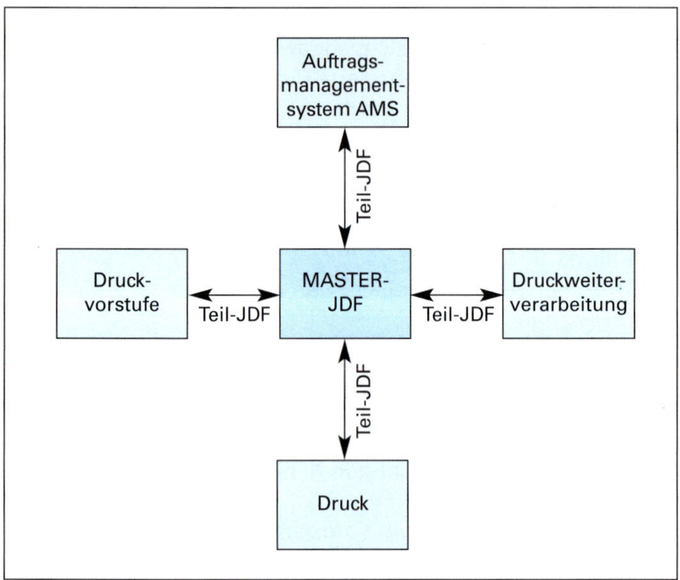

Zentrale JDF-Vernetzungsarchitektur

zeitig an einem Auftrag arbeiten, Veränderungen bzw. Ergänzungen vornehmen oder einfach den aktuellen Auftragsstatus abrufen um sich zu informieren.

Der Vorteil einer zentralen JDF-Vernetzungsarchitektur wird durch diese Funktionalitäten sofort deutlich:

- Ein Auftrag ist ständig zentral zur Überwachung verfügbar.
- Teile der JDF-Auftragsstruktur können jederzeit aufgerufen und geändert werden.
- Durch die vorgegebene Baumstruktur von JDF bestehen klare und eindeutig geregelte Zugriffsstrukturen.
- Teile einer JDF, die gerade bearbeitet werden, können für andere Produktionsteilnehmer gesperrt werden.
- Bessere Wartungs- und Kontrollmöglichkeiten.
- Eine lückenlose und permanente Auftragsüberwachung und Dokumentation ist gegeben.

Die Installation einer zentralen Netzwerkarchitektur ist deutlich aufwändiger, teurer und schulungsintensiver als die Installation einer dezentralen Netzwerkarchitektur. Allerdings ist die sich aus dieser Installation ergebende Produktionssicherheit und Zuverlässigkeit deutlich höher zu bewerten.

Dezentrale Vernetzungsarchitektur
Hierbei wird eine JDF-Datei von einer Prozessstation zur nächsten weitergegeben. Die JDF-Datei wird dabei jeweils lokal bearbeitet, erweitert, gespeichert und weitergegeben. Diese kann dann auf einen Fileserver den nächsten Bearbeitungsstufen zur Verfügung gestellt werden.

Die dezentrale Vernetzungsstruktur mit ihrer einfachen JDF-Datenübergabe ist einfach und ohne komplexe Serverkonfiguration aufzubauen. Schwierig hingegen ist die Sicherstellung, dass alle am Produktionsprozess beteiligten immer die aktuellen Informationen und JDF-Daten erhalten. Für die Abarbeitung komplexer und sich zeitlich überschneidender Aufträge ist die dezentrale Vernetzungsarchitektur wegen fehlender Überprüfungsmöglichkeiten der Datenbewegungen nicht gut geeignet.

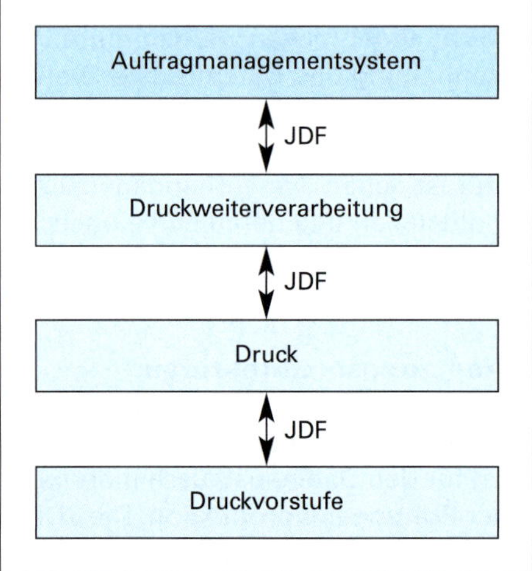

Dezentrale JDF-Vernetzungsarchitektur

3.2.4 Netzwerkverbindung

3.2.4.1 Verkabelung

Bei der Realisation eines Netzwerkes kommt der Auswahl des richtigen Kabels eine wichtige Bedeutung zu. Die Wahl wird durch die gewünschte Übertragungsrate, die vorgesehene Netztopologie und nicht zuletzt durch die Kosten des Kabels bestimmt. Für drahtgebundene Verbindungen kommen hierbei drei Medien in Frage: Twisted Pair, Koaxialkabel oder Lichtwellenleiter.

Twisted Pair

Das Twisted-Pair-Kabel, das in den USA auch als Telefonkabel verwendet wird, besteht im einfachsten Fall aus verdrillten Kupferleiter-Doppeladern (UTP). Das Verdrillen der Kupferadern dient zur Vermeidung äußerer Störeinflüsse. Um diese weiter zu reduzieren, werden Twisted-Pair-Kabel mit einer metallischen Abschirmung um die Adernpaare (S/UTP) sowie mit zusätzlicher Aluminiumfolie um jedes Adernpaar (S/STP) angeboten.

Die Verkabelung mit Twisted Pair wird zurzeit vor allem bei sternförmig vernetztem Ethernet eingesetzt. Die Verbindung von Twisted-Pair-Kabel und Switch erfolgt mittels RJ-45-Stecker bzw. -Buchse, ebenso die Verbindung des Kabels mit der Netzwerkkarte des Computers.

Der große Vorteil einer Twisted-Pair-Verkabelung liegt in den niedrigen Kosten und der einfachen Installation. Die zulässige Kabellänge sowie die maximale Taktung des Netzes muss bei der Auswahl des Kabels beachtet werden. Twisted-Pair-Kabel werden hierzu in Kategorien von 1 bis 7 eingeteilt (vgl. Tabelle). Für heute übliche 100-MBit/s-Netze muss ein Kabel der Kategorie 5 verwendet werden.

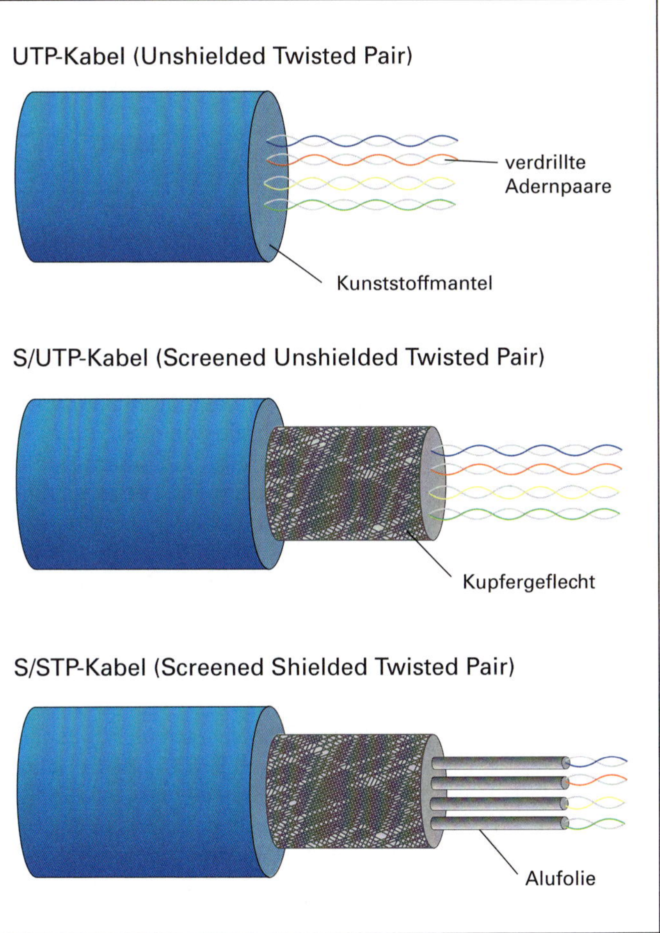

Twisted-Pair-Kabel

Beachten Sie weiterhin, dass zur direkten Verbindung zweier Rechner (ohne Switch) ein gekreuztes (crossover) Twisted-Pair-Kabel verwendet werden muss.

Kabelkategorien bei Twisted Pair

(Quelle: Kompendium der Informationstechnik, Galileo)

Kategorie	Datenrate	Einsatzzweck
CAT 1	k.A.	Telefon
CAT 2	4 MBit/s	ISDN
CAT 3	10 MBit/s	Ethernet, Token Ring
CAT 4	16 MBit/s	divers
CAT 5	100 MBit/s	Fast Ethernet
CAT 6	200 MBit/s	divers
CAT 7	600 MBit/s	divers

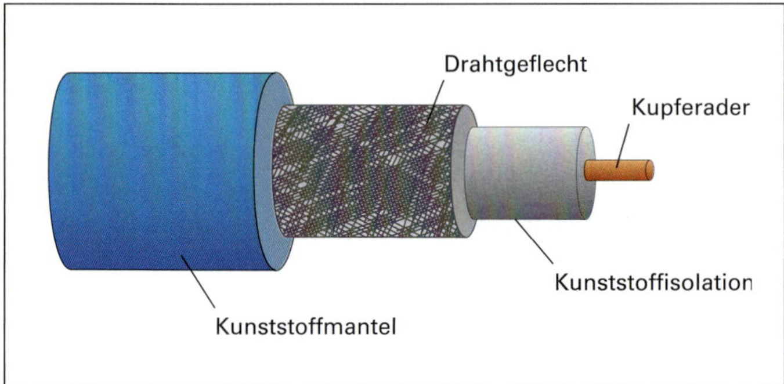

Thin-Ethernet-Koaxialkabel

Koaxialkabel

Ein Koaxialkabel besteht aus einer inneren Kupferader, die von einer Isolationsschicht, gefolgt von einem Kupferdrahtnetz, umgeben ist. Letzteres dient sowohl als Leiter als auch zur Abschirmung äußerer Störfelder. Koaxialkabel werden in erster Linie in Netzen mit Bus-Topologie eingesetzt. In Abhängigkeit von der benötigten Kabellänge kann zwischen zwei Kabeltypen ausgewählt werden:

Das Thin-Ethernet-Kabel (10Base2) wird mit Hilfe von BNC-Steckern an die entsprechende Buchse der Netzwerkkarte angeschlossen. Soll das Kabel zum nächsten Rechner weitergeführt werden, wird ein T-Stück mit drei Anschlussmöglichkeiten benötigt. Am Kabelende muss ein Abschlusswiderstand (Terminator) von 50 Ohm angebracht sein, damit Reflexionen am Leitungsende unterbleiben. Wichtig ist auch, dass die Länge eines Thin-Ethernet-Stranges 185 Meter nicht übersteigen darf.

Für größere Kabellängen ist die Verwendung eines Thick-Ethernet-Kabels (10Base5) notwendig. In diesem Fall werden die Rechner über Transceiver mit dem Kabel verbunden. Infolge des größeren Kabeldurchmessers ist eine Stranglänge von 500 Metern zulässig. Der Abschlusswiderstand muss auch bei Thick-Ethernet-Kabel 50 Ohm betragen.

Koaxialkabel verlieren zunehmend an Bedeutung. Dies liegt zum einen an der heute bevorzugten sternförmigen Vernetzung mit Twisted-Pair-Kabeln. Andererseits ist die Anfälligkeit des Netzes infolge fehlerhafter Verbindungen wesentlich höher als bei Twisted Pair oder Lichtwellenleitern.

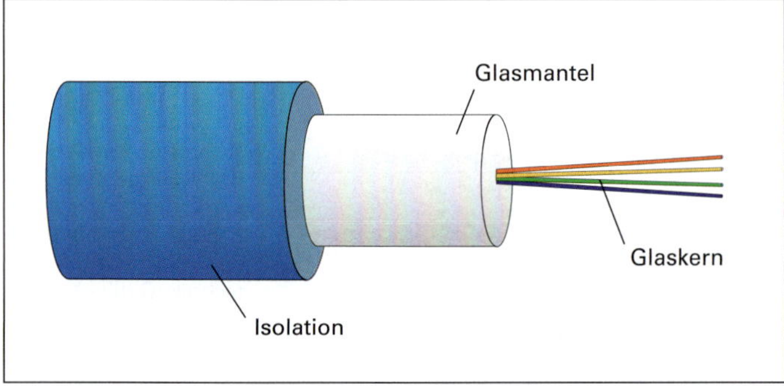

Lichtwellenleiter (Glasfaserkabel)

Lichtwellenleiter

Lichtwellenleiter (LWL), besser bekannt als Glasfaserkabel, ermöglichen die derzeit höchsten Übertragungsraten bis zu 10 GBit/s. Sie bestehen aus etwa 0,1 mm dünnen Glasfasern, die von einem äußeren Glasmantel mit anderem Brechungsindex umhüllt sind. Dadurch werden die Lichtimpulse am äußeren Mantel total reflektiert und bewegen sich entlang der inneren Fasern.

Abgesehen von der hohen Übertragungsrate bieten Lichtwellenleiter den Vorteil, dass sie völlig unempfindlich gegenüber elektrischen oder elektromagnetischen Störeinflüssen sind. Ein weiterer Vorteil der Glasfasertechnologie betrifft den Bereich der Abhörsicherheit: Die Anzapfung eines Lichtwellenleiters ist nach derzeitigem Stand der Technik nicht möglich. Zur Realisierung eines 1000-MBit- oder Gigabit-Ethernets stehen zwei Lichtwellenleiter zur Verfügung: Bei 1000BaseSx handelt es sich um eine Multimode-Glasfaser mit einer Wellenlänge von 850 nm und einer maximalen Kabellänge zwischen 220 und 550 Metern. Wer längere Verbindungen ohne Zwischenverstärkung überbrücken muss, kann 1000BaseLx verwenden. Diese Glasfaser ist für Licht mit einer Wellenlänge von 1270 nm konzipiert und kann in Abhängigkeit von der Kabelqualität zwischen 550 und 5000 Metern Länge besitzen.

Den obigen Vorteilen stehen im Wesentlichen die hohen Kosten für Installation und Material gegenüber, die den Einsatz dieser Technologie meistens auf so genannte Backbones beschränkt. Darunter versteht man die Verbindung mehrerer Teilnetze wie zum Beispiel der einzelnen Etagen eines Gebäudes zu einem Gesamtnetz innerhalb des Unternehmens, wobei die Teilnetze in der Regel mit Kupferkabeln und nur der Backbone in der teuren, aber schnellen LWL-Technologie realisiert wird.

3.2.4.2 Kabellose Vernetzung

Kommunikation und Information an jedem Ort und zu jeder Zeit – dies scheint der Trend des 21. Jahrhunderts zu sein. Was mit einer explosionsartigen Verbreitung der Mobiltelefone („Handys") begonnen hat, scheint sich jetzt mit der sprunghaften Zunahme an mobilen Computern (Laptop, Notebook, Palmtop, ...) fortzusetzen. Da liegt der Wunsch nahe, auch mit diesen mobilen Geräten im Internet surfen, E-Mails empfangen oder einfach nur einen Abgleich seiner Daten mit dem Destop-PC vornehmen zu können. Mit Hilfe eines Funknetzes kein Problem!

Wie bei drahtgebundenen Netzen gibt es auch im Bereich der Funknetze unterschiedliche Lösungen, von denen an dieser Stelle lediglich die beiden wichtigsten – WLAN und Bluetooth – zur Sprache kommen sollen.

WLAN (Wireless LAN)
Wie der Name sagt, ist WLAN für „lokale" Netze vorgesehen – die Reichweiten der Sender betragen in Gebäuden bis zu 50, im Freien bis zu 500 Meter.

In der Tabelle sind die derzeit wichtigsten IEEE-Standards zusammengestellt. Größte Verbreitung besitzen zurzeit WLAN-Geräte gemäß Spezifikation 802.11b. Beachten Sie, dass die angegebenen Datenraten theoretische Obergrenzen darstellen, die in der Praxis nicht oder nur unter idealen Bedingungen erreicht werden.

IEEE-Standards für Wireless LAN

IEEE	Frequenz (GHz)	max. Datenrate
802.11	2.400 – 2.483	1 bis 2 MBit/s
802.11b	2.400 – 2.483	5,5/11/22 MBit/s
802.11g	2.400 – 2.483	bis 54 MBit/s
802.11a	5,140 – 5,725	bis 54 MBit/s

Der angegebene Frequenzbereich definiert die zur Übertragung genutzten Trägerfrequenzen. Sie liegen über den Frequenzen der Mobiltelefone und unter der Frequenz von infrarotem Licht.

Während der Datenübertragung wird die gewählte Trägerfrequenz ständig gewechselt, um Störungen durch Interferenz (Überlagerung anderer Frequenzen) zu vermeiden und um die Übertragung abhörsicherer zu machen. Dennoch ist die Funktechnik wesentlich anfälliger gegenüber Störungen bzw. „Lauschangriffen". Als Gegenmaßnahme kommen Verschlüsselungstechnologien zum Einsatz.

Damit ein Computer am Funknetz partizipieren kann, benötigt er einen

Integration von WLAN und LAN

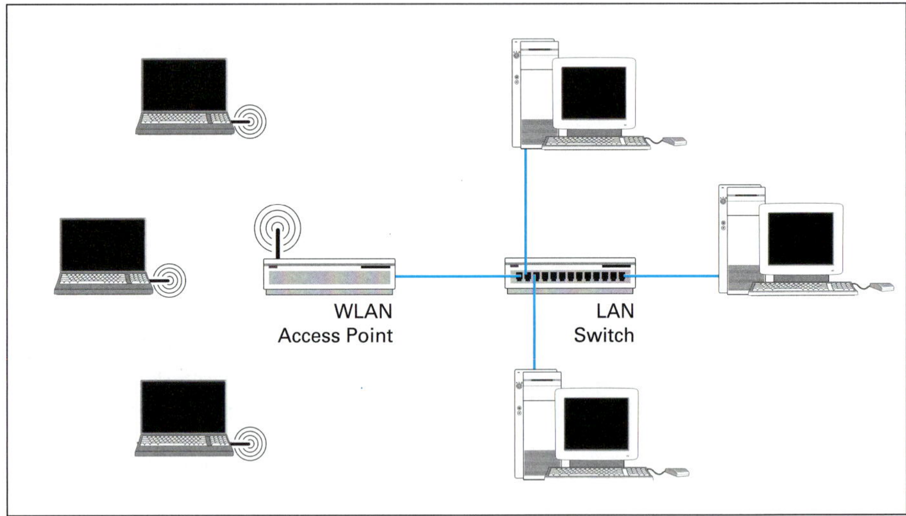

WLAN-Apapter. Für mobile Computer stehen diese in Form von PC-Cards zur Verfügung, in Desktop-PCs lassen sich PCI-Karten nachrüsten.

Die Kommunikation mit anderen Rechnern erfolgt entweder direkt (Peer-to-Peer) oder über eine als Access Point bezeichnete Vermittlungsstelle. Die Verwendung eines Access Points bietet den Vorteil, dass dieser mit einem verkabelten LAN verbunden werden kann. Somit können mobile Computer in bestehende kabelgebundene Netze eingebunden werden. Weiterhin lassen sich bessere Access Points zusätzlich als DSL-Router nutzen.

Mehrere Access Points können ihrerseits zu Funkzellennetzwerken (wireless bridges) verbunden werden, innerhalb derer sich der Nutzer frei bewegen kann. Der Wechsel von einem Access Point zum nächsten erfolgt hierbei – wie beim Mobiltelefon – automatisch. Die Technik ermöglicht also eine flächendeckende Funkvernetzung von Firmen oder möglicherweise ganzer Städte. Immer mehr öffentliche WLAN-Access-Points z.B. auf Flughäfen oder in Bahnhöfen bieten den Service des Einloggens in ein Funknetz an.

Bluetooth

Auch bei Bluetooth handelt es sich um eine Funkverbindung, deren Reichweite vor allem für den Nahbereich von 10 bis 30 m gedacht ist und die zur kabellosen Anbindung von Peripheriegeräten an den PC dient. Die Bluetooth-Vernetzung von PCs ist zwar möglich, empfiehlt sich aber nicht, weil die Übertragungsrate mit maximal 1 MBit/s unter den Möglichkeiten von WLAN zurückbleibt.

Zum Anschluss Bluetooth-fähiger Geräte an einen PC benötigt dieser lediglich einen USB-Adpater. Auch für Bluetooth stehen Access Points zur Verfügung, die beispielsweise einen ISDNL- oder DSL-Zugang ins Internet ermöglichen.

Problematisch ist, dass Bluetooth dasselbe Frequenzband von 2.400 bis 2.438 GHz verwendet und somit Störungen mit WLAN-Geräten nicht auszuschließen sind.

3.2.5.1 CSMA/CD

Die große Mehrheit aller lokalen Netze ist als Ethernet realisiert, so dass von einem Quasistandard gesprochen werden kann. Obwohl als Topologie für das Ethernet ursprünglich die Busstruktur vorgesehen war, werden heutige Netze meistens sternförmig aufgebaut. Die Datenübertragungsrate von Ethernet beträgt 10 MBit/s, bei Fast Ethernet sind 100 MBit/s möglich. Für den Backbone-Bereich gibt es das Gigabit-Ethernet mit 1000 MBit/s und mittlerweile sogar ein 10-Gigabit-Ethernet. In letzterem Fall ist die Verkabelung nur noch mit Lichtwellenleitern möglich.

Zum Betrieb eines Netzwerkes muss eindeutig festgelegt sein, wie der Datenaustausch zwischen den einzelnen Rechnern im Netz erfolgen soll. Diese – als Zugangs- oder Zugriffsverfahren bezeichnete – Festlegung besitzt bei Ethernet die komplizierte Bezeichnung CSMA/CD (Carrier Sense Multiple Access/ Collision Detection):

a. Alle Rechner „hören" permanent das Netz ab (Carrier Sense), um festzustellen, ob Daten zu empfangen sind oder ob das Medium zum Senden eigener Daten frei ist.
b. Ein Rechner beginnt zu senden, wenn das Netz frei ist, andernfalls wird nach einer kurzen Wartezeit ein erneuter Versuch gestartet (Multiple Access).
c. Wenn zufällig ein zweiter Rechner gleichzeitig zu senden beginnt, kommt es zur Datenkollision.
d. Der Rechner, der die Kollision zuerst entdeckt (Collision Detection), sendet ein Störsignal (Jamming-Signal) aus. Damit erfahren alle Rechner, dass eine Störung vorliegt und somit ein Senden momentan nicht möglich ist.
e. Nach einer kurzen Zufallszeit versucht der sendewillige Rechner erneut zu senden. Die Wahrscheinlichkeit, dass es wieder zu einer Kollision kommt, ist nun gering. Kommt es dennoch wieder zu einer Kollision, wiederholen sich die Schritte d und e.

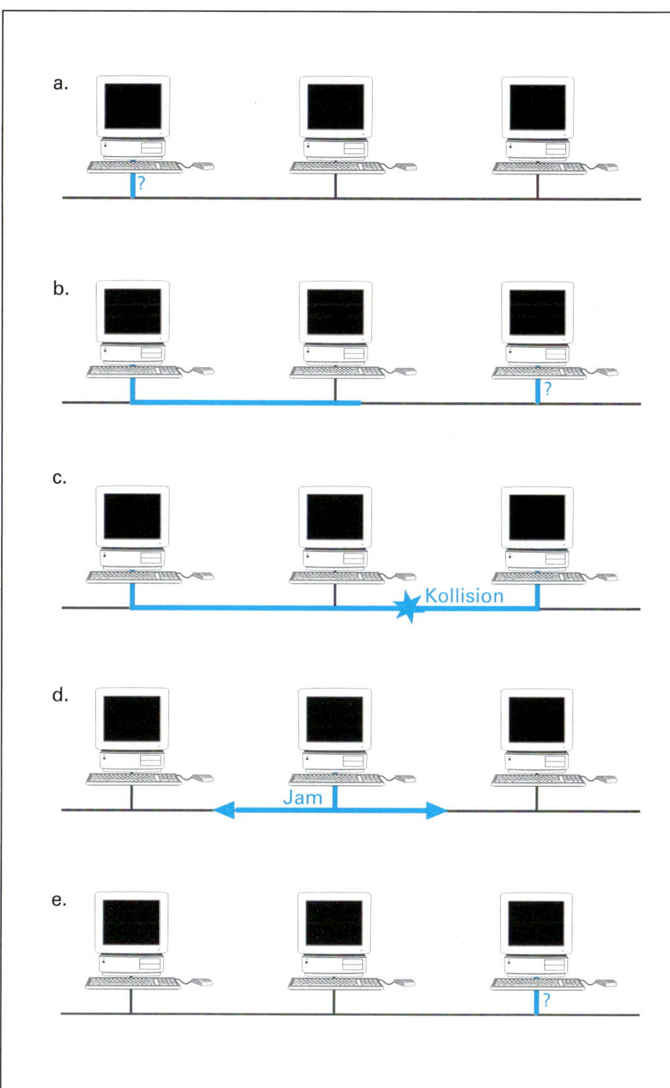

Zugriffsverfahren CSMA/CD

Argumente pro und contra Ethernet:

- Einfache Installation
- Kostengünstiges Netz – auch 100-MBit-Komponenten sind mittlerweile erschwinglich.
- Einfügen neuer Stationen problemlos möglich, dies gilt auch für das Ergänzen weiterer Hubs oder Switches.
- Einfaches „Anzapfen“ und Abhören des Netzes, solange keine Glasfaserleitungen verwendet werden.
- Häufige Kollisionen reduzieren die Übertragungsrate erheblich. Durch den Einsatz von Switches lassen sich Kollisionen vermeiden.

3.2.5.2 CSMA/CA

CSMA/CA stellt eine kollisionsfreie Variante von CSMA/CD dar, die bei Funknetzen (WLAN) zum Einsatz kommt. Die Abkürzung variiert nur im letzten Buchstaben – „CA“ steht hier für Collision Avoidance, also die Vermeidung von Kollisionen. Dies wird dadurch erreicht, dass ein sendewilliger Rechner zunächst eine Sendeanforderung sendet. Erst wenn diese durch die empfangende Station quittiert wird, werden die Daten übermittelt. Nach Abschluss der Datenübertragung sendet der empfangende Rechner wiederum ein Signal, erst danach steht die Funkstrecke für einen neuen Sendevorgang zur Verfügung.

3.2.5.3 Token Passing

Ringförmige Netze (Token Ring) werden immer dann eingesetzt, wenn eine hohe Übertragungssicherheit gewährleistet werden muss. Die Übertragungsgeschwindigkeiten betrugen ursprünglich nur 4 oder 16 MBit/s, seit 1998 lassen sich Ringe auch als „High Speed Token Ring“ (HSTR) mit 100 MBit/s betreiben. Als Übertragungsmedium ist Twisted Pair vorgesehen. Der wichtigste Unterschied zu Ethernet ist, dass bei Token Ring ein als Token Passing bezeichnetes Zugriffsverfahren verwendet wird, das Datenkollisionen verhindert:

a. Im Leerlauf kreist ein bestimmtes Bitmuster mit drei Byte Länge, das Frei-Token genannt wird.
b. Wenn ein Rechner Daten senden will, muss er auf das Frei-Token warten und wandelt dieses dann in ein Belegt-Token um. Die Daten werden gesendet, indem sie an das Belegt-Token angehängt werden.
c. Der empfangende Rechner kopiert die Daten in seinen Speicher und gibt sie danach im Ring weiter. Im letzten Byte setzt der Empfänger zusätzlich ein Bestätigungsbit.
d. Wenn die Daten den Sender wieder erreichen, nimmt dieser sie aus dem Netz. Anhand des Bestätigungsbits erkennt er, dass der Empfänger die Daten übernommen hat.
e. Der Sender wandelt abschließend das Belegt- wieder in ein Frei-Token um. Danach kann der nächste Rechner zum Sender werden.

Argumente pro und contra Token Ring:

- Deterministisches Zugriffsverfahren: Jeder Rechner kommt zu festgelegten Zeiten an die Reihe.
- Die Ringgröße unterliegt nahezu keiner Beschränkung, weil die Rechner jeweils als Zwischenverstärker dienen.
- Auch Stern- oder Busnetze sind logisch als Token Ring zu betreiben.
- Keine Kollisionen
- Vergabe von Zugriffsprioritäten ist möglich.
- Sendewillige Rechner müssen immer erst auf Frei-Token warten.

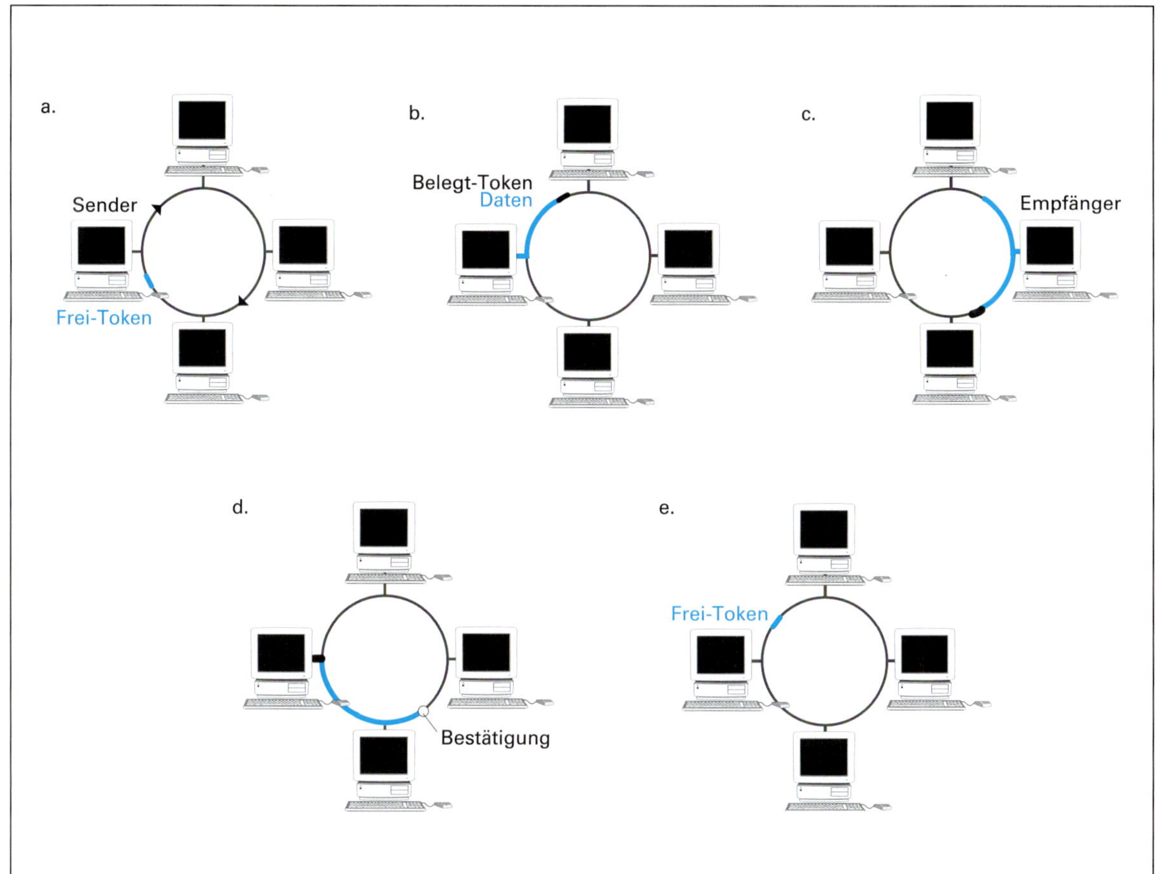

- Kostenintensiver im Vergleich zu Ethernet
- Langsames Netz im Vergleich zu Gigabit-Ethernet

3.2.5.4 FDDI

Die FDDI-Technologie (Fibre Distributed Data Interface) ist vorwiegend für den Einsatz als Backbone zur Verbindung mehrerer Teilnetze oder Standorte gedacht. Die Übertragungsrate beträgt wie bei Fast Ethernet 100 MBit/s. Als Medium waren ursprünglich nur Lichtwellenleiter vorgesehen, mittlerweile wurde FDDI jedoch auch für Kupferleitungen (CDDI) spezifiziert. Das Zugriffsverfahren entspricht einem modifizierten Token-Passing-Verfahren. Aus Sicherheitsgründen wird bei FDDI ein Doppelring verwendet, so dass bei Ausfall eines Ringes ein zweiter zur Verfügung steht. Eine Leistungssteigerung wird erreicht, indem das Frei-Token sofort an die gesendeten Daten angehängt wird (ETRM). Dadurch wird es möglich, dass sendewillige Rechner unmittelbar wieder auf den Ring zugreifen und sich somit gleichzeitig mehrere Datenpakete im Ring befinden können.

Zugriffsverfahren Token Ring

3.2.6 Schichtenmodelle

3.2.6.1 Einführung

Die Auseinandersetzung mit Schichtenmodellen und Netzwerkprotokollen ist sehr abstrakt und überwiegend den IT-Spezialisten vorbehalten.

Im diesem Kapitel soll zunächst aufgezeigt werden, weshalb Schichtenmodelle und Protokolle in der (Netzwerk-) Technik eine große Hilfe sind. In den folgenden Abschnitten werden schließlich zwei wichtige Schichtenmodelle – das OSI-Referenzmodell und das TCP/IP-Schichtenmodell – zur Sprache kommen.

Beispiel eines Schichtenmodells

Stellen Sie sich zunächst folgende Situation vor: Herr Schwarz aus Hamburg will mit seinem Geschäftspartner Monsieur Blanc in Paris telefonieren. Die Herren unterhalten sich in Englisch, da Herr Müller nicht französisch und Monsieur Blanc nicht deutsch spricht. Eine scheinbar einfache Alltagssituation, die aber bei genauerer Betrachtung eine Menge Technik und Know-how erfordert. Die Grafik zeigt, wie sich das Beispiel in Teilaufgaben zerlegen und in Schichten darstellen lässt:

Beispiel eines Schichtenmodells

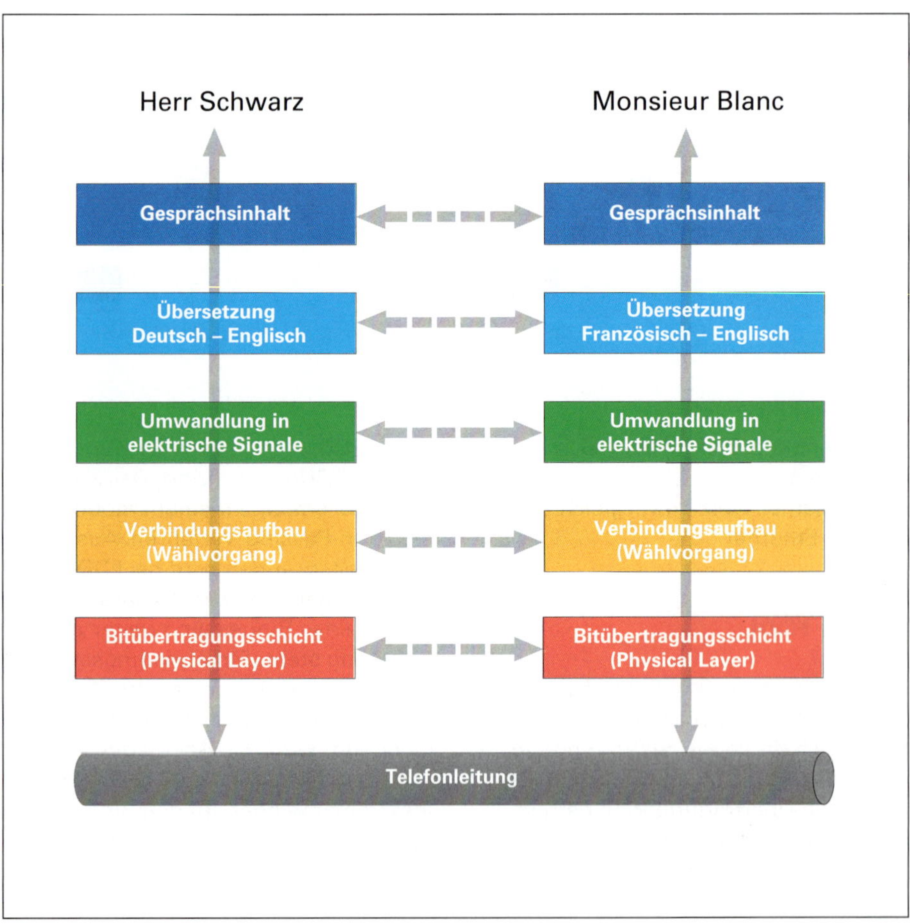

- Die oberste Schicht beschreibt den Gesprächsinhalt. Dieser zunächst rein gedankliche Vorgang spielt sich in den Gehirnen der beiden Herren ab.
- Die nächste Schicht stellt die Übersetzung der (muttersprachlichen) Gedanken in die Sprache Englisch dar. Sie endet mit der Aussprache der Worte und Sätze.
- Die darauf folgende Schicht beschreibt die Umsetzung der akustischen in elektrische Signale.
- Die vorletzte Schicht beschreibt die Verbindung der beiden Telefone, die durch einen Wählvorgang hergestellt wird.
- Die unterste Schicht bestimmt schließlich, in welcher Form die elektrischen Signale von Hamburg nach Paris und zurück übertragen werden.

Beispiel für Protokolle

Nachdem der Vorgang des Telefonierens in einzelnen Schichten beschrieben wurde, müssen im zweiten Schritt „Regeln" definiert werden, nach denen die einzelnen Schichten funktionieren. Außerdem muss festgelegt werden, wie die Schichten miteinander verbunden werden. Die technische Bezeichnung für derartige Regelwerke lautet Protokoll.

- Das Protokoll der obersten Schicht liefert das Regelwerk für die deutsche bzw. französische Sprache. Es enthält den Zeichensatz, die zulässigen Kombinationen der Zeichen zu Wörtern bzw. Sätzen (Syntax) und ordnet den Wörtern und Sätzen eine Bedeutung (Semantik) zu.
- Nun muss durch ein weiteres Regelwerk festgelegt werden, wie die deutsche bzw. französische Sprache ins Englische übersetzt wird.
- Die darauf folgenden „technischen" Protokolle legen fest, wie a. die Umsetzung der akustischen in elektrische Signale, b. die Verbindung hergestellt und c. die eigentliche Übertragung der Informationen erfolgen soll.

Eine Schicht muss von den angrenzenden Schichten nur „wissen", wie ihr die Informationen übergeben werden und wie sie die Informationen weitergeben muss. Dies ist durch die Protokolle geregelt. Ansonsten übernimmt die jeweilige Schicht die ihr zugeteilte Aufgabe, ohne den Gesamtzusammenhang des Systems zu „kennen".

Obwohl der physikalisch-technische Ablauf eines Telefonats im Schichtenmodell von oben nach unten und umgekehrt von unten nach oben verläuft, sind gleichartige Schichten „logisch" horizontal miteinander verbunden. In der obersten Schicht kommunizieren die beiden Gesprächspartner miteinander – wenn auch nur gedanklich. In der nächsten Schicht findet die Übersetzung Deutsch – Französich über den Umweg Englisch statt, usw. Die Schichten sind nicht an den Vorgang des Telefonierens gebunden und würden ebenso ablaufen, wenn die Herren gemeinsam in einem Raum sitzen würden.

Zusammenfassung

Das obige Beispiel veranschaulicht die Vorteile eines Schichtenmodells:

- Komplexe Zusammenhänge lassen sich in kleine, überschaubare Einheiten (Schichten) zerlegen.
- Für jede dieser Schichten lassen sich Regeln (Protokolle) definieren, nach denen die Informationen zu verarbeiten sind.
- Jede Schicht funktioniert unabhängig vom restlichen System.
- Schichten und Protokolle können in verschiedenen technischen Systemen verwendet werden.

3.2.6.2 OSI-Referenzmodell

Zur strukturierten Beschreibung von Datennetzen hat die Organisation ISO (International Standardization Organisation) 1983 ein Referenzmodell entwickelt, das sie mit OSI (Open System Interconnection) bezeichnet hat und das sieben Schichten oder Layers definiert. Für jede dieser sieben Schichten sind spezifische Aufgaben definiert und entsprechende Protokolle standardisiert worden, die in den folgenden Abschnitten kurz angesprochen werden. Kritiker wenden ein, dass das OSI-Referenzmodell zu „aufgebläht" und zu akademisch sei und in der Praxis deshalb wenig Verwendung fände. Aus diesem Grund existieren zahlreiche weitere Modelle, die mit weniger Schichten auskommen (vgl. Abschnitt 3.2.6.3).

ISO/OSI-Referenzmodell

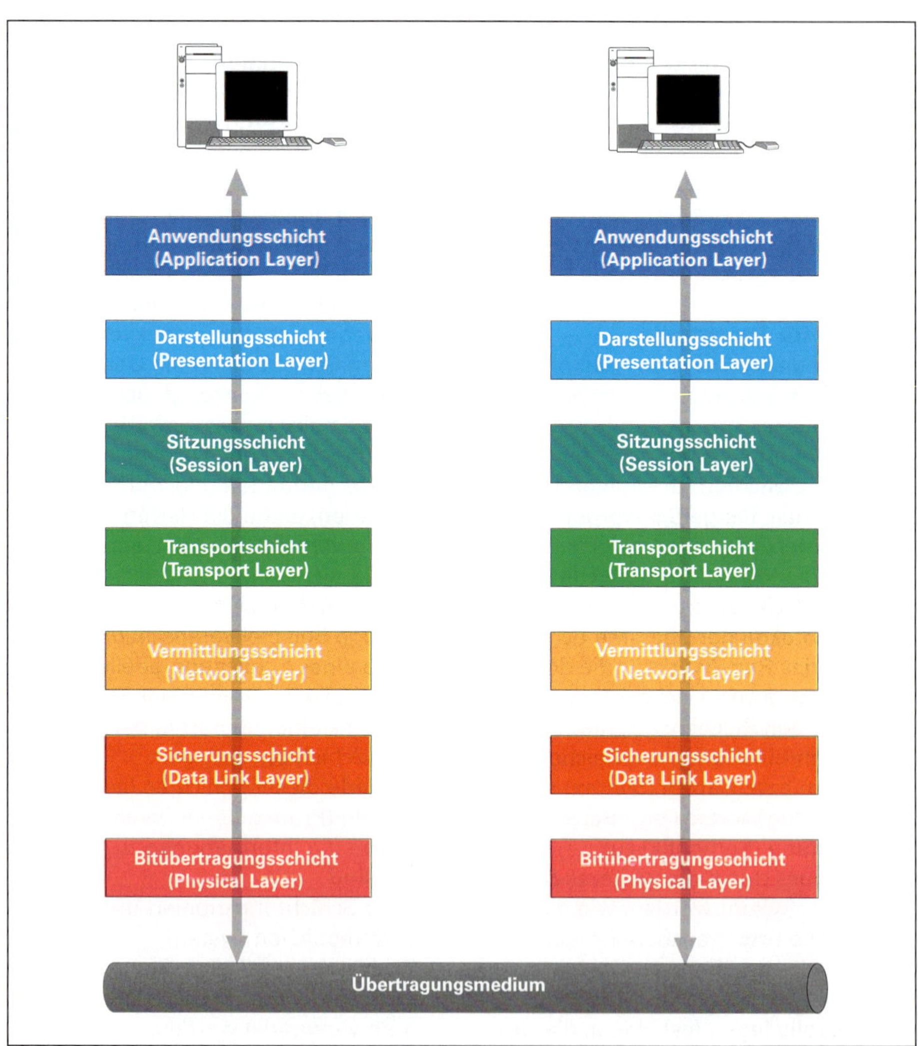

Schicht 1: Bitübertragungsschicht
Die unterste Schicht des Referenzmodells legt fest, wie die binäre Übertragung der einzelnen Bits – also logisch „Null" oder „Eins" – zu erfolgen hat. Dazu muss zunächst entschieden werden, welches Kabel und welche Stecker zu verwenden sind. Zweitens definiert die Schicht, wie der Bitstrom aufgebaut, übermittelt und abgebaut werden soll. Folgende Übertragungsmedien werden derzeit eingesetzt:

- Daten(nah)übertragung in lokalen Netzen
- Analoge oder digitale (ISDN, DSL) Datenfernübertragung
- Datenleitungen der Post wie Datex-P oder Datex-L

Beispiel für ein Protokoll zur seriellen Datenübertragung ist RS-232-C. Die gleichnamige serielle Schnittstelle befindet sich in jedem PC.

Netzkomponenten der Schicht 1 sind Hubs und Repeater, die letztlich nur die Funktion eines Verstärkers und Verteilers übernehmen.

Schicht 2: Sicherungsschicht
Die Sicherungsschicht dient – wie der Name sagt – zur Sicherung des Datenstromes zwischen den Kommunikationspartnern. Dazu gehört einerseits die Fehlererkennung und -korrektur und andererseits die so genannte Flussregelung. Darunter wird die Synchronisation zwischen Sender und Empfänger verstanden. Dies geschieht durch Aufteilung des Bitstroms in Blöcke, die in einen Übertragungsrahmen (Frame) eingepasst werden. Der Empfänger quittiert den Empfang der Daten mit einem Quittungsrahmen an den Sender. In der Sicherungsschicht wird weiterhin das Zugriffsverfahrens festgelegt, also CSMA/CD, CSMA/CA oder Token Passing. Netzwerkkarten, Switches und Bridges (vgl. Kapitel 3.2.7) arbeiten auf Schicht 2 des OSI-Modells.

Schicht 3: Vermittlungsschicht
In der Vermittlungsschicht werden die Paketleitwege bestimmt. Darunter versteht man die Festlegung des Weges (Routing) vom Ursprungs- zum Zielrechner. Zwischen diesen können wie beim Internet Tausende von Kilometern Distanz liegen, so dass es eine große Zahl von möglichen „Routen" gibt.

Aufgabe der Schicht 3 ist es, eine geeignete Route auszuwählen und eine entsprechende Adressierung der Datenpakete vorzunehmen. Für diese Aufgabe sind Router zuständig, die im Netzwerk als eigenständige Geräte installiert sind. Alternativ kann die Aufgabe auch ein PC übernehmen.

Das wichtigste Protokoll der Vermittlungsschicht ist das Internet Protocol (IP), auf das separat eingegangen wird (vgl. Abschnitte 3.2.8.3 und 3.3.3.1).

Schicht 4: Transportschicht
Die letzte der vier transportorientierten Schichten des OSI-Referenzmodells bildet die eigentliche Transportschicht. Ihre Aufgabe besteht in der Verknüpfung der beiden Kommunikationspartner durch Auf- und Abbau der Verbindung. Außerdem werden die zu übertragenden Daten auf der Senderseite in kleinere Einheiten zerlegt und auf Empfängerseite auf Vollständigkeit geprüft und wieder zusammengesetzt.

Wichtiges Protokoll der Transportschicht ist das Transmission Control Protocol (TCP), auf dessen Aufgaben in Abschnitt 3.3.3.2 eingegangen wird.

Schicht 5: Sitzungsschicht
Die drei oberen Schichten des Referenzmodells werden als anwendungsorientierte Schichten bezeichnet. Aufgabe der Schicht 5 ist die Dialogsteuerung. Darunter versteht man die Festlegung, welche der beteiligten Stationen senden und welche empfangen darf (Token-Management). Zusätzlich regelt diese Schicht auch die Synchronisation der temporären Teilnehmerverbindungen, die Sessions genannt werden. Durch die Zuordnung logischer Namen zu den physikalischen Adressen wird der Austausch von Adressen auf Anwenderebene vereinfacht. Ein Beispiel hierfür ist das Domain Name System (DNS) des Internets (vgl. Abschnitt 3.3.3.3).

Schicht 6: Darstellungsschicht
Die Darstellungsschicht ist insbesondere für die Syntax und Semantik der übertragenen Informationen zuständig. Darunter ist zu verstehen, dass die zu übertragenden Daten einheitlich codiert und damit standardisiert werden.

Der wichtigste internationale Code hierfür ist der ASCII. Eine weitere Aufgabe der Schicht 7 besteht in der Verschlüsselung von Daten.

Schicht 7: Anwendungsschicht
Die oberste Schicht stellt die Schnittstelle zum Anwender dar. Die zugehörige Software z.B. Web-Browser, FTP- oder E-Mail-Clients stellt die zur Kommunikation benötigten Protokolle zur Verfügung.

Beispiele für wichtige Protokolle der Anwendungsschicht sind:
- SMTP (Postausgang bei E-Mail)
- POP3 (Posteingang bei E-Mail)
- HTTP (WWW-Seiten)
- FTP (Datenaustausch)

3.2.6.3 TCP/IP-Schichtenmodell

Die große Mehrheit der Datennetze arbeitet mit dem Protokollstapel TCP/IP. Aus diesem Grund wurde ein Schichtenmodell entwickelt, das auf TCP/IP zugeschnitten ist und darüber hinaus eine deutliche Vereinfachung des OSI-Referenzmodells darstellt.

Schicht 1: Netzzugangsschicht
Die unterste Schicht des TCP/IP-Schichtenmodells fasst die Sicherungs- und Bitübertragungsschicht des OSI-Modells zusammen. Sie sorgt für die physikalische Übertragung der binären Daten. Zur Sicherung des Datenstroms kommen in Abhängigkeit von der Zugriffsart unterschiedliche Methoden zum Einsatz: Im Falle von CSMA/CD werden Kollisionen erkannt, so dass die Daten erneut gesendet werden können. Im Falle von Token Passing wird ein Datenverlust durch Kollision von vornherein vermieden (vgl. Abschnitt 3.2.5.3).

Zur Datenfernübertragung kommt, wenn der Rechner über eine Standleitung nicht ständig mit dem Internet verbunden ist, das Point-to-Point Protocol (PPP) zum Einsatz. Dieses stellt – wie beim Telefonieren – eine Wählverbindung zwischen den beiden Rechnern her. Zur Überprüfung der Zugangsberechtigung überträgt das Protokoll Benutzername und Passwort. Falls der Zielhost nicht erreichbar ist, erfolgt eine automatische Wiederwahl.

Schicht 2: Internetschicht
Die Internetschicht entspricht der Vermittlungsschicht im OSI-Modell. Ihre wesentliche Aufgabe besteht darin, die zu übertragenden Daten in kleinere Einheiten (Datagramme) zu zerlegen, diese Pakete zu adressieren (IP-Adresse)

TCP/IP-Schichten-modell

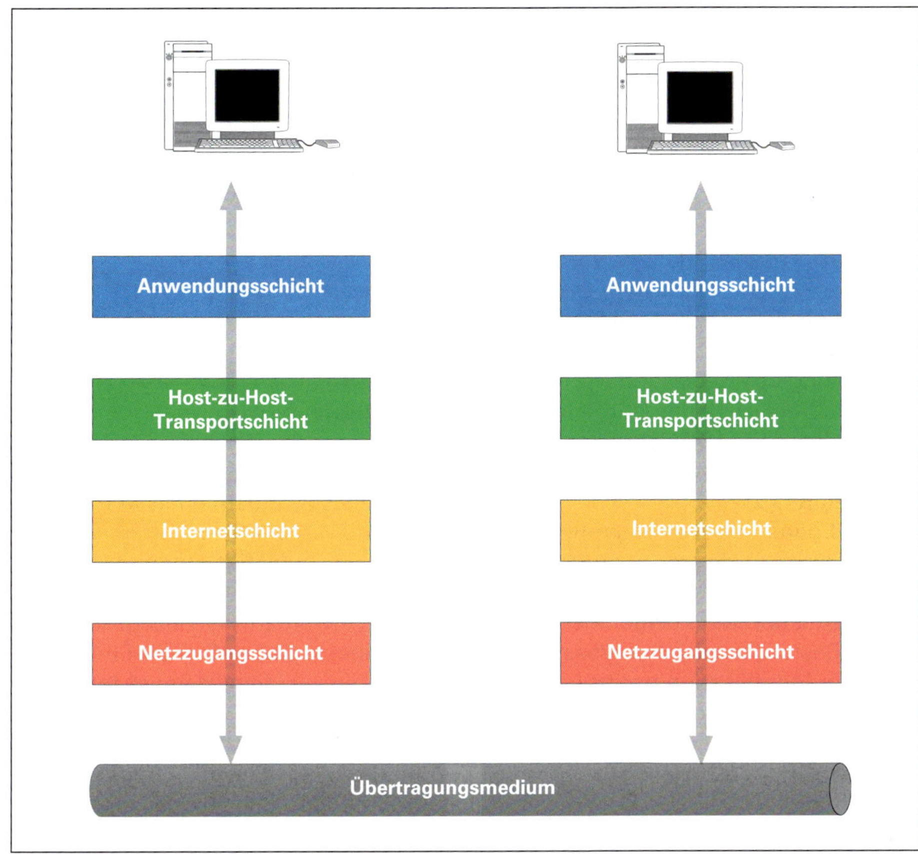

und sich um die Vermittlung des Weges zu kümmern, den die Datenpakete im Netz nehmen (Routing). Das Protokoll der Internetschicht heißt deshalb auch Internet Protocol (IP). Lesen Sie hierzu auch Abschnitt 3.3.3.1 und 3.2.8.2.

Schicht 3: Host-zu-Host-Transportschicht

Die OSI-Transportschicht wird im TCP/IP-Modell als Host-zu-Host-Transportschicht bezeichnet. Unter einem Host (engl.: Gastgeber) wird allgemein ein Rechner mit Netzzugang verstanden. Die Transportschicht stellt die Verbindung der kommunizierenden Hosts her und sorgt danach für einen sicheren Datentransport. Maßgebliches Protokoll in dieser Schicht ist TCP (vgl. Abschnitt 3.3.3.2).

Schicht 4: Anwendungsschicht

Im TCP/IP-Schichtenmodell werden die drei oberen OSI-Schichten (Anwendungs-, Darstellungs- und Sitzungsschicht) zu einer Anwendungsschicht zusammengefasst. Wie der Name sagt, finden sich hier die Protokolle der Internetanwendungen, also z.B.

- SMTP (Postausgang bei E-Mail)
- POP3 (Posteingang bei E-Mail)
- HTTP (WWW-Seiten)
- FTP (Datenaustausch)

3.2.7 Netzwerkkomponenten

3.2.7.1 Netzwerkkarten

Zur Einbindung eines Rechners in ein Netzwerk benötigt dieser eine Adapterkarte mit einem Netzwerkcontroller, der im Wesentlichen zwei Funktionen erfüllen muss:

- Physikalischer Netzzugang (gemäß Schicht 1 des OSI-Referenzmodells): Twisted Pair, Koaxialkabel, Glasfaserkabel oder drahtlose Funkverbindung
- Regelung des Netzzugriffsverfahrens (gemäß Schicht 2 des OSI-Referenzmodells): CSMA/CD (Ethernet), CSMA/CA (Funknetz), Token Passing (Token Ring)

Höhere Ebenen des Schichtenmodells werden nicht hardware-, sondern softwaremäßig bearbeitet. Diese Treibersoftware ist der Karte beigefügt oder bereits Bestandteil des Betriebssystems. Zur Identifikation besitzt jede Apapterkarte eine weltweit einmalige Netzwerkadresse. Diese wird als MAC-Adresse (Media Access Control) bezeichnet und besteht aus einer 48 Bit langen Zahl, gegliedert in sechs Blöcke. Sie wird auch Burnt-in-Adresse genannt, weil sie in einen eigenen ROM-Speicher des Netzwerkcontrollers „eingebrannt" ist. Lesen Sie hierzu auch Abschnitt 3.2.8.1.

MAC-Adresse

Die Adresse hat nichts mit Mac OS X zu tun und wird deshalb hier als Ethernet-Adresse bezeichnet.

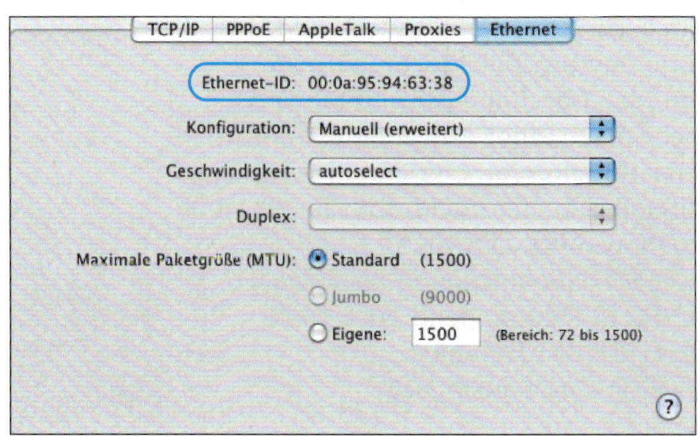

MAC-Adresse bei Windows XP

Bei der Auswahl einer Ethernetkarte muss zunächst entschieden werden, ob ein 10- oder 100-MBit-Ethernet vorliegt. Die meisten 100-MBit-Ethernet-Karten können auch in einem 10-MBit-Ethernet eingesetzt werden. Für Hochgeschwindigkeitsnetze gibt es Gigabit-Ethernet-Karten, die allerdings deutlich teurer sind und in der Regel eine Glasfaser-Verkabelung voraussetzen.

In Abhängigkeit von der geplanten Verkabelung muss die Karte mit RJ-45-Buchse (Twisted Pair), BNC (Koaxialkabel) oder gegebenenfalls mit Fiber-SC- oder Fiber-ST-Anschluss (Lichtwellenleiter) ausgestattet sein.

Zur Realisation eines WLAN-Funknetzes müssen WLAN-Adapterkarten verwendet werden. Diese unterscheiden sich äußerlich dadurch, dass sie statt Anschlussbuchsen eine kleine Antenne besitzen.

Netzwerkkarten werden für mobile Computer im PC-Card-Format und für Desktop-Geräte als PCI-Karten angeboten.

Abschließend sei erwähnt, dass für die Realisierung eines Token-Ring-Netzes für jeden Rechner eine spezielle Token-Ring-Karte benötigt wird.

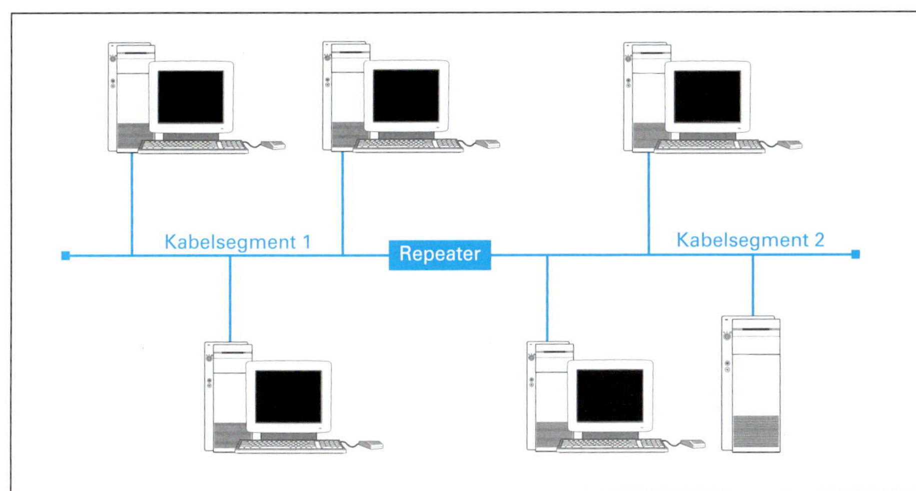

Repeater

Repeater dienen zur Verbindung zweier Kabelsegmente.

3.2.7.2 Repeater

Wie in Kapitel 3.2.4 besprochen ist die maximal mögliche Kabellänge vom gewählten Kabeltyp abhängig. Werden längere Kabelstrecken benötigt, ist die Verstärkung der Signals erforderlich.

Repeater sind Zwischenverstärker zur Verbindung von Kabelsegmenten desselben Kabel- und Netzwerktyps. Die Verbindung erfolgt auf der Bitübertragungsebene also der Schicht 1 des Referenzmodells. Müssen mehrere Segmente miteinander verbunden werden, dann können Multiport-Repeater eingesetzt werden.

Ein Anwendungsbeispiel eines Repeaters ist ein Thin-Ethernet-Strang, dessen Länge größer als 185 Meter werden soll. Die Gesamtlänge eines Ethernet-Stranges darf allerdings bei der Verwendung von Kupferkabel 1,5 Kilometer nicht überschreiten.

In Token-Ring-Netzen ist der Einsatz von Repeatern nicht notwendig, weil die Verstärkungsfunktion bereits von den Netzwerkkarten übernommen wird.

3.2.7.3 Hub und Switch

Hubs und Switches sind Komponenten, die speziell für sternförmige Netze konzipiert wurden (vgl. Abbildung nächste Seite).

Hubs (engl.: Speichenrad) enthalten Repeater und verstärken damit zusätzlich die Datensignale. Hubs besitzen 4, 8, 16 oder mehr Ausgänge (Ports) mit RJ-45-Buchsen zum Anschluss der Rechner. Der Vorteil dabei ist, dass eine Netzerweiterung ohne Unterbrechung des Netzes möglich ist. Hubs gehören zur Schicht 1 des OSI-Referenzmodells.

Bei Switches (engl.: Schalter) handelt es sich um „intelligente" Hubs, die ein Netzwerksegment dynamisch verwalten. Dies bedeutet, dass ein Switch anhand der Zieladresse eines ankommenden Datenpaketes den empfangenden Rechner ermittelt. Danach wird quasi eine Punkt-zu-Punkt-Verbindung zwischen sendendem und empfangendem Rechner hergestellt und somit eine kollisionsfreie Datenübertragung garantiert. Gemäß OSI-Modell gehört ein Switch aus diesem Grund bereits zur Schicht 2.

Hub und Switch

Mit Hilfe eines Hubs oder Switches lassen sich Rechner sternförmig verbinden.

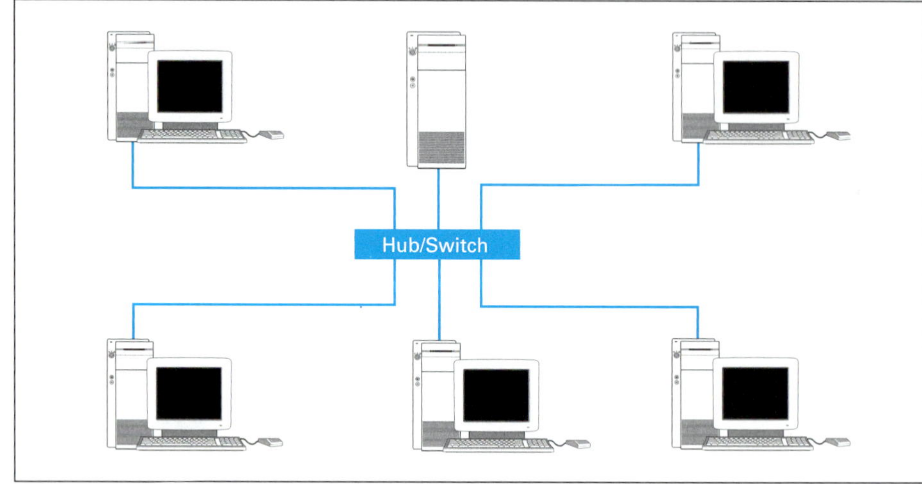

Mittlerweile gibt es praktisch nur noch Switches, da ihre Preise stark gefallen sind und somit Hubs keinen Vorteil mehr bieten. Durch die erwähnte Kollisionsfreiheit der Daten wird der bislang größte Nachteil von Ethernet behoben. Insbesondere bei Netzen mit starkem Netzzugriff führen Kollisionen zu einer starken Senkung der effektiven Übertragungsrate. Der Einsatz von Switches trägt also wesentlich zur Verbesserung der Performance bei.

3.2.7.4 Bridge

Eine Bridge verbindet – wie ein Switch – Teilnetze bis zur Schicht 2 des OSI-Referenzmodells. Daraus folgt, dass die Teilnetze vom gleichen Typ (z.B. Ethernet) sein müssen, aber unterschiedliche Zugriffsverfahren verwenden dürfen. Da die Sicherungsschicht (Schicht 2) mit einbezogen ist, sind die Teilnetze entkoppelt. Störungen im Teilnetz 1 wirken sich dadurch auf Teilnetz 2 nicht aus.

Bridge

Eine Bridge verbindet Teilnetze, ohne dass Kollisionen übertragen werden.

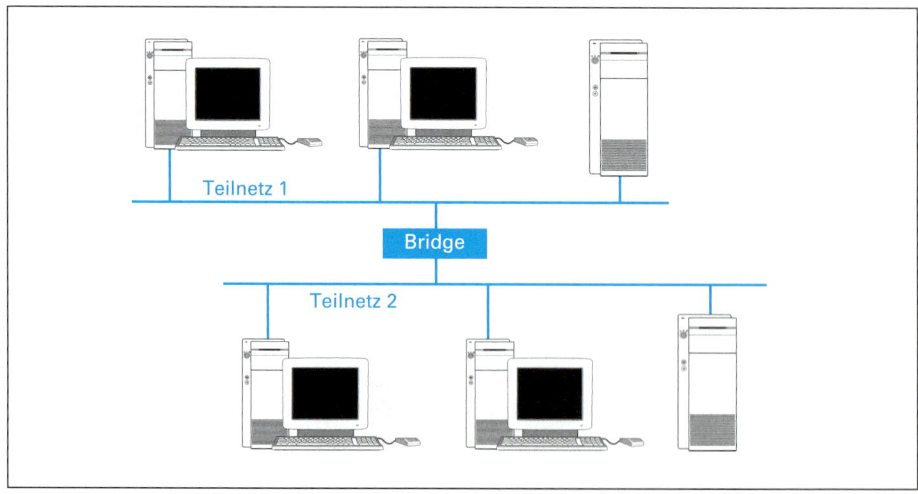

Mit Hilfe von Bridges können Netze auf bis zu zwanzig Kilometer Länge ausgebaut werden. Die Verstärkungsfunktion des Repeaters ist in der Bridge enthalten.

Ein typisches Beispiel für eine Bridge ist ein WLAN-Access-Point, der die Verbindung eines Funknetzes mit einem kabelgebundenen Ethernet ermöglicht.

3.2.7.5 Router

Ein Router (route, engl.: Strecke) kümmert sich um die Verbindung von Netzwerken auf der Vermittlungsebene (Schicht 3) des OSI-Referenzmodells. Router sind als eigenständige Geräte erhältlich – alternativ kann auch ein PC zum „Routing" genutzt werden. Spezielle Formen wie ISDN- oder DSL-Router übernehmen die Anbindung von Netzwerken ans Internet via ISDN bzw. DSL.

Wie der Name sagt, ist die Hauptaufgabe des Routers das so genannte Routing. Darunter wird die Wegvermittlung zwischen Sender und Empfänger verstanden. Ein Router kann dabei in Abhängigkeit von der Netzauslastung optimale Verbindungsstrecken für die zu übertragenden Daten ermitteln. Dies spielt insbesondere im Internet eine wichtige Rolle, da die Daten hier über sehr weite Strecken und viele Router zum Ziel geleitet werden müssen.

Handelt es sich um einen statischen Router, dann müssen beim Programmieren des Routers alle im Netz vorkommenden Adressen eingegeben werden. Bei größeren Netzen bietet sich daher die Verwendung von dynamischen Routern an, deren Mikroprozessor sich automatisch um die Verwaltung und (dynamische) Zuteilung der Netzadressen kümmert.

Haupteinsatzgebiet eines Routers ist die Verbindung eines lokalen Netzes mit dem Internet. Im Normalfall ist ein einziger Rechner direkt mit dem Internet verbunden, so dass das lokale Netz über eine einzige IP-Adresse von „außen" erreichbar ist. Nun soll das Internet aber von jedem Arbeitsplatz aus erreichbar sein, so dass die Aufgabe des Routers darin liegt, die Wegvermittlung innerhalb des lokalen Netzes zu übernehmen. Hierzu sind dem Router

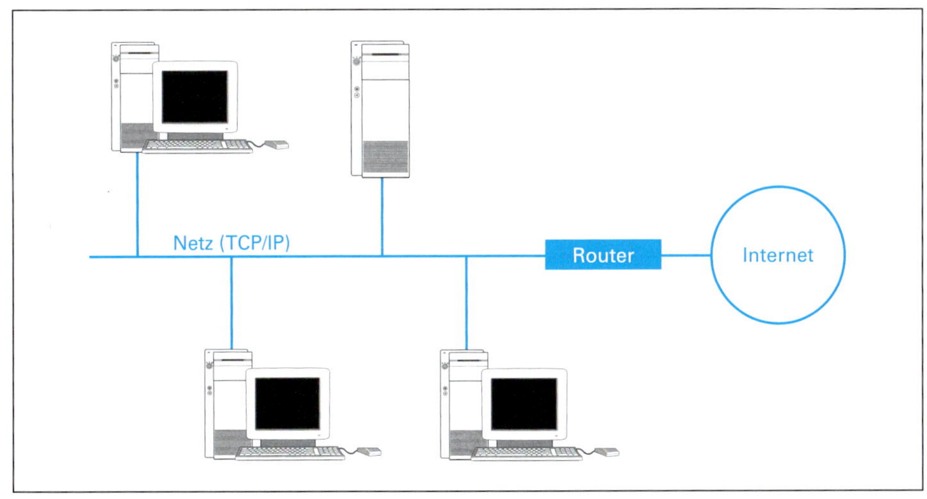

Router

Ein Router dient zur Verbindung unterschiedlicher Teilnetze.

alle internen IP-Adressen bekannt. Umgekehrt erkennt der Router, ob die Anfrage eines Clients an eine Arbeitsstation im selben Netz gerichtet ist oder ob sie an eine externe Adresse erfolgt. Entsprechend leitet er sie an die Arbeitsstation oder ins Internet weiter.

3.2.7.6 Gateway

Ein Gateway (engl.: Tor) kann Netze bis zur Schicht 7 des OSI-Modells miteinander verbinden. Diese Netze müssen demnach überhaupt keine Gemeinsamkeiten mehr besitzen und können sich beispielsweise im Zugriffsverfahren, den Übertragungsprotokollen und der Codekonvertierung voneinander unterscheiden. Ein Gateway schließt logischerweise die Funktionen von Router, Bridge und Repeater mit ein.

In reinen TCP/IP-Netzen kann die Funktion des Gateways durch einen Router übernommen werden. Ein Gateway ist jedoch beispielsweise notwendig, um ein TCP/IP-Netz mit einem IPX/SPX-Netz von Novell zu verbinden.

3.2.7.7 Netzwerkkomponenten im OSI-Referenzmodell

In der Grafik auf der nächsten Seite ist der Zusammenhang zwischen Netzwerkkomponenten und dem OSI-Referenzmodell dargestellt.

Wie zu erkennen ist, sind die Komponenten in unterschiedlichen Schichten zu finden und verbinden die Netzwerke (logisch) auf diesen Schichten. Diese doch sehr abstrakte Vorstellung soll an einem Beispiel erläutert werden:

Eine Ethernet-Netzwerkkarte dient zur Verbindung eines Computers mit einem Switch. Diese Verbindung geschieht auf der Schicht 2 des OSI-Referenzmodells. Neben der physikalischen Verbindung mittels Stecker und Kabel ist die Karte in der Lage, gemäß CSMA-/CD-Verfahren am Datenaustausch teilzunehmen, also Datenpakete zu senden und Datenpakete, die an die eigene MAC-Adresse adressiert sind, zu empfangen. Die Karte „weiß" nicht, zu welchen größeren Einheiten die empfangenen Datenpakete gehören, da hierfür das IP-Protokoll in der nächsten Schicht 3 zuständig ist.

Gateway

Mit Hilfe eines Gateways lassen sich völlig unterschiedliche Netze verbinden.

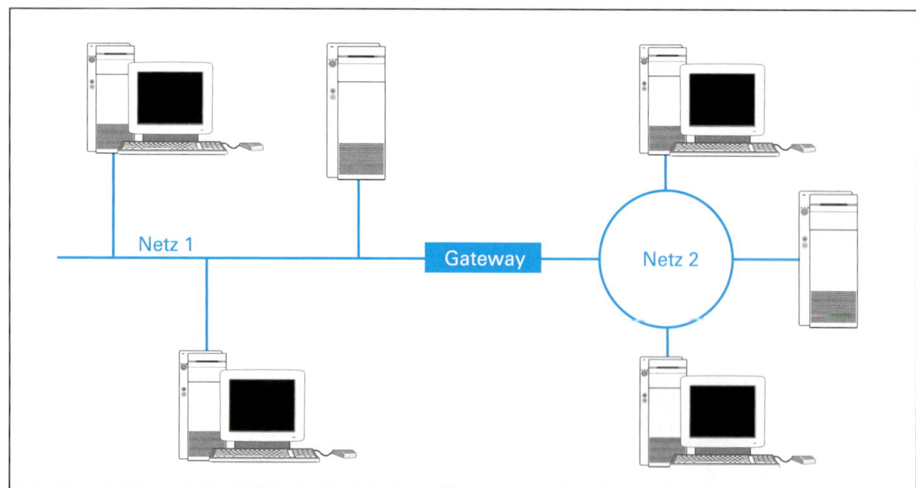

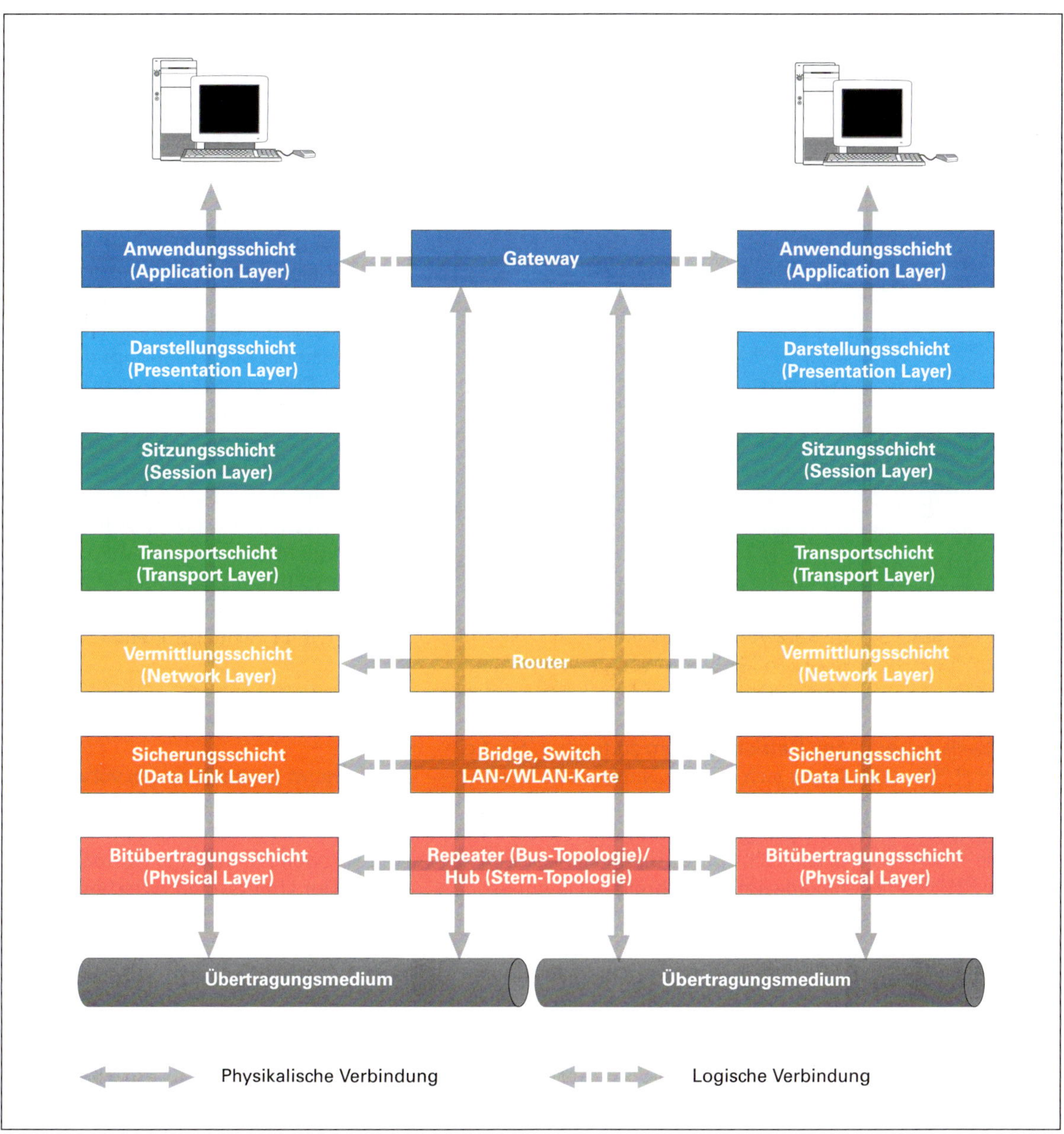

Netzwerkkomponenten im OSI-Referenzmodell

Die Einordnung im OSI-Referenzmodell zeigt die Ebenen, auf denen die Netze bzw. Teilnetze durch die jeweiligen Komponenten miteinander verbunden werden.

3.2.8 Netzwerkadressierung

3.2.8.1 MAC-Adresse

Ein entscheidendes Kriterium für den Betrieb eines Netzes ist, dass alle beteiligten Komponenten eindeutig identifizierbar sind – vergleichbar mit dem Fingerabdruck oder der DNA eines Menschen.

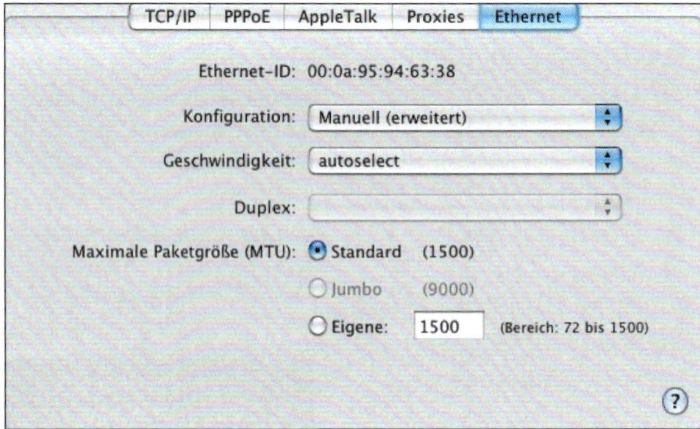

Anzeige der MAC-Adresse unter Mac OS X

Beachten Sie, dass MAC (= Media Access Control) und Mac (= Macintosh) nichts miteinander zu tun haben. Zur Unterscheidung verwendet Apple die Bezeichnung „Ethernet-ID".

In Netzwerken wird diese Identifikation über die MAC-Adresse gewährleistet, wobei MAC für „Media Access Control" steht und nichts mit dem gleichnamigen Betriebssystem zu tun hat. Sie befindet sich auf der Netzwerkkarte des Computers und besteht aus einer 48-Bit-Zahl, gegliedert in sechs Blöcke mit je acht Bit. Sie wird üblicherweise in hexadezimaler Schreibweise notiert, wobei eine Hexadezimalzahl bekanntlich vier Bit repräsentiert (siehe Kasten)

Mit 48 Bit lassen sich 2^{48} (281 Billionen) unterschiedliche Zahlen speichern, so dass dieser Vorrat so schnell nicht erschöpft sein dürfte.

MAC-Adresse
xx-xx-xx-xx-xx-xx

x aus: 0, 1, ... 9, A, B, ... ,F
z.B.: 00-0D-56-63-5C-58

ARP (Address Resolution Protocol)
Leider eignet sich die MAC-Adresse nicht direkt, um einen gesuchten Rechner in einem Netzwerk zu finden. Dies wäre ungefähr so, als wenn Sie beauftragt würden, einen Menschen nur anhand seines Fingerabdrucks zu finden. Bei über sechs Milliarden Menschen wäre dies die sprichwörtliche Suche nach der Nadel im Heuhaufen.

Als Adresse zur weltweit eindeutigen Identifikation eines Rechners dient daher nicht die MAC-, sondern die IP-Adresse. Erst wenn der gesuchte Host mittels IP-Routing gefunden ist, teilt er dem Router seine MAC-Adresse mit und wird hierdurch für die eigentliche Datenübertragung bereit. Das für diese Umsetzung von IP- in MAC-Adressen zuständige Protokoll heißt ARP (Address Resolution Protocol). Es findet sich in der untersten Schicht des OSI- bzw. TCP/IP-Schichtenmodells.

3.2.8.2 IP-Adresse

Es erscheint zunächst etwas verwirrend, dass jeder Rechner eines Netzwerks oder im Internet neben der MAC-Adresse eine zweite eindeutige Adresse benötigt. Der Unterschied zwischen den Adressen ist folgender:

Eine MAC-Adresse ist der Netzwerkkarte fest und unveränderlich zugeordnet. Eine IP-Adresse hingegen ist nicht zwingend an einen Rechner gebunden. Sie kann ihm vielmehr zeitweilig (dynamisch) zugeteilt werden und wird nach Beendigung der Netzwerksitzung wieder frei. Bestes Beispiel hierfür ist die Einwahl ins Internet über einen Internet-Provider. IP-Adressen ermöglichen weiterhin die Klassifizierung von Netzen und die Bildung von Subnetzen (vgl. nächster Abschnitt).

Um beim Beispiel der Suche eines Menschen mittels Fingerabdruck zu bleiben: Die IP-Adresse liefert Land, Stadt und vielleicht sogar die Straße des Gesuchten, so dass sich die Suche auf wenige Menschen reduziert.

IPv4

Eine IPv4-Adresse (IP-Adressen der Version 4) besteht aus einer 32-Bit-Zahl, die sich in vier Blöcke mit je acht Bit gliedert:

IPv4-Adresse
xx.xx.xx.xx

x aus: 0, 1, ... 9, A, B, ... ,F
z.B.: 8D.4F.7B.38 (hexadezimal)
141.79.123.56 (dezimal)

Mit einer Adresslänge von 32 Bit ergeben sich 2^{32} oder 4,29 Milliarden unterschiedliche Adressen. Trotz dieser scheinbar großen Zahl gehen die IPv4-Adressen so langsam aus. Ursache hierfür ist die im nächsten Abschnitt beschriebene Einteilung der Netze in Netzklassen und in Subnetze. Außerdem sind große Adressbereiche reserviert und stehen nicht zur Verfügung.

IPv6

Schon vor etlichen Jahren wurde die Arbeit an einem neuen IP-Adress-Standard begonnen. IPv6 (Version 6, Version 5 wurde verworfen) erweitert IPv4 um 96 auf 128 Bit. Diese unvorstellbare Zahl ($2^{128} = 3{,}4 \times 10^{38}$ Adressen) wird in acht Blöcken mit je 16 Bit dargestellt. Wie bei MAC-Adressen erfolgt die Schreibweise hexadezimal, wobei für jeden Block vier Hexadezimalziffern benötigt werden:

IPv6-Adresse
xxxx:xxxx:xxxx:xxxx:xxxx:xxxx:xxxx:xxxx

x aus: 0, 1, ... 9, A, B, ... ,F
z.B.: 0000:0000:0000:2135:
A201:00FD:DCEF:125A h

Es wird noch einige Jahre dauern, bis alle Betriebssysteme und Geräte auf IPv6 umgestellt worden sind. Der Umstieg soll möglichst „sanft" erfolgen, so dass übergangsweise eine gemischte Verwendung von IPv4- und IPv6-Adressen möglich sein wird. Wie der Screenshot des Betriebssystems Mac OS X zeigt, findet hier eine Berücksichtigung von IPv6 bereits statt.

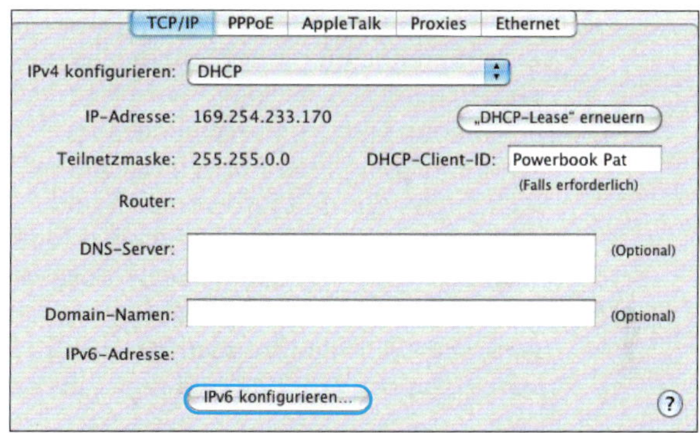

IPv6 unter Mac OS X

IP (Internet Protocol)

Für die IP-Adressierung ist das gleichnamige „Internet Protocol" auf Schicht 2 des TCP/IP-Schichtenmodells bzw. Schicht 3 des OSI-Referenzmodells zuständig. Die Aufgaben dieses zentralen Protokolls sind (vgl. Abschnitt 3.3.3.1):

- Zerlegung des Datenstroms in Datenpakete (Datagramme)
- IP-Adressierung der Datagramme
- Festlegung des Weges, den ein Datenpaket durch das Netzwerk nimmt (Routing)

IP-Adressklassen

Kl.	Adressbereich	Netz-ID in Bit	Anzahl Netze	Anzahl Hosts
A	0.0.0.0 – 127.255.255.255	0xxxxxxx	128	16,7 Mio
B	128.0.0.0 – 191.255.255.255	10xxxxxx.xxxxxxxx	16.384	65534
C	192.0.0.0 – 223.255.255.255	110xxxxx.xxxxxxxx.xxxxxxxx	2.097.152	254
D	224.0.0.0 – 239.255.255.255	–	–	–
E	240.0.0.0 – 254.255.255.255	–	–	–

3.2.8.3 IP-Adressklassen

Im Falle des Internets bilden viele Millionen Rechner einen riesigen Rechnerverbund. Zur Identifikation eines Rechners anhand seiner IPv4-Adresse muss eine Strukturierung dieser Adresse vorgenommen werden:

Jede IP-Adresse ist in zwei Teile, einen Netz- und einen Host-Teil, gegliedert: Der links stehende Netz-Teil identifiziert das Netz, in dem sich ein oder mehrere Rechner befinden, während der Host-Teil zur Kennzeichnung der einzelnen Rechner innerhalb dieses Netzes dient.

Um nun Netze unterschiedlicher Größe in geeigneter Form adressieren zu können, wurden fünf verschiedene Netzklassen von A bis E definiert. Jeder Netzklasse ist ein bestimmter Adressbereich zugeordnet, wobei nur die Klassen A, B und C für die Einzeladressierung von Hosts verwendbar sind (vgl. Tabelle).

Die Klasse eines Netzes kann an den ersten Bits der IP-Adresse abgelesen werden: Alle Klasse-A-Netze beginnen mit einer „0", alle Klasse-B-Netze mit „10" und alle Klasse-C-Netze mit „110".

Klasse-A-Netze sind äußerst rar, dafür kann jedes Netz 16,7 Millionen Hosts integrieren. Alle Klasse-A-Adressen sind bereits vergeben, Apple hat beispielsweise 17.x.x.x. Das Klasse-A-Netz 127.x.x.x bezeichnet man als „Loopback"-Adresse, mit der sich ein Host selbst adressieren kann. Die Adresse kann verwendet werden, wenn auf dem eigenen Rechner ein Webserver installiert ist.

Im Gegensatz zur Klasse A gibt es sehr viele Klasse-C-Netze, wovon jedes allerdings maximal 254 Hosts enthalten darf. Die Host-ID 0 darf nicht verwendet werden, weil sie das gesamte Netz kennzeichnet. Ebenfalls unzulässig ist die Host-ID 255, weil sie als „Broadcast"-Adresse alle Hosts des Teilnetzes adressiert. Beispiel:

213.17.233.0	Netzadresse (Kl. C)
213.17.233.1	1. Host-Adresse
...	
213.17.233.254	254. Host-Adresse
213.17.233.255	Broadcast-Adresse

3.2.8.4 Subnetze

Durch die Einteilung der IP-Adressen in Klassen bleiben viele Adressen ungenutzt. Nehmen Sie einmal an, dass in einem Klasse-C-Netz 54 Rechner installiert sind: 200 IP-Adressen werden in diesem Fall „verschenkt".

Eine Lösung dieses Problems bietet sich in der Bildung von Teilnetzen (Subnetzen). Hierzu erhält jede Adresse eine als Teil- oder Subnetzmaske bezeichnete zweite IP-Adresse, wobei alle zur Netz-ID gehörigen Bits mit „1" und alle zur Host-ID gehörigen Bits mit „0" gekennzeichnet sind. Beispiel: Ein Klasse-C-Netz besitzt die Subnetzmaske 255.255.255.0. Wird die Subnetzmaske z.B. auf 255.255.255.192 geändert, ergibt sich hierdurch die Möglichkeit der Bildung von vier Subnetzen.

3.2.9 Aufgaben „Netzwerktechnik"

Aufgabe 3.2.9.1
Nutzungsmöglichkeiten von Datennetzen beschreiben

Beschreiben Sie vier Einsatz- bzw. Nutzungsmöglichkeiten von Datennetzen.

Aufgabe 3.2.9.2
Netzwerktopologien vergleichen

Erläutern Sie, weshalb sich die Stern-Topologie im Vergleich zur Bus- und Ring-Topologie durchgesetzt hat.

Aufgabe 3.2.9.3
Netzwerkarchitekturen vergleichen

Vergleichen Sie ein Peer-to-Peer- mit einem Client-Server-Netz hinsichtlich

a. Administrationsaufwand,
b. Datenhandling/-verwaltung,
c. Benutzerverwaltung,
d. Datensicherheit/Backups.

Aufgabe 3.2.9.4
Netzwerkkomponenten auswählen

Welche Netzwerkkomponente benötigen Sie, um

a. ein Sternnetz zu realisieren,
b. die Anbindung ins Internet zu ermöglichen,
c. ein Koaxialkabel zu verlängern,
d. zwei Busnetze kollisionsfrei zu verbinden,
e. einen Rechner in ein bestehendes Netz zu integrieren?

Aufgabe 3.2.9.5
Netzstrukturen entwerfen

Die Grafik zeigt den Grundriss eines Gebäudes, in dem zwei PC-Schulungsräume eingerichtet werden sollen.

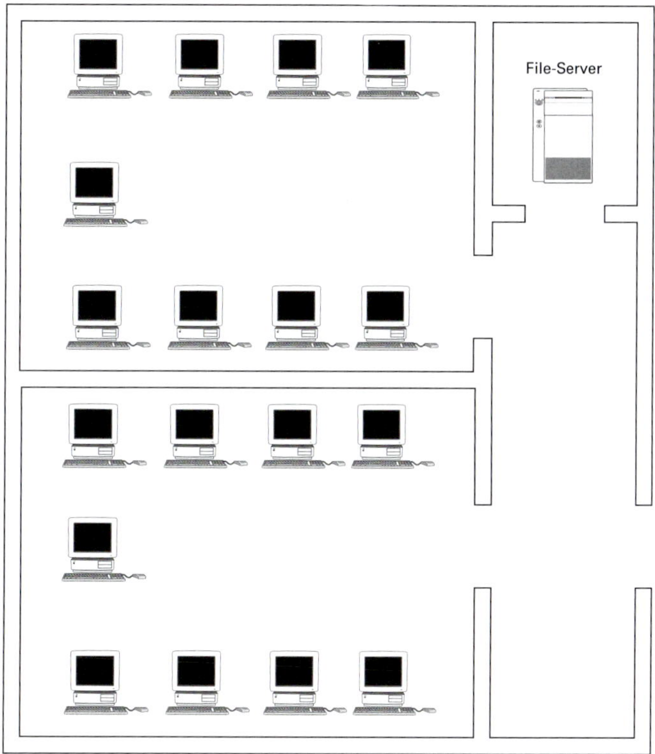

Zeichnen Sie eine geeignete Vernetzung ein und begründen Sie Ihre Lösung.

Aufgabe 3.2.9.6
Aufbau und Funktion von IP-Adressen kennen

a. Geben Sie die Struktur einer IPv4-Adresse an.
b. Wie viele Adressen sind (theoretisch) möglich?
c. Erläutern Sie, weshalb die Adressen knapp werden.

3.3 Internet

3.3.1 (Kurz-)Geschichte des Internets

Am Anfang stand – wie so oft in der Geschichte der Technik – militärische Grundlagenforschung. Die grundlegende Idee der ARPA-Mitarbeiter (Advanced Research Projects Agency: Forschungsgruppe des amerikanischen Verteidigungsministeriums) bestand darin, Großrechner miteinander zu verbinden, um eine Datenkommunikation über weite Strecken zu ermöglichen. Hierdurch würde die EDV im Krisen- oder Kriegsfall unabhängig von einem bestimmten Standort.

Im Jahr 1969 waren es gerade einmal vier Großrechner, die mit Hilfe von Spezialcomputern namens IMP (Interface Message Processor) miteinander verbunden wurden. Zwei Jahre später wurde das als ARPAnet bezeichnete Computernetz mit mittlerweile 15 Netzknoten der Öffentlichkeit vorgestellt. Neben militärischen waren es vor allem wissenschaftliche Institutionen, die Vorteile und Nutzen der Datenkommunikation erkannten. In den darauf folgenden Jahren wuchs das Netz ständig an, der militärische Teil des Netzes wurde 1983 vom wissenschaftlichen Netz abgespalten und als MILnet bezeichnet. Im Jahr 1989 wurde das aus mittlerweile 100.000 Host-Computern bestehende ARPAnet aufgelöst und stattdessen das NSFnet (National Science Foundation) gegründet. Aus dem nationalen wurde schließlich ein internationales Netz durch Anbindung der Computernetze anderer Staaten. Dieses Netz trägt bis heute den Namen Internet.

Die Veröffentlichung des HTML-Quellcodes erfolgte erst 1993!

Den militärischen und wissenschaftlichen folgten kommerzielle Interessen an der globalen Computervernetzung. Voraussetzung hierfür war die Öffnung des Netzes für Unternehmen und Privatpersonen. Als „Internet-Provider" bezeichnete Dienstleistungsunternehmen ermöglichten diesen Zugang gegen ein entsprechendes Entgelt, die Computer- und Softwareindustrie lieferte die hierfür notwendige Hardware (Modem oder ISDN-Karte) und Software (Browser).

Heute (Stand: 4/2005) wird das Internet von etwa 680 Millionen Menschen genutzt – etwa 10 % der Weltbevölkerung! In Deutschland sind mittlerweile mehr als die Hälfte der Bundesbürger über 14 Jahren „online". Interessant ist auch, dass in der Altersgruppe bis 19 Jahre bereits über 92 % ein Medium nutzen, das gerade einmal seinen dreißigsten Geburtstag gefeiert hat.

Internetnutzer in Deutschland, Angaben in %

(Quelle: ARD/ZDF-Online-Studie 2003)

	1997	1998	1999	2000	2001	2002	2003
Gesamt	6,5	10,4	17,7	28,6	38,8	44,1	53,5
männlich	10,0	15,7	23,9	36,6	48,3	53,0	62,6
weiblich	3,3	5,6	11,7	21,3	30,1	36,0	45,2
14 – 19 Jahre	6,3	15,6	30,0	48,5	67,4	76,9	92,1
20 – 29 Jahre	13,0	20,7	33,0	54,6	65,5	80,3	81,9
30 – 39 Jahre	12,4	18,9	24,5	41,1	50,3	65,6	73,1
40 – 49 Jahre	7,7	11,1	19,6	32,2	49,3	47,8	67,4
50 – 59 Jahre	3,0	4,4	15,1	22,1	32,2	35,4	48,8
ab 60 Jahre	0,2	0,8	1,9	4,4	8,1	7,8	13,3
in Ausbildung	15,1	24,7	37,9	58,5	79,4	81,1	91,6
berufstätig	9,1	13,8	23,1	38,4	48,4	59,3	69,6
nicht berufstätig	0,5	1,7	4,2	6,8	14,5	14,8	21,3

3.3.2 Dienste des Internets

WWW

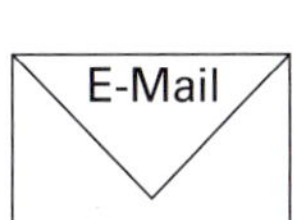

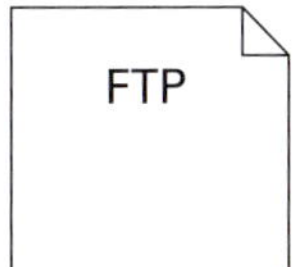

Übersicht wichtiger Internetdienste

3.3.2.1 WWW (World Wide Web)

WWW und Internet werden fälschlicherweise oft synonym verwendet. Beim World Wide Web handelt es sich um ein hypertextbasiertes Informationssystem des Internets, das 1991 im Europäischen Forschungszentrum für Kernphysik (CERN) in Genf eingesetzt wurde. Durch seine grafische Oberfläche wurde die Informationsbeschaffung im Internet vereinfacht, so dass das WWW letztlich einen großen Beitrag zum Erfolg des Internets geleistet hat.

3.3.2.2 E-Mail (Electronic Mail)

Trotz der Dominanz des WWW ist die elektronische Post nach wie vor der am meisten genutzte Dienst des Internets. Hierbei wird die Computerverbindung zum Austausch von Texten und Daten genutzt. Der scherzhaft auch als S-Mail (Snail-Mail, Schneckenpost) bezeichnete konventionelle Brief hat damit an Bedeutung verloren. Ein elektronischer Brief ist nicht nur innerhalb von Sekunden an einem beliebigen Zielort, er kann auch gleichzeitig an beliebig viele Empfänger versandt werden. Weiterhin lassen sich in Form von so genannten Attachments Dateien an die E-Mail anhängen und übertragen.

3.3.2.3 FTP (File Transfer Protocol)

Das „Herunterladen" von Dateien von einem Server auf den eigenen Rechner wird als Download, das Übertragen von Dateien vom eigenen Rechner auf einen Server als Upload bezeichnet. Die hierfür zuständigen Server werden FTP-Server genannt und sind mittlerweile in großer Anzahl im Internet vorhanden.

Für den Download von Daten ist entweder eine Zugangsberechtigung in Form eines Passwortes notwendig oder – im Fall des „anonymous FTP" – ein Zugriff auf den FTP-Server für jedermann gestattet.

3.3.2.4 News (Newsgroups)

Newsgroups sind öffentliche Diskussionsforen zu bestimmten Themen. Zur Teilnahme an einer Newsgroup wird das gewünschte Thema „abonniert". Danach kann der Teilnehmer alle Beiträge zu diesem Thema lesen, eigene Beiträge hinzufügen oder Fragen stellen. Es gibt mittlerweile viele Tausend Newsgroups zu fast allen Themen.

3.3.2.5 IRC (Internet Relay Chat)

Vor allem bei jüngeren Internetnutzern sehr beliebt ist der als „Chatten" bezeichnete Live-Dialog mit anderen, in der Regel unbekannten Teilnehmern. Die Anmeldung in einem so genannten Chat-Room erfolgt über einen frei wählbaren Zugangsnamen. Der Unterschied zum E-Mailing besteht darin, dass die Kommunikation – sieht man einmal von der Zeit für das Eintippen ab – beim Chat ohne zeitliche Verzögerung erfolgt.

3.3.2.6 Telnet

Der Telnet-Dienst ermöglicht einen Fernzugriff auf Betriebssysteme, Programme oder Daten fremder Computer. Voraussetzung hierfür ist selbstverständlich eine entsprechende Zugangsberechtigung. Der Telnet-Dienst ist für die Fehlerdiagnose und Fernwartung von Computern von großer Bedeutung.

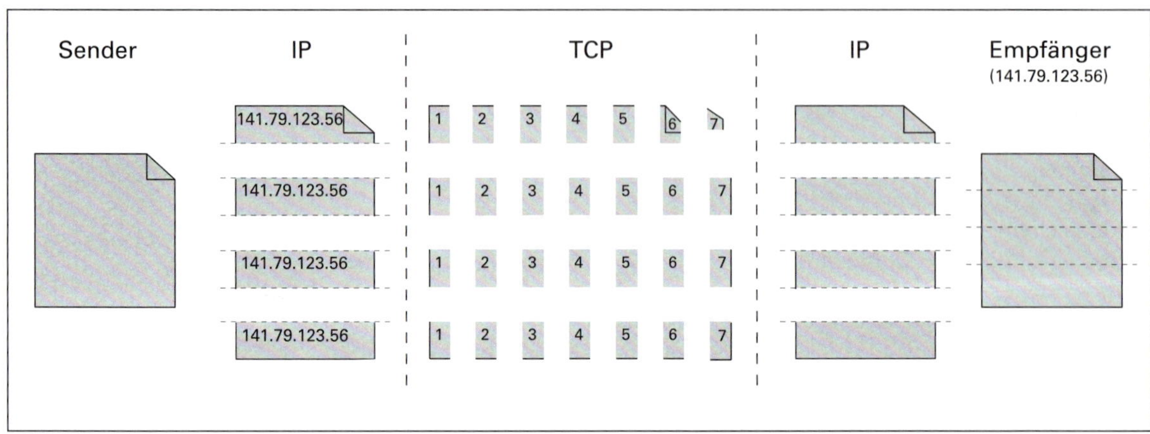

Datenübertragung mittels TCP/IP

Nehmen Sie einmal an, dass Sie von einem FTP-Server in Redmond (USA) ein Update einer von Ihnen verwendeten Software downloaden. Die gepackte Datei besitzt eine Größe von 1,5 MB. Wie ist es möglich, in einem riesigen Rechnerverbund von vielen Millionen Rechnern die gesuchte Datei zu finden und fehlerfrei von Redmond nach Deutschland zu übertragen?

Eine detaillierte Antwort auf diese Frage würde nicht nur ein enormes technisches Know-how erfordern, sondern auch den Rahmen dieses Kompendiums weitaus sprengen. Die prinzipielle Funktionsweise der Datenübertragung mit Hilfe des TCP/IP-Protokolls lässt sich jedoch relativ leicht erklären. (Lesen Sie zu TCP/IP auch in Abschnitt 3.2.6.3 nach.)

3.3.3.1 Internet Protocol (IP)

Eine Datei von 1,5 MB Umfang ist in Zeiten, in denen Festplattenkapazitäten unter 40 GB kaum mehr zu finden sind, sicherlich nicht besonders groß. Für die Übertragung über eine Strecke von mehreren Tausend Kilometern und Übertragungsgeschwindigkeiten, die im Falle eines ISDN-Kanals maximal 64 kBit/s betragen, stellt die Datenmenge durchaus ein Problem dar.

Zur Entschärfung dieses Problems werden die 1,5 MB zunächst in kleinere Datenpakete (Datagramme) zerlegt. Das hierfür zuständige Internet Protocol (IP) gestattet Paketgrößen von maximal 64 KB. Eine Datei mit einer Größe von 1,5 MB würde durch das Internet Protocol also in mindestens 24 Teile zerlegt (24 x 64 KB = 1,5 MB).

Damit ein Paket am Zielort ankommt, muss es adressiert werden. Diese Binsenweisheit gilt für konventionelle Pakete und für Datenpakete gleichermaßen. Die durch das Internet Protocol vergebene Adresse wird als IP-Adresse (besser: IPv4) bezeichnet und ist 32 Bit lang. Jede IP-Adresse muss im Internet einmalig sein, damit eine eindeutige Identifikation des Zielrechners gelingt. Obwohl sich rein rechnerisch 2^{32} oder 4,29 Milliarden unterschiedliche Adressen ergeben, ist diese Forderung immer schwerer zu erfüllen. Der Grund hierfür ist, dass IP-Adressen in der Praxis in einen Netz- und einen Host-Teil untergliedert werden: Der Netz-Teil identifiziert das Netz, in dem sich ein oder mehrere Rechner befinden, während

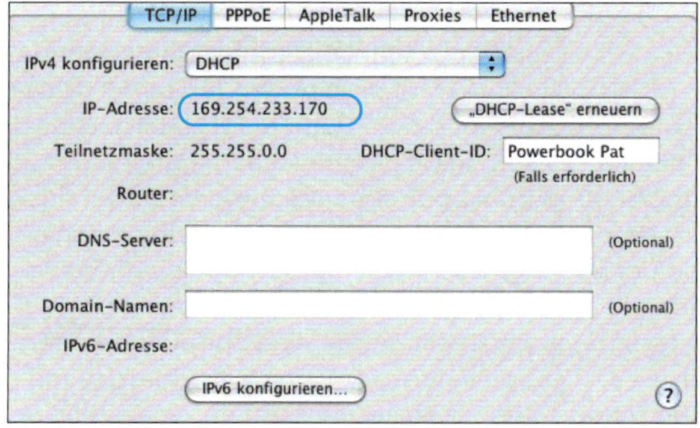

IP-Adresse

Jeder am Internet teilnehmende Rechner (Host) benötigt eine eindeutige Adresse zur Identifikation. Das hierfür zuständige Internet Protocol sorgt für die Adressierung der Datenpakete und ermöglicht die Wegvermittlung (Routing).

der Host-Teil zur Kennzeichnung der einzelnen Rechner innerhalb dieses Netzes dient. Weiterhin werden in Abhängigkeit von der Größe des Netzes Netzklassen von A bis E definiert. (Lesen Sie hierzu bitte auch in Abschnitt 3.2.7.3 nach.) Diese Vorgehensweise ist zwar sinnvoll und notwendig, führt aber dazu, dass viele Adressen reserviert sind und nicht genutzt werden.

Um das Problem der immer knapper werdenden IP-Adressen in den Griff zu bekommen, wird bereits seit etlichen Jahren an einer Erweiterung der IP-Adressen auf Version 6 (IPv6) gearbeitet (vgl. Abschnitt 3.2.7.2). IPv6 erweitert IP-Adressen auf 128 Bit. Die hiermit theoretisch denkbare Zahl von $2^{128} = 3{,}4 \times 10^{38}$ Adressen müsste ausreichen, um jeder Kaffeemaschine eine IP-Adresse zuzuordnen!

Neben der Adressierung ist das Internet Protocol auch für die Wahl des Paketleitweges zuständig. Dieser als Routing bezeichnete Vorgang bestimmt die Zwischenstationen, die die Datenpakete auf dem Weg von A nach B passieren. Dabei kann es sein, dass jedes Datenpaket einen anderen Weg vom Absender zum Empfänger durchläuft. Der große Vorteil dieses Verfahrens besteht darin, dass die Router und Gateways im Internet für eine „intelligente" dynamische Nutzung der Übertragungskapazitäten des Netzes sorgen können. Ein aktuell stark belasteter Netzabschnitt wird zugunsten eines weniger frequentierten Abschnittes gemieden.

3.3.3.2 Transmission Control Protocol (TCP)

Nach der Paketbildung, Datenadressierung und Wegvermittlung sorgt das Transmission Control Protocol (TCP) für die eigentliche Datenübertragung. Hierzu wird eine Verbindung zwischen Sender und Empfänger hergestellt. Im Anschluss werden die Datenpakete in nummerierten kleinen Einheiten (Segmenten) von beispielsweise 536 Byte übertragen. Trifft ein Segment am Zielrechner nach einer bestimmten Zeit nicht ein, wird die Datenübertragung wiederholt. Der Zielrechner setzt per TCP anhand der Nummerierung die Segmente des übertragenen Datenpaketes wieder zusammen.

Abschließend sorgt das Internet Protocol des Zielrechners für das Zusammenfügen der Datenpakete zu einer Datei. Die Datenübertragung ist hiermit abgeschlossen.

3.3.3.3 DNS (Domain Name System)

Voraussetzung für die globale Kommunikation ist die Kenntnis der exakten Adresse des gesuchten Zielrechners. Wie in Abschnitt 3.3.3.1 erläutert, ist jeder am Internet partizipierende Computer über seine IP-Adresse eindeutig identifizierbar. Nun ist die Eingabe von zwölf Ziffern nicht gerade benutzerfreundlich. Viele Menschen haben schon Schwierigkeiten, sich die Geheimzahl ihrer EC-Karte zu merken ;-).

Die Idee liegt also nahe, die IP-Adressen durch einprägsamere Adressen zu ersetzen. Das hierfür entwickelte Konzept teilt die Adressen zunächst nach Gebieten (Domains) ein. In den USA gibt es beispielsweise die Domains com (commercial) für Firmen oder edu (education) für Bildungseinrichtungen. Für die übrigen, später zum Internet hinzugekommenen Staaten – wurden als Domains länderspezifische Abkürzungen gewählt: de steht für Deutschland, fr für Frankreich und jp für Japan. Diese als Top-Level-Domain (TLD) bezeichneten Abkürzungen stehen, durch einen Punkt getrennt, am Ende des Domain-Namens. Vor dem Punkt befindet sich als Second-Level-Domain eine genauere Bezeichnung des Host-Rechners. Beispiele hierfür sind springer.de oder apple.com. Die sich dadurch ergebende Hierarchisierung kann durch weitere Sub-Domains fortgesetzt werden: jobs.arbeitsamt.de oder bw.schule.de.

Zur Umsetzung der Domain-Namen in IP-Adressen und umgekehrt befinden sich im Internet zahlreiche Nameserver. Für die Vergabe und Verwaltung von Domain-Namen ist die in den USA ansässige Organisation ICANN zuständig. Deutsche Domain-Namen werden durch die DENIC vergeben. Unter www.denic.de kann ermittelt werden, ob ein gewünschter Domain-Name noch er-

Übersicht der wichtigsten Top-Level-Domains

Seit März 2004 dürfen Domain-Namen auch Umlaute und einige Sonderzeichen enthalten, z.B.: www.müllermilch.de

Top-Level-Domains der USA			
com	commercial (Firmen)	aero	aeronautics (Luftfahrtindustrie)
edu	education (Bildungseinrichtungen)	museum	museum (Museen)
gov	government (US-Regierung)	coop	cooperative (Genossenschaften)
mil	military (US-Militär)	info	information (Information)
net	network (Netzwerkbetreiber, Provider)	pro	professionals (Selbstständige)
org	organisation (Organisationen, Vereine)	name	name (Privatpersonen)

Länderspezifische Top-Level-Domains			
at	Österreich	hu	Ungarn
au	Australien	il	Israel
be	Belgien	in	Indien
ca	Kanada	jp	Japan
ch	Schweiz	nl	Niederlande
de	Deutschland	pl	Polen
dk	Dänemark	pt	Portugal
es	Spanien	ru	Russland
fi	Finnland	se	Schweden
fr	Frankreich	tr	Türkei
gb	Großbritannien	uk	United Kingdom
gr	Griechenland	va	Vatikanstadt

hältlich oder bereits vergeben ist und wie viel die Registrierung kostet.

Nachdem das Internet aus Amerika stammt und dort der ASCII (American Standard Code of Information Interchange) verwendet wird, waren in Domain-Namen bislang deutsche Umlaute nicht möglich. Dies hat sich seit März 2004 geändert. Ab sofort können auch Namen wie Müller oder Völler in der korrekten Schreibweise realisiert werden. Allerdings kann noch nicht gewährleistet werden, dass diese Domain-Namen auch von allen Browsern unterstützt werden.

3.3.3.4 URL (Uniform Resource Locator)

Die Angabe des Domain-Namens genügt noch immer nicht, um den gewünschten Zielcomputer adressieren zu können. Dies liegt daran, dass es – wie in Kapitel 3.3.2 behandelt – mehrere Dienste im Internet gibt. In der Adresse muss der Internetdienst Erwähnung finden. Des Weiteren ist es optional möglich, in der Adresse bereits genaue Angaben über Name und Ort der aufgerufenen Datei auf dem Server zu machen. Eine um diese Angaben komplettierte Internetadresse wird als URL bezeichnet. Allgemeine Form:
Eine vollständige URL beginnt mit dem Namen des Protokolls, das für die Übertragung des gewählten Dienstes verantwortlich ist. Das Protokoll des World Wide Web besitzt die Abkürzung http (Hypertext Transfer Protocol). Durch einen Doppelpunkt und zwei /-Zeichen (Slash) getrennt folgt der Servername. Server des World Wide Web tragen sehr oft die Bezeichnung www. Es folgt der Domain-Name und schließlich – falls gewünscht – Ordner und Name der gesuchten Datei. Beispiele für URLs sind:

- http://www.tagesschau.de
- http://www.springer.de/product/index.html
- ftp://ftp.uni-stuttgart.de

Die als Homepage bezeichnete Startseite des Internetauftritts sollte immer den Dateinamen index.htm oder index.html erhalten. Diese Datei wird – sofern nichts anderes eingestellt ist – durch den Webserver als Startseite behandelt und an den Browser übermittelt. Die Angabe des Dateinamens nach dem Domain-Namen ist aus diesem Grund nicht erforderlich.

Zu beachten ist weiterhin, dass UNIX-Server bei Dateinamen zwischen Groß- und Kleinschreibung unterscheiden: Bei den Dateien index.htm, Index.htm und INDEX.HTM handelt es sich unter UNIX um drei verschiedene Dateien. Da unter Windows zwischen Groß- und Kleinschreibung *nicht* unterschieden wird, kann es leicht vorkommen, dass eine Webseite lokal (unter Windows) „funktioniert" und nach dem Upload auf den UNIX-Webserver nicht mehr gefunden wird.

Gewöhnen Sie sich aus diesem Grund bei der Vergabe von Dateinamen von vornherein an, für alle Dateien grundsätzlich nur Kleinbuchstaben zu verwenden!

Allgemeine Schreibweise einer URL:

Protokoll://Server.Domainname/Pfad

Protokoll:	z.B. http, ftp
Server:	z.B. www
Domain:	z.B. apple.com
Pfad:	z.B. index.htm

3.3.4 Internetzugang

3.3.4.1 Internet-Provider

Ein Computer, der sich in ständiger Verbindung mit dem Internet befindet, wird als Internet-Host bezeichnet. Ein Host-Rechner ermöglicht über die im Kapitel 3.3.3 beschriebenen Protokolle TCP und IP den Datenaustausch mit anderen Host-Computern des Internets. Weiterhin kann er Daten – zum Beispiel WWW-Seiten, E-Mails oder Newsbeiträge – zwischenspeichern und zum Abrufen bereithalten.

Da ein Internet-Host ständig „online" sein muss, lohnt sich das Einrichten eines derartigen Servers für Privatpersonen in der Regel nicht. Dennoch ist die ständige Verbindung mit dem Internet über eine so genannte Flatrate auch für Endkunden erschwinglich geworden. Professionell wird die Dienstleistung „Internet" von zahlreichen Unternehmen der Kommunikationsbranche angeboten. Diese Internet-Provider oder genauer Internet-Service-Provider (ISP) betreiben einen oder mehrere Internet-Hosts und ermöglichen ihren Kunden eine telefonische Einwahl an ihren Servern. Beispiele für große Internet-Provider sind T-Online, AOL, Arcor, Mobilcom oder MSN. In Abhängigkeit vom gewählten Provider muss der Kunde die Telefonkosten zum Einwahlpunkt, eine monatliche Grundgebühr und/oder einen takt- und damit zeitabhängigen Preis bezahlen. Daraus folgt, dass bei der Wahl des Providers darauf zu achten ist, dass sich der Einwahlknoten möglichst in der Nähe befindet. Alternativ können Provider gewählt werden, die bundesweit einen einheitlichen Tarif anbieten und bei denen somit die Entfernung zum nächsten Einwahlpunkt keine Rolle spielt.

Natürlich können im Rahmen dieses Buches keine Empfehlungen für die Wahl eines bestimmten Providers gegeben werden. Dies wäre auch nicht sinnvoll, weil sich die Preise fast monatlich ändern und es außerdem regionale Unterschiede gibt. Ein seriöser Vergleich ist deshalb nur möglich, wenn der Wohnort (Postleitzahl oder Telefonvorwahl) berücksichtigt wird. Aktuelle Vergleichsübersichten finden Sie in einschlägigen Computerzeitschriften oder im Internet zum Beispiel bei www.heise.de/itarif, www.onlinekosten.de oder www.billiger-surfen.de.

Kosten der Internetnutzung

Grafische Darstellung der Kosten für drei fiktive Internet-Provider in Abhängigkeit von der monatlichen Nutzungsdauer.
Die Grafik veranschaulicht, dass die Flatrate bei langer Nutzungsdauer das günstigste Modell ist.

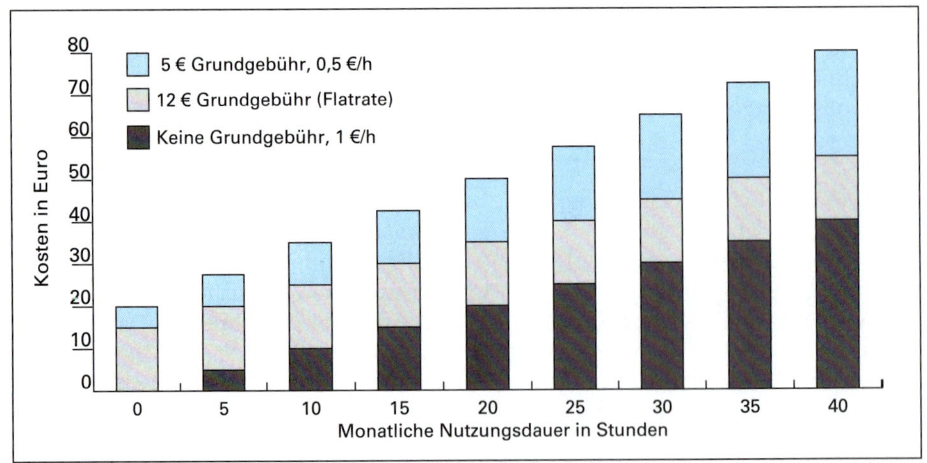

3.3.4.2 Analoger Zugang

Bei der Wahl der telefonischen Verbindung zum Internet-Provider gibt es momentan drei Alternativen: das analoge Telefonnetz oder die digitale Übertragung mittels ISDN oder DSL.

Zur Übertragung binärer Computerdaten über eine Analog-Verbindung müssen die Daten „moduliert" werden. Bei diesem Modulationsvorgang werden die binären Informationen mit Hilfe eines analogen Trägersignals übermittelt. Am Zielort angelangt, muss das

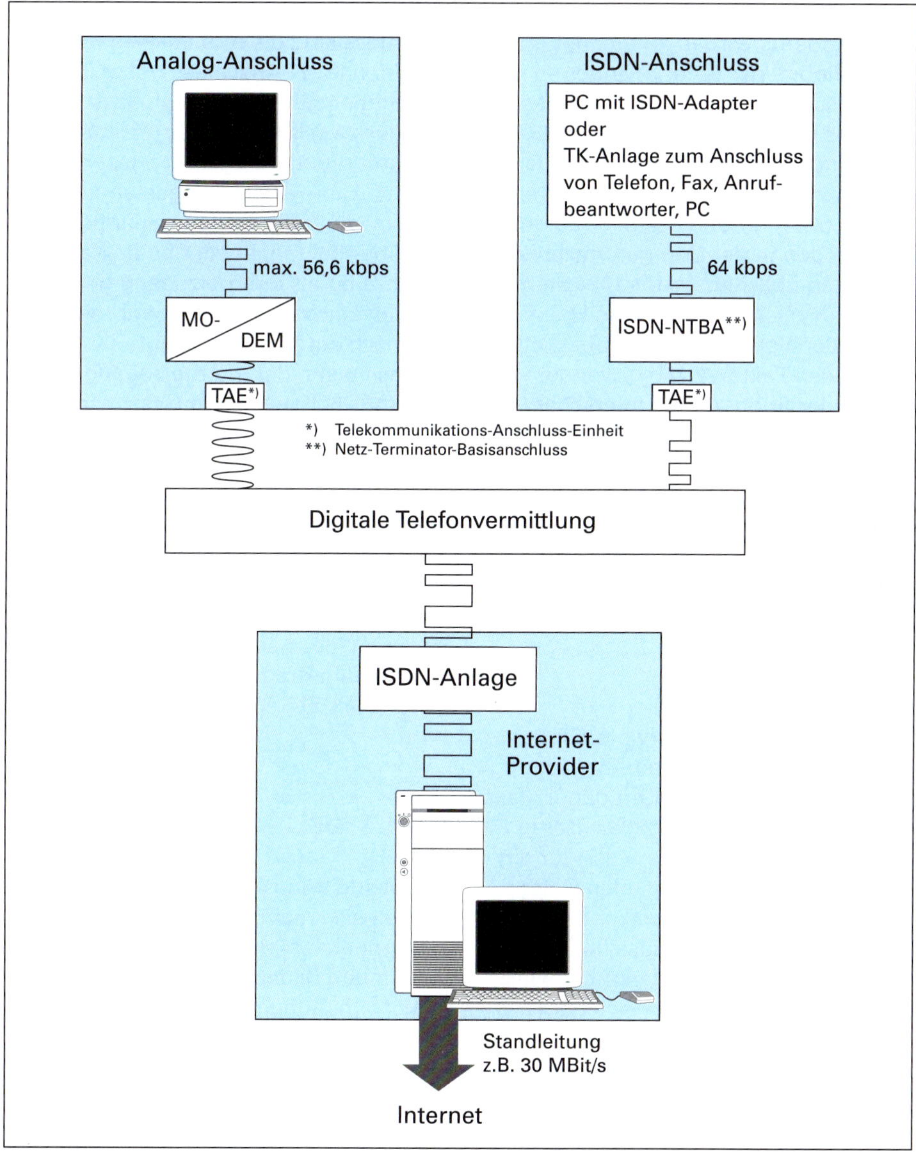

Internetzugang über das analoge Telefonnetz und über ISDN

Trägersignal wieder entfernt werden (Demodulation). Ein Gerät, das sowohl modulieren als auch demodulieren kann, wird kurz als *Modem* bezeichnet. Ein Modem ist also immer dann notwendig, wenn der Computer mit einem analogen Telefonanschluss verbunden werden soll.

Die Übertragungsgeschwindigkeit eines Modems wird in kBit/s oder in kbps (Kilobits per second) angegeben. Die typische Übertragungsrate eines Modems beträgt 56,6 kBit/s oder 56.600 Bit/s. Bitte beachten Sie, dass bei der Angabe von Datenübertragungsraten das „k" (Kilo) für den Faktor 1000 und nicht für den in der Computertechnik ansonsten üblichen Faktor 1024 steht. Zur Unterscheidung sollte ein kleines „k" für den Faktor 1000 und ein großes „K" für den Faktor 1024 verwendet werden. Leider findet diese Unterscheidung in der Literatur nicht durchgängig statt.

Der analoge Internetzugang ist wegen der geringen Datenübertragungsrate und der zunehmenden Umstellung des Telefonnetzes auf digitale Übertragungsverfahren ein Auslaufmodell.

3.3.4.3 ISDN

Bei ISDN (Integrated Services Digital Network) erfolgt die Datenübertragung digital. Die Abkürzung rührt daher, dass ein und dieselbe Leitung gleichzeitig für mehrere digitale Dienste – z.B. für ein Telefongespräch und digitalen Datentransfer – genutzt werden kann.

Ein ISDN-Basisanschluss besteht immer aus zwei B-Kanälen mit jeweils 64 kbps (64.000 Bit/s) sowie einem Steuerkanal (D-Kanal) mit 16 kbps. Für den Anschluss eines Computers an ein ISDN-Endgerät (NTBA) benötigt dieser einen ISDN-Adapter. Während diese Adapter früher in Form einer Einsteckkarte nachgerüstet werden mussten, kommen mittlerweile meistens Telefonanlagen zum Einsatz, die bereits einen (oder mehrere) ISDN-Adapter enthalten, an die sich ein (oder mehrere) Computer über die USB-Schnittstelle anschließen lassen.

Im Vergleich zum analogen Telefonanschluss sind die monatlichen Kosten für einen ISDN-Anschluss höher. Dem gegenüber steht der Vorteil, dass wegen der zwei ISDN-Kanäle gleichzeitig telefoniert und im Internet „gesurft" werden kann. Alternativ gestatten einige Provider auch eine so genannte Kanalbündelung, bei der beide Kanäle gleichzeitig als Internetzugang genutzt werden können und die Bandbreite demnach auf 128 kbps steigt.

Auch wenn der Internetzugang über einen ISDN-Kanal einen Geschwindigkeitsvorteil gegenüber einem Analog-Zugang bietet – vor allem die digitale Einwahl erfolgt deutlich schneller, so befriedigt er den „Datenhunger" vieler Internetnutzer längst nicht mehr. Vor allem der Download oder das Echtzeit-Abspielen (Streamen) von Sounds oder gar von Videos erfordert deutlich höhere Datenübertragungsraten, die nur durch die DSL-Technologie geboten wird.

3.3.4.4 DSL

Das World Wide Web des Internets entwickelt sich mehr und mehr zu einem multimedialen Medium, bei dem neben Texten und Bildern auch Sounds, Videos und Animationen in Echtzeit abspielbar sein sollen. Um diese Forderung zu erfüllen, reichen die bisherigen Möglichkeiten des analogen bzw. ISDN-Zugangs ins Internet nicht aus. Die DSL-

Technik (Digital Subscriber Line) ermöglicht eine Datenübertragungsrate von bis zu 8 MBit/s. Hierbei wird zwischen symmetrischer DSL (SDSL) und asymmetrischer DSL (ADSL) unterschieden. Im ersten Fall sind die Datenraten für den Down- und den Upstream gleich, im zweiten Fall unterschiedlich. Für Privatkunden liegt die Nutzung des deutlich günstigeren ADSL nahe, da sie

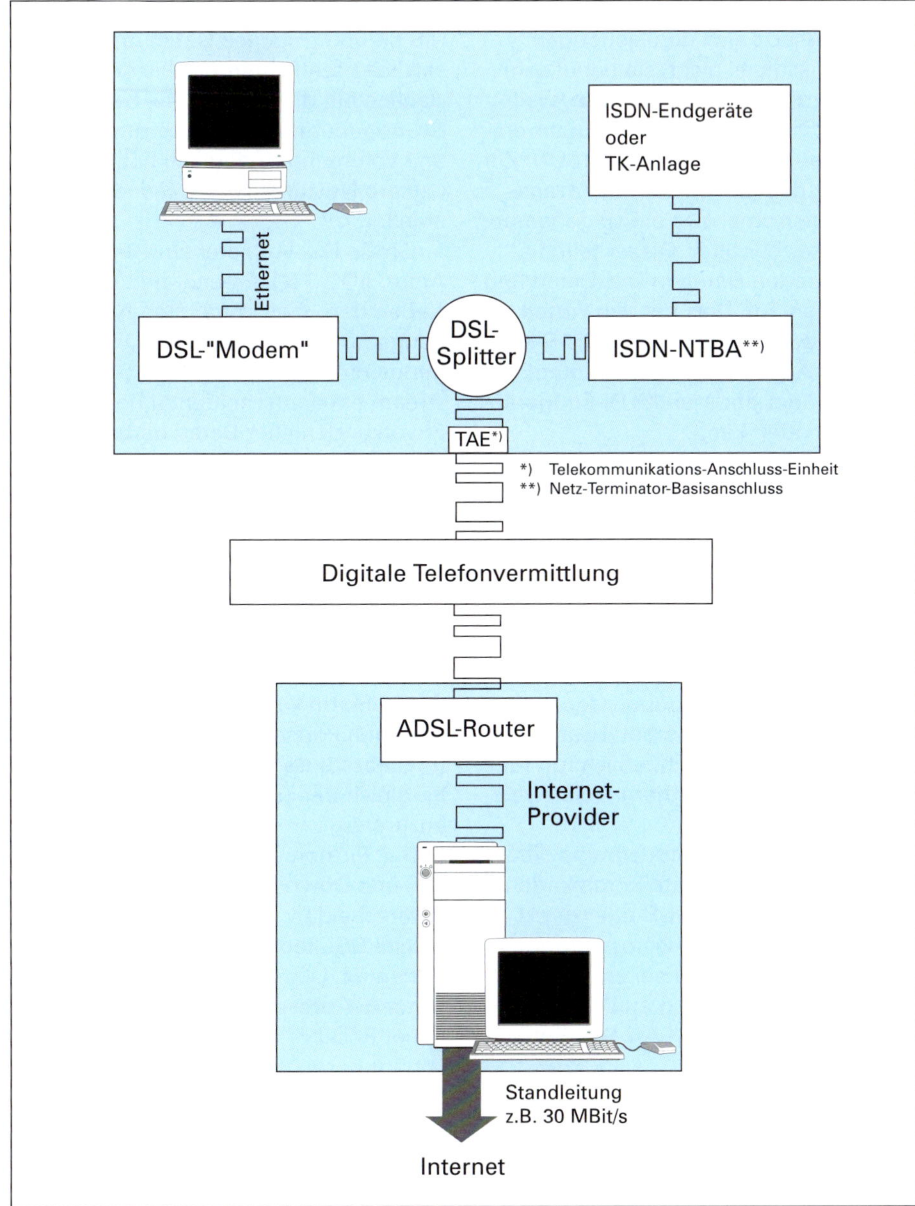

Internetzugang über die DSL-Technologie

das Internet vorwiegend zum Download von Daten und nicht zum Upload eigener Dateien nutzen möchten.

Die Verwendung von DSL kann sowohl in Verbindung mit einem analogen Telefonanschluss als auch mit einem ISDN-Anschluss erfolgen. Die DSL-Technologie ersetzt also den bisherigen Telefonanschluss nicht, sie benutzt ihn lediglich mit. Dies wird möglich, weil DSL deutlich höhere Trägerfrequenzen verwendet als beispielsweise ISDN. Zur Trennung des gemeinsam übertragenen Datenstroms wird ein so genannter DSL-Splitter benötigt. Dieser teilt die ankommenden Daten in DSL-Daten und ISDN-Daten auf. Dies hat den Vorteil, dass der DSL-Kunde beide ISDN-B-Kanäle zum Anschluss von Telefon(en), Faxgerät oder anderen ISDN-Endgeräten verwenden kann.

Die Anpassung des digitalen Datenstroms an den Computer erfolgt mit Hilfe eines DSL-Modems. Im Unterschied zum Analog-Anschluss findet hierbei keine Umwandlung von analog in digital oder umgekehrt statt. Das Modem nimmt in diesem Fall lediglich eine Aufbereitung der digitalen Computerdaten zur Datenfernübertragung vor. Der Anschluss des Computers an das DSL-Modem erfolgt schließlich mit Hilfe einer gewöhnlichen Ethernet-Netzwerkkarte.

Alternativ zu DSL-Modem und Netzwerkkarte werden heute Kombikarten angeboten, die als DSL-Router direkt an den DSL-Splitter angeschlossen werden können. Abschließend sei erwähnt, dass die PC-Anbindung an DSL auch drahtlos über einen WLAN-DSL-Router erfolgen kann.

Für den Zugang ins Internet kann sich der Kunde prinzipiell für drei Modelle entscheiden: Bei einem Zeittarif ist die monatliche Grundgebühr relativ niedrig, für jede Nutzungsminute über einer bestimmten Anzahl an Freistunden muss jedoch bezahlt werden. Bei einem Volumentarif ist die Grundgebühr ebenfalls niedrig und ein bestimmtes Übertragungsvolumen, z.B. 1.500 MB, sind frei. Für jedes weitere MB an übertragenen Daten muss zusätzlich bezahlt werden. Die dritte Variante stellt die Flatrate dar, bei der die Grundgebühr im Vergleich zum Zeit- und Volumentarif deutlich höher ist, weitere Nutzungskosten jedoch nicht anfallen.

Große DSL-Anbieter sind T-Online, Arcor, AOL, 1&1, Freenet und Tiscali. Neben den oben erwähnten Abrechnungsmodellen spielen die Übertragungsraten für den Up- und Downstream eine entscheidende Rolle. Da Privatkunden eher Daten herunterladen (Download) als diese ins Internet zu übertragen (Upload), bietet sich hierfür die asymmetrische Technologie (ADSL) an. Hierbei kann inzwischen aus einer Vielzahl an Angeboten gewählt werden, beispielsweise Downstreams mit 1, 2 oder 3 MBit/s und Upstreams mit 128, 192 oder 384 kBit/s. Die Zahlen belegen, dass DSL im Vergleich zu ISDN einen enormen Fortschritt bedeutet. Vor Vertragsabschluss ist jedoch ein genauer Vergleich der Leistungen und Preise anzuraten!

Bei Firmen wird sich der Bedarf an Up- und Downstreams nicht wesentlich unterscheiden, so dass hier die symmetrische DSL-Technologie (SDSL) vorzuziehen ist. Über Standleitungen mit fester IP-Adresse lässt sich ein firmeneigener Rechner zudem als Internet-Host konfigurieren. Die Kosten hierfür belaufen sich allerdings deutlich höher als bei DSL-Anschlüssen für Privatkunden.

3.3.5 Web-Browser

Zur Darstellung eines HTML-Dokumentes ist eine Software notwendig, die die zur Beschreibung der Seite verwendeten HTML-Tags interpretiert und die Webseite ohne Tags auf dem Monitor zusammensetzt. Ein derartiger Interpreter wird als HTML-Parser bezeichnet und ist Kernstück des Web-Browsers oder kurz Browsers. Der Name „Browser" leitet sich aus dem Englischen ab (to browse: schmökern) und bezeichnet also eine Software, mit deren Hilfe die WWW-Seiten des Internets betrachtet werden können.

Neben der Wiedergabe von WWW-Seiten integrieren heutige Browserversionen andere Internetdienste wie E-Mail, News und FTP. Außerdem stellen sie zahlreiche Hilfsfunktionen zum Speichern und Drucken von Webseiten oder die Vergabe von Lesezeichen (bookmarks) zur Verfügung. Selbstverständlich lässt sich im Browser auch der HTML-Quellcode einer Seite betrachten, was zum Erlernen von HTML sehr nützlich ist.

Die Adressleiste des Browsers dient zur Eingabe der URL, also der Adresse der gesuchten Webseite. Dabei genügt es in der Regel, den Servernamen (z. B. www) und den Domain-Namen (z. B. springer.de) einzugeben. Der Web-Browser ergänzt das zugehörige Protokoll (z. B. http://) automatisch und bekommt vom Webserver die als Homepage bezeichnete Startseite des Internetauftritts geliefert, die meistens den Namen index.htm bzw. index.html besitzt.

Noch in der letzten Auflage dieses Kompendiums stand: „... teilen sich den Weltmarkt heute die Firmen Netscape mit ihrem Communicator und Microsoft mit ihrem Internet Explorer." Dass diese Aussage heute nicht mehr gültig ist, zeigt die Grafik rechts oben.

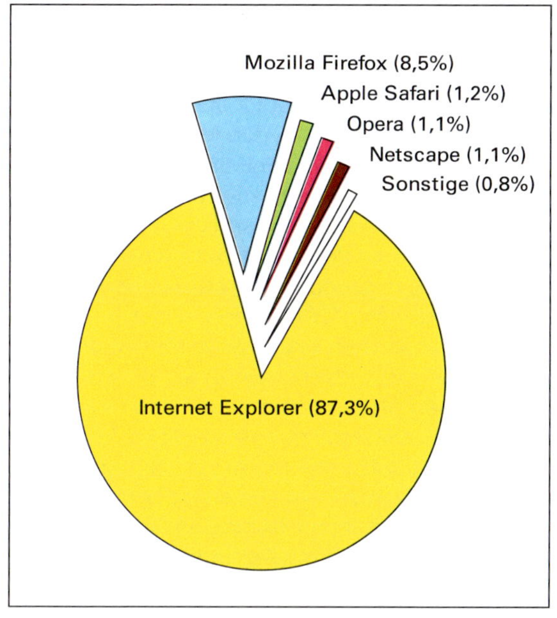

Browseranteile

(Quelle: www.one-stat.com)

Der Browsermarkt wird zurzeit (noch) von einer Firma beherrscht – dem Softwaregiganten Microsoft. Diese Tatsache müssen auch eingefleischte Microsoft-Gegner zähneknirschend zur Kenntnis nehmen. Wachsende Konkurrenz bekommt der Internet Explorer allerdings mit Mozillas „Firefox". Der erst 2004 eingeführte Browser hat bereits knapp 10 % des Marktes „erobert".

Aus Sicht des Web-Designers stellt die Vereinheitlichung der Software zur Darstellung von Webseiten allerdings einen großen Vorteil dar: Da jeder Browsertyp einen anderen HTML-Parser verwendet, war es in der Vergangenheit schlicht unmöglich, eine einheitliche Darstellung von Webseiten zu erhalten. Beschränkt sich der Browsermarkt auf den Internet Explorer und Firefox, so können die Webseiten für diese Produkte optimiert werden. Der Designer hat dann die Gewissheit, dass seine Seiten auf knapp 95 % aller Computer korrekt dargestellt werden.

3.3.6 Internetsuchdienste

Die Problematik der gezielten Nutzung des WWW besteht oft darin, dass die gesuchten Informationen zwar irgendwo vorhanden sind, aber nicht gefunden werden. Bei den Millionen von Webseiten weltweit entspricht die Suche nach einer bestimmten Information tatsächlich oft der sprichwörtlichen Suche nach der Nadel im Heuhaufen.

Zur gezielten und effizienten Recherche von Informationen sind aus genanntem Grund Suchdienste unerlässlich. Internetsuchdienste werden zahlreich angeboten und auch als »Suchmaschinen« bezeichnet. Es handelt sich dabei um große Datenbanken, die Domain-Namen sowie Stichwörter zum Inhalt der Webseiten sammeln und speichern. Zum Auffinden neuer Seiten werden „Spiders" oder „Robots" von Host zu Host geschickt. Die inhaltliche Beschreibung der Seite wird anhand von so genannten Meta-Tags im Dateikopf des HTML-Dokuments bzw. durch Analyse des Textes auf der Homepage ermittelt. Alternativ kann man eine Webseite auch bei Suchmaschinen registrieren lassen.

Die mit einem Marktanteil von etwa 70 % beliebteste deutsche Suchmaschine heißt Google (www.google.de). Weitere Suchmaschinen finden Sie unter anderem bei Yahoo (www.yahoo.de), Microsoft (www.msn.de), T-Online (www.t-online.de) oder bei Web.de (www.web.de). Bei ihrer Verwendung ist es wichtig, dass der oder die Suchbegriffe sinnvoll ausgewählt und syntaktisch korrekt eingegeben werden. Darüber hinaus bieten einige Anbieter erweiterte Suchmöglichkeiten an (vgl. Abbildung).

Meta-Suchmaschinen wie MetaGer (www.metager.de) oder Metacrawler (www.metacrawler.com) greifen auf mehrere Suchmaschinen zu und durchforsten daher eine deutlich größere Anzahl an Webseiten.

Suchmaschine Google

Google bietet eine „Erweiterte Suche" an, bei der weitere Suchkriterien eingegeben werden können

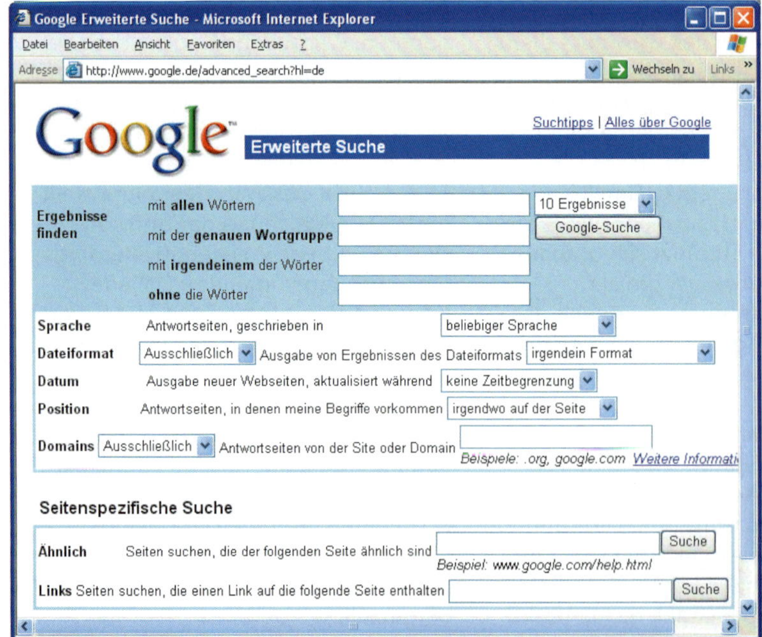

3.3.7 Angriffe aus dem Internet

Während es noch vor einigen Jahren die Disketten waren, die zur Verbreitung von Computerviren geführt haben, ist es mittlerweile fast ausschließlich das Internet, über das sich Viren, Würmer, Trojaner und andere Schädlinge in oft rasanter Geschwindigkeit verbreiten. Die Hauptgefahr geht hierbei von E-Mail-Attachments und von Sicherheitslücken der Web-Browser aus.

3.3.7.1 Viren & Co.

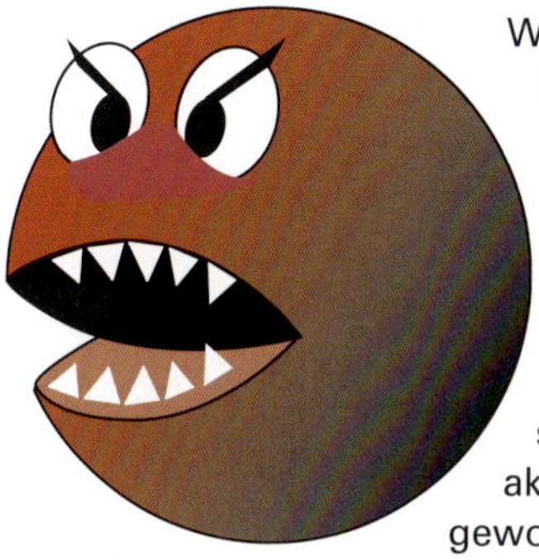

Eine Einteilung der Angreifer nach „Schädlingsarten" ist heute nicht mehr besonders sinnvoll, weil es sich häufig um Kombinationen handelt. Die folgende Beschreibung dient also mehr zur Übersicht:

Viren
Viren sind kleine Programme, die sich – wie ihre organischen Verwandten – zur Verbreitung an ein Wirtsprogramm anhängen müssen. Das Virus wird aktiv, wenn das Wirtsprogramm (durch Doppelklick) gestartet wird.

Eine besondere Form stellen die Makroviren dar, die sich vor allem im Office-Bereich verbreiten, da Word & Co. über eine Makrosprache (Visual Basic) verfügen. Beim Öffnen eines Word- oder Excel-Dokuments wird das Makroprogramm gestartet und der schädliche Programmcode unbemerkt ausgeführt.

Würmer
Im Unterschied zum Virus benötigt ein Wurm zur Verbreitung kein Wirtsprogramm, sondern stellt ein eigenes ausführbares Programm dar. Wichtigste Verbreitungsmöglichkeit für Würmer bieten E-Mails, weil sie Dateien als Anhang enthalten können. Wird der als Dateianhang empfangene Wurm durch Doppelklick gestartet, so kann er sich beispielsweise an alle im Adressbuch gespeicherten E-Mail-Adressen versenden. Dies erklärt, weshalb sich Würmer nach dem „Schneeball-Prinzip" in rasanter Weise verbreiten: Geht man pro E-Mail-Adressbuch von zwanzig Adressen aus, dann werden im ersten Schritt 20, dann 400, 8.000, 160.000, 3.2 Millionen neue Computer infiziert.

Leider sind mittlerweile Würmer aufgetaucht, die kein Attachment mehr benötigen. Bei diesen „bösartigen" Varianten kann eine aktive Internetverbindung oder das Betrachten einer Webseite ausreichend sein, um den Wurm zu aktivieren. Der bekannt gewordene Wurm „Sasser" richtete auf diese Weise großen Schaden an.

Trojaner
Der Name dieser gefährlichen Schädlinge müsste genau genommen „Trojanisches Pferd" heißen und stammt aus der griechischen Sage, bei der Troja durch die Griechen dadurch erobert wurde, dass Soldaten in einem großen Holzpferd versteckt die Stadtmauern passieren konnten, um dann nachts anzugreifen.

Im übertragenen Sinn ist ein Trojaner ein Programm, das nach außen sichtbar eine nützliche Funktion besitzt – z.B. ein kostenloses Update – , während im Hintergrund jedoch seine schädlichen Funktionen gestartet werden. Gefährlich sind vor allem so genannte „Backdoor"-Programme, die einen externen Zugriff auf den Rechner gestatten. Tückisch sind auch „Key-Logger", die als PC-Wanzen sämtliche Tastatureingaben protokollieren und somit zur Entschlüsselung von Benutzernamen und Passwörtern dienen.

Spyware
Spyware besitzt eine ähnliche Funktion wie Trojaner, nämlich den befallenen Rechner bzw. das Nutzerverhalten auszuspionieren. Die Zielsetzung ist hierbei allerdings nicht, Schaden anzurichten, sondern möglichst viele Informationen über das Nutzerverhalten zu sammeln. Diese Informationen können dann beispielsweise dazu genutzt werden, um über Popup-Fenster gezielt Werbebanner einzublenden oder Werbemails zu verschicken.

Abhilfe kann die Installation einer Software schaffen, die auf das Auffinden derartiger Spyware spezialisiert ist, beispielsweise das kostenlose Programm Ad-Aware (www.lavasoft.de).

Spam
Spam-Mails gehören nicht direkt zu den Schädlingen – dennoch sind diese unerwünschten Mails zu einer großen Belastung geworden und haben schon so manchen Server lahm gelegt. Außerdem enthalten Spam-Mails natürlich häufig auch Schädlinge.

Für alle Mails mit unbekanntem Absender gilt deshalb: sofort löschen! Weiterhin kann der Einsatz eines Spam-Filters helfen.

Phishing-Mails
E-Mails mit dem Ziel, Zugangsdaten zu eBay, Homebanking o.Ä. auszuspionieren, werden als Phishing-Mails bezeichnet. Durch eine plausibel klingende Mail wird der Nutzer dazu veranlasst, einen Textlink anzuklicken, der auf eine vermeintlich seriöse Seite führt. Dort wird er aufgefordert, sich beim jeweiligen Dienst anzumelden – schon sind die Zugangsdaten erfasst.

3.3.7.2 Maßnahmen

Windows Service Pack 2
Mit dem „Service Pack 2" konnte Microsoft den Schutz seines Betriebssystems XP deutlich verbessern.

Sicherheitscenter im „Service Pack 2"

Neben dem Schließen etlicher Sicherheitslücken stellt Windows XP nun ein „Sicherheitscenter" zur Verfügung. Dieses beinhaltet eine Firewall und integriert eine installierte Antiviren-Software.

Empfehlenswert ist, die Möglichkeit des „Automatischen Updates" zu nutzen (vgl. Screenshot). Auf diese Weise können neue Sicherheitslücken via Internet geschlossen werden, ohne dass sich der Nutzer darum kümmern muss. Voraussetzung ist natürlich, dass der Rechner einen Internetanschluss besitzt.

Internet Explorer und Outlook
Wie in Kapitel 3.3.5 beschrieben beherrscht Microsoft mit seinem Internet Explorer (noch) den Markt. Als E-Mail-Client besitzt Outlook von Microsoft eine ähnliche Verbreitung. Dies erklärt, weshalb sich viele Virenschreiber auf Sicherheitslücken dieser beiden Produkte spezialisieren.

Wer auf genannte Microsoft-Produkte nicht verzichten kann oder will, sollte sich wenigstens mit den diversen Sicherheitseinstellungen beschäftigen, um eine Infektion zumindest unwahrscheinlicher werden zu lassen. Hierzu lassen sich im Internet Explorer unter *Extras > Internetoptionen > Sicherheit > Stufe anpassen* diverse Voreinstellungen treffen, um das unbeabsichtigte Ausführungen von Programmcode zu verhindern. Auch Outlook bietet die Möglichkeit zur Verschärfung der Sicherheitseinstellungen.

Hierzu gehört die Kontrollmöglichkeit von ActiveX, einer Windows-Technologie zur Einbindung interaktiver und multimedialer Komponenten auf Webseiten wie zum Beispiel der Steuerung eines Videos. Da diese Steuerung mit Hilfe von Skripten erfolgt (v.a. JavaScript oder VisualBasic-Script), können über diese Schnittstelle Skripte auch in böswilliger Absicht gestartet werden.

Wie die Abbildung oben zeigt, können die ActiveX-Controls deaktiviert werden, was natürlich auf einigen Seiten zu Einschränkungen führen wird. Alternativ kann der Nutzer die Option „Eingabeaufforderung" wählen, so dass er vor Ausführung eines Skriptes selbst entscheiden kann, ob er dies zulassen will oder nicht.

Ähnlich wie bei ActiveX verhält es sich mit JavaScripts oder Java-Applets, die auf manchen Webseiten im Quellcode eingebunden sind. Auch in diesem

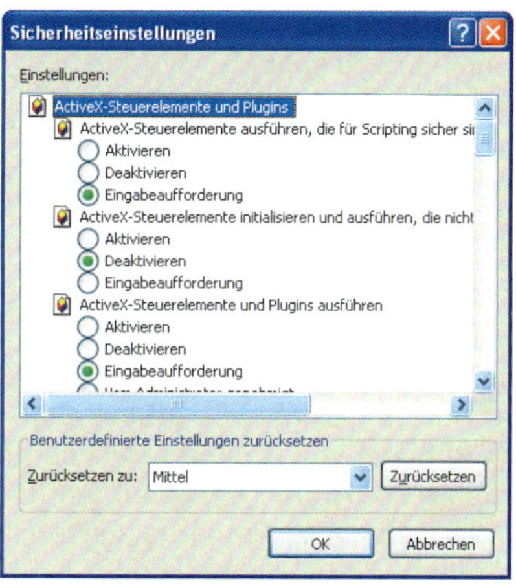

Sicherheitseinstellungen im Internet Explorer

Fall kann es sinnvoll sein, vor der Ausführung eines Skriptes eine Rückmeldung zu erhalten.

E-Mail-Attachments
E-Mails stellen die größte Gefahr für die Infektion eines Rechners mit einem Virus, Wurm oder Trojaner dar, weil diese Dateien in Form eines Dateianhangs an jede E-Mail angehängt werden können. Häufig verwendete Dateiendungen sind .exe, .com, .scr, .pif, .htm, .js oder .vbs. Da sich Dateiendungen bekannter Dateitypen unter Windows ausblenden lassen, sind die Dateiendungen unter Umständen gar nicht sichtbar. Ein anderer Trick besteht darin, dass eine Datei eine falsche Dateiendung vorgibt: Hinter der Datei brief.txt.vbs verbirgt sich scheinbar eine Textdatei, tatsächlich aber eine VisualBasic-Script-Datei.

Leider kann aus der Absenderadresse der E-Mail längst nicht mehr gefolgert werden, ob die Mail vertrauenswürdig ist oder nicht. Grund ist die bereits erwähnte Verbreitung von Würmern unter Zuhilfenahme des Adressverzeichnisses. Die E-Mail eines Freundes mit einem durchaus plausibel klingenden Betreff kann also eine Falle sein und nach dem Doppelklick auf den Anhang ist es zu spät …

Wichtigste Maßnahme zur Vermeidung von Infektionen ist eine gesunde Skepsis gegenüber allen eingehenden Daten.

Antiviren-Software

Aus der Angst vor der Infektion des eigenen Rechners wird auch kommerzieller Nutzen gezogen. So gibt es zahlreiche Anbieter von Antiviren-Software, beispielsweise AntiVir (H+Bedv), Antivirenkit (G-Data), AVG Antivirus (Grisoft), Norton Antivirus (Symantec) oder F-Prot (F-Secure). Eine Empfehlung für das eine oder andere Programm ist nicht sinnvoll, weil diese bis zum Erscheinen dieses Buches nicht mehr gültig ist. Über die Wirksamkeit der Virenscanner informieren Sie sich deshalb am besten aus aktuellen Vergleichstests, die in regelmäßigen Abständen von einschlägigen Computerzeitschriften wie PC-Welt (www.pc-welt.de), c't (www.heise.de) oder chip (www.chip.de) durchgeführt werden.

Problematisch bei der Verwendung eines Virenscanners ist, dass dieser immer nur die ihm bekannten Viren erkennen und entfernen kann. Insofern ist es unerlässlich, dass in regelmäßigen Abständen ein Download der aktuellsten Virenliste erfolgt. Dennoch kann bereits ein Zeitverzug von einigen Tagen zu einer verheerenden Verbreitung eines neuen Virentyps führen. Alternativ zum ständigen Update der eigenen Virensoftware kann aus diesem Grund ein Online-Scanner genutzt werden. Neben der höheren Aktualität bietet der externe Virencheck den Vorteil, dass eine befallene Datei den eigenen Computer erst gar nicht erreicht und somit nicht aktiv werden kann. Einen absoluten Schutz gibt es allerdings leider auch auf diese Weise nicht.

Und am „Mac"…?

Wegen der wesentlich geringeren Verbreitung von Computern, die mit einem Apple-Betriebssystem ausgestattet sind, ist die Verbreitung von Viren am „Mac" kein großes Thema …

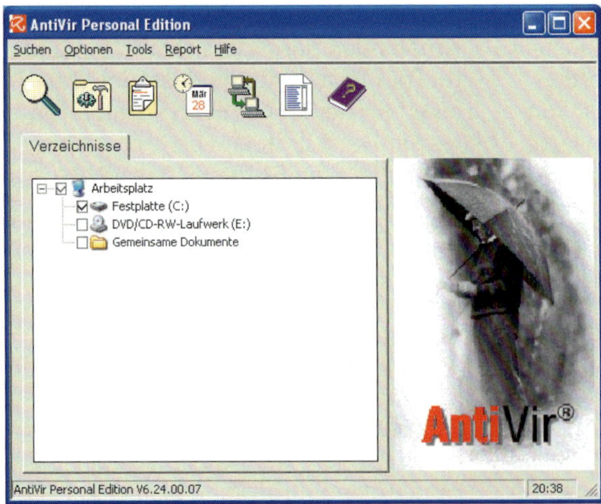

AntiVir Personal Edition

Der Virenscanner ist für den privaten Gebrauch kostenlos: www.antivir.de

3.3.8 Aufgaben „Internet"

Aufgabe 3.3.8.1
Internetdienste kennen

Nennen Sie vier Dienste des Internets und deren Funktion.

Aufgabe 3.3.8.2
Funktionen der Internetprotokolle kennen

Nennen Sie je zwei Funktionen folgender Protokolle:

a. IP
b. TCP

Aufgabe 3.3.8.3
Den Aufbau einer URL kennen

Gegeben ist die URL:

http://www.springer.de/index.html

Ordnen Sie den Bestandteilen der URL die richtigen Bezeichnungen zu:

a. Top-Level-Domain
b. Protokoll
c. Dateiname
d. Second-Level-Domain
e. Servername (Internetdienst)

Aufgabe 3.3.8.4
Internet-Provider vergleichen

Gegeben sind zwei Internet-Provider:

	Provider A	Provider B
Grundgebühr	5 €	10 €
Kosten/Minute	1 Cent	0,5 Cent

Berechnen Sie, ab welcher Nutzungsdauer Provider B günstiger wird.

Aufgabe 3.3.8.5
Mit Datenübertragungsraten rechnen

Wie lange dauert der Download einer 10-MB-Datei mit einem

a. ISDN-Anschluss mit 64 kbps,
b. DSL-Anschluss mit 2000 kbps?

Aufgabe 3.3.8.6
Mit Datenübertragungsraten rechnen

Welcher Internetzugang ist günstiger?

a. ISDN (64 kbps) mit 0,8 Cent/Minute
b. DSL (1000 kbps) mit 4,8 Cent/Minute

Hinweis:
Gehen Sie vereinfachend davon aus, dass die Grundgebühr für beide Anschlüsse gleich hoch ist.

3.4 Datenbanken

3.4.1 Datenbanken in der Medienbranche

Vielleicht stellen Sie sich die Frage, was ein Kapitel über Datenbanken in einem Buch über Mediengestaltung zu suchen hat. Die Antwort ist, dass Datenbanken auch in der Medienbranche eine immer größere Rolle spielen. Beispiele für den Einsatz von Datenbanken sind:

- die digitale Projektbearbeitung von der Datenerfassung bis zum fertigen Endprodukt,
- der Aufbau digitaler Text-, Bild- oder Multimedia-Archive,
- die Automatisierung des Print-Workflows bis hin zur Personalisierung beim Digitaldruck, bei der jede gedruckte Seite mit unterschiedlichen Daten versehen werden kann,
- der Zugriff auf große Datenmengen bei dynamischen Websites, wie zum Beispiel bei Web-Shops, Content-Management-Systemen, Suchmaschinen oder Foren.

Die Beispiele zeigen, dass sich „Mediengestalter“ im Printbereich zumindest als Anwender, im Nonprintbereich jedoch häufig auch als Entwickler mit Datenbanken konfrontiert sehen. Bei einer stetig wachsenden Informations- und Datenflut kommt einem geschickten „Handling“ von Daten eine immer größere Bedeutung zu.

Das vorliegende Kapitel beschäftigt sich mit den grundlegenden Begriffen und Zusammenhängen der Datenbanktheorie. Beachten Sie, dass es sich lediglich um eine vereinfachende Zusammenfassung handelt, die keinerlei Anspruch auf Vollständigkeit erhebt.

Datenbankzugriff bei dynamischen Webseiten

(Quelle: Moremedia)

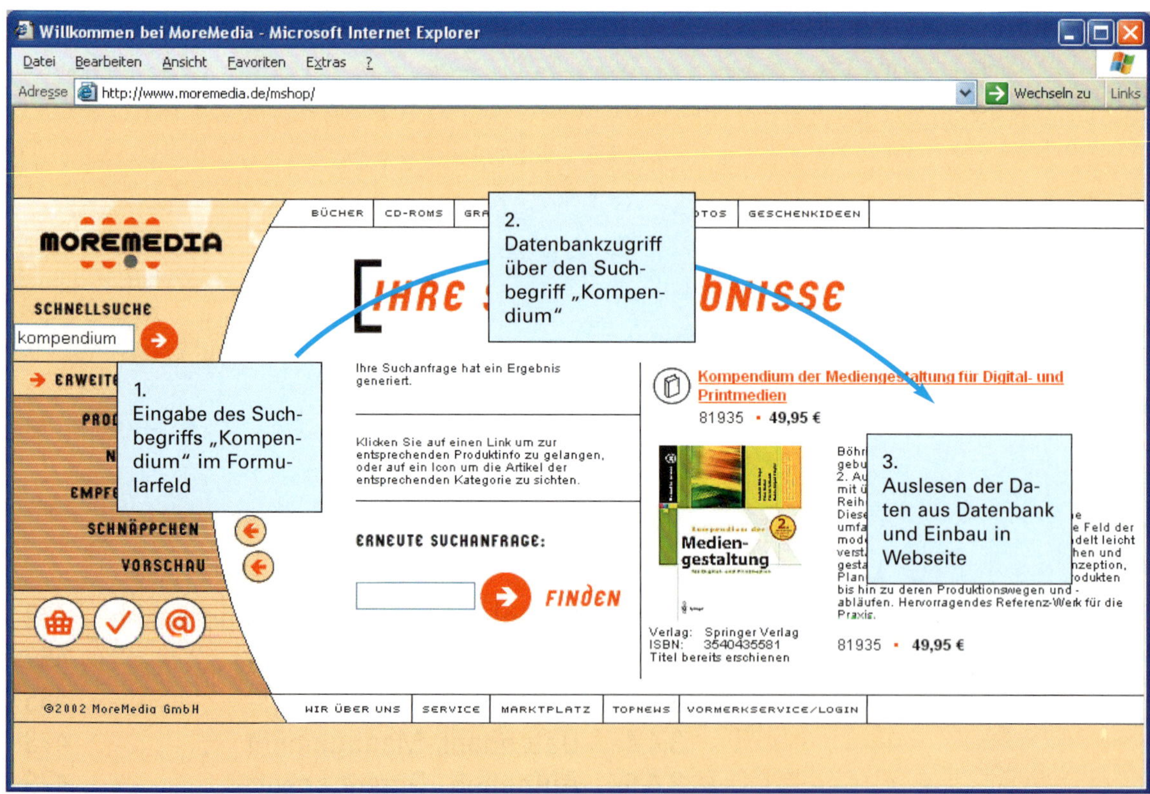

3.4.2 Datenerfassung

3.4.2.1 Karteikarten

Vielleicht kennen Sie noch Datenbanken aus der Zeit vor der Ära des Digitalrechners: ein Kasten mit Karteikarten.

Karteikarte

Das Beispiel zeigt die Karteikarte einer Kundenkartei. Zur eindeutigen (konsistenten) Kennzeichnung der Kunden dient die fortlaufende Kundennummer (Kd.-Nr.). Da für jeden Kunden genau eine Karte angelegt wird, ist auch das Kriterium der redundanzfreien Datenspeicherung erfüllt (vgl. Abschnitt 3.4.3.2). Durch das alphabetische Sortieren der Karten nach Nachnamen wird ein gezielter Zugriff auf die Kundendaten möglich.

3.4.2.2 Formulare

Das Prinzip der Karteikarte wird immer noch genutzt: So genannte Formulare ermöglichen ein anwenderfreundliches „Einpflegen" von Daten in eine Datenbank, ohne dass hierzu Kenntnisse über die Struktur der Daten benötigt werden. Dem Anwender werden hierzu Eingabefelder zur Verfügung gestellt, in die er nach einem festen Schema seine Daten eingeben kann.

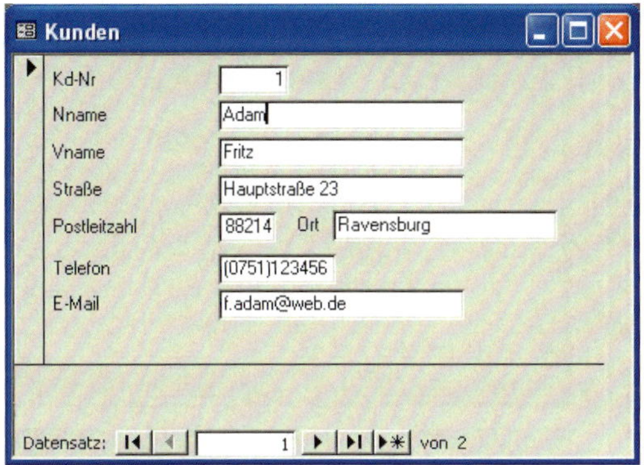

Access-Formular

Die Abbildungen zeigen Screenshots typischer Formulare bei Microsoft Access bzw. als HTML-Formular.

Formulare eignen sich in idealer Weise zur Dateneingabe in eine Datenbank. Für die weitere Verwendung oder Verarbeitung ist die tabellarische Darstellung zu bevorzugen.

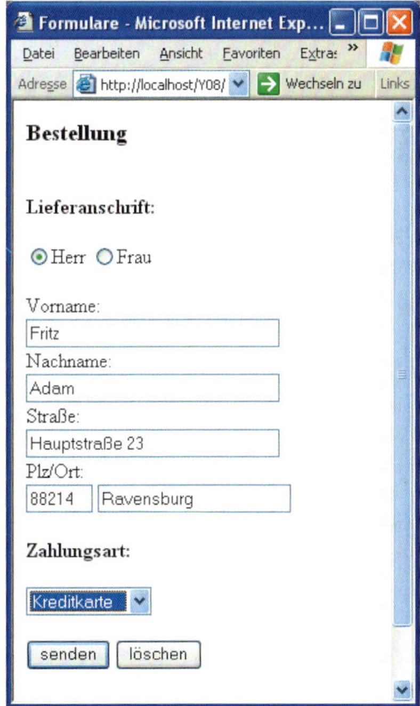

HTML-Formular

Access-Tabelle

Alphabetisch sortiert nach Namen

Kundendatei : Tabelle

	Kd-Nr	Nname	Vname	Straße	Postleit	Ort	Telefon	E-Mail
▶	1	Adam	Fritz	Hauptstraße 23	88214	Ravensbu	(0751)123456	f.adam@web.de
	2	Maier	Wolfgang	Gartenstraße 1	77933	Lahr	(07821)22334	maierle@gmx.de
	3	Franz	Justus	Holzweg 3	79104	Weil am R	(0761)114488	justus.f@web.de
	4	Beckenbau	Paul	Hauptstraße 5	77960	Seelbach	(07823)87654	paule@freenet.de
	5	Schulz	Johannes	Mattweg 2	75000	Karlsruhe	(0721)112233	joschu@web.de
	6	Klauser	Silke	Silcherweg 7	79104	Freiburg	(0761)664455	silkeklauser@gmx.de
	8	Maier	Michael	Mattenstraße 5	79104	Freiburg	(0761)889565	mum@web.de
	9	Müller	Klaus	Rennweg 2	79104	Freiburg	(0761)854711	müllerk@freenet.de
*	(AutoWert)				0			

Datensatz: 1 von 8

Alphabetisch sortiert nach Orten

Kundendatei : Tabelle

	Kd-Nr	Nname	Vname	Straße	Postleit	Ort	Telefon	E-Mail
▶	9	Müller	Klaus	Rennweg 2	79104	Freiburg	(0761)854711	müllerk@freenet.de
	8	Maier	Michael	Mattenstraße 5	79104	Freiburg	(0761)889565	mum@web.de
	6	Klauser	Silke	Silcherweg 7	79104	Freiburg	(0761)664455	silkeklauser@gmx.de
	5	Schulz	Johannes	Mattweg 2	75000	Karlsruhe	(0721)112233	joschu@web.de
	2	Maier	Wolfgang	Gartenstraße 1	77933	Lahr	(07821)22334	maierle@gmx.de
	1	Adam	Fritz	Hauptstraße 23	88214	Ravensbu	(0751)123456	f.adam@web.de
	4	Beckenbau	Paul	Hauptstraße 5	77960	Seelbach	(07823)87654	paule@freenet.de
	3	Franz	Justus	Holzweg 3	79104	Weil am R	(0761)114488	justus.f@web.de
*	(AutoWert)				0			

Datensatz: 1 von 8

Gefiltert nach Ort „Freiburg"

Kundendatei : Tabelle

	Kd-Nr	Nname	Vname	Straße	Postleit	Ort	Telefon	E-Mail
▶	9	Müller	Klaus	Rennweg 2	79104	Freiburg	(0761)854711	müllerk@freenet.de
	8	Maier	Michael	Mattenstraße 5	79104	Freiburg	(0761)889565	mum@web.de
	6	Klauser	Silke	Silcherweg 7	79104	Freiburg	(0761)664455	silkeklauser@gmx.de
*	(AutoWert)				0			

Datensatz: 1 von 3 (Gefiltert)

3.4.2.3 Tabellen

Tabellen stellen das wichtigste Hilfsmittel zur strukturierten Darstellung von Daten dar. Die im Rahmen dieser Abhandlung besprochenen relationalen Datenbanken verwenden ausschließlich Tabellen zur Strukturierung der Daten.

Die Abbildungen zeigen Screenshots der Kundendatenbank in tabellarischer Darstellung. Jede Karteikarte bzw. Formular*seite* entspricht einer Tabellen*zeile.* Tabellen gestatten also eine sehr kompakte Darstellung großer Datenmengen.

Weitere Vorteile der tabellarischen Darstellung:

- Tabellen lassen sich nach beliebigen Attributen sortieren, z.B. nach Orten (vgl. mittlere Abbildung).
- Tabellen können nach vorgegebenen Kriterien gefiltert werden, z.B. könnten für eine lokale Werbeaktion alle Kunden aus Freiburg benötigt werden (vgl. untere Abbildung).
- Mehrere Tabellen können miteinander in Beziehung (Relation) gesetzt werden. So könnte beispielsweise die Kundentabelle mit einer Tabelle verknüpft werden, die die Bestellungen enthält.

3.4.3 Datenbankentwurf

3.4.3.1 Grundbegriffe

Nach den einführenden Betrachtungen über Datenbanken müssen einige Begriffe definiert werden, die für die Arbeit mit Datenbanken unerlässlich sind.

Datenbank-Managementsystem
Ein Datenbank-Managementsystem (DBMS) dient zur Erstellung, Pflege und Verwaltung von einer oder mehreren Datenbanken.

Beispiele für Datenbank-Managementsysteme sind Microsoft Access, MySQL oder Oracle.

(Relationale) Datenbank
Bei einer Datenbank (DB) handelt es sich um eine strukturierte Sammlung von Daten, die in einem sachlogischen Zusammenhang stehen.

Die wichtigste Untergruppe der Datenbanken bilden „relationale" Datenbanken. Diese setzen sich aus einer oder mehreren Tabellen zusammen.

Neben relationalen gibt es beispielsweise hierarchische oder objektorientierte Datenbanken, auf die im Rahmen dieses Kapitels allerdings nicht eingegangen wird.

Tabelle
Tabellen stellen die „Bausteine" relationaler Datenbanken dar. Eine relationale Datenbank besteht aus mindestens einer Tabelle. Tabellen bestehen ihrerseits aus Datensätzen.

Datensatz
Die Zeilen einer Tabelle werden als Datensätze bezeichnet. Ein Datensatz besteht aus mehreren Datenfeldern, z.B. Kundennummer, Nachname, Vorname, Anschrift, Telefonnummer und E-Mail-Adresse. Jeder Datensatz muss über einen so genannten Schlüssel, z.B. der Kundennummer, eindeutig identifizierbar sein.

Mit Hilfe einer Karteikarte bzw. mittels Formular wird jeweils ein Datensatz beschrieben.

Datenfeld
Die einzelnen Zellen einer Tabelle werden als Datenfelder bezeichnet. Gleichartige Datenfelder, z.B. Nachnamen oder E-Mail-Adressen, sind spaltenweise angeordnet und werden in der Theorie als Attribute bezeichnet. Jedes Attribut wird durch einen Feldnamen, z.B. „Nname" oder „Mail", beschrieben.

Datentyp
Jedem Datenfeld ist ein bestimmter Datentyp zugeordnet. Beispiele für Datentypen sind Texte, (ganze) Zahlen oder auch Datumsangaben. Die Abbildung auf der nächsten Seite zeigt die

Bestandteile einer Tabelle

(Id-)Schlüssel — Feldname — Datenfeld — Datensatz

Kd-Nr	Nname	Vname	Straße	Plz	Ort	Tel	Mail
0001	Adam	Fritz	Hauptstr. 23	88214	Ravensburg	(0751)123456	f.adam@web.de
0002	Maier	Wolfgang	Gartenstr. 15	77933	Lahr	(07821)223344	maierle@gmx.de
0003	Franz	Justus	Holzweg 3	79576	Weil/Rhein	(07621)114488	justus.f@web.de
0004	Bauer	Paul	Hauptstr. 5	77960	Seelbach	(07823)876543	paule@freenet.de

Spezifikation einer Tabelle bei Access

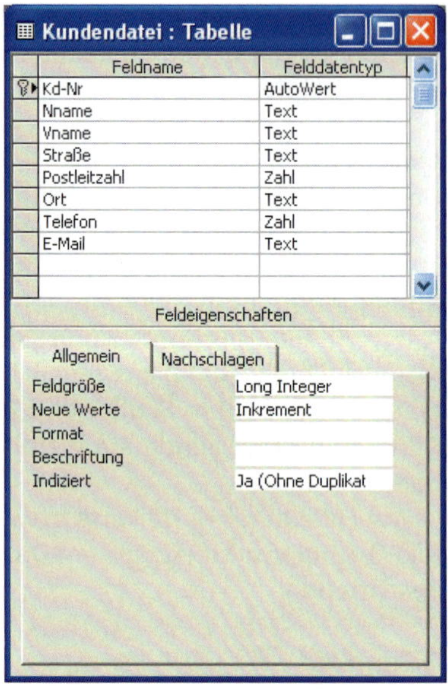

Festlegung aller Datentypen für die Kundendatenbank. Je genauer ein Datentyp spezifiziert wird, umso eher werden Fehleingaben verhindert. So kann definiert werden, dass bei Datenfeldern „Postleitzahl" nur fünfstellige ganze Zahlen eingegeben werden können oder Datumseingaben in der Form TT.MM.JJ erfolgen müssen. Die Kundennummer wird automatisch vergeben („AutoWert"), so dass die doppelte Vergabe derselben Nummer nicht möglich ist („Ohne Duplikat").

Neben Texten und Zahlen spielen im Medienbereich insbesondere auch Bilder, Sounds und Videos als binäre Datentypen eine wichtige Rolle. Auf diese Weise lassen sich multimediale Datenbanken realisieren.

Schlüssel

Mit Hilfe eines Schlüssels ist eine eindeutige Identifikation von Datensätzen möglich. In der Kundendatenbank wurde die Kundennummer als Schlüssel definiert. Sie erkennen dies am kleinen Schlüsselsymbol links vom Feldnamen. Mit Hilfe eines Schlüssels wird der Zugriff auf Datensätze beschleunigt. Weiterhin ermöglichen Schlüssel die Verknüpfung von Tabellen miteinander. Beispielsweise könnte in einer zweiten Tabelle die Artikelnummer zum Schlüssel für das Warensortiment werden. Mit Hilfe der beiden Schlüssel können nun Beziehungen zwischen Kunden und gekauften Artikeln hergestellt werden.

3.4.3.2 Forderungen an den Datenbankentwurf

Am Beispiel der Kundendatenbank lassen sich bereits die beiden wichtigsten Kriterien für den Entwurf von Datenbanken ablesen:

Datenkonsistenz

Jeder Datensatz muss eindeutig identifizierbar (Fachbegriff: *konsistent*) sein. Dies wird dadurch erreicht, dass die als Identifikationsschlüssel bezeichnete (Kunden-)Nummer einmalig vergeben wird. Sie wird auch dann nicht erneut vergeben, wenn der Kunde nicht mehr existiert.

Konsistente Datensätze sind also gleich einem Fingerabdruck immer eindeutig unterscheidbar, selbst wenn der unwahrscheinliche Fall eintritt, dass sich zwei Menschen mit demselben Namen eine Wohnung und einen Telefonanschluss teilen.

Redundanzfreiheit

Werden sämtliche Daten nur ein einziges Mal erfasst und gespeichert, dann sind sie redundanzfrei. Dies spart Zeit und Speicherplatz. Hierzu ein Beispiel: Nehmen Sie an, dass ein Kunde im Laufe der Zeit mehrere Bestellungen tätigt. Ohne Kundennummer müssten bei jeder Bestellung Name und Anschrift erneut und damit redundant erfasst werden. Noch problematischer wäre, wenn sich nach einiger Zeit die Anschrift des Kunden ändert. Um die Daten konsistent zu halten, müsste die Anschrift bei sämtlichen Bestellungen nachträglich geändert werden.

Sie erkennen, dass die Kundennummer als Id-Schlüssel die mehrfache Eingabe der Kundendaten unnötig macht, da zu jeder Bestellung lediglich die Kundennummer notiert werden muss. Im Falle der geänderten Anschrift muss diese Änderung in der Kundendatenbank nur an einer Stelle geändert werden, die Kundennummer selbst bleibt unverändert.

Um die beiden Hauptforderungen an Datenbanken – Datenkonsistenz und Redundanzfreiheit – zu erfüllen, müssen Datenbanken der im nächsten Abschnitt beschriebenen „Normalisierung" unterzogen werden.

Weitere Forderungen

- Der Anwender braucht sich nicht um die Organisation und Verwaltung der Daten zu kümmern – auch die Reihenfolge der Datenerfassung spielt keine Rolle.
- Die Daten einer Datenbank müssen vor Verlust sicher sein (Datensicherheit). Um diese Forderung zu erfüllen, müssen geeignete Backup-Strategien zum Einsatz kommen.
- Ein heikles Thema ist der Schutz der Daten vor unerlaubtem Zugriff und vor Manipulation – insbesondere wenn es sich um personenbezogene Daten handelt.
- Mehrere Nutzer müssen gleichzeitig auf eine Datenbank zugreifen können (Multiuser-DB).

3.4.3.3 Normalisierung

Gemäß Abschnitt 3.4.3.2 lauten die Hauptforderungen an Datenbanken:

- Datenkonsistenz
- Redundanzfreiheit

Um diese Ziele zu erreichen, müssen die Datensätze im Normalfall auf mehrere Tabellen verteilt werden. Der Vorgang wird insgesamt als Normalisierung bezeichnet, wobei mehrere so genannte Normalformen unterschieden werden.

Im Folgenden wird anhand eines Beispiels auf die ersten drei Normalformen eingegangen. Die vierte und fünfte Normalform spielt in der Praxis eine untergeordnete Rolle und wird aus diesem Grund nicht besprochen.

Aufgabenstellung

Sie arbeiten in einem Medienbetrieb, der seinen Kunden Print- und Nonprintprodukte anbietet. Alle Aufträge werden mit einer Auftragsnummer (ANr) versehen und in einer Tabelle erfasst:

Aufträge

ANr	Datum	Kunde	Anschrift	Produkte
1	01.03.05	Firma Winkler	Hauptstr. 23, 77652 Offenburg	Website
2	10.05.05	Firma Mayer	Gartenstr. 15, 77933 Lahr	Visitenkarten, Briefbogen, Logo
3	20.06.05	Firma Schulz	Holzweg 3, 77960 Seelbach	Flyer
4	01.09.05	Firma Schmitt	Hauptstr. 5, 77933 Lahr	Website, Flyer
5	01.10.05	Firma Winkler	Hauptstr. 23, 77652 Offenburg	Visitenkarten
6	01.10.05	Firma Schulz	Holzweg 3, 77960 Seelbach	Briefbogen

Kundenvorgabe für den Datenbankentwurf

Obige Tabelle enthält folgende Mängel:

- Die Datensätze sind nicht konsistent, obwohl ein Schlüssel „ANr“ vergeben wurde. Grund ist, dass aus der Auftragsnummer „ANr“ nicht gefolgert werden kann, um welches Produkt es sich handelt.
- Durch die Erfassung der gesamten Anschrift in einem Datenfeld ist ein Sortieren oder Filtern der Datensätze – z.B. nach Postleitzahlen oder Orten – nicht möglich.
- Die Datensätze sind nicht redundanzfrei: Bei Firmen, die mehrere Aufträge erteilen, muss jedes Mal die gesamte Anschrift eingetragen werden. Ändert sich die Kundenanschrift, muss diese Änderung in mehreren Datensätzen vorgenommen werden.
- Als ungeschickt erweist sich auch, dass vor den Firmennamen der Eintrag „Firma“ steht. Ein alphabetisches Sortieren der Firmen wird nur dann möglich, wenn diese Schreibweise konsequent eingehalten wird. Fehlt der Eintrag oder wird stattdessen „Fa.“ geschrieben, stimmt die Reihenfolge bereits nicht mehr.

Ein Teil der angesprochenen Probleme lässt sich beseitigen, wenn die Tabelle in die 1. Normalform umgewandelt wird.

1. Normalform
Eine Tabelle befindet sich in der 1. Normalform, wenn jedes Datenfeld nur einen Eintrag enthält.

Wenn Sie die Tabelle in der 1. Normalform betrachten, stellen Sie Folgendes fest:

- Jedes Datenfeld enthält genau einen Eintrag – sieht man einmal von der Hausnummer ab, die jedoch zur Straße gehört. Die Tabelle kann nun nach Attributen (also spaltenweise) sortiert werden. Weiterhin ist das Filtern bestimmter Datensätze möglich, z.B. alle Aufträge der Firma Winkler, alle Aufträge für Visitenkarten oder alle Aufträge im ersten Quartal 2005.
- Die Datensätze sind nicht konsistent, weil der Schlüssel „ANr“ einen Datensatz nicht mehr eindeutig identifiziert.
- Die Tabelle ist alles andere als redundanzfrei. Die Redundanz hat im Vergleich zur ersten Tabelle sogar deutlich zugenommen.

Zur Reduktion der Redundanz muss die Tabelle in mehrere Tabellen zerlegt werden. Hierfür ist die 2. Normalform zuständig:

1. Normalform

Aufträge

ANr	Datum	Kunde	Straße	Plz	Ort	Produkt
1	01.03.05	Winkler	Hauptstraße 23	77652	Offenburg	Website
2	10.05.05	Mayer	Gartenstraße 15	77933	Lahr	Visitenkarten
2	10.05.05	Mayer	Gartenstraße 15	77933	Lahr	Briefbogen
2	10.05.05	Mayer	Gartenstraße 15	77933	Lahr	Logo
3	20.06.05	Schulz	Holzweg 3	77960	Seelbach	Flyer
4	01.09.05	Schmitt	Hauptstraße 5	77933	Lahr	Website
4	01.09.05	Schmitt	Hauptstraße 5	77933	Lahr	Flyer
5	01.10.05	Winkler	Hauptstraße 23	77652	Offenburg	Visitenkarten
6	01.10.05	Schulz	Holzweg 3	77960	Seelbach	Briefbogen

2. Normalform

Aufträge

ANr	PNr	Datum	Kunde	Straße	Plz	Ort
1	1	01.03.05	Winkler	Hauptstraße 23	77652	Offenburg
2	2	10.05.05	Mayer	Gartenstraße 15	77933	Lahr
2	3	10.05.05	Mayer	Gartenstraße 15	77933	Lahr
2	4	10.05.05	Mayer	Gartenstraße 15	77933	Lahr
3	5	20.06.05	Schulz	Holzweg 3	77960	Seelbach
4	1	01.09.05	Schmitt	Hauptstraße 5	77933	Lahr
4	5	01.09.05	Schmitt	Hauptstraße 5	77933	Lahr
5	2	01.10.05	Winkler	Hauptstraße 23	77652	Offenburg
6	3	01.10.05	Schulz	Holzweg 3	77960	Seelbach

Produkte

PNr	Produkt
1	Website
2	Visitenkarten
3	Briefbogen
4	Logo
5	Flyer

2. Normalform
Eine Tabelle befindet sich in der 2. Normalform, wenn
- sie sich in der 1. Normalform befindet und
- alle Datenfelder von einem (zusammengesetzten) Schlüssel *funktional abhängig* sind.

Die sehr abstrakte Formulierung der „funktionalen Abhängigkeit" lässt sich anhand des Beispiels erklären:

- Die Tabelle „Produkte" besitzt einen Schlüssel „PNr". Von diesem Schlüssel ist das Attribut „Produkte" funktional abhängig. Dies bedeutet, dass es zu jeder Produktnummer *genau ein* Produkt gibt.
- Die Tabelle „Aufträge" enthält zwei Schlüssel „ANr" und „PNr". Keiner der Schlüssel stellt eine funktionale Abhängigkeit her. Diese wird erst durch Kombination der beiden Schlüssel möglich: Aus einer „ANr" und einer „PNr" folgt *genau ein* „Datum", genau ein „Kunde" mit genau einer Anschrift.
- Die Tabelle ist nicht redundanzfrei, weil die Kundenanschriften mehrfach enthalten sind.

In der dritten Stufe der Normalisierung werden die verbliebenen Redundanzen beseitigt.

3. Normalform
Eine Tabelle befindet sich in der 3. Normalform, wenn
- sie sich in der 2. Normalform befindet und
- alle Datenfelder, die keine Schlüssel sind, *nicht funktional abhängig* sind.

Auch dieser Sachverhalt lässt sich am Beispiel erklären:

In der Tabelle „Aufträge" in der 2. Normalform sind die Kundenangaben funktional abhängig: Zum Kunden „Winkler" gehört genau eine „Straße", genau eine „Plz" und genau ein „Ort". Dies darf nach der 3. Normalform nicht sein. Schließlich ist es vorstellbar, dass ein zweiter Kunde namens „Winkler" hinzukommt. Die Adressen der Kunden namens „Winkler" ließen sich anhand des Namens nicht mehr ermitteln. Um diesen Fehler zu beheben, muss eine dritte Tabelle mit neuem Schlüssel definiert werden. Auf der nächsten Seite ist die Datenbank in der 3. Normalform

Aufträge

ANr	PNr	Datum	KNr
1	1	01.03.05	1
2	2	10.05.05	2
2	3	10.05.05	2
2	4	10.05.05	2
3	5	20.06.05	3
4	1	01.09.05	4
4	5	01.09.05	4
5	2	01.10.05	1
6	3	01.10.05	3

Produkte

PNr	Produkt
1	Website
2	Visitenkarten
3	Briefbogen
4	Logo
5	Flyer

Kunden

KNr	Kunde	Straße	Plz	Ort
1	Winkler	Hauptstraße 23	77652	Offenburg
2	Mayer	Gartenstraße 15	77933	Lahr
3	Schulz	Holzweg 3	77960	Seelbach
4	Schmitt	Hauptstraße 5	77933	Lahr

3. Normalform

dargestellt. Wie Sie sehen, sind alle Datenfelder, die kein Schlüssel sind, nur noch von Schlüsseln abhängig. Nun ist ein weiterer Kunde „Winkler" mit identischer Anschrift eindeutig identifizierbar, da er eine andere Kundennummer erhält.

Der Prozess der Normalisierung ist mit der 3. Normalform abgeschlossen. Für alle drei Tabellen gilt, dass die enthaltenen Daten redundanzfrei und konsistent sind.

Einen großen Nachteil bringt die Normalisierung einer Datenbank leider mit sich: Die Lesbarkeit verschlechtert sich mit jeder weiteren Tabelle deutlich. Damit wird klar, dass für den Einsatz von Datenbanken eine geeignete Datenbank-Management-Software unerlässlich ist. Diese übernimmt die Datenorganisation und -verwaltung sozusagen „im Hintergrund", ohne dass sich der Anwender darum kümmern muss.

3.4.3.4 Entity-Relationship-Modell

Das Entity-Relationship-Modell (ER-Modell) ermöglicht den systematischen Datenbankentwurf. Hierzu werden die Tabellen (Entitäten) einer Datenbank sowie deren Beziehungen untereinander in Form eines Blockdiagramms dargestellt. Eine Tabelle wird durch ein Rechteck symbolisiert, in das neben dem Tabellennamen auch die einzelnen Attribute (Eigenschaften) eingetragen werden können. Der in der Tabelle verwendete Schlüssel wird unterstrichen:

Tabellenname
<u>Eigenschaft 1</u> <u>Eigenschaft 2</u> Eigenschaft 3 ...

Produkte
<u>PNr</u> Produkt

Kunden
<u>KNr</u> Kunde Straße Plz Ort

Wie der Normalisierungprozess gezeigt hat, müssen die Tabellen über Schlüssel miteinander in Beziehung gesetzt werden. Hierbei sind folgende Fälle denkbar:

1-1-Beziehung
Ein Datensatz einer Tabelle ist mit *genau einem* Datensatz einer anderen Tabelle verbunden.

Die Beziehung zwischen den Tabellen wird durch eine Linie dargestellt, der Beziehungstyp durch Ziffern bzw. Buchstaben symbolisiert.
Beispiel:

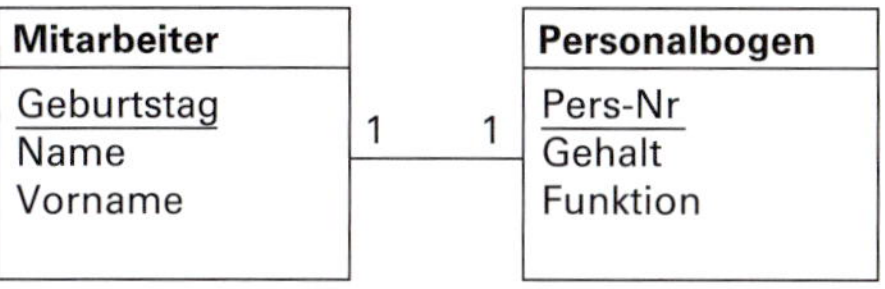

Interpretation des Diagramms:
„Jeder Mitarbeiter besitzt *genau einen* Personalbogen."
„Jeder Personalbogen gehört zu *genau einem* Mitarbeiter."

1-c-Beziehung
Ein Datensatz einer Tabelle ist mit *einem oder keinem* Datensatz einer anderen Tabelle verbunden.
Beispiel:

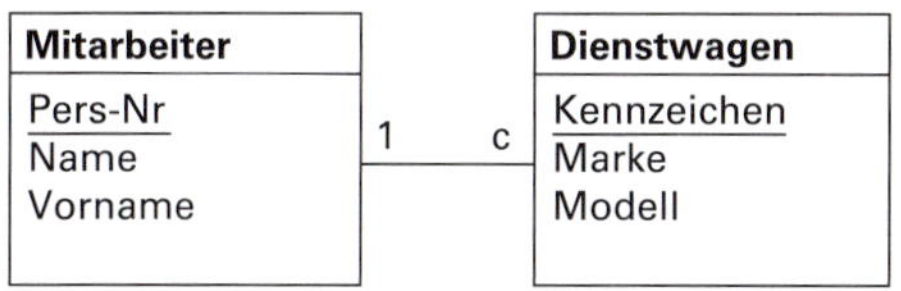

Interpretation des Diagramms:
„Jeder Mitarbeiter besitzt keinen oder einen Dienstwagen."
„Jeder Dienstwagen wird von genau einem Mitarbeiter gefahren."

1-m-Beziehung
Ein Datensatz einer Tabelle ist mit *mindestens einem* Datensatz einer anderen Tabelle verbunden. Beispiel:

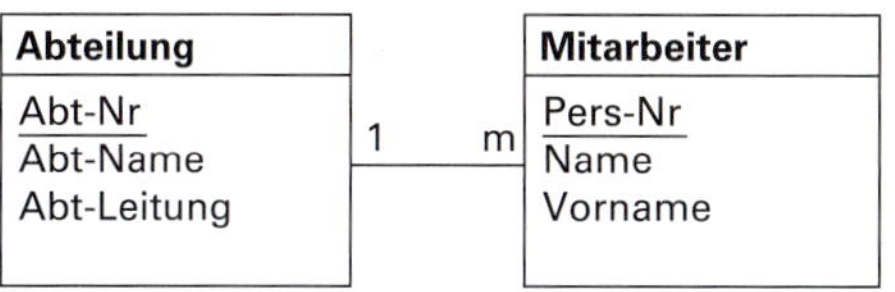

Interpretation des Diagramms:
„Jede Abteilung besitzt mindestens einen Mitarbeiter."
„Jeder Mitarbeiter gehört zu genau einer Abteilung."

1-mc-Beziehung
Ein Datensatz einer Tabelle ist mit *keinem, einem oder mehreren* Datensätzen einer anderen Tabelle verbunden.
Beispiel:

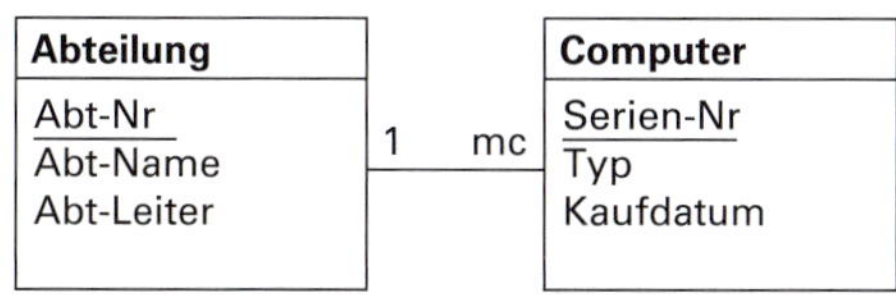

Interpretation des Diagramms:
„Jede Abteilung besitzt keinen, einen oder mehrere Computer."
„Jeder Computer gehört zu genau einer Abteilung."

Weitere Beziehungen
Nun können die Werte c, m und mc auch miteinander kombiniert werden, so dass sich folgende Beziehungen ergeben: c-c-, c-m-, c-mc-, m-m-, m-mc- und mc-mc-Beziehung.
Das Beispiel zeigt eine m-m-Beziehung:

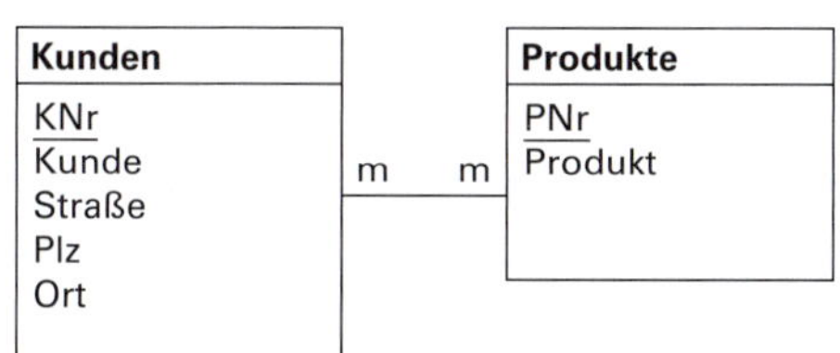

Interpretation des Diagramms:
„Jeder Kunde gibt mindestens ein Produkt in Auftrag."
„Jedes Produkt wird von mindestens einem Kunden bestellt." (Gibt es Produkte, die noch nie bestellt wurden, muss statt m mc notiert werden!)

Wie die Normalisierung des Beispiels in Abschnitt 3.4.3.2 gezeigt hat, gibt es bei dieser Beziehung sehr viel Redundanz. Aus diesem Grund gilt:

c-c-, c-m-, c-mc-, m-m-, m-mc- und mc:mc-Beziehungen sind im ER-Modell nicht zulässig und müssen in 1-c-, 1-m oder 1-mc-Beziehungen aufgelöst werden!

Aufträge

ANr
Datum
Kunde
Anschrift
Produkte

Anwendung des ER-Modells

Das ER-Modell wird nun auf das Beispiel aus Abschnitt 3.4.3.2 angewandt. Ausgangspunkt der Modellbildung ist die Auftragserfassung gemäß der Tabelle unten. Als ER-Modell ergibt sich die links dargestellte Schreibweise.

Im ersten Schritt werden die Produkte in eine separate Tabelle übertragen, da in den Datenfeldern keine Mehrfacheinträge erfolgen dürfen:

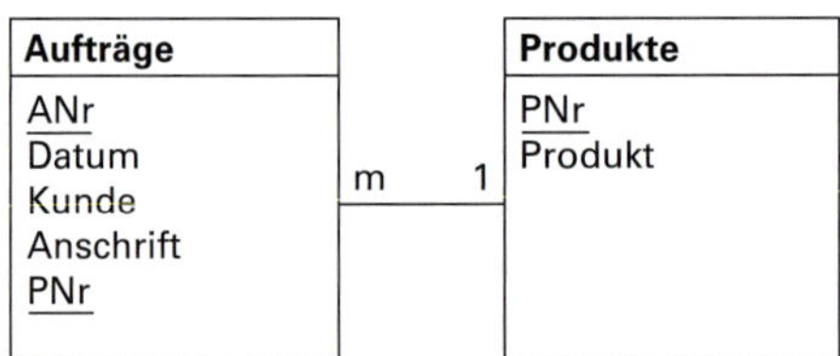

Interpretation des Diagramms:
„Jeder (Teil-)Auftrag enthält genau ein Produkt."
„Jedes Produkt gehört zu mindestens einem Auftrag."

Die erste Aussage ist nur deshalb gültig, weil der Auftrag in Teilaufträge zerlegt wird, wenn mehrere Produkte bestellt werden. Es entstehen also mehrere Datensätze mit gleicher Auftragsnummer „ANr", aber unterschiedlicher Produktnummer „PNr". Durch den zusammengesetzten Schlüssel „ANr" und „PNr" werden die Datensätze konsistent.

Im zweiten Schritt werden alle Informationen, die die Kunden betreffen, in eine dritte Tabelle übertragen:

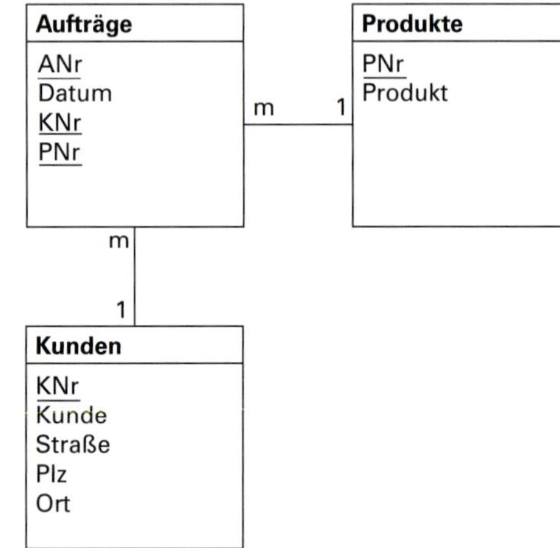

Sie sehen, wie die m-m-Beziehung zwischen Produkten und Kunden mit Hilfe einer dritten Tabelle aufgelöst werden konnte. Das fertige ER-Modell kann nun in eine Datenbank umgesetzt werden.

Aufträge

ANr	Datum	Kunde	Anschrift	Produkte
1	01.03.05	Firma Winkler	Hauptstr. 23, 77652 Offenburg	Website
2	10.05.05	Firma Mayer	Gartenstr. 15, 77933 Lahr	Visitenkarten, Briefbogen, Logo
3	20.06.05	Firma Schulz	Holzweg 3, 77960 Seelbach	Flyer
4	01.09.05	Firma Schmitt	Hauptstr. 5, 77933 Lahr	Website, Flyer
5	01.10.05	Firma Winkler	Hauptstr. 23, 77652 Offenburg	Visitenkarten
6	01.10.05	Firma Schulz	Holzweg 3, 77960 Seelbach	Briefbogen

3.4.4.1 SQL

Einführung
Erklärtes Ziel bei der Entwicklung von Webseiten ist es, dass sie von möglichst vielen Browsern (korrekt) angezeigt werden können. Zu diesem Zweck wurde die Seitenbeschreibungssprache HTML (Hypertext Markup Language) entwickelt und standardisiert.

Auch bei der Entwicklung von Datenbanken wird das Ziel verfolgt, dass ein – im Idealfall – plattform- und programmunabhängiger Zugriff auf Datenbanken möglich ist. Um dies zu ermöglichen, wurde für relationale Datenbanken die Abfragesprache SQL (Structured Query Language) entwickelt. Sie erlaubt das Erstellen von Datenbanken und Tabellen, das Eingeben, Ändern und Löschen von Daten sowie den Datenzugriff in Form von Abfragen (query).

SQL ist ISO-standardisiert und plattformunabhängig. Allerdings existieren verschiedene Sprachversionen bzw. -dialekte, so dass in Abhängigkeit vom eingesetzten Datenbank-Managementsystem durchaus unterschiedliches SQL „generiert" wird. Dieses Problem dürfte auch allen Web-Designern beim Einsatz von HTML bekannt sein!

Die manuelle Erstellung von Datenbanken mittels SQL-Befehlen ist möglich, allerdings eine mühsame Angelegenheit. Vergleichbar mit Web-Editoren, die das Erstellen von Webseiten ohne HTML-Kenntnisse gestatten, gibt es auch für das Erstellen von Datenbanken entsprechende Editoren. Bekanntestes Beispiel ist Microsoft Access, das als Bestandteil des Office-Paketes eine große Verbreitung besitzt. So ist bei Access die Erstellung von Datenbanken ohne SQL-Kenntnisse möglich. Die entsprechenden SQL-Anweisungen erzeugt die Software „im Hintergrund" – für den Anwender weitgehend unsichtbar. Der Screenshot zeigt, dass Access die Möglichkeit bietet, Abfragen auch direkt in SQL zu realisieren (Im Beispiel werden alle Kunden aus Lahr abgefragt):

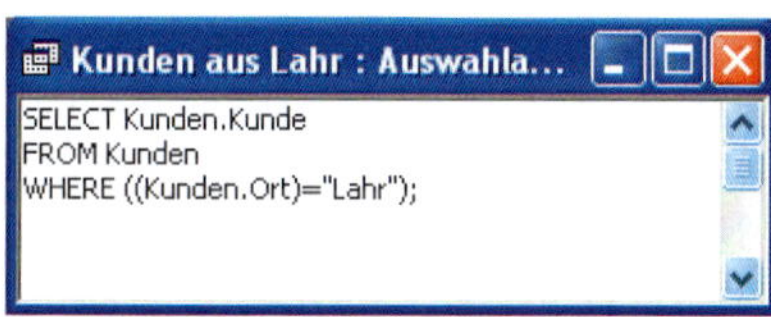

Access-Abfrage in SQL-Darstellung

Die Anbindung von Datenbanken wird zunehmend auch bei Webseiten benötigt, deren Inhalte nicht „statisch", und damit unveränderlich, sondern „dynamisch", und damit flexibel, geladen werden. Lesen Sie hierzu Näheres in Kapitel 6.1.2. Da der Zugriff auf eine Datenbank in diesem Fall per Skriptsprache erfolgt, sind hierbei SQL-Kenntnisse unerlässlich.

Im Unterschied zu anderen Sprachen ist der „Wortschatz" von SQL relativ begrenzt und darüber hinaus leicht zu verstehen. Im Folgenden sollen deshalb einige wichtige SQL-Befehle vorgestellt werden. Als Beispiel dient die Kundendatenbank, die bereits im letzten Kapitel für die Normalisierung bzw. Entwicklung eines ER-Modells herangezogen wurde.

Datenbank erstellen
Der SQL-Befehl, um eine neue Datenbank zu erstellen, lautet:

```
CREATE DATABASE medienbetrieb;
```

Die SQL-Befehle sind zur besseren Kennzeichnung großgeschrieben. Die Datenbank ist zunächst noch leer, enthält also noch keine Tabelle.

Tabellen erzeugen
Die Erzeugung einer Tabelle ist etwas umfangreicher, weil sämtliche Eigenschaften (Attribute) der Tabelle angegeben werden müssen. Hierzu zunächst das Beispiel der Tabelle „Kunden“:

```
CREATE  TABLE Kunden (
KNr         INT NOT NULL
            AUTO_INCREMENT,
Kunde       VARCHAR(30),
Strasse     VARCHAR(30),
Plz         INT,
Ort         VARCHAR(30),
PRIMARY KEY (KNr)
)
```

Erklärungen:

- Die „KNr“ erhält den Datentyp INT (Integer) für ganze Zahlen. Weiterhin muss hier immer ein Eintrag erfolgen (NOT NULL), da die Kundennummer als Schlüssel (PRIMARY KEY) dient. Die Angabe AUTO_INCREMENT besagt schließlich, dass die Nummer vom DBMS automatisch vergeben und hochgezählt wird. Auf diese Weise ist die versehentliche doppelte Vergabe einer Nummer nicht möglich.
- Die Attribute „Kunde“, „Strasse“ und „Ort“ sind jeweils von Datentyp VARCHAR, bestehen also aus einer variablen Anzahl von Zeichen. Die Angabe in Klammer besagt, dass maximal 30 Zeichen möglich sind.
- Bei der Postleitzahl „Plz“ muss es sich wiederum um eine ganze Zahl (INT) handeln. Die Eingabe von Buchstaben wird bei der späteren Dateneingabe nicht akzeptiert.

Auf die Befehle ALTER TABLE bzw. DROP TABLE zum Ändern bzw. Löschen einer Tabelle wird hier nicht eingegangen.

Datensätze eingeben
Nachdem die Tabellen definiert sind, erfolgt im nächsten Schritt die Eingabe der Datensätze:

```
INSERT INTO Kunden (Kunde,
Strasse, Plz, Ort) VALUES ("Winkler",
"Hauptstraße 23", 78652, "Offen-
burg");
```

Erklärungen:

- Wie Sie sehen, entfällt die Eingabe der Kundennummer, da diese automatisch (AUTO_INCREMENT) durch das DBMS generiert und hochgezählt wird.
- Beachten Sie auch, dass Texte in Anführungszeichen oder Hochkommas gesetzt werden müssen, dies kann bei Zahlenangaben entfallen.

Datensätze ändern
Eine nachträgliche Änderung/Aktualisierung eines Datensatzes erfolgt mit Hilfe des UPDATE-Befehls:

```
UPDATE Kunden SET Strasse =
"Gartenstraße 5", Plz = 77933, Ort =
"Lahr" WHERE Kunde = "Mayer";
```

Im Beispiel wird also die gesamte Anschrift des Kunden „Mayer“ geändert.

Datensätze löschen
Mit entsprechenden Zugriffsrechten ist auch das Löschen von Datensätzen problemlos möglich:

```
DELETE FROM Kunden WHERE
Kunde = "Mayer";
```

Beachten Sie, dass alle Datensätze gelöscht werden, die als Kundennamen „Mayer" enthalten. Soll nur ein bestimmter Kunde „Mayer" gelöscht werden, muss dies über die Angabe der (eindeutigen) Kundennummer erfolgen.

Datensätze abfragen
Zur Abfrage einzelner oder aller Datensätze einer Tabelle dient die SELECT-Anweisung. Dieser mächtigste aller SQL-Befehle besitzt zahlreiche optionale Parameter, die an dieser Stelle nicht vorgestellt werden können. Stattdessen drei einfache Anwendungsbeispiele:

```
SELECT * FROM Kunden;

SELECT KNr, Kunde FROM Kunden
WHERE Kunde = "Mayer";

SELECT * FROM Kunden ORDER BY
"Plz";
```

Erklärungen:

- Beispiel 1 zeigt alle Datensätze (*) der Tabelle „Kunden" an.
- Beispiel 2 zeigt alle Kunden mit Namen „Mayer" an.
- Beispiel 3 zeigt alle Datensätze der Tabelle „Kunden" an, sortiert diese aber nach der Postleitzahl.

Weitere SQL-Themen
In dieser Zusammenfassung nicht behandelt:

- Vergabe von Zugriffsrechten
- Datenkonsistenz bei gemeinsamem Zugriff auf Daten (Transaktionen)

3.4.4.2 ODBC

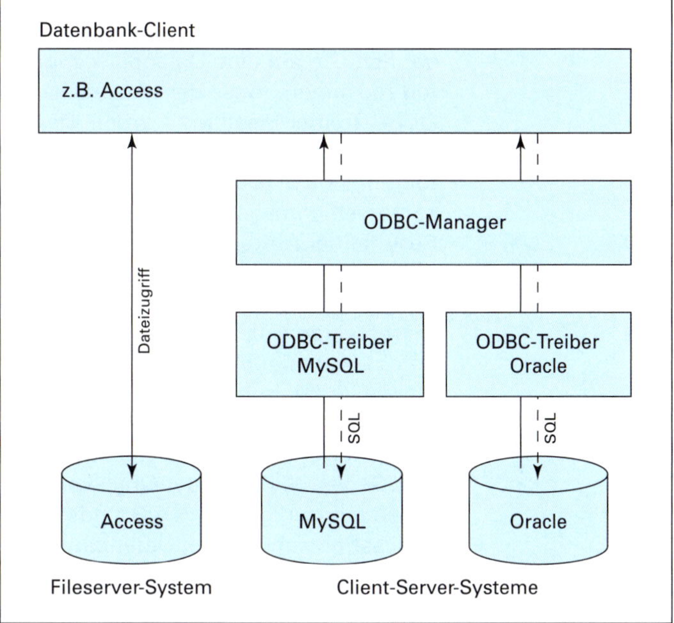

Datenbankzugriff über ODBC

Fileserver-System
Bei einem Zugriff auf eine Access-Datenbank erfolgt ein direkter Zugriff auf die Datenbankdatei. Die Auswahl der gewünschten Datensätze mittels SQL-Abfragen erfolgt clientseitig.

Nachteil dieses Verfahrens ist, dass die Belastung des Netzwerks ab einer gewissen Benutzerzahl hoch ist und damit die Performance der Datenbank sinkt. Fileserver-Systeme sind deshalb nur für kleinere Datenbanksysteme empfehlenswert.

Client-Server-System
Mit Hilfe der im vorherigen Abschnitt vorgestellten Abfragesprache SQL ist der Zugriff auf Datenbanken standardisiert. Damit nun von einer Datenbank-Client-Software der Zugriff auf SQL-Datenbanken möglich ist, wurde für Windows-Betriebssysteme mit ODBC

(Open Database Connectivity) eine entsprechende Schnittstelle geschaffen. ODBC stellt die Verbindung zwischen Datenbank-Client und Datenbank-Server her. Um auf eine Datenbank zugreifen zu können, muss der entsprechende ODBC-Treiber installiert werden. Der Zugriff auf den Datenbank-Server erfolgt mittels SQL-Befehlen, die jedoch serverseitig ausgewertet werden. Das Resultat der Abfrage wird an den Client übertragen. Der Vorteil dieser Vorgehensweise liegt darin, dass durch die serverseitige Abarbeitung der SQL-Befehle eine deutlich bessere Performance und geringere Netzbelastung erreichbar ist.

Client-Server-Systeme wie Microsoft SQL-Server, MySQL oder Oracle ermöglichen aus den genannten Gründen die Realisation sehr großer Datenbanken mit hoher Benutzeranzahl.

Abschließend sei erwähnt, dass auf Client-Server-Systeme auch mittels Skriptsprache zugegriffen werden kann. Dies macht man sich für die Realisierung von dynamischen Webseiten zunutze, deren Inhalte in Abhängigkeit von der Anfrage des Benutzers „dynamisch" aus einer Datenbank geladen werden.

Struktur eines Datenbanksystems

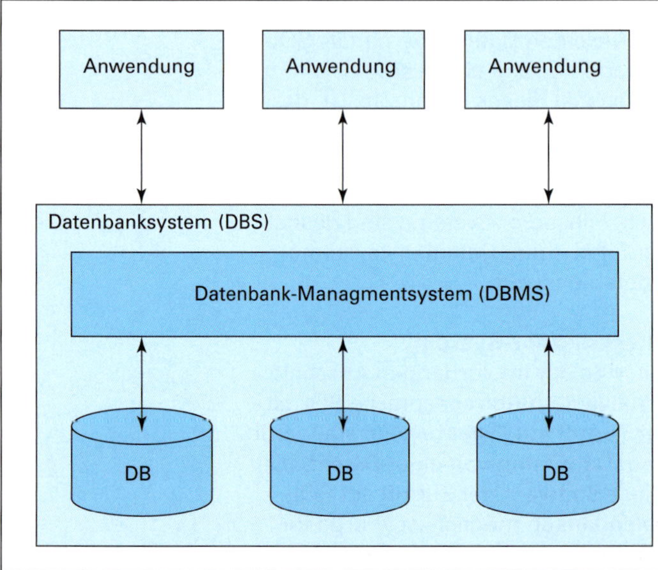

3.4.4.3 Datenbanksystem (DBS)

Wie die Grafik unten zeigt, besteht ein Datenbanksystem aus Datenbanken (DB) und aus einer diese Datenbanken verwaltenden Software (DBMS). Für den oder die Anwender ergibt sich der Vorteil, dass sie auf Datenbanken zugreifen können, ohne sich um die physikalische Organisation der Daten kümmern zu müssen. Für die Anwender spielt es keine Rolle, wie und wo die Daten gespeichert sind, sondern nur, wie sie auf diese Daten zugreifen können.

Neben der physikalischen Verwaltung der Daten hat ein Datenbank-Managementsystem weitere Aufgaben:

- Bearbeitung von Datenbankabfragen (Query)
- Gewährleistung der Datensicherheit – auch nach Systemabsturz
- Gewährleistung des Datenschutzes über die Vergabe von Zugriffsrechten
- Synchronisation bei gleichzeitigem Zugriff auf eine Datenbank durch mehrere Nutzer (Multiuser-DB)
- Bereitstellung von Werkzeugen für den Datenbankentwurf
- Bereitstellung von „Assistenten" z.B. für Berichte (Reports), Formulare und Abfragen
- Konvertieren der Daten in andere Formate (Datenexport)

Ein weit verbreitetes Datenbank-Managementsystem ist Access von Microsoft. Einige seiner „Tools" sind auf den nächsten Seiten zusammengefasst. Als Beispiel dient – wie in den letzten Abschnitten – die Auftragsdatenbank eines Medienbetriebs.

Tools für den Datenbankentwurf
Der Screenshot zeigt die direkte Umsetzung des in Abschnitt 3.3.4.3 entworfenen ER-Modells der Datenbank.

Sowohl die Eingabe der Tabellen als auch deren Beziehungen ist in Access problemlos und ohne SQL-Kenntnisse möglich.

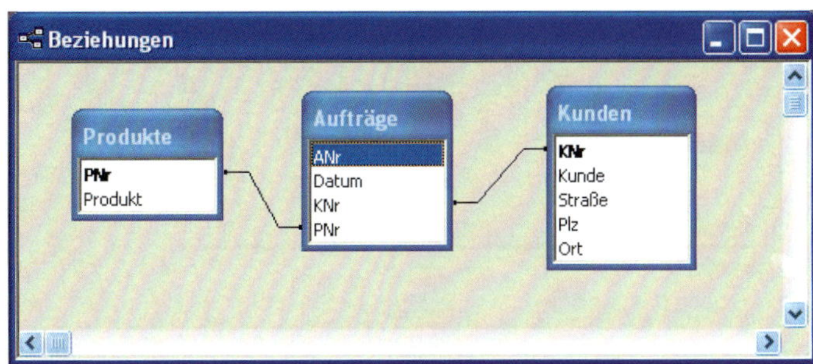

Abfrage-Assistent
Mittels Abfrage-Generator lassen sich per „Drag&Drop" Abfragen erstellen. Durch die Vorgabe von Kriterien kann die Abfrage spezifiziert werden.

Im Beispiel werden alle Aufträge zwischen 31.03.2005 und 01.07.2005 erfasst – also das 2. Quartal 2005.

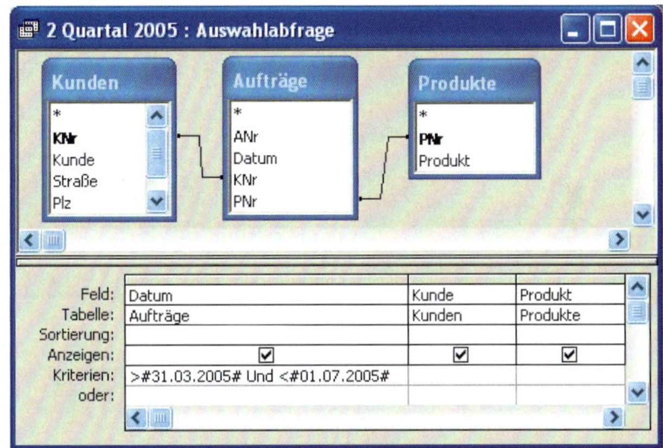

Formular-Assistent
Mit Hilfe von Formularen wird die Eingabe von Datensätzen vereinfacht. Das Beispiel zeigt ein Formular zur Auftragserfassung.

Wie zu erkennen ist, werden dem User über Drop-down-Listen alle Produkte bzw. Kunden visualisiert. Hierdurch können Schreibfehler ausgeschlossen werden. Weitere Formulare könnten zur Erfassung neuer Produkte bzw. Kunden herangezogen werden.

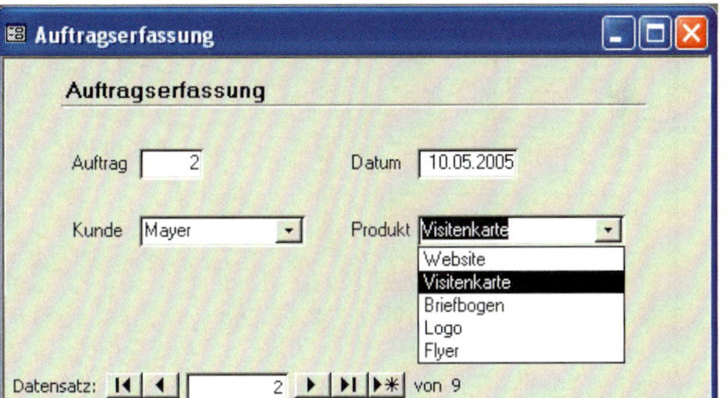

Aufträge

Aufträge 2005

Datum	Kunde	Produkt
01.03.2005	Mayer	Website
10.05.2005	Mayer	Visitenkarte
10.05.2005	Mayer	Briefbogen
10.05.2005	Mayer	Logo
20.06.2005	Schulz	Flyer
01.09.2005	Schmitt	Website
01.09.2005	Schmitt	Flyer
01.10.2005	Winkler	Visitenkarte
01.10.2005	Schulz	Briefbogen

Seite: 1

Bericht-Assistent
Wie der Screenshot zeigt, lassen sich mit Hilfe des Bericht-Assistenten Abfrageergebnisse in ansprechender Art und Weise formatieren und ausgeben. Der große Vorteil besteht darin, dass diese Daten dynamisch sind. Dies bedeutet, dass eine Änderung der Datensätze eine Aktualisierung des Berichts zur Folge hat.

Alternativ zu Berichten für die Druckausgabe ist auch die Ausgabe als Webseite möglich.

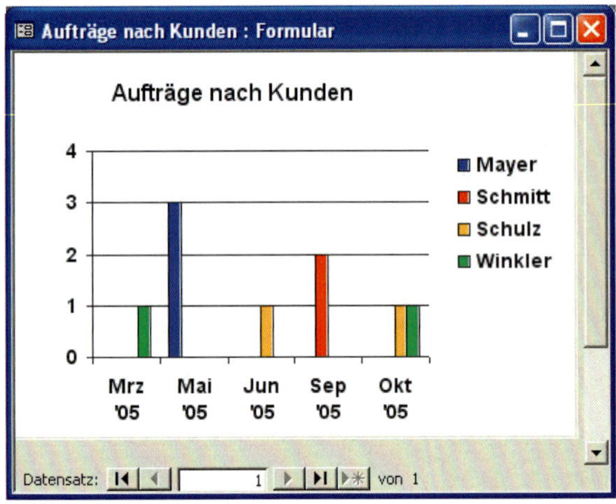

Diagramm-Assistent
Ebenso wie Excel ermöglicht auch Access die direkte Umsetzung von Daten in Diagramme. Wie bei einem Bericht gilt auch hier, dass eine Veränderung der Daten eine automatische Korrektur des Diagramms zur Folge hat.

Der Screenshot visualisiert chronologisch die Kundenaufträge.

3.4.5 Aufgaben „Datenbanken"

Aufgabe 3.4.5.1
Datenbank-Fachbegriffe kennen

Gegeben ist folgende Tabelle eines Schreibwarenhandels:

ANr	Datum	Kunde	Produkt	Menge
1	11.11.05	Schulz	Kleber	3
2	12.01.06	Schmitt	Schere	10
3	09.02.06	Wagner	Locher	1
4	10.03.06	Maier	Hefter	2
5	09.05.06	Huber	Ordner	10

a. Ordnen Sie die Fachbegriffe zu:
- Datensatz
- Datenfeld
- Schlüssel
- Feldname

b. Welche Datentypen kommen in der Tabelle vor?

Aufgabe 3.4.5.2
Anforderungen an eine Datenbank verstehen

Erklären Sie die Bedeutung der beiden Hauptforderungen an den Datenbankentwurf:

a. Datenkonsistenz
b. Redundanzfreiheit

Aufgabe 3.4.5.3
Datenbank-Fachbegriffe kennen

Erklären Sie die Aufgabe(n) von:

a. SQL
b. ODBC
c. DBMS

Aufgabe 3.4.5.4
Datenbanken normalisieren

Gegeben ist die Datenbank eines kleinen Medienbetriebes:

Name	Abteilung	Telefon	Mail
Bernd Müller	Geschäftsleitung	1701-0	mueller@media.de
Schwarz, Stefan	Vertrieb	1701-10	vertrieb@media.de
Maier, Petra	Vertrieb	1701-10	vertrieb@media.de
Bernd Stöckle	Produktion	1701-11	technik@media.de
Bert Maier	Produktion	1701-11	technik@media.de
Beate Klinger	Kunden	1701-12	kunden@media.de

a. Beschreiben Sie die Mängel.
b. Bringen Sie die Datenbank in die 3. Normalform.

Aufgabe 3.4.5.5
Datenbanken normalisieren

Gegeben ist die Auftrags-Datenbank eines Sportgeschäfts.

Datum	Kunde	Plz	Wohnort	Produkte
07.01.06	Schulz	79104	Freiburg	Ski, Stöcke
12.01.06	Schmitt	77933	Lahr	Schlittschuhe
09.02.06	Schulz	79312	Emmendingen	Ski
10.03.06	Maier	78224	Singen	Laufschuhe, Trikot
09.05.06	Huber	77654	Offenburg	Tennisschläger
17.06.06	Huber	77654	Offenburg	Tennisschuhe
17.06.06	Wagner	79104	Freiburg	Golfschläger, Trikot

a. Beschreiben Sie die Mängel.
b. Bringen Sie die Datenbank in die 3. Normalform.

Drucktechnik

4.1 Konventioneller Druck

4.1.1 Johannes Gutenberg

Johannes Gutenberg

um 1397 in Mainz geboren, gestorben am 03.02.1486 am Hof des Mainzer Kurfürsten.

Wir besitzen kein Schreiben von Gutenbergs Hand, kein Bild und seine Grabstätte ist ebenfalls unbekannt.
Das erste Bild wurde etwa 100 Jahre nach seinem Tod nach Beschreibungen anlässlich einer Gutenberg-Ehrung angefertigt.

Um 1397 in Mainz geboren, war Johannes Gutenberg vor einem halben Jahrtausend, an der Schwelle zwischen Mittelalter und Neuzeit, darum bemüht, das Bücherschreiben zu mechanisieren und Bücher der Öffentlichkeit zugänglich zu machen. Dazu galt es, drei Erfindungen zu vollenden: den Schriftguss, das Setzen und das Drucken. Von diesem Dreigestirn der drucktechnischen Urerfindungen der Jahre um 1440 war das Setzen die am wenigsten problematische. Sie ergab sich wohl fast von selbst aus der Notwendigkeit heraus, die gegossenen Einzelbuchstaben zu einer druckfertigen Form zusammenzustellen. Was lag also näher, als die Vielzahl der gegossenen Bleibuchstaben in einem Schriftkasten nach einem durchdachten System unterzubringen! Der Winkelhaken und das Setzschiff ergänzten die Satztechnik Gutenbergs. Mit diesem System war es den Schriftsetzern jahrhundertelang möglich, die beweglichen Lettern von Hand einzeln aus dem Schriftkasten zu nehmen und in den Winkelhaken zu setzen, um Wörter und Zeilen zu bilden. Daraus ergab sich dann auf dem Setzschiff die druckfertige Kolumne, die in der Drukkerpresse zu vervielfältigen war.

Gutenbergs Vorstellungen der Buch- und Druckkunst orientierten sich an den Vorlagen der damaligen Zeit, den handgeschriebenen Büchern. Er versuchte mit seinen Lettern diesem Ideal nach Möglichkeit nahe zu kommen. In seinem bekanntesten Werk, der 42-zeiligen Bibel, ist ihm dies in großartiger Weise gelungen (siehe auch Seite 487). 290 verschiedene Lettern musste er dafür schneiden und gießen: breite und schmale, Kürzungen und Ligaturen. Um diese „Beweglichen Lettern" herzustellen, erfand Gutenberg ein noch bis ins letzte Jahrhundert gebräuchliches Handgießinstrument, mit dessen Hilfe unzählige gleichartige Lettern gegossen werden konnten. Da für jeden Buchstaben eine eigene Gussform notwendig war, erfand Gutenberg das Stahlstempelprägeverfahren zur Herstellung der Matrizen. Alle Stempel und Matrizen für seine Werke wurden von Gutenberg und seinen Gehilfen selbst hergestellt. So kann man Gutenberg nicht nur als Ahnherrn aller Schriftsetzer bezeichnen, sondern auch als Ahnherrn der Schriftschneider und Schriftgießer.

Nicht zuletzt ist er aber auch ein exzellenter Konstrukteur und Drucker gewesen. Hier konnte Gutenberg auf die Erfahrungen der Holztafeldrucker seiner Zeit zurückgreifen und musste seine Druckerpresse nur den Bedingungen seiner neuen, revolutionären Bleisatztechnik anpassen. Die von Gutenberg konstruierte Presse gestattete die Benutzung zähflüssiger Farbe. Dadurch konnten Vorder- und Rückseite des Papierblattes bedruckt werden. Vor dieser Zeit war dies nicht möglich gewesen. Es wurden bis dahin die so genannten Blockbücher gedruckt, bei denen Vorder- und Rückseite mit der unbedruckten Seite zusammengeklebt wurden, da die Farben in der Regel durch das Papier durchschlugen. Zur Konstruktion der Druckerpresse gehörte also auch noch die Entwicklung einer geeigneten, zähflüssigen Druckfarbe.

Die Erfindung der Buchdruckerkunst war keine Augenblickseingebung. Gutenbergs System von Guss, Satz und

Druck war ein genau durchdachtes und aufeinander abgestimmtes Informations- und Vervielfältigungssystem, das in einer langen Zeit entwickelt und zur Funktionsreife gebracht wurde.

Wir wissen heute, dass der Goldschmied Gutenberg sich um das Jahr 1430 in Straßburg bereits mit der Technik des Letterndrucks beschäftigte. 1435 ist in Straßburger Prozessakten bereits von der „Presse, Blei und anderen Metallen zum Gebrauch in einer Druckery" die Rede. 1443 lieh sich Gutenberg, inzwischen in seiner Heimatstadt Mainz lebend, von dem Kaufmann Johannes Fust 300 Gulden für sein „Werk der Bücher", wie er die Druckkunst in der Leihurkunde nannte. Im Jahr 1455 wurde er zur Rückzahlung des geliehenen Kapitals samt Zinsen verklagt. Gutenberg verlor den Prozess und musste seine Druckerei mit sämtlichen Erfindungen dem Kläger Fust überlassen.

Vorher noch hatte Gutenberg sein großartigstes Werk, die 42-zeilige Bibel, vollendet. Von dieser – heute Gutenberg-Bibel genannt – sind noch sechs auf Pergament und 17 auf Papier gedruckte Exemplare vollständig erhalten. Eines der am besten erhaltenen Pergamentexemplare befindet sich in der Kongressbibliothek in Washington. Auf dieses Exemplar legt jeder neugewählte Präsident der USA seinen Amtseid ab.

Außer dieser Bibel hat Gutenberg mehrere kleinere Schriften gedruckt: Ablassbriefe, astronomische Kalender, den Türkenkalender – eine politische Flugschrift für den Kampf gegen die Türken. Anfang 1468 ist Gutenberg in Mainz gestorben.

Johannes Fust und Peter Schöffer betrieben die von Gutenberg übernommene Druckerei weiter. Sein 1460 herausgebrachtes Psalterium zählt zu den Meisterwerken der Druckkunst. Seit 1453 druckte Johann Mendel in Straßburg, Albrecht Pfister zur gleichen Zeit in Bamberg, beide waren wahrscheinlich ehemalige Mitarbeiter Gutenbergs.

1464 gründete Anton Koberger in Nürnberg eine Druckerei. Fünf Jahre später beschäftigte er 100 Gehilfen und druckte auf 25 Druckpressen. In den rund 60 Jahren von der Erfindung der Druckkunst bis zum Jahre 1500 verbreitete sich die Drucktechnik Gutenbergs in rasender Eile in Europa. In über 200 Orten sind mehr als 1100 Druckereien tätig gewesen. Es wird geschätzt, dass in dieser Zeit etwa 40 000 Verlagswerke erschienen sind mit einer Auflage von rund 12 Millionen. Dabei waren alle Frühdrucker immer Stempelschneider, Schriftgießer, -setzer und Drucker zugleich. Alle Bücher, die von Druckereien in Europa bis zum Jahr 1500 produziert wurden, werden als „Wiegendrucke" oder „Inkunabeln" bezeichnet.

Buchdruckerei des 17. Jahrhunderts

Links im Hintergrund ist die Setzerei mit Setzschiffen und Setzkasten zu erkennen. Links im Vordergrund wird das zu bedruckende Papier befeuchtet. Rechts ist die Druckpresse mit zwei Druckern zu sehen.

4.1.2 Grundbegriffe

4.1.2.1 Produktionsprozess Druck

Ausgehend vom Datenbestand eines PCs gibt es die verschiedensten Möglichkeiten, diese Daten zu vervielfältigen bzw. zu drucken. Um einen Überblick über die Verfahrensabläufe zu erhalten, sollen hier nur die grundsätzlichen Wege und die dazugehörenden Begriffe zum Druck dargestellt werden. Detailinformationen zu den einzelnen Druckverfahren erfolgen im späteren Verlauf dieses Kapitels.

Drucken ist eine sehr alte Technologie, die durch die Erfindung des Satzes mit beweglichen Lettern durch Johannes Gutenberg Mitte des 15. Jahrhunderts den Aufbruch in eine technologisch und geistig neue Zeit eingeläutet hat. Vom 15. Jahrhundert bis heute hat sich das „Handwerk" des Druckens so verändert, dass wir heute fast ausschließlich industriell geprägte Drucktechnologien antreffen.

Es ergeben sich hier verschiedene Fragestellungen: Was ist Drucken eigentlich – wie wird diese Technologie definiert und was wird alles zum Drucken benötigt?

Drucken oder Vervielfältigen ist ein Produktionsprozess, „bei dem zur Wiedergabe von Informationen (Bild und/oder Text) Druckfarbe auf einen Bedruckstoff unter Verwendung eines Druckbildspeichers (z.B. Druckform) aufgebracht wird". Diese Definition wurde der DIN 16 500 entnommen.

Unter einem Druckbildspeicher wird eine analoge oder digitale Druckform verstanden, die alle Bild- und/oder Textelemente enthält, die zur Wiedergabe von Informationen erforderlich sind. Diese Informationen werden mit Hilfe einer Druckform mittels Farbe auf einen Bedruckstoff zur bildlichen und/oder textlichen Darstellung übertragen. Die Druckfarbe ist eine Farbsubstanz, die beim Druckvorgang auf einen Bedruckstoff übertragen wird. Der Bedruckstoff ist das Material, das durch diesen Übertragungsprozess mit Informationen bedruckt wird.

Der eigentliche Übertragungsprozess findet in einer Druckmaschine statt. Dies sind hochkomplexe Maschinen, die den Vorgang des Druckens auf unterschiedlichste Art ausführen. Druckmaschinen gibt es in verschiedenen Bauprinzipien und mit den unterschiedlichsten Übertragungsverfahren.

4.1.2.2 Druckmaschinen

Allen Druckmaschinen gemeinsam ist die Vervielfältigung von Informationen auf einen Bedruckstoff. Druckmaschinen weisen dazu eine permanente oder dynamische Druckform auf. Weiteres gemeinsames Merkmal ist ein Farbübertragungssystem, das entweder pastöse oder tonerbasierte Druckfarbe verwendet. Die Unterschiede bei den verschiedenen Druckmaschinen sind

Produktionsprozess Druck

Prinzipieller Workflow für die Drucksachenproduktion

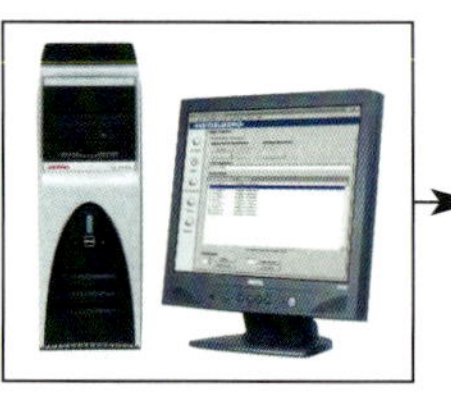

PC-System mit Text-/ Bild-Daten

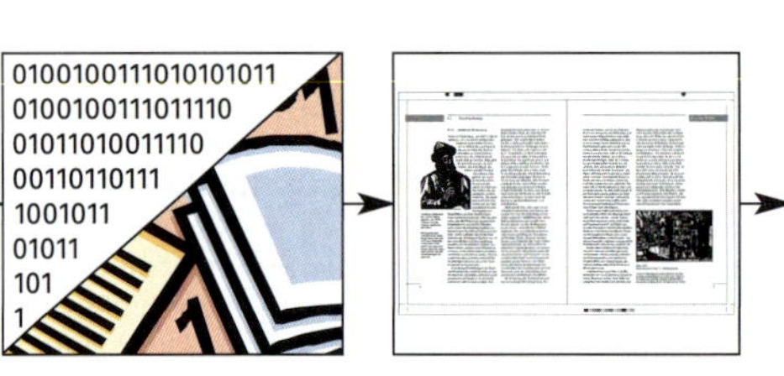

Druckbildspeicher – analog oder digital

Druckform – z.B. Offsetdruckplatte

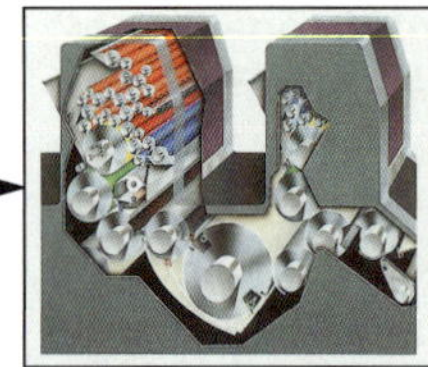

Druckbildübertragung in der Druckmaschine

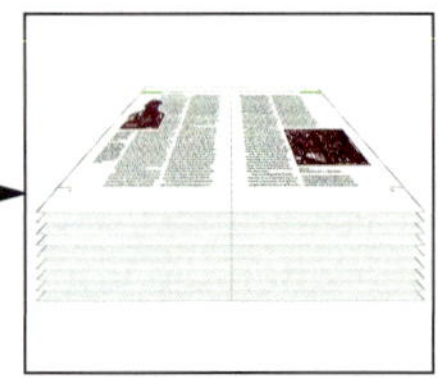

Bedruckstoff z.B. Papier, Folie, Blech, Pappe

beträchtlich. Je nach Druckverfahren, Druckprinzip und Verwendungszweck sind die unterschiedlichsten Druckmaschinen am Markt. Dies können sein:

- Bogendruckmaschinen: Der Bedruckstoff wird in Einzelbogen zugeführt.
- Rollendruckmaschinen: Der Bedruckstoff wird fortlaufend in die Druckmaschine zugeführt und nach dem Druck wieder aufgerollt oder geschnitten, gefalzt und ausgelegt.
- Schön- und Widerdruckmaschinen: Diese Maschinen bedrucken einen Druckbogen auf beiden Seiten. Das Ergebnis ist z.B. ein beidseitig vierfarbig bedruckter Bogen.
- Einfarbendruckmaschine: Ein Druckbogen wird einseitig, einfarbig bedruckt.
- Mehrfarbendruckmaschinen: Ein zugeführter Bedruckstoff wird mehrfarbig auf einer Seite bedruckt. Mit entsprechenden Zusatzaggregaten können die Bogen auch noch Veredelt werden (z.B. Drucklackierung).

4.1.2.3 Druckmaschinenprinzipe

Das erste von Gutenberg genutzt Übertragungsprinzip von Druckfarbe auf den Bedruckstoff erfolgte von Fläche zu Fläche – dies ist ähnlich einem Handstempel. Die Druckform und der Druckkörper bilden dabei ebene Flächen. Zwischen der eingefärbten Druckform und dem Druckkörper befindet sich der Bedruckstoff. Die Farbübertragung von der Druckform auf den Bedruckstoff erfordert einen hohen Kraftaufwand, da die Farbe direkt auf den flächig liegenden Bedruckstoff übertragen wird.

Man spricht hierbei auch von einem direkten Druckverfahren, das logischerweise eine seitenverkehrte (also schwer zu lesende) Druckform benötigt. In vielen Betrieben wird dieses Druckprinzip Fläche gegen Fläche, obwohl schon lange nicht mehr gebaut, durch die Heidelberger Tiegeldruckpresse vertreten. Allerdings wird auf dieser Maschine kaum noch gedruckt, sondern es werden Sonderarbeiten wie Prägen, Nuten, Stanzen, Perforieren oder Rillen ausgeführt.

Viele Buchdruckmaschinen oder Offset-Andruckmaschinen arbeiten nach dem Druckprinzip flach – rund. Auf einen flachen Informationsspeicher drückt sich ein drehender Zylinder auf den Bedruckstoff und erzeugt die zur Farbübertragung notwendige Druckkraft. Die Druckform bewegt sich dabei unter dem rotierenden Zylinder hindurch. Damit beim Rücklauf der Druckform keine Farbübertragung stattfindet, wurde der Druckzylinder angehoben und in seiner Umdrehung gestoppt. Auch bei diesem Druckprinzip handelt es sich um einen direkten Druck, der eine seitenverkehrte Druckform voraussetzt. Diese Druckmaschinen sind nur noch selten in der Druckproduktion zu finden – außer für Arbeiten wie Prägen, Nuten, Stanzen, Perforieren oder Rillen.

Moderne Druckmaschinen arbeiten alle nach dem Druckprinzip Rund – Rund. Dieses Prinzip lässt die höchsten Druckgeschwindigkeiten zu und benötigt den geringsten Kraftschluss zwischen den runden Druckzylindern zur Druckbildübertragung. Durch diese Druckbildübertragung von Zylinder zu Zylinder sind die erforderlichen Druckkräfte vergleichsweise gering. Das Druckprinzip rund – rund kennt noch die Unterscheidung zwischen direktem und indirektem Druck. Bei einem direkten Druck muss die Druckform seitenverkehrt sein, beim indirekten Druck seitenrichtig.

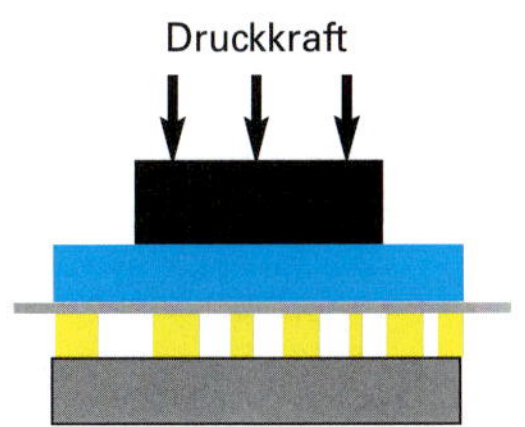

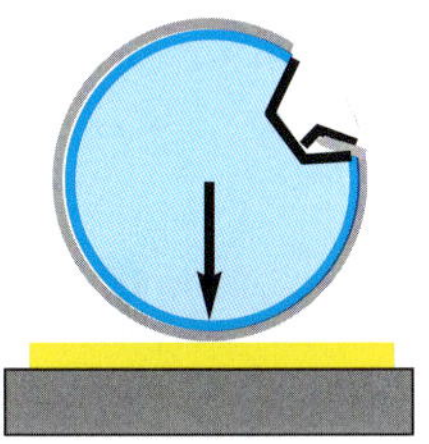

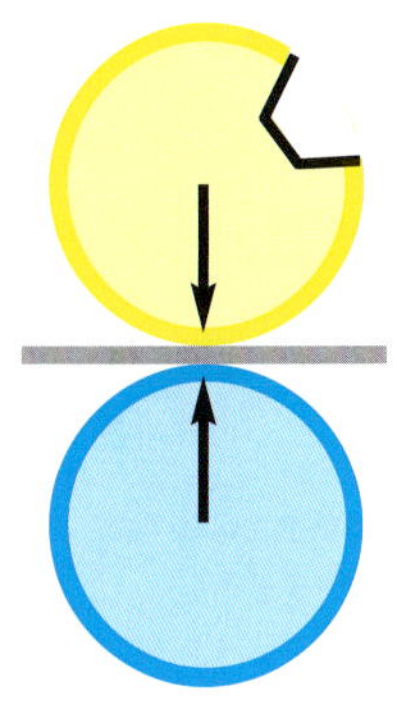

Druckprinzipe

Oben: flach – flach
Mitte: flach – rund
Unten: rund – rund

= Druckkörper
= Druckform
= Bedruckstoff

Das Druckprinzip rund – rund wird bei allen Druckverfahren angewendet. Im Hochdruckverfahren arbeiten nur Rotationsmaschinen nach diesem Prinzip. Es sind heute noch einige wenige Zeitungsrotationsmaschinen im Einsatz.

Offsetdruckmaschinen werden im Bereich des Bogendrucks und des Rollenoffsetdrucks nur nach dem Prinzip rund – rund gebaut. Dabei wird von drei Zylindern im Bogendruck und bis zu 10-Zylinder-Druckwerken im Rollenoffsetdruck nach diesem Prinzip verfahren.

Den Druck großer Auflagen von Katalogen oder Zeitschriften mit den hohen Druckgeschwindigkeiten des Tiefdrucks lässt nur das Druckprinzip rund – rund zu. Aber auch der Bogentiefdruck nutzt dieses Druckprinzip, allerdings werden hier deutlich niedrigere Druckgeschwindigkeiten erreicht.

Das vergleichsweise wenig schnelle Durchdruckverfahren nutzt das Druckprinzip rund – rund, um Dosen, Flaschen und andere Körper zu bedrucken.

Wie Sie erkennen können, ist dieses Druckprinzip rund – rund bei allen Druckverfahren von Bedeutung.

siehe Kapitel 4.2, Seite 535

4.1.2.4 Konventionelle Druckverfahren (IP-Verfahren)

Zu den so genannten konventionellen Druckverfahren werden die Verfahren gerechnet, deren Informationsübertragung durch eine feste eingefärbte Druckform (Druckbildspeicher) mittels mechanischer Druckkraft (Anpressdruck) auf den Bedruckstoff erfolgt.

Diese Verfahren werden auch als IP-Verfahren (Impact-Printing) bezeichnet. Kennzeichen ist die Informationsübertragung von einer eingefärbten und festen Druckform auf einen beliebigen Bedruckstoff.

Zu diesen konventionellen IP-Druckverfahren zählen als industrielle Verfahren der Hochdruck (Buchdruck), Flexodruck, Flachdruck, Offsetdruck, Durchdruck und Tiefdruck.

4.1.2.5 Kontaktlose Druckverfahren (NIP-Verfahren)

Bei diesen in der Regel neueren Druckverfahren werden die Text-/Bildinformationen ohne statische Druckform mit Hilfe von Farbe oder Toner auf den Bedruckstoff übertragen. Der Anpressdruck hat bei diesen Verfahren, die als Non-Impact-Printing-Verfahren (NIP-Verfahren) bezeichnet werden, keine oder nur minimale Bedeutung. Kennzeichen dieser Verfahren ist die berührungslose Informationsübertragung oder die Übertragung mit minimalem Anpressdruck. Die Übertragung wird durch elektrostatische, magnetische oder sonstige elektronisch gesteuerte Kräfte durchgeführt.

Zu diesen NIP-Verfahren gehören alle Digitaldrucksysteme, die mittels Elektrofotografie oder Inkjet-Technologie arbeiten (siehe Kapitel 4.2, Seite 535).

4.1.3 Hochdruck

4.1.3.1 Hochdruckverfahren

Das Hochdruckverfahren ist das älteste Druckverfahren, das dazu verwendet wurde, Informationen in hoher Auflage zu drucken. Um 1440 druckte Johannes Gutenberg in Mainz die 42-zeilige Bibel – das erste gedruckte Buch der Technikgeschichte.

Der Satz erfolgte mit beweglichen Lettern. Gedruckt wurde mit Hilfe einer Druckpresse, die nach dem Druckprinzip Fläche gegen Fläche gearbeitet hat. Die geniale Idee des Bleisatzes in Verbindung mit einer Hochdruckpresse setzte sich in Europa schnell durch und es entstanden in vielen Orten „Druckpressen", die in der Lage waren, Bücher, Handzettel, Plakate u.Ä. herzustellen. Da die meisten Produkte in dieser Anfangszeit der Drucktechnologie Bücher – am häufigsten Bibeln – waren, wird das Verfahren oft auch als Buchdruckverfahren bezeichnet. Eine Seite des bekanntesten Hochdruckwerks, der Gutenberg-Bibel, ist rechts abgebildet.

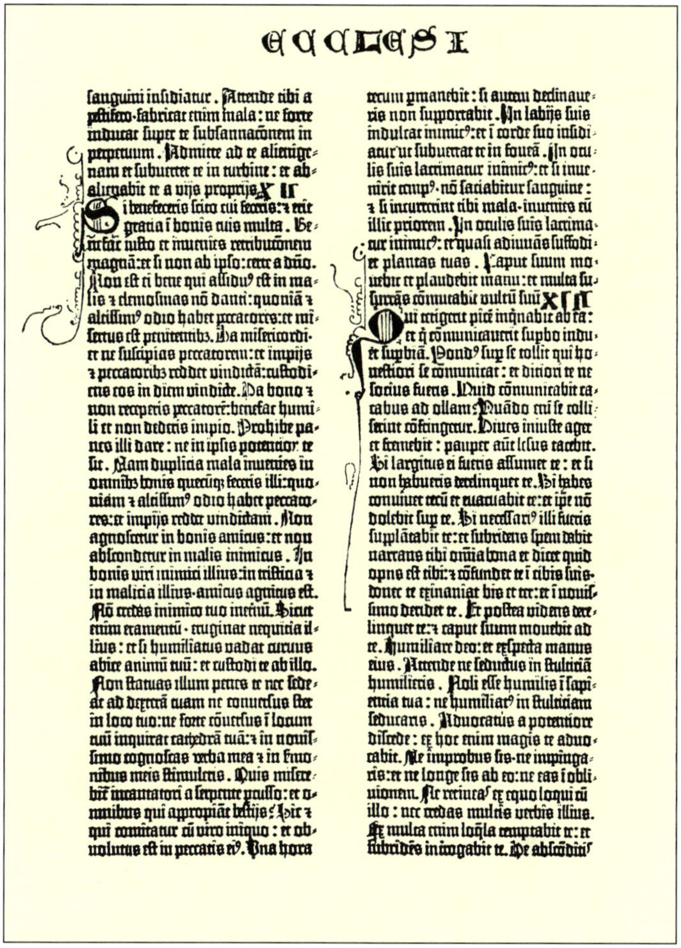

Gutenberg-Bibel

Eine Seite aus der 42-zeiligen Gutenberg-Bibel, die um 1440 in Mainz im Hochdruckverfahren gedruckt wurde.

Deutlich sind die kunstvoll von Hand gezeichneten Initialien zur Ausschmückung der Absätze und Seiten zu erkennen.

Arbeitsprinzip des Hochdrucks

Die erhabenen Stellen der Hochdruckform übertragen die Farbinformation auf den Bedruckstoff. Die Hochdruckformen können aus Bleilettern, aus zu Zeilen gegossenen Bleibuchstaben oder aus geätzten bzw. gravierten Kunststoffplatten bestehen. Weit verbreitet ist heute der Flexodruck. Seine Druckform besteht aus flexiblen, gummiartigen erhabenen Stellen, welche die Farbe auf die unterschiedlichen Bedruckstoffe übertragen. Der Bedruckstoff kann eine harte, glatte Oberfläche aufweisen wie zum Beispiel Bleche für Verkehrsschilder, Glas oder Kunststofffolien. Zum Flexodruck werden in einem späteren Abschnitt auf Seite 492 noch weitere Erläuterungen zu finden sein.

Die Buchstaben und Grafiken bestehen aus Linien (Kurven). Der Charakter eines Halbtonbildes wird durch Zerlegung des Bildes in mehr oder weniger große flächenvariable, erhabene Rasterpunkte erzeugt.

Die Rasterweite kann nicht so hoch wie im Flachdruck gewählt werden, da die erhabenen Rasterpunkte nicht beliebig verkleinert werden können. Um einen Mehrfarbendruck zu erstellen, wird für die Farben Cyan, Magenta, Gelb und Schwarz je eine eigene Druckform für den Vierfarbendruck benötigt.

Hochdrucklettern

Bleibuchstaben mit erkennbar erhabenem Schriftbild. Der Buchstabenkörper mit der Signatur ist deutlich erkennbar. Die Schrifthöhe von 62 $^{2}/_{3}$ Punkt ist eine Normhöhe.

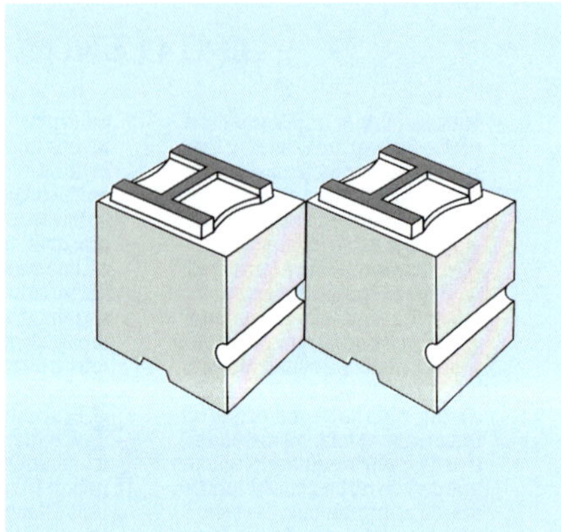

Hochdruck – Schema

Schematische Darstellung einer erhabenen und eingefärbten Druckform und der dazugehörende Abdruck auf einen Bedruckstoff.

Hochdruck – Schema

Das dargestellte Druckprinzip ist flach – rund. Die Druckform ist flach, der Druckkörper in Form des Gegendruckzylinders mit Bedruckstoff ist rund.

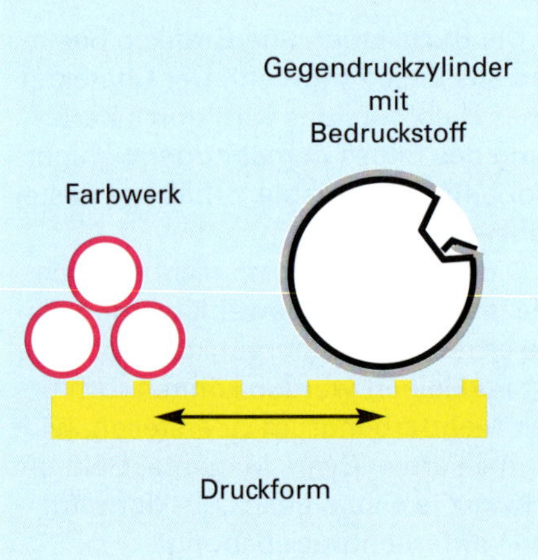

4.1.3.2 Merkmale und Anwendung des Hochdrucks

Typisches Erkennungsmerkmal für den Hochdruck ist die *Schattierung* auf der Rückseite eines Druckbogens. Da der Druck mit hoher Druckkraft ausgeführt wird, prägen sich die hochstehenden druckenden Teile, also die Buchstaben und Metallklischeeformen der Bilder, in das Druckpapier ein und lassen auf der Rückseite eine leichte Prägung entstehen. Diese Prägung ist sicht- und fühlbar. Eine Schattierung ist in allen anderen Druckverfahren verfahrensbedingt nicht möglich, da nur im Hochdruckverfahren die druckenden Elemente bei Text- und Bildstellen erhöht sind.

Das zweite hochdrucktypische Merkmal ist der *Quetschrand*. Verursacht wird dieser Quetschrand beim Druckvorgang durch ein geringes Wegdrücken der Druckfarbe an den Buchstabenrand bzw. Rasterpunktrand. Der Quetschrand ist als leichte Linienkontur um eine Buchstabenform erkennbar. In der Abbildung auf der gegenüberliegenden Seite 491 unten links ist dies etwas verstärkt dargestellt.

Ein drittes Merkmal des Hochdruckverfahrens ist die ungleichmäßige Deckung von Rasterpunkten, vor allem an den dunkleren Bildstellen. Die Rasterpunkte zeigen eine etwas wolkige Wiedergabe, die durch eine ungleichmäßige Farbübertragung beim Druck hervorgerufen wird. Die so genannte Lichterzeichnung, also die Bildwiedergabe in hellen Bildstellen, ist unbefriedigend.

Das Hochdruckverfahren kann nur grobe Raster wiedergeben. Die maximal druckbare Rasterweite liegt etwa bei einem 60er Raster.

Hochdruckdruckmaschinen werden heute fast ausschließlich zum Stanzen, Prägen und Perforieren eingesetzt. Diese Spezialarbeiten sind heute das letzte und wichtigste Arbeitsfeld des Hochdruckverfahrens.

Die Druckgeschwindigkeiten von Bogendruckmaschinen des Hochdrucks lagen bei etwa 6.000 Druck pro Stunde.

Da die Nutzungsdauer von Rollenrotationsmaschinen im Allgemeinen sehr hoch ist, werden vereinzelt noch Tageszeitungen im Hochdruckverfahren gedruckt. Diese Tageszeitungen werden mit Hilfe von Fotopolymer-Druckplatten bei einer Stundenleistung von ca. 35–40.000 Exemplaren pro Stunde produziert.

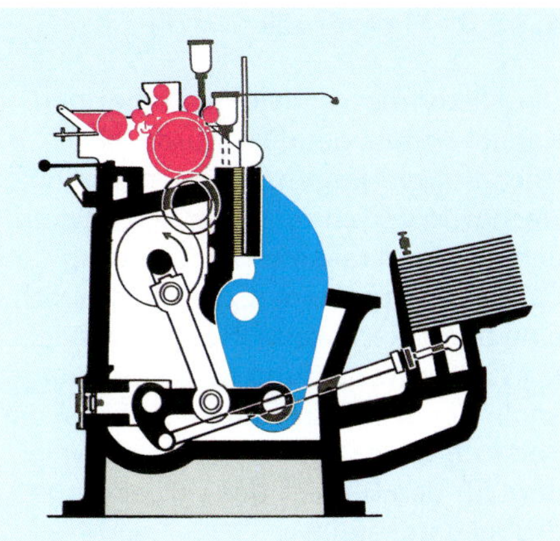

Tiegeldruckpresse

Die Heidelberger Tiegeldruckpresse arbeitet nach dem Prinzip flach – flach. Die seitenverkehrte Druckform ist gelb eingezeichnet, der Druckkörper blau und das Farbwerk in Magenta. Diese Hochdruckmaschine ist noch in vielen Betrieben anzutreffen.

Grundsätzliches zu den Erkennungsmerkmalen

Jedes Druckverfahren ist mit verfahrensspezifischen Merkmalen ausgestattet, die sich an jedem Druck erkennen lassen. Ein Fachmann muss anhand dieser Merkmale an einem Druckprodukt das Druckverfahren erkennen können. Dies ist z.B. wichtig, wenn von einem Auftrag ein Nachdruck angefertigt werden soll, der in einer anderen Druckerei gedruckt wurde. Dann muss der fachlich versierte Auftragssachbearbeiter anhand der Druckmuster das Druckverfahren erkennen.

Die Erkennungsmerkmale sind bei allen Druckverfahren in der Regel eindeutig festzustellen und im Prinzip leicht erkenn- und erlernbarbar. Dies geht aber nur, wenn Sie dieses Erkennen der Druckverfahren üben. Besorgen Sie sich Druckmuster und eine kleine Lupe (in der Fachsprache Fadenzähler), mit deren Hilfe Sie das Erkennen der Druckverfahren nachvollziehen und üben können.

In der Praxis müssen Sie Druckverfahren und die damit verbundenen Verfahrenswege zur Herstellung sicher bestimmen können. Daher müssen Sie dieses mit Hilfe eines Fadenzählers – das ist eine kleine Lupe – üben ...

Quetschrand

Abbildung ganz links

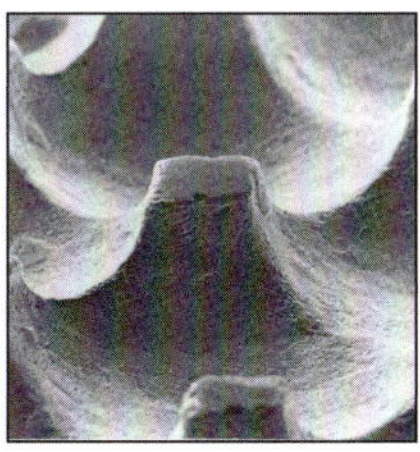

Rasterpunkt

Vergrößerte Rasterpunktdarstellung eines Klischees für den Hochdruck. Es sind deutlich die Flanken und die Oberfläche des Punktes erkennbar.

Druckform

Hochdruck-Druckform für den Zeitungsrotationsdruck mit Bild und Text. Das Bild im Vordergrund ist ein Klischee, der Text ist aus Blei gegossen.

4.1.3.3 Flexodruck

Der Flexodruck ist, wie im vorherigen Kapitel bereits deutlich wurde, ein Hochdruckverfahren. Dieses moderne Hochdruckverfahren hat in den letzten Jahren einen rasanten Aufschwung genommen und bietet zwischenzeitlich eine bemerkenswerte Produktionsvielfalt für die Werbe- und Medienindustrie an. In der untenstehenden Grafik ist die Bedeutung des Verfahrens insbesonders für den Bereich des Verpackungsdrucks dargestellt.

Enstehungsgeschichte

Flexodruck, so wie wir ihn heute kennen, entstand in den 20er Jahren in den USA. Er wurde aufgrund der damals verwendeten Druckfarben als *Anilindruck* bezeichnet. In den Folgejahren verschwand dieser Begriff, da sich die Farbzusammenstellungen veränderten und der Begriff Anilindruck damit seine Akzeptanz verlor. So wurde im Oktober 1952 im Rahmen des 14th Packaging Institute Forum bekannt gegeben, dass dieses Verfahren künftig als „flexografisches Verfahren" zu bezeichnen sei. Dieser Begriff setzte sich dann recht schnell weltweit durch. Beim Flexodruck handelt es sich, entsprechend der Definition der Flexographic Technical Association in den USA, „um ein Rotationsdruckverfahren, bei dem weichelastische, reliefartige Druckformen aus Gummi oder Fotopolymer verwendet werden."

Marktsegmente

Aufteilung des Verpackungsdrucks auf die wichtigsten Druckverfahren 2004.

(Quelle: DuPont)

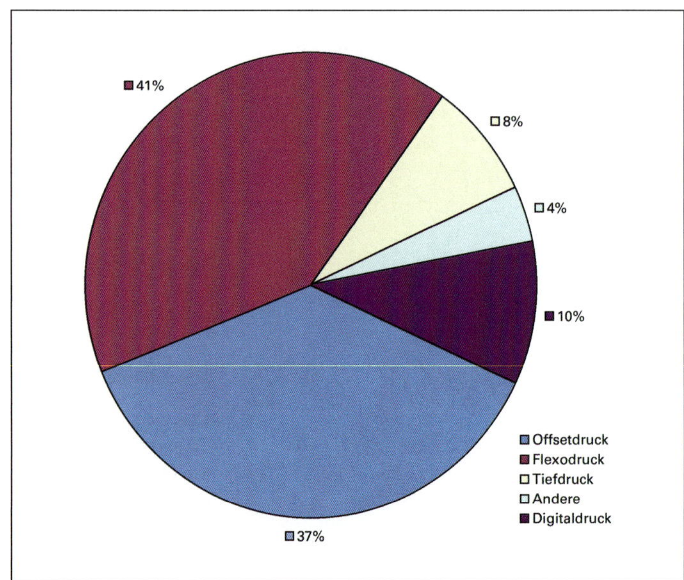

Anwendungsgebiete

Anwendungsgebiete des Flexodrucks sind der Verpackungsdruck, der Druck von Folienverpackungen, der Etikettendruck, die Faltschachtelherstellung, aber auch die allseits bekannten und von Ihnen vielleicht genutzten Lottoscheine werden durch dieses Verfahren erstellt. Ein weiterer Anwendungsbereich liegt im Tapeten- und Dekordruck. Billige Postwurfsendungen, Mailings, Etiketten, Durchschreibesätze, Tragetaschen, einfache Romanhefte, Abreißkalender, Eindrucke in Prospekte u.Ä.m. sind die typischen Flexodruckprodukte.

Es können sehr dünne, flexible und feste Folien, Metall- oder Verbundfolien, nahezu alle Papiere, Pappen, Verpackungsmaterialien mit rauer Oberfläche, Gewebe und druckempfindliche Materialien bedruckt werden.

Der Flexodruck steht in einer Reihe von Produktionsbereichen in direkter Konkurrenz zum Tiefdruck, der die besseren Druckergebnisse erreicht. Aufgrund der hohen Kosten der Druckzylinderherstellung bei kleinen und mittleren Auflagen ist der Tiefdruck zu teuer. Der Flexodruck bietet oftmals die optimalste Balance zwischen Qualität, Flexibilität in der Fertigung und den Kosten.

Im direkten Vergleich der Druckergebnisse ist der Offset- oder Tiefdruck oftmals besser zu beurteilen als ein

Flexodruckergebnis. Die Schnelligkeit der Formherstellung und die günstige Kostensituation sprechen dagegen häufig für den Flexodruck, vor allem in Verbindung mit den variablen Produktionssystemen.

Verfahrenstechnik

Der Flexodruck ist ein direktes rotatives Druckverfahren, das mit elastischen Reliefdruckplatten aus Gummi-, Kunststoff oder Fotopolymer druckt. Die Druckformen werden auf Stahlzylinder oder -hülsen aufgezogen. Üblicherweise werden für die jeweilige Anwendung speziell gebaute Flexodruckmaschinen verwendet. Die dünnflüssige Druckfarbe wird mit Hilfe eines Aniloxfarbwerkes auf die Druckform und von dieser auf den Bedruckstoff übertragen.

Kernstück des Flexodruckverfahrens ist das Aniloxfarbwerk. In die Aniloxwalze sind Tausende winziger Näpfchen eingraviert, welche die dünnflüssige Druckfarbe von der Farbwanne über eine Heberwalze auf die Druckform übertragen. Die Näpfchengröße bestimmt die auf die Druckform übertragene Farbmenge. Je geringer die Anzahl der Näpfchen, umso größer die Näpfchentiefe und umso mehr Farbe wird übertragen. Überflüssige Druckfarbe wird während der Walzenumdrehung entfernt. Bei neueren Druckmaschinen wird die überflüssige Farbe durch Rakelsysteme an der Aniloxwalze entfernt. Damit wird eine gleichmäßigere Farbverteilung erreicht. In der Abbildung ist das Rakel nicht eingezeichnet.

Die Näpfchenform der Aniloxwalze kann unterschiedlich sein. In diesen Näpfchen hält sich genügend dünnflüssige Farbe, die dann auf die Flexodruckplatte und von dort auf den Bedruckstoff übergeben wird. Die typischen Rasterstrukturen einer Rasterwalze sind die so genannten Orthogonalraster, Rautenraster und Diagonalraster. Für die Wiedergabe von autotypischen Rastern hat sich das Diagonalraster mit einer Winkelung von 45 Grad zur Walzenachse bewährt.

Die eingefärbte Druckplatte überträgt die Farbe auf den Bedruckstoff. Dieser kann entweder saugend (z.B. Pappe) oder nichtsaugend (z.B. Folie) sein. Die Flexodruckfarben sind chemisch aggressive, schnelltrocknende Farben, die zwischen zwei Druckwerken vollständig trocknen. Damit kann feuchte Druckfarbe in einem nachfolgenden Druckwerk problemlos auf die zuvor gedruckte und getrocknete Farbe aufgetragen werden.

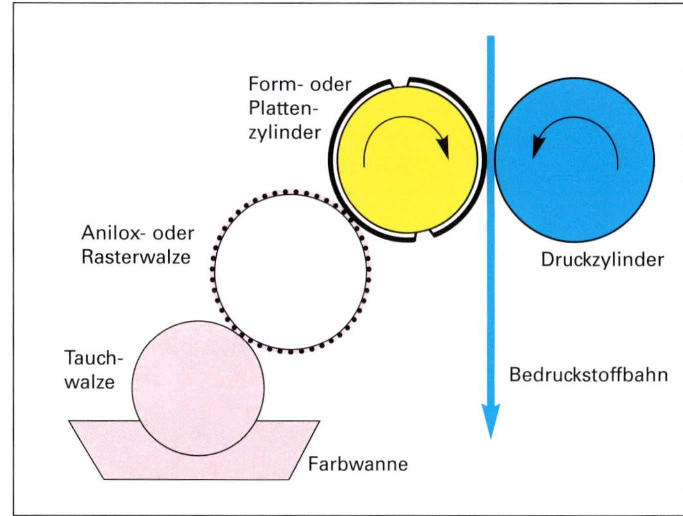

Flexodruckwerk

Die Abbildung zeigt den prinzipiellen Aufbau eines Flexodruckwerkes mit Farbwanne, Anilox- oder Rasterwalze, Form- und Druckzylinder.

Druckformen

Je nach Qualitätsanspruch und verwendeter Formherstellungstechnik werden heute Gummi-, Kunststoff- oder elastische Fotopolymer-Druckplatten verwendet. Wir unterscheiden bei den Druckformen noch drei Druckformtypen:

- Flexodruckplatten
- Endlos-Sleeves
- Endlos-Nahtlos-Sleeves

Siehe Kapitel 4.4 Druckformherstellung, Seite 571

Zentralzylinder-Flexodruckmaschine

Die Abbildung links zeigt den prinzipiellen Aufbau einer Einzylinder- oder Zentralzylinder-Flexodruck-Rollenrotationsmaschine mit einem Satellitendruckwerk für sechs Farben. Die Nutzung kann wie folgt geschehen:
1 = Gelb (Fläche)
2 = Gelb (Farbsatz)
3 = Schwarz (Schrift)
4 = Magenta(Farbsatz)
5 = Cyan (Farbsatz)
6 = Schwarz (Farbsatz)

Die Abbildung rechts zeigt eine 8-Farben-Flexodruck-Einzylinder-Rollendruckmaschine. Die Maschine ist für den Verpackungsdruck mit Sleeve-Technologie und halbautomatischer Wechseleinrichtung für die Aniloxwalzen versehen. Die Steuerung erfolgt zentral über Leitstandtechnologie.

(Quelle: Firma Windmöller & Hölscher)

Flexodruckmaschinen
Sie sind heute nahezu ausschließlich Mehrfarben-Rollenrotationsmaschinen. Die Produktionsgeschwindigkeit liegt bei 300 m/s bis 500 m/s.

Im Allgemeinen unterscheidet man die folgenden Bauweisen von Flexodruckmaschinen:

- Zentralzylindermaschine
- Maschine in Reihenbauweise

Zentralzylinderbauweise
Rollendruckmaschinen in Zentralzylinder- oder Einzylinderbauweise sind durch einen großen, zentral gelagerten Druckzylinder gekennzeichnet. Um diesen Zylinder werden bis zu 10 Farbwerke angeordnet. Die Bedruckstoffbahn wird in den Zentralzylindermaschinen um den Druckzylinder herum geführt und dabei nacheinander von allen Farben bedruckt. Damit ist ein sehr genauer Stand und weitgehend exakter Passer zu erzielen.

Zentralzylindermaschinen können mit einer UV-Trocknungsanlage ausgerüstet werden. Weiter ist es möglich, Lack- oder Beschichtungswerke zu integrieren sowie Tiefdruckdruckwerke bei Bedarf einzubauen. Derartige Maschinen werden als Spezialanwendung in der Regel für ein bestimmtes Auftragsspektrum entworfen, gebaut und in der Flexodruckerei installiert.

Die Verwendung modernster Steuer- und Regeltechnik ermöglicht, dass die Maschinen bei einer hohen Druckqualität mit einer Druckgeschwindigkeit von etwa 500 m/min arbeiten. Es können dabei auch dünne Papiere und Folien verdruckt werden.

Maschinen in Reihenbauweise
Flexodruckmaschinen im Mehrzylindersystem in Reihenbauweise wurden für Druckarbeiten eingesetzt, bei denen die Passerqualität nicht so bedeutend war. Durch den geringen Anpressdruck beim Druck und die auf die Bedruckstoffbahn wirkenden Zugkräfte waren auftretende Bahnschwankungen die Ursache für erhebliche Passerprobleme. Erst durch die in den letzten Jahren üblichen digital gesteuerten Einzelantriebe der Druckwerke, kleinere Druckformate und dehnstabilere Bedruckstoffe sind diese Probleme weitgehend minimiert. Maschinen in Reihenbauweise bieten eine Reihe von Vorteilen gegenüber den Zentralzylindermaschinen:

- Die Anzahl der Druckwerke ist beliebig zu erweitern.
- Schön- und Widerdruck ist problemlos möglich.

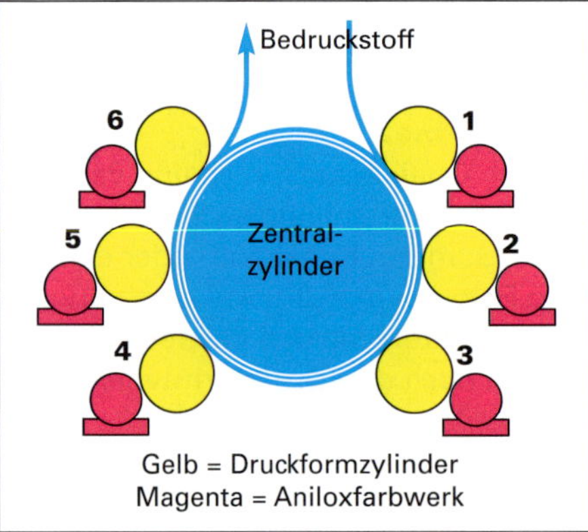

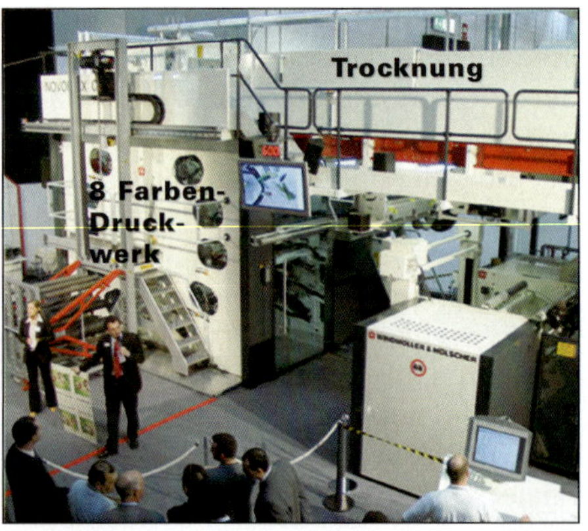

- Die Arbeitstechnik und Ergonomie ist deutlich besser.

Flexo-Rollendruckmaschinen in Reihenbauweise sind besonders gut für ein Kombinieren und Erweitern mit zusätzlichen Druckwerken geeignet. Lackier- und Trocknungseinrichtungen können problemlos eingebaut werden. Weiter besteht die Möglichkeit, Druckwerke mit anderen Druckverfahren in den Produktionsablauf zu integrieren. So können Tiefdruck- oder Siebdruck-Druckwerke als Modul in eine solche Maschine integriert werden. Dies ist z.B. dann von Bedeutung, wenn eine Verpackung einen spürbaren Farbauftrag für einen Schriftzug erhalten soll. Dieser Schriftzug wird dann im Siebdruckverfahren auf die Verpackung aufgetragen.

Derartig ausgestattete Maschinen werden auch als Hybridmaschinen bezeichnet.

Merkmale und Anwendung des Flexodruckverfahrens

Der Flexodruck ist ein direktes Druckverfahren, das im Rollen- und Bogendruck (hier vor allem zum Bedrucken von Pappen) verwendet wird.

Als Druckformen werden flexible Gummi- oder Auswaschdruckplatten eingesetzt. Bei der Formherstellung müssen die speziellen reprotechnischen Vorgaben für den Flexodruck beachtet werden, da Tonwertumfang und Druckzunahme nicht dem des gewohnten Offsetdruckverfahrens entsprechen.

Die Druckfarbe für den Flexodruck ist dünnflüssig und physikalisch trocknend. Durch entsprechende Umluft-Trocknungssysteme wird der Trocknungsvorgang beschleunigt und unterstützt. Als Besonderheit werden zunehmend auch die UV-Trocknungssysteme verwendet. Durch die schnelle Trocknung der Farben des Flexodrucks sind hohe Druckgeschwindigkeiten möglich.

Mehrheitlich wird im Flexodruck als Bedruckstoff Rollenmaterial verarbeitet. Bogenmaterial ist vor allem beim Bedrucken von Pappen bzw. Wellpappen üblich. Im Rollendruck können Folien, Metallpapiere und Papier verdruckt werden. Aus diesen Bedruckstoffen entstehen z.B. Tragetaschen, Beutel und Verpackungen, Einwickel- und Verpackungspapiere, Lottoscheine, Formulare, Pappeinpackungen sowie Lebensmittelverpackungen.

Die Erkennungsmerkmale entsprechen weitgehend den Merkmalen des Hochdrucks – aber es sind doch folgende Abweichungen zu beachten. Der Quetschrand ist vorhanden und zum Teil stärker als im klassischen Hochdruck, da die dünnflüssige Farbe stärker gequetscht wird. Es gibt keine Schattierung, da die elastische Druckform dies verhindert. Striche, Punktraster und FM-Raster sind gröber als im Hochdruck.

Gallus KM 410/510 Flexodruck Inline-System

Dieses modular konzipierte Flexodruck-Inline-System in Reihenbauweise ermöglicht den Druck anspruchsvoller Kartonverpackungen für die Lebensmittel-, Pharma- und Körperpflegeindustrie direkt ab Rolle. Die Verpackungen können noch veredelt und fertig verarbeitet werden. In das System integriert ist die Möglichkeit des Siebdruckfarbauftrages und der UV-Trocknung.

(Abb.: Heidelberger Druckmaschinen AG, Gallus holding AG, St. Gallen, Schweiz)

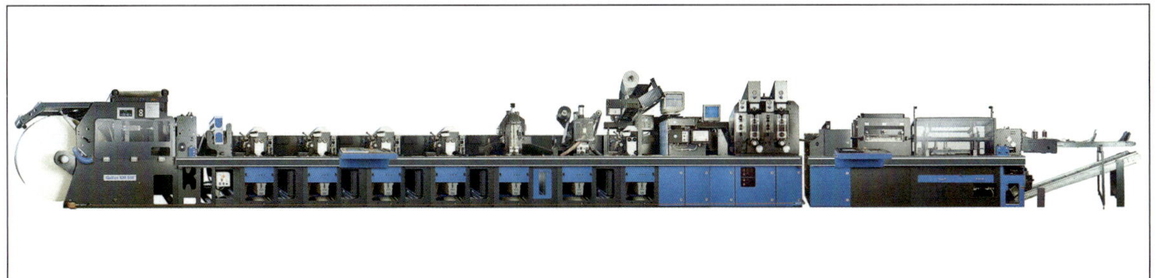

4.1.3.4 Lettersetdruck

Der Lettersetdruck ist ein Hochdruckverfahren, das oft in Kombination mit dem Flexodruck verwendet wird, aber auch als eigenständiges Verfahren genutzt wird. Es handelt sich dabei um ein indirektes Hochdruckverfahren, das ausschließlich nach dem Druckprinzip rund – rund arbeitet, also als rotatives Druckverfahren genutzt wird. Das Druckbild wird von einem erhabenen Druckelement mit Hilfe eines Gummizylinders auf den Bedruckstoff übertragen. Daher wird das Lettersetverfahren oft auch als Trockenoffsetverfahren bezeichnet.

Druckform

Es werden ausschließlich Fotopolymerplatten verwendet. Diese Platten sind so genannte Auswaschreliefplatten auf einem Trägermaterial wie Stahlblech oder Aluminium. Die Bebilderung z.B. einer BASF-Nyloprintplatte erfolgt mit Hilfe der folgenden Herstellungsschritte: Belichten, Auswaschen, Trocknen und Nachbelichten (um die Auflagenbeständigkeit zu erhöhen).

Die Platte wird üblicherweise von Negativfilmen belichtet, so dass die nicht gehärteten Stellen auf der Druckform ausgewaschen werden können. Die Druckform muss seitenrichtig sein, da der Druck in diesem Verfahren (wie beim Offsetdruck) ein indirekter ist.

Druckmaschinen

Lettersetdruck kann in jeder Offsetdruckmaschine mit ausreichend tiefem Zylinderunterschnitt des Plattenzylinders durchgeführt werden. Das Feuchtwerk wird dabei ausgeschaltet – es wird schließlich von einer Hochdruckplatte gedruckt. Dabei muss der Drucker die Farbauftragswalzen des Farbwerks exakt zur Druckplatte justieren. Geschieht dies nicht, können die Nichtbildstellen der Druckform durch zu tief stehende Auftragswalzen eingefärbt werden und dann mitdrucken. Dies würde zu einem nicht beabsichtigten Drucken bzw. Tonen der Nichtbildstellen führen.

Der Lettersetdruck ist ein indirektes Druckverfahren, also wird zur Druckbildübertragung ein Gummituch benötigt. Dieses Gummituch ermöglicht das Bedrucken von rauen und strukturierten Bedruckstoffoberflächen. Ebenso können sehr gut Tonflächen und Metallfarben für den Verpackungsbereich verarbeitet werden. Ein weiteres Einsatzgebiet des Lettersetdrucks ist das Bedrucken von Kunststoffen und Metalloberflächen, allerdings wird dies in besonders dafür ausgestatteten Lettersetdruckmaschinen durchgeführt.

Merkmale und Anwendung des Lettersetdrucks

Das Lettersetverfahren ist ein indirektes Verfahren und wird im Bogen- und Rollendruck eingesetzt.

Als Druckformen werden seitenrichtige fotopolymere Auswaschreliefdruckplatten verwendet. Die für den Druck benutzte Farbe ist zähflüssig und physikalisch-chemisch trocknend.

Die verwendeten Bedruckstoffe sind Papier, Karton und Kunststoffe. Damit werden Verpackungen, Formulare, Etiketten, Endlosformulare und auf Spezialmaschinen Hohlkörper wie z.B. Becher produziert.

Die Erkennungsmerkmale sind nicht einfach zu sehen. Der Quetschrand ist kaum zu erkennen, da ein indirektes Druckverfahren vorliegt. Eine Schattierung ist nicht gegeben, da über das Gummituch gedruckt wird. Es wird wenig mit autotypischen Rastern gedruckt, die meisten Produkte sind mit flächigen Druckelementen und Schrift versehen.

4.1.4 Tiefdruck

4.1.4.1 Illustrationstiefdruck

1894 entwickelte Karl Klietsch und Theodor Reich unabhängig voneinander den Rakeltiefdruck – das erste für hohe Auflagen nutzbare Tiefdruckverfahren. Das Prinzip dieses Verfahrens war das Drucken von einem mit einer nahtlosen Kupferhaut überzogenen Druckzylinder. Der Druckzylinder wurde von einem Stahlrakel vor dem Druck von überflüssiger Farbe befreit. Zur Rakelauflage wurde der vollständige Zylinder in ein gleichmäßiges Rastermuster zerlegt. Diese Rakelauflage bildet die *Stege* der Tiefdruckform, die dazwischenliegenden farbaufnehmenden Vertiefungen sind die tiefen- oder flächenvariablen *Näpfchen*.

Tiefdruckdruckform

Dünnflüssige *Tiefdruckfarbe* und die *Rakel* sind die charakteristischen Merkmale des modernen Tiefdruckverfahrens. Die Druckform dafür muss so beschaffen sein, dass in unterschiedlich tiefen Näpfchen die Farbe gehalten wird

Stege Näpfchen

und dass die Rasterstege, die diese Vertiefungen begrenzen, eine Auflage für das Rakel bilden können, damit nicht zu viel Farbe aus den Näpfchen herausgenommen wird.

Eine deutliche Unterscheidung zu den Verfahrenstechniken im Hochdruck und Flachdruck liegt beim Tiefdruck in der Aufgabe des Rakels. Das Rakel soll die Tonwerte nicht nach einer so genannten autotypischen Punktaufteilung in unterschiedlich große Rasterpunkte zerlegen. Es soll vielmehr die überflüssige Farbe von unterschiedlich tiefen Rasterelemeneten gleichmäßig abstreifen. Dadurch wird gewährleistet, dass aus den vertieften Näpfchen immer die gleiche Farbmenge auf den Bedruckstoff übertragen wird.

Die Tiefdruckform ist ein mit einer nahtlosen Kupferhaut überzogener Zylinder. Die Mantelfläche des Zylinders ist voll nutzbar. Einen Zylinderkanal wie im Offsetdruck oder im Hochdruck gibt es nicht. Daher wird der Tiefdruckzylinder auch als *Komplettdruckform* bezeichnet. Die Mantelfläche besteht aus einer polierten Kupferschicht, die etwa 0,1 bis 0,15 mm dick und hochglänzend poliert ist.

Ein Tiefdruckzylinder enthält, wie oben angesprochen, Näpfchen, die mit Farbe gefüllt werden. Die Farbe aus den Näpfchen, den tiefen Stellen, wird auf den Bedruckstoff übertragen. In der Regel werden die Vertiefungen durch die elektromechanische Gravur erstellt.

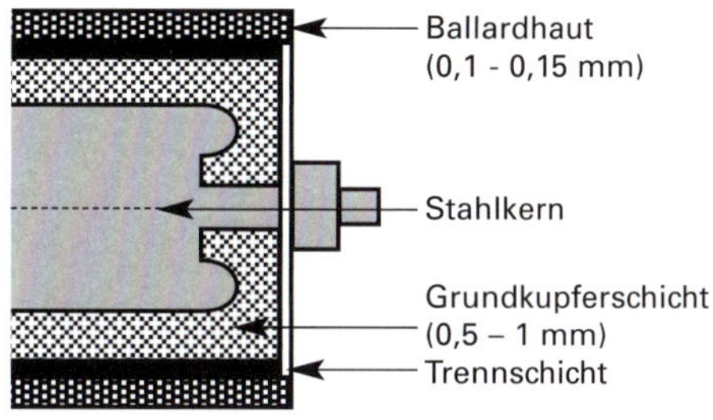

Ein Diamantstichel schlägt in gleichmäßigem Rhythmus auf den sich drehenden Kupferzylinder mehr oder weniger tiefe Näpfchen in die Kupferhaut. Die Näpfchen sind bedingt durch die Diamantstruktur flächen- und tiefenvariabel angelegt.

Tiefdruckzylinder

Bild rechts: Schnitt durch einen Tiefdruckzylinder mit Stahlkern, Grundkupfer, Trennschicht und Ballardhaut.

Bild links: Die Ballardhaut ist Träger des Näpfchen-Steg-Systems und wird nach dem Druck entfernt. In einer galvanischen Aufkupferungsanlage wird die Ballardhaut neu aufgebracht und für weitere Gravuren vorbereitet.

Tiefdruck-Druckwerk

Alle Druckmaschinen des modernen Tiefdrucks arbeiten nach dem Druckprinzip rund – rund. Dadurch werden hohe Druckleistungen pro Stunde erreicht. Die Rollenrotationsmaschine für den Schön- und Widerdruck ist die für den Tiefdruck typische Maschine. Tiefdruckrollenmaschinen werden als einfachbreite Maschinen mit einer Arbeitsbreite von etwa 80 cm bis zu überbreiten Maschinen mit über zwei Metern gebaut. Normalerweise bestehen Tiefdruckrotationsmaschinen aus den folgenden Hauptteilen:

- Rollenträger
- Druckwerke
- Falzapparate
- Ausleger oder Aufwickler

Für den Zeitschriften- und Akzidenztiefdruck ist es notwendig, dass mehrere Papierbahnen gleichzeitig zusammenlaufen und diese z.B. zu einer Zeitschrift verarbeitet werden.

Es können beliebig viele Druckwerke hintereinander gekoppelt werden. Ein Druckwerk besteht immer aus einem *Formzylinder* mit *Rakel* und *Farbwerk* sowie dem *Presseur* und der *Trockenpartie.* Tiefdruck-Druckwerke sind häufig als umsteuerbare Druckwerke gebaut. Dies bedeutet, dass die Papierbahn von jeder Seite durch das Druckwerk geführt werden kann.

Im Rotationstiefdruck werden massive Zylinder mit eingebauten Achsen verwendet. Dies erfordert aufwändige Transport- und Lagervorrichtungen. Der Formzylinder wird mit Hilfe von Hubwagen, Gleitschienen und Hebevorrichtungen durch eine Öffnung an den Seitenteilen in das jeweilige Druckwerk eingehoben.

Ein Farbtank mit Pumpwerk, der sich außerhalb der Maschine befindet, versorgt das Farbwerk ständig mit neuer Druckfarbe. Die Druckfarbe ist dünnflüssig und nicht mit den Farben des Hoch- oder Offsetdrucks vergleichbar. Schnelllaufende Maschinen erfordern eine dauernde Kühlung der Farbe.

Der Presseur bzw. Gegendruckzylinder ist eine antriebslose, mit Hartgummi beschichtete Walze. Der angetriebe-

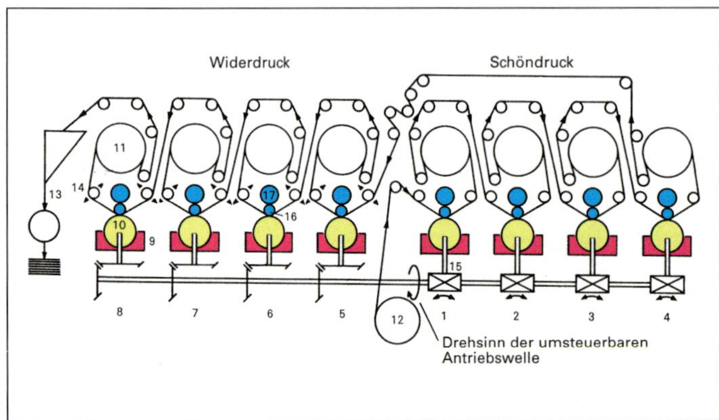

Aufbau einer Tiefdruckrotation

1 - 8 = Druckwerke
9 = Farbwanne
10 = Formzylinder
11 = Trockner
12 = Abrollung
13 = Falzapparat und Auslage
14 = Spannen der Papierbahn
15 = Getriebe
16 = Presseur
17 = Stahlpresseur

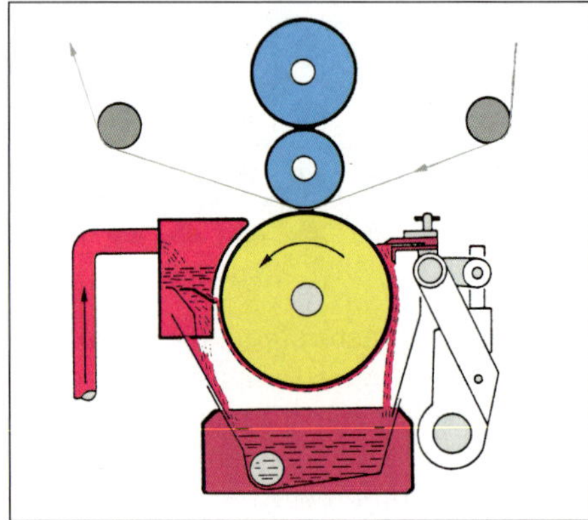

Tiefdruck-Druckwerk

Formzylinder (Gelb), Farbwerk (Magenta), Rakel (Magenta) und Druckpresseur 1 und 2 (Cyan). Die Papierbahn ist grau dargestellt.

ne Formzylinder nimmt den Presseur bei angestelltem Druck mit. In den Schemazeichnungen dieser Doppelseite ist über dem Presseur ein weiterer, etwas größerer Zylinder erkennbar. Bei breiten Maschinen verhindert dieser zweite Stahlpresseur ein Durchbiegen des Gummipresseurs und sorgt dadurch für eine gleichmäßige Druckverteilung über die gesamte Breite des Druckwerkes.

Rollenmaschinen sind entweder in Parterre- oder Etagenbauweise konstruiert und gebaut. Bei der Parterrebauweise befinden sich die Papierrollenlagerung und der Papierrollenwechsler auf der gleichen Ebene wie die Druckwerke. Durch den Einbau der Wechsler wird die Maschine sehr lang, was sich ungünstig auf Papierzug und Passgenauigkeit auswirken kann. Häufiger ist daher bei Rollenmaschinen die Etagenbauweise anzutreffen (siehe Abbildung Seite 498). Hier ist die Papierlagerung und der Rollenwechsler im Untergeschoss unterhalb der Druckwerke anzutreffen. Dies führt zu kürzeren Maschinen, kürzeren

Produkte des Tiefdrucks

Einige Beispiele für Druckprodukte des Tiefdrucks aus der Springer-Verlagsgruppe. Alle abgebildeten Zeitschriften und der Otto-Katalog werden in hohen Auflagen im Tiefdruckverfahren hergestellt.

Automatisierte Zylinderwechsel

Bei modernen Tiefdruckrotationsmaschinen sorgen automatisierte Formzylinderwechsel für einen hohen Automatisierungsrungsgrad und kurze Rüst- oder Stillstandszeiten.

(Quelle: König & Bauer AG, Würzburg)

Tiefdruckmaschine

Auslage der Fertigprodukte am Ende einer Tiefdruckrotationsmaschine. Die Maschine druckt mit zwei Nutzen, daher die Doppelauslage.

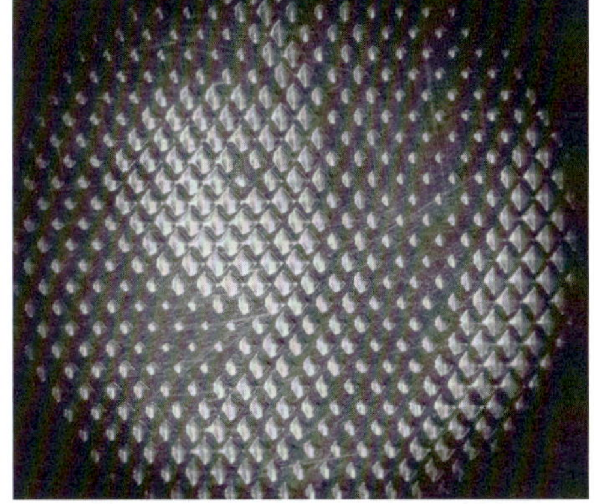

Tiefdruckform

Ausschnitt aus einem gravierten Tiefdruckzylinder. Deutlich sichtbar die elliptische Näpfchenform, die bei der Zylindergravur entsteht.

Papierwegen und damit zu günstigeren Druckbedingungen.

Zum Trocknen wird die Papierbahn in eine große Trockenkammer geführt. Die Trockenkammer ist durch einen geschlossenen Warmluftkreislauf gekennzeichnet. Die mit Lösemitteln angereicherte Luft wird üblicherweise erneuert, indem ein großer Teil der Warmluft durch eine Rückgewinnungsanlage geführt und regeneriert wird.

Am Ende der Rotationsmaschine befindet sich der Falzapparat und die Auslage. Der Falzapparat verarbeitet die bedruckte Papierbahn so, dass z.B. eine Zeitschrift fertig geschnitten und gefalzt die Maschine zum Ausleger hin verlässt. Der Falzapparat weist Wendestangen, Längsschneideeinrichtungen oder Trichter auf. Vom letzten Druckwerk kommend wird die Papierbahn durch Rollenmesser in der Laufrichtung in schmale Bahnen zerteilt. Je nach Ausschießschemata wird die Bahn über Wendestangen oder Trichter in den Falzapparat geführt. Es gibt feste und variable Falzapparate. Die letzteren können unterschiedlichen Zylinderumfängen angepasst werden und sind damit variabler in ihren Einsatzmöglichkeiten. Nach dem Schneiden und Falzen wird je nach Produkt drahtgeheftet oder rückengeklebt.

Ausgelegt werden die Fertigprodukte paketweise. Die Pakete werden in Folie eingeschweißt und versandfertig kon-

Erkennungsmerkmale Tiefdruck

Echte Halbtöne, vor allem in den Bildtiefen, sind in den vergrößerten Ausschnitten zu erkennen.

Die ellipsenförmige Näpfchenstruktur und das Stegsystem ist bei den hellen Bildstellen gut sichtbar.

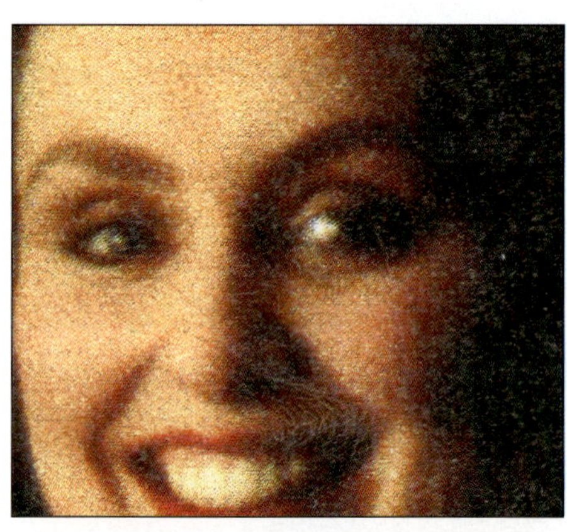

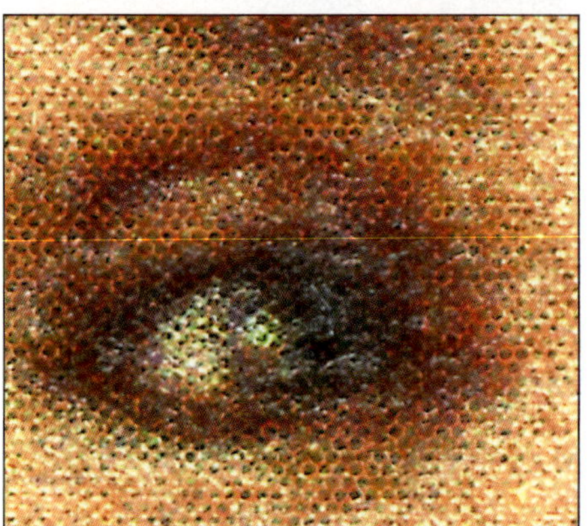

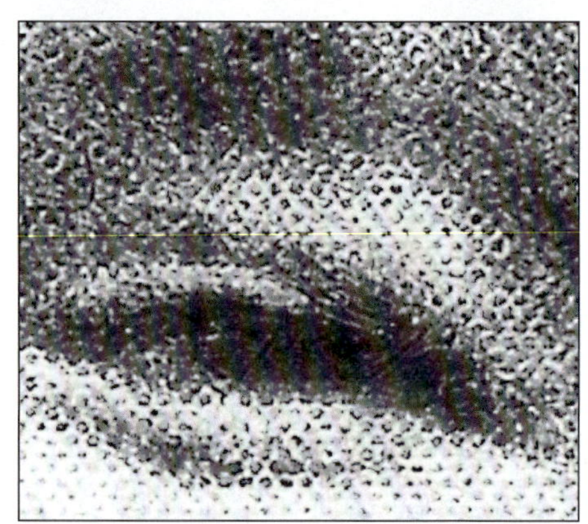

fektioniert. Prinzipiell besteht auch die Möglichkeit der Planobogenauslage auf einen Stapel. Dies ist i.d.R. aber nur bei verminderter Maschinengeschwindigkeit möglich.

4.1.4.2 Merkmale und Anwendung des Illustrationstiefdrucks

Der industrielle Tiefdruck weist derartig typische Merkmale auf, dass man die Tiefdruckprodukte eindeutig von den Produkten anderer Druckverfahren unterscheiden kann. Dadurch, dass jede Tiefdruckform vollständig durch ein Steg-Näpfchen-System aufgerastert ist, weisen alle Buchstaben gezackte Begrenzungen auf, den so genannten „Sägezahn". Dieser Sägezahneffekt wird durch die Schräglage der Stege auf dem Zylinder hervorgerufen, welche die Ränder der Buchstaben „zersägen". Die Abbildung rechts zeigt diesen Effekt, der in der Vergrößerung mit Hilfe eines Fadenzählers leicht erkennbar ist.

Wegen der Tiefen- und Flächenvariabilität der Näpfchen entstehen echte Halbtöne. Sie sind auf dem Tiefdruckprodukt als unterschiedliche Farbdichte erkennbar. Die unterschiedliche Farbdichte zeigt sich besonders in hellen Bildstellen. In den Bildtiefen läuft die relativ flüssige Tiefdruckfarbe über die einzelnen Stegbegrenzungen hinaus und bildet einen zusammenhängenden Farbfilm mit echten Halbtönen auf dem Bedruckstoff. Das Rasternetz des Tiefdrucks ist in den hellen Bildstellen in der Regel deutlich erkennbar. Druckprodukte von gravierten Zylindern weisen ellipsenförmige Näpfchenformen unterschiedlicher Fläche auf.

Je nach verwendeter Tiefdruckform können unterschiedliche Rasterpunktformen vorhanden sein. Die tiefenvariable Druckform weist quadratische Rasterpunkte in gleicher Größe bei allen Tonwerten auf. Bei hellen Tonwerten kann es vorkommen, dass die Näpfchen innen hohl ausdrucken. In den Bildtiefen ist ein wolkiges und leicht perliges Ausdrucken durchaus als typisch zu betrachten.

Tiefen- und flächenvariable Druckformen weisen unterschiedliche Rasterpunktgrößen und -formen aus. Die erkennbare Farbsättigung ist je nach Punkt bzw. Näpfchen unterschiedlich. Die sonstigen Erscheinungen sind identisch mit den Merkmalen der tiefenvariablen Druckform.

Typische Produkte des Rakeltiefdrucks sind, wie in der Abbildung auf Seite 499 dargestellt, Illustrierte, Zeitschriften, Kataloge, Werbebeilagen z.B. für Tageszeitungen, Dekordrucke, Tapeten, Verpackungen, Furniere und Folien. Die für diese Produkte möglichen Bedruckstoffe sind Papiere aller Art in unterschiedlichen Gramaturen, leichte Kartons, Folien, metallisierte Papiere und Pergamin.

4.1.4.3 Tampondruck

Eine besondere Tiefdruckvariante ist der Tampondruck, dessen Druckprinzip darin besteht, dass eine flexible Tampondruckform aus Silikonkautschuk Hohlkörper in beliebiger Form bedrucken kann. Tischtennisbälle, Kugelschreiber und andere geformte Gegenstände sind mit diesem Tiefdruckverfahren zu bedrucken. Diese Körper weisen als Merkmale grobe Raster und Strichzeichnungen auf. Es besteht die Gefahr, dass derartige Druckprodukte mit Siebdruckprodukten verwechselt werden, die allerdings einen deutlich kräftigeren Farbauftrag aufweisen.

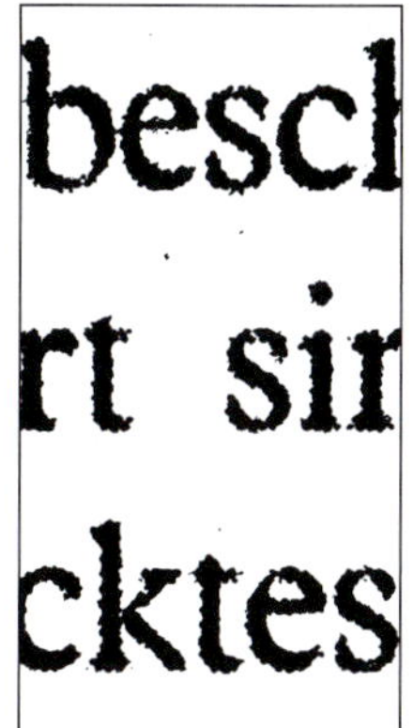

Erkennungsmerkmale Tiefdruck

Der Sägezahneffekt an den Buchstabenrändern ist gut erkennbar.

4.1.5 Flachdruck

4.1.5.1 Historischer Offsetdruck

Die „Erfindung" des Offsetdrucks geschah simultan: Caspar Hermann in Baltimore und Ira Washington Rubel in Rutherford stellten im Jahr 1904 ihre Erfindungen vor.

Bei der Anwendung des Offsetdrucks Anfang des 20. Jahrhunderts ist bei der Bewertung der Erfindung von Hermann und Rubel zu berücksichtigen, dass die verfahrenstechnischen Grundlagen für den indirekten lithografischen Druck seit ungefähr 30 Jahren bekannt waren. Von den Blechdruckmaschinen (um 1870 erfunden) ausgehend, ist der Offsetdruck eine folgerichtige technologische Entwicklung und keine neue Erfindung. Es ist davon auszugehen, dass Rubel und Hermann die Verfahrenstechnologien des Blechdrucks kannten und der Offsetdruck eine Parallelentwicklung mehrerer Personen war.

Rubels Offsetdruckmaschine

Nachbildung der ersten Offsetdruckmaschine von Ira Washington Rubel.

Ira Washington Rubel

Am 20.04.1906 erhält Rubel das DRP-Patent Nr. 190454 durch das kaiserliche Patentamt in Berlin für seine Erfindung des Offsetdrucks.

Rubel betreibt eine Steindruckerei in Rutherford/New Jersey, in der Druckarbeiten im Zink- und Steindruckverfahren hergestellt werden. Chronisten der Harris-Seybold-Company berichten, dass die Erfindung des Offsetdrucks einem Zufall zu verdanken ist. Rubel druckt in seiner Druckerei Banknoten. Beim Druck mit hartem Papier musste ein Gummituch auf den Gegendruckzylinder aufgezogen werden, um Druckprobleme zu beheben. Eine Bogenanlegerin ist unachtsam und lässt ab und zu einen Bogen aus. Dadurch läuft die Maschine ohne Bedruckstoff und ein Abdruck gelangt unbeabsichtigt auf das aufgespannte Gummituch. So wird er unbeabsichtigt auf die Rückseite des nächsten Bogens gedruckt, da die Farbtrocknung noch nicht erfolgt war. Als Rubel den Bogen kontrolliert, stellt er fest, dass die Qualität des ungewollt gedruckten Rückseitendrucks deutlich besser ausgedruckt war als die korrekte seitenrichtige Vorderseite. Er erkennt, dass der indirekte Druck dem direkten deutlich überlegen war. Das vom Gummituch kommende Bild war deutlich, klar, scharf und es kennt keine Quetschränder.

Rubel entschließt sich daraufhin, seine Druckerei aufzugeben und widmet sich dem Bau von Maschinen für den „Gummidruck". Später findet er für die Maschinen die Bezeichnung „Offset" vom englischen „off set" = absetzen. Wirtschaftlicher Erfolg ist ihm nicht vergönnt. Seine Maschinenfabrik muss nach einem Jahr geschlossen werden. Rubel geht nach England auf der Suche nach neuen Geldgebern. Er stirbt dort, erst 48 Jahre alt, 1908. Sein Verdienst ist, dass er den Offsetdruck durch spektakuläre Marketingaktionen in den USA und England bekannt macht und ihm damit zum Durchbruch verhalf.

Aus Rubels Kontakten in England entwickelte sich die erste kommerziell erfolgreiche Einfarben-Offsetdruckmaschine, die in vielen Ländern gebaut wurde. Die Offsetmaschine wurde in Deutschland bei der Leipziger Schnellpressenfabrik gebaut, die später mit der Dresdner Schnellpressenfabrik zu den Planeta-Werken fusionierte.

Caspar Hermann

Hermann war gelernter Steindrucker und Lithograf und wanderte, wie viele andere auch, mit 18 Jahren nach Amerika aus. Er arbeitet in vielen Druckereien und beschäftigt sich nebenher theoretisch und praktisch mit der Entwicklung der Druckbildübertragung.

Er experimentiert in einer kleinen Stein- und Zinkdruckerei in Baltimore und gelangt dadurch zu seinen Überlegungen zum Offsetdruck und beschrieb dies wie folgt: „Ich wollte bessere Abdrucke von Zink bekommen und kannte die Fähigkeiten des Kautschuks im Annehmen und Abgeben der Druckfarbe. Daher versprach ich mir beim Einsetzen eines Gummizylinders zwischen Druckform und Papier bessere Drucke. In einer Druckerei in Baltimore hatte ich eine kleine amerikanische Zinkdruckmaschine in meiner Abteilung, die ich umbaute. Der Erfolg war überzeugend".

1904 bot er der Harris Automatic Press Company in Niles/Ohio an, Buchdruck-Rotationsmaschinen in Offsetmaschinen umzubauen. Am 5. Januar 1905 kam es zur Vertragsunterzeichnung, wonach Hermann der Druckmaschinenfabrik all sein Wissen zur Verfügung stellte, um Hochdruckmaschinen zu Offsetdruckmaschinen umzubauen.

Caspar Hermann hatte allerdings weitaus bessere Ideen für den Bau von mehrfarbigen Rollenoffsetdruckmaschinen. Er verlässt die USA, da er dort seine Entwicklungen aufgrund der wirtschaftlich angespannten Lage nicht realisieren kann, und kehrt 1907 nach Deutschland zurück.

Nach vielen Versuchen, seine Ideen praktisch umzusetzen, wird im Herbst 1907 durch die Maschinenbaugesellschaft AG Zweibrücken die erste Offsetmaschine „Triumph" gebaut. Hermann führt diese Maschine sechs Monate in einem Leipziger Ladengeschäft und stellt die Funktionsreife seiner Entwicklung unter Beweis.

In den Jahren von 1907 bis 1917 entwirft Hermann zahlreiche Bogen- und Rollendruckmaschinen und erhält amerikanische und deutsche Patente für seine Konstruktionen. 1917 oder 1920(?) begründet die Maschinenfabrik Augsburg-Nürnberg AG die Abteilung Offsetdruckmaschinenbau und gewinnt Hermann für die Leitung dieser Abteilung. In der Folge entstehen Bogenmaschinen im Dreizylindersystem und vor allem Rollenoffsetdruckmaschinen für den Zeitungsdruck.

1907: DRP Nr. 203612 für die Universal-Offset-Rotationsmaschine für den gleichzeitigen Schön- und Widerdruck auf Rollenpapier. Bauprinzip war ein Vierzylindersystem Gummi gegen Gummi. Hermann erhält noch das Zusatzpatent für Österreich mit der Nr. 39931.

Weitere Patente folgen in den Jahren bis 1922 in den USA und Deutschland.

1923 verlässt Hermann Augsburg und kehrt nach Leipzig zurück, wo er sich besonders der Technologie des wasserlosen Offsetdrucks verschreibt. Versuche dazu führten ihn nach Wien. Hier entwickelte er Druckformen, die den wasserlosen Offsetdruck ermöglichen. Die dazu erforderlichen Offsetdruckmaschinen lässt er bei der Firma Faber & Schleicher in Offenbach bauen, die dazu benötigten speziellen Druckfarben wurden von der Firma Kast & Ehinger aus Stuttgart-Zuffenhausen geliefert.

Offsetmaschine Triumph

Caspar Hermann führt die erste deutsche Gummidruckmaschine 1907 in Leipzig vor. Der Fachbegriff „Offset" setzte sich erst ab etwa 1925 durch.

Caspar Hermann ist der erste deutsche Konstrukteur für Offsetdruckmaschinen, der erste deutsche Offsetdrucker, der erste Monteur und Instruktor für diese neue Maschinentechnologie.

Die letzten beiden Lebensjahre Hermanns waren geprägt von schweren Halsleiden, die zu seinem Tod am 06.11. 1934 führten. Der Todestag war der 100. Geburtstag von Alois Senefelder ...

4.1.5.2 Lithografie

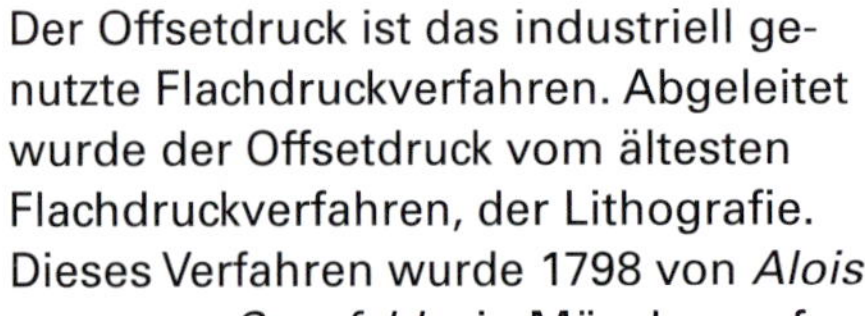

Lithografiesteine

Fertig präparierte Lithografiesteine mit seitenverkehrten Bildmotiven.

Steindruckpresse

Reiberdruckpresse mit kleinem Rollzylinder als Druckkörper.

Der Offsetdruck ist das industriell genutzte Flachdruckverfahren. Abgeleitet wurde der Offsetdruck vom ältesten Flachdruckverfahren, der Lithografie. Dieses Verfahren wurde 1798 von *Alois Senefelder* in München erfunden. Er suchte für seine eigenen Veröffentlichungen eine kostengünstigere Möglichkeit des Druckens, als dies der Hochdruck bietet. Dabei stößt Senefelder auf die Steinätzungen des 16. und 17. Jahrhunderts und entwickelt ein Verfahren des so genannten chemischen Drucks. Das Druckprinzip Senefelders beruht ab einer bestimmten Phase nicht auf mechanischen Wirkungen, sondern auf einem chemischen Prozess, dem wechselseitigen Abstoßverhalten zwischen Fett bzw. Farbe und Wasser.

Als Druckform verwendet Senefelder eine Solnhofener Kalkschieferplatte – aus Solnhofen im Altmühltal. Der so genannte Lithograf beschrieb diese geschliffene Kalkplatte mit Fetttusche bzw. Fettkreide. Danach wurde der Stein geätzt. An den bildfreien Stellen ohne Zeichnung oder Text wurde die Oberfläche dadurch wasserfreundlich und nahm, wenn sie eingefeuchtet wurde, keine Druckfarbe mehr an. In einer Steindruckpresse wird von der eingefeuchteten und eingefärbten Platte direkt auf den Bedruckstoff gedruckt. Neben der Entwicklung des „Chemischen Drucks“ konstruierte Senefelder Druckpressen, Geräte und Materialien für seine Erfindung und gab dazu 1818 ein „Lehrbuche zur chemischen Druckerey“ heraus.

Reiberdruckpressen

Kernstück der Senefelder'schen Druckmaschine war die Reiberdruckpresse. Da der flächige Abdruck des Steines vom Kraftaufwand her nicht möglich war, musste der notwendige Anpressdruck über einen Druckstreifen erreicht werden. Durch die Verwendung eines Reibers, der anfangs aus Holz, später aus Glas oder Metall gefertigt wurde, ließen sich gute Druckergebnisse erreichen. Durch den schmalen Druckstreifen des Reibers entsteht ein hohe Anpressdruck, der sich streifenartig über die Druckform fortsetzt. Dies führte zur Entwicklung von zylindrischen Reibern (siehe Abbildung links), die in Form der Roll- oder Hebelpresse gute Druckergebnisse lieferte.

Anfangs druckte Senefelder vor allem Musiknoten für Theater und Operaufführungen. Auf Veranlassung des Münchner Schulrats Steiner versuchte sich Senefelder mit dem Druck von Zeichnungen – mit wenig Erfolg.

Trotzdem setzte sich diese preiswerte Technik des Druckens vor allem in den Metropolen Europas schnell durch und wurde sowohl technologisch wie wirtschaftlich, auch für Senefelder, ein großer Erfolg. Senefelder war einer der ersten Erfinder, der einen Patentschutz zur wirtschaftlichen Nutzung seiner Erfindung erhielt.

*Alois Senefelder * am 06.11.1771 in Prag, † am 26.02.1834 in München.*

4.1.5.3 Lichtdruck

Das herausragende Druckverfahren für die originalgetreue (faksimile) Wiedergabe vor allem von Kunstwerken ist der Lichtdruck. Er wurde 1868 von dem Münchner Fotografen Dr. Josef Albert erstmals erfolgreich ausgeübt.

Albert erstellte von einem Gemälde des niederländischen Malers Peter Paul Rubens ein Halbtonnegativ und belichtete von diesem eine Lichtdruckform auf der Basis einer Chromgelatineschicht. Diese Schicht war auf einer Glasplatte aufgebracht, die beim ersten Druckversuch zu Bruch ging. Der Abzug dieses ersten Lichtdrucks war aber gelungen und ist der Nachwelt erhalten geblieben. Im Deutschen Buchmuseum in Leipzig kann dieser erste Lichtdruckabzug besichtigt werden.

Als Lichtdruck-Druckform wird eine Glasplatte verwendet, die mit einer lichtempfindlichen Chromgelatineschicht überzogen ist. Durch Wärmetrocknungen entstehen in der Gelatineschicht Spannungen, die ein Runzelkorn hervorrufen. Bei der Kopie mit einem Halbtonnegativ werden die belichteten Stellen gehärtet und verlieren ihre Quellfähigkeit. Während der Vorbereitung zum Druck quillt die Schicht an den zeichnungsfreien Stellen in einer Glycerin-Wasser-Lösung reliefartig auf und stößt die Druckfarbe ab. Die gehärteten und nicht quellfähigen Stellen nehmen jetzt die Druckfarbe an.

Lichtdruckereien gibt es in Deutschland nur noch in musealer Form. Die bekannteste ist die Lichtdruckwerkstatt in Dresden, die dem Druckhaus Dresden angeschlossen ist. Wenn Sie sich für diese alte Technologie näher interessieren, schauen Sie sich die Website dieser Druckerei ausführlich an, es ist lohnenswert.

www.lichtdruckwerkstatt.de

Die Startseite ist links abgebildet.

4.1.5.4 Blechdruck

Der Blechdruck ist als Sonderverfahren des Offsetdrucks etwa seit 1880 bekannt. Bereits vor der Nutzung des Offsetdrucks auf den Bedruckstoff Papier wurden in Spezialmaschinen Blechtafeln mit Hilfe eines Gummituches indirekt von einer Druckform bedruckt. Die Übertragung der Druckfarbe auf den Bedruckstoff Blech ist erforderlich, weil die harten Bleche kein direktes Bedrucken zulassen.

In modernen Blechdruckereien werden im Blechdruckverfahren Bilder auf grundierte Metalltafeln gedruckt, die nach der IR- oder UV-Trocknung zu Büchsen, Deckeln, Dosen und Schildern verarbeitet werden. Einige Produktbeispiele sind in der Abbildung unten dargestellt.

Blechdruck

Beispiele für Blechdruckerzeugnisse, gedruckt bei der Fa. Bauer und Kunzi in Ditzingen bei Stuttgart.

(Quelle: Bauer und Kunzi, Ditzingen)

4.1.5.5 Offsetdruck

Prinzip der Druckbildübertragung
Die am häufigsten genutzten Flachdruckverfahren sind der industrielle Offsetdruck und der Blechdruck.

Hydrophob = feuchtfeindlich oder farbfreundlich
Hydrophil = feuchtfreundlich oder farbfeindlich
Olephil = farbfreundlich
Lipophil = fettfreundlich

Grundsätzlich gilt für alle Flachdruckverfahren, dass es farbfreundliche (hydrophobe) und wasserfreundliche (hydrophile) Stellen auf der flach erscheinenden Druckplatte gibt. Die hydrophoben Stellen sind die bildführenden Elemente einer Druckform und liegen auf nahezu gleicher Ebene wie die nichtdruckenden wasserführenden Elemente. Das Einfärben und -feuchten der Druckform lässt sich durch das komplexe Zusammenwirken chemisch-physikalischer Vorgänge erläutern, die im Wesentlichen in der Grenzflächenphysik und dem Gegensatz von farbannehmenden und farbabstoßenden Substanzen zu finden sind.

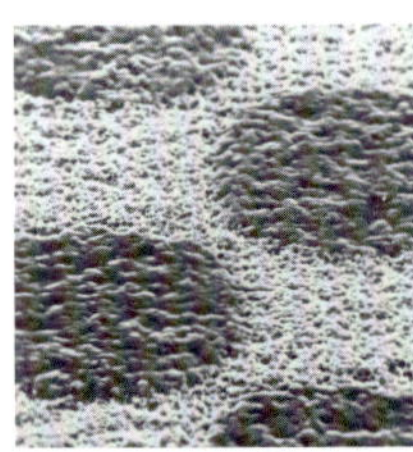

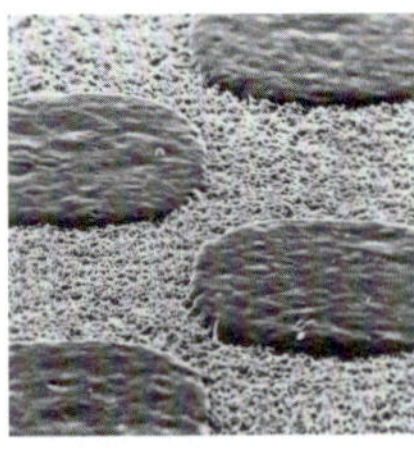

Oberflächen von Offsetdruckplatten

Mikroaufnahmen zweier Offsetplatten. Oben sind druckende Rasterpunkte auf einer mikrogekörnten Offsetplatte, unten auf einer elektrolytisch gerauten Platte zu sehen. Die bessere Rasterpunktqualität bei der unteren Abbildung ergibt sich aus der feineren Oberflächenstruktur.

Flachdruckformen weisen, wie in den Abbildungen links zu erkennen ist, druckende und nichtdruckende Stellen auf, die nahezu auf gleicher Ebene liegen. Diese Stellen sind so präpariert, dass alle druckenden Stellen Druckfarbe annehmen und alle nichtdruckenden Stellen wasserfreudlich sind, also Druckfarbe abstoßen und das Feuchtwasser aufnehmen.

Die Oberfläche einer Flachdruckform ist gekörnt. Auf dieser gekörnten Aluminiumoberfläche befindet sich eine hydrophobe Kunststoffschicht. Durch entsprechende Übertragungs- und Auswaschverfahren wird diese Kunststoffschicht zum Informationsträger. Die nach dem Auswaschen freigelegte gekörnte Aluminiumoberfläche ist in der Lage, Feuchtwasser aufzunehmen. Beim Druckvorgang wird die Form zuerst befeuchtet. Dabei speichern die hydrophilen Stellen das Feuchtmittel. Danach wird die Druckplatte eingefärbt und die hydrophoben Stellen übernehmen die Farbe. Die Druckfarbe gibt die Bild- und Textinformationen an den Bedruckstoff weiter.

Das Wort „Offset" (engl. off set = absetzen) verdeutlicht das Verfahrensprinzip: Die Druckfarbe wird zuerst von der Druckplatte auf das Gummituch „abgesetzt" und von dort auf den Bedruckstoff übertragen. Da der Druck über einen Zwischenträger auf den Bedruckstoff erfolgt, muss die Druckform demzufolge seitenrichtig sein.

Die Abbildung unten zeigt dies. Links ist symbolisch die seitenrichtige Druckform, in der Mitte das seitenverkehrte Gummituch und rechts das seitenrichtige Druckbild auf dem Bedruckstoff zu sehen. Die Seitenlage wechselt von Informationsträger zu Informationsträger.

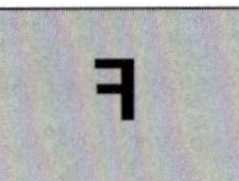

Druckform → Gummituch → Bedruckstoff

Kennzeichen des Offsetdrucks
Die Verfahrenskennzeichen des Offsetdrucks sind:

- Die Anwendung des Druckprinzips rund – rund mit Druckzylindern gestattet hohe Druckgeschwindigkeiten in Verbindung mit großen Druckformaten.
- Hohe Druckauflagen sind möglich durch das Zusammenwirken von harter Druckform und weichem Gummituch.
- Da ein indirektes Verfahren über ein elastisches Gummituch vorliegt, können Bedruckstoffe mit einer rauen Oberfläche problemlos in guter Qualität bedruckt werden.

Offsetdruckmaschinen

Der Offsetdruck ist das industriell genutzte Flachdruckverfahren. Hier hat sich das Rotationsprinzip durchgesetzt, also das Druckprinzip rund – rund. Der Name des Offsetdrucks leitet sich, wie vorne schon erwähnt, vom englischen Begriff „to set off" ab – dies bedeutet absetzen. Damit erklärt sich das Grundprinzip der Offsetdruckmaschine.

In der Grundkonfiguration besteht ein Offsetdruckwerk immer aus drei Zylindern: dem Form- oder Plattenzylinder, dem Gummituchzylinder (Kurzform Gummizylinder) und dem Gegendruckzylinder (Kurzform Druckzylinder).

Auf dem Formzylinder ist die Druckform aus Aluminium aufgespannt. Ein Feucht- und Farbwalzensystem feuchtet und färbt die Druckform ein. Der Formzylinder „setzt" die Farbe bzw. das Druckbild auf den Gummizylinder ab. Von dort wird die Druckfarbe auf den Bedruckstoff übertragen, der zwischen dem Gummizylinder und dem Gegendruckzylinder hindurchläuft.

Verfahrensbedingt ist die Farbübertragung zwischen dem Plattenzylinder und dem Gummizylinder sehr gut. Vom Plattenzylinder wird in geringen Mengen Feuchtmittel auf das Gummituch übertragen. Durch diese Feuchtmittelübertragung an den Bedruckstoff kann sich der Bedruckstoff dehnen. Dies hält sich aber in beherrschbaren Grenzen. Das Farbabgabeverhalten zwischen dem Gummizylinder und dem Bedruckstoff ist ebenfalls sehr gut. Die druckenden Elemente werden exakt auf die Bedruckstoffoberfläche übertragen.

Da es sich beim Offsetdruck um ein indirektes Druckverfahren handelt, muss die Druckform seitenrichtig sein, damit das Druckbild in der korrekten Seitenlage auf dem Bedruckstoff erscheint. Vorteil des indirekten Drucks über das Gummituch ist die Möglichkeit, raue Bedruckstoffoberflächen zu bedrucken, da sich die Oberfläche des Gummituches allen Bedruckstoffoberflächen gut anpassen kann. Damit können strukturierte Bedruckstoffe gut, schnell und technisch ohne große Schwierigkeiten bedruckt werden.

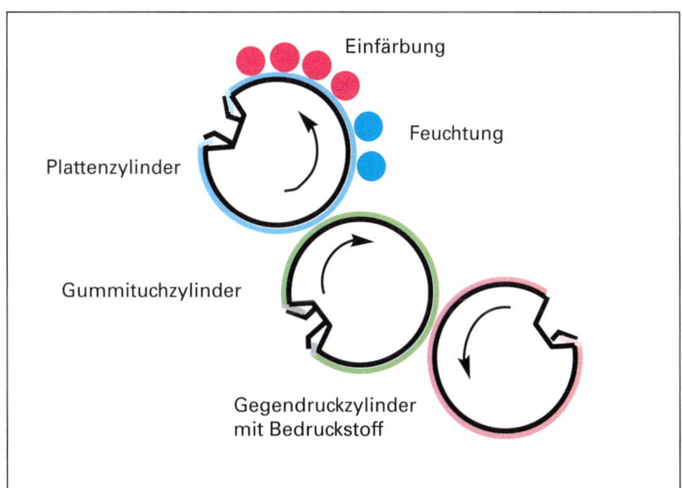

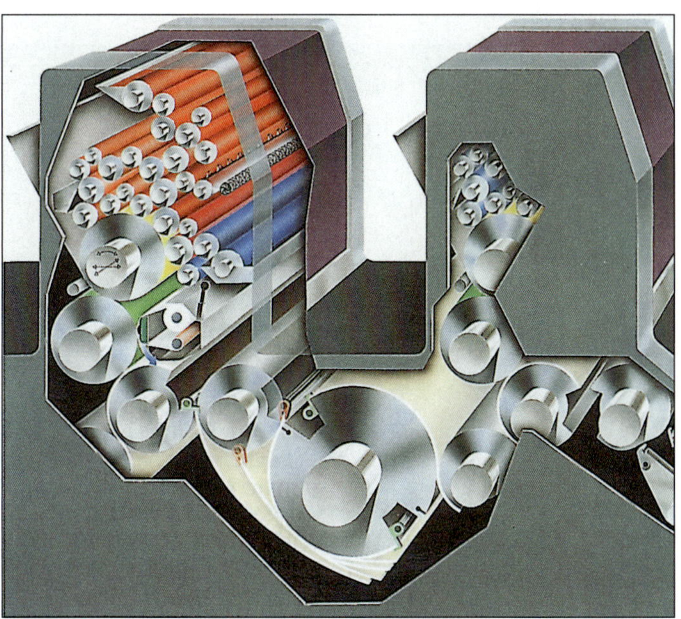

Schema Offsetdruck

Oben: Druckwerkschema

Unten: Zweifarben-Schön- und Widerdruck-Offsetdruckmaschine

Grundsätzlich werden zwei Arten von Offsetdruckmaschinen unterschieden:

- *Bogenoffsetdruckmaschinen* für das Bedrucken von einzelnen Planoformatbogen.
- *Rollenoffsetdruckmaschinen* für das Bedrucken von Rollenmaterialien.

Heidelberger Speedmaster

5-Farb-Druckmaschine

KBA-Druckmaschine als Kunstobjekt

Auf der DRUPA 2004 wurde diese von Künstlerhand bemalte 7-Farben-Druckmaschine in Reihenbauweise vorgestellt.

Bogenoffsetdruckmaschinen

Einzelne, immer gleich große Druckbogen werden in einer Bogen-Offsetdruckmaschine nacheinander bedruckt.

Dazu wird ein Papierstapel in den Anleger einer Offsetmaschine eingelegt. Zum Druck müssen die Bogen durch das Anlegersysteme vereinzelt und dem Druckwerk durch verschiedene Greifer zugeführt werden. Jedes Druckwerk bedruckt die Bogen mit einer Farbe. Dies kann, je nach Druckmaschinentyp, ein- oder mehrfarbig erfolgen.

Einfarbendruckmaschinen haben ein Druckwerk, Mehrfarbendruckmaschinen weisen zwei, vier, fünf oder mehr Druckwerke auf. Es werden Maschinen in der so genannten Reihenbauweise, Fünfzylinderbauweise und Satellitenbauweise unterschieden.

Druckmaschinen in *Reihenbauweise* werden von der Heidelberger Druckmaschinen AG, KBA Planeta, Komori u.a gebaut. Ein Beispiel dafür ist die links abgebildete 5-Farben-Speedmaster mit deutlich erkennbarem Anleger (rechts) und Ausleger (links) und die unten abgebildete KBA-Planeta.

Die Vorteile der Reihenbauweise sind einleuchtend:

- Alle Druckwerke sind exakt gleich aufgebaut.
- Zwischen allen Druckwerken sind immer die gleichen Abstände und damit immer ein gleicher Druckrhythmus. Dieses Zeitintervall begünstigt das Trocknen der einzelnen Farben zwischen den einzelnen Druckgängen bei Mehrfarbenmaschinen.
- Alle Druckwerke sind gut zugänglich.
- Es können gut zugängliche Wendetrommeln für S/W-Druckmaschinen eingebaut werden.

Maschinen in *Fünfzylinderbauweise* werden von der Firma MAN-Roland angeboten. Bekannt sind z.B. die Maschinen der Roland-Rekord-Baureihe. Derartige Maschinen bilden immer ein Zweifarbendruckwerk und bedrucken einen Bogen in einem Greiferschluss mit zwei Farben. Solche Maschinen werden immer weniger gebaut, da MAN-Roland seit der DRUPA 2000 Mehrfarbenmaschinen auch in Reihenbauweise herstellt.

Vorteile der Fünfzylindermaschinen liegen vor allem darin, dass in einem Greiferschluss zwei Farben gedruckt werden. Dies ist günstig für einen exak-

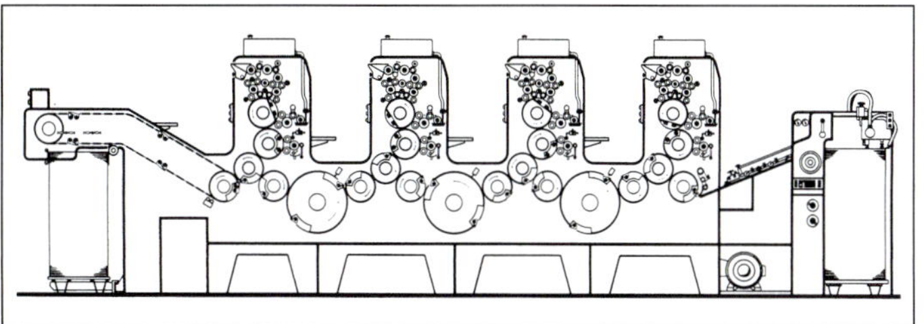

Darstellung Reihenbauweise

4-Farb-Heidelberger Speedmaster 72V (Format 52 x 72 cm) und 102V (Format 71 x 102 cm).

Offsetdruckwerk

Offsetdruckwerk mit doppelt großem Druckzylinder (Roland 700).

Darstellung Fünfzylinderbauweise

4-Farb-Roland-Rekord mit zwei Doppeldruckwerken, Kettengreifersystem und Kettengreiferauslage. Dieser Maschinentyp wird nicht mehr gebaut.

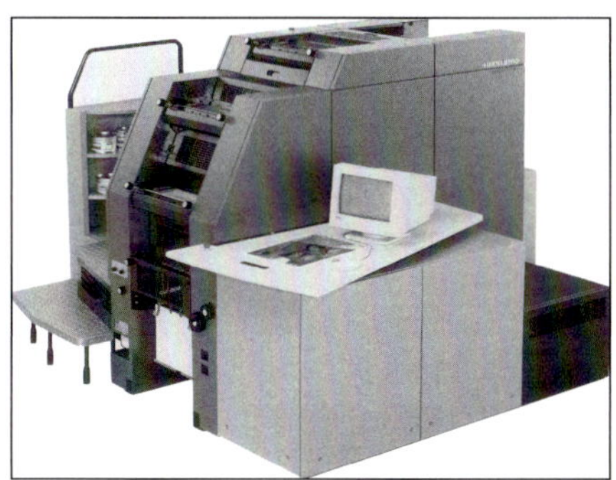

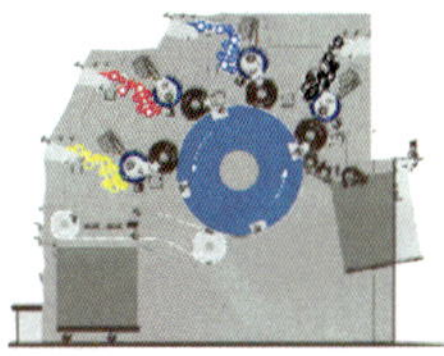

Quickmaster DI in Satellitenbauweise

Die Heidelberger Quickmaster DI-46-4 ist eine kleinformatige Druckmaschine in platzsparender Satellitenbauweise für den einseitigen Vierfarbdruck. Links ist die Maschinenansicht zu sehen, oben eine schematische Darstellung der Bauweise.

(Quelle: Heidelberger Druck AG)

ten Passer zwischen den beiden Druckfarben. Fünfzylindermaschinen beanspruchen durch ihre kompakte Bauart weniger Platz als eine Maschine in Reihenbauweise. Nachteil dieser Bauart ist der lange Bogentransport zwischen den Drucktürmen.

Ein Beispiel für eine Druckmaschine in *Satelittenbauweise* ist die Heidelberger Quickmaster DI 46-4. Diese Satelittenbauweise wird im Bogenoffsetdruck selten verwendet, sie ist mehr bei Rollenoffsetdruckmaschinen zu finden. Die Quickmaster DI ist eine kleinformatige Offsetdruckmaschine, deren Druckformen/-folien direkt in der Maschine bebildert werden. Die Satelittenmaschine druckt einseitig vierfarbig.

Maschinen in Satellitenbauweise sind außerordentlich kompakt gebaut und benötigen wenig Platz. Der Vierfarbdruck wird in einem Greiferschluss durchgeführt und wird immer einen ausgezeichneten Passer aufweisen.

Schön- und Widerdruckmaschinen

Der Schöndruck auf einen Bogen Papier ist der erste Druck, der Widerdruck ist der Druck auf die Rückseite des Bogens. In einer S/W-Druckmaschine wird der Druckbogen in einem Bogendurchlauf durch die Druckmaschine auf beiden Bogenseiten bedruckt.

Als Kennzeichnung eines solchen Druckvorganges wird folgende Zahlenkombination verwendet:

- 1/1 = Vorder-/Rückseite wird einfarbig bedruckt.
- 1/4 = Vorderseite einfarbig/Rückseite wird vierfarbig bedruckt.
- 4/4 = Vorderseite vierfarbig/Rückseite wird vierfarbig bedruckt.

Rollenoffsetdruck

MAN Polyman – Illustrations-Rollenoffsetdruckmaschine mit automatischem Plattenwechselsystem.

Rollen-Offsetdruckmaschinen

Rollenmaschinen für den Offsetdruck (und den Tiefdruck) verarbeiten Bedruckstoffe, die endlos von der Rolle den Druckwerken zugeführt werden. In den Druckwerken werden in vielen Fällen

Bild: MAN-Roland Druckmaschinen AG

Bild: Heidelberger Druckmaschinen AG

Trichterfalz an einer Zeitungsrotation

Die bedruckte Papierbahn des „Daily Telegraph" wird in der Rollenmaschine zusammengeführt, geschnitten, gefalzt und danach als Fertigprodukt ausgelegt.

beide Seiten einer Papierbahn bedruckt, also ein Schön- und Widerdruck wird erstellt. Nach dem Bedrucken wird die Papierbahn durch eine an die Druckmaschine angeschlossene Inline-Verarbeitungsanlage zum Endprodukt geschnitten, gefalzt, geheftet usw.

Akzidenz- und Zeitungsdruckmaschinen weisen üblicherweise eine Inline-Weiterverarbeitungsanlage auf, die falzen, schneiden, binden und auslegen kann. Zeitungsdruckmaschinen bzw. große Rotationsanlagen können mehrere Papierbahnen zugleich bedrucken und zum Endprodukt weiterverarbeiten.

Endlosdruckmaschinen und Formulardruckmaschinen werden normalerweise mit einer produktspezifischen Weiterverarbeitungsanlage ausgerüstet.

Allen Rollen-Offsetdruckmaschinen gemeinsam ist, dass die Druckformate durch den Zylinderumfang festgelegt sind. Dies bedeutet, dass nur sehr geringe Formattoleranzen in Umfangsrichtung z.B. bei der Produktion von Tageszeitungen möglich sind. In der Rollenbreite ist man variabel. Hier lassen sich Papierbahnen mit unterschiedlicher Breite, je nach Produkt, verwenden.

Mehrfarben-Rollendruckmaschinen drucken im Nass-in-Nass-Druck. Die Papierbahn durchläuft die Druckwerke in zeitlich so kurzen Abständen, dass die Farben keine Trocknungsmöglichkeit haben. Daher werden die Farben nass aufeinander gedruckt und müssen dann vor der Weiterverarbeitung durch ein Trockenaggregat geführt werden. Einschränkend sei gesagt, dass dies abhängig vom verwendeten Bedruckstoff betrachtet werden muss.

Ungestrichene Naturpapiere werden häufig für den Druck von Tageszeitungen, Wochenblättern, Taschenbüchern u.Ä. verwendet. Bei diesen Bedruckstoffen trocknet die Druckfarbe weitgehend physikalisch durch Wegschlagen und muss i.d.R. nicht getrocknet werden.

Gestrichene Papiere werden für hochwertigere Produkte verwendet und erfordern so genannte Heatset-Farben. Diese Farben trocknen bei etwa 260 °C und erfordern einen in die Rollenmaschine integrierten Heißlufttrockner, durch den die Bedruckstoffbahn berührungslos hindurchgeführt wird. Danach wird die Papierbahn durch Kühlwalzen gekühlt und erhält hier den für Rollenoffsetdruck mit Heatset-Farben typischen Glanz. In vielen Maschinen wird nach der Kühlung von der Bedruckstoffbahn noch eine Silikon-Anlage durchfahren, in welcher die Bahn einen Teil der verlorenen Feuchtigkeit zurückerhält. Dadurch erhält die Papierbahn gute Weiterverarbeitungseigenschaften für die Inline-Verarbeitung.

Rollen-Offsetdruckmaschinen für den Druck auf ungestrichene Papiere wie z.B. für den Zeitungsdruck, Wochenblätter oder Rotationsromane werden mit Coldset-Farben gedruckt, benötigen also keine Trockner- und Kühleinrichtung. Allerdings ist der Anspruch an die erzielbare Druck- und Farbwiedergabequalität niedriger anzusetzen.

Rollen-Offsetdruckmaschinen sind festformatige Maschinen, da der Zylinderumfang mit dem kleinen Spannkanal die Länge des Papierabschnitts definiert. Die Papierbahnbreite ist variabel und kann dem Produkt angepasst werden. Die meisten Akzidenz-Rollendruckmaschinen in Europa sind üblicherweise auf das DIN-A-4-Hoch- oder Querformat ausgerichtet.

Zeitungsdruckmaschinen weisen bestimmte, normierte Formate auf (siehe Marginalie). Diese Normen werden allerdings von den Maschinenherstellern nicht streng eingehalten, sondern variiert. Bekannte Hersteller von Zeitungsrotationsmaschinen sind z.B. MAN-Roland in Augsburg, König + Bauer in Würzburg, Heidelberger Druckmaschinen und die Firma Wifag aus Bern/Schweiz.

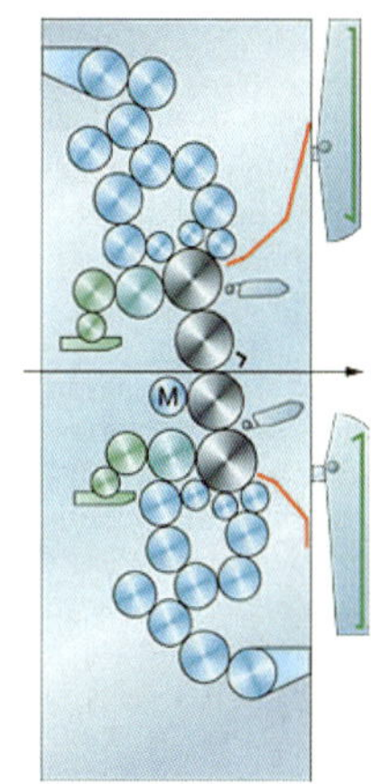

Schema 4-Zylinder-Druckwerk

mit kombiniertem Feuchtfarbwerk in stehender Ausführung mit Darstellung der Papierführung.

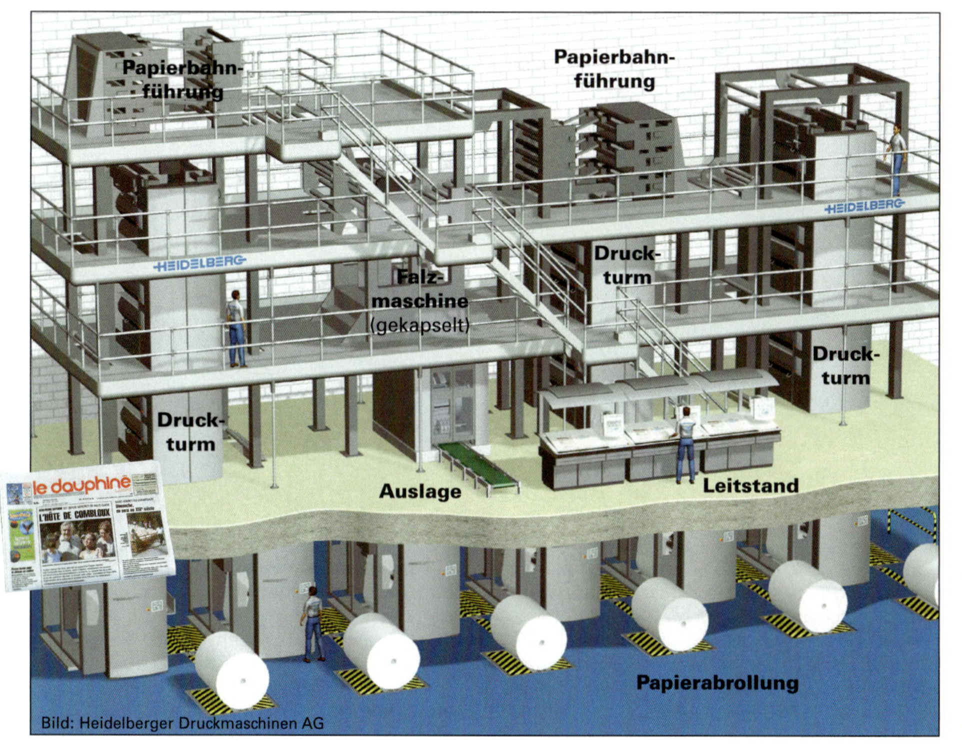

Bild: Heidelberger Druckmaschinen AG

Zeitungsmaschine

Die französche Regionalzeitung „Le Dauphiné“ in Grenoble hat die abgebildete Zeitungsrotation in Etagenbauweise der Heidelberger Druckmaschinen AG installiert.

Zeitungsformate

Deutsche Formate:
Rheinisches Format
365 x 510 mm
Halbrheinisches Format 255 x 365 mm
Berliner Format
315 x 470 mm
Nordisches Format
400 x 570 mm

Internationale Formate:
Neue Züricher Zeitung
330 x 475 mm
New York Times
390 x 585 mm

Technik Rollenoffsetdruck

Links: Sleevewechsel in einer Rollenoffsetdruckmaschine durch einen Drucker.

Rechts: Auslage einer Rollenoffsetdruckmaschine mittels Schaufelräder. In die Schaufeln werden die Fertigprodukte eingelegt und zur Auslage transportiert.

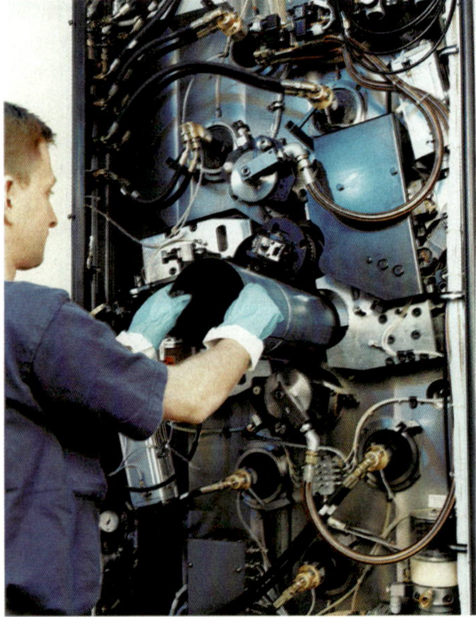

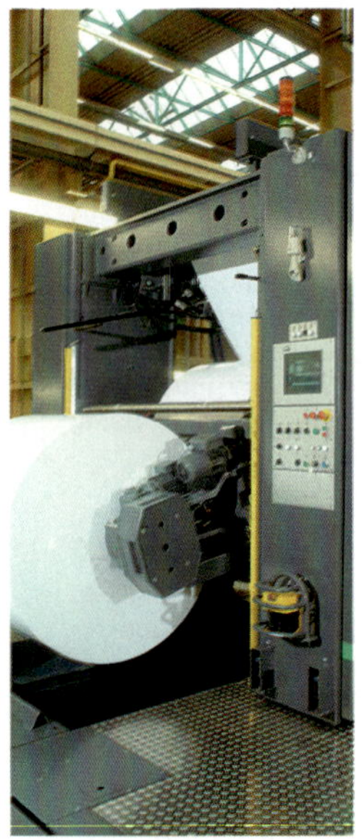

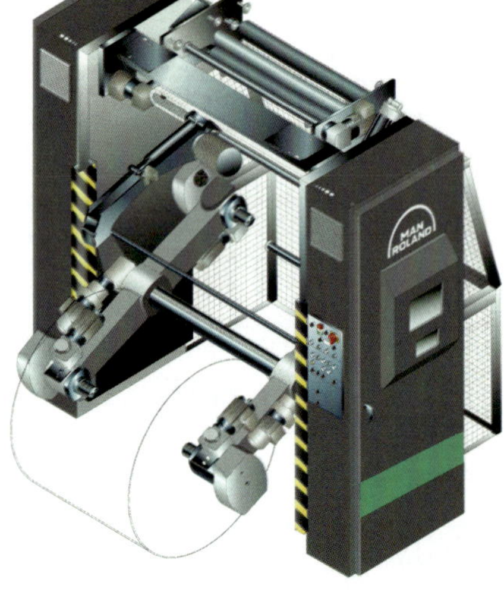

Rollenwechsler

an einer Akzidenz-Rollendruckmaschine. Der Rollenwechsler kann zwei Papierrollen aufnehmen und „on-the fly" wechseln. Die obige schematische Darstellung zeigt den Aufbau eines derartigen Rollenwechslers der Firma MAN-Roland. Die Rolle selbst ist nur schematisch dargestellt. Der Rollenwechsel findet während des Drucks automatisch statt. Die Rolle muss dafür mit Klebevorrichtungen vorbereitet werden.

Druckplattenwechsel Rollenoffsetdruckwerk

Automatischer Druckplattenwechsel bei einer MAN-Rotoman S.

(Alle Abb.: MAN-Roland Druckmaschinen AG)

Steuerpult Offsetdruckmaschine

Bedienpult einer Bogenoffsetdruckmaschine. Deutlich sind die einzelnen Steuerelemente für die Farbzonensteuerung des Farbwerkes zu erkennen. Durch die Eingabe einzelner Stellschritte können die Farbzonen für mehr Farbe geöffnet oder für weniger Farbe geschlossen werden.

Farbwerk Offsetdruckmaschine

Farbwerk einer Mehrfarbenoffsetdruckmaschine. Deutlich ist auf der Stahlduktorwalze erkennbar, welche Farbzonen geöffnet bzw. geschlossen sind. Diese Einstellungen können von Hand am Bedienungspult getätigt werden.

Farbmessung

Zur Kontrolle der Farbführung kann mit einem densitometrischen oder spektralfotometrischen Messkopf die Farbdichte gemessen und geregelt werden.

pH-Wert und Offsetdruck

Der klassiche Offsetdruck funktioniert nur in einem gut aufeinander abgestimmten Zusammenwirken der Komponenten Feuchtwasser, Druckfarbe und Bedruckstoff. Beim Auflagendruck mit einer Offsetdruckmaschine kann es vorkommen, dass

- die Druckfarbe schlecht, also sehr langsam trocknet;
- die Auflagenbeständigkeit der Druckform reduziert wird;
- die Druckfarbe emulgiert, also die Grenzflächenspannung zwischen Farbe und Feuchtmittel reduziert ist;
- Farben mit Metallpigmenten oxydieren und unschöne Effekte erzeugen;
- eine Druckplatte die Tendenz zum Tonen entwickelt, also an den nichtdruckenden Stellen druckt.

Ursache dieser Druckschwierigkeiten ist oftmals ein ungeeigneter pH-Wert des verwendeten Feuchtmittels, das über die Feuchtauftragswalzen in das Drucksystem eingespeist wird.

pH-Wert-Skala

Die Skala der pH-Werte umfasst den sauren Bereich von pH 0 bis etwa pH 6,9. Der neutrale pH-Wert liegt bei pH 7 und darüber befindet sich bis pH 14 der alkalische Bereich der pH-Wert-Skala.
Als Beispiel für eine Säure wäre die Salzsäure mit pH 0 zu nennen, Wasser ist mit pH 7 neutral und Seifen- oder Waschlaugen liegen dann im alkalischen Bereich.

ph-Wert – Definition und Bestimmung

Der pH-Wert (potentia Hydrogenii = Wirksamkeit des Wasserstoffs) gibt an, wie stark eine vorliegende Lösung sauer oder alkalisch ist. Ursache der sauren Wirkung sind die Wasserstoffionen (H^+), Träger der alkalischen Situation die Hydroxylionen (OH^-). Beide Ionen sind in allen wässrigen Lösungen nebeneinander vorhanden, ihre jeweiligen Konzentrationen können aber in weiten Grenzen verschieden sein.

Ist die Konzentration der H^+- und OH^--Ionen gleich groß, so ist die Lösung neutral und die Konzentration beträgt für beide 10^{-7} Grammionen oder Mol je Liter bei einer Temperatur von 20 °C.

Überwiegen die H^+-Ionen, dann ist die Lösung sauer. Die H^+-Ionenkonzentration kann von 10^{-7} je Liter über 10^{-5} bis 10^{-0} ansteigen. Überwiegen die OH^--Ionen bedeutet dies, dass die H^+-Ionenkonzentration unter 10^{-7} über 10^{-10} bis 10^{-14} sinkt. Eine Lösung reagiert dann alkalisch.

Zahlenwerte von Größen, die in solchen Grenzen schwanken, werden allgemein durch ihre Exponenten zur Basis 10, d.h. durch ihre dekadischen Logarithmen, gekennzeichnet. Da die Zahlenwerte der H^+-Ionenkonzentration kleiner sind als 1 und demzufolge negative Logarithmen ergeben, arbeitet man mit dem negativen Logarithmus und gibt ihn als pH-Wert einer Lösung an.

Die Skala der pH-Werte umfasst die folgenden Bereiche:

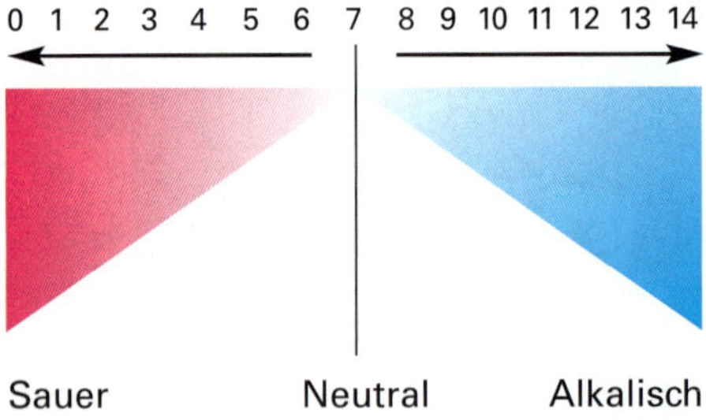

0 1 2 3 4 5 6 7 8 9 10 11 12 13 14

Sauer Neutral Alkalisch

Die Messung des pH-Wertes kann elektrometrisch oder colorimetrisch erfolgen. Die erste Methode wird zur automatischen pH-Wert-Messung z.B. bei Rollenoffsetdruckmaschinen eingesetzt.

Mit Hilfe von Indikatorfarbstoffen wird colorimetrisch gemessen. Indikatorfarbstoffe haben die Eigenschaft, sich bei bestimmten pH-Werten charakteristisch umzufärben. Durch eine, bei den Indikatorpapieren befindliche Farbumschlagstabelle kann der Farbumschlag direkt einem pH-Wert zugeordnet werden.

Der pH-Wert von Bedruckstoffen wie Papier, Pappe oder Karton kann mit Hilfe von Indikatorpapieren und dem

Einsatz von destilliertem Wasser ermittelt werden. Zur Messung des pH-Wertes am Bedruckstoff wird dieses zuerst in destilliertes Wasser getaucht. Dann wird zwischen zwei Seiten des zu prüfenden Papiers das Indikatorpapier hineingelegt und etwa 10–15 Minuten in festen Kontakt gebracht. Danach wird der Farbton des Indikatorpapiers mit der Farbtafel verglichen, um den pH-Wert festzustellen.

Korrekte pH-Wert-Einstellung

Die Einhaltung des korrekten pH-Wertes im Feuchtwasser der Druckmaschine ist eine der Aufgaben des Druckers. Zu hohe oder zu niedrige pH-Werte führen zu einer Störung des Gleichgewichts zwischen Feuchtwasser und Druckfarbe. Kommt es zu Störungen des Gleichgewichts, mischen sich Farbe und Feuchtmittel zu einer Emulsion. An den nichtdruckenden Stellen bauen sich durch die unvollständige Feuchtung Farbteilchen auf und es beginnt auch hier zu drucken – es „tont" sagt der Praktiker.

Die optimalen Bedingungen für den Druck und die anschließende Trocknung sind dann vorhanden, wenn der pH-Wert zwischen pH 5,5 und 6,5 im leicht sauren Bereich liegt. Innerhalb dieses Bereiches muss der pH-Wert noch auf den pH-Wert des verwendeten Papiers abgestimmt werden.

Für die Herstellung von Druckpapieren gibt es pH-Wert-Vorgaben, die von einer Druckerei bei der Wareneingangskontrolle geprüft werden sollten. Offsetpapiere sollten den pH-Wert von 4,5 nicht unterschreiten und den pH-Wert 9,5 nicht überschreiten.

Bei einem pH-Wert von < 4,5 trocknen die Druckfarben langsamer. Die katalytische Wirkung der Trockenstoffe in der Farbe wird reduziert. Liegt der pH-Wert eines Papiers im alkalischen Bereich, besteht die Gefahr, dass das Feuchtwasser durch zurückgeführte Alkaliebestandteile des Papiers tendenziell alkalisch wird. Dies würde zu Druckproblemen führen, wenn der Drucker dies nicht beachten sollte.

Der gesamte Ablauf des Feuchtens und Färbens in einer Offsetmaschine läuft weitgehend automatisch ab. Das Farb-Wasser-Gleichgewicht wird durch ein gezieltes Vorfeuchten des Feucht- und Farbwerks beim Andrucken der Maschine sehr schnell erreicht. Durch die Zugabe von Hilfsmitteln wie Alkohol, Stabilisatoren, Pufferlösungen, Netzmittel oder saure bzw. alkalische Lösungen wird das Erreichen und Halten des Farb-Wasser-Gleichgewichts in der Druckmaschine unterstützt.

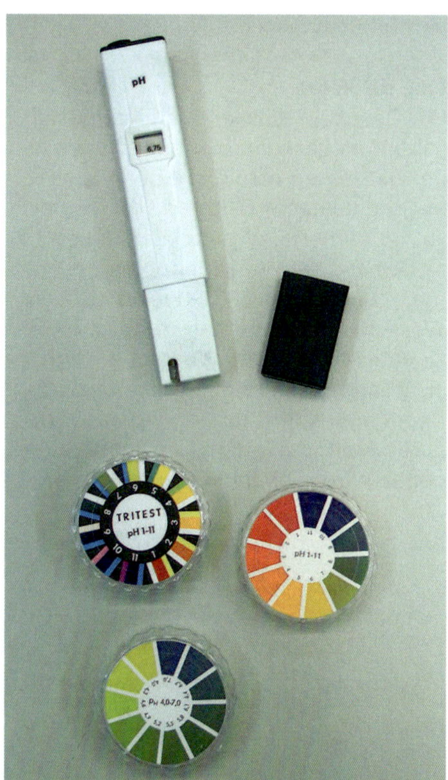

pH-Wert-Messung

Die Abbildung zeigt oben ein Gerät zur elektronischen pH-Wert-Bestimmung, das häufig in Druckereien zu finden ist. Unten sind verschiedene Spezial-Indikatorpapiere zur pH-Wert-Messung abgebildet, die verschieden große Messbereiche abdecken.

www.eurotronik.de

Wasserhärte und Offsetdruck

Der pH-Wert des Feuchtwassers schwankt, bedingt durch den pH-Wert des Papiers. Mit Hilfe moderner Feuchtmittelzusätze wird der pH-Wert im offsetgünstigen Bereich von pH 4,8 bis pH 5,5 stabilisiert. Die Pufferwirkung des Feuchtmittelzusatzes ist jedoch stark von der Hydrogencarbonathärte des Wassers abhängig. Je höher die Hydrogencarbonathärte des Wassers ist, umso schneller ist die Pufferwirkung des Feuchtmittelzusatzes erschöpft. Aus diesem Grund gibt es Feuchtmittelzusätze für Wasser mit geringer oder hoher Hydrogencarbonathärte. Beim Bestellen von Feuchtmittelzusätzen muss der Drucker unbedingt darauf achten, dass der Feuchtmittelzusatz die richtige Spezifikation für das in der Druckerei verfügbare Wasser aufweist.

Der dH-Wert

Der Gehalt an Kalzium- und Magnesiumsalzen im Wasser gibt die Wasserhärte an. Gemessen wird diese in ° dH, also in Grad deutscher Härte. 1° dH ist gleich 10 mg Kalziumoxyd pro Liter Wasser.

Das aus der Wasserleitung entnommene und als Feuchtmittel verwendete Wasser kommt in unterschiedlicher Qualität an. Es enthält neben oft nicht sichtbaren Verunreinigungen Kalzium- und Magnesiumsalze in gelöster Form, deren Menge mit dem Härtegrad angegeben wird. Abhängig ist die Wasserhärte unter anderem auch von der geologischen Gesteinsformation des jeweiligen Wassereinzugsgebietes.

Die Wasserhärte wird, wie auch der pH-Wert mit Indikatorstäbchen ausreichend exakt festgestellt. Diese Indikatorstäbchen werden etwa eine Minute in das Wasser eingetaucht und mit einer gelieferten Farbskala verglichen. Das Ergebnis der Messungen lässt sich wie folgt einordnen:

- Härtebereich 1
  0° – 7° dH
- Härtebereich 2
  8° – 15° dH
- Härtebereich 3
  16° – 21° dH
- Härtebereich 4
  22° – ∞° dH

Eine Wasserhärte von unter 5° dH ist zu vermeiden. Häufiger ist in den Mittelgebirgen Deutschlands eine Wasserhärte über 15° dH anzutreffen. Bei einer hohen Wasserhärte können verstärkt so genannte Kalkseifen entstehen, die zu einem Blanklaufen der Farbwalzen führen können.

Um die negativen Erscheinungen aufgrund einer zu hohen Wasserhärte zu vermeiden, gibt es unterschiedliche Möglichkeiten, Wasser zu enthärten. Die erste Möglichkeit besteht darin, die

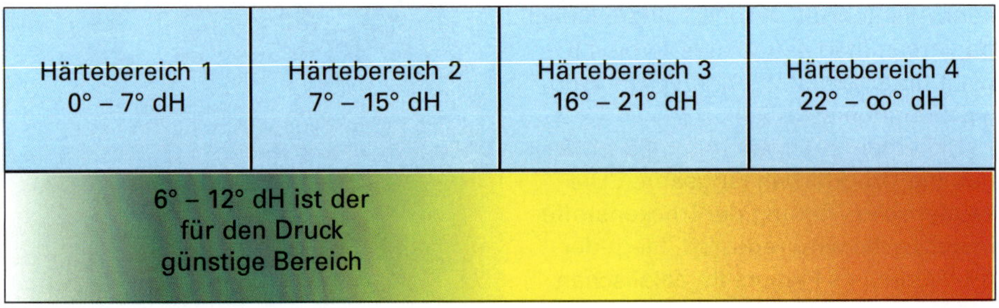

dH-Wert-Skala

mit den für den Offsetdruck günstigen Härtebereichen des Feuchtwassers.

Härtebereich 1 0° – 7° dH	Härtebereich 2 7° – 15° dH	Härtebereich 3 16° – 21° dH	Härtebereich 4 22° – ∞° dH
6° – 12° dH ist der für den Druck günstige Bereich			

Härtebildner, das sind Kalzium- und Magnesiumsalze, gegen Natrium auszutauschen. Die Salzfracht des Wassers wird also nicht reduziert, sondern es werden die härtebildenden Salze gegen nichthärtende Salze ausgetauscht. Dabei wird der Hydrogencarbonadanteil des Wassers nicht verringert. Dieses neutralgehärtete Wasser ist nur bedingt zum Drucken geeignet.

Eine bessere Variante der Wasserenthärtung ist die Vollentsalzung mittels eines Anion-Kationen-Tauschers. Bei dieser Technologie werden dem Wasser neben den Härtebildnern auch alle anderen Salze entzogen. Das so behandelte, völlig entsalzte Wasser muss mit Leitungswasser verschnitten werden. Das völlig entsalzte Wasser ist bestrebt, sich mit Inhaltsstoffen der Druckfarbe und des Papier(staubs) zu verbinden. Der offsetgünstige Bereich muss also durch Zugabe von Leistungswasser oder so genanntem Rohwasser erst hergestellt werden.

Bei großem Bedarf an enthärtetem Wasser kann das Revers-Osmose-Verfahren genutzt werden. Dabei wird das Wasser mit hohem Druck durch eine Membrane gepresst und so zu etwa 95% entsalzt. Neben den Salzen werden Keime und Bakterien aus dem Wasser entfernt. Die Geräte, die nach diesem Verfahren zur Wasserenthärtung eingesetzt werden, sind wartungsfrei.

Alkohol

Neben den Feuchtmittelzusätzen wird dem Feuchtwasser noch Alkohol zugesetzt. Bei dem in Feuchtwerken eingesetzten Alkohol handelt es sich überwiegend um Isopropylalkohol bzw. Isopropanolalkohol.

Die Aufgabe des Alkoholzusatzes beim Druck besteht darin, die Oberflächenspannung des Wassers herunterzusetzen. Dadurch lässt sich die Oberfläche gleichmäßiger benetzen und es wird ein deutlich geringerer Feuchtwasserfilm für die Plattenfeuchtung benötigt. Alkohol verdunstet schneller als Wasser. Durch diese rasche Verdunstung und die dabei auftretende Verdunstungskälte wird das Farbwerk und die Druckplatte gekühlt.

Daneben tritt durch den Alkoholeinsatz ein ausgesprochen positiver Effekt dadurch ein, dass der Feuchtmittelfilm gering gehalten werden kann und damit auch weniger Feuchtmittel über das Gummituch auf den Bedruckstoff gelangt. Geringere Dimensionsschwanken beim Bedruckstoff sind die Folge. Bei kleinformatigen Maschinen ist dies nicht so bedeutend, aber bei großen Druckformaten kann so Passerschwierigkeiten, vor allem zum Druckbogenende, entgegengewirkt werden.

Die Verwendung von Alkohol als Feuchtmittelzusatz verändert den pH-Wert kaum – er verringert „nur" die Oberflächenspannung, verbessert die Benetzungsfähigkeit des Feuchtwassers und verringert dadurch den Feuchtfilm insgesamt. Es gelangt weniger Feuchtmittel über das Gummituch auf den Bedruckstoff. Insgesamt also ein positiver Effekt. Die zuzusetzende Menge an Isopropylalkohol bzw. Isopropanolalkohol liegt zwischen 8 bis 12 %. Bei einer höheren Zugabe ist ein positiver Effekt auf die oben genannten Verbesserungen nicht mehr feststellbar. Dem Feuchtwasser eine höhere Menge Alkohol als 12 % zuzugeben ist unsachgemäß, zu teuer und umweltschädlich.

Neben dem Alkohol können dem Feuchtwasser noch andere Zusätze beigegeben werden, die vor allem die Stabilität und das Abtöten von Mikroorganismen im Feuchtwasser als Ziel haben.

Einfärbeprinzip beim Offsetdruckverfahren

Die Funktionsweise des Offsetdrucks beruht neben den chemischen Vorgängen auch auf physikalischen Tatsachen, welche das Flachdruckverfahren erst korrekt erklärbar machen. Alle Flachdruckverfahren müssen als Druckverfahren definiert werden, deren Funktionieren auf der Physik und Chemie der Grenzflächen basieren. An den Grenzflächen zweier Stoffe kommt es immer zu molekularen Spannungen, die ihren Ausgleich darin suchen, die Grenzflächen zu reduzieren. Derartige Grenzflächenspannungen treten an den Grenzen zwischen Flüssigkeiten und Feststoffen auf oder an den Grenzflächen nicht vermischbarer Flüssigkeiten.

Grenzflächenspannungen treten dann auf, wenn sich zwei nicht mischbare Stoffe treffen. Also wenn Feuchtwasser auf eine Aluminiumplatte trifft. Ist die Oberfläche der Aluminiumplatte aufgeraut, so wird sich das Feuchtwasser auf der Oberfläche der Druckplatte ausbreiten und festsetzen. Die Gründe liegen zum einen in der Oberflächenbeschaffenheit der Druckform, die dafür sorgt, dass sich die Feuchtigkeit gut in den vorhandenen Kapillaren (Haarröhrchen) festsetzen kann. Je enger und feiner ein solches Kapillarsystem ausgebildet ist, um so fester kann sich ein flüssiger Stoff wie z.B. Feuchtwasser darauf verankern. Dies gilt übrigens auch für die Verankerung der Kopierschicht auf der Aluminiumplatte.

Zum Zweiten ist Aluminium ein Metall, dessen Festkörperatome die Flüssigkeitsmoleküle des Feuchtwassers gut anziehen und festhalten. Je besser dies geschieht, umso geringer ist die Grenzflächenspannung und es wird eine gute und gleichmäßige Benetzung erreicht. Werden die Flüssigkeitsmoleküle von einem Metall abgestoßen, so findet eine schlechte Benetzung statt – es bilden sich Tropfen auf dem Metall. Sie kennen dies von Regentropfen auf Ihrem Autodach.

Grenzflächen und Einfärbung

Die Molekularkräfte zwischen den Molekülen eines Stoffes werden allgemein als Kohäsionskräfte bezeichnet. Zwischen den Molekülen verschiedener Stoffe existieren ebenfalls molekulare Wechselwirkungen. In diesem Fall wird von Adhäsionskräften gesprochen. Beispiele für Adhäsion sind das Haften von Kreide an der Tafel oder das Leimen zweier Werkstücke. Adhäsion gibt es auch zwischen Gas und Festkörper und wird als Adsorption bezeichnet. Je nach Verhältnis von Adhäsions- und Kohäsionskräften spricht man von benetzenden bzw. nicht benetzenden Flüssigkeiten:

Offsetdruckplatte – Feuchten/Färben

Prinzipieller Ablauf des Einfeuchtens und Einfärbens einer Aluminiumoffsetplatte.

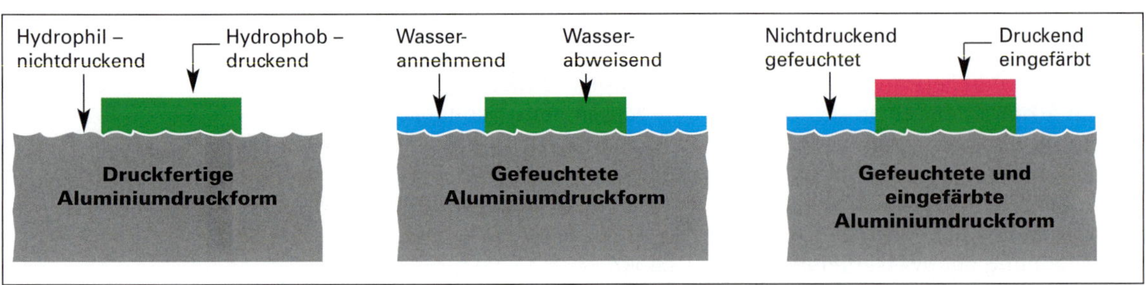

- Bei benetzenden Flüssigkeiten ist die Adhäsion größer als die Kohäsion (z.B. Wasser auf Glas).

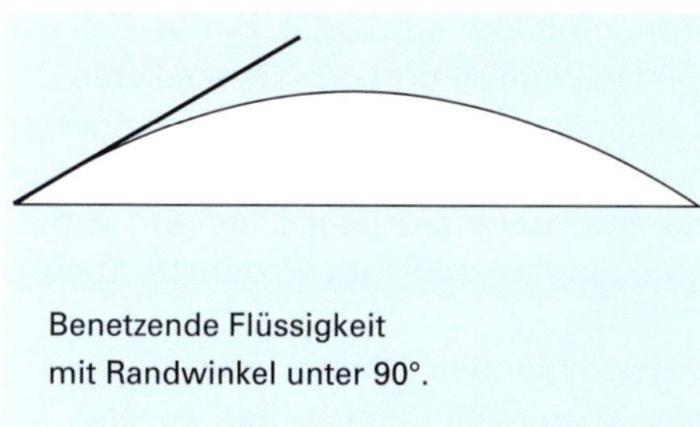

Benetzende Flüssigkeit mit Randwinkel unter 90°.

- Bei nicht benetzenden Flüssigkeiten ist die Adhäsion kleiner als die Kohäsion (z.B. Quecksilber auf Glas).

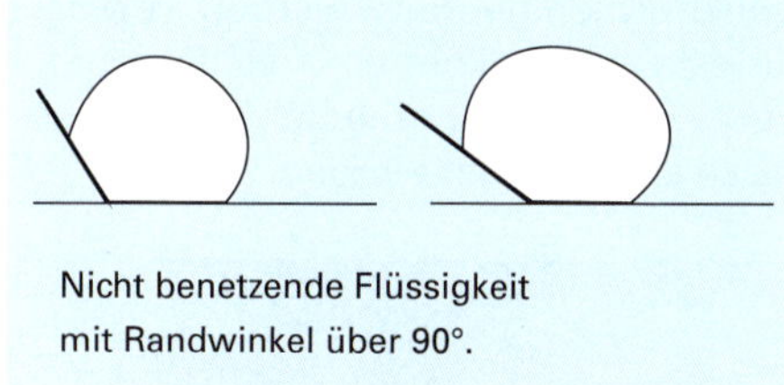

Nicht benetzende Flüssigkeit mit Randwinkel über 90°.

Eine Aussage darüber, wie ein fester Stoff von einem flüssigen Stoff benetzt wird, erfährt man durch das Messen des Randwinkels. Dieser wird an der Stelle gemessen, an der eine Flüssigkeit die feste Oberfläche berührt. Dies ist in den Abbildungen oben zu erkennen. Bei einer stark benetzenden Flüssigkeit wie in der Abbildung oben erhält man einen Randwinkel, der unter 90° Grad liegt. Ist der Randwinkel größer als 90° Grad, liegt eine wenig benetztende Flüssigkeit vor. Dies ist in der Abbildung darunter dargestellt. Der Flüssigkeitstropfen sitzt wie eine Kugel auf der festen Oberfläche, zusammengezogen durch entsprechende Kohäsionskräfte.

Bezogen auf den Offsetdruck muss man davon ausgehen, dass wir ein Feuchtmittel benötigen, das einen Randwinkel weit unter 90° Grad aufweisen muss. Dadurch kann eine geringe Feuchtmittelmenge eine möglichst gleichmäßige Benetzung der hydrophilen Stellen auf der Oberfläche der Aluminiumplatte erreichen. Unterstützt wird eine derartige Benetzung noch durch die Kapillarwirkung der Oberfläche einer anodisierten Aluminiumdruckplatte.

Zusammenfassung des Feucht- und Färbeprinzips des Offsetdrucks

Das Offsetdruckverfahren arbeitet nach dem Rotationsdruckprinzip. Die Druckform oder Druckplatte speichert Bildinformationen als druckende Bildstellen auf der Basis einer Kopierschicht. Neben den Bildstellen befinden sich die nichtdruckenden Nichtbildstellen. Sämtliche druckenden und nichtdruckenden Elemente liegen nahezu auf einer Ebene der Druckplatte.

Vor dem Einfärben ist die Druckplatte zu feuchten (gilt nicht für den Trockenoffsetdruck). Die Nichtbildstellen nehmen das Feuchtmittel an, Bildstellen stoßen Feuchtmittel ab, nehmen jedoch Druckfarbe an.

Das Verfahren, auf einer Ebene liegende Bildstellen und Nichtbildstellen einzufärben, beruht vor allem auf physikalischen Wechselwirkungen an Grenzflächen. Physikalische Wirkungen wie Kohäsion, Adhäsion, Oberflächenspannung, Benetzung u.a. wirken zwischen Bildstellen, Nichtbildstellen, Feuchtmittel und Druckfarbe und ermöglichen nach der Herstellung der richtigen Bedingungen zum Druck ein einwandfreies Einfärben und Übertragen der Bildinformationen auf den Bedruckstoff.

4.1. 5.6 Merkmale und Anwendung des Offsetdrucks

Produkte des Offsetdrucks erkennt man an der gleichmäßigen Deckung aller Bild- und Schriftelemente. Schrift erscheint im Offsetdruck ohne Rand, sie kann an den Rändern leicht ausgefranst wirken. Da der Offsetdruck ein indirektes Druckverfahren über ein Gummituch ist, weisen die Drucke keinerlei Schattierungen auf.

Wird auf strukturierte Bedruckstoffe gedruckt, bewirkt das elastische Gummituch, dass auch in den Strukturtiefen Farbe aufgetragen wird. Daher sind auch Vollflächen auf derartigen Bedruckstoffen gleichmäßig und gut gedeckt.

Je nach verwendeter Plattenqualität kann es sein, dass in den hellsten Bildstellen, den so genannten Spitzlichtern, die feinen Rasterpunkte fehlen.

Siehe Kapitel Druckveredelung Seite 593

Ein Merkmal, das auf den Offsetdruck hinweist ist die so genannte Offsetrosette bei mehrfarbigen Bildern. Durch den Zusammendruck der vier Farben CYMK mit unterschiedlichen Winkelungen entsteht das typische Ringmuster des autotypischen Mehrfarbendrucks. Diese Offsetrosette ist mit Hilfe eines Fadenzählers gut erkennbar.

Da durch den Druck eine Punktverbreiterung und die daraus resultierende Tonwertzunahme erfolgt, ist es erforderlich, eine Tonwertkorrektur mit den entsprechenden Korrekturkurven in der Bildreproduktion vorzunehmen. Diese Korrekturen richten sich nach der verwendeten Papierqualität, der verwendeten Druckfarbe und der eingesetzten Druckmaschine. Die Korrekturen sollten möglichst standardisiert vorgenommen werden, um gleichbleibende und damit qualitativ hochwertige Produkte zu erzielen.

Produkte des Offsetdrucks sind Prospekte, Bücher, Zeitschriften, Flyer, Handbücher usw. Es können alle gängigen Papiere bedruckt werden. Je nach verwendeter Papiersorte können Rasterweiten bis zu 120er Raster, FM-Raster und die unterschiedlichsten Rasterpunktformen gedruckt werden. Veredelungstechniken können in vielfältiger Form zur Verbesserung der Druckergebnisse angewendet werden.

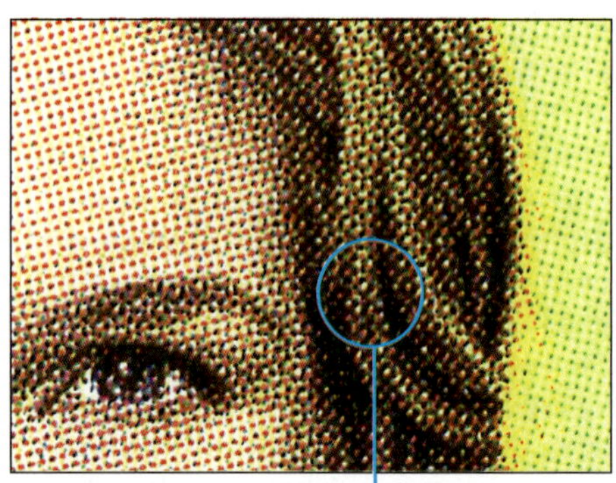

Erkennungsmerkmale Offsetdruck

- Gleichmäßige Deckung der Schrift
- Offsetrosette

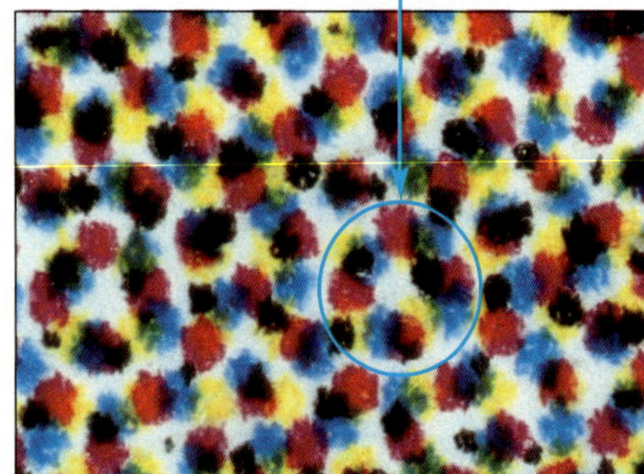

4.1.6 Durchdruck

4.1.6.1 Geschichte des Durchdrucks

Das Durchdruckverfahren war sicherlich eines der frühesten Druckverfahren. Mit einfachen Schablonen wurden vor allem in Japan und China einfache Schriftzeichen vervielfältigt und Stoffe mit Symbolen bedruckt. Dabei entstanden bereits früh farbenprächtige Gewänder, die mit Hilfe von Schablonen mehrfarbig bedruckt wurden.

Die Siebe im asiatischen Kulturkreis bestanden aus Menschenhaar oder aus Seide. Die Schablonen wurden manuell auf die Siebe aufgetragen und entwickelten sich bei den hochstehenden Kulturen Asiens zu einem kunstvollen Handwerkszweig.

Das 17. Jahrhundert brachte durch die beginnenden Handelsreisen die Technik des Durchdrucks auch nach Südeuropa. Da der Durchdruck vor allem für die künstlerische Stoffveredelung und die Stoff-Tapetenherstellung verwendet wurde, beschränkte sich die Verbreitung des Durchdruckverfahrens auf die Regionen Europas, welche diese Handwerktechnik der Stoffveredelung gut beherrschten. Der Durchdruck war also nie eine Verfahren, das Kommunikation im heutigen Verständnis unterstützt hat.

Erst um 1930 wurde der Siebdruck in den USA als Drucktechnik zur Vervielfältigung von Informationen genutzt. Nach dem zweiten Weltkrieg entdeckten vor allem die Vertreter der konkreten Kunst und der Optical Art die Serigrafie als Kunstform. Geometrische Figuren und kräftige, leuchtende Farben konnten mit der Durchdrucktechnik bestens gedruckt werden. Für die plakativen Bildeffekte der Pop-Art erwies sich der Siebdruck als die geeignetste Drucktechnologie.

Neben der künstlerischen bzw. grafischen Anwendung erfuhr der Durchdruck nach 1950 vor allem eine industrielle Nutzung. Die Hauptanwendung des modernen Durchdruckverfahrens liegt vor allem darin, dass er nahezu jeden Bedruckstoff in nahezu beliebiger Form- und Materialausstattung bedrucken kann.

Wir kennen aus unserem täglichen Leben unzählige Produkte, die mit Durchdrucktechnologien hergestellt wurden – es ist uns oft nur nicht bewusst. Aufkleber, Aschenbecher, Plakate, Etiketten, elektronische Schaltungen, Fahnen, Fahrzeugbeschriftungen, Feuerzeuge, Werbetafeln, Schilder, Tachometerskalen, Bierkisten, Gläser, Computertastaturen, CDs, DVDs und vieles mehr sind Durchdruckprodukte.

4.1.6.2 Siebdruck

Alle Durchdruckverfahren weisen eine Reihe gemeinsamer Merkmale auf:

- Eine Farbschablone begrenzt das zu druckende Bild.
- Die Druckform ist eine Sieb- oder Schablonendruckform.
- Das zu druckende Bild ist an den Bildstellen farbdurchlässig. Alle Stellen, die nicht drucken, weisen eine farbundurchlässige Sperrschicht in Form der Schablone auf.
- Die Druckfarbe wird mit Hilfe eines Rakels durch das Sieb auf den Bedruckstoff übertragen.
- Die Bedruckstoffe müssen nicht, wie in den anderen Druckverfahren, plan liegen, sondern können die verschiedensten Formen aufweisen.

Als leistungsfähigstes Durchdruckverfahren gilt der *Siebdruck*, der seine Bezeichnung vom Siebgewebe, dem Träger der Schablonendruckform, ableitet. Der Siebdruck ist das industriell bedeutsamste Durchdruckverfahren.

Pop-Art-Serigrafie

Roy Lichtenstein und Andy Warhol waren bedeutende Vertreter der Pop-Art in den 60er und 70er Jahren des 20. Jahrhunderts.

Daneben wird im künstlerisch-handwerklichen Bereich die *Serigrafie* gepflegt. Dabei ist in den meisten Fällen der Künstler gleichzeitig Drucker. Moderne Kunstrichtungen, vor allem die Pop-Art mit Andy Warhol oder Roy Lichtenstein, waren Vertreter dieser modernen Serigrafie. Die zahlreichen Möglichkeiten dieser Druckgrafik eröffnen auch heute noch vielen Künstlern interessante Arbeitsmöglichkeiten.

Der *Filmdruck* ist eine Variante des Durchdruckverfahrens. Dabei werden Stoffe durch zylindrische Druckformen bedruckt. Dies geschieht in der Regel in endlosen Stoffbahnen, die ein- oder mehrfarbig bedruckt werden. Nach dem Druck werden diese bedruckten Stoffbahnen z.B. zu Markisen, Vorhängen oder Bekleidungsstücken weiterverarbeitet.

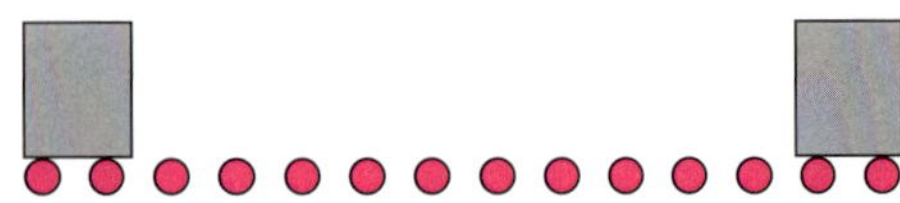

1. Schematische Darstellung von Siebrahmen mit Gewebe

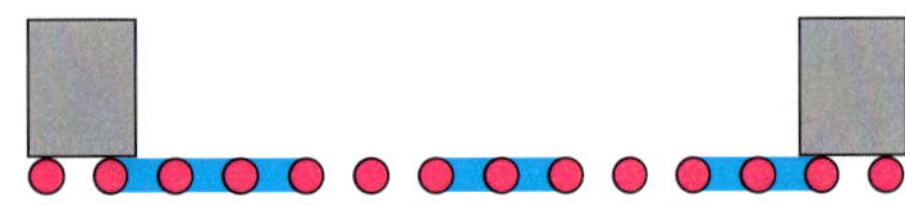

2. Siebrahmen mit Gewebe und einkopierter Schablone

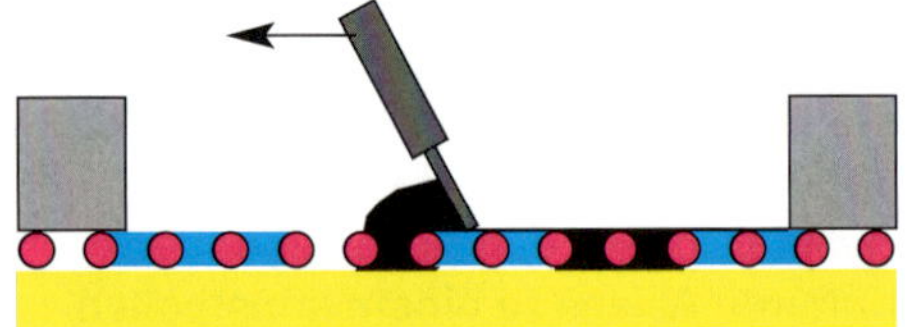

3. Der Bedruckstoff liegt unter dem Sieb. Die Druckfarbe wird durch das nach links laufende Rakel durch die offenen Siebstellen übertragen.

4. Der Farbauftrag auf dem Bedruckstoff ist an allen Stellen gleichmäßig stark.

Druckprinzip

Druckfarbe wird durch das Sieb hindurchgepresst – und zwar nur an den farbdurchlässigen Stellen des Siebes. Das Druckbild wird durch den Rakeldruck auf den Bedruckstoff übertragen. Die nichtdruckenden Stellen sind durch die Schablone abgedeckt. Die überflüssige Druckfarbe wird durch das Rakel an den Rand der Druckform (Farbruhe) befördert und für den nächsten Druckgang verwendet. Das Prinzip dieses Druckvorganges ist mit den Bildern 1 bis 4 rechts schematisch dargestellt.

4.1.6.3 Siebdruck-Druckformen

Siebdruckgewebe gibt es in den unterschiedlichsten Qualitäten. Wir unterscheiden:

- Naturseidegewebe – werden nur noch in der Serigrafie verwendet.
- Synthetische Gewebe – Polyestergewebe werden heute aufgrund ihrer idealen Eigenschaften im industriellen Siebdruck fast ausschließlich verwendet.
- Metallische Gewebe aus Kupfer oder Draht – werden aufgrund ihrer mangelnden Elastizität nur noch für Arbeiten eingesetzt, bei denen eine höchste Passergenauigkeit notwendig ist, z.B. beim Druck von Leiterplatten für elektronische Geräte.

Die Qualität der Siebgewebe wird durch die Siebfeinheit und durch den Faden- oder Drahtdurchmesser bestimmt. Je nach Auftragsart, Bedruckstoff und Farbe verwendet der Siebdrucker ein Gewebe mit passenden Parametern. Die

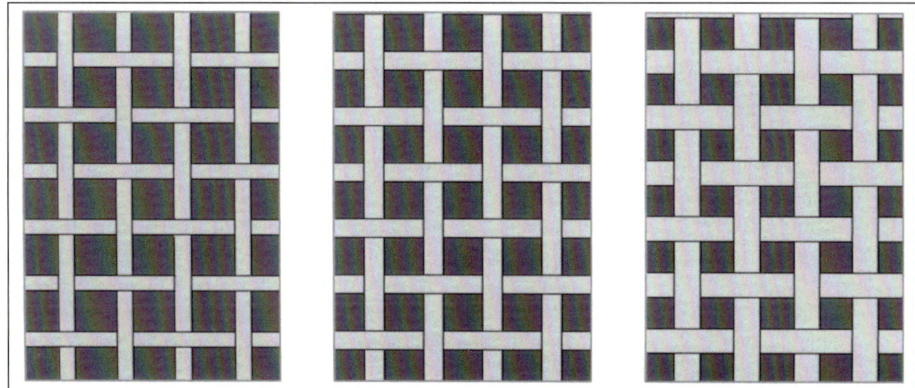

Siebgewebe

Drei Gewebe mit unterschiedlichem Fadendurchmesser. Die Anzahl der Fäden pro Zentimeter ist gleich. Je größer der Fadendurchmesser, desto kleiner die wirksame Maschenöffnung und die offene Siebfläche.

Siebdicke und die Maschenweite beeinflussen die Farbschichtdicke und das Farbauftragsvolumen.

Die Siebfeinheit gibt die Anzahl der Fäden pro Zentimeter an. Ein Siebgewebe mit der Kennzahl 80 weist demzufolge 80 Fäden/cm auf. Übliche Feinheiten für die Mehrzahl der Aufträge liegen zwischen 70 und 180 Fäden. Bei Druckarbeiten auf Papier werden mehrheitlich Siebe mit 120 Fäden/cm eingesetzt. Bei Arbeiten auf textilen Materialien liegen die Siebfeinheiten darunter. Je feiner die Bedruckstoffoberfläche, umso feiner muss die Fadenzahl des Siebes gewählt werden. Dies gilt umso mehr, wenn detailreiche Bilder auf den Bedruckstoff übertragen werden sollen.

Schablonenherstellung

Schablonen im Siebdruck müssen auf das Siebgewebe aufgebracht werden. Die Verbindung von Siebgewebe und Schablone ergibt die Siebdruck-Druckform. Diese Druckform besteht aus den farbdurchlässigen Bildstellen (Maschenöffnung) und den nichtdruckenden Stellen, welche durch die Schablone abgedeckt werden. Je nach Herstellungsverfahren werden die folgenden Schablonenarten unterschieden:

- Direktsiebdruckschablonen – dies sind Schablonen, die direkt am Siebdruckschablonenträger erstellt werden
- Indirektsiebdruckschablonen – dies sind Schablonen, die erst nach ihrer Herstellung am Siebdruckschablonenträger befestigt werden.

Im-Gewebe-Schablone

Am-Gewebe-Schablone

Direktsiebdruckschablonen

Das Siebgewebe wird beidseitig mit einer lichtempfindlichen Kopierschicht beschichtet. Die Kopierschicht befindet sich im Gewebe, man spricht von einer „Im-Gewebe-Schablone". Beim Belichten durch ein Diapositiv härten sich alle vom Licht getroffenen Stellen. Die unbelichtet verbliebenen Stellen behalten ihre Löslichkeit und werden mittels Wasser ausgewaschen. Was verbleibt ist eine Siebdruckform mit offenen Gewebestellen. Diese Gewebeöffnungen bilden die druckenden Stellen, die abgedeckten Gewebe- oder Schablonenstellen sind die nichtdruckenden Teile.

Als Kopiervorlage setzt der Siebdrucker seitenrichtige Positivfilme als

Regel für die Wahl der Siebfeinheit beim Rasterdruck:

Rasterweite im Bild (Linien/cm) **x 4 = Siebfeinheit** (Faden/ cm)

Kopiergerät

zur konventionellen Siebdruckschablonenherstellung.

(Quelle: ESC)

Aktinisches Licht = Kopierwirksames Licht

Strichfilm oder als Rasterfilm bis etwa zum 40er Raster ein. Es wird mit UV-Licht als aktinischem Licht gearbeitet.

Die Direktsiebdruckschablonen sind die wichtigsten Schablonen für den Siebdruck. Die verwendeten Kopierschichten mit Diazosensibilisierung sind relativ lange lagerfähig, umweltfreundlich, sehr gleichmäßig im Schichtaufbau und ergeben eine recht randscharfe Kopie auf dem Gewebe.

Indirektsiebdruckschablonen

Um eine Indirektsiebdruckschablone zu erstellen, sind zwei Produktionsschritte durchzuführen:

- Herstellung einer Indirektschablone durch Belichten und Entwickeln des sog. Indirektfilms, der durch ein Diapositiv belichtet wird.
- Übertragen des Indirektfilms bzw. der Schablone auf das Siebgewebe. Da die Schablone am Gewebe haftet, spricht man von einer „Am-Gewebe-Schablone".

Diese Indirektsiebdruckschablone ermöglicht sehr randscharfe Drucke, da die Schärfe der Abbildung kaum negativ von der Struktur des Siebes beeinflusst wird. Daher können sehr feine Elemente und feine Details mit diesen Schablonen gedruckt werden.

Siebdruckrahmen

Das Siebgewebe wird in einen Aluminiumrahmen gespannt. Dabei unterscheidet man Rahmen mit starrer oder beweglicher Gewebehalterung. Bei den starren Rahmen wird das Gewebe überwiegend durch Aufkleben befestigt. Bewegliche Halterungen halten das Gewebe mechanisch oder pneumatisch in der richtigen Arbeitsposition.

Rund um die nutzbare Druckfläche ist eine freie Fläche, die so genannte Farbruhe. Diese Fläche wird zum Umsetzen des Farbrakels benötigt, da die Farbübertragung durch den Zug des Rakels in zwei Richtungen erfolgt. Daneben ist ein größerer Raum für die Farbruhe günstig für den Verzug des Gewebes. Die Farbruhe variiert üblicherweise zwischen 10 bis 30 cm. Muss der Rahmen zum Druck gewinkelt werden, wird die Farbruhe und auch das Sieb größer gewählt werden. Die Abbildung unten zeigt die wichtigsten Benennungen an der Siebdruckform.

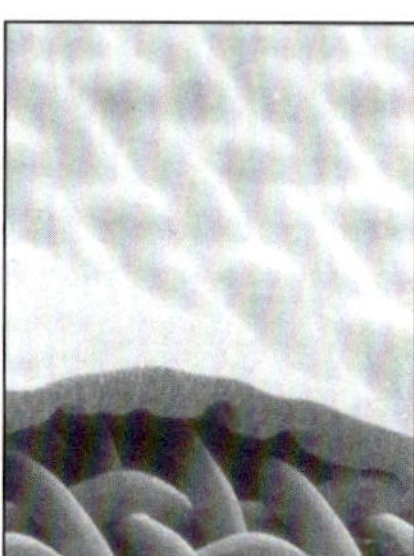

Siebgewebe

Bild links: Blick auf ein Gewebe von oben. In der Mitte ist ein Schablonensteg erkennbar, darüber und darunter sind offene, also druckende Siebstellen zu sehen.

Bild rechts: „Am-Gewebe-Schablone" – die auf dem Gewebe liegende Schablonenschicht ist gut sichtbar. Im Vordergrund ist ein Teil der Schablone abgelöst.

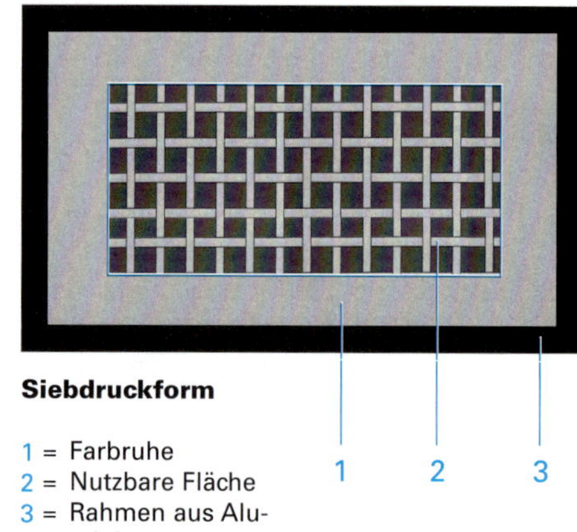

Siebdruckform

1 = Farbruhe
2 = Nutzbare Fläche
3 = Rahmen aus Aluminium oder Holz

4.1.6.4 Siebdruck-Druckprinzipe

Wie erfolgt der Druck? Mit Hilfe des Rakels wird Druckfarbe über ein Sieb geführt. An den offenen Stellen des Siebes wird die Farbe hindurchgedrückt und auf den darunterliegenden Bedruckstoff wird eine Information übertragen. An den durch die Schablone abgedeckten Stellen des Siebes wird die Druckfarbe zurückgehalten.

Abhängig vom eingesetzten Bedruckstoff und Druckprinzip können relativ pastöse oder auch flüssigere Druckfarben verwendet werden. Die aufzutragende Farbschichtdicke kann variiert werden, es ist sogar möglich, die Druckfarbe reliefartig aufzubringen. Dem Drucker stehen lasierende, deckende, matte, hochglänzende, leuchtende und unterschiedlich trocknende Druckfarben zur Verfügung. Die Lichtechtheit reicht von geringster bis höchster Stufe. Es gibt kein Druckverfahren, das eine so breite Palette an möglichen Druckfarben aufweist wie der Siebdruck.

Die einfachste Siebdruckmaschine ist das *Siebdruckgerät*. Es weist ein Druckfundament auf, häufig ist Saugluft zum Fixieren der Bogen vorhanden. Die Schwinge ermöglicht das Auf- und Abbewegen der eingespannten Druckform. Das Rakel wird bei diesen Geräten meist von Hand über das Sieb gezogen. Bei den *Siebdruck-Halbautomaten* ist das Hin- und Herschieben des Rakels mechanisiert. Das Anlegen des Druckbogens und das Abnehmen des bedruckten Bogens erfolgen manuell. Spezielle Halbautomaten wurden für das Bedrucken von Körpern entwickelt.

Bei *Siebdruck-Vollautomaten* sind alle Arbeitsabläufe automatisiert. Der Druckbogen wird über einen Zylinder geführt und streifenförmig unter einer flach liegenden Druckform bedruckt. Da-

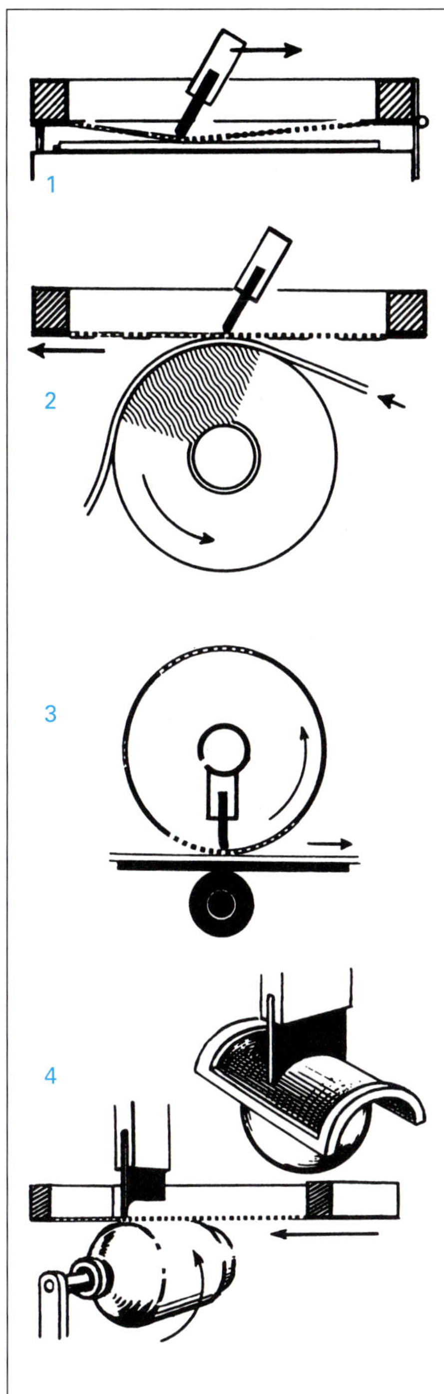

Druckprinzipe des Siebdrucks

1 = Flächendruck

2 = Siebdruck-Halbautomat für den Flachformzylinderdruck

3 = Rotationsdruck oder Filmdruck

4 = Siebdruck-Halbautomat für den Körperdruck mit formangepasstem Rakel, formangepasstem Sieb mit Schablone und einem Hohlkörper als Bedruckstoff.

bei steht das Rakel über dem sich drehenden Zylinder still. Vollautomaten können zu Siebdruck-Fertigungsstraßen ausgebaut werden, mit denen mehrfarbig gedruckt und in Trocknungseinrichtungen getrocknet wird.

Für spezielle Zwecke wie den Dekor- oder Tapetendruck verwendet man auch zylindrische Druckformen in so genannten Rollensiebdruckmaschinen.

Die Druckgeschwindigkeiten des Siebdrucks erreichen nicht die Leistungszahlen der anderen Druckverfahren. Dies liegt an den Eigenschaften der Druckformen und an den vergleichsweise langen Trocknungszeiten der verwendeten Druckfarben. Die Leistungsfähigkeit des Siebdrucks ist im industriellen Bereich vor allem darin zu sehen, dass relativ problemlos nicht ebene Bedruckstoffe bedruckt werden können. Das Bedrucken von Hohl- und Formkörpern wie Glasflaschen, Büchsen, Schachteln, Kartonagen, Einkaufstaschen u.Ä. ist problemlos möglich. Ebenso können unterschiedliche Materialien bedruckt werden: Leder, Glas, Pappe, Kunststoff, Textilien, Holz, Metall, Folie, CDs, DVD usw. sind mit entsprechenden Druckfarben bedruckbar. Poster, Plakate, Etiketten, Schilder lassen sich effektvoll mit leuchtenden Farben zu bedrucken.

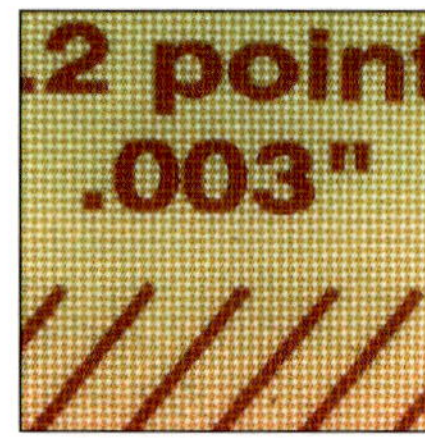

CtS-Siebdruckformen

Zwei Beispiele für Siebe, die mit CtS-Technologie erstellt wurden. Oben ist deutlich zu erkennen, dass feine Strukturen gut auf das Sieb übertragen wurden. Ebenso ist die 6-Punkt-Schrift in guter Qualität auf dem Sieb aufgebracht und wird im Druck scharf dargestellt werden.

4.1.6.5 Computer-to-Screen (CtS)

Auch in der Siebdruckformherstellung zeichnen sich computerbasierte Technologien ab. Hier werden, genauso wie bei der Erstellung von Filmen, die Daten von einem Computersystem auf eine Computer-to-Screen-Anlage ausgegeben. Dabei werden aber keine Filme erzeugt. Es wird direkt im Inkjet-Verfahren UV-dichte Tinte oder UV-dichtes Wachs auf das beschichtete Gewebe aufgespritzt. Danach werden die Schablonen, ebenso wie bei der Schablonenherstellung mit Filmen, belichtet und ausgewaschen. Allerdings wird für die Belichtung bei diesem Verfahren kein Vakuum mehr benötigt, da die Tinte oder das Wachs direkt auf der Emulsion aufliegt.

Diese sich gerade entwickelnde CtS-Technologie hat den Vorteil, dass keine Filmkosten mehr anfallen und dass die Verfahrensabläufe in der Formherstellung deutlich beschleunigt werden.

4.1.6.6 Merkmale und Anwendung des Siebdrucks

Ein typisches Merkmal des Siebdruckproduktes ist der starke, 10- bis 20-mal stärkere Farbauftrag im Vergleich zu den anderen Druckverfahren. Die Farbschichtdicke ist abhängig von der Siebfeinheit, der verwendeten Druckfarbe und der Art der Schablone.

Weiteres Merkmal ist die gleichmäßige Deckung der Bildelemente eines Siebdrucks. Wegen der Siebstruktur können an den Rändern von Tonflächen die typischen Zackenränder entstehen.

Typisches Merkmal des Siebdrucks ist der Bedruckstoff bzw. das Druckprodukt selbst. Glasflaschen, Kunststoffbecher, Plakate, Stoffe, Bälle, Papier, Pappe usw. sind einige Beispiele.

Der Siebdruck kann nur grobe Raster wiedergeben und keine feinen Strichelemente. Allerdings ist der Siebdruck in der Lage, Drucksachen in leuchtenden Farben herzustellen, die stark auftragen und sehr gut deckend sind. Dieser starke Farbauftrag des Siebdrucks ist auf einem Druckprodukt gut fühlbar – versuchen Sie es bei einer Coca-Cola-Flasche zu erfühlen ...

Tonwertzunahme im Offsetdruck

Drucken bedeutet Druck geben. Druckkraft wird eingesetzt, um Druckfarbe vom Medium Druckplatte auf den Zwischenspeicher Gummituch zu übertragen. Von dort wird die Farbe durch Kraftanwendung auf den Bedruckstoff gedruckt.

Bei jedem Übertragungsvorgang befindet sich Druckfarbe zwischen Druckplatte und Gummituch bzw. zwischen Gummituch und Bedruckstoff. Diese pastöse Druckfarbe überträgt die Information innerhalb der Druckmaschine. Wie sich leicht vorstellen lässt, unterliegt die Druckfarbe einer mechanischen Veränderung – sie versucht dem Druck auszuweichen und wird gequetscht. Dies bedeutet, dass ein Rasterpunkt mechanisch verbreitert wird.

In der nebenstehenden Abbildung ist dies schematisch dargestellt. Im Film befindet sich ein Ausgangsrasterpunkt z.B. mit dem Tonwert 50%. Dieser Rasterpunkt wird eingefärbt und mittels Druckkraft auf das Gummituch übertragen. Dabei erfährt der Rasterpunkt eine mechanische Punktverbreiterung, der Drucker spricht vom „voller werden" oder von einer „Tonwertzunahme". Die nächste bzw. die zweite mechanische Punktverbreiterung erfolgt bei der Farbübertragung vom Gummituch auf den Bedruckstoff. Hier geschieht prinzipiell das Gleiche wie zwischen Platte und Gummituch.

Die Fachbegriffe „Tonwertzunahme" oder „Punktzuwachs" bezeichnen den Unterschied zwischen der Rasterpunktgröße auf dem Endfilm (bei CtP in der Datei) und der Größe des Rasterpunktes auf dem Druckergebnis.

Im Prinzip ist diese Erscheinung der Tonwertzunahme fatal. Ein Tonwert mit 50% wird durch die mechanischen Einflüsse in der Druckmaschine verbreitert. Dies nimmt, je nach Bedruckstoff, beträchtliche Werte an.

Tonwertzunahme bei verschiedenen Bedruckstoffen

Die Tonwertzunahme bei gestrichenen (coated) Papieren beträgt etwa 9%, bei ungestrichenen (uncoated) Papieren liegt sie bei etwa 15% und bei Zeitungsdruckpapieren für den Rollenoffsetdruck bei ca. 30%. In den nebenstehenden drei Abbildungen des Bildbearbeitungsprogramms Adobe Photoshop können diese Tonwertzunahmen in den Voreinstellungen des Programms aufgerufen und eingestellt werden. Damit kann die Tonwertzunahme bereits bei der Bearbeitung der Rasterbilder berücksichtigt werden.

Faktoren der Tonwertzunahme

Der Punktzuwachs kann auf unterschiedliche Einflüsse zurückgehen und kann zu unterschiedlichen %-Werten der Tonwertzunahme führen. Die wichtigsten Einflussgrößen sind:

- Druckmaschineneinstellungen
- Druckplattenherstellung (Bildung der Rasterpunktgröße im 50%-Raster)
- Alter und Art des Gummituches
- Druckabwicklung Druckform- gegen Gummituchzylinder
- Druckabwicklung Gummituch- gegen Druckzylinder bzw. gegen Bedruckstoff
- Verwendetes Raster (Rasterweite und Rasterpunktform)
- Verwendete Druckfarbe
- Passer zwischen den einzelnen Farben
- Tonwertzuwächse der einzelnen Druckfarben (Yellow hat einen anderen Tonwertzuwachs als Magenta, Cyan und Schwarz)
- Bedruckstoff (Oberfläche, Farbe und Struktur)

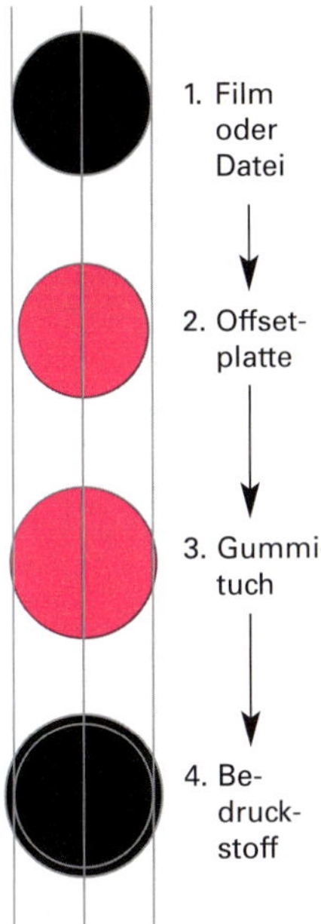

zu 1: Rasterpunkt auf Film oder in Datei

zu 2: Rasterpunkt „spitz" auf die Druckplatte kopiert.

zu 3: Erste mechanische Punktverbreiterung zwischen Druckplatte und Gummituch

zu 4: Zweite mechanische Punktveränderung zwischen Gummituch und Bedruckstoff.

Standardisierte Tonwertzunahme

Im *ProzessStandard* Offset des Bundesverbandes Druck und Medien (bvdm) sind die Soll-Werte und Toleranzen der Tonwertzunahme festgelegt. Die Tonwertzunahme der ersten Farbe Schwarz liegt grundsätzlich ca. 3% über jener der Buntfarben. Die Differenz zwischen Cyan, Magenta und Gelb sollte nicht größer als 5% sein.

	Tonwert A_F (Film, positiv/Datei)				
	40	50	70	75	80
	Tonwert A_D im Druck				
Papiertyp 1+2	53	64	83	87	91
Papiertyp 3	56	67	85	89	91
Papiertyp 4+5	59	70	86	90	92
	Tonwertzuwachs $\Delta A = A_D - A_F$				
Papiertyp 1+2	13	14	13	12	11
Papiertyp 3	16	17	15	14	11
Papiertyp 4+5	19	20	16	15	12

Druckkennlinie

Die Druckkennlinie charakterisiert die Tonwertübertragung vom Film bzw. der Datei zum Druck. Die Tonwertzunahme Δ A ist die Differenz zwischen der proportionalen Tonwertübertragung und der sich aus den Messwerten (hier Papiertyp 1 – 5 nach bvdm) ergebenden Druckkennlinie. Die rechts dargestellten Kennlinien zeigen den Zusammenhang: Die Ideallinie oder proportionale Tonwertübertragung ist nicht erreichbar. Um eine tonwertgleiche Übertragung zu gewährleisten muss eine ausgleichende Druckkennlinie verwendet werden.

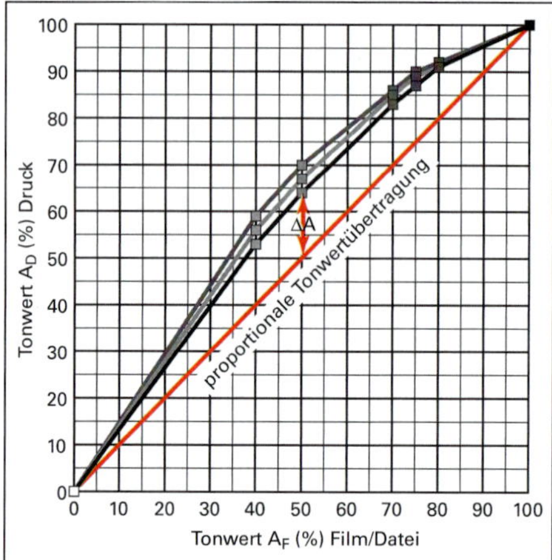

Tonwertzuwachs und Photoshop

Wenn bei einem Bild ein 50%iger Punkt bzw. Tonwert festgelegt wurde, der Belichter ihn aber mit 59% druckt, tritt in den Mitteltönen ein Tonwertzuwachs von 9% auf. Um diesen Zuwachs zu kompensieren, muss der Wert von 50% um 9% auf 41% reduziert werden. Daraufhin gibt der Belichter den geforderten 41%igen Punkt aus.

Photoshop hat nun eine Reihe von Vorgaben, die den Tonwertzuwachs im Druck bereits berücksichtigen. Im Dialogfeld „Eigenes CMYK" sind die nebenstehend abgebildeten Druckfarbenoptionen mit den entsprechenden Standard-Tonwertzuwächsen bereits enthalten bzw. können auf eigene Standards angepasst werden.

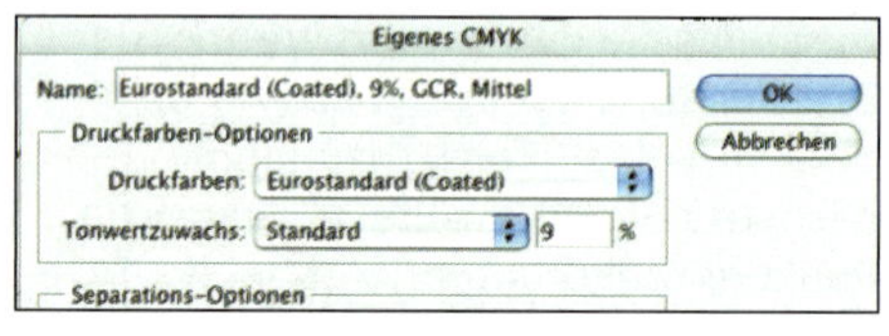

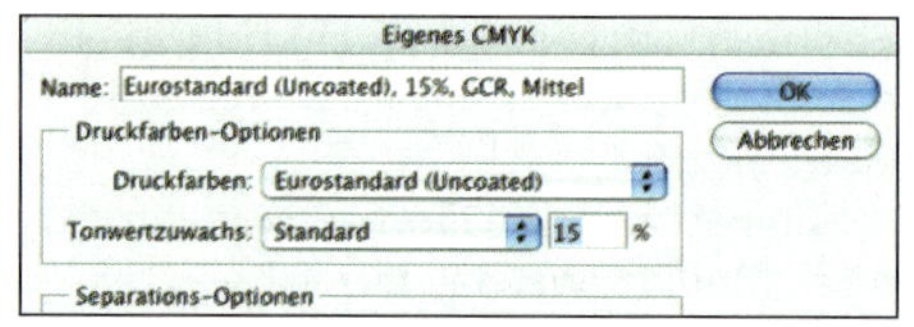

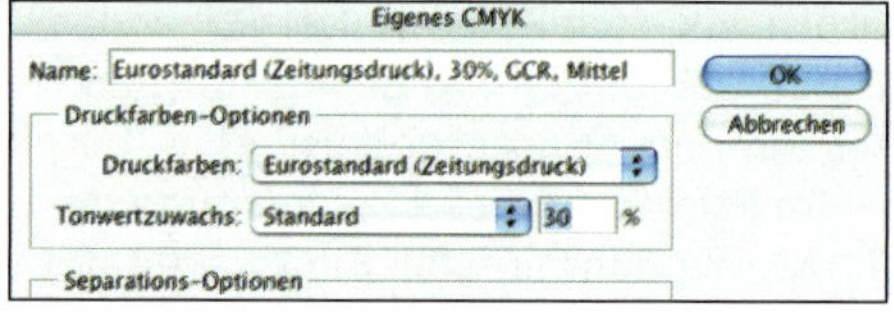

Dialogfeld „Eigenes CMYK" (Adobe Photoshop)

Kontrollmittel

Der größte Teil aller Arbeiten von Grafikern, Gestaltern, Designern und Typografen wird nach wie vor gedruckt. Die Beschreibung eines Auftrages könnte wie folgt formuliert werden: Ausgehend von Text- und Bildvorlagen soll eine genau definierte Anzahl gleicher Druckprodukte erzeugt werden. Die Bildvorlagen sind faksimile zu produzieren. Das bedeutet, dass die Bildvorlagen originalgetreu reproduziert und gedruckt werden. Für die Faksimileproduktion müssen Prüfdrucke erstellt werden, um die Bildqualität vor dem Druck zu prüfen.

1996 wurde vom Bundesverband Druck und Medien der *ProzessStandard* Offset entwickelt, zu dem die FOGRA die erforderlichen Kontrollmittel geschaffen hat und am Markt anbietet. Alle Kontrollstreifen und Testkeile werden jeweils als EPS- und TIFF-Version angeboten.

Ausführliche Informationen über den korrekten Einsatz der verschiedenen Kontrollmittel gibt:

- *ProzessStandard* Offset, herausgegeben vom bvdm Wiesbaden 2001 (www.bvdm.de).
- Ugra/FOGRA, Beschreibung und Darstellung der Kontrollmittel im Internet (www.fogra.org) und in Prospekten.
- Die Altona Test Suite im Überblick (www.altonatestsuite.com).

Grundsätzlich gilt heute ein Andruck, Prüfdruck oder Proof nur dann als farbverbindlich, wenn ein CMYK-Medienkeil auf dem Prüfdruck vorhanden ist. Dabei müssen die dafür vorgesehenen CIELAB-Werte im Rahmen der Toleranzen eingehalten werden. Farbabstandmessungen nach Δ E*ab sind zur Kontrolle und als Qualitätsnachweis vom Drucker während eines Auflagendrucks regelmäßig durchzuführen.

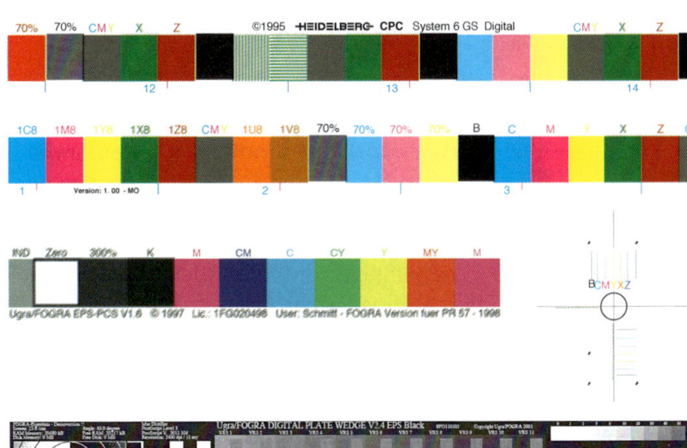

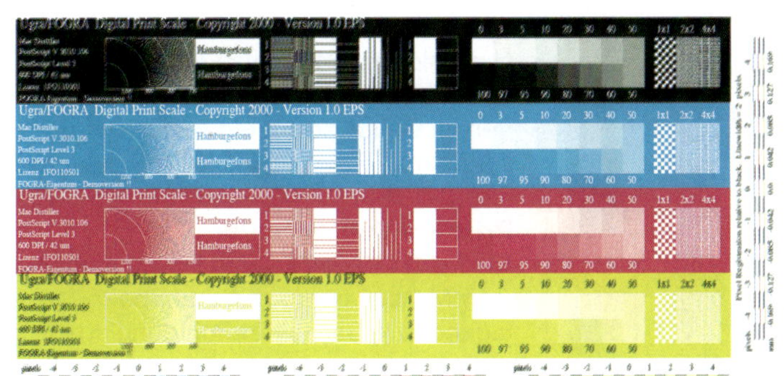

Die CMYK-Tonwerte z.B. des Ugra/FOGRA-Medienkeils basieren auf jenen der internationalen Norm ISO 12 642. Die Soll-Werte orientieren sich an den Charakterisierungstabellen wichtiger Druckbedingungen, wie sie in der Normenfamilie ISO 12 647 verzeichnet sind.

Kontrollkeile von oben nach unten:

Ausschnitt MO_8 Heidelberger Druckmaschinen

Passkreuz CMYK-Druck

Ugra/FOGRA-EPS PCS V 1.6 Medienkeil CMYK

Ugra/FOGRA Testkeil für CtP-Belichtung

Ugra/FOGRA Digital-Print-Scale für Digitaldruckmaschinen

(Darstellungen nur zur Veranschaulichung)

Stand des Druckkontrollstreifens

Die Montage des Druckkontrollstreifens soll auf dem Druckbogen am Bogenende parallel zur langen Seite erfolgen. Nach DIN 16 527 ist der Druckkontrollstreifen eine eindimensionale Aneinanderreihung von Kontrollelementen für den Druck einer oder mehrer Druckfarben. Der Kontrollstreifen ist über die gesamte Bogenbreite anzubringen.

Druckkontrollstreifen – Aufbau und Funktion

Prüffeld Farbannahme
Hier werden Volltonfarben aufeinander gedruckt, um die Farbannahme und das Trocknungsverhalten zu überprüfen. Wenn die erste Farbe zu schnell trocknet, können die folgenden Farben nicht mehr ins Papier wegschlagen und die Drucke können wolkig werden. Dies kann densitometrisch gemessen werden.

Prüffeld Graubalance
In einem solchen Feld sind alle Farben übereinander gedruckt und ergeben ein Neutralgrau, wenn alle Farben gleichgewichtig gedruckt sind. Bei Abweichungen ist visuell sofort ein Farbstich erkennbar.

Siehe auch Kapitel 2.4.7 Densitometrie

Prüffeld Volltonfelder
Die Felder in den Farben CMYK dienen zum Messen der Farbdichten beim Auflagendruck. Sie sollten mit den Farbdichtewerten der Andrucke bzw. Proofs übereinstimmen.

Prüffeld Schieben/Dublieren
Prüffeld mit Linienelementen zur visuellen Kontrolle beim Druck. Wenn die Fehler Schieben und Dublieren auftreten, werden die Prüffelder deutlich dunkler und der Drucker kann für Abhilfe sorgen.

Prüffeld Rasterprozentwerte
Mit diesen Feldern wird der Punktzuwachs beim Druck überprüft. Je nach Hersteller liegen die Prozentwerte zwischen 20–25% und 70 bis 75%.

Prüffeld Plattenbelichtung
Durch Hochlichtpunkte und Mikrolinienfelder lässt sich überprüfen, ob die Druckplatte richtig belichtet wurde. Bei falscher Belichtung werden die Punkte zu breit bzw. sind nicht mehr sichtbar. Visuelle Kontrolle ist erforderlich.

Aufsichtsdensitometer für die Auswertung eines Druckkontrollstreifens (Gretag).

Druckkontrollstreifen werden für alle denkbaren Prüfsituationen angeboten. Einige sollen hier genannt werden:

- Ugra/FOGRA-Medienkeil CIELAB für die Kontrolle und Prüfung des Farbumfangs.
- Ugra/FOGRA-Medienkeil CMYK. Dieser Keil ist die Basis für den *MedienStandard* Druck nach bvdm.
- Ugra/FOGRA-Digital-Druckkontrollstreifen für die Steuerung und Überwachung der Druckqualität im Offsetdruck.
- Ugra/FOGRA-PostScript-Kontrollstreifen für die Kontrolle der Filmbelichtung.
- Ugra/FOGRA-Digital-Plattenkeil für die Druckformbelichtung.
- FOGRA-Nonius-Mess-Skala FNM für die Prüfung des Passers in der Druckmaschine.

Altona Test Suite – Instrument für Prozess-Standardisierung und Workflow-Kontrolle

Die Altona Test Suite stellt dem Anwender wichtige Unterlagen für die Prozess-Standardisierung, Qualitätssicherung und Workflow-Kontrolle bereit. Das Anwendungspaket enthält Referenzdrucke, Testform-Dateien, Charakterisierungs-tabellen und ICC-Profile nach den aktuellen Werten des *ProzessStandard* Offsetdruck bzw. der ISO 12647-2.

Das Anwendungspaket selbst besteht aus einem Satz von PDF-Dateien, die speziell zur Prüfung digitaler Ausgabegeräte – insbesondere Prüfdrucksysteme, konventionelle und digitale Drucksysteme – entwickelt wurden. Der Einsatz ist jedoch nicht auf Ausgabegeräte beschränkt. Die Altona Test Suite dient dazu, die Einhaltung der PDF/X-3-Spezifikation und die Farbgenauigkeit aller Software- und Hardwarekomponenten in einem Composite-PDF-Workflow in der Druckproduktion zu prüfen. Wichtige Bestandteile sind auch die zahlreichen Referenzdrucke und Färbungsstandards, die sorgfältig innerhalb enger Toleranzen gefertigt wurden (insgesamt 16 Referenzdrucke in sieben Druckbedingungen für Offsetdruck und Endlosdruck). Bestandteil des Pakets ist auch eine CD-ROM mit den sehr aufwändig erstellten 15 Altona-Test-Suite-Dateien, Charakterisierungsdaten und ICC-Profilen gemäß Standard-Druckbedingungen nach ISO 12647-2.

Das umfassende Altona-Test-Suite-Anwendungspaket dient dem Anwender für verschiedene Zwecke: zur Prozesskontrolle, zur Überprüfung der PDF/X-3-Kompatibilität von Workflow-Systemen, zur Anpassung von Digitalprüfdrucksystemen an den Prozess-Standard Offsetdruck und als Färbungsstandard. Im Mittelpunkt steht der visuelle Vergleich der Referenzdrucke des Altona-Test-Suite-Anwendungspakets mit Prüf- und Auflagendrucken, um die Farbverbindlichkeit von Digitalprüfdrucksystemen sowie die Anpassung des Auflagendrucks an den Prozess-Standard Offsetdruck beurteilen zu können.

Mit dem Anwendungspaket wird weltweit erstmals eine weitgehend komplette Zusammenstellung von Referenzdrucken, Datensätzen, Kontrollmitteln und Informationen zur systematischen Prozesskontrolle bereit gestellt.

Die Altona-Test-Suite-Dateien wurden 2002 und 2003 entwickelt, ausgiebig erprobt und angewendet im Rahmen der Digitalproof-Foren von bvdm und ECI. Im Mai 2003 war die Altona Test Suite das Kernstück beim „digital proofing shootout" der IPA in Chicago, im September 2003 beim „Seybold SF 2003 PDF Workflow Shootout". Die Altona Test Suite hat – auch international – sehr schnell hohes Ansehen gewonnen und gilt mittlerweile als Standard-Testinstrument.

Das Projekt Altona-Test-Suite-Anwendungspaket der Partner bvdm/ECI/ugra/FOGRA war in der Abwicklung äußerst komplex und erforderte umfangreiche Vorbereitungen. Beispielsweise wurden für die verwendeten Papiere und Druckfarben international Sponsoren und Projektpartner aus der Lieferindustrie gewonnen, mit denen auch eine enge technische Abstimmung bei der Durchführung des Projekts stattfand. Die eingesetzten Materialien, Daten und Systeme (Vorstufe, Formherstellung, Druck, Prozesskontrolle, Qualitätsprüfung) wurden umfassend überprüft, optimiert und aufeinander abgestimmt. Neue, zusätzliche Systeme zur Prozesskontrolle, Mess- und Kontrollmittel wurden im

Die Altona Test Suite ist ein Gemeinschaftsprojekt des Bundesverbandes Druck und Medien e.V. (bvdm), Wiesbaden, der European Color Initiative (ECI), der EMPA/Ugra, St. Gallen und der Forschungsgesellschaft Druck e.V. (FOGRA), München.

Die Altona-Testdateien werden seit Januar 2005 von den Landesverbänden Druck und Medien angeboten.

Siehe auch Kapitel 5.2 Color Management und 5.2.9 Prozesskontrolle

Zuge der Projektdurchführung entwickelt und erstmals eingesetzt. Spezielle Testformen zur Qualitätssicherung im Fortdruck und bei der statistisch gesicherten Auflagenkontrolle wurden erarbeitet. Umfangreiche Vorversuche und Abstimmungen fanden ab Frühjahr 2003 statt. Eine besondere Herausforderung bei den Referenzdrucken (siehe Bild unten) war die gleichzeitige Einhaltung von engen Toleranzen bei Tonwertzunahmen und Farborten der Volltöne im Fortdruck. Die Abweichungen der Färbung einzelner Papiere von den Papiertypen nach ISO 12647-2 und der Druckfarben nach ISO 2846-1 stellten zusätzliche hohe Anforderungen in der praktischen Umsetzung dar.

Ziel der Bemühungen des bvdm ist, dass Medienbetriebe auf jedem Proof, auf jedem Druck und allen notwendigen Übertragungsprozessen Kontrollmittel verwenden. Damit kann ein einheitlicher Produktionsstandard innerhalb der Medenindustrie erreicht werden, der auch den Kunden einen hohen Qualitätsstandard signalisiert.

Altona Test Suite

Referenzformen zur Beurteilung eigener Druckergebnisse.

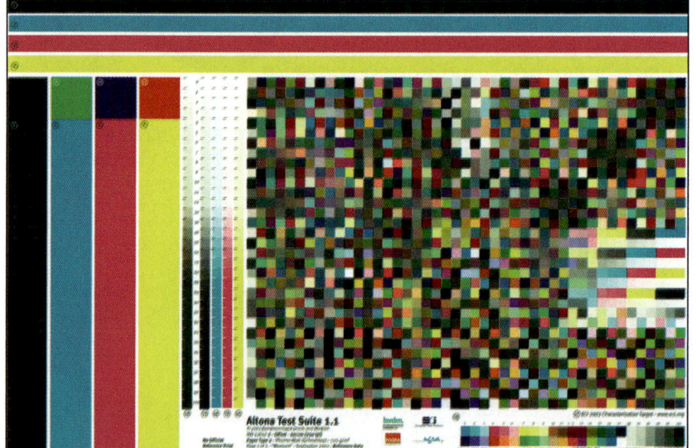

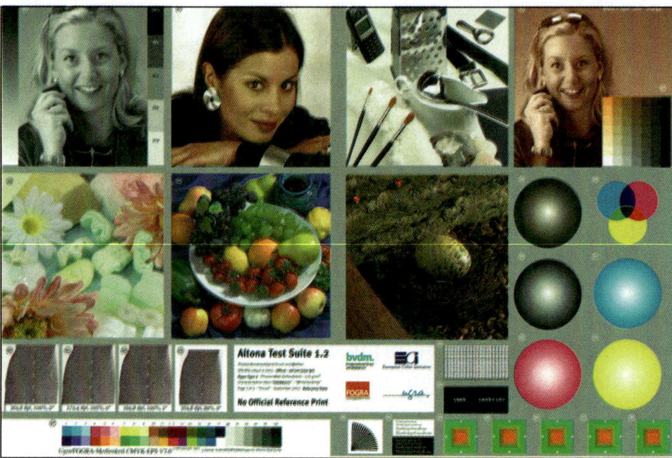

DIN ISO 12647 und 2846

Die DIN ISO 12647 „Grafische Technik Prozesskontrolle für die Herstellung von Raster-Farbauszügen, Andruck, Prüfdruck und Auflagendruck" ist zentraler internationaler Standard für alle Druckverfahren.

Darin werden die Parameter und Messmethoden (Prozesskontrolle) für den Flachdruck (Bogenoffsetdruck und Heatset-Rollenoffsetdruck), Zeitungsdruck (Coldset-Rollenoffsetdruck, Hochdruck), Illustrationstiefdruck, Siebdruck, Flexodruck und Direktdruckverfahren (Digitaldruck, DI-Trockenoffsetdruck) beschrieben.

Europaskala (DIN 16539)

Die Europaskala (DIN 16539) ist für den Mehrfarbendruck weit verbreitet und wird als Standard genutzt.

Als aktuelle Standard-Druckfarbenskala ist aber die Skala nach DIN ISO 2846 und 2846-1 „Grafische Technik – Farbe und Transparenz von Druckfarbensätzen" zu verwenden, die zur Farbkennzeichnung der Prozessfarben und der Zusammendrucke die CIELAB-Farbwerte zugrunde legt.

4.1.8 Aufgaben „Konventioneller Druck“

Aufgabe 4.1.8.1
Druckprinzipe kennen und zuordnen

Nennen Sie die Druckprinzipe und ordnen Sie diese den wichtigsten Hauptdruckverfahren zu.

Aufgabe 4.1.8.2
Fachbegriffe nennen und erläutern

Erklären Sie
a. IP-Druckverfahren und
b. NIP-Druckverfahren.

Aufgabe 4.1.8.3
Druckgeschichte kennen und einordnen

Wann und wo lebte Johannes Gutenberg und was hat er entwickelt?

Aufgabe 4.1.8.4
Erkennungsmerkmale wissen und anwenden

Erstellen Sie eine Tabelle mit den wichtigen Erkennungsmerkmalen für die Hauptdruckverfahren.

Aufgabe 4.1.8.5
Techn. Merkmale des Flexodrucks benennen

Zeichnen Sie das Schema eines Flexodruck-Druckwerkes und erläutern Sie die Verfahrenstechnik.

Aufgabe 4.1.8.6
Flexodruckformen erklären

Erläutern Sie
den Aufbau einer Flexodruckform.

Aufgabe 4.1.8.7
Prinzip des Tiefdruckverfahrens erläutern

Erläutern Sie den Aufbau und das Funktionsprinzip des Tiefdrucks am Beispiel einer konventionellen Tiefdruckform.

Aufgabe 4.1.8.8
Druckprinzipe kennen und zuordnen

Erklären Sie zeichnerisch den Aufbau eines Tiefdruck-Druckwerkes.

Aufgabe 4.1.8.9
Anwendungsgebiete des Tiefdrucks wissen

Für welche Druckprodukte wird das Tiefdruckverfahren hauptsächlich genutzt? Begründen Sie Ihre Meinung!

Aufgabe 4.1.8.10
Fachbegriffe des Tiefdrucks erklären

a. Ballardhaut
b. Rollenmaschine

Aufgabe 4.1.8.11
Kennzeichen des Offsetdrucks wissen

Zählen Sie drei besondere Verfahrenskennzeichen des Offsetdrucks auf.

Aufgabe 4.1.8.12
Begriffe des Offsetdrucks benennen

a. Stellen Sie den prinzipiellen Aufbau einer Einfarben-Offsetmaschine schematisch mit Hilfe einer Skizze dar.
b. Welcher pH-Wert gilt für den Offsetdruck als optimal?
c. Erläutern Sie den Begriff der Tonwertzunahme im Druck.

4.2 Digitaler Druck

4.2.1 Digitale Drucksysteme

Beim Digitaldruck handelt es sich um Drucksysteme, bei denen Daten einer Drucksache direkt aus einem digitalen Datenbestand auf einen Bedruckstoff ausgegeben werden. Dabei entfallen herkömmliche Zwischenschritte wie Film und/oder Druckplattenbelichtung sowie die üblichen Rüstzeiten einer konventionellen Druckmaschine. Durch den Wegfall sämtlicher manueller Arbeitsschritte im Workflow eines Auftrages können Änderungen an Drucksachen bis zur letzten Minute vor der Ausgabe durchgeführt werden.

Ein Druckvorgang wird dann als Digitaldruck bezeichnet, wenn digitale Daten aus einem vorhandenen Datenbestand heraus direkt oder indirekt auf einen Bedruckstoff übertragen werden. Ob der Inhalt der gedruckten Seite immer gleichartig ist oder von Seite zu Seite wechselt, ist grundsätzlich nicht von Bedeutung, stellt aber eine der wichtigsten Stärken des derzeitigen Digitaldrucks dar.

Um ein digitales Drucksystem zu betreiben, ist eine Normschnittstelle notwendig. Die Schnittstelle muss in der Lage sein, die grafisch aufbereiteten Daten eines Personal Computers in das digitale Drucksystem zu übernehmen und auf den Bedruckstoff auszugeben. Diese Schnittstelle wird üblicherweise mit Hilfe eines PostScript-RIPs angesteuert.

Postscript ist nicht nur eine standardisierte Seitenbeschreibungssprache, die aus einer Reihe von Befehlen Fotos oder Texte als Rasterseite (Bitmap) aufbaut. PostScript ist auch eine Programmiersprache. Damit können Programmierer Ausgabegeräte wie Laserdrucker oder Digitaldruckmaschinen auf die Verwendung von PostScript-Signalen optimieren.

Mit Hilfe von PostScript lassen sich nahezu alle Aufgaben, die in der Layout- und Grafikbearbeitung vorkommen, lösen und auf jeder Ausgabeeinheit ausgeben, welche PostScript versteht. Um ein Bild oder eine Textseite aus einzelnen Rasterzeilen aufzubauen, muss jedes Signal, das der Rechner der Digitaldruckeinheit in der Eingabe entgegennimmt, so interpretiert werden, dass daraus entsprechende Anweisungen berechnet werden. In möglichst knapper Form und auf mathematisch einwandfreie Weise muss die errechnete Information eines Bildes oder Textes auf den Druckzylinder übertragen und von dort mittels Farbe auf den Bedruckstoff weitergegeben werden.

Typisches Kennzeichen für digitale Drucksysteme ist die Übernahme aufbereiteter digitaler Daten der Druckvorstufe und deren Übertragung auf einen Bedruckstoff. Das Spektrum digitaler Drucksysteme, welche die obige Bedingung erfüllen, ist weit: Vom einfachen S/W-Laserdrucker für die Heim- oder Bürokommunikation über die verschiedenen Hochleistungskopierer bis zu digitalen Farbdrucksystemen reicht hier die Angebotspalette.

Dynamischer Zylinder

Wichtigstes Merkmal digitaler Drucksysteme und eine der entscheidensten Stärken ist der „dynamische Druckzylinder". Darunter wird die Fähigkeit digitaler Drucksysteme verstanden, bei jeder Zylinderumdrehung ein geändertes oder neues Druckbild zu erstellen und auf den Bedruckstoff auszugeben. Durch diese Fähigkeit ergeben sich im Vergleich zu den traditionellen Druckverfahren völlig andersartige Produktions- und Anwendungsbereiche wie z.B. 1:1-Marketing.

Digitaldruck für den Mehrfarbendruck – Überblick

Maschinen mit interner fixer Bebilderung

Offsetmaschinen mit integrierter digitaler Plattenbelichtung

DI-Maschinen
Quickmaster DI
Karat Digital Press

Bei den DI-Maschinen handelt es sich um modifizierte Offsetdruckmaschinen. Jedes Druckwerk verfügt über ein Belichtungsmodul und einen Spezialplattensatz.

Die Daten für die Druckform gelangen samt den Voreinstelldaten für Druck (CIP 4) aus der Vorstufe über ein RIP direkt zur Bebilderungseinheit in der Druckmaschine.

DI-Maschinen **stehen** während der Bebilderung. Sie lassen beim Druck **keine** variablen Daten zu.

Bezeichnung:
- Computer-to-Plate-on-Press

Maschinen mit variabler Bebilderung, i.d.R. nach dem elektrofotografischen Prinzip

Tonerbasierte elektrofotografische Drucksysteme sind die dominanten und zuverlässigsten Verfahren der derzeitigen Digitaldrucktechnik.

Systeme mit Festtoner
z.B. Xeikon oder NexPress, Xerox

Fester Toner oder Trockentoner wird mittels eines elektrofotografischen Prozesses auf Vorder- und Rückseite (Schön- und Widerdruck) eines Bedruckstoffes aufgebracht.
Anschließend an den Farbauftrag erfolgt eine Fixierung des Tonerbildes auf dem Bedruckstoff mittels Wärme.
Sonderfarben und unterschiedliche Bedruckstoffe von einem Bogen zum nächsten sind möglich.

Variabler Datendruck möglich.

Bezeichnung:
- Computer-to-Press

Systeme mit Flüssigtoner
z.B. HP-Indigo

Zuerst pastöser, später durch Ölzusatz verflüssigter Toner, der von einer Fotohalbleitertrommel auf ein Gummituch, von dort auf den Bedruckstoff übertragen wird.

Flüssigtoner-Systeme werden auch als „Digital Offset Color-Verfahren" bezeichnet.

Eine Farbraumerweiterung ist z.B. durch 6-Farben-Druckwerke möglich.

Variabler Datendruck möglich.

Bezeichnung:
- Computer-to-Press

Maschinen mit kontinuierlichem Tintenstrahl

Inkjet-Verfahren
i.d.R. für Großformat-, Dekor- und Tapetendruck

Beim Inkjet-(Tintenstrahl-)Verfahren wird das Druckbild mit einem computermodulierten Tintenstrahl auf das Papier gespritzt. Es wird mit einem kontinuierlichen Strom kleinster Farbtropfen gedruckt, die bildabhängig gesteuert werden.
Man unterscheidet Drop-on-Demand (Farbe nur bei Bedarf) und Continuous-Inkjet (Farbe wird bildabhängig nach der benötigten Farbmenge gesteuert).

Variabler Datendruck möglich.

Bezeichnung:
- Computer-to-Paper
- Fotodirektdruck

Andere Verfahren

Thermografiesysteme
für Digitalproofing

Beim Thermo- und Thermotransferdruck wird das Druckbild durch Wärme von einer thermosensitiven Schicht auf den Bedruckstoff übertragen. Die dabei erreichbare Geschwindigkeit ist nicht für den Auflagendruck geeignet. Daher spielt dieses Verfahren hier keine Rolle, da kein Auflagendruck durchgeführt wird. Das Verfahren wird aber häufig bei Proofsystemen verwendet.

Bezeichnung:
- Computer-to-Paper
- Computer-to-Proof

Printing-on-Demand:
Drucken auf Abruf aus einer Datenbank. Die Abrufdatei wird als „Demand File" bezeichnet.

Book-on-Demand:
Drucken eines Buches auf Abruf aus einer Datenbank. Ein derartiges Buch kann individuell zusammengestellt und personalisiert sein.
Siehe auch unter www.bod.de

Web-to-Print:
- Bestellung via Internet
- Schnelle Drucke oder Nachdrucke
- Just-in-Time-Printing
- Template-basierter Druck

Sequenzielles Drucken

Bei einem Prospekt mit 40 Seiten und einer Auflagenhöhe von 100 Exemplaren wird im traditionellen Offsetdruck die erste Seite 100-mal gedruckt, danach die Seite 2, Seite 3 usw. Nach dem Druck aller Seiten werden diese in der richtigen Reihenfolge zusammengetragen, beschnitten und gebunden.

Der Digitaldruck arbeitet diesen Auftrag in sequenzieller Reihenfolge ab. Das bedeutet, dass die Seiten 1 bis 40 des Prospektes 1 nacheinander gedruckt werden, dann die Seiten 1 bis 40 des Prospektes 2 usw. Wesentliches Merkmal dieser Art der Drucksachenproduktion ist die Auflagengröße 1. Ein Druckprodukt wird also in einer Auflage von einem Exemplar vollständig hergestellt. Dies ermöglicht der dynamische Druckzylinder, der in der Lage ist, bei jeder Zylinderumdrehung aus dem vorhandenen Datenbestand ein neues Druckbild abzurufen und auf einen Bedruckstoff zu übertragen.

Personalisiertes Drucken

Weiteres Merkmal des Druckens mit variabler Bebilderung ist das personalisierte Drucken. Darunter versteht man das Herstellen von Drucksachen mit Hilfe einer Datenbank. Jedes erstellte Druckprodukt kann eine individuelle Ausprägung erhalten. Dabei kann die Individualisierung durch einen vollständigen Austausch einer Seite erfolgen oder es kann nur ein Teil einer Seite verändert werden.

Im einfachsten Fall einer Personalisierung handelt es sich um den Austausch von Adresse und Anrede. Bei aufwändigeren Anforderungen müssen ganze Textgruppen mit Bildern und Grafiken verändert werden. Wird z.B. der Kunde eines Kaufhauses mit Hilfe eines personalisierten Prospektes persönlich beworben, wird er sich direkt angesprochen und in seinem „Wert" gesteigert fühlen. Vielleicht lässt er sich auch noch zu einem Kauf überreden – dann hätte sich die personalisierte Drucksache gelohnt.

Printing-on-Demand

Der Druck auf Bestellung (= Printing-on-Demand) kann in unterschiedlichen Varianten erfolgen: Ein Verlag erstellt eine Vorab- oder Probeauflage zu einer Autorenlesung oder einer Marketingaktion; beim Bau eines Automobils wird nach der Teile- und Zubehörliste des Wagens eine exakt zum Produkt passende Bedienungsanleitung geliefert. Diese Bedienungsanleitung existiert in dieser Form nur in einem Exemplar, also Auflage 1.

Ein weiterer Aspekt des Druckens auf Bestellung ist das „Book-on-Demand". Ein vom Leser gewünschtes Buch wird erst nach Eingang der Bestellung aus dem beim Verlag vorhandenen Datenbestand gedruckt, gebunden und verschickt. Lagerhaltung und die damit verbundenen Kosten entfallen. Denkbar wäre auch, dass sich ein Leser sein Buch nach persönlichen Wünschen zusammenstellt. Grundlage all dieser Möglichkeiten ist das richtige Zusammenwirken von Text, Bild, Datenbank, RIP und Digitaldrucksystem.

Zusammenfassende Merkmale des Digitaldrucks

- Auflagenhöhe 1
- Einsatz digitaler Technologie
- Personalisiertes Drucken
- 1:1-Marketing
- Drucken nach Bedarf
- Vorausdrucke, Probekapitel u.Ä.
- Kleine Auflagen in S/W und Farbe
- Keine analoge Produktion
- Sequenzielles Drucken

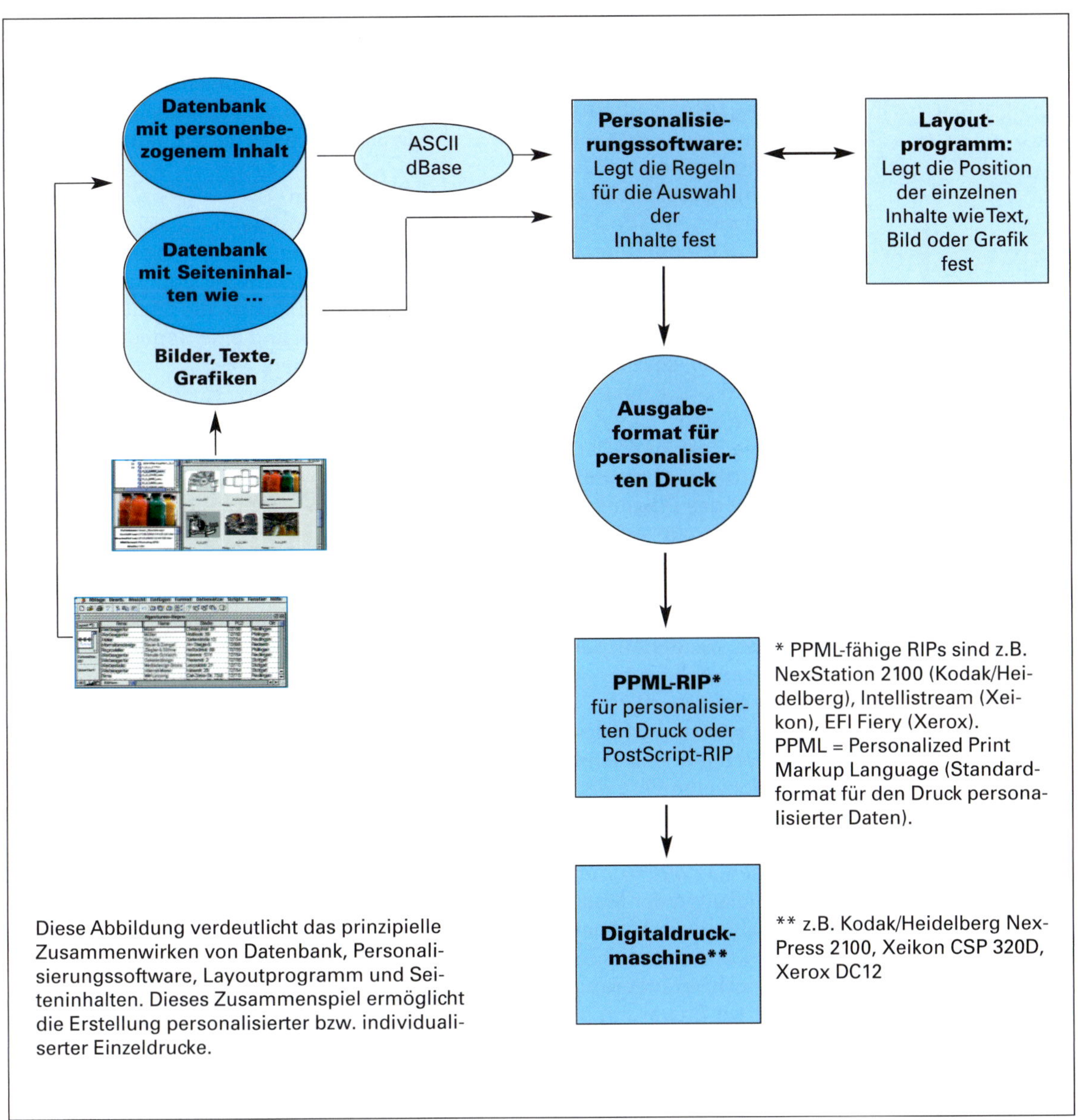

Datenbank mit personenbezogenem Inhalt
ASCII dBase
Personalisierungssoftware: Legt die Regeln für die Auswahl der Inhalte fest
Layoutprogramm: Legt die Position der einzelnen Inhalte wie Text, Bild oder Grafik fest
Datenbank mit Seiteninhalten wie ...
Bilder, Texte, Grafiken
Ausgabeformat für personalisierten Druck
PPML-RIP* für personalisierten Druck oder PostScript-RIP
* PPML-fähige RIPs sind z.B. NexStation 2100 (Kodak/Heidelberg), Intellistream (Xeikon), EFI Fiery (Xerox). PPML = Personalized Print Markup Language (Standardformat für den Druck personalisierter Daten).
Digitaldruckmaschine**
** z.B. Kodak/Heidelberg NexPress 2100, Xeikon CSP 320D, Xerox DC12
Diese Abbildung verdeutlicht das prinzipielle Zusammenwirken von Datenbank, Personalisierungssoftware, Layoutprogramm und Seiteninhalten. Dieses Zusammenspiel ermöglicht die Erstellung personalisierter bzw. individualisierter Einzeldrucke.

Personalisiertes Drucken

Zusammenwirken der Systemkomponenten

- Datenbankanwendungen
- Dynamische Druckzylinder
- Variable Bebilderung
- Tonerbasierte Druckfarben
- Computer-to-Press-Verfahren
- Proofs i.d.R. ohne Sonderfarben

4.2.2 Aufbau einer Digitaldruckeinheit

Der Aufbau einer Digitaldruckmaschine soll am Beispiel einer Xeikon dargestellt werden. Prinzipiell lässt sich dies auf andere Systeme übertragen.

Bedienungseinheit

Die Bedienungseinheit besteht aus einem Software-RIP (PostScript Level 3) mit Bedienungscomputer, durch den die Druckmaschine gesteuert wird. Am Macintosh oder PC wird von einem Dokument eine PostScript-Datei angefertigt, in der die spezifischen Eigenschaften zum Druck auf einer Xeikon festgehalten sind.

Wenn die PostScript-Datei richtig erstellt wurde, wird am RIP nun z.B. die Seitengröße des Dokumentes eingestellt und ihre Lage auf dem Papier (Hoch- oder Querformat). Außerdem wird die Auflagenhöhe angegeben, die Farbtiefe, ob es ein Duplex- oder Simplex-Job ist, wie die Ausgabeverarbeitung erfolgen soll usw.

Die Benutzeroberfläche des Computers, der die Druckmaschine steuert ist komplex. Von hier aus kann man fast alle Funktionselemente der Maschine kontrollieren und ansteuern. Alle wichtigen Parameter wie z.B. Tonerzufuhr, Spannungen an den Trommeln oder Luftfeuchtigkeit in der Maschine können auf dem Bildschirm abgelesen oder abgefragt werden. Gleichzeitig kann der Operator auch Veränderungen dieser Parameter zur Steuerung der Druckqualität vornehmen. Der Printoperator ruft am Monitor mit entsprechenden Befehlen die zu druckenden Dateien auf.

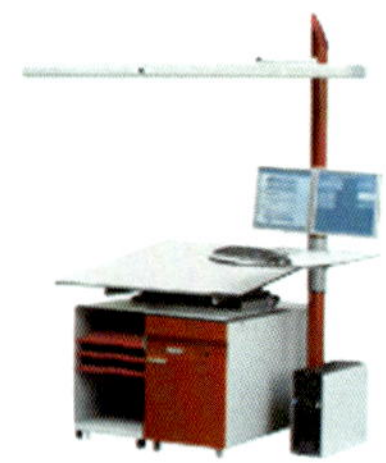

Korrektur- und Kontrollpult der Xeikon 320

Moderne Digitaldruckmaschinen sind JDF-fähig und können in Workflow-Netze integriert werden. Durch die RIPs können PostScript, PDF, PPML sowie JDF- und XML-basierte Jobtickets verarbeitet werden.

www.xeikon.com
www.punchinternational.com

Papiereingabe

Die Papiereingabe erfolgt in der Beispielmaschine von der Rolle (bei anderen Maschinen ist die Zufuhr von Bogenware möglich). Nach der Papiereingabe folgt eine Papierkonditionierung. Hier wird der Feuchtigkeitsgehalt des Papiers mit beheizten Walzen reduziert bzw. mittels Feuchtsensoren eingestellt. Danach wird die Papierbahn für den Druck auf etwa 20–22 °C temperiert.

Druckturm

Im Druckturm befinden sich 10 elektrofotografische Druckeinheiten für den Druck auf die Vorder- und Rückseite des Papiers. Es können die Skalenfarben nach CMYK und eine Sonderfarbe gedruckt werden.

Die Farben sind in der Druckreihenfolge wie folgt angeordnet:

- Sonderfarbe
- Yellow
- Cyan
- Magenta
- Schwarz (Black, Kontrast)

Die Sonderfarbe kann als zusätzliche Farbstation ausgerüstet werden.

An jeder Trommel ist eine Reinigungseinheit (Cleaning) und eine Entwicklungseinheit (Developer) angebracht. Nach dem Druck befindet sich der Toner noch unfixiert auf der Papierbahn und muss in der nachfolgenden Fixiereinheit verfestigt werden.

Fixiereinheit

Die Fixierung des Toners findet kontaktlos statt. Die Papierbahn wird mit langwelligem Infrarotlicht bei einer Temperatur von etwa 250 °C bestrahlt. Dadurch wird das Tonerbild auf der Bedruckstoffoberfläche verankert bzw. „ins Papier gebrannt". In der nachfolgenden GEM-Station wird der Glanz des Druckes beeinflusst. Das GEM-Modul arbeitet nach dem Prinzip der Heißkalandrierung zur Erzielung eines Glanzeffektes bei einer hohen Farbsättigung. Dies ist allerdings nur mit Papieren möglich, die eine Digitaldruckeignung aufweisen. Danach wird die

Papierbahn wieder auf eine Ausgabetemperatur von etwa 40°C heruntergekühlt. Digitaldruckmaschinen können üblicherweise Papiere von etwa 60 bis 250 g/m² verarbeiten.

Ausgabeeinheit
Nach der Fixiereinheit wird die Bahn in den Papierschneider geführt, wo das Papier quer zur Laufrichtung auf Format geschnitten wird. Die geschnittenen Bogen gelangen auf einen so genannten „Rüttler". Da im Digitaldruck die Bogen elektrostatisch aufgeladen sind, „kleben" die einzelnen Blätter aneinander, was zu erheblichen Schwierigkeiten beim Aufstoßen des Papierstapels führen kann. Abhilfe schafft hierbei eine zusätzliche Ionisierung des Papiers.

Ausgabeeinheiten bei Digitaldruckmaschinen sind üblicherweise sehr flexibel zusammenzustellen. Je nach Produktionspalette können die bedruckten Papiere wieder auf eine Rolle ausgegeben werden. Ebenso besteht die Möglichkeit, die Drucke als Bogenware auf Papierstapel auszugeben oder direkt in eine Finishing-Lösung einzuarbeiten. Dies bedeutet, dass mehrseitige Dokumente in vollständiger zusammengetragener Reihenfolge gedruckt und ausgegeben werden können.

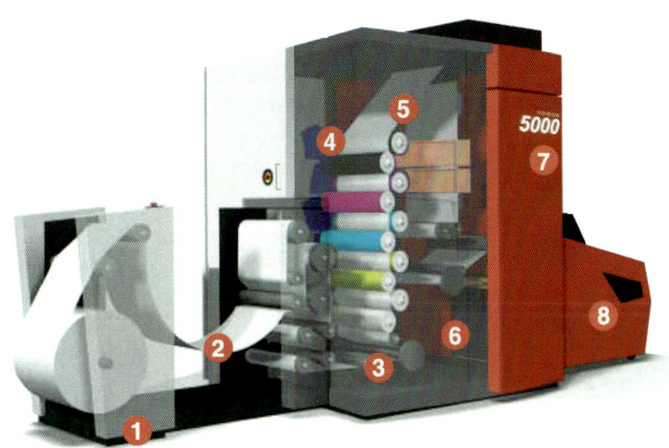

Xeikon 5000 (oben)

1 = Papierversorgungseinheit für Rollenpapier
2 = Papiereinzug bis 500 mm Papierbreite
3 = Farbstation für Sonderfarben
4 = Druckwerke mit den Farben Yellow, Cyan, Magenta und Schwarz und den Tonereinfüllstutzen
5 = Papierbahn nach dem Druck auf Vorder- und Rückseite vor dem Einlauf in die Fixiereinheit
6 = Schneidewerkzeug
7 = Fixiereinheit
8 = Ausgabeeinheit

(Quelle: Xeikon)

Xeikon 500 (rechts)

1 = Papierversorgungseinheit für Rollenpapier mit Papiereinzugwerk
2 = Papiereinzug bis 500 mm Papierbreite
3 = Druckwerke mit den Farben Yellow, Cyan, Magenta und Schwarz. Die Papierbahn wird nach dem Druck auf Vorder- und Rückseite in die Fixiereinheit befördert
4 = Fixiereinheit
5 = Reinigungseinheit zur Entfernung des Resttoners
6 = Ausgabeeinheit mit Querschneider und Zusammentrageinrichtung.

„Xeikon DCP" (Festtonerbasiertes System zur variablen Bebilderung)

Elektrofotografische Druckstation der Xeikon DCP

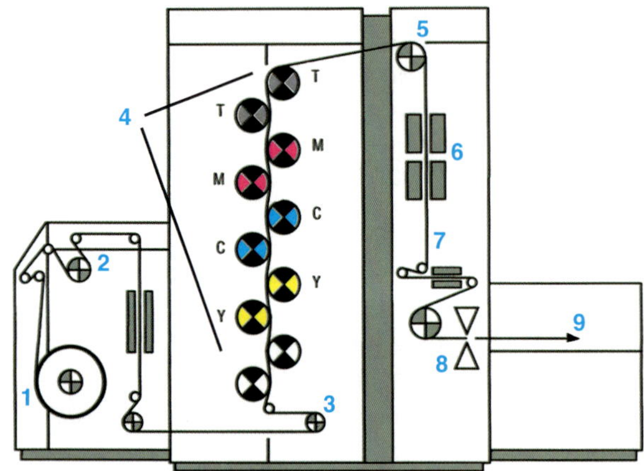

1 = Papiereingabe mit Rollenhalterung in der Papierbreite von 320 bzw. 520 mm
2 = Papierkonditionierung – hier wird der Feuchtigkeitsgehalt des Papiers mit der geheizten Walze reduziert bzw. über einen Feuchtsensor korrekt eingestellt. Durch diese Entfeuchtung wird die elektrische Leitfähigkeit des Papiers eingestellt. Dabei wird eine definierte Aufladung erzeugt. Die Papierbahn wird anschließend wieder abgekühlt.
3 = Papierantrieb
4 = Fünf Doppeldruckwerke mit Fotohalbleitertrommeln zum beidseitigen vierfarbigen Druck im Format B3 oder B2. Das fünfte Druckwerk kann mit Sonderfarben belegt werden. Die im Turm befindlichen 4 (5) Druckeinheiten übertragen das Druckbild entsprechend der Farbseparation auf die Schön- und Widerdruckseite.
5 = Die Papierbahn wird an der oberen Umlenkrolle mit dem noch unfixierten Tonerbild nach unten geführt. Die Umlenkrolle weist ein das Tonerbild abstoßendes Potenzial auf und wird permanent von Resttoner gereinigt.
6 = Die Fixiereinheit besteht aus einem Flächen-Infrarotstrahler. Das Druckbild wird hier bei einer Temperatur von ca. 250 °C fixiert. Bei einem Bahnstopp werden die Stahler sofort von der Papierbahn weggefahren. Mit dem nach folgenden GEM-Modul wird der Toner heiß kalandriert und damit glänzend gemacht. Dies ist vor allem bei Papieren mit glänzender Oberfläche wichtig, da sonst ein mattes Druckbild auf einem glänzenden Papier erscheinen würde
7 = GEM-Modul mit Papierkühlung
8 = Papierschneideeinrichtung
9 = Papierausgabe als Rollenware oder als Einzelbogen

Elektrofotografische Druckstation

Arbeitsprinzip: Die Bebilderung erfolgt dadurch, dass die LED-Zeile die digitale Information auf den lichtempfindlichen OPC-Zylinder (Fotohalbleitertrommel) schreibt – und das bei jedem Druck neu. Da der OPC-Zylinder endlos ist, können Bilder in großer Länge gedruckt werden. Dies ist bis zu einem Druckbild von etwa 10 m Länge und 0,32 m Breite möglich.

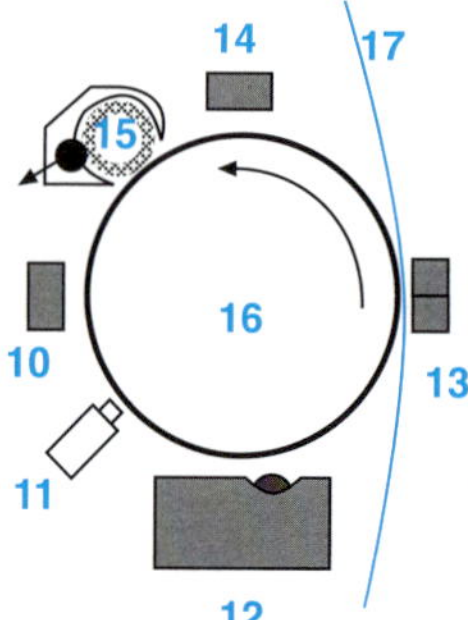

10 = Aufladeeinheit
11 = LED-Schreibkopf
12 = Tonerentwicklung
13 = Druckbildübertragung
14 = Löschen der Ladungsunterschiede
15 = Reinigungseinheit
16 = Fotohalbleitertrommel
17 = Bedruckstoff

4.2.3 Elektrofotografischer Druck mit Festtoner

Das wichtigste und derzeit erfolgreichste Verfahren im Hochleistungsbereich des Digitaldrucks ist aufgrund seiner Zuverlässigkeit, der hohen Druckqualität und der Kosten die Elektrofotografie. Dieses wichtigste Verfahren soll hier exemplarisch ausführlicher dargestellt werden.

Beim elektrofotografischen Verfahren ist die Oberfläche der Trommel mit einem Fotohalbleiter beschichtet, dessen Widerstand sich durch die Lichteinwirkung verändert.

Die rotierende Fotoleitertrommel wird von einem Ladecorotron aufgeladen. Die Belichtung erfolgt mittels eines scharf gebündelten Lichtstrahls. Licht, das bildmäßig auf den Fotoleiter trifft, wird dort absorbiert und erzeugt Raumladungen.

Im nächsten Schritt werden jene Bereiche mit Toner eingefärbt, die vom Licht entladen worden sind, man spricht auch vom so genannten „Dunkelschreiben".

Das Tonerbild, das sich auf der Fotoleitertrommel befindet, wird durch elektrostatische Prozesse auf den Bedruckstoff gebracht. Dazu befindet sich hinter dem Papier ein Umdruckcorotron, welches eine dem Toner entgegengesetzte Ladung besitzt. Dadurch wird gegenüber dem Fotoleiter ein elektrostatisches Feld erzeugt, der Toner angezogen und auf die Papieroberfläche übertragen. Bei diesem Prozess verbleibt allerdings restlicher Toner an der Trommel. Bevor dieser mittels Bürste und Absaugung automatisch von der Fotoleiteroberfläche entfernt wird, wird der verbleibende Resttoner elektrostatisch neutralisiert.

Alle diese beschriebenen Schritte erfolgen innerhalb einer Umdrehung der Fotohalbleitertrommel. Bereits bei der nächsten Bebilderung des Fotohalbleiters kann ein anderer Datensatz verwendet werden als Voraussetzung für variables Drucken.

Der Toner hält nur dann auf dem Bedruckstoff, wenn durch eine Fixierung die Tonerpartikel so mit dem Papier verbunden werden, dass das Printprodukt abrieb- und scheuerfest ist. Damit die Tonerschicht nicht sofort abschreckt, denn dadurch käme keine Haftung zustande, muss der Bedruckstoff dieselbe Temperatur wie der Toner aufweisen. Die übliche Übertragungstemperatur liegt bei ca. 120° bis 140 °C. Durch das Abkühlen erstarrt die Tonerschicht und geht in einen festen Zustand über. Problematisch bei diesem Verfahren ist, dass der Toner nur oberflächlich aufgebracht wird und die Tonerfarbe nicht wie beim traditionellen Offsetdruck in den Papierfaserverband eindringt. Dies fällt dem Fachmann beim Falzen solcher Druckbogen sofort durch die Unsauberkeiten und das Abspringen der Farbe an der Bruchkante auf. Dazu kommt, dass die gehärtete Tonerschicht deutlich geringere Abrieb- und Scheuerfestigkeit aufweist als die in das Papier eindringende Offsetfarbe.

Der Toner wird bei Digitaldruckverfahren üblicherweise bei relativ hohen Temperaturen fixiert. Dadurch wird die ohnehin schon geringe Feuchte im Digitaldruckpapier noch weiter reduziert. Dies führt oft zu Papierdeformationen wie Schrumpfen oder Welligkeit, was wiederum Probleme in einer angeschlossenen Inline-Weiterverarbeitung verursachen kann. Es bietet sich daher an, das bedruckte Papier vor der Weiterverarbeitung rückzubefeuchten oder ein Vorsatzpapier anzubringen, das entstehende Spannungen ausgleicht.

Siehe Kapitel 4.8, Seite 631

Der eigentliche Druckvorgang im Digitaldruck ist verhältnismäßig langsam. Die maximale Druckgeschwindigkeit beträgt derzeit bis zu 200 A4-Seiten in der Minute, bei einer gängigen Auflösung von 600 dpi.

Damit reicht ein digitales Drucksystem nicht an die Leistungen einer Offsetmaschine heran. Da sich beim Digitaldruck allerdings die Rüstzeiten verkürzen, beim Finishing das Kollationieren entfällt und eine schnelle Weiterverarbeitung möglich ist, kann ein ausschlaggebender Zeitvorteil gegenüber dem konventionellen Druck erreicht werden. Die Weiterverarbeitung muss deshalb ähnlich leistungsfähig, schnell, kostengünstig und effizient ablaufen wie die Produktion des Buchblocks. Ein besonderer Fokus liegt daher darauf, verschiedene Finishingkomponenten direkt mit dem Drucksystem zu koppeln, um manuelle Arbeitsschritte und somit zusätzliche Kosten zu minimieren. Digital gedruckte Bücher müssen dem Standard hochwertiger gebundener Produkte aus dem konventionellen Druck entsprechen und gleichzeitig die eigentlichen Vorteile wie Aktualität und schnelle Lieferung gewährleisten, um am Markt bestehen zu können.

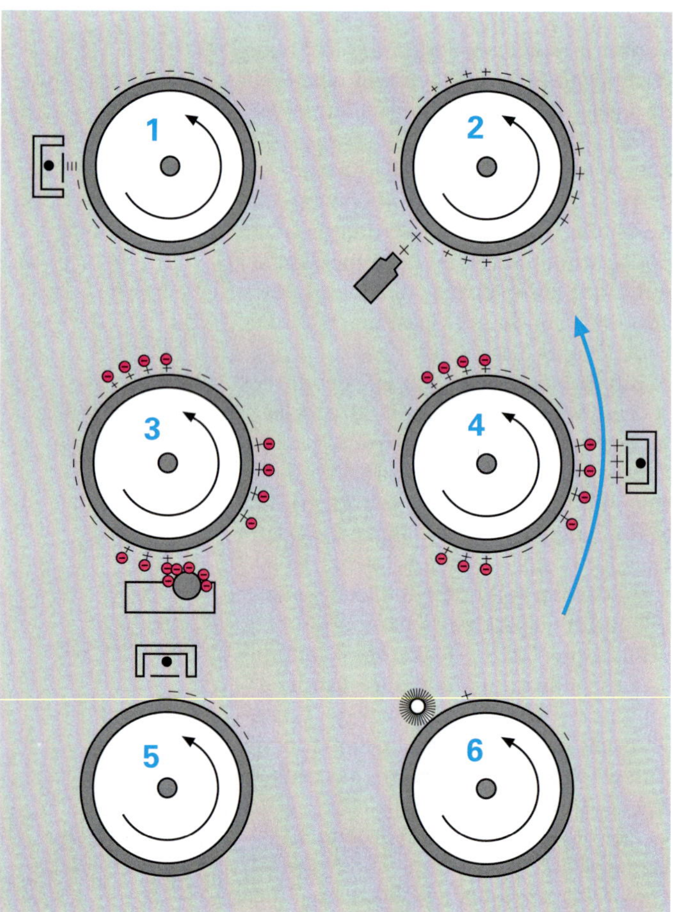

The Six Steps

1 = Erzeugen einer elektrostatischen Aufladung auf der Oberfläche der Fotohalbleitertrommel (OPC-Zylinder).

2 = Der LED-Schreibkopf mit 7424 Leuchtdioden verändert an den belichteten Stellen die Ladung.

3 = Die belichteten Stellen übernehmen, in Abhängigkeit von der Ladungsgröße Tonerpartikel.

4 = Das seitenverkehrte Druckbild wird mit Hilfe einer Übertragungsladung auf den Bedruckstoff übertragen. Anschließend erfolgt einer Fixierung der Farbe bei ca. 140 Grad Celsius.

5 = Entladen der Trommeloberfläche

6 = Reinigung der Trommeloberfläche vor der nächsten Druckbildübertragung. Ungefähr alle 150.000 Blatt ist, je nach Hersteller, ein Service vorgeschrieben. Dabei werden alle Fotoleiter und die Entwicklergemische getauscht. Um eine gleichbleibend gute Druckqualität zu erreichen, wird der Austausch der Verbrauchsteile in der Praxis häufig früher durchgeführt.

Kodak NexPress 2100

Die NexPress 2100 ist eine Druckmaschine, in der die Stärken zweier Herstellerfirmen in einer digitalen Druckmaschine kombiniert wurden. Die Heidelberger Druckmaschinen AG brachte das Wissen um den Bogentransport, Druckmaschinenkonstruktion und Workflow-Software in diese Maschine ein. Kodak steuerte die Elektrofotografie und Trockentonertechnologie NexPress Dry InkTM bei.

Die Maschine verfügt über drei Papiermagazine für bis zu 6.500 Bogen. Aus diesen Magazinen wird der Bedruckstoff durch Saugbandanleger über eine Papierkonditionierung zum Bogenpositionierer (oder Anlage) geführt. Hier wird der Bogen exakt ausgerichtet und im richtigen Zeittakt mit Hilfe eines Transportbandes zu den vier elektrofotografischen Bebilderungseinheiten für die Farben CMYK geführt.

Die Druckeinheit verfügt über vier Druckwerke für die Skalenfarben. Jede Farbe wird einzeln geschrieben, entwickelt und über den Blanket- bzw. Gummizylinder auf den Bedruckstoff übertragen. Diese Übertragung ist der Offsettechnologie vergleichbar. Dadurch sind unterschiedliche Bedruckstoffoberflächen bedruckbar.

In der nachfolgenden Fixiereinheit wird durch Druck und Hitze der Trockentoner geschmolzen und in den Bedruckstoff eingepresst. Zusätzlich wird der Bogen elektrostatisch entladen und entrollt. Für den Rückseitendruck (Widerdruck) wird der Druckbogen vor dem Ausleger nach unten umgelenkt und mit der Vorderkante voraus über die Eingabefächer hinweg zur Wendeeinrichtung geführt. In der Wendeeinrichtung wird der Bogen gewendet und danach zur Bogenpositionierung befördert. Hier beginnt nach dem Ausrichten des Bogens der zweite Druckgang. Nach dem Druck und der Fixierung wird der Bogen in die Einzelbogenauslage (Proofauslage) oder zum Stapelausleger transportiert.

Da die Druckqualität und die Druckkonstanz beim elektrofotografischen Druckprozess entscheidend von der Lufttemperatur und der Luftfeuchtigkeit abhängt, wird das Raumklima in der Klimaeinheit ESC innerhalb der Druckwerke auf eine Temperatur von 210 °C und eine relative Luftfeuchtigkeit von 35 % eingestellt.

Durch den Blanket- bzw. Gummizylinder, der zur Druckbildübertragung verwendet wird, ist es möglich, unterschiedliche Papierqualitäten zu bedrucken. Es können gestrichene, ungestrichene und strukturierte Papiere sowie Folien verdruckt werden. Grammaturen von 80 g/m² bis 300 g/m² sind möglich. Das Bebilderungsformat wird mit maximal 340 mm x 460 mm angegeben.

Individualisierung

Mit den individualisierten Angebotskarten, gedruckt auf der NexPress 2100 von Heidelberg, konnte Saab Deutschland durch eine gezielte 1:1-Marketingaktion sowohl Rücklauf als auch Umsatz kräftig steigern.

Kodak/Heidelberg NexPress 2100

Digitaldruckmaschine für den Mehrfarbendruck und der Möglichkeit, Drucke datenbankgestützt zu individualisieren.

(Abb.: Heidelberger Druck AG)

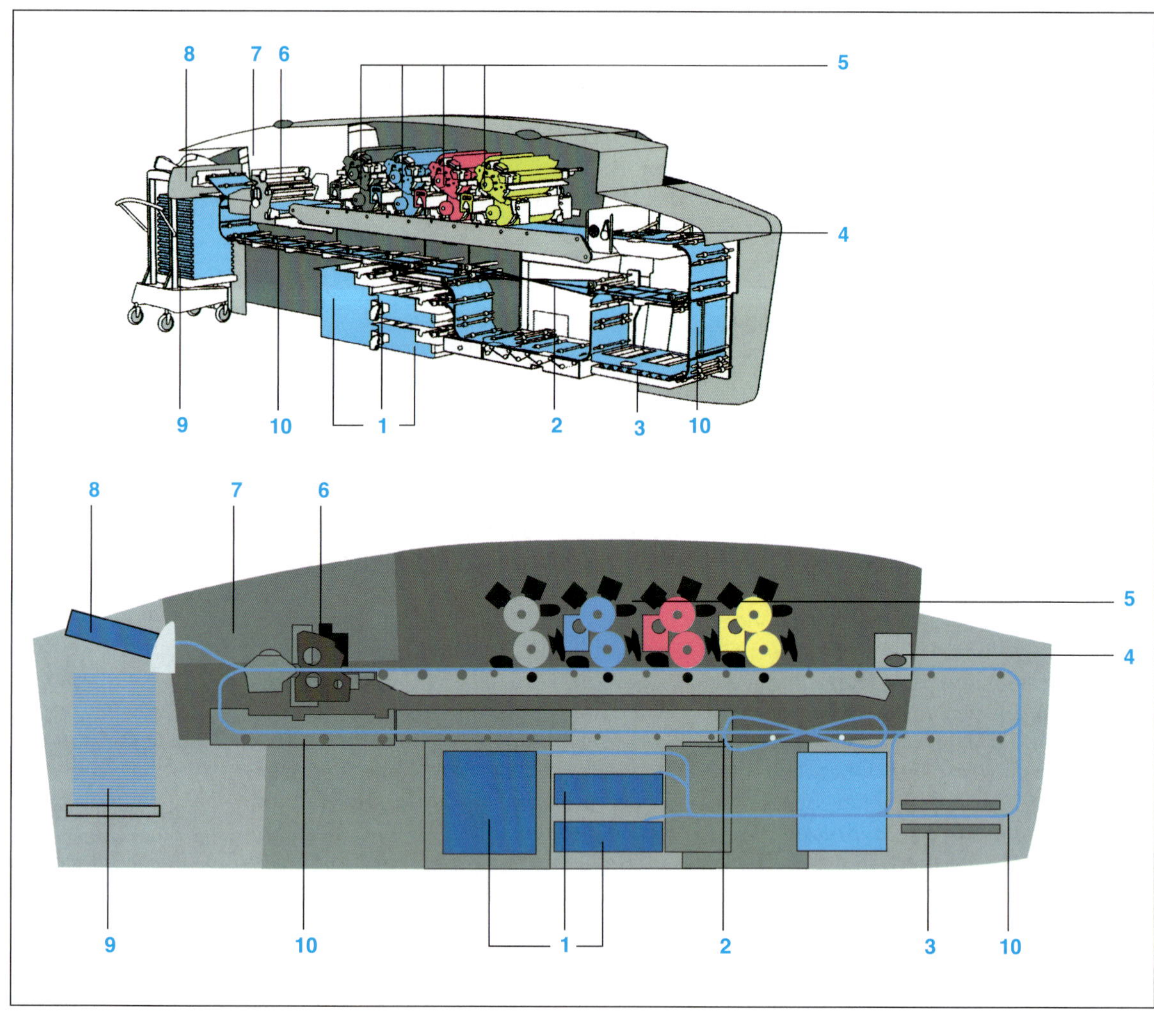

Kodak/Heidelberg NexPress 2100 Schema

1 = Papiereingabefächer
2 = Bogenwendeeinrichtung SEP (Same Edge Perfector)
3 = Papierkonditionierer
4 = Bogenpositionierer (besser Bogenanlage)
5 = Elektrofotografische Druckwerke für 4/4-Druck mit Druckformzylinder (Imaging-Zylinder), Bebilderungskopf, Tonerauftragseinheit, Ladecorotron, Reinigungseinheit und Gummituch- oder Übertragungs- oder Transferzylinder.
6 = Fixiereinheit
7 = Klimaeinheit
8 = Einzelbogenausleger oder Proofausleger.
9 = Stapelausleger
10 = Papierweg

Xerox Docu Color iGen3

Mit einer Geschwindigkeit von 6.000 DIN-A4-Drucken/Stunde ist die DocuColor iGen3 das schnellste Bogenfarbdrucksystem der Firma Xerox. Das nach dem elektrofotografischen Prinzip arbeitende Druckwerk mit Trockentoner (Laserbebilderung) erzielt eine dem Offsetdruck vergleichbare Druckqualität.

Die Maschine kann verschiedene Bedruckstoffarten aus mehreren Papiermagazinen verarbeiten und ausgeben. Die Druckleistung liegt bei 6.000 Vollfarbseiten im Format A4+ pro Stunde, das entspricht 100 Seiten pro Minute. Die Materialzufuhr fasst bis zu 10.000 Blatt bei vier Bogenanlegern im Format bis 364 x 521 mm.

Die Auflösung liegt bei 600 x 600 Pixel bei einer Farbtiefe von 8 Bit. Pro separierter Farbe wird mit 256 Tonstufen und entsprechend auf den Bedruckstoff abgestimmten Reproduktionskurven gearbeitet, um einen möglichst großen CMYK-Tonwertumfang zu erhalten. Es wird standardmäßig mit den Prozessfarben Magenta, Gelb, Cyan und Schwarz gedruckt.

Die verfügbare Rasterauflösungen liegen zwischen 150 lpi bis 200 lpi, alle mit 256 möglichen Graustufen. Zur Auswahl stehen für diese Maschine zwei Hochleistungs-RIPs: Creo-Spire Color Server und Xerox DocuSP-Controller. Als Standard-Netzwerkschnittstellen sind Ethernet 10/100baseT, Token Ring für TCP/IP und NetWare erhältlich. Unterstützte Protokolle sind TCP/IP, Apple Talk, Novell IPX/SPX.

Die unterstützten Dateiformate sind PostScript Level 1, 2, 3 sowie PDF, TIFF, EPS, EPSF, DCSF, Creo VPS und Xerox VIPP.

Einsatzbereiche

Der Einsatzbereich dieser Digitaldruckmaschine liegt in den bereits als klassisch zu bezeichnenden Bereichen des Digitaldrucks:

- Print-on-Demand für Bücher, Kataloge, Broschüren, Postwurfsendungen, Einleger, Flugblätter und Ähnliches
- Direktmarketing
- Personalisiertes 1:1-Marketing
- Web-Fulfillment
- Depotinformationen mit individuell gestalteten Finanzangaben

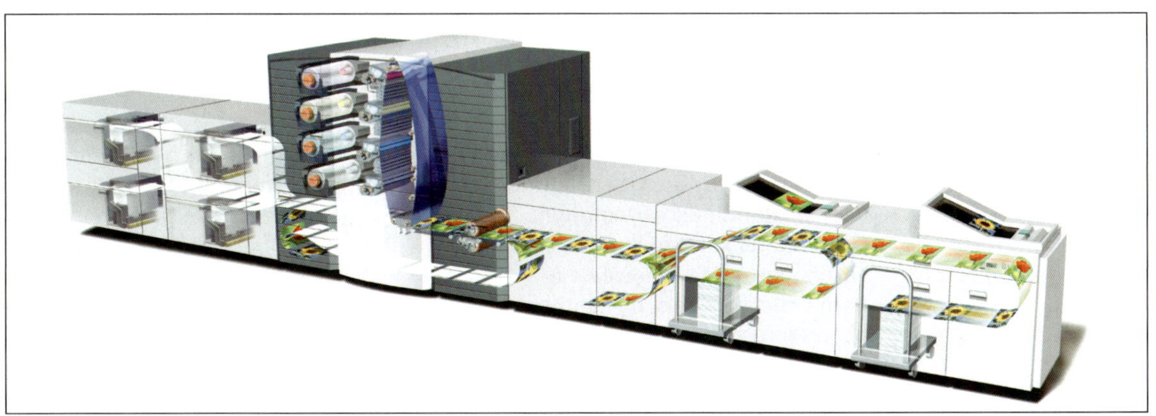

Xerox DocuColor iGen3

Nach dem elektrofotografischen Prinzip arbeitende Digitaldruckmaschine mit Trockentoner.

(Quelle: Xerox)

4.2.4 Elektrofotografischer Druck mit Flüssigtoner

HP IndigoPress

Die „HP IndigoPress" ist ein flüssigtonerbasiertes Digitaldrucksystem, das zur variablen Bebilderung geeignet ist. Auf der gegenüberliegenden Seite ist das Aufbauprinzip dieser Maschine zu sehen.

Mit Hilfe dieser Darstellung soll ihnen der Aufbau und das Arbeitsprinzip dieser Digitaldruckmaschine erläutert werden:

Siehe Kapitel 4.8, Seite 631

1 = Belichtungslaser (IR-Laser)

2 = Farbinjektor für bis zu sieben Farben (CMYK und bis zu drei Sonderfarben). Der Toner besteht aus sehr kleinen, elektrostatisch aufladbaren Tonerpartikeln mit einem Durchmesser von etwa 1 bis 2 Mikrometer, die auf dem erhitzten Gummidrucktuch (4) mit der Trägerflüssigkeit zu einem Film verschmelzen. Dieser Film wird sofort verfestigt, wenn er unter Druck auf den „kalten" Bedruckstoff übertragen wird. Durch die Übertragung des vollständigen verfestigten Druckbildes auf den Bedruckstoff verbleiben keine Tonerreste auf dem Drucktuch. Dieses kann sofort ein anderes, geändertes Druckbild aufnehmen, das auf der Druckform (PIP) neu bebildert wurde.

3 = Rotierende Druckform (Fotoleitertrommel oder Photo Imaging Plate, PIP) wird gleichmäßig aufgeladen. Die Bebilderung erfolgt mit 12 Laserdioden, die an den druckenden Stellen der Druckform die vorhandene Ladung in den vorgegebenen Stufen der Datentiefe abbauen. Durch eine Entwicklerwalze wird von den nichtdruckenden Stellen der Toner entfernt und in die Tanks zurückbefördert (diese Walze fehlt in der Abbildung).

4 = Elektrostatisch geladenes Gummidrucktuch auf dem Übertragungszylinder. Durch den Einsatz eines elastischen Gummituches als Übertragungsmedium kann, ähnlich wie im Offsetdruck eine große Anzahl unterschiedlicher Bedruckstoffe bedruckt werden.

5 = Gegendruckzylinder

6 = Farbbüchsen mit Farbtanks. Bei den HP-Maschinen ist es möglich, mit sechs- oder sieben Farben zu drucken. Es können bis zu drei Sonderfarben verwendet werden. Daneben besteht die Möglichkeit, den CMYK-Druck durch die Farben Violett und Orange zu ergänzen. Dieser Sechsfarbendruck weist dann eine deutliche Farbraumerweiterung im Vergleich zum Offsetdruck auf. Die Farben werden von den Tanks zu den Farbauftragswalzen gepumpt. Überflüssige Farbe wird von der Druckform abgenommen und in die Tanks zur neuen Verwendung zurückgeführt.

7 = Anlagestapel Bedruckstoff

8 = Bedruckstoffführung

9 = Auslagestapel

10 = Bogenwendeeinrichtung für zweiseitigen Druck

11 = Operator Console: Dient der Steuerung der Druckmaschine und zum Aufrufen der Druckjobs (rechte Seite in der Abbildung unten).

HP IndigoPress 3050

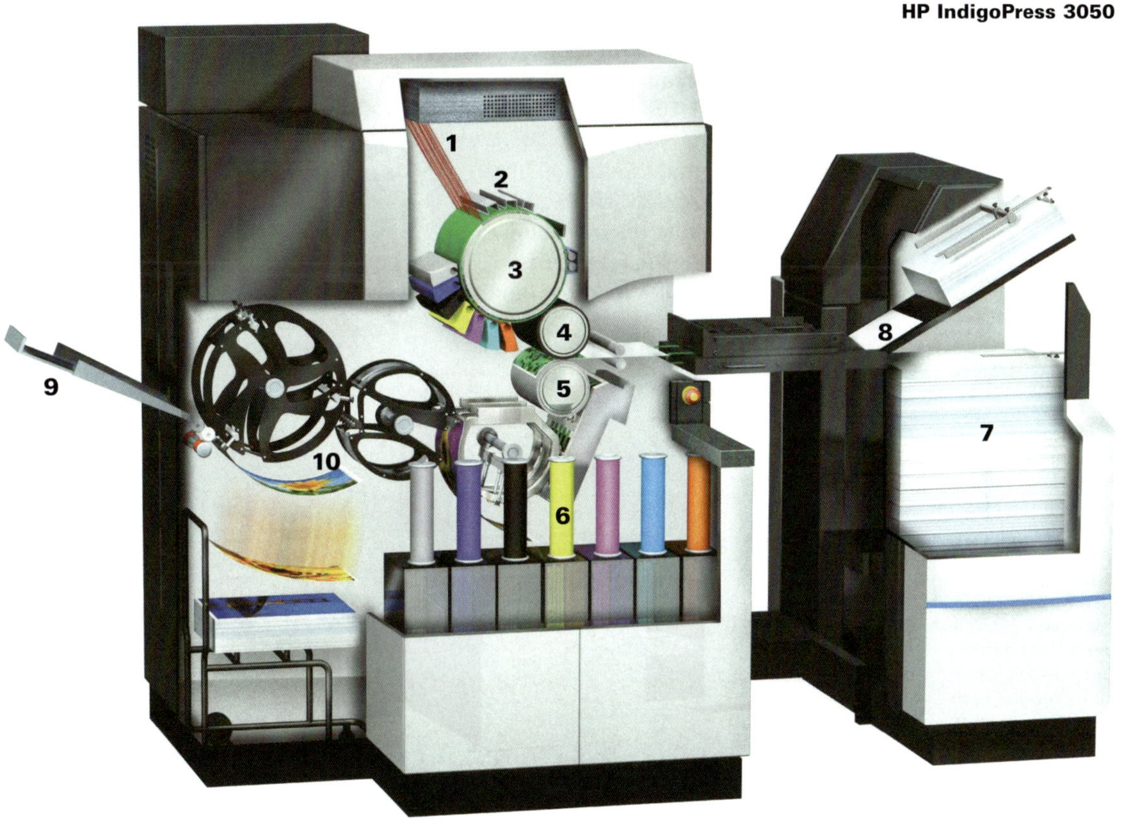

1
2
3
4
5
6
7
8
9
10

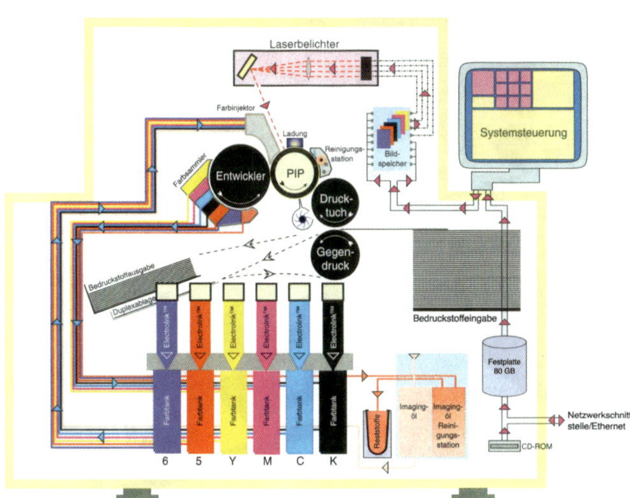

HP IndigoPress (Schema)

Die Abbildung oben zeigt den prinzipiellen Aufbau der Digitaldruckmaschine. Links sind die prinzipiellen Verbindungs- und Arbeitszusammenhänge dargestellt. Dabei wurde – zur Vereinfachung der Darstellung – das Auslegesystem nicht berücksichtigt. Ein Abbildung der Maschine mit Außenabdeckung findet sich auf der nächsten Seite.

(Quelle: HP Presse, Herrenberg)

HP IndigoPress 3050

Die Anordnung und der Aufbau der Druckwerkseinheit sind bei Rollen- und Bogenmaschinen identisch. Die Unterschiede liegen ausschließlich in der Zuführung und Ausgabe des Bedruckstoffes.

In der Abbildung auf Seite 549 unten ist die Ethernet-Netzwerkschnittstelle zu erkennen. Damit ist die Maschine in eine vernetzte Druckerei integrierbar und kann in einen PDF-Workflow eingebunden werden.

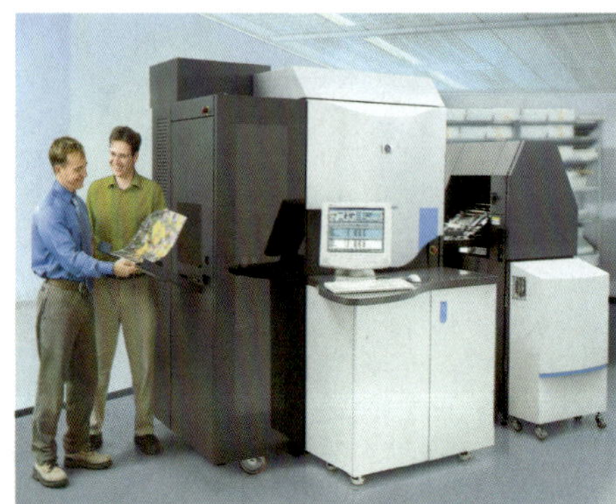

HP Indigo 5000

Digitaldruckmaschine für bedarfsorientiertes Drucken (Print-on-Demand). Die Maschine arbeitet mit elektrofotografischem Verfahren mit Flüssigtoner. Mit dem von HP so genannten digitalen Offsetfarbdruck lassen sich Druckerzeugnisse in sehr guter Qualität erstellen, die den Vergleich mit den Ergebnissen des Offsetdrucks nicht scheuen müssen.
Die abgebildete Maschine ermöglicht das Bedrucken aus mehreren Papierschächten heraus, so dass in einem Auftrag unterschiedliche Papiersorten nacheinander verdruckt und gesammelt werden können. Das Druckwerk funktioniert in der gleichen Art und Weise wie vorne beschrieben. Durch die Bogenwendeeinrichtung ist auch hier ein Schön- und Widerdruck möglich.

(Quelle: HP Presse)

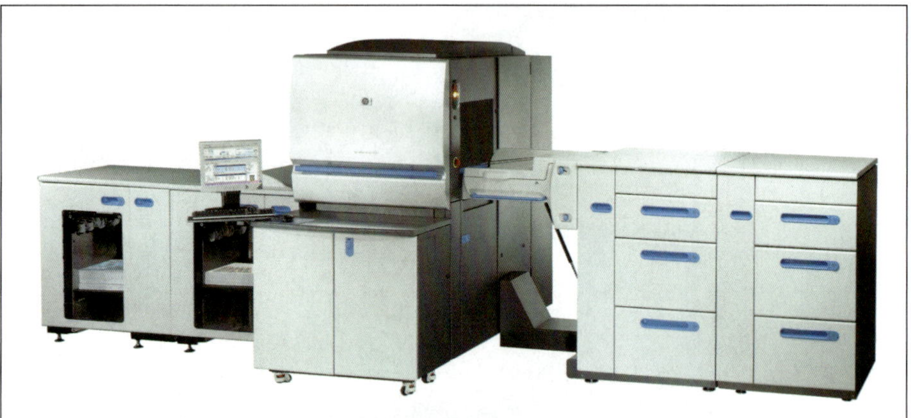

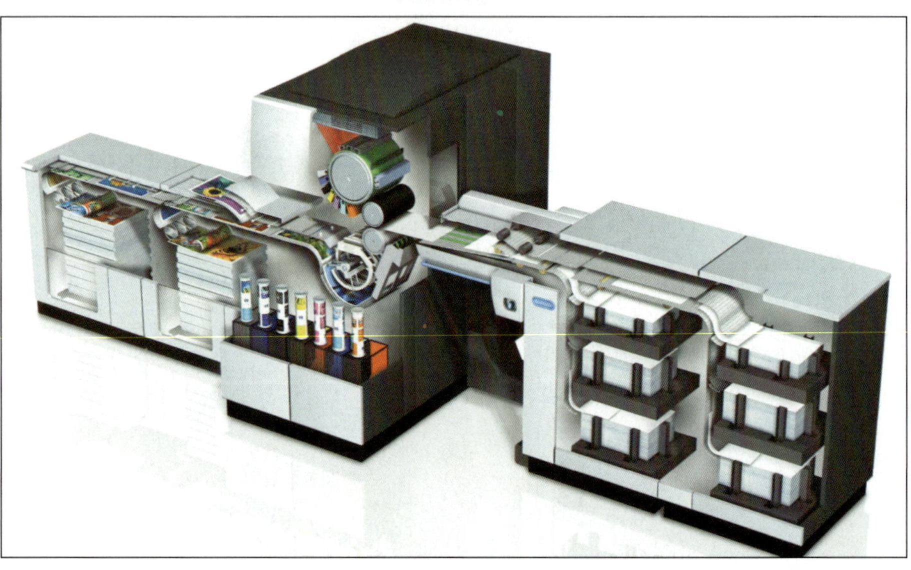

4.2.5 Inkjet-Verfahren

Tintenstrahl- oder Inkjet-Drucker sind im Bürokommunikation- und Privatbereich die am häufigsten genutzten Drucker. Inkjet-Drucker gehören zur Gruppe der Non-Impact-Drucker. Diese Drucker sind anschlagfrei, es findet kein mechanischer Kontakt zum Bedruckstoff statt. Sie verwenden elektrische, optische oder thermische Verfahren zur Erzeugung eines Druckbildes auf dem Bedruckstoff.

Bei allen Inkjet-Druckern werden Tinten als farbgebendes Medium genutzt. Üblicherweise sind dies die subtraktiven Grundfarben Cyan, Magenta, Yellow und Schwarz. Einige Drucker verwenden zur Farbraumerweiterung noch Sonderfarben, die je nach Hersteller als Hellblau, Cyan (hell), Magenta (hell) oder Orange angeboten werden.

Die Trocknungseigenschaft einer Tinte muss auf den genutzten Bedruckstoff abgestimmt werden. Je nach der Saugfähigkeit des Bedruckstoffes verläuft die Tinte mehr oder weniger stark und wird dadurch das Druckergebnis beeinflussen. Die meisten Nutzer kennen diesen Effekt durch den Gebrauch unterschiedlicher Papiere im Homebereich. Tinten auf Wasserbasis eignen sich für das Bedrucken von Papieren und ähnlich saugfähiger Materialien. Lösungsmittelhaltige Tinten werden zum Bedrucken von Kunststofffolien, metallisierten Oberflächen und Glas verwendet. Pigment-Tinten wurden für das Bedrucken von dunklen Bedruckstoffoberflächen entwickelt, um eine gute Deckung und Lichtechtheit zu gewährleisten.

Zunehmend spielen Inkjet-Drucker im professionellen Publishing eine bedeutende Rolle für die Herstellung von Großformatdrucken, Prüfdrucken und für bestimmte Produktbereiche wie z.B. Tapeten- oder Dekordruck. Sowohl für den professionellen wie für den privaten Bereich arbeiten Inkjet-Drucker nach folgenden Verfahren: Continuous-Inkjet, Drop-on-Demand und Bubble-Jet-Verfahren.

4.2.5.1 Continuous-Inkjet

Bei diesem Verfahren läuft kontinuierlich Tinte durch den Druckkopf, unabhängig davon, ob mit dieser Tinte gerade gedruckt werden soll oder nicht. Der Tintenstrahl wird durch die Überlagerung mit Ultra-Schallschwingungen in einzelne, kleinste Tintentröpfchen zerlegt. Diese Tröpfchen werden statisch aufgeladen. Beim Passieren der Ablenkelektroden werden die Tröpfchen eines späteren Druckbildes gemäß ihrer Ladung abgelenkt und damit in die entsprechende Position auf dem Bedruckstoff aufgebracht. Soll kein Druckpunkt gesetzt werden, wird der Tintenstrahl nicht unterbrochen, sondern nur nicht statisch aufgeladen. Durch das Spannungsfeld einer Ablenkelektrode wird der Tintenstrahl mit der nicht benötigten Tinte so zu einem Tropfenfänger

Continuous-Inkjet

Die Abbildung unten zeigt das grundsätzliche Arbeitsprinzip.

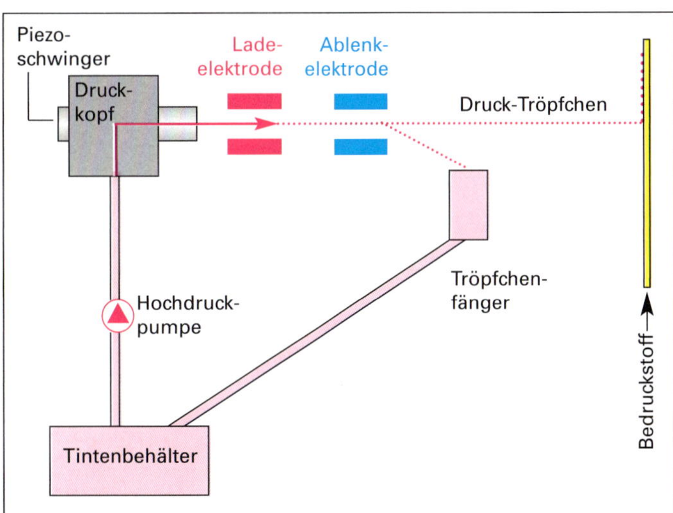

Tintenstrahldrucker

JVA-250SP Large-Format-Printer bis zu einer Bildbreite von 250 cm. Er arbeitet nach dem Continuous-Inkjet-Verfahren mit insgesamt sieben Farben und einer Druckgeschwindigkeit von 30 qm pro Stunde.

(Quelle: JVA)

Tintenstrahldrucker

HP-Designjet mit Continuous-Jet-Verfahren

(Quelle: HP Presse)

abgelenkt, dass diese nicht auf dem Bedruckstoff ankommt. Diese nicht benötigte Tinte wird in einem Auffangbehälter gesammelt und – bei einigen Herstellern – dem Tintenbehälter zur weiteren Nutzung wieder zugeführt.

Diese Verfahren werden Sie bei Druckern im Home-Office-Bereich nicht antreffen, sondern bei professionell genutzten Tintenstrahl-Ausgabesystemen.

4.2.5.2 Drop-on-Demand

Beim Drop-on-Demand-Verfahren wird nur dann Tinte durch den Druckkopf geleitet, wenn tatsächlich ein Druckpunkt gesetzt werden muss. Es werden bei diesem Verfahren zwei Technologien verwendet: das Bubble-Jet-Verfahren und das Piezo-Verfahren. Beiden Verfahren ist gemeinsam, dass sich vor der Düse eine Kammer befindet, die mit Tinte gefüllt wird. Durch die Verringerung des Kammervolumens wird die Tinte durch die Düsenöffnung ausgestoßen. Der Unterschied zwischen den beiden Verfahren liegt in der Technik der Kammerverkleinerung.

Bubble-Jet-Verfahren
Das Bubble-Jet-Verfahren weist in der oben genannten Kammer ein Heizelement auf. Dieses wird, wenn ein Druckpunkt auf einen Bedruckstoff gesetzt werden soll, innerhalb kürzester Zeit auf mehrere hundert Grad erhitzt. Durch die Erhitzung verdampft die Tinte und es entsteht vor der Austrittsöffnung eine Dampfblase. Diese presst die vor der Dampfblase liegende Tinte explosionsartig aus der Düse Richtung Bedruckstoff. Durch die jetzt folgende Abkühlung und das Ausstoßen der Tinte zieht sich die Dampfblase wieder zusammen und neue Tinte kann, bedingt durch den entstehenden Unterdruck, nachfließen. Das Nachfließen der Tinte ist allerdings erst dann möglich, wenn sich die Dampfblase wieder verkleinert hat bzw. wenn das Heizelement abgekühlt ist. Durch den ständigen Tempera-

turwechsel des Heizelements und die dauernde Vergrößerung und Verkleinerung der Dampfblase ist das Bubble-Jet-Verfahren etwas langsamer als die anderen Tintenstrahldruckverfahren.

Weiter ist von Nachteil, dass die dauernden Temperaturwechsel den Druckkopf relativ schnell verschleißen lassen und die Düsen leicht verstopfen. Deswegen wird bei Druckern, die mit diesem Verfahren ausgestattet sind, der Druckkopf mit der Tintenpatrone zusammen ausgetauscht. Dabei ist der Vorratsbehälter für die Tinte und der Druckkopf in einem gemeinsamen Gehäuse untergebracht und kann daher leicht ausgewechselt werden.

Heizelement
Düse
Tinte
Bedruckstoff
Dampfblase

Bubble-Jet-Verfahren

Die Abbildung zeigt das grundsätzliche Arbeitsprinzip.

Piezo-Verfahren

Die Kammer mit dem Tintenvorrat wird auch beim Piezo-Verfahren in ihrem Volumen verkleinert, damit die Tinte aus dem Druckkopf gepresst werden kann. Die Volumenreduzierung erfolgt hier durch einen Piezokristall (siehe Randbemerkung zu Piezokristall). Dieser verformt sich, wenn eine elektrische Spannung angelegt wird, und drückt gegen eine Membran. Durch die dadurch ausgelöste Schwingung wird dann die Tinte durch die Düsenöffnung gedrückt. Dieser Vorgang ist deutlich schneller als das zuvor beschriebene Bubble-Jet-Verfahren.

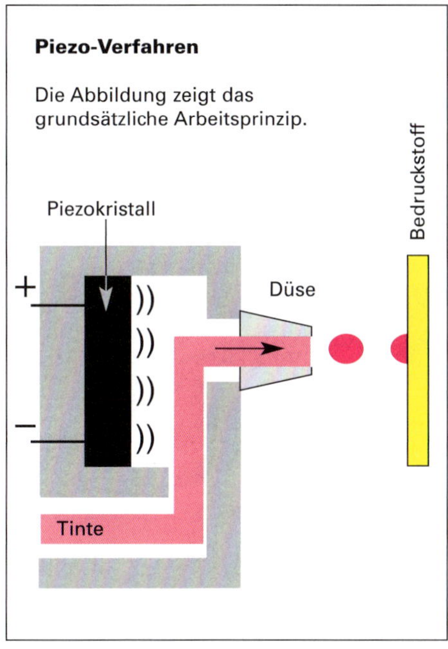

Piezo-Verfahren

Die Abbildung zeigt das grundsätzliche Arbeitsprinzip.

Der Druckkopf weist eine deutlich längere Lebensdauer auf. Deshalb muss nicht mit jedem Tintenwechsel der Druckkopf ausgetauscht werden. Der Druckkopf ist daher fest eingebaut. Problematisch kann dies bei Verstopfung der Düsen sein. Reicht ein normaler Reinigungsgang nicht aus, muss der Düsenkopf von Hand gereinigt werden.

Piezodrucker sind Tintenstrahldrucker, die mit Hilfe der Eigenschaft von **Piezokristallen**, sich unter elektrischer Spannung zu verformen, Drucktinte durch eine feine Düse pressen. Es erfolgt eine Tropfenbildung der Tinte, deren Tropfenvolumen sich über den angelegten elektrischen Impuls steuern lässt. Die Arbeitsfrequenz eines Piezokristalls reicht bis zu 16.000 Hz.

Drop-on-Demand-Verfahren

Die beiden Abbildungen zeigen die grundsätzlichen Arbeitsprinzipe des Drop-on-Demand-Verfahrens.

Canon EOS 20 D

Spiegelreflexkamera für den professionellen Anwender mit PictBridge-Standardschnittstelle für den Fotodirektdruck sowie USB 2.0-High-Speed-Schnittstelle für den Datenaustausch zu PC und Macintosh.

Canon-Fotodrucker

PIXMA iP5000 ist ein hochauflösender Fotodrucker für die Ausgabe von Bildern aus Digitalkameras. Dieser Drucker ist für den anspruchsvollen Anwender aus dem Home- und Officebereich konzipiert, der den Fotodirektdruck schnell und in hoher Qualität durchführen möchte. Der Drucker verfügt über eine PictBrigde-Schnittstelle, mit der die meisten Digitalkameras und Camcorder ausgestattet sind. Der Drucker arbeitet mit fünf Tinten und einer maximalen Auflösung bis zu 9600 x 2400 dpi. Damit ist eine Fotolaborqualität erreichbar. Der Druck eines Fotoprints im Postkartenformat dauert etwa 36 Sekunden.

(Quelle: Canon Presse)

4.2.5.3 Fotodrucker

Wichtiger Anwendungsbereich für Inkjet-Drucker ist der Fotodruck sowie der Fotodirektdruck. Der Fotodruck ermöglicht die Ausgabe von Bildern, die von einer Digitalkamera auf einen PC überspielt wurden. Die hohe Druckqualität, die hier für eine fotorealistische Wiedergabe erforderlich ist, wird durch die folgenden Bedingungen erbracht. Fotoähnlicher Druck:

- Benötigt Spezial-Fotopapiere mit glatter, matt oder glänzend aufbereiteter Oberfläche.
- Benötigt pigmentierte Tinten mit lichtechten Farbstoffen, die vor allem durch den Einfluss von UV-Strahlung nicht ausbleichen. (Diese lichtechten Tinten sind allerdings oft schwer löslich, wenn der Anwender sich z.B. beim Tonerwechsel beschmutzt hat.)

- Der Druckkopf benötigt eine besonders feine Auflösung der Farbdüsen, um mit kleinen Farbtröpfchen einen möglichst schnellen, präzisen und gleichmäßigen Druck zu erstellen.
- Gute Fotoprinter arbeiten in der Regel mit einem separaten Schwarz für die Verbesserung des Farbkontrastes und der Tiefendarstellung.

Der oben abgebildete Canon-Fotodrucker weist hier erstaunliche technische Daten auf: Der Druckkopf besitzt so viele Mikrodüsen, dass in einer Sekunde ca. 27 Millionen winziger Tintentröpfchen mit extrem hoher Präzision ausgestoßen und auf das Papier gebracht werden. Die Tröpfchengröße beträgt 1 Picoliter. Um diese Tröpfchengröße vielleicht(!) vorstellbar zu machen, folgende Definition von M. Jensen, dem Entwickler dieser Technologie: „Würde man einen 1 Picoliter großen Tintentropfen jeweils auf einem Millimeter einer geraden Linie platzieren, würde man bei einem Vorrat von einem Liter Tinte eine Linie mit einer Länge erreichen, die einer 24fachen Erdumrundung entspräche."

4.2.5.4 Merkmale Inkjet-Druck

Vorteile:

- Hohe Druckqualität auf gestrichenen Papieren möglich.
- Fotoähnliche Drucke auf Spezialpapieren und Spezialdruckern.
- Gute Druckqualität bei Text und Grafik auf Normalpapier.
- Schnelle Dateiausgabe bei leistungsfähigen Druckern.
- Günstige Home-und Office-Drucker.
- Large-Format-Druck in hoher Qualität auf unterschiedliche Bedruckstoffe.

Nachteile:

- Hohe Materialkosten.
- Farbe oft nicht wasserfest, keine optimale Lichtechtheit.
- Lichtechte, UV-beständige Farben sind verfügbar, aber teuer.
- Niedrige Ausgabegeschwindigkeit bei hohen Qualitätsstufen.
- Tinte verläuft bei saugfähigen Bedruckstoffen.
- Proof- und Fotoqualität wird nur mit teuren Spezialpapieren erreicht.

4.2.6 Thermografiedruck

Thermotransferdrucker

Der Thermotransferdruck verwendet eine Farbfolie als Farbträger. In diese Folie sind Farbpartikel in einer Wachsschicht eingelagert. Beim Druckvorgang wird die Farbfolie zwischen eine Heizleiste (Druckkopf) und den Bedruckstoff geschoben und erhitzt. Durch die Wärmeabgabe der Heizleiste schmilzt die Wachsschicht und der Farbstoff wird auf den „kalten" Bedruckstoff übertragen und erstarrt dort zu einer festen Farbschicht.

Die Farbschicht kann auf Bedruckstoffe mit einer relativ rauhen Oberfläche übertragen werden. Je glatter die Bedruckstoffoberfläche jedoch ist, umso qualitätsvoller wird die Bildwiedergabe werden.

Um farbige Drucke zu erstellen, muss eine Farbfolie verwendet werden, bei der Abschnitt für Abschnitt die Grundfarben Cyan, Magenta und Yellow vorkommen. Bei hochwertigeren Thermotransferdruckern wird auch noch eine schwarze Folie verwendet. Jede dieser Folienabschnitte ist so groß wie die maximale Druckbildgröße des verwendeten Druckers.

Um alle vier Farben zu drucken, muss der Druckbogen mit jedem Farbfolienabschnitt einmal bedruckt werden – es sind also vier Druckgänge für ein Farbbild notwendig. Es wird für einen Druck also immer ein kompletter Satz dieser teuren Folienabschnitte verbraucht. Dabei spielt es keine Rolle, ob das Druckformat maximal ausgenutzt wird oder ob nur ein kleiner Teil des Formates bedruckt wird. Es werden immer vier Folienabschnitte verbraucht. Dies ist der wirtschaftliche Hauptnachteil dieses Thermotransferdrucks: Die Kosten für das Verbrauchsmaterial sind außerordentlich hoch. Dies wird zum Teil ausgeglichen durch die sehr gute Qualität der Drucke.

Transferfolie für Thermotransferdruck

Für jede Farbe wird pro Seite ein Folienabschnitt benötigt.

(Quelle: Xerox)

Thermosublimationsdrucker

Grundsätzlich ist auch ein Thermosublimationsdrucker ein Thermotransferdrucker. Der Unterschied besteht darin, dass die Heizleiste in 256 Stufen erhitzt werden kann. Dadurch ist eine tonwertabgestufte Übertragung der Farbpigmente von der Thermotransferfolie auf den Bedruckstoff möglich. Die Pigmente in den Grundfarben werden dabei durch Sublimationsübertragung übereinander und nebeneinander gedruckt. Dadurch können echte Halbtöne gedruckt werden.

Das Druckergebnis ist hochwertig und wird trotz der hohen Kosten seiner Qualität wegen für Proofzwecke eingesetzt. Damit können diese Drucke einen echten, oft auch besseren Andruckersatz für den Offsetandruck darstellen.

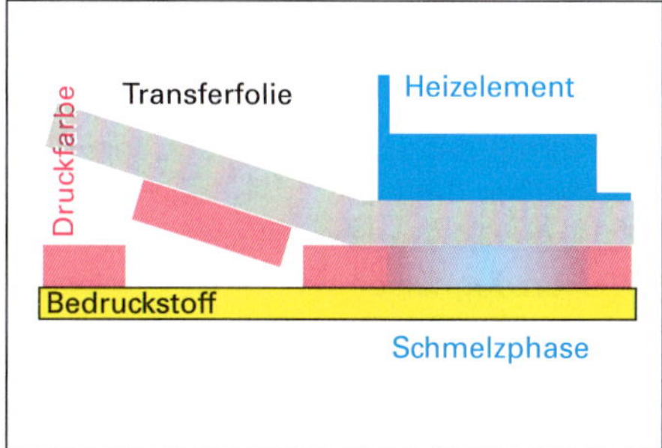

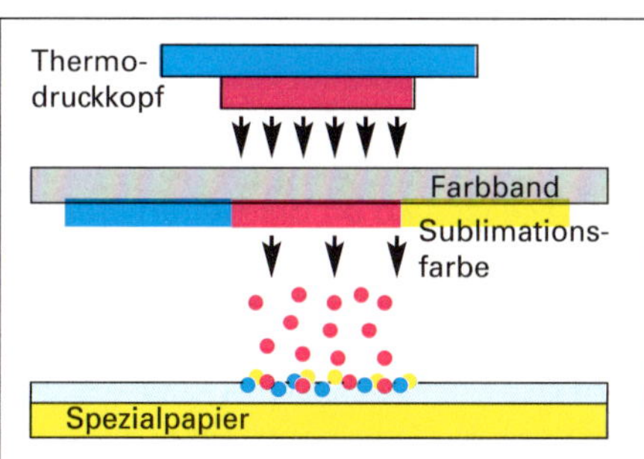

Thermotransferdruck

Die beiden Abbildungen zeigen die grundsätzlichen Arbeitsprinzipe des Thermotransferdrucks.

Sublimation: Übergang eines Stoffes vom festen Aggregatzustand direkt in den gasförmigen, ohne dass der Stoff einen flüssigen Aggregatzustand einnimmt. Dieser Vorgang funktioniert auch umgekehrt. Dies geschieht beim Thermosublimationsdruck mit dem Farbträger.

4.2.7 Weiterverarbeitung nach dem Digitaldruck

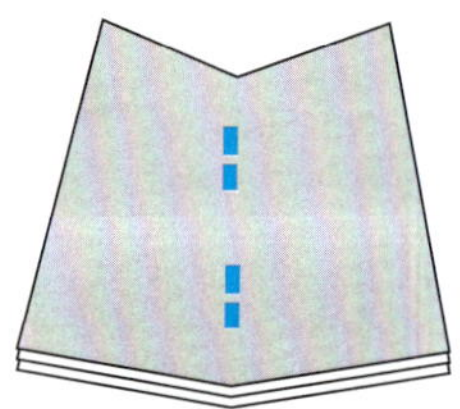

Drahtrückstichheftung

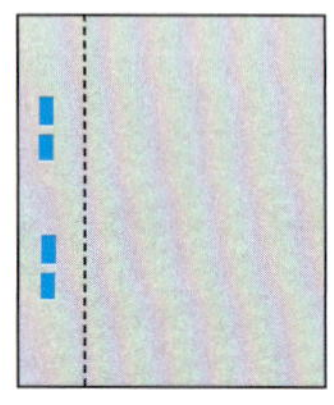

Drahtseitstichheftung – Im Bund sollte ein Rand von 5 bis 6 mm für die Heftung vorgesehen werden.

Der Erfolg oder Misserfolg eines Auftrages hängt nicht nur von der Druckqualität ab, sondern auch von der Qualität der Weiterverarbeitung. Eine gute Weiterverarbeitung veredelt ein Printprodukt und gibt einem Druckergebnis ein hochwertiges Erscheinungsbild.

Mit der Ausbreitung und dem vermehrten Einsatz des Digitaldrucks verändern sich die Durchlaufzeiten eines Auftrages durch die Druckerei. Herstellungszeiten von wenigen Stunden sind jetzt bei Aufträgen möglich, wo bei der Anwendung konventioneller Techniken oft in Tagen gerechnet werden musste.

Ein Problem des Digitaldrucks war seit den ersten Tagen der Anwendung dieser Drucktechnologie, dass die Entwicklung der Druckweiterverarbeitungssysteme nicht parallel vonstatten ging. Dies führt immer noch zu langen Durchlaufzeiten für Digitaldruckaufträge. Die Engstelle ist also oft die Weiterverarbeitung, da hier die notwendige Variabilität oftmals nur unzureichend vorhanden ist.

In-House-Weiterverarbeitung
Um die Durchlaufzeiten eines Digitaldruckauftrages zu optimieren, bieten eine Reihe von Digitaldruckbetrieben so genannte In-House-Weiterverarbeitungsdienste an. Dies heißt, dass die Druckerei die Weiterverarbeitung in Eigenregie durchführt und nur bei speziellen Problemen den Auftrag an eine Buchbinderei übergibt. Letzteres verlängert den Auftragsdurchlauf bis zum fertigen Produkt und macht damit den Schnelligkeitsvorteil des Digitaldrucks zunichte.

Die In-House-Weiterverarbeitung kann durch Inline- oder Offline-Weiterverarbeitungssysteme durchgeführt werden.

Inline-Weiterverarbeitungssysteme
Inline-Weiterverarbeitungsmaschinen werden direkt an die Ausgabeseite des digitalen Drucksystems integriert. Sie können in der Regel problemlos die Verarbeitungsschritte Falzen, Schneiden und Binden durchführen.

Dabei müssen die üblichen digitaldruckgeeigneten Bedruckstoffe verarbeitet werden. Dies sind Papiere mit den unterschiedlichsten Oberflächenbeschaffenheiten, PET-Folien, Visitenkartenformate, lange Bannerwerbung und Transparente. Dabei kann ein Flächengewicht der Bedruckstoffe von etwa 40 bis 400 g/m² verarbeitet werden.

Die Anforderungen an die Inline-Verarbeitung sind hoch – in einem Markt, der die Auflage 1 möglich macht, muss das erste (und vielleicht einzig) produzierte Exemplar erstklassigen Qualitätsansprüchen genügen. Angesichts der zunehmenden Personalisierung bzw. Individualisierung von Druckerzeugnissen würde die Rückkehr zum Anfang der Datenkette, um ein einzelnes Exemplar neu zu drucken, die Kosten des Auftrages nachhaltig in die Höhe schrauben.
Inline-Systeme erfordern:

- Hohe Zuverlässigkeit für die sichere Herstellung jedes einzelnen Produktes in einwandfreier Qualität.
- Geringer Makulaturanfall – bei einer Auflage 1 darf zum Einrichten eines Weiterverarbeitungssystems keine hohe Papiermenge notwendig werden.
- Extrem kurze Zeitspannen zwischen Druck und Weiterverarbeitung.
- Einfache Produktion im Mehrschichtbetrieb muss gewährleistet sein.
- Geringer Platzbedarf, da direkt ins Digitaldrucksystem integriert.

Offline-Verarbeitung

Bei dieser Weiterverarbeitungstechnik werden die Maschinen unabhängig von der Digitaldruckmaschine aufgestellt. Offline-Systeme ermöglichen:

- Konstante Produktivität – durch den Ausfall der Weiterverarbeitungsanlage kann die Digitaldruckmaschine weiterdrucken. Fällt die Digitaldruckmaschine aus, kann die Weiterverarbeitungsmaschine produzieren.
- Optimierte Auslastung der Weiterverarbeitungsmaschinen. Die meisten Maschinen produzieren deutlich schneller als die derzeitigen Digitaldrucksysteme. Bei der Inline-Verarbeitung erstellen die Systeme pro Minute z.B. drei Bücher. Die gleiche Einheit kann als Offline-Maschine einige hundert Bücher erstellen. Also reicht eine Offline-Weiterverarbeitungseinheit im Prinzip für mehrere Digitaldrucksysteme aus.
- Die Flexibilität ist höher, da bei der Offline-Verarbeitung die Digitaldrucker unterschiedliche Aufträge unabhängig von der nachfolgenden Weiterverarbeitung ausführen können.

Hybridsysteme

Es werden eine Reihe von Hybridsystemen angeboten, die alle auf den gleichen Elementen beruhen: Zusammengetragene Lagen werden dem Digitaldrucksystem entnommen und in einen Stapelanleger eingelegt. Dort werden sie einem Weiterverarbeitungssystem zugeführt. Es kann dann z. B. eine Heftmaschine, eine Klebebindeeinrichtung oder eine Verpackungsmaschine folgen, die das Produkt aus den einzelnen Lagen fertig stellt.

Weiterverarbeitung im Digitaldruck

Die folgenden Verarbeitungsschritte sind nicht in der Reihenfolge aufgeführt, in der sie normalerweise nach dem Digitaldruck durchgeführt werden. Es werden mögliche Weiterverarbeitungstechniken als Kurzzusammenfassung aufgezeigt:

- **Zusammentragen** – erfolgt in der Regel an der Digitaldruckmaschine.
- **Falzen** – Inline-Weiterverarbeitungsmaschinen arbeiten zumeist mit Schwertfalzmaschinen, die schnelleren Taschenfalzmaschinen werden für die Offline-Verarbeitung eingesetzt.

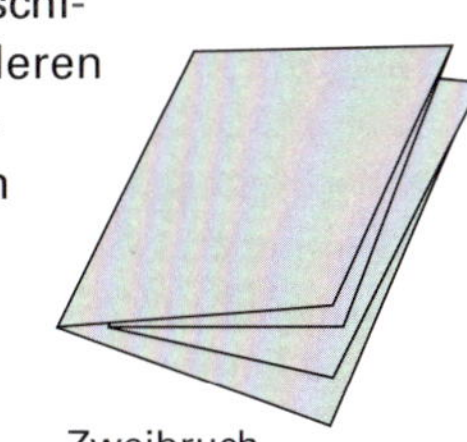

Zweibruch-Kreuzfalzung
4 Blatt = 8 Seiten

- **Kaschieren** – die ein- oder beidseitige Kaschierung eines Druckproduktes mit transparenten Kunststofffolien verbessert die optische Wirkung einer Drucksache und schützt sie vor Verunreinigungen oder hoher mechanischer Belastung. Das Kaschieren ist immer eine Offline-Verarbeitung.
- **Lackieren** – Drucklackierungen werden vor allem auf Drucksachen aufgetragen, um die Scheuerfestigkeit zu erhöhen, den Glanz zu verbessern und den Schutz vor Verunreinigungen zu optimieren. Steht der Schutzfaktor im Vordergrund, wird häufig ein matter Lack verwendet. Dieser erleichtert das Lesen und vermindert störende Reflexionen. Soll der Lack dem Produkt Glanz und besseres Aussehen verleihen, werden UV-Lacke verwendet, die durch UV-Bestrahlung schnelltrocknend sind und einen hohen Glanz ergeben.
- **Schneiden** – die meisten Digitaldrucker verfügen über eigene Plan- oder Rotationsschneider. Computergesteuerte Planschneider gehören

heute zur Standardausstattung. Sie bieten eine automatisierte Rückseitenentnahme, programmiertes Schneiden und Speichermöglichkeiten für den Schnitt von Standardbogenformaten und Wiederholproduktionen.

- **Dreiseitenbeschnitt** – dieser Schnitt an den drei offenen Seiten eines Druckproduktes ist für die professionelle Aufbereitung einer Drucksache unerlässlich. Moderne Dreimessermaschinen schaffen einen kompletten Beschnitt in kürzester Zeit, sind allerdings teuer und für kleine Digitaldruckereien nicht unbedingt geeignet. Als Alternative bietet sich hier ein Planschneider an, der ein Produkt automatisch dreht und so eine Broschüre an drei Seiten nacheinander beschneiden kann.
- **Heften, Binden und Lochen** – gebräuchlichste Heftart für Digitaldruckprodukte ist die Drahtheftung sowie die Thermo-Klebebindung. Die Drahtheftung wird vorwiegend für Broschüren, Zeitschriften oder taschenbuchähnliche Printprodukte verwendet. Bei der Thermoklebebindung dürfte es sich um das beim „Printing-on-Demand" am weitesten verbreitete Bindesystem handeln. Die Klebebindung erfolgt Inline mit einem Thermo-Klebeband und einem Heißschmelzklebstoff auf Polymerbasis. Spiral-, Drahtkamm- und Kunststoffkammbindungen eignen sich hervorragend für das Binden kleiner Auflagen. Diese Bindungen sind preiswert, schnell und völlig unkompliziert in der Herstellung. Dazu benötigte Maschinen und Geräte zum Herstellen der Lochperforation und deren Materialien sind kostengünstig. Die Dokumente sind bei diesen Bindearten vollkommen planliegend aufzuschlagen. Daher findet sich diese Bindeart z.B. gerne bei EDV- oder Maschinenhandbüchern. Das **Lochen oder Bohren** wird als letzter Arbeitschritt in der Herstellung am fertigen Produkt durchgeführt. Üblicherweise erfolgt diese Tätigkeit offline.

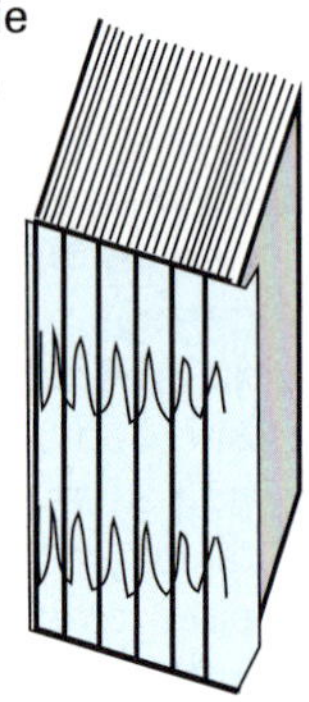

Fadenheftung

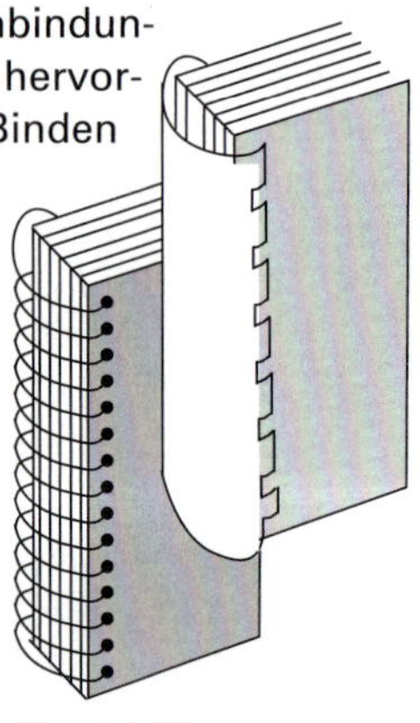

Kunststoffkammbindung und Spiralbindung

4.2.8 Aufgaben „Digitaldruck"

Aufgabe 4.2.8.1
Digitale Drucksysteme beschreiben

Dynamischer Zylinder – erklären Sie diesen Begriff.

Aufgabe 4.2.8.2
Digitale Drucksysteme beschreiben

Erklären Sie die folgenden Fachbegriffe:
a. Computer-to-Plate-on-Press
b. Computer-to-Press
c. Computer-to-Paper
d. Computer-to-Proof
e. Fotodirektdruck

Aufgabe 4.2.8.3
Digitale Drucksysteme beschreiben

Mit welchen Tonersystemen kann eine Maschine mit variabler Bebilderung drucken?

Aufgabe 4.2.8.4
Digitale Drucksysteme beschreiben

Erläutern Sie die folgenden Begriffe:
a. Sequenzielles Drucken
b. Personalisiertes Drucken
c. Printing-on-Demand

Aufgabe 4.2.8.5
Digitale Drucksysteme beschreiben

Geben Sie einen zusammenfassenden Überblick über die Merkmale des Digitaldrucks. Es sind mindestens sechs typische Merkmale für digitale Drucksysteme zu benennen.

Aufgabe 4.2.8.6
Digitale Drucksysteme beschreiben

Erstellen Sie eine Skizze, welche die Abläufe der so genannten Six Steps erklärt.

Aufgabe 4.2.8.7
Digitale Drucksysteme beschreiben

Erläutern Sie das Arbeitsprinzip der folgenden Inkjet-Verfahren:
a. Continuous-Inkjet
b. Drop-on-Demand
c. Bubble-Jet-Verfahren
d. Piezo-Verfahren

Aufgabe 4.2.8.8
Digitale Drucksysteme beschreiben

Stellen Sie die Vor- und Nachteile der Inkjet-Druckverfahren dar.

Aufgabe 4.2.8.9
Digitale Drucksysteme beschreiben

Stellen Sie die Vor- und Nachteile der Thermografie-Druckverfahren dar.

Aufgabe 4.2.8.10
Digitaldruck-Weiterverarbeitung beschreiben

Digitale Drucke werden häufig sofort weiterverarbeitet. Erläutern Sie die folgenden Begriffe, die in diesem Zusammenhang immer wieder genannt werden:
a. In-House-Weiterverarbeitung
b. Inline-Weiterverarbeitung
c. Offline-Weiterverarbeitung

4.3 Ausschießen

4.3.1 Ausschießen – Begriffsklärung

Das Ausschießen ist eine planende Tätigkeit, die immer dann durchgeführt werden muss, wenn mehrere Seiten in einer Druckform gemeinsam gedruckt werden müssen. Dabei müssen die Seiten einer Druckform so zusammengestellt werden, dass der bedruckte und gefalzte Bogen die richtige Folge der Seiten z.B. eines Buches oder Prospektes ergibt.

Vor dem Ausschießen ist die Verarbeitung der Druckbogen in der Druckerei und der Buchbinderei festzulegen. Dabei sind immer die folgenden Fragen abzuklären:

- Druckbogenformat
- Falzschema und Falzanlage
- Die Art des Bogensammelns (Zusammentragen oder Ineinanderstecken).
- Die Art der Heftung der Bogen (Faden-, Drahtheftung oder Klebebindung).
- Die Wendeart des Druckbogens, wenn der Bogen zweiseitig bedruckt wird.
- Wendearten: Umschlagen in einer Form, Umschlagen für Schön- und Widerdruck, Umstülpen mit zwei Druckformen für Schön- und Widerdruckmaschinen, Umstülpen für eine Druckform für S/W-Druckmaschine, Druck für mehrere Nutzen.

4.3.1.1 Drucktechnische Begriffe

Bevor auf die einzelnen Ausschießregeln und das Herstellen von Ausschießmustern eingegangen wird, müssen noch einige drucktechnische Grundbegriffe geklärt werden, die für das Verständnis des Ausschießens erforderlich sind.

Montage oder Bogenmontage
Darunter versteht man das Zusammenstellen einer standgerechten Druckform entsprechend dem Einteilungsbogen für den Offset- oder Tiefdruck. Dabei muss die Falzart, das Bindeverfahren sowie das Druckbogenformat beachtet werden.

Montagezeichen
Dabei handelt es sich um Passkreuze, Anlage-, Schnitt- und Falzzeichen.

Einteilungsbogen für die Montage
Aus dem Einteilungsbogen sind Bogenformat, Seitenformat, Satzspiegel, Passkreuze, Falz-, Schnitt- und Anlagezeichen ersichtlich. Der Einteilungsbogen ist die Basis zur Herstellung einer mehrseitigen Druckform.

Standbogen
Auf dem Standbogen wird die Stellung der Satzteile, Bilder, Beschnitt, Druck- und Falzanlage vorgezeichnet. Er bildet die Grundlage für das Ausschießen. Bei digitalen Ausschießsystemen wird zwischen Einteilungsbogen und Standbogen kein Unterschied mehr gemacht.

Seitenrichtige und seitenverkehrte Druckform
Auf einer Offsetdruckplatte befindet sich ein seitenrichtiges Druckbild, da dieses zuerst seitenverkehrt auf den Gummituchzylinder übertragen wird. Vom Gummituchzylinder wird das Druckbild seitenrichtig auf den Bedruckstoff gedruckt. Beim Offsetdruck handelt es sich also um ein indirektes Druckverfahren mit einer seitenrichtigen Druckform. Hoch- und Tiefdruck weisen seitenverkehrte Druckformen auf, da der seitenrichtige Abdruck in der Druckmaschine direkt auf den Bedruckstoff erfolgt.

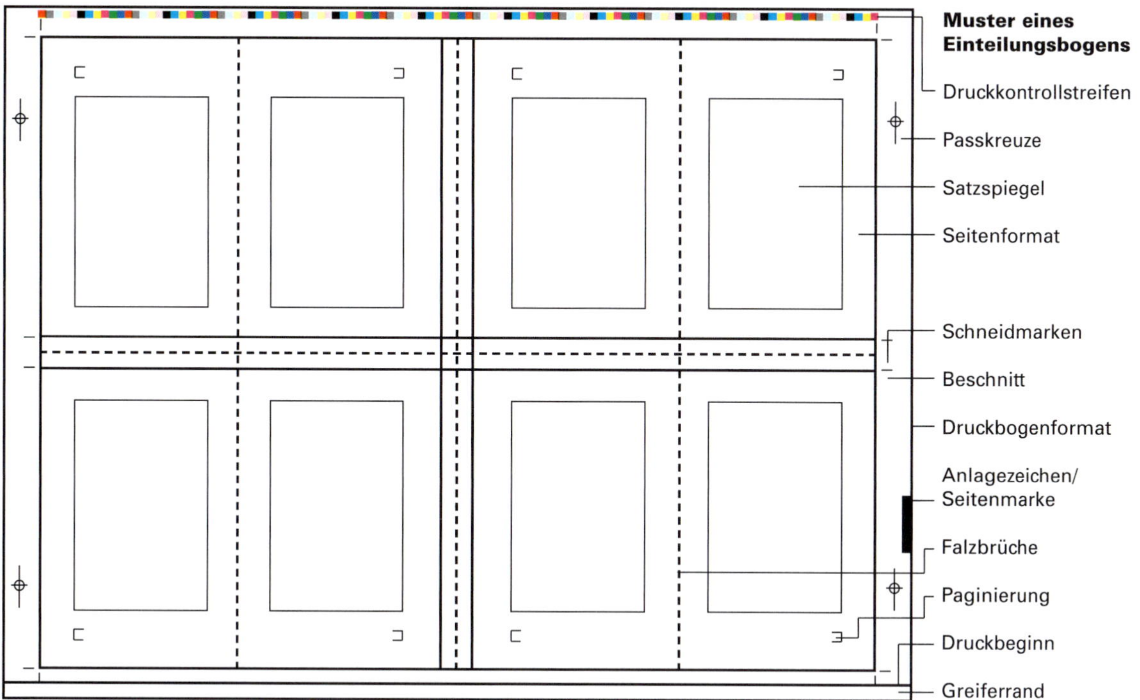

Muster eines Einteilungsbogens

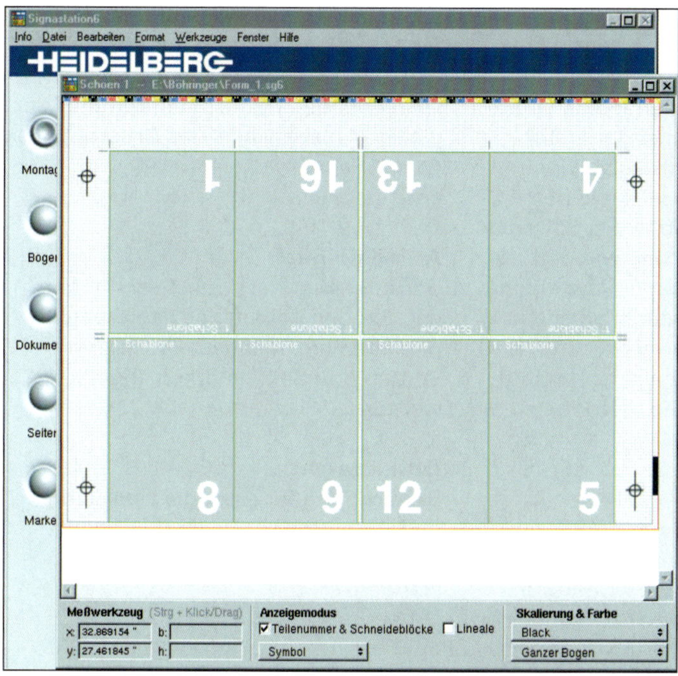

Muster eines digitalen Einteilungsbogens

Die Abbildung zeigt einen digital aufgebauten Einteilungsbogen. Von oben nach unten sind alle Elemente erkennbar, die auf einem derartigen Bogen erforderlich sind:

- Druckkontrollstreifen
- Schneidmarken **II**
- Falzmarken **I**
- Seitenformat
- Beschnitt
- Seitenmarke
- Passkreuze
- Druckbeginn
- Druckbogenformat

Angeschnittene Bilder

Mit der Bezeichnung „abfallend", „randabfallend" oder „angeschnitten" werden Bilder oder Flächen bezeichnet, die im fertigen Produkt angeschnitten sein sollen. Diese angeschnittenen Bilder werden so reproduziert, dass sie mindestens 3 mm größer als die beschnittene Drucksache sind. Bei Falz- oder Beschnittdifferenzen entstehen dann keine störenden weißen Ränder.

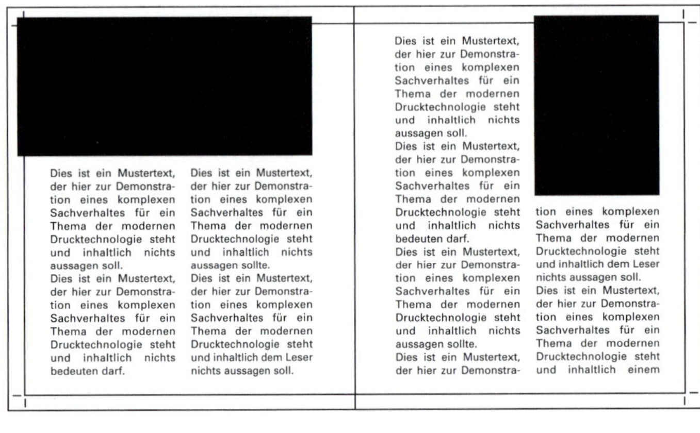

Angeschnittene Bilder

Die Abbildung oben zeigt in zwei Beispielen die korrekte Platzierung angeschnittener Bilder.

Flattermarke

Die Flattermarke wird auf jedem Druckbogen im Bund zwischen der ersten und der letzten Seite als kurze Linie mitgedruckt. Die Linie wird auf dem ersten Bogen in der Höhe des Satzspiegelkopfes positioniert und wandert mit jedem folgenden Bogen um die eigene Länge nach unten. Dadurch erscheint die Linie bei einem korrekt zusammengetragenen Buchblock als regelmäßig verlaufende Markierung in Treppenform.

Bund

Der nicht bedruckte Raum im Rücken zwischen zwei nebeneinander liegenden Seiten eines Bogens wird Bund genannt. Durch die Mitte des Bundes erfolgt die Draht- oder Fadenheftung.

Stege bzw. Formatstege

Früher wurden im Buchdruck die Abstände zwischen den Seiten mit breiten „Formatstegen" festgelegt. Je nach der Stellung und Lage dieser Stege in der Druckform wurde von Kopfsteg, Bund-, Kreuz-, Fuß-, Mittel- und Greifersteg gesprochen. Teilweise werden diese traditionellen Begriffe beim Ausschießen heute noch verwendet. Auf der gegenüberliegenden Seite oben finden Sie alle Benennungen der Formatstege in einer Druckform für 32 Seiten im Hochformat dargestellt.

Anlagemarken

Beim Druck in einer Druckmaschine sind immer mindestens zwei Vordermarken für die Bogenanlage vorhanden. Bei großen Formaten können entsprechend mehr Vordermarken zur Bogenanlage genutzt werden. Allerdings werden zum Druck immer nur zwei Vordermarken und eine Seitenmarke benützt. Nach dem Wenden des Bogens für den Widerdruck auf die Rückseite wird die gegenüberliegende Seitenmarke verwendet. Dadurch wird immer der gleiche Anlagewinkel des Druckbogens an der Seitenmarke angelegt und ausgerichtet.

Anlagewinkel

Darunter wird der Winkel verstanden, der von den Kanten des Papierbogens gebildet wird, die beim Druck an die Vorder- und Seitenmarken angelegt werden.

Druckbogen

Bezeichnung für ein- oder zweiseitig bedruckte Bogen. Als Normalbogen wird ein 16-seitiger Druckbogen verstanden.

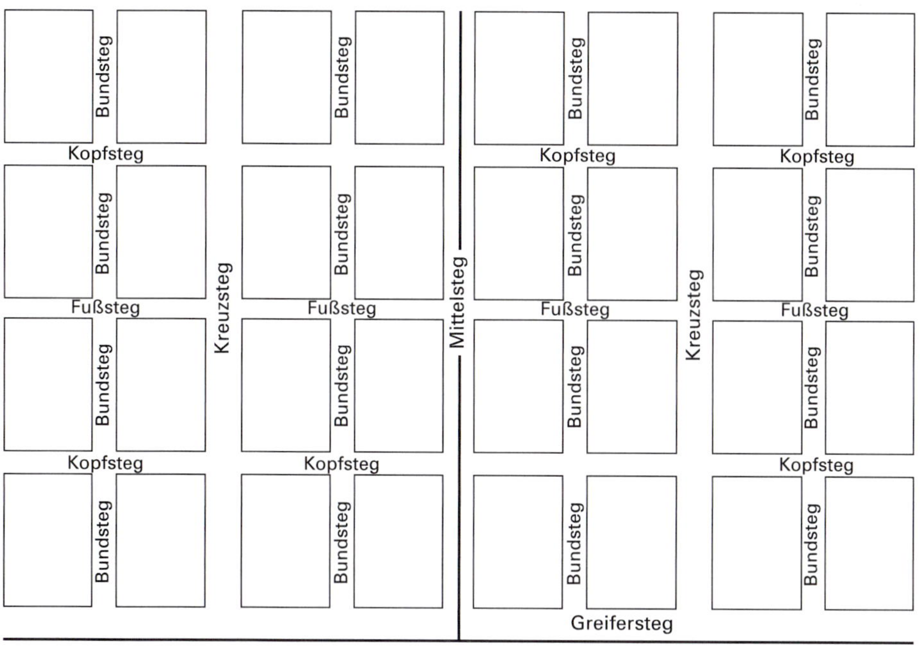

Bezeichnung der Stege

Die Darstellung zeigt beispielhaft die Benennung der verschiedenen Formatstege innerhalb einer Druckform. Aufgezeigt ist eine Druckform mit 32 Seiten im Hochformat.

4.3.1.2 Wendearten der Bogen

Nach dem Druck auf die Vorderseite eines Druckbogens muss dieser für den zweiten Druck auf die Rückseite gewendet werden. Der Druck auf die Vorderseite wird auch als Schöndruck bezeichnet, der Druck auf die Rückseite als Widerdruck. Dabei gibt es verschiedene Wendemöglichkeiten:

Umschlagen
Hier wird der Druckbogen nach dem erfolgten ersten Druck so gewendet, dass die Vordermarken unverändert bleiben und die Seitenmarke gewechselt werden muss. Der Planobogen (unbedruckte Bogen) muss an zwei Seiten rechtwinklig beschnitten sein.

Umstülpen
Beim Umstülpen wechselt die Vordermarke und die Seitenmarke bleibt erhalten. Der Bogen wird also an der Breite gewendet und die Seitenanlage bleibt bestehen. Der Planobogen wird an drei Seiten beschnitten.

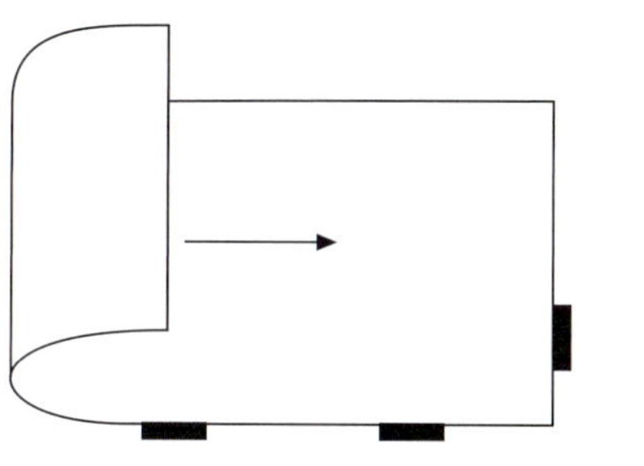

Umschlagen

Vordermarken bleiben, Seitenmarke wechselt.

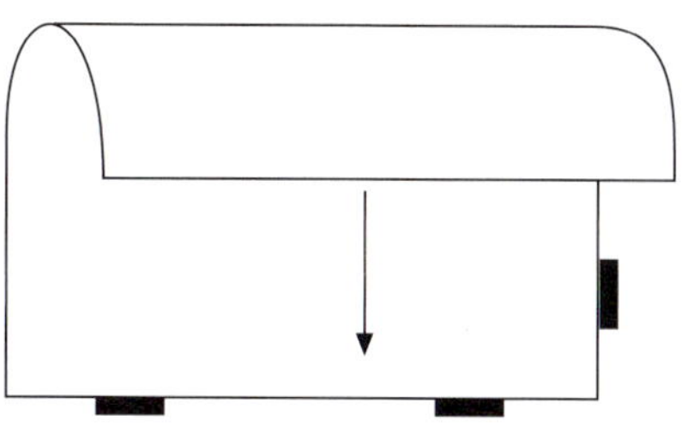

Umstülpen

Vordermarken wechseln, Seitenmarke bleibt.

4.3.2 Ausschießregeln

Falzfolgen für den Normalbruch und deren Symbolik

Kreuzbruch

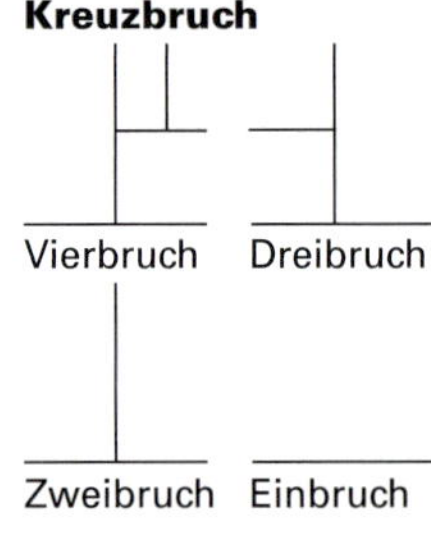

Parallel-Kreuzbruch

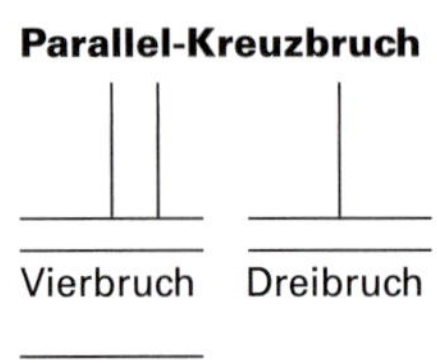

Kreuz-Parallelbruch

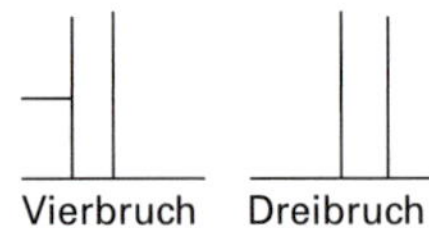

Nur wenn die Falzfolge bekannt ist, kann korrekt ausgeschossen werden. Die obigen Symbole zur Angabe der Falzfolge helfen das Ausschießen zu erleichtern.

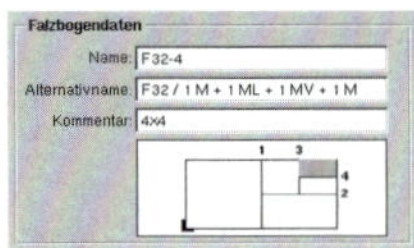

Diese Falzbogendaten werden auch bei digitalen Ausschießsystemen mit der Reihenfolge der Brüche angezeigt.

Zum Auschießen und zur Kontrolle des Ausschießergebnisses gibt es eine Reihe von Regeln, die es zu beachten gilt:

- Die Falzfolge der Falzmaschinen legt das Falzschema und somit auch das Ausschießschema fest.
- Der letzte Falz liegt immer im Bund.
- Erste und letzte Seite eines Druckbogens stehen im Bund immer nebeneinander, also Seite 1 + 4, 1 + 8 oder 1 + 16 usw.
- Seiten, welche im Bund nebeneinander stehen, ergeben in der Addition ihrer Seitenzahlen immer die gleiche Summe wie die Summe der ersten und letzten Seite eines Druckbogens.
- Bei 8 Seiten Hochformat ist die Falzanlage bei den Seiten 3 und 4.
- Bei 16 Seiten Hochformat und bei 32 Seiten Querformat ist die Falzanlage bei den Seiten 5 und 6.
- Jeweils vier Seiten bilden eine so genannte Drehrichtung. Nach jeweils vier Seiten wechselt diese immer.
- Die erste und alle übrigen Seiten mit ungeraden Zahlen stehen immer links vom Bund. Alle Seiten mit geraden Ziffern stehen rechts vom Bund.
- Welche Seiten der jeweiligen Druckformhälfte zugeordnet werden, lässt sich durch die Aufstellung einer Vierezahlenreihe ermitteln. Das untenstehende Beispiel für eine 16-seitige Druckform soll dies verdeutlichen:

1	2	3	4
5	6	7	8
9	10	11	12
13	14	15	16

Die außen stehende Zahlenreihe gehört zur äußeren Form, die innen stehenden Zahlen zur inneren Form.

Die folgenden Anlageseiten ergeben sich beim Ausschießen für Hoch- und Querformat:

4 Seiten hoch/quer:	Anlage Seite 3 + 4
8 Seiten hoch/quer:	Anlage Seite 3 + 4
16 Seiten hoch/ – :	Anlage Seite 5 + 6
16 Seiten – /quer:	Anlage Seite 3 + 4
32 Seiten hoch/ – :	Anlage Seite 3 + 4
32 Seiten – /quer:	Anlage Seite 5 + 6

4.3.2.1 Ausschießmuster

4 Seiten Hochformat zum Umschlagen für Maschinen-Kreuzfalz.

4 Seiten Querformat zum Umstülpen für Maschinen-Kreuzfalz.

2	3
1	4

8 Seiten Hochformat zum Umschlagen für Maschinen-Kreuzfalz.

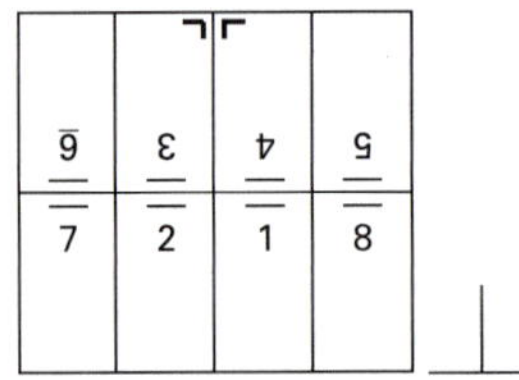

8 Seiten Querformat zum Umschlagen

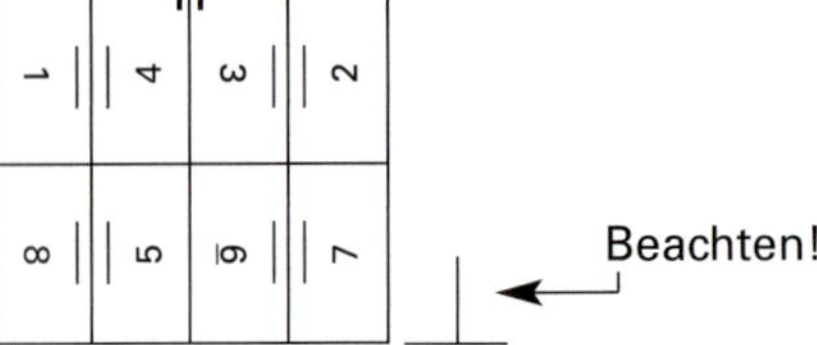

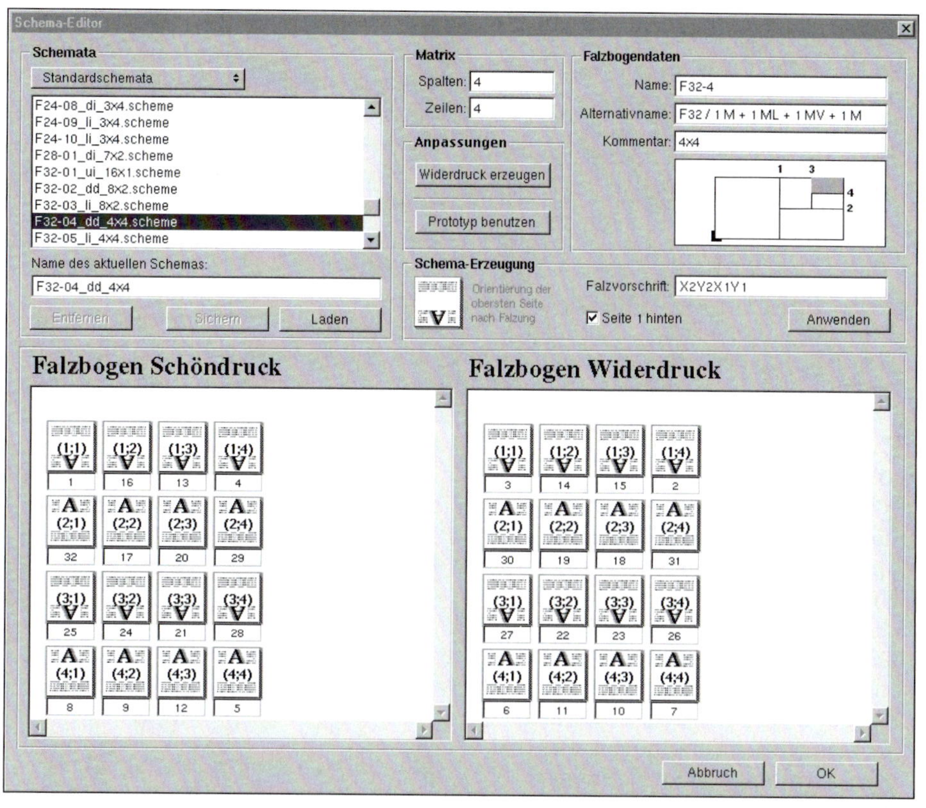

Schema-Editor

Auswahlmenü für Standardschemata, welche die Grundlage für das Ausschießen mehrseitiger Falzbogen darstellen. In diesem Auswahlmenü sind alle Standardschemata für 2-seitige bis 32-seitige Schemata enthalten und können nach Bedarf ausgewählt werden. Dazu gehört immer die Angabe der Falzart und der Falzreihenfolge. Alle Schemata können nach Bedarf erweitert oder speziellen Anforderungen entsprechend modifiziert werden. Die Abbildung zeigt ein Ausschießschema für den Druck von 32 Seiten Hochformat im Schön- und Widerdruck für Maschinen-Kreuzfalz.

16 Seiten Hochformat zum Umschlagen

3	6	5	4
14	11	12	13
15	10	9	16
2	7	8	1

16 Seiten Querformat zum Umschlagen

14	3	4	13
11	6	5	12
10	7	8	9
15	2	1	16

32 Seiten Hochformat zum Umschlagen

6	27	30	3	4	29	28	5
11	22	19	14	13	20	21	12
10	23	18	15	16	17	24	9
7	26	31	2	1	32	25	8

32 Seiten Querformat zum Umschlagen

3	14	11	6	5	12	13	4
30	19	22	27	28	21	20	29
31	18	23	26	25	24	17	32
2	15	10	7	8	9	16	1

4.3.2.2 Falzmuster

Ausschießen ist in zahlreichen Varianten möglich. Entscheidend ist, dass sich die Seiten auf dem Druckbogen nach dem Druck und dem Falzen in der richtigen Reihenfolge befinden. Um dieses zu kontrollieren, wird neben dem Ausschießen zur Kontrolle noch ein Falzmuster oder Ausschießmuster hergestellt. Dies geschieht in folgenden Schritten:

- Falzmuster herstellen
- Falzmuster paginieren
- Falzmuster aufklappen
- Falzmuster und Ausschießform vergleichen

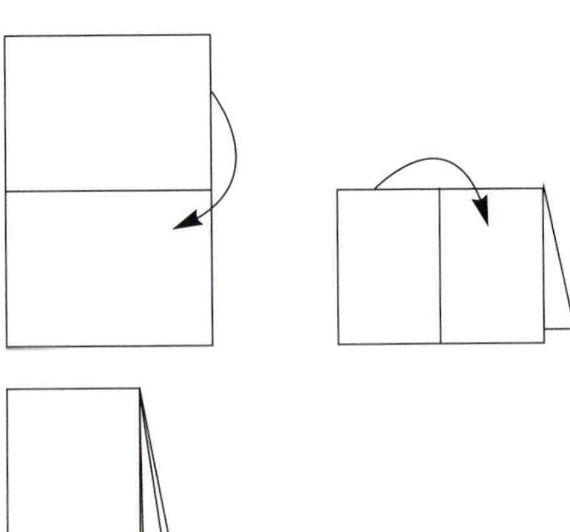

Wichtig ist beim Herstellen eines Falzmusters, dass die ersten Seiten des Musters an der unteren und rechten Kante offen sind. Nur dann ist gewährleistet, dass beim normalen Ausschießen die richtige Falzreihenfolge eingehalten wurde. Dies gilt für 4-, 8-, 16- und 32-seitige Falzmuster.

Nach der Kontrolle des Ausschießmusters kann an der digitalen Ausschießstation die Tätigkeit des Ausschießens vorgenommen werden. Ist eine Form fertig, wird diese zur Kontrolle an einem Plotter ausgegeben, gefalzt und auf die Vollständigkeit der einzelnen Seiten sowie auf das Vorhandensein der erforderlichen Hilfszeichen überprüft.

Digitales Ausschießen

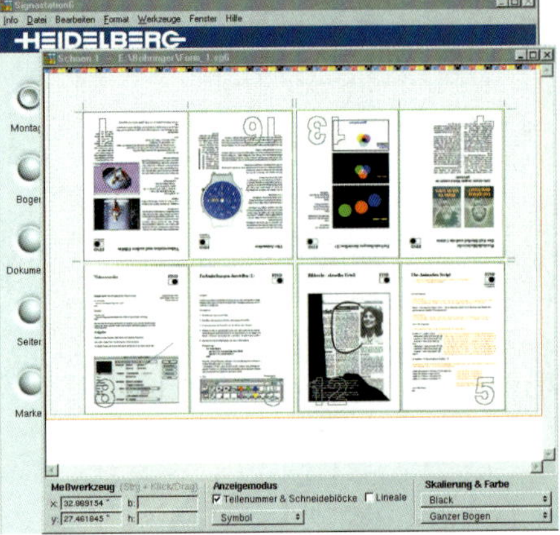

Ausgeschossene Form an einer Heidelberger Signa-Station.

Die meisten Plotterausdrucke können nur zur Kontrolle des Ausschießergebnisses verwendet werden, nicht zur Kontrolle der Farbwiedergabe. Nur bei der Ausgabe durch farbverbindliche Plotter auf das Auflagenpapier kann dies ebenfalls vor der Ausgabe kontrolliert werden.

Nach dem Ausschießen und der Kontrolle des Ausschießergebnisses wird die Datei an das RIP übergeben und dort zur Ausbelichtung an einen Film- oder Plattenbelichter vorbereitet.

4.3.3 Aufgaben „Ausschießen“

Aufgabe 4.3.3.1
Ausschießen verstehen und definieren

Erklären Sie die Aufgabe und Funktion des Ausschießens in der Produktion von Drucksachen.

Aufgabe 4.3.3.2
Ausschießen verstehen und definieren

Welche Festlegungen sind vor dem Ausschießen hinsichtlich des Drucks und der Weiterverarbeitung zu treffen?

Aufgabe 4.3.3.3
Fachbegriffe kennen und verstehen

Beschreiben Sie die Bedeutung der folgenden Begriffe:

a. Bogenmontage
b. Montagezeichen
c. Einteilungsbogen
d. Seitenlage der Druckform
e. Flattermarke
f. Anlagemarken
g. Randabfallendes Bild

Aufgabe 4.3.3.4
Einteilungsbogen vollständig erstellen

Zeichnen Sie auf ein DIN-A4-Blatt einen Einteilungsbogen, bei dem alle für die korrekte Produktion erforderlichen Elemente enthalten sind.

Aufgabe 4.3.3.5
Wendearten der Druckbogen wissen

Beschreiben Sie die folgenden Wendearten: Umschlagen und Umstülpen.

Aufgabe 4.3.3.6
Ausschießregeln kennen

Nennen Sie die Ausschießregeln und wenden Sie diese in den nachfolgenden Aufgaben an.

Aufgabe 4.3.3.7
Ausschießregeln anwenden

Schießen Sie die folgenden Formen aus:
16 Seiten Hochformat zum Umschlagen

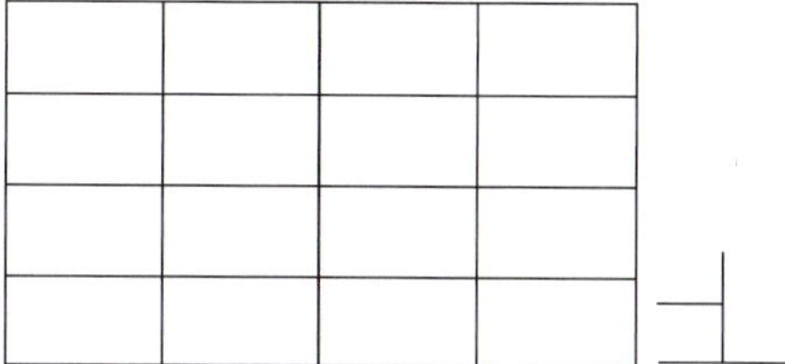

16 Seiten Querformat zum Umschlagen

16 Seiten Querformat zum Umschlagen, es ist der 5. Bogen eines Werkes auszuschießen.

4.4 Druckformherstellung

4.4.1 Belichter

Nachdem Sie mit entsprechender Software die einzelnen Seiten Ihres Medienproduktes ausgeschossen haben, werden die ausgeschossenen Formen nun in der Druckformherstellung auf Druckplatten belichtet. Die konventionelle Druckformherstellung über Filmbelichtung, Montage und Plattenkopie wird immer mehr durch CtP, Computer-to-Plate, abgelöst. Deshalb wird hier nicht mehr die konvenventionelle Belichtung der Druckformen mit analogen Filmmontagen im Kopierrahmen, sondern nur die CtP-Technologie dargestellt.

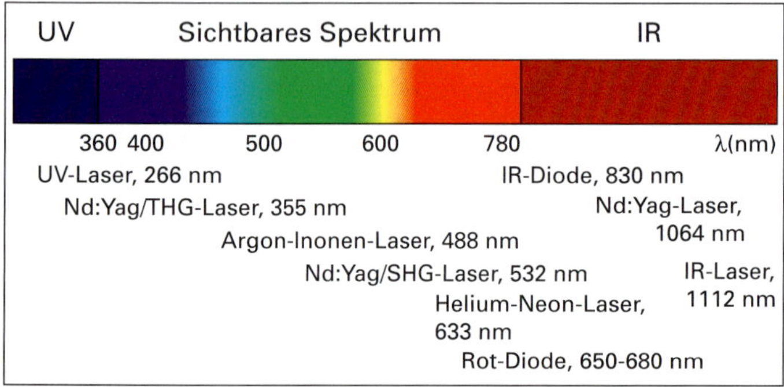

Laser-Emissionsspektren

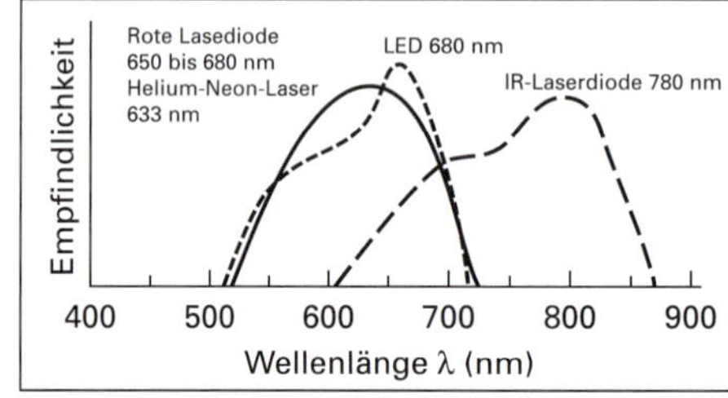

Spektogramme

Spektrale Empfindlichkeitskurven verschiedener CtP-Druckformen, Silver Digiplate von Mitsubishi Paper Mills

Laserdiodenbelichtungssystem

Außentrommelbelichter Heidelberg Suprasetter

(Quelle: Heidelberg)

Ausgabe

Die Bebilderung der Druckformen findet nach der Ausgabeberechnung im RIP (Raster Image Processor) durch einen Plattenbelichter statt. Üblicherweise wird die Druckform in einem Plattenbelichter hergestellt. Als Variante ist die Bebilderung der Druckform auch direkt in einer Offsetdruckmaschine möglich. Dabei ist die Belichtungseinheit in die Druckmaschine integriert. Näheres dazu lesen Sie auf Seite 576.

Welchen Belichter Sie wählen, ist natürlich von Ihrem speziellen Anforderungsprofil abhängig. Druckmaschinenformat, Plattenbedarf, Auflagenhöhe sind u.a. Kriterien bei der Investition eines Belichters. Die Wahl des Belichters bedingt aber immer auch die Entscheidung für ein bestimmtes Plattenmaterial, da die Bebilderung in den verschiedenen Belichtern mit Laserlicht unterschiedlicher Wellenlängen erfolgt.

Die Einteilung der Belichter wird deshalb nicht nur nach ihrer Bauweise vorgenommen, sondern auch nach der spektralen Emission ihrer Lichtquelle.

Von verschiedenen Herstellern werden Belichter mit unterschiedlichen Bauweisen angeboten. Wir unterscheiden grundsätzlich nach der Lage der Druckplatte bei der Bebilderung drei Konstruktionsprinzipien:

- Flachbettbelichter
- Innentrommelbelichter
- Außentrommelbelichter

Teilweise werden von einem Hersteller verschiedene Modelle mit jeweils unterschiedlicher Bebilderungstechnologie angeboten. Inline-Systeme erlauben die automatisierte Plattenzuführung, Bebilderung und Entwicklung der Druckformen.

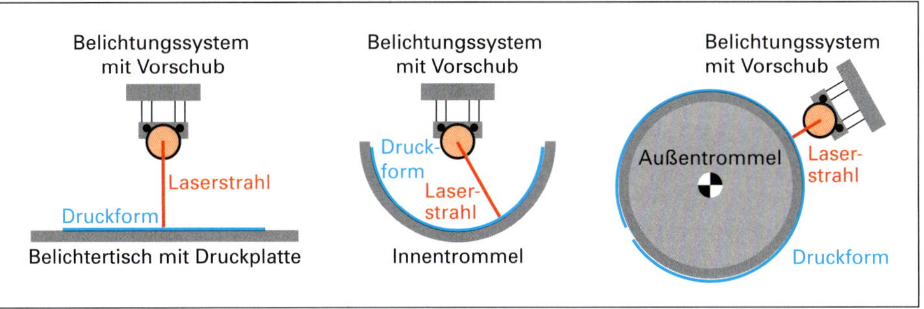

Belichterprinzipien

- Flachbett
- Innentrommel
- Außentrommel

In der folgendenTabelle sind vier unterschiedliche Belichter mit ihren wesentlichen Kenngrößen gegenübergestellt.

CtP-Belichter

(Abb.: Hersteller)

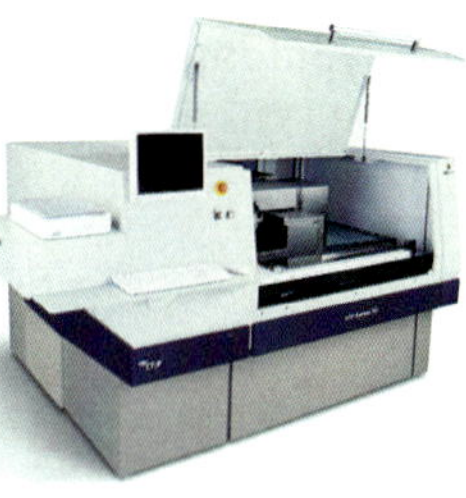

	Suprasetter 74	Dotmate 7500 CtP	UV-Setter 731	XPose! 130
Hersteller	Heidelberg www.heidelberg.com	Esko Graphics www.esko-graphics.com	basysPrint www.basysprint.de	Lüscher www.luescher.ch
Bauweise	Außentrommel	Innentrommel	Flachbett	Innen-/Außentrommel kombiniert
Maximales Plattenformat	680 mm x 750 mm	610 mm x 750 mm	940 mm x 1150 mm	1130 mm x 950 mm
Lichtquelle	Diodensystem 830 nm	Rotlichtlaser 675 nm	UV-Licht 360 nm bis 450 nm	32 oder 64 Dioden 830 nm
Maximale Auflösung	2540 dpi	3600 dpi	1500 dpi	2540 dpi
Plattenarten	Thermale Aluminiumplatten	Polyesterplatten oder Filme	Konventionelle Platten	Thermale Aluminiumplatten
Plattenstärke	0,15 mm bis 0,3 mm	k. A.	0,15 mm bis 2 mm	0,15 mm bis 0,4 mm

Computer-to-Film (CtF)

Die traditionelle Möglichkeit der Datenausgabe auf Film mit Hilfe eines PostScript-RIPs und des dazugehörenden Filmbelichters. Die Filme enthalten die kompletten Informationen einer oder mehrerer Seiten. Üblicherweise werden die einzelnen Seiten zu vollständigen Druckformen zusammengestellt und so auch ausbelichtet. Damit erhält man einen kopierfähigen Film für die Druckplattenbelichtung. Die fertigen Druckplatten werden im konventionellen oder wasserlosen Offsetdruck verwendet.

Computer-to-Plate (CtP)

Die Layoutdaten werden mit Hilfe einer Laserbelichtung direkt auf eine Druckplatte übertragen. Üblicherweise werden dazu PDF-Dateien verwendet, die mit Hilfe eines Workflow-Systems zur Direktbebilderung vorbereitet werden. Die Direktbelichtung oder Direktbebilderung der Druckplatte wird Computer-to-Plate-Verfahren genannt. Das Ergebnis ist immer eine verarbeitungsfähige Offsetdruckplatte.

Computer-to-Plate-on-Press (DI)

Bei diesem Verfahren werden die fertigen Daten direkt an die Bebilderungseinheit innerhalb einer Druckmaschine geschickt. Die Belichtung bzw. die Bebilderung erfolgt mittels Laser auf die Druckplatte bzw. die Druckfolie. Dieses Bebildern in der Druckmaschine wird

Links:
Computer-to-Plate-Technologie

Die Druckform wird im CtP-Belichter bebildert und von dort an die Druckmaschine zum Druck weitergegeben.

(Quelle: Scitex)

Rechts:
Computer-to-Plate-on-Press-Technologie

Die Druckform wird direkt in der Druckmaschine bebildert. Danach kann sofort in der Maschine von der erstellten Druckform (besser Druckfolie) gedruckt werden.

(Quelle: Heidelberger Druck AG)

CtP-Plattenbelichter

PostScript- oder PDF-Daten – digitale Ganzseiten mit Text-, Bild und Grafik, ein- oder mehrfarbig.

↓

Bebilderung der Druckplatte im CtP-Belichter

↓

Druckplatte in der Druckmaschine wird gefeuchtet*, eingefärbt und gedruckt.

*nicht beim wasserlosen Offsetdruck

↓

Ergebnis: ein oder mehrfarbiger Offsetdruck

Quickmaster 46-DI

PostScript- oder PDF-Daten – digitale Ganzseiten mit Text-, Bild und Grafik, ein- oder mehrfarbig.

↓

Bebilderung der Druckform innerhalb der DI-Druckmaschine

↓

Druckplatte in der Druckmaschine wird gefeuchtet, eingefärbt und gedruckt.

↓

Ergebnis: ein oder mehrfarbiger Offsetdruck

Direct Imaging genannt. Die Vorteile der Druckformherstellung in der Druckmaschine liegen im automatisierten Einzug der Druckform und der ausgezeichneten Passer- und Registerhaltigkeit. Der Nachteil ist vor allem darin zu sehen, dass die Druckmaschine während der Bebilderungszeit steht, also nicht produktiv ist. Der Druck von dieser Druckform erfolgt im Trockenoffsetdruck.

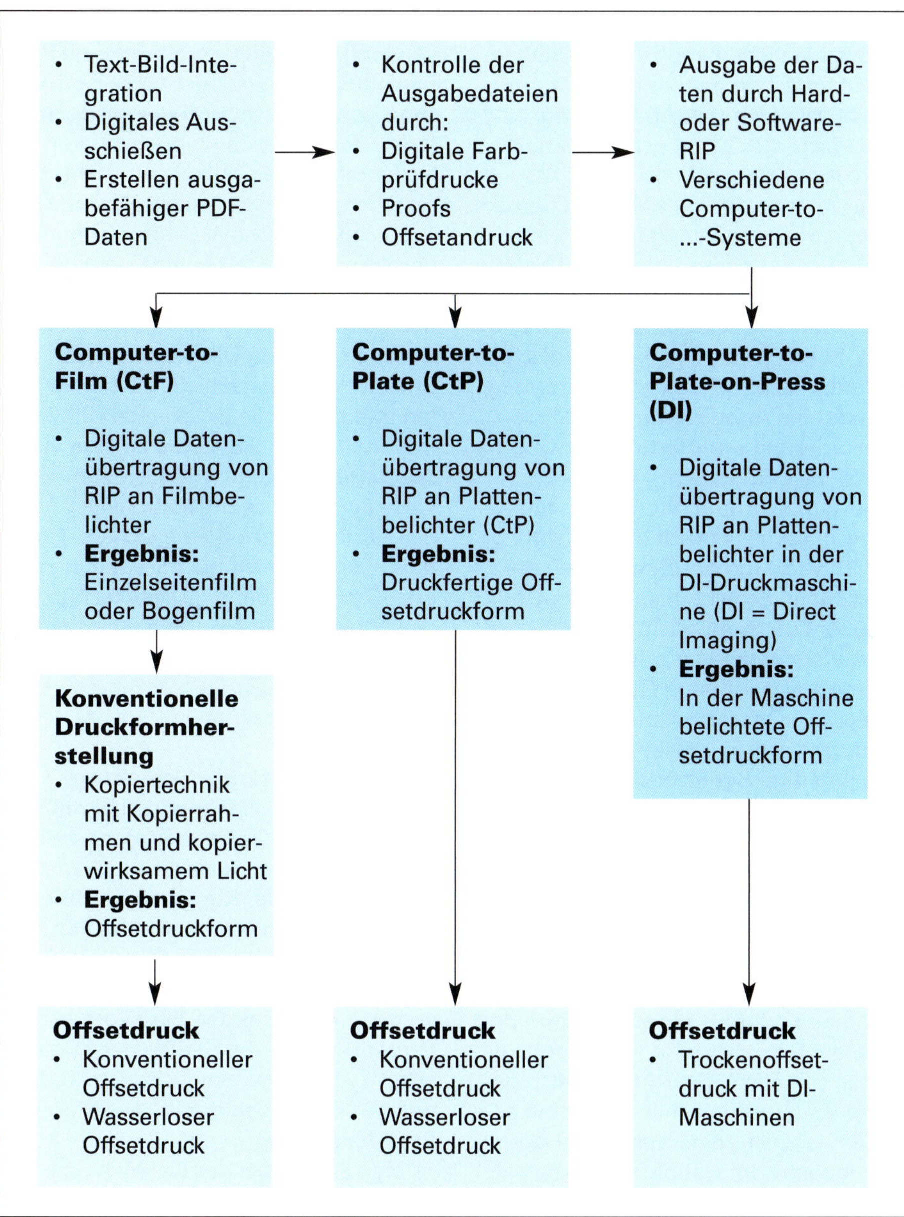

Überblick über die Druckformherstellung für den Offsetdruck

4.4.2 Offsetdruck

Der Offsetdruck ist ein Flachdruckverfahren. Die druckenden und die nichtdruckenden Bereiche der Druckform liegen in einer Ebene. Bedingt durch unterschiedliche Grenzflächenspannung erfolgt die Trennung der farbführenden und der farbfreien Stellen über das unterschiedliche Benetzungsverhalten der Oberflächen gegenüber dem Feuchtwasser und der Druckfarbe.

Prinzip der Positivkopie

Kopierschicht
Schichtträger
Positiv
Lichtwirkung
Druckende Stellen

Die Offsetdruckform besteht deshalb aus verschiedenen Materialien. Als Trägermaterial werden heute allgemein Aluminium oder Kunststofffolien eingesetzt. Das Aluminium durchläuft bei der Druckplattenherstellung ein mehrstufiges Verfahren zur Oberflächenbehandlung. Zuerst erfolgt eine mechanische und/oder elektrochemische Aufrauung, danach eine Anodisierung zur Mikrostrukturierung und Härtung der Oberfläche (siehe Seite 580).

Bei Druckformen mit metallischem Trägermaterial ist nach der Belichtung und Entwicklung das Einbrennen der druckenden Schicht in speziellen Öfen bei über 200 °C möglich. Dadurch wird die Auflagenstabilität erheblich erhöht.

Eine abschließende Gummierung schützt die Offsetdruckplatte bis zum Druck und ermöglicht beim Druck eine gleichmäßige Benetzung.

Prinzip der Negativkopie

Kopierschicht
Schichtträger

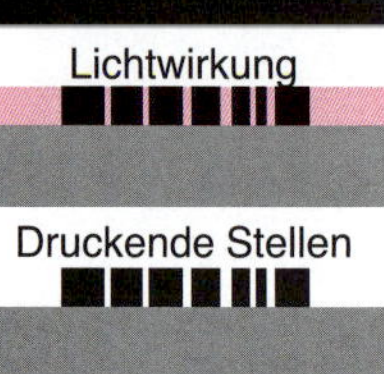

4.4.2.1 Lichtempfindliche Schichten

Beim Kopieren bzw. beim Belichten werden Texte und Bilder, die als Filmmontagen oder als digitale Information in einem Datenbestand vorliegen, auf lichtempfindliche Schichten übertragen. Diese lichtempfindlichen Schichten arbeiten, je nach Kopierverfahren, positiv oder negativ. Im Hauptdruckverfahren Offsetdruck ist der Träger dieser lichtempfindlichen Schicht in der Regel Aluminium, bei kleineren Druckformaten auch Kunststofffolien.

Positiv arbeitende Schichten

Die Positivkopie ist das in der Druck- und Medienindustrie am häufigsten verwendete Kopierverfahren. Eine Positivplatte besteht aus der lichtempfindlichen Kopierschicht und dem Trägermaterial. Bei der Positivkopie bewirken die Lichtstrahlen des aktinischen Lichts (= fotochemisch wirksames Licht) eine Zersetzung der Molekülvernetzungen in der Kopierschicht. Die vom Licht getroffenen Stellen werden löslich und können beim Entwicklungsprozess ausgewaschen werden. Die unbelichteten Stellen der Kopierschicht bleiben erhalten und bilden die druckenden Stellen.

Vorteil der Positivkopie ist eine einfache Bogenmontage mit positiven Filmvorlagen. Bei dieser traditionellen Art der Filmmontage ist eine sichere Montage möglich, auch bei passgenau zu erstellenden Arbeiten. Diese Technologie der manuellen Montage wird nur noch selten durchgeführt. Derzeit sind fast ausschließlich CtP-Belichter zur Druckformherstellung im Einsatz.

Negativ arbeitende Schichten

Das aktinische Licht bewirkt bei der Negativkopie eine Polymerisationsreaktion. Das bedeutet, dass sich die einzelnen Moleküle der Kopierschicht zu einer festen Schicht zusammenschließen, die für einen Entwickler nicht löslich ist. Die durch das Licht gehärtete Schicht bildet später die druckenden Elemente auf der Druckform. Alle die Stellen der Kopierschicht, die nicht vom Licht getroffen wurden, lösen sich durch die Entwicklung der Druckform auf.

Man spricht bei der Negativkopie auch von einem durch Licht härtenden

Kopierverfahren; die Positivkopie ist dagegen ein Kopierverfahren, das die Kopierschicht durch Lichteinwirkung zersetzt.

Digitale „Positivkopie"
Trägermaterial der für die digitale Bebilderung eingesetzten Druckplatten ist Aluminium oder Polyester. Letzteres wird vor allem für Druckfolien im kleinformatigen Offsetdruck genutzt. Die spektrale Empfindlichkeit der Druckformen, die für die digitale Bebilderung verwendet werden, liegt wesentlich höher als die konventioneller Schichten. Zur Bebilderung werden fast nur Laserdioden verwendet, die im Vergleich zur konventionellen Kopie in kürzerer Zeit mit weniger Lichtenergie eine Wirkung in der Kopierschicht erreichen müssen.

Eine Druckplatte für die digitale Bebilderung sollte nach Möglichkeit die folgenden Eigenschaften aufweisen:

- Hohe Auflösung
- Hohe Auflagenbeständigkeit
- Hohe Druckqualität
- Belichtung mit Laser- oder IR-Licht
- Hohe Lichtempfindlichkeit
- Umweltfreundliche Entwicklung
- Kostengünstig

4.4.2.2 Druckplattensysteme

- Silberhalogenid-Druckplatten
- Fotopolymere Druckplatten
- Hyprid-, Sandwich- oder Mehrschichtendruckplatten (wird hier nicht näher dargestellt, da bedeutungslos)
- Thermodruckplatten

Konventionelle Druckplatten sind für die digitale Bebilderung nicht geeignet.

Silberhalogenid-Druckplatten
sind für Auflagen bis etwa 350.000 Druck geeignet. Sie sind eine Alternative im Akzidenz- und Zeitungsdruck, da sie eine hohe Qualität erreichen, die sich durchaus mit Thermodruckplatten messen kann. Silberhalogenid-Druckplatten können mit Violett-Laserdioden und Rot-Lasern belichtet werden. Die sehr hohe Auflösung ermöglicht die Verwendung von FM-Rastern.

Darüber hinaus handelt es sich bei diesen Druckplatten nach wie vor um die schnellste digitale Druckplattentechnologie mit der höchsten Empfindlichkeit. Sie kann ohne weiteres für jede geeignete Lichtwellenlänge im Blau-, Grün- und Rotbereich sensibilisiert werden. Da die Platten für sichtbares Licht empfindlich sind, ist eine Verarbeitung in der Dunkelkammer erforderlich, bei automatischer Verarbeitung in geschlossenen Systemen entfällt dieser Nachteil. Silber wurde für grafische Filme benutzt, daher ist diese Technik für die Laserbelichtung bekannt. Aus diesem Grund ist die Silberhalogenid-Technologie eine logische Wahl für die digitale Plattenbelichtung.

Die Hersteller von Silberhalogenid-Druckplatten geben die Empfehlung, diese Materialien nicht für sehr hohe Auflagen und auch nicht für den Druck mit UV-Druckfarben einzusetzen.

Fotopolymer-Druckplatten
werden üblicherweise für den Zeitungsdruck mit Rollenoffsetmaschinen verwendet. Im Bogenoffsetdruck sind diese Platten vor allem für den mittleren Qualitätsbereich im Akzidenzdruck im Einsatz.

Fotopolymer-Druckplatten weisen eine geringere Auflösung als Silberhalogenid- und Thermodruckplatten auf. Daher sind sie für Arbeiten mit höchsten Qualitätsansprüchen nicht die beste Wahl.

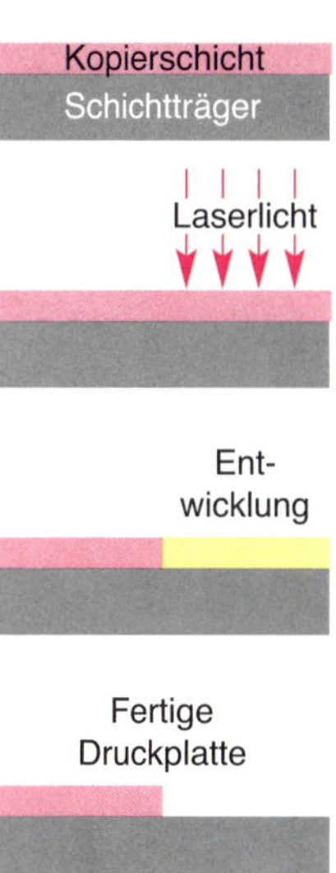

Schutzschicht

Polymerschicht

Aluminiumträger

Fotopolymerplatte

Aufbau der Fotopolymer-Druckplatte

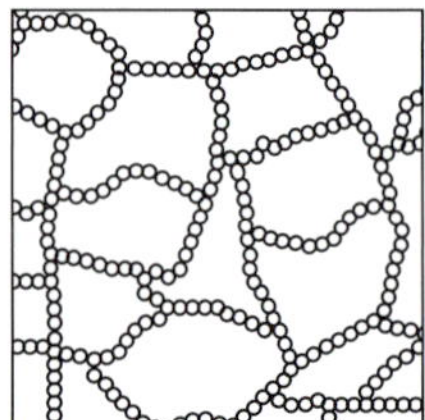

Fadenmoleküle

Vernetzte Fadenmoleküle der Duroplaste

Nd:YAG-Laser
Kürzel für Neodym-Yttrium-Aluminium-Granat-Laser – dies ist ein Festkörperlaser, der Licht mit der Wellenlänge 1064 nm emittiert. Dieser Laser wird in der Technik häufig eingesetzt. Er eignet sich aufgrund seiner hohen Ausgangsleistung für Materialbearbeitung wie Schweißen oder Bohren. Der entscheidende technische Vorteil besteht darin, dass sich der YAG-Laserstrahl aufgrund seiner Wellenlänge durch ein Glasfaserkabel leiten lässt. Das Licht dieses Lasers ist extrem gefährlich für das Auge, es schädigt direkt die Sehnerven.

Agfa gibt zum Beispiel für die Fotopolymer-Druckplatte N 91 eine maximale Auflösung von 175 lpi (68 L/cm) an, während Thermo- und Silberhalogenid-Druckplatten mit Rasterweiten bis 200 lpi (78 L/cm) und höher belichtet werden können.

Der Aufbau der Fotopolymerplatte ist einfach: Auf einen Aluminiumträger wird eine negativ arbeitende Fotopolymerschicht aufgebracht (siehe Abbildung links). Negativ arbeitend bedeutet, dass ein energiereicher Laser oder UV-Licht die druckenden Bereiche der Platte „belichtet".

Fotopolymere Druckformen arbeiten mit so genannten Duroplasten. Diese Kunststoffe lassen sich nur ein einziges Mal bei Wärmezufuhr verformen, dann erstarren sie zu einer festen Masse, sie härten aus. Durch erneutes Erwärmen auf die Verformungstemperatur lassen sich Duroplaste nicht mehr erweichen. Steigert man allerdings die Wärme- bzw. Energiezufuhr, so zersetzten sie sich und der chemische Aufbau der Kunststoffe wird zerstört. Bei der Aushärtung entstehen Atombindungen zwischen den einzelnen Molekülen, der Kunststoff vernetzt sich in alle Richtungen durch die Bildung von Fadenmolekülen. Auf dem beschriebenen Prinzip beruht die Herstellung von Fotopolymer-Druckformen.

Die Aluminiumplatte mit der Fotopolymerschicht wird durch ein Negativ hindurch mit UV-Licht oder Laserlicht bestrahlt. Die notwendige Energiedichte ist abhängig von der Wellenlänge des verwendeten Energiestrahlers. An den ungedeckten Stellen des Negativs härtet der Kunststoff und polymerisiert aus. Die vom Negativ abgedeckte Fotopolymerschicht hat ihre Quellbarkeit und Löslichkeit behalten – sie wird herausgewaschen.

Die Vorteile der Fotopolymerplatten sind in den guten drucktechnischen Eigenschaften wie Farbannahme- und -abgabeverhalten begründet und in der Auflagenstabilität. Eine Auflagenbeständigkeit bis 500.000 Druck ist bei einer normal gefertigten Fotopolymerplatte gegeben, eine eingebrannte Platte erreicht eine Auflage von bis zu einer Million Drucke. Fotopolymer-Druckplatten haben bei Druckern einen guten Ruf, da sie ein stabiles Druckverhalten und einen großen Arbeitsspielraum aufweisen. Dies erklärt z.B. auch ihren häufigen Einsatz im Zeitungssektor.

Nachteile dieser Platten sind nicht zu verschweigen. Die Verarbeitung kann nicht bei Tageslicht durchgeführt werden, sondern muss unter Gelblicht erfolgen, da die Empfindlichkeit der Platten im Spektrum des Tageslichtes liegt. Das Arbeiten mit FM-Rastern sowie sehr feinen Rastern ist mit diesen Platten nicht möglich, da das dafür erforderliche Auflösungsvermögen nicht gegeben ist.

Thermodruckplatten

Werfen wir einen Blick auf die Vorteile dieser Platte: hohe Auflösung, Einbrennen für Auflagen von einer Million und mehr Drucken, sehr hohe Randschärfe. IR- oder Nd:YAG-Laser-Belichtung ermöglicht die Verarbeitung bei Tageslicht auch bei manuellen Plattenbelichtern. Die Entwicklung benötigt keine Chemikalien, man spricht auch von prozessloser Entwicklung bzw. von prozesslosen Thermaldruckplatten.

Thermisch zu bebildernde Druckplatten reagieren nur auf IR-Strahlung. In einer kurzen Zeitspanne wird eine hohe Energiedichte erreicht, die eine Mindesttemperatur in der Schicht herstellt. Ist diese Temperatur erreicht, wird eine Reaktion ausgelöst, bei der sich der

Aggregatzustand der Schicht ändert. Dabei werden die nichtdruckenden Stellen herausgelöst und hinterlassen nur die druckenden Elemente der Platte.

Bei den positiv arbeitenden Platten zerstört der Laserstrahl bei der Bebilderung die Polymere in der Plattenbeschichtung. Die belichteten gelösten Polymere werden bei der Entwicklung entfernt. In der Schicht der Negativ-Platten wird durch die Belichtung eine Polymerisation ausgelöst. Diese Primärpolymerisation wird durch eine anschließende Erwärmung verstärkt. Bei der Entwicklung werden die nicht vernetzten Kunststoffe herausgelöst.

Die Bebilderungqualität wird durch die Temperatur gesteuert. Dabei gilt: Wird die Mindesttemperatur nicht erreicht, bildet sich kein Rasterpunkt heraus. Wird die Mindesttemperatur erreicht, bildet sich ein korrekt dem Tonwert entsprechender Rasterpunkt. Wird die Mindesttemperatur überschritten, verändert sich der Rasterpunkt nicht, es bleibt der tonwertrichtige Punkt ohne Änderung stehen. Durch die exakt verlaufende Schichtreaktion ist ein randscharfer Punktaufbau ohne jede Unschärfe in den Randbereichen gegeben.

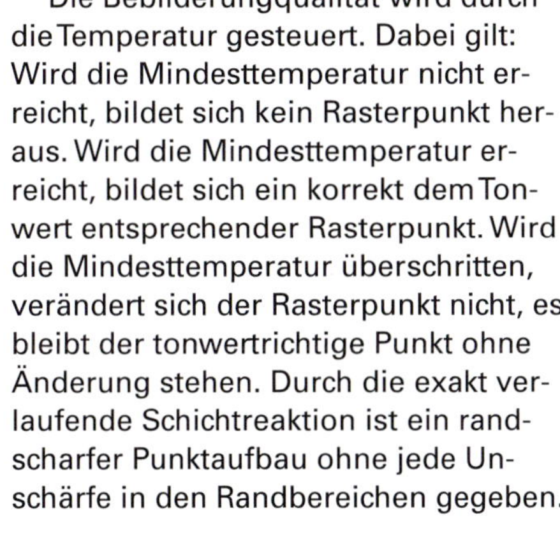

Rasterpunktaufbau

1 = Rasterpunktaufbau bei Silberhalogenid-Platten
2 = Rasterpunktaufbau bei Thermoplatten

Offsetdruckplatte (Cyan) mit Mehrfarbendrucken

Oben: Schematischer Aufbau einer Silberhalogenid-Platte

Unten: Schematischer Aufbau einer Polymerplatte

Auszug aus einem Herstellerkatalog: Fujifilm Fotopolymer-Druckplatten			
Name	Anwendung	Leistungsmerkmale	Auflage
LP-NV	Für anspruchsvolle Farbdrucke (Nicht für FM-Raster und Feinraster geeignet)	Hochwertige Fotopolymer-Druckplatte für den Akzidenzdruck. Geeignet für eine Vielzahl von CtP-Belichtern mit Violett-Laserdioden. Verbesserte Rasterpunktqualität und geringe Überstrahlungsanfälligkeit erhöhen die Qualität der Platte. Für den Druck mit UV-Farben ist kein Einbrennen nötig. Multigrain gewährleistet optimale Druckergebnisse.	Mittlere bis hohe Auflagen

4.4.2.3 Trägermetall

Es werden bei Aluminiumplatten fünf Oberflächenqualitäten hergestellt, die aber je nach Hersteller der Platten unterschiedlich benannt werden. Entsprechend ihrer Aufbereitung werden folgende Oberflächen unterschieden:

Oberflächenstruktur verschiedener Aluminumdruckplatten

(Quelle: TH Darmstadt)

Mechanische Aufrauung
- Kugelkörnung
- Trocken- und Nassbürsten

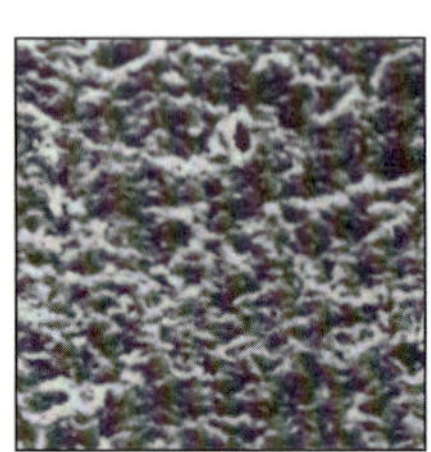
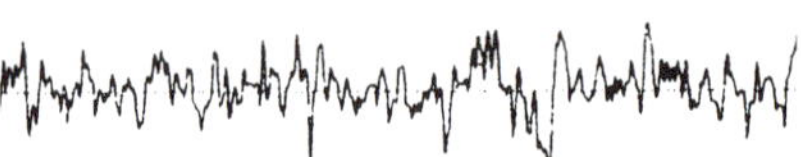

Mechanisch durch mikrofeine Kugeln und Schleifsand gekörnte Aluminiumplatte. Die Kurven stellen das Rauigkeitsprofil der Druckplattenoberfläche vergrößert dar.

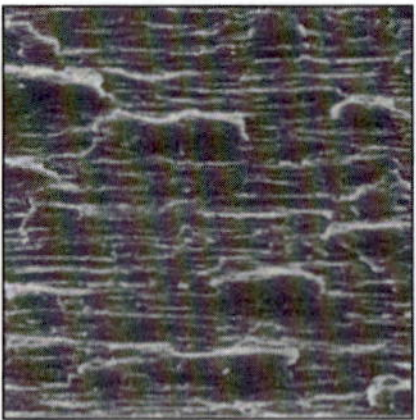

Mechanisch durch Trockenbürstung gekörnte Aluminium-Offsetdruckplatte. Es ist eine eindeutige Bürstrichtung zu erkennen.

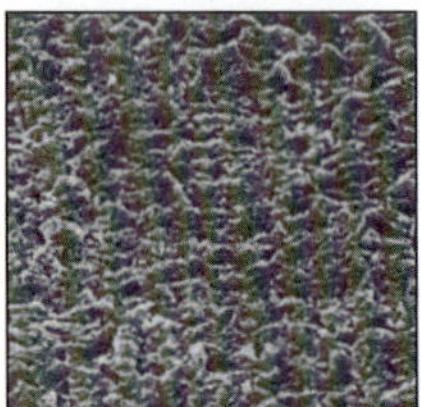

Mechanisch durch Nassbürstung gekörnte Aluminium-Offsetdruckplatte. Die Platte erhält eine gleichmäßige Rauigkeit und verankert die Kopierschicht gut auf der Oberfläche.

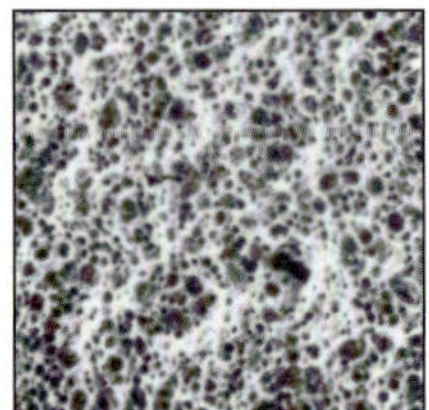

Oberflächenbeschaffenheit einer elektrochemisch aufgerauten und anodisierten Aluminium-Offsetdruckplatte. Das Rauigkeitsprofil zeigt eine feine und gleichmäßige Oberflächenstruktur mit Kapillaröffnungen.

Chemische Aufrauung
- Elektrochemische Aufrauung
- Elektrolytische Aufrauung

Die Kugelkörnung bewirkte eine gleichmäßige Plattenoberfläche, die es gestattete, im Offsetdruck gleichbleibende Druckergebnisse zu erzielen. Da dieses Körnungsverfahren für die industrielle Serienfertigung nicht gut geeignet war, wird es heute nicht mehr verwendet.

Trockenbürsten und Nassbürsten haben deutlich bessere Oberflächenrauigkeiten entstehen lassen, sind aber durch den hohen mechanischen Herstellungsaufwand als alleiniges Verfahren zur Herstellung einer Oberflächenrauigkeit nicht mehr für die Druckplattenherstellung im Einsatz.

Die moderne elektrochemische Aufrauung hat die mechanischen Verfahren weitgehend verdrängt. Damit lässt sich eine wesentlich feinere, gleichmäßigere und für den Offsetdruck optimierte Oberflächenstruktur herstellen.

Herstellung der Aluminiumplatten
Der Herstellungsprozess für eine Aluminium-Offsetdruckplatte durchläuft ein mehrstufiges Verfahren zur Oberflächenbehandlung. Zuerst erfolgt eine mechanische oder eine elektrochemische Aufrauung, danach eine Anodisierung zur Mikrostrukturierung und zur Härtung der Plattenoberfläche. Anschließend wird die lichtempfindliche, farbführende Schicht (Kopierschicht) auf die Plattenoberfläche aufgebracht.

In einem elektrolytischen Bad wird die Aluminiumplatte chemisch aufgeraut. Beim Aufrauungsprozess wird aus der Oberfläche der Platte Aluminium herausgelöst. Dabei bildet sich eine richtungslose, feinporige und kapillare Oberfläche, die für den Offsetdruck eine Reihe wichtiger Eigenschaften aufweist:

- Die hohe Kapillarkraft der Oberfläche bewirkt, dass sich das Feuchtwasser gut in den Kapillaren festsetzen kann. Dadurch wird die Platte beim Druck sehr gut und gleichmäßig benetzt.
- Die feine Oberfläche lässt eine sehr feste Verankerung der Kopierschicht in die Plattenoberfläche zu.
- Die Kopierschicht in der feinporigen Oberfläche begünstigt ein hohes Auflösungsvermögen der druckenden Elemente. Feinere Rasterstrukturen, FM-Raster und feinste Detaildarstellungen sind möglich.

Diese drucktechnisch günstigen Eigenschaften nach der elektrochemischen Oberflächenbehandlung von Aluminium weisen den einen Nachteil auf, dass die Oberfläche relativ weich und damit empfindlich gegen mechanischen Abrieb beim Druck ist. Daher muss die Plattenoberfläche noch einer so genannte elektrolytischen Anodisierung unterzogen werden. Dabei wird die Platte mit einer dünnen und extrem harten Aluminiumoxydschicht überzogen.

Diese so aufgetragene Schicht ist extrem hart, chemisch schwer angreifbar und äußerst feinporig. Damit haften Kopierschicht, Feuchtmittel und Druckfarben gut und die Widerstandsfähigkeit gegen mechanischen Abrieb wird durch die Anodisierung optimiert.

Das Verfahren ist unter dem Begriff Eloxalverfahren bzw. Eloxierung bekannt. Dies ist die Abkürzung für „Elektrolytische Oxydation des Aluminiums".

Mit so hergestellten anodisierten Aluminiumdruckplatten sind in einer korrekt eingestellten Offsetdruckmaschine Auflagen bis 250.000 Druck möglich. Dabei werden scharfe Druckelemente, ein großer Tonwertumfang, FM-Raster bzw. Feinraster sowie eine brillante Bildwiedergabe bei geringer Feuchtwasserführung möglich.

Prüfen, Vorbereiten und Reinigen der walzblanken Aluminiumrolle

Mechanisches Aufrauen durch Nassbürsten oder elektrochemisches Verfahren. Ergebnis: Mikroporöse Oberflächenstruktur.

Elektrolytische Anodisierung. Ergebnis: Mikrofein gekörnte und mit feinen Kapillaren versehene Aluminiumoberfläche, die eine gleichmäßige Rautiefe und eine harte Oberfläche aufweist.

Beschichten: Die lichtempfindliche Kopierschicht wird in gleichmäßiger, genau definierter Stärke aufgetragen, um ein standardisiertes Kopierverhalten zu gewährleisten.

Schneiden und Endkontrolle: Aus der Aluminiumrolle werden die verschiedenen handeslüblichen Druckplattenformate herausgeschnitten und einer Qualitätskontrolle unterzogen.

Konfektionieren: Licht- und feuchtigkeitsabweisendes Verpacken zum Versand an den Kunden.

Prinzipieller Herstellungsweg für eloxierte und anodisierte Aluminiumdruckplatten für den Offsetdruck

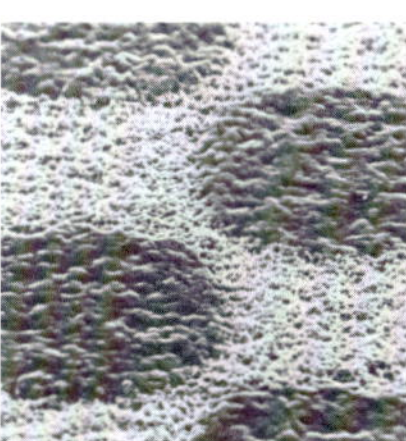

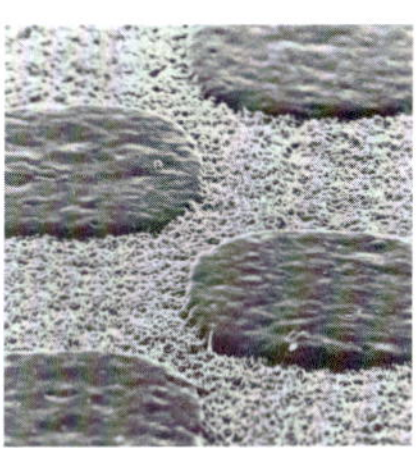

Mikroaufnahmen von Rasterpunkten

Oben: Druckender Rasterpunkt auf einer mikrogekörnten Aluminiumdruckplatte.

Unten: Druckender Rasterpunkt auf einer anodisierten Aluminiumdruckplatte.

(Quelle: TH Darmstadt)

4.4.2.4 Wasserlose Offsetplatten

Ende der 70er Jahre stellte das japanische Unternehmen Toray eine Aluminiumdruckplatte vor, die keine Feuchtwasserführung beim Druck erforderlich machte. Der Wegfall der Feuchtwasserführung beim Offsetdruck bringt eine Reihe von Vorteilen mit sich. Einrichtezeiten werden verkürzt, Passerprobleme durch den Einfluss von Feuchtigkeit auf den Bedruckstoff treten nicht mehr auf und schwierige Bildmotive lassen sich leichter originalgetreu drucken.

Die Toray-Waterless-Plate weist einen anderen Aufbau als die klassische Aluminiumplatte des Offsetdrucks auf. Die Toray-Platte ist eine vorbeschichtete Druckform für den Bogen- und Rollenoffsetdruck. Die unbearbeitete Platte hat folgenden Aufbau:

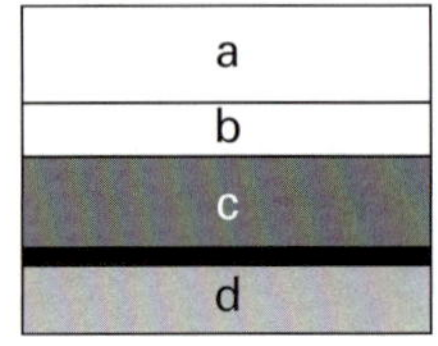

Aufbau Toray-Platte

Druckplatte für den wasserlosen Offsetdruck.

a = Transparenter Schutzfilm
b = Silikon-Gummischicht
c = Lichtempfindliche Polymerschicht
d = Aluminiumträger

a = Transparenter Schutzfilm
b = Silikon-Gummischicht
c = Lichtempfindliche Polymerschicht
d = Aluminiumträger

Auf die Trägerschicht aus Aluminium ist eine lichtempfindliche Fotopolymerschicht aufgebracht, die je nach Zusammensetzung negativ oder positiv arbeitet. Darüber befindet sich eine Silikon-Gummischicht, die von einem transpareneten Schutzfilm gegen mechanische Beschädigung abgedeckt wird. Diese Schutzschicht wird erst vor der Entwicklung der Druckplatte abgenommen.

Die Belichtung mit UV-Licht erfolgt durch den Schutzfilm hindurch. Dadurch wird die Fotopolymerschicht gehärtet und sie vernetzt sich gleichzeitig mit der Silikon-Gummischicht. Nach der Belichtung wird die Schutzschicht abgezogen und die Platte in die Entwicklungsmaschine gegeben. Hier löst sich an den unbelichteten Stellen die Gummi-Silikonschicht. Sie wird in der Entwicklungsmaschine ausgerieben und ausgewaschen. Die sehr feine, um einige µm tiefer liegende Fotopolymerschicht dient als Farbträger der Druckplatte, die verbliebene und vom Licht gehärtete Silikonschicht dient als farbabstoßende Schicht.

Um die Vorteile der Toray-Platte anzuwenden, ist für die Kopie eine Vorlage erforderlich, die eine auf die Druckplatte abgestimmte Gradation aufweist. Nur wenn dies erfolgt, können die drucktechnischen Qualitäten dieser Druckform für eine Druckauflage genutzt

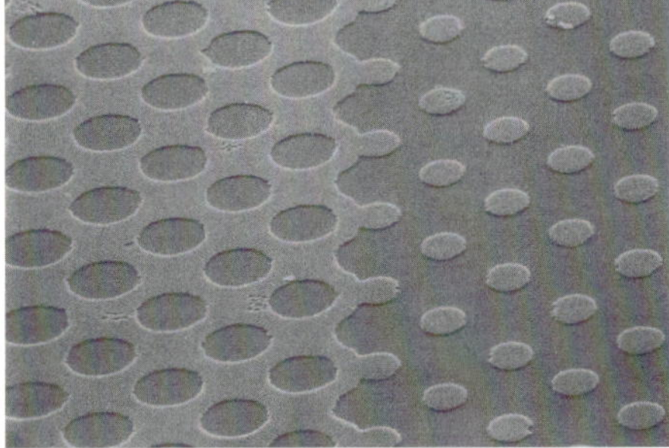

Oberflächenstruktur Toray-Platte

Oben: REM-Detailaufnahme eines konventionellen Punktrasters. Die tiefer liegenden druckenden Stellen zeigen randscharfe Punktstrukturen. (REM = Raster-Elektronen-Mikroskop)

Unten: REM-Detailaufnahme eines frequenzmodulierten Rasters. Die obenliegenden nichtdruckenden Stellen und die tieferliegenden druckenden bzw. farbführenden Stellen sind klar voneinander abgegrenzt.

werden. Gegenüber einer konventionellen Offsetdruckplatte bietet der Druck mit der wasserlos arbeitenden Toray-Platte eine Reihe deutlicher Vorteile:

- Kein Feuchtwassereinsatz
- Keine Farbführungsschwankungen
- Geringe Tonwertzunahme im Druck
- Druckbild mit sehr hohem Kontrast
- Ausgezeichnete Tiefen
- Hohe Farbkonzentration
- Feinste Raster bis ca. 200 L/cm
- FM-Raster
- Schnelles Einrichten und Rüsten der Druckmaschine

Nachteile oder Probleme weist die Toray-Platte verfahrensbedingt auf. So müssen spezielle Druckfarben verwendet werden, die Druckmaschinen müssen geeignete Farbwalzen für die Toray-Farben verwenden. Weiter sollten die Farbwerke zur Temperierung ausgerüstet sein, da nur mit konstanter Farbwerkstemperatur gute Ergebnisse zu erreichen sind. Dass bei diesen Voraussetzungen auch noch geeignete Waschmittel beschafft werden müssen, sei am Rande erwähnt. Die Verarbeitung der Toray-Platte erfolgt immer mit Gelblicht.

Ein Problem der Toray-Platte ist die Kratzempfindlichkeit der nichtdruckenden Silikonschicht. Dies ist verbessert worden und stellt bei korrekter Handhabung kein Problem dar – aber die Formherstellung und das Einrichten der Druckmaschine erfordert hohe Sorgfalt im Umgang mit dieser hochwertigen, aber empfindlichen wasserlosen Offsetdruckplatte.

Um die Druckplatte mit der sehr feinen, kontrastreichen Raster- bzw. Bildwiedergabe optimal für den Druck zu nutzen, ist eine speziell auf die Platte und die verwendete Rasterweite abgestimmte Gradation entsprechend der Druckkennlinie zu erstellen und für die Formherstellung zu verwenden.

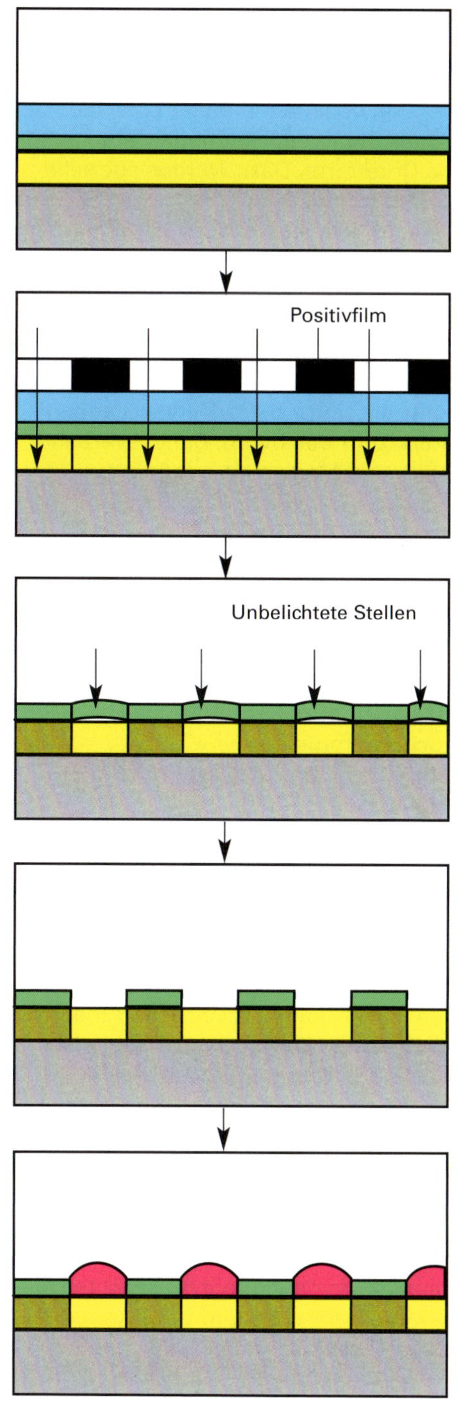

Kopie Toray-Platte

Schichtenfolge:
- Transparenter Schutzfilm
- Silikon-Gummischicht
- Fotopolymerschicht
- Aluminiumträger

Belichtung mit Positivfilm

Belichtung erfolgt mit UV-Licht durch den Schutzfilm. Die Fotopolymerschicht wird gehärtet und mit der Silikonschicht fest verbunden.
Der Schutzfilm wird nach dem Belichten entfernt.

Entwicklung

Der Entwickler wird auf die Silikon-Gummischicht aufgetragen. An den unbelichteten Stellen schwillt die Schicht auf und löst sich von der Fotopolymerschicht.

Fertige Druckplatte

Durch Abreiben der gequollenen Silikon-Gummischicht wird die Fotopolymerschicht als farbführende Schicht freigelegt. Die gehärtete Silikonschicht bleibt als farbabstoßende Schicht erhalten.

Druck

An den freigelegten Stellen der Fotopolymerschicht setzt sich Druckfarbe an, die Silikon-Gummischicht bleibt als nichtdruckende Stellen frei.

Ugra/FOGRA-Digital-Plattenkeil

4.4.2.5 Prozesskontrolle

Prozesskontrolle bei der Druckformherstellung bedeutet in erster Linie die Überprüfung der Datenübertragung auf die Druckform. Dazu wurden spezielle Kontrollelemente wie der Ugra/FOGRA-Digital-Plattenkeil entwickelt. Mit seiner Hilfe können die Auflösung sowie die Gleichmäßigkeit der Belichtung, der Entwicklung und die Druckplattenbeschichtung kontrolliert werden. Die genauen Spezifikationen der Prozesskontrolle sind z.B. im MedienStandard Druck 2001 des bvdm, Bundesverband Druck und Medien e.V., definiert.

Ugra/FOGRA-Digital-Plattenkeil
„Der Ugra/FOGRA-Digital-Plattenkeil verfügt über insgesamt 6 Funktionsgruppen bzw. Kontrollfelder:

- Informationsfeld
- Auflösungsfeld
- Geometrische Diagnosefelder
- Schachbrettfelder
- Visuelle Referenzstufen (VRS)
- Verlaufkeil

Eine Neuheit sind die 11 visuellen Referenzstufen. Hierbei handelt es sich um Felder, die aus einem Schachbrettfeld und einem das Schachbrettfeld umgebenden Referenzfeld bestehen, wobei der Flächendeckungsgrad in 5-%-Stufen von 35 % bis 85 % reicht. Unter theoretisch idealen Bedingungen und bei linearer Übertragungscharakteristik sollten die zwei Felder bei 50 % Flächendeckungsgrad miteinander verschmelzen, d.h., der Helligkeitseindruck und der messbare Tonwert sollte in beiden Bereichen jeweils einen Flächendeckungsgrad von 50 % ergeben. In Abhängigkeit von Plattentyp, Belichterkalibration, Entwickler und Übertragungscharakteristik wird dies jedoch unter Praxisbedingungen kaum erzielt, und Verschiebungen nach oben wie nach unten werden vorkommen. Wichtig für den Produktionsalltag sind die jeweiligen VRS-Felder, mit denen die optimalen Einstellungen und Ausgabeergebnisse erreicht werden. Die visuelle Kontrolle der jeweiligen für den Produktionsablauf als optimal festgelegten Erscheinung der VRS-Felder macht Abweichungen sichtbar. Weitere Felder enthalten auflösungsorientierte Informationen sowie einen Verlaufkeil, mit dem die Tonwertübertragung geprüft werden kann. Umherstellungsbedingte Ungleichmäßigkeiten im Plattenmaterial auszuschalten, wurden zwischen die Halbtonfeldreihen jeweils Nullpunktfelder gelegt. Damit liegen die Orte für die densitometrische Messung des Nullpunktes (schichtfreies Trägermaterial) und des Flächendeckungsgrades nebeneinander.

Das Auflösungsfeld zeigt zwei Halbkreisfelder, deren Strahlenkranz im ersten Feld aus Positivlinien und im zweiten aus Negativlinien erzeugt wird. Die Linien haben eine Linienstärke, die der theoretischen Auflösung des Ausgabegerätes bzw. der jeweiligen Einstellung des Gerätes entspricht.

Die geometrischen Diagnosefelder enthalten Linien, die sich an den jeweiligen Auflösungseinstellungen des Plattenbelichters orientieren. Unterhalb der geometrischen Diagnosefelder befinden sich die Schachbrettfelder. Entsprechend der jeweiligen Beschriftungen über den Feldern handelt es sich um quadratische Flächen, welche eine einfache, doppelte und vierfache Kantenlänge aufweisen."

Fogra-Informationen
www.fogra.de

4.4.3 Tiefdruck

Die Beschaffenheit der Druckform ist für die meisten Druckverfahren namensgebend. So auch beim Tiefdruck. Die druckenden Elemente einer Tiefdruckform liegen vertieft. Im industriellen Tiefdruck werden heute die farbführenden Näpfchen mit Laser- oder Graviersystemen in den Tiefdruckzylinder eingebracht. In der Lasergravur hat Zink aus technischen Gründen das Kupfer als klassisches Material für Tiefdruckzylinder abgelöst. Nach der Bebilderung werden die Tiefdruckzylinder verchromt, um die Oberflächenhärte und damit die Auflagenbeständigkeit zu erhöhen.

In der Praxis ist die elektromechanische Gravur immer noch das beherrschende Verfahren.

Elektromechanische Gravur

Diamantstichel übertragen im Gravurkopf des Graviersystems die Bildinformation auf den Tiefdruckzylinder. Ein elektromagnetisches Schwingsystem steuert die Auf- und Abwärtsbewegung des Stichels. Die Gravurfrequenz in modernen Gravursystemen beträgt 7.500 Hz, d.h., es werden 7.500 Näpfchen pro Sekunde graviert. Um die Produktionszeit zu verkürzen, sind in den Gravursystemen, z.B. Helioklischograf der Firma Hell Gravure Systems, mehrere Gravurköpfe in einer Reihe angeordnet. Durch den gemeinsamen Vorschub werden somit Teilabschnitte parallel graviert. Direkt nach der Gravur trennt jeweils ein Schaber den Kupfergrat plan von der Kupferzylinderoberfläche. Der abgetrennte Span wird abgesaugt.

Halbautotypische Rasterung

Bei der Gravur variiert das Näpfchenvolumen in Oberfläche und Tiefe. Anders als z.B. im Offsetdruck werden die Tonwerte durch die Farbmenge nicht nur über die Fläche, sondern dreidimensional auch über die Farbschichtdicke gesteuert. Man spricht deshalb vom Druck echter Halbtöne im Tiefdruck. Die ausschließlich flächenvariable Rasterung im Offset- , Flexo- und Siebdruck heißt autotypische Rasterung, die flächen- und tiefenvariable Rasterung im Tiefdruck wird als halbautotypische Rasterung bezeichnet.

Die Näpfchen sind bedingt durch die Diamantstruktur flächen- und tiefenvariabel. Auf die Tiefdruckform wird ein gleichmäßiges Raster, z.B. mit einer 60- er oder 70er Rasterweite graviert. Alle Informationen wie Buchstaben, Grafiken, Striche, Linien und Kurven bestehen aus Rasternäpfchen. Das Volumen der Näpfchen bestimmt die Menge des Farbauftrages. Damit nur die Farbe aus den Näpfchen auf den Bedruckstoff übertragen wird, rakelt ein Messer (Rakel) die Stege der Tiefdruckform ab.

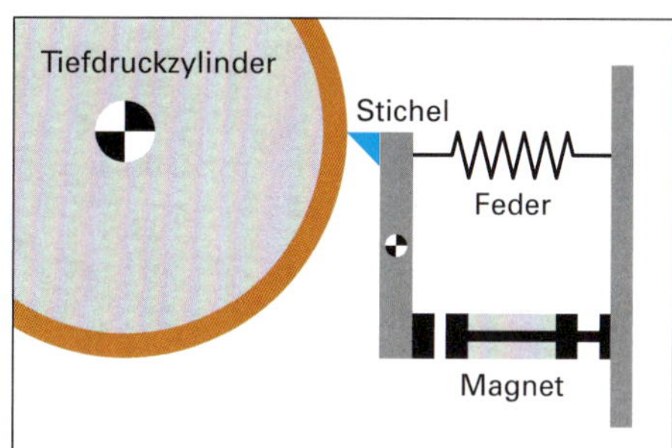

Elektromechanische Zylindergravur

Funktionsweise eines elektromechanischen Gravierkopfes

(Quelle: atg-systems)

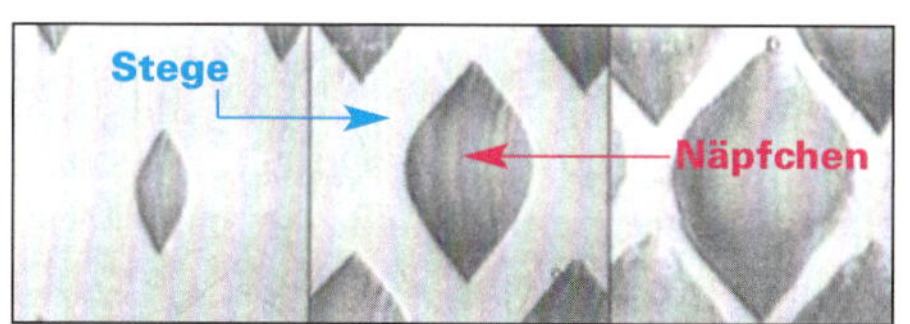

Tiefdruckform
Vergrößerte Darstellung einer elektromechanisch gravierten Ballardhaut. Erkennbar ist die Tiefen- und Flächenvariabilität der Näpfchen. Links ist ein Tonwert von 10 %, daneben ein Mittelton mit 50 % und ein dunkler Tonwert (Tiefe) mit etwa 95 % abgebildet.

Tiefdruckformen

Vergleichende Darstellung der Tiefdruckformen nach Näpfchenfläche und Näpfchentiefe.

Tiefenvariable oder konventionelle Tiefdruckform mit konstanter Näpfchenfläche und variabler Näpfchentiefe.

Tiefen- und flächenvariable Tiefdruckform der Zylindergravur mit variabler Näpfchenfläche und variabler Näpfchentiefe (halbautotypische Tiefdruckform).

Flächenvariable oder autotypische Tiefdruckform mit variabler Näpfchenfläche und konstanter Näpfchentiefe.

Die Darstellung oben zeigt links die hellen Bildstellen einer Tiefdruckform, danach Mitteltöne und rechts dunkle Bildstellen mit einem Tonwert von 100 %. Die Farbdarstellung zeigt die Farbmenge an, die beim jeweiligen Tonwert pro Näpfchen auf den Bedruckstoff übertragen wird und damit den Tonwert bildet. Die tiefenvariable Tiefdruckform wird mittels Ätzverfahren hergestellt und bildet auf dem Bedruckstoff einen echten Halbton.

Standard ist heute die tiefen- und flächenvariable Tiefdruckform, die mit Hilfe der Zylindergravur erstellt wird. Die autotypische Tiefdruckform überträgt nur eine verkürzte Tonwertskala und wird vor allem im Verpackungs-, Dekor-, Tapeten und Textildruck eingesetzt.

4.4.4 Flexodruck

Der Flexodruck ist ein Hochdruckverfahren. Die druckenden Elemente der Flexodruckform sind erhaben, die nichtdruckenden Bereiche sind vertieft.

Auch im Flexodruck löst das CtP-Verfahren die Druckformherstellung über die Filmbelichtung ab. Die Bebilderung erfolgt in speziellen Laserbelichtern. Ein Beispiel für eine derartige CtP-Maschine ist auf der folgenden Seite 588 abgebildet.

Druckformen

Flexodruckformen werden auch Flexoklischees genannt. Sie bestehen im Wesentlichen aus einer lichtempfindlichen Fotopolymerschicht, welche die eigentliche Druckform bildet, und einer Trägerschicht. Die Trägerschicht, Polyesterfolie oder Aluminiumblech, dient der Dimensionsstabilisierung des Klischees. Der schematische Aufbau einer Flexodruckform ist in der Abbildung oben dargestellt.

Druckformtypen

Je nach Qualitätsanspruch und verwendeter Formherstellungstechnik werden heute Gummi-, Kunststoff- oder elastische Fotopolymer-Druckplatten verwendet. Wir unterscheiden bei den Druckformen drei Druckformtypen:

- Flexodruckplatten
- Endlos-Sleeves
- Endlos-Nahtlos-Sleeves

Verarbeitung

Flexodruckplatten werden plan liegend bebildert und nach der Fertigstellung standgenau auf den Druckformzylinder montiert. Zum Befestigen der Druckform werden Klebefolien oder Magnete verwendet.

Sleeves sind dünnwandige Druckformhülsen, die nach der Fertigstellung standgenau auf den Druckformzylinder

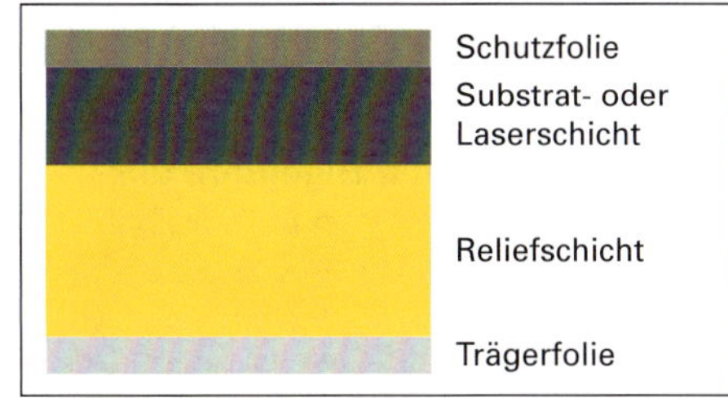

Schematischer Aufbau eines Flexoklischees

Detailansichten von Flexodruckformen

Schriftdarstellung in einem gerasterten Umfeld

Erhabene Schrift auf einem Flexodruckklischee von oben aufgenommen.

Erhabene Rasterpunkte auf einem Flexodruck-klischee im Winkel von 45 Grad aufgenommen.

(Quelle: atg-systems)

aufgeschoben werden. Das Aufschieben und Positionieren des Sleeves erfolgt mittels eines Luftkissens. Dem Druckzylinder wird Druckluft zugeführt, die durch kleine Bohrungen an der Zylinderoberfläche austritt und ein Luftkissen erzeugt. Auf diesem Luftkissen wird der Sleeve auf den Zylinder geschoben und exakt positioniert. Zum Druck wird das Luftkissen ausgeschaltet und der Sleeve zieht sich auf dem Zylinder unverrückbar zusammen. Ist der Auflagendruck beendet, wird der Sleeve mit Hilfe des aktivierten Luftkissens wieder vom Formzylinder abgezogen.

Endlos-Sleeves werden in einem Laser-Rundbelichter standgenau belichtet und danach auf dem Zylinder positioniert. Die Sleeve-Technologie ist rechts schematisch dargestellt.

Druckqualität

Die wesentlichste Forderung an den Flexodruck – vor allem im Verpackungsdruck – ist eine hohe Druckqualität. Daher werden für hochwertige Arbeiten Fotopolymer-Druckplatten eingesetzt. Bekannte Plattentypen sind Cyrel® von DuPont oder Nyloflex® von BASF. Wird in der Druckvorstufe für den Flexodruck reproduziert, gelten andere Vorgaben als für den Offsetdruck. Diese Vorgaben sind wie folgt zu beachten.

Reprotechnische Besonderheiten

- Die übliche Rasterweite liegt bei 48 L/cm. Wenn alle Parameter wie Bedruckstoffoberfläche, Druckform und Druckmaschine optimal aufeinander abgestimmt sind, kann auch ein 60er bis 80er Raster reproduziert werden.
- Bedingt durch die Aniloxwalze und dem darauf befindlichen Raster wird mit einer speziell auf den Flexodruck abgestimmten Rasterwinkelung gearbeitet. Zum Rasterwinkel nach DIN wird immer eine Vorwinkelung von 7,5° dazugerechnet, um Moiréeffekte durch die Aniloxwalze zu vermeiden. Yellow = 82,5°, Magenta = 67,5°, Cyan = 7,5°, Schwarz = 37,5°.
- Es werden üblicherweise runde Rasterpunktformen verwendet, da hier die geringste Tonwertzunahme zu verzeichnen ist. Dies ist wichtig, da die Tonwertzunahme bei gerasterten Bildern bis zu 30 % betragen kann. Das bedeutet, dass sich ein Raster-

Laserbelichter zur Flexodruckformherstellung

Links Gesamtansicht, rechts Detailansicht mit Blick auf eine eingespannte Druckform.

(Quelle: esko-graphics)

punkt mit 40 % Flächendeckung um ein Drittel ausdehnt. Er erscheint also im Druck mit über 50 % Flächendeckung. Alle Tonwerte über 60 % sind etwa 15 % offener zu halten als für den Offsetdruck.

- Der Tonwertumfang liegt bei 10 % bis 85 %. Hellere Töne fallen weg, dunklere Töne laufen zu.
- Linienstärken müssen wegen des hohen Tonwertzuwachses im Druck reduziert werden.
- Die Linienstärken für EAN-Codes sind wegen der starken Tonwertzunahme zu reduzieren.
- Negative Schrift sollte mindestens 10 pt groß und möglichst ohne feine Serifen sein.
- Passerdifferenzen zwischen den einzelnen Druckfarben sind bis zu +/- 0,5 mm möglich. Wenn Farben aneinander stoßen, müssen diese deswegen um mindestens 0,5 mm überlappen, um Blitzer zu vermeiden.
- Strich- und autotypische Rasterbilder sollten reprotechnisch getrennt sein.
- Schriften und Farbflächen sollten in jeweils eigenen Druckformen gedruckt werden. Die Anzahl der Druckformen kann in der Regel mehr als vier Formen betragen, da Flexodruckmaschinen üblicherweise mehr als vier Druckwerke aufweisen.

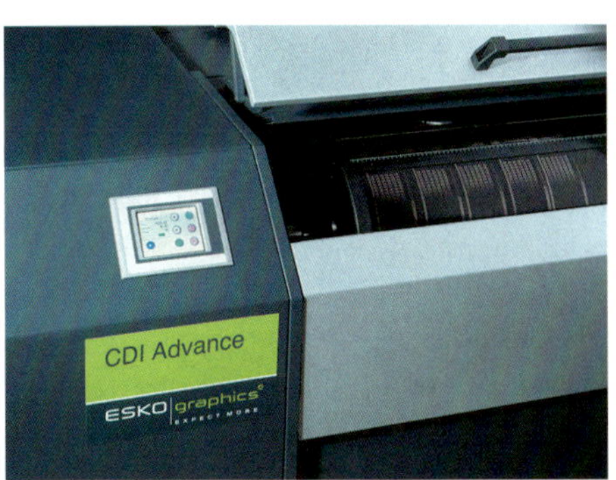

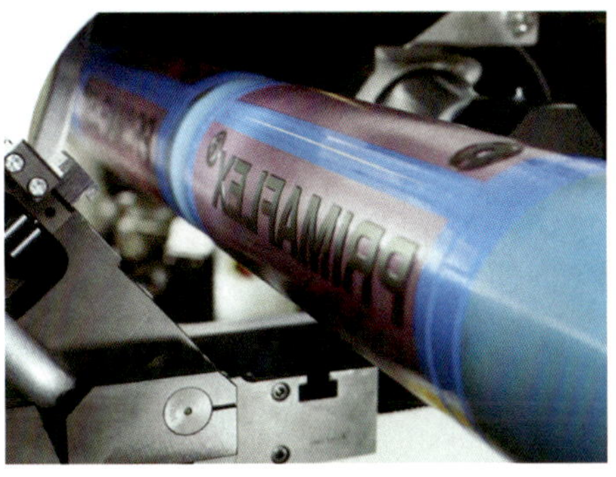

Sleeve-Druckformtechnik

Auf einem Luftpolster werden die Sleeves auf den Formzylinder auf- bzw. abgezogen. Die Technologie des Sleeve-Abziehens wird beim Formzylinder und für die Aniloxwalzen genutzt. Durch den Einsatz der Sleeve-Technik verkürzt sich die Rüstzeit der Flexodruckmaschinen.

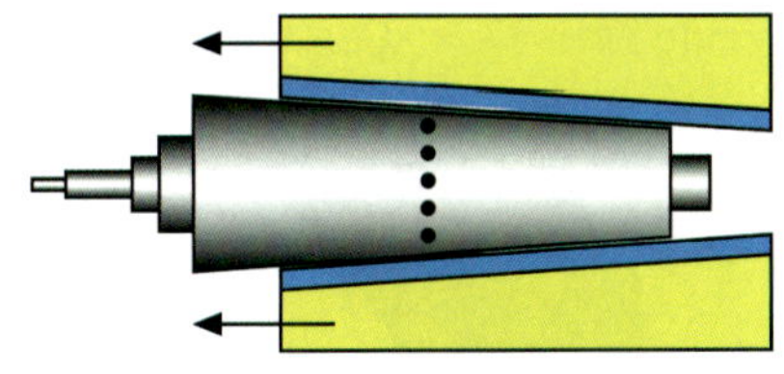

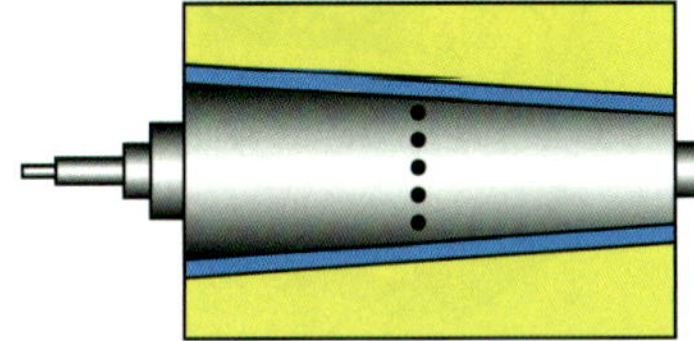

Der Sleeve (= gelb) wird über die Luftlöcher des Formzylinderdorns geschoben. Aus den Luftlöchern tritt Luft aus und die Sleeve-Druckform wird auf einem Luftpolster exakt auf den Zylinderdorn eingepasst, bis er komplett aufgezogen und eingerastet ist.

Die Sleeve-Technologie wird sowohl im Flexodruck als auch im Rotationstiefdruck verwendet.

4.4.5 Siebdruck

Siebdruck

positiv seitenrichtig

Siebdruck

positiv seitenverkehrt

Siebdruck

negativ seitenrichtig

Siebdruck

negativ seitenverkehrt

In der Siebdruckformherstellung hat neben der modernen digitalen Druckformherstellung die konventionelle Druckformherstellung noch große Bedeutung.

Konventionelle Druckformherstellung

Nach dem Bespannen des Siebdruckrahmens wird die Kopierschicht aufgebracht. Anschließend wird die Information auf fotografischem Wege in der Kontaktkopie auf das Sieb bzw. die Kopierschicht übertragen. Sie benötigen im Siebdruck als Kopiervorlage einen seitenrichtigen positiven Film. Die densitometrische Dichte sollte ausreichend hoch (D > 3.5) sein, um die nicht zu belichtenden Stellen vor der UV-Strahlung der Kopierlampe zu schützen. Selbstverständlich muss der Film eine hohe Gradation haben, damit die Randschärfe der gedeckten Bereiche der Kopiervorlage hoch ist. Meist garantieren dies nur Filme, die in Laserbelichtern belichtet wurden. Laserfolien aus Laserdrucken genügen den Anforderungen an eine gute Kopiervorlage nicht immer. Nach der Belichtung wird die Form ausgewaschen. Die belichtete Schicht wird dabei entfernt. Somit bildet die unbelichtete Schicht die Schablone, d.h. den nichtdruckenden Teil der Druckform, und die belichteten, ausgewaschenen Bereiche mit den offenen Siebmaschen den druckenden Teil.

Kopiergerät

zur konventionellen Siebdruckschablonenherstellung

(Quelle: ESC)

CtS-System

zur digitalen Siebdruckschablonenherstellung

(Quelle: Lüscher)

Digitale Druckformherstellung

Die digitale Herstellung der Druckform heißt im Siebdruck nicht CtP, sondern CtS, Computer-to-Screen.

Nach dem Bespannen und Beschichten des Siebs erfolgt die Bebilderung digital, direkt aus dem Datenbestand. Vom Raster Image Processor (RIP) wird ein Inkjet-Plotter angesteuert, der das beschichtete Sieb direkt mit Farbe oder Wachs bebildert. Die aufgedruckte Schicht schützt die lichtempfindliche Siebbeschichtung bei der anschließenden Belichtung mit UV-Licht. Der Vorteil dieses Verfahrens ist, dass Sie keinen Film als Kopiervorlage brauchen, da ja die Information direkt digital übertragen wird. Die Belichtung erfolgt nicht im Vakuumrahmen wie bei der konventionellen Kontaktkopie, sondern durch eine flächige Belichtungseinrichtung. Nach der Belichtung wird die Schablone ausgewaschen. Die belichteten Bereiche bleiben geschlossen, sind also nicht druckend, in den ausgewaschenen Bereichen sind die Siebmaschen offen, d.h., dort wird die Farbe auf den Bedruckstoff gedruckt.

4.4.6 Aufgaben

Aufgabe 4.4.6.1
Kopierverfahren kennen und beschreiben

Erläutern Sie das Prinzip der Negativ- und Positivkopie.

Aufgabe 4.4.6.2
Kopierverfahren kennen und beschreiben

Was versteht man unter dem Begriff „aktinischem Licht"?

Aufgabe 4.4.6.3
Druckplattentypen und deren Verwendung

Nennen Sie mögliche Einsatzgebiete für folgende Druckplatten:
a. Silberhalogenid-Platten
b. Fotopolymerplatten
c. Thermoplatten
d. Toray-Platten

Aufgabe 4.4.6.4
Druckformoberflächen beschreiben

Zeichnen Sie die Rauigkeitsprofile für
a. mechanisch gekörnte Alu-Platte,
b. mechanisch durch Nassbürstung gekörnte Aluminiumplatte,
c. elektrochemisch aufgeraute und anodisierte Aluminiumplatte.

Aufgabe 4.4.6.5
Direct Imaging kennen und erläutern

Erläutern Sie den Begriff „DI" und ordnen Sie diese Technik einer bestimmten Druckmaschine zu.

Aufgabe 4.4.6.6
Belichterprinzipien unterscheiden

Nennen Sie die Konstruktionsprinzipien von CtP-Belichtern.

Aufgabe 4.4.6.7
Lichtquellen von Belichtern nennen

Welcher Lichtquellen werden bei CtP-Belichtern verwendet?

Aufgabe 4.4.6.8
Tiefdruckformen unterscheiden

Benennen Sie die Unterschiede zwischen einer konventionellen, halbautotypischen und autotypischen Tiefdruck-Druckform.

Aufgabe 4.4.6.9
Elektromechanische Gravur beschreiben

Die elektromechanische Gravur ist das wichtigste Verfahren zur Herstellung einer Tiefdruckform. Beschreiben Sie diese Technologie mit Hilfe einer Skizze.

Aufgabe 4.4.6.10
Flexodruck-Druckformen beschreiben

Nennen Sie die Druckformtypen des Flexodrucks und zeichnen Sie einen Querschnitt durch ein Flexoklischee.

Aufgabe 4.4.6.11
Formherstellung des Siebdrucks wissen

Im Siebdruck wird zwischen digitaler und konventioneller Siebherstellung unterschieden. Erläutern Sie!

4.5 Druckveredelung

4.5.1 Veredelungsverfahren

„Ob Lack oder Folie – das nackte Druckerzeugnis ist schutzbedürftig!"

Es ist gleichgültig, ob es sich um einen Buch- oder Zeitschriftenumschlag, eine Lebensmittelverpackung, ein Verzeichnis oder Dokument handelt: Immer ist der zusätzliche Aufwand Ausdruck besonderer Zuwendung zum Druckprodukt und kreativer Sorgfalt. Jede Druckveredelung verleiht einem Druckerzeugnis längere Haltbarkeit und deutlich vielseitigere Anwendungsmöglichkeiten. Das Druckprodukt wird somit wertvoller.

Relieflacke erzeugen glänzende, mit einer Blindprägung vergleichbare fühlbare Schichten auf einem Bedruckstoff. Daher können diese Lacke auch für den Druck von Blindenschriften Verwendung finden.

Veredelung wirkt gut

Der Mensch nimmt einen Großteil aller Informationen mit dem Auge auf. Hier setzt die optische Wirkung eines Produktes ein, das z.B. flächenlackiert oder spotlackiert ist. Die optische Wirkung wird in vielen Fällen durch den Tastsinn ergänzt. Hier setzen Strukturlacke mit rauen Oberflächen, samtweichen Softtouch-Lacke oder Relieflacke an.

Durch metallische Folien, farbige Folien oder Pigmentzusätze im Lack können Effekte erzeugt werden, die einen Betrachter begeistern. Hochdeckende und hochglänzende Heißfolienprägungen, Glitzerpigmente und Iriodine erzeugen transparente, schillernde Oberflächen im Metalliclook, die sofort ins Auge stechen. Leuchtpigmente leuchten im Dunkeln und thermoaktive Pigmente wirken durch Farbumschlag bei Temperaturwechsel.

Dass Printprodukte frisch aus der Druckmaschine gut nach Druckfarbe riechen, ist bekannt. Dass Duftlacke auf die Nase wirken und damit ein weiteres, emotional wichtiges Sinnesorgan angesprochen wird, sei hier erwähnt.

Die optimale Wirkung eines Produktes hat nachhaltigen Einfluss auf die Kaufentscheidung eines Konsumenten. Kaufentscheidungen am „Point of Sale" fallen mehrheitlich in Sekundenbruchteilen und werden zu einem hohen Prozentsatz aus dem Gefühl heraus unbewusst gesteuert. Untersuchungen haben ergeben, dass die optische Wirkung eines Produktes nachhaltigen Einfluss auf die Kaufentscheidung eines Konsumenten hat. Daher ist es wichtig, dass die Gefühlsebene, vor allem beim Verpackungsdesign, angesprochen wird. Der Kunde möchte ein gestalterisch und technisch gut veredeltes Produkt erwerben – und bei Zufriedenheit mit dem Produkt wird er dieses mehrmals nachfragen. Daher muss eine Produktverpackung unverwechselbar sein, sich von Mitbewerbern abheben und einen hohen Image- und Wiedererkennungswert aufweisen. Dies gilt insbesondere für Verpackungen – aber auch für jedes andere Produkt, das verkauft werden soll oder öffentlich wirkt. Zu nennen sind hier Etiketten, Prospekte, Zeitschriften, Magazine, Geschäftsberichte oder Imagebroschüren.

Veredelung durch die Papierwahl

Die mitunter preiswerteste Veredelungsidee kann die Wahl eines besonderen Papiers sein, das für alle Printprodukte im Rahmen des CI einer Unternehmung eingesetzt wird. Markenartikelproduzenten verwenden besondere Papierfarben und -oberflächen oft als Element der Wiedererkennung, z.B. kombiniert mit einer Prägung und/oder außergewöhnlich ansprechender Typografie. Auch strukturierte, mattierte oder hochglänzende Papiere können hier genutzt werden.

Lackieren und Prägen

Eine der effektivsten Methoden, Aufmerksamkeit für einen Produktnamen oder ein Logo zu erzielen, ist eine Reliefkonturlackierung. Darunter wird z.B. die Lackierung eines Schriftzuges verstanden, der danach eine Prägung erfährt. Der so bearbeitete Schriftzug wird dadurch optisch und haptisch durch die Lackierung und Prägung hervorgehoben. Entscheidend ist, dass bereits in der Entwurfsphase derartige Zusatzelemente mit in die Planung des Auftrages einbezogen werden.

Betrachten wir den realen Agenturalltag: Beim Entwurf mit Bild, Grafik und Text für einen Auftrag wird die Gestaltungsmöglichkeit nach dem Druck kaum beachtet. Proofs und Plotterausgaben für die Kundenpräsentation vermitteln einem Kunden kaum die optischen und haptischen Anmutungen einer Druckveredelung.

Um eine Veredelung anzubieten, müssen sehr gute Musterbeispiele vorhanden sein, um erhabene oder lackierte Gestaltungselemente optisch gut zu präsentieren. Ein weiteres Problem besteht in der Anlage der Daten für die Lack- und Prägeformen. Hier kann nur die Erfahrung helfen und der Mut, derartige Dinge gut überlegt zu probieren.

Lackveredelung

Nach dem Druck und nach der Fertigstellung eines Produktes durch die Buchbinderei wird oftmals festgestellt, dass ein Ergebnis zwar gut gelungen ist, aber der letzte „Pfiff" fehlt. Nach vielen Überlegungen mit dem Drucker und dem Designer kommt man in vielen Fällen zum Ergebnis, dass beim nächsten Auftrag eine Druckveredelung einem Produkt den fehlenden letzten „Schliff" gibt.

Produktveredelung fängt beim Design an. Produktkreativität bedeutet, dass beim Entwurfsprozess bereits Überlegungen angestellt werden, wie z.B. eine Verpackung, ein Prospekt oder eine Imagebroschüre veredelt werden kann. Die Nachfrage nach aufwändig gestalteten und hochwertig wirkenden Printprodukten ist seit Jahren steigend. Die technischen Möglichkeiten, Printprodukte zu veredeln, sind vielfältig und der erzielte Effekt steht in aller Regel in einem positiven Verhältnis zu den anfallenden Mehrkosten.

Drucklackierungen

Um eine Drucklackierung herzustellen, weisen viele Druckmaschinen ein zusätzliches Lackwerk auf, das speziell für die Lackierungstechnologie ausgelegt ist. Je nach verwendetem Lack ist es notwendig, nach dem Lackwerk noch eine Trocknungseinrichtung in der Druckmaschine zu installieren. Diese Art der Druckveredelung in der Druckmaschine wird auch als Inline-Veredelung bezeichnet.

Durch die zunehmende Bedeutung der UV-Lacke bei der Druckveredelung hat sich neben der klassischen Inline-Verarbeitung der Trend zur Offline-Veredelung ab dem Jahrtausenwechsel abgezeichnet. Durch den mehrfachen oder den sehr hohen Lackauftrag entwickelt sich ein Trend zur Offline-Veredelung. Dadurch, dass die Druckgeschwindigkeiten reduziert werden müssen, wenn sehr hohe Lackaufträge notwendig sind, wird der Einsatz der Offsetmaschinen unwirtschaftlich, da zu geringe Druckgeschwindigkeiten gefahren werden. Daher sind Maschinen zur Offline-Drucklackierung entwickelt worden, die den hohen Veredelungsansprüchen in den neuen hochpreisigen Marktsegmenten gerecht werden können. Diese Maschinen sind in der Lage, in mehreren Druckgängen Lackaufträge zu erzeugen, die den höchsten Ansprüchen der Druckveredelung gerecht werden.

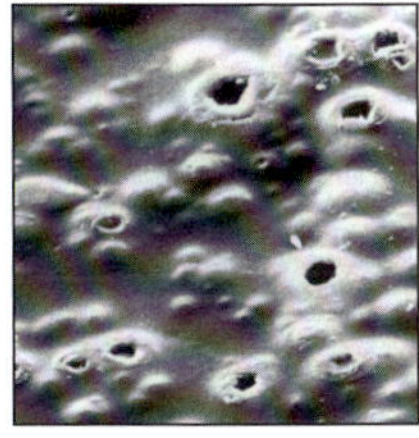

Duftlack

Duftlackierung unter Zuhilfenahme von Mikrokapseln, die in den Lack zur Übertragung auf den Bedruckstoff eingearbeitet sind. Die Vergrößerung zeigt bereits aufgeplatzte Kapseln, aus denen nach der Druckeinwirkung z.B. eines Fingers das verkapselte Duftöl ausgetreten ist.

(Quelle: Siegwerk)

Drucklackverwendung bei Zeitschriften und Broschüren

Im zunehmenden Bestreben der Verlage, Zeitschriften elegant und exklusiv wirken zu lassen, werden neben der Papierqualität immer häufiger Drucklackierungen für die Titelseiten eingesetzt.

4.5.2 Lackieren

www.weilburger-graphics.de

Dispersionslacke

Die ältesten und einfachsten Lacke sind die so genannten Wasserkastenlacke oder Dispersionslacke. Dies sind Lacke, die mit einer stoffbezogenen Heberwalze verarbeitet werden und im Prinzip kein spezielles Lackierwerk benötigen. Die wichtigsten Inhaltsstoffe der Dispersionslacke sind Polymerdispersionen, fein verteilte polymere Kunstharze, Hydrosole, Wachsdispersionen, Filmbildungshilfen, Netzmittel und Entschäumer. Der Feststoffanteil bei einem Lack liegt bei etwa 20–50 %.

Die Eigenschaft und die Viskosität eines Lackes hängt von der Kombination der verschiedenen Rohstoffe ab, von den Anforderungen, die von einem lackierten Druckprodukt erwartet werden, und von dem Übertragungssystem, das den Lack auf den jeweiligen Bedruckstoff überträgt.

Die Trocknung geschieht bei Dispersionslacken in der Regel rein physikalisch durch Verdunsten und Wegschlagen des Wassers. Durch Wärmezufuhr lässt sich die Trocknung bei allen Dispersionslacken beschleunigen.

Die Lackierungsmöglichkeiten reichen von der Vollflächenlackierung bis zur Spotlackierung mit Aussparungen oder eine nur auf ein bestimmtes Teilbildsegment bezogene Lackierung.

UV-Lacke

Die UV-Lackierung ermöglicht die Übertragung eines sehr kräftigen und hochglänzenden Lackspiegels. Zur Verwendung kommen spezielle UV-Lacke, die zu 100 % auf polymerisierbaren Bindemittelbestandteilen aufgebaut sind und keine Lösemittel enthalten. UV-Lacke trocknen nur mit speziellen UV-Trocknungsanlagen, die nach dem Lackwerk eingebaut sein müssen. Bei zur Trocknung eingebauten UV-Strahlern müssen unbedingt die Vorgaben zur Verarbeitung von UV-Farben des Verbandes

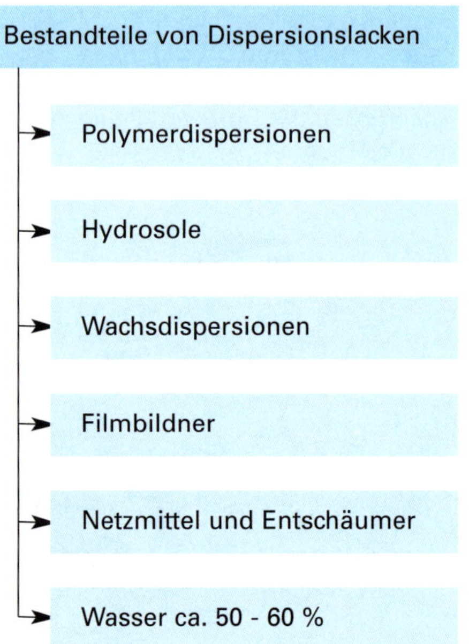

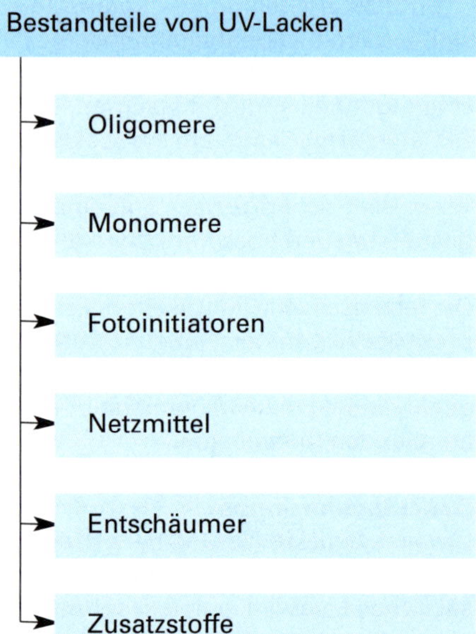

Tabelle der Lackbestandteile

Dispersions- und UV-Lackbestandteile

der Druckfarbenindustrie und der Berufsgenossenschaften beachtet werden.

UV-Lackierungsmöglichkeiten

- Hochglanzlack
- Mattlack
- Heißklebelack
- Imprägnierung*
- Barrier-Coating*
- Antirutschlack
- Haftprimer Lack
- Hohe Abriebfestigkeit
- Spotlack
- Duftlack
- Lebensmittelverpackung
- Flexible Lacke für Buchumschläge
- Strukturlack
- UV-Relieflack**
- Hybrid-Effekt für Glanz- und Matteffekt
- Thermoaktiver Lack

Alle Lackarten sind im Bogen- und Rollenoffsetdruck verdruckbar.

* Schutz gegen Öl und Wasserdampf
** Auch für Blindenschrift geeignet

UV-Druck

Der UV-Druck galt viele Jahre als ein ausgesprochen schwieriges Verfahren mit einem hohen Gesundheitsrisiko für die Mitarbeiter. Durch lange Untersuchunsreihen und technologische Entwicklungen ist es der Druckmaschinenindustrie in den letzten Jahren gelungen, die UV-Drucktechnologie ebenso sicher wie den konventionellen Offsetdruck zu betreiben. Dazu mussten maschinentechnische Anlagen zur Absaugung ebenso entwickelt werden wie neue Farben und Lacke.

Eine seidige Oberfläche, edel anmutender hoher Glanz und hochwertige Materialien sind das Kennzeichen UV-gedruckter Produkte. In den Punkten Haptik, Schutzwirkung und Scheuerfestigkeit sind UV-Drucke im Vergleich zu konventionell Gedrucktem unschlagbar.

Die Heidelberger Druckmaschinen AG liefert etwa 10 % seiner Speedmaster-Druckmaschinen CD 74 und CD 102 als UV-Version aus. MAN-Roland hat eigens eine UV-geeignete Veredelungsmaschine entwickelt, um diese Technologie anzubieten, ebenso sind UV-Zusatzaggregate installierbar.

Der Vorteil des UV-Drucks liegt neben den oben angesprochenen Qualitätsanmutungen auch noch in rein technischen Aspekten begründet: Die Drucke müssen nicht bestäubt werden, sie sind trocken, wenn sie die Druckmaschine verlassen. Das schnelle Trocknen der UV-Farben ermöglicht das Bedrucken von nichtsaugenden Bedruckstoffen wie Kunststofffolien, Etiketten oder metallisiertes Papier.

Europäische Sicherheitsstandards für die UV-Technologie

Gemeinsames Vorgehen im Arbeits- und Gesundheitsschutz in Deutschland,

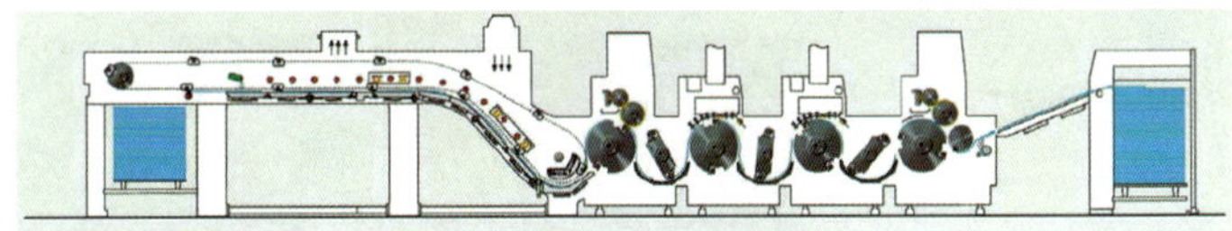

Lackiermaschine MAN Roland 700 LTTLV

Mit der Roland 700 LTTLV wurde eine Offline-Veredelungsmaschine entwickelt, die ein maximales Bogenformat von 740 x 1040 mm hat. (Abb: MAN-Roland)

www.bgdp.de/pages/service/downloads.htm

www.bgdp.de/pages/arbeitsicherheit/bran-cheninfo/UVtechnologie. htm

England und Frankreich setzt seit Mai 2001 gleiche Standards für den UV-Druck in Europa, die im so genannten UV-Protokoll festgelegt sind. Mittlerweile haben sich auch die EU-Länder Italien und Spanien dem einheitlichen Vorgehen angeschlossen. Die Vereinbarungen dazu sind von der Homepage der Berufsgenossenschaft Druck und Papier in Wiesbaden herunterzuladen.

Maschinenlackierung

Um Aufträge mit einem hohen Anteil an hochwertigen Drucklackierungen rationell und schnell zu bewältigen, hat sich in den letzten Jahren der Einsatz von Maschinen für die Druckveredelung im Offline-Verfahren immer mehr in den Vordergrund gespielt. Wenn die Inline-Produktion an technische und organisatorische Grenzen stößt, ist die Überlegung für eine Offline-Verarbeitung für die Druckveredelung sinnvoll.

Die Fa. MAN-Roland hat in diese Überlegung hinein eine Veredelungsmaschine entwickelt, die den Ansprüchen der Drucklackierung gerecht wird. Die Lackwerke mit den doppelt großen Druckzylindern ermöglichen einen sicheren Bogenlauf. Das Kammerrakelsystem hat die klassische Walzensysteme zur Einfärbung abgelöst und ermöglicht immer gleichbleibende Lackstärken (Schichtdicken) beim Druckprozess. Dies war bei den hoch viskosen UV-Lacken immer ein Problem, wenn der Lackauftrag mit Walzensystemen durchgeführt wurde. Unterschiedliche Schichtdicken können zu funktionalen Problemen führen, wenn z.B. Eigenschaften wie der Scheuerschutz oder der Glanz darunter leiden.

Die Druckgeschwindigkeit wird optimal an den zu verarbeitenden Lack und dessen Trocknung angepasst. Da die Maschine mehrere Druckwerke aufweist, können die unterschiedlichsten Veredelungstechniken innerhalb einer Maschine und einem Produktionsgang realisiert werden. Die Offline-Druckveredelung hat sich in vielen Druckereibetrieben durchgesetzt und führt in der Regel zu höherer Produktionsflexibilität, höherer Produktionsgeschwindigkeit und zu höherer Produktionssicherheit.

Heidelberger Druckmaschinen bietet z.B. die aktuellen Speedmaster-Mehrfarbenmaschinen mit entsprechender Ausrüstung als UV-Maschine an, die von der Berufsgenossenschaft Druck und Papier, Wiesbaden zertifiziert sind.

Heidelberg Speedmaster 74

Heidelberger Speedmaster 74 mit UV-Lack-Einheit (Bild oben) und mit Dry-Star-Trockner (Bild rechts)

(Quelle: Heidelberger Druckmaschinen AG)

Lackierungen im Vergleich

Die UV-Lackierung ist für viele Werbetreibende und Kreative eine wichtige Technologie geworden, da ein ungewöhnlich hoher Glanz, eine außergewöhnliche Struktur oder aus dem Rahmen fallende Eindrücke bei Drucksachen erzielt werden können. Daneben wird mit UV-Lacken eine kratzfeste Schutzschicht erreicht und das „Haften" auf wenig saugfähigen Bedruckstoffoberflächen ist ein gut zu nutzender Effekt dieser UV-Verfahrentechnik. In Haptik, Glanz, Scheuerfestigkeit und Schutzwirkung sind UV-Produkte konventionell veredelten Produkten deutlich überlegen.

Ein durchaus vergleichbarer Qualitätseindruck ist mit den günstiger zu verarbeitenden Hybridlacken zu erreichen. Hybridfarben sind ein modifiziertes UV-Farbsystem; sie kombinieren die Eigenschaften der konventionellen mit denen der UV-Farben. Im Ergebnis unterscheiden sich Hybridfarben nicht von UV-Farben – das Handling der Hybridfarben ist deutlich einfacher. Bei der Verwendung von Hybridfarben kann mit den gleichen Druckhilfsmitteln gearbeitet werden wie im normalen Offsetdruck. Der Einsatz von UV-Farben erfordert erhebliche Investitionen in die Maschinenvorbereitung – dennoch scheint der Schritt in Richtung UV-Technologie interessant zu sein. Die Druckmaschinenhersteller rüsten derzeit etwa 10 % ihrer neu auszuliefernden Offsetmaschinen mit UV-Ausstattung aus, und das mit steigender Tendenz.

Effekt- und Schutzlackierungen mit konventionellen Öl- und Dispersionslacken ergeben einen guten bis befriedigenden mechanischen Schutz bei durchaus interessanten Effektwirkungen. Der technische Aufwand ist deutlich geringer als beim UV-Druck. Im Vergleich zu den UV-Veredelungen fallen aber alle Effekte deutlich dezenter aus.

Drip-off-Verfahren

Bei diesem auf der DRUPA 2004 vorgestellten Verfahren wird im letzten Farbwerk einer Druckmaschine ein Öldruck-Mattlack auf die gewünschten matten Flächen der Druckform aufgebracht. Im danach folgenden Lackwerk wird eine

Übersicht über die wichtigsten Verfahren zur Drucklackierung

Eigenschaften/Effekte	UV-Lacke	Hybridlacke	Öldrucklacke	Dispersionslacke	Drip-off-Verfahren
Glanz	sehr gut	sehr gut – gut	befriedigend	gut	gut
Scheuerfestigkeit	sehr gut	sehr gut – gut	befriedigend	gut	gut
Matt-/Glanz-Effekt	sehr gut	sehr gut – gut	gering	befriedigend	gut
Haftung auf nicht saugfähigen Bedruckstoffen bzw. Oberflächen	gut	gut	schlecht	befriedigend	schlecht
Trocknung/Härtung	sehr gut	sehr gut	befriedigend	befriedigend	gut

vollflächige Dispersionslackierung mit einem Hochglanz-Thermolack aufgebracht. Durch die Erwärmung mit einem separaten Heizaggregat sinkt die Viskosität des Lackes, so dass sich dieser gut verarbeiten lässt. Der Glanzlack perlt an den Mattlack-Stellen ab und die Mattierung bleibt erhalten. Daher wird auch der Verfahrensname abgeleitet: Drip off bedeutet übersetzt „abtröpfeln".

Durch die unterschiedliche Oberflächenbeschaffenheit entstehen interessante Effekte und Kontraste zwischen matten und glänzenden Stellen auf dem Bedruckstoff. Es lassen sich optische Spielereien wie samtiges Aussehen oder spiegelnde bzw. silbrige Eindrücke auf einer Fläche erreichen. Die Kombination von Matt- und Glanzeffekt auf einer Fläche ist für den Gestalter eine Herausforderung. Für diese drucktechnisch interessanten Effekte ist bei den Druckmaschinen keine Zusatzausrüstung notwendig – nur Drucker und Gestalter müssen mehr über diese Verfahren wissen, um sie gewinnbringend zu nutzen.

Zusammenfassende Eigenschaften

Vollflächige Lackierungen mit Walzenauftragssystem bieten trotz einer eher einfachen Technik optimale Möglichkeiten, Bedruckstoffe mit nahezu allen Lacksystemen zu beschichten. Acryllacke auf wässriger Basis (Dispersionen) und Zelluloselacke sind bewährte Systeme für Schutzlackierungen mit mattem bis mittlerem Glanzgrad. UV-Lacke zeichnen sich durch folienähnlichen Glanz sowie durch hohe Kratz- und Scheuerfestigkeit aus und haben daher den größten Anteil an „offline" lackierten Produkten.

Die Schutzeigenschaften der Lackierung sind auf den Scheuerschutz der Oberfläche begrenzt. Das häufig auftretende Problem mit Materialbruch in Nut-, Rill- und Falzlinien kann nur durch die Folienkaschierung vermieden werden.

Glanz-UV-Lacken werden üblicherweise die folgenden Eigenschaften zugeordnet:

- hohe Scheuerfestigkeit
- feuchtigkeitsbeständig
- sofort weiterzuverarbeiten
- Verklebbarkeit ist gegeben
- Heißfolienprägung möglich
- zugelassen für Kinderspielzeug
- Lebensmittelechtheit ist verfügbar
- Lackierung auf Metallfarben möglich
- Lackierung auf ungeschliffenes Papier möglich

Spezial-UV-Lacke weisen weitere zusätzliche Eigenschaften auf:

- siegelt Karton gegen PVC-, PET-Tiefziehhauben
- siegelt Karton gegen Karton
- Barriere-Lacke bilden eine Sperrschicht gegen Wasser, Fett und Öl.
- Antirutsch-Lacke bilden eine Sicherung bei Transportverpackungen, Tabletteinlagen, Tischsets u.Ä.

4.5.3 Prägen

Strukturprägungen sind geeignet, folienkaschierten Druckerzeugnissen einen textilen Charakter und wirksamen Schutz gegen Flächenscheuern zu verleihen. Eine zusätzliche Prägung wird vollflächig mit Dessin-Walzen erzeugt. Vorteil dieses Verfahrens ist, dass der Druck auf normalem, nicht strukturiertem Papier ausgeführt werden kann. Beispielhafte Strukturprägungen sind:

Glanz-Leinen-Struktur
- textile Optik
- gute Scheuer- und Kratzfestigkeit
- für langlebige Druckerzeugnisse
- Prägung auf Rückseite sichtbar (seitenverkehrt)
- ersetzt aufwändige Spezialpapiere
- Lesbarkeit kleiner Schriften reduziert
- voluminöse Papiere empfohlen

Glanz-Feinleinen-Struktur
- textile, feine Optik
- gute Scheuer- und Kratzfestigkeit
- preisgünstige Alternative zu Feinleinenstruktur-Folie
- für langlebige Druckerzeugnisse
- Prägung auf Rückseite sichtbar (seitenverkehrt)
- ersetzt aufwändige Spezialpapiere
- voluminöse Papiere empfohlen

Glanzfolie Granulat-Struktur
- gute Scheuer- und Kratzfestigkeit
- für langlebige Druckerzeugnisse
- Prägung auf Rückseite sichtbar (seitenverkehrt)
- ersetzt aufwändige Spezialpapiere
- Lesbarkeit kleiner Schriften reduziert
- voluminöse Papiere empfohlen

Matt-Leinen-Struktur
- textile Optik
- gute Scheuer- und Kratzfestigkeit
- für langlebige Druckerzeugnisse
- Prägung auf Rückseite sichtbar (seitenverkehrt)
- ersetzt aufwändige Spezialpapiere
- Lesbarkeit kleiner Schriften reduziert
- voluminöse Papiere empfohlen

Matt-Feinleinen-Struktur
- textile, feine Optik
- gute Scheuer- und Kratzfestigkeit
- für langlebige Druckerzeugnisse
- Prägung auf Rückseite sichtbar (seitenverkehrt)
- ersetzt aufwändige Spezialpapiere
- voluminöse Papiere empfohlen

Matt-Granulat-Struktur
- gute Scheuer- und Kratzfestigkeit
- für langlebige Druckerzeugnisse
- Prägung auf Rückseite sichtbar (seitenverkehrt)
- ersetzt aufwändige Spezialpapiere
- Lesbarkeit kleiner Schriften reduziert

Feinleinenstruktur-Folie aus Polypropylen
- für stark beanspruchte und hochwertige Druckerzeugnisse
- sehr gute Scheuerfestigkeit und Stabilität
- schmutz- und wasserabweisend
- Bedruckstoffrückseite bleibt glatt
- bedingt verklebbar
- nicht bedruckbar

Lederstruktur-Folie aus Polypropylen
- für stark beanspruchte und hochwertige Druckerzeugnisse
- sehr gute Scheuerfestigkeit und Stabilität
- schmutz- und wasserabweisend
- Bedruckstoffrückseite bleibt glatt
- bedingt verklebbar
- nicht bedruckbar

4.5.4 Kaschieren

Das Kaschieren erfolgt, indem 12–30 Micron dicke Folien von einer Rolle flächig auf Druckbogen aufkaschiert werden. Mittels einer Bogenzuführungseinrichtung werden die Druckbogen zu einer endlosen Bahn mit ca. 5–10 mm Unterlappung einem Kaschierkalander zugeführt, um dort unter Einwirkung von Druck und Wärme mit der beleimten Folie einen Verbund zu bilden. Für die Kaschierung werden an allen vier Seiten des Druckbogens Arbeitsränder (Beschnitt) benötigt. In einer Trennvorrichtung wird die kaschierte endlose Bahn wieder zu Bogen vereinzelt.

Partielle Kaschierungen sind beim derzeitigen Technikstand nicht möglich, lediglich Streifen in Einlaufrichtung können in begrenztem Umfang ausgespart werden (z.B. Klebelaschen, Rückenverleimungen).

Die Folienkaschierung bietet die vielseitigsten Möglichkeiten, um die Anforderungen, die an die Druckveredelung gestellt werden, abzudecken, wie z.B:

- Schutz der Druckfarbe
- Werbewirksamkeit
- hochglänzende transparente Oberflächen
- samtartig matte Oberflächen
- Schutz gegen Schmutz – hygienische Oberflächen
- Öl-, Fett-, Chemikalienbeständigkeit
- Rill-, Nut- und Falzbeständigkeit
- Durchstoßfestigkeit
- Witterungsbeständigkeit
- Aromaschutz – Wasserdampfdichte – Lebensmittelechtheit

Folienkaschierung empfiehlt sich für langlebige, häufig in Gebrauch befindliche Produkte. Alle im Offsetverfahren bedruckbaren, gestrichenen Materialien sind üblicherweise für eine Folienkaschierung geeignet.

Erhöhung der Werbewirksamkeit
Die Werbewirksamkeit von Druckprodukte kann zusätzlich erhöht werden, durch Einsatz von Lacken mit:

Duftlack

- Beimischung von verkapselten Duftstoffen mit verschiedenen Duftnoten
- Aktivierung durch Reiben an der Lackschicht

Rubbelfelder
Rubbelfarbe deckend in Silber, Gold oder Druckfarbe eingefärbt.

- Anwendung: Mailings, Losaktionen, Geheimzahlenschutz u.v.m.
- Schutzlackierung der Rubbelfläche empfohlen

Anfeuchtgummierung mit Klebebeschichtung (Dispersion)

- vollflächig und partiell
- Klebefunktion durch Anfeuchten
- Anwendung: Mailings, Losaktionen, Wertmarken, Banderolen u.v.m.

Nachleuchtfarbe mit Phosphoreffekt

- Nachleuchten der Farbe im Dunkeln
- partielle Beschichtung möglich
- Anwendung: Warnhinweistafeln, Aufkleber, Werbeeffekte u.v.m.

UV-erkennbarer Lack

- Lackschicht reflektiert unter UV-Licht
- Anwendung: Sicherheitsmarkierung von Verpackungen, Eintrittskarten, Ausweisen, Gutscheinen u.v.m.

Pigmenteffekte

- Beimischung von Pigmenten: Glitzer, Perlmutt, Metallic, farbiger Lack

4.5.5 Aufgaben „Druckveredelung“

Aufgabe 4.5.5.1
Druckveredelungsmöglichkeiten kennen

Zählen Sie die Ihnen bekannten Möglichkeiten der Druckveredelung auf.

Aufgabe 4.5.5.2
Druckveredelungsmöglichkeiten kennen

Nennen Sie verschiedene Anwendungsbeispiele für die oben genannten Druckveredelungen.

Aufgabe 4.5.5.3
Relieflackierung kennen und beschreiben

Erklären Sie den Begriff „Relieflackierung“ und nennen Sie denkbare Anwendungen.

Aufgabe 4.5.5.4
Technik der Duftlackierung beschreiben

Beschreiben Sie die Technologie der Duftlackierung und mögliche Anwendungsbeispiele für diese Veredelung.

Aufgabe 4.5.5.5
Technik der Drucklackierung wissen

Um eine Drucklackierung herzustellen, benötigen Druckmaschinen bestimmte technische Voraussetzungen. Nennen und erläutern Sie diese.

Aufgabe 4.5.5.6
Fachbegriffe kennen und anwenden

Erklären Sie die folgenden Begriffe:
a. Inline-Veredelung
b. Offline-Veredelung

Aufgabe 4.5.5.7
Fachbegriffe kennen und anwenden

Erläutern Sie, was unter einer Spotlackierung zu verstehen ist.

Aufgabe 4.5.5.8
Lackarten kennen und beschreiben

Welche Lackarten sind Ihnen für die Drucklackierung bekannt?
Welche Vor- und Nachteile haben die einzelnen Lackarten?

Aufgabe 4.5.5.9
Sicherheitsstandards für UV-Technik wissen

Wo finden Sie die Sicherheitsvorschriften für die Verarbeitung von UV-Lacken?

Aufgabe 4.5.5.10
Methoden der Drucklackierung strukturieren

Erstellen Sie einen Überblick über die Methoden der Drucklackierung mit den Merkmalen Glanz, Scheuerfestigkeit, Effekt, Haftung und Trocknung.

Aufgabe 4.5.5.11
Methoden der Druckveredelung kennen

Erklären Sie die Grundtechnologie des Kaschierens von Drucken.

4.6 Weiterverarbeitung

4.6.1 Grundlagen

Die Weiterverarbeitung ist der letzte Produktionsschritt im Workflow der Printmedienproduktion. Man nennt diesen Produktionsbereich deshalb auch Druckweiterverarbeitung. Die Bezeichnung Buchbinderei ist in der Praxis ebenfalls verbreitet, sie beschreibt aber nur einen Teilbereich der Druckweiterverarbeitung.

4.6.1.1 Weiterverarbeitung im Print-Workflow

Die Weiterverarbeitung bestimmt, wie Sie im Kapitel 4.3 gesehen haben, das Ausschießschema, nach dem die einzelnen Seiten auf dem Druckbogen angeordnet werden. Die Rückwirkungen der Weiterverarbeitung auf den Workflow gehen aber viel weiter. In der Planung und in der Arbeitsvorbereitung der Printproduktion müssen die maschinelle Ausrüstung der Buchbinderei, mögliche Falzfolgen und -arten berücksichtigt werden. Auch die Art der Zusammenführung der einzelnen gefalzten Druckbogen, die Heft- oder Bindeart bestimmen die Produktionsschritte bis hin zur Druckvorstufe.

4.6.1.2 Produkte

Die beiden wichtigsten Produkte der Weiterverarbeitung sind Bücher und Broschuren. Häufig wird der Begriff Buch für alle mehrlagigen gebundenen Produkte benutzt, deshalb erfolgt hier eine kurze Begriffsbestimmmung.

Bücher
Bücher unterscheiden sich in der Art der Fertigung und Verarbeitung von Broschuren.

Wesentliche Kennzeichen sind:

- Der Buchblock ist durch Vorsätze mit der Buchdecke des Einbandes verbunden.
- Die Buchdecke steht dreiseitig über den Buchblock hinaus.
- Bücher haben einen Fälzel- oder Gazestreifen.
- Der Buchblock wird nach dem Fügen, vor der Verbindung mit der Buchdecke dreiseitig beschnitten.

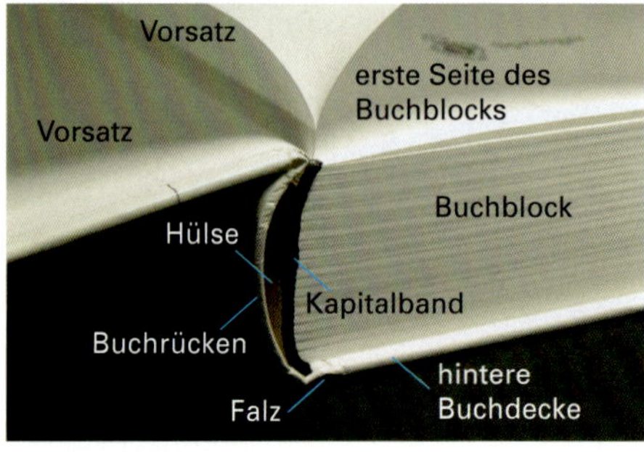

Merkmale eines Buches

Broschuren
Broschuren weisen eine wesentliche größere Bandbreite an Produkten und Variationen in ihrer Herstellung und Ausstattung als Bücher auf. Typische Broschuren sind Zeitschriften, Gebrauchsanweisungen, Prospekte, Kataloge, aber auch Taschenbücher. Taschenbücher werden in der Alltagssprache zwar als Bücher bezeichnet, sie sind aber herstellungstechnisch Broschuren.

Die Einteilung der Broschuren erfolgt nach der Art der Zusammenführung in:

- Einlagenbroschur
  Einlagige Broschuren bestehen nur aus einem gefalzten Bogen.
- Mehrlagenbroschur
  Mehrlagige Broschuren bestehen aus mehreren Falzbogen, Falzlagen, die zusammengetragen und dann geheftet oder gebunden werden.

- Einzelblattbroschur
  Die Einzelblattbroschur wird nicht aus Falzbogen, sondern aus einzelnen Blättern gebildet. Dadurch ist es z.B. möglich, verschiedene Materialien oder Papiersorten direkt aufeinander folgen zu lassen.

Die zweite Möglichkeit der Klassifikation ist die Unterscheidung nach der Ausführung des Umschlags.

Weitere Produkte

Neben den klassischen Druckprodukten wie Zeitungen, Zeitschriften oder Mailings gibt es in der Weiterverarbeitung eine Vielfalt weiterer Möglichkeiten, Ihr Produkt aufzuwerten und zu etwas Besonderem zu machen:

- Booklets, aufgeklebt oder mitgeheftet
- CD-ROM/DVD, aufgeklebt oder mitgeheftet
- Antwortpostkarten, aufgeklebt oder mit Ausreißperforation
- Beihefter
- Warenproben, aufgeklebt
- Umschlagschürzen
- Beilagen
- ...

4.6.1.3 Bund und Außenseiten

Die Art der Weiterverarbeitung muss schon in der Druckvorstufe und der Druckformherstellung beachtet werden.

Fräsrand bei der Klebebindung

Bei der Klebebindung muss der Rücken des Blocks abgefräst werden, damit jedes Blatt mit dem Kleber Kontakt hat. Üblicherweise ist der Fräsrand 3 mm groß. Daraus ergibt sich eine Zugabe von 3 mm pro Seite. Abhängig vom Kleber darf dieser Rand bedruckt sein oder muss farbfrei gehalten werden.

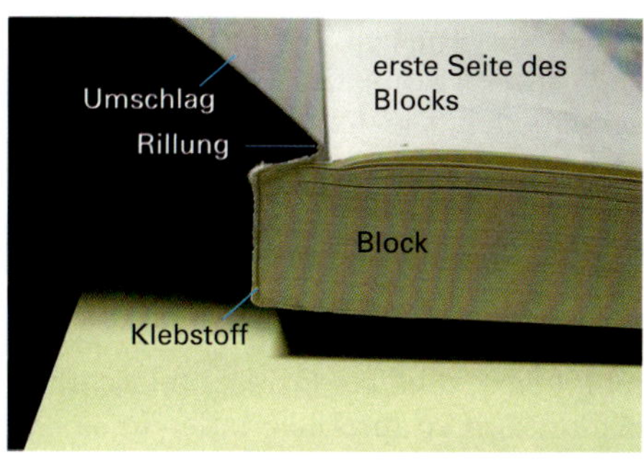

Gewöhnliche klebegebundene Broschur

Da sich klebegebundene Produkte nicht bis zum Bund aufschlagen lassen, dürfen dort natürlich keine bildwichtigen Inhalte platziert werden.

Fräsrand im Bund bei der Klebebindung

Im Bund sind jeweils 3 mm Fräsrand berücksichtigt.

Auswachsen bei der Drahtrückstichheftung

Da bei der Drahtrückstichheftung die Lagen nicht zusammengetragen, sondern gesammelt, d.h. ineinander gesteckt werden, sind die inneren Seiten bei umfangreichen Produkten bis zu 2 mm kürzer als die äußeren Seiten.

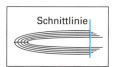

Schnittlinie

Verkürzung der inneren Seiten bei der Drahtrückstichheftung

Beschnitt bei Randabfall

Damit es durch Schnitttoleranzen nicht zu unschönen weißen Rändern, Blitzern, kommt, müssen randabfallende, angeschnittene Seiteninhalte 3 mm über die Formatbegrenzung hinweg in den Beschnitt montiert werden.

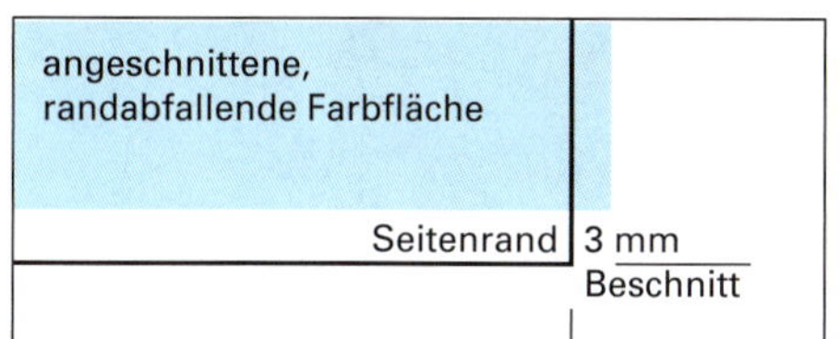

Beschnitt bei randabfallenden Seiteninhalten

4.6.2 Schneiden

Die Weiterverarbeitung erfolgt im Bogen- und im Rollendruck grundsätzlich verschieden. Die Weiterverarbeitung im konventionellen Bogendruck ist meist räumlich von der Druckproduktion getrennt. Häufig findet die Weiterverarbeitung in spezialisierten Betrieben statt. Im Rollendruck ist die Weiterverarbeitung Inline, d.h., die Produktionsschritte bis hin zum Endprodukt finden in einer Produktionslinie direkt nach dem Druck statt.

Falzapparat

einer Akzidenz-Rollenoffsetmaschine KBA Compacta 818

(Abb.: Koenig & Bauer AG)

4.6.2.1 Bahnverarbeitung

Im Rollenrotationsdruck erfolgt das Schneiden und Falzen der Papierbahn im Falzapparat der Druckmaschine. Erst das abschließende Querschneiden trennt in einzelne Bogen, die dann weiterverarbeitet werden.

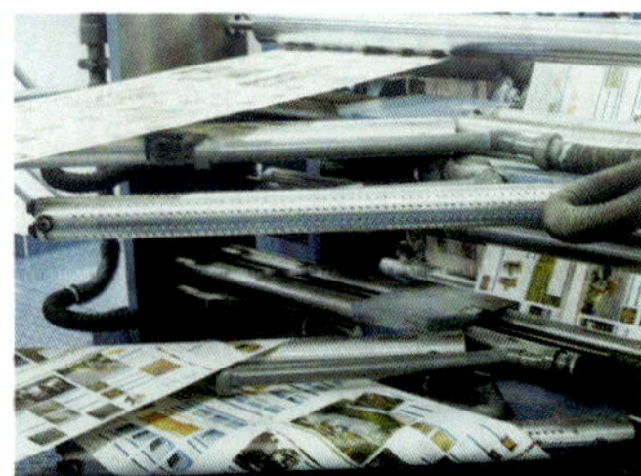

Zusammenführen der Papierbahnen über Wendestangen

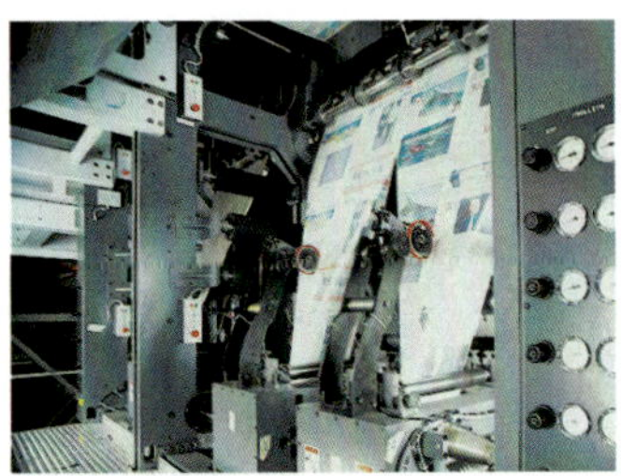

Trichterfalz und Trennschnitt in der Rotationsdruckmaschine

4.6.2.2 Schneiden von Druckbogen

Die Druckbogen müssen vor dem Falzen oft noch geschnitten werden. Man unterscheidet dabei:

- Trennschnitt
  Nach dem Druck, vor allem auf großformatigen Bogenmaschinen, werden die Planobogen in das Format zur weiteren Verarbeitung geschnitten. Gemeinsam gedruckte Nutzen werden so voneinander getrennt.
- Winkelschnitt
  Ein Winkelschnitt ist dann notwendig, wenn die Druckbogen mit unterschiedlicher Druck- und Falzanlage verarbeitet werden. Falls die aus der Druckerei kommenden Bogen nicht exakt rechtwinklig sind, ist ebenfalls ein Winkelschnitt notwendig.

Planschneider

Einmesserscheidemaschine zur Durchführung von Trenn- und Winkelschnitten. Die Messerauslösung erfolgt aus Gründen der Arbeitssicherheit in der so genannten Zweihandbedienung. Die Auslösetasten befinden sich an der Vorderkante des Schneidetisches.

(Abb.: Polar-Mohr)

4.6.3 Falzen

Beim Falzen werden aus Planobogen Falzbogen, so genannte Lagen. Die einzelnen Seiten des späteren Endproduktes liegen, korrektes Ausschießen vorausgesetzt, jetzt in der richtigen Reihenfolge zur weiteren Verarbeitung.

4.6.3.1 Messerfalz

Beim Messer- oder Schwertfalz wird der Bogen über Transportbänder gegen einen vorderen und seitlichen Anschlag geführt. Das oszillierende Falzmesser schlägt den Bogen zwischen die beiden gegenläufig rotierenden Falzwalzen. Durch die Reibung der geriffelten oder gummierten Walzen wird der Bogen von den Falzwalzen mitgenommen und so gefalzt. Der Weitertransport erfolgt wieder über Transportbänder. Für weitere Falzbrüche sind Falzwerke hintereinander angeordnet. Bei Mehrfachfalzungen mit Kreuzbrüchen stehen die folgenden Falzwerke in einem Winkel von 90° zueinander, für Parallelbrüche stehen die Falzwerke parallel hintereinander.

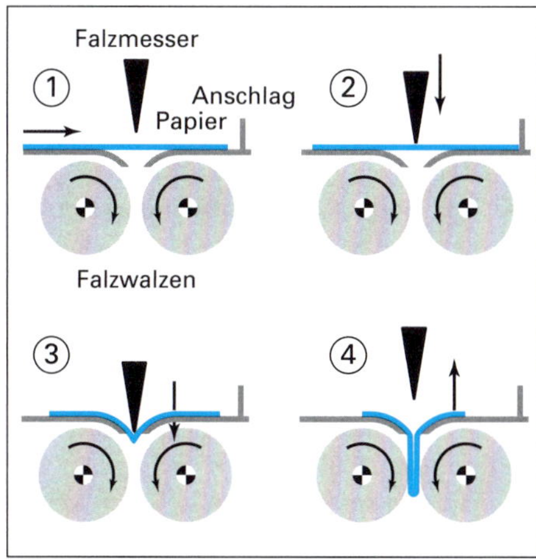

Messerfalzprinzip

Die Einstellung der Falzposition erfolgt durch die Veränderung des Anschlags. Durch die Variation des Walzenspaltes wird die unterschiedliche Falzgutstärke berücksichtigt.

4.6.3.2 Taschenfalz

Schrägwalzen lenken beim Taschen- oder Stauchfalz den Bogen gegen den seitlichen Anschlag. Durch die Einführwalzen wird der Bogen weiter in die Falztasche bis zum einstellbaren Anschlag geführt. Die entstehende Stauchfalte wird von den beiden Falzwalzen erfasst und durch die Reibung durch den Walzenspalt mitgenommen und der Bogen so gefalzt. Je nach Anzahl der aufeinander folgenden Falztaschen können mehrere Falzbrüche ausgeführt werden.

Die Einstellungen des Falzwerks erfolgen am Anschlag und durch die Modifikation des Walzenspalts.

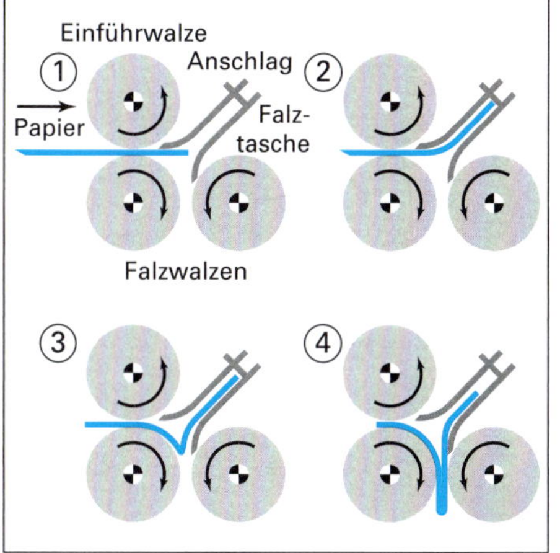

Taschenfalzprinzip

Taschenfalzmaschine

Kombination mehrerer Falztaschen

(Abb.: Heidelberger Druckmaschinen AG)

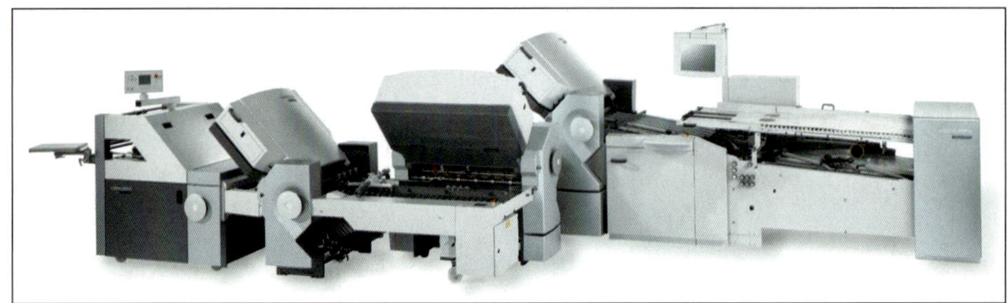

4.6.3.3 Parallelfalz

Falzbrüche, die parallel aufeinander folgen nennt man Parallelfalz. Man unterscheidet verschiedene parallele Anordnungen der Falzbrüche:

- Mittenfalz
  Der Bogen wird jeweils in der Mitte gefalzt.
- Zickzack- oder Leporellofalz
  Jeder Falz folgt dem vorhergehenden Falz in entgegengesetzter Richtung.
- Wickelfalz
  Alle Falzbrüche gehen jeweils in die gleiche Richtung. Der erste Papierabschnitt wird von den folgenden eingewickelt.
- Fenster- oder Altarfalz
  Die beiden Papierenden sind zur Bogenmitte hin gefalzt.

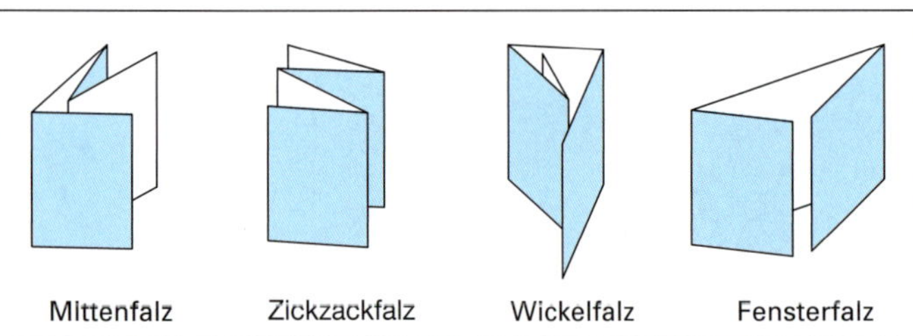

Parallelfalze

4.6.3.4 Kreuzfalz

Beim Kreuzfalz folgt jeder neue Falzbruch dem vorhergehenden im rechten Winkel.

Ein ganzer Bogen, traditionell auch Buchbinderbogen genannt, hat 16 Seiten. Diese entstehen durch drei aufeinander folgende Kreuzbrüche. Die Bezeichnungen halber Bogen für einen achtseitigen Bogen und Viertelbogen für einen vierseitigen Bogen sind daraus abgeleitet. Ein Achtelbogen ist ein zweiseitiger Bogen, also ein Blatt.

4.6.3.5 Kombinationsfalz

Die Kombination von Parallel- und Kreuzbrüchen nennt man Kombinationsfalz.

4.6.3.6 Falzmuster und Falzfolge

Das Falzmuster ist eine Spiegelung des Ausschießschemas. Das Muster zeigt den Bogen mit der Anlage an der linken Seite.

Die Falzfolge beschreibt die Reihenfolge der einzelnen Falze. Sie muss schon beim Ausschießen bekannt sein und entsprechend berücksichtigt werden.

4.6.4 Binden und Heften

Bei mehrlagigen Produkten müssen die einzelnen Lagen zum Binden bzw. Heften zusammengeführt werden.

4.6.4.1 Sammelheften

Beim Sammeln werden die einzelnen Lagen jeweils zwischen der vorderen und der hinteren Falzbogenhälfte ineinander gesteckt. Die Bogen müssen natürlich so ausgeschossen sein, dass sich nach dem Sammeln eine fortlaufende Paginierung ergibt. Das Sammeln erfolgt meist nicht in separaten Sammelmaschinen, sondern wird in so genannten Sammelheftern direkt vor dem Drahtrückenstichheften durchgeführt. Abschließend werden die Produkte im so genannten Trimmer an drei Seiten beschnitten.

4.6.4.2 Zusammentragen

Zusammentragen bedeutet übereinander legen. Dabei können Falzbogen und Einzelblätter in der Abfolge kombiniert werden. Auch bei zusammengetragenen Produkten gilt, dass die Seitenreihenfolge stimmen muss. Sie können dies durch die Paginierung der Seiten, die Bogensignatur und die Flattermarken kontrollieren.

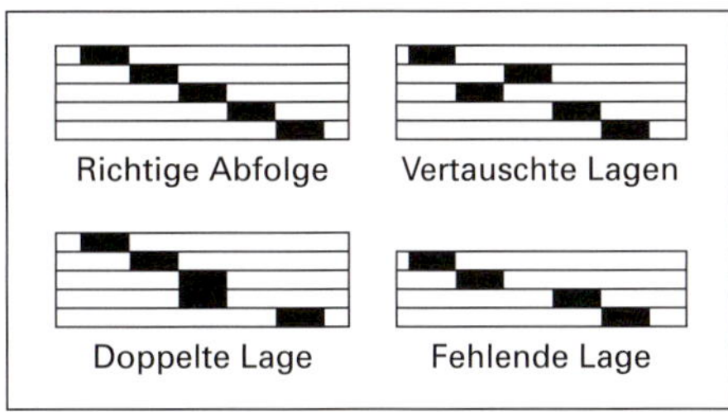

Flattermarken auf dem Blockrücken

Visuelle und fotoelektrische Kontrolle

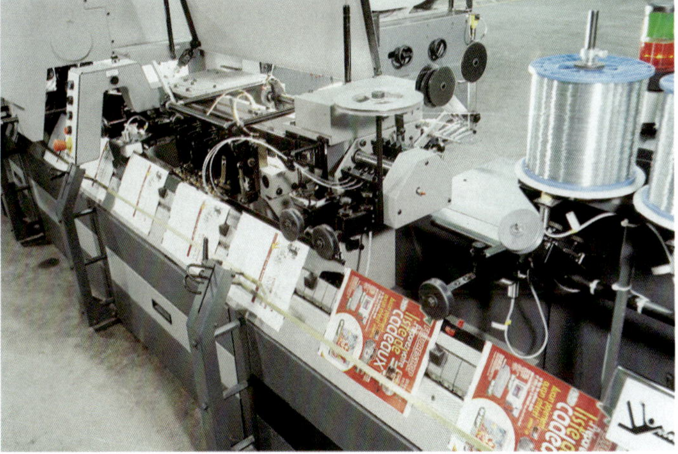

Sammelhefter mit Drahtrückstichheftung

(Quelle: Heidelberger Druckmaschinen AG)

4.6.4.3 Blockdrahtheftung

Die Blockdrahtheftung erfolgt seitlich durch den zusammengetragenen Block. Bekanntestes Beispiel für ein blockdrahtgeheftetes Produkt sind Kalender.

4.6.4.4 Klebebinden

Klebebindung ist ein sehr weit verbreitetes Bindeverfahren. Der Block wird dabei im Klebebinder mit einer Zange gefasst. Der Buchrücken wird beschnitten und über rotierende Messer abgefräst. Anschließend wird der Rücken und ein schmaler Streifen am Block geleimt. Dieser schmale Leimstreifen dient der besseren Verbindung des Umschlags mit dem Block.

In der Praxis werden drei verschiedene Klebstoffarten eingesetzt:

- Hotmelt, Schmelzklebstoffe, die heiß aufgetragen werden und nach dem Erkalten den Block und Umschlag

Sammeln

Zusammentragen

binden. Vorteil der Hotmelt-Klebebindung ist die unkomplizierte und rasche Arbeitsweise. Ein Nachteil ist die Versprödungsneigung und somit geringe Alterungsbeständigkeit der Bindung.

- Dispersionsklebstoffe, wässrige Dispersionen auf Basis von PVAC, Polyvinylacetat. Sie bilden heute die wichtigste Klebstoffgruppe bei der Klebebindung. Durch Hochfrequenztrocknung wird die Polymerisation so beschleunigt, dass ebenfalls eine Inline-Fertigung möglich ist.
- Polyurethanklebstoffe, chemisch reaktive PUR-Klebstoffe. Die Festigkeitswerte der PUR-Klebebindung liegen deutlich über denen der beiden anderen Klebebindeverfahren. Der Aufwand ist allerdings auch deutlich höher. Für die Verarbeitung gelten besondere Arbeitsschutzvorschriften.

4.6.4.5 Fadensiegeln

Das Fadensiegeln vereint das Fadenheften mit der Klebebindung. Es findet

Klebebinder

(Quelle: Heidelberger Druckmaschinen AG)

direkt im Abschluss des Falzprozesses statt. Gemeinsam mit dem letzten Falzvorgang wird eine Fadenklammer durch den Bundsteg gesteckt. Die Fäden bestehen aus Textil und Kunststoff, der nach dem Zusammentragen über einem Heizelement verschmolzen wird. Die Fäden verbinden so die einzelnen Lagen zu einem Buchblock. In einem anschließenden Klebebinder wird das Endprodukt fertig gestellt. Das Fadensiegeln ist also ein Bindeverfahren mit Inline-Produktion vom Falzen über das Fadensiegeln bis zum Klebebinder.

Der Vorteil des Fadensiegelns liegt darin, dass der Bund der Lagen nicht aufgefräst wird. Die Produkte sind somit bis zum Bund aufschlagbar und haben eine hohe Festigkeit. Bei der Bogenmontage muss z.B. bei Bildern, die über den Bund laufen, kein doppelter Fräsrand wie bei der Klebebindung berücksichtigt werden. Fadengesiegelte Produkte sind bei vergleichbarer Qualität deutlich preiswerter als fadengeheftete Produkte.

4.6.4.6 Fadenheften

Das Fadenheften ist die älteste, aber auch hochwertigste Bindeart. Die zusammengetragenen Lagen werden in der Fadenheftmaschine mit den Heftfäden zusammengenäht.

4.6.4.7 Endverarbeitung

Trimmen

Die gebundenen Blöcke werden, unabhängig vom Bindeverfahren, abschließend in einem so genannten Trimmer auf den drei nicht gebundenen Seiten zum Endformat beschnitten.

Buchmontage

Der letzte Schritt der Buchproduktion ist die Verbindung des Buchblocks mit der Buchdecke.

4.6.5 Aufgaben „Weiterverarbeitung“

Aufgabe 4.6.5.1
Kennzeichen von Büchern

Nennen Sie vier Kennzeichen, die ein Buch von einer Broschur unterscheiden.

Aufgabe 4.6.5.2
Broschuren

Wodurch unterscheiden sich eine Einlagenbroschur und eine Mehrlagenbroschur?

Aufgabe 4.6.5.3
Klebebindung, Fräsrand

a. Warum muss bei Produkten, die klebegebunden werden, im Bund ein Fräsrand berücksichtigt werden?
b. Wie groß ist dieser Fräsrand üblicherweise?

Aufgabe 4.6.5.4
Randabfallende Bilder

a. Was heißt randabfallend?
b. Stellen Sie das Prinzip der Beschnittzugabe bei randabfallenden Seiten in einer Skizze dar.

Aufgabe 4.6.5.5
Schneiden

Welchem Zweck dient ein Trennschnitt?

Aufgabe 4.6.5.6
Falzarten

Erklären Sie das Prinzip des
a. Messerfalz,
b. Taschenfalz.

Aufgabe 4.6.5.7
Falzarten

Nennen Sie drei Beispiele für Parallelfalzungen.

Aufgabe 4.6.5.8
Sammeln und Zusammentragen

Erklären Sie die beiden Arten der Zusammenführung von Falzbogen:
a. Sammeln
b. Zusammentragen

Aufgabe 4.6.5.9
Flattermarken

Welche Aufgabe haben Flattermarken?

Aufgabe 4.6.5.10
Heft- und Bindearten

Nennen Sie vier Heft- und Bindearten zur Buch- bzw. Broschurherstellung.

4.7 Papier

4.7.1 Papierherstellung

„Papier ist ein flächiger, im Wesentlichen aus Fasern meist pflanzlicher Herkunft bestehender Werkstoff, der durch Entwässerung einer Faserstoffaufschwemmung auf einem Sieb gebildet wird" (DIN 6730).

Papier ist bei den konventionellen Druckverfahren und im Digitaldruck der Bedruckstoff Nummer 1.

Papier hat als Informationsträger wesentlichen Einfluss auf die Qualität und die Wirkung des Druckproduktes.

Papier ist sinnlich – ein schönes Buch fühlt sich gut an, die Färbung des Papiers bildet einen harmonischen Kontrast zur Farbe der Schrift, der Grafiken und der Bilder. Die Wahl des richtigen Papiers trägt so entscheidend zum Erfolg des Produktes bei.

4.7.1.1 Faserrohstoffe

Primärfasern

Der wichtigste Rohstoff zur Gewinnung von Primärfasern ist Holz. Die im Holz durch Harze und Lignin gebundenen Zellulose- und Hemizellulosefasern werden durch verschiedene Verfahren aus dem Faserverbund herausgelöst.

Nadelhölzer zur Primärfasergewinnung

Zur Papierherstellung werden überwiegend Fasern von schnellwachsenden Bäumen eingesetzt. Die Fasern von Nadelhölzern wie Kiefer oder Fichte haben eine Länge von 2,5 mm bis 4,0 mm. Fasern von Laubbäumen wie z.B. der Buche sind nur ca. 1 mm lang. Außer den Primärfasern aus Holz werden für spezielle Papiere noch Fasern aus Einjahrespflanzen und organischen Lumpen gewonnen.

Für alle Druckpapiere werden Fasern verschiedener Herkunft eingesetzt. Die langen Fasern bilden eine feste Strukur, die kürzeren Fasern egalisieren den Faserverbund.

Mechanischer Aufschluss

Die mechanische Zerfasserung von Holz in so genannten Holzschleifern wurde 1843 von Gottlob Keller erfunden. Die entrindeten Holzstammabschnitte werden parallel zur Faserrichtung gegen einen groben Schleifstein gepresst. Unter Wasserzufuhr wird die Holzstruktur zerstört und die Zellulose- bzw. Hemizellulosefasern herausgelöst. Die Harze und das Lignin verbleiben im Holzschliff.

Außer den verschiedenen Arten der Holzschleifer, in denen ganze Stammabschnitte verarbeitet werden, sind heute auch Refiner zur Holzschlifferzeugung im Einsatz. In diesen Refinern werden Holzhackschnitzel zwischen groben Schleifscheiben zerfasert.

Wir unterscheiden die Faserqualitäten nach der Mahltechnik:

- Holzschliff, mechanische Zerfaserung von Holzstämmen unter Wasserzufuhr
- TMP, thermomechanischer Holzstoff, Zerfaserung von Hackschnitzeln bei ca. 120°C im Refiner
- CTMP, chemisch-thermomechanischer Holzstoff, den Hackschnitzeln werden im Refiner zusätzlich Chemikalien, z.B. Natriumperoxid, zugeführt.
- BCTMP, gebleichter chemisch-thermomechanischer Holzstoff, die Fasern werden nach dem Aufschluss direkt gebleicht.

Die Faserrohstoffausbeute beträgt je nach Verfahren zwischen 75% und 95%. Die chemische Zusammensetzung des Aufschlusses bleibt unverändert. Dies führt dazu, dass Papiere, die aus Holzschliff bzw. Holzstoff hergestellt werden, durch die noch enthaltenen Harze und das Lignin stark zum Vergilben neigen.

Holzstoff

Chemischer Aufschluss

Neben der mechanischen Gewinnung der Primärfasern gibt es auch chemische Verfahren zur Zerfaserung der Faserrohstoffe. Dabei wird durch Kochen von Hackschnitzeln der Faserverbund aufgelöst. Die überwiegende Menge an Zellstoff für die Papierherstellung wird im Sulfatverfahren gewonnen. Die Holzhackschnitzel werden bei einer Temperatur von 170°C bis 190°C mehrere Stunden in Natronlauge und Natriumsulfat gekocht. Die im Holz enthaltenen Harze und das Lignin werden herausgelöst. Übrig bleibt die Zellulosefaser.

Außer dem Sulfatverfahren gibt es noch verschiedene andere Aufschlussverfahren. Beim Sulfitverfahren wird Magnesium- oder Calciumbisulfit verwendet, beim Organozellverfahren erfolgt der Aufschluss durch Methanol und Natronlauge.

Nach dem chemischen Aufschluss werden die Zellstofffasern noch gebleicht. Die Bleichung erfolgt mit Hilfe von Sauerstoff, Wasserstoffperoxid, Ozon oder Chloroxid. Das Herauslösen der Harze und des Lignin führt zusammen mit der Bleichung zu weißen, nicht vergilbenden Papieren.

Die Ausbeute bei den chemischen Aufschlussverfahren beträgt etwa 50%. Abhängig von den eingesetzten Chemikalien unterscheidet sich die chemische Zusammensetzung der Fasermasse.

Zellstoff, ungebleicht

Sekundärfasern – Altpapier

Die Altpapiereinsatzquote liegt in Deutschland bei ca. 65%. Altpapier ist damit neben Holz der wichtigste Faserrohstoff zur Papierherstellung.

Das Altpapier wird als Erstes im Stofflöser oder Pulper in Wasser aufgelöst und zerfasert. Anschließend werden in Sortiereinrichtungen die groben

Stofflöser, Pulper

Das Altpapier wird in Wasser aufgelöst und zerfasert.

(Abb.: Verband Deutscher Papierfabriken)

papierfremden Teile wie Klammern oder Kleberrückstände entfernt. Im folgenden Deinking-Prozess werden durch das Flotationsverfahren unter Einsatz von Wasser, Natronlauge und Seife die Druckfarbe entfernt.

Beim Deinking leidet die Qualität der Faser. Dies bedeutet, dass das Altpapierrecycling nicht als geschlossener Kreislauf geführt werden kann, sondern in der Papierherstellung immer wieder frische Fasern zugeführt werden müssen. Dies geschieht unter anderem dadurch, dass bei der Herstellung von Reyclingpapieren, die aus 100% Altpapier bestehen, auch Papiere aus Primärfasern eingesetzt werden.

4.7.1.2 Stoffaufbereitung – Mahlung

Zellstoff wird meist in speziellen Zellstofffabriken hergestellt. Die Lieferung in die Papierfabrik erfolgt in trockenen Zellstoffballen. Diese werden im Pulper aufgelöst. Gleichzeitig werden hier je nach Rezeptur für eine bestimmte Papiersorte Zellstoffe verschiedener Herkunft und Qualität gemischt. Die Fasersuspension besteht aus 5% Faseranteil und 95% Wasser.

Zellstoffplatten, gebleicht

Die Zellstoffplatten werden von der Zellstofffabrik in Ballen angeliefert und dann im Pulper aufgelöst.

Nach der Auflösung werden die Zellstoff- und/oder Holzstofffasern im Refiner zwischen strukturierten Metallplatten gemahlen. Bei der Mahlung werden die Fasern fibrilliert. Es werden vier Mahlungsgrade unterschieden:

- lang und rösch, wenig veränderte Fasern
- kurz und rösch, geschnittene Fasern
- lang und schmierig, gequetschte Fasern
- kurz und schmierig, gequetschte und verkürzte Fasern

Der jeweilige Mahlungsgrad beeinflusst wesentlich die Qualität des Papiers. Kurze, rösche Fasern bewirken eine hohe Saugfähigkeit, aber eine geringe Festigkeit des Papiers. Papiere, die überwiegend lange und schmierige Fasern enthalten, haben eine sehr hohe Festigkeit.

4.7.1.3 Füll- und Hilfsstoffe

Vor dem Stoffauflauf in der Papiermaschine werden der Fasersuspension noch verschiedene Füll- und Hilfsstoffe beigemischt.

- Füllstoffe
  Als Füllstoffe werden vor allem Kreide und Kaolin eingesetzt. Die Füllstoffe lagern sich bei der Blattbildung in der Papiermaschine zwischen den Fasern ein. Sie erhöhen dadurch die Opazität und die Glätte des Papiers.
- Optische Aufheller
  Optische Aufheller absorbieren UV-Licht und emittieren Licht im sichtbaren Bereich des Spektrums. Dadurch wird die Weiße des Papiers gesteigert.
- Leim
  Die Beimischung von Leim in das Halbzeug vor der Papiermaschine heißt Stoffleimung. Durch sie wird die Saugfähigkeit des Papiers herabgesetzt.
- Farbstoffe
  für durchgefärbte Papiere.

4.7.1.4 Papiermaschine

Siebpartie
Die Siebpartie steht am Anfang der Papierherstellung in der Papiermaschine. Das Ganzzeug, die Fasersuspension mit Füll- und Hilfsstoffen wird im Stoffauflauf der Papiermaschine auf das Sieb aufgebracht. Der Wasseranteil beträgt am Siebanfang 99%. Auf dem endlos umlaufenden Metall- oder Kunststoffsieb findet die eigentliche Blattbildung statt. Die Papierfasern richten sich in der Strömungsrichtung, der so genannten Lauf- oder Maschinenrichtung, aus. Das Wasser läuft ab und wird zusätzlich abgesaugt. Durch die Filtrationswirkung der Fasern ist der Füllstoffanteil auf der Oberseite höher als auf der Unterseite der Papierbahn. Die auf dem Sieb aufliegende Papierseite wird als Siebseite bezeichnet, die Papieroberseite heißt Filzseite. Doppelsiebmaschinen entwässsern nach beiden Seiten. Dadurch wird eine geringere Zweiseitigkeit des Papiers erreicht. Der Wassergehalt beträgt am Siebende beim Übergang in die Pressenpartie noch 80%.

Pressenpartie
Nach dem Sieb wird die Papierbahn in die Pressenpartie übergeleitet. Dort wird zwischen Filzen unter Anpressdruck der Wassergehalt auf 50% gesenkt.

Trockenpartie
Die abschließende Trocknung erfolgt durch Hitze in der Trockenpartie. Das Papier wird über 50 bis 60 beheizte Stahlzylinder geleitet. Dadurch reduziert sich der Wassergehalt auf 4% bis 6%.

Stoffauflauf einer Langsiebpapiermaschine

(Abb.: Verband Deutscher Papierfabriken)

Papiermaschine

Von der Siebpartie bis zur Trockenpartie

(Abb.: Verband Deutscher Papierfabriken)

Schlussgruppe
In der Schlussgruppe durchläuft die Papierbahn je nach Papiersorte noch die Leimpresse zur Oberflächenleimung und das Glättwerk. Im Glättwerk wird die Papierbahn mechanisch zwischen Walzen egalisiert.

Aufrollung
Die letzte Station der Papiermaschine ist die Aufrollung. Die Papierbahn wird in voller Breite auf einen Stahlkern, Tambour, aufgerollt. Je nach Papiermaschine ergibt dies Rollen von bis zu 12 m Breite und 60 km Bahnlänge.

4.7.2 Papierveredelung und -ausrüstung

4.7.2.1 Streichen

Nach der Papierherstellung folgen meist noch verschiedene Stationen der Papierveredelung. Der wichtigste Veredelungsprozess ist das Streichen. In speziellen Streichmaschinen wird auf das Rohpapier eine Streichfarbe aufgetragen. Dieser so genannte Strich ist die Farbannahme- bzw. Farbaufnahmeschicht im Druck. Je nach Papiersorte und Druckverfahren unterscheidet sich die Zusammensetzung und Dicke des Strichs. Für hochwertige Papiere im konventionellen Druck werden beide Seiten zweimal gestrichen. Auf das Rohpapier wird ein Vorstrich aufgebracht. Anschließend erfolgt darauf ein Deck- oder Topstrich. Kreide und Kaolin sind uns als Füllstoffe schon bekannt. Sie werden auch als Pigmente in der Streichfarbe eingesetzt. Ihr Anteil beträgt ca. 85%. Ungefähr 13% der Streichfarbe machen die Bindemittel aus und ca. 2% sind Hilfsstoffe.

Eine Besonderheit sind die gussgestrichenen Papiere. Der Strichauftrag erfolgt wie bei den herkömmlich gestrichenen Papieren. Direkt nach dem Strich wird die Papierbahn dann aber auf einen großen beheizten, sich drehenden Chromzylinder geführt. Dort erfolgt die Trocknung. Die Strichoberfläche ist ein Abbild der sehr glatten Zylinderoberfläche.

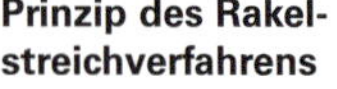

Prinzip des Rakelstreichverfahrens

Die Streichfarbe wird im Überschuss aufgebracht. Anschließend wird durch Rakel die Dicke und die Gleichmäßigkeit des Strichs reguliert.

Streichmaschine

(Abb.: Verband Deutscher Papierfabriken)

4.7.2.2 Satinieren

Beim Satinieren im Kalander erhalten die Papiere ihre endgültige Oberflächeneigenschaft. Kalander sind Maschinen mit mehreren nacheinander angeordneten Stahl-, Papier oder Strukturwalzen, zwischen denen die Papierbahn hindurchgeführt wird. Im Walzenspalt zwischen den Walzen wird die Papieroberfläche der Bahn durch Reibung, Hitze und Druck geglättet.

Eine matte oder halbmatte Oberfläche wird durch geringere Friktion und den Einsatz feinstrukturierter Walzen erreicht.

Geprägte Papiere und Kartons, z.B. mit Leinenstruktur, erhalten ihre Prägestruktur in Prägekalandern durch spezielle Prägewalzen.

Satinierte Naturpapiere haben eine geschlossenere und glattere Oberfläche als maschinenglatte Papiere. Gestrichene Papiere sind grundsätzlich immer satiniert. Mit einer Ausnahme: gussgestrichene Papiere erhalten ihre endgültige Oberflächenglätte schon in der Streichmaschine durch die Chromoberfläche des Trocknungszylinders.

4.7.2.3 Ausrüsten

Der letzte Abschnitt in der Papierfertigung heißt Ausrüstung. Dort werden die Papierbahnen in Format geschnitten und verpackt und zu den Kunden versandt. Wir unterscheiden dabei die Ausrüstung in:

- Ries
- Paletten
- Rollen

Ries und Paletten sind zwei Arten der Formatausrüstung als Bogenware. Ein Ries ist ein Paket mit, je nach Masse, 200 bis 500 Bogen Papier. Bei der Verpackung auf Paletten wird der gesamte Papierstapel auf der Palette verpackt. Auf der jeweiligen Verpackung sind die wichtigsten Angaben vermerkt:

- Papiersorte
- Format
- Flächenmasse
- Fabrikations-/Chargennummer
- Laufrichtung

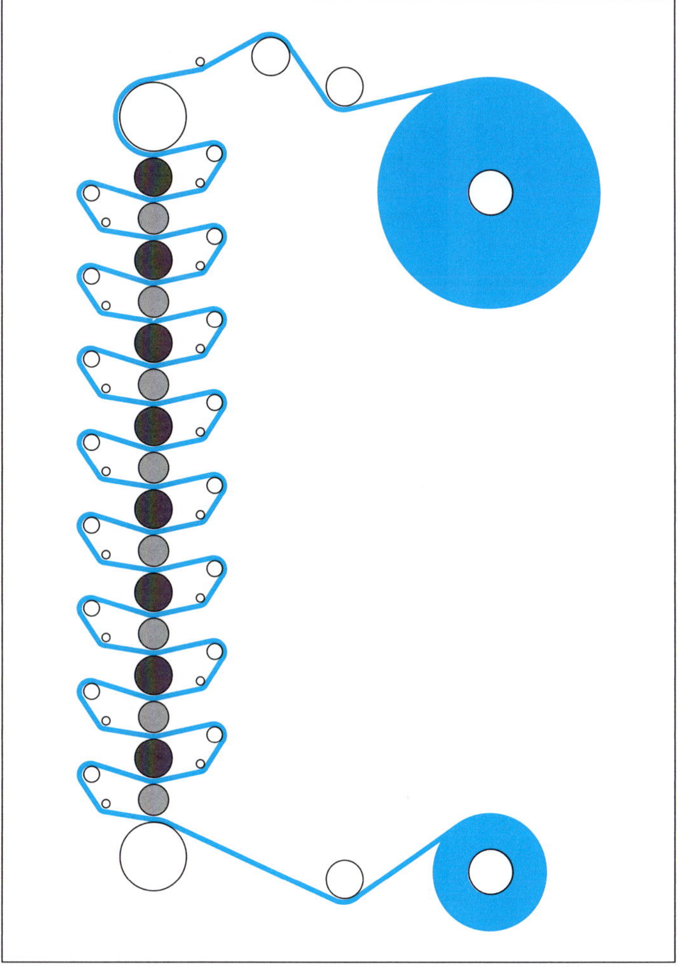

Schema eines Satinierkalanders

Die Papierbahn wird zwischen den Walzen durch Reibung, Druck und Hitze geglättet.

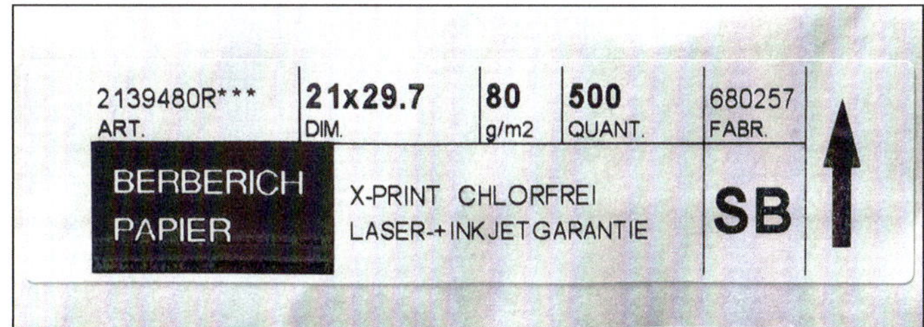

Etikett eines Ries Laser-/Inkjetpapiers

4.7.3 Papiereigenschaften und -sorten

Es gibt nicht das gute oder das schlechte Papier. Die Bewertung der Papierqualität richtet sich nach den drei Anforderungsprofilen:

- Verdruckbarkeit (runability), das Verhalten bei der Verarbeitung, z.B. Lauf in der Druckmaschine
- Bedruckbarkeit (printability), die Wechselwirkung zwischen Druckfarbe und Papier
- Verwendungszweck, z.B. Zeitung, Plakat oder Verpackung

4.7.3.1 Stoffzusammensetzung

Holzfreies Papier
Holzfreie Papiere haben als Faserrohstoff, anders als die Bezeichnung vermuten lässt, Holz. Durch das chemische Aufschlussverfahren werden die im Holz enthaltene Zellulose und Hemizellulose von den Harzen und dem Lignin getrennt. Die Zellulose und die Hemizellulose bilden gemeinsam den Zellstoff, der zur Herstellung von holzfreien Papieren eingesetzt wird. Da Harze und Lignin im Zellstoff nicht enthalten sind, vergilben holzfreie Papiere nicht.

Holzfreie Papiere dürfen allerdings bis zu 5% Holzschliff enthalten.

Holzhaltiges Papier
Holzhaltige Papiere werden aus Holzschliff bzw. -stoff hergestellt. Durch das im Fasergrundstoff noch enthaltene Lignin vergilben holzhaltige Papiere unter Lichteinstrahlung.

Umweltschutz- und Recyclingpapier
Diese Papiere haben als Faserrohstoff bis zu 100% Altpapier.

Hadernhaltiges Papier
Hadern sind chemisch oder mechanisch aufgeschlossene Fasern aus Textilien natürlichen Ursprungs. Hadernfasern sind besonders lang und zäh. Sie werden deshalb für besonders hochwertige und anspruchsvolle Papiere, z.B. Banknotenpapier, eingesetzt.

4.7.3.2 Oberfläche

Naturpapier
Naturpapiere sind alle ungestrichenen Papiere unabhängig von ihrer Stoffzusammensetzung. Ihre Oberfläche kann unterschiedlich behandelt sein:

- maschinenglatt (m´gl.)
  Die Oberfläche wurde nach dem Verlassen der Papiermaschine nicht mehr bearbeitet.
- satiniert (sat.)
  Die Papierbahn wurde nach der Papiermaschine in einem Kalander geglättet.
- hochsatiniert
  Das Papier wurde besonders stark geglättet und damit in seiner Struktur verdichtet.
- oberflächengeleimt
  Zur Verbesserung der Beschreibfähigkeit wurde die Papierbahn in der Leimpresse der Papiermaschine oberflächengeleimt. Die Staubneigung wird durch die Oberflächenleimung vermindert.

Gestrichene Papiere
Gestrichene Papiere werden nach der Art des Streichverfahrens, nach der Strichmenge und nach der Oberfläche unterschieden:

- Kunstdruckpapier
  Matt oder glänzend gestrichene Papiere der höchsten Qualitätsklasse

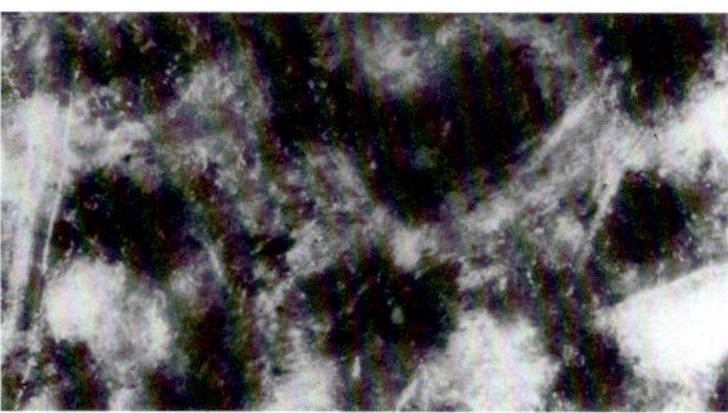

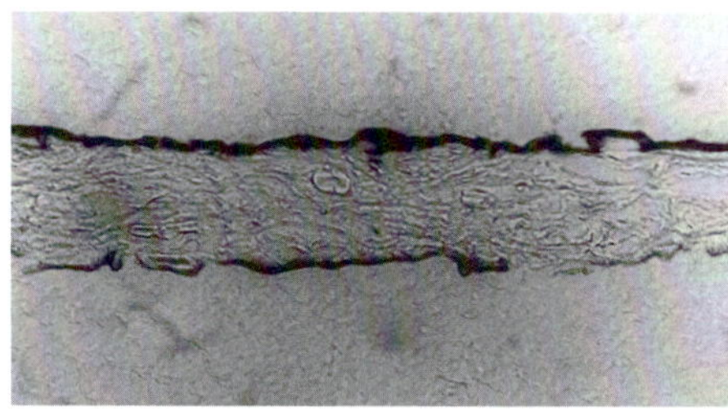

Offsetdruck auf Naturpapier

Aufsicht (133-fach), Schnitt (266-fach) vergrößert

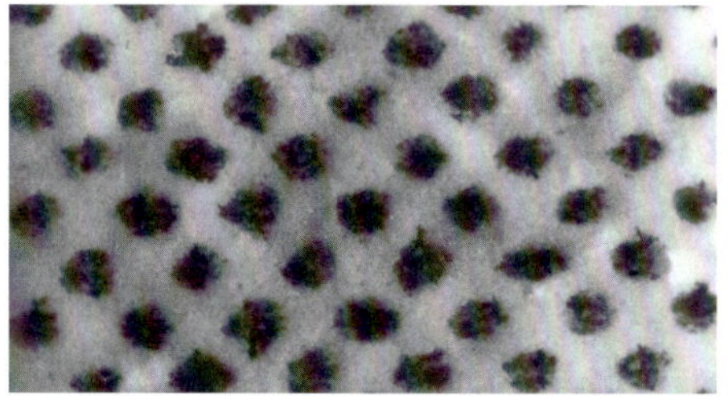

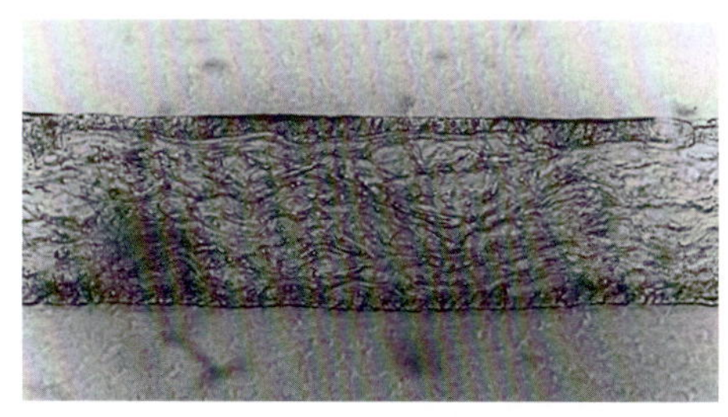

Offsetdruck auf gestrichenem Papier

Aufsicht (133-fach), Schnitt (266-fach) vergrößert

- Bilderdruckpapiere
  Matt oder glänzend gestrichene Papiere, Standardqualität
- LWC-Papiere
  Light Weight Coated, leichtgewichtig gestrichene Papiere für den Rollendruck.

4.7.3.3 Wasserzeichen

Wasserzeichen dienen in Wertpapieren der Fälschungssicherheit. Schreibpapiere werden durch Wasserzeichen aufgewertet.

Echte Wasserzeichen
Echte Wasserzeichen werden bei der Blattbildung auf dem Sieb der Papiermaschine gebildet. Über dem Sieb dreht sich eine Siebwalze, der so genannte Egoutteur. Die sich bildende Papierbahn läuft durch den Spalt zwischen Sieb und Egoutteur. Mittels eines auf dem Egoutteur angebrachten Reliefs werden Fasern verdrängt und/oder angehäuft. Die Stellen, an denen die Fasern verdrängt werden, sind dünner und somit heller als die Umgebung. Faseranhäufungen wirken dunkler.

Halbecht Wasserzeichen
Halbechte Wasserzeichen werden in der Pressenpartie der Papiermaschine geprägt. Die noch stark wasserhaltige Papierbahn wird durch eine Prägewalze, der so genannten Molette, verdichtet. Bei halbechten Wasserzeichen werden also die Papierfasern nicht unterschiedlich verteilt wie beim echten Wasserzeichen, sondern nur verdichtet.

Unechte Wasserzeichen
Unechte Wasserzeichen werden mit fetthaltiger unpigmentierter Farbe aufgedruckt.

4.7.3.4 Laufrichtung

Die Laufrichtung des Papiers entsteht bei der Blattbildung auf dem Sieb der Papiermaschine. Durch die Strömung der Fasersuspension auf dem endlos umlaufenden Sieb richten sich die Fasern mehrheitlich in diese Richtung aus. Man nennt deshalb die Laufrichtung auch Maschinenrichtung. Senkrecht zur Laufrichtung liegt die Dehnrichtung.

Zur Kennzeichnung der Laufrichtung werden die Bogen in Schmal- und Breitbahn unterschieden. Ein Bogen ist Schmalbahn, wenn die Fasern parallel zur langen Bogenseite verlaufen. Bei Breitbahn ist die Laufrichtung parallel zur kurzen Bogenseite.

Bedeutung der Laufrichtung

Bei der Verarbeitung des Papiers muss die Laufrichtung in vielfacher Weise beachtet werden:

- Bücher lassen sich nur dann gut aufschlagen, wenn die Laufrichtung parallel zum Bund läuft.
- Beim Rillen muss die Laufrichtung parallel zur Rillung sein.
- Beim Bogendruck sollte die Laufrichtung parallel zur Zylinderachse der Druckmaschine liegen.

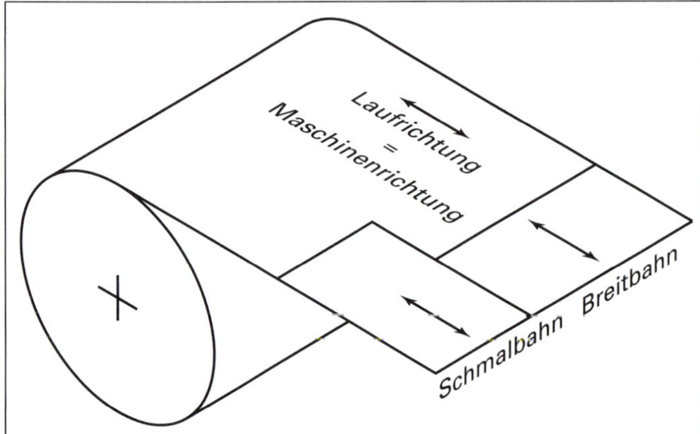

Papierrolle mit Schmal- und Breitbahnbogen

Kennzeichnung der Laufrichtung

Die Kennzeichnung der Schmal- oder Breitbahn erfolgt in der Praxis auf verschiedene Weise:

- Die Formatseite, die parallel zur Laufrichtung verläuft steht hinten.
  Schmalbahn: 70 cm x 100 cm
  Breitbahn: 100 cm x 70 cm
- Die quer zur Laufrichtung verlaufende Dehnrichtung wird unterstrichen.
  Schmalbahn: <u>70 cm</u> x 100 cm
  Breitbahn: 70 cm x <u>100 cm</u>
- Die Formatseite der Laufrichtung wird mit einem M für Maschinenrichtung gekennzeichnet.
  Schmalbahn: 70 cm x 100 cm M
  Breitbahn: 70 cm M x 100 cm
- Hinter der Formatangabe steht (SB) für Schmalbahn und (BB) für Breitbahn.
  Schmalbahn: 70 cm x 100 cm (SB)
  Breitbahn: 70 cm x 100 cm (BB)

Prüfung der Laufrichtung

Auf der Papierverpackung ist die Laufrichtung meist angegeben. Dem einzelnen Bogen sehen Sie aber die Laufrichtung nicht mehr an. Sie müssen deshalb ausgepackt gelagertes Papier ggf. für die weitere Verarbeitung auf seine Laufrichtung hin überprüfen. Dazu gibt es verschiedene einfache Prüfmethoden.

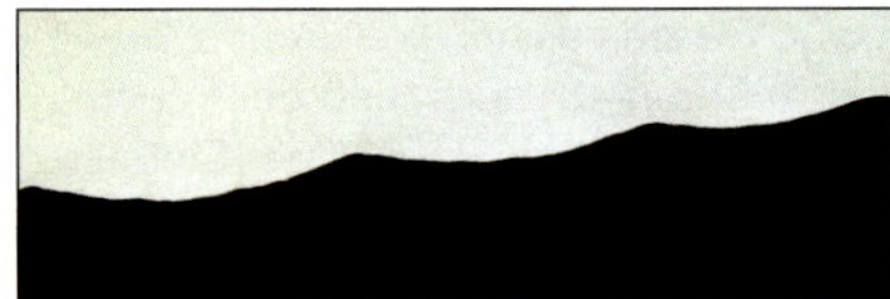

Fingernagelprobe zur Prüfung der Laufrichtung

Ziehen Sie die Papierkante unter Druck zwischen dem Daumennagel und der Fingerkuppe des Zeigefingers hindurch. Die entstehenden kurzen Wellen verlaufen quer zur Laufrichtung.

Rissprobe zur Prüfung der Laufrichtung

Reißen Sie den Bogen von beiden Seiten ein. Der Riss verläuft parallel zur Faserrichtung (links) glatter als quer zur Faserrichtung (rechts).

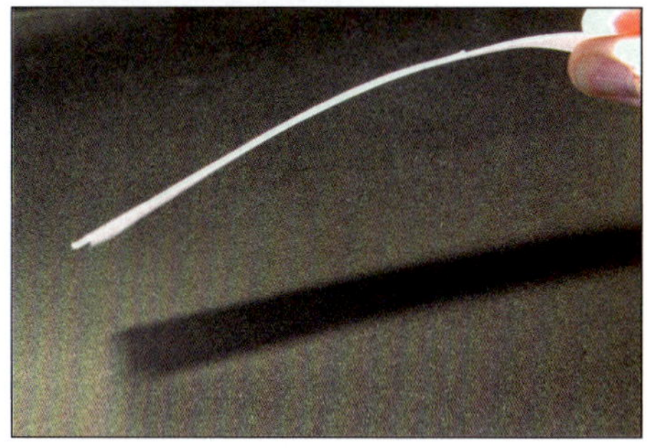

Streifenprobe zur Prüfung der Laufrichtung

Schneiden Sie einen Papierstreifen aus der langen und einen aus der kurzen Bogenseite. Kennzeichnen Sie die Streifen und halten Sie sie entsprechend der Abbildung.
Links:
Der obere Streifen ist Schmalbahn, der untere Breitbahn, die längs liegenden Fasern stabilisieren den Streifen.
Rechts:
Die Breitbahn liegt auf der steiferen Schmalbahn.

4.7.3.5 Flächenmasse, Dicke und Volumen

Die Flächenmasse oder Grammatur wurde früher als Papiergewicht bzw. Quadratmetergewicht bezeichnet. Obwohl Papier als flächiger Werkstoff angesehen wird, hat es natürlich auch eine dritte Dimension. Diese wird durch die Dicke oder das Papiervolumen beschrieben. Alle drei Größen werden wesentlich bestimmt durch:

- Stoffauswahl
- Stoffaufbereitung
- Stoffzusammensetzung
- Blattbildung in der Papiermaschine
- Art der Veredelung

Die flächenbezogene Masse, die Dicke und das Volumen werden mit folgenden Einheiten bezeichnet:

- Masse: g/m^2
- Dicke: mm
- Volumen: m^3/g

Die unterschiedliche Dicke von Papieren mit der gleichen flächenbezogenen Masse wird als Faktor des Volumens angegeben. Die Berechnung erfolgt nach folgender Formel:

Volumen = Dicke x 1000/Masse

	1-faches Volumen	1,5-faches Volumen	2-faches Volumen
Flächenmasse g/m^2	Blattdicke in mm	Blattdicke in mm	Blattdicke in mm
45	0,045	0,0675	0,090
60	0,060	0,090	0,120
70	0,070	0,105	0,140
80	0,080	0,120	0,160
90	0,090	0,135	0,180
100	0,100	0,150	0,200
120	0,120	0,180	0,240

Bogendicke in Abhängigkeit von Flächenmasse und Volumen

4.7.3.6 Papiertypen nach DIN/ISO 12647-2

	Papiertyp 1	Papiertyp 2	Papiertyp 3	Papiertyp 4	Papiertyp 5
Beschreibung	glänzend gestrichen, weiß, holzfrei	matt gestrichen, weiß, holzfrei	glänzend gestrichen, LWC	ungestrichen, weiß, Offset	ungestrichen, gelblich, Offset
Flächenmasse	115 g/m²	115 g/m²	65 g/m²	115 g/m²	115 g/m²
LAB-Werte	L*93, a*0, b*-3	L*92, a*0, b*-3	L*87, a*-1, b*3	L*92, a*0, b*-3	L*88, a*0, b*6
ICC-Profil	ISOcoated.icc	ISOcoated.icc	ISOwebcoated.icc	ISOuncoated.icc	ISOuncoated-yellowish.icc

Aus der großen Zahl der Druckpapiere wurden fünf typische Papiere ausgewählt. Sie bilden die Grundlage für den ProzessStandard Offsetdruck des Bundesverbandes Druck und Medien e.V. Für die Basis-ICC-Profile wurden die beiden Papiertypen 1 und 2 zu einem Profil zusammengefasst.

4.7.3.7 Papiere für Inkjet- und Laserdruck

Inkjet-Papiere

Inkjet-Papiere sind oberflächenveredelt, um das Ausfließen der Tinte, den so genannten Löschblatteffekt, zu vermeiden. Einfache Papiere sind hochsatiniert und oberflächengeleimt. Hochwertige Inkjet-Papiere haben einen Spezialstrich, der die Tinte aufnimmt und sie nicht auslaufen lässt.

Für den Ausdruck von Fotos werden Fotopapiere mit mattem oder glänzendem Strich eingesetzt. Diese Papiere werden auch Glossy-Papiere genannt. Die Flächenmasse der Fotopapiere geht bis zu 290g/m².

Laserpapiere

Papiere für Laserdrucker und Kopierer müssen bestimmten Anforderungen gerecht werden, die durch die besondere Art der Bildübertragung bedingt sind. Die Papiere müssen ein gleichmäßiges statisches Ladungsverhalten aufweisen, um eine gute Tonerübertragung zu ermöglichen. Gleichzeitig verhindert eine leichte Endladbarkeit das „Kleben" von Papieren und somit Doppelbogen. Die Fixiertemperaturen von teilweise über 200°C bedingen eine hohe Dimensionsstabilität und einen leichten Wärmedurchgang der Papiere. Drucker mit Duplexeinheiten zum beidseitigen Druck stellen höchste Anforderungen an die Papiere. Das Papier wird zweimal statisch aufgeladen und der Toner zweimal thermisch fixiert.

Als letzte Anforderung sei hier die Staubfreiheit genannt. Schneidestaub verschmutzt die Druckeinheit und führt u.a. zu Papierstau.

4.7.4 Papier und Klima

Papier ist hygroskopisch. Hygroskopisch heißt, dass die Papierfasern ihren Feuchtigkeitsgehalt als natürliche Stoffe an das Raumklima anpassen.

Wenn die Papierfeuchte, man spricht hier von Stapelfeuchte, höher ist als die relative Luftfeuchtigkeit im Raum, dann gibt das Papier Feuchtigkeit ab. Als Folge schrumpft das Papier zunächst an den Rändern, es tellert. Trockene Papiere neigen zu verstärkter statischer Aufladung. Die Folge sind Doppelbogen und Schwierigkeiten beim Papierlauf bis hin zum Papierstau im Drucker.

Bei zu hoher relativer Luftfeuchtigkeit nimmt das Papier Feuchtigkeit auf. Die Folge ist Randwelligkeit mit daraus resultierenden Schwierigkeiten beim Papierlauf und passergenauen Drucken.

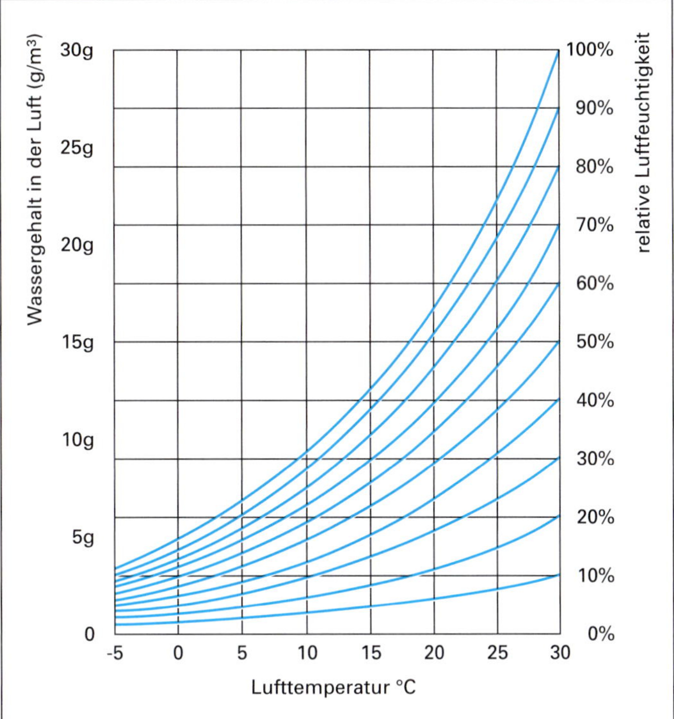

Abhängigkeit der relativen Luftfeuchtigkeit von der absoluten Luftfeuchte und der Raumtemperatur

Relative Luftfeuchtigkeit

Die relative Luftfeuchtigkeit beschreibt das Verhältnis zwischen dem absoluten, tatsächlichen Wassergehalt und dem maximal möglichen Wassergehalt in der Luft. Die maximale Wassermenge, die die Luft aufnehmen kann, ist von der Raumtemperatur abhängig. Je kälter die Luft, desto geringer ist die maximale Feuchte. Wird eine bestimmte Temperatur unterschritten, dann kondensiert das Wasser an glatten Oberflächen. Das Papier im Raum nimmt das Wasser auf. Jeder Brillenträger kennt dieses Phänomen, wenn er im Winter ein warmes Zimmer betritt und die kalte Brille die sie umgebende Luft plötzlich abkühlt. Der Taupunkt wird unterschritten, die Brille beschlägt.

Konditionieren

Unter Konditionieren versteht man die Anpassung des Papiers an das Raumklima. Klimastabil verpacktes Papier sollten Sie eingepackt lassen, damit eine Temperaturangleichung zwischen Papier- und Raumtemperatur, aber kein Feuchtigkeitsaustausch stattfinden kann. Lassen Sie Ihrem Papier ausreichend Zeit der Akklimatisierung. Sie werden bessere Druckergebnisse erzielen.

Optimales Raumklima

Die besten Bedingungen für die Verarbeitung von Papier sind ein konstantes Raumklima mit einer Temperatur von ca. 20°C und einer relativen Luftfeuchtigkeit von 50% bis 55%.

4.7.5 Papierformate

4.7.5.1 DIN-A-Reihe

Die DIN-Formate wurden schon 1922 eingeführt. 1925 bestimmte der Weltpostverein DIN A6 als internationale Postkartengröße.

Die Basisgröße der DIN-Reihe ist ein Rechteck mit einer Fläche von einem Quadratmeter. Die kleinere Seite des Bogens steht zur größeren Seite im Verhältnis 1 zu $\sqrt{2}$ (1,4142). Das nächst kleinere Format entsteht jeweils durch Halbieren der Längsseite des Ausgangsformats. Die Zahl gibt an, wie oft das Ausgangsformat A0 geteilt wurde.

Ergänzend zur DIN-A-Reihe gibt es noch die Zusatzreihen B und C. Sie haben ein etwas größeres Format für Briefhüllen und Mappen.

Formatbezeichnung	Papierformat		
A 0	841 mm	x	1189 mm
A 1	594 mm	x	841 mm
A 2	420 mm	x	594 mm
A 3	297 mm	x	420 mm
A 4	210 mm	x	297 mm
A 5	148 mm	x	210 mm
A 6	105 mm	x	148 mm
A 7	74 mm	x	105 mm
A 8	52 mm	x	74 mm
A 9	37 mm	x	52 mm
A 10	26 mm	x	37 mm

4.7.5.2 Maschinenklassen

Die Einteilung der Bogenoffsetmaschinen in Formatklassen erfolgt nach dem maximal bedruckbaren Papierformat.

Formatklasse	Druckformat		
0	500 mm	x	700 mm
I	560 mm	x	830 mm
II	610 mm	x	860 mm
III	640 mm	x	965 mm
IIIb	720 mm	x	1020 mm
IV	780 mm	x	1120 mm
V	890 mm	x	1260 mm
VI	1000 mm	x	1400 mm
VII	1100 mm	x	1600 mm
X	1400 mm	x	2000 mm

4.7.6 Aufgaben „Papier“

Aufgabe 4.7.6.1
Holzschliff und Zellstoff

Holz ergibt je nach Aufschlussverfahren unterschiedliche Primärfasern. Erklären Sie den Unterschied zwischen
a. Holzschliff,
b. Zellstoff.

Aufgabe 4.7.6.2
Holzhaltiges Papier

Warum vergilbt holzhaltiges Papier?

Aufgabe 4.7.6.3
Optische Aufheller

Was bewirken optische Aufheller im Papier?

Aufgabe 4.7.6.4
Blattbildung in der Papiermaschine

Erklären Sie, warum die beiden Papierseiten bei der Blattbildung unterschiedliche Eigenschaften bekommen?

Aufgabe 4.7.6.5
Zweiseitigkeit des Papiers

Welche Seite des Papiers ist
a. die Siebseite,
b. die Filzseite?

Aufgabe 4.7.6.6
Papierveredelung

Beschreiben Sie das Prinzip der beiden Papierveredelungsverfahren
a. Streichen,
b. Satinieren.

Aufgabe 4.7.6.7
Anforderungsprofile an Papier

Was versteht man unter
a. Verdruckbarkeit,
b. Bedruckbarkeit?

Aufgabe 4.7.6.8
Papiereigenschaften

Welche besonderen Eigenschaften haben Papiere mit der Sortenbezeichnung
a. Naturpapier,
b. maschinenglatt,
c. satiniert,
d. gestrichen?

Aufgabe 4.7.6.9
Wasserzeichen

Wie entsteht ein echtes Wasserzeichen im Papier?

Aufgabe 4.7.6.10
Laufrichtung

Erläutern Sie die Begriffe
a. Laufrichtung,
b. Schmalbahn,
c. Breitbahn.

Aufgabe 4.7.6.11
Papiervolumen

Wie dick ist ein Papier mit einer Flächenmasse von 100g/m^2 und 1,5-fachem Volumen?

4.8 Druckfarbe

4.8.1 Aufbau und Herstellung

Die Druckfarbe ist neben der Druckkraft, dem Druckbildspeicher bzw. der Druckform und dem Bedruckstoff der vierte Druckfaktor. Als färbende Substanz bildet die Druckfarbe den optischen Kontrast, um die Informationen auf dem Bedruckstoff sichtbar zu machen.

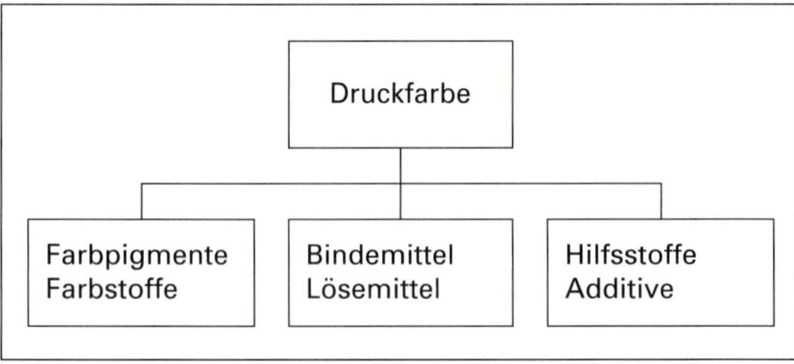

Grundbestandteile von Druckfarben

4.8.1.1 Aufbau

Farbpigmente, Farbstoffe

Farbpigmente und Farbstoffe werden auch als Farbmittel bezeichnet. Sie sind der visuell wirksame Bestandteil der Druckfarbe. Pigmente sind Farbkörper. Farbstoffe sind gelöste Substanzen, die als Druckfarbe nur noch in Tinten eingesetzt werden.

Als Farbpigmente werden für Weiß meist Titandioxid, für Schwarz Ruß und für die Buntfarben organische Pigmente eingesetzt. Metallfarben enthalten Messing-, Aluminium- oder Perlglanzpigmente. Die Pigmente haben einen Durchmesser von 1 µm bis 2 µm in flüssigen Farben und bis zu 5 µm bei Trockentoner im Digitaldruck.

Binde- und Lösemittel

Binde- und Lösemittel haben die Aufgabe, die Farbe in eine verdruckbare Form zu bringen. Nach der Farbübertragung auf den Bedruckstoff sorgt das Bindemittel dafür, dass die Farbpigmente auf dem Bedruckstoff haften bleiben. Als Bindemittel werden in den verschiedenen Druckfarben Polymerisate oder Polykondensate, synthetische und natürliche Harze wie z.B. Kolophonium eingesetzt.

Die in den Druckfarben als Lösemittel verwendeten Öle beeinflussen wesentlich das Trocknungsverhalten der Farben. Nichttrocknende Mineralöle werden in thermisch trocknenden Farben eingesetzt. Oxidativ trocknende Farben benötigen neben den Bindemitteln trocknende Öle wie z.B. Leinöl.

Tiefdruck- und Flexodruckfarben beinhalten als sehr dünnflüssige Farben spezielle leicht flüchtige Lösemittel. Im Illustrationstiefdruck wird ausschließlich Toluol eingesetzt. Dieses wird in den Tiefdruckereien mit einer Quote von über 95 % zurückgewonnen und wiederverwendet. Im Flexo- und Verpackungstiefdruck werden vor allem Ethanol, Ethylacetat und Methoxy-/Ethoxypropanol verwendet.

Eine besondere Gruppe bilden die UV-Druckfarben. Sie werden in allen konventionellen Druckverfahren eingesetzt. Durch ihren energiehärtenden Trocknungsmechanismus haben alle UV-Farben und -Lacke eine grundsätzlich andere Zusammensetzung als die konventionellen Farben. Die Bindemittel zur Umhüllung der Pigmente und zur Härtung der Druckfarbe werden vorwiegend auf Basis von acrylierten Polyestern, Polyethern und Polyurethanen und Epoxiverbindungen aufgebaut. Als UV-Verdünnungsmittel zur Einstellung der Konsistenz werden niedermolekulare Acrylate eingesetzt. Neben den Pigmenten, dem Binde- und Lösemittel enthält die UV-Farbe Fotoinitiatoren.

Hilfsstoffe, Additive

Durch die Zugabe spezieller Hilfsstoffe oder Additive, z.B. Trockenstoffe oder Scheuerschutzpaste, kann die Farbe bei der Herstellung noch spezifischer an die Anforderungen angepasst werden.

4.8.1.2 Herstellung

Druckfarben für konventionelle Druckverfahren

Bei der Druckfarbenherstellung müssen die Pigmente, Bindemittel und Hilfsstoffe luftfrei, fein und homogen vermischt, d.h. dispergiert werden. Dies geschieht in zwei Schritten:

- Vormischen der Bestandteile
- Dispersion auf dem Dreiwalzenstuhl oder in der Rührwerkskugelmühle

Der Dreiwalzenstuhl hat drei mit unterschiedlicher Geschwindigkeit gegeneinander laufende Stahlwalzen. Durch die Scherkräfte im Walzenspalt wird die Farbe dispergiert. Die Rührwerkskugelmühle ist ein mit Stahlkugeln gefüllter zylindrischer Behälter mit einem rasch rotierenden Rührwerk, durch den die Farbe kontinuierlich von unten nach oben gepumpt wird. Das Gewicht und die Rollbewegung der Kugeln reiben die Farbe.

Konventionelle Toner

Konventionelle Toner für digitale Drucksysteme werden in einem Schmelz-Mahl-Prozess hergestellt. Die Rohstoffe werden zunächst in einem Extruder unter Wärmezufuhr gemischt. Nach der Abkühlung wird die Masse vorgebrochen und dann zermahlen. Der so hergestellte Toner hat sehr ungleichmäßige Partikelformen. Die Pigmentgröße liegt zwischen 6 µm und 8 µm. Sie ist damit wesentlich größer als die Pigmente der konventionellen Druckfarben.

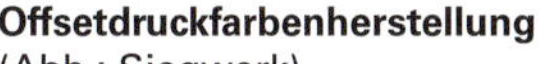

Offsetdruckfarbenherstellung
(Abb.: Siegwerk)

EA-Toner

EA steht für Emulsion Aggregation und beschreibt eine neue Technologie zur Tonerherstellung. Die Tonerpartikel werden in einem kontrolliert ablaufenden chemischen Prozess hergestellt. Monomere werden in einer Emulsion aus Wasser, Wachs und Latex-Polymeren schichtweise zu Tonerpartikel angelagert. Dabei sind durch die Zeit, die Temperatur und den pH-Wert die Größe und Form der Tonerpigmente steuerbar.

EA-Toner sind wesentlich gleichmäßiger und damit effizienter zu übertragen. Die Partikelgröße ist mit 2 µm bis 3 µm deutlich kleiner als bei konventionellen Tonern. Da die Fixiertemperatur ebenfalls niedriger ist als in konventionellen Systemen, wird Energie gespart und der Bedruckstoff geschont.

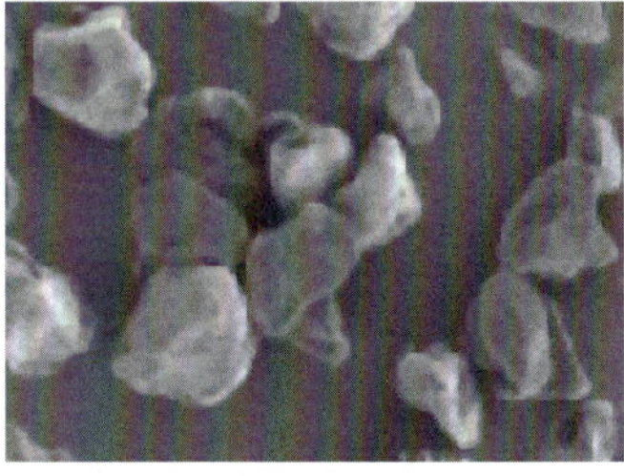

Konventioneller Toner

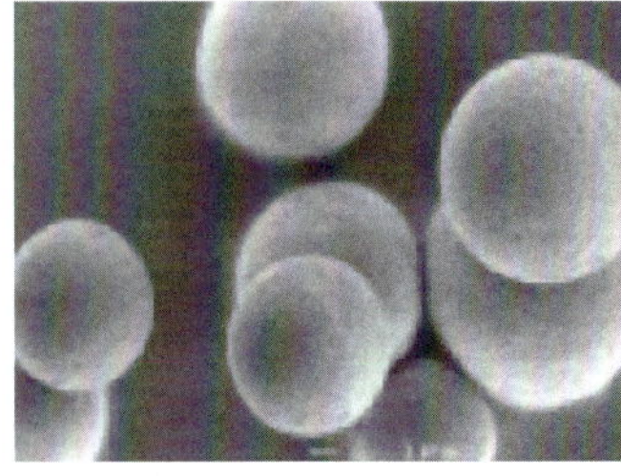

EA-Toner

Flüssigtoner
Flüssigtoner enthalten Tonerpartikel in einem flüssigen Bindemittel. Die Tonerpartikel sind mit 1 µm bis 2 µm Durchmesser genau so groß wie die Farbpigmente in den konventionellen Druckfarben. Dadurch ist ein gleichmäßiger lasierender Farbauftrag auch im Digitaldruck möglich.

Es werden verschiedene Flüssigtonersysteme auf dem Markt angeboten. HVT-Toner, High Viscosity Toner, von der Firma Fujitsu und die ElectroInk-Flüssigfarben von HP. Für die HP Indigo-Digitaldrucksysteme bietet die Firma HP ein Farbmischsystem an, mit dem sich nach Aussage von HP 97% des PANTONE-Farbbereichs simulieren lassen.

Tinten
Tinten für Tintenstrahldrucker werden unpigmentiert mit gelösten Farbstoffen als Farbmittel oder als Dispersionen mit Farbpigmenten hergestellt. Die eingesetzten Binde- und Lösemitteln unterscheiden sich je nach Hersteller und Einsatzbereich der Drucke. Für spezielle Anwendungen werden auch UV-Farben angeboten.

4.8.1.3 Anforderungsprofile

Die Qualität der Druckfarbe wird, wie bei anderen Materialien, durch das Endprodukt, z.B. Verpackung oder Zeitung, und ihr Verhalten im Produktionsprozess bestimmt. Bewertungskategorien sind:

Verdruckbarkeit/runability
Die Verdruckbarkeit beschreibt die Verarbeitung der Druckfarbe in der Druckmaschine. Dazu gehört z.B das Verhalten der Druckfarbe im Farbkasten und Farbwerk der Druckmaschine.

Farbkasten einer Bogenoffsetmaschine
(Abb.: KBA)

Bedruckbarkeit/printability
Der Begriff Bedruckbarkeit kennzeichnet die Wechselwirkung zwischen Bedruckstoff und Druckfarbe. Die optimale Bedruckbarkeit eines Bedruckstoffs im jeweiligen Druckverfahren ist das Ziel professionellen Arbeitens. Dazu müssen alle Faktoren optimal aufeinander abgestimmt sein. Von den Druckfarbenherstellern werden die verschiedensten Druckfarbensysteme angeboten, um im jeweiligen Druckverfahren ein möglichst optimales Ergebnis zu erzielen.

Verwendungszweck, Produkte
An die verschiedenen Produkte, Plakat, Lebensmittelverpackung oder CD-Booklet werden ganz unterschiedliche Anforderungen gestellt. Dementsprechend sind die Druckfarben in ihrer Zusammensetzung genau auf das jeweilige Produkt abgestimmt.

4.8.2 Druckfarbentrocknung

Unter der Druckfarbentrocknung versteht man den Aggregatszustandswechsel von flüssig nach fest.

4.8.2.1 Physikalische Trocknung

Die physikalischen Trocknungsmechanismen bewirken eine Veränderung des Aggregatzustandes der Druckfarbe, ohne die molekulare Struktur des Druckfarbenbindemittels zu verändern.

Wegschlagen
Die dünnflüssigen Bestandteile des Bindemittels dringen in die Kapillare des Bedruckstoffs ein. Die auf der Oberfläche verbleibenden Harze verankern die Farbpigmente auf dem Bedruckstoff.

Verdunsten
Die leichtflüchtigen Lösemittelbestandteile der Druckfarbe, z.B. Toluol in Tiefdruckfarben, verdunsten ohne zusätzliche Hitzeeinwirkung.

Verdampfen
Die schwerflüchtigen hochsiedenden Mineralöle werden in speziellen Trocknungseinrichtungen nach den Druckwerken verdampft, z.B. Heatset-Offsetfarben.

Erstarren
Die Bindemittel der Druckfarbe werden durch Hitze flüssig und nach dem Abkühlen fest, z.B. Carbonfarben oder Tonerpigmente im Digitaldruck.

4.8.2.2 Chemische Trocknung

Bei der chemischen Trocknung führt eine Veränderung der Molekularstruktur des Bindemittels zur Verfestigung der Druckfarbe.

Oxidative Trocknung
Die trocknenden Öle des Bindemittels, wie z.B. Leinöl, vernetzen durch Sauerstoffeinbindung.

UV-Trocknung
Die Fotoinitiatoren im Bindemittel reagieren auf die Bestrahlung des Drucks mit UV-Licht. Das aufgestrahlte UV-Licht wird von den Fotoinitiatoren absorbiert. Dadurch werden freie Radikale gebildet. Die angeregten Valenzelektronen des Fotoinitiators abstrahieren ein Wasserstoffatom aus einer Amingruppe des Acrylatharzes und führen zum Kettenwachstum der Bindemittelmoleküle. Der Prozess der Polymerisation führt zu einer vollständigen Trocknung der Farbe.

ES-Trocknung
Bei der ES-Trocknung bewirken Elektronenstrahlen die Auslösung der fotochemischen Polymerisation zur Verfestigung des Druckfarbenfilms.

4.8.2.3 Kombinationstrocknung

Die meisten Druckfarben trocknen nach einem kombinierten Mechanismus, z.B. wegschlagend-oxidativ. Die physikalische Phase erfolgt sehr schnell. Der chemische Prozess dauert länger, ergibt aber einen festeren Farbfilm. Der Zusatz von Trockenstoffen beschleunigt die oxidative Trocknung.

4.8.3 Druckfarbeneigenschaften

Es gibt nicht die gute oder die schlechte Druckfarbe. Ebenso wie beim Papier und anderen Werk- und Hilfsstoffen hängt die Auswahl und Bewertung der Eigenschaften von den Anforderungen des Druckverfahrens und des Druckproduktes ab. Die drei Anforderungsprofile

- Verdruckbarkeit,
- Bedruckbarkeit,
- Verwendungszweck

haben Sie schon im Abschnitt 4.8.1.3 näher kennen gelernt.

Die Hersteller von Druckfarben bieten ein reichhaltiges Sortiment für fast alle Druckverfahren, Bedruckstoffe und Produkte an. Technische Informationen geben Ihnen einen ersten Überblick. Ob eine bestimmte Druckfarbe aber tatsächlich geeignet ist, zeigen erst praktische Druckversuche und standardisierte Prüfungen nach DIN/ISO 16519, 16524 und 19525 sowie DIN EN 20105.

Technische Information

Bogenoffset

Standardskalen

Sortimentsübersicht NOVASTAR®

Produkt	Charakteristik	Trocknungs-Einstellung	Gradation	Glanz	Weg-schlagen	Oxidative Trocknung	Scheuer-Festigkeit	Schnelle Weiter-Verarbeitung	Glänzend gestrichene Papiere/Karton	Ungestrichene Papiere/Karton	Matt gestrichene Papiere/Karton
Allround											
Novastar® F 708	Die Allroundserie für rupfempfindliche Papiere	kastenfrisch	5	4	6	5	5	4	7	6	5
Novastar® F 713	Die Allroundserie für den Geradeausdruck	kastenfrisch	7	5	5	5	5	4	7	5	5
Novastar® F 908 BIO	Die Allroundserie für alle Bedruckstoff- und Maschinentypen	kastenfrisch	5	6	5	5	5	4	7	6	5
Novastar® F 912 MAGIC BIO	Die Allroundserie für Top-Qualität im Schön- und Widerdruck	kastenfrisch	6	6	5	5	6	5	7	5	5
Novastar® F 1 DRIVE	Die Allroundserie für Top-Qualität im Geradeausdruck	kastenfrisch	7	5	5	5	6	5	7	5	5
Novastar® F 916 CHAMPION	Die Allroundserie für Top-Bildwirkung	kastenfrisch	7	6	5	5	6	5	7	5	5

Stand: 13.02.04

Eigenschaftsmerkmale:1 = schwach ausgeprägt, 7 = stark ausgeprägt

Wir wollen unsere Kunden durch unsere technischen Schriften informieren und beraten. Die Übertragbarkeit von allgemeinen Erfahrungswerten und Laborergebnissen auf den konkreten Anwendungsfall hängt jedoch von vielfältigen Faktoren ab, die sich unserem Einfluss entziehen. Wir bitten deshalb um Ihr Verständnis, dass aus unserer Beratung keine Ansprüche abgeleitet werden können.

Die mit ® bezeichneten Produktnamen sind registrierte Marken der BASF-Drucksysteme GmbH

BASF Drucksysteme GmbH
Sieglestraße 25
70469 Stuttgart-Feuerbach
Tel. (0711) 9816-0
Fax (0711) 9816-700

BASF

Technische Informationen zu Bogenoffsetdruckfarben

4.8.3.1 Rheologie

Rheologie ist die Lehre vom Fließen. Sie beschreibt die Eigenschaften flüssiger Druckfarben, die mit dem Begriff Konsistenz zusammengefasst werden.

Viskosität
Die Viskosität ist das Maß für die innere Reibung von Flüssigkeiten;

- hochviskos – hohe innere Reibung – zähflüssig – pastös
  z.B. Offset- und Siebdruckfarbe
- niedrigviskos – geringe innere Reibung – dünnflüssig
  z.B. Illustrationstiefdruckfarbe

Zügigkeit/Tack
Zügigkeit oder Tack beschreibt den Widerstand, den die Farbe ihrer Spaltung entgegensetzt. Eine zügige Farbe ist eine Farbe, bei deren Farbspaltung hohe Kräfte wirken (Rupfneigung).

Thixotropie
In thixotropen Flüssigkeiten wird die Viskosität durch mechanische Einflüsse, z.B. Verreiben im Farbwerk der Druckmaschine, herabgesetzt. Die Thixotropie unterstützt die Druckfarbentrocknung durch eine sofortige Viskositätserhöhung nach der Farbübertragung auf den Bedruckstoff.

4.8.3.2 Echtheiten

Die verschiedenen physikalischen und chemischen Eigenschaften von Druckfarben werden mit dem Begriff Echtheiten zusammengefasst.

Neben der Druckfarbe hat auch der Bedruckstoff, die Farbschichtdicke und evtl. eingesetzte Druckhilfsmittel Einfluss auf die Echtheiten. Bei der Mischung von Farben hat die ermischte Farbe jeweils die geringsten Echtheiten der Ausgangsfarben.

Spachtelprobe zur visuellen Prüfung der Viskosität

Links: niedrigviskos
Rechts: hochviskos

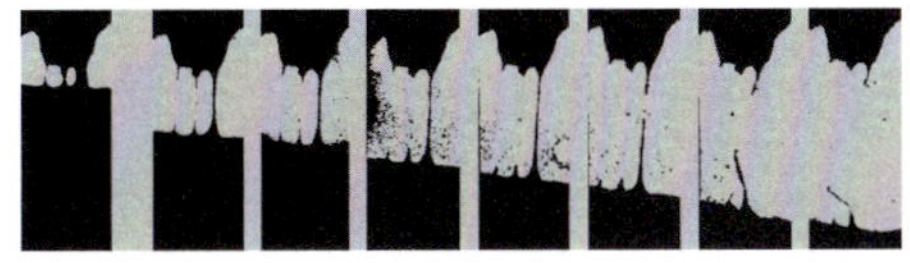

Farbspaltung im Walzenspalt

Im Folgenden ist eine kleine Auswahl der wichtigsten Echtheiten von Druckfarben aufgeführt:

Lösemittelechtheit
Die Lösemittelechtheit von Druckfarben ist für die Weiterbearbeitung und die spätere Verwendung des Druckproduktes von Bedeutung. Bei einer Druckveredelung durch Lackierung darf natürlich das Lösemittel des Lacks das bereits trockene Bindemittel der Druckfarbe nicht wieder anlösen. Die Pigmente dürfen unter Lösemitteleinwirkung ihre Farbigkeit nicht verändern.

Kaschierechtheit
Die Druckfarbe darf in der Kapillarschicht zwischen Bedruckstoff und Kaschierfolie nicht ausbluten. Sie kennen das Phänomen, wenn Tinte unter einem aufgeklebten Klebefilmstreifen ausblutet.

Alkaliechtheit

Dispersionslacke und Dispersionskleber sind häufig leicht alkalisch. Druckfarben, die mit diesen Stoffen in Kontakt kommen, müssen deshalb alkaliecht sein.

Migrationsechtheit

Bestimmte Weichmacher in den Druckfarbenbindemitteln, den Klebern in der Weiterverarbeitung oder den Kaschierfolien können durch Migration zu unliebsamen Überraschungen, teilweise noch Wochen nach der Auslieferung des Druckproduktes führen. Versichern Sie sich deshalb, dass die einzelnen Werkstoffe aus allen Stationen des Workflows aufeinander abgestimmt sind.

Mechanische Festigkeit

Der Druckfarbenfilm muss gegen das Scheuern bei der Verarbeitung und im Gebrauch beständig sein. Nicht scheuerfeste Farben verkratzen oft schon durch die Bewegung des darauffolgenden Druckbogens bei der Verarbeitung.

Das Brechen des Farbfilms im Falz wird durch die Falzfestigkeit der Druckfarbe verhindert.

Lebensmittelechtheiten

Die Anforderungen an die Echtheiten der Druckfarben bei Lebensmittelverpackungen sind vielfältig und selbstverständlich besonders hoch. Sie reichen von Butterechtheit bis Quarkechtheit oder Speiseölechtheit.

Lichtechtheit

Die Lichtechtheit ist sicherlich die bekannteste Echtheit von Druckfarben. Sie beschreibt die Widerstandsfähigkeit einer Farbe gegen Lichteinstrahlung ohne direkte weitere Witterungseinflüsse. Außer den Farbmitteln einer Farbe, Pigmente oder Farbstoffe, beinflussen die Farbschichtdicke, das Bindemittel, Lackierung oder Kaschierung und nicht zuletzt der Bedruckstoff die Lichtechtheit einer Farbe. So verändert sich der visuelle Eindruck einer Farbe auch dann, wenn das holzhaltige Papier vergilbt.

Die Lichtechtheit wird nach den acht Stufen der „Wollskala" bewertet.

Lichtechtheit

Einteilung nach der Wollskala (WS), DIN 16525

Die Beleuchtungszeiten bezeichnen den Zeitraum, bis eine visuelle Veränderung der Farbe erkennbar wird.

Stufen	Bewertung	Beleuchtungszeiten			
		Sommer	Winter	intensive Strahlung	duchschnittliche Strahlung
WS 1	sehr gering			< 20 h	5 Tage
WS 2	gering			< 40 h	10 Tage
WS 3	mäßig	4 bis 8 Tage	2 bis 4 Wochen	< 80 h	20 Tage
WS 4	ziemlich gut	2 bis 3 Wochen	2 bis 3 Monate	< 160 h	40 Tage
WS 5	gut	3 bis 5 Wochen	4 bis 5 Monate	< 350 h	80 Tage
WS 6	sehr gut	6 bis 8 Wochen	5 bis 6 Monate	< 700 h	160 Tage
WS 7	vorzüglich	3 bis 4 Monate	7 bis 9 Monate	< 1500 h	350 Tage
WS 8	hervorragend	> 1,5 Jahre		< 3000 h	700 Tage

4.8.4 Aufgaben „Druckfarbe"

Aufgabe 4.8.4.1
Bestandteile der Druckfarben

Nennen Sie die Hauptbestandteile von Druckfarben für die konventionellen Druckverfahren.

Aufgabe 4.8.4.2
Binde- und Lösemittel

Welche Aufgaben haben die Binde- und Lösemittel in den Druckfarben?

Aufgabe 4.8.4.3
Art der Zusammensetzung der Farben

Wovon ist die Art der Zusammensetzung der Druckfarben abhängig?

Aufgabe 4.8.4.4
Art der Zusammensetzung der Farben

a. Weshalb werden den Druckfarben noch spezielle Hilfsstoffe zugemischt?
b. Nennen Sie zwei Hilfsstoffe.

Aufgabe 4.8.4.5
Dispersion

Warum wird die Druckfarbe bei ihrer Herstellung dispergiert?

Aufgabe 4.8.4.6
Pigmentgröße von Toner

Welche Pigmentgröße hat
a. konventioneller Toner,
b. EA-Toner,
c. Flüssigtoner?

Aufgabe 4.8.4.7
Anforderungsprofile

Was versteht man unter
a. Verdruckbarkeit,
b. Bedruckbarkeit?

Aufgabe 4.8.4.8
Trocknungsmechanismen

Worin unterscheidet sich die physikalische von der chemischen Trocknung?

Aufgabe 4.8.4.9
Wegschlagen

Beschreiben Sie die Druckfarbentrocknung durch Wegschlagen.

Aufgabe 4.8.4.10
Rheologie

Welchen Gegenstand behandelt die Rheologie?

Aufgabe 4.8.4.11
Rheologische Eigenschaften

Definieren Sie die drei rheologischen Eigenschaften von Druckfarben
a. Viskosität,
b. Zügigkeit/Tack,
c. Thixotropie.

Aufgabe 4.8.4.12
Lichtechtheit

a. Mit welcher Einheit wird die Lichtheit von Druckfarben bezeichnet?
b. Welchen Wert hat die höchste Lichtechtheit?

Printmedien

5.1 Arbeitsvorbereitung

5.1.1 Arbeitsvorbereitung und Herstellung

Unter Arbeitsvorbereitung verstehen wir die Planung und Vorbereitung eines Arbeitsablaufes in der Herstellung. Zur Arbeitsvorbereitung gehört z.B. die Überprüfung der von einem Kunden gelieferten Vorlagen und Daten, die Zeit-, Material- und Maschinenplanung, die Umfangsberechnung für ein Medienprodukt, Reproduktionsanweisungen für Bilder bezüglich Größe, Ausschnitt, Auflösung usw.

Die Arbeitsvorbereitung wird in vielen Betrieben und Verlagen in der Herstellungsabteilung durchgeführt. Darunter versteht man eine Abteilung, die für alle Planungs- und Überwachungsvorgänge rund um die Produktion eines Medienproduktes verantwortlich ist. Zu diesen Planungsvorgängen gehören:

- Vor- und Nachkalkulation
- Kostenkontrolle
- Manuskriptvorbereitung (AV Text)
- Umfangsschätzung eines Produktes
- Dateneingangskontrolle
- Reproduktionsvorgaben (AV Bild)
- Einrichtung und Überwachung der Satz-, Bild- und Layoutvorgaben
- Ausstattung eines Produktes
- Termindisposition
- Materialdisposition
- Druckplanung
- Weiterverarbeitung und Finishing
- Auslieferung und Versand

5.1.1.1 Arbeitsvorbereitung Text

Manuskript

lat. manu scriptum – mit der Hand geschrieben.
Manus = Hand, Scriptum = Geschriebenes

Als Manuskript wird die Textvorlage in der Medienproduktion bezeichnet, unabhängig davon, wie es dem Medienproduzenten übergeben wird. Üblicherweise wird ein Manuskript in Form einer Textdatei (z.B. Microsoft Word) zur Verfügung stehen, aber auch maschinengeschriebene Manuskripte sind heute durchaus noch anzutreffen.

Die Manuskriptbearbeitung kann durch unterschiedliche Personen durchgeführt werden. Dies können ein Lektor, eine Redaktion und/oder der Hersteller sein. Nach der Ablieferung seines Manuskriptes durch den Autor erfolgt eine formale Korrektur hinsichtlich Rechtschreibung, Zeichensetzung und Grammatik. Durch den Lektor wird eine inhaltliche und stilistische Bearbeitung vorgenommen. Die eigentliche technische bzw. gestalterische Arbeitsvorbereitung wird mit der Satzanweisung erstellt. Dabei wird das Manuskript nach satztechnischen und gestalterischen Aspekten bearbeitet und ausgezeichnet.

Manuskriptvorbereitung
Hier werden alle Vorgaben für die Aufbereitung der Textdatei nach typografischen Gesichtspunkten festgelegt. Das Manuskript wird beim Satz in eine typografische Form gebracht – es wird gestaltet. Der Inhalt des Manuskriptes muss zumindest in der Grundtendenz richtig verstanden werden, um zu einer passenden Form zu finden. Um diese Umsetzung zu visualisieren, sollte eine grobe Planungsskizze (Scribble) erstellt werden, aus der die spätere Form bzw. Textanordnung des Manuskriptes deutlich wird.

Um die gestalterische und technische Umsetzung des Manuskriptes mit Hilfe eines Layoutprogramms durchzuführen, sind die folgenden Angaben für die Umsetzung erforderlich: Schriftart, Schriftgröße, Auszeichnungen, Zeilenabstand, Satzanordnung, Satzspiegel, Spaltenanzahl, Kolumnentitel, Fußnoten, Umfang, Datenformat, Bildanordnung und Bildunterschriften. Je besser und detaillierter diese Anweisungen erstellt werden, umso weniger Korrekturen werden später erforderlich.

Sprachliche Änderungen dürfen an einem Manuskript nicht vorgenommen werden. Dazu ist ein Medienbetrieb nach dem Urheberrecht nicht befugt.

Hat ein Manuskript stilistische Mängel, können Änderungen nur nach Absprache mit dem Autor oder dem Verlag durchgeführt werden. Üblicherweise wird dies von einem Lektor gemeinsam mit dem Autor besprochen.

Sind aus gestalterischen Gründen, z.B. bei Headlines, Änderungen erforderlich, um eine bessere typografische Wirkung zu erreichen, sind vorgeschlagene Änderungen mit dem Lektor oder dem Autor abzustimmen und von diesem zu genehmigen.

5.1.1.2 Arbeitsvorbereitung Bild

Die Vorbereitung der Bildherstellung ist in aller Regel eine technische Arbeitsvorbereitung. Gestalterische Vorgaben für die Bilder wie z.B. Kontern, Bildausschnitt u.Ä. sollten bei der Vorbereitung zum Scannen bereits vorliegen. Nach den gestalterischen Bildvorgaben und den entsprechenden technischen Anweisungen werden die Bildvorlagen reproduziert bzw. vorhandene Bilddateien überprüft.

Die Vorlagenvorbereitung hat im Wesentlichen drei Aufgaben für den Produktionsablauf zu erfüllen:

- Kontrolle der Vorlagen auf Vollständigkeit und Qualität
- Vorlagenverbesserung im Hinblick auf die Verarbeitung. Es könnten eventuell Duplikate oder Dias von schwierigen Bildern erstellt werden. Auch die Möglichkeiten der Digitalfotografie sollten in die AV mit einbezogen werden. Ziel sollte eine möglichst einheitliche (standardisierte) Bilddatenerfassung sein, um die Kosten zu reduzieren und einen gleichbleibenden Qualitätsstandard zu erhalten.
- Erstellen der Reproduktionsanweisung. Hier sind alle eventuellen Fragen im Voraus so zu klären und zu formulieren, dass die eigentliche Reproduktion (bzw. Datenkontrolle bei angelieferten Bilddaten) schnell und reibungslos durchgeführt werden kann. Die Repro- und Scananweisungen sind in einer Auftragstasche festzuhalten, die den Produktionsprozess begleitet. Angaben zur Reproduktion können sein: einfarbig, mehrfarbig, Bildausschnitt, Scanauflösung, Druckauflösung, Vergrößerung, Verkleinerung, Beschnitt, Dateiablage, Rasterung, Strich, Dateiformat, Sonderfarben, Termin, Kontrollelemente usw. Wird die Bilderfassung mit Trommelscannern oder hochwertigen Flachbettscannern durchgeführt, gehört die Bestückung der Wechseltrommeln oder der Diarahmen zur Arbeitsvorbereitung. Der Scanneroperator kann die so vorbereiteten Trommeln oder Rahmen in den Scanner einspannen und nach den mitgelieferten AV-Vorgaben sofort mit dem Scannen der Bildvorlagen beginnen.

5.1.1.3 Text-Bild-Integration

Die erfassten und aufbereiteten Text- und Bilddaten werden üblicherweise über ein Netzwerk mit Server oder mittels CD-ROM auf einen Arbeitsplatzrechner übertragen. Dort werden sie mit

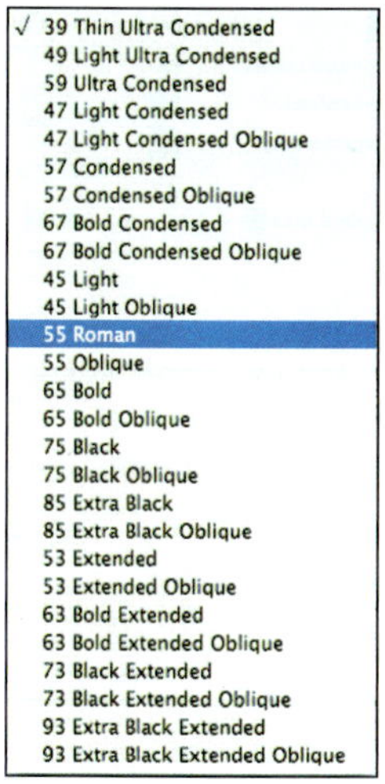

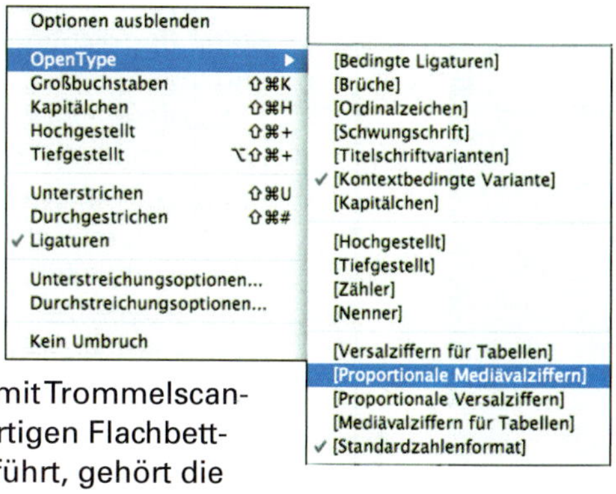

Auszeichnungsmöglichkeiten für Schriften

Hilfe geeigneter Software zu einem digitalen Medienprodukt zusammengeführt. Text, Bild und Grafik werden nach den Layoutvorgaben des Mediendesigners am Bildschirm gestaltet. Dies kann, je nach Medienprodukt, sehr aufwändig oder sehr schnell geschehen.

Das Ergebnis ist in jedem Fall ein gestaltetes digitales Medienprodukt, das als erstes auf seine Richtigkeit überprüft werden muss. Diese erste Korrektur nach dem Seitenumbruch ist die *Hauskorrektur*. Hier werden vom Korrektor die einzelnen Seiten auf Fehler überprüft. Diese Korrektur bezieht sich auf die Rechtschreibung, die Einhaltung der Layoutvorgaben, den korrekten Stand und richtige Zuordnung von Bild und Text.

Nach der Durchführung der Hauskorrektur erhält der Kunde seinen Korrekturabzug – entweder als Ausdruck oder als PDF-Datei. Der Kunde führt nun seine Korrektur durch – die so genannte *Autorenkorrektur*. Diese Korrektur ist gefürchtet! Manche Kunden haben bei ihrer Autorenkorrektur schon ganze Bücher, Prospekte usw. neu geschrieben, so dass manchmal ein komplett neuer Umbruch erstellt werden muss.

Die Zeitdauer der Autorenkorrektur ist für die Herstellung oft schwierig einzuschätzen. Hält sich der Autor an die Zeitvorgaben, ist es gut, wenn nicht, kommt die Zeitplanung ins Wanken.

Wichtig ist die Verteilung der Kosten bei den unterschiedlichen Korrekturen. Die Kosten der Hauskorrektur sind vom Medienbetrieb zu tragen und können nicht dem Kunden in Rechnung gestellt werden. Hat ein Betrieb gut ausgebildete Mitarbeiter, welche die Technologie und die Rechtschreibung beherrschen, sind die Kosten gering. Die Autorenkorrektur trägt der Kunde: Ist im Extremfall ein Neusatz notwendig, weil sich der Kunde ein neues Werk erdacht hat, muss er die Kosten dafür übernehmen. Wird hier ein Autor vor der Autorenkorrektur gut von seinem Medienberater informiert, lassen sich die Kosten in der Regel in vertretbaren Grenzen halten.

Nach der Durchführung der Autorenkorrektur erfolgt die Druckfreigabe durch den Auftraggeber. Die Druckfreigabe wird auch als *Imprimatur* bezeichnet. Nach der durch den Kunden und den Medienbetrieb unterschriebenen rechtsverbindlichen Druckfreigabe kann der Druck durchgeführt werden. Dies gilt sinngemäß auch für die Herstellung von CD-ROMs. Hier kann der Pressvorgang für die Auflage erst nach der Freigabe durch den Kunden erfolgen. Ebenso kann ein Web-Auftritt auch erst nach der Genehmigung durch den Aufraggeber auf einem Webserver freigeschaltet werden.

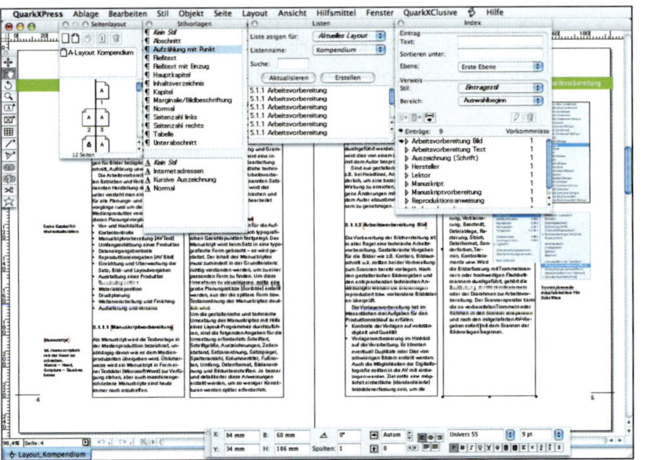

Text-Bild-Integration

an einem PC mit Hilfe eines Layoutprogramms, das den Import von Text- und Bilddaten zulässt. Mit Hilfe eines derartigen Programms lassen sich bei richtiger Einstellung außerordentlich viele Funktionen automatisieren. Dazu müssen von der AV die Nutzung der Stilvorlagen oder Druckformate zwingend vorgegeben werden.

5.1.1.4 Arbeitsvorbereitung Druck

Mit der Druckfreigabe durch den Auftraggeber können alle Tätigkeiten durchgeführt werden, die für den Druck erforderlich sind. Dies ist die Druckformherstellung, das Einrichten und die Farbabstimmung an der Druckmaschine, der Auflagen- oder Fortdruck sowie die Materialbereitstellung.

Die freigegebenen PDF-Daten werden an die Workstation zum Ausschießen weitergegeben und dort zu mehrseitigen Druckformen nach den Vorgaben für die geplante Druckmaschine aufbereitet. Die Druckjobs (siehe Abbildungen rechts) werden nach der Bogenkontrolle am Monitor und mittels Proof über ein RIP direkt auf eine Druckform ausgegeben. Die Druckform wird danach für den Druck bereitgestellt.

Für die Planung des Auflagendrucks muss im Vorfeld festgehalten werden, wie viele Druckformen benötigt werden und wie gedruckt wird (Schöndruck, Schön- und Widerdruck, Umschlagen, Sonderfarben, Druckveredelung usw.). Die Zeit- und Materialdisposition für den Druck muss vorliegen und die benötigten Rohstoffe müssen durch die Materialdisposition zur richtigen Zeit an der Druckmaschine zur Verfügung stehen.

Sind besonders hochwertige Farbdrucke zu erstellen, wird z.B. der Werbeleiter des Auftraggebers zur Farbabstimmung hinzugezogen. Diese Terminabsprache gehört dann ebenfalls zu den Aufgaben der AV.

Da die Druckmaschinenbelegung sehr gezielt und zeitlich sehr genau erfolgen muss, helfen analoge oder, wie rechts abgebildet, digitale Planungsinstrumente, dies durchzuführen. Bei einer vernetzten Druckerei haben alle Mitarbeiter in der Arbeitsvorbereitung Zugriff auf diese Planungstafel. Damit ist gewährleistet, dass es keine Doppelbelegungen der Maschinen gibt und dass alle freien Druckkapazitäten durch entsprechende farbliche Kennzeichnung sofort sichtbar sind.

Der Auflagendruck ist dadurch gekennzeichnet, dass nach festen Vorgaben des Kunden oder nach druckereiinternen Qualitätsrichtlinien die Farbführung geprüft und geregelt wird.

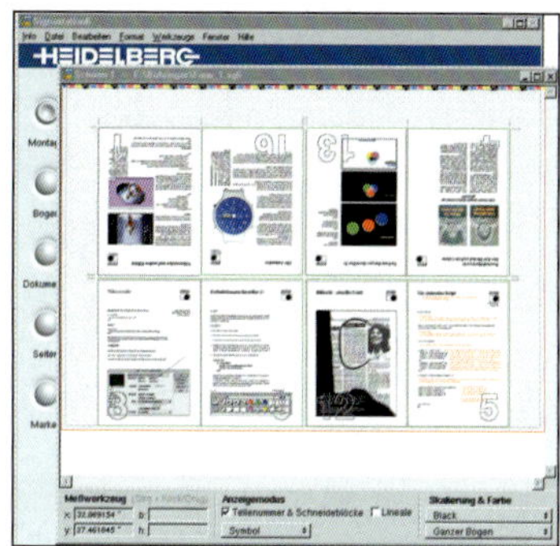

Ausschießen

Die korrigierten PDF-Daten werden an einer Ausschießstation zu Druckformen zusammengestellt. Ein anschließender Formproof ermöglicht die Kontrolle des Ausschießens. Ist der Bogen in Ordnung, wird er als Datei an die RIP-Station übergeben und erscheint dort in einer Warteschleife bis zur Ausgabe auf die gewählte Druckform.

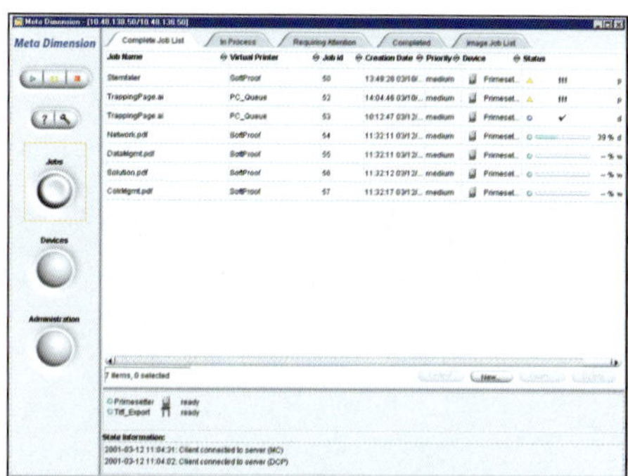

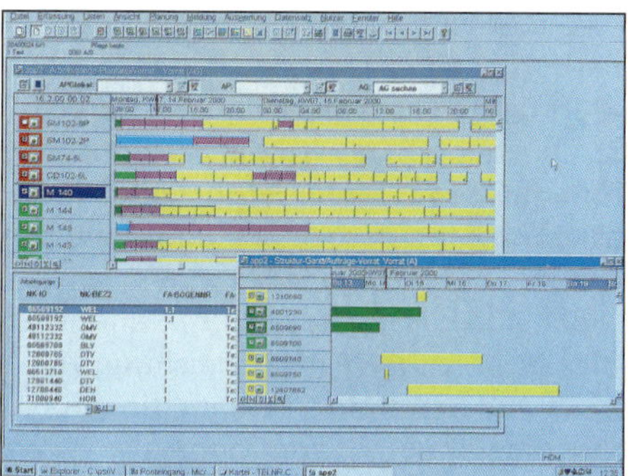

Planungstafel

Die verschiedenen Farben zeigen die Belegung und den Fertigungsstatus der Druckmaschinen für zwei Tage im Überblick. Bei jeder Maschine können durch Anklicken Detailinformationen über den Stand eines Auftrages abgerufen werden, wenn eine Vernetzung zur Maschine gegeben ist.

Hilfszeichen

Eine kleine Auswahl an Hilfszeichen, die in der Druckerei und Buchbinderei Verwendung finden. Passmarken, Formatbegrenzungen und Farbkontrollstreifen werden in den unterschiedlichen Formen benutzt.

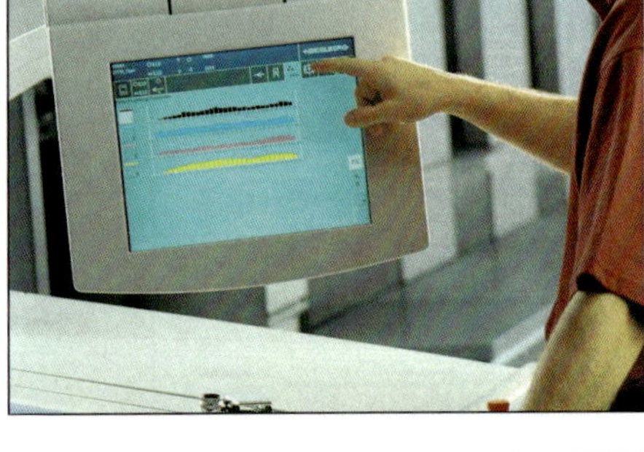

Die Abbildungen oben zeigen das Farbprofil eines Druckauftrages in einer Mehrfarbendruckmaschine. Im darunterliegenden Bild wird die Farbführung innerhalb einer grau dargestellten Farbtoleranz-Zone dargestellt. Innerhalb des grauen Toleranzbereiches muss der Drucker seine Farbwerte fahren. Gelingt dies nicht, ist die Farbabweichung zu groß und es kann zu Reklamationen durch den Kunden kommen.

Übrigens: Die meisten Rechtsstreitigkeiten zwischen Kunden und Druckereien gibt es wegen nicht ausreichender Qualität im Bereich der Bildreproduktion und des mangelhaften Farbdrucks. Hier muss von Seiten der Arbeitsvorbereitung und des betrieblichen Qualitätsmanagements vor allem auf eine korrekte Anwendung messtechnischer Farbbewertung geachtet werden. Das Verständnis für Messtechnik und damit verbundenen Farbmessungen und deren Bewertung kann nur durch die Arbeitsvorbereitung im Rahmen der Qualitätssteuerung gefördert werden.

5.1.1.5 Arbeitsvorbereitung, Weiterverarbeitung und Versand

Der abschließende Produktionsprozess in der Herstellung gedruckter Informationen ist die Druckweiterverarbeitung in der Buchbinderei. Hier erhält die auf Druckbogen oder Papierrollen gedruckte Information ihre endgültige Form. Maschinensysteme und Fertigungsstraßen übernehmen den größten Teil der Produktionsabläufe.

Die Druckweiterverarbeitung stellt Bedingungen an die vorausgehenden Produktionsstufen. Mediengestalter und Drucker müssen bei ihrer Arbeit die Endform des Produktes kennen. Die AV hat daher die Aufgabe, die Gestalt und Form des Endproduktes allen Produktionsbeteiligten bekannt zu machen.

Für die Planung des Endproduktes sind folgende Informationen wichtig: Auflage und Bogenzahl mit Zuschuss, Hilfszeichen für Druck und Buchbinderei, Einstecken und Kleben von Bogenteilen, Bildteilen, Karten, Buchdecken, Buchdeckengestaltung und Bindeart, Verpackung und Versand. Dies alles muss zu vertretbaren Kosten geplant und in aller Regel unter einer ungünstigen Terminplanung realisiert und an den Kunden verschickt werden.

Der Versand organisiert das Verpacken der Fertigprodukte, das Etikettieren, Palettieren und Verladen.

Die Zeit- und Materialdatenerfassung sowie das Überwachen der Produktion hinsichtlich Termin und Qualität ist in allen Fertigungsstufen durchzuführen.

5.1.2 Digitale Auftragsabwicklung

In vielen Druckereien werden die Aufträge mit Hilfe eines Auftragsmanagementsystems AMS bearbeitet, überwacht und betriebswirtschaftlich ausgewertet. Im Rahmen dieser Darstellung geht es zu weit, ein vollständiges AMS vorzustellen. Daher sollen die Ausschnitte dieser Seite einen kleinen Eindruck über ein derartiges System geben. Die Möglichkeiten der unterschiedlichsten Systeme am Markt müssen für die jeweilige Auftrags- und Betriebsstruktur individuell angepasst werden. Dies ist für einen Betrieb und die damit befassten Mitarbeiter eine große Herausforderung, die aber in aller Regel eine Beschleunigung des Auftragsdurchlaufes zur Folge hat. Eine exakte betriebswirtschaftliche Auswertung ermöglicht eine schnelle Schwachstellenanalyse und damit eine effektivere und kostengünstigere Medienproduktion.

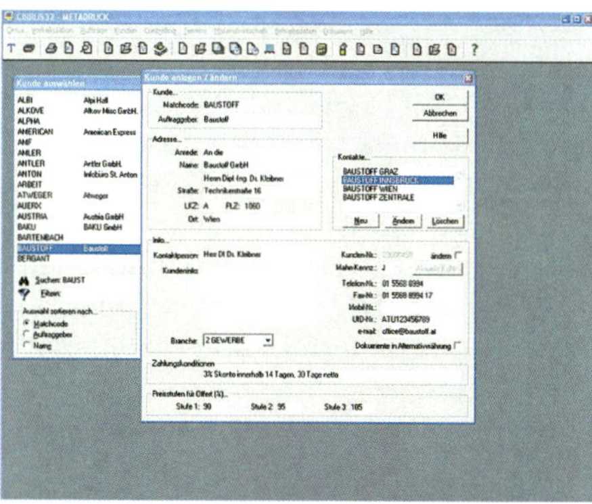

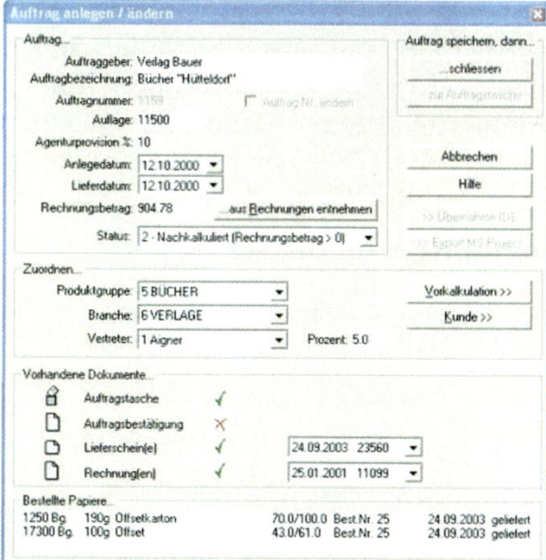

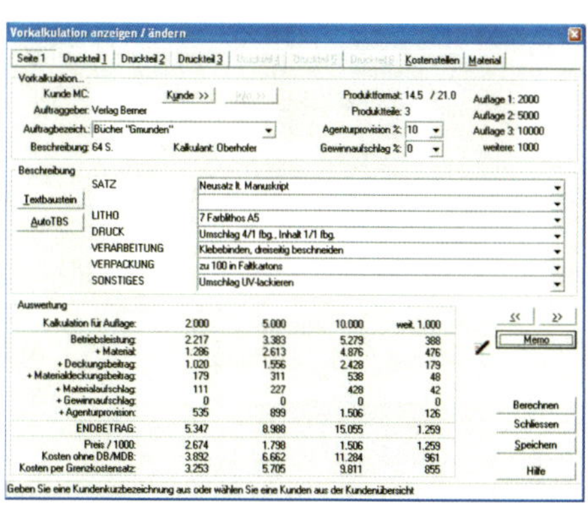

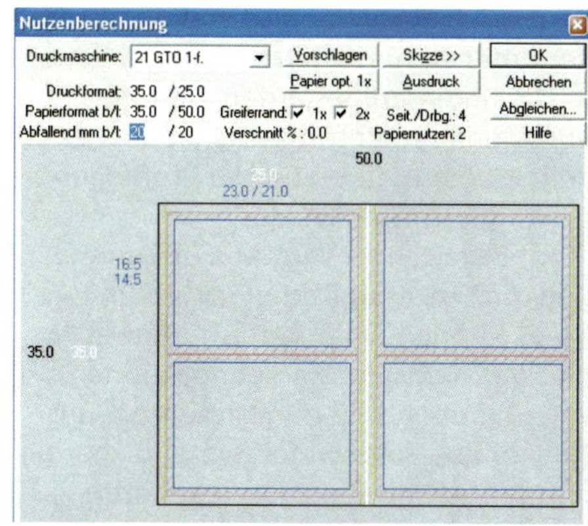

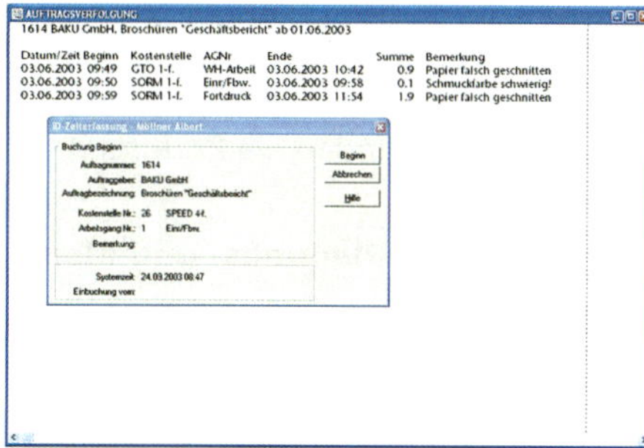

Cirrussoftware

Die Abbildungen zeigen links oben das Anlegen eines Kundendatenblattes. Darunter ist ein Blatt für die Auftragsdefinition gezeigt. Unten links ist das Ergebnis einer Vor- oder Angebotskalkulation abgebildet.
Rechts oben ist das Nutzenberechnungsformular für eine GTO mit der dazugehörenden Nutzenberechnung zu erkennen. Darunter ist die so genannte Auftragsverfolgung mit Angaben zu den verschiedenen Kostenstellen gezeigt. Nähere Informationen sind unter der untenstehenden Adresse zu finden.
www.members.emet.at/Cirrus/
www.printplus.ch

5.1.2.1 Produktionsplanung und -steuerung

Eine Übersicht typischer Prozesse innerhalb einer Druckerei bzw. eines Firmennetzwerkes zur Medienerstellung ist in der untenstehenden Grafik abgebildet.

Die unten aufgeführten Planungs- und Managementprozesse sind in jedem Medienbetrieb für die Produkterstellung erforderlich.

Im Bereich des Vertriebs orientieren sich die Prozesse sehr stark am (möglichen) Kunden. Vom Bereich *Marketing* und *Vertrieb* sind Marketingaktionen vorzubereiten und durchzuführen, um Neukunden zu gewinnen und bisherige Kunden zu betreuen. Dazu gehört das Bearbeiten von Angeboten, das Recherchieren erforderlicher Angebotsdetails sowie das Vorprüfen der Terminierungs- und Produktionsmöglichkeiten. Weiter gehört bei Neukunden die Prüfung der Bonität zur Aufgabe der Angebotserstellung. Ist eine Angebotskalkulation erstellt und dem Kunden vorgelegt worden, muss der Außendienst bei einem Angebot nachfassen, um den Kunden nach Möglichkeit für das Unternehmen zu gewinnen.

Für diese Prozesse sind Informationen des Kunden bezüglich dessen Vorstellungen von Produkt und Liefertermin notwendig. Ebenso muss der Betrieb in der Lage sein, einen möglichen Auftrag unter Technologie-, Kosten-, Kapazitäts- und Terminmöglichkeiten durchzuführen.

Im Bereich der Kalkulation, Auftragsbearbeitung bzw. Arbeitsvorbereitung sind die Prozesse Angebotskalkulation erstellen, Auftragserteilung prüfen, die Kalkulation überarbeiten und den Auftrag zu bestätigen durchzuführen. Bei erteiltem Auftrag sind die Auftragsdaten (siehe Seite 737) zu erstellen, Termine

Überblick über die anfallenden Planungs- und Managementaufgaben

Für alle anfallenden Tätigkeiten innerhalb einer Druckerei sind die unterschiedlichsten Planungs- und Ausführungsarbeiten durch die AV zu koordinieren. Um während einer Auftragsproduktion immer auf dem aktuellen Sachstand zu sein, ist eine zentrale Vernetzung zu jedem Arbeitsplatz hilfreich. Durch ein Jobticket zu jedem Auftrag und ein Auftragsmanagementsystem lässt sich der Auftragsstatus jederzeit nachverfolgen und von den Herstellern abrufen.

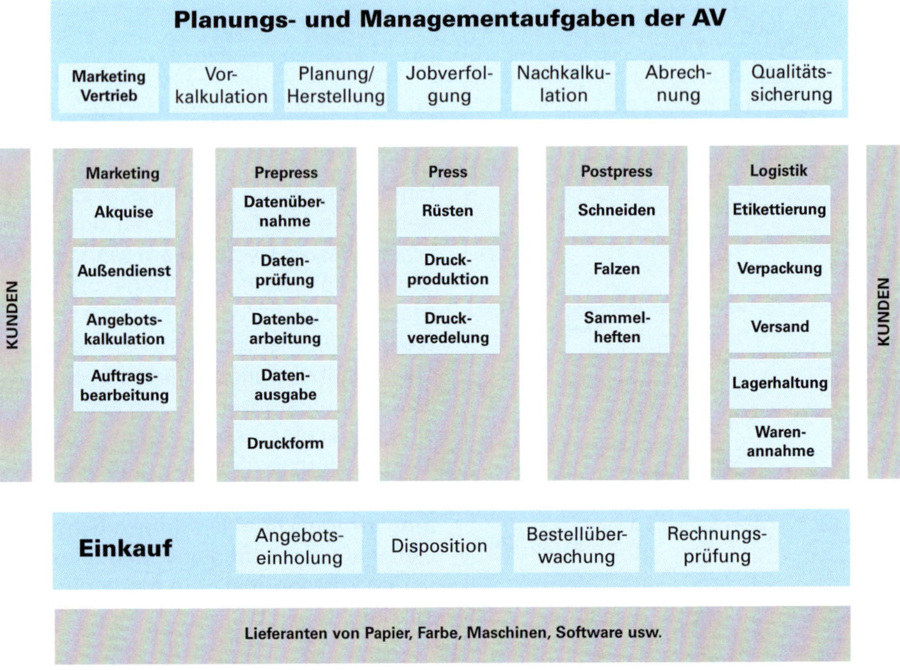

abzusprechen und Detailplanung für die Produktion vorzunehmen.

Für die Kalkulation sind detaillierte Informationen über den Produktaufbau und den geplanten Produktionsfluss notwendig. In einer vernetzten Druckerei ist es sinnvoll, die Daten mit den Auftragsinformationen an die Produktionsplanung und -steuerung zu übergeben, sobald der Auftrag an die Druckerei vergeben wurde. Diese Informationen werden zur Steuerung des Produktionsablaufes verwendet. Durch eine solche Vorgehensweise wird eine doppelte Dateneingabe vermieden und die Qualität der Planungen verbessert.

Planung und Steuerung

Die wichtigsten Prozessüberlegungen im Bereich der Produktionsplanung und -steuerung sind die Festlegung und Strukturierung der einzelnen Produktionsschritte. Dabei wird der Gesamtauftrag in einzelne Teilaufträge zerlegt (z.B. Scannen, Texterfassung, Druckmaschine einrichten). Danach wird geplant, an welchen Kostenstellen mit welchem Personal, welchen Arbeitsmitteln, welchem Materialbedarf in welcher Zeit und Reihenfolge die einzelnen Teilaufträge zu erledigen sind.

Nachdem für alle Teilaufträge eines Produktes die Planungen durchgeführt und festgelegt sind, wird ein Terminplan erstellt und mit den Produktionsabteilungen bzw. -stellen abgesprochen.

Wenn die Daten für die Produktion zur Verfügung stehen, die einzelnen Aufträge für die Produktion geplant, freigegeben und das erforderliche Material für die Produktion bereitsteht, kann die konkrete Einplanung der Fertigungsaufträge auf verschiedene Maschinen und Arbeitsplätze durchgeführt werden.

Damit beginnt gleichzeitig die Überwachung des Arbeitsfortschritts und die Terminkontrolle.

Die Bereiche der Medienproduktion gliedern sich in die Teilbereiche Vorstufe (Prepress), Druck (Press) und Weiterverarbeitung (Postpress) und deren Produktionsprozesse.

Vorstufenprozesse

- Beratung von Verkauf und Kunden
- Prüfung und Korrektur von Daten
- PDF-Seiten erstellen, korrigieren, proofen, Seiten ausschießen und Bogenmontage
- Druckformen herstellen, kontrollieren und diese Prozesse dokumentieren
- Zeit- und Materialdaten erfassen
- Überwachung der Produktion hinsichtlich Termin und Qualität

Im Bereich der Vorstufe kann es zu Teilüberschneidungen mit dem Außendienst kommen. Vor allem die Beratung der Kunden während der Produktion und die Übergabe und das Handhaben der Korrekturen muss im Betrieb vor Produktionsbeginn geklärt werden. Dies gilt ebenso für den Bereich des Drucks, wenn es an das Andrucken und die Farbabstimmung geht. Dies muss bereits vor dem Druckbeginn eindeutig geregelt werden.

Druckprozesse

- Einrichten bzw. Rüsten einer Druckmaschine

Schema der Aufgaben und Funktionen der Arbeitsvorbereitung

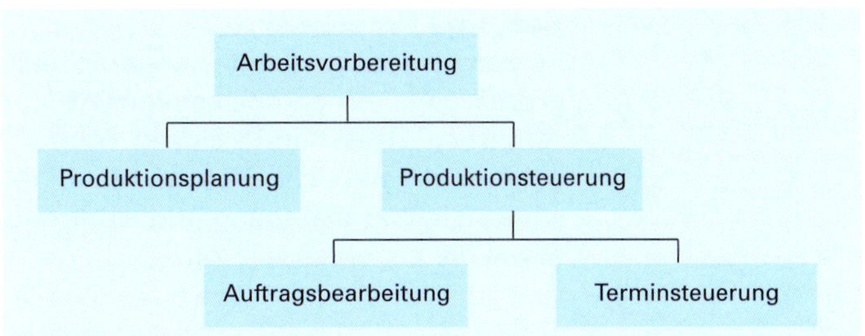

- Andrucken und Farbabstimmung mit dem Proof oder Andruck
- Auflagen- oder Fortdruck
- Zeit- und Materialdaten erfassen
- Überwachung der Produktion hinsichtlich Termin und Qualität

Im Rahmen einer vernetzten Druckerei ist es möglich, die Rüst- und Andruckzeiten der Druckmaschine zu reduzieren, wenn auftragsbezogene Voreinstelldaten genutzen werden können. Dadurch werden die Rüstzeiten sowie der Makulaturanfall reduziert. Dies gilt auch für Voreinstellungen für Maschinen in der Druckweiterverarbeitung.

Abhängig von der Unternehmensgröße und -struktur werden die Planungen für einzelne Bereiche und Prozesse von Produktions- oder Abteilungsleitern übernommen. In Klein- und Mittelbetrieben werden verschiedene Prozesse in Personalunion von einer Person geplant, die AV dazu durchgeführt und die Ausführung überwacht.

Druckweiterverarbeitungsprozesse

- Schneid- und/oder Falzmaschinen einrichten
- Weiterverarbeitung wie Trimmen, Sammeln, Heften, Schneiden, Falzen, ...
- Zeit- und Materialdaten erfassen
- Überwachung der Produktion hinsichtlich Termin und Qualität

In vielen Medienbetrieben und Buchbindereien sind die Versandprozesse in die Druckweiterverarbeitung integriert.

Versandprozesse

- Fertigprodukte verpacken, Etikettieren, Palettieren
- Paletten verladen
- Zeit- und Materialdaten erfassen
- Überwachung der Produktion hinsichtlich Termin und Qualität

Sonstige Prozesse

Zu den bis jetzt genannten Produktionsprozessen kommen noch einige wesentliche Prozessbereiche dazu. Hierzu gehören die Bereiche Einkauf, Materialwirtschaft, Wareneingang und -kontrolle sowie die Lagerverwaltung.

Prozesse im Bereich Einkauf und Materialwirtschaft

- Fremdarbeitenvergabe
- Preis- und Leistungsvergleiche
- Materialbestellung und Abwicklung
- Anfragen und Angebote
- Terminüberwachung bei Bestellungen und Fremdarbeiten
- Zentraler Einkauf
- Lagerführung und -überwachung
- Abwicklung von Speditionsaufträgen
- Lieferung annehmen und prüfen
- Wareneingangskontrolle und Qualitätsprüfung
- Materialfluss an Vorstufe, Druck und Weiterverarbeitung nach Terminierung ausführen
- Inventur nach Vorgaben durchführen
- Zeit- und Materialdaten erfassen
- Überwachung der Produktion hinsichtlich Termin und Qualität

Prozesse der Buchhaltung und der Qualitätssicherung

- Rechnungen überprüfen
- Rechnungen bezahlen
- Kundenrechnungen erstellen
- Zahlungseingänge prüfen
- Mahnwesen durchführen
- Arbeitszeiten- und Urlaubskonten führen
- Löhne, Gehälter, Zuschläge, Sonderzahlungen berechnen und bezahlen
- Auftragscontrolling
- Nachkalkulation
- Soll-Ist-Leistungsvergleiche
- Festlegen der Prüfmerkmale und Fehlerarten für Qualitätsmanagement
- Qualitätsdokumentation
- Wareneingangskontrolle
- Produktionskontrolle für Teilprodukte
- Produktionsendkontrolle
- Fehlerstatistik führen, auswerten und Abhilfemaßnahmen erarbeiten
- Kunden- und Lieferantenreklamationen bearbeiten

5.1.3 Daten im Medienbetrieb

Schwierige Fragen: Wem gehören welche Daten, wie wird archiviert und was muss an wen geliefert werden?

Eine sehr prolematisches Thema für einen Medienbetrieb ist der Umgang mit Kunden- und Produktionsdaten. Wie halten wir es mit den Daten für unsere Produkte, wie wird archiviert und wem gehören eigentlich welche Daten?

Dies ist eine schwierige Fragestellung und eine eindeutige Antwort ist hier nicht zu geben – das hängt in der Regel vom Einzelfall und von den abgeschlossenen Verträgen ab. Grundsätzlich gilt aber, dass diese Frage in einer Druckerei ebenso zu prüfen ist wie in einer Multimedia-Agentur. Angebote und Vertragsentwürfe sollten auf die Fragen zum Datenhandling eine klare Antwort geben.

Kontrolle der Kundendaten

Ein Medienproduzent muss grundsätzlich eine Überprüfung der gelieferten Kundendaten durchführen und diese Datenkontrolle protokollieren. Ein Kunde muss vereinbarungsgemäß mangelfreie Daten liefern. Eine Hilfe für die Lieferung mangelfreier Daten ist die exakte Definition für den Kunden, was für jeden Auftrag unter magelfreien Daten zu verstehen ist. Für den Kunden ist dies eine praktische Hilfestellung, wenn er genau definiert erfährt, wie er seine Daten zu erstellen und zu liefern hat.

Sollten sich bei der Anlieferung und Prüfung der Daten Probleme und Fehler ergeben, kann der Medienproduzent auf die vereinbarten Datendefinitionen verweisen.

- Der Kunde kann die Mängel an seinen Daten selbst beheben. Die gelieferten Daten werden dann an den Kunden zurückgeschickt.
- Der Kunde wird informiert über die Mängel an seinen Daten und das Angebot, die Daten durch den Medienproduzenten korrekt aufzubereiten. Dabei ist zu beachten, dass für diesen Auftrag eine korrekte Beschreibung erstellt wird. Darin darf nur die Behebung der Fehler zum Auftragsgegenstand gemacht werden. Weiter gehende Leistungen hinsichtlich der späteren Medienproduktion dürfen in der Auftragsbeschreibung nicht enthalten sein. Der Auftrag muss sich auf die reine Fehlerbeseitigung beschränken.
- Der Medienproduzent beseitigt die angetroffenen Fehler an den gelieferten Kundendaten, ohne den Auftraggeber zu informieren. Der Medienproduzent haftet in diesem Fall für alle auftretenden Fehler.

Produktionsdaten

Bei der Umarbeitung der gelieferten Kundendaten fallen Dateien an, die zur Herstellung erforderlich sind. Diese Daten und deren Struktur sieht und kennt der Kunde nicht, da er ihren produktionstechnischen Sinn nicht kennen muss. Diese Daten sind allerdings oft für eine weitere Produktion (Nachdruck, Folgeauftrag) hochinteressant, da sich durch die Auswertung dieser Daten oftmals deutlich kostengünstiger produzieren lässt.

Möchte nun ein Kunde diese Daten dazu nutzen, um selbst oder bei einem anderen Unternehmen zu produzieren, so ist der Medienbetrieb nicht verpflichtet, diese Daten an den Kunden herauszugeben. Der Kunde hat z.B. einen fertigen Prospekt bestellt, aber keine Zwischenerzeugnisse. Daher hat der Kunde keinen Anspruch auf irgendwelche Zwischenprodukte.

Ein Medienproduzent muss nur die vom Kunden gelieferten Daten und das gefertigte Produkt ausliefern. Wichtig ist, dass von den gelieferten Kundendaten vor Produktionsbeginn eine Sicherungskopie erstellt wird, damit die Originaldaten tatsächlich zurückgegeben werden können.

Alle produktionstechnischen Zwischenstufen wie z.B. PostScript-Dateien, PSD-Daten mit Ebenen oder PDF-Daten sind Eigentum des Produzenten. Um sicherzustellen, dass kein Anspruch auf die erstellten Daten geführt werden kann, müssen im Angebot die Leistungen des Medienbetriebes genau beschrieben werden. Dabei darf nur das Medienprodukt als Liefergegenstand mit Preis erscheinen. Das Medienprodukt selbst muss gestalterisch und technisch beschrieben werden. Es darf aber kein Bezug zu irgendwelchen Produktionsdaten im Angebot oder in einer Rechnung hergestellt werden.

Archivierung von Produktionsdaten
Ein Kunde hat keinen Anspruch auf die Archivierung seiner Produktionsdaten. Sind bei mehrfach durchgeführten Aufträgen allerdings die Produktionsdaten immer archiviert und zum Teil für weitere Aufträge auch genutzt worden, kann sich der Kunde auf diese „gewohnheitsmäßige Archivierung" verlassen. Es ist prinzipiell sogar möglich, dass sich daraus ein Haftungsanspruch ableiten lässt. Archiviert ein Produzent gewohnheitsmäßig die Produktionsdaten und seine Kunden wissen dies, muss er die Archivierung sehr sorgfältig durchführen. Maßstab für die Sorgfaltspflicht ist der allgemeine Umgang mit den Daten im Produktionsbetrieb und der damit verbundene Stand der Archivierungstechnik.

Für einen Produzenten ist es ratsam, einen Haftungsausschluss in seine Geschäftsbedingungen einzubringen und die Art, Dauer und Technologie der Archivierung festzulegen.

Der Produzent eines Medienproduktes muss an den Auftraggeber keine Zwischenergebnisse herausgeben. Wird ein spezialisiertes Subunternehmen mit einem Teil zur Ausführung betraut, besteht ein Vertrag zwischen Produzent und Subunternehmen. Der Subunternehmer muss keine Zwischenergebnisse an den Auftraggeber herausgeben, da kein Vertragsverhältnis besteht.

Andruck und Digitalproof
Viele Kunden liefern Druckereien einen Digitalproof oder einen Andruck als verbindliche Vorlage für den geplanten Auflagendruck. Da die Herstellungsbedingungen des Auflagendrucks oft nicht mit denen des Proofs/Andrucks übereinstimmen, kommt es fast zwangsläufig zu Farbabweichungen. Daher muss in den Verträgen zwischen Kunden und Produzent festgelegt werden, wie bei Abweichungen zu verfahren ist.

Manchmal sind die traditionellen Methoden hier das Beste. Eine gemeinsame Farbabstimmung von Kunde und Mediendienstleister zu Beginn des Auflagendrucks mit einer unterschriebenen Druckreiferklärung und schriftlicher Druckfreigabe (Imprimatur) ist für alle Beteiligten der einfachste und unproblematischste Weg, um zu einer qualitätsvollen und rechtsunproblematischen Medienproduktion beizutragen.

5.1.4 Aufgaben „Arbeitsvorbereitung"

Aufgabe 5.1.4.1
Aufgaben der AV kennen und beschreiben

Beschreiben Sie die allgemeinen Aufgaben der Arbeitsvorbereitung in einem Medienbetrieb.

Aufgabe 5.1.4.2
Aufgaben der AV kennen und beschreiben

Nennen Sie wichtige Planungs- und Überwachungsaufgaben für die Herstellung eines Medienproduktes.

Aufgabe 5.1.4.3
Personal der AV und Herstellung benennen

Welche Berufsgruppen können in der AV oder Herstellungsabteilung einer Druckerei oder eines Verlages tätig sein?

Aufgabe 5.1.4.4
AV für Manuskripte beschreiben

Welche Vorgaben müssen in der Arbeitsvorbereitung für ein Textmanuskript festgelegt werden?

Aufgabe 5.1.4.5
AV für die Bildreproduktion beschreiben

Welche Aufgaben hat die AV für die Bildbearbeitung durchzuführen?

Aufgabe 5.1.4.6
Korrekturarten der Medienproduktion kennen

Erläutern Sie die folgenden Begriffe:
a. Hauskorrektur
b. Autorenkorrektur
c. Imprimatur

Aufgabe 5.1.4.7
AV für die Druckerei aufzeigen

Welche Tätigkeiten muss die Arbeitsvorbereitung für den Druck eines Werkes vorplanen?

Aufgabe 5.1.4.8
AV für die Weiterverarbeitung darstellen

Nennen Sie die wichtigsten Prozesse, die für die Druckweiterverarbeitung geplant werden müssen!

Aufgabe 5.1.4.9
AMS kennen und beschreiben

Welche Aufgaben und Funktionen hat ein Auftragsmanagementsystem/AMS in einem Medienbetrieb?

Aufgabe 5.1.4.10
Planungsaufgaben der AV kennen

Nennen Sie die planenden und steuernden Aufgaben sowie Funktionen der Arbeitsvorbereitung.

Aufgabe 5.1.4.11
Vernetzte Druckerei als Begriff kennen

Welche Vorteile bietet eine vernetzte Druckerei der Arbeitsvorbereitung?

Aufgabe 5.1.4.12
Datenhandling rechtlich einordnen können

Wer ist der „Eigentümer" von erstellten Produktionsdaten z.B. für ein neu gedrucktes Buch, wenn keine klaren Verträge vorliegen?

5.2 Color Management

5.2.1 Wie viel CMYK ist Erdbeerrot?

Sie fotografieren Walderdbeeren mit Ihrer Digitalkamera oder mit der Analogkamera auf ein bestimmtes Aufnahmematerial. Das Bild soll in einem Bildverarbeitungsprogramm bearbeitet und dann z.B. in einem Buch über die Früchte des Waldes veröffentlicht werden.

Betrachten wir einmal den Workflow von der Aufnahmesituation bis hin zum fertigen Printprodukt unter dem Gesichtspunkt: Konsitenz der Farben. Konsistent kommt aus dem Lateinischen und bedeutet widerspruchsfrei, zusammenhängend. Bei der Verarbeitung von Farben heißt dies, dass z.B. die Farben Ihrer Erdbeeren im Druck gleich wirken wie die der Erdbeeren im Wald.

Jede Station des Workflows, von der Bilddatenerfassung mit der Kamera oder dem Scanner über die Verarbeitung im Computer mit entsprechender Software und die Darstellung auf dem Monitor bis hin zu Proof und Druck, erfordert eine systembedingte Transformation der Farben. Schon die Länge dieses Satzes zeigt die Komplexität des Workflows. Um der Forderung nach Konsistenz gerecht zu werden, müssen die Art der Farbwiedergabe aller Systemkomponenten im Workflow bekannt sein und aufeinander abgestimmt werden. Hier setzt das Color Management an. In einem Color-Management-System, CMS, werden die einzelnen Systemkomponenten des Farbworkflows von der Bilddatenerfassung über die Farbverarbeitung bis hin zur Ausgabe in einem einheitlichen Standard erfasst, kontrolliert und abgestimmt.

Und wissen Sie schon die Antwort auf die Frage: Wie viel CMYK ist Erbeerrot? In diesem Kapitel auf Seite 682 finden Sie die Lösung.

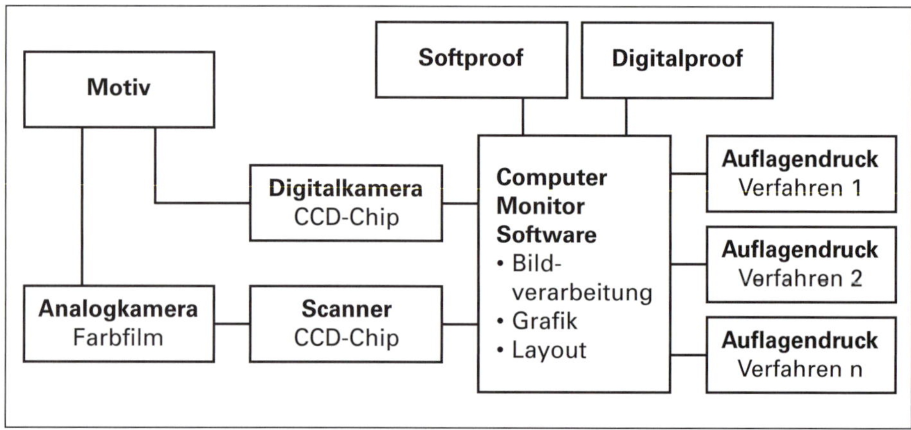

Vom Motiv zu Druck

In jeder Station des Workflows werden die Farben des Motivs mit unterschiedlichen Prozessparametern wiedergegeben.

5.2.2 ICC-Profile

Die Spezifikation der Farbcharakteristik eines Gerätes bzw. eines Ausgabeprozesses erfolgt durch so genannte Farbprofile. Farbprofile sind Datentabellen, in denen die Farbcharakteristik bezogen auf definierte Referenzwerte beschrieben ist. Damit die Kompatibilität zwischen den einzelnen Komponenten des Farbworkflows gewährleistet ist, sind Inhalt und Struktur der Profile genormt.

1993 hat das ICC, International Color Consortium, ein Zusammenschluss führender Soft- und Hardwarehersteller unter der Federführung der FOGRA, das plattformunabhängige ICC-Geräteprofil-Format festgelegt. ICC-Profile sind grundsätzlich unabhängig vom Erstellungsprogramm in jeder ICC-kompatiblen Software bzw. auf jedem ICC-kompatiblen Gerät einsetzbar. In der Praxis zeigt sich jedoch, dass sich die Profile abhängig von der Soft- und Hardware, die bei der Profilerstellung verwendet wurde, durchaus unterscheiden. Die Ergebnisse der Farbraumtransformation, dem Gamut-Mapping, sind ebenfalls vom Color-Management-System abhängig. Daraus ergeben sich für Sie bestimmte Faktoren, die Sie bei der Erstellung und Anwendung von ICC-Profilen beachten sollten:

- Messgerät für die Farbwerterfassung
- Software zur Profilerstellung
- Einstellparameter bei der Profilerstellung
- CMM (Color Matching Modul), z.B. ColorSync, beim Gamut-Mapping

ICC-Profil

ISO coated Standardprofil für den Offsetdruck auf gestrichene Papiere, Farbwerte der ersten 10 von 1485 Farbfeldern der Testform

```
ECI2002
ORIGINATOR     "FOGRA, www.fogra.org"
DESCRIPTOR        "FOGRA27L.txt"
CREATED           "September 2003"
INSTRUMENTATION  "GRETAGMACBETH SpectroChart and SpectroScan, D50, 2 degree, geometry
45/0, no polarisation filter, white backing"
PRINT_CONDITIONS "Offset printing, according to ISO/DIS 12647-2:2003, OFCOM, paper
type 1 or 2 = coated art, 115 g/m2, screen ruling 60 cm-1, positive-acting plates,
see readme"
NUMBER_OF_FIELDS 11
BEGIN_DATA_FORMAT
SAMPLE_ID  CMYK_C  CMYK_M  CMYK_Y  CMYK_K   XYZ_X   XYZ_Y   XYZ_Z    LAB_L   LAB_A   LAB_B
END_DATA_FORMAT
NUMBER_OF_SETS 1485
BEGIN_DATA
1              0       0       0       0   86.98   89.93   78.05    95.97   0.50    -3.30
2              0      10       0       0   79.99   79.68   70.70    91.54   6.27    -4.57
3              0      20       0       0   73.09   69.78   63.43    86.89   12.42   -5.83
4              0      30       0       0   66.44   60.37   56.15    82.04   19.04   -6.90
5              0      40       0       0   60.10   51.55   48.94    77.01   26.20   -7.69
6              0      55       0       0   51.00   39.11   37.81    68.83   38.73   -7.94
7              0      70       0       0   43.21   28.85   27.82    60.65   52.23   -7.06
8              0      85       0       0   37.20   21.41   20.20    53.39   64.90   -5.49
9              0     100       0       0    2.64   16.19   14.79    47.23   75.94   -3.75
10            10       0       0       0    7.33   81.66   75.69    92.42   -2.79   -7.41
```

5.2.3 Eingabeprofilierung

5.2.3.1 Digitalkamera-Profilierung

Jede Digitalkamera hat eine eigene Farbcharakteristik, die sich in der Aufnahme bzw. Wiedergabe von Farben zeigt. Mit der Profilierung wird dieser so genannte Gerätefarbraum eindeutig definiert.

Profilerstellung

Zur Erstellung von ICC-Profilen Ihrer Digitalkamera benötigen Sie neben der CM-Software ein spezielles Testchart. Die Testfelder des Charts verteilen sich mit verschiedenen Farben und unterschiedlichen Helligkeits- bzw. Sättigungswerten über das ganze Chartformat. Um Reflexionen zu vermeiden und trotzdem eine möglichst optimale Farberfassung zu erreichen, sollte die Oberfläche halbmatt sein. Im CM-System der Firma GretagMacbeth sind Testcharts, so genannte Color Checker, im Lieferumfang enthalten. Die IT8-Charts zur Scannerprofilierung sind für die Kameraprofilierung ungeeignet.

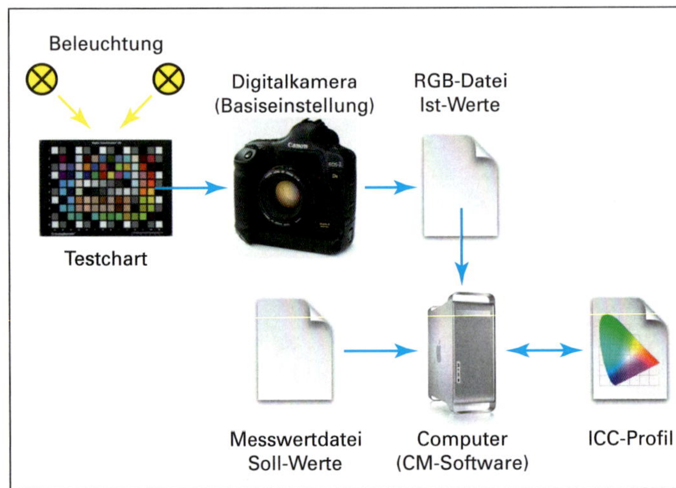

Schema der Digitalkamera-Profilierung

Die Beleuchtung spielt naturgemäß bei der fotografischen Aufnahme eine entscheidende Rolle. Durch die Profilierung in verschiedenen Beleuchtungssituationen können Sie Profile für verschiedene Lichtarten und Einsatzzwecke erstellen. Diese entsprechen den verschiedenen Filmtypen in der Analogfotografie.

Selbstverständlich ist ein korrekter Weißabgleich die Grundvoraussetzung für die Erstellung eines guten Kameraprofils. Die übrigen Kameraeinstellungen wie z.B. Schärfefilter sollten bei der Aufnahme zur Profilierung die Basiseinstellung haben.

Profileinbindung

Nach der Profilerstellung müssen Sie jetzt im Dienstprogamm Ihrer Kamera das Kameraprofil als Quellprofil und das Zielprofil als Arbeitsfarbraum, in dem Ihr Bild gespeichert wird, definieren.

5.2.3.2 Scannerprofilierung

Für die Profilierung Ihres Scanners stehen von verschiedenen Herstellern Softwaretools zur Verfügung. Die Vorgehensweise ist grundsätzlich bei allen Tools die gleiche.

Test-Target scannen

Mit Ihrer Profilierungssoftware erhalten Sie verschiedene Testvorlagen, so genannte Test-Targets. Das Testbild ist dabei immer dasselbe, die IT8-Vorlage. Sie müssen aber für Aufsicht und Durchsicht jeweils eigene Profile erstellen. Ebenso unterscheidet sich die Farbcharakteristik der Aufnahmematerialien der verschiedenen Hersteller, z.B. Kodak oder Fuji.

Welche Scanparameter Sie einstellen müssen, wird von der Profilierungssoftware vorgegeben. Grundsätzlich gilt, wie bei der Profilierung einer Digitalkamera, stellen Sie in der Scansoftware alle Größen auf die Basiseinstellung.

ICC-Scanprofil berechnen

Die Profilierungssoftware vergleicht jetzt die gescannten Farbwerte der Testvorlage mit den gespeicherten Referenzfarbdaten. Aus dem Vergleich ergibt sich die individuelle Farbcharakteristik ihres Scanners bezogen auf die jeweilige Testvorlage.

Als Ergebnis der Berechnung erhalten Sie ein ICC-Profil.

ICC-Profil speichern

Damit Sie das Scannerprofil auch nutzen können, müssen Sie es im entsprechenden Ordner des Betriebssystem ablegen. Meist bietet Ihnen die Profilierungssoftware beim Speichern diese Option direkt an.

Wenn Sie das Profil erst später oder ein geliefertes Scannerprofil speichern wollen:

- Mac OS X
  Festplatte > *Users* > *Username* > *Library* > *ColorSync* > *Profiles*
- Windows 2000 und XP
  Festplatte > *WINNT* > *system32* > *spool* > *drivers* > *color*

ICC-Profil einbinden

In der Scannersoftware müssen Sie das Scannerprofil und das Zielprofil auswählen. Das Scannerprofil beschreibt als Quellprofil die Farbcharakteristik Ihres Scanners, das Zielprofil gibt den Arbeitsfarbraum vor, in dem die Bilddatei gespeichert wird. Wenn Sie kein eigenes Scannerprofil haben, dann wählen Sie das mitgelieferte Standardprofil des Scanners als Quellprofil aus.

IT8.7/2-Test-Target zur Scannerprofilierung

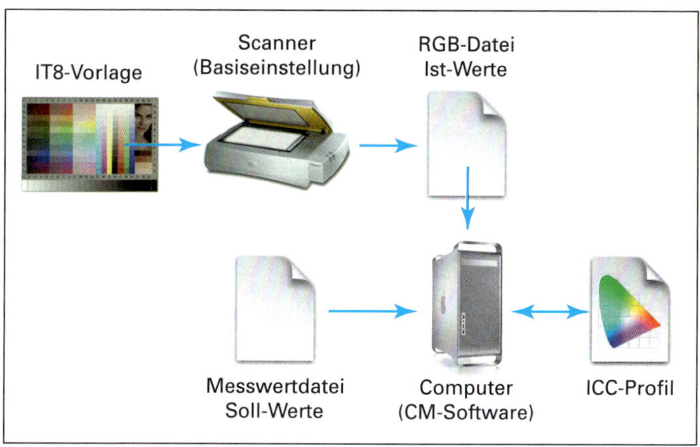

Schema der Scannerprofilierung

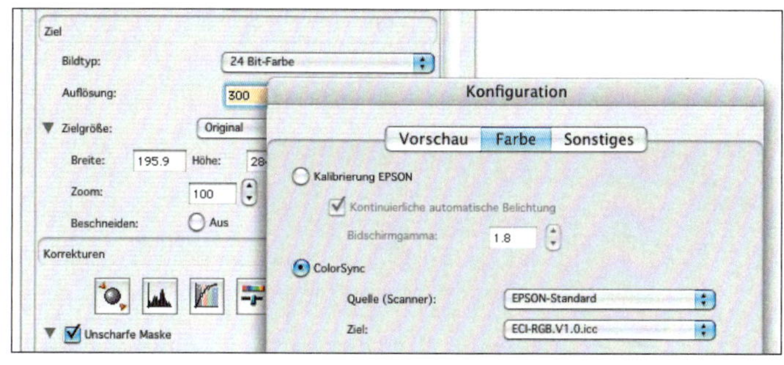

ICC-Profilauswahl

Eingabeprofilerstellung mit Heidelberg Scanopen

Schritt 1

Öffnen Sie die gescannte Datei und die dazugehörigen Referenzfarbdaten. Die Textdatei der Referenzfarbdaten ist ebenso wie die Testvorlage Teil des Scanopen-Pakets.

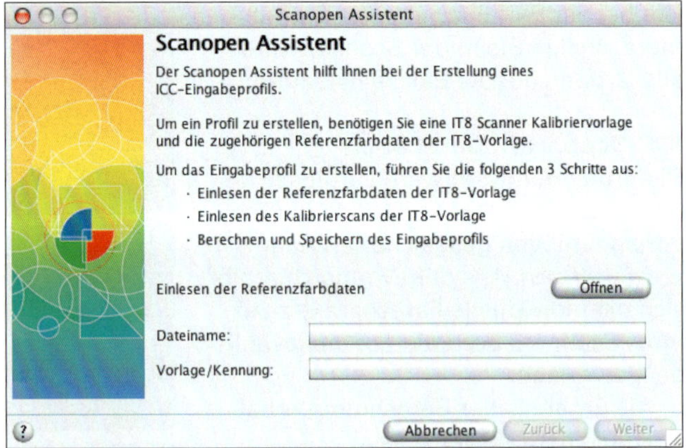

Schritt 2

Positionieren Sie die gescannte Testdatei im Scanopen-Fenster. Die Software erfasst anschließend automatisch die IST-Werte.

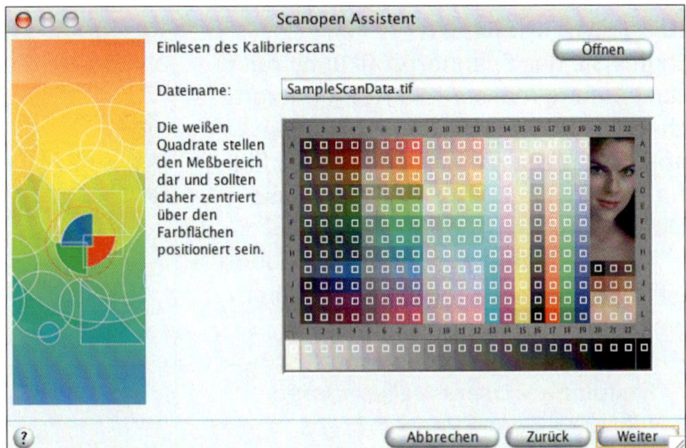

Schritt 3

Berechnen und Speichern des ICC-Scannerprofils

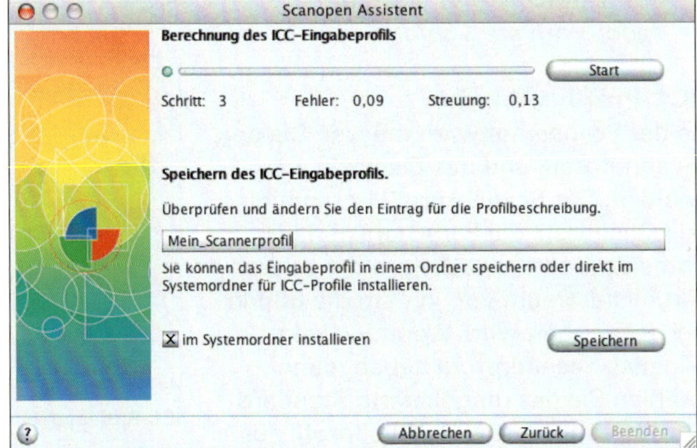

5.2.3.3 Eingabe-Profilvergleich

Die dreidimensionale Darstellung der ICC-Profile im Lab-Farbraum zeigt den unterschiedlichen Farbraumumfang der verschiedenen Eingabe-Farbräume.

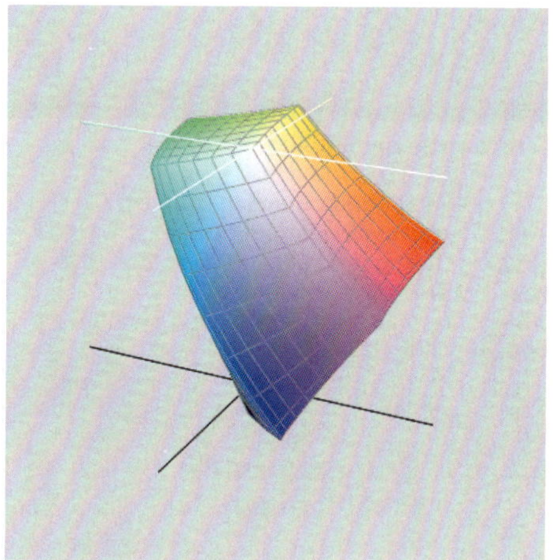

Nikon sRGB-Farbraum

Häufig verwendeter Standard-RGB-Farbraum in der Digitalfotografie mit Digitalkameras der Firma Nikon.

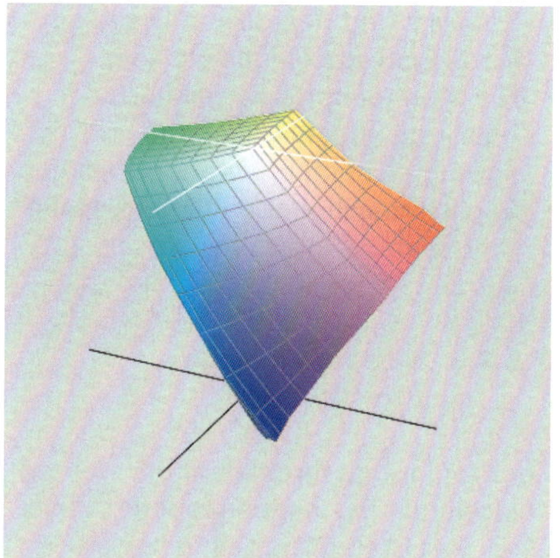

Kodak Generic DCS Camera Input

Allgemeiner RGB-Farbraum in der Digitalfotografie mit Digitalkameras der Firma Kodak.

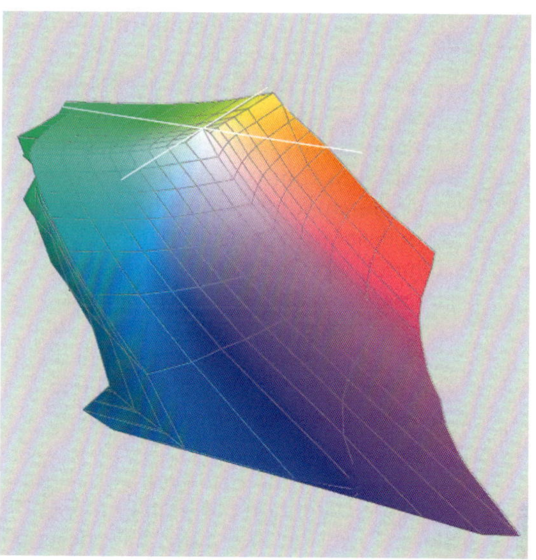

Epson RGB-Farbraum

Farbraum des Epson Scanners 1670

5.2.4 Monitorprofilierung

Der Monitor ist im Workflow die visuelle Schnittstelle zwischen dem Mediengestalter und den Farben des Bildes bzw. der Grafik. Sie haben in allen Programmen die Möglichkeit, Farben numerisch zu kontrollieren und bei Bedarf auch durch numerische Eingabe zu modifizieren. Trotzdem ist die visuelle Beurteilung der Monitordarstellung immer noch das Wichtigste bei der Farbverarbeitung. Deshalb ist es unabdingbar, dass Sie nicht nur die Eingabe und die Ausgabe im Druck profilieren, sondern auch die Ausgabe auf dem Monitor.

Ein konsistenter Farbworkflow erfordert die Definition der Monitordarstellung. Dies lässt sich durch Kalibrierung und Profilierung ihres Monitors durch ICC-Profile erreichen. Sie können ein Profil messtechnisch oder visuell mit verschiedenen Dienstprogrammen wie z.B. Adobe Gamma oder dem Apple Monitorkalibrierungs-Assistenten erstellen.

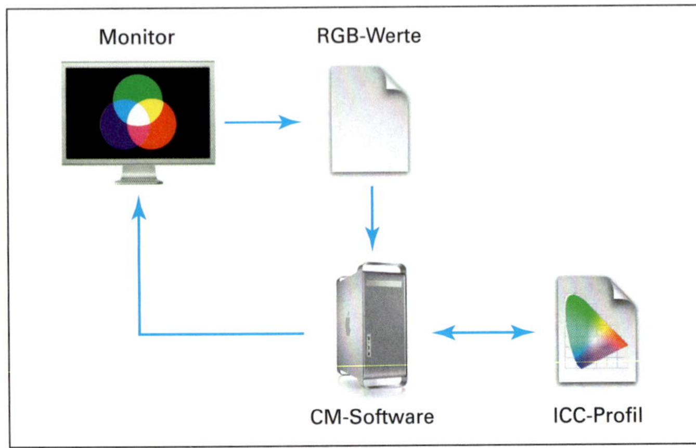

Schema der Monitorprofilierung

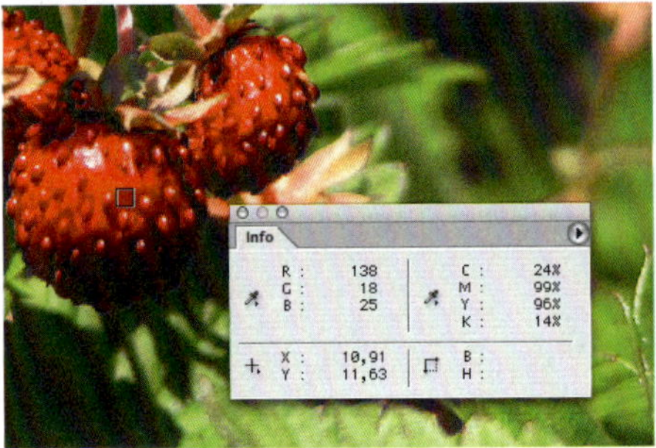

Farbwerte in der Info-Palette

Die Info-Palette zeigt die RGB- und die CMYK-Werte der ausgewählten Bildstelle (schwarzes Quadrat) bezogen auf die eingestellten RGB- bzw. CMYK-Arbeitsfarbräume.

Die RGB- und CMYK-Werte sind unabhängig vom gewählten Monitorprofil.

5.2.4.1 Grundregeln der Profilierung

Die messtechnische oder visuelle Profilierung eines Monitors erfolgt immer nach den gleichen Regeln:

- Der Monitor soll wenigstens eine halbe Stunde in Betrieb sein.
- Kontrast und Helligkeit müssen auf die Basiswerte eingestellt sein.
- Die Monitorwerte dürfen nach der Messung und anschließender Profilierung nicht mehr verändert werden.
- Bildschirmschoner und Energiesparmodus müssen deaktiviert sein.

5.2.4.2 Messtechnische Profilierung

Zur Profilierung Ihres Monitors werden verschieden Systeme angeboten. „Eye-One“ von GretagMacbeth ist eines davon. Neben der Monitorprofilierung gibt es in „Eye-One“ auch Module zur Profilierung von Scannern, Datenprojektoren und Druckern.

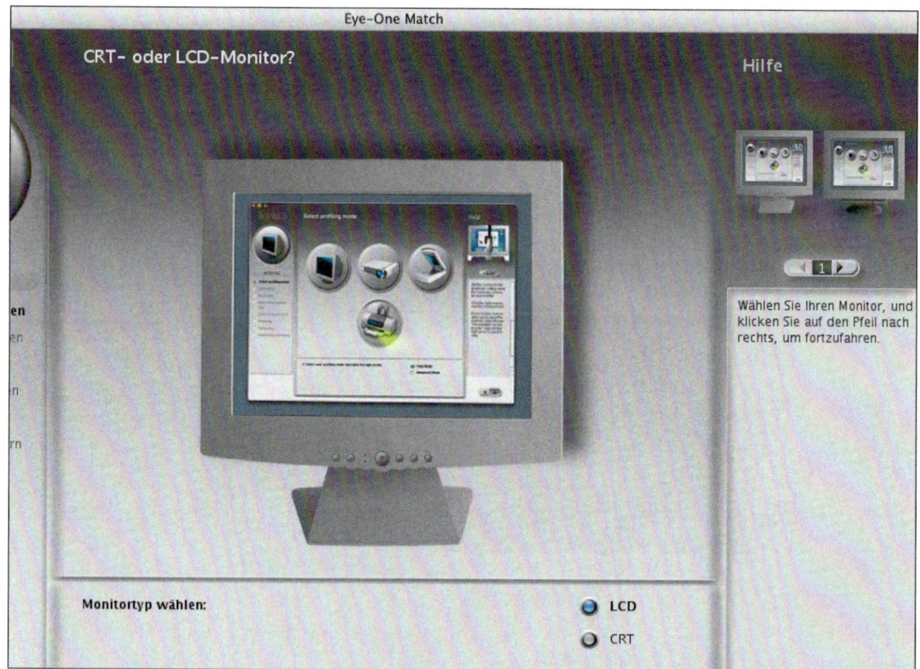

Schritt 1

Nach dem Start des Programms wählen Sie den Kalibrierungsmodus. Im erweiterten Modus haben Sie mehr Einstellmöglichkeiten als im Basismodus.

Wählen Sie anschließend den Monitortyp. Die besondere Bauart des Messgerätes erlaubt es, sowohl Flachbildschirme als auch Röhrenmonitore zu kalibrieren.

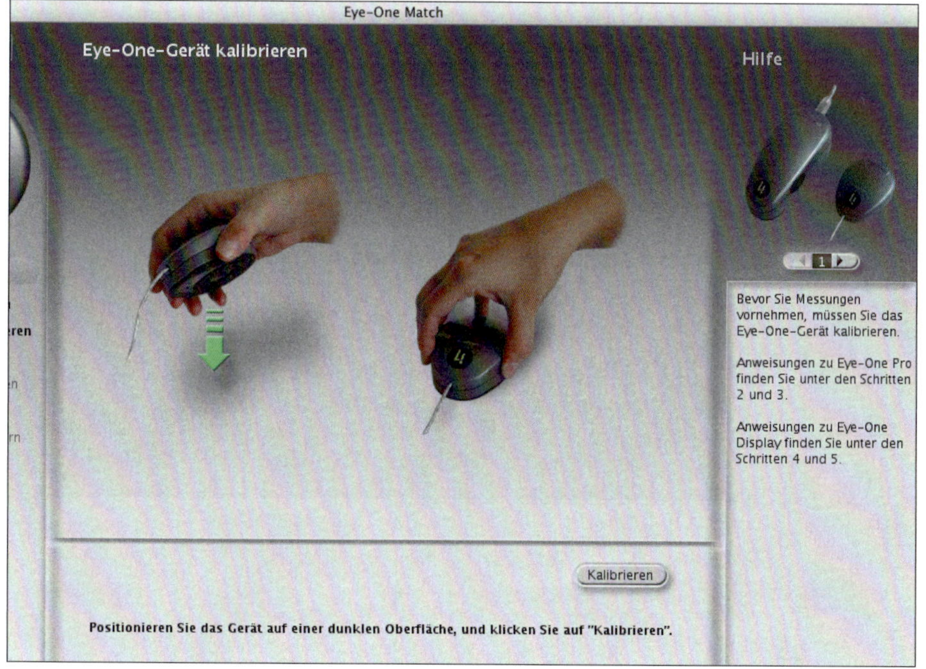

Schritt 2

Das Messgerät muss vor der Messung auf einer schwarzen Fläche kalibriert werden.

Schritt 3

Sie müssen den Weißpunkt vor Beginn der Messung festlegen. Die Einstellung 5000K (D50) erscheint als gelbliches Weiß. Sie ist aber nach der Norm die korrekte Einstellung für die Farbabstimmung in der Druckindustrie.

Die korrekte Gammaeinstellung ist für Apple Macintosh-Computer 1.8 und für Windows-PC 2.2.

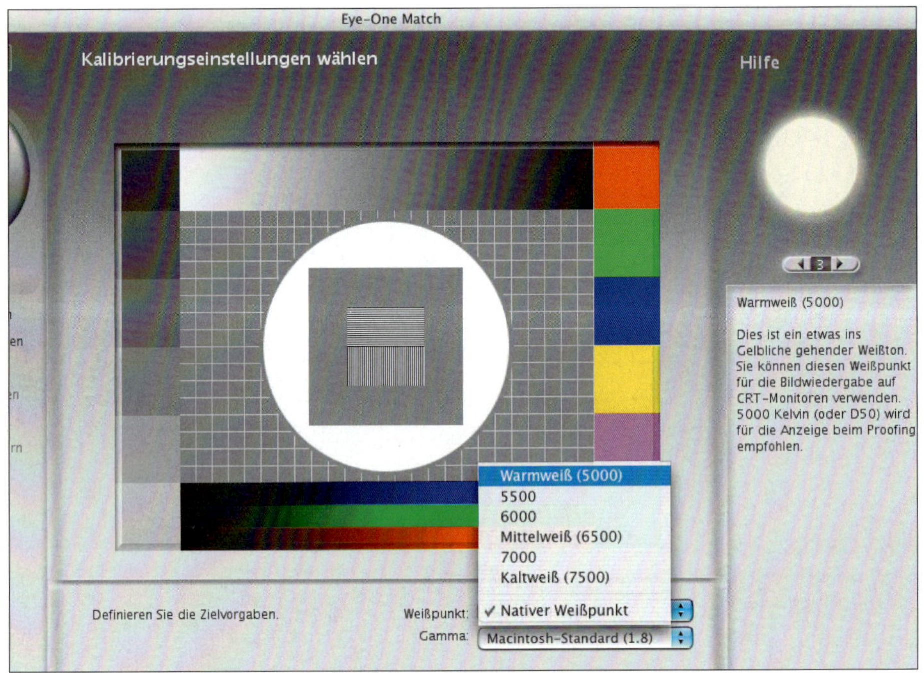

Schritt 4

Nach der Einstellung des Weißpunktes positionieren Sie das Messgerät auf dem Monitor und starten die Messung. Auf dem Monitor erscheinen jetzt verschiedene von der Kalibrierungssoftware gesteuerte Farben. Die dargestellten RGB-Werte werden gemessen und in das nach der Messung berechnete Monitorprofil aufgenommen.

Nach Abschluss der Farbmessung errechnet Eye-One automatisch das Monitorprofil. Sie können jetzt dem Monitorprofil einen eigenen Namen vergeben und es abspeichern.

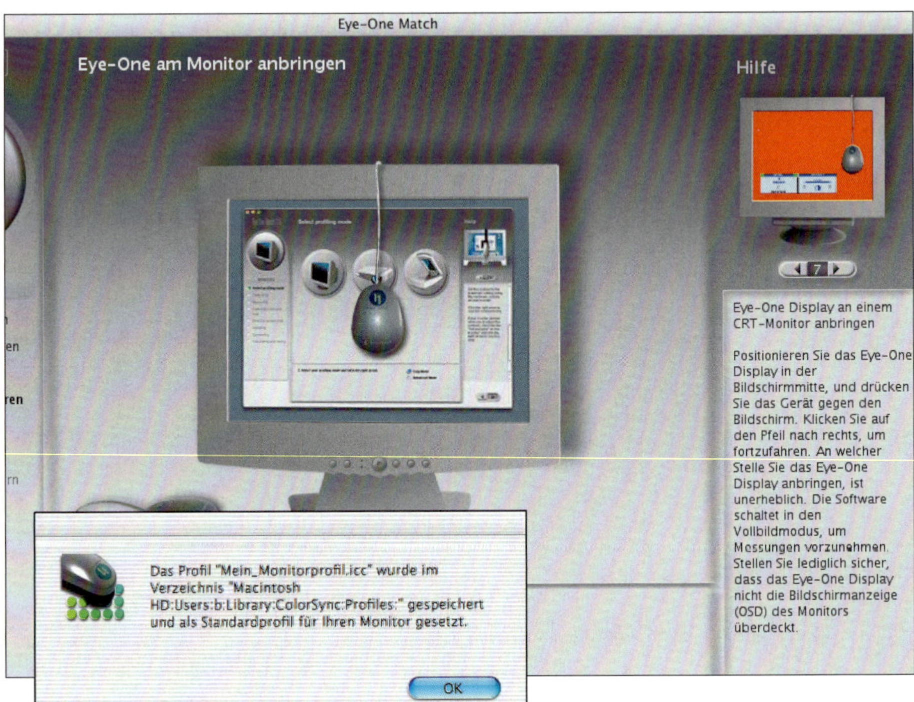

5.2.4.3 Visuelle Profilierung

Apple Monitorkalibrierungs-Assistent

Auf dem Apple Macintosh können Sie unter Mac OS X mit dem Monitorkalibrierungs-Assistenten ein Monitorprofil erstellen (Menü *Apple > Systemeinstellungen... > Monitore > Farben > Kalibrieren*). Die Einstellungen erfolgen durch die numerische Eingabe der Farbtemperatur und des Monitorgammas sowie nach Ihrer visuellen Beurteilung. Das Profil entspricht damit natürlich nicht ganz der Objektivität eines messtechnisch erstellten ICC-Profils.

1

2

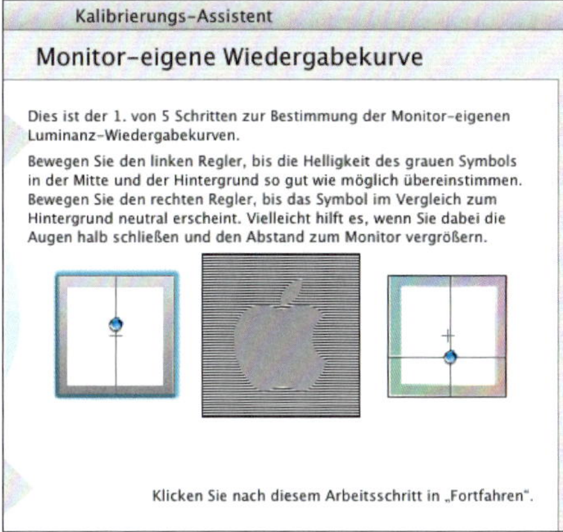

3

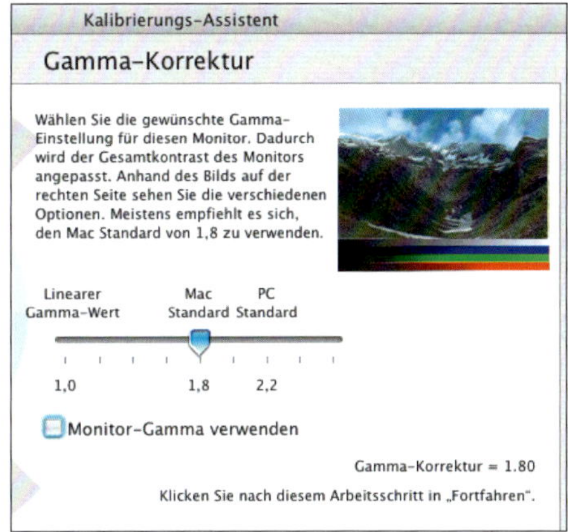

4

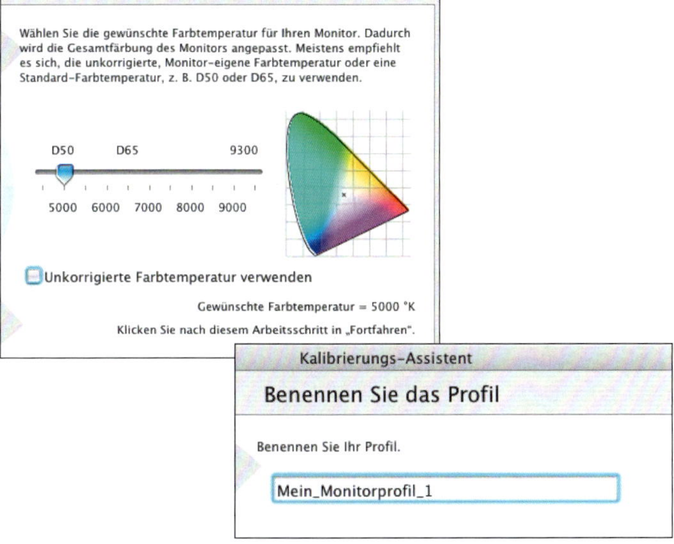

Adobe Gamma-Assistent

Auf dem PC unter Windows oder auf dem Apple Macintosh unter Mac OS 9.x können Sie mit dem Adobe Gamma-Assistenten ein visuelles ICC-Profil erstellen. Der Gamma-Assistent wird bei der Installation von Adobe Photoshop automatisch mit installiert. Sie finden Gamma auf der Festplatte Ihres PCs im Ordner *Programme > Gemeinsame Dateien > Adobe > Calibration.*

1

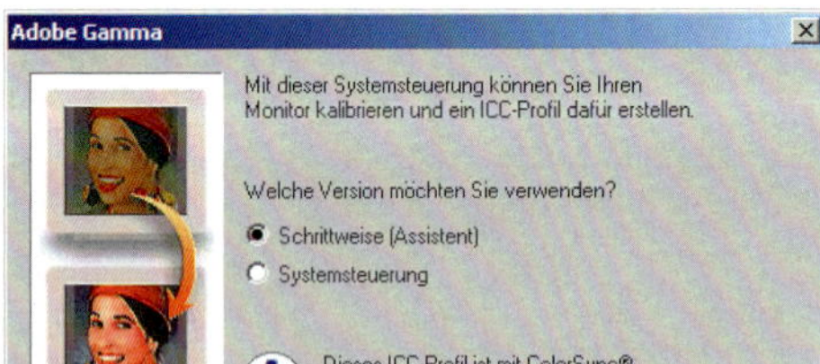

2

3

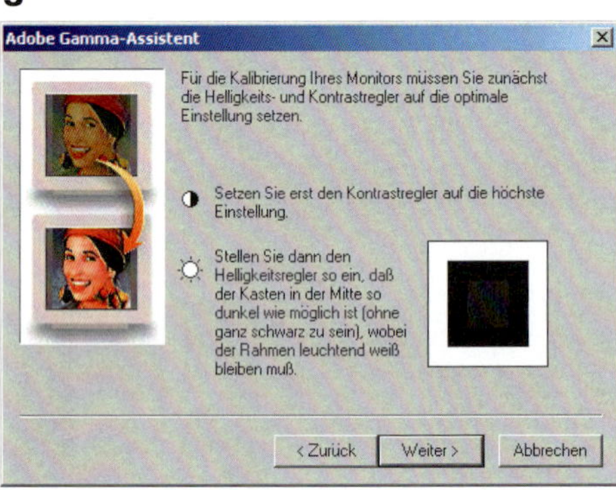

4

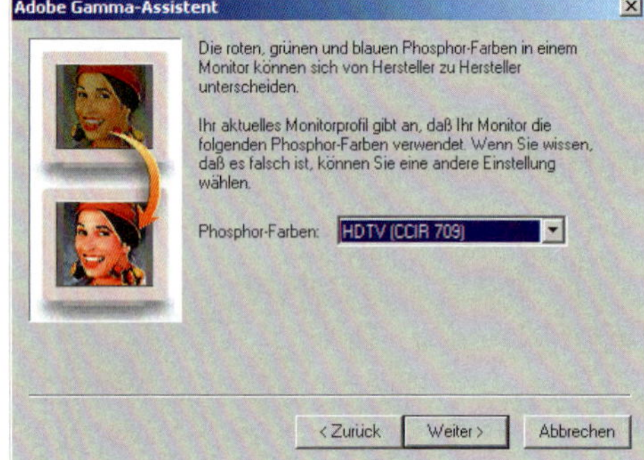

5

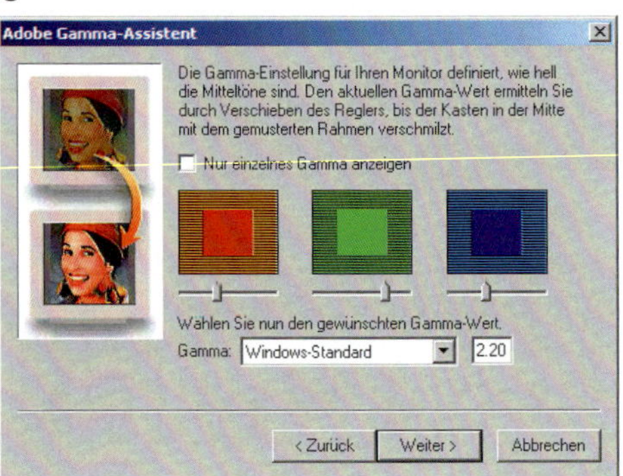

6

7

8

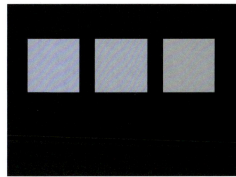

9

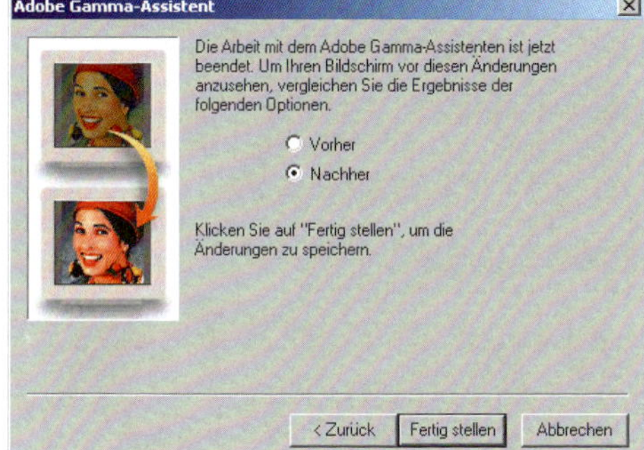

10

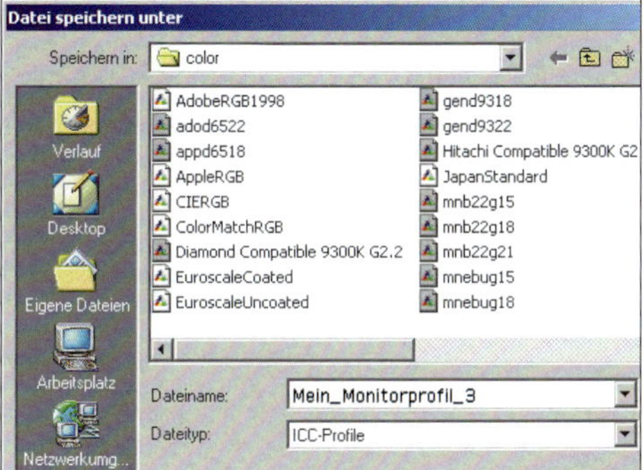

5.2.4.4 Profilspeicherung und -zuweisung

Mac OS X

- Speicherpfad *Festplatte > Users > Username > Library > ColorSync > Profiles*
- Profilzuweisung *Systemeinstellungen > Monitore > Farben > Profil auswählen*

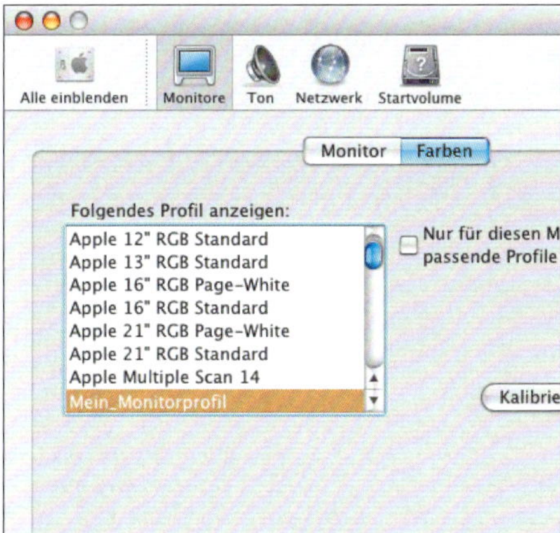

Windows 2000 und XP

- Speicherpfad *Festplatte > WINNT > system32 > spool > drivers > color*
- Installation nach dem Speichern (Kontextmenü)
- Profilzuweisung *Systemsteuerung > Anzeige > Einstellungen > Erweitert > Farbverwaltung > Hinzufügen*

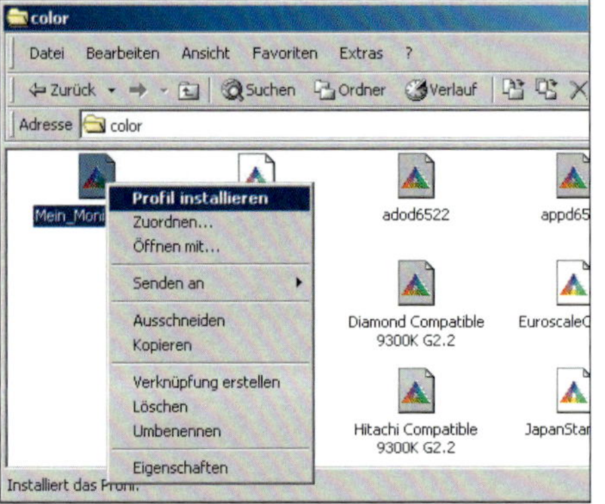

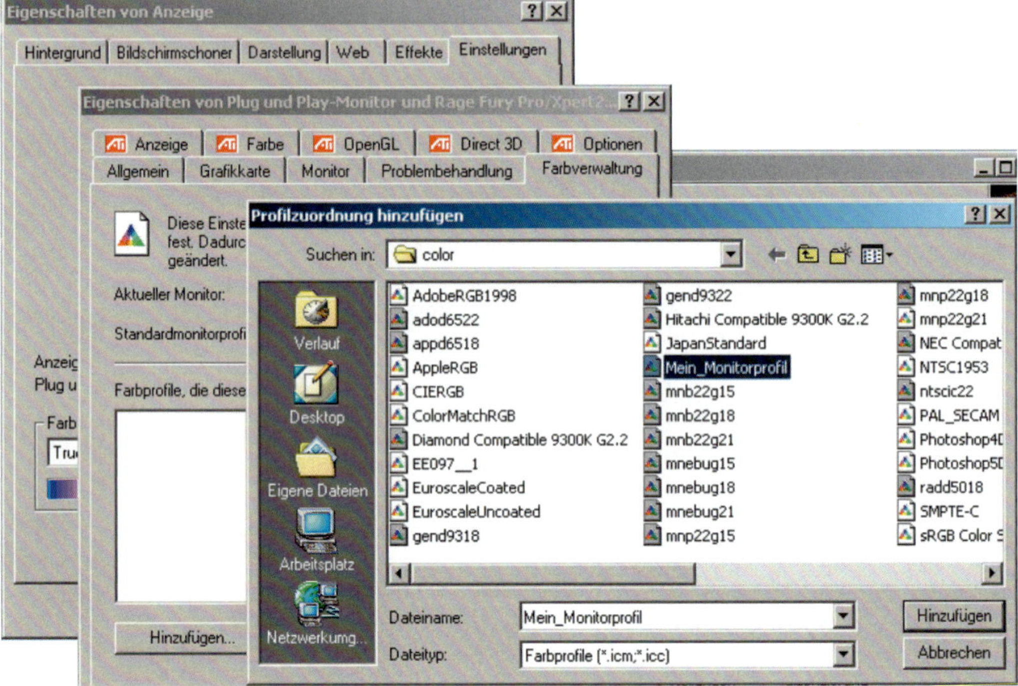

5.2.4.5 Monitor-Profilvergleich

Die dreidimensionale Darstellung der ICC-Profile im Lab-Farbraum zeigt den unterschiedlichen Farbraumumfang der verschiedenen Monitor-Farbräume.

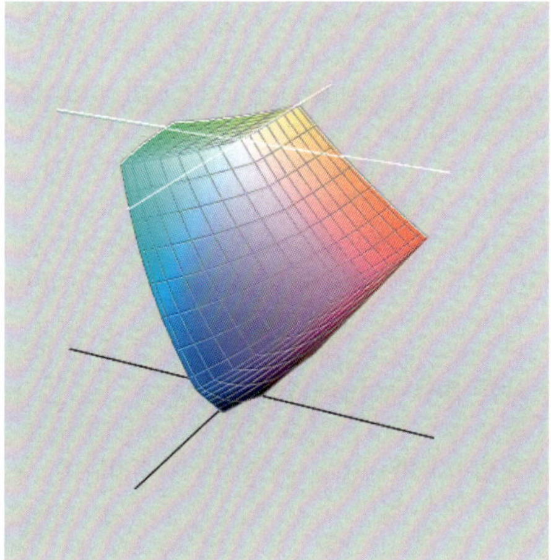

Mein_Monitorprofil

Messtechnisch mit Eye-One von GretagMacbeth erstelltes ICC-Monitorprofil

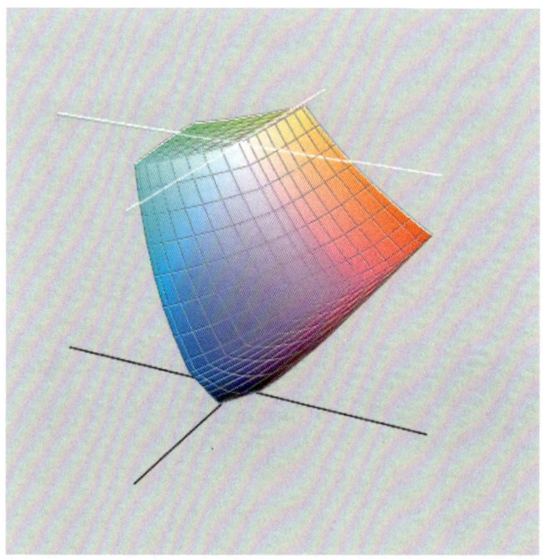

Mein_Monitorprofil_1

Visuell mit dem Apple-Monitorkalibrierungsassistenten erstelltes Monitorprofil

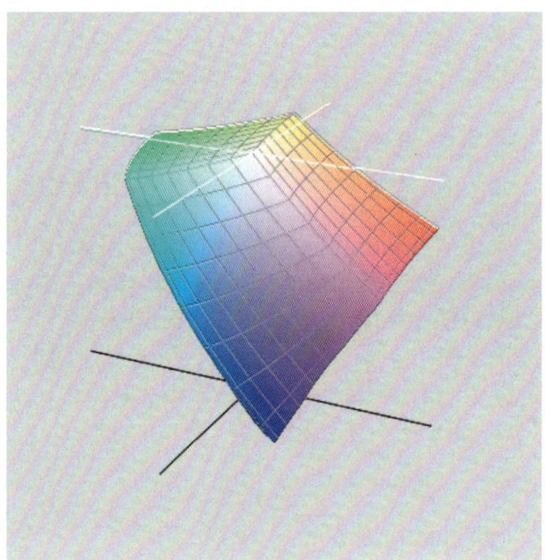

Generisches Monitorprofil

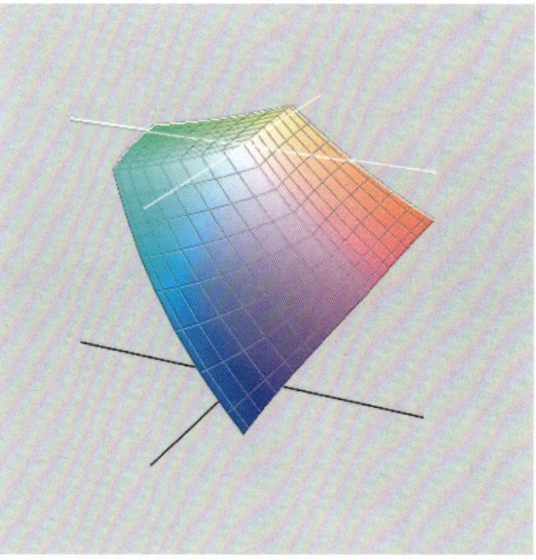

Apple Monitorprofil Multiple Scan 20-D50

5.2.5 Ausgabeprofilierung

Systeme zur Profilierung der Druckausgabe werden von verschiedenen Herstellern angeboten. Alle Systeme enthalten Dateien zur Erzeugung eines Testdrucks, Ist-Werte als Referenzdateien und ein spektralfotometrisches Messgerät zur Messung der Testdrucke.

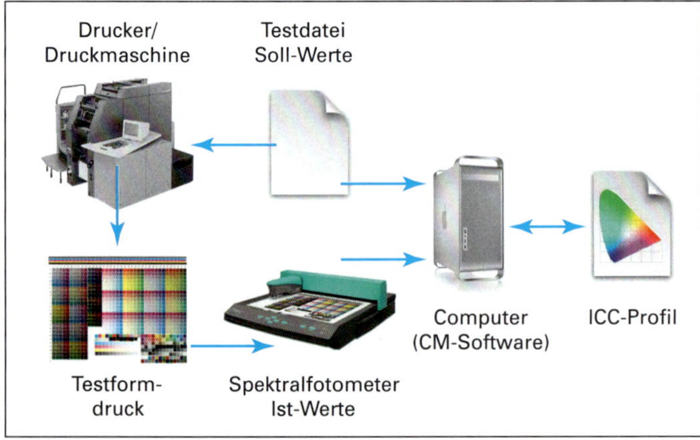

Schema der Ausgabe-Profilierung

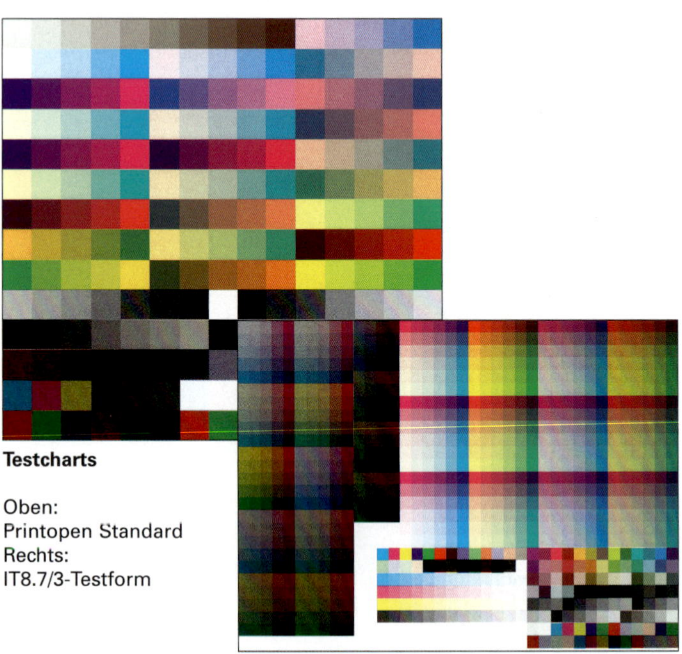

Testcharts

Oben:
Printopen Standard
Rechts:
IT8.7/3-Testform

5.2.5.1 Verfahrensablauf

Die Profilerstellung erfolgt in allen Systemen in drei Phasen:

Ausdrucken der Testform
Die als Datensatz vorliegende Testvorlage wird als Druckdatei an den Drucker übermittelt und ausgedruckt. Im konventionellen Druck wird die Datei unter standardisierten Bedingungen auf Film belichtet und dann auf die Druckform kopiert bzw. über CtP direkt auf die Druckform belichtet. Der anschließende Druck muss selbstverständlich ebenfalls standardisiert erfolgen.

Farbmetrisches Ausmessen
Die einzelnen Farbfelder des Ausdrucks werden mit einem Spektralfotometer ausgemessen.

Generieren des ICC-Profils
Aus den Abweichungen zur Testdatei wird das Ausgabeprofil berechnet. Dabei haben Sie die Möglichkeit der Anpassung des Profils an Ihre spezifischen Bedingungen.

5.2.5.2 Ausgabeprofilerstellung mit Heidelberg Printopen

Auf den nächsten Seiten ist die schrittweise ICC-Profilerstellung mit dem CMS (Color-Management-System) Printopen von Heidelberg dargestellt. Der Verfahrensweg ist grundsätzlich auf CMS anderer Hersteller übertragbar.

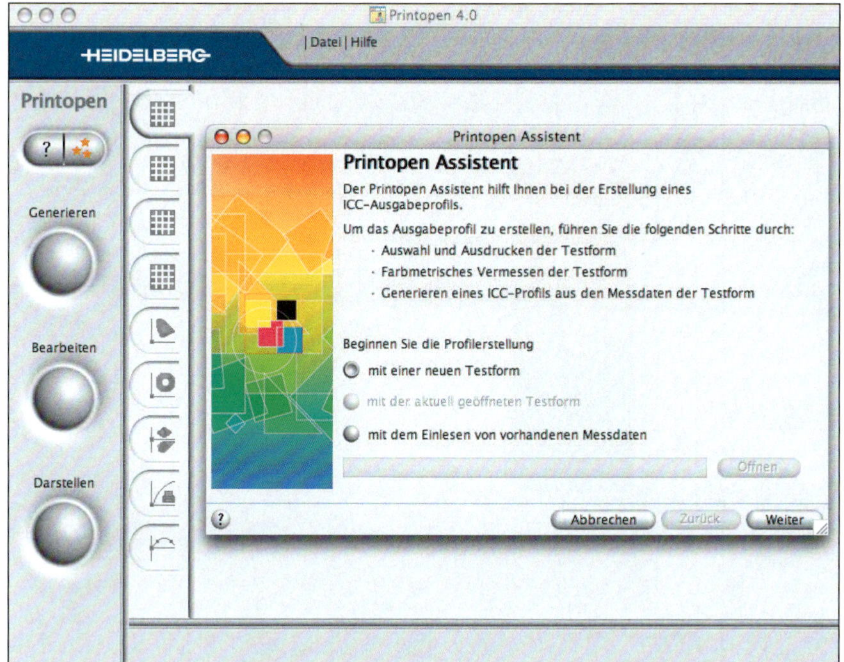

Schritt 1

Sie haben die Wahl zwischen der Erzeugung einer neuen Testform und der Bearbeitung vorhandener Messdaten.

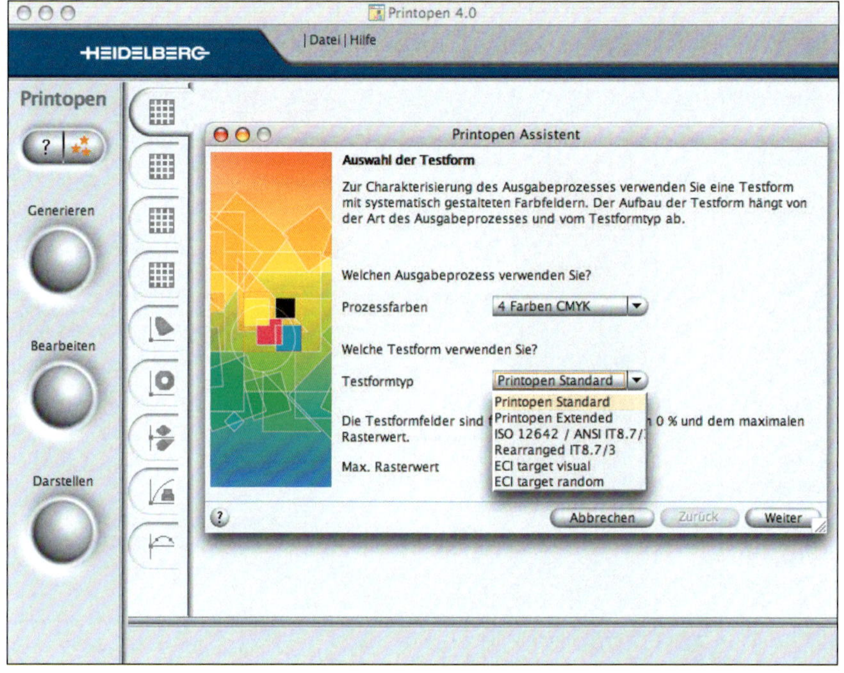

Schritt 2

Sie haben sich für die erste Option entschieden. Wählen Sie eine Testform aus.

Falls Sie schon vorhandene Messdaten zur Profilerstellung verwenden wollen, dann müssen Sie an dieser Stelle die Messdaten laden. Die weiteren Schritte sind bei beiden Optionen wieder gleich.

Schritt 3

Sie müssen die gewählte Testform in Ihrem Ausgabeprozess jetzt ausdrucken. Zur Proofprofilierung auf Ihrem Proofer, zur Profilierung des Druckprozesses nach der Druckformherstellung auf dem entsprechenden Bedruckstoff in der zu profilierenden Druckmaschine.

Natürlich müssen alle Druckparameter einem definierten Standard entsprechen und sollten nach der Profilerstellung tunlichst nicht mehr verändert werden.

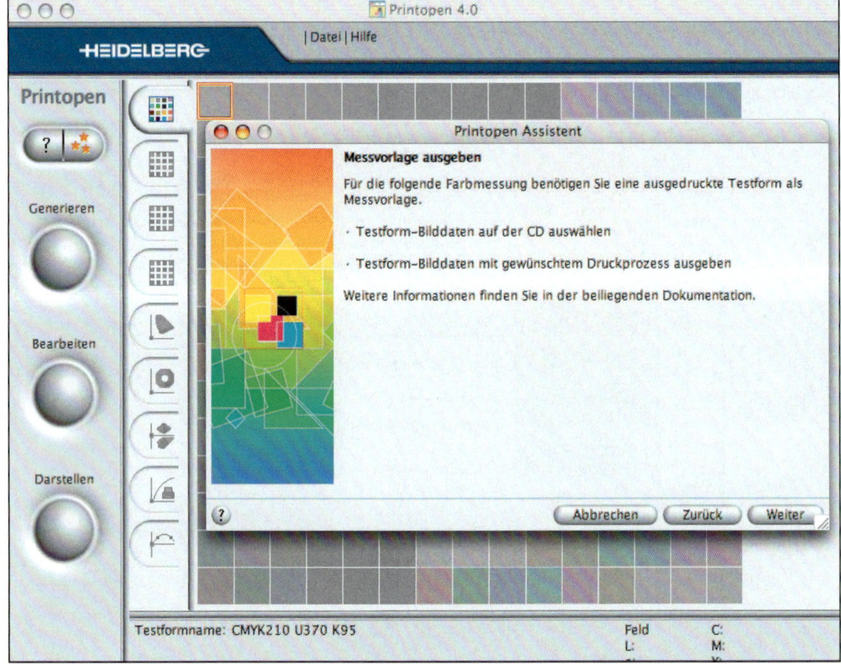

Schritt 4

Die Messung der Farbwerte erfolgt mit einem Spektralfotometer.

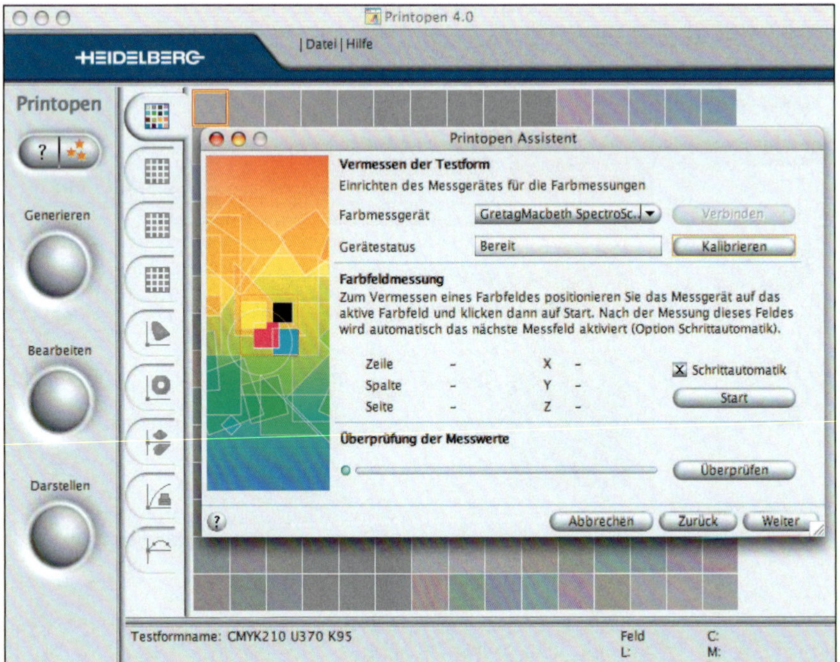

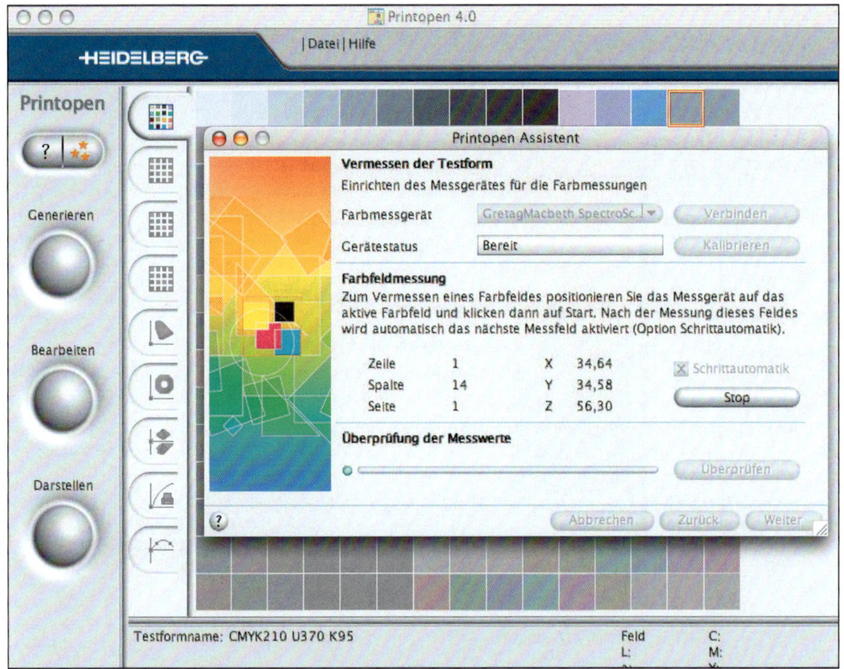

Schritt 5

Nach der Messung werden von der Software die Ist-Werte des Drucks mit den Soll-Werten der Testform verglichen.

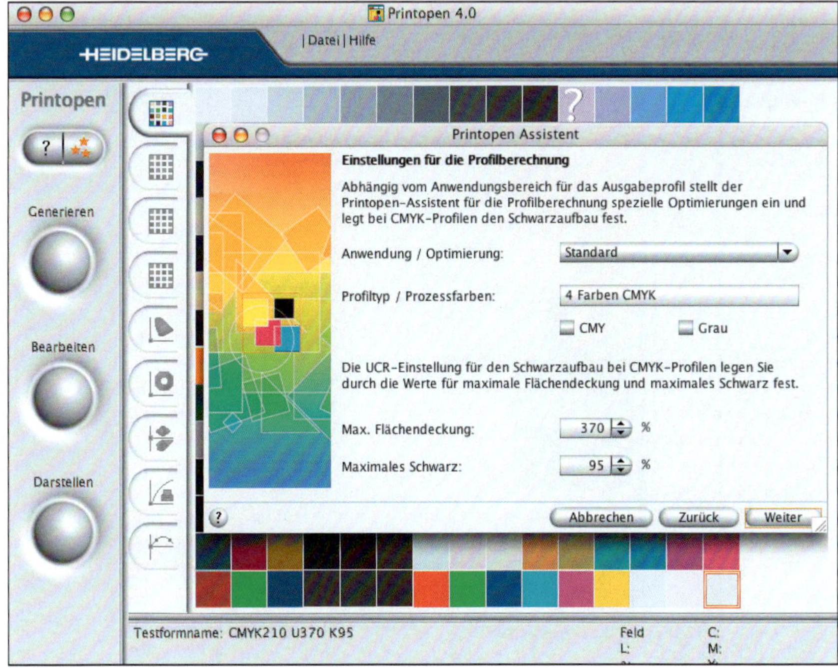

Schritt 6

Die Separationseinstellungen sind Teil der Profilerstellung.

Schritt 7

Sie müssen sich zwischen GCR, dem Unbuntaufbau, und UCR, dem Buntaufbau, entscheiden.

Die Länge des Schwarzauszugs definiert, ob Schwarz nur in den neutralen Dreivierteltönen und Tiefen, Skelettschwarz, oder vom Licht bis zur Tiefe über den ganzen Tonwertumfang geht.

Ein schmales Schwarz ist nur in den neutralen Tertiärfarben, ein breites Schwarz hat auch Anteil an den bunten Tertiärfarben.

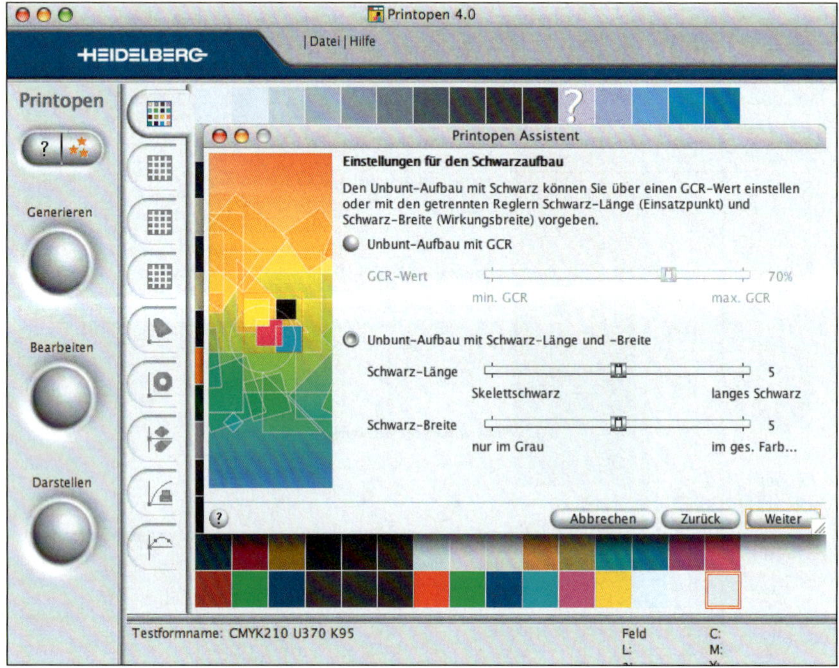

Schritt 8

Als letzten Schritt der Profilberechnung müssen Sie die Helligkeits- und Sättigungseinstellungen festlegen.

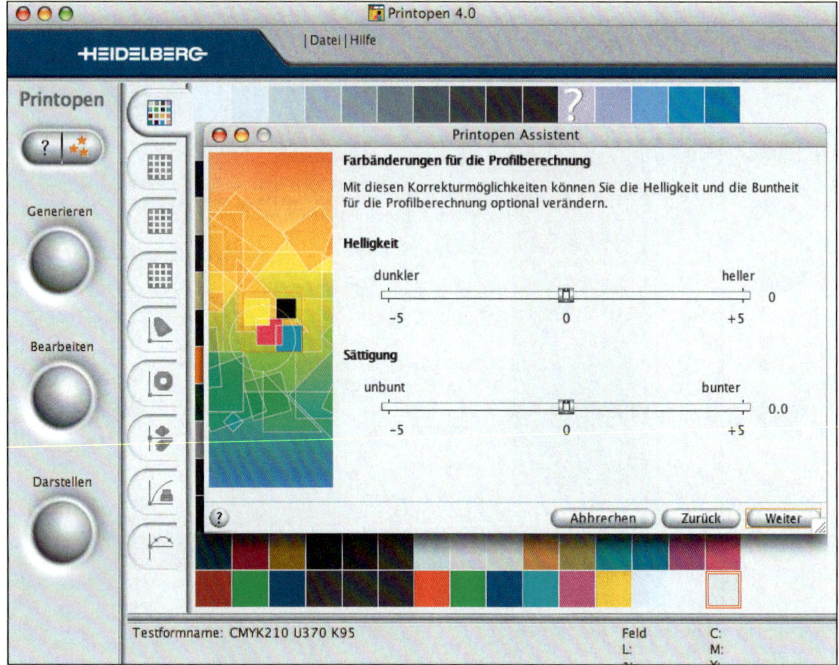

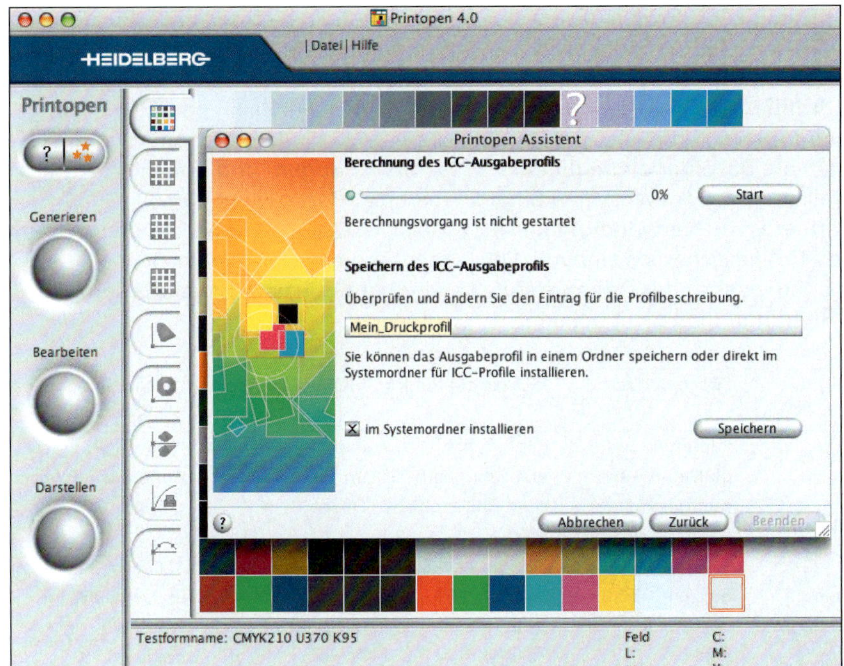

Schritt 9

Nachdem alle Einstellungen getroffen sind, erfolgt die Berechnung des Profils.

Das berechnete Profil können Sie mit einem eigenen Namen im entsprechenden Systemordner speichern. Der Profilname wird auch in die Dateistruktur mit aufgenommen. Sie sollten deshalb den Dateinamen später nicht mehr ändern.

5.2.6 Standard-Druckprofile

Es gibt unzählige ICC-Profile für die verschiedensten Bedruckstoffe und Druckverfahren. Welches ist nun das richtige Profil? Viele Druckereien bieten auf ihrer Internetseite Profile zum Herunterladen an. Bei einer eindeutigen Kommunikation der am Workflow beteiligten Partner ist die Verwendung dieser speziellen Profile sicherlich sinnvoll. Oft ist es aber so, dass in der Druckvorstufe die Druckbedingungen nicht bekannt sind. Deshalb bietet die ECI, European Color Initiative, Standard-Druckprofile für den Offset- und den Endlosdruck an.

Das „Offset"-Paket enthält vier Profile für den standardisierten Akzidenzoffsetdruck, Bogen- und Rollenoffsetdruck, mit einer Rasterweite von 60 L/cm bzw. 70 L/cm. Das Profil „ISOcoated.icc" für matt und glänzend gestrichenes Papier wird vom ECI als Arbeitsfarbraum empfohlen.

	ISOcoated.icc	ISOwebcoated.icc	ISOuncoated.icc	ISOuncoatedyellowish.icc
Papier	Papiertyp 1 und 2 glänzend oder mattgestrichen Bilderdruck, 115 g/m²	Papiertyp 3 glänzendgestrichen Rollenoffset, LWC, 60 g/m²	Papiertyp 4 ungestrichen weiß Offset, 120 g/m²	Papiertyp 5 ungestrichen leicht gelblich Offset, 120 g/m²
Rasterweite	60 L/cm, 150 lpi	60 L/cm, 150 lpi	60 L/cm, 150 lpi	60 L/cm, 150 lpi
Messunterlage	weiß, wb	weiß, wb	weiß, wb	weiß, wb
Druckform	Positiv	Positiv	Positiv	Positiv
CMS	HD Printopen	HD Printopen	HD Printopen	HD Printopen
Schwarzlänge	9	9	9	9
Schwarzbreite	5	5	5	5
max. Deckung	350%	300%	320%	320%
max. Schwarz	100%	100%	100%	100%
Gamut-Mapping	Standard	Standard	Standard	Standard
Referenzdatei	FOGRA27L.txt	FOGRA28L.txt	FOGRA29L.txt	FOGRA30L.txt

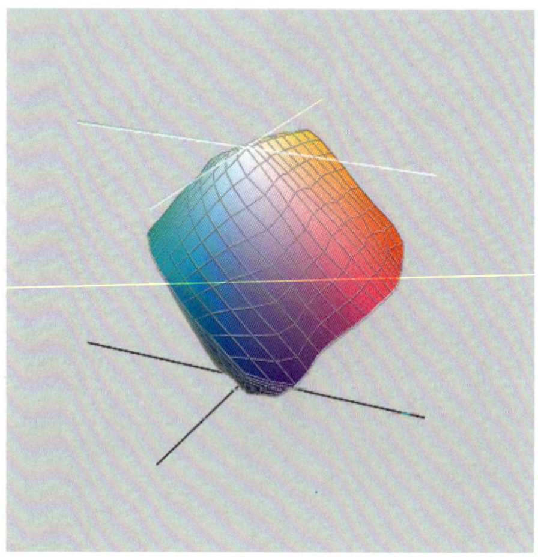

ISOcoated.icc

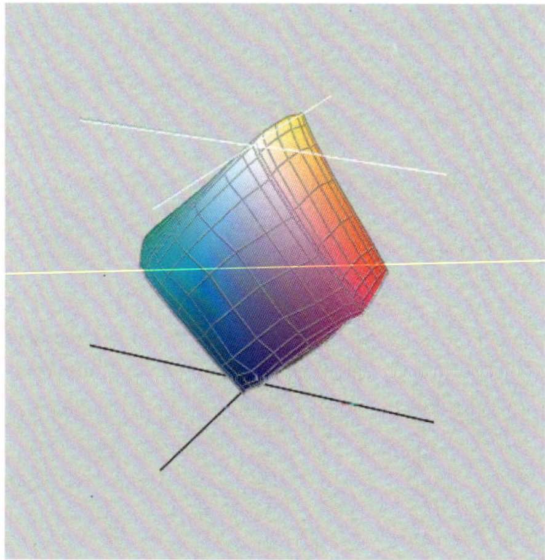

Allgemeines CMYK-Profil

5.2.7 Farbmodus – Arbeitsfarbraum

Farbmodus

Durch den Farbmodus eines Bildes wird definiert, durch welche Parameter eine Farbe beschrieben wird. Im RGB-Modus sind es die Rot-, Grün- und Blauanteile. Im CMYK-Modus die Cyan-, Magenta-, Gelb- und Schwarzanteile, die durch die Separation festgelegt wurden. Farben im LAB-Modus werden mit der Helligkeit und den Rot-Grün- und Blau-Gelb-Anteilen beschrieben.

Wenn Sie ein und dieselbe Bilddatei auf verschiedenen Monitoren betrachten oder sich ihren Druck auf verschiedenen Bedruckstoffen vorstellen, dann ist klar, dass es für jeden Farbmodus verschiedene Farbräume gibt.

Arbeitsfarbraum

Der Arbeitsfarbraum ist der Farbraum, in dem Sie die Bearbeitung von Bildern, z.B. Ton- und Farbwertretuschen, vornehmen. Daraus ergeben sich verschiedene Anforderungen an einen Arbeitsfarbraum:

- Der Arbeitsfarbraum umfasst alle Prozessfarbräume.
- Der Arbeitsfarbraum ist nicht wesentlich größer als der größte Druckfarbraum, um möglichst wenig Farben zu verlieren.
- Die Farbwerte der Primärfarben sind definiert.
- Der Gammawert ist festgelegt.
- Der Weißpunkt entspricht der Norm von D50, 5000K.
- Der Arbeitsfarbraum ist geräte- und prozessunabhängig.
- Die Beziehung der Primärfarben ist linear, d.h. gleiche Farbwerte ergeben ein neutrales Grau.
- Der Farbraum ist gleichabständig, d.h. geometrische und visuelle Farbabstände entsprechen sich.

CMYK-Farbräume sind immer geräte- bzw. prozessbezogen, Lab-Farbräume sind zu groß, bleibt also nur RGB, um einen brauchbaren Arbeitsfarbraum zu definieren.

In der Praxis finden meist folgende drei RGB-Farbräume als Arbeitsfarbräume Anwendung:

- sRGB-Farbraum
  Kleiner als der Farbraum moderner Druckmaschinen, Farbdrucker oder Monitore, deshalb nur bedingt für den Print-Workflow geeignet.
- Adobe RGB
  Gut brauchbarer, den Anforderungen genügender Farbraum.
- eciRGB 1.0
  Von der ECI empfohlender RGB-arbeitsfarbraum. Sie können ihn kostenlos unter www.eci.org herunterladen.

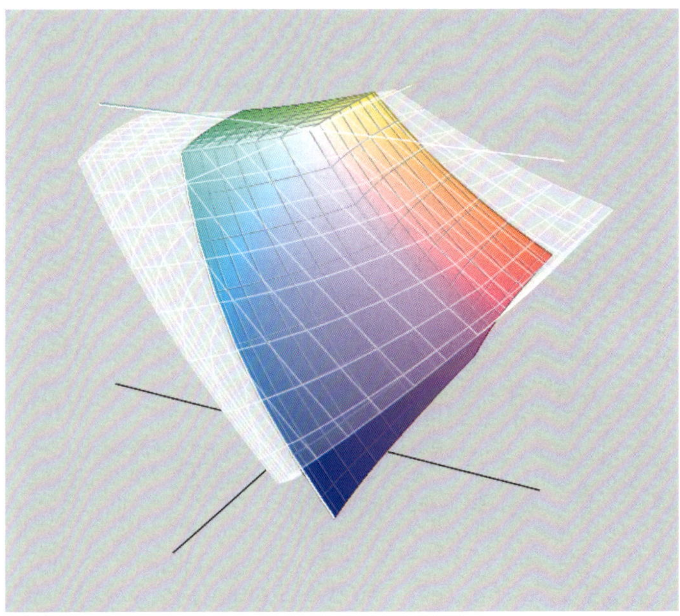

Profilvergleich sRGB – eciRGB

Der eciRGB-Farbraum ist weiß dargestellt. Im Blaubereich geht der Umfang des sRGB-Farbraums über den des ansonsten größeren eciRGB-Farbraums hinaus.

5.2.8 Gamut-Mapping

Unter Gamut-Mapping versteht man die Transformation der Farbräume zwischen einzelnen Stationen des Workflows.

5.2.8.1 PCS – Profile Connnection Space

Die Kommunikation über Farbe muss in einem gemeinsamen Sprach- bzw. Farbraum erfolgen. Dieser Farbraum soll alle am Workflow beteiligten Farbräume umfassen und eine eindeutige Übersetzung zwischen den Farbräumen ermöglichen. Die XYZ-, Yxy- und Lab-Farbräume erfüllen diese Forderungen. Sie umfassen alle für den Menschen sichtbaren Farben und somit automatisch alle Prozessfarbräume. Die Farborte sind eindeutig und prozessunabhängig definiert und können somit in die jeweiligen Prozessfarbanteile, d.h. RGB bzw. CMYK, umgerechnet werden.

In den Spezifikationen der ICC-Profile und des Gamut-Mapping wurden vom ICC, International Color Consortium, und der ECI, European Color Initiative, der XYZ- und der Lab-Farbraum als allgemein gültige Referenzfarbräume festgelegt.

Da das Gamut-Mapping zwischen den Profilen in diesem Farbraum stattfindet, wird dieser auch als Profile Connection Space, PCS, bezeichnet.

Das ICC-Profil stellt die Beziehung des individuellen Gerätefarbraums zum geräteunabhängigen PCS her.

Das im Betriebssystem des jeweiligen Computers integrierte CCM, Color Matching Modul, steuert die profilgestützte Farbverarbeitung. Durch die Wahl von Rendering Intents legen Sie den jeweiligen Algorithmus fest.

5.2.8.2 CMM – Color Matching Modul

Das Color Matching Modul ist als Teil des Betriebssystems die Software auf Ihrem Computer, mit der das Gamut-Mapping durchgeführt wird. Mit der Installation der CM-Software wird meist ein eigenes CMM installiert. Da aber verschiedene CMMs mit den gleichen ICC-Profilen zu unterschiedlichen Ergebnissen führen, empfiehlt es sich immer das gleiche CMM, z.B. ColorSync, zu verwenden.

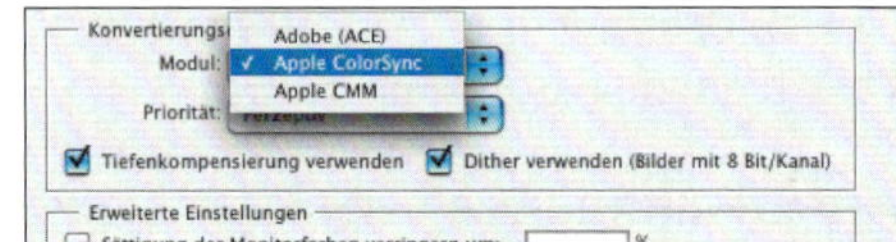

5.2.8.3 Rendering Intent

Das Rendering Intent ist der Umrechnungsalgorithmus der Farbraumtransformation. Welches Rendering Intent Sie auswählen, ist von der jeweiligen Anwendung abhängig.

Wir unterscheiden vier verschiedene Optionen:

- perzeptiv, perceptual, fotografisch, wahrnehmungsorientiert
- Sättigung, saturation
- relativ farbmetrisch, relative colorimetric
- absolut farbmetrisch, absolute colorimetric

Das Intent „Sättigung" wird nur für die Transformation flächiger Grafiken mit wenigen Farben eingesetzt.

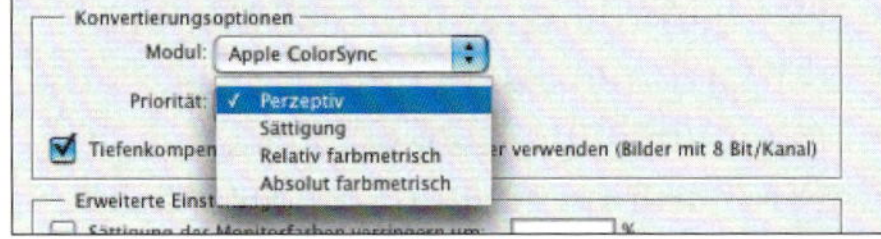

Perzeptiv

„Perzeptiv" ist die übliche Einstellung bei allen Farbraumtransformationen von Farbbildern, außer bei der Prooferstellung. Bei der Prooferstellung erfolgt das Gamut-Mapping farbmetrisch.

Die Einstellung „Perzeptiv" bewirkt beim Gamut-Mapping eine nichtlineare Anpassung des Quellfarbsystems an das Zielfarbsystem. Der visuelle Charakter des Bildes soll dadurch bei der Farbraumtransformation möglichst bewahrt werden. Bei der Transformation werden Farben, die weit außerhalb des Zielfarbraums liegen, sehr stark verschoben, Farben am Rand des Zielraums weniger stark und Farben, die im Inneren des Zielfarbraums liegen, nur ganz leicht.

Farbmetrisch

Die Einstellung „farbmetrisch" bewirkt das Stanzen eines kleineren Farbraums in einen größeren Farbraum. Dadurch wird der kleine Farbraum exakt im größeren Farbraum abgebildet. Deshalb ist „farbmetrisch" das Rendering Intent beim Proofen.

Absolut farbmetrisch

Die Option „Absolut farbmetrisch" passt den Weißpunkt des Zielfarbraums (Proof) an den Weißpunkt des Quellfarbraums (Druck) an. Die Papierfärbung wird also im geprooften Bild simuliert. Wählen Sie diese Option, wenn das Proofpapier farblich nicht dem Auflagenpapier entspricht.

Relativ farbmetrisch

Bei der Option „Relativ farbmetrisch" wird der Weißpunkt des Zielfarbraums (Proof) nicht an den Weißpunkt des Quellfarbraums (Druck) angepasst. Sie wählen deshalb diese Option, wenn das Proofpapier farblich dem Auflagenpapier entspricht.

Sättigung

Hier werden kräftige Farben auf Kosten der Farbtreue erstellt. Der Quellfarbumfang wird in den Zielfarbumfang skaliert, aber anstelle des Farbtons bleibt die relative Sättigung erhalten, so dass sich Farbtöne bei der Skalierung in einen kleineren Farbumfang verschieben können. Diese Priorität eignet sich für Infografiken, bei denen das Verhältnis zwischen den Farben weniger wichtig ist als leuchtende und satte Farben.

Rendering Intents

Die cyanfarbene Linie begrenzt den Farbumfang nach der Farbraumtransformation (Gamut-Mapping).

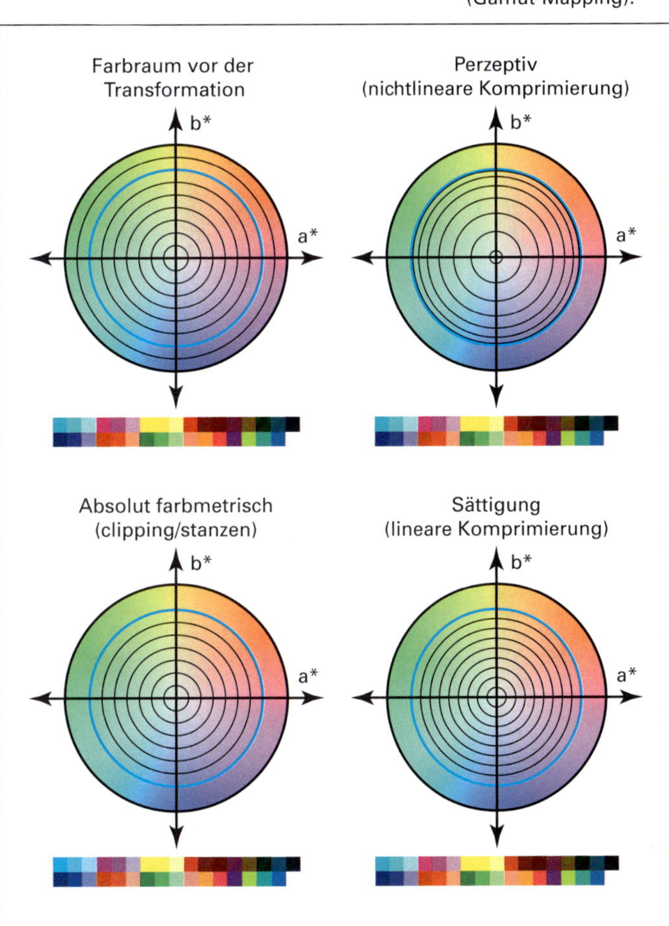

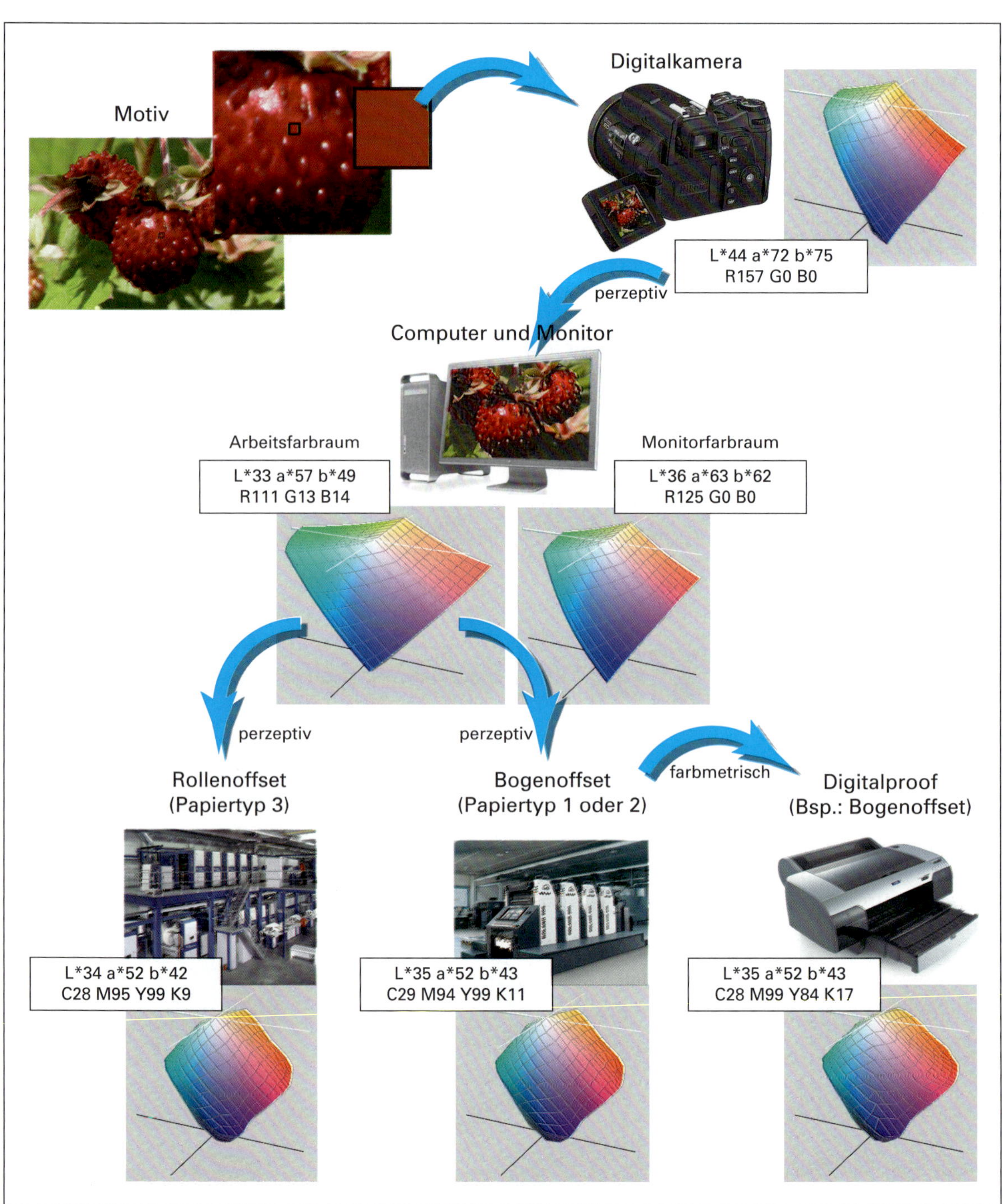

Gamut-Mapping im CM-Workflow

5.2.9 Prozesskontrolle

5.2.9.1 Ugra/FOGRA-Medienkeil

Die Ugra/FOGRA-Medienkeile sind ein digitales Kontrollmittel, das zusammen mit der Seite ausgegeben wird. Sie können dadurch die Farbverbindlichkeit von Proof und Druck kontrollieren und nachweisen. Die Ton- bzw. Farbwerte basieren auf den Werten der internationalen Norm ISO 12642. Die Druckbedingungen sollten dem Medienstandard Offsetdruck bzw. ISO 12647 entsprechen.

Es gibt die Medienkeile als CIELAB-Medienkeil und als CMYK-Medienkeil, jeweils in den Dateiformaten EPS, TIFF und PDF.

Den Ugra/FOGRA-Medienkeil CMYK 2.0 gibt es in verschiedenen Layouts. Je nach Ausgabeformat können Sie zwischen ein- oder zweizeiliger Anordnung sowie unterschiedlichen Größen der Messfelder wählen.

Ugra/FOGRA-Medienkeil CMYK-TIFF V2.0

Obere Reihe: 1 – 9 Primärfarben CMY (100%, 70%, 40%)
10 – 17 kritische Mischfarben
hintere 6 Felder: K (10%, 20%, 60%, 80%, 100%)
Untere Reihe: 1 – 9 Sekundärfarben RGB (200%, 140%, 80%)
10 – 16 kritische Mischfarben
17 Papierweiß
hintere 6 Felder: CMY (Graubalance)

5.2.9.2 Altona Test Suite

Die Altona Test Suite besteht aus drei PDF-Dateien zur Überprüfung der digitalen Datenausgabe. Es sollen dabei vor allem die Einhaltung des PDF/X-3-Standards und der Vorgaben des Color Managements sichergestellt werden.
Die Entwicklung der Altona Test Suite erfolgte durch bvdm, ECI, FOGRA und ugra. Die Online-Version der Altona Test Suite ist Freeware. Sie können sie unter www.eci.org aus dem Internet herunterladen. Dort finden Sie auch weitere Informationen zu Color Management und eine ausführliche Beschreibung der Altona Test Suite.

Altona-Testformen

- Die Altona Measure Testform enthält Kontrollelemente zur densitometrischen und farbmetrischen Überprüfung von Proofern, digitalen und konventionellen Drucksystemen. Die Datei der Testform entspricht den PDF-1.3-Spezifikationen ohne Anpassung an spezielle Druckbedingungen.
- Die Altona Visual Testform ist eine PDF/X-3-Datei. Sie dient der visuellen Überprüfung. Neben den üblichen Druck-Kontrollelementen enthält die Altona Visual Testform noch spezielle Elemente zur Überprüfung des geräteunabhängigen CIELAB- und RGB-Farbraums im Color Management.
- Die Altona Technical Testform dient zur Überprüfung des Überdruckens und der Zeichensatzcodierung in PostScript-RIPs.

Altona-Anwendungspaket

Das Altona-Anwendungspaket des bvdm enthält außer einer umfangreichen Dokumentation, den Test-Suite-Dateien mit Charakterisierungstabellen auch zahlreiche Referenzdrucke und Färbungsstandards zum visuellen Vergleich von Proofs und Auflagendrucken.

Weiter Informationen finden Sie auch unter www.altonatestsuite.com

Altona Visual Testform

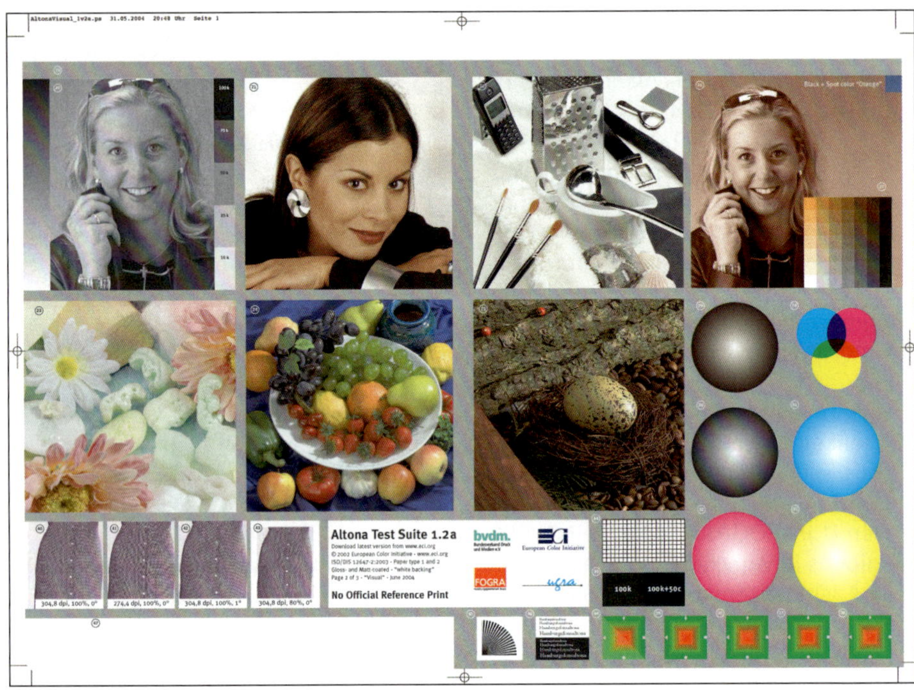

Altona Measure Testform

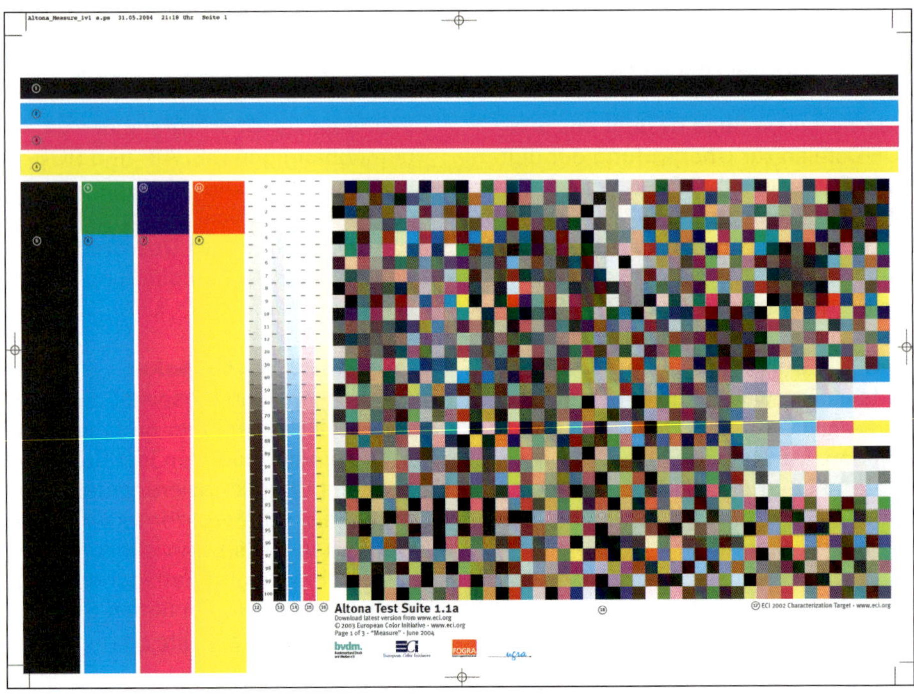

Altona Technical Testform

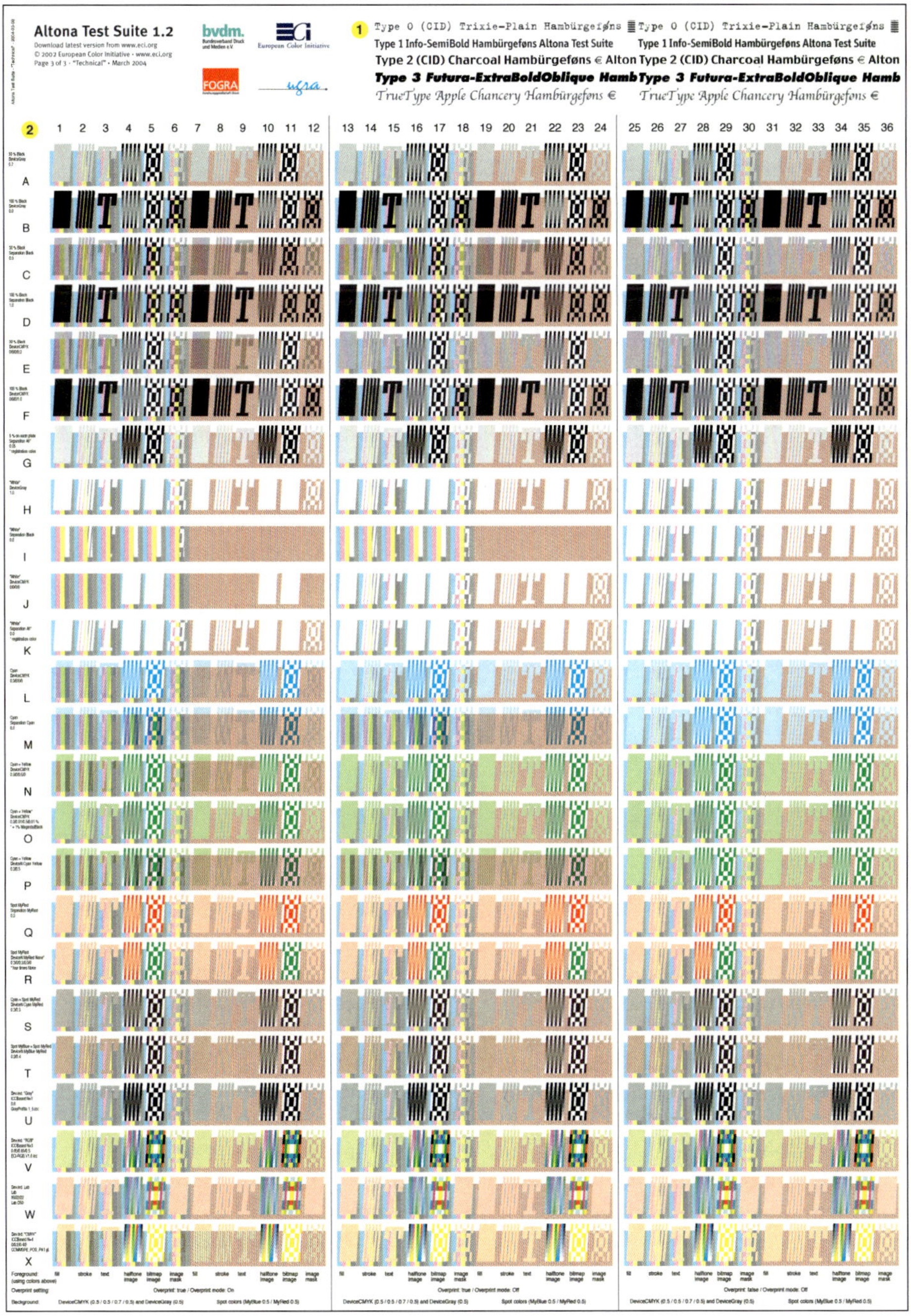

5.2.10 CM in Photoshop

5.2.10.1 Farbeinstellungen

Bevor Sie mit der Bildverarbeitung in Photoshop beginnen, müssen Sie die Farbeinstellungen überprüfen bzw. neu festlegen. Die Farbeinstellungen stehen unter Menü *Photoshop > Farbeinstellungen...* bzw. unter Menü *Bearbeiten > Farbeinstellungen...*

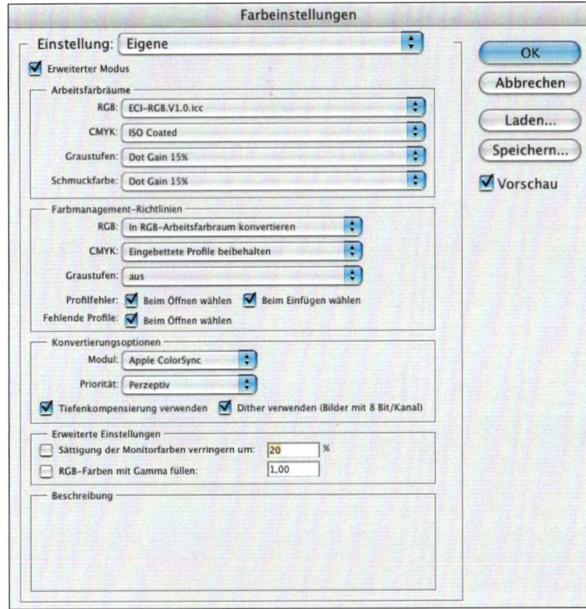

Arbeitsfarbräume

Jedes Bild, das Sie in Photoshop anlegen oder bearbeiten, hat einen bestimmten Farbmodus. Mit der Auswahl des Arbeitsfarbraums definieren Sie den Farbraum innerhalb des Farbmodus, z.B. sRGB oder eciRGB.

Wenn Sie unter Menü *Bild > Modus* einen Moduswandel vornehmen, dann wird der derzeitige Arbeitsfarbraum Ihres Bildes in den von Ihnen eingestellten Arbeitsfarbraum konvertiert.

- Als RGB-Arbeitsfarbraum wählen Sie einen möglichst großen, farbmetrisch definierten Farbraum wie z.B. Adobe RGB oder den eciRGB-Farbraum. Sie können das eciRGB-Farbprofil kostenlos unter www.eci.org herunterladen.
- Für den CMYK-Arbeitsraum wählen Sie das jeweilige Fortdruckprofil oder, falls der Druckprozess noch nicht feststeht, das ICC-Profil ISOcoated.icc. Dieses Profil können Sie ebenfalls unter www.eci.org herunterladen.

Farbmanagement-Richtlinien

Mit den Farbmanagement-Richtlinien bestimmen Sie, wie das Programm bei fehlerhaften, fehlenden oder von Ihrer Arbeitsfarbraumeinstellung abweichenden Profilen reagieren soll. Die folgenden drei Dialogfelder zeigen die Reaktion auf die Farbeinstellungen im Dialogfeld auf der linken Seite. Sie sollten auf jeden Fall immer die drei Häckchen gesetzt haben, damit Sie bei Abweichungen selbst entscheiden können, wie weiter verfahren wird.

Konvertierungsoptionen

- Modul
  Hier legen Sie das CMM, Color Matching Modul, fest mit dem das Gamut-Mapping durchgeführt wird. Sie sollten immer dasselbe CMM nehmen, da die Konvertierung vom jeweiligen Algorithmus des CMM abhängt. Die ECI empfiehlt ColorSync.
- Priorität
  Die Priorität bestimmt das Rendering Intent der Konvertierung.

  Für Halbtonbilder wählen Sie „Perzeptiv" zum Gamut-Mappping innerhalb des RGB-Modus und zur Moduswandlung von RGB nach CMYK. Die Einstellung „Farbmetrisch" dient der Konvertierung zum Proofen. Mit „Absolut farbmetrisch" simulieren Sie das Auflagenpapier, mit „Relativ farbmetrisch" bleibt dieses unberücksichtigt. „Sättigung" ist die Option für flächige Grafiken.

- Tiefenkompensierung
  Durch das Setzen dieser Option können Sie den Dichteumfang des Quellfarbraums an den des Zielfarbraums anpassen. Dadurch bleiben alle Tonwertabstufungen auch in den Tiefen, den dunklen Bildbereichen, erhalten.
- Dither anwenden
  Die Ditheringfunktion bewirkt bei der Farbraumkonvertierung eine bessere Darstellung in den glatten Tönen und Verläufen des Bildes. Sie verhindern durch die Auswahl dieser Option weitgehend die Stufen- bzw. Streifenbildung.

Erweiterte Einstellungen
Mit den erweiterten Einstellungen können Sie die Darstellung eines großen Arbeitsfarbraums durch einen kleineren Monitorfarbraum anpassen. Diese Einstellungen sind nicht empfehlenswert, da die Bildschirmdarstellung keine Rückschlüsse auf die Druckausgabe mehr zulässt.

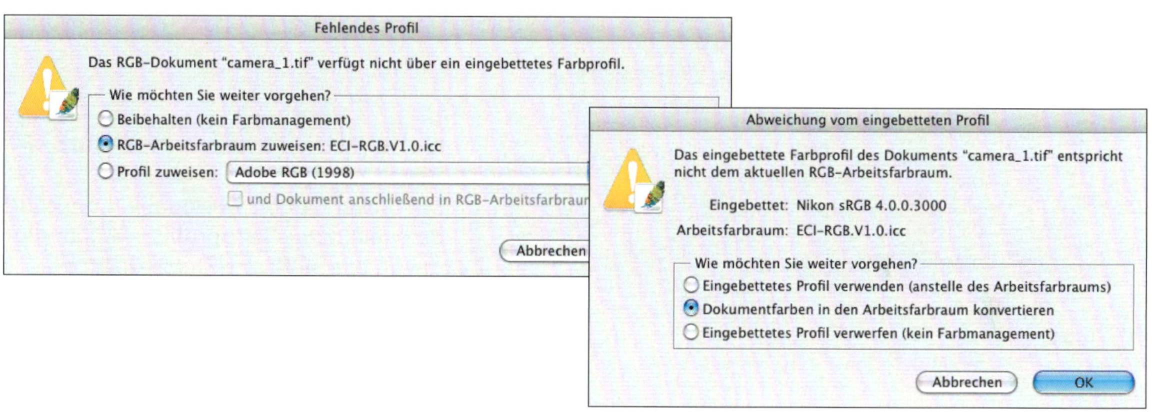

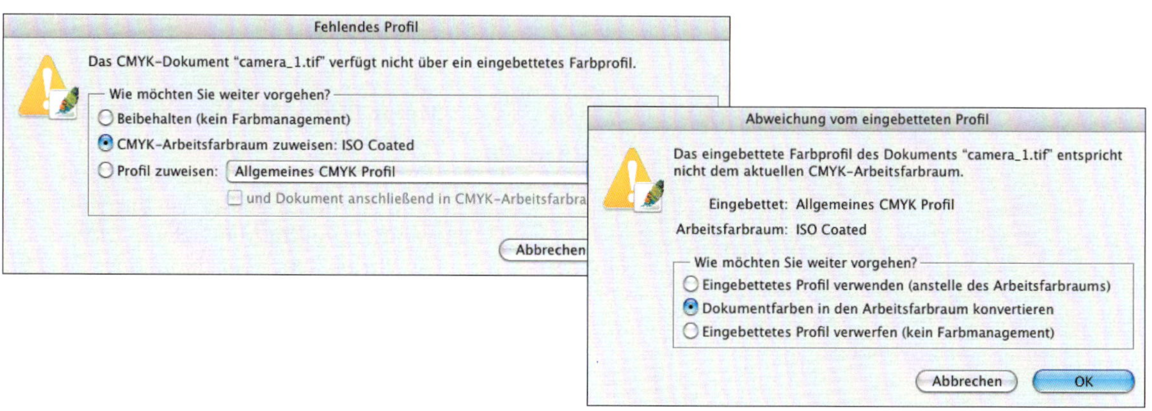

5.2.10.2 Gamut-Mapping

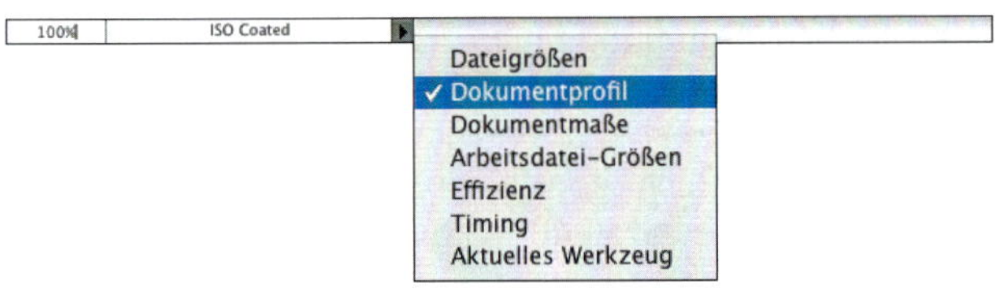

Überprüfen des Bildprofils

Das Popup-Menü in der unteren Leiste des Bildrahmens zeigt auf einfache Weise das aktuell verwendete Profil.

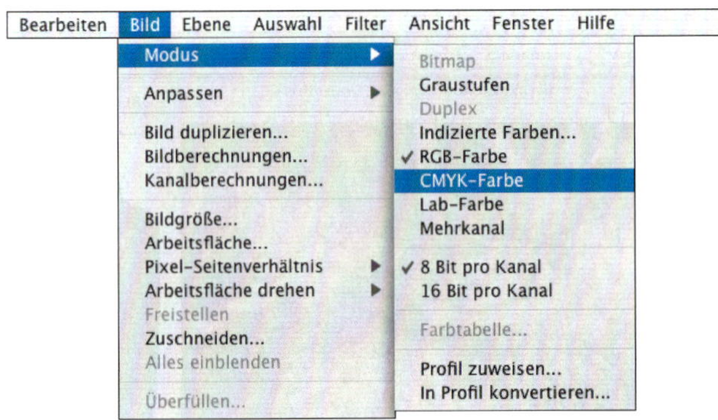

Menü *Bild > Modus*

Die einfachste Methode einem bereits geöffneten Bild ein neues Profil zuzuweisen, ist der Moduswandel unter Menü *Bild > Modus*. Photoshop nimmt dazu die von Ihnen im Dialogfeld „Farbeinstellungen" gewählten Konvertierungsoptionen.

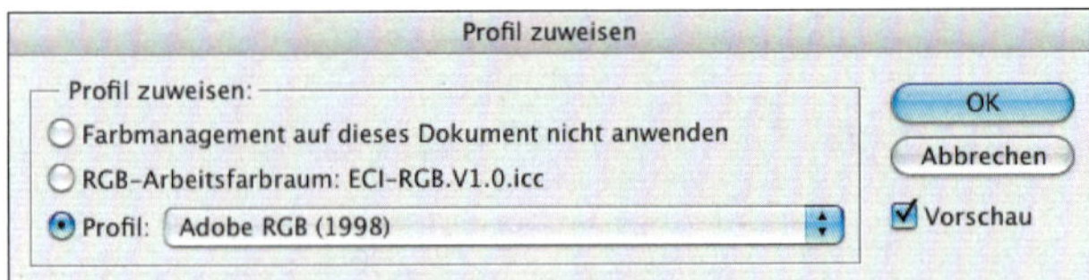

Menü *Bild > Modus > Profil zuweisen...*

Mit dieser Option weisen Sie Ihrer Bilddatei ein neues Farbprofil zu. Abhängig davon wie stark sich Quell- und Zielfarbraum unterscheiden, verändert sich die Bildschirmdarstellung der Bilddatei. Da Photoshop das neue Profil aber nur als Tag an die Bilddatei anhängt, werden die Farben nicht in den Profilfarbraum konvertiert.

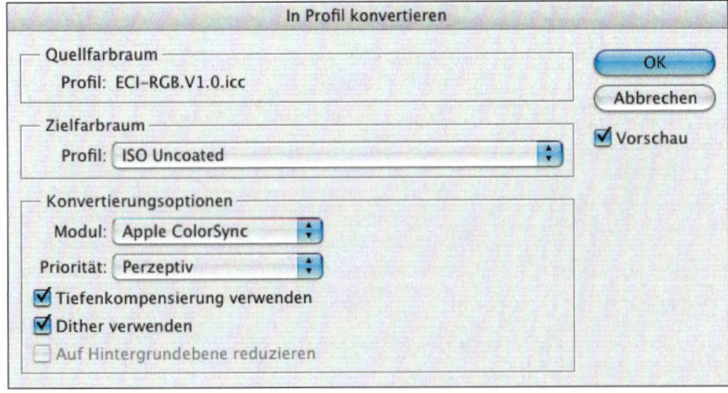

Menü *Bild > Modus > In Profil konvertieren...*

Diese Option hat die gleiche Auswirkung auf die Bilddatei wie die Moduswandlung unter Menü *Bild > Modus*. Der Vorteil liegt aber darin, dass Sie bei einem einzelnen Bild eine Farbraumkonvertierung durchführen können, ohne die allgemeinen Farbeinstellungen verändern zu müssen.

5.2.10.3 Digital Proofen und Drucken

Natürlich müssen Sie die Farbeinstellungen nicht nur beim Öffnen und Bearbeiten der Bilddatei beachten, sondern auch bei der Ausgabe, d.h. dem Proofen oder Drucken. Sie finden die Farbmanagementeinstellungen unter Menü *Datei > Drucken mit Vorschau > Weitere Optionen einblenden > Farbmanagement*

Optionen für den Quellfarbraum

- Die Einstellung „Dokument" überträgt die Daten des aktuellen Arbeitsfarbraums an den Drucker.
- „Proof" wandelt vor der Weitergabe an den Druckerfarbraum die Daten in den zu proofenden Farbraum. Diese Option wählen Sie zur Erstellung eines Digitalproofs.

Druckfarbraum (Zielfarbraum)

- „Wie Quelle" druckt direkt ohne Konvertierung Ihren Arbeitsfarbraum.
- Der „Druckfarbraum" ist der Druckfarbraum Ihres Druckers. Sie müssen im Popup-Menü das passende Profil auswählen. Als Priorität wählen Sie zum Proofen „Farbmetrisch", „Absolut" zur Papiersimulation, „Relativ" ohne Papiersimulation. Für einen normalen Druck wählen Sie „Perzeptiv".

5.2.10.4 Speichern

Das Farbprofil Ihrer Bilddatei muss immer mit abgespeichert werden. Sie finden im Speichern-Dialog von Photoshop alle Dateiformate, die Profile unterstützen. Die Option „Farbprofil einbetten" bewirkt, dass das Farbprofil als Tag an die Bilddatei angehängt wird.

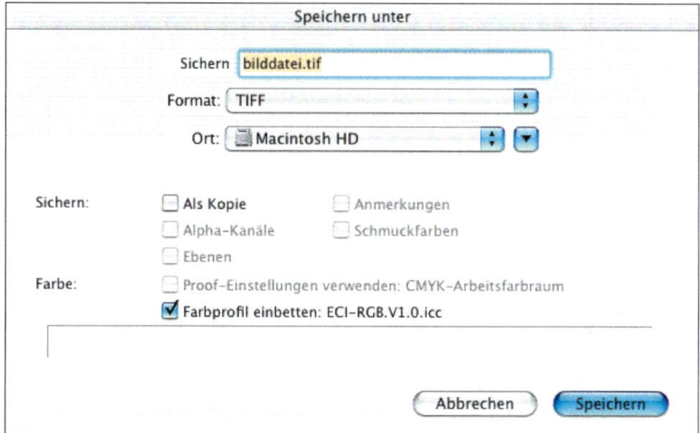

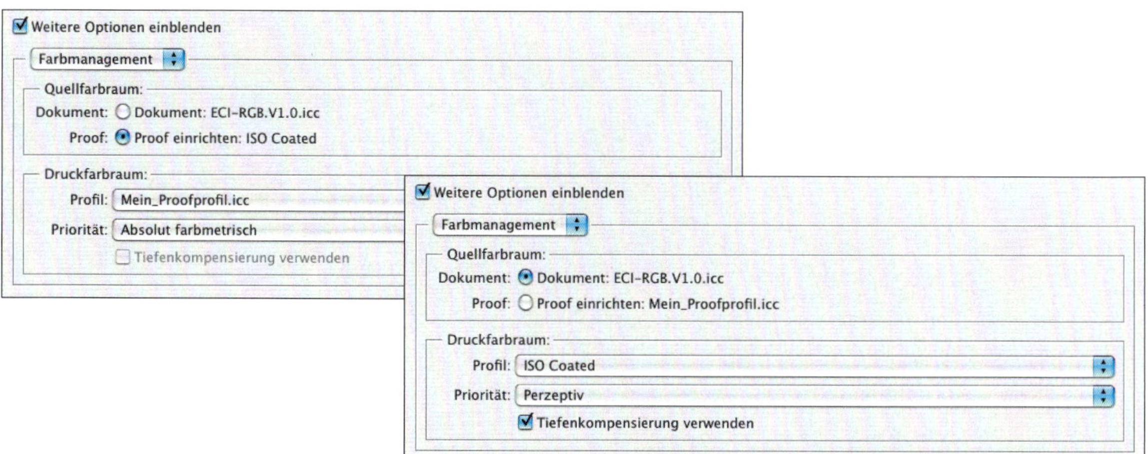

5.2.11 CM in Illustrator

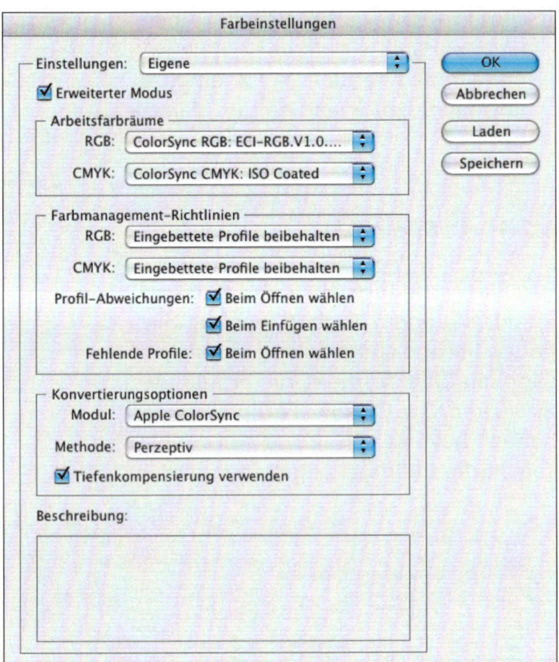

Farbeinstellungen
Auch in Grafikprogrammen werden Farben bearbeitet. Es ist deshalb folgerichtig, dass Sie auch hier in Illustrator die entsprechenden Farbeinstellungen vornehmen müssen. Wählen Sie dazu unter Menü *Bearbeiten > Farbeinstellungen...* die Option „ColorSync Workflow". Grundsätzlich gelten dabei die gleichen Regeln wie in Photoshop.

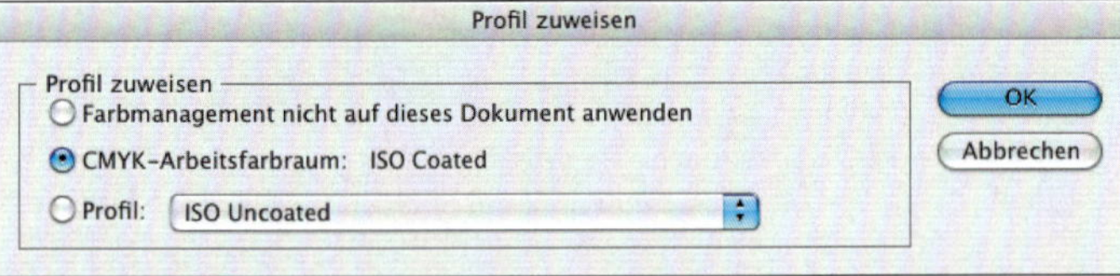

Profil zuweisen
Diese Option kennen Sie ebenfalls schon aus Photoshop. Sie finden sie unter Menü *Bearbeiten > Profil zuweisen...* Die Option ist allerdings nur aktiv, wenn Sie zuvor in den Farbeinstellungen „ColorSync Workflow" ausgewählt haben.

5.2.12 CM in InDesign

Farbeinstellungen

Als letzten Schritt im Workflow führen Sie Bild und Grafik im Layoutprogramm zusammen. Die Farbprofile Ihrer Dateien werden natürlich auch hier in InDesign weiter mitgeführt. Deshalb müssen Sie auch in InDesign die Farbeinstellungen kontrollieren und ggf. modifizieren. Aktivieren Sie dazu unter Menü *Bearbeiten > Farbeinstellungen...* das Farbmanagement. Für die Einstellungen gelten die gleichen Regeln wie in Photoshop.

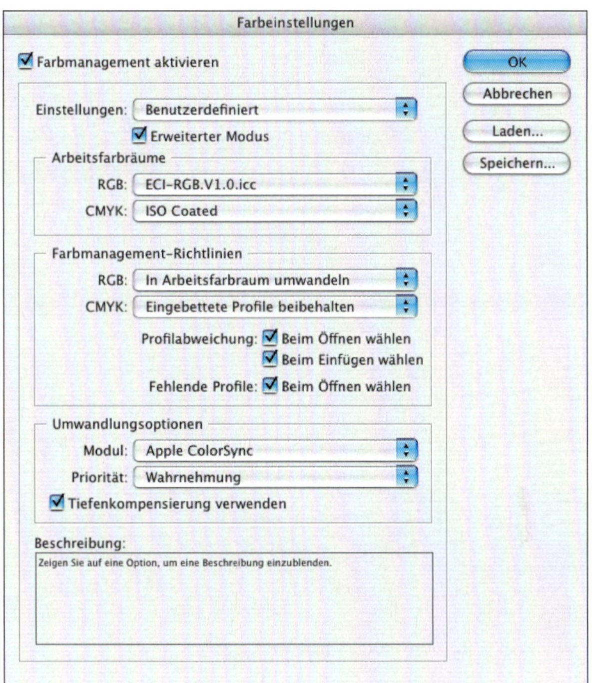

Profil zuweisen

Diese Option kennen Sie ebenfalls schon aus Photoshop. Sie ist aber nur aktiv, wenn Sie das Farbmanagement aktiviert haben. Die Einstellungen finden Sie unter Menü *Bearbeiten > Profil zuweisen...*

In Profil umwandeln

Die Konvertierung des vorhandenen Profils einer Bilddatei ist auch nachträglich in InDesign unter Menü *Bearbeiten > In Profil umwandeln...* möglich. Auch diese Option ist nur bei ausgewähltem Farbmanagement aktiv.

5.2.13 CM in QuarkXPress

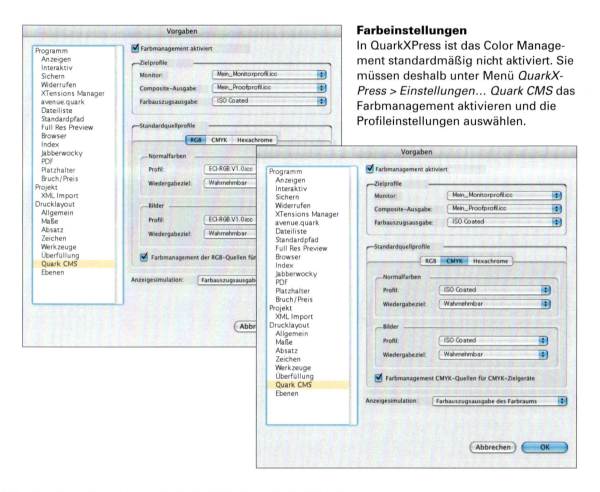

Farbeinstellungen

In QuarkXPress ist das Color Management standardmäßig nicht aktiviert. Sie müssen deshalb unter Menü *QuarkXPress > Einstellungen... Quark CMS* das Farbmanagement aktivieren und die Profileinstellungen auswählen.

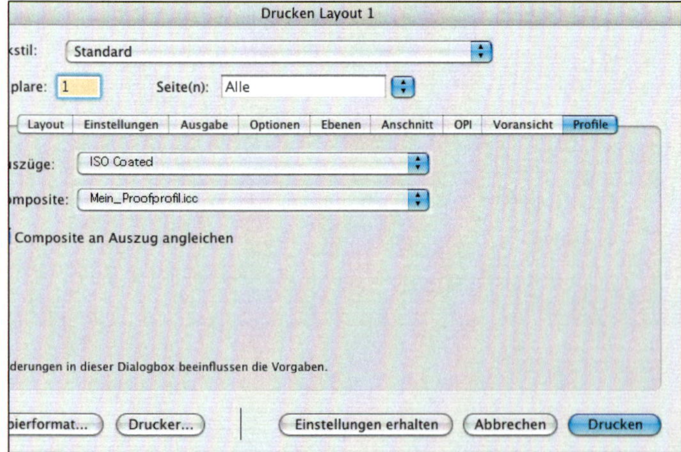

Ausgabeprofile

In der Registerkarte" Profile" können Sie die Ausgabeprofile einstellen. Die Option ist nur aktiv, wenn Sie zuvor „Quark CMS" aktiviert haben.

5.2.14 CM in Distiller und Acrobat

Farbeinstellungen in Distiller
Für die Druckproduktion ist PDF/X-3 der Standard. Wählen Sie deshalb zunächst das Setting PDF/X-3 und gehen dann unter Menü *Voreinstellungen > Adobe-PDF-Einstellungen bearbeiten...* auf die Registerkarte Farbe. In der Registerkarte Farbe stehen die Adobe-Farbeinstellungen. Die Optionen „ Einstellungsdatei: Ohne" und „Farbe nicht ändern" bedeuten, dass die in den Quellprogrammen getroffenen Farbeinstellungen beibehalten werden. Die Option „Standard" überlässt das Gamut-Mapping dem Ausgabegerät. Es gilt das dort eingestellte Rendering Intent. Wenn die Farbeinstellungen in den vorhergehenden Stationen des Workflows korrekt waren, dann wählen Sie diese Optionen.

Adobe PDF-Einstellungen:PDFX3
Allgemein | Bilder | Schriften | Farbe | Erweitert | PDF/X
Adobe-Farbeinstellungen
Einstellungsdatei: Ohne
Farbmanagement
Farbe nicht ändern
Wiedergabemethode: Standard
Arbeitsfarbräume
Graustufen: Generic Gray Profile
RGB: ECI-RGB.V1.0.icc
CMYK: ISO Coated
Geräteabhängige Daten
Unterfarbreduktion und Schwarzaufbau beibehalten
Bei Druckkennlinien: anwenden
Rastereinstellungen beibehalten
Hilfe | Speichern unter... | Abbrechen | OK

Farbeinstellungen in Acrobat
In Acrobat können Sie in der PDF-Datei die Farbeinstellungen noch verändern. Sie können in Acrobat den Farbdateien Profile zuweisen oder festlegen, dass die mitgeführten Profile beibehalten werden. Die Einstellungen machen Sie unter Menü *Acrobat > Grundeinstellungen...*

Mit der Option „Ausgabe-Intention überschreibt Arbeitsfarbräume" werden die eingebetteten Farbprofile durch die hier eingestellten Profile ersetzt. Eine Option, die wohl überlegt sein will. Wählen Sie sie nur dann, wenn die bisherigen Arbeitsfarbräume bzw. Farbprofile für die neue Ausgabe nicht gültig sind und durch die neuen Profile ersetzt werden müssen.

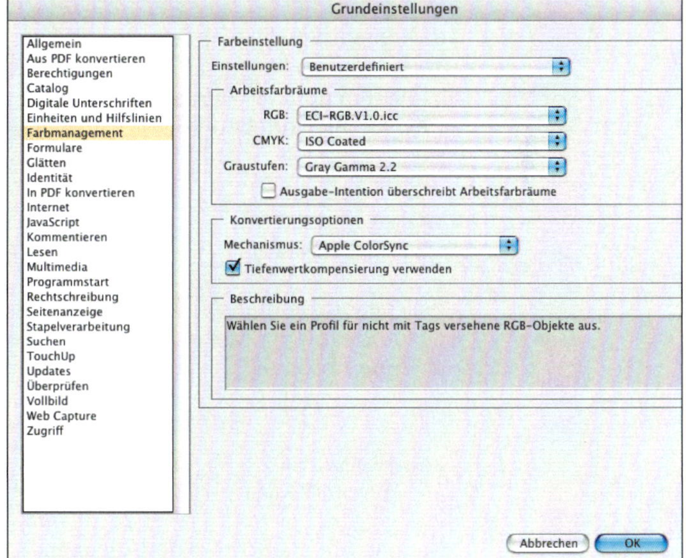

5.2.15 Aufgaben „Color Management"

Aufgabe 5.2.15.1
Color-Mangement-System

Welche Aufgaben hat ein Color-Management-System?

Aufgabe 5.2.15.2
ICC

Welche Organisation verbirgt sich hinter der Abkürzung ICC?

Aufgabe 5.2.15.3
Digitalkamera-Profilierung

Welche Rolle spielt die Beleuchtung bei der Profilierung einer Digitalkamera?

Aufgabe 5.2.15.4
Scannerprofilierung

a. Nennen Sie die vier Schritte der Scannerprofilierung.
b. Warum genügt nicht ein Scannerprofil für alle Vorlagentypen?

Aufgabe 5.2.15.5
Monitorprofilierung

Welche Punkte müssen Sie beachten, bevor Sie mit der Monitorprofilierung beginnen können?

Aufgabe 5.2.15.6
Ausgabeprofilierung

Nennen Sie die Schritte der Ausgabeprofilierung.

Aufgabe 5.2.15.7
Separationseinstellungen im ICC-Profil

Warum sind die Separationseinstellungen Teil der Ausgabe-Profilerstellung?

Aufgabe 5.2.15.8
ECI

Was bedeutet die Abkürzung ECI?

Aufgabe 5.2.15.9
ECI-Standardfarbräume

Für welche Papiere und Druckverfahren sind die vier ECI-Standardprofile zu verwenden?
a. ISOcoated.icc,
b. ISOwebcoated.icc
c. ISOuncoated.icc
d. ISOuncoatedyellowish.icc?

Aufgabe 5.2.15.10
Arbeitsfarbraum

Was ist ein Arbeitsfarbraum?

Aufgabe 5.2.15.11
Anforderungen an Arbeitsfarbräume

Nennen Sie die wesentlichen Anforderungen, denen Arbeitsfarbräume genügen müssen.

Aufgabe 5.2.15.12
PCS

Was ist ein PCS?

Aufgabe 5.2.15.13
Rendering Intent

a. Was ist ein Rendering Intent?
b. Nennen Sie die vier Rendering-Intent-Optionen.

Aufgabe 5.2.15.14
Auswahl des Rendering Intent

Welches Rendering Intent wählen Sie zum Gamut-Mapping beim
a. Öffnen einer RGB-Datei aus der Digitalfotografie,
b. Proofen mit Simulation des Papierweiß Ihres Auflagenpapiers?

Aufgabe 5.2.15.15
Ugra/FOGRA-Medienkeil

a. Wozu dient der Ugra/FOGRA-Medienkeil?
b. Welche ISO-Normen sind die Grundlage der Verwendung des Medienkeils?

Aufgabe 5.2.15.16
Farbmanagement-Richtlinien

Was regeln die Farbmanagement-Richtlinien?

Aufgabe 5.2.15.17
Konvertierungsoptionen

In den Farbeinstellungen vieler Programme können Sie verschiedene Konvertierungsoptionen einstellen. Welche Einstellungen machen Sie unter
a. Modul,
b. Prioriät?

5.3 PDF

5.3.1 PDF – Portable Document Format

PDF, Portable Document Format, wurde von Adobe zu Beginn der 90er Jahre des vergangenen Jahrhunderts als eigenständiges Dateiformat zum Austausch von Dateien entwickelt. Heute ist PDF der De-facto-Standard für die Publikation elektronischer Dokumente, im Internet, als elektronische Bücher, als Präsentationen und im Print-Workflow.

Der Dateiaustausch erfolgt plattformübergreifend. Durch den von Adobe kostenlos verbreiteten Acrobat Reader, der mittlerweile auf fast jedem Computer zu finden ist, kann die Datei angezeigt, gedruckt und in ihr navigiert werden. Als Multimedia-Anwendung können in PDF-Dateien Sounds und Movies sowie interaktive Formulare eingebunden werden.

Die Acrobat-Familie

Adobe Acrobat ist mehr als der Acrobat Reader. Es ist ein Paket aus verschiedenen Programmen zur Erzeugung, Bearbeitung und Betrachtung von PDF-Dateien. Die wichtigsten Mitglieder der Acrobat-Familie sind:

- Acrobat Reader
  Der Acrobat Reader erlaubt nur die Betrachtung und meist auch den Ausdruck von PDF-Dokumenten.
- Acrobat
  Mit dem Acrobat können Sie PDF-Dokumente bearbeiten, editieren, Zugriffsrechte vergeben usw.
- Acrobat Maker
  Der Acrobat Maker wird bei der Installation von Adobe Acrobat auf dem PC automatisch als Plugin in MS Office installiert. Die Menüleiste wird um die Option „Acrobat" erweitert.
- Acrobat Writer
  Der Acrobat Writer ist ein Programm zur Erzeugung einfach strukturierter PDF-Dateien ohne EPS-Gafiken für die Geschäftskommunikation auf Computern mit dem Windows Betriebssystem. Bei der Acrobat-Installation muss der PDF Writer mit installiert werden und steht dann in den Anwenderprogrammen zur Verfügung.
- Acrobat Distiller
  Der Distiller ist das professionelle Programm zu Erstellung von PDF-Dokumenten aus PostScript-Dateien. Die vielfältigen Einstellungsoptionen ermöglichen eine auf den jeweiligen Anwendungsbereich optimierte Konvertierung.

In Acrobat können Dokumente nur konvertiert, bearbeitet und publiziert, aber nicht originär erzeugt werden. Die Erstellung eines PDF-Dokuments setzt immer eine bereits existierende Datei aus einem anderen Programm voraus. Sie finden deshalb unter Menü Datei auch nicht wie gewohnt als erste Option „Neu…", sondern „Öffnen…".

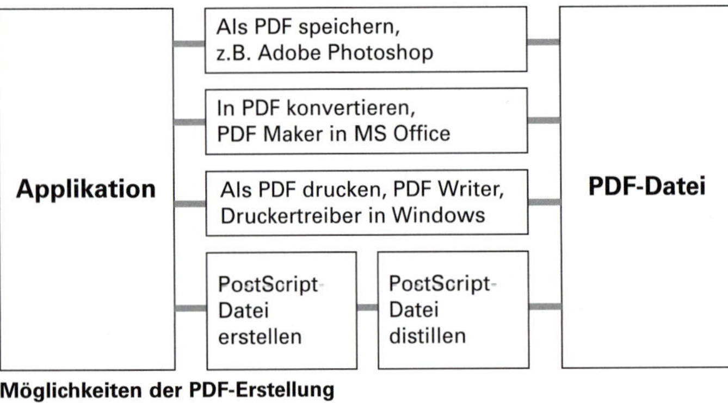

Möglichkeiten der PDF-Erstellung

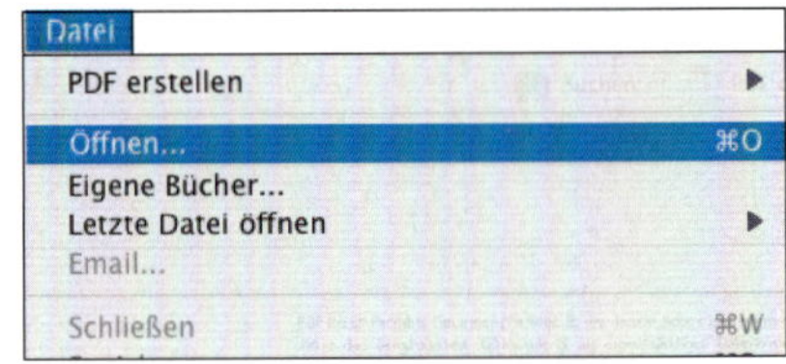

5.3.2 PostScript

PostScript ist die Basis von PDF. PostScript wurde entwickelt, um Seiten mit all ihren Elementen zu beschreiben. Ziel war die grafische Darstellung zweidimensionaler Objekte bzw. Seiten und deren Ausgabe auf rasterorientierten Ausgabegeräten wie z.B. Laserdrucker oder Filmbelichter. 1985 wurde von der Firma Apple der erste PostScript-Laserdrucker vorgestellt, 1986 der erste PostScript-Belichter von Linotype.

Elemente

Das PostScript Imaging Model umfasst:

- Geometrische Basiselemente
  Objekte wie Linien, Rechtecke und Kreise, die durch Vektoren oder Bézierkurven beschrieben sind.
- Schrift
  Die typografische Darstellung von Schrift wird in PostScript ebenfalls als Objekt behandelt.
- Pixelbilder
  Objekte, die durch Rasterdaten, d.h. einzelne quadratische Pixel, picture elements, beschrieben sind.

Merkmale

PostScript ...

- ... ist eine Programmier- bzw. Seitenbeschreibungssprache.
- ... ist unabhängig von Ausgabegerät, Auflösung und Betriebssystem.
- ... kennt verschiedene Dialekte und Strukturen.
- ... erzeugt keine sichtbaren Dateiinhalte.
- ...-Dateien sind sehr groß.
- ...-Dateien können nicht editiert werden.

Raster Image Processor

Die PostScript-Anweisungen müssen zur Ausgabe interpretiert werden. Dieser Vorgang erfolgt im Raster Image Processor, RIP. Der RIP-Vorgang gliedert sich in vier Schritte:

- Interpretieren
  Die PostScript-Datei wird analysiert, Kontrollstrukturen, Angaben über Transparenzen oder Verläufe werden zu Anweisungen für die Erstellung der Display-Liste.
- Erstellen einer Display-Liste
  Die PostScript-Programmanweisungen werden in ein objektorientiertes Datenformat umgerechnet.
- Rendern
  Beim Rendern wird aus der Display-Liste eine Bytemap erstellt. Alle Objekte der Seite werden in Pixel umgewandelt. Dabei wird die Pixelgröße an die spätere Ausgabeauflösung angepasst.
- Screening, Rastern
  Die Bytemap wird in diesen letzten Schritt in eine Bitmap umgerechnet. Aus den Halbtonpixeln werden entsprechend der gewählten Rasterkonfiguration frequenz- oder amplitudenmodulierte Rasterpunkte.

Wir unterscheiden in der Praxis Software- und Hardware-RIP. Hardware-RIP sind Computer mit speziell angepasster Hard- und Software. Software-RIP sind RIP-Programme, die auf Standardcomputern, PC oder Mac, arbeiten.

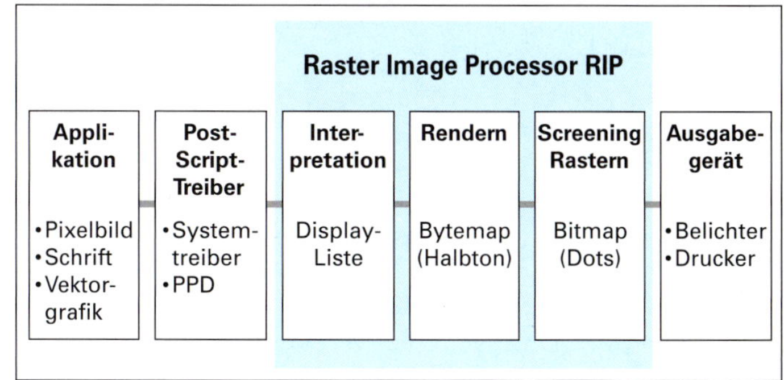

RIP-Vorgang

5.3.3 Aufbau einer PDF-Datei

PDF ist ein objektbasierendes Datenformat. Es hat seinen Ursprung in der Display-Liste einer interpretierten PostScript-Datei, also eines Zwischenproduktes des RIP-Vorgangs.

Merkmale

PDF-Dateien ...

- ... sind plattform- und systemunabhängig.
- ... können eingebundene Schriften enthalten. Die eingebundenen Schriften sind systemunabhängig nutzbar.
- ... sind editierbar.
- ... haben einzelne Seiten, die auswählbar sind. Die Seiten verschiedener PDF-Dateien können zu einem neuen PDF-Dokument zusammengeführt werden.
- ... haben eine geringe Dateigröße
- ... sind für das jeweilige Ausgabemedium optimierbar.
- ... können für multimediale Anwendungen neben der Interaktivität verschiedene andere Medien, z.B. Video, enthalten.
- ... sind standardisierbar.

PDF-Boxen

Jede PDF-Seite besteht aus mehreren in sich geschalteten Rahmen, den so genannten Boxen.

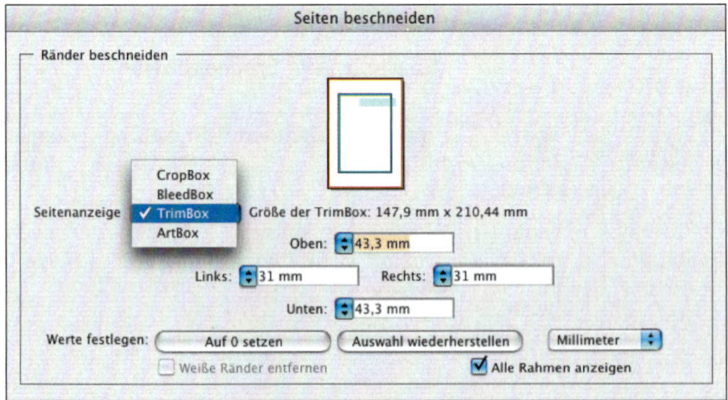

Media-Box (Medien-Rahmen)

Die Media-Box entspricht der Seitengröße, die beim Drucken gewählt wird. Sie ist die größte Box und umfasst somit alle anderen Boxen. Alle Elemente, die über die Media-Box hinausragen, werden abgeschnitten.

Trim-Box (Endformat-Rahmen)

Durch die Trim-Box wird das beschnittene Endformat der Seite beschrieben.

Bleed-Box (Anschnitt-Rahmen)

Die Bleed-Box liegt zwischen Trim-Box und Media-Box. Sie definiert bei angeschnittenen randabfallenden Elementen den Anschnitt.

Beim Ausdruck einer DIN-A5-Seite auf einem A4-Drucker wäre also die Media-Box DIN A4 und die Trim-Box DIN A5. Die Bleed-Box wäre an allen vier Seiten 3 mm größer als DIN A5. Alle Hilfszeichen wie z.B. Passkreuze liegen außerhalb der Bleed-Box in der Media-Box.

Art-Box (Objekt-Rahmen)

Die Art-Box umschließt alle Objekte, die sich auf der Seite befinden.

Crop-Box (Masken-Rahmen)

Die Crop-Box ist die einzige Box, die nicht schon aus dem Quellprogramm mitgeführt wird. Sie entsteht erst in Acrobat, wenn Sie die Seite mit dem Beschneiden-Werkzeug beschneiden. Dadurch werden die Seitenelemente außerhalb der Crop-Box nicht gelöscht, sondern nur ausgeblendet.

5.3.4 PDF-Erstellung

Viele Wege führen zu PDF. Welcher ist nun der richtige? Soll das PDF für ein bestimmtes Ausgabemedium erstellt werden? Oder brauchen Sie ein universelles PDF, das dann je nach Ausgabemedium editiert und optimiert werden kann? Soll das PDF der Bürokommunikaiton dienen? Ist das PDF Teil des Print-Workflows? Fragen über Fragen – und wie meist gibt es keine eindeutige Antwort.

Wenn Sie die PDF-Datei als neutralen Container nutzen wollen, weil die spätere Ausgabe zum Zeitpunkt der Erstellung noch nicht bekannt ist, oder die Datei crossmedial in verschiedenen Anwendungen genutzt werden soll, dann bleibt nur eines: Erstellen Sie das bestmögliche PDF.

5.3.4.1 PDF/X-3

PDF-/X-3 wurde gemeinsam von der ECI, European Color Initiative, und dem bvdm, Bundesverband Druck und Medien, entwickelt. [illegible]

- LZW-Komprimierung ist nicht zulässig.
- Transferfunktionen dürfen nicht enthalten sein.
- Die Seitenboxen müssen definiert sein.
- Rastereinstellungen sind erlaubt, aber nicht zwingend
- Es muss ein Output-Intent definiert sein.
- RGB-Farben nur mit Farbprofil
- Der Überfüllungsschlüssel muss gesetzt sein.
- Kommentare sind nur außerhalb der Bleed-Box zulässig.
- Die Datei darf keine Transparenzen enthalten.
- Schriften müssen eingebettet sein.
- Keine OPI-Kommentare, die Bilder müssen in der Datei sein.
- JavaScript, Hyperlinks usw. sind nicht zulässig.
- Nur Composite, keine vorseparierten Dateien
- Verschlüsselung ist unzulässig.
- Die Namenskonvention sollte „name_x3.pdf“ sein.

.4.2 PDF-Erstellung über PostScript

PDF-Erstellung über PostScript ist
wie vor der sicherste Weg, ein
PDF zu erhalten. Dazu wird zu-
t aus der Applikation heraus eine
cript-Datei erstellt, die dann an-
ßend im Adobe Distiller in ein
nvertiert wird. Der Acrobat Distil-
in Software-Interpreter zur Ge-
ng einer PDF-Datei. Er wird bei
allation von Acrobat automa-
tinstalliert. Verschiedene Set-
nstellungen, erlauben Ihnen ein
Ihre Bedürfnisse angepasstes
rstellen.

PostScript-Druckertreiber

Zur Erzeugung einer PostScript-Datei benötigen Sie einen PostScript-Druckertreiber. Da das PDF geräteunabhängig sein soll, müssen Sie auch einen geräteneutralen Treiber, z.B. „Acrobat Distiller" verwenden. Ansonsten wird das geometrische Format des PDF durch das maximale Druckformat bestimmt.

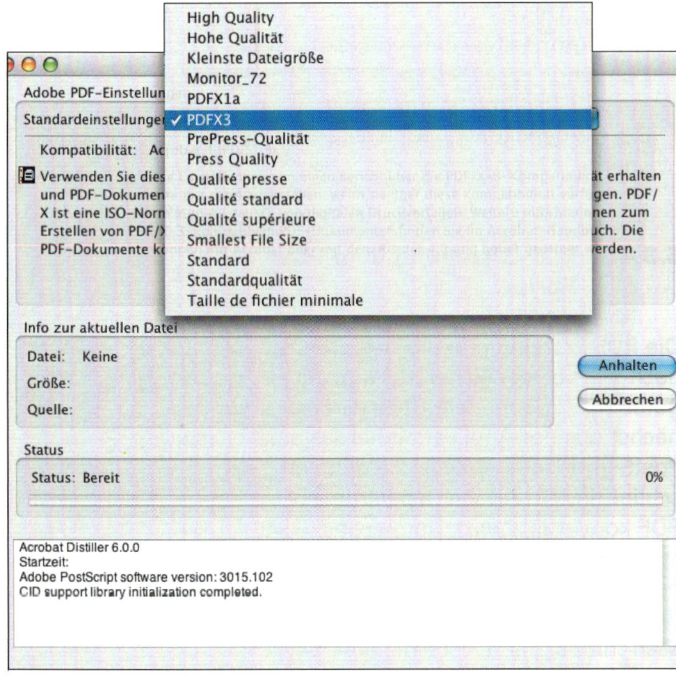

Wenn Sie z.B. für die Erzeugung eines DIN A3 großen PDF den Druckertreiber eines DIN-A4-PostScript-Druckers verwenden, dann wird das Format nach der Hälfte abgeschnitten. Der Grund liegt in der beschränkten Größe der Media-Box. Die Media-Box entspricht der Seitengröße, die beim Drucken gewählt wird.

PostScript-Datei erzeugen

Die Erzeugung einer PostScript-Datei erfolgt in den verschiedenen Applikationen über das Drucker-Dialogfeld. Statt der Druckausgabe wird allerdings die Datei als PostScript gesichert.

Konvertierung in Acrobat Distiller

Nach dem Starten des Distillers wählen Sie die passenden Einstellungen. Nachdem wir ein PDF/X-3 erzeugen möchten, ist PDF/X-3 die richtige Einstellung oder Setting. Die Settings können Sie unter Menü *Voreinstellungen > AdobePDF-Einstellungen bearbeiten...* modifizieren. Unter demselben Menüpunkt lassen sich auch eigene oder gelieferte Settings hinzufügen.

Wenn Sie die Einstellungen getroffen haben, dann können Sie unter Menü *Datei > Öffnen...* Ihre PostScript-Datei öffnen oder Sie ziehen sie mit der Maus einfach in den Rahmen „Info zur aktuellen Datei" des Distiller-Fensters. Der Distiller konvertiert sie entsprechend den Einstellungen in ein PDF und legt sie anschließend automatisch in den Ordner der PS-Datei.

5.3.4.3 Distiller-Optionen PDF/X-3

Stellvertretend für alle Distiller-Settings sind hier die Karteikarten der PDF/X-3-Joboption beschrieben. Die Registerkarten sind in allen Settings die gleichen, die Einstellungen variieren naturgemäß jeweils auf den Ausgabeprozess bezogen. Sie können aber grundsätzlich jeweils ein PDF/X-3 erstellen, um ein umfassend nutzbares PDF zu haben. Im zweiten Schritt optimieren Sie es dann für die spezifische Anforderung unter Menü *Erweitert > PDF-Optimierung...*

Registerkarte Allgemein

- Die „Kompatibilität" muss auf Acrobat 4.0 (PDF1.3) gestellt sein.
- Die „Komprimierung auf Objektebene" muss deaktiviert sein, da sonst Strukturinformationen der Seite komprimiert werden. Dies kann zu Schwierigkeiten beim RIP-Prozess führen.
- „Seiten automatisch drehen" kann zu unliebsamen Überraschungen führen. Die Seiten sollten in der von Ihnen vorgegebenen Formatlage verbleiben.
- Mit der Option „Bund" können Sie aus einer linken Seite eine rechte Seite machen.
- Die eingestellte „Auflösung" sollte nicht unter 2400 dpi liegen.
- „Piktogramme einbetten" vergrößert die Datei unnötig. Falls Sie doch noch welche brauchen sollten: Acrobat erstellt automatisch Piktogramme, wenn Sie das Piktogramm-Fenster öffnen.
- Als „Standardpapierformat" wählen Sie die maximale Größe von 508 cm x 508 cm. Dies hat keinen Einfluss auf das spätere Ausgabeformat, das PDF ist aber auf jeden Fall nicht beschnitten.

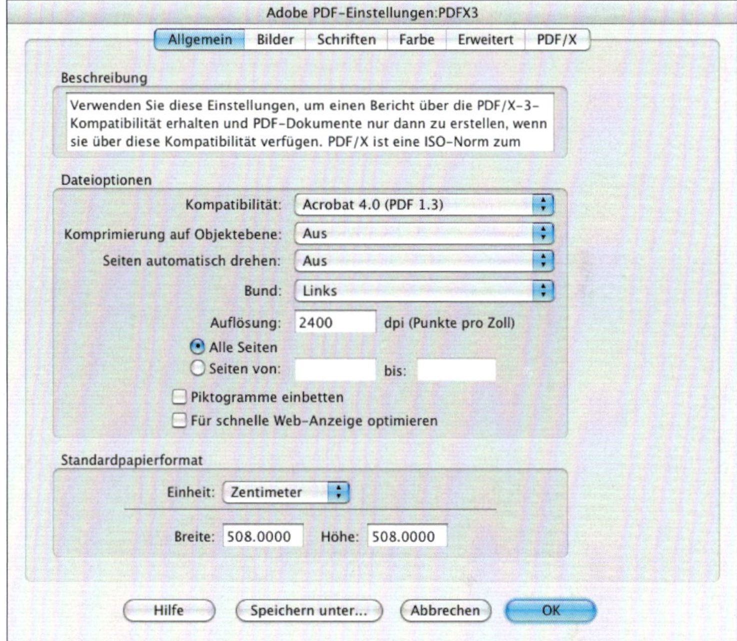

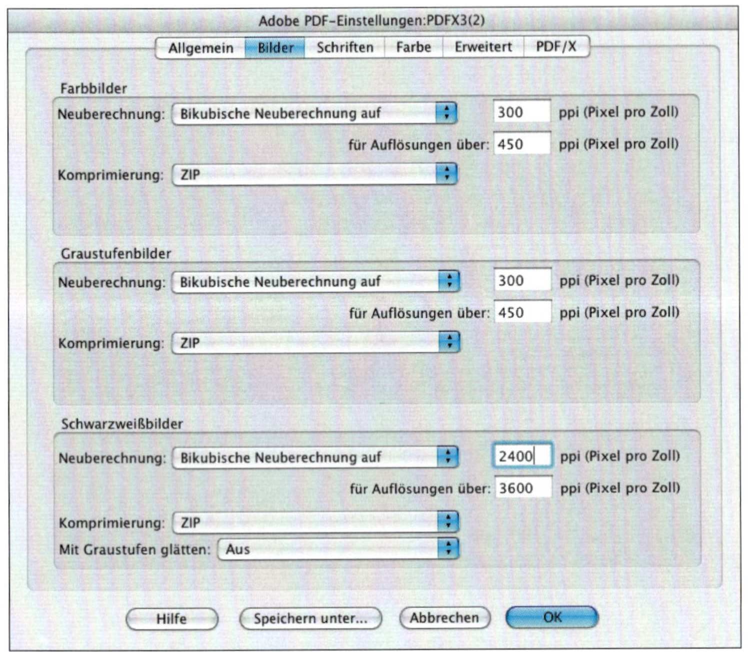

Registerkarte Bilder

- Die „Neuberechnung“ von Bildern bedeutet Neuberechnung der Auflösung. Dabei erfolgt nur ein Downsampling (Herunterrechnen) zu hoch aufgelöster Bilder. Niedrig aufgelöste Bilder werden in ihrer Auflösung belassen. Die „Bikubische Neuberechnung“ führt bei Halbtonbildern zum besten Ergebnis.
- Die „Komprimierung“ mit ZIP erfolgt verlustfrei.
- „Schwarzweißbilder“ sind 1-Bit-Strichabbildungen. Hier kann eine Neuberechnung zu sehr unschönen Treppenstufen oder Interferenzerscheinungen führen. Sie sollten deshalb 1-Bit-Bilder nicht neu berechnen lassen. Die Einstellung in der Registerkarte führt dazu, dass nur Bilder mit einer Auflösung von über 3600 dpi neu berechnet werden.
- „Mit Graustufen glätten“ führt zu Anti-Aliasing-Effekten. Für die Darstellung auf dem Monitor gut, für den Druck ungeeignet.

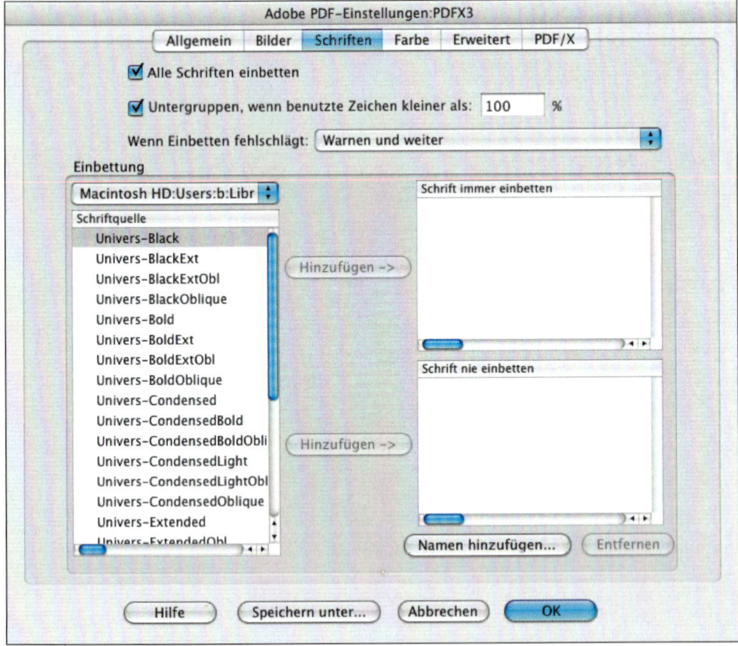

Registerkarte Schriften

- Schriften müssen immer vollständig eingebettet werden. Bei TrueType-Schriften kommt es immer wieder zu Schwierigkeiten beim Einbetten. Falls sich aus technischen oder rechtlichen Gründen eine Schrift nicht einbetten lässt, dann ist diese Schrift für die Erzeugung einer PDF/X-3-Datei nicht geeignet und Sie sollten auf eine Ersatzschrift zurückgreifen.

Registerkarte Farbe

- Ohne „Einstellungsdatei" bedeutet, dass Sie in keinem vorgelagerten Adobe-Programm eine Farbeinstellungsdatei generiert haben.
- „Farbe nicht ändern" ist immer dann die richtige Option, wenn Sie im bisherigen Workflow mit den korrekten Farbeinstellungen, -profilen, gearbeitet haben und diese in der PostScript-Datei eingebettet sind.
- „Geräteabhängige Daten" sollten Sie behalten.

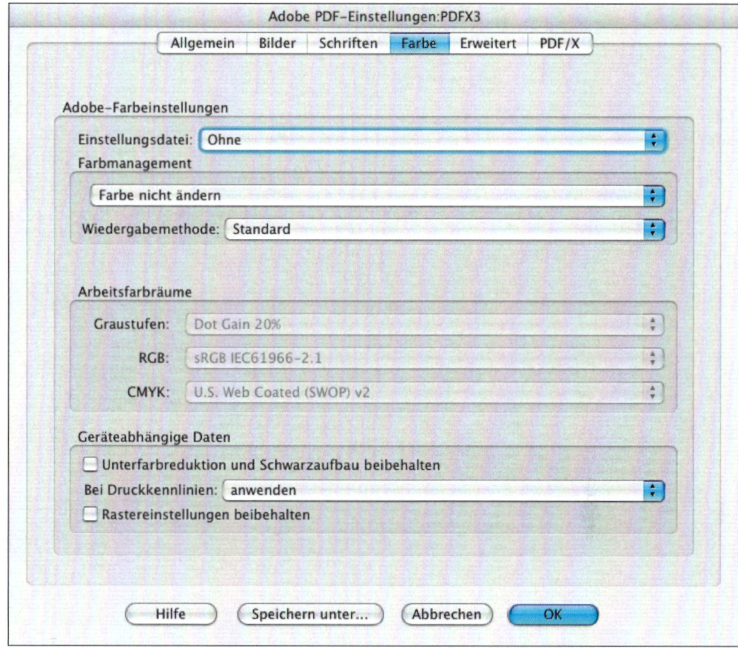

Registerkarte Erweitert

- „Überschreiben der Adobe PDF-Einstellungen durch PostScript-Datei zulassen" würde dazu führen, dass Ihre PDF/X-3-Konventionen überschrieben werden. Da Sie nie sicher sein können, welche Einstellungen in der PostScript-Datei stecken, aktivieren Sie diese Option in der Registerkarte.
- PostScriptXObjects sind in PDF/X-3 nicht zulässig.
- Die Farbverläufe werden glatter und die Dateien kleiner.
- Nur im JDF-Workflow zu aktivieren
- Zur Abwärtskompatibiltät mit PS 2 setzen.
- Überdruckeneinstellungen müssen beibehalten werden.
- Die Speicherung der PDF-Einstellungen ist optional.
- JPEG-Bilder sollten nicht noch einmal kompirmiert werden, da dies zu Qualitätsverlusten führt.
- PJTF gilt alternativ zu JDF.
- Nicht notwendige zusätzliche Steuerbefehle für die Ansteuerung des Distillers.
- OPI-Kommentare sind unzulässig.

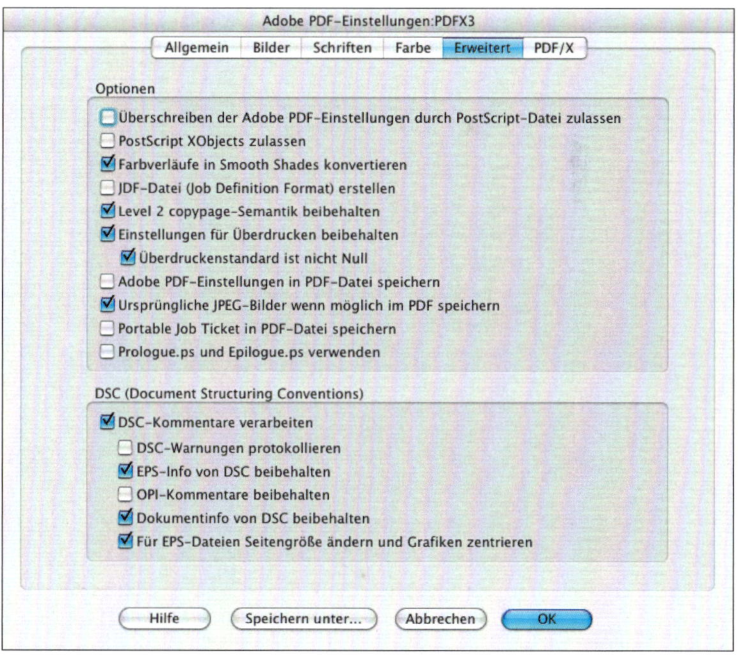

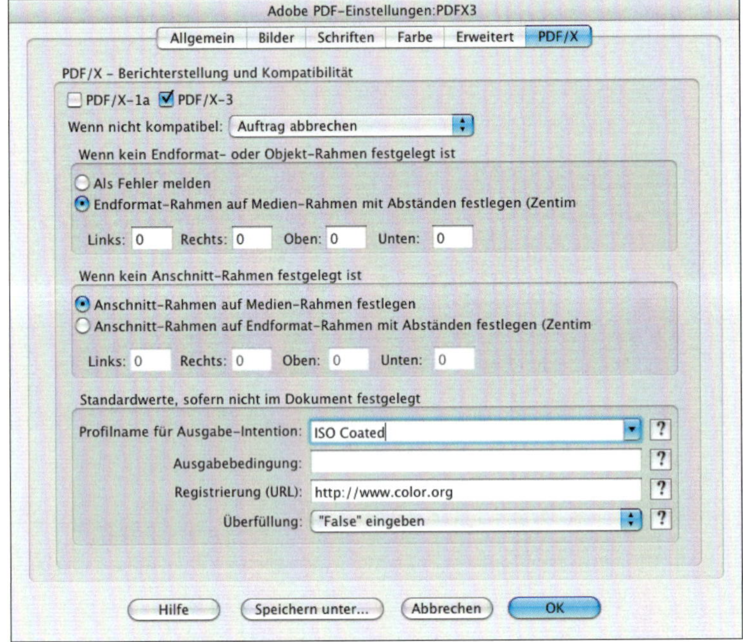

Registerkarte PDF/X

- Das Setzen von „PDF/X-3" überprüft bei der Erstellung automatisch die PDF/X-3-Kompatibilität. „PDF/X-1a" ist ein in den USA verbreiteter Standard.
- „Auftrag abbrechen" garantiert, dass nur eine PDF/X-3-Datei distilliert wird. Wenn Sie die Option auf „Fortfahren" stellen, dann wird die PDF-Datei trotzdem erstellt und Sie können anschließend im Protokoll nachlesen, warum die Datei keine PDF/X-3-Datei ist, und ggf. Abhilfe schaffen.
- Falls kein Endformat-Rahmen (Trim-Box) definiert ist, können Sie hier ein Format definieren.
- Hier können Sie einen Anschnitt-Rahmen (Bleed-Box) festlegen.
- Die Angabe eines Output-Intents ist notwendig.
- Die Angabe der Registrierung-URL ist optional.
- Der Überfüllungsschlüssel muss gesetzt sein. Bei Composite-Applikationen ist „False" die Standardeinstellung.

Acrobat Distiller 6.0.0
Startzeit: Montag, 7. Februar 2005 um 11:41 Uhr
Adobe PostScript software version: 3015.102
CID support library initialization completed.

Konvertierung von 5_3_pdf.ps
Start: Montag, 7. Februar 2005 um 11:42 Uhr
Quelle: /5_3_pdf.ps
Ziel: /5_3_pdf.pdf
Adobe PDF-Einstellungen: /Users/Shared/Adobe PDF 6.0/Settings/PDFX3(2).joboptions

<PDFX ISO="15930-3:2002" COMPLIANT="true">

PDF/X-Kompatibilitätsbericht

1. Übersicht

Warnungen: Gesamtanzahl der Fundstellen im Dokument: 0.
Verletzungen: Gesamtanzahl der Fundstellen im Dokument: 0.
Es wurden keine Probleme im Dokument festgestellt.

Dieses Dokument hat die Kompatibilitätsprüfungen für PDF/X-3 bestanden.

</PDFX>

Dauer: 7 Sekunden (00:00:07)
**** Jobende ****

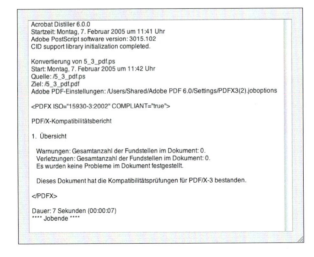

Kompatibilitätsbericht

Nach der PDF-Konvertierung zeigt der Distiller, ob die Konvertierung gelungen ist und sie dem PDF/X-3-Standard entspricht.

5.3.5 Überwachte Ordner

Mit Adobe Distiller können Sie die Erstellung Ihrer PDF-Dateien automatisieren. Dies erfolgt durch die Einrichtung spezieller überwachter Ordner.

Sie können für jede Ihrer PDF-Einstellungen, PDF/X-3, Internet usw., eigene überwachte Ordner anlegen. Beim Abspeichern in den jeweiligen In-Ordner erzeugt der Distiller automatisch das richtige PDF und legt die Datei in den zugehörigen Out-Ordner.

Überwachte Ordner erstellen

- Menü *Voreinstellungen > Überwachte Ordner...*
- Wählen Sie die Option „Hinzufügen".
- Entweder Sie wählen jetzt einen Zielordner oder Sie erstellen einen neuen Ordner und wählen diesen dann aus.
- Treffen Sie Ihre Einstellungen, entsprechend dem gewünschten PDF-Setting.
- Bestätigen Sie mit OK.

Der Distiller hat im ausgewählten Ordner automatisch die beiden überwachten Ordner mit den Namen „In" und „Out" angelegt.

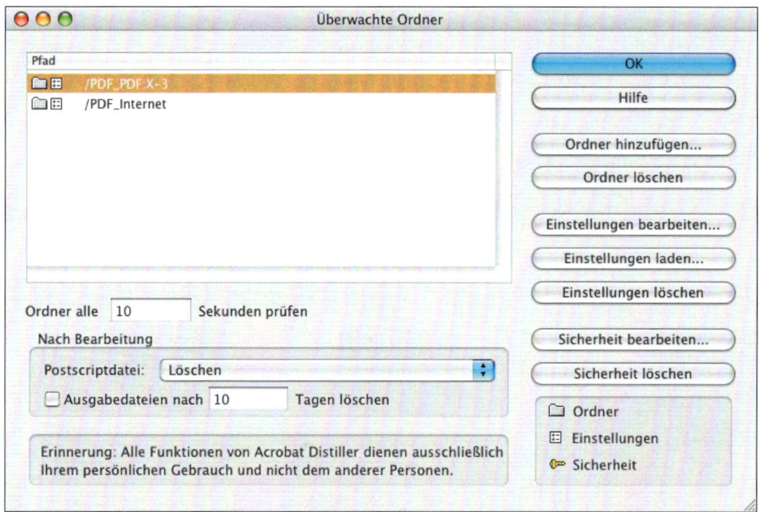

5.3.6 Preflight

Preflight ist die Überprüfung der Datei auf Fehler, die bei der Generierung entstanden sind oder schon aus den vorherigen Applikationen mitgebracht wurden. Die erste Überprüfung erfolgte schon im Distiller. Acrobat bietet eine ganze Reihe weiterer Möglichkeiten zur Überprüfung an. Sie sollten Sie nutzen, um später keine unliebsamen Überraschungen zu erleben.

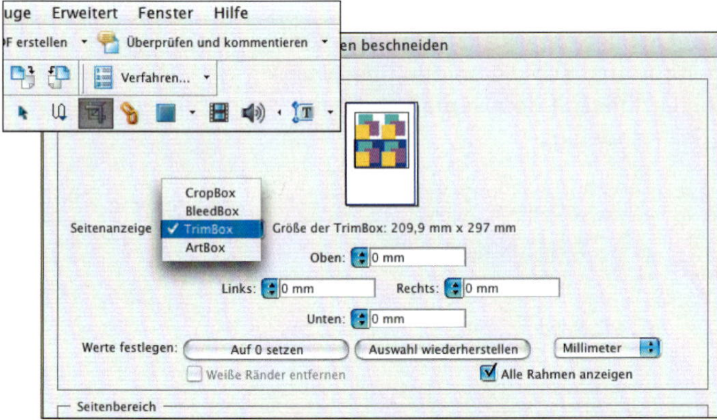

5.3.6.1 Visuelle Überprüfung

Seiten und Inhalte

Die erste Überprüfung ist die visuelle Kontrolle der

- Seitenzahl,
- Seitenlage,
- Inhalte.

Seitengröße und Boxen

Im Dialogfeld „Seiten beschneiden" können Sie die Informationen der einzelnen Boxen abrufen und ggf. neue Maße eingeben. Das Dialogfeld öffnet sich durch einen Doppelklick auf das Beschneiden-Werkzeug in der Werkzeugleiste.

Überdrucken

Unter Menü *Erweitert >Überdrucken-Vorschau* können Sie die Option ein- bzw. ausblenden. Grundsätzlich sollte diese Option immer aktiviert sein. Nur dadurch können Sie sicher kontrollieren, wie der separierte Druck aussieht.

Monitordarstellung mit Überdrucken-Vorschau

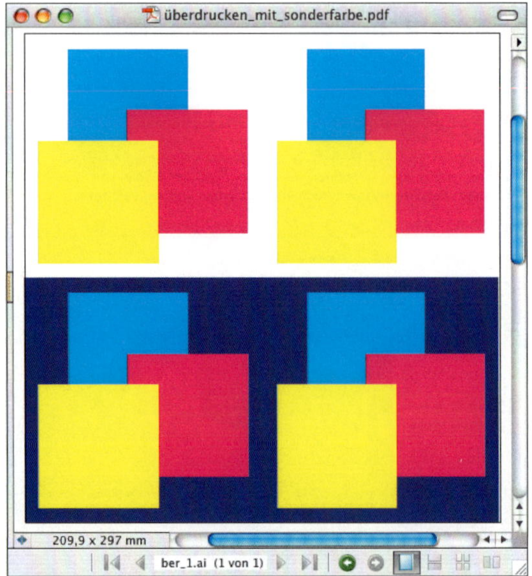

Monitordarstellung ohne Überdrucken-Vorschau

Separationsvorschau

Die Separationsvorschau gibt Ihnen Auskunft über die Prozessfarbenanteile Ihrer Datei. Sie können die Vorschau unter Menü *Erweitert > Separationsvorschau* aufrufen.

Durch Anklicken der Checkboxen werden einzelne Farben ein- bzw. ausgeblendet. Die Sonderfarben können durch erneutes Anklicken der Checkbox in 4c konvertiert werden.

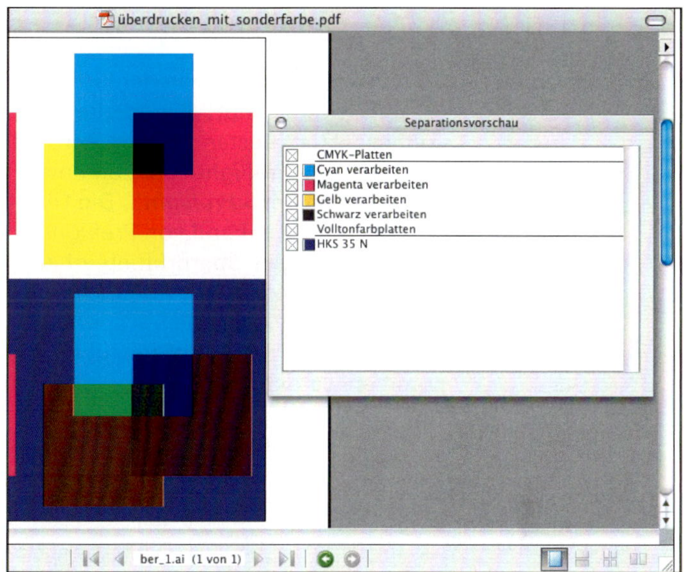

5.3.6.2 Dokumenteigenschaften

Schriften

Nicht richtig oder nicht eingebettete Schriften gehören zu den häufigsten Fehlern in PDF-Dokumenten. Unter Menü *Datei > Dokumenteigenschaften... > Schriften* können Sie überprüfen, welche Schriften wie in Ihrem Dokument eingebettet sind.

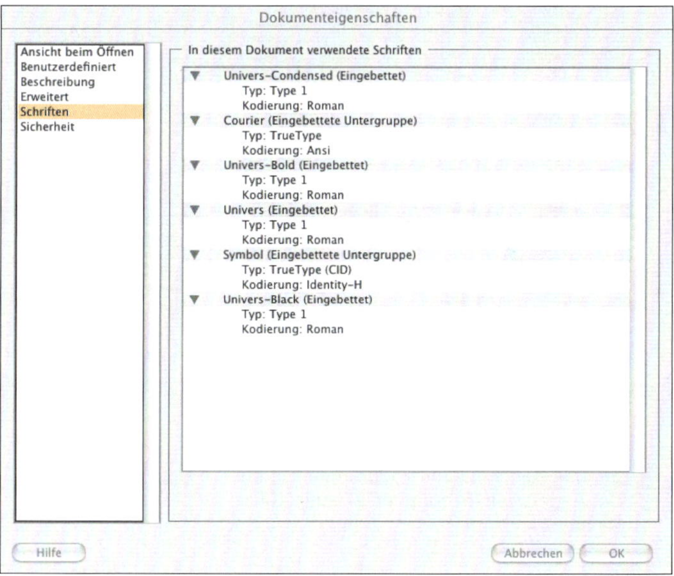

Erweitert

Die Option „Erweitert" erlaubt die Überprüfung und nachträgliche Änderung der Einstellung „Überfüllung" und „Bund".

Sicherheit

Unter „Sicherheit" können Sie überprüfen, ob tatsächlich keine Beschränkungen in Ihrer Datei angelegt wurden. Alle Sicherheitseinschränkungen sind in PDF/X-3 unzulässig.

5.3.6.3 Preflight-Dialog

Ab Acrobat 6.0 ist der von der Firma callas software GmbH entwickelte „pdfinspektor" Bestandteil von Acrobat. Sie finden die Preflight-Funktion unter Menü *Dokument > Preflight...* Die Überprüfung erfolgt anhand von Preflight - Profilen. Nach der Überprüfung erhalten Sie sehr detaillierte Prüfberichte. Diese Prüfberichte können in spezielle Preflight-Tools, z.B. in PitStop, übernommen werden.

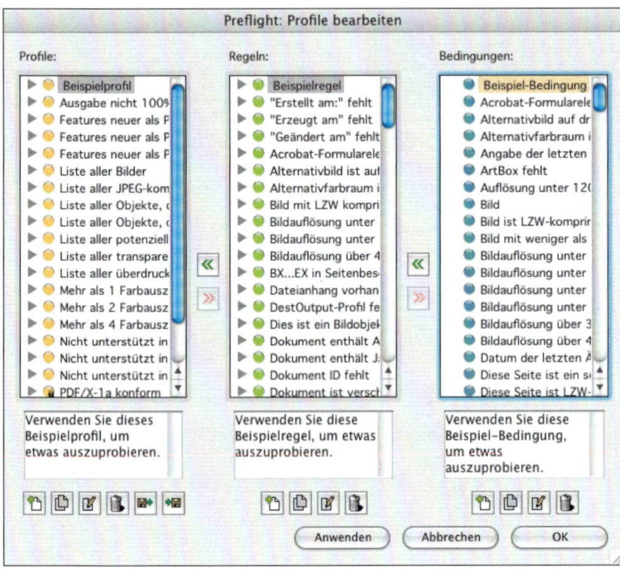

Prüfprofile

Sie können Profile, Regeln und Bedingungen selbst erstellen oder modifizieren. Der Export von Prüfprofilen erzeugt XML-Dateien.

„Preflight: Profile" durchführen

- Öffnen Sie die zu überprüfende Datei.
- Öffnen Sie Menü *Dokument> Preflight...*
- Wählen Sie das Prüfprofil.
- Klicken Sie auf „Analysieren".
- Kontrollieren und bewerten Sie das Prüfprotokoll.

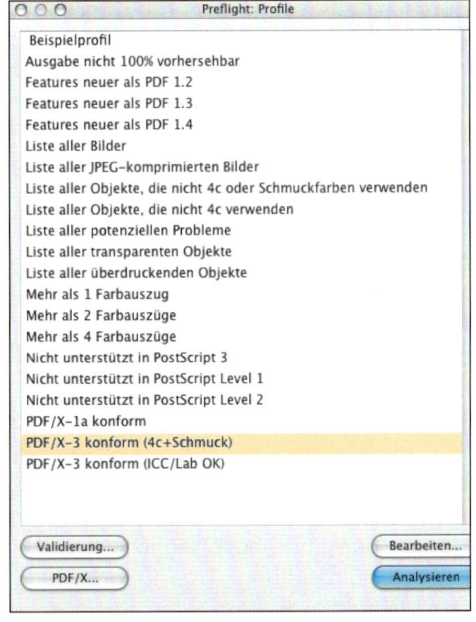

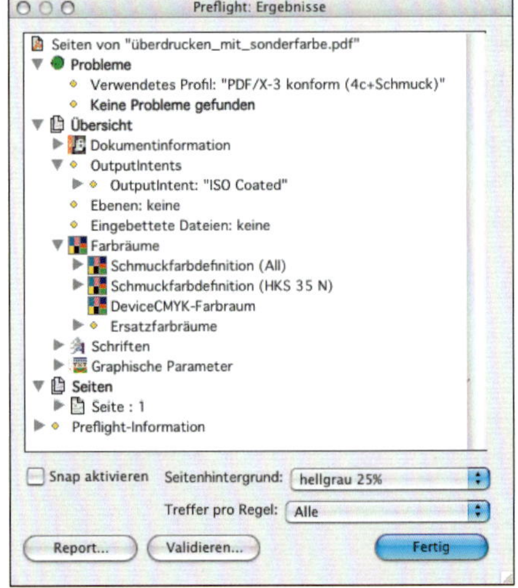

„Preflight: PDF/X" durchführen

- Öffnen Sie die zu überprüfende Datei.
- Öffnen Sie Menü *Dokument> Preflight...*
- Klicken Sie auf „PDF/X".
- Wählen Sie die Funktion.
- Kontrollieren und bewerten Sie das Prüfprotokoll.

Falls Ihr PDF-Dokument den PDF/X-3-Spezifikationen entspricht, leuchtet die grüne Ampel. Ansonsten steht die Ampel auf Rot und Sie müssen nach Analyse des Protokolls die entsprechenden Einstellungen im Dokument ändern.

Als PDF/X-3 speichern...

Im Dialogfeld „Preflight: PDF/X" können Sie jede beliebige PDF-Datei als PDF/X-3-Datei abspeichern. Die Konvertierung erfolgt nach dem ausgewählten PDF/X-3-Set. Unter dem Button „PDF/X-3-Sets..." können Sie eigene Sets zur Konvertierung erstellen.

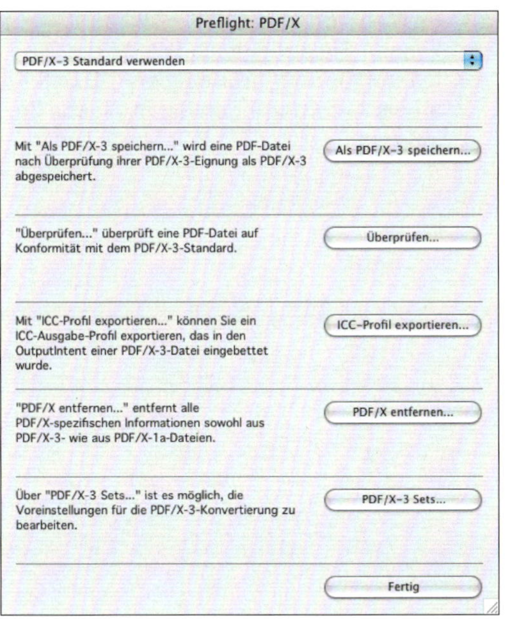

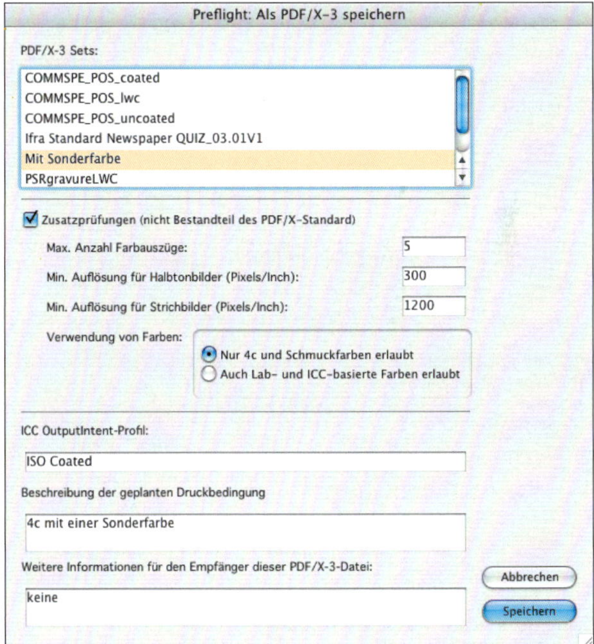

5.3.7 PDF optimieren

Im Menü *Erweitert > PDF-Optimierung...* können Sie auf einfache Weise die Dateistruktur und -größe einer PDF-Datei an die Anforderungen der Ausgabe im Internet oder auf CD-ROM bzw. DVD anpassen. Die Datei wird nach der Bestätigung der Optimierungseinstellungen mit „OK" unter einem neuen Namen gespeichert.

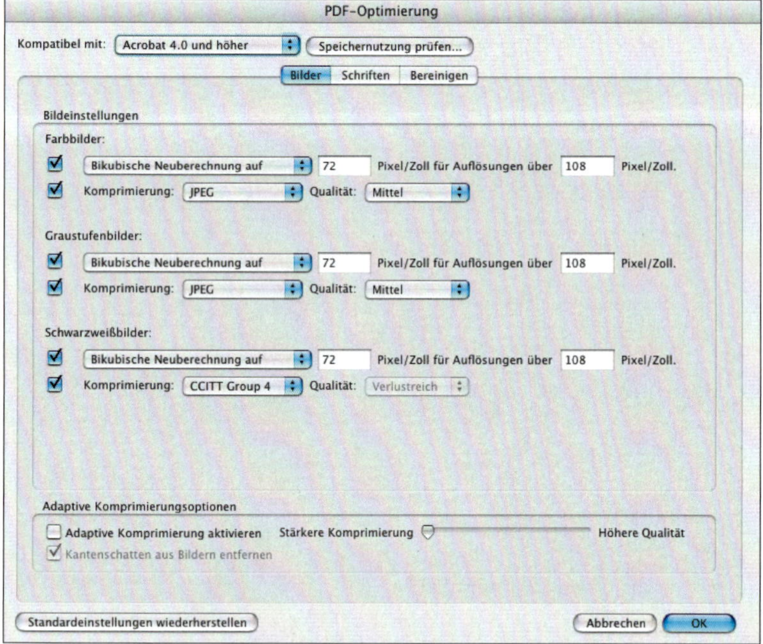

Registerkarte Bilder

- Die „Neuberechnung" von Bildern bedeutet Neuberechnung der Auflösung. Dabei erfolgt nur ein Downsampling (Herunterrechnen) zu hoch aufgelöster Bilder. Niedrig aufgelöste Bilder werden in ihrer Auflösung belassen. Die „Bikubische Neuberechnung" führt bei Halbtonbildern zum besten Ergebnis.
- Die „Komprimierung" mit JPEG ist zwar verlustbehaftet, führt aber zu kleinen Dateigrößen.
- „Schwarzweißbilder" sind 1-Bit-Strichabbildungen. Da die Darstellung auf dem Monitor erfolgt, können Strichbilder ebenfalls heruntergerechnet werden.
- „Adaptive Komprimierung aktivieren" deaktiviert die oberen Optionen. Die Komprimierung erfolgt nach einem bestimmten Algorithmus abgestimmt auf die jeweilige Bildstruktur.

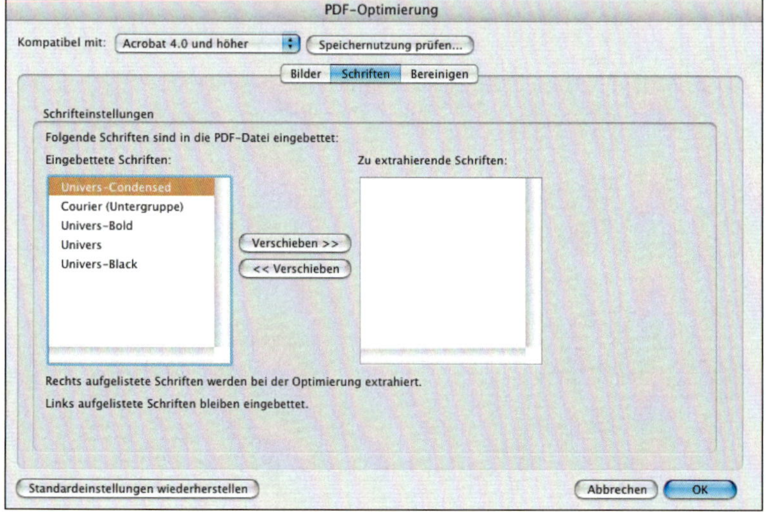

Registerkarte Schriften

In der Registerkarte „Schriften" können Sie nur eingebettete Schriften extrahieren. Dies bedeutet, dass die PDF-Datei bei der Darstellung auf dem Zielrechner auf die Schriftressourcen dieses Rechners zugreifen muss. Falls die gewünschte Schrift dort nicht zur Verfügung steht, wird eine Ersatzschrift verwendet.

Registerkarte Bereinigen

Diese Registerkarte bietet sehr viele Optionen zur Reduzierung der Dateigröße. Welche Sie letztlich wählen, hängt von den Anforderungen des Ausgabemediums ab. Versuchen Sie verschiedene Kombinationen.

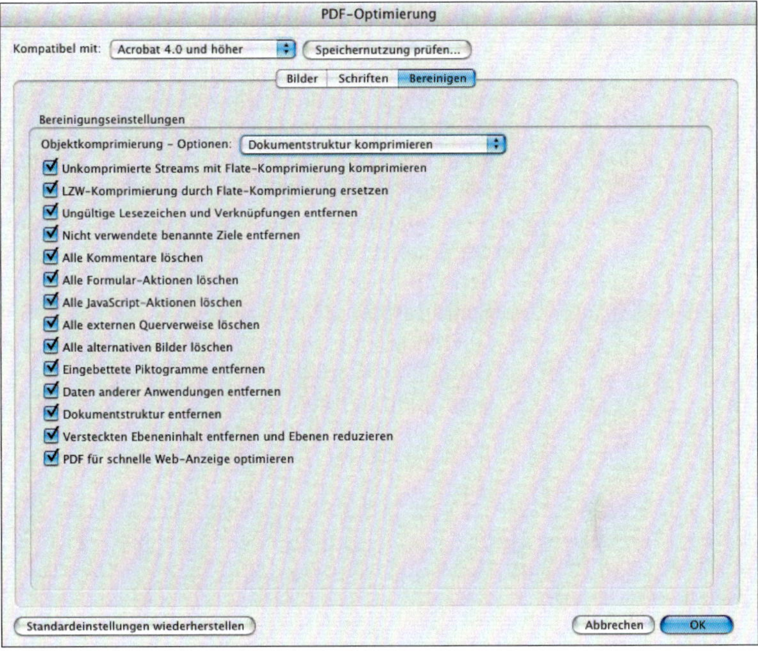

Speichernutzung prüfen...

Diese Option bietet Ihnen einen guten Überblick über den Speicheranteil der einzelnen Dateielemente.

Speicherprüfung

Ergebnisse

Prozent	Byte	Beschreibung
0 %	0	Piktogramme
30,51 %	1401057	Bilder
0 %	0	Lesezeichen
14,64 %	672338	Seiteninhalt
2,33 %	107222	Schriften
0,03 %	1428	Strukturinformationen
0 %	0	Acro Forms
0 %	0	Verknüpfungsanmerkungen
0 %	0	Kommentare
0 %	0	Benannte Ziele
0 %	0	Web Capture-Informationen
25,27 %	1160725	Dokument-Grundvoraussetzungen
0,00 %	47	Farbräume
0 %	0	X Object-Formulare
0 %	0	Musterinformationen
0,03 %	1311	Schattierungsinformationen
0,00 %	205	Erweiterter Grafik-Status
0 %	0	Teilinformationen
0,10 %	4800	Querverweistabelle
27,08 %	1243657	Unbekannt
100 %	4592790	Insgesamt

OK

5.3.8 PDF bearbeiten

5.3.8.1 Texte bearbeiten

Die Bearbeitung oder Korrektur von Texten ist nur möglich, wenn die benötigten Schriften oder Font-Untergruppen auch eingebettet sind.

Mit dem TouchUp-Werkzeug können Sie Text auswählen und einige Parameter verändern:

- Schriftgröße
- Schriftfarbe
- Abstände
- Grundlinienversatz
- geringe Textänderungen

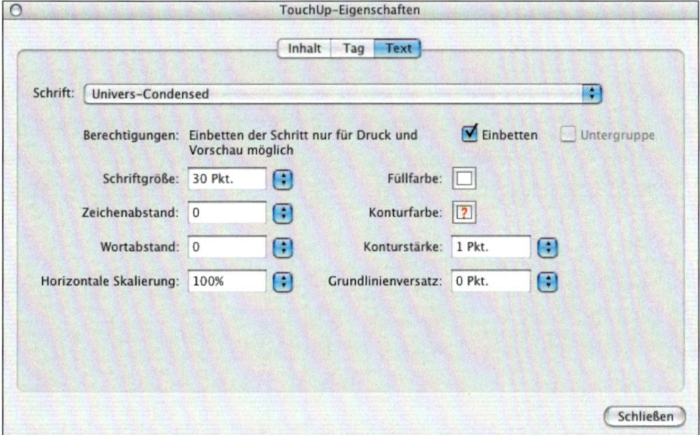

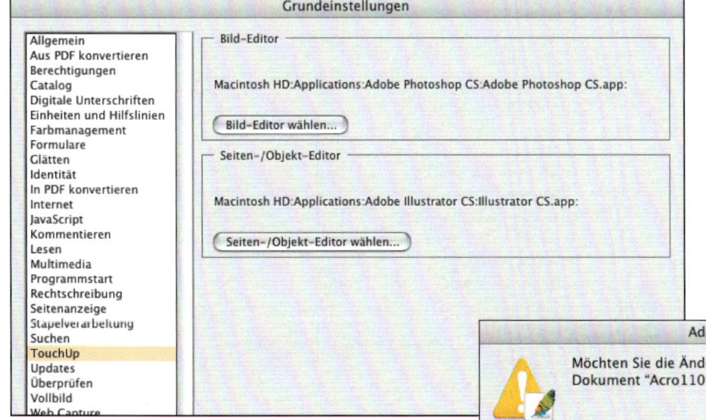

Die meisten Veränderungen können Sie im Dialogfeld „TouchUp-Eigenschaften" einstellen. Klicken Sie mit der rechten Maustaste oder beim Mac mit gedrückter „ctrl"-Taste auf die markierte Textstelle, um zum Eigenschaften-Dialog zu gelangen. Allerdings sind die Möglichkeiten sehr eingeschränkt. Um weiter gehende Korrekturen durchführen zu können brauchen Sie ein PDF-Tool wie z.B. Enfocus PitStop.

5.3.8.2 Bilder und Grafiken bearbeiten

Bilder und Grafiken können Sie mit dem TouchUp-Objektwerkzeug auswählen. Die Bearbeitung erfolgt aber nicht in Acrobat, sondern direkt im gewählten externen Bearbeitungsprogramm, z.B. Photoshop oder Illustrator. Die externen Editoren wählen Sie unter Menü *Acrobat > Grundeinstellungen... > TouchUp*.

Bild/Objekt bearbeiten

- Wählen Sie das Bild/Objekt mit dem TouchUp-Werkzeug aus.
- Wählen Sie im Kontextmenü „Bild bearbeiten" oder „Objekt bearbeiten". Das ausgewählte Bild/Objekt wird automatisch im Editor, z.B. Photoshop, geöffnet.
- Bearbeiten Sie das Bild/Objekt wie gewohnt.
- Schließen Sie das Bild/Objekt.
- Speichern Sie im Dialogfeld.
- Das Bild/Objekt wird automatisch im PDF-Dokument aktualisiert.

5.3.9 PDF-Seiten

Bei der Erstellung eines PDF-Dokumentes wird der Inhalt in einzelne Seiten gegliedert. Sie haben die Möglichkeiten der Text- und Bild-/Objektbearbeitung in Acrobat kennen gelernt. Darüber hinaus können Sie auch einzelne Seiten eines Dokumentes bearbeiten.

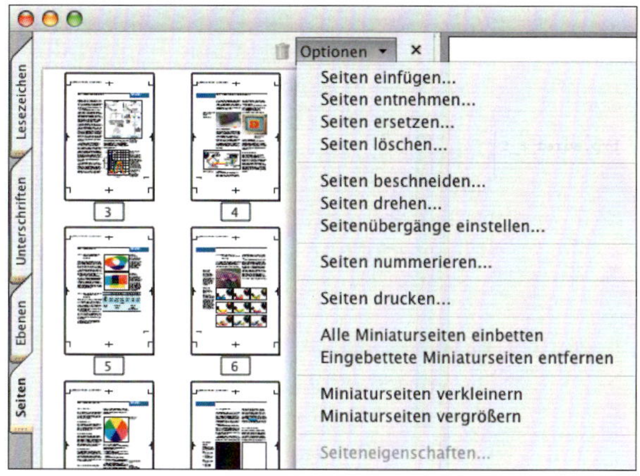

Seitenfenster

Beim Öffnen des Seitenfensters erzeugt Acrobat automatisch Vorschaubilder der einzelnen Seiten des PDF-Dokuments. Sie können per „Drag and Drop“ die Seitenreihenfolge ändern oder die Seite in das Seitenfenster eines zweiten geöffneten PDF-Dokumentes verschieben. Auf diese Weise ist es einfach, neue Dokumente zusammenzustellen.

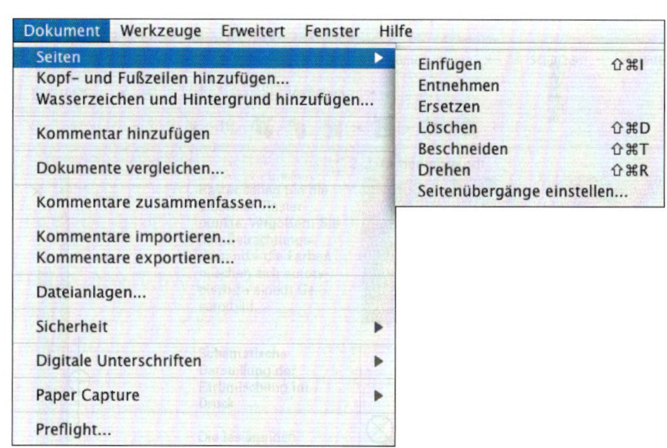

Seite beschneiden...

Durch das Beschneiden der Seite ändern Sie die Boxengeometrie. Die nicht mehr sichtbaren Bereiche werden aber nicht gelöscht, sondern nur ausgeblendet. Sie haben verschiedene Möglichkeiten, Seiten zu beschneiden:

- Beschneiden-Werkzeug
- Menü *Dokument >Seiten > Beschneiden*
- Seitenfenster *Optionen > Seiten beschneiden...*

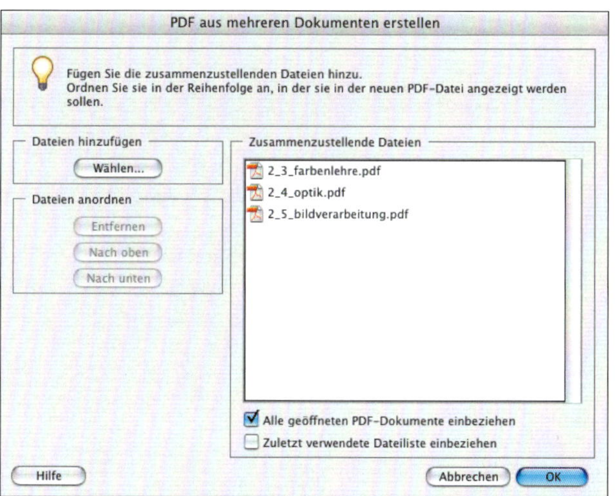

PDF-Datei erstellen...

Wir können nicht nur einzelne PDF-Seiten zu einem neuen Dokument zusammenstellen. Unter Menü *Datei > PDF erstellen > Aus mehreren Dateien...* finden Sie die Option, verschiedene PDF-Dateien zu einem neuen Dokument zu kombinieren. Natürlich können dort wieder einzelne Seiten in gewünschter Weise konfiguriert werden.

5.3.10 Navigation

PDF ist mehr als ein Produktionsstandard für die professionelle Printproduktion. Auch in elektronischen Medien wie Internet oder CD-ROM/DVD haben PDF-Dokumente ihren festen Platz. Beispielsweise als aus dem Internet herunterladbarer Katalog auf Basis einer Printproduktion oder Multimedia-Datei mit integriertem Sound und Video.

Seitenfenster

Die Vorschaubilder im Seitenfenster sind die einfachste Möglichkeit in einem PDF-Dokument zu navigieren. Ein Doppelklick auf das Vorschaubild bringt Sie direkt zur gewünschten Seite.

Lesezeichenfenster

Lesezeichen werden häufig benutzt, um das Inhaltsverzeichnis eines Werkes im PDF-Dokument zur Navigation zu verwenden. Die Erstellung ist sehr einfach:

- Markieren Sie den Text.
- Erstellen Sie im Leseezeichenfenster ein neues Lesezeichen.
- Strukturieren Sie die Lesezeichen per „Drag & Drop".

Als Aktion ist automatisch der Sprung zur jeweiligen Seite hinterlegt. Unter *Optionen > Eigenschaften...* können Sie weitere Aktionen definieren, die per Mausklick auf das Lesezeichen ausgelöst werden.

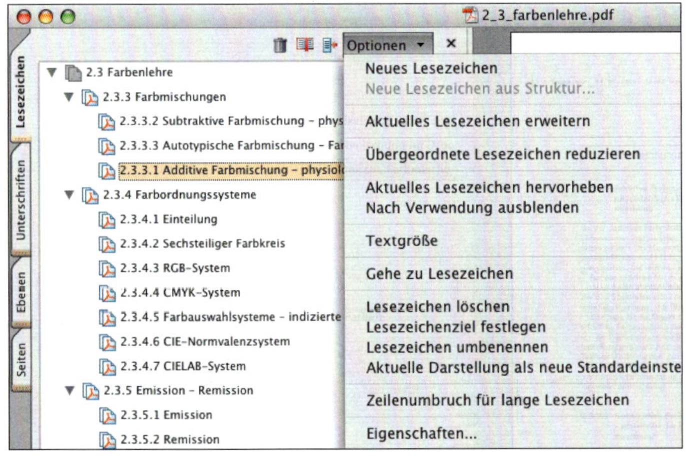

Verknüpfungen – Hyperlinks

Die Navigation mit Hyperlinks ist die klassische Methode in interaktiven digitalen Medien. Mit dem Verknüpfungswerkzeug können Sie auf einfache Art Hyperlinks setzen.

- Ziehen Sie mit dem Verknüpfungswerzeug einen Rahmen um den zukünftigen Link.
- Definieren Sie im „Verknüpfung erstellen"-Dialogfeld die gewünschte Verknüpfung.

- Im Kontext-Menü können Sie abschließend die Eigenschaft des Links festlegen.

Buttons

Buttons werden in Acrobat mit dem „Schaltflächen-Werkzeug" erstellt.

- Ziehen Sie den Rahmen.
- Definieren Sie im Dialogfeld, welche Aktion nach welchem Ereignis ausgeführt werden soll.
- Gestalten Sie den Button mit eigenem Text und/oder durch Laden einer Grafik.

5.3.11 Präsentation

PDF-Dokumente können Sie auch als Präsentationsmedium nutzen. Zur Navigation und Steuerung fügen Sie verschiedene Elemente ein und definieren die Ansicht und Seitenübergänge in den jeweiligen Dialogfeldern.

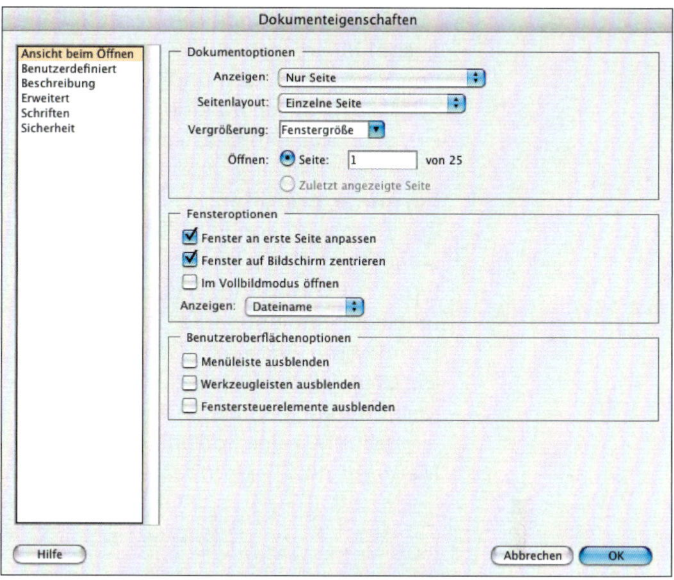

Seitenansicht beim Öffnen

In Präsentationen ist es sicherlich sinnvoll, die einzelnen Seiten nacheinander aufzurufen. Treffen Sie unter Menü *Datei > Dokumenteigenschaften... > Ansicht beim Öffnen* die Einstellungen.

Vollbildmodus

Sie können in Menü *Datei > Dokumenteigenschaften...* festlegen, dass die Datei im Vollbildmodus geöffnet wird. Wie sich Ihre Datei nach dem Öffnen verhält, definieren Sie unter Acrobat *Grundeinstellungen... > Vollbild.*

Eine weitere Möglichkeit ist die Aktivierung des Vollbildmodus im Acrobat Reader oder im Programm unter Menü *Fenster > Vollbildmodus*. Die ESC-Taste schaltet wieder in die Normalansicht zurück.

Mit der Tastaturkombination „Apfel + L" bzw. „STRG + L" können Sie ebenfalls jederzeit zwischen den Monitoransichten wechseln.

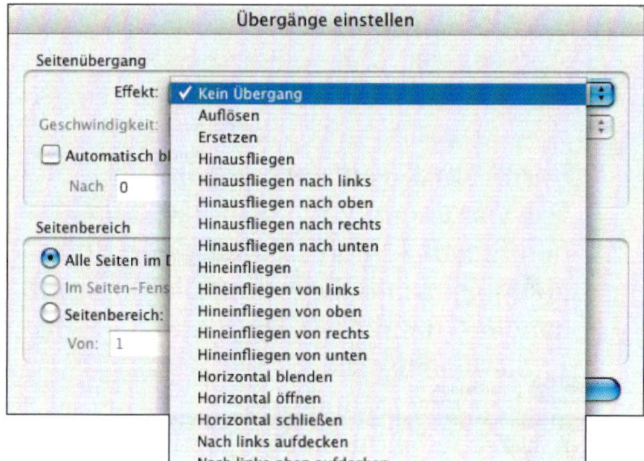

Seitenübergänge

Die Seitenübergange können Sie in den Grundeinstellungen Vollbild oder im Seitenfenster definieren.

Seite beschneiden...

Die Option „Seite beschneiden..." ist uns schon bei verschiedenen Stationen der PDF-Bearbeitung begegnet. Gerade wenn Sie die Präsentation nicht neu erstellen, sondern eine bestehende Datei zu Ihrer Präsentation verwenden möchten, ist diese Funktion hilfreich. Sie können damit unerwünschte Seitenelemente ausblenden und den Ausschnitt beispielweise auf das volle Format hochzoomen.

Seiten zusammenstellen

Stellen Sie sich Ihre Präsentation aus Seiten verschiedener PDF-Dokumente neu zusammen, z.B. per „Drag & Drop" zwischen den Seitenfenstern.

5.3.12 Formulare

PDF-Formule können direkt am Rechner ausgefüllt werden. Anschließend werden Sie ausgedruckt und zurückgefaxt oder elektronisch an eine Datenbank z.B. als E-Mail-Anhang verschickt.

Formular erstellen

Zur Erstellung von PDF-Formularen stehen eine Reihe Werkzeuge und Feldtypen zur Verfügung. Das Layout wird durch ein einblendbares Gestaltungsraster im Menü *Anzeige> Raster* erleichtert. Die Grundeinstellungen für das Layoutraster treffen Sie ebenso wie die Grundeinstellungen des Formulars unter Menü *Acrobat > Grundeinstellungen...*

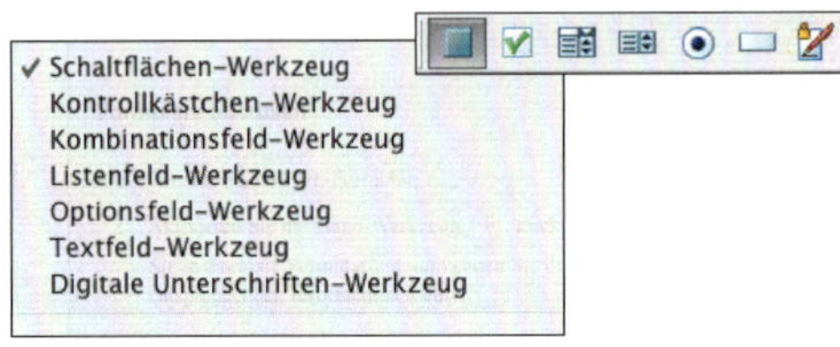

Formulardaten versenden

Das Versenden von Formulardaten können Sie als Aktion z.B. auf einen Button legen. Im Dialogfeld „Fomularauswahl senden" definieren Sie

- die Zieladresse,
- das Dateiformat und
- welche Felder ausgelesen werden.

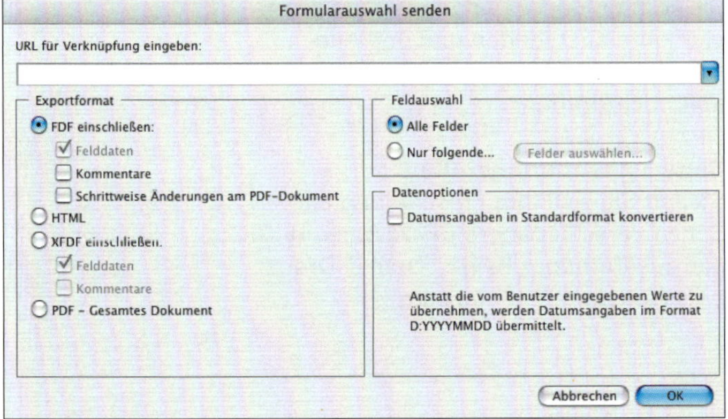

Export-Dateiformate

- FDF, Form Data Format, ist ein Dateiformat, bei dem nicht das ganze Formular, sondern nur die Formulardaten als FDF-Datei versandt werden. Der Empfänger importiert diese Daten z.B. wieder in ein vollständiges PDF-Formular.
- HTML, die Daten werden als HTML-Datei exportiert.
- XFDF, die Daten werden als XML-Datei exportiert.
- PDF, hier wird die gesamte PDF-Datei exportiert.

Formulardaten importieren

Das Importieren von Formulardaten können Sie ebenso wie das Exportieren als Aktion z.B. auf einen Button legen. Im Eigenschaften-Dialogfeld definieren Sie den Import-Pfad.

Daten validieren und berechnen

Die Validierung und Berechnung von Formulardaten ist natürlich auch möglich. Die Regeln werden in den Feldeigenschaftsfeldern festgelegt.

5.3.13 Aufgaben „PDF“

Aufgabe 5.3.13.1
PDF

Für was steht die Abkürzung PDF?

Aufgabe 5.3.13.2
Acrobat-Familie

Welche Aufgaben erfüllt
a. Acrobat Reader,
b. Acrobat,
c. Acrobat Distiller?

Aufgabe 5.3.13.3
RIP-Vorgang

Beschreiben Sie die vier Schritte des RIP-Vorgangs:
a. Interpretieren
b. Erstellen der Display-Liste
c. Rendern
d. Screening/Rastern

Aufgabe 5.3.13.4
PDF-Boxen

Nennen Sie die vier PDF-Boxen.

Aufgabe 5.3.13.5
PDF/X-3

Von welchen Organisationen wurde PDF/X-3 entwickelt?

Aufgabe 5.3.13.6
PDF/X-3-Vorgaben

Nennen Sie fünf PDF/X-3-Vorgaben, die erfüllt sein müssen, damit aus einer „gewöhnlichen“ PDF-Datei eine PDF/X-3-Datei wird.

Aufgabe 5.3.13.7
Distiller-Settings

a. Was sind Settings?
b. Unter welcher Menüoption lassen sich Settings bearbeiten?

Aufgabe 5.3.13.8
Distiller-Papierformateinstellungen

Welches Papierformat sollte im Distiller für PDF/X-3 eingestellt werden?

Aufgabe 5.3.13.9
Distiller-Papierformateinstellungen

Welchen Sinn hat die Einstellung „Warnen und weiter“?

Aufgabe 5.3.13.10
Überwachte Ordner

Welchen Vorteil bringt die Arbeit mit überwachten Ordnern?

Aufgabe 5.3.13.11
Preflight

Was versteht man unter Preflight?

Aufgabe 5.3.13.12
Navigation

Nennen Sie vier Möglichkeiten, ein PDF-Dokument mit einer interaktiven Navigation zu versehen.

5.4 Workflow

5.4.1 Workflow – was ist das eigentlich?

5.4.1.1 Definitionen

Unter einem Workflow verstehen wir ein Verfahren zur computergestützten Organisation von Arbeitsabläufen. Das Verfahren besteht darin, Dokumente in geordneter und fest strukturierter Art und Weise von einer Arbeits- bzw. Produktionsstufe zur nächsten zu bewegen. Dies kann durch den Transport der Dokumente

- mittels eines Netzwerkes geschehen
- oder dadurch, dass die Dokumente an zentraler Stelle vorgehalten werden und die einzelnen Produktionsstufen gemäß dem Arbeitsfortschritt Zugang dazu erhalten.

Workflow-Software kann die Produktionsfortschritte auch Überwachen und zum Beispiel bei Terminüberschreitungen eine Warnung auslösen.

Erweiterte Definition 1
Das langfristige Ziel eines Workflows liegt in einem durchgängigen, digitalen System, in dem *Management-* und *Produktionsdaten* vollständig und zentral erfasst, Prozessabläufe standardisiert und jeder am Auftrag beteiligte Mitarbeiter online Zugriff auf die für ihn notwendigen Informationen und Daten hat.

Eine mehrfache Erfassung von Daten sollte möglichst entfallen. Die Durchlaufzeiten eines Auftrages müssen durch ein Workflow-System reduziert, die Fehlerquote minimiert und die Kosten insgesamt gesenkt werden.

Erweiterte Definition 2
Ein vollständiges Workflow-System dient der Angebots- und Auftragsabwicklung, der Produktionsplanung, Einkauf- und Bestellabwicklung sowie der vollständigen Abbildung des Controllings und der dazugehörenden Finanzströme.

Wichtige Funktionen eines Workflow-Systems für die Druckindustrie beinhaltet druckereispezifische Standards und deren Abwicklung sowie die Möglichkeit der Kalkulation von Druckprodukten und deren Produktionsüberwachung. Neben der Ermittlung und Festlegung der erforderlichen Arbeitsvorgänge und der Auswahl sowie Festlegung von Materialien soll ein Workflow-System gleichzeitig die Abwicklung von mehreren Aufträgen ermöglichen.

Dass ein druckereibezogenes Workflow-System die Möglichkeit eröffnen muss, aus bestehenden Layout-, Umbruch- und Ausschießdaten notwendige Produktionsparameter für die weitere Produktion herauszulesen, sollte gegeben sein.

Die derzeit von verschiedenen Herstellern angebotenen Workflow-Systeme sind Branchenlösung für alle Arten von Druckereien: Akzidenzen, Etiketten, Faltschachteln, Bücher, Broschüren, Zeitschriften, Zeitungen, Bogendruck, Rollen-, Verpackungs- oder Etikettendruck sind möglich. In vielen Systemen ist eine Abbildung aller wichtigen tech-

SAP Steeb as//print dient der Angebots- und Auftragsabwicklung, der Produktionsplanung, Einkauf- und Bestellabwicklung sowie der vollständigen Abbildung des Controllings und der Finanzbuchhaltung. Die wesentliche Funktion der Branchenlösung ist der Druck-Konfigurator, der die druckereispezifischen Eigenheiten der Konfiguration und Kalkulation von Druckprodukten berücksichtigt. Neben der Ermittlung der erforderlichen Arbeitsvorgänge und Materialien unterstützt er die gleichzeitige Konfiguration von mehreren Aufträgen. Unten ist das Einstellungsmenü dieses Workflow-Systems abgebildet.

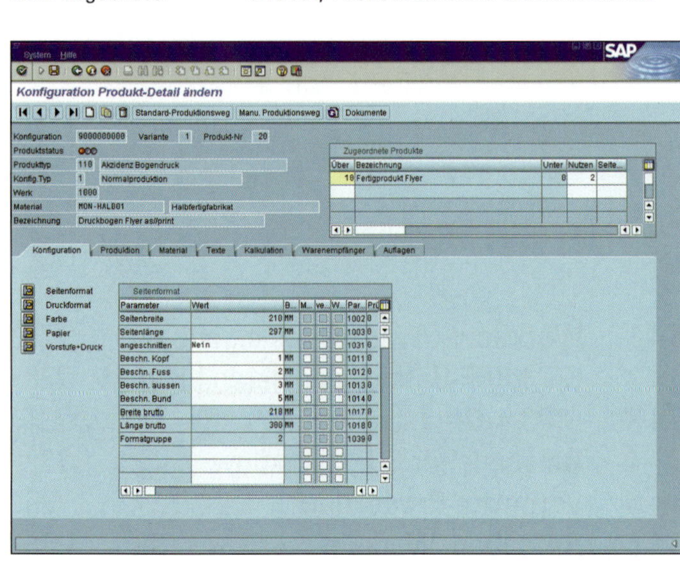

nischen Geschäftsprozesse gegeben. Die Darstellung betriebswirtschaftlicher Prozesse ist nur teilweise gegeben.

Die Abwicklung mehrstufiger oder werksübergreifender Fertigungsprozesse, der Verkauf von Lagerware, Geschäftsprozesse der Kundeneinzelfertigung oder die anonyme Lagerhaltung sind nicht bei allen Workflow-Lösungen möglich. Die Module Finanzbuchhaltung und Controlling sind in herkömmlichen Branchenlösungen nicht selbstverständlich. Workflowsysteme wie z.B. Steeb as//print SAP R/3 oder Prinect von Heidelberger Druck bieten auch diese Möglichkeiten an.

Wichtig ist bei der Installation von Workflowsystemen, dass die druckereispezifischen IT-Anforderungen erfüllt werden und gleichzeitig die Systeme über offene Schnittstellen verfügen, um einen datentechnischen Zugang zu ermöglichen. Branchenübliche Insellösungen und die damit verbundenen Probleme mit mehrfacher Datenhaltung, falsche Schnittstellen und die dadurch verbundenen Fehlermöglichkeiten sollten vermieden werden.

5.4.1.2 Technischer Workflow

Der Herstellungsweg in der technischen Produktion eines Druckauftrages ist zwangsweise geprägt von den Tätigkeiten in der Druckvorstufe, dem Druck und der Weiterverarbeitung.

Die Druckvorstufe produziert aus Texten, Bildern und Grafiken Einzelseiten, stellt diese zu Druckformen mit Hilfe von Ausschießsoftware zusammen und übergibt die erstellten Druckbogen digital an CtP-Anlagen oder direkt an Druckmaschinen. Danach erfolgt die Weiterverarbeitung an Schneid-, Falz- und Heftmaschinen zur Erstellung des Fertigproduktes. Es folgt der Versand an den jeweiligen Auftraggeber.

Bei einem konventionellen Workflow erfolgt die Weitergabe der Auftragsinformationen zwischen Vorstufe und Druckformherstellung üblicherweise digital mittels eines Netzwerkes. Nach dem Druck werden die Auftragsinformationen in den meisten Fällen mit Hilfe einer Auftragstasche weitergegeben. In den einzelnen Stationen der Weiterverarbeitung werden Einstellungen direkt an den jeweiligen Maschinen durchgeführt. Die vorhandenen Informationen zur Produktion, die bereits ab der Druckvorstufe erstellt sind, werden bei einem derartigen Workflow nicht genutzt, da in der Regel keine Vernetzung zur Weiterverarbeitung besteht.

Technischer Workflow

Von der Druckvorstufe über den Druck zur Weiterverarbeitung

5.4.1.3 Technischer und administrativer Workflow

Um einen technischen und administrativen Workflow – wie unten dargestellt – innerhalb eines Betriebes zu ermöglichen, ist eine vollständige Vernetzung einer Druckerei erforderlich. Eine derartig vernetzte Druckerei weist eine Reihe von Vorteilen auf:

- Auftragsdaten müssen nur einmal erfasst werden und können innerhalb der Druckerei vielfach genutzt werden.
- Es wird eine Zusammenführung der administrativen mit den technischen Bereichen eines Betriebes ermöglicht. Administration, also Kalkulation, Produktionssteuerung und Betriebsabrechnung, nutzen die gleichen Daten wie die Druckvorstufe, der Druck und die Weiterverarbeitung. Dabei werden von jedem Nutzer innerhalb der vernetzten Druckerei die jeweils für das Aufgabengebiet relevanten Daten aufgerufen und bearbeitet.

Administrativer Workflow

Kalkulation, Produktionssteuerung, Nachkalkulation und Betriebsabrechnung

Welche Daten werden jetzt in den einzelnen Produktionsbereichen gemeinsam von den Mitarbeitern genutzt? Diese Frage entscheidet über die Effektivität einer vernetzten Druckerei. Lassen Sie uns daher diese Fragestellung näher untersuchen:

- Administration: Hier werden die Kunden- und Auftragsdaten bereits mit der Angebotskalkulation erfasst. Die spezifische Auftragsbeschreibung erfolgt durch den Sachbearbeiter. Alle diese Informationen stehen jedem am Auftrag beteiligten Mitarbeiter ab der Erfassung zur Verfügung.
- Die Druckvorstufe erstellt nach den Layoutvorgaben die einzelnen Seiten für einen Auftrag. Diese Seitendaten werden als PostScript oder PDF-Datei zum Ausschießen übergeben. Die beim Ausschießen erstellten CAD-Daten über die Seitenpositionen können später für die Weiterverarbeitung aufgerufen und zur Einstellung der Weiterverarbeitungsmaschi- nen genutzt werden. Nach dem RIP-Prozess werden die Daten der ausgeschossenen Seiten zur Herstellung der Druckformen genutzt. Dabei entstehende Farbdichteprofile können zur Farbzonen-Voreinstellung der Druckmaschinen abgerufen werden. Damit verkürzt sich die Einrichtezeit und das „In-Farbe-gehen" an der Druckmaschine deutlich. Die bei der

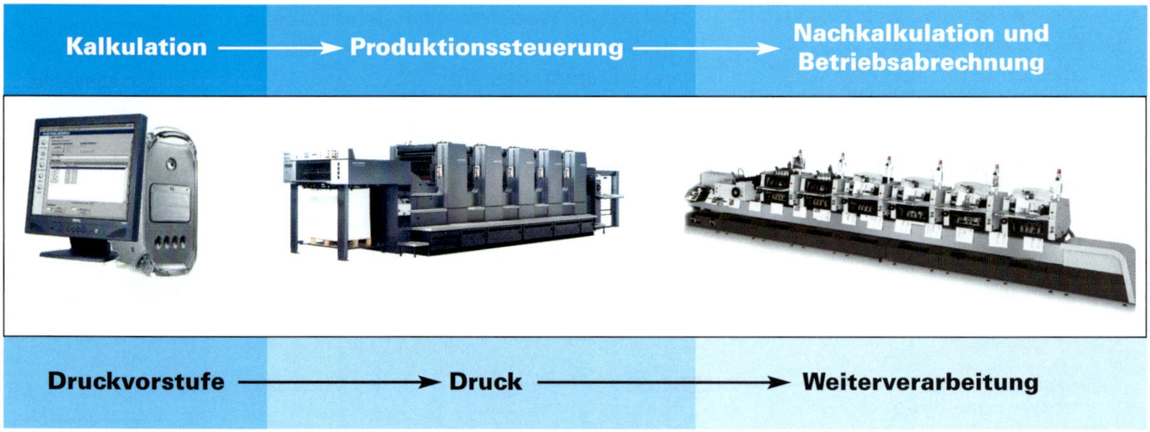

digitalen Montage verwendeten Kontrollelemente, Schneid-, Falz- und Heft- bzw. Klebeinformationen werden durch so genannte „Digitale Job-Tickets" an die jeweiligen Produktionsstationen weitergegeben.

Durch diese kurze Beschreibung der unterschiedlichen Stellen der Datenerzeugung und Datennutzung in einer Druckerei wird deutlich, dass alle Prozesse innerhalb eines Workflow-Systems miteinander korrespondieren müssen.

Die Daten des administrativen Management-Workflows müssen mit den Daten des Produktions-Workflows so verknüpft werden, dass jede Station jeden versteht.

Zur Verdeutlichung werden mögliche Datentypen des Management-Workflows aufgeführt:

- Auftragsanfrage
- Angebotskalkulkation
- Angebot
- Auftragseingang
- Produktionsplanung
- Prozessplanung
- Produktionskontrolle
- Nachkalkulation
- Lieferdaten
- Rechnung
- Mahnung

Und hier die Datentypen des Produktions-Workflows:

- Layoutdaten
- Bilddaten
- Textdaten
- PDF-Erzeugung
- Farbanpassungen
- Color Management
- Ausschießen
- Proofing
- CtP-Belichtung
- CtF-Belichtung
- Überfüllung
- Farbvoreinstellung
- Plattenerstellung DI-Maschinen
- Schneiden,
- Falzen, Heften

5.4.1.4 Sprachenvielfalt und CIP3

Viele Reden miteinander, aber wenige verstehen sich. Alle sprechen verschiedene Sprachen und verstehen sich schlecht – es ist wie oftmals im Leben!

Bei der Vielfalt an unterschiedlichen Sprachen – besser Dateiformaten – innerhalb einer Druckerei ist es erforderlich, dass es ein einheitliches und neutrales Austauschformat gibt. Dieses Format sollte in der Lage sein, einen einheitlichen Datenaustausch von der digitalen Vorstufe bis zur Weiterverarbeitung zu ermöglichen.

Dieses Format ist das *Print Production Format* PPF, das vom CIP3-Konsortium entwickelt wurde. CIP3 steht für Cooperation for Integration of Prepress, Press and Postpress. CIP3 ist **die** Voraussetzung für die optimale Nutzung einer vernetzten Druckerei.

Das Print Production Format ist in der Lage, einer Druckerei einen Großteil der erstellten technischen Informationen zur Nutzung für die Produktion zur Verfügung zu stellen. Nach der elektronischen Bogenmontage mit PostScript- oder PDF-Seiten werden die Produktionsdaten für die Plattenbelichtung (oder Filmbelichtung) zur Verfügung gestellt. Die aus diesen Daten errechneten und verfügbaren Vorschaubilder, Farbvoreinstellungen, Farbreferenzwerte, Registermarken, Druckkontrollstreifen, Schneide-, Falz und Heftmarken stehen den jeweiligen Produktionsstufen in Druck- und Weiterverarbeitung zur Verfügung. Einen Überblick über die nutzbaren PPF-Daten erhalten Sie auf der folgenden Seite.

PPF = **Print Production Format**

Prepress = **Druckvorstufe**

Press = **Druck**

Postpress = **Weiterverarbeitung**

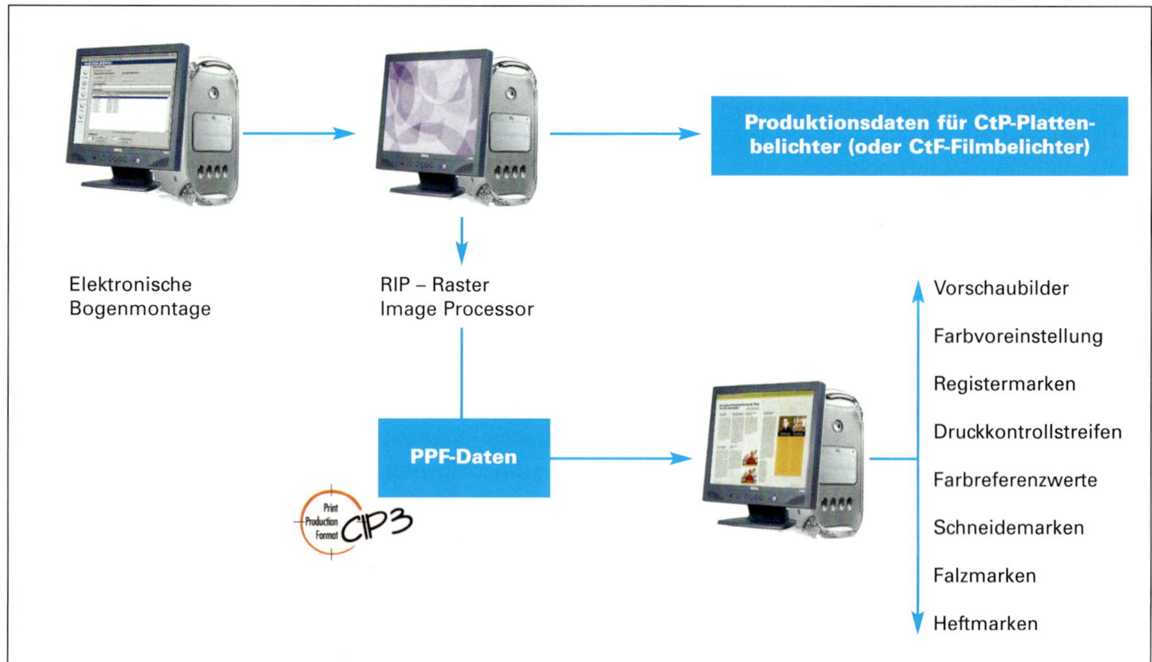

PPF-Daten im Überblick

5.4.1.5 PPF, JDF und CIP4

Die notwendige Produktionszeit eines Druckauftrages kann durch die Nutzung des Print-Produktion-Formates und der darauf abgestimmten Technologie deutlich reduziert werden. Vor allem die schnellen Einrichtemöglichkeiten für Druckmaschinen durch die Farbvoreinstellung der Farbwerke haben zu deutlich geringeren Stillstands- bzw. Einrichtezeiten geführt.

PJTF = **Portable Job Ticket Format**

CIP 4 = **International Cooperation for Integration of Process in Prepress, Press and Postpress**

www.jdf.org
www.cip3.org

Das Print-Produktion-Format ermöglicht allerdings noch nicht die Verbindung zwischen den Daten der technischen Produktion und der betriebswirtschaftlichen Auftragsabwicklung. Dazu müssen die Managementdaten (siehe Seite 725) mit den Daten des Produktions-Workflows zusammengeführt werden. Um dies zu ermöglichen, wurde durch das CIP4-Konsortium unter der Führung von Adobe, Agfa, Heidelberger Druckmaschinen AG, MAN-Roland und ca. 1000 weitere Firmen die Entwicklung eines Job-Tickets vorangetrieben.

Auf der Basis des PJTF-Dateiformates von Adobe, das technische und administrative Informationen eines Jobs verwalten und transportieren kann, wurde das Job Definition Format als Standard für den Workflow-Datenaustausch entwickelt und am 10. April 2001 wurde die Version 1.0 veröffentlicht. JDF verbindet den gesamten gestalterischen und technischen Produktions-Workflow auf PPF-Basis mit den PJTF-Informationen des Management-Workflows.

Ziel eines Workflows ist immer der schnelle, kostengünstige und farbverbindliche Druck einer Auflage auf einer Offset- oder Digitaldruckmaschine. Dabei ist das so genannte Jobticket das Instrument, mit welchem Daten und Informationen an die verschiedenen Stellen der Produktion verschickt werden. Es werden die technischen Daten wie genutzte Schriftfonts, Format, Beschnitt, Papier, Rasterung, Farbseparation, Farbprofile u.Ä. weitergegeben. Weitere administrative Informationen sind z.B. Kunde, Liefertermin, Zahlung und Versand.

Ein Job-Ticket soll eine weitgehende Automatisierung von Prepress, Press und Postpress ermöglichen. Das bedeutet, dass Produktionsdaten der Druckvorstufe strukturiert zum Druck übergeben und die Druckabläufe von den erzeugten Daten der Druckvorstufe mitbestimmt werden. Die Weiterverarbeitung wird durch die weitergegebenen Daten der Druckvorstufe und des Drucks wie z.B. Papierformat und -art, Ausschießen, Wendeart der Druckbogen, Schneidevorgaben, Binde- und Heftart eingestellt und gesteuert. Der gesamte Workflow beruht darauf, dass einmal erfasste und gespeicherte Daten und technische Einstellungen nicht nur von einer Produktionsstufe genutzt werden.

Die mehrmalige Nutzung einmal eingegebener Produktionsdaten ist das Ziel eines vernetzten Workflows oder die Verwendung sich aus der Produktion ergebender Daten wie z.B. die Farbzoneneinstellung für eine Druckmaschine. Diese Informationen ergeben sich während des RIP-Vorganges der ausgeschossenen Druckform und werden als Farbvoreinstellung an die Druckmaschine übernommen.

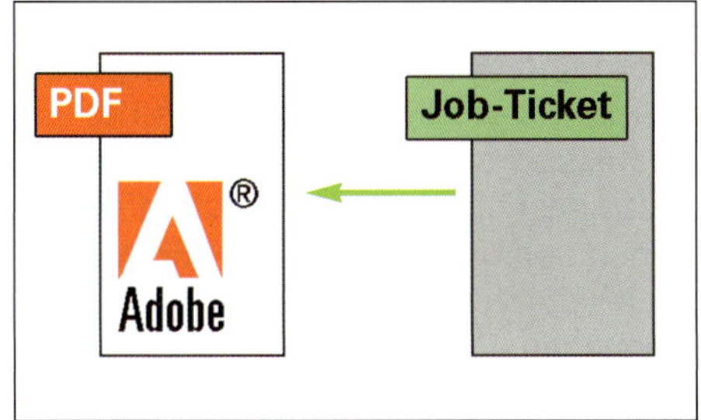

Job-Ticket

Ein Job-Ticket wird entweder in ein PDF-Dokument eingebettet oder als autonome Datei mitgeführt.

Während der Entwicklung von PPF und JDF entstanden Normierungsabsichten, um einen automatisierten Produktionsablauf mit einem einheitlichen Industriestandard für die Medienindustrie zu schaffen. Nach der DRUPA 2004 zeichnet es sich ab, dass es einen einheitlichen Standard geben soll, dessen Verwirklichung noch unklar definiert ist.

Deutlich ist, dass der Job-Ticket-Ansatz von CIP3 druckorientiert ist. Es wird vor allem der Austausch von Produktionsdaten für den Printbereich unterstützt.

Der Jobticketansatz von CIP 4 basiert auf XML und integriert PPF und PJTF zu JDF. Damit ist ein ganzheitlicher Produktions- und Management-Workflow im Entstehen, der sich anschickt, Standard für die Druck-, Medien- und IT-Industrie für den Datenaustausch zu werden.

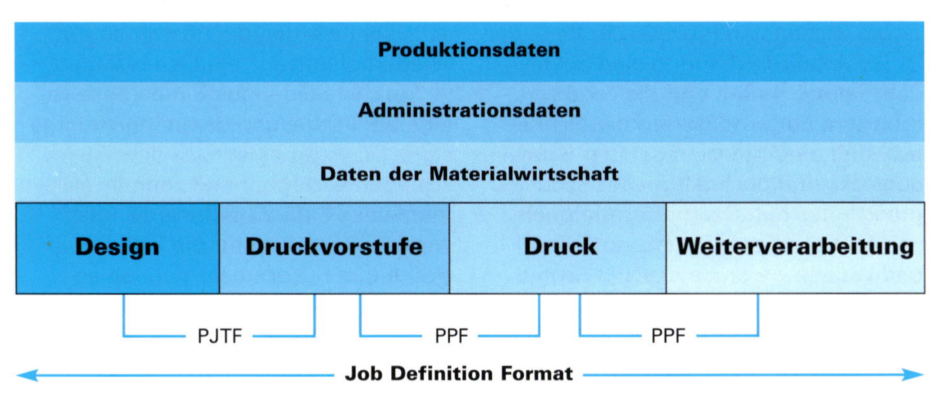

JDF-Workflow

Produktions-Workflow und Management-Workflow werden durch JDF zusammengefasst.

5.4.2 CIP3/PPF-Dateien und deren Inhalte

CIP-Dateien bzw. PPFs enthalten alle Informationen, die zur Herstellung von Druckerzeugnissen notwendig sind. Spätestens beim Ausschießen eines Auftrages müssen alle Produktinformationen und alle notwendigen Bogen- und Weiterverarbeitungsinformationen feststehen. Daher können die meisten modernen Ausschießprogramme CIP3- bzw. PPF-Dateien mit allen Produktionsdaten und dem dazugehörigen PPF-Directory (Inhaltsverzeichnis) herstellen. Diese Daten sind nach dem Ausschießen unterteilt nach den drei Fertigungsstufen in Druck, Weiterverarbeitung und Versand.

Für den Druck an der Druckmaschine kann die Farbzonenvoreinstellung, der Papierlauf, die Registereinstellung, Farb- und Dichtemessungen mit Hilfe der Daten aus der Druckvorstufe, An- und Auslegervoreinstellung und die Positionen für die Kontrollelemente, festgelegt und gespeichert werden. Die Informationen für die Farbvoreinstellung der Druckmaschinenfarbwerke wird beim RIP-Prozess erzeugt und in die CIP-Datei eingetragen. Die Informationen für die Weiterverarbeitung werden aus dem digital ausgeschossenen Bogen entnommen und in der CIP-Datei abgelegt. Welche Inhalte eine derartige CIP-Datei enthält, ist auf der gegenüberliegenden Seite nachzulesen.

Die wichtigsten Prozessschritte in der Druckweiterverarbeitung sind Schneiden, Falzen, Heften und die Verarbeitung zum Endprodukt. Für das Schneiden sind die Abmessungen der Schneideblöcke und die Position der Schneidemarken aus den Dateninformationen des Ausschießprogramms auslesbar und können – wenn eine CIP3-Schnittstelle vorhanden ist – die Schneide- und Falzposition ausgeben. Dadurch können die Voreinstellungen für die jeweilige Maschine vorgenommen werden und es ist nur noch eine Feinjustierung notwendig.

Für das Falzen werden die einzelnen Schritte des Falzvorganges, das Falzschema und die dazu notwendigen CAD-Maße für die Falzmaschine zur Voreinstellung gespeichert und an die Falzmaschine übergeben.

Für die Herstellung des Fertigproduktes werden die einzelnen Produktionsschritte beschrieben, so dass die PPF-Datei eine komplette Produktbeschreibung in Fertigungsschritten für ein Druckprodukt enthalten kann. Nach dieser Beschreibung werden die Produktionsschritte wie Zusammentragen oder Sammeln, Binden, Kleben, Heften, Dreiseitenbeschnitt und das Fertigmachen definiert.

Der Workflow innerhalb der CIP3-Produktion erlaubt das Speichern so genannter „Private Data". Damit ist es möglich, die tatsächlich bei der Produktion verwendeten Einstellungen der verschiedenen Maschinen (dies gilt für Druck- und Weiterverarbeitungsmaschinen) zusammen mit den aus der Druckvorstufe stammenden Daten in einer Datei zu speichern. Bei einem Wiederholauftrag auf gleichen oder ähnlichen Maschinen können dann alle Produktionseinstellungen direkt verwendet werden. Durch die Wiederverwendung dieser Daten werden die Rüstzeiten für Wiederholaufträge deutlich reduziert.

Auf den beiden folgenden Seite ist eine CIP3-Datei und deren Inhalt dargestellt. Diese Datei ist nach dem Ausschießen verfügbar und kann im Rahmen eines CIP3-Workflows genutzt werden. Die Daten für die Farbvoreinstellung der Druckmaschine fehlen noch, da diese Informationen erst durch den Raster Image Processor (RIP) generiert werden.

```
                    Prospekt_01_B1.cip
%!PS-Adobe-3.0
%%CIP3-File Version 2.1
%%created by Signastation 9.0.2

CIP3beginnSheet
/CIP3AdmJobname (Prospekt-01) def
/CIP3AdmJobCode (Prospekt_01) def
/CIP3AdmMake (Heidelberger Druckmaschinen AG) def
/CIP3AdmCreationTime (Fri Sep 24 15.54:52 2004) def
/CIP3AdmArtist (Signa1) def
/CIP3AdmPrintVolume 1 def
/CIP3AdmPaperGrammage 120.000000 def
/CIP3AdmPaperThickness 120.000000 def
/CIP3AdmPaperGrade () def
/CIP3AdmSheetName (B001#Sheet 1 back) def
/CIP3AdmPSExent [2069.291260  1530.708618  ] def
/CIP3AdmPaperTrf [1 0 0 1 0.000000 0.000000] def
/CIP3AdmPaperExent [2069.291260  1530.708618  ] def
/CIP3AdmSheetLay /Left def
/CIP3TransferFilmCurveData [0.0  0.0  1.0  1.0] def
/CIP3TransferPlateCurveData [0.0  0.0  1.0  1.0] def

CIP3BeginColorControl
/C100
<< /CIE-L*  62  /CIE-a*  -31  /CIE-b*  -48
   /Diameter 4.7  mm  /Light  /D65
   /Observer 2  /Tolerance  5
   /Type  /CIELAB
>> def
CIP3EndColorControl

CIP3BeginFront
/CIP3AdmSeparationName [ (Black) (Cyan) (Magenta) (Yellow) ] def
CIP3BeginPreviewImage

%%Page: 1
%%PlateColor: Black
CIP3BeginSeparation
%%LMCIPInclude: XXXX
CIP3EndSeparation

%%Page: 2
%%PlateColor: Cyan
CIP3BeginSeparation
%%LMCIPInclude: XXXX
CIP3EndSeparation

CIP3EndPreviewImage

CIP3BeginRegisterMarks
20 inch 0 0  / cross&circle  CIP3PlaceRegisterMark
CIP3EndRegisterMarks

/HDMScavengerArea  CIP3BeginPrivate
CIP3EndPrivate
```

weiter auf der nächsten Seite...

Auftragsname und Bezeichnung der CIP-Datei
PostScript-Version
Hersteller der CIP3-Datei (hier Signastation)

Beginn der CIP3-Datei mit administrativen Daten und der vollständigen Auftragsbeschreibung

Bedruckstoffdefinition

Transferkurvendefinition für Film und Platte

Definition der Farb- und Dichtemessfelder, Farbraumdefinition

Beginn der Farbseparation

Schwarzform

Cyanform
Hinweis: Die Definition der Magenta- und Yellow-Separation entspricht der Schwarz- und Cyanform und wird aus Platzgründen hier nicht dargestellt.

Definition der Registermarken

Definition der Schneideinformation

Definition der einzelnen Schneideblöcke für die Voreinstellung der Schneidemaschine

```
CIP3BeginCutData
/CIP3CutModul (Stahl) def ¬
CIP3BeginCutBlock
/CIP3BlockTrf [1 0 0 1 36.851 632.126] def
/CIP3Block Size [841.889  595.275] def
/CIP3BlockTyp /CutBlock def
/CIP3Block Name (Block 1) def
/CIP3BlockFoldingProcedure /F08-07_li_2x2_1 def
/CIP3EndCutBlock

CIP3BeginCutBlock
/CIP3BlockTrf [1 0 0 1 36.851 36.850] def
/CIP3Block Size [841.889  595.275] def
/CIP3BlockTyp /CutBlock def
/CIP3Block Name (Block 2) def
/CIP3BlockFoldingProcedure /F08-07_li_2x2_1 def
/CIP3EndCutBlock

CIP3BeginCutBlock
/CIP3BlockTrf [1 0 0 1 907.088 632.126] def
/CIP3Block Size [841.889  595.275] def
/CIP3BlockTyp /CutBlock def
/CIP3Block Name (Block 3) def
/CIP3BlockFoldingProcedure /F08-07_li_2x2_1 def
/CIP3EndCutBlock

CIP3BeginCutBlock
/CIP3BlockTrf [1 0 0 1 907.088 36.850] def
/CIP3Block Size [841.889  595.275] def
/CIP3BlockTyp /CutBlock def
/CIP3Block Name (Block 4) def
/CIP3BlockFoldingProcedure /F08-07_li_2x2_1 def
/CIP3EndCutBlock
```

Ende der Schneideblock-Anweisungen

```
CIP3EndCutData
```

Definition der Fold-Prozeduren

```
CIP3BeginFoldProcedures
/F08-07_li_2x2_1 <<
        /CIP3FoldDescription (F8-7)
        /CIP3FoldSheetIn [ 841.889771  595.275574 ]
        /CIP3FoldProc [
                841.890 /Front /Up Fold
                279.638 /Left /Up Fold ]
        >>def
```

Ende der Fold-Prozeduren

```
CIP3EndFoldProcedures
```

Beginn der PrivateData-Aufzeichnung zu diesem Auftrag. Hier wird der Ist-Zustand nach Auftragsende gespeichert. Am Anfang der Auftragsbeschreibung steht immer der Soll-Zustand, am Ende die tatsächliche Einstellung mit dem Ist-Zustand. Mit diesen Einstellungen wurde der Auftrag bearbeitet. Es werden hier nur die Abweichungen festgehalten.

```
/HDMSaddleStitchingData  CIP3BeginPrivate
/F08-07_li_2x2_1 <<
        /StichJobName (Block 1,1-8)
        /NumberOfStiches 2
        /SheetGrab false
        /CutSheetHeight 841.889771
        /CutSheetWidth 595.275574
        >> def
CIP3EndPrivate
CIP3EndFront

CIP3EndSheet
```

EOF der CIP3-Datei

```
%%CIP3EndOfFile
```

5.4.3 CIP3/4-Organisation

Im Rahmen einer internationalen Kooperation haben sich im Februar 1995 namhafte Firmen aus den Bereichen Druckvorstufe, Druck und Druckweiterverarbeitung zum CIP3-Konsortium zusammengeschlossen.
CIP3 steht für *C*ooperation for *I*ntegration of *P*repress, *P*ress, and *P*ostpress.

Am CIP3-Konsortium sind derzeit folgende Unternehmen beteiligt:

Adobe, Agfa, Apple, Baldwin Technology Company, Barco, Graphics, Creo, RR Donnelley & Sons, Ekotrading-Inkflow, Eltromat Polygraph, Ewert Ahrensburg, Electronic, Fujifilm Electronic Imaging, Goebel, Harlequin, Heidelberger Druckmaschinen, Koenig & Bauer-Albert, Kolbus, Komori, Linotype-Hell, MAN-Roland, Mitsubishi Heavy Industries, Müller Martini, Polar-Mohr, Scitex, Screen, Ultimate Technographics, Wohlenberg und Xerox u.a. Die vollständige Liste aller Konsortiumsmitglieder ist unter www.cip3.org zu finden.

Ergebnis dieser Kooperation ist eine firmenübergreifende Schnittstelle, die unter dem Namen Print Production Format (PPF) vom Fraunhofer-Institut für Grafische Datenverarbeitung (IGD) entwickelt und von allen Mitgliedsfirmen verabschiedet wurde. Die Zielsetzung von PPF ist die computerintegrierte Fertigung von Druckprodukten. Mit dieser herstellerunabhängigen Schnittstelle kann eine Koppelung zwischen den bislang oft getrennten Prozessschritten in der Vorstufe, dem Druck und der Druckweiterverarbeitung realisiert werden.

Damit lässt sich eine deutliche Reduktion von Produktionszeit und Materialverbrauch und damit der Herstellungskosten eines Druckauftrages erzielen. Neueste Informationen zu CIP3 können über die CIP3-Organisation (siehe unten) oder über das Fraunhofer-Institut für Grafische Datenverarbeitung bezogen werden.

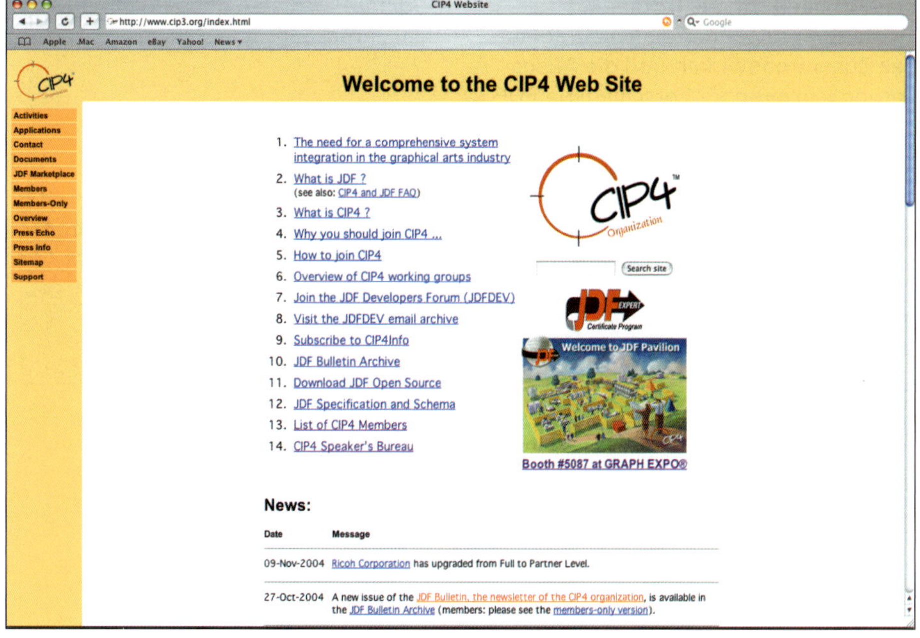

www.cip3.org
www.igd.fhg.de/
www/igd-a1/Cip3/

5.4.4 Beispiele für PDF-Workflow

Alle Workflow-Systeme, die derzeit auf dem Markt angeboten werden, arbeiten auf der Grundlage von PDF-Daten. Seit Anfang 1999 können Druckaufträge mit PDF 1.3 Schmuckfarben und Farbdefinitionen in HiFi-Color verlustfrei übertragen. Das Dateiformat PDF wurde von Adobe so optimiert, dass die für die Druckproduktion notwendigen Informationen nicht verloren gehen.

PDF wurde damit zum Standard, der nicht nur in der Druckindustrie verwendet wird, sondern weltweit Millionen Anwender aufweist.

Die Medienindustrie nutzt PDF, weil Produktionsdaten weitgehend problemlos von Workflow-Systemen verarbeitet werden. Die Ausgabe auf Belichtungs- und Drucksysteme ist mittels eines Workflow-Systems zwischenzeitlich gut zu beherrschen.

Sinnvoll ist die Trennung von Produktionsdaten (PDF) und Verarbeitungsinformationen (Job-Ticket). Durch diese Trennung ist ein sinnvolles und flexibles Arbeiten möglich.

Die zwei folgenden Beispiele sollen das Zusammenwirken und die Ausgabemöglichkeiten für verschiedene PDF-Workflow-Konfigurationen darstellen. Diese sollen exemplarisch am Beispiel eines Signa-Workflows der Heidelberger Druckmaschinen AG aufgezeigt werden.

5.4.4.1 Workflow mit PDF-Bogen

An den Grafik-MACs oder PCs werden die aufbereiteten Daten als PDF-Seiten auf einen Server abgelegt. Die Signa-Station holt von dort die PDF-Seiten zum Ausschießen ab und stellt die Seiten zu einer ausgeschossenen Druckform zusammen. Diese Druckform wird in eine Datei als PDF-Bogen gedruckt und mit allen notwendigen Informationen versehen an den META-Dimension-Rechner geschickt. Dort wird der PDF-Bogen verarbeitet, d.h., es werden durch dieses RIP vier Bitmap-Dateien erzeugt, die an ein CtP-System oder an eine Druckmaschine zur Belichtung der Druckform übergeben werden. Auf die Original-PDF-Daten des Servers muss nicht zurückgegriffen werden.

Workflow mit PDF-Bogen

Heidelberger Prinect-Workflow als Beispiel

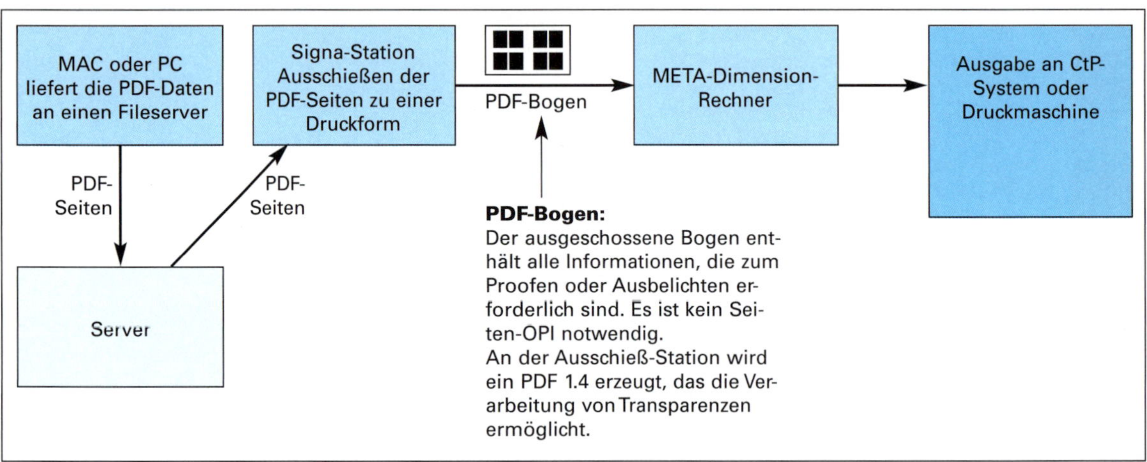

5.4.4.2 Workflow mit Seiten-OPI und Job-Ticket

An den Grafik-MACs oder PCs werden die aufbereiteten Daten als PDF-Seiten auf einen Server abgelegt. Die Signa-Station holt von dort die PDF-Seiten zum Ausschießen ab und stellt die Seiten zu einer ausgeschossenen Druckform zusammen. Dabei wird ein Job-Ticket erzeugt, das an den META-Dimension-PC geschickt wird. Wird dort der ausgeschossene Job aufgerufen, müssen die Originaldaten vom Server aufgerufen werden. Dazu ist es notwendig, dass die Festplatte oder eine Festplattenpartition des Servers auf dem META-Rechner gemountet wird, damit auf die Original-PDF-Daten zugegriffen werden kann.

Das Job-Ticket enthält „nur" die Informationen, wo die PDF-Daten liegen, welche Position auf dem Druckbogen die einzelnen PDF-Seiten durch das Ausschießen erhalten haben und wie diese Daten verarbeitet (ausgegeben) werden sollen.

Zur Verarbeitung der ausgeschossenen Form muss also auf die Originaldaten im PDF-Format zurückgegriffen werden. Dieser Rückgriff auf die Originaldaten wird als Seiten-OPI* bezeichnet.

Der META-Rechner fungiert als RIP. Dort wird der PDF-Bogen verarbeitet, d.h., es werden durch dieses RIP vier Bitmap-Dateien erzeugt, welche an ein CtP-System oder an eine Druckmaschine zur Belichtung der Druckform übergeben werden. Auf die Original-PDF-Daten des Servers muss bei diesem Workflow zurückgegriffen werden.

*Ein OPI-System tauscht niedrig aufgelöste Bilder aus gegen Bilder mit hoher Auflösung zur Belichtung auf Platte oder Film.
Ein Seiten-OPI-System ist in der Lage, vollständige PDF-Seiten z.B. in ausgeschossene Formen zu übertragen.

OPI = Open Prepress Interface

Workflow mit Seiten-OPI

Heidelberger Prinect-Workflow als Beispiel mit Jobticket.

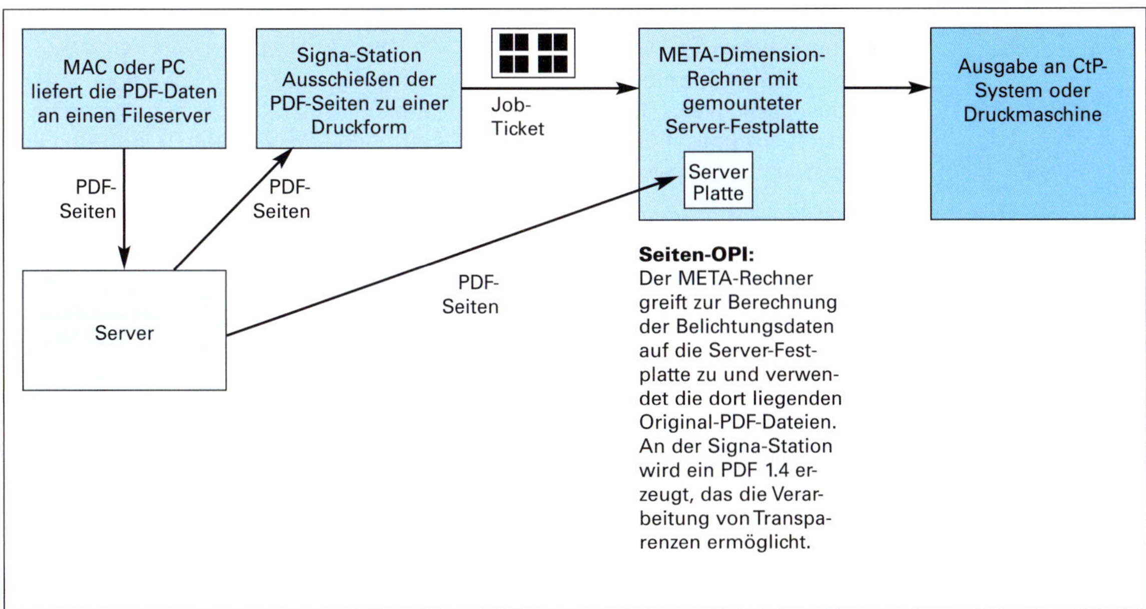

5.4.4.3 Workflow mit PPF und CIP3

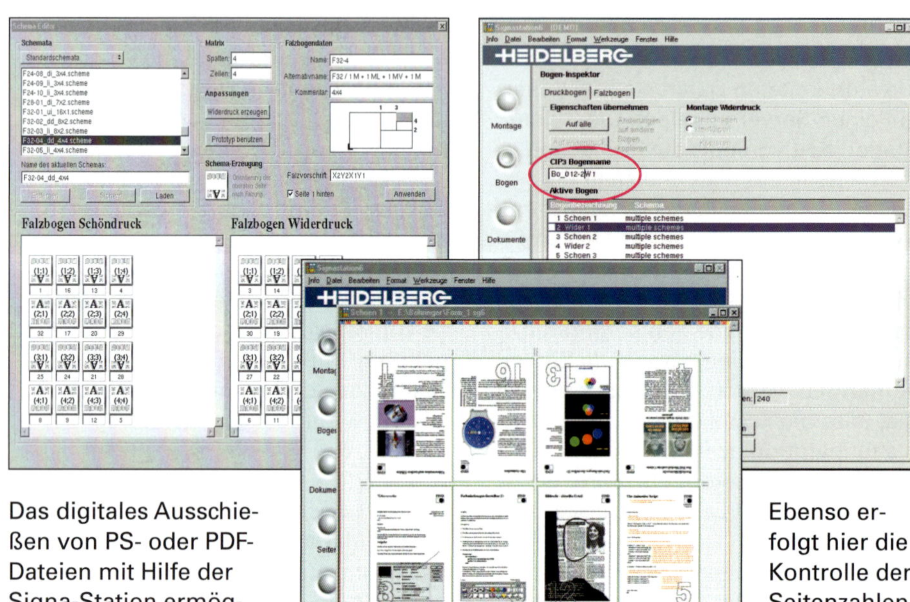

Das digitales Ausschießen von PS- oder PDF-Dateien mit Hilfe der Signa-Station ermöglicht eine optische Kontrolle aller Workflow-Abläufe nach der Erstellung der PS- oder PDF-Dateien. Zuerst werden die Seitendaten nach Auftragsvorgaben in die erstellten Standbogen importiert und für den Druck ausgeschossen. Der eingerichtete Druckjob ermöglicht die Sichtkontrolle eines jeden Bogens vor der Ausgabe.

Ebenso erfolgt hier die Kontrolle der Seitenzahlen und das erste Anlegen der CIP3-Dateielemente. Die optische Kontrolle des Ausschießergebnisses und der Druck-und Weiterverarbeitungs-Kontrollelemente wie Farbkontrollstreifen, Schneidemarken, Falzmarken usw. Der erste Kontrollausdruck erfolgt mit Hilfe eines Plotters.

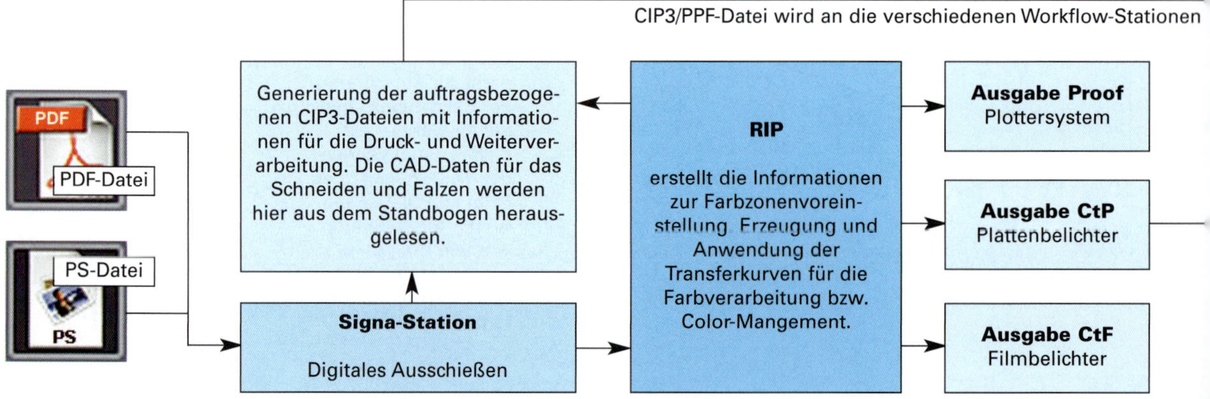

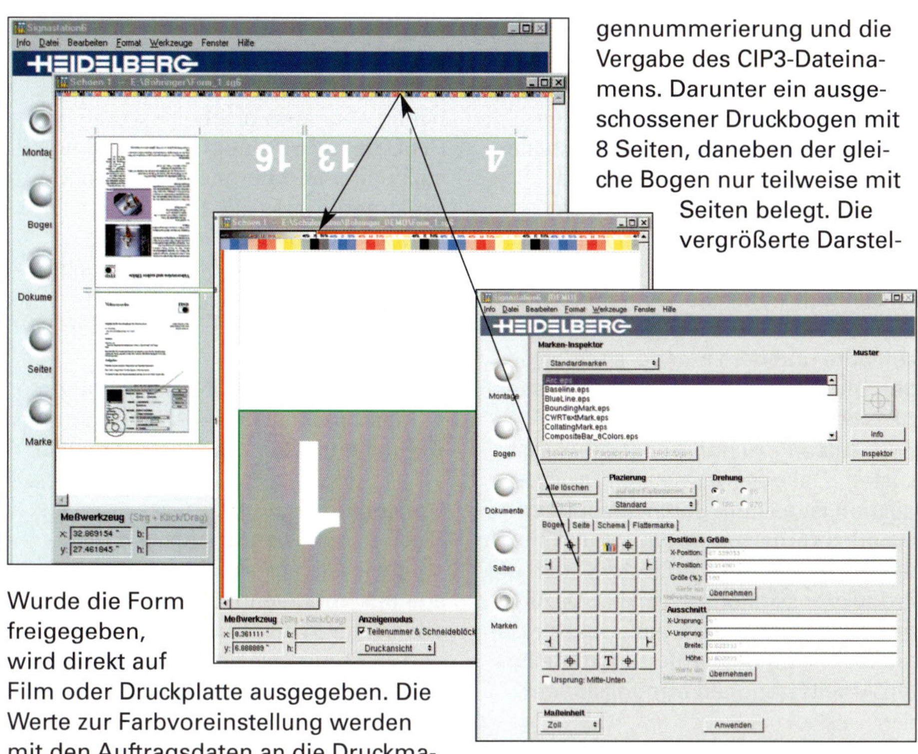

Wurde die Form freigegeben, wird direkt auf Film oder Druckplatte ausgegeben. Die Werte zur Farbvoreinstellung werden mit den Auftragsdaten an die Druckmaschine übergeben und stellen dort die einzelnen Farbzonen weitgehend korrekt ein. Die Abbildungen zeigen einzelne Bearbeitungsstufen der Signa-Station von links nach rechts: Aufrufen eines Ausschießschemas mit Falzvorschlag und Falzreihenfolge. Daneben die Bogennummerierung und die Vergabe des CIP3-Dateinamens. Darunter ein ausgeschossener Druckbogen mit 8 Seiten, daneben der gleiche Bogen nur teilweise mit Seiten belegt. Die vergrößerte Darstellung in der Mitte zeigt den Druckkontrollstreifen am Bogenende. Im Bild darüber ist der Markeninspektor erkennbar, mit dessen Hilfe die verschiedenen Druck- und Weiterverarbeitungselemente exakt positioniert werden können.

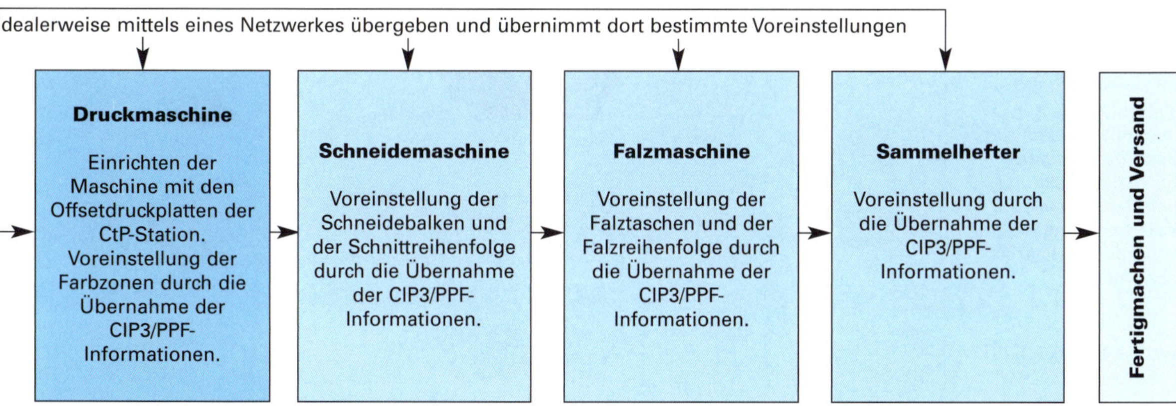

5.4.5 Vernetzte Produktion

AMS = **A**uftrags-**M**anage-ment-**S**ystem

PDF = **P**ortable **D**ocument **F**ormat

PJTF = **P**ortable **J**ob **T**icket **F**ormat

In den einzelnen Abteilungen einer Druckerei werden die unterschiedlichsten Softwareapplikationen verwendet, um einen Auftrag administrativ, gestalterisch und technisch zu bearbeiten und fertig zu stellen. Die meisten Softwareanwendungen sind nicht in der Lage, miteinander zu kommunizieren.

Die Kommunikationsunfähigkeit z.B. zwischen einer Auftragsbearbeitungssoftware und der Druckvorstufe erfordert oftmals ein mehrmaliges Erfassen z.B. von Kundendaten. Dies führt zwangsläufig zu höheren Produktionskosten. Ziel einer vernetzten Druckproduktion ist es nun, durch ein entsprechendes Vernetzungskonzept und durch die Nutzung einmal erfasster Daten die Produktionskosten zu senken. Dazu muss die Nutzung einmal erfasster Daten für alle an der Vernetzung beteiligten Arbeitsstationen ermöglicht werden.

5.4.5.1 Datentypen in der Printproduktion

Siehe Seite 725

Auf Seite 725 sind die verschiedenen Datentypen aufgelistet, die innerhalb einer vernetzten Produktion verwendet werden. Diese Datentypen sind, je nach Struktur, idealerweise austauschbar, häufig aber auch nicht.

Die Datentypen einer Printproduktion sollen hier kurz dargestellt werden:

- Content-Daten z.B. PDF
- Stammdaten z.B. Lieferanten
- Auftragsdaten z.B. Auftragstasche
- Produktionsdaten z.B. PPF, PJTF
- Steuerungsdaten z.B. Farbzonenvoreinstellung
- Betriebsdaten z.B. Nachkalkulation
- Maschinendaten z.B. Nutzungsgrad
- Qualitätsdaten z.B. Messprotokolle

Content-Daten

Diese Daten gelangen aus den unterschiedlichsten Quellen wie z.B. Werbeagentur, Vorstufenbetrieb, Redaktion oder Autor in die Druckerei und werden dort zu Printmedien aufbereitet. Eine Aufbereitung und Anpassung an das Ausgabemedium Papier ist vor allem für die Bereiche Farbe, Auflösung, Datenformate und Bildmodus erforderlich. Das Austauschformat für diese Daten ist seit der Jahrtausendwende das PDF-Format. Dieses Portable Document Format wurde als plattformunabhängiges Ausgabeformat erschaffen und ist in der

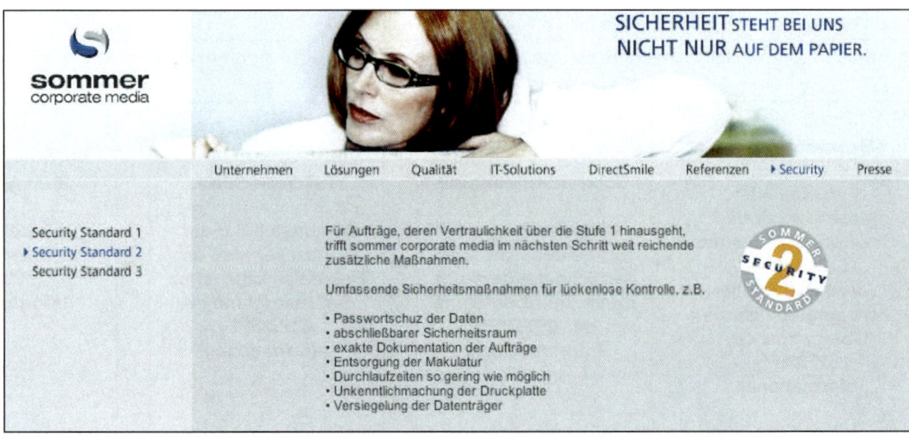

Ausschnitt aus dem Internetauftritt der Sommer Corporate Media AG Waiblingen und deren Möglichkeiten für den Kunden, unterschiedliche Security-Standards für den Kontakt und den Datentransfer zwischen Kunden und Druckdienstleister anzuwenden.

www.Sommer-ag.de

Druck-, Medien- und IT-Industrie anerkannter und genutzter Standard.

Stammdaten

In allen Bereichen der Auftragsplanung, -abwicklung und -produktion werden immer wieder Stammdaten von den unterschiedlichsten Stationen benötigt. Stammdaten (z.B. Kunden, Lieferanten) werden in einer Datenbank erfasst und müssen bei Änderungen „gepflegt“ werden. Prinzipiell sind sie aber keinen sehr großen Änderungen unterworfen. Stammdaten sind zentral erfasst und werden allen Produktionsbeteiligten je nach ihren Aufgabenstellungen, Zugriffsrechten und Sicherheitsklassifizierung zur Verfügung gestellt.

Auftragsdaten

Sie werden in Form einer analogen oder digitalen Auftragstasche erfasst und beschreiben vollständig einen Auftrag. Die Auftragsdaten werden üblicherweise bei der Angebotskalkulation durch ein Auftragsmanagementsystem AMS erfasst. Daraus ensteht eine Auftragstasche, die den Auftrag durch die gesamte Produktion begleitet. Dadurch wird ein korrekter Durchlauf des Auftrages durch die Fertigung sichergestellt. Die Auftragsdaten werden in Druckereien üblicherweise in der Abteilung Kalkulation und Arbeitsvorbereitung erfasst. Zunehmend ist dies auch durch den Kunden direkt möglich, wenn er Daten online an das AMS überträgt.

Produktionsdaten

In der Arbeitsvorbereitung und in der Druckvorstufe werden die Produktionsdaten erstellt und an die nachfolgenden Produktionsstufen weitergegeben. Sie sind nicht maschinengebunden und daher noch flexibel in der Verwendung. Mit dem Produktionsformat PPF können in der Druckvorstufe viele Parameter für ein Druckprodukt beschrieben werden, die später für unterschiedliche Voreinstellungen in Druck- und Weiterverarbeitung abrufbar sind. Das PJTF ist ein Format für die Automatisierung des Druckvorstufen-Workflows. Die Funktionalität von PJTF ist im JDF integriert.

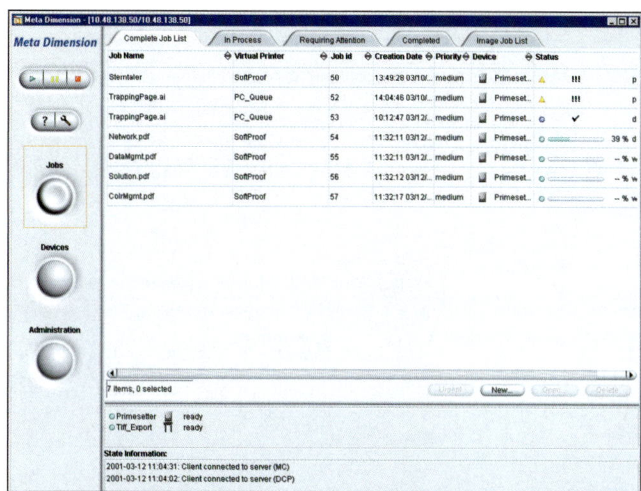

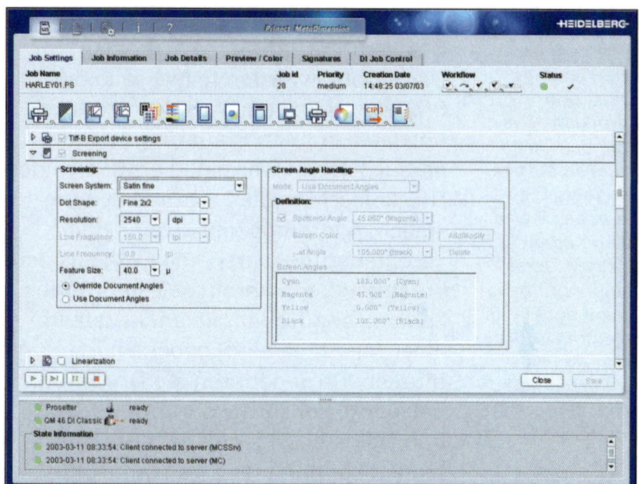

Meta-Dimension

Oben: Job-Liste einer Arbeitsstation.

Unten: Steuerungsdaten (Job Seetings) für das Abarbeiten eines Ausgabeprozesses mit Heidelbergs-Meta-Dimension. Die einzelnen farbigen Reiter stehen für jeweils eine Produktionseinstellung.

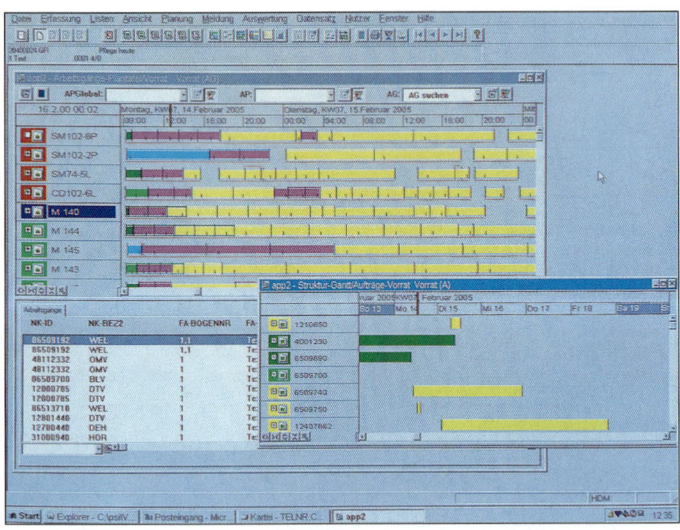

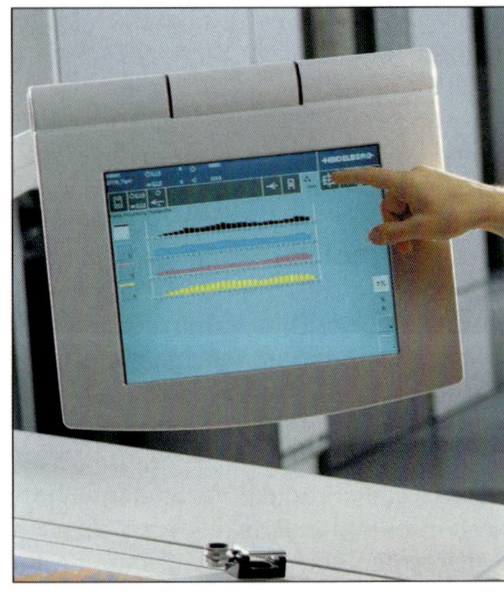

Die Abbildung oben zeigt die Planungstafel DataControl eines Workflow-Systems mit den Daten zur aktuellen Maschinenbelegung. Die Farben zeigen jeweils die freien Kapazitäten, die belegten Zeiten und die unproduktiven Zeiten an. Die für einen Auftrag erforderlichen Arbeitsgänge werden unten mit den entsprechenden Kurzzeichen angezeigt.

Oben rechts: Farbprofile an einer Mehrfarbenoffsetdruckmaschine. Diese Einstellungen können über ein Workflow-System abgerufen und an der Maschine den realen Bedingungen der Farbführung angepasst werden.

(Abb.: Heidelberger Druckmaschinen AG)

Steuerungsdaten

Diese Daten werden teilweise in der Produktion erzeugt. Aus den Produktionsdaten können Steuerungsdaten herausgelesen werden, die z.B. an einer Druckmaschine die Farbzonen voreinstellen. Allerdings gibt es eine Reihe von Steuerungsdaten, die nicht aus den Vorstufendaten herausgelesen werden können, sondern direkt am Leitstand einer Maschine eingegeben werden müssen. Dazu gehören die Druckwerkbelegung, Feuchtwasserführung, Trocknungseinstellungen usw. Diese Einstellungen können als so genannte „Private Data“ für Folgeaufträge gespeichert werden.

Maschinen- und Betriebsdaten

Um die im Betrieb während der Produktion stattgefundenen Vorgänge auszuwerten, ist die Erfassung und Ausgabe dieser Daten erforderlich. Diese Daten geben Auskunft über den aktuellen Stand eines Auftrages, die Auslastung und die freien Kapazitäten der Produktionsanlagen. Maschinen- und Betriebsdaten werden direkt aus der Maschine bzw. dem Workflow-System herausgelesen und betriebswirtschaftlich interpretiert. In den meisten Fällen werden diese Informationen heute noch einem Tageszettel entnommen.

Qualitätsdaten

Darunter verstehen wir die Daten und Informationen, die erforderlich sind, um einen gleichbleibenden, festgelegten Qualitätsstandard in der Produktion zu erreichen. Dazu gehören z.B. Übertragungskurven für die Farbreproduktion, alle densitometrischen und spektralfotometrischen Messungen, die während der Produktion durchgeführt werden. Die Farbmessdaten und die Farbeinstellung an der Druckmaschine – siehe Bild oben rechts – sind ebenso festzuhalten wie die Einstellwerte zur Druckformherstellung, verwendete Chemikalien und Druckgeschwindigkeiten. Diese Qualitätsdaten sind wichtig für die Standardproduktion, aber auch um z.B. Nachdrucke mit den gleichen Einstellungen und der daraus resultierenden gleichen Qualität zu erstellen. Diese Qualitätsdaten werden also genutzt, um die Produktion direkt zu steuern und zu regeln. Weiter sind die Qualitätsdaten für Dokumentationszwecke zu archivieren. Nur mit dokumentierten Qualitätsdaten z.B. für die Farbführung und eventuellen Farbabweichungen innerhalb bestimmter Tolerenzen eines Auftrages ist es möglich, die Reklamation eines Kunden sachlich mit Hilfe der erstellten Qualitätsdaten abzuwehren.

5.4.5.2 Workflow-Vernetzungsstruktur

Die Integration eines digitalen Workflows in einen Druckereibetrieb ist mit einem erheblichen Aufwand verbunden. Es ist in ein leistungsfähiges und workflowgeeignetes Netzwerk sowie in netzwerkfähige Softwareapplikationen und Maschinen zu investieren. Der sich aus einem Netzwerk ergebende Datenstrom verbindet die verschiedenen Softwareapplikationen und die Hardware zu einer so genannten Vernetzungsstrecke. Eine derartige Vernetzungsstrecke ist nicht auf einen Druckereibetrieb begrenzt, sondern kann auf mehrere Standorte oder Unternehmen verteilt sein. Durch die arbeitsteilige Produktion innerhalb der Druckindustrie ist dies in der analogen Produktion tägliche Praxis. In der vernetzten Produktion ist der Austausch von Daten oftmals noch mit Problemen behaftet, vor allem wenn die Partner noch nicht lange zusammenarbeiten. Trotzdem ist der Anteil ausgetauschter Daten innerhalb einer digitalen Druckproduktion enorm groß und wird durch die Prozessintegration immer weiter zunehmen.

Die Vernetzungsstruktur einer Druckerei für einen vollständigen Workflow wird üblicherweise nicht ständig zur Verfügung stehen. In den meisten Druckbetrieben wird in verschiedenen Workflow-Netzen gearbeitet, die oftmals voneinander getrennt agieren. Unterteilen kann man die verschiedenen Netzbereiche, die im optimalen Fall irgendwann mit Hilfe eines Workflow-Management-Systems zusammenarbeiten, wie folgt:

- E-Business
- Auftrags- oder Arbeitsvorbereitung
- Maschinenvoreinstellung
- Produktionsplanung und -steuerung
- Farbmanagement
- Nachkalkulation

24/7-Verfügbarkeit bedeutet, dass ein Anbieter von Dienstleistungen 24 Stunden, 7 Tage mit seinem Service dem Kunden zur Verfügung steht.

Workflow E-Business

E-Business-Vernetzungen sind vorwiegend in der Druckvorstufe und Digitaldruckbereich anzutreffen. Hier geht es darum, das Dienstleistungsangebot eines Betriebes anzubieten und mit dem Kunden per Netzangebot in Kontakt zu treten. E-Business-Lösungen sind für Kunden permanent verfügbar, unabhängig davon, wo und wann er mit dem Anbieter einer Dienstleistung in Kontakt treten möchte. Man spricht hier auch von einer 24/7-Verfügbarkeit. Die Produktionszeit und -kosten können durch E-Business-Vernetzungen in Kombination mit Internetportalen reduziert werden. Wichtige Gesichtpunkte für eine E-Business-

Ausschnitt aus der Eingabemaske für Erstkunden eines E-Business-Anbieters für Digitaldruckbücher. Schauen Sie sich die vollständige Seite im Internet unter www.book-on-demand.de an. Die Eingabemaske ist direkt verbunden mit der internen Auftragsverarbeitung von BOD™ Book on demand in Norderstedt.

Vernetzungsstrecke sind dabei die folgenden Überlegungen:

- E-Business benötigt ein aktives Vermarktungskonzept. Der potenzielle Kunde muss wissen, dass es mich gibt und wie er mich findet.
- Das E-Business-System muss sehr gut in ein Auftragsmanagementsystem integriert sein. Nur dann entstehen geringe Prozesskosten und ein Auftrag kann schnell abgewickelt werden.
- E-Business-Lösungen müssen kundenfreundlich sein und über ein gutes User-Interface verfügen, das mit hohen Sicherheitsstandards arbeitet.
- Die Verfügbarkeit des Internetportals muss 24 Sunden sichergestellt sein.

Workflow Auftrags- oder Arbeitsvorbereitung

Das Auftragsmanagement erstellt digitale Auftragstaschen, die zum Teil durch analoge Taschen ergänzt werden, um Druck- oder Farbbeispiele, Ausschießmuster u.Ä. an die entsprechende Produktionsstelle zu bringen. Die Auftragstaschen enthalten Kunden- und Produktionsdaten, die von allen beteiligten Produktions- bzw. Kostenstellen abgerufen werden. Änderungen, Ergänzungen und Hinweise werden während des Produktionsprozesses hineingeschrieben und stehen dem Auftragsmanagement und allen beteiligten Stellen als Information zur Verfügung. Doppeleingaben müssen vermieden werden, die Auftragstaschen sollten immer aktuell geführt werden, um die Produktionssicherheit zu verbessern.

Ziel der Vernetzung in der Auftragsvorbereitung ist es, den Informationsfluss zwischen Auftragsmanagement und Produktion herzustellen bzw. zu optimieren. Dazu ist es hilfreich, sich auf einheitliche Produktionsbezeichnungen und -darstellungen innerhalb des gesamten Workflows zu verständigen, um immer vollständige und aktuelle digitale Auftragstaschen zu nutzen.

Vernetzungszusammenhang

in der Auftrags- oder Arbeitsvorbereitung.

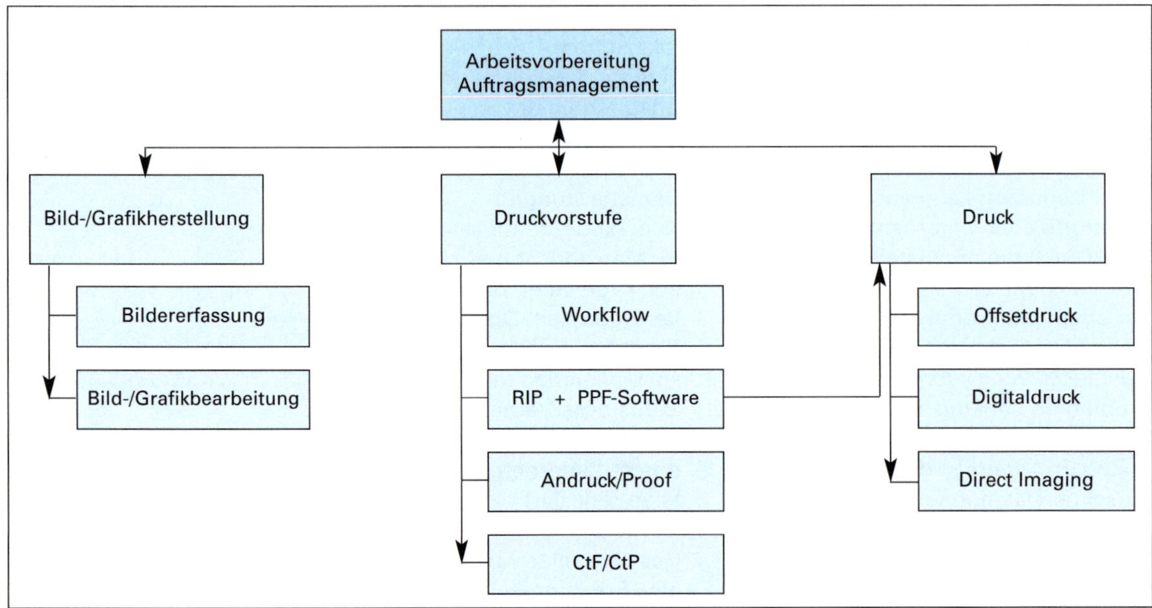

Durch diese Aktualität können Auftragsänderungen oder notwendige Produktionsumstellungen sehr schnell und rationell durchgeführt werden.

Workflow Maschinenvoreinstellung
Die Maschinenvoreinstellung kann bereits seit 1997 mit dem PPF-Format des CIP3-Konsortiums vorgenommen werden. Ziel dieser Voreinstellungen ist es, Rüstzeiten, Makulaturanfall und Stillstandszeiten zu minimieren.

Maschinenvoreinstellungen werden normalerweise direkt in einer Maschine durchgeführt. Hier ist es anders: Informationen aus den technischen Beschreibungen einer Druckform aus der Druckvorstufe werden dazu verwendet, um bestimmte Einstellungen z.B. an einer Druck- oder Falzmaschine automatisch und schneller vorzunehmen. Aus einer ausgeschossenen Druckform können z.B. die folgenden Informationen während des Workflows herausgelesen werden: Die Flächendeckung der Druckform ergibt die Farbvoreinstellung der Farbzonen in den Farbwerken. Register, Schneid-, Falz- und Sammelheftermarken werden für die Voreinstellungen der Weiterverarbeitungsmaschinen genutzt. Verschiedene Papier- und Bogeninformationen und die Einstellungen für Saugluft und Druckbeistellung können vorgenommen werden.

Weiterhin ist wichtig, dass die Kenntnisse der Mitarbeiter aus der Druckvorstufe über die nachfolgenden Druck- und Weiterverarbeitungsprozesse hoch sind.

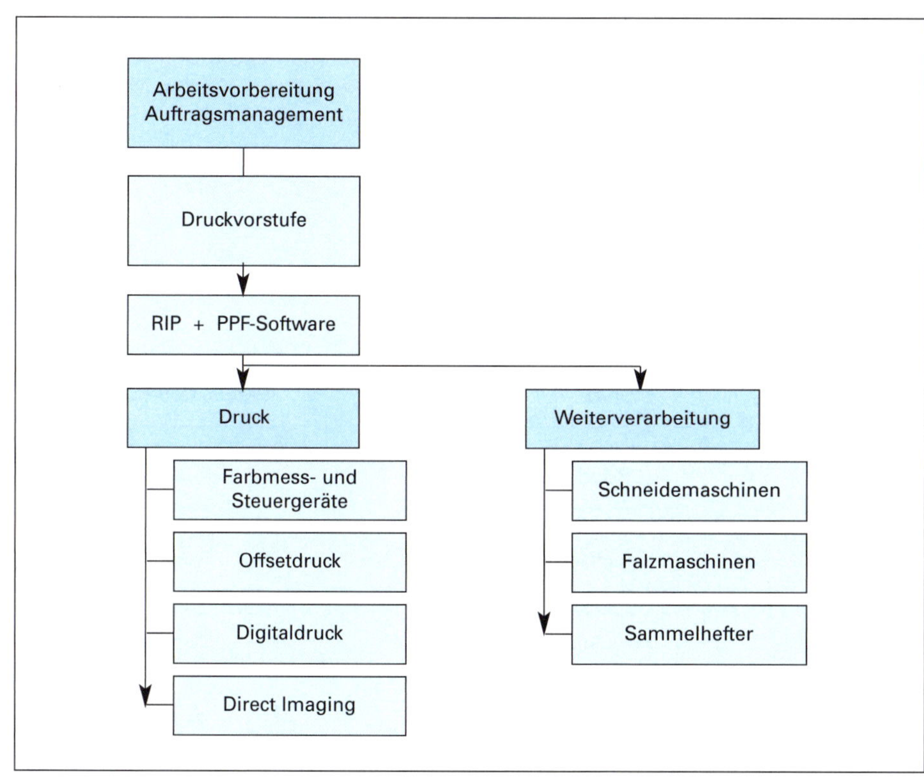

Vernetzungszusammenhang

für die Maschinenvoreinstellung in Druck und Weiterverarbeitung

BDE-T – Betriebs-Daten-Erfassungs-Terminals haben in den letzten Jahren vor allem in den Druckabteilungen Einzug gehalten. Sie ermöglichen eine Rückmeldung des Auftragsstandes an das Auftragsmanagementsystem.

Vernetzungszusammenhang

für Produktionsplanung und -steuerung

Produktionsplanung und -steuerung

Der Bereich Produktionsplanung und -steuerung ist die zentrale Planungs- und Abwicklungsstelle für die gesamte Fertigung in einem Produktionsbetrieb. Hier werden im Einzelnen:

- Aufträge vorgeplant
- Vorgabezeiten festgelegt
- Produktionszeiten festgelegt
- Rüstzeiten und Kapazitäten für die einzelnen Kostenstellen festgelegt
- Materialbedarf geplant
- Qualitätsüberwachung gesteuert
- Termine gesetzt und überwacht
- Mitarbeiter geplant und angewiesen
- Betriebswirtschaftliche Überwachung und Kontrolle geplant und durchgeführt

Wichtigstes Ziel einer jeden Produktionsplanung und -steuerung ist die optimale Nutzung aller Produktionsmittel innerhalb eines Unternehmens. Dabei ist die oberste planerische und administrative Priorität immer die unbedingte Einhaltung aller zugesagten Auftrags- bzw. Liefertermine. Sollte dies zu Problemen führen, muss während der Produktion gegengesteuert werden. Dabei hilft die Vernetzung eines Produktionsbetriebes ungemein, da durch diese jederzeit auf alle Produktionsstände zugegriffen werden kann.

Da in Druckereien die verschiedenartigsten Aufträge mit völlig unterschiedlicher Produktionsstruktur anfallen, ist es notwendig, für möglichst viele Auftragsarten vorbereitete Produktionspläne zu haben, die dann je nach Erfordernis an die Druckvorstufe, den Druck und die Weiterverarbeitung geleitet werden.

Eine für den wirtschaftlichen Erfolg einer Druckerei außerordentlich bedeutsame Aufgabe ist die Auslastung der vorhandenen Druckmaschinen mit den zum Teil sehr hohen Stundensätzen. Die Auslastung der Maschinen muss so geplant werden, dass geringe Stillstandzeiten entstehen und möglichst wenig unproduktive Zeiten für die Mitarbeiter in der Druckerei anfallen.

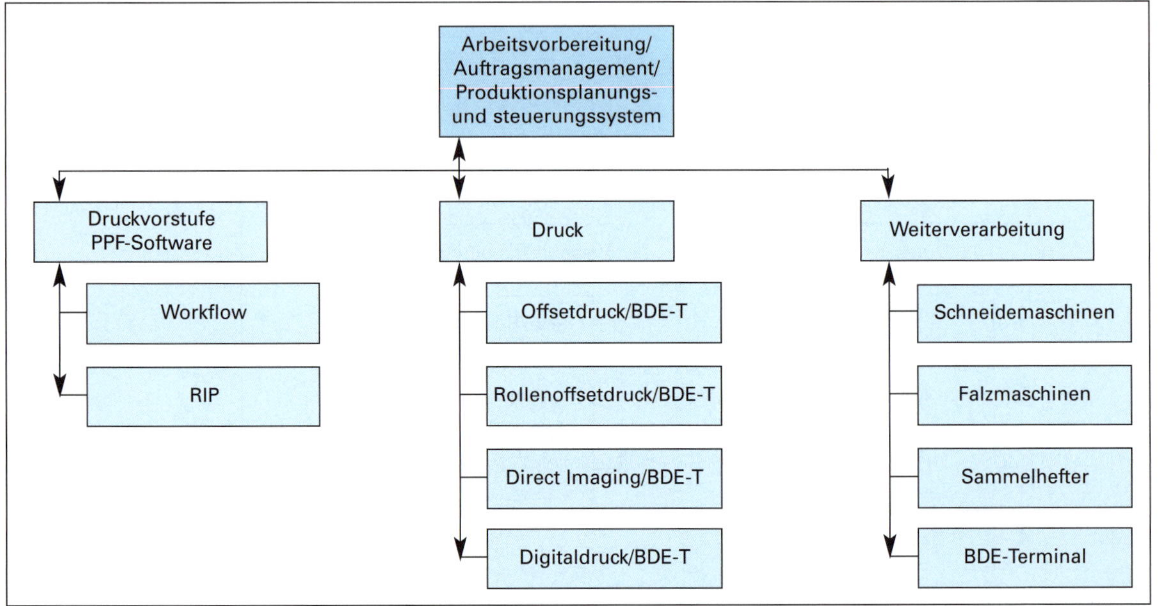

Netzbasiertes Farbmanagement
Eine gleichbleibende Farbqualität mit klar definierten Standards ist bei Druckunternehmen zwingend, um gute Druckqualität für den Kunden anzubieten und zu verkaufen. Um dies zu erreichen, muss ein Farbmanagement eingesetzt werden, das auf allen Geräten und Maschinen einen einheitlichen optischen Eindruck erzielt. Scanner, Monitore, Proofgeräte und Druckmaschine benötigen genau aufeinander abgestimmte Übertragungskennlinien, um „faksimile", also originalgetreu, zu reproduzieren. Wichtig ist also eine durchgängige Kalibrierung aller am Bildreproduktionsprozess beteiligten Einrichtungen.

Voraussetzung für einen wirkungsvollen Farb-Vernetzungsworkflow ist, dass alle Verfahrensabläufe weitgehend nach festgelegten und immer gleichen Standards abgewickelt werden. Nur dann ist eine immer gleichbleibende Qualität erreichbar. Mit Sicherheit auftretende Prozessabweichungen müssen nach festgelegten Abläufen an der Stelle korrigiert werden, die einen Fehler verursacht. Es macht keinen Sinn, den Drucker eventuelle Reproduktionsfehler ausgleichen zu lassen, da dadurch festgelegte Druckstandards verlassen werden. Der Einsatz geeigneter Messtechnik innerhalb eines Workflows sichert die Druckqualität und dokumentiert mit Hilfe der Messwerte die Qualität eines Farbdrucks über das gesamte Auftragsspektrum für einen Kunden.

Der Erfolg eines netzbasierten Farbmanagements resultiert aus der konseqenten und immer gleichbleibenden Anwendung einmal festgelegter und für gut befundener Einstellungen und Arbeitsabläufe. Der wirtschaftliche Erfolg einer Color-Management-Anwendung ergibt sich aus der Einsparung an Makulaturbögen und der damit verbundenen Senkung der Papierkosten, einem Rückgang der Reklamationen und der damit verbundenen Nachdrucke.

Vernetzungszusammenhang

Color Management bzw. Farbmanagement

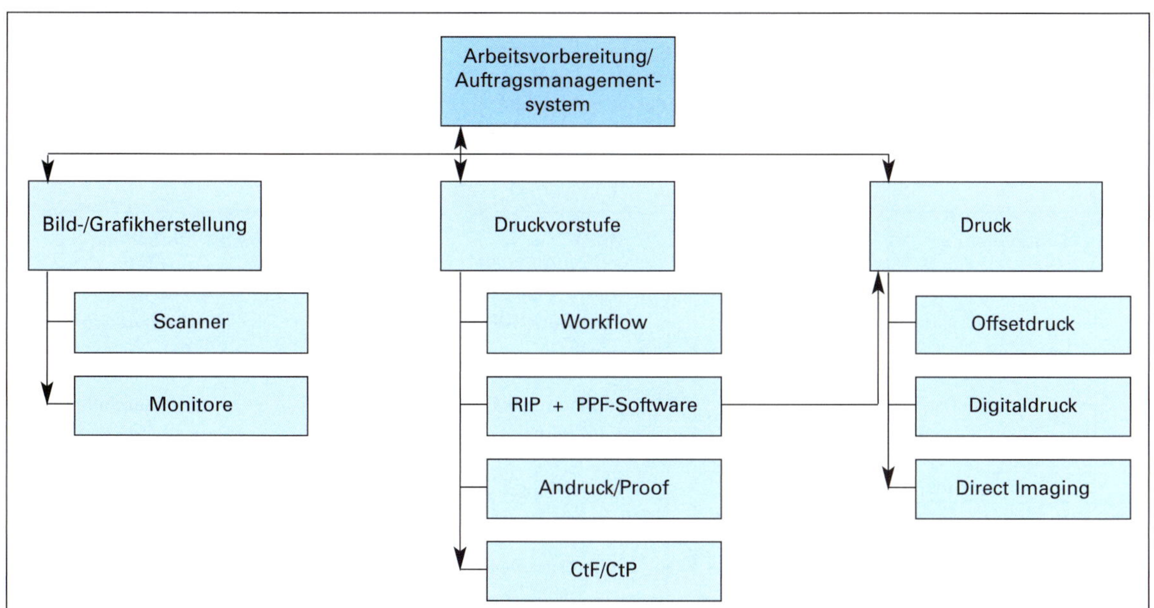

Nachkalkulation
Die für einen Auftragsabschluss erforderliche Nachkalkulation benötigt alle kostenrelevanten Zahlen eines abgeschlossenen Druckauftrages.

Aus der Druckvorstufe sind dies vor allem die Werte über die benötigten Arbeitszeiten und der erfolgte Materialverbrauch. Die Druckabteilung muss die Informationen über die Dauer der Maschinenbelegung und den Papierverbrauch liefern, die Weiterverarbeitung gibt die Dauer der Maschinennutzung an das Auftragsmanagementsystem zurück.

Je genauer die Prozesse erfasst und überwacht werden, umso exakter kann die Nachkalkulation erfolgen. Das Auslen von Maschinendaten ermöglicht eine exakte zeitliche Nachkalkulation. Die Eingabe der Betriebsdaten über BDE-Terminals erlaubt in der Regel eine exakte und problemlose Eingabe der Informationen durch die jeweiligen Mitarbeiter an den Kostenstellen. Die Betriebsdatenerfassung ergänzt also die Maschinendatenerfassung. Die manuelle Eingabe der Betriebsdaten ist also dort erforderlich, wo manuelle Tätigkeiten durchgeführt werden, die nicht an einem vernetzten Arbeitsplatz erfolgen können. Typisch hierfür wäre z.B. ein Arbeitsplatz in der Weiterverarbeitung.

Idealerweise wäre eine Vernetzung des Auftragsmanagementsystems mit der Buchhaltung sinnvoll, um den Zahlungsverkehr des technisch abgeschlossenen Auftrages automatisch abzuwickeln und zu überwachen. Die Lohnbuchhaltung ist über entsprechende Schnittstellen in das AMS integriert und erhält damit die zur Lohnabrechnung notwendigen Daten.

Ziel der Betriebsdatenerfassung und deren Rückmeldung an das AMS ist die Optimierung von Auftragsabläufen, die Schwachstellenanalyse und vor allem die zeitnahe Nachkalkulation und Auftragsanalyse.

Vernetzungszusammenhang

Betriebsdatenrücklauf und Nachkalkulation

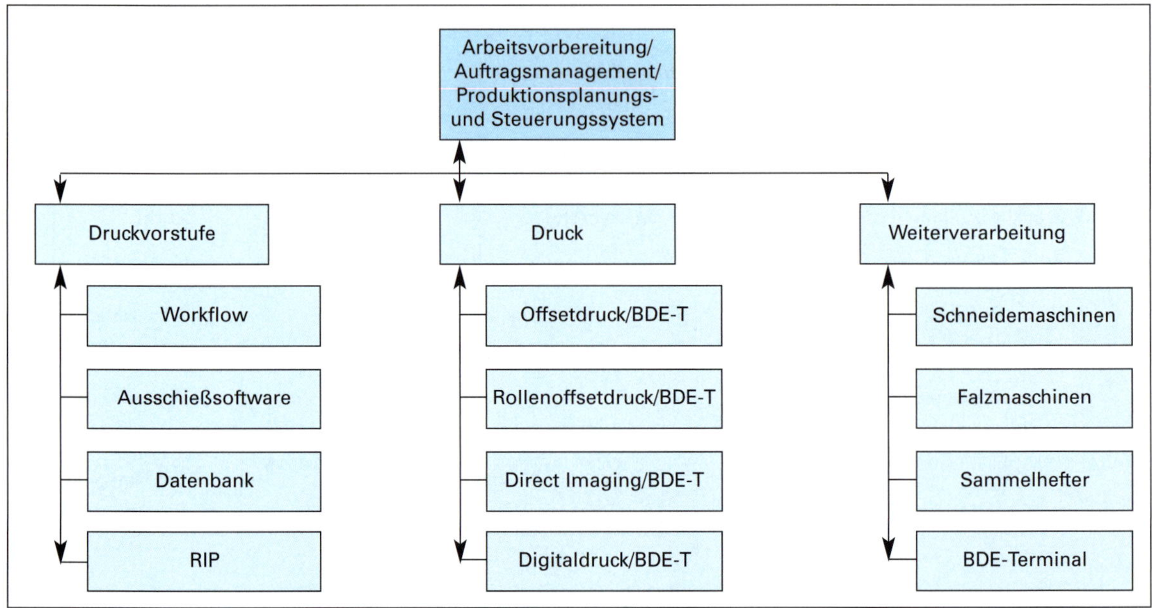

5.4.5.3 JDF und Vernetzung

Um die beschriebenen Vernetzungsstrukturen eines Betriebs aus
- E-Business,
- Auftrags- oder Arbeitsvorbereitung,
- Maschinenvoreinstellung,
- Produktionsplanung und -steuerung,
- Farbmanagement,
- Nachkalkulation

gemeinsam für die Produktion nutzbar zu machen, muss eine einheitliche Netzstruktur, ein einheitliches Übertragungsprotokoll und ein einheitliches Austauschformat verwendet werden. Durch die derzeitige Computer- und Netzwerktechnologie sollte dies im Prinzip kein Problem darstellen.

Das *einheitliche Übertragungsprotokoll* ist Ihnen allen bekannt. Das TCP/IP-Protokoll übernimmt in Standard-Ethernet-Netzen die Aufgabe, Daten zu übertragen, von Knoten zu Knoten sicher weiterzuleiten und die Datensicherheit zu gewährleisten. XML bietet dabei noch Erweiterungen, die den Datentransfer sicherer und leistungsfähiger machen.

Ein *einheitliches Austauschformat* ist mit dem JDF geschaffen worden. JDF ist ein Standard-Austauschformat zur Abwicklung von Aufträgen. Das Format ist auftragsbezogen strukturiert. Daten, die nicht auftragsbezogen sind, lassen sich damit in der Regel nicht weitergeben. JDF basiert auf der Metasprache XML und ist damit plattform-, sprachen- sowie applikations- und domainunabhängig. Da JDF noch relativ neu ist, gibt es noch eine Reihe von unklaren Definitionen, die mit den nächsten Versionen des Datenaustauschformates behoben werden.

Was kann JDF?
- JDF unterstützt eine weitgehende Verknüpfung zwischen den betriebswirtschaftlichen und den produktionstechnischen Daten eines Auftrages.
- JDF bietet eine durchgängige und gleichbleibende Struktur für einen vollständigen Produktions-Workflow.
- JDF unterstützt eine durchgängige Produktionssteuerung, die über Unternehmengrenzen hinausgehen kann.
- JDF ermöglicht transparente Abläufe durch die Erstellung von Protokollen aller wichtiger Soll-/Ist-Werte in der Produktion.
- JDF basiert auf den bereits bestehenden Formaten PJTF, PPF und IFRA-Track und ist internetfähig.
- Das Schöne an JDF ist, dass der Anwender JDF-basierte Lösungen nutzt, aber JDF im Prinzip im Detail nicht zu verstehen braucht – es muss halt funktionieren. Anders der Softwareentwickler – er muss sich tief in die JDF-Strukturen einarbeiten, um funktionierende Programme zu entwickeln, die in einem JDF-Workflow funktionieren. Trotzdem ...

TCP/IP = Transmission Control Protocol/Internet Protocol

Wie funktioniert JDF?
Typisch für das JDF ist die Baumstruktur, wie sie auf der folgenden Seite oben abgebildet ist. Dabei wird die Auftrags- und Produktionsstruktur in einer hierarchischen Beziehung dargestellt. Die Verzweigungen eines Auftrages werden in so genannten JDF-Knoten abgebildet, aus denen einzelne Linien zu den jeweiligen Prozessen abgeführt werden.

Ausgangspunkt ist in der Regel immer eine Auftragsanfrage und die sich daraus ergebende Auftragsbeschreibung. Diese enthält die angelieferten

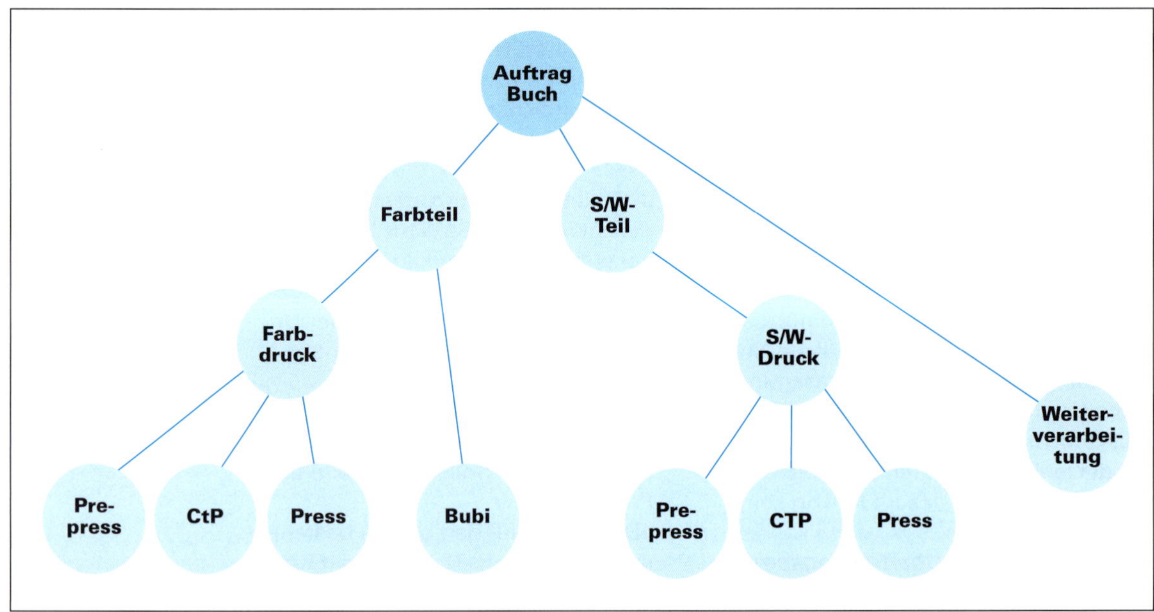

Beispielhafte JDF-Baumstruktur

Stammdaten

Produkt-Struktur

Fertigungsprozess-Struktur

Content-Daten und die Kunden-Stammdaten wie Anschrift, Telefon, Ansprechpartner usw.

Diese Stammdaten werden in einer Datenbank abgelegt und für weitere Kundenbeziehungen gepflegt. Die für den Auftrag relevanten Informationen werden im JDF-Element *Customer-Info* eingebunden und stehen für alle berechtigten Nutzer zur Verfügung.

In der so genannten *Produkt-Struktur* wird exakt beschrieben, was der Kunde herstellen lässt. Papiersorte, Bindeart, Auflage usw. wird hier festgehalten und kann dem Kunden z.B. mit einem Angebot übermittelt werden. Wichtig ist, dass alle Daten und Auftragsinformationen JDF-strukturiert bereits vor Auftragsbeginn zur Verfügung stehen. Mit der Auftragsbeschreibung wird im JDF eine auftragsbezogene Baumstruktur aufgebaut. Das Produkt wird in die einzelnen Teilprodukte und Fertigungsschritte zerlegt. Für Wiederholaufträge oder Standardprodukte werden Templates mit entsprechender Auftragsstruktur angelegt, archiviert und bei Bedarf zur Anwendung aufgerufen.

Durch das Auftragsmanagement wird aus der Produktbeschreibung die Prozessstruktur entwickelt. Es wird also bechrieben und festgelegt, wie das Produkt gefertigt werden soll. Hier wird die benötigte Anzahl der Scans festgelegt, welche Texte erfasst, wie die Proofs erstellt und die Druckformen belichtet werden. Der Druck und die darauf folgende Weiterverarbeitung wird bis zum Falzen oder Schneiden festgelegt. Es werden alle Prozesse, die zur Fertigung erforderlich sind, aufgelistet und einer Abfolge zugeordnet. Diese Fertigungsabfolge wird in die *Fertigungsprozess-Struktur* eingebunden. Einzelne Prozessstufen wie das Schneiden, Falzen oder Heften können zu einer Prozessgruppe wie z.B. Weiterverarbeitung zusammengefasst werden.

In den Produktionsprozessen werden bestimmte Prozessmittel wie Druckfarbe, Papier usw. verwendet, um neue Prozessmittel für die weitere Verarbeitung herzustellen. Dies sind Druckbogen (so genannte Gutbogen), die zur Weiterverarbeitung in der Buchbinderei zur Verfügung stehen. Diese Prozessmittel ergeben also neuen Input für die folgenden Prozessstufen.

Nach der Baumstruktur von JDF werden z.B. derartige Gutbogen als *Ressource* bezeichnet. Ressourcen sind notwendige Zwischenprodukte in der Produktion, die oftmals erst nach einer Freigabe durch Prozessverantwortliche weiterverwendet werden können. So können z.B. PDF-Dokumente erst nach einer Überprüfung zum Ausschießen und für die anschließende Belichtung freigegeben werden. Prozesssicherheit und Qualitätsansprüche machen derartige Zwischenkontrollen erforderlich.

Zur Produktion eines Printproduktes ist ein bestimmter Prozessablauf notwendig. Dieser Prozessablauf wird durch die Baumstruktur des jeweiligen JDF vorgegeben. Verweise definieren den Produktionsweg durch die festgelegte Baumstruktur und bestimmen damit die Fertigungsreihenfolge für ein Produkt. JDF definiert diese Verweise als *RessourceLink-Element*.

Prozessbeschreibungen werden vom Auftragsmanagement und der Arbeitsvorbereitung in so genannten *Node-Info-Elementen* abgelegt. Diese *Node-Info-Elemente* befinden sich in jedem Knoten der Baumstruktur und beinhalten alle logistischen und zeitlichen Informationen, die zur Ausführung des jeweiligen Knotens erforderlich sind. Im *NodeInfo-Element* kann z.B. festgelegt werden, wie bei einer Zeitüberschreitung zu verfahren ist und wie der Prozessablauf geändert bzw. angepasst werden muss.

Wenn ein Prozessschritt fertig bearbeitet wurde, müssen die wichtigen Kennzahlen im JDF festgehalten und protokolliert werden. Dafür ist in der Baumstruktur das *AuditPool-Element* verantwortlich, das bei jedem JDF-Knoten vorhanden ist.

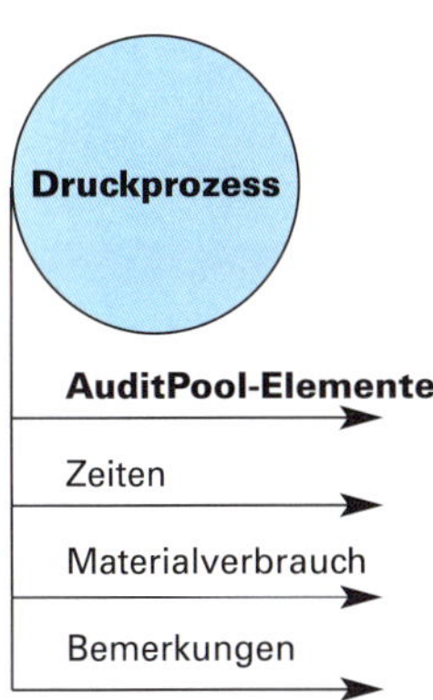

AuditPool-Elemente können folgende Ereignisse aufzeichen:

- Entstehung eines JDF-Knotens
- Veränderung eines JDF-Knotens
- Informationen über den Produktionsablauf
- Informationen über Ressourcenverbrauch, -verfügbarkeit und -zusammenführung
- Prozessstart, -unterbrechungen und Prozessende, Rüstzeiten und Mitarbeiterwechsel
- Ungeplante und überraschende Ereignisse bei der Prozessabarbeitung
- Ablauffehler und nicht erforderliche RessourceLinks können aufgedeckt und durch Informationsfelder korrigiert werden.

AuditPool-Elemente dokumentieren alle Prozessabläufe. Änderungen in der Dokumentation können nicht vorgenommen werden – daher sind alle Abläufe einer Printproduktion korrekt dokumentiert und können zu technischen oder betriebswirtschaftlichen Auswertungen genutzt werden.

5.4.6 Aufgaben „Workflow“

Aufgabe 5.4.6.1
Workflow – Begriffsklärung

Erklären Sie, was unter dem Fachbegriff „Workflow“ zu verstehen ist.

Aufgabe 5.4.6.2
Workflow – Begriffsklärung

Ziel eines Workflows ist die Vereinfachung und Beschleunigung der Prozessabläufe. Welche technische Voraussetzung ist dazu erforderlich?

Aufgabe 5.4.6.3
Technischer Druckworkflow

Erklären Sie den Begriff „technischer Workflow“.

Aufgabe 5.4.6.4
Administrativer Workflow

Erklären Sie den Begriff „administrativer Workflow“.

Aufgabe 5.4.6.5
Fachbegriffe kennen und anwenden

a. CIP3
b. PPF
c. Prepress
d. Press
e. Postpress
f. PJTF

Aufgabe 5.4.6.6
Workflow-Datentypen nennnen

a. Nennen Sie drei beispielhafte Datentypen für einen Management-Workflow.
b. Nennen Sie beispielhafte Datentypen für einen Produktions-Workflow.

Aufgabe 5.4.6.7
Workflow-Formate kennen

a. PPF
b. JDF
c. PDF
d. XML

Aufgabe 5.4.6.8
Workflow-Informationen benennnen

Welche Informationen kann eine CIP3-Datei für den Druck enthalten? Nennen Sie drei Einstellungen, die sich aus diesen Informationen tätigen lassen.

Aufgabe 5.4.6.9
Workflow-Informationen benennnen

Welche Informationen kann eine CIP3-Datei für die Weiterverarbeitung enthalten? Nennen Sie Arbeitsvorgänge, die sich mit diesen Informationen tätigen lassen.

Aufgabe 5.4.6.10
CIP3/PPF-Dateien und deren Inhalt kennen

Welche Informationen sind in einer CIP3-Datei bei folgenden Parametern abgelegt:
a. CIP3beginnSheet
b. CIP3BeginnColorControl
c. /CIP3AdmSeparationName
d. CIP3BeginCutData
e. CIP3BeginPrivate

Aufgabe 5.4.6.11
Workflow-Konfigurationen erklären

Erklären Sie mit Hilfe schematischer Darstellungen, was
a. Workflow mit PDF-Bogen,
b. Workflow mit Seiten-OPI bedeutet.

Aufgabe 5.4.6.12
Workflow-Zusammenhänge wissen

Welche Informationen stellt das RIP in einem Workflow zur weiteren Nutzung zur Verfügung?

Aufgabe 5.4.6.13
Workflow-Zusammenhänge verstehen

Beschreiben Sie die folgenden Grundbegriffe der vernetzten Produktion:
a. Content-Daten
b. Stammdaten
c. Auftragsdaten
d. Produktionsdaten
e. Steuerungsdaten
f. Maschinen- und Betriebsdaten
g. Qualitätsdaten

Aufgabe 5.4.6.14
Vernetzungszusammenhang beschreiben

In vielen Druckereien wird in Workflow-Netzen gearbeitet, die oftmals voneinander getrennt agieren. Verwaltungs- und Produktionsnetze sind voneinander unabhängig aufgebaut. Unterteilen kann man die verschiedenen Netzbereiche, die im optimalen Fall irgendwann mit Hilfe eines Workflow-Management-Systems zusammenarbeiten, in sechs Bereiche. Nennen Sie diese.

Aufgabe 5.4.6.15
Vernetzungszusammenhang aufzeigen

Stellen Sie – mit Hilfe eines Diagramms – den Vernetzungszusammenhang in der Auftrags- oder Arbeitsvorbereitung dar.

Aufgabe 5.4.6.16
JDF als Austauschformat beschreiben

Erklären Sie die grundsätzliche JDF-Struktur mit Hilfe einer beschrifteten grafischen Darstellung.

5.5 Database Publishing

5.5.1 Database Publishing – was ist das?

Bekannte Datenbanken sind z.B. DB2, Excel, Access, FileMaker, Cumulus.

Die traditionelle Herstellung von Werbemitteln, Katalogen und anderen aktuellen Drucksachen mit Hilfe manuell erstellter Layouts erfordert einen hohen Zeitaufwand. Um kurzfristig aktuelle Produkte oder Preise in einen Prospekt zu integrieren, ist bei einer konventionellen Produktion der Zeitvorlauf zu hoch. Damit geht im einen oder andern Fall ein Marktvorteil für den Werbekunden verloren. Der Marktanbieter, der seine Preise spät, also aktuell kalkulieren kann und mit seinen Werbemitteln trotzdem schnell, eventuell vor den Mitbewerbern am Markt ist, hat einen deutlichen Marketingvorsprung.

Um eine schnelle, effektive und vor allem aktuelle Werbemittelherstellung zu ermöglichen, muss man sich von der traditionellen layoutbezogenen Drucksachenherstellung verabschieden. Um tatsächlich schnell, effektiv und aktuell zu produzieren, ist die Produktion auf der Grundlage einer Datenbank und mit vorgefertigten Templates das optimale Produktionsverfahren. Damit lassen sich mit relativ kurzen Vorlaufzeiten auch große Projekte umsetzen.

Siehe Kapitel 3.4 Datenbank

Werden aktuelle Informationen einer Firma systematisch in einer Datenbank erfasst, kann darauf aufbauend eine datenbankgestützte Medienproduktion geplant und durchgeführt werden. Als entscheidenden Vorteil des Database Publishing lassen sich dadurch:

1. die Produktionszeiten bis zu 50 % reduzieren und
2. auch kurzfristig Daten mehrfach nutzen um weitere Print- und Nonprintmedien zu realisieren.

Grundlegende Systematik

Database Publishing ist vom Arbeits–prinzip her vor allem für Aufträge geeignet, bei denen sich gleichartige Gestaltungsmuster immer in ähnlicher Form wiederholen. Auf den ersten Blick bieten sich hier Produktkataloge, Reiseprospekte und Ähnliches an. In vorgefertigete Seitenlayouts, so genannte Templates, lassen sich Daten am besten automatisch einfügen.

Um dieses Einfügen aus einer Datenbank zu bewerkstelligen, müssen die Inhalte (oder Contents) in klaren und einheitlichen Strukturen erfasst werden. Das lässt sich mit einer Datenbank relativ leicht erledigen.

Im untenstehenden Beispiel ist dies gut erkennbar. Die Tabelle enthält alle Informationen zu je einem Buchtitel. Alle Buchtitel (Datensätze) sind nach Artikelnummern aufgelistet. Um eine Information auszulesen, benötigt man eine eindeutige Zuordnungsinformation, z.B. den Namen eines Autors oder die ISBN-Nummer. Außerdem können die Elemente in den Spalten der Datenbank über den Datenbankkopf (Artikel-Nummer, Titel, Autor usw.) exakt lokalisiert werden. Jeder Inhalt einer so angelegten Datenbank kann also über die Spalte und die Zeile eindeutig angesprochen werden.

Buchliste_04.05.xls

	A	B	C	D	E	F	G	H
1	Artikel-Nummer	Titel	Autor	Bereich	ISBN	Verlag	Preis	DB_ID
2	156	Multimedia-Datenbanken	Karl Meyer-Wefener	Computer	3-519-02419-5	Teubner, Stuttgart	38	FwTnWr2Ti381354801
3	157	Relationale Datenbanken	Hermann Sauer	Computer	3-8273-2060-7	Addison-Wesley, München	34,95	FwTnWr2Ti381354802
4	158	MAC OSX Panther	Gabi Brende	Computer	3-908497-00-0	Smartbooks, CH-Kirchberg	14,95	FwTnWr2Ti381354803
5	159	QuarkXPress 7	Stephan Franke	Computer	3-8266-0720-1	mitp-Verlag, Bonn	14,95	FwTnWr2Ti381354804
6	160	Referenzbuch Dateiformate	Günther Born	Computer	3-8273-1241-8	Addison-Wesley, München	29,9	FwTnWr2Ti381354805
7	161	Projekte Mediengestaltung	Joachim Böhringer u.a.	Computer	3-540-44092-5	Springer, Heidelberg	49,9	FwTnWr2Ti381354806
8	162	MediaFarbe	Peter Bühler	Computer	3-540-40688-3	Springer, Heidelberg	49,9	FwTnWr2Ti381354807
9	163	DESIGN, Geschichte, Theori	Bernhard E. Bürdeck	Design	3-7701-2728-5	DuMont Buchverlag Köln	34,8	FwTnWr2Ti381354808
10	164	Momentum	Holger, Jung, Jean-Ren	Design, Werbunc	3-89769-031-4	Lardon, Hamburg	49,9	FwTnWr2Ti381354809
11	165	Digitales Video in interaktiv	Roland Riempp, Arno S	Medien	3-540-59355-1	Springer, heidelberg	26,5	FwTnWr2Ti381354810

Excel-Tabelle Artikelliste

Tabellen strukturieren die Verarbeitungsdaten nach logischen Begriffen und nach programmeigenen ID-Nummern.

5.5.2 Datenaufbereitung

Die Datenerfassung, -haltung und -pflege muss vor Produktionsbeginn klar geregelt sein. Es ist vor allem erforderlich, klare Richtlinien für die Dateinamensvergabe zu erarbeiten. Außerdem muss verbindlich geregelt sein, wie die Aufbereitung von Bild- und Grafikdaten zu erfolgen hat. Dies bezieht sich nicht nur auf die Dateinamen, sondern ebenso auf Auflösung, Skalierung, Farbmodus, Dateiformat.

Die rechts abgebildete Datenbank Cumulus ermöglicht es, dass zu Bildern weitere Informationen gespeichert werden. So ist z.B. dem Bild „Gutenberg.tif" noch eine Notiz mitgegeben, die als Bildunterschrift verwendet werden soll. Cumulus kann diese Notizinformation zusätzlich zum Bild auslesen und als Bildunterschrift in einem Dokument verwenden. Allerdings muss dies bei der Datenerfassung richtig organisiert und definiert werden, damit es zur Produktion nutzbar wird.

Die Datenerfassung kann dem Kunden, z.B. einer Buchhandlung oder Maschinenfabrik, überlassen bleiben. Oftmals liegen die Daten dort für betriebswirtschaftliche Zwecke z.B. aus einem Warenwirtschaftssystem vor und können als Zweitverwertung von einem Medienbetrieb genutzt werden. Dabei müssen allerdings die Erfassungs- und Übergabekriterien zwischen den Partnern abgestimmt werden. Eine einheitliche Lösung gibt es hier nicht. Häufig müssen vorhandene Daten noch an die Produktionsstruktur des Medienbetriebes angepasst werden.

Ferner ist die klare und eindeutige Festlegung der Ordner- und Pfadstrukturen ebenso notwendig, wie korrekte Schriftdefinitionen unerlässlich sind für eine datenbankgestützte Produktion. Nur wenn dies gegeben ist, kann eine Medienherstellung schnell und erfolgreich durchgeführt werden kann. Näheres dazu erfahren Sie auf den folgenden Seiten.

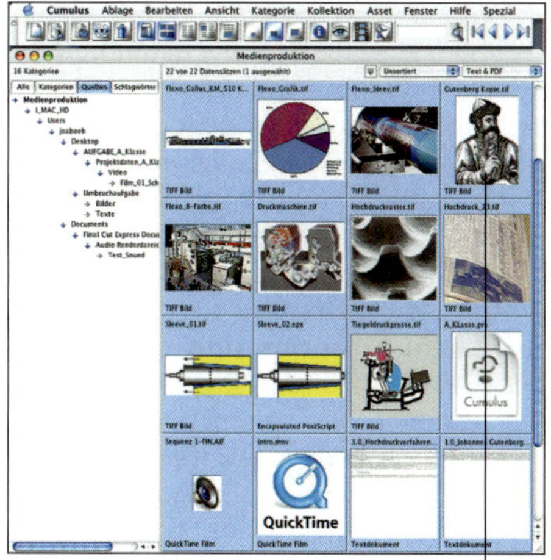

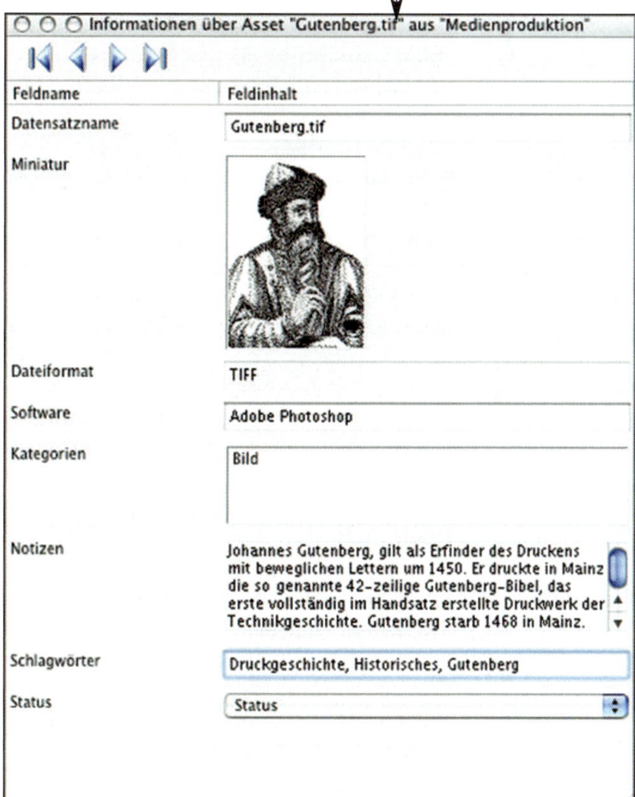

Mediendatenbank Cumulus (Canto)

In die medienintegrative Datenbank können Text-, Bild-, Video- und Sounddateien abgelegt und verwaltet werden. Das Asset Gutenberg gibt alle Informationen wieder, die bei dem Bild abgelegt sind. Dies sind Feld-, Datensatzname, Dateiformat, Kategorie, Bildunterschrift (Notizen), Schlagwörter und Status.

Das Arbeiten nach starren und wenig flexiblen Vorgaben für die datenbankgestützte Produktion fällt Mediengestaltern oft schwer. Sie sind oft die „kreative" Vergabe von Dateinamen gewöhnt. Daher ist hier oft ein Umdenken für diese Art der Produktion erforderlich.

Database Publishing mit Layoutprogrammen

Database Publishing, also datenbankgestütztes Publizieren, entpuppt sich, wenn man unterschiedliche Anwendungen genauer betrachtet, als eine Ansammlung höchst individueller Lösungen, die sich untereinander kaum vergleichen lassen. Viele dieser Ansätze sind eher EDV-technischer als grafischer Natur. Zwischenzeitlich gibt es eine Reihe von Werkzeugen, die es auch dem im Programmieren wenig Erfahrenen ermöglichen, die Satz- und Umbrucharbeit mit Datenbankunterstützung weitgehend zu automatisieren. Eine Auswahl dieser Werkzeuge ist unten aufgeführt.

Die meisten Lösungen bestehen aus einer Text-/Bilddatenbank, die sich an die verschiedensten Kundenbedürfnisse anpassen lässt, und einer speziellen QuarkXPress-XTension, die als Schnittstelle zwischen der Datenbank und dem Layoutprogramm fungiert.

QuarkXPress ist nach wie vor der Layoutklassiker mit der höchsten Verbreitung in der Medienindustrie. Daher sollen am Beispiel dieses Programms die wichtigsten Schritte einer Produktion beispielhaft dargestellt werden.

XTension zur Datenbankanbindung (unvollständige Auswahl)

Produkt	Beschreibung	Hersteller
Dataform	QuarkXPress-XTension erzeugt variable Felder zum Import der Daten aus der Dataform-Datenbank	Gassenhuber Regensburg www.gassenhuber.de
Xactuell	Database Publishing-Tool für QuarkXPress und InDesign CS zum automatischen Setzen von Datenbankinhalten aus SQL-Datenbanken heraus	CODEWARE Stuttgart www.codeware.de
XData	Importiert ASCII-Daten und von Quark lesbare Bildformate	Em Software Belleview USA www.emsoftware.com
Xcatalog	Importiert Texte und Bilder aus folgenden Datenbanksystemen: Filemaker, 4th Dimension, FoxPro, Excel	Em Software Belleview USA www.emsoftware.com
Data Link XT	Erzeugt variable Felder, die mit einer SQL- oder ASCII-Datenbank verknüpft sind; aktualisiert automatisch nach Datenbankvorgabe.	Techno Design Herzogenrat www.techno-design.com
QuarkXClusive	Importiert Texte und Bilder aus Datenbanken; auf MAC-PC nur für Digitaldruck	Quark, Inc. Neuchatel-CH http://euro.quark.com/de

5.5.3 Arbeitsablauf

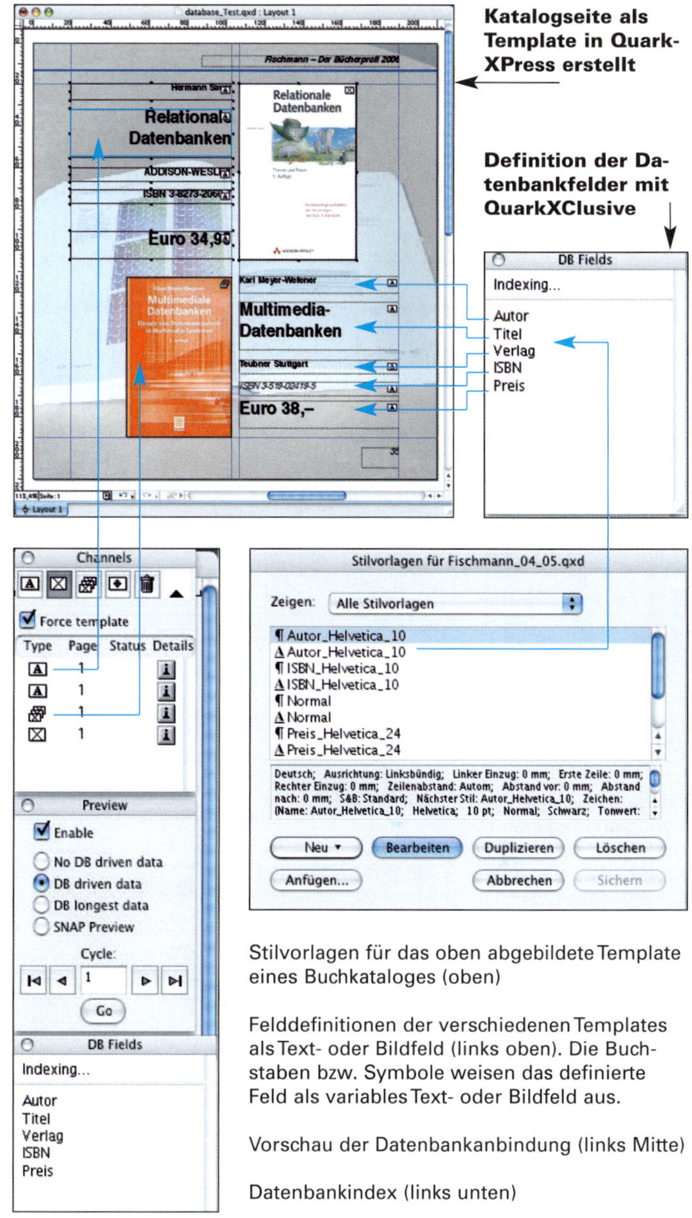

Stilvorlagen für das oben abgebildete Template eines Buchkataloges (oben)

Felddefinitionen der verschiedenen Templates als Text- oder Bildfeld (links oben). Die Buchstaben bzw. Symbole weisen das definierte Feld als variables Text- oder Bildfeld aus.

Vorschau der Datenbankanbindung (links Mitte)

Datenbankindex (links unten)

Als Arbeitsplatz steht ein Apple-PC mit QuarkXPress und der XTension QuarkXClusive zur Verfügung. Es soll ein Buchkatalog mit Bild- und Textdaten erstellt werden. Die Bilder liegen alle in der gleichen Größe und im CMYK-Modus in einem Bildordner vor. Alle Bilder sind mit Ordnungsnummern als Dateinamen abgelegt. Die Nummern entsprechen den Ordnungsnummern der Texte in der Datenbank.

- Aufbereitung der Datenbank. Dazu müssen alle Felder benannt und in der für die Produktion richtigen Reihenfolge aufgelistet werden. Wenn eine Mediendatenbank genutzt wird, müssen die Daten hierzu nach abgesprochenen Kriterien strukturiert werden. Als Beispiel für eine aufbereitete Datenbank sehen Sie den Ausschnitt aus der Buchliste_04/05 auf Seite 752.
- Entwurf der QuarkXPress-Seite mit den einzelnen Feldern für Text und Bild. Die variablen Felder müssen für jedes Feld der Datenbank eine Entsprechung auf dem QuarkXPress-Dokument aufweisen. Dies bedeutet, dass auf dem Dokument für das Datenfeld >Autor< ein variables Feld dafür vorgesehen ist. Dies gilt für alle vorkommenden und genutzten Felder der Datenbank. In der Indexierungsliste rechts sind diese Felder erkennbar (DB Fields).
  Alle festen Elemente auf den Templateseiten wie Hintergrundbild, Kolumnentitel usw. werden wie gewohnt auf der linken bzw. rechten Seite positiniert.
- Um den einzelnen variablen Feldern eine richtige Schrift zuzuordnen, sind in QuarkXPress Stilvorlagen anzulegen und den jeweiligen Textrahmen zuzuordnen. Es werden dazu aus Gründen der Übersichtlichkeit die Feldnamen und die jeweils dazugehörende Schrift als Stilvorlagennamen verwendet. In der Abbildung oben sind die Stilvorlagen gezeigt.

Imposition

Hier werden die Festlegungen für die Ausgabedatei und deren Druck und die Druckverarbeitung getroffen.

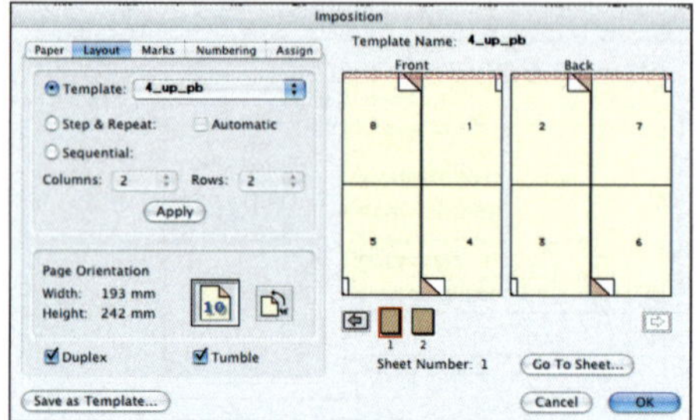

Database

Auswahl der Datenbasis und Einstellung der Grundverarbeitung der Datenbankinhalte.

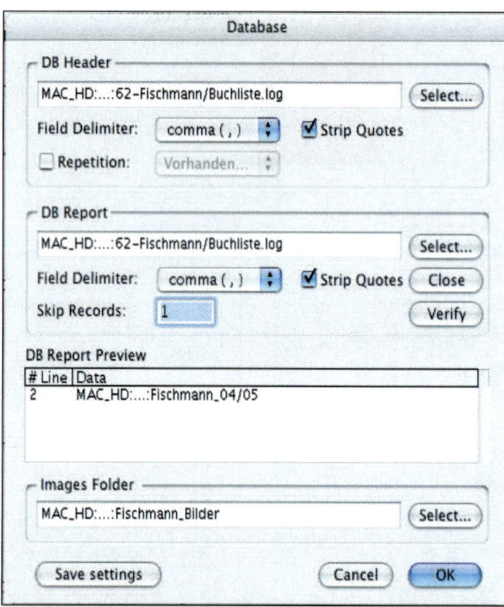

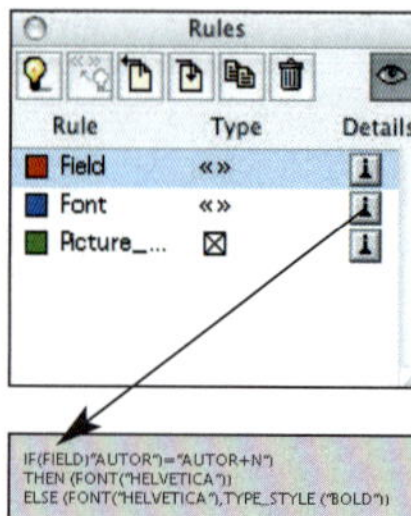

Palette für die Festlegung und Definition der Regeln zur Übernahme der Daten aus der Datenbank in das Quark-Dokument.

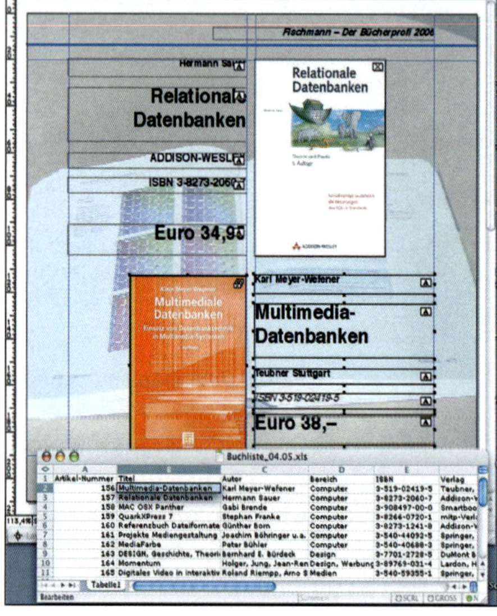

- Als nächster Schritt muss die spätere Ausgabedatei erstellt, die Größe und die Nutzenanzahl festgelegt werden, in welche der fertige Datenbankjob später gedruckt wird. Dazu wird das links abgebildete Modul „Imposition" verwendet. Dies ist ein auf die Bedürfnisse des Database Publishing abgestimmtes Ausschießmodul. Der Prospekt wird so vorbereitet, dass er später zu acht Seiten im Schön- und Widerdruck gedruckt werden kann.
- Auswahl der Datenbasis. Hier werden die verwendete Datenbank und der Bildordner ausgewählt. Die Feldtrennung (hier comma (,)) wird festgelegt. Aus der Datenbank wird dann beim Import ein Tab-Text. Dieser Text trennt die Inhalte für die einzelnen Felder durch so genannte „Delimiter" also Sonderzeichen. Wichtig ist, dass diese Sonderzeichen nicht im Datenbankinhalt vorkommen.
- Die Übername der Daten in die einzelnen Felder des Quark-Dokuments werden festgelegt. Dabei müssen in der Regel die Übergabeparameter für die Textdatenübernahme, für den Bildimport und die jeweilige Schriftverwendung definiert werden. Dazu ist üblicherweise ein Tool vorhanden, mit dem aus vorgefertigten Anweisungen die Datenübernahme ausgewählt und getestet werden kann. Links außen ist eine solche Anweisung für die Schriftverwendung gezeigt.
- Die nebenstehende Abbildung zeigt die Zuordnung von Datenbankinhalten zu den einzelnen virtuellen Feldern in QuarkXPress. Der Import der einzelnen Bilder der Buchtitel erfolgt nach der Reihenfolge der Artikelnummer, da diese Nummer und der Bild-Dateiname identisch und daher gut zuzuordnen sind.

- Nach erfolgter Datenübernahme können die erstellten Seiten an das RIP einer Digitaldruckmaschine zur direkten Druckausgabe übertragen werden. Dann wird direkt aus den erstellten Daten die geplante Drucksache, in diesem Fall der Buchkatalog, ausgegeben. Soll die Datenübernahme an ein Windows-RIP erfolgen, müssen die Namenskonventionen dafür berücksichtigt werden. Alle Dokument- und Dateinamen müssen dann diesen Konventionen entsprechen.
  Die zweite Möglichkeit der Datenausgabe besteht darin, dass alle Seiten als PDF-Datei exportiert werden. Diese können dann dem Kunden zur Druckfreigabe vorgelegt und danach in einen PDF-Workflow eingespielt werden.

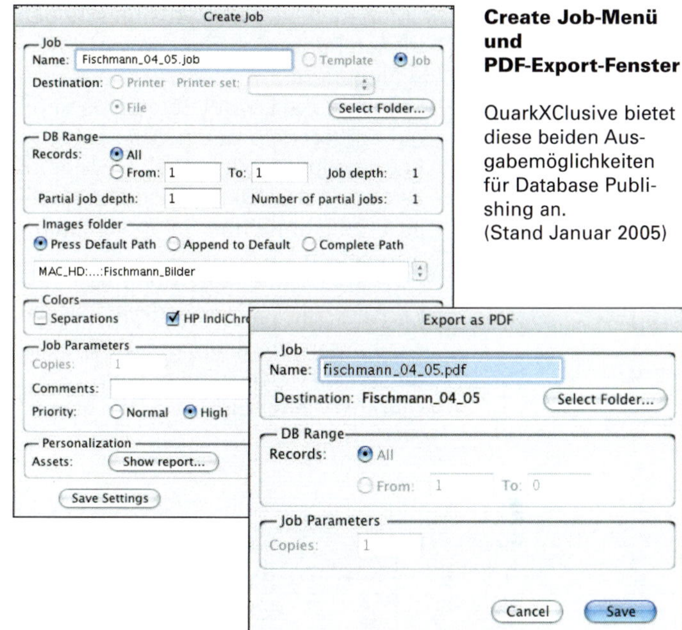

Create Job-Menü und PDF-Export-Fenster

QuarkXClusive bietet diese beiden Ausgabemöglichkeiten für Database Publishing an. (Stand Januar 2005)

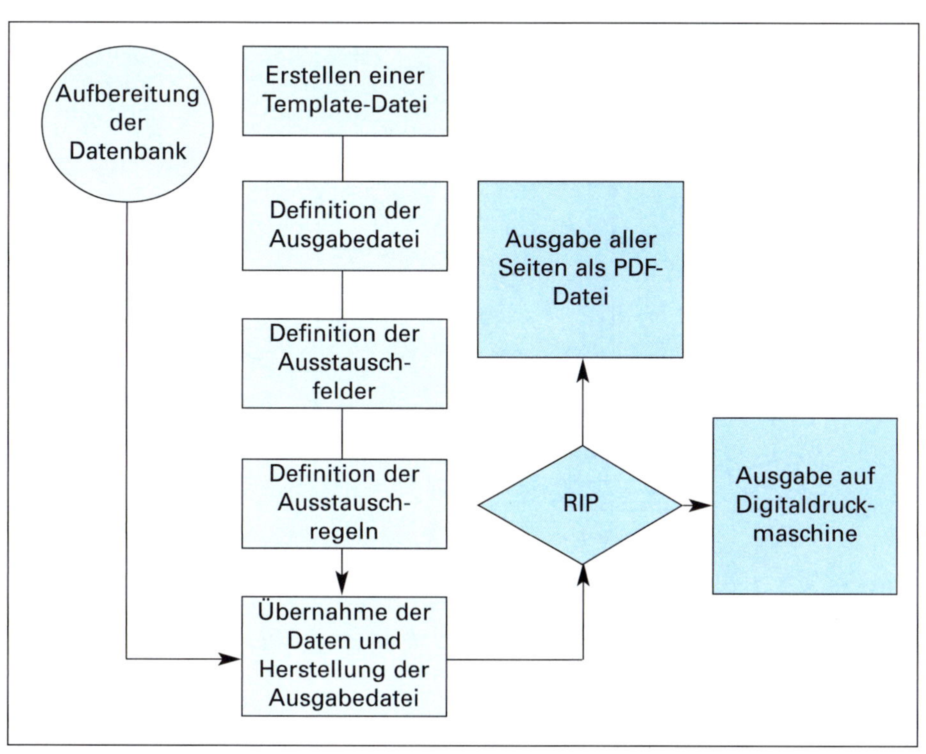

Überblick

Die nebenstehende schematische Darstellung zeigt den prinzipiellen Arbeitsablauf des Database Publishing mit Layoutprogrammen.

5.5.4 Zusammenfassung

Überblick

Datenbankgestützte Produktion für Print- und Nonprintmedien

Bezug –·–·–·–·–
Daten ————
Korrektur ....

Die Merkmale von gut funktionierenden Database-Publishing-Systemen (DPS) sind eindeutig:

- Vordefinierte Layout-Templates und gut aufbereitete Daten lassen eine Printproduktion um bis zu 50 % der Zeit einsparen, die bei konventioneller Produktion ohne Datenbankhilfe anzusetzen ist.
- Gestalterische Einschränkungen sind bis zu einem gewissen Grad in Kauf zu nehmen. Vor allem am Anfang ist die gestalterische Vielfalt eingeschränkt – aber dies ist ein Problem, das sich mit wachsender Produktionserfahrung deutlich reduziert.
- Programmiertechnische Leistungen sind bei zunehmender Komplexität gefordert und erleichtern die Einarbeitung bei schwierigen gestalterischen Lösungen.
- Die Mehrfachnutzung von Daten ist mit Hilfe von DPS möglich und sinnvoll. Hier kann ein echter wirtschaftlicher Mehrwert für Medienbetriebe entwickelt werden, wenn das Datenhandling zwischen Auftraggeber und Produzent funktioniert.

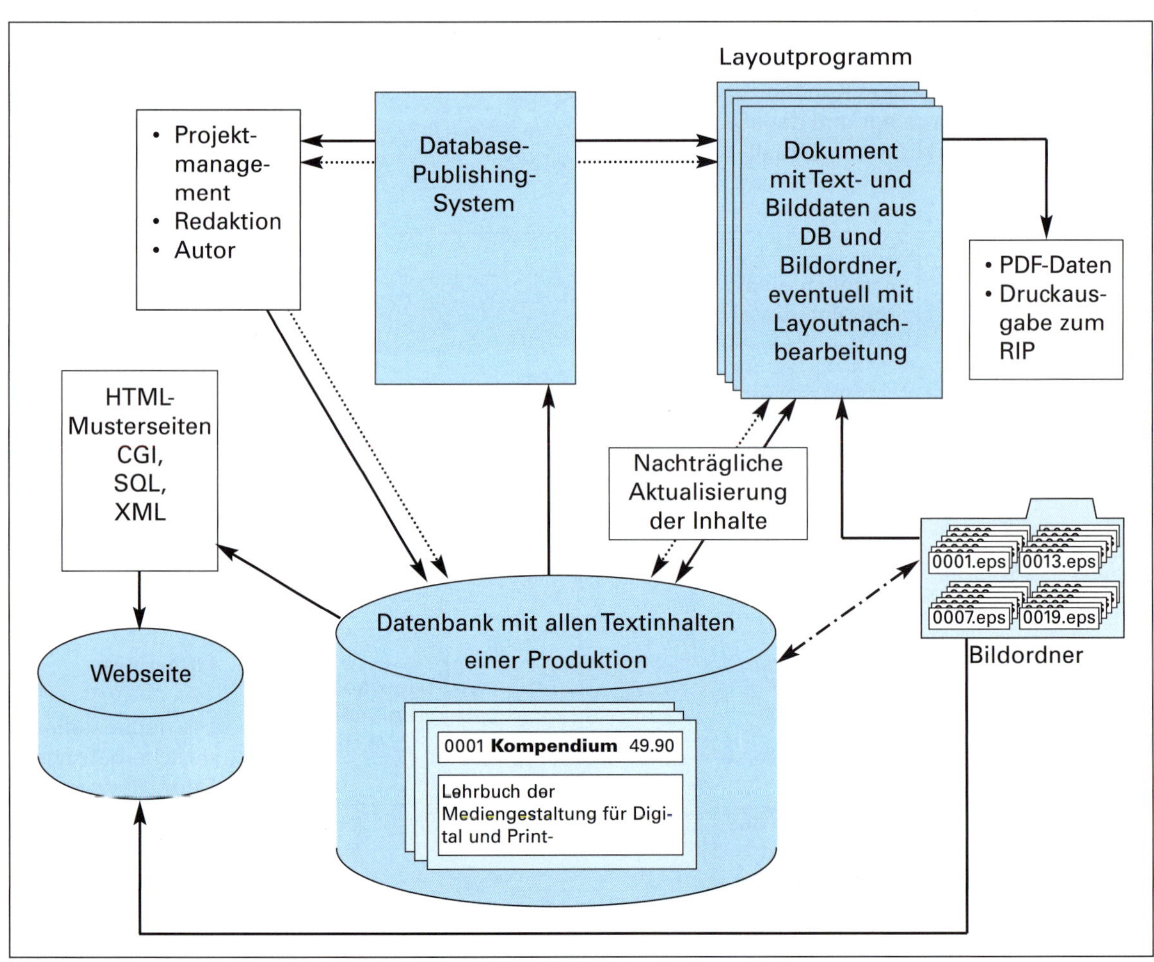

5.5.5 Aufgaben „Database Publishing"

Aufgabe 5.5.5.1
Datenbankanwendung kennen

Erstellen Sie eine Übersicht über die Nutzungsmöglichkeiten von Datenbanken bei der Medienproduktion.

Aufgabe 5.5.5.2
Datenbankanwendung kennen

Nennen Sie mindestens drei Datenbanksysteme, die für Database Publishing verwendet werden können.

Aufgabe 5.5.5.3
Datenbankeinsatz wissen

Beschreiben Sie mindestens drei Printmedienprodukte, bei denen es sinnvoll ist, sie mit Hilfe eines Database-Publishing-Systems zu produzieren.

Aufgabe 5.5.5.4
Ordnungsstruktur von DPS beschreiben

Erläutern Sie, warum eine klare Ordner- und Namensstruktur für die Database-Publishing-Produktion erforderlich ist.

Aufgabe 5.5.5.5
Programm-XTensions für DPS kennen

1. Gehen Sie mit Hilfe der Herstelleranschriften von Seite 754 ins Web und informieren Sie sich über die Leistungsfähigkeit der verschiedenen XTensions.
2. Laden Sie eine Demoversion und das PDF-Handbuch einer XTension herunter und installieren Sie das Programm. Arbeiten Sie sich in die Software ein.

Aufgabe 5.5.5.6
Stilvorlagen oder Formate für DPS nutzen

Erstellen Sie für eine beliebige Medienproduktion die korrekten S&B-Einstellungen, Stilvorlagen, Absatz- und Zeichenformate.

Aufgabe 5.5.5.7
Arbeitsablauf für DPS beschreiben

Beschreiben Sie die erforderlichen Arbeitsschritte, die für die Database-Publishing-Produktion notwendig sind.

Aufgabe 5.5.5.7
Fachbegriffe anwenden

Erläutern Sie die folgenden Begriffe:

a. Database
b. Content-Daten
c. Mehrfachnutzung
d. Medienintegrative Datenbank
e. Virtuelles Feld
f. Template

Digitalmedien

6.1 Webseiten

6.1.1 Grundlagen

6.1.1.1 HTML

Das World Wide Web (WWW) stellt ein riesiges „hypertextbasiertes" Informationssystem dar. Die grundlegende Idee des Hypertextes besteht darin, dass ein digital vorliegender Text nicht unbedingt linear – also von Anfang bis Ende – gelesen werden muss. Durch das Schaffen von Querverbindungen (Hyperlinks oder kurz: Links) wird es möglich, per Mausklick von einer Stelle zu einer beliebigen anderen zu „springen". Hierdurch ergibt sich eine – im Vergleich zu Druckmedien – grundsätzlich neue Möglichkeit der Verknüpfung von Information. Diese müssen nicht mehr an einem Ort zusammengeführt werden, sondern können sich weltweit auf jedem am Internet angeschlossenen Server befinden. Die Verknüpfung der Informationen erfolgt „virtuell" mit Hilfe von Hyperlinks.

Zur Erstellung von verlinkten Webseiten sind Steueranweisungen notwendig. Für diesen Zweck wurde die Auszeichnungssprache HTML (Hypertext Markup Language) entwickelt. Diese liegt mittlerweile in der Version 4.0 vor und hat die Aufgabe, alle auf einer Webseite vorkommenden Elemente mit Hilfe von „Tags" (sprich: Tägs) genannten Auszeichnungen zu beschreiben. Neben den eigentlichen Textdaten enthält ein HTML-Dokument Tags zur Formatierung der Seite, beispielsweise mit Hilfe von Tabellen. Weitere Tags ermöglichen das Einbinden (Referenzieren) von Bildern sowie das bereits erwähnte Verlinken der Seiten.

Der große Vorteil einer HTML-Datei ist ihre äußerst geringe Datenmenge, so dass sie sich hervorragend für die Datenfernübertragung (DFÜ) eignet. Dabei müssen alle auf der Webseite befindlichen Bilder und Grafiken als externe Dateien vorliegen und mit übertragen werden. Abgesehen von Bildern und Grafiken lassen sich heute auch Sounds, Videos und (Flash-)Animationen mit HTML-Dateien verknüpfen. Das World Wide Web wird hierdurch zunehmend multimedialer.

Trotz zahlreicher Tags sind die Formatierungs- und Steuermöglichkeiten mit HTML begrenzt. Aus diesem Grund wurde mit JavaScript eine Skriptsprache geschaffen, deren Programmcode in einer HTML-Datei ausgeführt werden kann. Mit Hilfe von JavaScript lassen sich beispielsweise „Mouseover"-Effekte, Pulldown-Menüs realisieren oder Formulareingaben auswerten.

Alternativ zu HTML wird von Web-Designern gerne mit der Animations- und Autorensoftware Flash von Macromedia gearbeitet. Das Programm glänzt durch hervorragende Möglichkeiten zur Gestaltung und Animation von Webseiten und ermöglicht die Realisation kompletter Internetauftritte, die mit Hilfe der Shockwave-Technologie als SWF-Dateien in HTML-Seiten eingebunden werden können.

6.1.1.2 HTML-Editoren

„Web-Design ist kinderleicht – HTML-Kenntnisse sind unnötig!" So oder so ähnlich werben die zahlreichen Anbieter von Software zur Erstellung von Webseiten. So genannte WYSIWYG-Editoren (von „What you see is what you get!") sollen ein Layouten per „Drag&Drop" wie im Printbereich ermöglichen, ohne dass sich der Designer mit dem zugehörigen HTML-Quellcode beschäftigen muss. Dieser wird durch das Programm automatisch generiert.

Die Praxis sieht anders aus: Web-Design kommt – zumindest zurzeit –

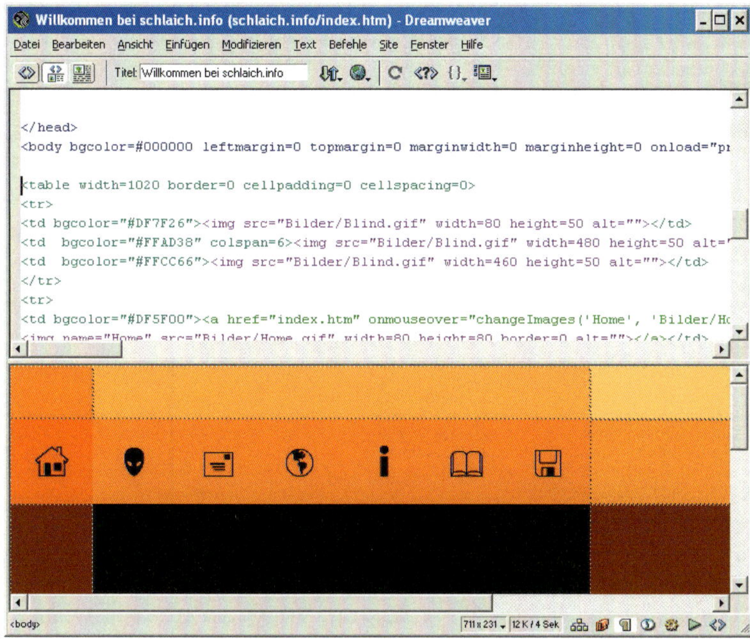

Webseiten-Editor Dreamweaver

Webseiten lassen sich mit Hilfe der Maus per „Drag & Drop“ erstellen (unteres Fenster) – der zugehörige HTML-Quellcode wird von Dreamweaver generiert und kann nach Belieben editiert werden (oberes Fenster).

ohne HTML-Kenntnisse nicht aus! Die Ursachen hierfür sind vielfältig:

- WYSIWYG-Editoren generieren einen mehr oder weniger guten HTML-Quellcode, der oft viel zu umständlich ist.
- Automatisch generierter HTML-Code liefert in aller Regel größere Datenmengen als selbst geschriebener und damit optimierter Code.
- Der HTML-Befehlssatz hat sich im Laufe der letzten Jahre deutlich erweitert. Ältere Browser kennen nicht alle heutigen HTML-Tags.
- HTML-Dokumente werden durch die HTML-Parser der Browser unterschiedlich interpretiert, so dass die Seitendarstellung vom Browser abhängig ist.
- Die Darstellung von HTML-Seiten ist plattformabhängig. So unterscheiden sich Mac und Windows-PC beispielsweise bei der Darstellung von Schriften und Farben.

Zweifellos bekommen die Hersteller der WYSIWYG-Editoren die angesprochenen Probleme mit jeder neuen Programmversion besser in den Griff. Die von Web-Designern bevorzugten Programme sind hierbei Dreamweaver von Macromedia (www.macromedia.com nicht: www.macromedia.de) und Golive von Adobe (www.adobe.de). Beide Programme stehen sowohl für den Mac als auch für Windows-PCs zur Verfügung. Ein Nachbearbeiten des HTML- Codes ist dennoch unerlässlich, wenn Mängel der Seitendarstellung mit verschiedenen Browsertypen, -versionen und auf mehreren Plattformen vermieden werden sollen. Aus diesem Grund ermöglichen alle WYSIWYG-Editoren auch ein direktes Bearbeiten des Quellcodes.

Programmierer oder Designer mit guten HTML-Kenntnissen werden einen textbasierten HTML-Editor bevorzugen und ihre Webseiten direkt im Quellcode

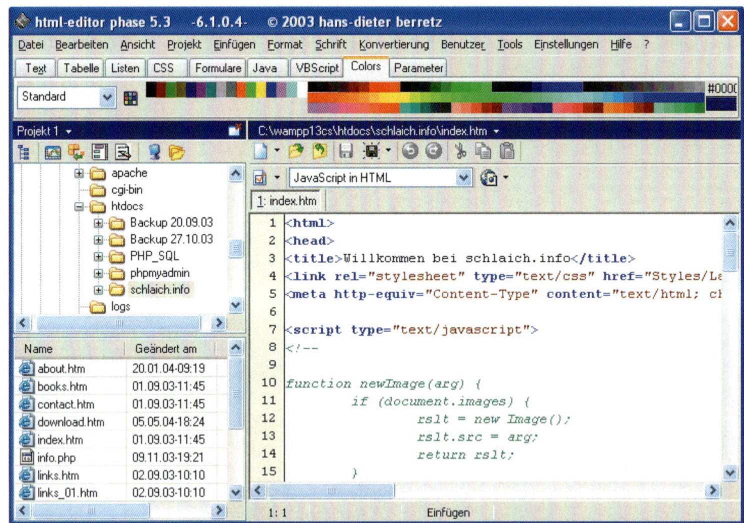

HTML-Editor Phase 5

Der hervorragende Editor ist Freeware!

erstellen. Hierdurch ist gewährleistet, dass genau der gewünschte „saubere" HTML-Code entsteht. Außerdem geht die Seitenerstellung bei geschickter Vorgehensweise schneller. HTML-Editoren gibt es in großer Anzahl – auch als Share- oder Freeware. Als Beispiel für ein professionelles Produkt sei hier stellvertretend Homesite von Macromedia genannt. Kostenlos, aber dennoch hervorragend und empfehlenswert ist das Programm Phase 5, das unter www.ftp-uploader.de heruntergeladen werden kann. Beide genannten Programme stehen leider nur für Windows-PCs zur Verfügung.

6.1.1.3 Web-Browser

Zur Betrachtung eines HTML-Dokumentes wird eine Software benötigt, die die HTML-Tags aus dem Text entfernt und die enthaltenen Anweisungen ausführt. Der Vorgang wird als „parsen" bezeichnet. Ein Web-Browser ist eine Software, die einen HTML-Parser zur Darstellung von HTML-Dokumenten besitzt. Sie sind kostenlos und zahlreich vorhanden. Das Problem besteht darin, dass die unterschiedlichen Browser auch unterschiedliche HTML-Parser einsetzen. Die Folge ist, dass ein HTML-Dokument in Abhängigkeit vom Browser anders interpretiert und dargestellt wird. Ein verbindliches Web-Design für alle Browser, Browserversionen und die unterschiedlichen Plattformen Windows, Mac und Linux ist fast unmöglich.

Was noch vor einigen Jahren ein großes und unlösbares Problem darstellte, ist mittlerweile kein Thema mehr, weil Microsoft mit seinem Internet Explorer ein Quasimonopol besitzt: Knapp neunzig Prozent aller Web-Browser sind Internet Explorer. Konkurrenzprodukte wie Netscape, Mozilla, Opera oder Safari haben das Nachsehen.

Web-Design findet heute also überwiegend für den Internet Explorer statt, das mühsame Testen der Seiten auf allen möglichen Alternativ-Browsern ist kaum mehr nötig. Dies ist aus Sicht des Designers erfreulich, aus Sicht der Microsoft-Gegner ein großes Ärgernis.

6.1.1.4 HTML-Tutorials

Im Rahmen dieses Kapitels ist eine umfassende Beschreibung von HTML und CSS weder gewollt noch möglich. Es handelt sich vielmehr um eine Zusammenfassung der wichtigsten Tags und Eigenschaften. Für weiterführende Informationen sei auf die Internetseite verwiesen, die auch dem Autor dieses Buches als wichtigste Informationsquelle dient: SelfHTML von Stefan Münz, zu finden unter www.selfhtml.org. Stefan Münz beschreibt übersichtlich und ausführlich sämtliche Details von HTML, CSS, JavaScript und vielem mehr und bietet seine Site darüber hinaus zum Download an. Der Screenshot rechts zeigt das Inhaltsverzeichnis der umfangreichen Site. Alternativ lohnt sich die Anschaffung des gleichnamigen Buches.

Herzlichen Dank an dieser Stelle für sein gelungenes Standardwerk!

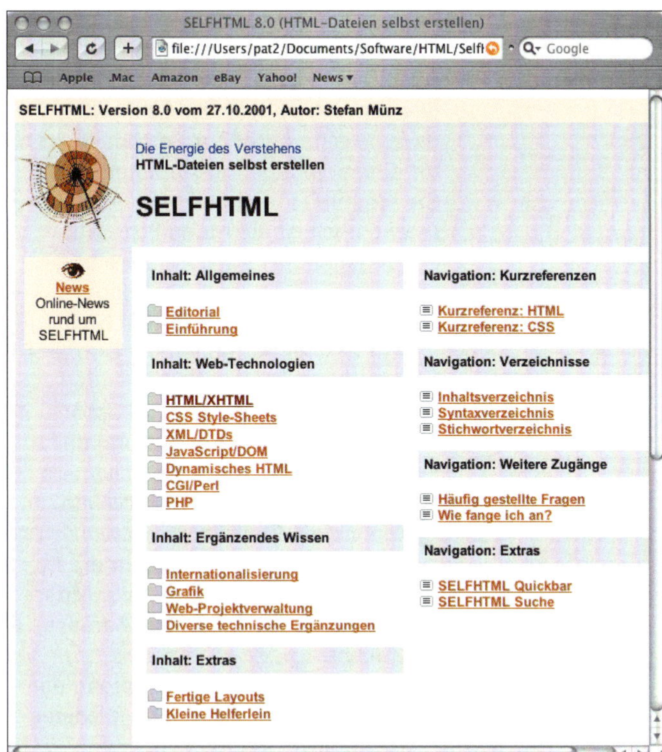

SelfHTML von Stefan Münz

Bestes HTML-Tutorial im Internet!

6.1.1.5 Veröffentlichung von Webseiten

Das Erstellen von Webseiten macht nur dann einen Sinn, wenn sie nach Vollendung auch „ins Internet gestellt" werden. Erst unter diesen „Live"-Bedingungen können Sie letztlich erkennen, ob Ihr Internetauftritt funktioniert. Was auf Ihrem Rechner (lokal) problemlos klappen mag, kann sich auf einem Webserver als fehlerhaft herausstellen. Vor allem Dateinamen, Hyperlinks, Datenmengen und Ladezeiten bilden eine häufige Fehlerquelle, die lokal nicht unbedingt erkannt wird.

Zur Veröffentlichung müssen Sie sich – falls Sie nicht einen eigenen Webserver betreiben – einen Provider suchen, der ein entsprechendes „Webhosting" kostenlos oder kostenpflichtig anbietet. Ein kostenloses Webhost-Angebot besitzt natürlich gewisse Einschränkungen, zum Beispiel knapp bemessenen Speicherplatz oder die Einblendung von Werbebannern. Zum Testen von Seiten sind diese Einschränkungen aber akzeptabel. Beispielhaft sei hier das kostenlose Angebot von Lycos (www.tripod.lycos.de) mit derzeit 50 MB Speicherplatz genannt. Der Anbieter bietet als einer der wenigen auch die Möglichkeit, mit Datenbanken (MySQL), PHP und Perl zu arbeiten.

Wer sich für ein kostenpflichtiges Angebot entscheidet, sollte einen Preisvergleich vornehmen. Im Internet finden sich zahlreiche Anbieter, die sich in Preis und Leistung durchaus unterscheiden. Beispiele für große Webhost-Anbieter sind 1&1 (www.puretec.com), Freenet (www.freenet.de), Strato (www.strato.de), Greatnet (www.greatnet.de) oder Schlund (www.schlund.de). Zur Entscheidung für einen Webhosting-Anbieter sollten Sie folgende Fragen klären:

- Wie hoch ist die monatliche Nutzungsgebühr? Wird zur Bereitstellung eine Grundgebühr fällig?
- Wie viele Domains werden benötigt und welcher Art sollen die Domains sein (.de, .com,.name)?
- Wie viel Speicherplatz (Webspace) in MB wird zur Veröffentlichung der Webseite(n) gebraucht? Kalkulieren Sie eine großzügige Reserve ein.
- Wie viele E-Mail-Accounts werden benötigt? Dies ist insbesondere für Firmen wichtig, da hier jeder Mitarbeiter eine eigene E-Mail-Adresse braucht.
- Ist ein FTP-Zugang zum Upload der Dateien vorhanden (siehe nächster Abschnitt)?
- Mit welchem monatlichen Transfervolumen in GB ist zu rechnen?
- Welche Zusatzfunktionen werden benötigt? Beispiele hierfür sind: Skriptsprachen wie PHP oder Perl, die z.B. zur Auswertung von Formularen oder für den Zugriff auf eine Datenbank benötigt werden; Datenbank-Managementsystem wie MySQL, das zur Erstellung dynamischer Sites (z.B. Webshop) benötigt wird; Logfiles z.B. zur Protokollierung der Benutzerzugriffe; Verschlüsselungstechnologie wie SSL zur sicheren Übertragung sensibler Daten.

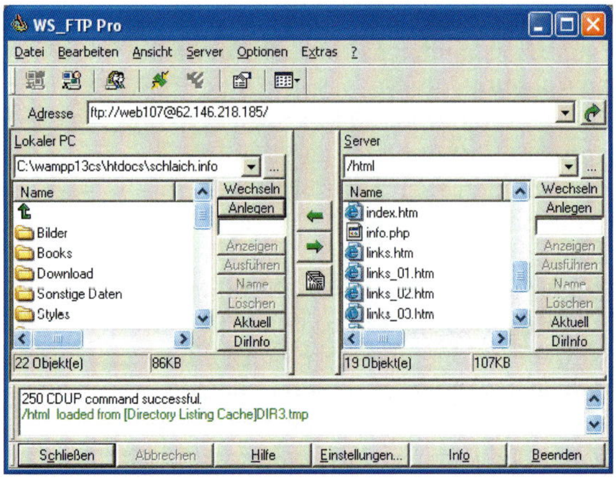

Eine gute Vergleichsmöglichkeit bietet das Portal www.webhostlist.de.

WS-FTP Pro

Die FTP-Client-Software ermöglicht einen einfachen Up- und Download von Dateien.

6.1.1.6 FTP-Clients

Wenn Sie sich für einen „Webhoster" entschieden, sich bei diesem angemeldet und eine DFÜ-Verbindung eingerichtet haben, erfolgt im zweiten Schritt ein so genanntes Uploaden aller Dateien Ihres Web-Auftritts auf den Webserver. Der Transfer erfolgt mit Hilfe des Internetdienstes FTP (File Transfer Protocol) und erfordert eine spezielle Software. Im Falle, dass Ihr Anbieter diesen Dienst auf seiner Webseite nicht zur Verfügung stellt, sind Sie auf einen separaten FTP-Client angewiesen.

Als bewährter Klassiker einer FTP-Software sei hier auf „WS_FTP Pro" für Windows hingewiesen (vgl. Screenshot links). Der Download einer 30 Tage gültigen Testversion kann unter www.ipswitch.com erfolgen. Das Programm besticht durch seine einfache Bedienung. Wer auf den vollen Funktionsumfang verzichten kann, erhält mit „WS_FTP LE" eine kostenlose Version, die allerdings nicht kommerziell genutzt werden darf.

Für Mac OS bietet Vicomsoft unter www.vicomsoft.com eine englischsprachige Software mit den FTP-Grundfunktionen, die kurzerhand als „FTP-Client" bezeichnet wird.

6.1.2 Merkmale einer HTML-Datei

6.1.2.1 HTML-Grundgerüst

Wie bereits im letzten Kapitel erwähnt, handelt es sich bei HTML um eine Auszeichnungssprache, die alle Elemente einer Webseite mit Hilfe von Steuerbefehlen (Tags, ausgesprochen: Tägs) beschreibt. Zur Unterscheidung von „normalem" Text stehen Tags in spitzen Klammern < >, wobei die meisten Befehle ein Anfangs- und ein Ende-Tag benötigen. Letzteres enthält zusätzlich einen Schrägstrich (Slash):

<tag> Inhalt, auf den sich die Auszeichnung bezieht </tag>

Ein HTML-Dokument beginnt mit dem <html>-Tag und endet mit dem zugehörigen Schlusstag </html>. Das eigentliche Dokument besteht aus einem Dateikopf <head> und einem Dateikörper <body>:

Grundgerüst einer HTML-Datei

```
<html>
    <head>
        <title>Titel der Webseite</title>
        <meta />... Meta-Angaben ...
        <meta />... Meta-Angaben ...
    </head>
    <body>
    ... Elemente der Webseite ...
    ... Elemente der Webseite ...
    </body>
</html>
```

Im Dateikopf sollte sich ein Titel <title>...</title> befinden. Der dort enthaltene Text erscheint in der (bei Windows: blauen, bei Mac: grauen) Titelleiste des Browsers. Überdies hilft die Titelangabe für das Auffinden der Seite durch Suchprogramme und liefert den Text bei der Verwendung eines Lesezeichens (bookmark). Ebenfalls im Dateikopf befinden sich die im nächsten Abschnitt beschriebenen Meta-Tags.

Der Dateikörper <body> enthält alle Elemente, die nach dem „Parsen" der Seite im Web-Browser angezeigt werden: Farben, Texte, Bilder, Hyperlinks. Weiterhin lassen sich hier beispielsweise Farben definieren, Texte formatieren, Bilder einbinden und Hyperlinks erstellen.

6.1.2.2 Meta-Tags

Bei den sich ebenfalls im Dateikopf befindlichen Meta-Angaben <meta> handelt es sich um für den Nutzer unsichtbare Zusatzinformationen für

- die Darstellung der Seite durch den Web-Browser (z.B. Angabe des Zeichensatzes),
- die Behandlung der Seite durch den Webserver (z.B. Weiterleitung der Anfrage zu einer anderen Adresse),
- die Aufnahme der Seite in die Datenbanken von Suchprogrammen.

Eine sinnvolle und überlegte Auswahl wichtiger Meta-Tags ist für den Erfolg eines Internetauftritts unerlässlich. Die Tabelle gibt eine Übersicht wichtiger Meta-Tags:

Meta-Tags (Teil 1)

Zugriff durch Suchprogramme verbieten

```
<meta name="robots" content="noindex" />
```

Zugriff durch Suchprogramme gestatten

```
<meta name="robots" content="index" />
```

Kurzbeschreibung für Suchprogramme

```
<meta name="description" content="..." />
```

Angabe von Schlüsselwörtern für die Aufnahme in die Datenbanken der Suchprogramme

```
<meta name="keywords" content=
"...,...,..." />
```

Meta-Tags (Teil 2)
Autorenangabe <meta name="author" content="..." />
Datumsangabe <meta name="date" content="JJJJ–MM–TT" />
Angabe des HTML- bzw. Web-Editors <meta name="generator" content="..." />
Angabe des westeuropäischen Zeichensatzes <meta http-equiv="content-type" content="text/html; charset=ISO-8859-1" />
Seite von Webserver laden, nicht aus Browser-Cache: <meta http-equiv="expires" content="0" />
Automatische Weiterleitung (nach 5 Sekunden) zu einer anderen Adresse: <meta http-equiv="refresh" content="5; URL=http://... " />

6.1.2.3 Zeichensatz

Die Stärke von Internetauftritten liegt in ihrer weltweiten Verfügbarkeit. Aus dieser Internationalität folgt jedoch, dass die potenziellen Betrachter der Webseite unterschiedliche Sprachen sprechen und demzufolge Browser in ihrer Landessprache einsetzen. Beim Erstellen von Webseiten sollte deshalb der verwendete Zeichensatz in Form eines Meta-Tags angegeben werden (siehe oben). Für die meisten europäischen Sprachen ist dies der Zeichensatz Latin 1 nach ISO 8859-1.

Die Ursprünge des Internets liegen in Amerika, demzufolge wird zur Datenübertragung ein amerikanischer Code (ASCII) verwendet. In diesem Code fehlen beispielsweise alle Buchstaben, die in nicht englischen Sprachen vorkommen, außerdem werden zusätzliche Zeichen wie zum Beispiel Währungssymbole benötigt. Damit diese Zeichen in HTML-Dokumenten verwendet werden können, ist eine so genannte „Maskierung" des Zeichens erforderlich. Der Web-Browser ersetzt die Maskierung durch das gewünschte Zeichen. In der Tabelle ist die HTML-Notation der deutschen Umlaute sowie einiger wichtiger Sonderzeichen dargestellt.

Umlaute und Sonderzeichen			
ä	ä	Ä	Ä
ö	ö	Ö	Ö
ü	ü	Ü	Ü
ß	ß	€	€
©	©	®	®
leer		°	°
<	<	>	>

Beachten Sie, dass der Strichpunkt zur Maskierung des Zeichens gesetzt werden muss. Abschließend einige Anwendungsbeispiele:

mühsam	mühsam
Straße	Straße
15°	15°
© Schlaich	© Schlaich
30 €	30 €

6.1.2.4 Dateinamen

Bei der Mehrzahl der Webserver handelt es sich um Computer, die mit dem Betriebssystem Unix bzw. Linux betrieben werden. Hieraus ergeben sich folgende Forderungen hinsichtlich der Vergabe von Dateinamen:

- Unix-Rechner arbeiten „case-sensitiv", d.h., dass bei Dateinamen zwischen Groß- und Kleinschreibung unterschieden wird: „seite1.htm", „Seite1.htm" und „SEITE1.HTM" sind unterschiedliche Dateien! Um Fehler infolge doppelter Dateinamen zu vermeiden, lautet die Empfehlung: Verwenden Sie bei der Vergabe von

Dateinamen grundsätzlich nur Kleinbuchstaben.

- Mac-User vernachlässigen oft die Angabe einer Dateiendung (Extension), weil bei Mac OS die Dateiinformationen im Dateikopf (Header) und nicht in der Dateiendung abgespeichert werden. HTML-Dateien müssen jedoch die Extension .htm oder .html besitzen, damit sie unter Windows oder Unix erkannt werden.
- Beachten Sie weiterhin, dass in Abhängigkeit vom Betriebssystem nicht alle Sonderzeichen in Dateinamen verwendet werden dürfen (z.B. Slash / oder Backslash \). Wer auf Nummer sicher gehen will, hält sich an die strenge 8+3-Konvention der ISO 9660 und verwendet nur Buchstaben ohne Umlaute oder Ziffern.

Zusammengefasst: Verwenden Sie bei der Vergabe von Dateinamen ausschließlich Kleinbuchstaben und Ziffern und hängen Sie immer eine dreibuchstabige Dateiendung (Extension) an: index.htm, button1.jpg, logo.gif.

6.1.2.5 Dateistruktur

Da Bild- und HTML-Dateien über Pfadangaben miteinander verbunden sind, ist die (relative) Lage dieser Dateien zueinander von großer Bedeutung. Eine festgelegte Ordnerstruktur darf nachträglich nicht mehr verändert werden! Für relative Pfade zwischen Dateien gelten folgende Regeln:

- Der Verweis auf eine Datei, die sich im selben Verzeichnis befindet, erfolgt durch Angabe des Dateinamens. Im Beispiel wird die Grafik „background.gif“ in die Datei „index.htm“ eingebunden:
  <img src="background.gif">
- Um auf eine Datei zu verweisen, die sich in einem Unterordner befindet, muss der Name des Ordners gefolgt von einem Slash vor dem Dateinamen angegeben werden, z.B.:
  <img src="images/button1.gif">

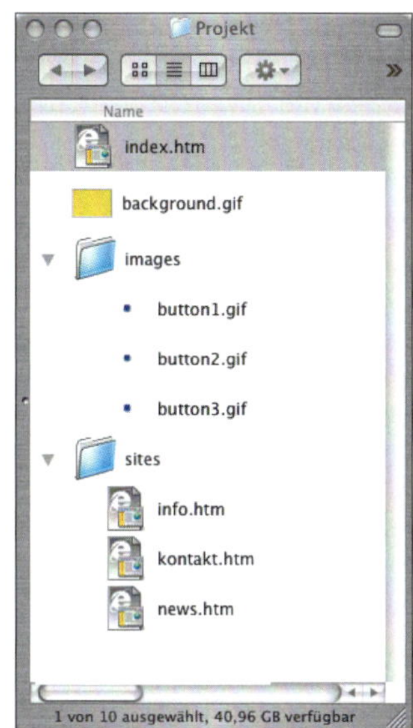

Dateistruktur

Achten Sie auf eine saubere Datei- und Ordnerstruktur Ihres Internetauftritts. Das nachträgliche Ändern von Dateinamen oder -pfaden führt zu Linkfehlern.

- Der Verweis auf eine Datei, die sich in einem übergeordneten Verzeichnis befindet, erfolgt durch die Angabe zweier Punkte (..). Im Beispiel wird die Grafik „background.gif“ in die Datei „info.htm“ eingebunden:
  <img src="../background.gif">
- Auch die Kombination der genannten Möglichkeiten ist zulässig. Zur Einbindung der Grafik „button3.gif“ in die Datei „info.htm“ lautet die Schreibweise:
  <img src="../images/button3.gif">
  Erklärung: Zunächst wird in das übergeordnete Verzeichnis gewechselt (..), danach in den Bildordner, der die Grafik „button3.gif“ enthält.

6.1.3 Text

6.1.3.1 Schriften

In HTML-Dateien lassen sich keine Schriften einbetten. Hieraus folgt, dass der Zeichensatz der gewählten Schrift im Betriebssystem installiert sein muss. Ist dies nicht der Fall, ersetzt der Web-Browser die im HTML-Dokument definierte Schrift kurzerhand durch eine Systemschrift – der „Worst Case" für jeden Web-Designer!

Bei der Auswahl einer Schrift kommt erschwerend hinzu, dass die Schriftdarstellung zwischen Apple- und Windows-PC uneinheitlich ist und zu allem Überfluss auch noch durch die Grundeinstellungen des Web-Browser beeinflusst werden (vgl. Abbildung).

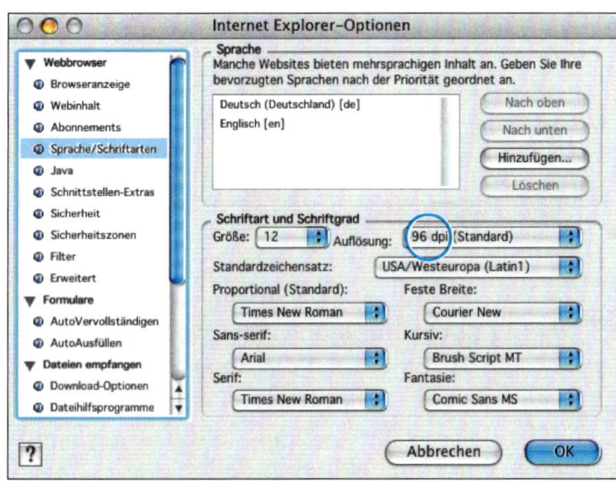

Optionen des Internet Explorers bei Mac OS

Achten Sie darauf, dass die Auflösung auf 96 dpi eingestellt ist, damit sie der Auflösung von Windows-PCs entspricht.

Für die Auswahl und Gestaltung von Schriften ergeben sich daraus folgende Regeln:

- Für Mengen- oder Fließtexte dürfen ausschließlich Systemschriften verwendet werden – beispielsweise die Schriften Arial, Times, Tahoma oder Verdana. Sinnvollerweise sollte eine Schrift verwendet werden, die sowohl am Windows-PC als auch am Mac vorhanden ist.
- Für Headlines oder kleinere Textmengen können beliebige Schriften verwendet werden, wenn diese in einem Bildverarbeitungs- oder Grafikprogramm gesetzt und in eine GIF- oder JPG-Grafik konvertiert werden. Zu beachten ist jedoch, dass viele Schriften am Monitor wegen dessen geringer Auflösung nicht oder nur schlecht lesbar sind.
- Mac-User sollten beim Testen ihrer Seiten mittels Internet Explorer darauf achten, dass die Auflösung auf 96 dpi eingestellt ist (vgl. Abbildung). Hierdurch ist gewährleistet, dass die Webseiten – und damit auch die Schriften – gleich groß dargestellt werden wie auf Windows-PCs.
- Wer auf eine größere Auswahl von Schriften für den Fließtext zurückgreifen will, muss seinen Internetauftritt mit Flash realisieren. Das zugehörige SWF-Dateiformat ist in der Lage, Zeichensätze einzubinden, so dass die Beschränkung auf Systemzeichensätze entfällt.

6.1.3.2 Formatierung von Text

Als die Auszeichnungssprache HTML geschaffen wurde, waren die Ansprüche an die Gestaltung von Texten sehr gering. Dies erklärt, weshalb HTML hierfür nur einige wenige Tags zur Verfügung stellt.

Hinzu kommt, dass einige Tags zur Gestaltung von HTML-Seiten durch die Dachorganisation des Internets, das W3-Konsortium (www.w3.org), abgelehnt wurden und nicht mehr verwendet werden sollten. Hierzu gehört beispielsweise das immer noch sehr beliebte <font>-Tag zur Auswahl einer Schrift. Grund für diese „Ausmistung" des HTML-Befehlssatzes ist, dass HTML zukünftig nur noch zur Beschreibung der Seitenelemente (Absatz, Link, Bild, Tabelle,...), nicht aber zur Formatierung und Gestaltung der Seiten genutzt werden soll. Letzteres soll zukünftig ausschließlich mit Hilfe der „Cascading Style Sheets“ erfolgen. Für das „professionelle“ Setzen von Texten lesen Sie also bitte gleich in Kapitel 6.1.9 weiter.

HTML stellt zur Auszeichnung und Formatierung von Texten einige rudimentäre Möglichkeiten bereit. Die wesentlichen Tags sind in der Tabelle zusammengefasst. Auf Tags, die laut W3-Konsortium nicht mehr verwendet werden sollen, wurde hierbei bewusst verzichtet.

Von Bedeutung ist insbesondere der „erzwungene“ Zeilenumbruch <br />. Grund hierfür ist, dass der Textumbruch bei Webseiten im Unterschied zu gedruckten Seiten wegen der variablen Breite des Browserfensters veränderlich ist. Dieser Alptraum eines Schriftsetzers führt je nach Fensterbreite zu sehr langen Zeilen, deren Text kaum lesbar ist. Mit Hilfe des Zeilenumbruchs kann der Web-Designer selbst entscheiden, an welcher Stelle ein Zeilenumbruch erfolgen oder mittels <nobr>-Tag verhindert werden soll. Alternativ lassen sich unsichtbare Tabellen (Kapitel 6.1.6) oder CSS (Kapitel 6.1.9) verwenden.

Textformatierung	
Überschriften	
<h1> ... </h1>	sehr groß
<h2> ... </h2>	groß
...	
<h7> ... </h7>	sehr klein
Absatz	
<p> ... </p>	
Zeilenumbruch	
Zeilenumbruch verhindern	
<nobr> ... </nobr>	
Auszeichnungen	
<b> ... </b>	**fett**
<i> ... </i>	*kursiv*
<u> ... </u>	unterstrichen
<s> ... </s>	~~durchgestrichen~~
^{...}	hochgestellt
_{...}	tiefgestellt
Aufzählungslisten	
<ul>	
<li> ... </li>	• Listenelement
<li> ... </li>	• Listenelement
...	
</ul>	
Nummerierte Listen	
<ol>	
<li> ... </li>	1. Listenelement
<li> ... </li>	2. Listenelement
...	
</ol>	
Horizontale Linie	
<hr />	

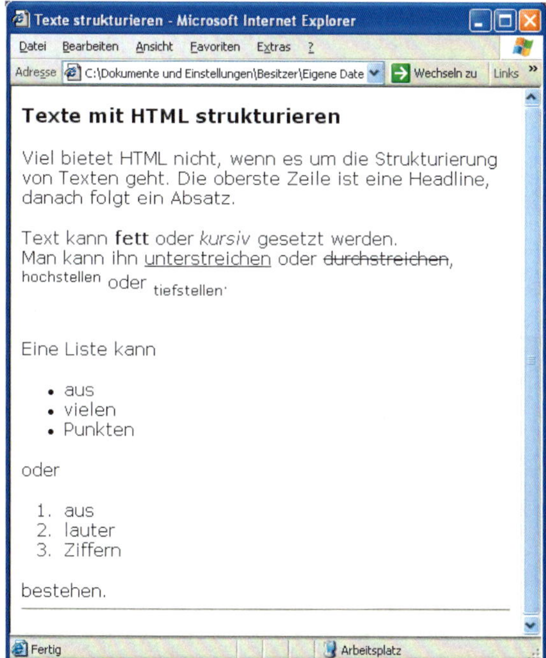

Textformatierung mit HTML-Tags

6.1.4 Farben

Die Angabe von Farben in HTML-Dokumenten erfolgt durch das #-Zeichen, gefolgt von drei mal zwei Hexadezimalziffern für den Rot-, Grün- und Blauanteil der Farbe:

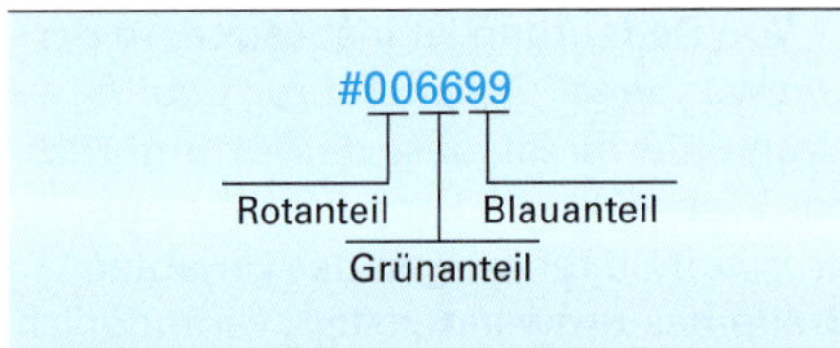

Mit einer zweistelligen Hexadezimalzahl lassen sich je Farbanteil 256 Werte von 0 bis 255 darstellen. Zusammen bildet die sechsstellige Hexadezimalzahl also den RGB-Farbraum von 256 x 256 x 256 = 16,7 Millionen Farben ab, wobei sich die jeweilige Farbe nach den Gesetzmäßigkeiten der additiven Farbmischung ergibt. Beispiele:

- Schwarz: #000000
- Weiß: #FFFFFF
- Blau: #0000FF
- Gelb: #FFFF00
- Grau: #999999

Zur verbindlichen Darstellung von Farben auf unterschiedlichen Rechnern (Betriebssystem, Grafikkarte, Monitor) wurde eine Auswahl von 216 Farben als „websichere" Farben definiert. Um eine Farbe aus dieser Web-Palette zu erhalten, dürfen nur die Hexadezimalzahlen 00, 33, 66, CC oder FF verwendet werden (6 x 6 x 6 = 216 Farben).

Da mittlerweile alle neueren Rechner Grafikkarten besitzen, die eine Farbwiedergabe in „Echtfarben" – also mit 16,7 Millionen Farben – ermöglichen, haben die websicheren Farben heute aus technischer Sicht fast keine Bedeutung mehr. Bei der Auswahl von Farben kann es dennoch hilfreich sein, den riesigen RGB-Farbraum auf einige wenige Farben einzuschränken. Photoshop bietet hierfür im Farbwähler die entsprechende Option (vgl. Abbildung links unten).

In der Tabelle sind die wichtigsten HTML-Tags zur Definition von Farben aufgelistet. Beachten Sie aber, dass Farben gemäß W3-Internetkonsortium zukünftig nur noch mit Hilfe von Cascading Style Sheets (CSS) definiert werden sollten. Lesen Sie hierzu in Kapitel 6.1.9 nach.

Web-Palette in Photoshop

Die Web-Palette stellt eine Auswahl von 216 Farben dar.

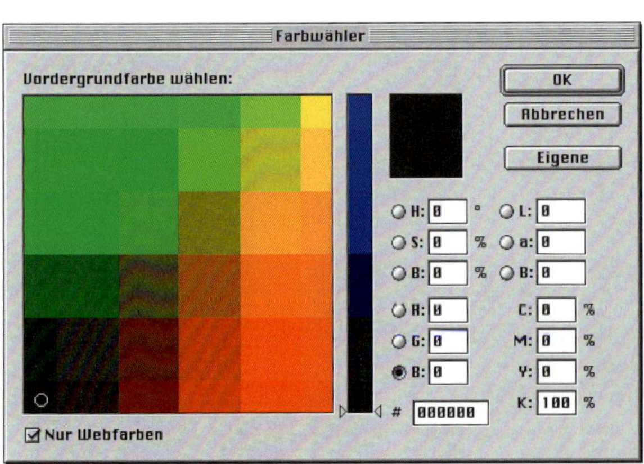

Farben

Hintergrundfarbe (hier: Weiß)
<body bgcolor="#FFFFFF">

Textfarbe (hier: Schwarz)
<body text="#000000">

Farbe eines Links (hier: Blau)
<body link="#0000FF">

Farbe eines bereits besuchten Links (hier: Rot)
<body vlink="#FF0000">

Farbe eines Links, der gerade angeklickt wird (hier: Grün)
<body alink="#00FF00">

Kombination der Farbeinstellungen
<body bgcolor="#FFFFFF" text="#000000" link="#0000FF" vlink="#FF0000" alink="#00FF00">

6.1.5 Bild und Grafik

6.1.5.1 Dateiformate

Bei der Verwendung von Bildern und Grafiken auf Webseiten gibt es derzeit zwei Standardformate: GIF und JPG (JPEG). Beide Formate besitzen unterschiedliche Stärken und Schwächen, so dass die Entscheidung für das eine oder andere Format immer in Abhängigkeit vom Motiv getroffen werden muss.

Trotz der großen Dominanz von GIF- und JPEG-Dateien sind zwei weitere Dateiformate erwähnenswert, denen in Zukunft eine wesentlich größere Bedeutung zukommen könnte: Das Dateiformat PNG (sprich: Ping) vereint die Vorteile von GIF und JPEG. Bei SVG handelt es sich um das derzeit einzige Vektorformat für Grafiken.

GIF (Graphics Interchange Format)

- Maximal 256 Farben – die Zusammenstellung der zugehörigen Farbtabelle kann frei gewählt werden
- Verlustfreie Kompression durch LZW-Algorithmus
- Animation möglich („Animated GIF")
- Dithering möglich (Simulation von Halbtönen)
- Interlacter Bildaufbau möglich (Bild wird nach und nach schärfer)
- Transparenz einer Farbe möglich (für Freistellungen notwendig)

Fazit: Wegen der Beschränkung auf 256 Farben eignet sich das GIF-Format in der Regel nicht für Halbtonvorlagen. Für Texte oder Grafiken hingegen ist es das ideale Dateiformat.

JPEG (Joint Picture Expert Group)

- 16,7 Millionen Farben (RGB-Farbraum)
- Kompressionsrate und damit Datenmenge/Bildqualität einstellbar
- Interlacter Bildaufbau bei „progressiv JPEG" möglich

Fazit: JPEG eignet sich grundsätzlich für Bilder mit vielen Farben (Fotografien, Farbverläufe, Schatten). Trotz starker Datenreduktion bleibt eine erstaunliche

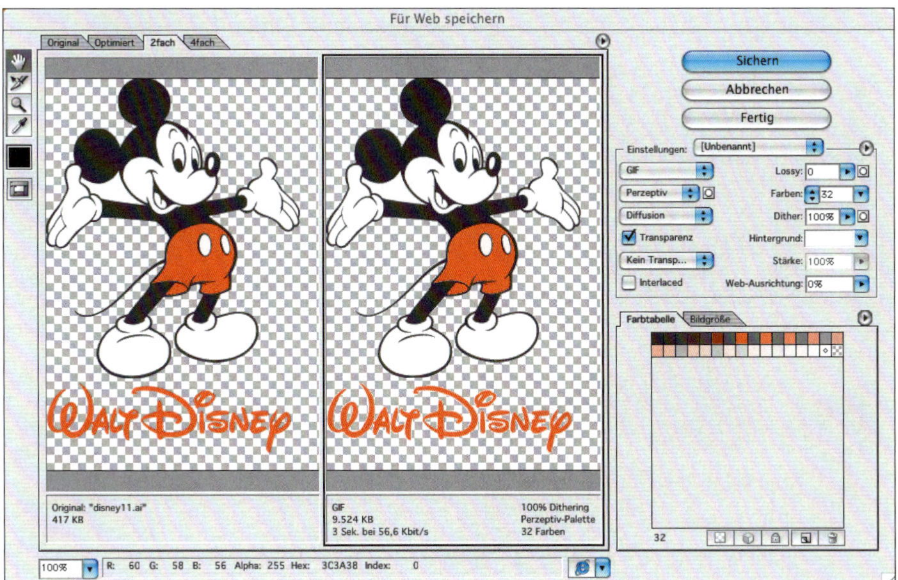

GIF-Optionen in Photoshop

JPG-Optionen in Photoshop

Bildqualität erhalten. Bei scharfen Konturen wie bei Texten oder in Grafiken zeigt das Kompressionsverfahren jedoch Schwächen und führt zu einem „Verschmieren" der Konturen. Wie oben beschrieben ist für diesen Zweck GIF zu bevorzugen.

PNG (Portable Network Graphic)

- 16,7 Millionen Farben (PNG-24) oder maximal 256 Farben (PNG-8)
- Verlustfreie Kompression
- Transparenz mittels Alphakanal (256 Stufen)
- Interlacter Bildaufbau möglich

GIF und JPG im Vergleich

Der Screenshot zeigt links oben die Originaldatei, rechts die GIF-Vorschau und unten jeweils eine JPG-Vorschau in zwei unterschiedlichen Qualitäten.
Beachten Sie, dass bei vergleichbarer Datenmenge (rechts oben und rechts unten) GIF ein wesentlich besseres Ergebnis liefert. Grund hierfür ist, dass die Grafik aus wenigen Farben besteht und somit eine Farbpalette mit 32 Farben genügt. Weiterhin zeigt JPG in niedriger Qualität deutliche Artefakte an den Kanten.
Bei hoher JPG-Qualität werden diese Fehler zwar vermieden, die Datenmenge ist jedoch deutlich höher als bei GIF.

- Zusatzinformationen möglich (Gammakorrektur, Copyright u.a.)

Fazit: PNG vereint die Vorteile von GIF und JPEG. Es ist deshalb nicht verständlich, weshalb sich dieses Format nicht durchsetzt. Ein Grund hierfür könnte sein, dass PNG von manchen (älteren) Browsern nicht unterstützt wird. Der Hauptgrund ist jedoch eher die berühmte „Macht der Gewohnheit".

SVG (Scalable Vector Graphics)

- XML-basiertes Format
- Skalierbar (Zoomfunktion auf Webseiten)
- Geringe Datenmengen durch vektorbasiertes Speichern
- SVG-Viewer notwendig (Browser-Plug-in)

Fazit: SVG bietet alle Vorteile von vektor- gegenüber pixelorientierten Formaten. Insofern könnte es sich zur interessanten Alternative zu GIF entwickeln. Die Unterstützung von SVG durch die Web-Browser ist hierfür allerdings unabdingbare Voraussetzung.

6.1.5.2 Einbinden in HTML-Dokumente

Bilder und Grafiken lassen sich in HTML-Dokumente nicht importieren, sondern werden mit diesen stets mit Hilfe des <img>-Tags verknüpft (referenziert). Dabei ist entscheidend wichtig, dass der Pfad zur Bildquelle (src) korrekt angegeben wird. Lesen Sie hierzu gegebenenfalls noch einmal in Abschnitt 6.1.2.5 nach.

Durch die Angabe weiterer Eigenschaften im <img>-Tag kann festgelegt werden, wie das referenzierte Bild oder die Grafik angezeigt werden. Von besonderer Bedeutung ist die Breiten- und Höhenangabe, da beispielsweise eine einfarbige Datei der Größe 1 x 1 Pixel beliebig vergrößert werden kann. Dieser Trick wird insbesondere mit transparenten „blinden" GIFs eingesetzt, da diese beispielsweise in Tabellen als unsichtbare Platzhalter dienen.

Referenzieren einer Grafik

Grafik "button.gif" im selben Verzeichnis

```
<img src="button.gif" />
```

Grafik "button.gif" im Unterverzeichnis "bilder"

```
<img src="bilder/button.gif" />
```

Grafik im übergeordneten Verzeichnis

```
<img src="../button.gif" />
```

Grafik im übergeordneten Verzeichnis "bilder"

```
<img src="../bilder/button.gif" />
```

Angabe eines Alternativ-Textes (für Browser ohne Bildanzeige)

```
<img src="button.gif" alt="Button" />
```

Breiten- und Höhenangabe der Grafik in Pixel

```
<img src="button.gif" width="100"
height="200" />
```

Grafik links, Text umfließt die Grafik rechts

```
<img src="button.gif" align="left" />
```

Grafik rechts, Text umfließt die Grafik links

```
<img src="button.gif" align="right" />
```

Textausrichtung am oberen Rand der Grafik

```
<img src="button.gif" align="top" />
```

Textausrichtung in der Mitte der Grafik

```
<img src="button.gif" align="middle" />
```

Textausrichtung am unteren Rand der Grafik

```
<img src="button.gif" align="bottom" />
```

Grafik ohne Rahmen als Hyperlink zur Datei "home.htm"

```
<a href="home.htm"><img
src="button.gif" border="0" /></a>
```

Grafik "button.gif" als Hyperlink mit weiteren Angaben zur Formatierung

```
<a href="home.htm"><img src="but-
ton.gif" width="100" height="200" bor-
der="0" alt="Button" /></a>
```

6.1.6 Tabellen

Was für das Layouten von Printprodukten selbstverständlich ist, stellt für Web-Designer ein Problem dar: In HTML gibt es weder Tabulatoren noch Texteinzüge. Der mehrspaltige Satz eines Textes oder das Platzieren von Bildern in einem Bildrahmen ist also zunächst nicht möglich.

Wichtigstes Hilfsmittel zur strukturierten Gestaltung von Webseiten sind deshalb (unsichtbare) Tabellen. Die Zeilen und Spalten einer Tabelle ergeben eine Art Gestaltungsraster, wie dies bei der Printproduktion gang und gäbe ist.

Eine HTML-Tabelle gliedert sich horizontal in Tabellenreihen <tr>, die ihrerseits in Datenzellen <td> unterteilt sind. In diese Zellen lassen sich Texte oder Bilder platzieren.

Definition einer Tabelle

Tabelle (hier: 2 Reihen, 2 Spalten)

```
<table>             Beginn der Tabelle
<tr>                Erste Tabellenreihe
<td> ... </td>      Linke Datenzelle
<td> ... </td>      Rechte Datenzelle
</tr>

<tr>                Zweite Tabellenreihe
<td> ... </td>      Linke Datenzelle
<td> ... </td>      Rechte Datenzelle
</tr>

</table>            Ende der Tabelle
```

Tabellen können auf vielfältige Weise gestaltet und formatiert werden. Im Rahmen dieses Buches kommen nur die wichtigsten Eigenschaften zur Sprache. Hierzu zählt die Linienstärke (border) der Tabelle. Eine Tabelle mit der Eigenschaft border = "0" besitzt einen unsichtbaren Rahmen und dient somit ausschließlich zum Layouten der Webseite. Alternativ kann es gestalterisch auch erwünscht sein, dass einzelne Spalten, Zeilen oder die gesamte Tabelle Linien oder eine Hintergrundfarbe erhalten. Ebenfalls von großer Bedeutung sind Angaben zur Breite und Höhe

Eigenschaften einer Tabelle

Tabellenrahmen, Zellenabstand und Zelleninnenabstand in Pixel

```
<table border="..." cellspacing="..."
cellpadding="...">
```

Zellenbreite- und höhe in Pixel oder Prozent

```
<td width="..." height="...">
auch bei <tr> und <table> möglich
```

Zellenfarbe

```
<td bgcolor="...">
auch bei <tr> und <table> möglich
```

Horizontale Textausrichtung

```
<tr align="left/center/right"> auch bei <td>
```

Vertikale Textausrichtung

```
<tr valign="top/middle/bottom"> auch bei <td>
```

Verbindung von (hier: 2) Spalten

```
<table>
<tr>
<td colspan="2"> ... </td>
</tr>
<tr>
<td> ... </td>
<td> ... </td>
</tr>
</table>
```

Verbindung von (hier: 2) Zeilen

```
<table>
<tr>
<td rowspan="2"> ... </td>
<td> ... </td>
</tr>
<tr>
<td> ... </td>
</tr>
</table>
```

der Tabelle insgesamt oder von einzelnen Reihen oder Zellen. Hier kann sich der Designer entscheiden, ob er feste Angaben in Pixel, z.B. <td width="150">, oder variable Angaben in Prozent, z.B. <td width = "30%"> bevorzugt. Während im ersten Fall die Tabellenzelle eine feste Größe erhält, passt sich die Tabelle im zweiten Fall an die Breite des Browserfensters an. Aus gestalterischer Sicht ist dies allerdings abzulehnen, weil damit die Anzeige des Zelleninhalts willkürlich wird.

WYSIWYG-Editoren wie Dreamweaver oder Golive gestatten ein „freies" Layouten von Webseiten. Bei der Umsetzung der Seiten in HTML werden jedoch auch hier Tabellen generiert. Diese können unter Umständen sehr komplex und ineinander verschachtelt sein. Der HTML-Quellcode wird hierdurch unnötig lang und kann bei der Darstellung der Seite im Browser zu Fehlern führen. Manche Web-Editoren bieten aus diesem Grund die Möglichkeit zur automatischen Vereinfachung von Tabellen.

Auch bei formal korrekter Definition einer Tabelle stellen Web-Browser diese nicht immer richtig dar. Dies gilt insbesondere für leere Tabellenzellen. Aus diesem Grund sollten in alle leere Zellen „blinde" GIFs platziert werden: Es handelt sich dabei um GIF-Dateien der Größe 1 x 1 Pixel, deren Farbe als „transparent" definiert wurde. Die benötigte Größe der Grafik wird über die Attribute „width" und „height" eingegeben (siehe Tabelle links).

Wie bei der Formatierung von Schriften gilt auch bei der Tabellengestaltung, dass zukünftig bevorzugt Cascading Style Sheets (CSS) zur Verwendung kommen sollen. Die Attribute width, height, align, valign, bgcolor, ... lassen sich alternativ auch mit CSS realisieren.

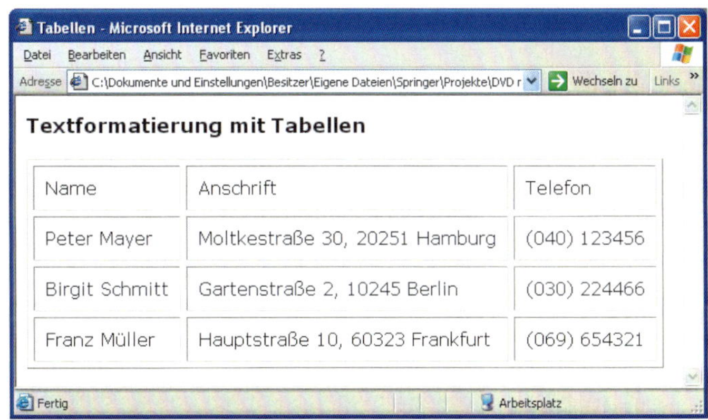

Name	Anschrift	Telefon
Peter Mayer	Moltkestraße 30, 20251 Hamburg	(040) 123456
Birgit Schmitt	Gartenstraße 2, 10245 Berlin	(030) 224466
Franz Müller	Hauptstraße 10, 60323 Frankfurt	(069) 654321

Der Screenshot oben zeigt ein einfaches Anwendungsbeispiel einer Tabelle. Vergleichen Sie die Abbildung mit dem zugehörigen HTML-Quellcode:

```
<table border="1" cellpadding="10"
cellspacing="5">
<tr>
<td width="100">Name</td>
<td width="200">Anschrift</td>
<td width="50">Telefon</td>
</tr>
<tr>
<td>Peter Mayer</td>
<td>Moltkestra&szlig;e 30,
20251 Hamburg</td>
<td>(040) 123456</td>
</tr>
<tr>
<td>Birgit Schmitt</td>
<td>Gartenstra&szlig;e 2,
10245 Berlin</td>
<td>(030) 224466</td>
</tr>
<tr>
<td>Franz M&uuml;ller</td>
<td>Hauptstra&szlig;e 10,
60323 Frankfurt</td>
<td>(069) 654321</td>
</tr>
</table>
```

Tabellen

Unsichtbare Tabellen dienen zum Layouten einer Webseite.

6.1.7 Hyperlinks

6.1.7.1 Hypertext und Hypermedia

Wie bereits der Name sagt, ist Hypertext der zentrale Inhalt der „Hypertext Markup Language" (HTML). Es handelt sich dabei um die Möglichkeit des Verlassens der linearen Struktur eines Textes mit Hilfe von Hyperlinks oder kurz Links. Diese ermöglichen dem Leser, per Mausklick an eine beliebige Stelle des Dokumentes oder in ein völlig anderes Dokument zu gelangen. Erfolgt diese Navigation durch das Anklicken eines Wortes, spricht man von Hypertext. Im Falle, dass Buttons oder andere grafische Elemente verwendet werden, ist der Begriff Hypermedia treffender.

Web-Design heißt immer Design eines hypermedialen Produktes. Die sachlogisch sinnvolle und dennoch intuitiv erlernbare Benutzerführung durch die Seiten eines Internetauftritts stellt eine der anspruchvollsten konzeptionellen Aufgaben dar. Erfolg oder Misserfolg der Internetpräsenz hängen maßgeblich davon ab. Neben der Erstellung einer Navigationsstruktur (z.B. linear, hierarchisch, vernetzt) spielt hierbei die Gestaltung der Navigationselemente (z.B. Buttons, Formulare, Menüs) eine zentrale Rolle. Dies gilt insbesondere auch für die Formulierung von Textlinks. Achten Sie auf eine sinnvolle und aussagekräftige Wortwahl. Beurteilen Sie die Beispiele selbst:

- Zur Homepage gelangen Sie hier.
- Hier gelangen Sie zur Homepage.
- Hier gelangen Sie zur Homepage.

Während im ersten Beispiel der Hyperlink keinerlei inhaltliche Aussage enthält, wird dem Anwender im zweiten Fall auch ohne Lesen des ganzen Satzes das Sprungziel des Links verdeutlicht. Im dritten Beispiel ist der Text des Hyperlinks zu lang und kann nicht auf einen Blick erfasst werden.

6.1.7.2 Arten von Hyperlinks

Zur Definition eines Links wird das zentrale <a>-Tag benötigt. Ähnlich dem Referenzieren eines Bildes folgt die Angabe eines Pfades (href), wobei sich hierbei die unten aufgeführten drei Möglichkeiten bieten.

Zwischen Anfangs-Tag <a> und Ende-Tag </a> des Hyperlinks befindet sich wahlweise der anzuzeigende Text oder eine als Button dienende Grafik.

Textlinks werden standardmäßig blau unterstrichen dargestellt. Wer dies nicht wünscht, kann die Farbe, wie in Kapitel 6.1.4 beschrieben, ändern. Besser ist die Definition der Farben mit Hilfe von CSS (Kapitel 6.1.9).

Bei der Verwendung einer Grafik als Link muss beachtet werden, dass diese standardmäßig von einem unschönen blauen Rahmen umgeben ist. Die Angabe des border-Attributs schafft hier Abhilfe.

Verlinkung einer externen Datei

Um eine externe – also auf einem anderen Webserver befindliche – Datei zu laden, muss die Internetadresse (URL) als absolute Pfadangabe angegeben werden. Beachten Sie, dass die Adresse komplett sein muss: Protokoll:// Servername/Domainname (vgl. Abschnitt 3.3.3.4). Mit Hilfe des target-Attributs legen Sie fest, ob die Seite im selben (_self) oder in einem neuen (_blank) Browserfenster geöffnet werden soll. Vergessen Sie hierbei nicht den Unterstrich.

Abgesehen von der Verlinkung von HTML-Dateien kann ein Hyperlink auch auf andere Dateitypen verweisen. Von Bedeutung ist die mailto-Angabe, die – falls vorhanden – ein E-Mail-Programm startet und die angegebene E-Mail-Adresse im Empfängerfeld einträgt.

Hyperlinks zu externen Dateien

Hyperlink zu externer Adresse (URL)

```
<a href="http://www.springer.de">
Springer-Verlag</a>
```

Hyperlink zu externer Adresse in neuem Browserfenster

```
<a href="http://www.springer.de"
target=_blank> Springer-Verlag</a>
```

Hyperlink zu externer Adresse im selben Browserfenster

```
<a href="http://www.springer.de"
target=_self>Springer-Verlag</a>
```

E-Mail-Link

```
<a href="mailto:paul@web.de">Paul</a>
```

Hyperlink mit Grafik (ohne Rahmen)

```
<a href="http://www.springer.de">
<img src="bild.gif" border="0" /></a>
```

Hyperlink zum Download einer Datei

```
<a href="http://www.springer.de/buch.pdf">
PDF-Download</a>
```

Ebenfalls von Bedeutung ist die Möglichkeit, PDFs oder andere Dateien per Mausklick downloadbar zu machen.

Verlinkung von internen Dateien

Da ein Internetauftritt immer aus mehreren HTML-Dateien besteht, ist die Verlinkung dieser Dateien unerlässlich. Hierbei muss der relative Pfad zur gewünschten Zieldatei angegeben werden. Die Regeln zur Pfadangabe werden in Abschnitt 6.1.2.5 besprochen.

Abgesehen von der Pfadangabe unterscheiden sich die Eigenschaften von internen zu externen Hyperlinks nicht. Selbstverständlich können alternativ zur Verlinkung von HTML-Dateien auch Links zu anderen Dateitypen realisiert werden.

Verlinkung innerhalb einer Datei

Jeder kennt das als Scrollen bezeichnete Vor- oder Zurückblättern auf HTML-Seiten mit längerem Inhalt. Scrollen wird als lästig empfunden und sollte nach Möglichkeit vermieden werden. Ist dies durch Aufteilung oder Kürzung des Inhalts nicht möglich, können Links innerhalb der Datei zumindest eine Verbesserung der Benutzerfreundlichkeit bewirken. Mit Hilfe dieser dateiinternen Links kann der Benutzer beispielsweise zum Beginn eines neuen Abschnitts oder umgekehrt an den Anfang geführt werden.

Für dateiinterne Links wird anstatt einer Pfadangabe ein durch eine Raute (#) eingeleiteter Name vergeben. Das Sprungziel wird mit name= gekennzeichnet und muss denselben Namen wie der Link jedoch ohne # erhalten.

Hyperlinks zu interen Dateien

Hyperlink zu Datei im selben Verzeichnis

```
<a href="index.htm">Homepage</a>
```

Hyperlink zu Datei im Unterverzeichnis „sites"

```
<a href="sites/index.htm">Home-
page</a>
```

Hyperlink zu Datei im übergeordneten Verzeichnis

```
<a href="../index.htm">Zur Home-
page</a>
```

Hyperlinks innerhalb einer Datei

Hyperlink mit Ziel in der gleichen Datei (#-Kennzeichnung)

```
<a href="#unten">nach unten</a>
...Text oder andere Elemente ...
<a name="unten">hier ist unten</a>
```

Erklärung:
Das #-Zeichen weist auf ein Sprungziel innerhalb der Datei hin. Das Ziel wird mit name= gekennzeichnet und muss denselben Namen wie der Link jedoch ohne # erhalten.

6.1.8 Frames

6.1.8.1 Funktion von Frames

Ein Internetauftritt besteht im Normalfall aus mehreren HTML-Dokumenten, die durch den Benutzer über Hyperlinks aufgerufen werden können. Nachteilig hierbei ist es, dass der HTML-Parser des Browsers nach dem Öffnen einer Datei die neue Seite interpretieren und aufbauen muss, selbst wenn sich diese von der vorherigen Seite kaum unterscheidet. Die Idee liegt nahe, dass sich die Erneuerung des Seitenaufbaus auf die Teile einer Seite beschränkt, die sich auch tatsächlich ändern. Unveränderliche Elemente wie eine Buttonleiste oder ein Firmenlogo bleiben ständig sichtbar.

Zur Realisierung obiger Idee stellt HTML Framesets zur Verfügung, die den <body>-Bereich einer HTML-Datei ersetzen. Ein Frameset teilt das Browserfenster in horizontale und/oder vertikale Bereiche auf. Jedem dieser Bereiche wird eine eigene HTML-Datei sowie ein eindeutiger Name zugewiesen. Auf der gesamten sichtbaren Fläche werden also gleichzeitig immer mehrere Dateien angezeigt.

Im Falle des in der Tabelle rechts unten angegebenen Framesets wird im linken Frame die Datei „buttons.htm", rechts oben „title.htm" und rechts unten „main.htm" geladen. Jeder Frame erhält zur Identifikation einen eindeutigen Namen (name=). Dieser ist für die target-Angabe von entscheidender Bedeutung.

Die Breiten- bzw. Höhenangaben der Spalten bzw. Reihen eines Framesets können absolut (in Pixel), relativ (in Prozent) oder variabel (*, d.h. in Abhängigkeit von der Breite des Browserfensters) angegeben werden. Sinnvolle Kombinationen dieser drei Möglichkeiten sind ebenfalls zulässig.

Definition eines Framesets

HTML-Datei mit vertikalem Frameset

```
<html>
<head>
<title>Titel des Framesets</title>
</head>
<frameset cols="150,350">
<frame src="buttons.htm" name="links" />
<frame src="main.htm" name="rechts" />
<noframes>
Ihr Browser kann keine Frames anzeigen!
</noframes>
</frameset>
</html>
```

Erklärung:
Das <noframes>-Tag beschreibt den heutzutage unwahrscheinlichen Fall, dass der Browser nicht framefähig ist.

Horizontales Frameset

```
<frameset rows="25%,75%">
<frame src="buttons.htm" name="oben" />
<frame src="main.htm" name="unten" />
</frameset>
```

Verschachteltes Frameset

```
<frameset cols="200,*">
<frame src="buttons.htm" name="links" />
<frameset rows="20%,*">
<frame src="title.htm" name="oben" />
<frame src="main.htm" name="unten" />
</frameset>
</frameset>
```

6.1.8.2 Eigenschaften von Frames

Zur Realisierung von Links innerhalb eines Framesets ist die Angabe des Zielframes (target=) erforderlich. Beachten Sie hierbei, dass die Schreibweise des Namens exakt mit dessen Definition im Frameset (name=) übereinstimmen muss. Es gilt als schlechter Stil, eine externe Webseite in ein Frame zu laden. Öffnen Sie diese stets in einem eigenen Browserfenster. Scrollbalken sind immer dann erforderlich, wenn die Textmenge größer ist als der im Frame zur Verfügung stehende Platz. Ohne Angabe wird ein Scrollbalken automatisch ergänzt, wenn der Platz nicht ausreichend ist. In bestimmten Fällen, z. B. bei fester Textmenge oder der Darstellung einer Grafik, ist der Scrollbalken auch bei Verkleinerung des Browserfensters unerwünscht und sollte dann unterdrückt werden.

Die Anzeige der Frameränder ist im Normalfall nicht erwünscht. Da sich Netscape und Microsoft bei der Programmierung ihrer Browser bzw. der HTML-Parser nicht einigen konnten, sind – wie in der Tabelle dargestellt – drei Angaben erforderlich, um in beiden Browsern das Anzeigen der Ränder zu unterdrücken.

Eigenschaften von Frames/Framesets

Hyperlinks in Frames

```
<a href="news.htm" target="unten">...</a>
<a href="index.htm" target="unten">...</a>
<a href="infos.htm" target="unten">...</a>
```

Erklärung:
Die Beispiele beziehen sich auf das untere Frameset auf der linken Seite und könnten in der Datei „buttons.htm“ stehen. Durch die target-Angabe ist gewährleistet, dass die genannten Dateien in den unteren Frame geladen werden. Die anderen Frames bleiben unverändert.

Frameset ohne Rahmen

```
<frameset cols="..." frameborder="0"
framespacing="0" border="0">
```

Frameset mit farbigem Rahmen

```
<frameset cols="..." bordercolor=
"#000000">
```

Frame ohne Bildlaufleiste

```
<frame src="left.htm" name="links"
scrolling="no" />
```

Erklärung:
Fehlt die scrolling-Angabe, dann erscheint eine Bildlaufleiste, sobald der Seiteninhalt nicht komplett in den Frame passt.

Horizontaler bzw. vertikaler Randabstand in Pixel

```
<frame src="left.htm" name="links"
marginwidth="..." marginheight="..." />
```

Unveränderliche Fenstergröße

```
<frame src="left.htm" name="links"
noresize />
```

6.1.8.3 Nachteile von Frames

Frames sind mittlerweile ziemlich aus der Mode gekommen, da der Austausch von Inhalten einer Webseite heute eleganter mittels dynamischer Seiten erfolgt. Als Nachteile von Frames sind weiterhin zu sehen:

- Im Adressfeld des Browsers wird immer der Name des Framesets angezeigt. Hierdurch ist es nicht möglich, mit Lesezeichen (bookmarks) auf Unterseiten des Framsets zu verweisen oder über externe Links auf eine Unterseite zu gelangen.
- Frameseiten werden von Suchmaschinen nicht gefunden, weil Suchmaschinen den Inhalt einer Webseite analysieren. In einem Frameset stehen hierfür lediglich der Titel sowie die Meta-Angaben zur Verfügung.

6.1.9 Cascading Style Sheets

6.1.9.1 Bedeutung von CSS

HTML ist als Auszeichnungssprache für die Beschreibung der Elemente einer Seite zuständig. An die Gestaltung und Formatierung von Seiten, wie dies aus dem Printbereich bekannt ist, war ursprünglich nicht gedacht worden. Dies erklärt, weshalb es zur Formatierung von Text oder zum „Layouten" von Seiten nur einige rudimentäre Möglichkeiten gibt.

Wegen der zunehmenden Forderung nach Web-„Design" – also nach einer gestalterisch ansprechenden Umsetzung der Seiteninhalte – wurde HTML 1996 durch eine Formatierungssprache ergänzt. Diese Ergänzungssprache mit dem Namen „Cascading Style Sheets", kurz: CSS, liegt in der Version 2.1 vor, Version 3.0 ist in Arbeit und teilweise schon veröffentlicht (Stand: 2005).

Das für die Weiterentwicklung des Internets zuständige World-Wide-Web-Konsortium (www.w3.org) stellt bereits mit CSS 2.1 zahlreiche Möglichkeiten zur Verfügung, um eine Seite mit Texten und Bildern pixelgenau „layouten" zu können. Erklärtes Ziel dieses Gremiums ist es, dass die Gestaltung von Seiten zukünftig ausschließlich mittels CSS erfolgt. Aus diesem Grund wurden – wie in den vorherigen Kapiteln bereits erwähnt – etliche HTML-Tags als „deprecated" (missbilligt) eingestuft und sollten nicht mehr verwendet werden.

Mit CSS 3 werden die Möglichkeiten der Gestaltung und Formatierung von Seiten noch einmal maßgeblich erweitert. So lassen sich zukünftig beispielsweise ICC-Profile einbinden, mehrspaltige Layouts realisieren oder Seiten für die Druckausgabe optimieren. Voraussetzung für den erfolgreichen Einsatz von CSS 3 wird allerdings wie bisher die Unterstützung durch die Browserhersteller sein.

Beachten Sie, dass im Rahmen dieses Kompendiums lediglich ein kleiner Einblick in die zahllosen Möglichkeiten von CSS gegeben werden kann. Einen Überblick über die Formatierungsmöglichkeiten von Text mittels CSS zeigt der Screenshot links. Weitere Informationen finden Sie einmal mehr im HTML-Standardwerk von Stefan Münz unter www.selfhtml.org.

Schriftformatierung mit CSS

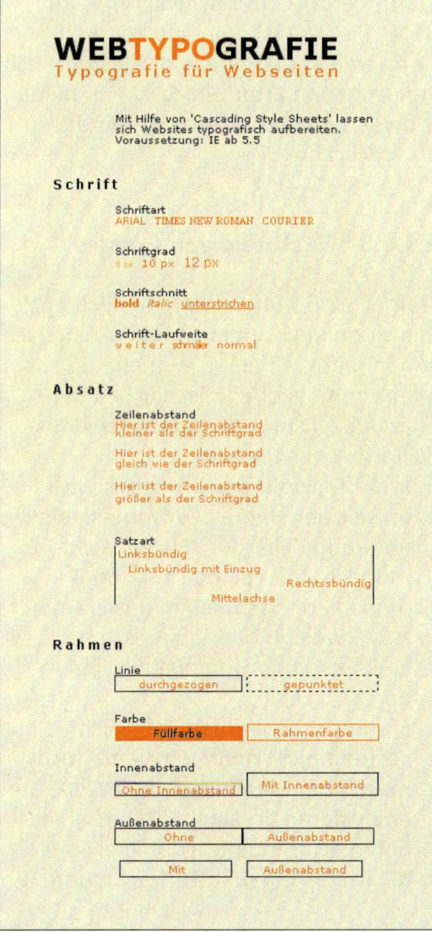

6.1.9.2 Definition von CSS

Zur Verwendung von CSS stehen drei Möglichkeiten zur Verfügung:

Externe Definition in CSS-Datei
Bei der externen Definition werden alle gewünschten CSS-Eigenschaften in einer separaten Textdatei abgespeichert. Ihre Erstellung kann in jedem Texteditor erfolgen. Eine Tabelle mit den wichtigsten CSS-Eigenschaften ist auf der nächsten Seite zu finden. Achten Sie beim Abspeichern darauf, dass die Dateiendung .css lautet. Im <link>-Tag des zugehörigen HTML-Dokumentes wird schließlich der relative Pfad zu dieser Datei angegeben.

Externe Definition von CSS

Einbinden der CSS-Datei „layout.css" im Dateikopf

```
<head>
<link rel="stylesheet" type="text/css"
href="layout.css" />
</head>
```

Struktur der CSS-Datei

```
element1 {eigenschaft1: wert1; ...}
element2 {eigenschaft1: wert1; ...}
element3 {eigenschaft1: wert1; ...}
...
```

Beispiele

```
body    {background-color: #333333}
p       {font-family: arial; font-size:11px}
td      {width: 200px; height: 50px}
```

Der große Vorteil externer CSS-Dateien liegt darin, dass sie für beliebig viele HTML-Dokumente zur Verfügung stehen. Auf diese Weise lässt sich also ein kompletter Internetauftritt mit wenigen Zeilen formatieren oder umgestalten.

Zentrale Definition von CSS
Zur zentralen Definition von CSS innerhalb einer HTML-Datei steht das <style>-Tag zur Verfügung. Alle Formatdefinitionen sollten hierbei als Kommentar (<!-- ... -->) gekennzeichnet werden. Hierdurch wird verhindert, dass Browser, die CSS nicht interpretieren können, die Formatdefinitionen als Text im Browser anzeigen.

Die gewünschten CSS-Eigenschaften werden wie bei einer externen CSS-Datei definiert.

Zentrale Definition von CSS

Angabe alles CSS-Eigenschaften im Dateikopf

```
<head>
<style type="text/css">
<!--
element1 {eigenschaft1: wert1; ...}
element2 {eigenschaft1: wert1; ...}
...
-->
</style>
```

Erklärung
Die Struktur der CSS-Eigenschaften entspricht exakt der Struktur bei externer Definition.

Lokale Definition von CSS
Zur lokalen (einmaligen) Anwendung von CSS können diese auch innerhalb eines Tags definiert werden. Beachten Sie, dass CSS-Eigenschaften nur interpretiert werden, wenn das abschließende Tag vorhanden ist.

Lokale Definition von CSS

Angabe der CSS-Eigenschaft im Tag

```
<tag style="eigenschaft1:wert1; eigen-
schaft2:wert2; ..."> ... </tag>
```

Beispiele

```
<h1 style="color:#0000FF"> ... </h1>
<p style="font-family:arial"> ... </p>
<td style="border-color:#FFFFFF">...</td>
```

Eigenschaften von CSS		
Schrift	*Beispiele*	*Bedeutung*
font-family: ...;	Verdana, Arial	Schriftart
font-style: ...;	normal, italic	Schriftstil
font-weight: ...;	bold, bolder, lighter	Schriftschnitt
font-size: ...;	12pt, 14px, 5mm	Schriftgröße
font: ...,...,...;	italic 12pt Arial	Schrift (Kombination)
word-spacing: ...;	3pt, 2px, 2mm	Wortabstand
letter-spacing: ...;	2pt, 1px, 0.3mm	Zeichenabstand
text-decoration:...;	none, underline	Auszeichnung
color: ...;	#330066, rgb(51,0,102)	Textfarbe
Absatz		
text-indent: ...;	10pt, 15px, 4mm	Einzug 1. Zeile
line-height: ...;	20px, 120%, 15pt	Zeilenabstand
text-align: ...;	left, right, center	Satzart
vertical-align: ...;	top, middle, bottom	Ausrichtung
Rand		
margin-top: ...;	30pt, 45px, 4cm	Oberer Rand
margin-bottom: ...;	30pt, 45px, 4cm	Unterer Rand
margin-left: ...;	30pt, 45px, 4cm	Linker Rand
margin-right: ...;	30pt, 45px, 4cm	Rechter Rand
margin: ...;	30pt, 45px, 4cm	Randabstand gesamt
Innenabstand		
padding-top: ...;	10pt, 20px, 2cm	Oberer Innenabstand
padding-bottom: ...;	10pt, 20px, 2cm	Unterer Innenabstand
padding-left: ...;	10pt, 20px, 2cm	Linker Innenabstand
padding-top: ...;	10pt, 20px, 2cm	Rechter Innenabstand
padding: ...;	10pt, 20px, 2cm	Innenabstand gesamt
Rahmen		
border-width: ...;	2pt, 3px, 0.5mm	Rahmenstärke
border-style: ...;	none, dotted, solid	Rahmentyp
border-color: ...;	#99CCFF, red	Rahmenfarbe
border: ...,...,...;	1px solid blue	Rahmen (Kombination)
Hintergrund		
background-color:...;	#333333, rgb(51,51,51)	Farbe
background-image:..;	url(backg.gif)	Bildreferenz
background-position:..;	top, center, bottom	Position
background-repeat:...;	repeat, no-repeat	Wiederholung
background:...;	url(wall.gif) repeat	Kombination
Positionierung		
position:...;	absolute, relative	Art der Positionierung
float: ...;	left, right	Textumfluss
top: ...;	20px, 30pt, 5cm	Position von oben
bottom: ...;	20px, 30pt, 5cm	Position von unten
left: ...;	20px, 30pt, 5cm	Position von links
right: ...;	20px, 30pt, 5cm	Position von rechts
width: ...;	20px, 30pt, 5cm	Breite
height: ...;	20px, 30pt, 5cm	Höhe

6.1.9.3 Eigenschaften von CSS

In der Tabelle ist eine Auswahl wichtiger CSS-Eigenschaften zusammengefasst. Beachten Sie hierbei folgende Regeln:

- Nach jeder Eigenschaft steht ein Doppelpunkt, nach jedem Wert ein Strichpunkt – danach kann die nächste Eigenschaft folgen. Einzige Ausnahme bilden CSS-Eigenschaften, die eine Aufzählung mehrerer, durch Leerzeichen getrennte Werte ermöglichen (z.B. font oder border).
- Numerische Werte müssen mit Einheiten versehen werden, da die Angabe in px, pt, mm, cm oder % erfolgen kann.
- Farben können alternativ zur #-Schreibweise als dezimale RGB-Werte angegeben werden.

Wie bereits erwähnt gibt es zahlreiche weitere Eigenschaften, die im Rahmen dieses Kompendiums nicht zur Sprache kommen. Hierzu gehören beispielsweise die relative Positionierung von Elementen oder die Formatierung von Listen. Auch die Änderung des Cursors oder von Scrollbalken ist mit Hilfe von CSS möglich ...

6.1.9.4 Besonderheiten von CSS

Pseudoformate

Bei den Pseudoformaten handelt es sich um eine Erweiterung des <a>-Tags für Hyperlinks, um die vier verschiedenen Zustände eines Links unterscheiden zu können:

- a:link — unbesuchter Link
- a:visited — besuchter Link
- a:hover — Link mit Maus berührt
- a:aktiv — gerade betätigter Link

Klassen

Wer mit CSS arbeitet, wird schnell feststellen, dass die Definition von CSS-Eigenschaften für bestimmte HTML-Tags nicht sonderlich flexibel ist.

Mit Hilfe von Klassen lassen sich nun CSS-Eigenschaften definieren, die nicht von HTML-Tags abhängig sind, sondern mittels des class-Attributs auf beliebige Tags anwendbar sind. Die Tabelle rechts zeigt einige Beispiele.

Individualformate

Ähnlich wie Klassen ermöglichen auch Individualformate eine sehr freie Definition von CSS-Eigenschaften.

Die Verknüpfung der CSS-Definitionen mit HTML-Tags erfolgt in diesem Fall mittels id-Attribut.

Block- und Inline-Element

Zusätzlich zu den bereits bekannten Tags eignen sich zur Definition lokaler CSS-Eigenschaften insbesondere das <div>- und das <span>-Tag. Im ersten Fall handelt es sich um ein Blockelement, das mehrere Tags umschließt. Mit <span> steht ein so genanntes Inline-Element zur Verfügung, das innerhalb eines anderen Tags verwendet werden kann. Ohne die Angabe von CSS-Eigenschaften zeigen beide Tags keinerlei Wirkung. In Verbindung mit CSS-Klassen stellen <div> und <span> jedoch ein mächtiges Werkzeug zur Formatierung und Gestaltung von HTML-Seiten dar.

Kombination externer, zentraler und lokaler CSS

Externe, zentrale und lokale CSS dürfen miteinander kombiniert werden. Hierbei nimmt die Priorität von innen nach außen ab, so dass lokale vor zentralen und zentrale vor externen Eigenschaften berücksichtigt werden.

CSS-Besonderheiten

Pseudoformate

```
a:link      {color: #000000}
a:visited   {color: #0000FF}
a:hover     {color: #FF0000}
a:active    {color: #00FF00}
```

Erklärung
Pseudoformate definieren die Eigenschaften von Hyperlinks, von oben nach unten: unbesuchter Link, besuchter Link, Maus-Rollover über Link, betätigte Link.

Klassen

```
.klasse     {eigenschaft1: wert1; ...}
```

Erklärung
CSS-Klassen (Punkt + Name) sind unabhängig von einem bestimmten HTML-Tag und können in jedem Tag aufgerufen werden (class=).

Beispiele

```
.rot        {color:#FF0000}
.fett       {font-style:bold}

<p class="rot"> ... </p>
<h2 class="fett"> ... </h2>
```

Individualformate

```
#format     {eigenschaft1: wert1; ...}
```

Beispiele

```
#blau       {color:#0000FF}
#schrift    {font-face:verdana}

<p id="blau"> ... </p>
<td id="schrift"> ... </td>
```

Block- und Inline-Element

```
<div style= ...>... HTML-Tags ...</div>
<span style= ...>hier steht Text</span>
```

Erklärung
<div> und <span> haben ohne CSS-Eigenschaften keinerlei Wirkung – sie ermöglichen aber einen sehr flexiblen Umgang mit CSS.

Beispiel

```
<div style="color:#0000FF">
<h3>Farbige Texte</h3>
<p>Dieser Text ist blau, aber hier ist er
<span style="color:#FF0000">rot</span>
</p></div>
```

6.1.10 Formulare

6.1.10.1 Aufgaben eines Formulars

Mit Hilfe von Formularen können Informationen des Benutzers zum Webserver übertragen und dort ausgewertet werden. Dieses zentrale Element interaktiver und dynamischer Seiten ermöglicht beispielsweise

- Anfragen in Suchmaschinen,
- Übertragen von Benutzerdaten z.B. Anschrift, Bankverbindung,
- Auswählen von Waren im Webshop,
- Benutzerführung über interaktive Menüs.

Während die Elemente eines Formulars in HTML geschrieben werden, ist zur Auswertung des Formulars eine Skriptsprache wie PHP, Perl oder JavaScript erforderlich. Diese werden im Rahmen dieses Buches nicht besprochen. Eine Einführung in PHP finden Sie unter anderem im Praxisband zum Kompendium „Projekte zur Mediengestaltung".

Eine einfache Lösung zur Datenübertragung ohne Auswertung ist das Generieren einer E-Mail. Vorteil der Methode ist, dass in diesem Fall keine Programmierkenntnisse erforderlich sind.

6.1.10.2 Struktur eines Formulars

Definition eines Formulars
Für die Definition eines Formulars stellt HTML das <form>-Tag zur Verfügung. Im wichtigen Attribut „action" wird festgelegt, wie die Verarbeitung der Formulardaten erfolgen soll. Wie oben erwähnt, kann es sich um die Angabe einer Skriptdatei oder um eine Mailadresse handeln. Als zweite Eigenschaft wird die Methode (method) der Datenübertragung genannt. Hierbei muss zwischen „get" und „post" unterschieden werden:

Definition eines Formulars

Auswertung durch PHP-Skript

```
<form action= "test.php" method= "get" >
<!-- Hier stehen die Formularelemente -->
</form>
```

Auswertung durch JavaScript in HTML-Datei

```
<form action= "check.htm" method= "get" >
<!-- Hier stehen die Formularelemente -->
</form>
```

Datenversand per E-Mail

```
<form action= "mailto:paul@web.de"
method="post" >
<!-- Hier stehen die Formularelemente -->
</form>
```

- Bei „get" werden die Daten mit Hilfe der ?- und &-Sonderzeichen direkt an die Ziel-URL angehängt. Beispiel: test.php?vorname=Miriam& nachname=Schulz
  Die maximale Datenmenge ist auf etwa ein Kilobyte begrenzt – was jedoch bei den meisten Formularen ausreichen dürfte.
- Bei „post" überträgt das HTTP-Protokoll die Daten, ohne dass diese für den Benutzer sichtbar sind. Die Datenmenge ist hierbei unbegrenzt.

Elemente eines Formulars
Die gewünschten Elemente werden im Formularbereich <form> ... </form> angegeben. Neben Textfeldern sind anklickbare runde Radiobuttons, quadratische Optionsfelder oder Auswahllisten möglich (vgl. Tabelle).

Zur Auswertung des Formulars ist die Vergabe eines eindeutigen Namens (name=) unerlässlich, da dieser im Skript als Variablennamen dient. Weitere Attribute ermöglichen die Vorgabe einer Feldgröße (size=), die maximale Anzahl an Zeichen (maxlength=) und die Vorbelegung des Textfeldes mit einem bestimmten Text (value=).

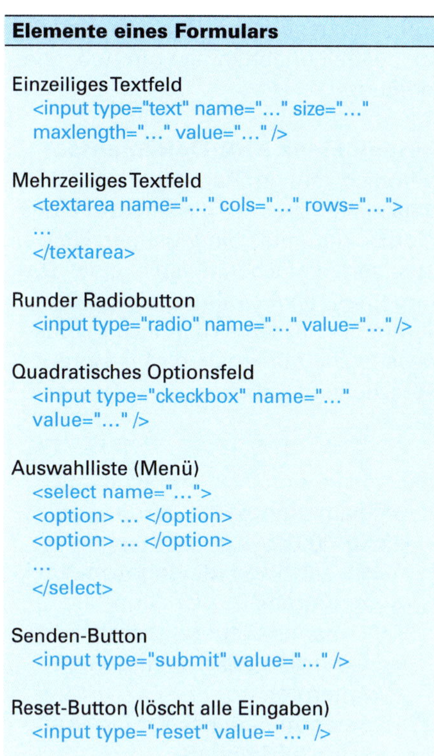

Elemente eines Formulars

Einzeiliges Textfeld
<input type="text" name="..." size="..." maxlength="..." value="..." />

Mehrzeiliges Textfeld
<textarea name="..." cols="..." rows="...">
...
</textarea>

Runder Radiobutton
<input type="radio" name="..." value="..." />

Quadratisches Optionsfeld
<input type="ckeckbox" name="..." value="..." />

Auswahlliste (Menü)
<select name="...">
<option> ... </option>
<option> ... </option>
...
</select>

Senden-Button
<input type="submit" value="..." />

Reset-Button (löscht alle Eingaben)
<input type="reset" value="..." />

Anwendungsbeispiel

Das Beispiel rechts oben zeigt ein Formular zur Eingabe einer Rechnungsanschrift, wie es in dieser oder ähnlicher Form in jedem Webshop vorhanden sein muss. Das Formular besteht aus:

- zwei Radiobuttons zur Angabe des Geschlechts,
- mehreren Textfeldern zur Eingabe der Adresse,
- einer Auswahlliste zur Vorwahl der gewünschten Zahlungsart.

Nach Betätigung des Senden-Buttons, werden die Formulardaten wie unten dargestellt an die Ziel-URL angehängt. In diesem Fall liegt die Datei mit dem auswertenden PHP-Skript auf dem lokalen Webserver (localhost). Die Datei „rechnung.php“ wertet die übergebenen Formulardaten aus und generiert die unten dargestellte HTML-Datei. Außerdem lassen sich die Daten zum Ausdrucken der Rechnung verwenden.

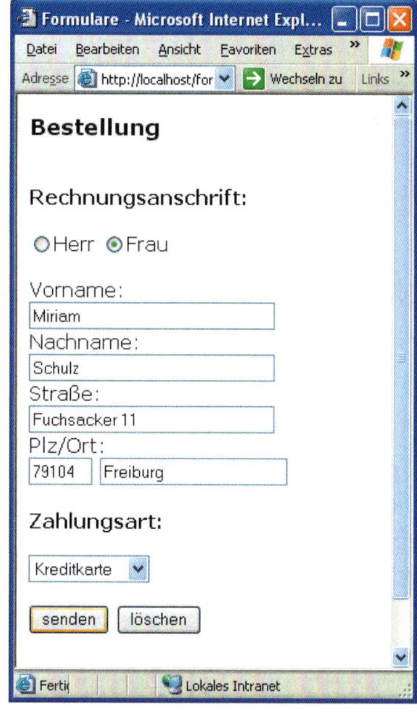

HTML-Formular

Das Formular enthält neben Textfeldern, zwei Optionsfelder (oben) sowie eine Auswahlliste (unten).

Auswertung eines Formulars

Die Übergabe der Formulardaten an ein Skript erfolgt durch Anhängen an die URL (unten). Das auswertende Skript generiert eine HTML-Datei mit allen im Formular abgefragten Informationen (links).

6.1.11 HTML und XML

Wie geht es weiter im Internet? HTML, CSS, Perl, JavaScript, ASP, PHP, CGI, JavaApplet, Flash, ... – Die Zahl der Internettechnologien wächst ständig und wird immer unüberschaubarer.

Standardisierung ist wünschenswert und dringend erforderlich. Womöglich heißt das Zauberwort der nahen Zukunft „XML“:

6.1.11.1 XML

Bedeutung von XML
XML steht für „Extensible Markup Language“, was so viel wie erweiterbare Auszeichnungssprache bedeutet. Der Name ist etwas irreführend, weil es sich nicht um eine Auszeichnungssprache (wie HTML oder PostScript) handelt, sondern um ein Regelwerk, mit dessen Hilfe die Definition von Auszeichnungssprachen möglich wird. Man spricht von einer „Meta-Sprache“.

Die Zielsetzung von XML besteht darin, Dokumente zukünftig medien- und ausgabeunabhängig erstellen und archivieren zu können. Dabei ist es entscheidend wichtig, *Struktur und Inhalt* des Dokumentes von dessen *Formatierung* strikt zu trennen. Erst bei der Transformation eines XML-Dokumentes in das gewünschte Ausgabeformat – z.B. eine HTML-Seite oder ein druckbares PDF – findet die Formatierung und Anpassung an die Besonderheiten des Ausgabemediums statt.

Der große Vorteil XML-kompatibler Dokumente ist also darin zu sehen, dass eine einmalige Beschreibung der Inhalte für mehrere Anwendungen genutzt werden kann. Aus ein und demselben Datenbestand lässt sich durch entsprechende Transformation wahlweise eine Tageszeitung, Hochglanzbroschüre, Bildschirmpräsentation oder Webseite generieren. Der Workflow ist im Idealfall unabhängig vom Ausgabemedium.

Aufbau eines XML-Dokuments
Natürlich kann im Rahmen dieses Buches nicht näher auf die Struktur eines XML-Dokumentes eingegangen werden. An einem einfachen Beispiel eines Dokumentes zur Verwaltung einer CD-Sammlung lassen sich jedoch bereits wesentliche Merkmale dieser Meta-Sprache verdeutlichen:

```
<?xml version="1.0" encoding="utf-8">
<cd-sammlung>
<cd id="001">
   <titel>Me and Mr. Johnson</titel>
   <interpret>
      <name>Clapton</name>
      <vorname>Eric</vorname>
   </interpret>
   <kategorie>Blues</kategorie>
   <jahr>2004</jahr>
</cd>
<cd  id="002">
   <titel>Seal IV</titel>
   <interpret>
      <name>Seal</name>
   </interpret>
   <kategorie>Soul</kategorie>
   <jahr>2003</jahr>
</cd>
...
</cd-sammlung>
```

Die Ähnlichkeit zum Aufbau von HTML-Dokumenten ist unübersehbar, wobei folgende Grundregeln gelten:

- Alle Elemente (Tags) und Inhalte werden von einem „Wurzelelement“ umschlossen (hier: <cd-sammlung> ...</cd-sammlung>).

- Jedes Element besteht aus einem öffnenden und einem schließenden Tag.
- Die Verschachtelung von Elementen ist möglich.
- Attribute in Elementen sind möglich, ihre Werte müssen aber immer in Anführungszeichen stehen (hier: id="xxx")
- Für die Vergabe von Elementnamen dürfen nur Buchstaben, Ziffern und Unterstriche verwendet werden.

Sie erkennen, dass durch das XML-Dokument lediglich Struktur und Inhalt festgelegt werden. Über die Art und Weise, wie diese Inhalte formatiert und ausgegeben werden, ist nichts gesagt.

6.1.11.2 XSL

Für Layout und Formatierung von XML-Dokumenten wurde eine eigene Sprache, die „Extensible Stylesheet Language" (XSL) verfasst. Diese besteht aus zwei Komponenten:

Mit Hilfe der „XSL Transformations" (XSLT) lassen sich XML-Dokumente in ein anderes Format umwandeln – beispielsweise in HTML oder in PDF. Im Falle von HTML steht dann mit den Cascading Style Sheets (CSS) eine reine Formatierungssprache zur Verfügung (vgl. Kapitel 6.1.9). Der XML-Workflow also noch einmal zusammengefasst: Ein XML-Dokument wird mit Hilfe von XSLT in ein HTML-Dokument umgewandelt, das mit CSS ins gewünschte Layout und Format gebracht wird.

Alternativ zu XSLT lassen sich mittels „XSL Formating Objects" (XSL-FO) auch eigene Formatierungssprachen definieren. Diese Möglichkeit spielt derzeit eine (noch?) eher untergeordnete Rolle.

6.1.11.3 XHTML

Das Beispiel der „CD-Sammlung" zeigt die starke Ähnlichkeit von XML zu HTML. HTML erfüllt die XML-Grundregeln zum größten Teil. Damit HTML hundertprozentig XML-kompatibel wird, hat das W3-Konsortium im Januar 2000 XHTML 1.0 definiert. XHTML entspricht im Wesentlichen HTML 4.0, stellt aber einige strengere Forderungen:

- Ein XHTML-Dokument muss mit Kopfzeilen beginnen, die das Dokument als als XML-Datei kennzeichnen, den Zeichensatz definieren und die XHTML-Version angeben:
  <?xml version="1.0" encoding="utf-8">
  <!doctype html public "-//W3C//DTD XHTML 1.0 Strict//EN">
  Diese Informationen sind zur korrekten Interpretation der Datei unerlässlich.
- Jedes Tag besteht aus Start- und Schluss-Tag. Ein Zeilenumbruch <br> ist also in dieser Schreibweise nicht mehr zulässig und muss in XHTML
</br> oder – wie in diesem Kapitel –
 geschrieben werden.
- XHTML-Tags werden immer klein geschrieben – Großschreibung ist nicht mehr zulässig.
- Die Angabe von Werten muss grundsätzlich in Anführungszeichen stehen, z.B. width="10" oder border="0". Diese Forderung wird im Grunde genommen bereits durch HTML erfüllt. Aktuelle Web-Browser sind jedoch fehlertolerant und zeigen auch Attribute ohne Anführungszeichen korrekt an.

Zur korrekten Darstellung von XHTML-Dateien benötigen die Web-Browser einen XML-Parser. Diese stehen beim Internet Explorer ab der Version 5, bei Netscape ab Version 6 zur Verfügung.

6.1.12 Dynamische Webseiten

6.1.12.1 Funktion dynamischer Webseiten

Stellen Sie sich einen elektronischen Buchhandel vor. Würde der Webshop aus (statischen) Einzelseiten aufgebaut, wären viele Tausende von Webseiten notwendig – ein nicht zu realisierender Aufwand! Alle Seiten eines derartigen Webshops besitzen jedoch eine einheitliche Struktur: Als Ergebnis der Suchanfrage eines Kunden wird eine Liste mit Büchern angezeigt, die zum eingegebenen Suchbegriff passen. Zur Realisation des Shops liegt die Idee deshalb nahe, eine Seite zu erstellen, die zwar eine feste Struktur und Gestaltung, aber einen veränderlichen Inhalt besitzt. Man spricht in diesem Fall von einer „dynamischen" Seite. Für den elektronischen Buchhandel muss die Anzeige der Buchinformationen wie Buchtitel, Kurzbeschreibung, ISBN-Nummer, Preis und Abbildung des Buchtitels dynamisch, d.h. in Abhängigkeit von einer Suchanfrage, erfolgen. Damit dies gelingt, muss die HTML-Datei auf ein als „Skript" bezeichnetes Programm zugreifen. Dieses Skript realisiert den Zugriff auf eine Datenbank, um dort die gewünschten Informationen zu sammeln. Im Anschluss daran wird automatisch eine Webseite mit den Ergebnissen der Anfrage generiert.

Am obigen Beispiel lassen sich bereits wesentliche Vorteile dynamischer Seiten erkennen:

- Der Aufwand zum Erstellen des Internetauftritts wird unabhängig von dessen Inhalten. Konkret heißt dies: Ob der Buchhandel 10.000 oder 1.000.000 Bücher anbietet, ist prinzipiell egal.
- Änderungen im Layout oder im Web-Design sind auf einfache Weise möglich, da nur die Musterseiten (Templates) bzw. die Stylesheets geändert werden müssen.
- Die Änderung oder Aktualisierung der Inhalte wird unabhängig vom Internetauftritt innerhalb der Datenbank möglich. Hierfür sind keine Fachkenntnisse notwendig.
- Die Kosten zur Einrichtung und Pflege der dynamischen Seite liegen deutlich unter den Kosten vergleichbarer statischer Seiten.
- Dynamische Seiten bieten wesentlich mehr Möglichkeiten zur Interaktion zwischen Kunden und Anbieter. Beispiele hierfür sind über Cookies personifizierte Suchanfragen, Gästebücher oder Foren.

6.1.12.2 Web-Technologien

Zur Erstellung dynamischer Webseiten reicht HTML nicht aus. Wie bereits erwähnt ist eine Skriptsprache notwendig, darüber hinaus werden Kenntnisse über Datenbanken und Webserver benötigt. Für alle genannten Themen muss auf einschlägige Fachliteratur und das Internet verwiesen werden. An dieser Stelle kann lediglich ein Überblick über die unterschiedlichen Technologien gegeben werden:

ASP (Active Server Pages)
Die kommerziell von Microsoft vertriebene ASP-Technologie erfordert entsprechende Microsoft-Webserver (Internet Information Server, Personal Webserver). Zur Skripterstellung können verschiedene Sprachen wie VBScript oder JScript verwendet werden. Der Skriptcode lässt sich hierbei – wie bei PHP – direkt in die HTML-Datei einbetten. Die Ausführung der Skripte erfolgt serverseitig.

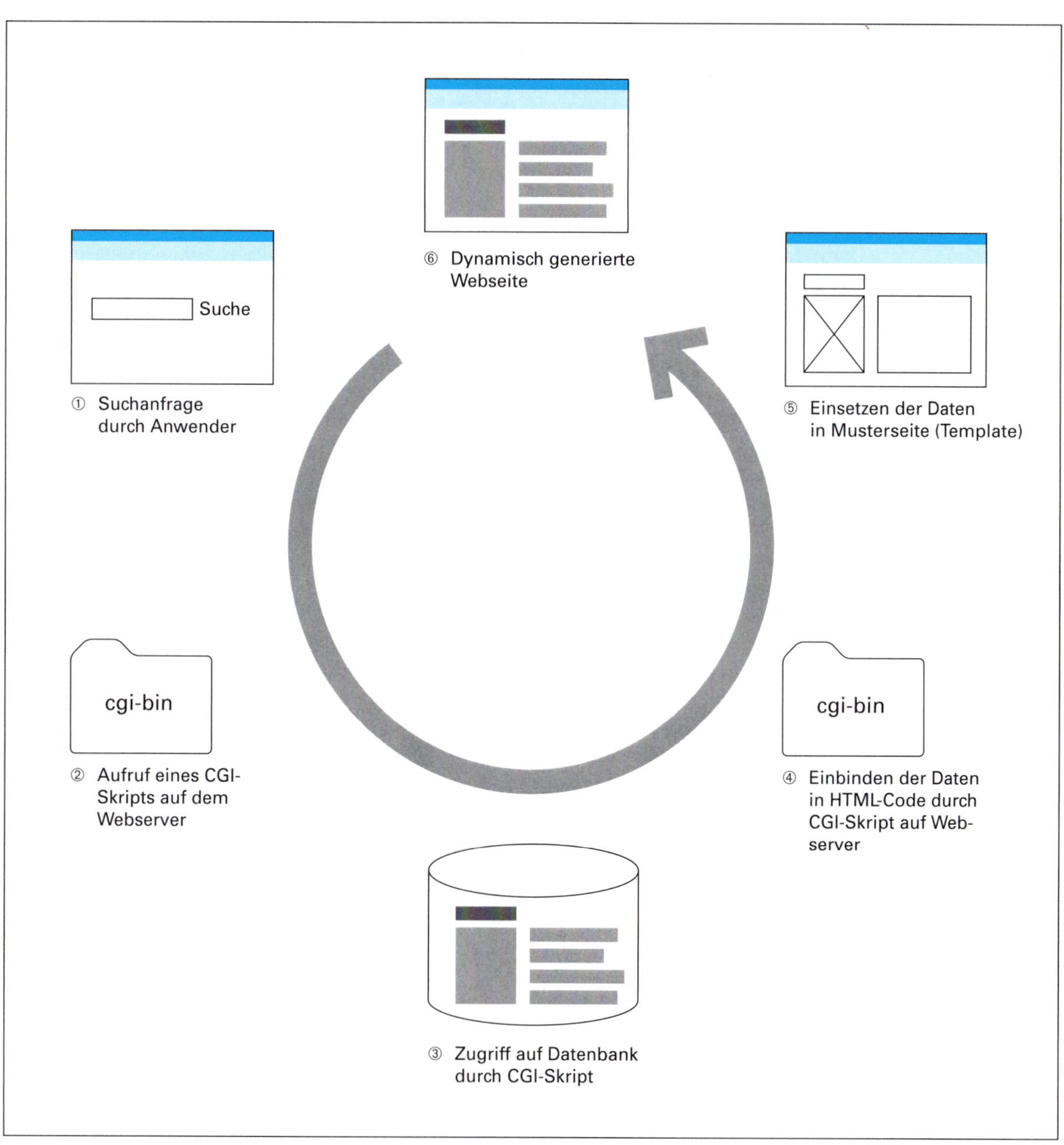

Prinzip einer dynamischen Webseite am Beispiel einer Suchanfrage

Der eingegebene Suchbegriff wird zum Webserver übertragen. Ein serverseitiges Skript wertet die Suchanfrage aus, indem es den Suchbegriff an eine Datenbank weiterleitet. Die Ergebnisse aus der Datenbank werden durch ein Skript in HTML-Code übersetzt. Dieser Code wird an der passenden Stelle des HTML-Templates eingefügt und zum anfragenden Client übertragen.

CGI (Common Gateway Interface)

Wer die Bindung an Microsoft scheut, muss sich nach firmenunabhängigen Alternativen umsehen. Ein Beispiel hierfür ist die CGI-Technologie, die kostenlos für Webserver unter Linux/Unix bzw. Windows angeboten wird. Wie bei ASP werden die Skripte auch bei CGI serverseitig abgearbeitet. Im Unterschied zu PHP oder ASP lassen sich CGI-Skripte allerdings nicht in HTML-Dateien einbinden, sondern müssen als separate Dateien in einem speziellen Verzeichnis (cgi-bin) auf dem Server vorliegen. CGI-Skripte lassen sich prinzipiell in einer beliebigen Sprache erstellen. Aufgrund ihrer Leistungsfähigkeit sind Perl und PHP sehr beliebt. Zur Ausführung eines Skripts muss auf dem Webserver ein Perl- bzw. PHP-Interpreter installiert sein.

PHP (Hypertext Preprocessor)

Die erst 1994 entwickelte Skriptsprache PHP erfreut sich zunehmender Beliebtheit und steht wie CGI ebenfalls kostenlos zur Verfügung. Der benötigte Webserver kann unter Linux/Unix oder Windows betrieben werden. Ein großer Vorteil von PHP ist, dass sich ein PHP-Skript direkt in HTML-Dateien einbetten lässt – es muss sich also nicht zwingend in der oben erwähnten CGI-Umgebung befinden. Der Server erkennt anhand der Dateiendung .php (bzw. .php3, .php4), dass es sich um keine reine HTML-Datei handelt, und übergibt das Skript an den zur Ausführung verantwortlichen PHP-Interpreter. Der Einstieg in die PHP-Programmierung ist relativ einfach – gestatten Sie hierzu den Hinweis auf das Buch „Projekte zur Mediengestaltung" derselben Autoren.

JavaScript

Im Unterschied zu den bisher genannten Technologien wird ein JavaScript nicht serverseitig, sondern durch den Web-Browser des Anwenders ausgeführt. Hierdurch lassen sich Funktionen realisieren, die mit HTML nicht möglich sind. Ein Beispiel hierfür ist eine Fehlermeldung bei einem fehlenden Eintrag in ein Formular. Obwohl hierdurch eine gewisse „Dynamik" auf der Webseite realisierbar ist, kann diese Technologie nicht mit den bisher genannten Möglichkeiten verglichen werden.

MySQL

Bei MySQL handelt es sich um ein kostenloses (!) Datenbank-Managementsystem, das zur Verwaltung von Datenbanken auf einem Webserver dient. Der Zugriff auf MySQL-Datenbanken ist mittels Perl oder PHP möglich.

Apache

Auch wenn der Name diese Assoziation weckt – Apache hat nichts mit Indianern zu tun. Der eigenartige Name steht für „a patchy server", weil es sich um den mit Hilfe von Patches weiterentwickelten NCSA-Server (National Center for Supercomputing) handelt. Dieser Server bietet eine Reihe von Vorteilen:

- Er ist firmenunabhängig und kostenlos im Internet verfügbar, z. B. bei: www.apachefriends.org
- Apache-Server sind weit verbreitet und stehen für viele Betriebssysteme (Windows, OS/2, Linux) zur Verfügung.
- Apache besitzt ein modulares Konzept mit einer hohen Performance bei geringen Hardwareanforderungen.

6.1.13 Flash

6.1.13.1 Vorteile von Flash

Die explosionsartige Entwicklung des Internets einhergehend mit immer leistungsfähigerer Hardware ist der Grund, weshalb die eingeschränkten Möglichkeiten zur Gestaltung von Webseiten mit HTML schnell ausgereizt sind. Insbesondere die Einbeziehung multimedialer Komponenten wie Sounds, Videoclips oder Animationen ist mit HTML nicht oder kaum möglich.

Flash wurde ursprünglich von einigen Studenten entwickelt, war aber von Anfang an so erfolgreich, dass die Flash vertreibende Firma Macromedia bis heute an dessen Weiterentwicklung festhält. Dies ist doch einigermaßen erstaunlich, da aus demselben Haus die mächtige Autorensoftware Director stammt und beide Programme große Ähnlichkeiten aufweisen.

Bei Flash handelt es sich um eine vektorbasierte Software, deren Grafiken wie bei Grafik- oder CAD-Programmen über mathematische Funktionen und nicht Pixel für Pixel gespeichert werden. Entsprechend bietet Flash eine ganze Reihe von Werkzeugen, die auch in Grafikprogrammen wie Illustrator oder Freehand zu finden sind und die ein komfortables Screen-Designing ermöglichen.

Der große Vorteil einer vektororientierten Software ist neben den zahlreichen Bearbeitungsmöglichkeiten in der vergleichsweise geringen Datenmenge zu sehen. Dies dürfte einer der ausschlaggebenden Gründe für den großen Erfolg von Flash sein. Denn in Zeiten, in denen ISDN mit „läppischen" 8 KB/s noch immer den Hauptzugang ins Internet darstellt, sind (zu) große Datenraten eine absolute Garantie für den Misserfolg einer Webseite. Untersuchungen belegen, dass bereits nach wenigen Sekunden „weggeklickt" wird, wenn sich auf einer Seite nichts tut.

Äußerst erfreulich für typografisch interessierte Web-Designer ist die Option, Schriften in Flash-Dateien einbetten zu können. Damit wird die starke Einschränkung aufgehoben, durch HTML auf die wenigen Systemschriften angewiesen zu sein.

Ein weiterer Grund, der zum großen Erfolg von Flash beigetragen hat, sind dessen fantastischen Animationsmöglichkeiten, auf die im nächsten Abschnitt kurz eingegangen wird.

Werkzeugleiste in Flash

Die Werkzeugleiste bietet viele Werkzeuge, die aus Vektorgrafik-Progammen wie Illustrator oder Freehand bekannt sind.

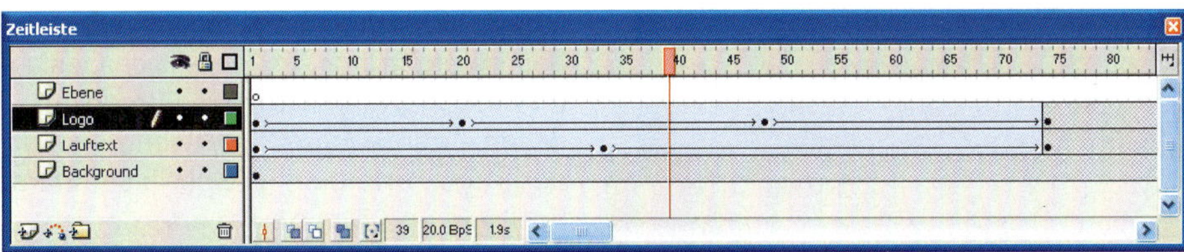

Flash-Zeitleiste

Bei Flash handelt es sich um ein zeitbasiertes Autorensystem. Die Zeitleiste stellt das zentrale Arbeitsfenster dar. In ihr werden alle Objekte (Instanzen) eines Films platziert. Hierfür stehen – vergleichbar mit Photoshop – mehrere Ebenen zur Verfügung. Beim Abspielen des Films läuft der rote Abspielkopf von links nach rechts über die nummerierten Bilder und zeigt alle Objekte an, die sich unter der roten Linie befinden. Um in einem Film navigieren zu können, muss der Abspielkopf mit Hilfe der Skriptsprache „ActionScript" gesteuert werden. Wichtige Befehle sind das Stoppen („stop") bzw. das Fortsetzen des Films an einer anderen Stelle („goto and play").

Form-Tweening

6.1.13.2 Animationstechniken

Der Begriff „Animation" wird heute als Überbegriff für alle Arten von bewegter Grafik verstanden. Flash ermöglicht eine ganze Reihe flächiger oder zweidimensionaler Animationstechniken:

Bild-für-Bild-Animation

Bei einer Bild-für-Bild-Animation wird eine scheinbare Bewegung wie beim Daumenkino dadurch erreicht, dass von Bild zu Bild eine (kleine) Veränderung vorgenommen wird. Die Technik kommt vor allem bei Zeichentrickfilmen professionell zum Einsatz. In Flash lassen sich kleinere Animationen – beispielsweise die Drehung eines Zeigers einer Uhr oder ein blinzelndes Auge – als Bild-für-Bild-Animation realisieren.

Tweening

Neben der Bewegung entlang eines Pfades verändern sich hier die Größe und Farbe des Animationsobjektes.

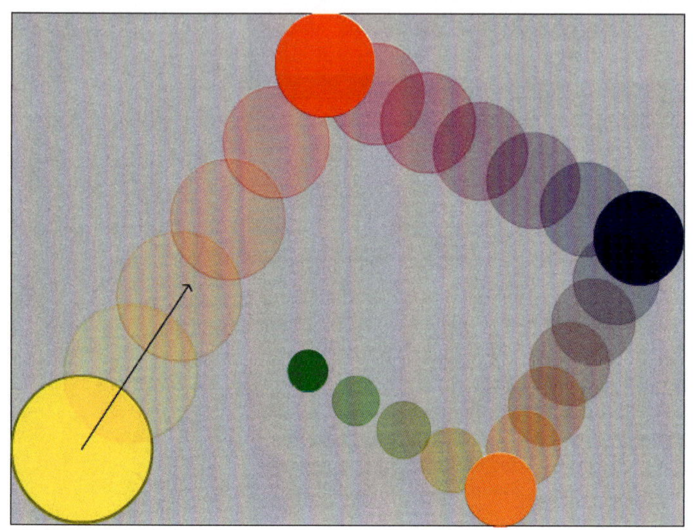

Pfadanimation (Tweening)

Bei dieser Animationsart werden die zu animierenden Objekte an die gewünschte Position gebracht und als Schlüsselbilder (keyframes) gespeichert. Die für die Animation benötigten Zwischenbilder werden durch Interpolation berechnet. Mit Hilfe von Tweening sind geradlinige und beliebige kurvenförmige Bewegungen leicht zu realisieren. Flash ermöglicht hierbei auch die Kombination von Bewegungen mit Größen- und Farbänderungen oder Drehbewegung. So könnte beispielsweise ein sich drehender Ball aus dem Hintergrund (klein, blasse Farben) in den Vordergrund (groß, kräftige Farben) bewegt werden. Beliebt ist auch die Möglichkeit der weichen Ein- oder Ausblendung von Schriften.

Formanimation (Morphing)

Unter Morphing wird der fließende Übergang eines Objektes in ein anderes Objekt verstanden. Die Technik wirkt besonders imposant, wenn sich Gesichter oder – wie in aktuellen Filmen zu sehen – ganze Figuren verwandeln. Für derartige Perfektion ist Spezialsoftware, Rechner- und Manpower erforderlich. Flash spricht statt von Morphing bescheidener von Form-Tweening und meint damit die Möglichkeit, einfache Objekte ineinander umwandeln zu lassen, beispielsweise einen Buchstaben in einen anderen oder ein Dreieck in einen Kreis. Immerhin lassen sich auch hierdurch schöne Effekte erzielen.

3D-Animation
Um dreidimensionale Objekte animieren zu können, müssen diese zunächst „modelliert", d.h. durch Koordinaten beschrieben und mit Oberflächen (Texturen) versehen werden. Wie für das Morphing gibt es auch hierfür Spezialsoftware wie Cinema 4D oder 3D-Studio-Max.

Um dreidimensionale Animationen mit Flash zu realisieren, müssen diese mit Hilfe der flasheigenen Sprache ActionScript programmiert werden. Hierbei lassen sich beachtliche Ergebnisse erzielen, wie einige Flash-Seiten im Internet eindrucksvoll beweisen.

6.1.13.3 Einsatz von Flash

Flash kann auf zwei unterschiedliche Arten für Webseiten genutzt werden:

- Ein Flash-Film wird – häufig in Form eines „Intros" – als SWF-Datei in einen aus HTML-Dateien bestehenden Internetauftritt eingebunden (embedded).
- Der gesamte Internetauftritt wird in Flash realisiert, auch dessen Navigation und Steuerung. Zur Realisation werden in diesem Fall Grundkenntnisse in der flasheigenen Skriptsprache „ActionScript" benötigt. Der fertige flashbasierte Web-Auftritt muss wiederum in eine HTML-Datei eingebettet werden, um ihn im Web-Browser darstellbar zu machen.

Um einen Flash-Film wiedergeben zu können, muss der Web-Browser über den hierfür notwendigen Flash Player verfügen. Der Player ist kostenlos und kann in wenigen Minuten installiert werden (www.macromedia.com/downloads/).

Download des Flash Players

Dass der Player bei älteren Browsern nicht standardmäßig installiert ist, hält etliche Firmen vor dem Einsatz von Flash ab. Wer eine möglichst große Zielgruppe erreichen und auf Flash dennoch nicht verzichten will, muss seinen Internetauftritt in zwei Varianten – einer Flash- und einer HTML-Version – ins Netz stellen.

Abschließend sei erwähnt, dass Flash-Filme nicht nur im Internet einsetzbar sind. Alternativ kann jeder Flash-Film in eine ausführbare Datei für Windows- und/oder Apple-PCs umgerechnet werden, die per Doppelklick direkt gestartet werden kann. Der zum Abspielen benötigte Player wird in diesem Fall in die ausführbare Datei integriert. Somit wird Flash zum vollwertigen Autorensystem, das für Online- und Offline-Produktionen eingesetzt werden kann.

Veröffentlichung eines Flash-Films

Ein Flash-Film kann wahlweise in eine HTML-Datei eingebettet oder in eine browserunabhängige, durch Doppelklick ausführbare Datei umgerechnet werden.

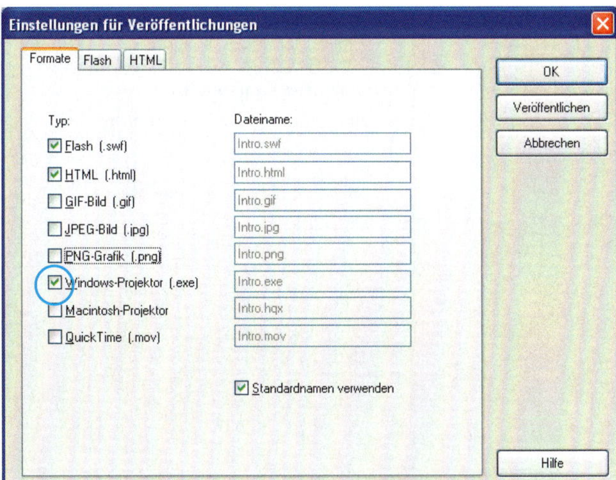

6.1.14 Aufgaben „Webseiten“

Aufgabe 6.1.14.1
Aufbau einer HTML-Datei kennen

Notieren Sie das Grundgerüst einer HTML-Datei.

Aufgabe 6.1.14.2
HTML-Grundlagen kennen

Beantworten Sie die Fragen zu HTML:

a. Wo erscheint der im <title>-Tag eingegebene Text?
b. Wozu werden Meta-Tags benötigt?
c. Weshalb ist die Angabe des Zeichensatzes wichtig?
d. Weshalb müssen Sonderzeichen „maskiert“ werden?
e. Worauf ist bei der Vergabe von Dateinamen zu achten?

Aufgabe 6.1.14.3
Texte formatieren

a. Starten Sie einen Texteditor.
b. Geben Sie den Quellcode ein, um die dargestellte Ausgabe zu realisieren.

Hinweise:
Formatieren Sie den Text mit Hilfe von HTML-Tags (ohne CSS). Die dargestellte Schrift entspricht der im Browser eingestellten Standardschrift.

c. Speichern Sie die Übung unter dem Namen „text.htm“ ab.
d. Öffnen Sie die Datei in einem Web-Browser und betrachten Sie das Ergebnis.
e. Nehmen Sie gegebenenfalls Änderungen vor.

Aufgabe 6.1.14.4
Farben verwenden

Die Angabe von Farben erfolgt bei HTML in der Form #RRGGBB. Geben Sie die dargestellten „websicheren“ Farben an:

a. #000000
b. #00FF00
c. #666666
d. #CCCCCC
e. #FF00FF

Aufgabe 6.1.14.5
Dateiformate für Bild und Grafik auswählen

Welches Dateiformat (GIF oder JPG) ist zu bevorzugen, um

a. eine Strichzeichnung (S/W),
b. eine Fotografie,
c. einen Text als Grafik,
d. ein zweifarbiges Logo,
e. einen Hintergrund mit Farbverlauf,
f. ein freigestelltes Objekt

für die Verwendung auf einer Webseite abzuspeichern?

Aufgabe 6.1.14.6
Tabellen verwenden

Geben Sie den HTML-Quellcode an, um folgende Tabelle zu realisieren:

Kopfzeile	
Button 1	Inhaltsbereich
Button 2	
Button 3	

Hinweis:
Geben Sie im <table>-Tag border="1" ein, damit Sie die Tabelle im Browser sehen.

Aufgabe 6.1.14.7
Hyperlinks verwenden

Geben Sie den Quellcode an, um folgende Links zu realisieren:

a. Link zur Startseite von Amazon.
b. Link zur Datei „kontakt.htm", die sich im selben Verzeichnis befindet.
c. Link zur Datei „help.htm", die sich im Unterordner „sites" befindet.
d. E-Mail-Link zu donald@web.de
e. Link zur PDF-Datei „text.pdf" im Unterordner „pdf"

Aufgabe 6.1.14.8
Texte mit CSS formatieren

Erstellen Sie die im Screenshot oben gezeigte HTML-Datei. Formatieren Sie die Webseite mit Hilfe von CSS:

- Headline:
  Verdana, 13px, fett, Farbe: #CC6600
- Absatz:
  Verdana, 11px, Farbe: Schwarz
- Tabellenzellen:
  Verdana, 10px, Farbe: Weiß,

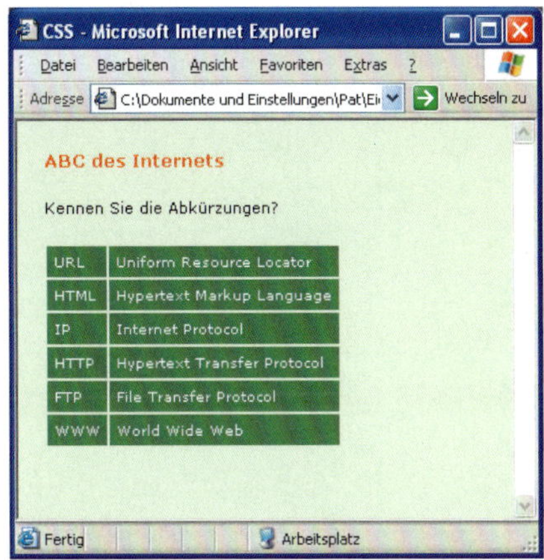

  Hintergrundfarbe: #669966, Innenabstand: 5px
- Hintergrund (body):
  Hintergrundfarbe: #ECF6DD, Außenrand: 20px

Aufgabe 6.1.14.9
Formulare erstellen

Geben Sie den Quellcode des unten dargestellten Formulars an.

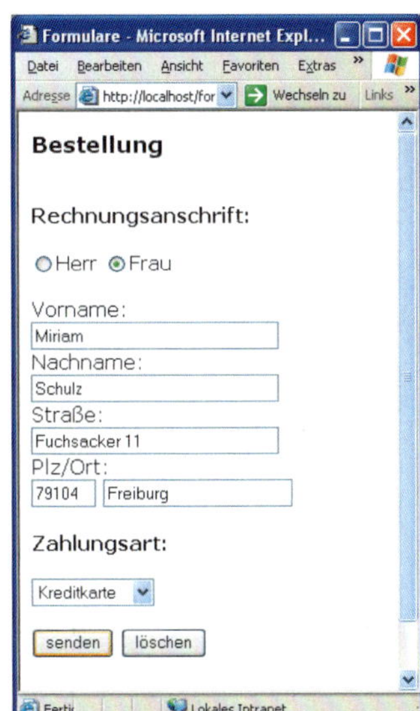

6.2 Soundproduktion

6.2.1 Physiologie des Hörens

Können sich zwei Kosmonauten im Weltall unterhalten? Nein, da zur Übertragung der Worte Materieteilchen als „Transportmedium“ notwendig sind. Diese Teilchen sind im Weltall bekannterweise nicht vorhanden.

Unter Schall versteht man eine mechanische Schwingung von Materieteilchen, zum Beispiel von Luft. Dabei verdichten und verdünnen sich die Luftmoleküle abwechselnd und in zeitlich periodischer Wiederholung. Hierdurch breitet sich die Schwingung als Schallwelle im Raum aus. Der Vorgang ist vergleichbar mit einem See, in den ein Stein geworfen wird. Auch hier werden Wassermoleküle in Schwingung versetzt und breiten sich in Form einer Welle aus.

Das menschliche Ohr dient als Schallempfänger. Die ankommenden Schallwellen gelangen über den äußeren Gehörgang zum Trommelfell. Dabei handelt es sich um eine dünne Membran, die durch den Schalldruck in Schwingung versetzt wird. Diese Schwingung wird im Mittelohr über die drei Gehörknöchel Hammer, Amboss und Steigbügel an das Innenohr weitergeleitet. Da das Trommelfell etwa 16-mal größer ist als der Steigbügel und die Gehörknöchel zusätzlich eine Hebelwirkung erzielen, führt die Übertragung des Schalls vom Außen- zum Innenohr insgesamt zur Verstärkung des Schalldruckes um etwa Faktor 60. Das eigentliche Organ der Hörempfindung ist die Schnecke im Innenohr. Sie enthält härchenförmige Sinneszellen, die durch den Schalldruck verbogen werden und diese Information an den Schneckennerv weiterleiten. Dabei liefert die Anzahl an erregten Sinneszellen Informationen über die Lautstärke, der Ort der Rezeptoren innerhalb der Schnecke Informationen über die Tonhöhe. Über die zeitliche Verzögerung der ankommenden Informationen im rechten und linken Ohr ermittelt das Gehirn die Richtung, aus der der Schall kommt.

Äußeres Ohr, Mittelohr und Innenohr

(Quelle: Der Körper des Menschen, dtv)

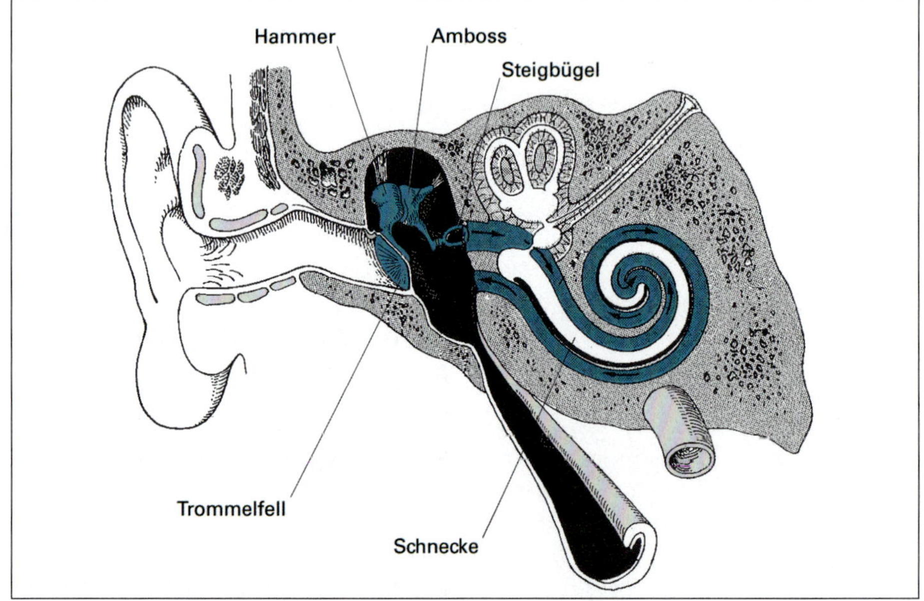

6.2.2 Grundbegriffe der Audiotechnik

6.2.2.1 Tonhöhe und Tonstärke

Ein Ton ist eine rein sinusförmige Schwingung (vgl. Abbildung). Töne kommen in der Natur nicht vor, können aber elektronisch erzeugt werden. Ein Ton klingt demzufolge ungewohnt und unnatürlich, wie jeder am Beispiel des Freizeichens beim Telefonieren bestätigen wird.

Ein Ton ist durch folgende Kennwerte charakterisiert: Die Dauer einer vollständigen Schwingung wird als Periodendauer T bezeichnet. Einheit der Periodendauer ist die Sekunde (s). Wesentlich wichtiger in der Audiotechnik ist der als Frequenz f bezeichnete Kehrwert der Periodendauer. Das Frequenz-Zeit-Diagramm eines Tones besitzt nur eine einzige Linie (vgl. Abbildung). Zu Ehren des Physikers Heinrich Hertz erhielt die Frequenz die Einheit Hertz (Hz). Die Angabe 440 Hz besagt, dass 440 Schwingungen pro Sekunde stattfinden. Es handelt sich bei dieser Frequenz um den Kammerton a', auf den international Musikinstrumente eingestimmt werden.

Die Frequenz ist das Maß für die Tonhöhe. Je höher die Frequenz ist, umso höher ist unsere Hörempfindung und umgekehrt. Wir Menschen hören Frequenzen von etwa 20 Hz bis maximal 20.000 Hz (20 kHz).

Mit zunehmendem Alter sinkt die obere Hörgrenze ab, so dass ältere Menschen eventuell bereits einen Ton von 10 kHz nicht mehr hören können. Unterhalb des Hörbereichs bei Frequenzen unter 20 Hz liegt der Bereich des Infraschalls, oberhalb von 20 kHz der des Ultraschalls. Es ist bekannt, dass Tierohren für andere Frequenzbereiche optimiert sind. Fledermäuse beispielsweise navigieren mit Hilfe von Ultraschall.

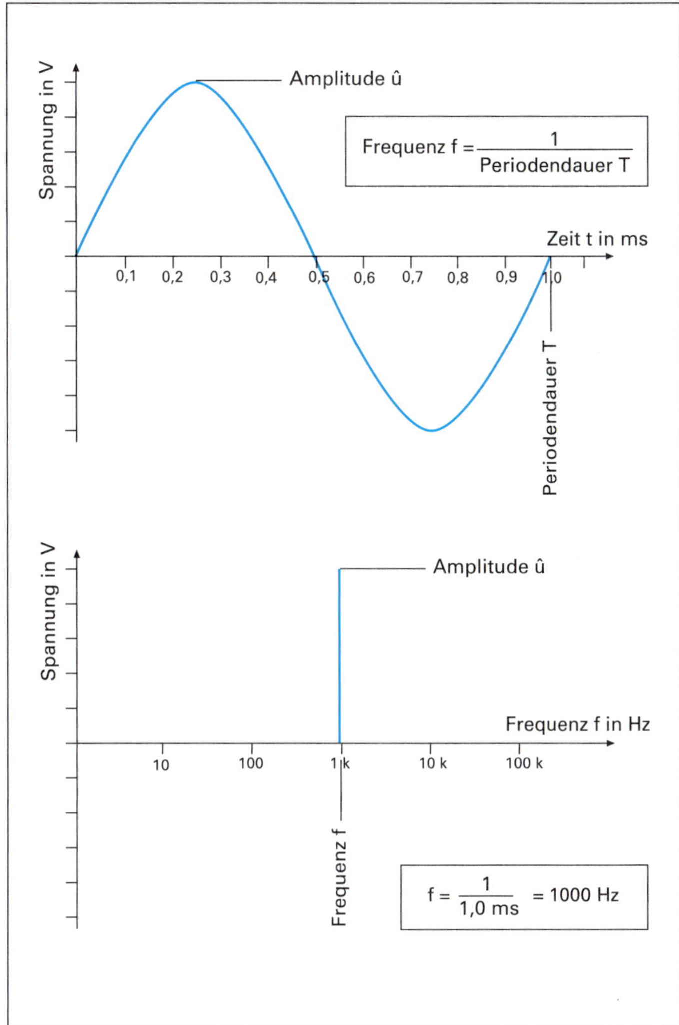

Zeit- und Frequenzverhalten eines Tones

Beachten Sie die logarithmische Achsenteilung im unteren Diagramm.

Die maximale Höhe einer Schwingung wird als Amplitude û bezeichnet. Sie repäsentiert die Stärke des Tones, das heißt, je größer die Amplitude eines Tones ist, desto lauter wird er gehört. Wie im nächsten Abschnitt erläutert wird, besteht kein linearer Zusammenhang zwischen Amplitude und Hörempfinden. Doppelte Amplitude heißt also nicht doppelt so laut.

6.2.2.2 Pegel

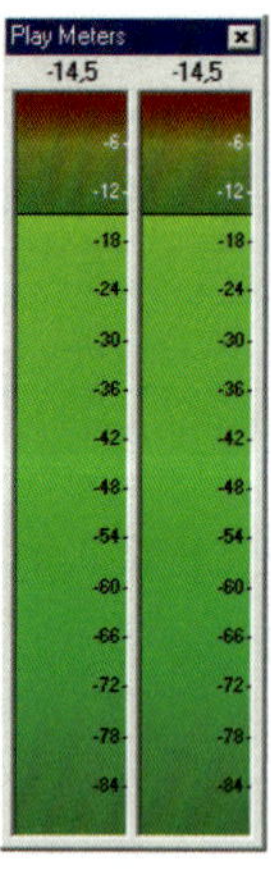

Unser Ohr besitzt die geniale Eigenschaft, Schallleistungen über einen sehr großen Amplitudenbereich wahrnehmen zu können. Das Weber-Fechner-Gesetz sagt aus, dass wir den Lautstärkeunterschied zwischen einer und zwei Mücken (subjektiv) ebenso stark empfinden wie den Lautstärkeunterschied zwischen ein und zwei Düsenjets. Unser Ohr arbeitet also nicht linear, sondern logarithmisch. Beim Vergleich der beiden Skalen fällt auf, dass durch die logarithmische Achsenteilung ein sehr großer Zahlenbereich dargestellt werden kann:

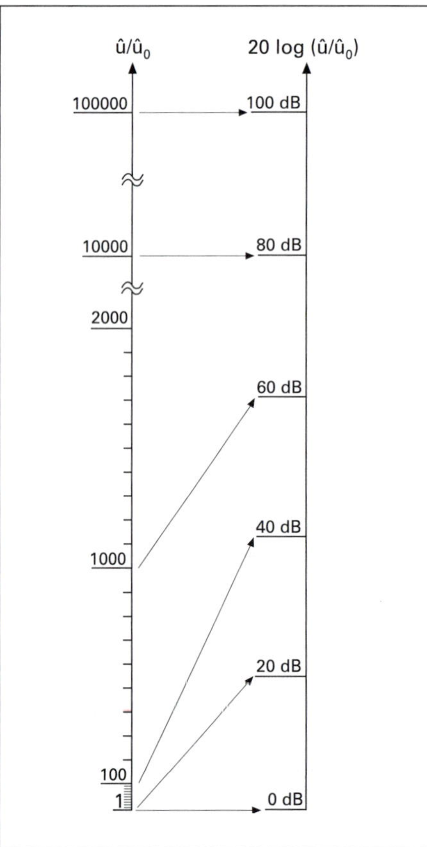

Lineare und logarithmische Skala

Mit Hilfe der logarithmischen Skala lassen sich sehr große Zahlenbereiche darstellen. Sie wird für Pegelanzeigen in der Audiotechnik (oben) genutzt.

Dies entspricht genau der Eigenschaft unseres Ohres, sehr leise und sehr laute Geräusche erfassen zu können.

Entsprechend der physiologischen Eigenschaft des logarithmischen Hörens wird in der Audiotechnik mit einer logarithmischen Skala – dem Audiopegel a – gearbeitet. Pegel werden in der Einheit Dezibel (dB) angegeben. Zum Verständnis der Achsenteilung muss ein kurzer Blick auf die Berechnung des Audiopegels geworfen werden:

Logarithmischer Pegel

$$a = 20 \times \log \left(\frac{\hat{u}}{\hat{u}_0} \right)$$

mit a: Pegel in dB
û: Amplitude
$\hat{u}_0$: konstanter Bezugswert

Mit Hilfe des Taschenrechners lässt sich zeigen, dass einer Halbierung der Amplitude (20 x log 0,5) ein Pegel von – 6 dB entspricht, eine Verdopplung (20 x log 2) ergibt einen Pegel von 6 dB. Ein Merkmal der logarithmischen Skala ist es also, dass Dämpfung negative und Verstärkung positive Werte ergibt.

Üblicherweise werden Pegelanzeigen an Verstärkern, Mischpulten oder in Audiosoftware ausschließlich durch negative Werte dargestellt, so dass hier 0 dB die maximale Verstärkung angibt (vgl. Abbildung links oben).

Abschließend ist zu erwähnen, dass der Pegel nicht exakt mit der Lautstärke einer Schallquelle übereinstimmt. Diese wird zwar ebenfalls logarithmisch angegeben, stellt aber ein Maß für die *subjektive* Schallempfindung dar und besitzt die Einheit Phon. Dabei spielen neben physikalischen auch physiologische Einflüsse eine Rolle.

6.2.2.3 Ton, Klang und Geräusch

Gemäß Abschnitt 6.2.2.1 handelt es sich bei Tönen um reine Sinusschwingungen, die unnatürlich und ungewohnt klingen. Ein Klang entsteht, indem zu einem Grundton mit einer Frequenz f weitere sinusförmige Schwingungen überlagert werden. Sind die Frequenzen dieser Obertöne ganzzahlige Vielfache 2 f, 3 f, 4 f, ... der Frequenz des Grundtones, spricht man von einem harmonischen Klang. Die Amplituden der Obertöne nehmen hierbei mit zunehmender Frequenz immer weiter ab.

Musikinstrumente und auch menschliche Stimmen besitzen charakteristische Obertonreihen. Man spricht in diesem Zusammenhang auch von der Klangfarbe des Instruments oder der Stimme. Unsere Ohren bzw. unser Gehirn kann unterschiedliche Klangfarben sehr gut unterscheiden. So genügt in der Regel selbst die schlechte Klangqualität des Telefons, um die Stimme des Gesprächspartners zu identifizieren. Menschen mit extrem gutem Gehör können Obertöne bis zu 200 kHz in Klängen identifizieren.

Geräusche entstehen durch Überlagerung nichtperiodischer Druckschwankungen unterschiedlicher Frequenzen. Es ergibt sich ein Frequenzgemisch ohne erkennbare Ordnung. Beispiele hierfür sind plätscherndes Wasser, Schritte, Blätter im Wind oder das Knallen einer Tür. Für die Audiotechnik wichtig ist ein als Weißes Rauschen bezeichnetes Geräusch, bei dem alle Frequenzen mit gleicher Amplitude vorkommen. Weißes Rauschen dient zur Untersuchung des Übertragungsverhaltens von Audiokomponenten wie Verstärker oder Mikrofone. Untersucht wird dabei der Frequenzgang der Audiokomponente. Durch die Analyse der Frequenzen am Ausgang der mit Weißem Rauschen beaufschlagten Audiokomponente kann festgestellt werden, welche Frequenzen gedämpft und welche verstärkt worden sind. Sehr gute – aber auch sehr teure – Geräte weisen einen nahezu linearen Frequenzgang auf, bei dem alle Frequenzen gleichermaßen verstärkt oder gedämpft werden.

Klänge von Instrumenten, Stimmen sowie Geräusche aller Art können heute softwaremäßig generiert werden. Hierzu sind kurze Sequenzen (Samples) in digitaler Form vorhanden, die beim Erzeugen eines Klanges oder Geräusches kombiniert und in ihrer Tonhöhe und -stärke variiert werden. Auf diese Weise erleben heute Instrumente – beispielsweise Analog-Synthesizer – ihr Comeback, die es tatsächlich schon lange nicht mehr gibt.

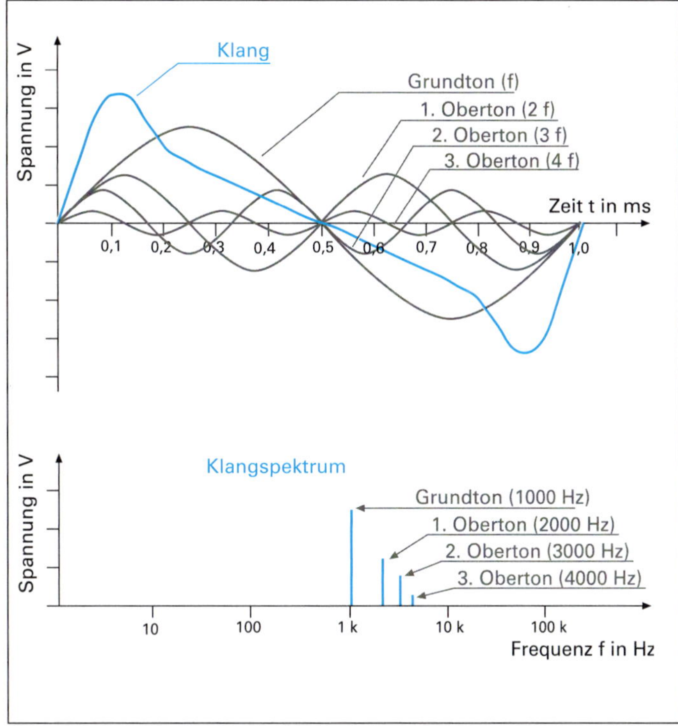

Zeit- und Frequenzverhalten eines Klanges

Klänge setzen sich aus Grundton und Obertönen zusammen. Zusammen ergibt sich ein für den Klang charakteristisches Klangspektrum.

6.2.3 Digitale Audiotechnik

6.2.3.1 Analog- versus Digitaltechnik

Vor mehr als zwanzig Jahren hat die Digitalisierung im Audiobereich ihren Siegeszug angetreten. Bevor die CD-ROM im Computer eingesetzt wurde, erschien Anfang der 80er Jahre die Audio-CD mit zugehörigem CD-Player auf dem Markt. Innerhalb kurzer Zeit wurde die Langspielplatte weitgehend vom Markt verdrängt, der Verkauf von CDs hat der Musikindustrie einen Milliardenumsatz beschert. Heute ist es das Internet, das ein ernst zu nehmender Konkurrent der Audio-CD geworden ist. Die Entwicklung geeigneter Verfahren zur Datenreduktion – allen voran MP3 – hat die Übertragung von Musikaufnahmen in hoher Qualität über dieses Medium möglich gemacht. Das Geschäft mit dem kostenpflichtigen MP3-Download boomt ...

Kennwerte analoger und digitaler Tonaufzeichnung

	Analoge Aufzeichnung	Digitale Aufzeichnung
Medium	Tonband	Hard-Disc (HD), DAT, CD
Klirrfaktor	0,3 %	0,01 %
Dynamik	60 dB	z.B. 100 dB
Frequenzgang	20 kHz ± 2 dB	20 kHz ± 0,5dB
Laufzeit	120 min	divers
Abnutzung	ja	nein
Kopierverlust	ja	nein
Empfindlichkeit	hoch	gering
Zugriffszeit	hoch	gering (HD)

Digitale und analoge Aufzeichnung im Vergleich

Der Klirrfaktor ist ein Maß für die Verzerrung eines Signals. Der Dynamikbereich gibt den Abstand zwischen lautestem und leisestem Signal an.

Der Frequenzgang definiert die speicherbaren Frequenzen mit Toleranzbereich. Plus bzw. minus zwei Dezibel bedeutet dabei, dass das Signal bei der Aufzeichnung um zwei Dezibel verstärkt oder gedämpft werden kann.

Durch die Entwicklung von hochwertigen Soundkarten wurde die professionelle Aufzeichnung von Sound am PC oder Mac möglich gemacht. Bei diesem Hard-Disc-Recording wird der vom Mischpult gelieferte Sound direkt auf Festplatte (Hard-Disc) gespeichert. Alternativ zur Aufzeichnung auf Festplatte kommen im Studio DAT-Recorder (Digital Audio Tape) und digitale Bandmaschinen zum Einsatz. Letztere ermöglichen es, die einzelnen Bestandteile eines Songs, z.B. Stimme, Schlagzeug, Leadgitarre, Bass, nacheinander einzuspielen. Die Bänder sind hierfür in 8, 16 oder mehr parallele Spuren unterteilt.

Alle digitalen Verfahren liefern qualitativ hochwertiges Soundmaterial und sind – wie die Tabelle zeigt – der konventionellen analogen Aufzeichnung in vielen Punkten haushoch überlegen.

So ist es nicht verwunderlich, dass in den Tonstudios zunehmend auf einen volldigitalen Workflow umgestellt wird. Dies bedeutet, dass die Audiosignale so früh wie möglich, also kurz nach Mikrofon oder Tonabnehmer, digitalisiert, digital abgemischt, mit Effekten versehen und gespeichert werden. Erst kurz vor der Wiedergabe durch Lautsprecher findet eine Rückwandlung in ein analoges Signal statt, da unser menschliches Ohr ein analog funktionierendes Organ ist.

Die Komponenten zur Konvertierung in die eine oder die andere Richtung werden als Analog-Digital-Wandler (AD-Wandler) bzw. Digital-Analog-Wandler (DA-Wandler) bezeichnet. Die zweistufige Vorgehensweise bei der Digitalisierung eines Analogsignals ist bereits in Kapitel 2.1.1 näher erläutert worden. Im nächsten Abschnitt wird auf die Kennwerte eingegangen, die für die Audiotechnik von Bedeutung sind.

6.2.3.2 Digitale Kennwerte

Abtastfrequenz (Samplingrate)
Im ersten Schritt der Analog-Digital-Wandlung muss das analoge Signal in regelmäßigen Abständen gemessen werden. Dieser Vorgang wird als Abtastung (Sampling) bezeichnet, die Frequenz, mit der das analoge Signal abgetastet wird, demzufolge als Abtastfrequenz. Nun stellt sich die Frage, wie hoch die Abtastfrequenz gewählt werden muss?

Eine Antwort darauf gibt der Mathematiker Shannon mit dem nach ihm benannten Abtasttheorem: Die Abtastfrequenz f_A muss mindestens doppelt so hoch sein wie die maximal im Analogsignal vorkommende Signalfrequenz f_{Smax}.

Shannon-Theorem

$f_A \geq 2 \times f_{Smax}$

f_A: Abtastfrequenz
f_{Smax}: Höchste Frequenz im Audiosignal

Der Hörbereich des Menschen endet bei etwa 20 kHz. Zur Abtastung einer Frequenz von 20 kHz muss die Abtastfrequenz (Samplingrate) mindestens doppelt so hoch, also 40 kHz, gewählt werden. Technische Abtastfrequenzen sind:

- 192 kHz sehr hohe Qualität, Studioeinsatz, Audio-DVD
- 96 kHz hohe Qualität, Studioeinsatz, Audio-DVD
- 44,1 kHz hohe Qualität, Audio-CD, Multimedia-CD
- 22,05 kHz mittlere Qualität, für Multimedia evtl. ausreichend

Eine Abtastung mit zu geringer Abtastfrequenz führt zum so genannten Aliasing-Fehler. Dieser macht sich beim Abhören dadurch bemerkbar, dass der Sound an Brillanz und Klarheit verliert und dumpfer klingt. Erwähnenswert ist, dass auch ein mit 44,1 kHz gesampeltes Signal qualitativ schlechter wird als das Original. Ursache ist, dass sich beim Abtastvorgang die Obertöne über 22 kHz störend auf das Abtastsignal auswirken. Zur Erfassung von Obertönen bis 100 kHz wäre nach Shannon eine Abtastfrequenz von 200 kHz notwendig!

Als Gegenmaßnahme des Aliasing-Fehlers kommen wie im Bildbereich Anti-Aliasing-Filter zum Einsatz. Dennoch gibt es auch heute noch Puristen, die aus Gründen der besseren Klangqualität und des angeblich wärmeren Klanges auf Schallplatten zurückgreifen. Schätzungsweise spielt da auch ein wenig Nostalgie eine Rolle ...

Auflösung
Nach der Abtastung muss das immer noch analoge Abtastsignal im zweiten Schritt digitalisiert und mit einem binären Code versehen werden. Wie in Kapitel 2.1.2 erläutert wird die Qualität des digitalen Signals durch die Anzahl an binären Stufen bestimmt. Sie wird in Bit angegeben, wobei n Bit 2^n Stufen ermöglichen. In der Bildverarbeitung bestimmt dieser Kennwert die Anzahl an möglichen Farben eines Pixels und wird als Farb- oder Datentiefe bezeichnet. In der Audiotechnik bestimmt die Stufenzahl das Frequenzverhalten des digitalen Audiosignals und wird Auflösung genannt. Die Bezeichnung ist irreführend, da unter Auflösung in der Bildbearbeitung etwas ganz anderes, nämlich die Anzahl an Bildpunkten pro Längeneinheit, verstanden wird.

In der Audiotechnik spielen folgende Auflösungen eine Rolle:

- 24 Bit (16,7 Mio. Stufen)
  sehr hohe Qualität, Studioeinsatz, Audio-DVD
- 16 Bit (65.536 Stufen)
  hohe Qualität, Audio-CD, Multimedia-CD
- 8 Bit (256 Stufen)
  niedere Qualität, eher ungeeignet

Den abgetasteten und digitalisierten Werten werden Binärzahlen zugeordnet, die nun auf Festplatte, DAT-Band, DVD+R oder CD-R speicherbar sind. Der durch die Stufenbildung grundsätzlich entstehende Fehler wird Quantisierungsfehler genannt. Bei einer Quantisierung mit 8 Bit ist dieser Fehler als deutliches Rauschen zu hören. Zur Minimierung des Quantisierungsfehlers wird bei der Wiedergabe der Trick angewandt, dass durch Interpolation zusätzliche (Zwischen-)Stufen errechnet werden. Diese Technik wird als Oversampling bezeichnet.

Das auf den letzten Seiten beschriebene Verfahren zur Umsetzung analoger Signale in binäre Daten ist in der Technik unter dem Namen PCM-Verfahren (Puls Code Modulation) bekannt. Es wird neben seinem Einsatz im Audiobereich auch zur digitalen Übertragung von Sprache beim Telefonieren mittels ISDN verwendet. Eine klanglich bessere Alternative von PCM bietet das 1-Bitstrom-Verfahren DSD (Direct Stream Digital). Hierbei werden bei der Abtastung immer nur die Änderungen zum Vorwert erfasst, wofür ein einziges Bit pro Abtastwert genügt. Einige Firmen wie Sony oder Philips bieten entsprechende Hardware unter dem Titel SACD (Super Audio-CD) als Konkurrenzprodukt zur DVD-Audio an. Die Nachfrage nach derartigem High-End-Sound hält sich allerdings in Grenzen.

6.2.3.3 Audiodaten

Auch wenn heute jeder „Supermarkt"-PC enorme Leistungsdaten aufweist, darf dies nicht zum Maß der Dinge gemacht werden. Eine Multimedia-Produktion soll nicht nur auf dem neuesten Modell, sondern auch auf Rechnern lauffähig sein, die bereits einige Jahre alt sind. Bei der Datenübertragung via Internet stellt sich erst recht die Forderung nach möglichst geringen Datenmengen. Kenntnisse über die zu erwartende Datenflut bei der Digitalisierung von Sound sind also nach wie vor notwendig.

Die Datenmenge D eines unkomprimierten PCM-Sounds ergibt sich als Produkt von Auflösung A in Bit, Abtastfrequenz f_A in Hz, Kanalanzahl Z und Aufnahmezeit t in s:

Datenmenge in Megabyte

$$D = \frac{A \times f_A \times Z \times t}{8 \times 1024 \times 1024}$$

A: Auflösung in Bit
f_A: Abtastfrequenz in Hz
Z: Anzahl an Kanälen
t: Aufnahmezeit in s

Eine einminütige Aufnahme in CD-Qualität (16 Bit, 44.100 Hz, Stereo) ergibt eine Datenmenge von 10,1 MB. Auf eine herkömmliche CD-R mit 700 MB passen also etwa 70 Minuten Sound.

Für die als Streaming bezeichnete Echtzeit- oder Liveübertragung von Sound im Internet ist die absolute Datenmenge unerheblich. Für diesen Zweck interessiert der Datenstrom d, der oft – wie im Englischen – als Bitrate bezeichnet wird. Darunter wird die anfallende Datenmenge pro Sekunde verstanden, die meistens in Kb/s oder Kbps angegeben wird:

Datenstrom in Kilobit/s

$$d = \frac{A \times f_A \times Z}{1024^{*)}}$$

A: Auflösung in Bit
f_A: Abtastfrequenz in Hz
Z: Anzahl an Kanälen

*) Beachten Sie, dass bei Datenströmen auch oft mit „k" gleich 1000 (anstatt: 1024) gerechnet wird. Leider gibt es hier bislang keine eindeutige Regelung.

Obige Aufnahme in CD-Qualität ergibt also einen Datenstrom von 1.378,1 Kbps (bzw. 1.411,2 kbps mit „k" gleich 1000). Zum Vergleich: Ein ISDN-Kanal besitzt eine Datenübertragungsrate von 64 kbps. Ein Streaming von unkomprimiertem Sound in CD-Qualität ist also völlig unmöglich.

6.2.3.4 Verlustfreie Audioformate

Zur Bearbeitung von Sound gilt – wie bei der Bildbearbeitung auch –, dass dieser in maximaler Qualität vorliegen sollte. Eine eventuell notwendige Kompression erfolgt erst beim Abspeichern in das gewünschte Endformat. Bei der Auswahl eines Dateiformats muss dabei ein Kompromiss zwischen noch akzeptabler Soundqualität und zulässiger Datenmenge gefunden werden.

Im Unterschied zu Bildern können im Bereich der verlustfreien Datenkompression nur eingeschränkt Daten reduziert werden. Dies liegt daran, dass ein Audiosignal eine scheinbar zufällige Struktur besitzt. Sich wiederholende Muster wie bei Bildern gibt es nicht. Die erreichbare Datenreduktion beträgt maximal 75 %, so dass von den im vorherigen Abschnitt berechneten 1411,2 kbps immer noch 352,8 kbps verbleichen. Für multimediale Anwendungen und vor allem für das Internet ist diese Datenrate zurzeit noch deutlich zu hoch. Im Rahmen dieses Buches wird deshalb auf verlustfreie Kompressionsverfahren nicht näher eingegangen.

Zur unkomprimierten und damit verlustfreien Archivierung von Sounds werden vorwiegend folgende zwei Formate eingesetzt:

WAV (Wave)
Das ursprünglich aus der Windows-Welt stammende WAV-Format für PCM-Sound ist mittlerweile auch durch die Apple-Versionen der Autoren- und Präsentationsprogramme importierbar. Es eignet sich somit für plattformübergreifende Produktionen.

Nachteilig ist, dass bei WAV keine Datenkompression erfolgt und somit – wie im vorherigen Abschnitt gezeigt – 10,1 MB pro Minute Sound in CD-Qualität anfallen.

AIF(F) (Audio Interchange Fileformat)
Das AIF(F)-Format war – wie der Name sagt – von Anfang an für den Austausch von Sounddaten zwischen unterschiedlichen Computerplattformen und -programmen gedacht. Es ist heute ein vor allem auf Apple-Rechnern häufig verwendetes Format.

Die Sounddaten werden ohne Kompression und damit verlustfrei abgespeichert. Die Datenmenge entspricht bei gleichen Parametern der Datenmenge von WAV-Sounds. Beide Formate eignen sich damit nicht zum Einsatz in multimedialen Produktionen.

6.2.3.5 Verlustbehaftete Audioformate

Merkmale

Die grundlegende Idee bei der Kompression von Sounddaten ist einfach: Das Ticken eines Weckers wird so lange gehört, bis der Wecker klingelt. Das lautere Geräusch des Klingelns „maskiert" die Frequenzen des Tick-Geräusches. Daraus folgt: Alle Anteile eines Sounds, die wegen dieser Maskierung ohnehin nicht wahrgenommen werden, können bei der Kompression entfernt werden. Was in der Theorie einfach klingt, erweist sich in der Praxis als sehr komplex: Nur durch umfangreiche Testreihen kann ermittelt werden, welche Frequenzen durch unser Gehirn beim Hörvorgang maskiert werden. Aus den Testergebnissen wird ein so genanntes „Psychoakustisches Modell" gebildet. Dieses Modell simuliert sozusagen das menschliche Gehör. Allen voran ist hierbei die Pionierarbeit am Frauenhofer-Institut zu erwähnen, das mit seinem „MPEG Layer-3" (kurz: MP3) ein weltweit erfolgreiches Format entwickelt hat.

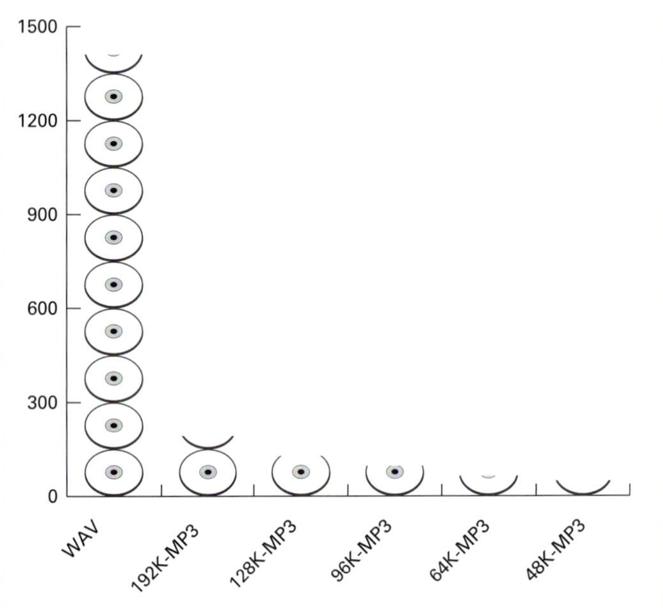

Für die Live- oder Echtzeitübertragung von Sound im Internet wie z.B. bei Web-Radios sind Dateien in ihrer üblichen Struktur nicht verwendbar, weil diese erst komplett übertragen werden müssen, bevor ein Abspielen möglich ist. Eine Technologie, die die Wiedergabe von Sounddaten bereits kurz nach ihrer Entstehung erlaubt, wird als Streaming bezeichnet. Streaming-Dateien besitzen keinen Dateikopf (Header) mit Dateiinformationen. Aus diesem Grund können eintreffende Sounddaten abgespielt werden, bevor die Datei komplett übertragen wurde. Um Streaming zu ermöglichen, muss weiterhin gewährleistet sein, dass die Bitrate konstant bleibt (CBR = Constant Bit Rating).

Ein klanglich besseres Resultat erhält man, wenn die Bitrate variabel (VBR = Variable Bit Rating) bleiben kann, da dann die Kompression besser an die klanglichen Eigenschaften des Sounds angepasst werden kann. Streaming ist in diesem Fall wie gesagt nicht möglich.

Datenströme in Kilobit/s

Trotz Kompression um Faktor 10 bis 12 bleibt bei einem 128-KBit-MP3 die CD-Qualität nahezu erhalten.

MP3 (MPEG Layer-3)

MPEG ist aus dem Bereich des Digitalfernsehens und -videos bekannt. Tatsächlich handelt es sich bei MP3 um den Audioanteil dieses Kompressionsverfahrens. Der Algorithmus war derart erfolgreich, dass er sich als neues Soundformat in der Musikbranche etablieren konnte. Zum Erzeugen von MP3s wird ein – in der Regel kostenpflichtiger – Encoder, z.B. Music Match Jukebox (www.musicmatch.com), benötigt. Die zur Wiedergabe erforderlichen

Player sind kostenlos. Weit verbreitet sind Winamp (www.winamp.com) oder der mit dem Windows-Betriebssystem ausgelieferte Media Player.

Vergleichbar mit JPG-Dateien im Bereich der Bilddatenkompression ermöglicht auch MP3 die Einstellung der gewünschten Qualität. MP3-Encoder verlangen aus diesem Grund die Vorgabe der gewünschten Bitrate:

- 192 kbps: entspricht CD-Qualität
- 128 kbps: nahezu CD-Qualität
- 96 kbps: leicht unter CD-Qualität
- 64 kbps: deutlich unter CD-Qualität

Die größte Verbreitung besitzen MP3s mit 128 kbps, da sie einen guten Kompromiss aus hoher Qualität und geringer Datenmenge bieten. MP3s mit einer Datenrate von 64 kbps oder geringer führen zu deutlich hörbaren Qualitätsverlusten, so dass sich MP3 zum Streaming nicht sonderlich gut eignet.

AAC (Advanced Audio EnCoding)

Bei AAC handelt es sich um den Audioanteil des Video-Kompressionsstandards MPEG-2, der unter anderem bei DVD-Videos erfolgreich zum Einsatz kommt. AAC erreicht bei niedrigen Datenraten deutlich bessere Ergebnisse als MP3 und kann bis zu 48 Kanäle codieren (Surround-Sound).

Ein wesentlicher Unterschied zu MP3 besteht darin, dass AAC-Dateien kopiergeschützt sind und nur durch Erwerb einer Lizenz wiedergegeben werden können. Das Interesse der Musikindustrie ist sehr groß, digitale Musik mittels DRM-Verfahren (Digital Rights Management) vor illegaler Vervielfältigung zukünftig zu schützen. Zudem macht die Novellierung des Urheberrechtsgesetzes von 2003 den Versuch strafbar, derartige Schutzmechanismen zu umgehen.

WMA (Windows Media Audio)

Beim Kampf um Marktanteile in der wichtigen Musikbranche darf Microsoft nicht fehlen. WMA ist der Audioanteil der „Windows Media Technology", die auch die Kompression von Videos (WMV) ermöglicht. WMA liefert wie AAC eine verbesserte Klangqualität bei Datenraten um 64 kbps, weshalb das Format für Streaming interessant ist.

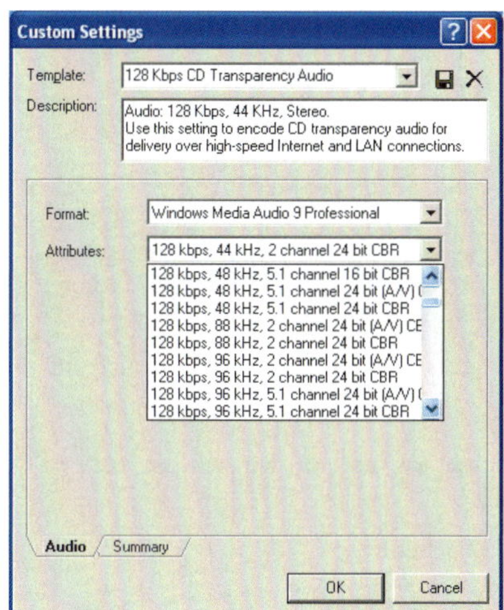

WMA-Settings

Der Screenshot des Audioeditors Sound Forge zeigt, dass neben der Bitrate auch Abtastfrequenz, Auflösung und Kanalzahl einstellbar sind. Der Datenstrom wird mit fester Bitrate (CBR) berechnet.

Erwähnenswert ist weiterhin, dass WMA seit seiner Version 9 eine verlustfreie Kompression ermöglicht. Wie AAC unterstützt auch WMA diverse DRM-Techniken, die eine Vervielfältigung von WMA-codierten Daten verhindern.

RA (RealAudio)

Die Firma RealNetworks ist zusammen mit Microsoft Marktführer im Bereich streamingfähiger Sounds. Zur Wiedergabe ist die Installation des RealPlayers notwendig, der kostenlos für alle Plattformen (Windows, Mac, Linux) zur Verfügung steht. Im Bereich 128 kbps reicht das Kompressionsverfahren qualitativ an MP3, AAC oder WMA nicht ganz heran.

6.2.4 Audiohardware

6.2.4.1 „Kleines" Tonstudio

Aufbau eines „kleinen" Tonstudios

Die Anlage eignet sich zur Aufnahme, Bearbeitung und Wiedergabe von Sound.

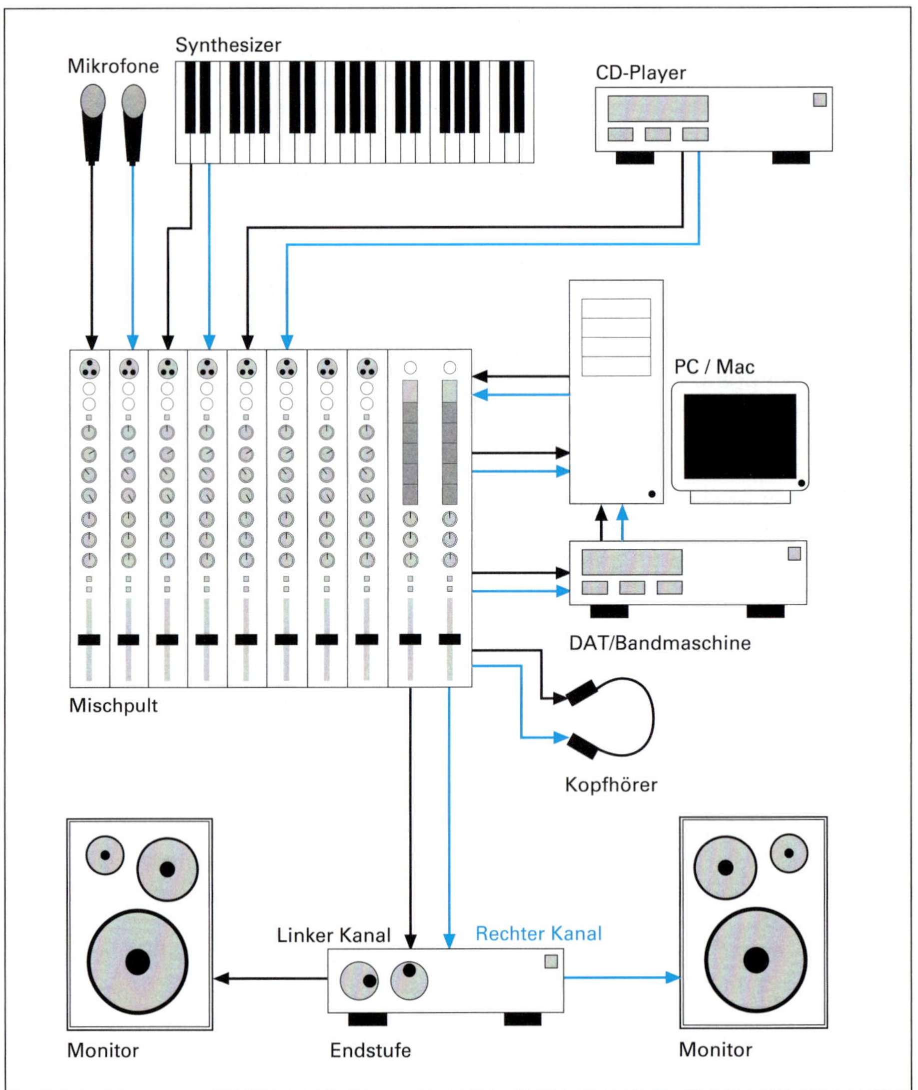

Wer einmal während einer spannenden Szene eines Krimis den Ton abgestellt hat, der weiß um dessen dramaturgische Bedeutung. Neben Kamera- und Lichtführung stellt die Vertonung einer Filmproduktion eine der wesentlichen Herausforderungen dar.

Im Bereich der Multimedia-Produktionen wird der „Sound" oft stiefmütterlich behandelt, was sicher daran liegt, dass die Produktionsfirmen in der Regel im grafischen Bereich angesiedelt sind. Dennoch trägt die Auswahl des Sounds wesentlich zum Erfolg oder Misserfolg eines multimedialen Produktes bei. Bei größeren Produktionen wird daher die Nachvertonung in externen Tonstudios durchgeführt, da nur dort das benötigte Equipment und vor allem das Know-how vorhanden sind.

Die große Leistungsfähigkeit heutiger Computer hat es möglich gemacht, dass bereits mit relativ geringem Budget Tonaufnahmen in hoher Qualität erzielt werden können. Die Abbildung zeigt die wichtigsten Komponenten eines „kleinen" Tonstudios, das für wenige Tausend Euro eingerichtet werden kann und das eine Soundproduktion in semiprofessioneller Qualität ermöglicht. In Anbetracht der Tatsache, dass der Endbenutzer den Sound meist über zwei primitive, an eine billige Soundkarte angeschlossene Lautsprecher abhört, kann auf Hi-Fi (High Fidelity) auch durchaus verzichtet werden.

Herzstück eines Tonstudios bildet das Mischpult, an das eingangsseitig Mikrofone, elektronische Instrumente oder auch ein CD-Player angeschlossen werden. Die einzelnen Signale können nun individuell vorverstärkt und abgemischt werden und verlassen das Mischpult als Summensignal in Richtung Endstufe und Abhör-Lautsprecher. Zur digitalen Bearbeitung des Tonsignals wird dieses entweder über eine Soundkarte direkt auf Festplatte oder alternativ auf einem DAT-Recorder oder einer Mehrspurmaschine aufgezeichnet. Damit der digitale Sound während seiner Bearbeitung abgehört werden kann, muss die Soundkarte über das Mischpult mit Endstufe und Lautsprecher verbunden werden. Der fertig bearbeitete Sound wird in einem geeigneten Dateiformat (vgl. Kapitel 6.2.3) gespeichert und steht nun für die Multimedia-Produktion zur Verfügung.

6.2.4.2 Sprecherkabine

Wir leben in Zeiten einer stetig vorhandenen Lärmkulisse. Sei es das Ticken einer Uhr oder das Summen eines Rechners – die sprichwörtliche Ruhe gibt es nicht einmal auf dem Friedhof. Gerade diese ist aber die Voraussetzung für eine gute Sprachaufnahme. Aus

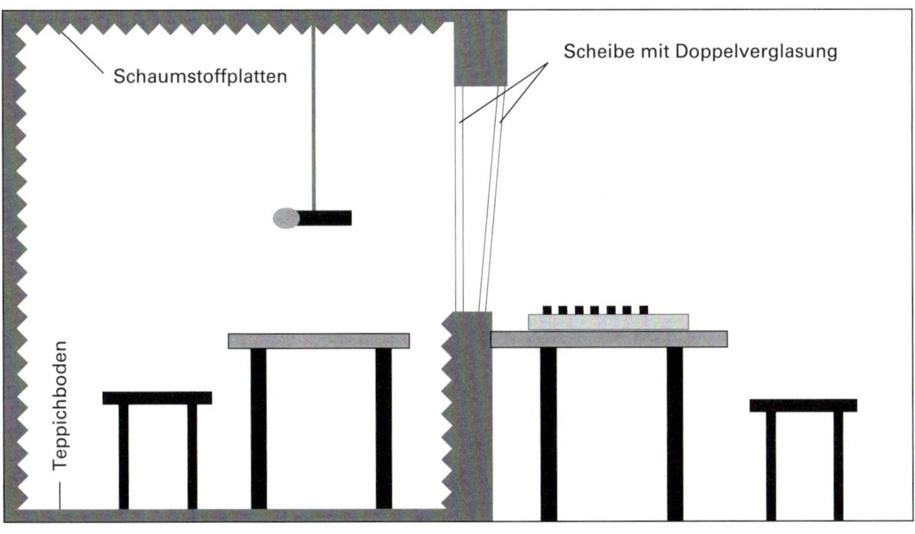

Schematische Darstellung einer Sprecherkabine

diesem Grund ist es unerlässlich, entsprechende Vorkehrungen in Form einer Sprecherkabine zu treffen. Dabei ist es ausreichend, einen etwa zwei bis vier Quadratmeter großen Bereich eines Raumes durch Zwischenwände abzutrennen. Als ideal und kostengünstig erweisen sich dazu Holz- oder Gipskartonplatten, die mit Dämmmaterial gefüllt werden. Die Tür zur Kabine sollte doppelwandig sein und gut abgedichtet werden. Um Sichtkontakt zwischen Sprecher und Tontechniker zu ermöglichen, befindet sich in der Vorderwand der Kabine ein aus zwei Glasplatten bestehendes Fenster. Durch Schrägstellung sowie unterschiedlichem oberen und unteren Abstand der Scheiben voneinander wird verhindert, dass es zu stehenden Schallwellen zwischen den Scheiben kommen kann. Außerdem entstehen so keine störenden Spiegelungen.

Auch wenn kein Laut von außen in die Kabine dringt, so ist sie für Aufnahmen akustisch zu „hart". Dies bedeutet, dass die Wände der Kabine den Schall reflektieren und diese Reflexionen die Aufnahme negativ beeinflussen würden. Eine Aufnahme soll möglichst „trocken" erfolgen. Bei der späteren digitalen Bearbeitung können dann nach Wunsch zum Beispiel Hall, Echo oder Chorus hinzugefügt werden. Um aus den harten Wänden akustisch weiche Wände zu machen, ist es erforderlich, diese mit einem schallabsorbierenden Material auszukleiden. Dazu gibt es prinzipiell mehrere Möglichkeiten:

- Geraffte, schwere Vorhänge
- Pyramidenförmige Schaumstoffplatten (Verpackungsmaterial)
- Gelochte Platten mit Hinterfüllung aus Filz- oder Schaumstoff

Die Qualität der aufgezählten Materialien nimmt von oben nach unten zu, der Preis pro Quadratmeter allerdings auch. Auf dem Boden sollte ein möglichst langfloriger Teppichboden verlegt werden, mit dem auch Tisch und Tür beklebt werden können. Die Summe dieser Maßnahmen ergibt einen schalltoten und akustisch weichen Raum.

6.2.4.3 Mikrofone

Mikrofone werden auch als elektroakustische Wandler bezeichnet. Funktionell sind sie durchaus mit unserem Ohr vergleichbar, da sie ebenfalls zur Umsetzung von mechanischen Luftschwingungen in elektrische Signale dienen. Qualität hat dabei ihren Preis: Für ein High-End-Mikrofon müssen mehrere Tausend Euro veranschlagt werden. Dennoch gibt es auch gute Mikrofone in der Preislage um zweihundert Euro.

Dynamisches Mikrofon
Beim dynamischen Mikrofon trifft der ankommende Schall auf eine Membran und versetzt diese in Schwingung. Die Schwingung überträgt sich auf eine an der Membran befestigte Tauchspule. Dabei handelt es sich um einen langen, aufgewickelten Kupferdraht, der sich im Inneren eines Magneten befindet.

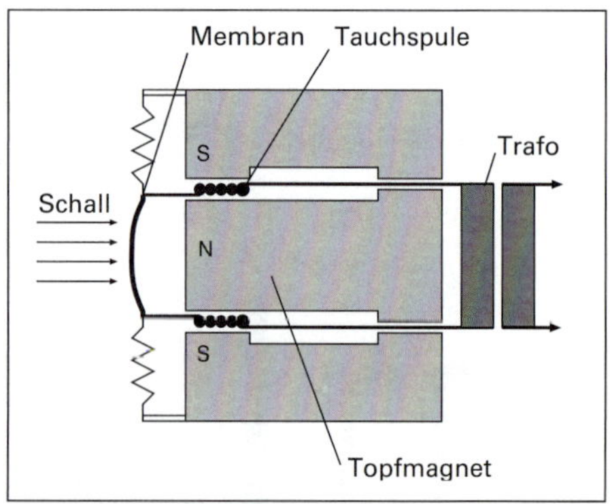

Dynamisches Mikrofon

Durch die Auf- und Abbewegung der Spule innerhalb des Magnetfeldes wird eine Wechselspannung erzeugt. Die Schwingungen der Spannung folgen dabei genau den Luftschwingungen des Schalls. Das elektrische Signal wird im Mischpult vorverstärkt und kann nun digitalisiert und gespeichert werden. Dynamische Mikrofone sind robust und eignen sich daher ideal für den Einsatz auf der Bühne.

Statisches Mikrofon
Im Studio werden bevorzugt statische Mikrofone eingesetzt. Bei diesem Mikrofontyp bilden die bewegliche Membran zusammen mit einer Gegenelektrode einen so genannten Kondensator. Dieses Bauelement dient – vergleichbar mit einer Batterie – zur Trennung elektrischer Ladungen. Dabei ist die Spannung am Kondensator abhängig vom Abstand der beiden Elektroden. Die Änderung des Abstandes wird durch den Schalldruck hervorgerufen. Die entstehende Wechselspannung wird gemessen und verstärkt.

Statische Mikrofone sind hochwertiger als dynamische, zeigen also kaum Verzerrungen. Nachteilig ist die benötigte Speisespannung, die als so genannte Phantomspannung vom Mischpult zur Verfügung gestellt wird.

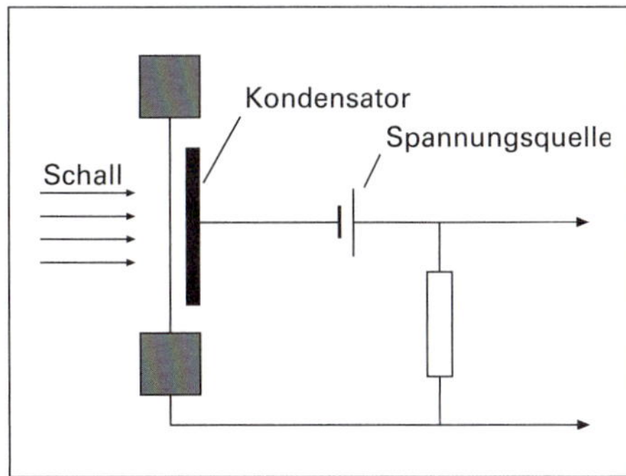

Statisches Mikrofon

6.2.4.4 Mischpult

Auf den ersten Blick wirken die vielen Knöpfe und Regler eines (analogen oder digitalen) Mischpultes äußerst verwirrend. Bei genauerem Hinsehen zeigt sich, dass jedes Mischpult modular aufgebaut ist und aus 8, 16, 32 oder mehr identischen Kanälen besteht.

Die Komponenten eines Kanals (rechts dargestellt) sollen im Folgenden kurz zur Sprache kommen:

Eingänge (Inputs)
Aufgrund ihrer geringen Spannungen müssen Mikrofone an niederohmige XLR-Buchsen angeschlossen werden. Für elektronische Instrumente oder Bandmaschinen stehen hochohmige Line-Eingänge für Klinkenstecker zur Verfügung. Größere Mischpulte ermöglichen das Umschalten zwischen XLR- und Line-Eingang.

Eingangsverstärker (Input Gain)
Mit Hilfe des Gain-Reglers ist eine individuelle Vorverstärkung jedes Kanals möglich. Da ein Mikrofon ein deutlich schwächeres Eingangssignal liefert als beispielsweise ein Keyboard, ist eine unterschiedliche Vorverstärkung notwendig und sinnvoll. Die Stellung der Schieberegler (Fader) kann dann für alle Kanäle auf gleicher Position bleiben.

Klangregelung (Equalizer)
Zur Klangregelung stehen zwei, drei oder mehr Drehknöpfe zur Anhebung oder Absenkung des Klanges innerhalb bestimmter Frequenzbereiche zur Verfügung. Als Höhen (High) werden dabei Frequenzen oberhalb von 10 bis 12 kHz und als Tiefen (Low) Frequenzen unterhalb von 50 bis 100 Hz bezeichnet.

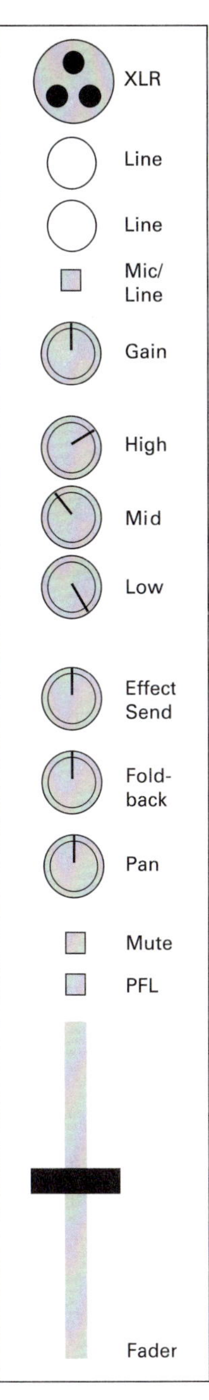

Kanal eines Mischpultes

8-Kanal-Mischpult Studiomaster Typ 102

Effektwege (Effect Sends)
Größere Mischpulte bieten die Möglichkeit, jeden Kanal an ein oder mehrere Effektgeräte wie Hallgerät, Kompressor oder Expander anzuschließen. Mit dem zugehörigen Drehknopf wird eingestellt, welcher Anteil des Signals zum Effektgerät geführt wird.

Monitorwege (Foldback)
Der Monitor-Send-Regler bestimmt, welcher Signalanteil zur Monitoranlage geführt wird. Diese dient den Musikern zum Mithören ihrer eigenen Musik.

Panoramaregler (Pan-Pot)
Mit diesem Regler wird festgelegt, wie Mono-Signale z.B. von Mikrofonen auf die beiden Stereo-Ausgänge verteilt werden sollen. Wird der Pan-Pot nach links gedreht, so erscheint das Signal auf dem linken Kanal, nach rechts nur auf dem rechten Kanal. In Mittelstellung liegt das Signal gleichmäßig auf beiden Ausgangskanälen.

Stummschaltung (Mute)
Der Schalter ermöglicht die Ein- und Ausschaltung des gesamten Kanals.

Vorhören (Pre Fader Listening)
Vor allem bei Live-Auftritten ist es unerlässlich, dass der Tonmischer die Möglichkeit hat, einen Kanal über Kopfhörer anzuhören, ohne ihn mit Hilfe des Faders zuvor auf den Ausgang geben zu müssen.

Schieberegler (Fader)
Durch die Stellung des Faders wird die Lautstärke festgelegt, mit der das Signal an die beiden Masterkanäle übergeben wird.

Subgruppen
Während bei kleinen Mischpulten die Signale der Eingangskanäle direkt auf die beiden Masterkanäle L/R geführt werden, enthalten große Pulte zusätzliche als Subgruppen bezeichnete Kanäle. Diese ermöglichen das Zusammenfassen mehrerer Kanäle zu einer Einheit. Ein typisches Anwendungsbeispiel ist das Abmischen eines Schlagzeuges, da hierfür mehrere Mikrofone benötigt werden. Durch das Gruppieren der Schlagzeugkanäle in einer Subgruppe wird der Abgleich mit den anderen Instrumenten wesentlich einfacher.

6.2.4.5 Soundkarte

Herzstück einer Soundkarte ist der Analog-Digital-Wandler, kurz A/D-Wandler. Diese elektronische Baugruppe übernimmt die Konvertierung des analogen Musiksignals in einen digitalen Zahlenstrom. Eine verlust- und verzerrungsfreie Wandlung erfordert die Verwendung hochpräziser Bauelemente, die den Preisunterschied zwischen „einfachen" Karten für den Standard-PC und „Profi"-Soundkarten für den Einsatz im Studio ausmachen. Gute Karten ermöglichen ein Sampling mit mindestens 96

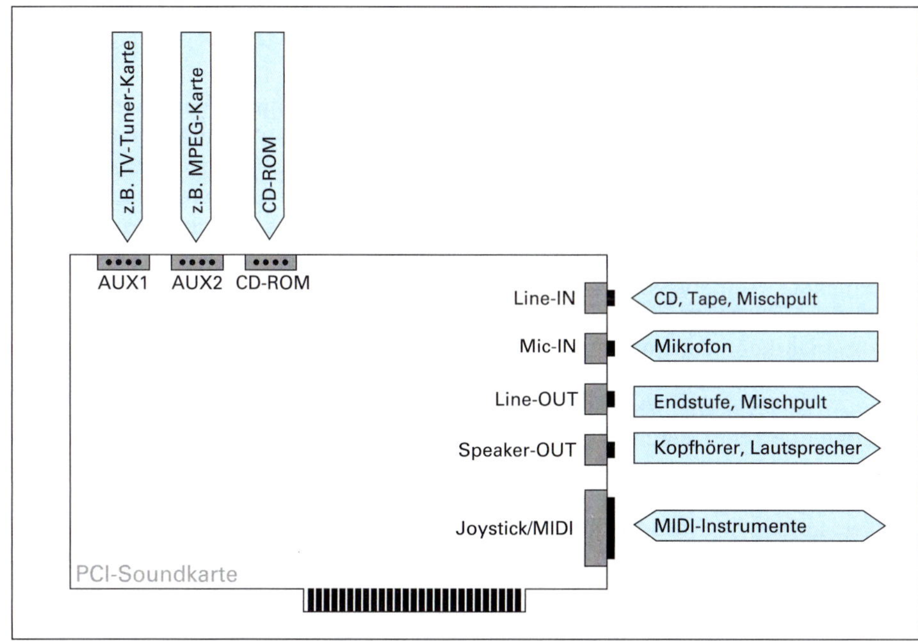

Ein- und Ausgänge einer Standard-Soundkarte

kHz und einer Auflösung von 24 Bit. Zur Wiedergabe des Sounds muss eine Rückwandlung in ein Analogsignal erfolgen. Diese Aufgabe übernehmen Digital-Analog-Wandler, kurz D/A-Wandler. Auch bei D/A-Wandlern gibt es große qualitative Unterschiede.

Ein weiteres wichtiges Kriterium bei der Auswahl der Karte ist die Art und Anzahl der Eingänge. Während einfache Karten oft nur einen Mikrofon- und einen Verstärker-Eingang (Line-In) besitzen, stellen hochwertige Karten mehrere Ein- und Ausgänge zur Verfügung, so dass die Karte im Grunde genommen ein kleines Mischpult ersetzen kann.

Zu den analogen Eingängen kommen bei diesen Profikarten in der Regel noch ein bis zwei digitale Eingänge (S/PDIF-Anschluss) zur direkten Übernahme digitaler Signale z. B. von einem DAT-Recorder, CD-Player oder digitalen Mischpult hinzu.

Der Anschluss externer Geräte erfolgt bei einfachen Karten mit Cinch- oder 3,5-mm-Klinkensteckern direkt am Slotblech der Karte. Professionelle Karten arbeiten mit externen „Racks", so dass die in der Musikbranche üblichen 6,3-mm-Klinken- bzw. XLR-Stecker Verwendung finden können.

MIDI-Instrumente (vgl. Kapitel 6.2.6) können bei einfachen Karten mit Hilfe eines Adapters mit dem Joystick-Anschluss verbunden werden. Bessere Karten stellen für MIDI eigene Ein- und Ausgänge zur Verfügung.

Für Musiker interessant könnte der auf der Soundkarte integrierte Synthesizer sein, mit dessen Hilfe eigene Klänge kreiert werden können (Wavetable-Synthese).

Abschließend sei das Stichwort 3D-Karten erwähnt: Diese ermöglichen die Wiedergabe von Surround-Sound (vgl. Abschnitt 6.2.4.7), was für 3D-Spiele oder DVD-Video interessant ist.

6.2.4.6 Verstärker

Die Ausgangsleistung von Mikrofonen, elektronischen Instrumenten oder Digital-Analog-Konvertern ist viel zu gering, als dass damit ein oder mehrere Lautsprecher angesteuert werden könnten. Die deshalb notwendige Verstärkung erfolgt in der Regel zweistufig mit Vor- und Endstufe. Aufgabe einer Vorstufe ist es, eine möglichst unverzerrte (lineare) Vorverstärkung des gesamten Frequenzbereiches zu liefern. Die auch Power Amplifier genannte Endstufe hingegen dient zur Leistungsverstärkung. Im Hi-Fi-Bereich kommen meistens Vollverstärker zum Einsatz, die Vor- und Endstufe in einem Gerät integrieren. Beachten Sie, dass zur Wiedergabe von Surround-Sound (vgl. nächster Abschnitt) Verstärker mit entsprechenden (AC-3-)Decodern erforderlich sind. Im Tonstudio genügt der Einsatz einer Endstufe, da die Vorverstärkung bereits durch das Mischpult übernommen wird.

Wesentlicher Kennwert einer Endstufe ist ihre Ausgangsleistung in Watt. Je höher der gewünschte Schalldruck ist, umso höher muss die Verstärkerleistung sein. Dabei ist für eine Anhebung des Schalldruckes um 3 dB eine Verdopplung der Leistung notwendig. Wird für 92 dB Schalldruck beispielsweise 1 Watt benötigt, sind dies für 95 dB bereits 2 Watt, für 98 dB 4 Watt. Dies erklärt, weshalb für große Open-Air-Konzerte Endstufen mit einer Gesamtleistung von vielen Tausend Watt zum Einsatz kommen. Hinzu kommt, dass der Schalldruck mit wachsender Entfernung stark abnimmt. Der Verlust beträgt 6 dB bei Verdopplung der Entfernung. Beträgt der Schalldruck 1 m vom Boxenturm entfernt 100 dB, so verbleiben in 16 m Abstand noch 76 dB.

6.2.4.7 Lautsprecher

Funktion

Das letzte Kettenglied der Soundproduktion bildet der Lautsprecher. Zur Umwandlung des elektrischen Signals in mechanische Schallwellen wird beim Lautsprecher das Funktionsprinzip eines Mikrofons einfach umgekehrt. Ein dynamischer Lautsprecher besteht wie ein dynamisches Mikrofon aus einer in einem Magneten frei beweglichen Tauchspule, die mit einer Membran fest verbunden ist. Wird die Spule an eine Wechselspannung angeschlossen, beginnt sie innerhalb des Magnetfeldes zu schwingen. Die damit verbundene Schwingung der Lautsprechermembran überträgt die elektrische in eine mechanische Schwingung der Luftmoleküle. Bei großem Durchmesser der Membran (Tieftöner) werden bevorzugt tiefe Frequenzen erzeugt, bei kleinem Durchmesser (Hochtöner) vor allem hohe Frequenzen. Die meisten Hi-Fi-Lautsprechersysteme bestehen aus diesem Grund aus zwei oder drei Lautsprechern (Zwei- bzw. Drei-Wege-System) unterschiedlicher Durchmesser. Das Musiksignal wird dazu über eine so genannte Frequenzweiche in hohe, mittlere und

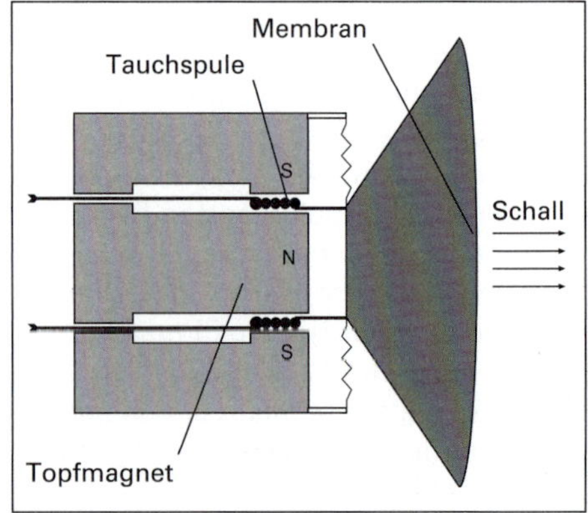

Dynamischer Lautsprecher

tiefe Frequenzen aufgeteilt und danach dem Hoch-, Mittel- und Tieftöner zugeführt.

Für Lautsprecher gilt das eingangs über Mikrofone Gesagte: Qualität hat ihren Preis – für einen High-End-Lautsprecher werden fünfstellige Beträge bezahlt. Leider ist es im Computerbereich gegenwärtig üblich, qualitativ miserable Lautsprecher an die ebenfalls qualitativ miserable Soundkarte des Computers anzuschließen. Musikgenuss wird deshalb zurzeit nur aufkommen, wenn die Möglichkeit besteht, die Soundkarte des Computers mit der Hi-Fi-Anlage zu kombinieren.

Raumklang

Um dem Zuhörer ein Richtungshören zu ermöglichen, sind mindestens zwei Kanäle (Stereo) und somit auch zwei Lautsprecher notwendig. Echter Raumklang (Surround-Sound) wird allerdings erst möglich, wenn weitere Kanäle hinzugenommen werden:

Die größte Bedeutung besitzt derzeit AC-3 (Audio Coding Nr. 3), auch als Dolby Digital bezeichnet (vgl. Abschnitt 6.3.6.1). AC-3 arbeitet mit sechs (alternativ mit sieben) Kanälen, wobei fünf (bzw. sechs) Kanäle das gesamte Frequenzspektrum von 20 bis 20.000 Hz abdecken und der sechste Kanal lediglich für Bässe von 20 bis 120 Hz zuständig ist. Das Verfahren wird kurz als 5.1-System (bzw. 6.1-System) bezeichnet. Für jeden Kanal wird ein eigener Lautsprecher benötigt, diese sollten wie in der Grafik dargestellt platziert werden.

Neben Dolby Digital gibt es weitere Surround-Systeme wie DTS, das infolge geringerer Datenkompression eine bessere Klangqualität erzielt und vor allem im Kino von Bedeutung ist.

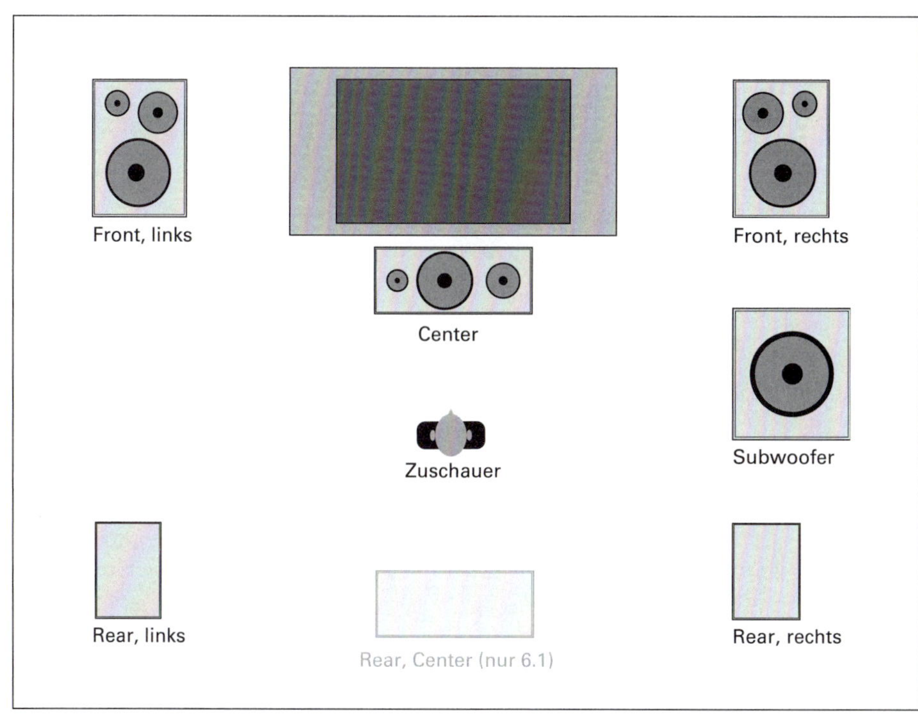

Lautsprecheraufstellung bei 5.1- bzw. 6.1-Surround-Sound

Die Positionierung des Subwoofers ist nicht entscheidend, da Bässe ohnehin nicht in ihrer Richtung geortet werden können.

6.2.5 Soundbearbeitung

6.2.5.1 Aufnahme

Aufbau der Hardware

Wer die Kosten der Anmietung eines Tonstudios scheut, kann mit relativ geringem Aufwand auch eigene Aufnahmen in annehmbarer Qualität machen. Der Aufbau der hierfür benötigten Hardware erfolgt wie in der Abbildung schematisch dargestellt. Wenn kein Mischpult vorhanden ist, können die Eingangsgeräte (CD-Player, Mikrofon, elektronische Instrumente) notfalls auch direkt an die Soundkarte angeschlossen werden.

Bei der Aufstellung des Mikrofons muss – falls keine Sprecherkabine vorhanden ist – unbedingt darauf geachtet werden, dass keine Rückkopplung zu den Lautsprechern entsteht. Diese äußert sich in Form eines schrillen Pfeiftones, der die empfindliche Lautsprechermembran zerstören kann. Wesentlich schlimmer wäre ein geplatztes Trommelfell! Um Rückkopplungen zu vermeiden, müssen die Lautsprecher grundsätzlich vor und niemals hinter dem Mikrofon aufgestellt werden. Sinnvoll ist, während der Aufnahme ausschließlich mit Kopfhörer zu arbeiten.

Bei Aufnahmen von Audio-CDs macht es wenig Sinn, diese über den Analogeingang der Soundkarte durchzuführen, da ja auf der CD bereits digitale Daten vorhanden sind. Die Wandlung von digital in analog und danach wieder in digital ist ohne Qualitätsverluste nicht möglich. Digitale Daten sollten mit Hilfe entsprechender Software direkt auf CD übertragen werden. Dieser Vorgang wird als Audio- oder CD-Grabbing bezeichnet. Diese Option stellen bessere Audioeditoren zur Verfügung, alternativ kann oft die Brennersoftware von CD-R-Laufwerken verwendet werden.

Hardwareaufbau für Sprachaufnahmen

Um Rückkopplungen zu vermeiden, muss das Mikrofon stets hinter den Lautsprechern platziert werden.

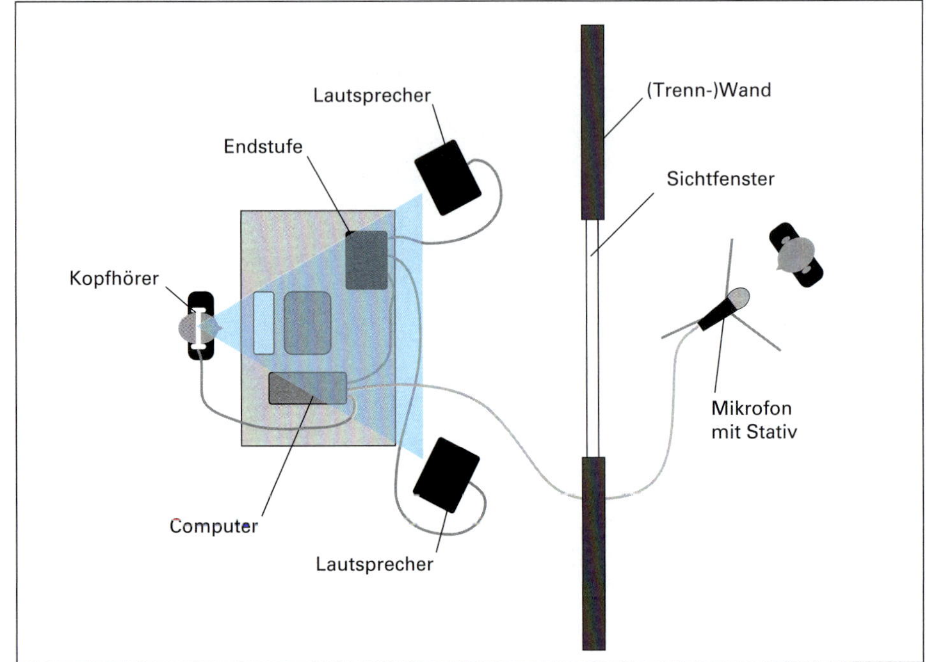

Audioeditoren

Zur Aufnahme und Bearbeitung von Sound gibt es eine Vielzahl von guten Programmen, die im Profibereich um die 500 Euro kosten, teilweise aber als Shareware wesentlich günstiger zu erwerben sind. Ein einheitlicher Standard für Mac und PC hat sich leider bislang nicht etabliert.

Im Tonstudio kommen u. a. folgende „Profi"-Programme zum Einsatz:

- Sound Forge: www.mediasoftware.sonypictures.com
- Wavelab, Cubase: www.steinberg.de
- Pro Tools: www.digidesign.com
- Logic Audio: www.emagic.de
- Adobe Audition: www.adobe.com/products/audition

Neben den hier aufgezählten „Profi"-Programmen gibt es zahlreiche Anwendungen im Bereich der Share- und Freeware, die für den gelegentlichen Einsatz ausreichend sein dürften.

Aufnahmeparameter

Vor der Durchführung einer Aufnahme müssen die Aufnahmeparameter ausgewählt und eingestellt werden. Grundsätzlich gilt, was auch beim Scannen gilt: Nehmen Sie in hoher Qualität auf und reduzieren Sie die Datenmenge am Ende der Bearbeitung auf das benötigte Enddateiformat. Auf die Bedeutung der unten angegebenen Parameter wird in Abschnitt 6.2.3.2 eingegangen:

- Abtastfrequenz (Samplingrate) z. B. 44,1 kHz, 48 kHz, 96 kHz
- Auflösung z. B. 16 Bit, 24 Bit
- Kanalanzahl z. B. Stereo

Für eine Aufnahme in der Qualität einer Audio-CD muss eine Abtastfrequenz von 44,1 kHz, eine Auflösung von 16 Bit

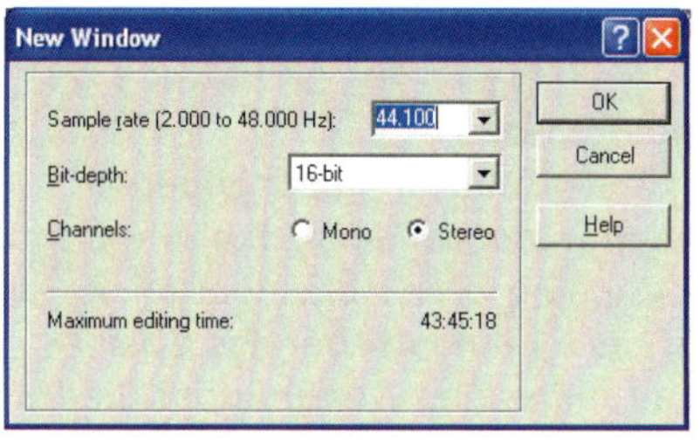

Aufnahmeparameter

Die eingestellten Werte ergeben eine Aufnahme in Audio-CD-Qualität.

und Stereo eingestellt werden. Zu beachten ist, dass etwa 10,1 MB pro Minute anfallen, was bei heutigen Festplatten kein großes Problem mehr darstellt.

Im zweiten Schritt muss der Aufnahmepegel eingestellt werden. Dies kann – falls vorhanden – am Mischpult oder softwaremäßig am Eingang der Soundkarte erfolgen. Grundsätzlich gilt, dass der Pegel so nahe wie möglich an der Aussteuergrenze liegen sollte, um den Abstand zwischen Signal und (unvermeidbarem) Rauschen so groß wie möglich zu machen. Im Unterschied zu Analogaufnahmen dürfen digitale Sounds aber nicht übersteuert werden, da es sonst zum Abschneiden (Clipping) der Abtastwerte kommt. Diese Aufnahmefehler sind deutlich hörbar.

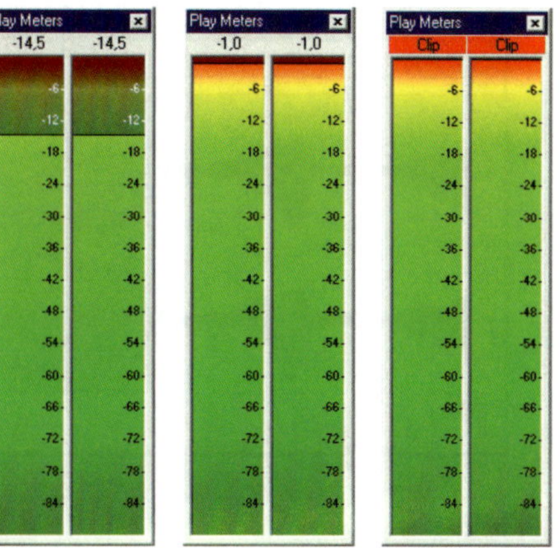

Aussteuerung einer Aufnahme

Von links nach rechts ist eine zu gering, richtig und zu hoch (Clipping) ausgesteuerte Aufnahme zu sehen.

6.2.5.2 Nachbearbeitung

Normalisieren
Wenn im Vorfeld richtig ausgepegelt wird, kommt es bei der Aufnahme nicht zum „Clipping" von Abtastwerten. Andererseits wird dann aber das Spektrum an zulässigen Werten möglicherweise nicht voll ausgenutzt. Diesen Nachteil behebt die Normalisieren-Funktion (Normalize) des Audioeditors: Die Software sucht den größten Pegel der Aufnahme und verstärkt danach alle Pegel derart, dass der maximale Wert exakt an der Aussteuergrenze liegt. Insgesamt erhält man also die gerade noch zulässige Verstärkung, ohne dass es zum Clipping kommt.

Die Normalisieren-Funktion sollte grundsätzlich auf alle Sounds einer Produktion angewandt werden. Dies führt dazu, dass die Sounds bei der Wiedergabe eine einheitliche Lautstärke aufweisen. Es wäre lästig, wenn beim Abspielen einer Multimedia-CD oder Video-DVD ständig am Lautstärkeregler „gedreht" werden müsste, weil sich die Lautstärke dauernd verändert.

Schneiden und Mischen
Das Schneiden von Sound gehört sicherlich zu den wichtigsten Aufgaben der Soundbearbeitung. Ziele könnten sein,

- eine Aufnahme auf eine gewünschte Länge zu reduzieren,
- mehrere Aufnahmen zu einer zu verbinden oder
- Störanteile einer Aufnahme zu löschen.

Die Arbeit mit den „Werkzeugen" Ausschneiden (Cut), Kopieren (Copy) und Einfügen (Paste) erfolgt über die Zwischenablage wie bei der Text- oder Bildbearbeitung: Den gewünschten Bereich markieren, danach ausschneiden oder kopieren und an der gewünschten Stelle einfügen.

Eine besondere Art des Einfügens ist das Mischen von Sound: Hierbei wird

Schnittfenster bei Sound Forge

Zum Schneiden von Sound wird der zu bearbeitende Ausschnitt zunächst markiert. Im zweiten Schritt wird der markierte Bereich ausgeschnitten oder kopiert und an der gewünschten Stelle eingefügt.

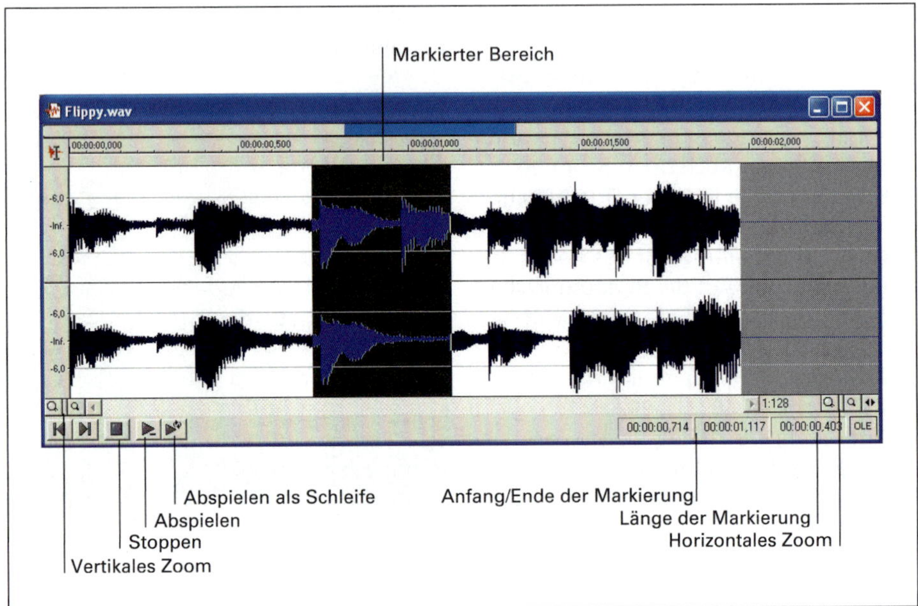

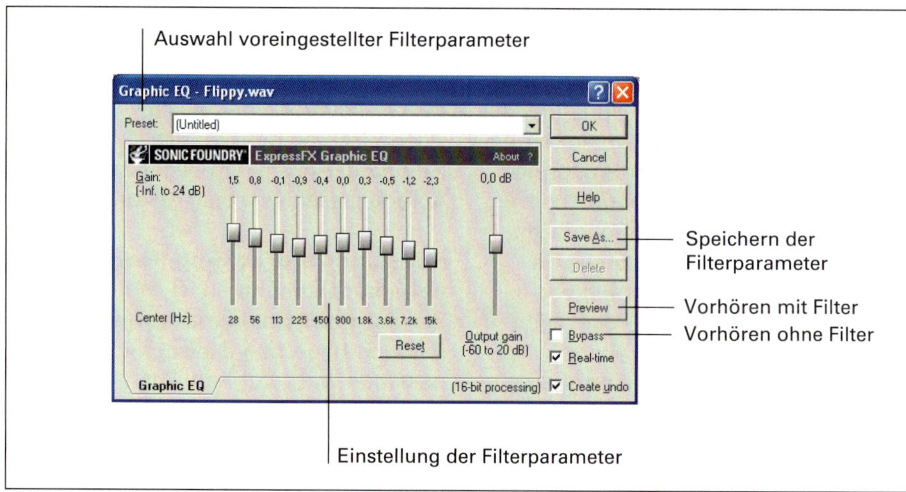

Soundfilter (Equalizer) bei Sound Forge

Wie bei der Bildbearbeitung stehen auch im Bereich der digitalen Soundproduktion zahlreiche Filter zur Verfügung.

der Inhalt der Zwischenablage in einen anderen Sound eingerechnet, so dass beim Abspielen beide Sounds hörbar sind. Ein typisches Anwendungsbeispiel hierfür ist ein Sprechertext, der mit einer Hintergrundmusik hinterlegt werden soll.

Ein- und Ausblenden (Faden)

Auch das Einblenden (Fade-in) oder Ausblenden (Fade-out) eines Sounds gehört zu den Standardfunktionen der Soundbearbeitung. Dabei wird der Soundpegel im ersten Fall sukzessive bis auf null reduziert, im zweiten Fall von null bis zur normalisierten Lautstärke angehoben. Diese Technik wird in der Regel verwendet, um

- die Länge eines Sounds anzupassen,
- einen „weichen“ Übergang zweier Sounds zu erzielen (Crossfade mix),
- eine Soundschleife zu realisieren, wenn ein „Loopen“ nicht möglich ist.

Das Ein- und Ausblenden erfolgt im einfachsten Fall linear – bei besseren Soundeditoren erfolgt das Faden entlang einer beispielsweise logarithmischen Hüllkurve, was dem Hörverhalten unseres Ohres besser entspricht.

Klangregelung (Equalizer)

Mit Hilfe eines Equalizers lassen sich gezielt Frequenzveränderungen vornehmen. Das Frequenzspektrum der Aufnahme wird hierzu in „Frequenzbänder“ unterteilt, die individuell verstärkt oder abgeschwächt werden können. So lassen sich beispielsweise tiefe Frequenzen (Bässe) verstärken und hohe Frequenzen (Höhen) absenken. Diese Regelmöglichkeit ist von der heimischen Stereoanlage bekannt. Alternativ kann auch gezielt nach Störfrequenzen (Rauschen, Pfeifton, S-Laute in Sprachaufnahmen) gesucht werden, um diese aus dem Gesamtsignal zu filtern.

Tonhöhenänderung (Pitching)

Wer schon einmal auf einem Synthesizer gespielt hat, kennt den dort vorhandenen Pitch-Bend-Regler zur manuellen Tonhöhenänderung. Auch elektrische Gitarren besitzen oft einen Pitch-Hebel, um das „Ziehen“ von Akkorden nach unten oder oben zu ermöglichen.

Mit Hilfe des Pitchreglers lässt sich die Tonhöhe einer Aufnahme in beiden Richtungen verändern, also erhöhen oder absenken. Ersteres führt im

Extremfall zu der bekannten „Micky-Maus-Stimme" und Letzteres zu einer tiefen und unnatürlichen „Roboterstimme". In Maßen eingesetzt kann der Filter jedoch durchaus zu einer Verbesserung des Klangbildes beitragen. Weiterhin wird der Filter dazu verwendet, unterschiedliche Tonhöhen von Sounds aneinander anzupassen. Die Funktion entspricht dann dem Stimmen von Instrumenten.

Zeitveränderung (Time compress/ Time expand)
Oft kommt es vor, dass zur Nachvertonung einer Multimedia-Produktion oder eines Videos die Länge des Sounds nicht mit der Filmdauer übereinstimmt. Abhilfe bietet hier die Möglichkeit, die Dauer des Sounds zu verändern, *ohne* dass hiervon die Tonhöhe betroffen ist. Im Unterschied zum Pitching verändert sich der Sound klanglich also nicht. Die Software verlängert bzw. verkürzt lediglich die Pausen.

Chorus, Hall und Echo
Chorus, Hall und Echo sind vermutlich die am häufigsten angewandten Filter, wenn es um die Verbesserung einer Sprach- oder Gesangsaufnahme geht. Da diese Aufnahmen „trocken", also in einer schalldichten und -absorbierenden Umgebung gemacht werden, klingen diese im Original nüchtern und steril.

Mit Hilfe von Chorus wird dem Original ein in der Tonhöhe leicht modifiziertes Signal zeitverzögert hinzugefügt. Dies bewirkt, dass die Stimme voller klingt.

Reverb (Hall) simuliert die Schallreflexionen innerhalb eines Raumes. Hierbei kann der gewünschte Raum ausgewählt werden, zum Beispiel eine Halle, Kirche oder ein Konzertsaal.

Ein Echo hat jeder schon einmal bei einer Bergwanderung erlebt. Auch beim elektronisch hinzugefügten Echo handelt es sich um eine zeitlich verzögerte Wiederholung des Originals. Verzögerungszeit, Anzahl und Pegel der Wiederholung lassen sich hierbei vorgeben.

Rauschunterdrückung (Noise Gate)
Bei Sprachaufnahmen ist es trotz großer Sorgfalt nicht immer vermeidbar, dass ein Rauschen (Noise) mit aufgenommen wird. Zur Reduktion dieses Rauschens gibt es Filter zur Rauschunterdrückung. Hierzu muss eine Schwelle in dB vorgegeben werden, unterhalb der ausgefiltert wird. Wenn beispielsweise ein Rauschsignal bei –45 dB liegt, dann muss diese Schwelle knapp oberhalb von –45 dB eingestellt werden.

Schleifen (Loops)
Multimediale Produkte sind in der Regel interaktiv. Für die Nachvertonung bedeutet dies, dass die benötigte Länge eines Sounds nicht vorherbestimmt werden kann, da die Verweildauer auf einem bestimmten Screen vom Benutzer abhängig ist. Um dieses Problem zu umgehen, müssen Anfang und Ende eines Sounds aufeinander abgestimmt werden, so dass der Sound später als Schleife (Loop) abgespielt werden kann. Es leuchtet ein, dass das Loopen eines Sounds nicht generell möglich ist. Oft passen Anfang und Ende vom Rhythmus, der Melodie und dem Takt nicht zusammen.

Abhilfe schaffen hier CDs, die ausschließlich Soundloops enthalten. Aus diesen lassen sich mit etwas Geschick neue Sounds „sampeln", für die dann auch keine GEMA-Gebühr bezahlt werden muss.

6.2.6 Midi

Bei einer Abhandlung über Soundproduktion darf das Thema MIDI (Musical Instrument Digital Interface) nicht fehlen. Es handelt sich dabei um eine 1983 definierte und standardisierte Schnittstelle zur Steuerung elektronischer Musikinstrumente. Entscheidend dabei ist, dass keine Sounddaten übertragen werden, sondern lediglich Steuerinformationen wie zum Beispiel Tonhöhe, Tondauer, Tastendruck und Lautstärke. Diese Daten benötigen wesentlich weniger Speicherplatz als Sounddaten und eignen sich deshalb ideal zur Datenübertragung. Bis zu 16 MIDI-Instrumente oder -Geräte lassen sich zu einer „Kette" verbinden. Jedes Instrument bekommt einen MIDI-Kanal zugeteilt, so dass beim Abspielen einer MIDI-Komposition vom Computer jeder Synthesizer die ihm zugeordneten Daten erhält. Damit Synthesizer unterschiedlicher Hersteller austauschbar sind, definiert eine „General MIDI" genannte Norm Programmnummern für 128 Instrumente. Programmnummer 001 ist somit bei allen MIDI-Synthesizern das Akustische Piano, 041 die Violine, 057 die Trompete usw.

Zur Verbindung von MIDI-Instrumenten dienen Kabel mit fünfpoligen DIN-Steckern. Dabei werden drei Anschlüsse unterschieden:

- MIDI IN: Eingang zum Empfangen von MIDI-Daten
- MIDI OUT: Ausgang zum Senden von MIDI-Daten
- MIDI THRU: Weiterleitung der MIDI-IN-Daten an weitere MIDI-Geräte

An einen Computer können die MIDI-Instrumente mittels Adapter-Kabel an den Joystick-Anschluss (Gameport) der Soundkarte angeschlossen werden. Professionelle Lösungen setzen spezielle MIDI-Interface-Karten ein.

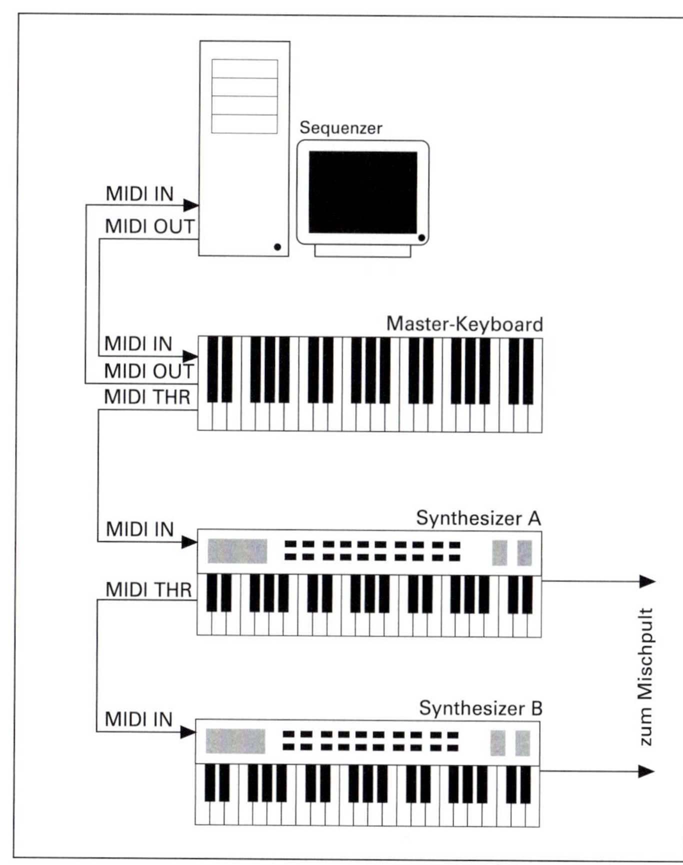

Die Software zum Arrangement von MIDI-Songs wird als Sequenzer bezeichnet. Über verschiedene Spuren lassen sich die benötigten Instrumente nacheinander einspielen und beliebig editieren. Ein Song kann somit Stück für Stück „zusammengebaut" werden. Beispielsweise könnte er mit einer Bass-Linie beginnen und das Schlagzeug im Anschluss ergänzt werden. Später lässt sich über Mikrofon und Mischpult eine Gesangsspur digitalisieren und hinzufügen. Gerade die Kombination von Audio- und MIDI-Spuren eröffnet dem Komponisten nahezu unbegrenzte Möglichkeiten.

MIDI

Das Master-Keyboard dient einerseits zum Einspielen der Soundsequenzen in die Sequenzer-Software des PCs, andererseits zur Weitergabe der Daten vom PC an die beiden Synthesizer. Die MIDI-Kette kann auf bis zu 16 Instrumente verlängert werden.

6.2.7 Aufgaben „Soundproduktion“

Aufgabe 6.2.7.1
Grundbegriffe der Audiotechnik kennen

Welche Aussagen sind wahr, welche falsch?

a. Die Frequenz ist ein Maß für die Höhe eines Tones.
b. Der Hörbereich des Menschen liegt zwischen 20 Hz und 20 kHz.
c. Der Frequenzbereich unterhalb von 20 Hz wird als Ultraschall bezeichnet.
d. Ein hoher Ton besitzt eine niedere Frequenz, ein tiefer Ton eine hohe Frequenz.
e. Die Höhe (Amplitude) einer Schwingung ist ein Maß für die Stärke des Tones.
f. Unser Ohr bzw. Gehirn „arbeitet“ logarithmisch.
g. Klänge bestehen aus einem Grundton plus Obertönen.
h. Obertöne über 20 kHz werden nicht wahrgenommen.

Aufgabe 6.2.7.2
Kennwerte digitalen Sounds verstehen

Bei der Digitalisierung von Sound spielen die Kennwerte *Abtastfrequenz* (Samplingrate) und *Auflösung* eine zentrale Rolle.

a. Wie ist die Abtastfrequenz definiert und welche Einheit besitzt sie?
b. Wie hoch muss die Abtastfrequenz nach dem Shannon-Theorem mindestens gewählt werden?
c. Wie ist die Auflösung definiert und wie werden Auflösungen angegeben?
d. Nennen Sie für beide Kennwerte jeweils zwei typische Werte.

Aufgabe 6.2.7.3
Datenmenge von Sound berechnen

Eine analoge Musikaufnahme wird mit folgenden technischen Parametern digitalisiert:

- Abtastfrequenz: 44,1 kHz
- Auflösung: 16 Bit
- Stereo

a. Welche Datenmenge in Megabyte liefert die Digitalisierung einer 30-minütigen Aufnahme?
b. Wie viel Minuten passen auf eine CD-R, wenn diese maximal 700 MB an Daten fasst?

Aufgabe 6.2.7.4
Datenmenge von Sound berechnen

Ein vierminütiger Sound besitzt eine Datenmenge von 3,78 MB.

a. Berechnen Sie den Datenstrom in Kilobit/s.
b. Wäre ein Streaming des Sounds über zwei ISDN-Kanäle (mit je 64 Kilobit/s möglich?

Aufgabe 6.2.7.5
Datenmenge von Sound berechnen

Für eine multimediale Lern-CD für Englisch stehen zur Verfügung:

- Gesamt-Datenmenge: 150 MB
- Gesamt-Aufnahme: 3 h

Welches Dateiformat wählen Sie, wenn eine möglichst hohe Soundqualität erzielt werden soll?

a. 196-kbps-MP3
b. 128-kbps-MP3
c. 96-kbps-MP3

Aufgabe 6.2.7.6
Sound nachbearbeiten

a. Nennen Sie zwei Audioformate, die Sound ohne Qualitätsverlust speichern.
b. Wie heißt das wichtigste Audioformat mit Datenkompression?
c. Nennen Sie zwei Audioformate, die Streaming ermöglichen.

Aufgabe 6.2.7.7
Audioformate kennen

Erklären Sie die genannten Möglichkeiten der Soundbearbeitung:

a. Normalisieren
b. Schneiden
c. Loopen
d. Faden

6.3 Videoproduktion

6.3.1 Grundlagen der Fernseh- und Videotechnik

6.3.1.1 Interlaced-Verfahren

Der Begriff „Interlaced“ bezeichnet eine Technologie, bei der ein Fernseh- oder Videobild aus zwei Halbbildern zusammengesetzt wird. Die Technologie entstammt den Anfängen des Fernsehens und wurde als Kompromiss eingeführt, da das Fernsehbild in dieser Zeit noch nicht in genügend großer Bandbreite übertragen werden konnte.

Das Interlaced-Verfahren verwendet einen technischen Trick, um unser Auge zu überlisten: Damit ein Fernsehbild (einigermaßen) flimmerfrei dargestellt wird, muss es eine Bildwiederholfrequenz von mindestens 50 Hz besitzen. Diese hohe Bildwiederholfrequenz war zur damaligen Zeit noch nicht möglich. Die Idee besteht nun darin, statt 50 Vollbilder lediglich 50 Halbbilder zu übertragen. Das erste Halbbild überträgt dabei die ungeradzahligen Zeilen des ganzen Bildes 1, 3, 5, 7, 9, 11 usw., das zweite Halbbild überträgt die geradzahligen Zeilen des ganzen Bildes 2, 4, 6, 8, 10, 12 usw. Für das westeuropäische PAL-Fernsehen bedeutet dies konkret, statt 625 Zeilen pro Bild nur 312,5 Zeilen zu senden.

Das Fernsehbild besteht also tatsächlich aus 25 Vollbildern pro Sekunde. Durch die Trägheit des Auges und das Nachleuchten der Phosphorschicht in der Bildröhre handelt es sich scheinbar um ein 50-Hz-Bild. Übrigens: Auch 100-Hz-Fernseher erhalten als Eingangssignal ein 50-Hz-Interlaced. Die Frequenzverdopplung erfolgt erst im Fernseher.

Im Prinzip ist die Halbbildtechnik bei den modernen technischen Möglichkeiten nicht mehr unbedingt erforderlich. Mit der schrittweisen Einführung des digitalen Fernsehens wird die Interlaced-Technologie in absehbarer Zeit durch Vollbilder (Progressive Scan) abgelöst werden.

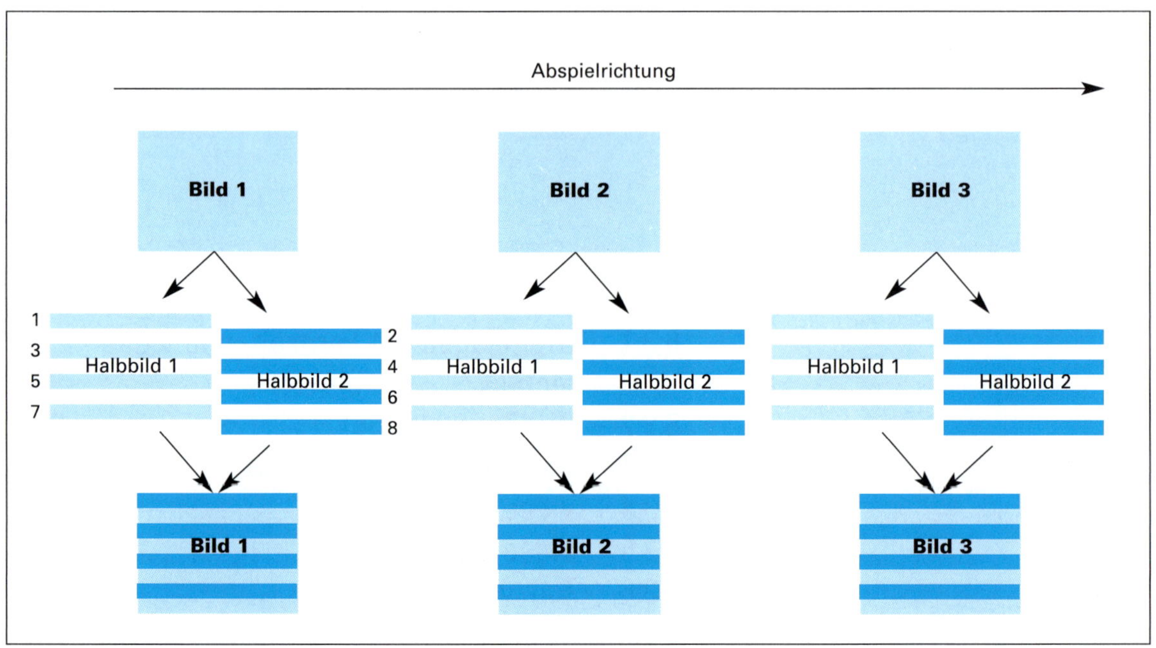

6.3.1.2 Fernsehnormen

NTSC (525/60)

Die Fernsehübertragungsnorm wurde 1953 in den USA und Kanada vom „National Television System Committee" eingeführt. Dieses in den USA bis heute gebräuchliche System verwendet 525 Bildzeilen, wovon allerdings lediglich 480 Zeilen sichtbar sind. Das Bild wird in 60 Halbbildern (Interlaced) übertragen, was eine Bildwiederholfrequenz von 60 Hz (genau 59,94 Hz) ergibt. Der NTSC-Farbträger besitzt eine Frequenz von 3,58 MHz und eine Horizontalfrequenz von 525 Zeilen x 30 Hz gleich 15.750 Hz. (Hinweis: Die Erklärung der Begriffe Bildwiederhol- und Horizontalfrequenz finden Sie in Abschnitt 3.1.7.1.)

Für das NTSC-Ausgabeformat ist zwingend ein Multinorm-Fernseher zu verwenden, weil reine PAL-Fernseher, wie in Westeuropa üblich, den NTSC-Farbträger auf der Frequenz von 3.58 MHz nicht erkennen können und darum nur ein Schwarz-Weiß-Bild anzeigen.

PAL (625/50)

NTSC besitzt vor allem im wichtigen Bereich der Hauttöne farbliche Schwächen. Wegen dieser Farbübertragungsfehler erfolgte in Europa eine Modifikation des Systems. 1962 wurde das PAL-System (Phase Alternation Line) in Westeuropa – außer in Frankreich – eingeführt.

PAL verwendet 625 Bildzeilen, davon sind 576 Zeilen sichtbar. Das Bild wird in 50 Halbbildern (Interlaced) übertragen, was eine Bildwiederholfrequenz von 50 Hz ergibt. Der PAL-Farbträger besitzt eine Frequenz von 4,43 MHz. Ein PAL-Bild benötigt eine Horizontalfrequenz von 625 Zeilen x 25 Hz gleich 15.625 Hz.

SECAM

In Frankreich wurde ab 1957 das SECAM-Verfahren (Séquentielle à mémoire) verwendet. Die technischen Parameter von SECAM können Sie der Tabelle entnehmen – sie entsprechen weitgehend der PAL-Norm. Dieses Verfahren weist vor allem bei extremen und schnellen Farbwechseln deutliche Flimmereffekte auf.

HDTV

Die Ablösung von PAL und NTSC könnte durch das hochauflösende Fernsehen HDTV (High Definition Television) erfolgen. Entscheidend hierbei ist eine Änderung des bisherigen Seitenverhältnis-

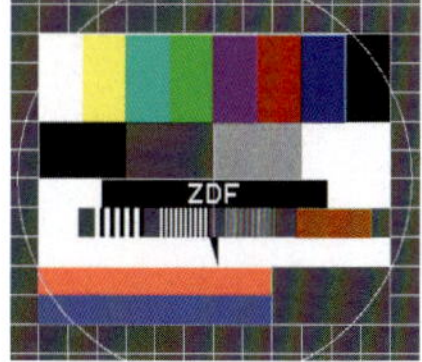

Farbtestbild

(Quelle: www.tv-testbild.com)

Norm	NTSC	PAL	SECAM	HDTV	XGA
Bildformat	4:3	4:3	4:3	16:9	4:3
Zeilenzahl gesamt/sichtbar	525/480	625/576	625/580	divers: 1.250, 1.125, 1.050	768/768
Bildwiederholfrequenz (Framerate) in Hz	30 (29,97)	25	25	divers: 24 bis 30	variabel, z.B. 100
Zeilenfrequenz in Hz	15.750	15.625	15.625	divers	divers
Interlaced	ja	ja	ja	wahlweise	nein
Digitale Auflösung in px	720 x 480	720 x 576	720 x 576	divers, z.B. 1.920 x 1.080	1.024 x 768
Einsatz	USA, Japan	Westeuropa	Frankreich, Osteuropa	global	global

Fernsehnormen

Beachten Sie, dass es sich bei XGA um *keine* Fernsehnorm handelt. Das im Computerbereich gebräuchliche Format wurde nur zum Vergleich in die Tabelle aufgenommen.

ses von 4:3 bei PAL und NTSC auf 16:9 (vgl. Abschnitt 6.3.1.3).

Bislang hat sich die Industrie noch nicht auf einen Standard einigen können, so dass für HDTV zurzeit unterschiedliche Zeilenangaben zwischen 1.050 (doppelte NTSC-Auflösung) und 1.250 (doppelte PAL-Auflösung) genannt werden. Auch für die Bildwiederholfrequenz gibt es keinen Standard.

Bildformate

Die Screenshots zeigen von oben nach unten die Bildformate:
- 4:3 (1,33:1)
- 16:9 (1,78:1)
- Cinemascope (2,35:1)

PAL-60 oder NTSC 4.43

Damit ein NTSC-Bild auf einem PAL-Fernseher dargestellt werden kann, muss es mit der PAL-Frequenz von 4,43 MHz gesendet werden. Die Zeilenzahl von 480 sichtbaren Zeilen und die Bildwiederholfrequenz von 60 Hz bleiben jedoch erhalten.

PAL-DVD und NTSC-DVD

DVDs werden länderabhängig in der PAL- oder NTSC-Norm produziert. Andere Farbsysteme wie SECAM werden nicht berücksichtigt.

6.3.1.3 Bildformate

Das Bildformat beschreibt das Seitenverhältnis Breite zu Höhe. Hierbei werden folgende Formate unterschieden:

4:3

Sowohl bei PAL als auch bei NTSC beträgt das Bildverhältnis 4:3. Dividiert man 4 durch 3 ergibt sich 1,33. Dies besagt, dass das Bild ein Seitenverhältnis von 1,33:1 (Breite:Höhe) besitzt.

16:9

Bei HDTV und dem im vorherigen Abschnitt nicht beschriebenen PAL plus wurde das Bild verbreitert: 16:9 entspricht einem Seitenverhältnis von 1,78:1. Dies kommt den physikalischen Eigenschaften des Auges näher, da unser horizontaler Sichtbereich nahezu 180° beträgt, während wir vertikal lediglich etwa 30° scharf sehen können. Es ist also sinnvoll, ein Bild deutlich breiter als hoch zu machen.

Cinemascope

Kinofilme werden im Cinemascope-Format produziert. Dieses verwendet ein Seitenverhältnis von 2,35:1. Den physikalischen Eigenschaften des Auges wird hierbei also noch besser Rechnung getragen als bei 16:9.

4:3-Fernseher

Die unterschiedlichen Bildformate führen zu nicht unerheblichen Problemen bei der Darstellung des Bildes durch einen 4:3-Fernseher. Da diese Geräte ein festes Seitenverhältnis besitzen, muss eine Anpassung des gesendeten Bildformats an das Format des Fernsehers erfolgen. Hierbei stehen grundsätzlich zwei Möglichkeiten zur Verfügung:

- *Letterbox-Verfahren*
  Das Verfahren hat seinen Namen daher, dass der Betrachter einen Bildausschnitt sieht, der dem Blick durch einen Briefkastenschlitz ähnelt: Oben und unten sind schwarze Balken sichtbar. Auf diese Weise gelingt es, das 16:9- oder Cinemascope-Format in voller Breite auf einem 4:3-Fernseher darzustellen.
- *16:9 anamorphotisch*
  Die Alternative zur Letterbox ist die Anpassung des 16:9-Bildes durch Streckung in vertikaler Richtung. Ein derartiges 16:9-Bild im 4:3-Format wird als „anamorphotisch" bezeichnet. Hierdurch entfallen die schwarzen Balken, allerdings wird das Bild verzerrt – Gesichter werden als „Eierköpfe" dargestellt.
- *16:9-Umschaltung*
  Fernseher mit 16:9-Umschaltung gestatten es, die Verzerrung rückgängig zu machen. Hierbei wird das Bild in horizontaler Richtung ebenfalls gestreckt. Zur Darstellung im 4:3-Format muss folglich links und rechts ein Teil des Bildes abgeschnitten werden.

Letterbox

Bei der Darstellung eines 16:9- oder Cinemascope-Formats auf einem 4:3-Fernseher in voller Breite sind oben und unten schwarze Balken sichtbar.

16:9 anamorphotisch

Durch vertikale Streckung des Bildes wird das Format an das 4:3-Bildverhältnis angepasst – aus Köpfen werden „Eierköpfe".

16:9-Umschaltung

Das Bild wird horizontal gestreckt, so dass die vertikale Verzerrung ausgeglichen wird. Der Preis hierfür ist, dass links und rechts ein Teil des Bildes abgeschnitten wird.

16:9-Fernseher

Zur Darstellung eines 4:3-Bildes auf einem 16:9-Fernseher gilt umgekehrt:

- Anpassung der Höhe: Links und rechts sind schwarze Streifen sichtbar.
- Anpassung der Breite: Oben und unten müssen Bildbereiche abgeschnitten werden, da es sonst zu einer verzerrten Darstellung kommt.

Norm	Aufbau	Leitung	Anwendung
RGB	R: Rot G: Grün B: Blau	3	Computermonitor
YUV	Y: Helligkeit U: Farbdifferenzsignal V: Farbdifferenzsignal	3	Studio
Y/C	Y: Helligkeit C: Farbe	2	Hi-8, S-VHS
FBAS	Farbe und Helligkeit als Summensignal	1	Fernsehen, VHS

6.3.1.4 Analoge Signale

Vergleichbar mit den verschiedenen Farbräumen wie RGB, Lab, CMYK im Bereich der Bildverarbeitung gibt es auch im Bereich der Fernseh- und Videotechnik unterschiedliche Signale, die im Folgenden kurz erläutert werden sollen:

YUV (YCbCr)

Computermonitore arbeiten bekanntlich mit den drei Farbsignalen Rot, Grün und Blau, kurz RGB. Die Helligkeit des Bildes ist in den drei Farbsignalen enthalten. In der Fernseh- und Videotechnik war und ist es wünschenswert, das Helligkeitssignal als separates – von der Farbe getrenntes – Signal zur Verfügung zu haben. Denken Sie beispielsweise an die Ursprünge des Schwarz-Weiß-Fernsehens. Die Helligkeit Y lässt sich aus den drei Farbsignalen nach folgender Formel errechnen:

$$Y = 0{,}3\ R + 0{,}59\ G + 0{,}11\ B$$

Wie Sie sehen trägt Grün mit knapp 60% den höchsten Anteil zur Helligkeit bei, die dunkle Farbe Blau den niedrigsten Anteil.

Zur Beschreibung der Farbanteile werden aus dem RGB-Signal zwei Farbdifferenzsignale U und V gebildet.

Bei YUV handelt es sich also um eine Transformation von RGB in ein Signal, das sich aus einem Helligkeits- und zwei Farbanteilen zusammensetzt. Wegen seiner drei Anteile ist es nicht sendefähig, sondern der professionellen Bearbeitung im Studio vorbehalten.

Y/C (S-Video)

Durch Zusammenfassung der Farbsignale U und V zu einem gemeinsamen Signal C lässt sich eine der drei Leitungen einsparen.

Y/C kam vorzugsweise im Bereich der semiprofessionellen Videoproduktion zum Einsatz. Noch vor einigen Jahren spielten (analoge) S-VHS- oder Hi-8-Kameras eine wichtige Rolle.

Durch die explosionsartige Verbreitung der digitalen Videotechnik hat Y/C heute weitgehend an Bedeutung verloren.

FBAS Composite

FBAS steht für Farbe Bild Austast Synchron und stellt bis heute die Signalform von Fernsehen und VHS-Video dar. Helligkeit und Farbe werden hierbei zu einem einzigen Signal zusammengefasst und damit sendefähig. Es leuchtet ein, dass die Qualität gegenüber YUV deutlich geringer ist.

Zur Wiedergabe des FBAS-Signals muss der Fernseher über Filter die RGB-Anteile des FBAS-Signals ermitteln, was nicht vollständig gelingt. Jeder von Ihnen kennt die Störungen, die beispielsweise bei Personen mit karierter Kleidung sichtbar werden. Dieser Fehler wird als Cross Color bezeichnet.

6.3.1.5 Digitale Signale

Zur Digitalisierung eines Fernseh- oder Videosignals wird das Signal mit der höchsten Qualität herangezogen. Wie im vorherigen Abschnitt erläutert ist dies YUV, hier als YCbCr bezeichnet.

Wie in Abschnitt 2.1.1.2 beschrieben muss das analoge Videosignal im ersten Schritt abgetastet werden. Die Abtastfrequenz wurde auf 13,5 MHz festgelegt und liegt damit wesentlich höher als die für Sound benötigte Abtastfrequenz von z.B. 44,1 kHz. Der Grund ist, dass in einem Bildsignal wesentlich mehr Informationen enthalten sind als in einem Tonsignal.

Im zweiten Schritt findet die eigentliche Digitalisierung statt, wobei mit Auflösungen von 8 oder 10 Bit gearbeitet wird. Im Vergleich zu Sound (16 oder 24 Bit) ist bei Video also eine geringere Auflösung ausreichend.

4:4:4

Bei der Digitalisierung nach dem 4:4:4-Verfahren werden die drei Signale Y, Cb und Cr mit der gleichen Abtastfrequenz von 13,5 MHz digitalisiert. Es ergibt sich hierdurch die beste Bildqualität, allerdings auch die höchste Datenmenge.

4:2:2

Zur Reduktion der Datenmenge werden bei diesem Verfahren die beiden Farbanteile Cb und Cr lediglich mit der halben Abtastfrequenz abgetastet (Color Subsampling). Dabei werden für jeweils vier Pixel zwar alle vier Helligkeitswerte, aber lediglich zwei Farbwerte gespeichert. Wie die Abbildung zeigt reduziert sich die Datenmenge hierdurch bereits um 33%.

4:2:0

Eine noch stärkere Reduktion der Farbinformationen stellt das beim DV-Format verwendete 4:2:0-Verfahren dar. Hierbei werden von vier Pixel alle vier Helligkeitsinformationen, aber lediglich ein Viertel der Farbinformationen gespeichert. Die Datenmenge reduziert sich im Vergleich zu 4:4:4 um 50%.

Videodigitalisierung

Die Grafik visualisiert die Reduktion der Datenmenge:
oben: 4:4:4
Mitte: 4:2:2
unten: 4:2:0

Y

Cb

Cr

Y
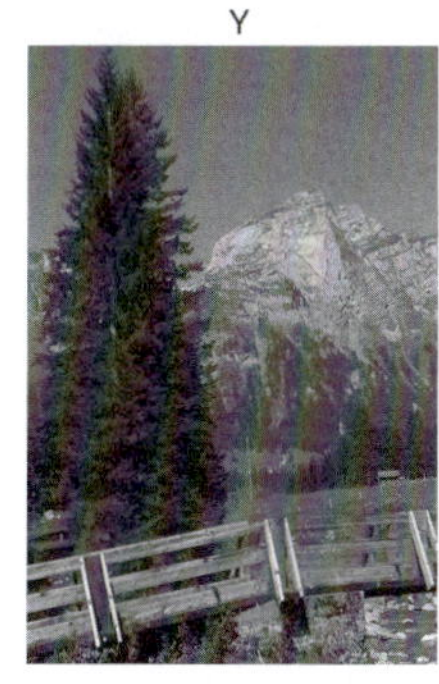
Cb

Cr

Y

Cb

Cr

6.3.2 DV (Digital Video)

Digital Video (DV) wurde von Sony im Jahr 1996 eingeführt. Zehn Jahre später hat der digitale Videostandard die bislang verbreiteten analogen VHS- und S-VHS-Systeme weitgehend vom Markt verdrängt. Analoge Technik ist nur noch im Profibereich zu finden, wobei auch hier eine vollständige Ablösung durch digitale Profiformate wie Digital Betacam absehbar ist. Die Vorteile von DV liegen auf der Hand:

- DV-Daten werden verlustfrei von Camcordern auf PC (und zurück) überspielt. Damit lassen sich die bekannten Qualitätsverluste vermeiden, die vielen Nutzern von der Übernahme bzw. Digitalisierung analoger Videodaten von VHS- oder S-VHS-Bändern geläufig sind.
- Digitales Video besitzt eine deutlich höhere Auflösung und damit bessere Qualität als VHS und S-VHS.
- DV-Signale beinhalten nicht nur digitale Videosignale, sondern auch Audiospuren, Timecode, Datacode und Gerätesteuerungsfunktionen. Mit nur einer einzigen vierpoligen Kabelverbindung (Firewire) können DV-Informationen bidirektional, also in zwei Richtungen, übertragen werden.

6.3.2.1 Technische Daten

DV basiert auf der europäischen Fernsehnorm PAL bzw. der amerikanisch/japanischen Fernsehnorm NTSC. Seine Auflösungen betragen also:

- DV-PAL: 720 x 576 Pixel
- DV-NTSC: 720 x 480 Pixel

Das Bildverhältnis ist in beiden Fällen 4:3, wobei sich keine quadratischen, sondern leicht längliche Pixel ergeben.

Auch für das HDTV-Format 16:9 beträgt die Auflösung bei PAL 720 x 576 Pixel. Wie in Abschnitt 6.3.1.3 beschrieben führt dies zu einer anamorphotischen Verzerrung des Bildes, die bei der Wiedergabe ausgeglichen werden muss.

Die Vertikalfrequenz von DV-PAL beträgt 25 Vollbilder bzw. 50 Halbbilder pro Sekunde. Gemäß Abschnitt 6.3.1.1 wird beim Interlaced-Modus ein Bild als zwei Halbbilder übertragen, das erste mit geraden, das zweite mit ungeraden Zeilenzahlen.

Die Datenkompression erfolgt bei DV über ein abgewandeltes MPEG-2-Verfahren, auch I-MPEG genannt. Dieses ermöglicht im Unterschied zu MPEG-2 das bildgenaue Schneiden des Videos. Letzteres ist bei MPEG-2 nur bei den I-Frames möglich (vgl. Abschnitt 6.3.4.2).

Die Digitalisierung erfolgt gemäß 4:2:0-Spezifikation. Der Datenstrom eines DV-Signals ist konstant und be-

DV im Überblick	
Bildformat	720 x 576 Pixel (PAL) 720 x 480 Pixel (NTSC)
Bildwiederholung bei DV-PAL bei DV-NTSC	 25 Vollbilder 50 Halbbilder (Interlaced) 30 Vollbilder 60 Halbbilder (Interlaced)
Datenkompression	MPEG-2 (modifiziert) auch I-MPEG
Digitalisierung	4:2:0
Datenstrom	25 MBit/s
Ton	12, 32, 48 kHz 12 oder 16 Bit 2 oder 4 Kanäle
Timecode	SMPTE
Datacode	Datum, Uhrzeit, Blende, Weißabgleich
Bänder	DV-Band bis 240 min Mind-DV-Band bis 60 min

trägt 25 MBit/s. Eine Minute DV-Video ergibt hochgerechnet also eine Datenmenge von etwa 214 MB.

Der Ton wird mit Abtastfrequenzen von 12, 32 oder 48 kHz unkomprimiert aufgenommen und mit 12 oder 16 Bit digitalisiert. Wahlweise sind zwei (Stereo) oder – bei teuren Spezialkameras – vier Kanäle möglich.

Der Timecode wird im SMPTE-Format 00:00:00:00 geschrieben.

Der Datacode beinhaltet – wie bei Digitalkameras – Aufnahmedatum, Uhrzeit, Blendenöffnung und Weißabgleich.

Weitere DV-Daten sind Kamera- bzw. Recordereinstellungen und Laufwerksfunktionen, die das anzusteuernde Laufwerk besitzt, wie etwa Wiedergabe, Vor- oder Zurückspulen und Einzelbildschaltung. Dadurch ist eine vollständige Steuerung von DV-Geräten als Zuspieler und Aufnahmerecorder möglich.

DV-Video wird auf Magnetbandkassetten gespeichert, wobei Standard-DV-Bänder bis zu 270 und Mini-DV-Bänder bis zu 80 Minuten Video speichern.

6.3.2.2 Digitale Videokameras

DV-Camcorder

Digitale Camcorder kombinieren eine ausgezeichnete Bildqualität mit kleinen bis mittleren Gehäusegrößen. Das aufgenommene Bild wird während der Aufnahme digitalisiert, komprimiert und in digitaler Form im Schrägspurverfahren auf Magnetband-Kassetten (DV-Bänder) aufgezeichnet.

DV ist als Verfahren herstellerübergreifend standardisiert. Camcorder – eine Kombination von Kamera und Recorder – werden von etlichen Firmen wie JVC, Sony, Canon oder Panasonic angeboten. Trotz der hohen Qualität von Bild und Ton wurde das DV-Format für

Bauformen von Camcordern

Digitaler Camcorder mit LCD-Monitor

(Quelle: Panasonic)

Mittelgroßer digitaler Camcorder mit LCD-Monitor, der sich mit ein oder zwei Händen führen lässt.

(Quelle: Canon)

Professioneller 16:9-Camcorder mit großem LCD-Display, der mit Schulterstütze erweitert werden kann.

(Quelle: Panasonic)

den Amateurbereich konzipiert. Bei der Auswahl eines Camcorders sollten Sie folgende Kriterien beachten:

- 1CCD oder 3CCD: Das Herzstück eines digitalen Camcorders stellt das CCD-Element dar, das für die Umsetzung der einfallenden Lichtmenge in elektrische Signale zuständig ist. Während einfache Camcorder lediglich ein CCD-Element besitzen und die Grundfarben Rot, Grün und Blau im Anschluss durch Filter getrennt werden, werden im Profibereich Kameras mit drei CDD-Elementen für den Rot-, Grün- und Blauanteil des einfallenden Lichts eingesetzt.

- Blende und Verschlusszeit sollten wahlweise auch manuell einstellbar sein.
- Für das Heranzoomen von Objekten spielt nur das optische Zoom eine Rolle. Ein digitales Zoom ist letztlich nur eine rechnerische Vergrößerung des Bildausschnitts.
- Größe und Gewicht: Auf den ersten Blick sind die kleinen Camcorder ungemein attraktiv: Kleine Gehäuse bieten hervorragende Videoqualität in kompakten, preiswerten Geräten. Diese Geräte können überall mitgenommen und problemlos mit einer Hand bedient werden. Der Nachteil ist in einer gewöhnungsbedürftigen Kameraführung zu sehen, Verwacklungen sind häufig zu beobachten und die Kameraführung erfordert eine hohe Konzentration des Filmers. Eine ruhige Kameraführung und gute Schwenks lassen sich nur mit Schulter-Camcordern durchführen. Die Schulterführung stabilisiert den Camcorder ähnlich wie eine Stativführung. Größere Bauformen haben zudem den Vorteil, dass sich Zubehörteile wie Leuchten oder externe Mikrofone montieren lassen.
- Akku: Speziell für Aufnahmen im Freien ist ein „langlebiger" Akku und möglichst ein Ersatz-Akku von großer Bedeutung.
- Für Tonaufnahmen sollte möglichst ein externer Mikrofoneingang vorhanden sein. Die Qualität des eingebauten Mikrofons ist bei einfachen Camcordern nicht sonderlich gut, außerdem werden sämtliche Störgeräusche aus der Umgebung mit aufgenommen.

„Profi"-Kameras

Wie bereits erwähnt sind DV-Camcorder für den Amateur- oder semiprofessionellen Filmer gedacht. Für Profis stehen mittlerweile ebenfalls digitale Kameras zur Verfügung, die sich allerdings in einem anderen Preissegment bewegen und die darüber hinaus mit modifizierten Verfahren arbeiten:

- DV CAM ist die für den Profisektor entwickelte Erweiterung des DV-Standards von Sony. Sie unterscheidet sich vom DV-Standard durch die höhere Spurbreite. Diese hat zur Folge, dass bei gleicher Kassette eine geringere Laufzeit, aber eine höhere Qualität gespeichert werden kann. DV und DV CAM sind kompatibel. DV-Geräte können DV CAM-Aufnahmen abspielen und umgekehrt.
- DVC PRO ist die Erweiterung des DV-Standards von Panasonic. Hier kommen modifizierte Kassetten mit einer Spurbreite von 18 µm zum Einsatz, die mit einem dickeren Band ausgestattet sind. Das DVC PRO-Aufzeichnungsverfahren ist nicht mit dem DV-Format kompatibel.
- Digital Betacam und Betacam SX sind die digitalen Varianten des bekannten Analogsystems Betacam SP, das analog aufzeichnet. Beide digitalen Systeme verwenden die MPEG-2-Kompression mit 4:2:2-Aufzeichnung. Die Qualität dieser Formate übersteigt die Fernsehqualität deutlich.

Tonaufnahme

Die Aufnahme des Bildmaterials vollzieht sich vollkommen getrennt von der Aufnahme des Tons. Auf oder an den Kameras befinden sich – wie auf den Abbildungen auf der vorhergehenden Seite erkennbar – häufig integrierte oder aufgesteckte Mikrofone. Diese

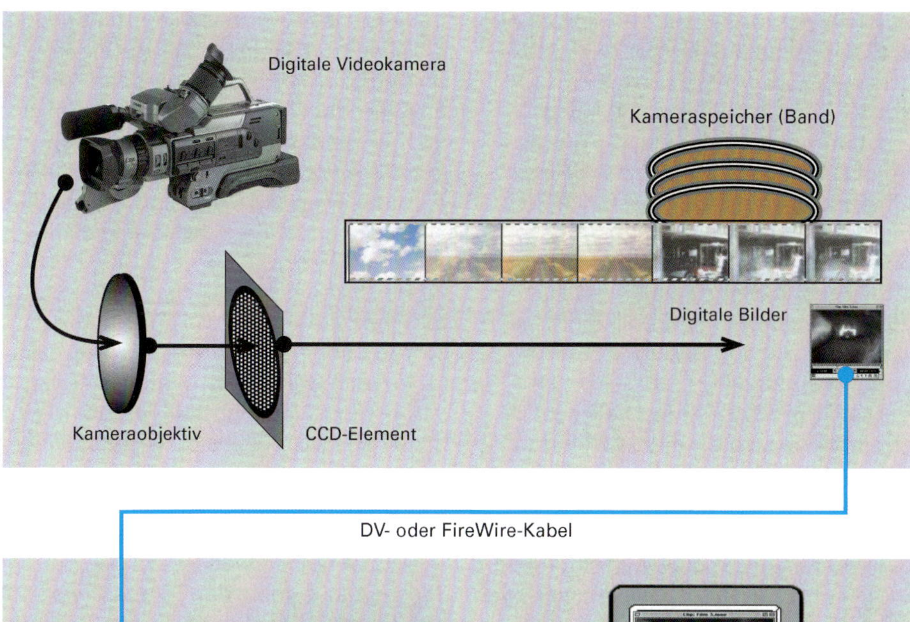

Übernahme der Videodaten von der DV-Videokamera (Camcorder) zum Computerarbeitsplatz

Der Weg der digitalen Videoaufnahme von der Kamera auf die Festplatte eines PC-Videoarbeitsplatzes mit nonlinearem Schnittsystem. Für semiprofessionelle Systeme empfiehlt sich die Verwendung einer DV-Videokarte, da hier mehrere Anschlussmöglichkeiten für weitere Zuspieler wie z.B. DV-Recorder oder Audioplayer gegeben sind. Dadurch ist ein schnelleres und effektiveres Arbeiten möglich.

Mikrofone sind meistens nicht von bester Qualität. Da die Audioqualität jedoch ein entscheidendes Merkmal für die gesamte Filmqualität darstellt, sollte man diesem Punkt eine hohe Beachtung schenken. Für eine gute Tonqualität muss die Aufnahme mit Hilfe externer Mikrofone durchgeführt werden. Nicht umsonst ist bei professionellen Videoproduktionen jeweils eine Person für den Video- und eine zweite Person für den Audiobereich verantwortlich.

6.3.2.3 FireWire

Mit einem DV-Camcorder aufgenommene Videos sind ab dem CCD-Element hinter dem Kameraobjektiv in digitaler Form vorhanden und werden digital auf Band gespeichert. Über die DV-Schnittstelle werden die digitalen Videodaten an den Computer übertragen. Diese ist unter den Bezeichnungen FireWire, IEEE 1394, iLink oder Video-in/-out bekannt – hierbei handelt es sich immer um die gleiche Schnittstelle.

FireWire wurde 1986 von Apple entwickelt und liegt derzeit in zwei Spezifikationen vor:

- IEEE 1394 mit einer maximalen Übertragungsrate von 400 MBit/s
- IEEE 1394b mit einer maximalen Übertragungsrate von 1.600 MBit/s

Eine Erweiterung auf 3.200 MBit/s ist bereits in Planung. Da der DV-Datenstrom gemäß Spezifikation lediglich 25 MBit/s beträgt, ist für die digitale Videoübertragung bereits IEEE 1394 völlig ausreichend.

Die Datenübertragung bei FireWire erfolgt seriell, so dass die Verbindungsleitung lediglich vier Adern benötigt. Im Unterschied zur Digitalisierung von analogem Videomaterial über eine Videoschnittkarte ist die Übertragung von DV in Computer ohne Qualitätsverluste möglich. Nach dem Schneiden und Bearbeiten des Videomaterials kann dieses wiederum verlustfrei auf Band ausgespielt werden.

Neben der Übertragung der eigentlichen Video- und Audiodaten ist über die FireWire-Schnittstelle auch die „Fernbedienung" des Camcorders oder Recorders vom PC aus möglich.

6.3.2.4 Videoschnittplatz

Um Videoschnitt in DV-Qualität zu ermöglichen, werden folgende Hardwarekomponenten benötigt:

- DV-Camcorder: Besitzt der Camcorder zusätzlich einen Video-Eingang (Video-in), kann das fertige Video auf Band zurückgespielt werden.
- Einen Windows-PC oder Mac mit möglichst großer Festplatte sowie hoher Prozessorleistung. Die Berechnung eines Videos ist sehr rechenintensiv und dauert eventuell sehr lange.
- Ideal ist der Einsatz einer Videoschnittkarte, da diese die Videocodierung und -decodierung hardwareseitig unterstützt und damit deutlich beschleunigt. Insbesondere für die MPEG-2-Kompression ist eine Videoschnittkarte anzuraten.
- Ein (zusätzlicher) Kontrollmonitor erleichtert die Vorschau des zu schneidenden Videomaterials.

Idealerweise sollte der PC ausschließlich für den Videoschnitt zur Verfügung stehen. Die Festplatte muss regelmäßig defragmentiert werden, damit die Daten möglichst am Stück auf die Platte geschrieben werden können. Während der Wiedergabe des Videodatenstroms beim Abspielen eines Videoclips könnte es andernfalls im ungünstigsten Fall zu kurzen Aussetzern kommen.

Professionelle Videoschnittplätze unterscheiden sich von der oben beschriebenen Amateur-Variante deutlich. Die Bildseite rechts zeigt einen derartigen Schnittplatz, für dessen Bedienung allerdings auch eine spezielle Ausbildung, z.B. Mediengestalter für Bild und Ton, erforderlich ist.

Analoge und digitale Schnittsysteme

Die Tabelle stellt lediglich eine Auswahl dar.

Art	Name	Bereich	MAZ-Format
Analoge Schnittsysteme	Betacam, Betacam SP	Professionell	analog
	S-VHS, Hi 8, Video 8	Amateur/Semiprof.	analog
	VHS	Amateur	analog
Digitale Schnittsysteme	Digital Betacam, D-5,	Professionell	4:2:2
	Betacam SX, IMX	Professionell	4:2:2
	DVC PRO25	Professionell	4:1:1
	DV CAM	Semiprofessionell	4:2:0
	DV	Amateur/Semiprof.	4:2:0

Aufbau eines professionellen Videoschnittsystems

- Schnittplatz
- Komponenten
- Ton- und Bildmischer
- Zu- und Ausspielrecorder
- Anschlussleiste
- Steuereinheit

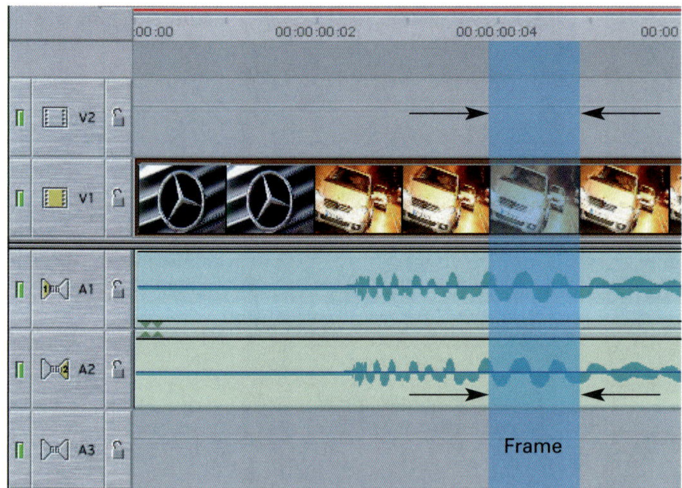

Digitaler Videoschnitt

Der Screenshot aus Final Cut Pro zeigt von oben nach unten: Zeitleiste (Timeline), Videospur 2, Videospur 1 und drei Audiospuren.

6.3.3.1 Videoschnittprogramme

Zur Produktion eines Digitalvideos ist ein Videoschnittprogramm erforderlich. Beispiele hierfür sind:

- Adobe Premiere (www.adobe.com)
- Final Cut Pro (www.apple.com)
- Avid XPress DV (www.avid.de)

Für kleinere Produktionen stellt das Betriebssystem Mac OS X die Software iMovie zur Verfügung.

Gemeinsames Merkmal dieser Programme ist, dass sie zur Bearbeitung ein Schnittfenster besitzen, das eine oder mehrere Video- und Audiospuren ausweist. In diese Spuren können die einzelnen Video- und Audioclips platziert und auf die gewünschte Länge „getrimmt" werden. Weiterhin lassen sich beispielsweise Überblendungen und andere Effekte ergänzen oder Titel anbringen. Auf die zahllosen Möglichkeiten des Videoschnitts kann im Rahmen dieses Buches nicht eingegangen werden.

Ist der Film fertig geschnitten und mit allen gewünschten Effekten versehen, muss er in das gewünschte Endformat exportiert werden. Die einzelnen Videospuren werden durch die Software ineinander gerechnet. Hierbei muss die Datenmenge mit einem Kompressionsverfahren drastisch reduziert werden (vgl. Kapitel 6.3.4). Die Berechnung eines Films erfordert eine hohe Rechenleistung und dauert unter Umständen relativ lange. Zur Beschleunigung werden im Profibereich Videoschnittkarten eingesetzt, so dass die Datenkompression eine hardwareseitige Unterstützung erfährt.

6.3.3.2 Timecode

Um die Synchronisation der verschiedener Video- und Audiospuren zu ermöglichen, ist eine exakte Steuerung des zeitlichen Ablaufs des Films notwendig. Um dies zu gewährleisten, wurde ein Zeitstandard namens SMPTE-Timecode (Society of Motion Picture and Television Engineers) geschaffen. Hierbei wird jedem Einzelbild (Frame) des Films eine Zeit in der Form

Stunde:Minute:Sekunde:Frame

zugeordnet. Die Angabe 00:01:13:04 besagt also, dass ein Clip 1 Minute 13 Sekunden und 4 Frames lang ist.

Die kleinste Zeiteinheit eines Videos ist demnach das einzelne Frame. Handelt es sich um eine Produktion nach der PAL-Fernsehnorm mit 25 Vollbildern pro Sekunde, so besitzt das Einzelbild eine Dauer von 1/25 oder 0,04 Sekunden.

6.3.3.3 Kennwerte eines Digitalvideos

Framerate

Videos setzen sich, ebenso wie der klassische Film, aus einer Reihe einzelner Bilder zusammen. Diese einzelnen Bilder werden als Frames bezeichnet. Eine schnelle Abfolge mehrerer Frames (Bilder) pro Sekunde erzeugt den Eindruck eines bewegten Bildes, da das Auge bzw. das Gehirn die Bilder nicht mehr einzeln wahrnehmen kann.

Die Anzahl an Frames pro Sekunde wird als Framerate bezeichnet und besitzt die Einheit fps (frames per second) oder Bps (Bilder pro Sekunde). Die Wahl der Framerate ist keineswegs willkürlich, sondern durch die weltweit eingeführten Fernsehnormen standardisiert (vgl. Abschnitt 6.3.1.2).

Bildgröße

Die Bildgröße wird wie bei der Bearbeitung von Einzelbildern in Photoshop in der Form Breite x Höhe in Pixel angegeben.

Wird das Video mit einer DV-Kamera aufgenommen, dann ist das Bildformat bereits festgelegt:

- DV-PAL: 720 x 576 Pixel
- DV-NTSC: 720 x 480 Pixel

Wird das Video nicht für die Wiedergabe auf einem PAL- oder NTSC-Fernseher produziert, sondern für ein multimediales Produkt am Computer, dann ist das Bildformat frei wählbar und könnte beispielsweise ein Viertel der PAL-Größe betragen: 320 x 288 Pixel. Beachten Sie, dass das Bildformat einen wesentlichen Einfluss auf die Datenmenge des Videos hat.

Dauer

Angabe der Gesamtlänge des Videos nach dem SMPTE-Timecode.

Datenmenge/Datenrate

Die absolute Datenmenge in MB ist oft nicht entscheidend für die Videoproduktion. Viel wichtiger ist die Angabe der Datenrate, also die Datenmenge, die eine Sekunde Video besitzt.

Die Angabe der Datenrate ist deshalb von großer Bedeutung, weil das Video später von einem Speichermedium wie CD, DVD oder als Datenstrom über das Internet abgespielt werden muss. Hierbei muss die jeweilige Übertragungsgeschwindigkeit berücksichtigt werden.

Codec (Kompressor – Dekompressor)

Wie der folgende Abschnitt 6.3.3.4 zeigt, sind die Datenmengen von Videos sehr groß. Datenkompression ist unerlässlich, wobei die Wahl des Codecs von

- der gewünschten Qualität,
- der durch das abspielende Medium benötigten Datenrate sowie
- den Hardwarevoraussetzungen des abspielenden Rechners

abhängig ist. Auf einige wichtige Codecs wird in Kapitel 6.3.4 eingegangen.

Kennwerte

Alle relevanten Kennwerte eines QuickTime-Videoclips können dem abgebildeten Informationsfenster entnommen werden.

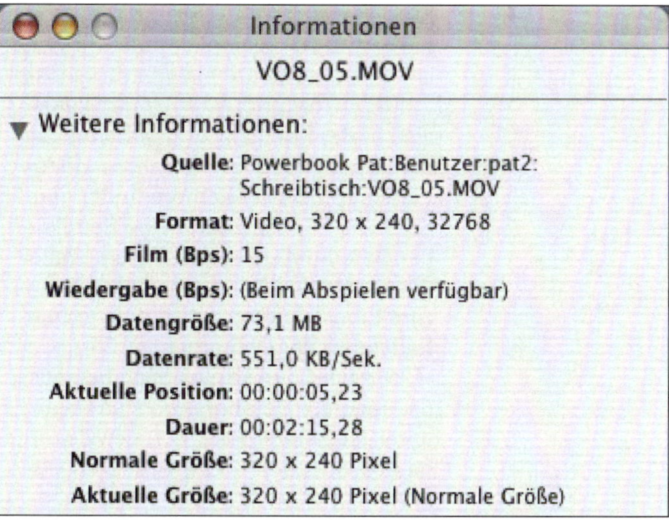

6.3.3.4 Videodaten

Die bei der Videoproduktion anfallende Datenmenge ist beträchtlich. Ursache hierfür ist die große Anzahl an Einzelbildern. Die Formel ermöglicht die Berechnung der Datenmenge eines *unkomprimierten* Videos:

Datenmenge in Megabyte

$$D = \frac{B \times H \times f_V \times A \times t}{8 \times 1024 \times 1024}$$

B: Breite in Pixel
H: Höhe in Pixel
A: Farbtiefe in Bit
t: Dauer in s
f_V: Bildwiederholfrequenz in H

Rechenbeispiel:
Ein einminütiges Video wird im PAL-Format (720 x 576 Pixel, 25 Hz) mit einer Farbtiefe von 24 Bit digitalisiert:
D = (720 x 576 x 25 x 24 x 60)/(8 x 1024 x 1024) = 1778 MB = 1,74 GB!

Das Beispiel zeigt, dass ohne Kompression gerade 2,7 Sekunden DV-PAL auf eine DVD passen würden. Der Ton ist hierbei noch gar nicht berücksichtigt.

Mit unkomprimiertem Video kann also in der Praxis nicht gearbeitet werden. Bereits bei der Aufnahme eines Videos mittels DV-Kamera findet gemäß der 4:2:0-Spezifikation eine Reduktion der Datenmenge um 50% statt. Weiterhin kommt ein Kompressionsverfahren zum Einsatz, das zu einer drastischen Reduktion der Datenmenge führt.

Wie bei Sound spielt auch bei Video die absolute Datenmenge eine häufig untergeordnete Rolle. Für die Wiedergabe des Videosignals von CD, DVD oder erst recht via Internet ist die Angabe des Datenstroms von größerer Bedeutung. Es handelt sich hierbei um die Datenmenge, die jede Sekunde des Videos liefert:

Datenstrom in MBit/s

$$D = \frac{B \times H \times f_V \times A}{1024 \times 1024^{*)}}$$

B: Breite in Pixel
H: Höhe in Pixel
A: Farbtiefe in Bit
f_V: Bildwiederholfrequenz in H

*) Beachten Sie, dass bei Datenraten auch häufig mit k = 1000 und M = 1.000.000 gerechnet wird!
Für unkomprimiertes PAL-Video ergibt sich also ein Datenstrom von 237,3 MBit/s – eine enorme Datenrate!

Die Datenrate eines DV-Videos liegt im Vergleich dazu bei 25 MBit/s, Videos auf DVDs werden mit 4 bis 8 MBit/s abgespeichert. Sie sehen, dass die Datenmenge und damit der Datenstrom bereits in der DV-Kamera etwa um Faktor 10 reduziert wird. Für die Produktion einer Video-DVD ist eine weitere Kompression um den Faktor 3 bis 6 notwendig. Andernfalls wäre es nicht möglich, einen Spielfilm von 90 Minuten Länge auf einer DVD unterzubringen (90 x 60 s x 8 MBit/s = 43.200 MBit = 5.400 MB = 5,2 GB zuzüglich Ton!).

Obige Betrachtungen zeigen, dass das Thema „Video" in der Auflösung des PAL-Fernsehens in multimedialen Produkten noch keine große Rolle spielt. Hier werden Videos deshalb meistens mit deutlich geringerer Auflösung, z.B. 320 x 240 Pixel, abgespeichert – insbesondere für das Streaming von Videos via Internet.

6.3.3.5 Systemerweiterung QuickTime

Für den digitalen Videoschnitt – vor allem am Mac – ist die Auseinandersetzung mit der Betriebssystemerweiterung QuickTime von Apple von großer Bedeutung. Diese Systemerweiterung ermöglicht das Abspielen von digitalen Videos und von QuickTime-Virtual-Reality-Filmen (QTVR). Bei letzterem handelt es sich um interaktive Videos, in denen sich der Betrachter mit Hilfe der Maus bewegen und so genannte „Hot Spots" anklicken kann. Auf diese Weise ist zum Beispiel ein virtueller Rundgang durch ein Museum realisierbar.

QuickTime besteht aus mehreren Softwarekomponenten:

- Movie Toolbox – für das Zeitmanagement eines Videos
- Image Compression Manager (ICM) – für die Kompression und Dekompression der Videos
- Component Manager – Verwaltungsmanagement zur Unterstützung der Hard- und Software, z. B. für Videobandmaschinen, Kameras, Videoschnittsoftware, Lautsprecher, Mikrofone

QuickTime ist eine Systemerweiterung für Windows-, Apple-Macintosh- und Silicon-Graphics-Rechner. Die Technologie ermöglicht das Aufnehmen, Bearbeiten und Wiedergeben von Video und Sound. Unterstützte Video- und Audioformate sind u. a. MOV, AVI, DV, SWF, OpenDML, GIG, FLC, AIF, MP3, MP4 und WAV.

Der bekannteste Bestandteil dieser Technologie ist der „QuickTime Player". Wie der unter Windows bekannte Media Player dient der QuickTime Player zur Wiedergabe und Steuerung von Videos und Sounds. Auch der direkte Zugang zu Internetinhalten ist bereits integriert.

Ein weiteres Element der QuickTime-Technologie ist der Bildbetrachter „QuickTime Picture Viewer". Er unterstützt Grafikformate wie BMP, GIF, JPEG, PICT, PNG, SGI, TIFF, PSD und FlashPix. Ebenfalls im kostenlosen Paket enthalten ist das QuickTime Web-Browser-Plug-In. QuickTime-basierte Medien können mit diesem Plug-in direkt auf Webseiten dargestellt werden.

Eine Vielzahl von Kompressionstechnologien erlauben es, Audio, Video und Grafik für das Internet, für CD und DVD zu optimieren. Dazu zählen unter anderen MP3, Sorenson Video und QDesign Music.

Das Streaming von Video- und Audiodaten über das Internet ist ebenfalls möglich. Hinter dem Begriff „Video-Streaming" bzw. „Audio-Streaming" verbirgt sich eine Technologie, die es erlaubt, Multimedia-Dateien über das Internet abzuspielen, ohne dass diese Daten vollständig auf den Rechner des Betrachters geladen werden müssen (vgl. Kapitel 6.3.5).

QuickTime Player

6.3.4 Videokompression

6.3.4.1 Merkmale

Digitale Videos enthalten sehr große Datenmengen und benötigen hohe Datenübertragungsraten zum Aufnehmen und Abspielen (vgl. Abschnitt 6.3.3.4).

Unter Kompression versteht man einen Vorgang des Entfernens oder Umstrukturierens von Daten mit dem Ziel, die Datenmenge zu verkleinern. Den meisten von Ihnen ist dieser Vorgang aus der digitalen Bildverarbeitung bekannt. Um eine komprimierte Datei öffnen und abspielen zu können, ist der umgekehrte Vorgang der Dekompression erforderlich. Für die Kompression und Dekompression von Videodaten ist ein so genannter Codec (von Compression – Decompression) zuständig.

Verlustfreie oder verlustbehaftete Kompression

Codecs verwenden verschiedene Methoden des Entfernens und Umstrukturierens von Daten, um die Dateigröße zu reduzieren.

Verlustfreie oder Non-Lossy-Kompressionsverfahren erhalten die Originaldaten der Bilder bzw. Filme und stellen sicher, dass die Bilder vor und nach der Kompression qualitativ gleich sind. Die meisten verlustfreien Verfahren verwenden eine Lauflängencodierung. Hierbei werden fortlaufende Bereiche gleicher Farbe entfernt. Das Verfahren funktioniert gut bei Bildern, bei denen einfarbige, flächige Bereiche (z. B. Himmel, Wand) vorhanden sind.

Verlustbehaftete oder Lossy-Kompressionsverfahren entfernen Bildinformationen, die dem Betrachter nicht oder kaum auffallen. Diese Methode bewahrt die Originaldaten nicht – Bildinformationen gehen verloren und können auch nicht wieder hergestellt werden! Die Datenmenge, die hierdurch eingespart wird, hängt vom Grad der Kompression ab.

Räumliche oder zeitliche Kompression

Bei der räumlichen Kompression findet die Datenreduktion innerhalb der einzelnen Frames des Videos statt und wird deshalb auch als Interframe-Kompression bezeichnet. Ein wichtiges Kompressionsverfahren ist das aus der Bildverarbeitung bekannte JPEG-Verfahren. Wie die Tabelle auf der nächsten Seite zeigt, wird es auch bei Digitalvideos eingesetzt (vgl. Abschnitt 6.3.4.3).

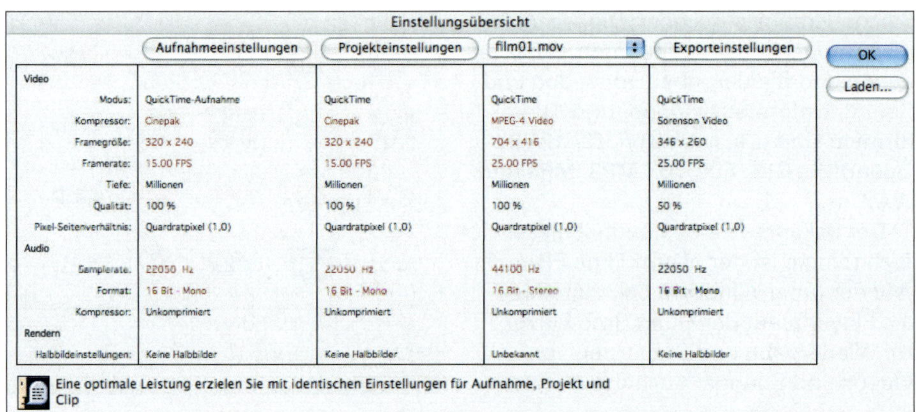

Video				
Modus:	QuickTime-Aufnahme	QuickTime	QuickTime	QuickTime
Kompressor:	Cinepak	Cinepak	MPEG-4 Video	Sorenson Video
Framegröße:	320 x 240	320 x 240	704 x 416	346 x 260
Framerate:	15.00 FPS	15.00 FPS	25.00 FPS	25.00 FPS
Tiefe:	Millionen	Millionen	Millionen	Millionen
Qualität:	100 %	100 %	100 %	50 %
Pixel-Seitenverhältnis:	Quardratpixel (1,0)	Quardratpixel (1,0)	Quardratpixel (1,0)	Quardratpixel (1,0)
Audio				
Samplerate:	22050 Hz	22050 Hz	44100 Hz	22050 Hz
Format:	16 Bit - Mono	16 Bit - Mono	16 Bit - Stereo	16 Bit - Mono
Kompressor:	Unkomprimiert	Unkomprimiert	Unkomprimiert	Unkomprimiert
Rendern				
Halbbildeinstellungen:	Keine Halbbilder	Keine Halbbilder	Unbekannt	Keine Halbbilder

Eine optimale Leistung erzielen Sie mit identischen Einstellungen für Aufnahme, Projekt und Clip

Kompressionsverfahren

Der Screenshot zeigt verschiedene Kompressionsverfahren und Einstellungen bei Adobe Premiere

MAZ-Format	Digitalisierung	Kompression	Reduktion	Datenrate
D-6	HDTV	–	–	1.200 MBit/s
D-5	4:2:2	–	–	207 MBit/s
Digital Betacam	4:2:2	JPEG	2 : 1	126 MBit/s
IMX	4:2:2	MPEG-2*)	3,3 : 1	50 MBit/s
Betacam SX	4:2:2	MPEG-2*)	10 : 1	18 MBit/s
DVC PRO25	4:1:1	JPEG	5 : 1	25 MBit/s
DV CAM	4:2:0	JPEG	5 : 1	25 MBit/s
DV	4:2:0	MPEG-2*)	5 : 1	25 MBit/s

*) Modifiziertes MPEG-2-Verfahren, das ein framegenaues Schneiden ermöglicht

Datenkompression wichtiger MAZ-Formate

Bei der zeitlichen Kompression werden Daten durch Vergleich der einzelnen Frames entfernt – es wird deshalb auch als Intraframe-Kompression bezeichnet. Das Prinzip hierbei ist, dass sich von Bild zu Bild nur kleine Teile im Bild verändern – denken Sie an einen gefilmten Sonnenuntergang, bei dem sich innerhalb einer Sekunde fast keine Änderung ergibt. Es werden also große Datenmengen gespart, wenn von Bild zu Bild lediglich die wenigen Änderungen gespeichert werden. Wichtigstes Verfahren ist hierbei MPEG (vgl. Abschnitt 6.3.4.2).

Hardware- oder Software-Kompression

Die Kompression von Videodaten kann sowohl software- als auch hardwaremäßig erfolgen. Im ersten Fall handelt es sich um Codecs, die mit den Videoschnittprogrammen wie Adobe Premiere, Final Cut Pro oder Avid Xpress DV zur Verfügung gestellt werden.

Für die Kompression mittels Hardware ist der Erwerb einer Videoschnittkarte erforderlich. Der Vorteil ist, dass der Kompressionsvorgang deutlich effizienter erfolgt und damit Rechenzeit gespart wird. Wer häufig mit Videoschnitt zu tun hat, wird dies schätzen. Videoschnittkarten werden in verschiedenen Preisklassen ab 50 Euro von mehreren Herstellern angeboten, z.B.:

- TerraTec (www.terratec.de)
- Pinnacle (www.pinnaclesys.de)
- Matrox (www.matrox.de)
- Canopus (www.canopusgmbh.de)

Vor allem bei der wichtigen MPEG-2-Kompression sind Softwarelösungen rechen- und damit zeitintensiv, so dass sich hier der Einsatz einer Videoschnittkarte empfiehlt.

Weitere Möglichkeiten der Datenreduktion

Für den Einsatz von Video in multimedialen Produkten oder im Internet kommen zwei weitere Methoden der Datenreduktion zum Einsatz:

- Reduktion der Auflösung
  Wird die Bildbreite und -höhe jeweils halbiert, verringert sich die Auflösung eines PAL-Videos auf 360 x 288 Pixel. Die Datenmenge dieses Videos beträgt im Vergleich zum Vollformat lediglich 25 %.
- Reduktion der Framerate
  Wenn ein Video keine schnellen Bewegungen wie beim Autorennen enthält, kann eventuell die Framerate reduziert werden. Durch Reduktion der Framerate von 25 auf beispielsweise 15 fps ergibt sich eine Einsparung der Datenmenge um 40 %.
- Reduktion der Farbtiefe
  Auch durch Reduktion der Farbtiefe z.B. von 24 auf 16 Bit lassen sich große Datenmengen einsparen.

BMP
Cinepak
DV - PAL
DV/DVCPRO - NTSC
DVCPRO - PAL
DVCPRO50 - NTSC
DVCPRO50 - PAL
Foto - JPEG
H.263
Motion JPEG A
Motion JPEG B
MPEG-4 Video
Keine
Apple Pixlet Video
PNG
VC H.263
Animation
Component Video
Grafiken
Video
H.261
JPEG 2000
Planar RGB
Sorenson Video 3
Sorenson Video
TGA
TIFF

Codecs

Der Screenshot zeigt eine Liste von Codecs im Programm Final Cut Pro.

Infos im Internet:
www.sorenson.com
www.mpeg.org
www.m4if.org
www.divx.com
www.jpeg.org
www.cinepak.com
www.iis.fraunhofer.de

MPEG-Kompression

Oben: Videoclip mit Einzelframes ohne Kompression

Unten: Der gleiche Clipausschnitt als komprimierte Datei

6.3.4.2 MPEG

MPEG (Motion Picture Experts Group) ist das derzeit wichtigste zeitliche Kompressionsverfahren. Es wird in der Spezifikation MPEG-2 bei der DVD-Produktion sowie beim digitalen Fernsehen verwendet.

Funktionsprinzip

MPEG beruht auf der Tatsache, dass sich bei einem Videoclip von Bild zu Bild nicht sämtliche Bildinformationen, sondern nur Teile des Bildes verändern. In der oben gezeigten Bildfolge eines fahrenden Autos können Sie dies nachvollziehen. Die Idee ist also nahe liegend, nur die Teile eines Bildes abzuspeichern, die sich auch tatsächlich ändern. Bei MPEG werden hierfür drei Arten von Frames unterschieden:

- *I-Frame (Intraframe)*: Bei I-Frames werden alle Informationen des Bildes gespeichert. Als Kompressionsverfahren kommt die Cosinus-Transformation wie bei JPEG zum Einsatz. Typischerweise werden zwei I-Frames pro Sekunde gespeichert.
- *P-Frame (Predicted Frame)*: Bei diesen Frames werden nur Bildinhalte gespeichert, die sich im Vergleich zum vorherigen P- oder I-Frame geändert haben. Bei einer Bewegung wie im obigen Beispiel werden nicht die Bildinhalte selbst, sondern die Koordinaten der verschobenen Bildteile gespeichert.
- *B-Frame (Bidirectional Predicted Frame)*: Bei B-Frames werden noch weniger Bildinformationen gespeichert. Zur Darstellung des Bildes wird das vorherige und nachfolgende P- oder I-Frame herangezogen. Es handelt sich also im Grunde um eine Interpolation des Bildes.

Die Abfolge von I-, P- und B-Frames ist nicht festgelegt. Eine typische Framesequenz könnte folgendermaßen aussehen:

I – B – B – P – B – B – P – B – B – P – B – B – I –

Die zwölf Frames vom I-Frame bis zum nächsten I-Frame werden als GOP (Group of Picture) bezeichnet.

MPEG-Standards

Für MPEG gibt es die Normen MPEG-1, -2, -4 und -7. Die MPEG-Normen beinhalten alle Festlegungen über die Kompression von Digitalvideos. Dabei wird oft vergessen, dass die Videokomprimierung immer Video und Ton umfasst. Daher ist bei MPEG auch immer die Tonkomprimierung und deren Standardisierung eingeschlossen.

I-Frame B-Frame B-Frame P-Frame B-Frame B-Frame I-Frame

- *MPEG-1:* Der älteste Standard ist MPEG-1. Er ermöglicht eine Auflösung von maximal 352 x 288 Pixel bei 25 fps. MPEG-1 besitzt einen 8-Bit-Monoton, der mit einer Abtastfrequenz von 22 kHz gesampelt wird. Die Datenrate beträgt je nach Kompressionseinstellungen zwischen 0,8 und 5 MBit/s.
  Die Vorteile von MPEG-1 sind darin zu sehen, dass die Hardwareanforderungen gering sind und das Kompressionsverfahren weit verbreitet ist. So kommt es beispielsweise bei Video-CDs zum Einsatz.
- *MPEG-2* gilt als Nachfolger und Weiterentwicklung von MPEG-1 und wurde als Standard für DVD-Video sowie das digitale Fernsehen entwickelt.
  MPEG-2 wurde für mehrere Auflösungen spezifiziert. Beispiele sind 352 x 288 Pixel (wie MPEG-1), 720 x 576 Pixel (PAL) und 1920 x 1080 (HDTV). Die Datenrate ist variabel. Sie beträgt bei DVD-Video üblicherweise zwischen 4 und 8 MBit/s. MPEG-2-Audio unterstützt Samplingraten zwischen 8 und 48 kHz. Der Ton kann in bis zu 6 Kanälen codiert werden. Damit finden auch Raumklang-Systeme Unterstützung.
- *MPEG-4* befasst sich mit der Übertragung von Video und Ton in Netzen und legt Übertragungsstandards für Interaktion und Animation fest. MPEG-4 ist Grundlage derzeitiger Streaming-Technologien für Audio- und Videoübertragungen sowie für 3D-Visualisierungen. Die Kompressionsrate liegt nicht höher als bei MPEG-2, allerdings können die einzelnen Sprites und Frames besser und schneller komprimiert werden. M4IF ist die Abkürzung für „MPEG-4 Industry Forum". Das Forum wurde im Jahr 2000 gegründet, um MPEG-4 unter Anwendungsentwicklern, Dienstanbietern, Autoren von Webseiten und Endnutzern schneller zu verbreiten und als Standard zu fördern.
- *MPEG-7* wird seit September 2001 angeboten. Damit können Videoclips in netzbasierten Datenbanken gesucht, aufgerufen und abgespielt werden. Weiter ist der Einsatz in audiovisuellen Suchsystemen in digitalen Bibliotheken vorgesehen.

Der Nachteil eines MPEG-komprimierten Videos besteht darin, dass es nur an den I-Frames geschnitten werden kann. Für alle anderen (P- und B-)Frames liegen die Bildinformationen nicht komplett vor. MPEG-taugliche Videoschnittprogramme müssen deshalb mit „Tricks" arbeiten, um dennoch einen bildgenauen Schnitt zu ermöglichen.

Sowohl das DV- als auch die professionellen Formate wie IMX oder Betacam SX arbeiten deshalb mit einem modifizierten MPEG-Verfahren, das einen Zugriff auf jedes einzelne Frame ermöglicht.

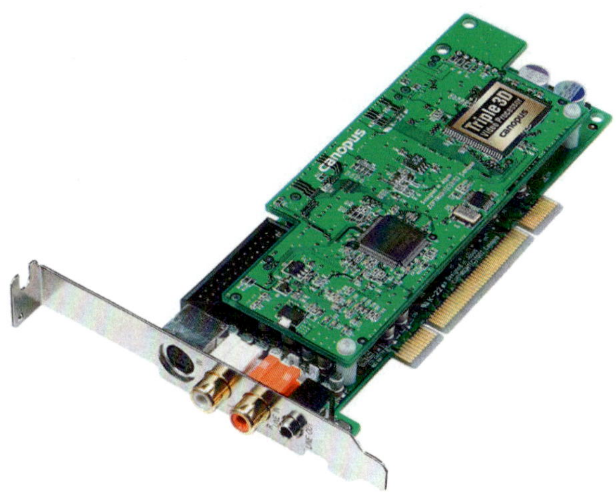

MPEG-Encoder-karte

Die Karte encodiert analoges oder bereits digitales Video in MPEG-2.

(Quelle: Canopus)

JPEG-Kompression

Die Darstellung zeigt die typische Blockbildung, die im Vorfeld der DCT (Diskrete Cosinus-Transformation) erfolgt.

6.3.4.3 JPEG

JPEG ist Ihnen als Dateiformat bekannt, wenn Sie mit der Erstellung von Webseiten zu tun haben. Selbst für den Druck können JPEG-komprimierte Bilder verwendet werden, wenn sie in hoher Qualität komprimiert werden.

Wie Sie der Tabelle im Abschnitt 6.3.4.1 entnehmen können, ist JPEG auch im Bereich der digitalen Fernseh- und Videoproduktion von zentraler Bedeutung. Dies liegt daran, dass ein Video letztlich nichts anderes als eine Folge von Einzelbilder ist. Jedes dieser Einzelbilder kann mittels JPEG-Algorithmus komprimiert werden.

Die JPEG-Kompression ist ein verlustbehaftetes Verfahren, das in mehreren Schritten erfolgt:

Der erste Schritt ist die Wandlung der RGB-Bilder in das YUV-Format. Bei Videoaufnahmen entfällt dieser Schritt, da das Videosignal ohnehin schon in YUV (bzw. YCbCr) vorliegt.

Der zweite Schritt ist das so genannte Chrominance-Subsampling. Dabei wird die Tatsache berücksichtigt, dass das menschliche Auge Helligkeitsunterschiede besser wahrnehmen kann als Farbunterschiede. Bei der Komprimierung bedeutet dies, dass Farbanteile zugunsten von Helligkeitswerten im Verhältnis 4:2:2 reduziert werden. Auf vier Helligkeitsinformationen kommen demnach nur zwei Farbinformationen U und V (vgl. Abschnitt 6.3.1.5).

Im dritten – rechenintensiven – Schritt werden die für JPEG typischen Pixelblöcke gebildet. Im Beispiel sehen Sie Blöcke mit 8 x 8 Pixel – bei Videos werden Blöcke mit 16 x 16 Pixel gebildet. Auf jeden Block wird eine „Diskrete Cosinus-Transformation" (DCT) angewandt. Durch die Transformation lassen sich unbenötigte Informationen besser entfernen, wobei die gewünschte Qualität durch den Anwender wählbar ist – bei Photoshop mittels Schieberegler.

Die nun folgende Lauflängencodierung reduziert Bereiche gleicher Farben und gibt nur deren Häufigkeit an. Im letzten Schritt findet eine Umcodierung (Huffmann-Codierung) statt: Häufig vorkommende Farben erhalten kurze, selten vorkommende Farben lange Codes zugeordnet.

Bei der Dekompression eines JPEG-komprimierten Bildes erfolgen die einzelnen Arbeitsschritte in umgekehrter Reihenfolge.

JPEG-Kompression
1. Transformation von RGB in YUV 2. Chrominance-Subsampling 4:2:2 3. DCT (Qualität einstellbar!) 4. Lauflängencodierung 5. Huffmann-Codierung

6.3.5 Video-Streaming

„Live"-Video via Internet

Über das Internet können eine Menge Sound- und Videodateien abgerufen werden. Da die Datenmengen bei Videos hoch und damit die Übertragungszeiten sehr lange sind, können diese Daten oft nicht direkt betrachtet werden. Sie müssen von einem Server auf den lokalen PC heruntergeladen werden, bevor der Nutzer die Videoclips mit einem Software-Player betrachten kann.

Die modernere Variante der Videonutzung aus dem Internet wird mit der Streaming-Media-Technologie angeboten. Streaming-Technologien ermöglichen es, dass Videodaten aus dem Internet bereits während des Ladens betrachtet werden können – zwischen dem Senden und dem Empfang eines Videoclips gibt es keinen nennenswerten Zeitversatz. Im Unterschied zum Download werden hierbei keine Daten auf der Festplatte abgespeichert, sondern der ankommende Datenstrom direkt über die Grafikkarte auf dem Bildschirm angezeigt. Streaming-Technologien ermöglichen also das Betrachten eines Videoclips (fast) in Echtzeit.

Streaming-Daten

Die Nutzung gestreamter Videodateien ist durch folgende Problembereiche gekennzeichnet:

- Die Videodateigröße ist für eine Streaming-Übertragung zu groß.
- Die Übertragungsgeschwindigkeit über die Netzkomponenten (z.B. Modem, ISDN) und das verfügbare Netz ist zu gering.

Bei der Produktion von Streaming-Medien werden die Videodateien durch die Auswahl entsprechender Streaming-Kompressoren in ihrer Größe massiv reduziert. Auf diese Weise wird es sogar möglich, ein Videoclip über ein Modem- (56 kbps) oder ISDN-Anschluss (64 kbps) zu streamen. Nach der in Abschnitt 6.3.3.4 gemachten Ausführung über die Datenrate von Video ist leicht zu verstehen, dass in diesem Fall ein Streaming von Videos nur in einer geringen Auflösung von z.B. 360 x 288

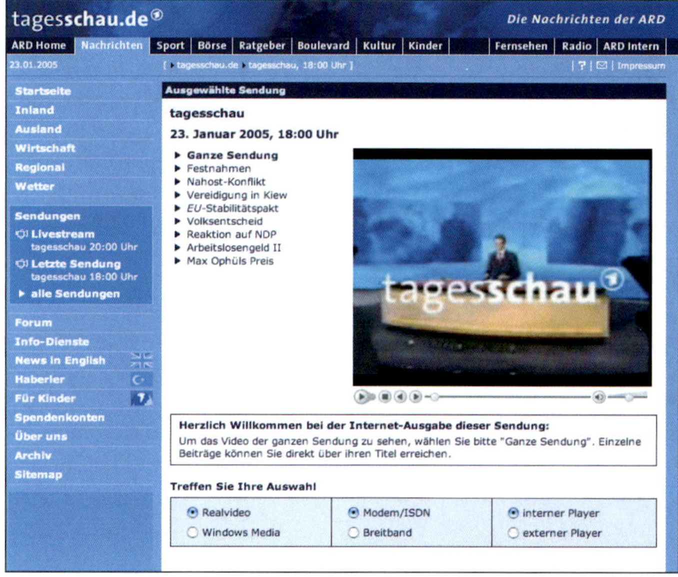

Tagesschau online

Voraussetzung für das Abspielen des Video-Streams ist die Installation des RealPlayers. Wie der Screenshot zeigt, kann dieser wahlweise intern (als Browser-Plug-in) oder als extern Player eingesetzt werden.

(Quelle: ARD)

Streaming-Dateiexport aus einem Schnittprogramm

Der Screenshot zeigt die Videoschnittsoftware Adobe Premiere im MPEG-4-Format. Wie zu sehen ist, wird der „Stream“ an eine Datenrate angepasst.

Hinweis:
ISMA steht für Internet Streaming Media Alliance

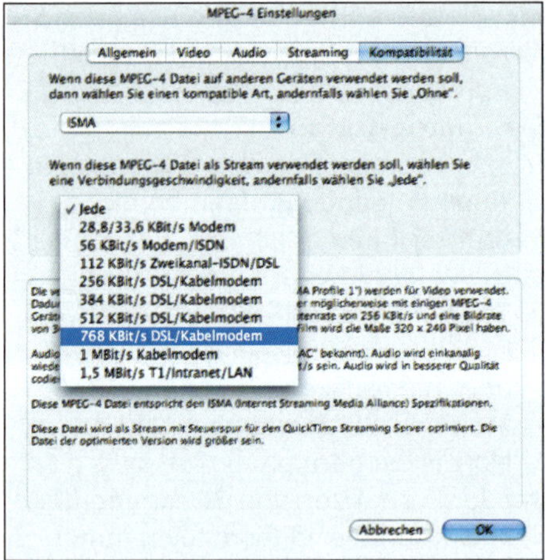

Pixel (ein Viertel der PAL-Auflösung) und in schlechter Bild- und Tonqualität möglich ist. Dennoch ist es erstaunlich, dass bei der geringen Datenrate überhaupt noch ein Bild- und Tonsignal übertragen werden kann.

Durch die zunehmende Verbreitung schneller DSL-Zugänge mit 2 MBit/s oder mehr rückt die Nutzung des Internets nicht nur als Radio-, sondern auch als Fernseher-Ersatz in greifbare Nähe.

In firmeninternen Intranets mit schnellen Netzen von beispielsweise 1 GBit/s ist Streaming-Video problemlos nutzbar. Dies wird bei großen Firmen, Schulen und Hochschulen erfolgreich zur internen Kommunikation, Präsentation oder auch für Schulungen genutzt. Die Übertragung von Streaming-Videos über Netzwerke erfolgt durch das Protokoll „Video-over-IP“.

Streaming-Technologien

Die Erzeugung von streamingfähigem Videomaterial kann mit Hilfe der gängigen Videoschnittprogramme wie Adobe Premiere oder Final Cut Pro realisiert werden. Die wichtigsten Technologien hierfür sind:

- QuickTime Streaming
- RealVideo
- Windows Media

Die Datenkompression erfolgt beispielsweise duch MPEG-4 (vgl. Screenshot). Zum Abspielen eines Video-Streams ist der zur jeweiligen Technologie gehörende Player – also QuickTime-, Real- oder WindowsMediaPlayer – erforderlich. Diese Player stehen wahlweise als Browser-Plug-in oder als externe Player zur Verfügung und können kostenlos im Internet heruntergeladen werden.

Streaming-Anwendungen

Abschließend seien hier einige Anwendungsmöglichkeiten von Streaming genannt:

- Live-Streaming
  Direktübertragung aktueller Ereignisse via Internet – vergleichbar mit einer Live-Übertragung im Fernsehen. Bildgröße und Bildqualität sind schlechter als die Fernsehqualität. Live-Streaming ist mit einem hohen Kostenaufwand verbunden.
- Streaming-Dienste
  Nachrichtensender wie z.B. die ARD-Tagesthemen bieten über Internetportale aktuelle Nachrichten und Informationen an. Dabei werden die Streaming-Medien wahlweise live oder als „Konserve“ angeboten – es findet also eine Zweitverwertung vorhandener Nachrichtenclips statt, um andere Zielgruppen zu erreichen.
- Internes Firmen-Streaming
  Beispielsweise werden in den großen Automobilkonzernen mit Hilfe des Intranets Mitarbeiter geschult.
- Datenbank-Streaming
  Aus Mediendatenbanken heraus können z.B. Lehrfilme direkt abgerufen werden.

6.3.6 Tonsysteme

Kein Video ohne Ton! Während ein „guter Ton" früher eher von untergeordneter Bedeutung war, spielt eine möglichst realistisch und räumlich klingende Vertonung heute eine immer größere Rolle. Die wachsende Anzahl an Mehrkanal-Anlagen im Wohnzimmer ist ein Beleg dafür.

In diesem Kapitel kommen die wichtigsten Tonformate und -standards zur Sprache. Dabei werden die in Kapitel 6.2 besprochenen Grundlagen der digitalen Audiotechnik vorausgesetzt. Lesen Sie gegebenenfalls zunächst die dort besprochenen „Basics" nach.

6.3.6.1 Tonformate

Eine entscheidende Rolle für eine möglichst räumlich klingende Wiedergabe des Tons ist die Anzahl der verwendeten Kanäle. Diese werden häufig in folgender Form angegeben:

x.y
x: regulärer Kanal 20 Hz bis 20 kHz
y: Subwoofer-Kanal 20 Hz bis 120 Hz

Wie der Frequenzbereich zeigt, dient ein „Subwoofer" ausschließlich zur Verstärkung der tiefen Frequenzen.

Heutige Tonstandards arbeiten mit bis zu acht Kanälen (7.1). Um einen Raumklang zu erzeugen, müssen die Lautsprecher an der richtigen Stelle aufgestellt werden. Unterschieden werden hierbei:

- Front-Lautsprecher
  vorne links, vorne rechts und vorne mittig (Center)
- Rear-Lautsprecher
  hinten links, hinten rechts und hinten mittig
- Subwoofer
  kann beliebig platziert werden, da sich Bässe in alle Richtungen ausbreiten.

Durch Kombination der genannten Lautsprecher ergeben sich diverse Variationsmöglichkeiten:

1.0 (Mono, Dolby Digital 1.0)

Ein Mono-Signal besitzt lediglich einen Kanal und benötigt zur Wiedergabe deshalb auch nur einen Lautsprecher. Häufig werden Mono-Signale wie bei Stereo über zwei Lautsprecher wiedergegeben, wobei jeder Lautsprecher das identische Signal liefert. Auch eine Übertragung mittels Dolby Digital 1.0 ist denkbar.

2.0 (Stereo, Dolby Digital 2.0)

Das von der Audio-CD vertraute Stereo-Signal arbeitet mit zwei Kanälen, so dass zur Wiedergabe zwei Lautsprecher verwendet werden.

Beachten Sie, dass im Videobereich auch Dolby-Surround-Signale stereokompatibel sind.

4.0 (Dolby Surround)

Das schon ältere Dolby-Surround-Format verwendet vier Kanäle: Front links, rechts und Center sowie Rear Center. Es basiert – wie oben erwähnt – auf einem Stereo-Signal und ist deshalb zu diesem kompatibel. Heute hat Dolby Surround an Bedeutung verloren.

5.1 (Dolby Digital 5.1, DTS)

Das bei DVDs am häufigsten verwendete Tonaufzeichnungsverfahren ist 5.1 mit fünf regulären Kanälen und einem Subwoofer-Kanal für die Bässe. Mittlerweile gibt es sogar Varianten mit Rear Center (6.1).

6.3.6.2 Tonstandards

Die im vorherigen Abschnitt beschriebenen Tonformate werden im Wesentlichen durch die Anzahl an Kanälen bestimmt.

In Tonstandards hingegen werden zusätzlich die technischen Merkmale eines Tonformats wie Bitrate, Auflösung und Abtastfrequenz spezifiziert.

Verwirrend ist, dass ein Tonformat auch gleichzeitig als Tonstandard definiert sein kann, beispielsweise Dolby Surround.

Im Folgenden werden die wichtigsten Tonstandards kurz vorgestellt:

Dolby Surround

DOLBY SURROUND

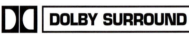

Bei Dolby Surround handelt es sich wie erwähnt um ein Stereosignal, das um zwei Kanäle, Front Center und Rear Center erweitert wurde.

Einer der ersten Filme in diesem Format war Star Wars. Heute hat Dolby Surround wegen der großen Verbreitung von Dolby Digital stark an Bedeutung verloren.

Dolby Digital (AC-3)

Dolby Digital 5.1 besitzt derzeit die größte Verbreitung auf DVDs. Beachten Sie aber, dass unter dem Begriff „Dolby Digital" auch andere Tonformate zusammengefasst werden. Beispiele sind Dolby Digital 1.0, 2.0. Unter dem Namen Dolby Digital Surround EX gibt es mittlerweile die Varianten 6.1 (ein Rear Center) und 7.1 (zwei Rear Center).

Das zugehörige Kompressionsverfahren heißt AC-3 (Audio Coding Nr. 3). Dolby Digital 5.1 arbeitet mit einer typischen Datenrate von 384 oder 448 kBit/s. Die Auflösung beträgt 24 Bit, die Abtastfrequenz 48 kHz.

Zur Wiedergabe eines Dolby-Digital-Sounds wird ein Decoder benötigt.

DTS

Das Digital Theater System wurde – wie der Name sagt – als Kinostandard entwickelt. Erster DTS-vertonter Film war Steven Spielbergs „Jurassic Park" im Jahr 1993. Mittlerweile ist es aber auch im Heimkinobereich erhältlich.

DTS ist wie Dolby Digital ein Mehrkanalformat, das bis zu acht Kanäle enthalten kann. Meist kommt das 5.1-Format zum Einsatz.

Die Datenrate von DTS ist mit 768 oder 1536 kBit/s deutlich höher als bei Dolby Digital. Hierdurch ist eine bessere Tonqualität möglich, allerdings nimmt der Speicherplatzbedarf deutlich zu.

THX

Der Name THX stammt von Tomlinson Holman Experiment, dem damaligen technischen Leiter von Lucasfilm. THX ist kein eigener Tonstandard, sondern ein Qualitätszertifikat für das Tonwiedergabesystem im Kino. Hierbei spielt neben der „Hardware" wie Lautsprecher, Verstärker und Projektor auch die Akustik des Kinosaals eine Rolle.

George Lucas wollte erreichen, dass (seine) Filme in allen Kinos auch klanglich vergleichbar sind.

6.3.7 Aufgaben „Videoproduktion“

Aufgabe 6.3.7.1
Den Bildaufbau beim Fernseher vom Computermonitor unterscheiden

Erläutern Sie den Unterschied zwischen dem Bildaufbau beim Fernseher im Vergleich zum Computermonitor.

Aufgabe 6.3.7.2
Die PAL-Fernsehnorm kennen

Geben Sie die Kennwerte der PAL-Fernsehnorm an:

a. Bildwiederholfrequenz
b. Bildformat (Bildverhältnis)
c. Bildauflösung in Pixel

Aufgabe 6.3.7.3
Bildformate kennen und vergleichen

Ein Film im 16:9-Format wird mit einem 4:3-Fernseher betrachtet. Wie wird der Film dargestellt, wenn er an das 4:3-Format angepasst wird?

a. proportional in der Breite
b. proportional in der Höhe
c. in der Breite und Höhe

Aufgabe 6.3.7.4
Datenmengen berechnen

Eine DV-Kamera zeichnet mit einer konstanten Datenrate von 25 MBit/s auf.

Berechnen Sie die Datenmenge in GB eines 30-minütigen Videos.

Aufgabe 6.3.7.5
Die Digitalisierung von Video erklären

Erläutern Sie die Angabe „4:2:2“ bei der Digitalisierung von Video.

Aufgabe 6.3.7.6
Fachbegriffe des digitalen Videoschnitts erläutern

Erläutern Sie die Fachbegriffe:

a. Framerate
b. Timecode
c. Codec
d. Datenrate

Aufgabe 6.3.7.7
MPEG-Kompression erklären

Erklären Sie den Unterschied zwischen diesen Frames:

a. I-Frames
b. P-Frames
c. B-Frames

Aufgabe 6.3.7.8
Tonformate kennen

Eine DVD liefert den Ton im Format „Dolby Digital 5.1“.

a. Wie viele Lautsprecher werden benötigt?
b. Wie müssen die Lautsprecher platziert werden?

Medienrecht

7.1 Urheberrecht

7.1.1 Definition und Bedeutung des Urheberrechts

Bei diesem Kapitel handelt es sich um eine Darstellung von rechtlichen Zusammenhängen. Dabei werden ganz bewusst die Begriffe der Juristen nicht durch umgangssprachliche Wörter ersetzt, auch wenn sich dies im einen oder anderen Fall dadurch etwas „hölzern" liest.

Am 13. September 2003 ist das Urheberrechtsgesetz (UrhG) durch das „Gesetz zur Regelung des Urheberrechts in der Informationsgesellschaft" an EU-Richtlinien angepasst worden. Durch die Umsetzung einer Reihe von Punkten soll es einen wirkungsvolleren Schutz des geistigen Eigentums vor digitalen Raubkopien geben.

www.urheberrecht.de
www.urheber-recht.com

Definition des Urheberrechts

In dem Moment, in dem jemand ein Buch, ein Musikstück, eine Software, einen Film oder ein multimediales Produkt erstellt, ist seine Arbeit urheberrechtlich geschützt. Ein „Eintrag" des geschaffenen Werkes in ein öffentliches „Urheberrechtsregister" – wie im Marken- oder Patentrecht – ist in der Bundesrepublik Deutschland weder erforderlich noch möglich.

Wer seine Werke dennoch als urheberrechtlich geschützt kennzeichnen möchte, der kann sie mit dem „©" versehen. Das Zeichen macht nach deutschem Recht und überall dort, wo das „Revidierte Berner Übereinkommen" (RBÜ) gilt – also in den meisten Staaten Europas – jedoch keinen rechten Sinn: Entweder handelt es sich von Haus aus um ein urheberrechtlich geschütztes Werk – dann bedarf es des Hinweises nicht – oder aber das erstellte Dokument besitzt keine Werkqualität, genießt also keinen Urheberrechtsschutz – dann verhilft auch das Copyright-Zeichen nicht zum gewünschten Schutz.

Auf der anderen Seite kann ein Hinweis darauf, dass der Autor davon ausgeht, sein Werk sei urheberrechtlich geschützt, natürlich auch nicht schaden! Potenzielle Urheberrechtsverletzer werden so gewarnt und auf mögliche Konsequenzen eines Urheberrechtsverstoßes hingewiesen.

Bedeutung des Urheberrechts

Das Urheberrecht schützt persönliche geistige Schöpfungen auf dem Gebiet der Musik, Wissenschaft, Kunst und Literatur. Dabei beinhaltet der Begriff Schöpfung, dass es sich bei einem Werk um etwas Neues oder um etwas Künstlerisches handeln muss. Das Urheberrecht schützt also die Schöpfungen von verschiedenen Personen wie bildende Künstler, Fotografen, Schriftsteller, Designer, Typografen, Grafiker, Architekten, Programmierer, Komponisten und Regisseure. Der auf künstlerisch und technischem Gebiet kreativ Schaffende wird vor fremdem Zugriff auf seine Arbeitsergebnisse geschützt. Damit sichert ihm das Urheberrecht eine Beteiligung am wirtschaftlichen Nutzen, der aus seinen kreativen Leistungen gezogen werden kann.

Das Urheberrecht dient also den Schöpfern geistiger Leistungen und schützt deren Eigentum im immateriellen und materiellen Sinne. Weiter schützt das Urheberrecht vor Nachahmungen und Ausbeutung der Leistungen des Urhebers.

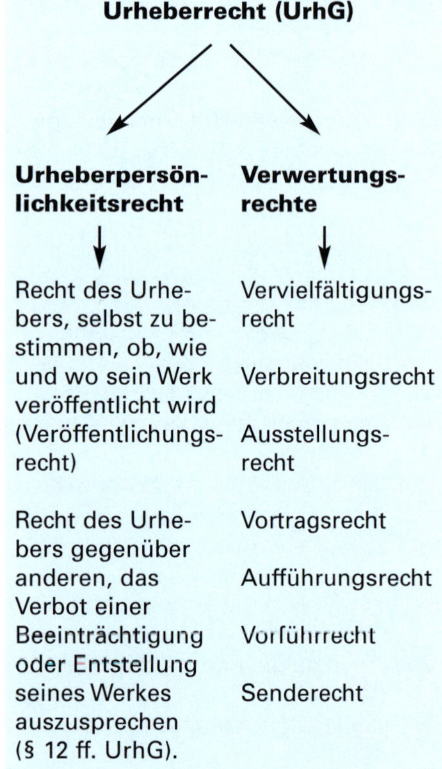

7.1.2 Werkarten

Unter Werkarten versteht man:

- Sprachwerke wie Schriftwerke, Reden und Computerprogramme
- Musikwerke
- Werke der Pantomime
- Werke der Tanzkunst
- Werke der bildenden Kunst und deren Entwürfe
- Werke der Baukunst und deren Entwürfe
- Werke der angewandten Kunst (z. B. Gebrauchsgrafik, Typografie) und deren Entwürfe
- Lichtbildwerke (Fotos, Filme, Videos, Animationen)
- Wissenschaftliche oder technische Darstellungen
- Bearbeitungen, die eine besondere geistige Leistung des Bearbeiters darstellen, darunter fallen vor allem Übersetzungen
- Sammelwerke, die aus Einzelwerken oder unterschiedlichen Beiträgen zusammengestellt sind und eine eigene geistige Schöpfung darstellen bezüglich der Auslese oder Zusammenstellung
- Datenbanken (§ 4 (2) UrhG, 01.01.98)

Die oben dargestellte Auflistung entspricht in gekürzter Form § 2 Abs. 1 UrhG. Diese Liste ist nur beispielhaft, nicht abschließend zu sehen. Es ist also jederzeit möglich, dass im Laufe der Zeit neue schutzfähige Werkarten hinzukommen können.

Wesentlicher Punkt zur Einordnung als schützenswertes Werk ist die Frage nach der persönlichen geistigen Schöpfung. Eine solche wird immer dann angenommen, wenn die folgenden Merkmale zutreffen:

- Wahrnehmbare Formgestaltung
- Geistiger Gehalt
- Persönliche bzw. individuelle Schöpfung

7.1.2.1 Schrift- und Sprachwerke

In dieser Werkgruppe werden Schrift- und Sprachwerke unterschieden. Zu den Schriftwerken gehören unter anderem Romane, Erzählungen, Gedichte, Liedertexte, Drehbücher, Abhandlungen wissenschaftlicher oder politischer Art, Zeitungs- und Zeitschriftenartikel. Sprachwerke umfassen Vorträge, Ansprachen, Vorlesungen, Predigten, Interviews, Reportagen u. Ä.

Schrift- und Sprachwerke müssen individuelle persönliche Schöpfungen des Verfassers sein, um Urheberrechtsschutz zu bekommen. Die schöpferische Leistung liegt begründet in

- der Art der Gedankenführung und -formung,
- Sammlung, Auswahl, Anordnung und Einteilung eines Stoffes,
- im Inhalt des Schriftwerkes. Geschützt sein können erdachte Charaktere wie Romanhelden, die erdachte Umgebung oder der entsprechende Handlungsablauf.

Grundsätzlich gilt: Je mehr sich Texte und Reden auf die vollständige und exakte Wiedergabe von Tatsachen beschränken, umso eher scheidet Urheberechtsschutz aus.

7.1.2.2 Werke der Musik

An die schöpferische Qualität wird bei Musik ein geringerer Maßstab angelegt als bei den Sprachwerken. Geschützt ist klassische Musik, Improvisationen des Jazz, diverse Formen moderner Musik ebenso wie Schlager. Auch Geräusche von PCs oder ähnlicher technischer Geräte sind schutzfähig, wenn der Komponist ihren Einsatz und ihre Wirkung bestimmt und eine individuelle Musikform findet und kreiert.

Immaterieller Rechtsschutz = geistiger Rechtsschutz an einer Idee (z.B. Komposition)

Materieller Rechtsschutz = Rechtsschutz an einer Sache (z.B. Bild, Plastik)

Eine Urteils- und Entscheidungssammlung zum Urheberrecht findet sich unter folgender Adresse:

www.netlaw.de

7.1.2.3 Werke der bildenden Kunst

Darunter sind optisch wahrnehmbare und schöpferisch gestaltete Gegenstände bzw. Kunstwerke zu verstehen. Man unterscheidet Werke der Kunst, der angewandten Kunst und Bauwerke.

Bildhauerei, Malerei, Grafik

Kunstwerke

Hierzu gehören Werke der Bildhauerei, Malerei und Grafik. Dies sind Plastiken, Statuen, Gemälde, Aquarelle, Zeichnungen, Holzschnitte, Lithografien, Radierungen, Kollagen, Bühnenbilder usw. Es kommt nicht auf das Material und die Herstellungsart des Kunstwerkes an, sondern darauf, dass die persönlich-schöpferische Leistung des Künstlers erkennbar ist.

Die bisherige Rechtssprechung definiert dies folgendermaßen: Kunstwerke richten sich nach den im Leben herrschenden Anschauungen oder nach dem durchschnittlichen Urteil des für Kunst empfänglichen und mit Kunstdingen einigermaßen vertrauten Menschen. Erforderlich ist ein ästhetischer Gehalt, der mindestens einen so bescheidenen Grad erreicht haben muss, dass nach dem im Leben herrschenden Anschauungen noch von Kunst gesprochen werden kann (Bundesgerichtshof 1998).

Diese Auffassung des BGH wird heute nicht mehr allgemein geteilt – besonders die Passage „des erforderlichen ästhetischen Gehaltes" wird von vielen Vertretern neuer Kunstformen sehr kritisch hinterfragt. In Zeiten, in denen Veränderungen politischer, ökologischer, ökonomischer und gesellschaftlicher Natur durch Kunstformen dargestellt werden, ist die ästhetische Komponente in der Kunst sicherlich hinterfragenswert.

Angewandte Kunst

Alle Werke, welche der angewandten Kunst zugeordnet werden können, unterscheiden sich von den Kunstwerken durch ihren Gebrauchszweck.

Zu den Werken der angewandten Kunst gehören folgende Produkte:

- Kunstgewerbe
- Künstlerische Industrieprodukte wie Möbel, Besteck, Lampen usw.
- Textilien
- Modeerzeugnisse
- Gebrauchsgrafik
- Werbegrafik

Bei den genannten oder ähnlichen Produkten geht es immer um eine Verbindung zwischen der Funktionalität des Erzeugnisses und der schönen, ansprechenden Form.

Bei der Frage, ob es sich bei einem Produkt um ein Werk der angewandten Kunst oder um einen nicht künstlerischen Gebrauchsgegenstand handelt, kommt es auf Folgendes an: Weist die Gestaltung des Produkts eine Form auf, die eine hohe Gestaltungsqualität besitzt? Kann dieses nach allgemeiner Anschauung bejaht werden, wird von einem Werk der angewandten Kunst gesprochen.

Rechtsbeispiele zum Problemkreis der angewandten Kunst

Um die Problematik, Gebrauchsgrafik in die Kategorie der angewandten Kunst einzugliedern, etwas zu verdeutlichen, seien an dieser Stelle zwei Beispiele angeführt.

Grundsätzlich gilt: Logos und informierende Zeichen genießen nur ausnahmsweise Schutz. Nur wenn sie besonders originell und komplex sind, sind sie schützenswert. Ansonsten gibt es nur den Schutz vor unlauterer Nachahmung und vor Verwendung durch andere nach dem Wettbewerbsrecht.

„Atomkraft? Nein danke" – Aufkleber mit Sonne und Schriftzug: Das Landgericht Frankfurt musste 1982 klären, ob dieser Aufkleber schutzwürdig sei oder nicht. Es führte dazu aus: „Das Zeichen erfährt eine schöpferische Ausprägung durch das lächelnde Strichgesicht in eigentümlich gezackter Umrandung des roten Gesichtsfeldes mit der Umschrift. Das Strichgesicht weist dabei einen charakteristischen Schwung auf, der ihm einen freundlichen, gleichsam verbindlich lächelnden Gesichtsausdruck verleiht. Dieser leitet über zu der höflichen Nein danke-Formulierung in der Umschrift. Diese individuelle Ausprägung des Gesamtwerkes erzeugt eine eigenschöpferische Wirkung, welche den Schutz des Urheberrechtes begründet".

Urheberrechtsschutz wurde dagegen verweigert beim Namenszug „Die Grünen" in Verbindung mit einer Sonnenblume. Hier sagte das Oberlandesgericht München 1989: „Die von der Klägerin verwendete Schrift ist seit langem bekannt... Weder die Größe... noch der Fettdruck stellen eine Besonderheit dar... Es handelt sich um ein Schriftbild, das alltäglich ist, dem keine Eigentümlichkeit zukommt. Dasselbe gilt für die Farbgestaltung. Der Druck in Grün stellt keine Besonderheit dar. Urheberrechtsschutz besteht auch nicht für die dem Namenszug „DIE GRÜNEN" zugeordnete Darstellung einer Sonnenblume. Der Darsteller hat nicht eine Blume erfunden, sondern es handelt sich um die Nachbildung einer in der Natur vorkommenden Pflanze... Der Entwurf hat sich weitgehend an die natürliche Form der Sonnenblume angelehnt. Auf Anhieb ist nicht zu erkennen, welche Änderung gegenüber einer wirklichen Sonnenblume besteht... Auch die Kombination des Schriftzuges „DIE GRÜNEN" mit der Darstellung der Sonnenblume kann nicht als schutzfähig angesehen werden. Es handelt sich somit lediglich um die Zusammenführung zweier gängiger Gestaltungen".

Soweit zwei Urteile zur Schutzfähigkeit von Gebrauchsgrafik. Überprüfen Sie Ihre eigenen Arbeiten nach den Erfordernissen dieser beiden Urteile der OLG Frankfurt und München.

Atomkraft? – Nein danke

Aufkleber oder Sticker mit Sonne und Schriftzug

Parteilogo „Bündnis 90/Die Grünen"

Das oben abgebildete Logo gilt als nicht schutzfähig, da keine besondere Gestaltungsleistung zu erkennen ist.

Baukunst

Zur Baukunst werden Gebäude, Brücken, Denkmäler, Türme usw. gezählt. Die Schutzfähigkeit von Bauwerken im Rahmen des Urheberrechts hängt vor allem davon ab, wie stark ein Bauwerk durch seine Funktion bestimmt wird. Je mehr die Funktion und das Umfeld das Bauwerk bestimmen, umso schwieriger ist es, einen Urheberrechtsschutztitel zu erlangen.

Schutzfähig sind allerdings Entwurfszeichnungen, Skizzen und Modelle der Architektur. Ebenso schutzfähig sind Werke und Modelle der Innenarchitektur, der Park- und Gartengestaltung.

7.1.2.4 Lichtbildwerke und Lichtbilder

Eine Sonderstellung nimmt der Berufsstand der Fotografen ein. Geschützt sind nicht nur Fotografien bzw. Lichtbildwerke mit künstlerischer Qualität, sondern auch „normale Lichtbilder".

Lichtbildwerke sind Fotografien, welche eine bessere Aufnahmequalität aufweisen als die alltägliche Aufnahme. Lichtbildwerke haben eine künstlerische Aussage und werden daher anderen Werkarten im Schutz gleichgestellt. Ob ein künstlerisch wertvolles Foto mit einer persönlich-geistigen Schöpfung vorliegt, kann mit Hilfe folgender Merkmale überprüft werden:

- Besonderer Bildausschnitt
- Aufnahmestandpunkt
- Licht- und Schattenkontraste
- Schärfen und Unschärfen
- Ungewohnte Bildperspektiven
- Anerkennung in der Fachwelt

Mit der klaren Feststellung, dass es in der Fotografie außerordentlich schwierig sei, zwischen künstlerisch wertvollen Lichbildwerken und normalen Lichtbildern zu unterscheiden, werden Fotografien grundsätzlich als Lichtbilder geschützt. Das bedeutet, dass jedes fotografische Bild generell geschützt ist. Der wesentliche Unterschied besteht in der Länge der Schutzfrist: Der Schutz für Lichtbilder erlischt 50 Jahre nach dem ersten öffentlichen Erscheinen eines Bildes bzw. 50 Jahre nach seiner „Herstellung", wenn das Bild nicht veröffentlicht wurde. Die Einordnung einer Fotografie in die Gruppe der Lichtbildwerke bewirkt eine Frist von 70 Jahren nach dem Tod des Fotografen.

Fernsehsendungen

und deren Bilder/Filme sind urheberrechtlich geschützt.

(Quelle: ARD)

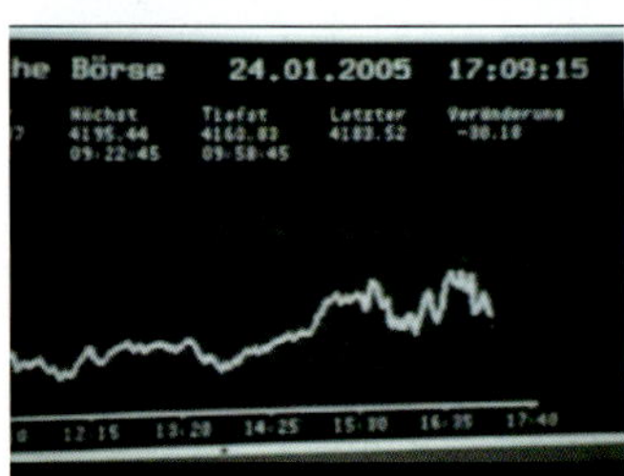

Digitale Bildaufnahmen

Bilder, die direkt elektronisch aufgezeichnet werden, sind weder Lichtbilder noch Lichtbildwerke, da die Lichtstrahlen nicht auf einen strahlempfindlichen Film treffen. Da solche Bilder aber unter „Benutzung des Lichts" entstehen, sind sie als lichtbildähnliche Erzeugnisse einzustufen. Sie sind daher in der gleichen Weise geschützt wie fotografische Lichtbilder und es besteht somit ein Urheberrechtsschutz.

Wenn eine herkömmliche Fotografie mit Hilfe eines Scanners digitalisiert wird, entsteht kein neues Bild. Es wird lediglich eine Vorlage mit Hilfe der Elektronik reproduziert. Das entstandene digitale Bild ist eine Kopie des Originals und daher nicht besonders schutzfähig.

Anders sieht es aus, wenn aus mehreren eingescannten Bildern bzw. Bildvorlagen ein neues Bild elektronisch kombiniert und retuschiert wird. Dadurch wird ein neues lichtbildähnliches Erzeugnis geschaffen, das den Charakter eines Lichtbildwerkes mit dem entsprechenden Urheberrechtsschutz beanspruchen kann.

Da zu den digitalen Bildern auch Fernsehbilder gehören, deren Herstellungs- bzw. Sendeweg eine Kombination von realen Filmbildern und digital gesendeten Bilddaten darstellt, ist die Frage nach der Schutzfähigkeit berechtigt. Der Bundesgerichtshof hat dazu festgestellt, dass ein ausgestrahltes Fernsehbild urheberrechtlich zu schützen ist, unabhängig davon, ob es ein weniger aktueller Filmbericht ist oder ob eine direkt gesendete Liveübertragung vorliegt.

Filmwerke, Laufbilder
Filmwerke wie Werbefilme, Spielfilme, Kulturfilme usw. sind in ihrer Anordnung und Auswahl des Inhaltes individuelle persönlich-geistige Schöpfungen, die urheberrechtlich eindeutig schützenswert sind.

Je mehr sich ein Film aber auf die authentische und vollständige Wiedergabe eines Ereignisses beschränkt, desto kleiner ist der individuelle Gestaltungsspielraum und umso schwerer ist es, einem solchen Film Urheberrechtsschutz zuzuordnen. So sind z. B. Berichte des politischen Tagesgeschehens aus Berlin lediglich fotografische Ausschnitte des wirklichen Geschehens, sie stellen keine Filmwerke dar und sie haben daher keinen Urheberrechtsanspruch.

Laufbilder sind Bildfolgen, die nicht die Qualität eines Filmwerkes erreichen und somit nicht als Filmwerk geschützt sind. Im Gegensatz zum Film mit 70-jähriger Schutzfrist sind derartige Werke nur 50 Jahre geschützt.

Die Qualität interaktiver CD-ROMs mit ihren zum Teil außerordentlich hohen kreativen Ausprägungen ist im Urheberrechtsgesetz nicht exakt definiert. Hierzu sind Urteile zur Schutzdauer durch Gerichte abzuwarten.

7.1.2.5 Wissenschaftliche und technische Darstellungen

Unter diese Art der geschützten Werke werden Konstruktionszeichnungen, Stadtpläne, Landkarten, Tabellen, statistische Daten und Übersichten, Lehrmaterialien, Modeentwürfe usw. gezählt.

Für solche Werke besteht Urheberrechtsschutz. Es kann bei wissenschaftlichen und technischen Darstellungen zu Überschneidungen mit verschiedenen Werkarten kommen. Dies ist jedoch unproblematisch. Entscheidend ist, dass ein Urheberrechtsschutz besteht.

Der Urheberrechtsschutz liegt bei derartigen Werken häufig nicht bei den tatsächlichen „Urhebern“, sondern bei den Auftraggebern bzw. den Unternehmen, in dessen Auftrag die technische oder wissenschaftliche Darstellung angefertigt wurde.

Filme und technische Darstellungen

Links: Werbeclip für einen Geländerwagen der Firma Land Rover.

Rechts: In einem Grafikprogramm erstellter Modeentwurf für eine Freizeitjacke.

(Quelle: Adobe)

7.1.2.6 Übersetzungen und Bearbeitungen

Übersetzungen und andere Bearbeitungen eines Werkes, die persönliche geistige Schöpfungen des Bearbeiters sind, werden unbeschadet des Urheberrechtes am bearbeiteten Werk wie selbstständige Werke behandelt. Dies ist der Fall bei der Übersetzung eines Romans aus der französischen in die deutsche Sprache. Der Übersetzer erstellt ein neues, noch nicht da gewesenes Sprachwerk mit einem eigenen Urheberrecht. Gleiches gilt, wenn ein Roman von einem Grafiker in einen Comic-Strip umgezeichnet wird. Es entsteht auch hier ein neues grafisches Werk nach einer sprachlichen Vorlage.

7.1.2.7 Datenbanken

Im UrhG sieht § 4 neben dem Schutz von Sammelwerken (z. B. Sammlung von Gedichten zu einem Thema von verschiedenen Autoren) auch den Schutz von Datenbanken vor.

Hierbei liegt eine von der Europäischen Union 1996 erlassene Richtlinie zugrunde, die besagt, dass ein unerlaubter Zugriff auf Datenbanken nicht bestehen darf. Dies trifft auf Produktionsdatenbanken ebenso zu wie auf Datenbanken bei Verwaltungen oder Vereinen. Ein unerlaubter Zugriff auf bestehende Datenbanken ist demnach nicht zulässig.

Da Datenbanken in aller Regel keine persönliche geistige Schöpfung darstellen, ist nach der Logik des Urheberrechts eigentlich keine Schutzwürdigkeit gegeben. Da der Inhalt einer Datenbank aber sensible, personenbezogene Verknüpfungen zulassen kann, ist eine Datenbank immer schutzwürdig und ein unerlaubter Zugriff durch entsprechende Einrichtungen zu verhindern.

Dies gilt auch für Datenbanken auf CD-ROM, deren Inhalt nicht einfach weiterverwendet oder verkauft werden darf. So dürfen die Daten einer Telefonnummern-CD-ROM nicht dazu benutzt werden, um z. B. die Sozialstruktur eines Wohngebiets nach statistischen Kriterien für eine Marketingmaßnahme zu erheben.

Datenbankwerke sind Sammelwerke oder Sammlungen, die sich aus Daten oder anderen Elementen zusammensetzen, die bislang unabhängig voneinander waren. Wichtig ist, dass eine bereits geringfügig eigenständige Leistung in der Auswahl und der Anordnung der Daten vorliegt. Es genügt die Zusammenstellung der Daten nach Ordnungsgesichtspunkten, die einen Zugriff auf einzelne Daten jederzeit ermöglichen. Der Zugriff muss mit elektronischen Mitteln einzeln möglich sein.

Datenbanken sind geordnete, maschinell verwaltete Mengen von Daten, auf die über verschiedene Suchkriterien auf einzelne Daten zurückgegriffen werden kann. Wesentlich ist, dass die Daten systematisch angeordnet sind und ein-

Buchliste_04.05.xls

	A	B	C	D	E	F	G	H
1	Artikel-Nummer	Titel	Autor	Bereich	ISBN	Verlag	Preis	DB_ID
2	156	Multimedia-Datenbanken	Karl Meyer-Wefener	Computer	3-519-02419-5	Teubner, Stuttgart	38	FwTnWr2Ti381354801
3	157	Relationale Datenbanken	Hermann Sauer	Computer	3-8273-2060-7	Addison-Wesley, München	34,95	FwTnWr2Ti381354802
4	158	MAC OSX Panther	Gabi Brende	Computer	3-908497-00-0	Smartbooks, CH-Kirchberg	14,95	FwTnWr2Ti381354803
5	159	QuarkXPress 7	Stephan Franke	Computer	3-8266-0720-1	mitp-Verlag, Bonn	14,95	FwTnWr2Ti381354804
6	160	Referenzbuch Dateiformate	Günther Born	Computer	3-8273-1241-8	Addison-Wesley, München	29,9	FwTnWr2Ti381354805
7	161	Projekte Mediengestaltung	Joachim Böhringer u.a.	Computer	3-540-44092-5	Springer, Heidelberg	49,9	FwTnWr2Ti381354806
8	162	MediaFarbe	Peter Bühler	Computer	3-540-40688-3	Springer, Heidelberg	49,9	FwTnWr2Ti381354807
9	163	DESIGN, Geschichte, Theori	Bernhard E. Bürdeck	Design	3-7701-2728-5	DuMont Buchverlag Köln	34,8	FwTnWr2Ti381354808
10	164	Momentum	Holger, Jung, Jean-Ren	Design, Werbung	3-89769-031-4	Lardon, Hamburg	49,9	FwTnWr2Ti381354809
11	165	Digitales Video in interaktiv	Roland Riempp, Arno S	Medien	3-540-59355-1	Springer, heidelberg	26,5	FwTnWr2Ti381354810

Tabelle1 Tabelle2

Bereit Summe=0 SCRL GROSS NF

Der Zugriff auf Datenbanken ist durch das UrhG und Datenschutzgesetz geregelt. Zugriffe sind nicht gestattet, Zugangsberechtigungen müssen durch Verantwortliche klar geregelt werden. Die Abbildung zeigt eine Produktionsdatenbank für einen Buchprospekt ohne personenbezogene Daten.

zeln abgerufen werden können. Sammlungen von Links, Cliparts, Prüfungsaufgaben, Vertragsentwürfe oder Kochrezepte sind typische Beispiele für Datenbanken. Eine Datenbank muss mit elektronischen Mitteln abrufbar sein, Printmedien können demzufolge nach § 87a ff UrhG keine Datenbanken sein.

Offline- und Online-Datenbanken
Es bestehen rechtliche Unterschiede bei der Vervielfältigung zwischen einer Online und einer Offline-Datenbank. Es darf von einer Offline-Datenbank ohne Zustimmung des Datenbankherstellers keine Kopie der Datenbank erstellt werden, auch keine Sicherungskopie.

Eine Online-Datenbank dagegen darf oder kann öffentlich angeboten und in Verkehr gebracht werden (§ 17 UrhG). Jede Abfrage einer Online-Datenbank erfolgt im Wege der öffentlichen Wiedergabe. Diese liegt vor, wenn mehrere Personen unabhängig voneinander die Darstellung und Abfrage der Datenbank nutzen können. Unter bestimmten Voraussetzungen darf die Datenbank von jedermann frei genutzt werden.

Rechtsfragen zu Datenbanken
Die Rechte eines Datenbankerstellers verjähren nach 15 Jahren. Allerdings wird durch jede wesentliche Investition das Schutzrecht um weitere 15 Jahre verlängert. Eine wesentliche Investition kann z.B. bereits die Überprüfung der Aktualität der Datenbank durch den Rechteinhaber sein.

Datenbanken und Datenbankwerke sind geschützt. Wenn der Nutzer einer im Internet zugänglichen Datenbank unberechtigt Daten kopiert oder vervielfältigt, kann der Ersteller der Datensammlung gegen den Verletzter des Urheberrechtes verschiedene Rechtsansprüche geltend machen. Dies sind:

- Anspruch auf Unterlassung und Schadenersatz
- Anspruch auf Löschung bzw. Vernichtung der unberechtigt erlangten/genutzten Daten
- Anspruch auf Auskunft hinsichtlich möglicher Vertriebswege und weitere Nutzung der unberechtigt erlangten Datensammlung
- Anspruch auf die Vernichtung der Herstellungsvorrichtung zur Kopie der Datensammlung

Schutz bei Datenbanken
Eine Datenbank als Ganzes wird geschützt, nicht die einzeln vorhandenen Datensätze der Datenbank. Geschützt werden die Rechte dessen, der die Daten verwaltet und aufbereitet, nicht dessen Daten gespeichert werden.

Die Datenschutzgesetze des Bundes und der Länder schützen personenbezogene Datenbanken vor dem unberechtigten Zugriff auf Datenbankinhalte und deren Auswertung.

Kontrolliert wird die Einhaltung der Datenschutzgesetze durch die Datenschutzbeauftragten und die Datenschutzkontrollbehörden des Bundes und der Länder.

Cumulus

Beispiel einer Mediendatenbank

(Quelle: Canto)

Schutzfristen im Urheberrecht

Überblick über Werkarten und deren Schutzdauer

Werkart	Schutzdauer
Schriftwerke	70 Jahre nach dem Tod des Urhebers
Lichtbildwerke	70 Jahre nach dem Tod des Urhebers
Lichtbilder	50 Jahre nach dem Erscheinen des Lichtbildes 50 Jahre nach dem Herstellen des Lichtbildes, wenn es nicht veröffentlicht wurde.
Darbietung von Künstlern	25 Jahre (z.B. Zaubertricks)
Rechte von Sendeunternehmen	25 Jahre (Rundfunk- und Fernsehanstalten)
Rechte von Filmherstellern	70 Jahre (gilt entsprechend für Videofilme)
Rechte von Bildfolgen und Tonfolgen (Laufbilder)	50 Jahre
Rechte an Tonträgern	25 Jahre
Rechte an digitalen Präsentationen	25 Jahre

Formen der Verwertungsrechte

Verwertung in körperlicher Form	Vervielfältigung Verbreitung Ausstellung Bearbeitung Verbindung mit anderen Werken
Verwertung in unkörperlicher Form	Öffentliche Wiedergabe durch: Vortrag Aufführung Vorführung Sendung Wiedergabe durch Bild- und Tonträger Wiedergabe durch Funksendungen

7.1.3 Rechte eines Urhebers

7.1.3.1 Urheberpersönlichkeitsrecht

Aus dem Urheberrecht heraus ergeben sich konkrete Rechte, die einen Beziehungs- bzw. Rechtszusammenhang zwischen dem Urheber und seinem Werk herstellen. Man nennt diese Rechte die Urheberpersönlichkeitsrechte. Zu diesen zählen insbesondere:

- Veröffentlichungs- und Rückrufrecht
- Recht auf Anerkennung der Urheberschaft und Nennung des Urhebers
- Recht gegen Entstellung des Werkes
- Grundsatz der Unübertragbarkeit

Das aus dem Urheberpersönlichkeitsrecht abgeleitete Recht der Veröffentlichung eines Werkes ist für die Druck- und Medienindustrie sicherlich das bedeutendste Recht.

7.1.3.2 Veröffentlichungsrecht

§ 12 UrhG: „Der Urheber hat das Recht zu bestimmen, ob und wie sein Werk zu veröffentlichen ist".

Das Urheberrechtsgesetz sagt also, dass ausschließlich der Urheber das Recht hat, darüber zu bestimmen, wie sein Werk veröffentlicht, das heißt der Öffentlichkeit zugänglich gemacht wird. Das Veröffentlichungsrecht gilt nur für die Erstveröffentlichung. Die Entscheidung eines Buchautors, sein Werk zu veröffentlichen, ist unwiderruflich. Sie kann nicht zurückgenommen werden. Beispiel: Erscheint ein Roman als Erstausgabe in einem Verlag, ist das Buch veröffentlicht. Soll jetzt eine Buchclubausgabe gedruckt werden, gibt es kein neues Recht für diese Veröffentlichung. Der Verwerter (Buchclub) muss allerdings die notwendigen Verwertungsrechte erwerben. Diese sind unabhängig vom Veröffentlichungsrecht. Der Urheber kann aber auch bei einer Buchclubausgabe seines Werkes nach § 13 UrhG verlangen, dass er als Urheber benannt wird. Auf dieses Recht kann nicht verzichtet werden.

7.1.3.3 Verwertungsrecht

Das Recht eines Urhebers an seinem Werk ist nicht veräußerlich. Es bleibt bestehen, solange der Urheber lebt. Nach seinem Tod kann dieses Recht an seine Nachfahren vererbt werde.

Das Recht eines Urhebers an seinem Werk ist nicht veräußerlich – es kann nicht verkauft werden.

Ein Urheber kann anderen Personen ein Verwertungsrecht einräumen. Grundsätzlich werden zwei Formen unterschieden: die körperliche Form und die unkörperliche Form der Verwertung. Die körperliche Form der Verwertung liegt dann vor, wenn das Werk „körperlich fixierbar" ist, also wenn es als Druckwerk, Videoband, CD-ROM, Mikrofilm, Schallplatte, Zeitschrift, Buch usw. vorliegt. Eine unkörperliche Verwertung ist dann gegeben, wenn ein Werk auf eine Leinwand projiziert oder auf einem Monitor ausgegeben wird. Die unkörperliche Verwertung hinterlässt einen Eindruck, ist aber nicht körperlich fixierbar. Beispiele dafür sind Kinofilme, Fernseh- und Rundfunksendungen.

Veröffentlichungsrecht ist für die Druck- und Medienindustrie ein bedeutsames Rechtsgut.

7.1.3.4 Vervielfältigungsrecht

Das Vervielfältigungsrecht beinhaltet das Recht, von einem Werk Vervielfältigungsstücke herzustellen. Dabei ist das Verfahren und die Auflage der erstellten Stücke unerheblich.

Eine Vervielfältigung ist auch die Übertragung eines Werkes auf Vorrichtungen zur wiederholten Wiedergabe von Bild- und Tonfolgen, also die Herstellung von Videokassetten, CD-ROMs oder DVDs.

Die Digitalisierung eines Werkes mit Hilfe von Scannern und die elektronische Speicherung stellen Vervielfältigungen dar, die nur mit Zustimmung des Urhebers zulässig sind. Erneute Vervielfältigungen werden bei der Ausgabe eines Werkes über Drucker, bei der Speicherung auf einen anderen Datenträger oder bei der Übertragung auf ein anderes Rechnersystem getätigt.

Möchte ein Verlag ein urheberrechtlich geschütztes Werk vervielfältigen, muss er sich beim betreffenden Urheber das Recht dazu vertraglich einräumen lassen. Das in dem Verlagsvertrag ausgehandelte Vervielfältigungsrecht kann dabei auf eine Auflage beschränkt sein oder mehrere Auflagen berücksichtigen. Hier besteht die Möglichkeit, im Rahmen eines entsprechenden Vertrages verschiedene Varianten anzuwenden.

7.1.3.5 Verbreitungsrecht

Rechtsfolge:

Vervielfältigungsrecht
Verbreitungsrecht

Das Verbreitungsrecht (§ 17 UrhG) ist das Recht, das Original eines Werkes oder ein Vervielfältigungsstück für die Öffentlichkeit auf den Markt zu bringen. Beim Verbreitungsrecht handelt es sich um ein körperliches Recht. Es muss also ein real anfassbares Stück, z. B. ein Buch, vorhanden sein, das vertrieben wird. Das setzt die Herstellung eines Werkes voraus. Also steht vor dem Verbreitungsrecht das ausgenutzte Vervielfältigungsrecht, das ein Verlag vom Autor (= Urheber) zur Produktion erworben haben muss.

Die Wiedergabe in unkörperlicher Form fällt nicht unter das Verbreitungsrecht. So ist es zum Beispiel bei Musiksendungen zulässig, dass dort ein Orchester rechtmäßig erworbene Noten aus dem Ausland spielt, obwohl keine Verbreitungsgenehmigung für die Bundesrepublik vorliegt. Bei Rundfunk- und Fernsehsendungen handelt es sich um einmalige Verbreitungshandlungen, bei denen vor allem das Urheberrecht berücksichtigt werden muss, weniger ein nicht klar definierbares Verbreitungsrecht.

Ein wichtiger Gesichtspunkt beim Verbreitungsrecht ist die regionale Gültigkeit. Hat ein Urheber einer Vervielfältigung und Verbreitung seines Werkes zugestimmt, ist dies nicht beschränkt auf den deutschsprachigen Raum. Seit 1995 gilt die Zustimmung eines Urhebers zur Veröffentlichung und Verbreitung seines Werkes für den gesamten Raum der Europäischen Union einschließlich der Schweiz.

7.1.3.6 Senderecht

Das Senderecht ist das Recht, ein Werk durch Funk, Ton- oder Fernsehrundfunk oder ähnliche technische Einrichtungen der Öffentlichkeit zugänglich zu machen. Dabei werden folgende Formen unterschieden:

Das Erstsenderecht, d. h. die Verbreitung der Programmsignale durch ein Rundfunk- oder Fernsehunternehmen, steht dem Urheber zu.

Die Weiterleitung durch Kabel ist ein neuer Sendevorgang, vor allem wenn dadurch ein größerer Personenkreis erreicht und der übliche Empfang verstärkt wird. Die Weiterleitung einer Sendung durch Kabelsysteme muss vertraglich gesondert geregelt werden.

Strittig ist derzeit die Frage, ob die Wiedergabe digitaler Daten von CD-ROM oder durch Datenfernübertragung rechtlich eine Sendung oder eine Projektion ist. Tendenziell urteilen die Gerichte dazu, darin eine Sendung zu sehen. So ist z. B. die Wiedergabe von Bildern oder Videos in einem Museum durch einen PC rechtlich einer Sendung gleichzusetzen, bei welcher der Museumsbesucher den jeweiligen „Sendetermin" durch Knopfdruck festlegt. Rechtlich hat der Urheber dieser Nutzungsart bzw. Sendeart bei seinen Sound-, Video-, Bild- und Textdaten zugestimmt.

Ähnliche Überlegungen sind auch für die immer mehr verbreiteten Kiosksysteme zutreffend.

7.1.3.7 Copyright

Das Copyright ist das Urheberrecht an einem veröffentlichten Werk. Ursprünglich galt der Copyright-Vermerk nur im amerikanisch-englischen Raum. Das Urheberrecht wurde mit dem ©-Zeichen und dem Eintrag in das Copyright-Register wirksam. Die Gültigkeit des ©-Zeichens war nur in den USA gegeben. Dabei ist zu berücksichtigen, dass das amerikanische Urheberrecht den Verleger vor wirtschaftlichem Schaden schützt, nicht den Autor wie im europäischen Urheberrecht.

Durch das Welturheberrechtsabkommen ist das Urheberrecht und seine formalen Seiten vereinheitlicht worden. Es gelten Werke heute in allen Ländern als geschützt, wenn das ©-Zeichen in Verbindung mit dem Namen des Urhebers und der Jahreszahl der Erstveröffentlichung in die Titelei eines Werkes aufgenommen werden.

Für die USA und Kanada müssen veröffentlichte Werke zusätzlich zum ©-Zeichen eine Registrierung beim Copyright Office erhalten. Dies gilt auch, wenn ein Titel in Europa für den amerikanischen Markt verlegt wird.

7.1.3.8 Zeitungsimpressum

Jedes Druckwerk muss ein Impressum, d. h. eine aufgedruckte Ursprungs- und Haftungsangabe, enthalten. Nach den Landespressegesetzen (LPG), dem Urheberrechtsgesetz, dem Warenzeichenrecht und dem Wettbewerbsrecht besteht diese Impressumspflicht. Alle Produkte der Urheberrechtsindustrien müssen ein Impressum tragen. Dazu zählen das Druck- und Verlagswesen, Zeitungs- und Musikverlage, Tonträger-, Film- und Videoindustrie, Rundfunk, Fernsehen, Werbung, Design, Kunsthandel usw.

Der Aufbau und der Inhalt eines Impressums sieht wie folgt aus:

- Name der Firma
- Drucker mit Anschrift
- Verleger oder Herausgeber mit Anschrift
- Verantwortlicher Redakteur mit vollständigem Vor- und Zunamen. Bei mehreren verantwortlichen Redakteuren muss die Verantwortlichkeit exakt zugeordnet werden.
- Verantwortlicher für den Anzeigenteil
- Verantwortlicher für den Zeitungsmantel
- Wirtschaftliche Beteiligungsverhältnisse müssen offen gelegt werden (gilt nur für Bayern, Sachsen und Hessen nach den dortigen LPG).

7.1.3.9 Buchimpressum und ISBN

Die Rechtsgrundlagen für den Abdruck ergeben sich aus dem Welturheberrechtsabkommen. Der Aufbau ist ähnlich dem des Zeitungsimpressums. Es muss das Copyright, Erscheinungsjahr, der Name des Urhebers, Autor und Verlag mit Anschrift genannt werden. Weiter ist die Auflagenzahl zu nennen,

Zur Copyright-Anmeldung in den USA schreiben Sie an das: „Register of Copyright" Copyright Office Library of Congress Washington D.C.20559

ISBN – Leitfaden

Herausgeber ist der Börsenverein des Deutschen Buchhandels e.V., Frankfurt/M

www.german-isbn.org
www.boersen-verein.de

ebenso die Kurztitelaufnahme für die Deutsche Bibliothek (Grundlage Pflichtexemplargesetz) und innerhalb der Europäischen Union ist die ISBN auf der Copyright-Seite zu führen.

Die ISBN-Nummer hat 10 Stellen. Es gibt die Unterscheidung nach Klein- und Großverlagen. Die Nummern sind wie folgt aufgebaut:

Nummer für Kleinverlag:
3-92327-55-9

3	Gruppennummer für die Bundesrepublik Deutschland
92327	Verlagsnummer für den Tiplit-Verlag Hamburg
55	Titelnummer für das einzelne Buch des Verlages hier Buch Nr. 55 von Nr. 0 – 99 = 100 Titelnummern
9	Computerprüfziffer

Nummer für Großverlag:
3-406-34407-0

3	Gruppennummer für die Bundesrepublik Deutschland
406	Verlagsnummer für C.H. Beck'sche Verlagsbuchhandlung in München
34407	Titelnummer für das einzelne Buch des Verlages
0	Computerprüfziffer

ISBN-Nummern müssen bei der Buchhändler-Vereinigung GmbH, Standard-Buchnummernverwaltung in Frankfurt erworben werden. Die Mindestabnahme beträgt 100 Nummern.

In letzter Zeit hat es sich bei einer Reihe von Verlagen wieder eingebürgert, das Impressum zu erweitern. Dies bedeutet, dass auch einige juristisch nicht notwendige Angaben gemacht werden.

Diese Informationen dienen der Verbreitung des Wissens um das Kulturgut Buch und Schrift sowie deren korrekte und vorbildliche Anwendung. Diese zusätzlichen Angaben können sein: Schriftname und -größe, Buch- und Umschlagdesign, Lektorat und Mitarbeiter an diesem Buch. Diese Angaben können in der Titelei vor oder nach der ISBN-Nummer und dem Copyright gedruckt werden.

Beispiel-Impressum

für das Buch „Wort-Check" von Armin Baumstark u.a.

1. Auflage 2002

Alle Rechte vorbehalten. Das Werk und seine Teile sind urheberrechtlich geschützt. Jede Verwertung in anderen als den gesetzlich zugelassenen Fällen bedarf deshalb der vorherigen schriftlichen Einwilligung des Verlags.

Dieses Buch ist auf Papier gedruckt, das aus 100 % chlorfrei gebleichten Faserstoffen hergestellt wurde.

© Holland + Josenhans GmbH & Co., Postfach 10 23 52, 70019 Stuttgart

www.holland-josenhans.de

Satz: Satzpunkt Bayreuth GmbH, Bayreuth

Druck und Weiterverarbeitung: Druckhaus Thomas Müntzer GmbH Bad Langensalza

ISBN 3-7782-6061-8

7.1.4 Vervielfältigungen

Privatkopie

Der Bereich der Privatkopie wurde durch das neue UrhG weitgehend neu geregelt. Nach § 53 UrhG sind einzelne Kopien eines Werkes zum privaten Gebrauch zulässig. Diese dürfen, wie nach der bisherigen Rechtslage auch, weder mittelbar noch unmittelbar zu Erwerbszwecken dienen.

Ausdrücklich geregelt wurde in § 53 Abs.1 UrhG jedoch, dass es untersagt ist, zur Vervielfältigung eine offensichtlich rechtswidrig hergestellte Vorlage zu verwenden.

Die Frage, ob eine Vorlage rechtswidrig erstellt und genutzt wurde, war nach dem alten UrhG im Zusammenhang mit Online-Tauschbörsen juristisch höchst umstritten, da unklar war, ob das Recht der Privatkopie auch für eine offensichtlich rechtswidrig erlangte Vorlage zutraf. Nun ist im neuen UrhG eindeutig festgelegt, dass der Download von Musikdateien oder Filmen in Tauschbörsen unzulässig ist, wenn die Vorlage nicht rechtmäßig erstellt wurde. Eine zum Download bestimmte Datei muss die Zustimmung des Urhebers vorweisen können. Dies gilt sowohl für die Vervielfältigung zum privaten als auch gewerblichen Nutzen.

Kopierschutzmechanismen

Einer der wichtigsten Punkte der Neuregelung betrifft das Verbot der Umgehung von Kopierschutzmechanismen, wie sie auf CDs oder DVDs angebracht sind. Das Gesetz spricht in § 95a UrhG von wirksamen technischen Maßnahmen zum Schutz eines nach dem Urheberechtsgesetz geschützten Werkes, die ohne Zustimmung des Rechteinhabers nicht umgangen werden dürfen.

Um bei CD-ROMs bzw. DVDs Raubkopien zu verhindern, werden technische Schutzmaßnahmen auf diesen Datenträgern angebracht. Darunter sind Verschlüsselung, Verzerrung, Kopierschutz u.Ä., zu verstehen, die vom Endverbraucher nicht „geknackt" werden dürfen. Der Hersteller eines Kopierschutzes muss auf diesen hinweisen, damit der Endverbraucher erfährt, dass eine Datei bzw. ein Datenträger mit einer Schutzmaßnahme versehen ist.

Dies betrifft nahezu alle auf dem Markt befindlichen Kopierschutzmechanismen für CD-ROMs und DVDs. Vom Verbot der Umgehung dieser Kopierschutzmechanismen gibt es eine Ausnahme. Diese bezieht sich auf Vervielfältigungen zum privaten und sonstigen eigenen Gebrauch, soweit es sich um Vervielfältigungen auf Papier oder einem ähnlichen Träger durch fotomechanische Verfahren o.Ä. handelt.

Für Kopien in digitaler Form gilt diese Ausnahme demzufolge nicht. Weitere Ausnahmen bestehen nach § 95b UrhG z.B. für die Rechtspflege sowie für Lehre und Forschung.

Für Software gilt das Umgehungsverbot hingegen nicht. Nach § 69a Abs.5 UrhG ist Software vom Umgehungsverbot ausgeschlossen, so dass es weiterhin rechtmäßig ist, eine Sicherungskopien durch den berechtigten Besitzer zu erstellen.

Die Herstellung von Sicherungskopien ist für den rechtmäßigen Besitzer einer Software zulässig.

Das Umgehen von Kopierschutzmechanismen zieht im Bereich der Privatkopie für den engsten Familien- und Freundeskreis keine strafrechtlichen Folgen nach sich.

Zivilrechtliche Unterlassungs- und Schadensersatzforderungen der betroffenen Rechteinhaber und -verwerter in beträchtlicher Höhe können bei „privaten" Kopierschutzverletzungen die Folge sein.

Handelt der „Hacker" allerdings gewerbsmäßig, kann die Tat nach § 108b Abs.1 UrhG mit einer Freiheitsstrafe bis zu einem Jahr oder mit einer Geldbuße bis zu 50.000.– Euro (§ 111 a, Abs. 1 und 2 UrhG) bestraft werden. Hier sind deutliche und harte Strafen angedroht, um Urheberrechte zu schützen.

Software zum Umgehen von technischen Schutzmaßnahmen

Nach § 95a Abs.3 UrhG ist es nicht erlaubt, Vorrichtungen, Erzeugnisse oder Dienstleistungen anzubieten, welche das Aufheben bzw. Umgehen von Schutzmaßnahmen zum Ziel haben.

Die Herstellung, die Einfuhr oder der Besitz für Produkte und Dienstleistungen zur Aufhebung von Schutzvorrichtungen ist generell untersagt. Dies gilt auch für das Werben in diesem Bereich. Dies betrifft insbesondere Software, die dazu gedacht ist, Kopierschutzmechanismen auf Datenträgern zu umgehen.

Dieses Verbot gilt nach dem Gesetzeswortlaut nur für wirksame technische Schutzmaßnahmen. Nun kann früher oder später aber jeder Kopierschutz umgangen werden. Nach der Gesetzesbegründung ist dies jedoch kein Argument dafür, dass es sich dann nicht um eine wirksame Schutzmaßnahme handelt und das Umgehen der leicht zu knackenden Schutzmaßnahmen damit legal wäre.

Wenn Sie kopiergeschützte CDs an einem Rechner mit Macintosh- oder Linux-Betriebssystem brennen, ist dies deswegen möglich, da diese Betriebssysteme den Windows-PC-Kopierschutz ignorieren. Dies ist nach § 95 a UrhG nicht gestattet. Allerdings liegt hier kein „Knacken" des Kopierschutzes vor, sondern ein „Ignorieren" durch das Betriebssystem. Darin sehen einige Juristen keine Umgehung technischer Schutzmaßnahmen.

Sollte es sich beim Brennen um eine privat genutzte CD-Kopie handeln, ist ein Kopieren nach § 53 Abs. 1 UrhG zulässig. Das Kopieren für eine gewerbliche Nutzung ist dagegen verboten.

Die Betreiber entsprechender Webseiten oder PC-Zeitschriften, die Informationen zum Umgehen von Kopierschutzmechanismen veröffentlichen, können von Rechteinhabern und Verwertungsgesellschaften in Anspruch genommen zu werden.

Unklar ist derzeit, ob Fachzeitschriften über bestehende Sicherheitslücken bei Kopierschutzmechanismen und deren mögliche Umgehung berichten dürfen. Hier werden anstehende Urteile in den nächsten Jahren sicherlich Klarheit bringen.

Schlussbemerkung

Änderungen des Urheberechtes wurden hervorgerufen durch unendlich viele Rechtsverletzungen im Bereich Musik und Film. Vor allem Internettauschbörsen und das illegale Kopieren von CDs und DVDs haben zu einer Verschärfung des Urheberrechts geführt.

Kein Musikliebhaber kann darüber hinwegsehen, dass es für viele Künstler zu einem existenziellen Problem geworden ist, wenn 10.000 Hörer eines neuen Albums dieses auf ihre Festplatte kopiert haben, aber nur 2.000 Personen bereit sind, dafür korrekt zu bezahlen.

Letztlich muss es eine Entscheidung der Urheber, Rechteinhaber und -verwerter sein, in welcher Form und gegen welche Vergütung ihre Arbeit verbreitet wird.

7.1.4 Die Deutsche Bibliothek

Das „Gesetz über die Deutsche Bibliothek" (DBiblG) legt allen Verlegern und Produzenten in der Bundesrepublik die Pflicht auf, von jedem veröffentlichten Werk kostenlos zwei Pflichtexemplare an jeden Bibliotheksstandort zu schicken. Die Bibliotheksstandorte sind:

- Deutsche Bibliothek Leipzig
- Deutsche Bibliothek Frankfurt/Main
- Deutsches Musikarchiv Berlin

Nach der Abgabe der Pflichtexemplare werden die Werke in die deutsche Nationalbibliografie aufgenommen und können im Online-Katalog (Online Public Access Catalogue (OPAC)) der Deutschen Bibliothek gesucht und aufgerufen werden.

Aufgabe der Deutschen Bibliothek

Die Deutsche Bibliothek ist die zentrale Archivbibliothek und das nationale bibliografische Zentrum der Bundesrepublik Deutschland. Sie ist für das Sammeln, Erschließen, Verzeichnen und das dauerhafte Sichern aller deutschsprachigen Literatur zuständig.

Seit dem Jahr 1912 sammelt die Bibliothek in Leipzig alle deutschsprachigen Druckwerke von der Tageszeitung bis zum Groschenroman. Nach dem Krieg 1947 wurde die zweite Deutsche Bibliothek in Frankfurt/Main gegründet, zu der auch das Deutsche Musikarchiv in Berlin gehört.

Nach der Wiedervereinigung wurde im Einigungsvertrag vom 23. September 1990 festgelegt, dass alle Archive weiter für die Aufgabe der Archivierung zuständig sind. Dadurch entsteht sowohl in Leipzig als auch in Frankfurt eine komplette Sammlung aller deutschsprachigen Drucksachen und in Berlin eine Sammlung aller Musikalien und Musiktonträger.

Derzeit sind etwa 19,5 Millionen Werke in den Sammlungen der Deutschen Bibliothek (Stand Sommer 2005) mit den Standorten Leipzig und Frankfurt archiviert. Im Deutschen Musikarchiv in Berlin liegen Notendrucke und Tonträger aller Art.

Keine Ablieferungspflicht gibt es für Filme und Videos. Nur die mit Bundesmitteln geförderten Produktionen werden im Bundesfilmarchiv gesammelt.

Die deutsche Bibliothek sollte, entsprechend ihrer Aufgabenstellung auch digitale Publikationen und Netzpublikationen wie elektronische Zeitschriften, Online-Zeitschriften oder Internetauftrit-

www.ddb.de
www.dma-opac.ddb.de

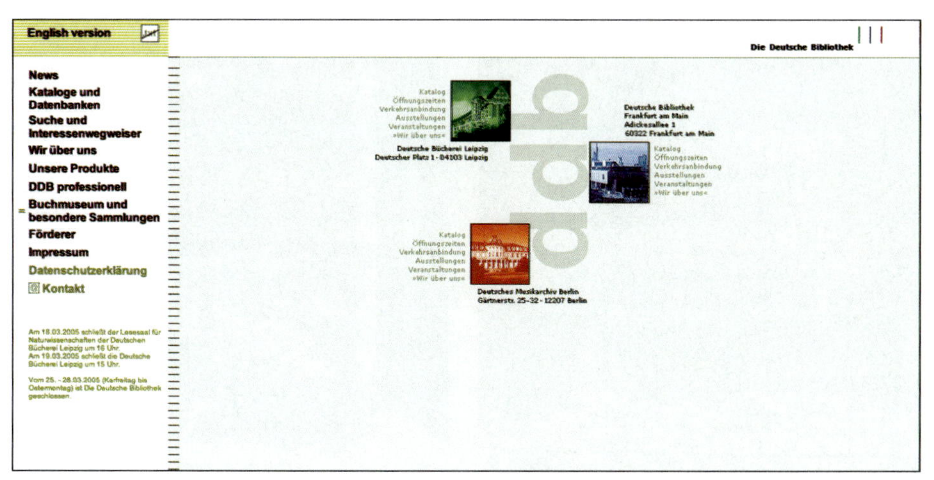

te sammeln, da diese ebenfalls zum in Deutschland erstellten Kulturgut gehören. Das Gleiche gilt für CDs, CD-ROMs, DVDs und eBooks. Derzeit ist der Auftrag dafür vom Gesetzgeber noch nicht erteilt, aber eine Änderung des „Gesetzes über die Deutsche Bibliothek" mit einer dahingehenden Aufgabenstellung ist in Vorbereitung.

Ausnahmen im Urheberrecht

Das in §95a UrhG ausgesprochene Verbot, technische Schutzmaßnahmen bei Datenträgern zu umgehen, gilt in dieser Form nicht für die Deutsche Bibliothek. Normalerweise hat das „Knacken" eines Kopierschutzes zivil- und strafrechtliche Folgen. Der § 95b UrhG sieht vor, dass Rechteinhaber trotz Kopierschutzvorrichtungen der Deutschen Bibliothek bestimmte Werknutzungen ermöglichen müssen. Dies ist zu wissenschaftlichen und kulturellen Zwecken unumgänglich für eine nationale Sammlung.

Um der deutschen Bibliothek ihren Archivierungs-, Sammlungs- und Bereitsstellungsauftrag zu ermöglichen, hat sie mit den entsprechenden Wirtschaftsverbänden Abkommen getroffen, die sicherstellen, dass bei kopiergeschützten Werken ein Umgehen des Schutzes technisch und administrativ möglich ist. Diese Wirtschaftsverbände sind der Börsenverein des Deutschen Buchhandels und der Bundesverband der phonografischen Wirtschaft. Durch diese Abkommen ist sichergestellt, dass die Kopierschutzumgehung durch die Deutsche Bibliothek zulässig ist – aber nur für diese Institution, sonst für niemanden! Mit diesen Vereinbarungen ist gewährleistet, dass auch zukünftig aus den digitalen Sammlungen der Deutschen Bibliothek Materialien für wissenschaftliche und unterrichtliche Zwecke zur Verfügung gestellt werden können.

Präsenzbibliothek

Die Deutsche Bibliothek ist an allen Standorten eine reine Präsenzbibliothek. Allen Personen in der Bundesrepublik, die ein berechtigtes Interesse nachweisen können, werden „die Bestände in den Lesesälen zur Verfügung gestellt. Die Bestände dürfen jedoch wegen des Archivcharakters und der nationalbiografischen Aufgabe nicht außer Haus genutzt werden." So in Kurzform ein Auszug aus der Benutzerordnung. Jeder berechtigte Interessent kann sich aber von den Werken der DDB Kopien anfertigen lassen.

Die Deutsche Bibliothek DDB

Links ist die Deutsche Bibliothek in Leipzig, rechts der Lesesaal der DDB in Frankfurt am Main abgebildet.

7.1.6 Aufgaben „Urheberrecht"

Aufgabe 7.1.6.1
Bedeutung des Urheberrechts kennen

Welche Werke schützt das Urheberrecht. Erstellen Sie eine Übersicht mit schutzwürdigen Werken.

Aufgabe 7.1.6.2
Bedeutung hat das © Zeichen erläutern

Welche Bedeutung hat das ©- Zeichen im Urheberrecht.
Erklären Sie, ob dieses Zeichen, z.B. in einem Impressum, immer mitgedruckt werden muss.

Aufgabe 7.1.6.3
Rechtsbegriffe des Urheberrechts erklären

Immatrieller und materieller Rechtsschutz sind zwei wichtige Begriffe. Beschreiben Sie die Bedeutung dieser Rechtsbegriffe.

Aufgabe 7.1.6.4
Rechtsverhältnisse an Bildwerken wissen

Wie ist der Urheberrechtsschutz bei Bildfolgen des Fernsehens und bei Multimedia-Produkten vorgesehen? Begründen Sie Ihre Meinung.

Aufgabe 7.1.6.5
Rechtsschutz von Gebrauchsgrafiken wissen

Ist eine gängige Gebrauchsgrafik, die von einem Mediengestalter mit Hilfe eines Grafikprogramms erstellt wurde, schützenswert oder nicht? Begründen Sie Ihre Meinung.

Aufgabe 7.1.6.6
Die Schutzfristen im Urheberrechts wissen

Erstellen Sie eine Übersicht über die Schutzfristen der wichtigsten Werkarten, die im Urheberrecht vorgesehen sind.

Aufgabe 7.1.6.7
Rechtsschutz für Werkarten beschreiben

Welche Werke fallen unter den Rechtsschutz für wissenschaftliche und technische Darstellungen? Nennen Sie Werkbeispiele.

Aufgabe 7.1.6.8
Rechtsverhältnisse an Bildwerken verstehen

Gehen Sie der Frage nach, wie analoge und digitale Bildwerke urheberrechtlich geschützt werden.

Aufgabe 7.1.6.9
Verschiedene Verwertungsrechte kennen

Welche zwei grundlegenden Verwertungsrechte sind im Urheberrecht vorgesehen?

Aufgabe 7.1.6.10
Kopierschutzes von Werken einschätzen

Darf eine kopiergeschützte CD an einem Macintosh gebrannt werden, wenn hier der PC-Kopierschutz nicht wirkt?

Aufgabe 7.1.6.11
Schutzvorgaben für Datenbanken kennen

Erklären Sie, warum eine Datenbank als schutzwürdig betrachtet wird.

7.2 Verwertungsrecht

7.2.1 Musikverwendung und GEMA

7.2.1.1 Funktion der GEMA

Im Bereich der juristisch so bezeichneten „unkörperlichen Verwertung" von Musikstücken sollen die Urheber angemessen am wirtschaftlichen Nutzen ihrer Werke beteiligt werden. Etwa dadurch, dass die Urheber bzw. Komponisten prozentual an den vom Anbieter und Verbreiter eines Musiktitels erzielten Einnahmen beteiligt werden. Ausschlaggebend ist der geldwerte Vorteil, den der Anbieter durch die Nutzung der Musik erreicht. Geldwerte Vorteile sind dabei in erster Linie Abonnements- oder Einzelnutzungsgebühren, aber auch etwaige Werbe- und Sponsorengelder.

Bei der Nutzung von Musikbeiträgen sollte der Betreiber einer WWW-Seite, der Hersteller einer CD-ROM oder DVD mit der Gesellschaft für musikalische Aufführungs- und mechanische Vervielfältigungsrechte (GEMA) Kontakt aufnehmen. Am einfachsten und schnellsten geht dies über die Website der GEMA, auch zu anderen Gesellschaften.

Die GEMA nimmt die urheberrechtlichen Interessen der meisten Musikautoren wahr. Darunter versteht man vor allem die Verwertungsrechte bei Orchester-, Bigband- und Kapellenmusik. Die Verwertungsrechte für so genannte Songtexte liegen in der Regel bei den verschiedenen Musikverlagen bzw. deren Verwertungsgesellschaften.

Bei der Musikverwertung innerhalb einer interaktiven CD-ROM wird der Kostensatz für die Verwertungsgebühr nach der Länge der verwendeten Titel festgelegt. Dies kann je nach Autor und Musikstück unterschiedlich sein und muss bei der GEMA abgefragt werden. Dies sollte man bereits am Beginn einer Produktion abklären, da die Gebühren eine nicht unerhebliche Kalkulationsgröße sein können.

7.2.1.2 Organisation der GEMA

Im Jahr 2001 schlossen sich die fünf europäische und amerikanische Verwertungsgesellschaften zur FastTrack-Kooperation zusammen. In der Folge sind weitere Gesellschaften mit dem Ziel beigetreten, die weltweite Administrierung von Urheberrechten voranzutreiben. Dazu sollen moderne, internetbasierte Technologien eingesetzt werden,

GEMA-Seite im Internet

Zur schnellen Information, Recherche, Kontaktaufnahme und anderem dient der Web-Auftritt der GEMA. Hier finden Sie auch Links zu allen bedeutenden Verwertungsgesellschaften in Europa.

www.gema.de

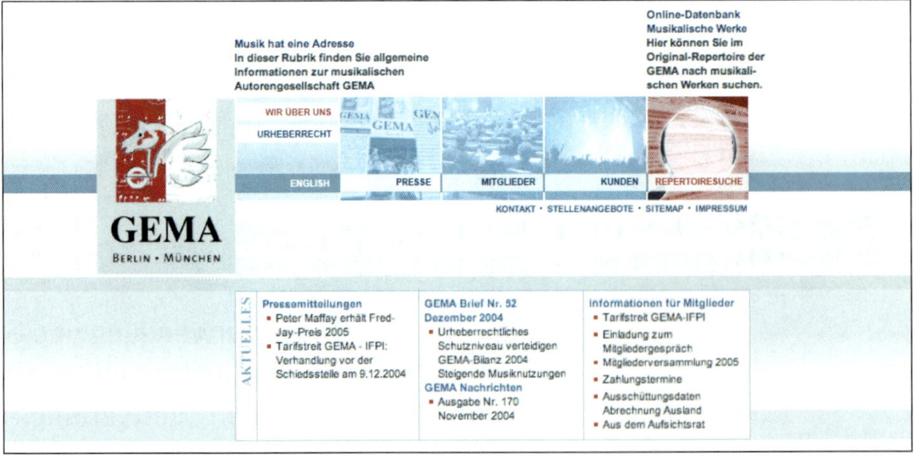

die es ermöglichen, Nutzungsrechte an Lizenznehmer automatisiert zu vergeben. Dazu sollen Geschäftsvorgänge bezüglich der Lizenzvergabe und -abwicklung zwischen den beteiligten Gesellschaften weltweit automatisiert abgeglichen werden.

Dazu wurden von den verschiedenen Verwertungsgesellschaften dezentrale Datenbanken aufgebaut, über die Dokumentations- und Abrechnungsinformationen digital ausgetauscht werden können. Das System der vernetzten Datenbanken ermöglicht einen schnellen Zugriff auf nationale und internationale Musikwerke und deren schnelle und kostengünstige Abrechnung.

Die GEMA bietet inzwischen über ihre Datenbank jedem potenziellen Nutzer einen enormen Bestand an Werken der Musik an, die von jedermann genutzt werden können. Mit über 3 Mio. abrechnungsfähigen Werken bietet die GEMA ein Repertoire an, das innerhalb kürzester Zeit direkt abgerufen werden kann.

Aufgrund dieses Erfolges ist die FastTrack-Technologie von der CISAC, dem weltweiten Dachverband der Autorengesellschaften, zum Standard erklärt worden, so dass auf dieser Basis weitere Gesellschaften, die nicht FastTrack-Mitglieder sind, an dieses CISnet (Common Information System der CISAC) angeschlossen werden können. In diesem Zusammenhang soll das CISnet auch als Referenz für eine international einheitliche Werknummer ISWC (International Standard Work Code, ähnlich der ISBN-Nummer) dienen, die bereits den Status eines ISO-Standards hat.

Derzeit wird das Netzwerk im Hinblick auf die Übernahme der Werke in die Datenbanken der jeweils abfragenden Gesellschaft ausgebaut und an einer Ausweitung auf audiovisuelle Werke (u. a. Filme und Videos) sowie Tonträger gearbeitet. Dabei können die Partnergesellschaften ermitteln, welche Gesellschaft abrechnungsfähige Unterlagen (so genannte CUE sheets) zu einem audiovisuellen Werk zur Verfügung stellen kann, und diese bei Bedarf

Verfügbares Werkangebot der Fast-Track-Kooperation

Insgesamt werden etwa 14 Mio. Titel online angeboten und können abgerufen werden.
(Quelle: GEMA, Stand Mai 2005)

Gesellschaft	Nationale Werke	Internationale Werke	Summe
BMI (USA)	1.988.078	171.363	2.159.441
GEMA (Deutschland)	2.023.208	1.010.934	3.041.142
SABAM (Belgien)	310.127	424.723	734.750
SACAM (Frankreich)	1.604.425	789.201	2.393.626
SGAE (Spanien)	879.616	1.049.652	1.929.268
SIAE (Italien)	1.998.305	785.328	2.783.633
SOCAN (Kanada)	847.535	142.738	990.273
SUISA (Schweiz)	530.979	199.625	730.604

anfordern. In einem weiteren Schritt sollen die abrechnungsrelevanten Unterlagen abrufbar sein.

Online-Zugang für Mitglieder

Für eine Werkeregistrierung erhalten GEMA-Mitglieder einen individuellen und passwortgeschützten Online-Zugang.

Das Online-Kommunikationssystem zwischen den Mitgliedern und der Verwertungsgesellschaft via Internet wurde im Hinblick auf die Anmeldung und Registrierung von Werken entwickelt und ist nach der Inbetriebnahme des CWR2-Verfahrens (maschinelle Registrierung einer größeren Werkanzahl über ein international einheitliches Format) in einer ersten Stufe eingeführt.

Online-Lizenzierung

Hierbei handelt es sich um ein technisches System zur Unterstützung der Lizenzierung von Musikangeboten durch das Internet oder andere zugriffsberechtigte Netze sowie zur automatischen Abwicklung der Tonträgerlizenzierung via Internet. Das von der GEMA und der spanischen Gesellschaft SGAE durchgeführte Projekt stellt den Fast-Track-Gesellschaften ein Werkzeug zur Verfügung, mit dem in kürzester Zeit für möglichst viele Nutzungsarten Lizenzierungen via Internet durchgeführt werden können.

Derzeit stehen Lizenzanwendungen für Web-Radio, Musik-Downloads und Ruftonmelodien zur Verfügung, die vor ihrem Einsatz bei der GEMA noch Anpassungen an die nationalen deutschen Verhältnisse erfahren.

Online-Datenbank

Der Online-Service zur Suche und Auswahl musikalischer Werke kann auf der Homepage der GEMA unter dem Stichwort „Repertoiresuche" aufgerufen werden.

Die Repertoiresuche über die Homepage der GEMA ermöglicht eine schnelle und einfache Auskunft über musikalische Werke. Zum Beispiel erfährt ein Musiker, bei welchem Verlag er die Bearbeitungsrechte einholen muss, oder der Leiter eines Chores, bei welchem Verlag er benötigte Noten anfordern

GEMA-Formulare

Für die Nutzung eines Musiktitels können unter der Adresse

www.gema.de

GEMA-Formulare abgerufen werden. Die Formularschnellsuche erleichtert das Finden des benötigten Antrages.

GEMA

Anmeldung für audiovisuelle Werbespots

Für die Anmeldung von Werbespots im Sinne von **Sender-Eigenwerbungen mit Auftragskompositionen** benutzen Sie bitte das Formular **Anmeldung für audiovisuelle Produktionen**

Originalspottitel

Alternativspottitel

Produkt

Produzent des Werbespots (einschl. Anschrift)

Werbeagentur (einschl. Anschrift)

Verwendung als:
☐ TV-Werbung ☐ Kinowerbung

Art des Werbespots:
☐ Dauerwerbesendung ☐ Teleshopping ☐ Senderkennung
☐ Produktwerbefilm ☐ Direct Response ☐ Werbetrailer
☐ Sozialspot ☐ Erotik Telefondienst ☐ Werbetrenner
☐ Sponsoringhinweis

Spotlänge (in Sek.) Gesamtsekunden der Musik

Verwertungsgebiete:
☐ Deutschland ☐ Deutschland/Österreich/Schweiz
☐ Europa ☐ sonstige Länder:

Musikaufstellung: Angaben zum Musikinhalt
Die Verwendung von vorbestehenden Werken (VBW) bitte extra kennzeichnen!

	GEMA-Werknr.:	Titel:	Komponist (GEMA-Mitgliedsnr.):	Textdichter (GEMA-Mitgliedsnr.):	Bearbeiter (GEMA-Mitgliedsnr.):	Verlag (GEMA-Mitgliedsnr.):	Sek.:	VBW
Werk:								☐
Werk:								☐
Jingle:								☐

Wichtig: Bitte beachten Sie, dass Abrechnungen im Bereich der Werbemusik nur erfolgen können, wenn neben einer Anmeldung für Werbespots grundsätzlich auch eine entsprechende Werkanmeldung (GEMA-Anmeldebogen für Originalwerke) eingereicht wird. Beinhaltet der Werbespot einen produktspezifischen Jingle oder ein sonstiges musikalisches Werk, ist diese Komposition zusätzlich unter Angabe des Berechtigten und der genutzten Musiklänge anzugeben.

Ich versichere hierdurch, dass die Angaben zum oben aufgeführten Werbefilm insbesondere bezüglich Titelangaben, Spotlängen und Musikdauer in vollem Umfang der Wahrheit entsprechen.

Erklärung: Es wird versichert, dass alle Angaben auf diesem Anmeldebogen nach bestem Wissen und Gewissen gemacht wurden. Ich bin damit einverstanden, dass von dieser Erklärung auch gegenüber Behörden und Gerichten Gebrauch gemacht wird. Mir ist bekannt, dass die Abgabe einer falschen Versicherung strafrechtliche und vereinsrechtliche Folgen haben kann.

Ort, Datum Unterschrift des Auftraggebers, Stempel (Werbeproduzent oder Agentur)

Ort, Datum Unterschrift des Komponisten oder Verlegers, Stempel

Mitgliedsnummer

kann. Die Suche erfolgt in der Regel nach Titeln, die entweder vollständig oder teilweise (Anfang) bekannt sind. Es kann auch nach Titeln gesucht werden, von denen nur ein paar Worte bekannt sind. Zusätzlich kann auch nach einem Namen gesucht werden. Werden mehr als 60 Werke gefunden, erfolgt ein Hinweis mit der Aufforderung, die Suchkriterien genauer anzugeben. Es ist also nicht möglich, eine Liste aller Werke eines Urhebers einzusehen, der mehr als 60 Titel erstellt hat.

Für jedes Musikwerk werden nur die öffentlichen Daten angezeigt – das sind die Daten, die beispielsweise auch im Booklet einer CD-ROM aufgeführt werden. Neben dem gesuchten Titel wird auch der Titel der Werkfassung, die Dauer des Musikwerkes, dessen GEMA-Werknummer und die am Werk Beteiligten mit Namen, ihrer CAE bzw. IPI-Nummer und ihrer Mitwirkung am Werk (Rolle) angezeigt (siehe Abb. unten).

Die Online-Datenbank ist ein Auszug aus DIDAS, dem zentralen Dokumentations- und Verteilungssystem der GEMA, und wurde ursprünglich im Rahmen der internationalen FastTrack-Kooperation erstellt. Die Daten werden nicht nur von den derzeit 12 Gesellschaften der FastTrack-Kooperation genutzt, sondern es werden darüber hinaus jeden Monat Zugriffe aus ca. 40 Ländern festgestellt. Aufgrund dieser internationalen Bedeutung wurde die Online-Datenbank nicht nur in deutscher, sondern auch in englischer Sprache zur Verfügung gestellt.

Es sind über drei Millionen Werke in der Datenbank registriert und können abgerufen werden.

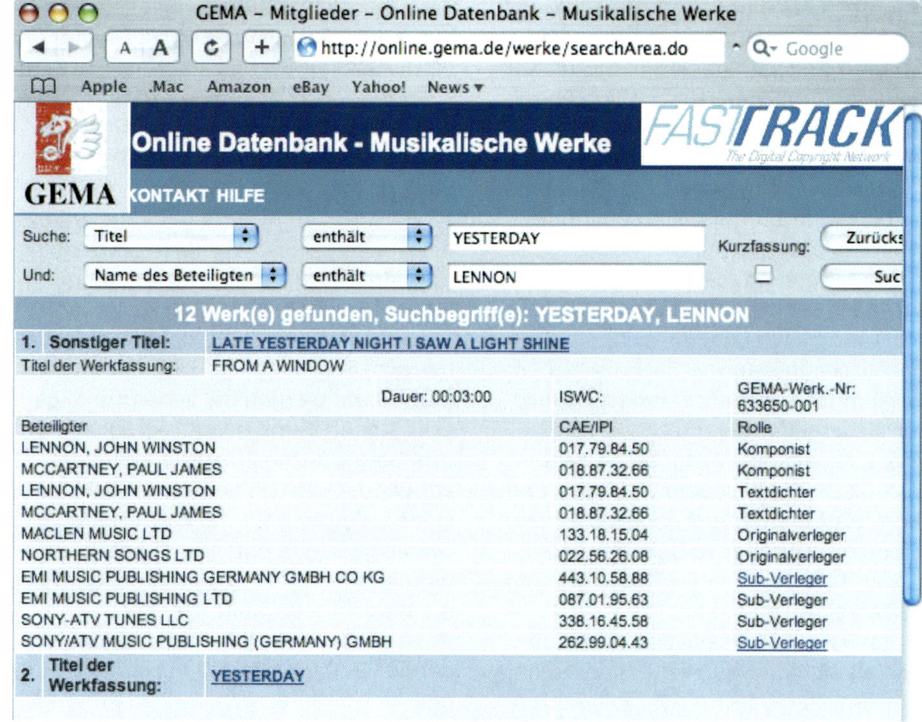

Online-Datenbank

Die Abbildung zeigt die Eingabemaske der GEMA/FASTTRACK-Werkdatenbank und die Ausgabe des Suchergebnisses.

7.2.2 Verwertungsgesellschaften (VG)

VG WORT

Verwertungsgesellschaften in Deutschland

www.vgwort.de
www.bildkunst.de
www.vgmusikedition.de
www.vffvg.de
www.gwff.de
www.guefa.de
www.gvl.de

Der Zusammenschluss von Autoren und Verlagen zur Wahrnehmung (Verwertung) von Urheberrechten gegenüber Dritten wird als Verwertungsgesellschaft bezeichnet. Die Vervielfältigung, Verbreitung und öffentliche Wiedergabe von urheberrechtlich geschützten Werken hat ein solches Ausmaß angenommen, dass der einzelne Rechteinhaber die tatsächliche Nutzung seines geistigen Eigentums selbst oft nicht mehr nachvollziehen kann.

Verwertungsgesellschaften ziehen die vorgeschriebenen Gebühren, die bei einer rechtmäßigen Nutzung fällig werden, von den zahlungspflichtigen Nutzern ein und leiten die Erträge an die Inhaber der Urheberrechte, also an Autoren und Verlage, weiter.

Aufgaben der Verwertungsgesellschaften

Hauptaufgabe von Verwertungsgesellschaften ist es, optimale Erträge für Autoren und Verlage von den privaten oder gewerblichen Nutzern von Texten, Musiktiteln oder Filmwerken einzuziehen. Diese Erträge sollen mit einem möglichst kleinen Verwaltungsaufwand an die Wahrnehmungsberechtigten weitergeleitet werden.

Weiter gehört zu den Aufgaben einer VG, neue urheberrechtliche Verwertungsmöglichkeiten, die sich infolge gesellschaftlicher oder technischer Entwicklungen ergeben, zu erfassen und für die Urheber entsprechend zu nutzen. Eine wichtige Aufgabe besteht darin, dem Gesetzgeber Hinweise und Anstöße für entsprechende Gesetze im Sinne der Urheber zu geben bzw. an deren Realisierung von Gesetzgebungsverfahren mitzuwirken.

Verwertungsgesellschaften sehen sich als Mittler zwischen Urhebern und Nutzern. Durch technische Entwicklungen wie z.B. das Internet werden Vervielfältigungen und Zweitnutzungen von Texten und Sendungen immer leichter möglich und auch häufig durchgeführt. Die Verwertungsgesellschaften passen ihre Wahrnehmungsverträge und Verteilungspläne stets diesen erweiterten Nutzungsmöglichkeiten an. Die Aufgaben und Tätigkeitsbereiche ändern sich so auch ständig für die Urheberrechtsgesellschaften.

Gesetzliche Vergütungsansprüche

Der Beitritt z.B. eines Autors zu einer Verwertungsgesellschaft erfolgt durch den Abschluss eines Wahrnehmungsvertrages. Dadurch wird die Wahrnehmung der relevanten Rechte auf die jeweilige Verwertungsgesellschaft übertragen.

Vorgegeben durch das Urheberrecht steht einem Urheber eine angemessene Vergütung für die Nutzung eines von ihm geschaffenen Werkes zu. Die gesetzlichen Vergütungsansprüche sichern einem Urheber oder seinem Verleger eine entsprechende Vergütung auch in den Fällen zu, in denen ein Rechteinhaber z.B. aus technischen oder logistischen Gründen nicht in der Lage wäre, die Nutzung seiner Werke in Medien oder Aufführungen festzustellen und einem Nutzer in Rechnung zu stellen.

Der Gesetzgeber hat daher das Urheberrecht geschaffen und weiterentwickelt. Darin werden die Verwertungsgesellschaften damit beauftragt, dort, wo urheberrechtliches Material unbefugt verwendet wird und ein Urheber damit keine Vergütung für die Verwendung seines geistigen Eigentums erhalten würde, die Gelder einzunehmen und an die Berechtigten weiterzuleiten.

Verwertungsgesellschaften kassieren daher z.B. Pauschalen von Herstellern oder Importeuren von Vervielfältigungsgeräten wie z.B. Fotokopierern, CD- oder DVD-Brennern sowie von Bild- und Tonträgern. Außerdem wird eine Gebühr für das Vermieten und Verleihen von Medien z.B. durch öffentliche Bibliotheken erhoben. Die Einnahmequellen für Verwertungsgesellschaften sind vielschichtig und können schlecht in kurzer Form beschrieben werden. Daher ist unten zur Orientierung eine Grafik abgebildet, welche die Einnahmen der VG Wort beispielhaft aufzeigt.

Die Verteilung der eingegangenen Vergütungen erfolgt nach einem Verteilungsplan, der üblicherweise von der Mitgliederversammlung beschlossen wird. Die beschlossenen Verteilungspläne versuchen, eine möglichst gerechte Ausschüttung der eingenommenen Gelder an die Rechteinhaber sicherzustellen. In den Verteilungsplänen wird auch festgehalten, ob und wie viel Anteile der Einkünfte für soziale oder kulturfördernde Zwecke genutzt wird.

Verwertungsgesellschaften erheben üblicherweise keine Mitgliedsbeiträge. Zur Deckung der Verwaltungskosten behalten die Gesellschaften Anteile von den eingenommenen Vergütungen. Der Kostensatz betrug bei der VG Bild-Kunst 5,7% im Jahr 2003. Die Höhe des Kostensatzes wird jährlich aufgrund der angefallenen Verwaltungskosten neu ermittelt.

Einnahmequellen

Woher können die Gelder kommen, die an die Urheber ausgezahlt werden? Einnahmeübersicht der VG Wort 2004

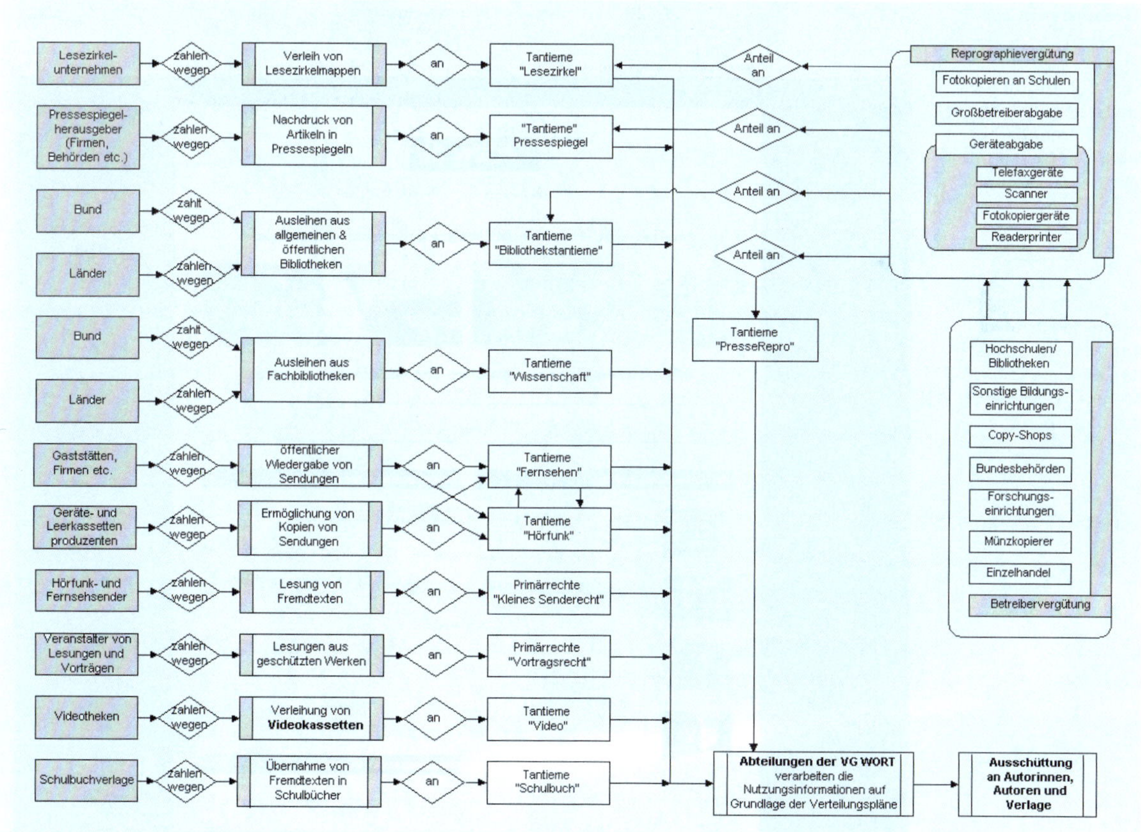

Die bekannteste Verwertungsgesellschaft für die Vertretung der Interessen von Urhebern ist die bereits angesprochene GEMA und die mit ihr verbundenen VGs. Darüber hinaus gibt es noch etwa 100 weitere Verwertungsgesellschaften in Europa.

Verwertungsgesellschaften müssen grundsätzlich kostenlos darüber Auskunft geben, ob sie Nutzungsrechte an einem bestimmten Werk oder bestimmte Einwilligungsrechte beziehungsweise Vergütungsansprüche für einen Urheber wahrnehmen.

Es wird in der Regel vermutet, dass alle Rechte an Musiktiteln von der GEMA vertreten werden. Dies ist bei vielen großen Musiktiteln jedoch nicht immer der Fall. Musiktitel mit großen Aufführungsrechten sind z. B. Musicals, Operetten, Opern u. Ä. Die Aufführungs- und Musikrechte liegen hier in den meisten Fällen beim Urheber oder dessen Verlag.

Verwertungsgesellschaften müssen jedermann auf dessen Verlangen zu angemessenen Bedingungen Nutzungsrechte einräumen. Für die Rechtseinräumung werden Gebühren verlangt, die in einem Tarifwerk der jeweiligen Verwertungsgesellschaft festgelegt sind. Diese verschiedenen Tarifwerke können über die Internetseite der GEMA abgerufen werden.

Medienrecht im Internet

Eine der informativsten Seiten im Internet zum Themenbereich Internet-, Marken-, Wettbewerbs- und Urheberrecht ist unter

www.netlaw.de

zu finden. Kompetent, verständlich, aktuell und informativ werden aktuelle Entwicklungen für Medienschaffende aufbereitet.

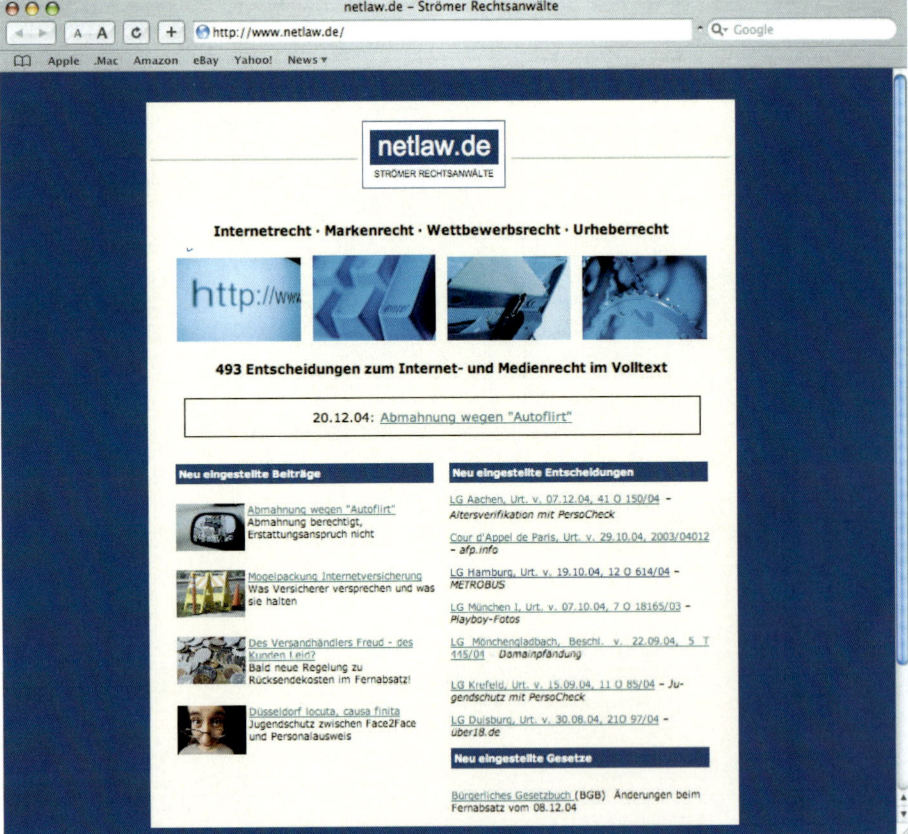

7.2.3 Aufgaben „Verwertungsrecht"

Aufgabe 7.2.3.1
Aufgabe und Bedeutung der GEMA wissen

Welche Aufgabe(n) nimmt die GEMA und ähnliche Gesellschaften für welche Personengruppe wahr?

Aufgabe 7.2.3.2
Organisation der GEMA kennen

Erklären Sie, was unter der FastTrack-Kooperation zu verstehen ist und welches Angebot diese Organisation für Medienschaffende anbietet.

Aufgabe 7.2.3.3
Organisation der GEMA kennen

Was wird unter der Online-Lizenzierung über die GEMA-Homepage verstanden?

Aufgabe 7.2.3.4
Aufgaben von Verwertungsgesellschaften

Nennen Sie die Aufgaben von Verwertungsgesellschaften für Autoren und Verlage.

Aufgabe 7.2.3.5
Verwertungsgesellschaften benennen

Nennen Sie mindesten drei bekannte Verwertungsgesellschaften mit Sitz in Deutschland.

Aufgabe 7.2.3.6
Kosten der VG für ihre Dienste kennen

Versuchen Sie über die Webseiten der VGs z.B. die Kosten für Musiktitel und andere Leistungen zu erfahren.

7.3 Internetrecht

7.3.1 Einführung in das Internetrecht

Das so genannte Internet- oder Online-Recht setzt sich mit den rechtlichen Problemen auseinander, die sich aus dem Betrieb und der Nutzung des Internets ergeben. Es stellt im Prinzip kein eigenes Rechtsgebiet dar, sondern verschiedene Rechtsgebiete treffen sich hier durch die Internetnutzung. Insbesondere durch die schnelle Entwicklung der Technologie des Internets fällt es dem Gesetzgeber schwer, aktuelle Gesetze zu etablieren und an die Technologie anzupassen.

Das Online-Recht in seiner Gesamtheit ist ein großer, sehr uneinheitlicher Rechtsbereich, der sich aus einer Vielzahl völlig unterschiedlicher Rechtsgebiete zusammensetzt. Folgende Aufstellung soll darüber einen Anhalt geben:

Überblick Online-Rechtsgebiete

Rechtsgebiet	Wirkung im Internet
BGB	Vertragsrecht, Handel, E-Commerce, Gewährleistung, Haftung
UrhG	Urheberschutz, Verwertungsrecht, Rechteübertragung, Privatkopie, Tauschbörsen
UWG	Wettbewerbsrecht, Abmahnung, Werbung
Strafgesetzbuch	Strafrecht, Hacker, Pornografie, Volksverhetzung
Namens- und Markenrecht	Domain-Registrierung Domain-Nutzung
Datenschutzrecht	E-Commerce, Datenschutzbeauftragte, Informations- und Belehrungspflicht
Internationales Privatrecht	Grenzüberschreitende Verträge oder Rechtsbrüche
Medienrecht	Inhalt von Medien, Schutz von Kindern und Jugendlichen
Telekommunikationsrecht	Abrechnung, Impressum, Copyright, Teledienste

7.3.1.1 Ebenen des Online-Rechts

Der *Inhaltsanbieter* ist für den Inhalt seines Internetauftritts verantwortlich. Für die Inhalte einer Homepage gelten die gleichen Gesetze und Vorschriften wie z.B. für Bücher oder CD-ROM. Dabei sind einige gesetzliche Erweiterungen zu beachten, deren Ursache hauptsächlich in der Online-Technologie und deren Nutzung begründet sind.

Der *Diensteanbieter* betreibt einen Server, auf dem Internetseiten gespeichert sind. Weiter vergibt der Dienstbetreiber den Account, also den Netzzugang für den einzelnen Nutzer. Der Diensteanbieter unterliegt dem Teledienstegesetz TDG und dem Mediendienstestaatsvertrag MDStV. Zweck des Staatsvertrages ist, in allen Ländern einheitliche Rahmenbedingungen für die Nutzungsmöglichkeiten der elektronischen Informations- und Kommunikationsdienste zu schaffen.

Netzbetreiber sind für Kabel oder Funk verantwortlich, also für die physikalische Übertragung der Online-Informationen vom Diensteanbieter zum Nutzer. Das Betreiben der Netze ist durch das Telekommunikationsrecht geregelt.

7.3.1.2 Inhaltsverantwortung

Das Internet stellt keinen rechtsfreien Raum dar. Dies trifft besonders auf die Seiteninhalte zu. Wer eine private oder geschäftliche Homepage betreibt, ist für deren Inhalt und Funktion verantwortlich. Dabei wird bei der Verantwortlichkeit unterschieden zwischen dem so genannten Content-Provider, der nur Inhalte zur Verfügung stellt, und dem Access- und Netz-Provider. Der Content-Provider ist kein Diensteanbieter, da er nur aufbereitete Informationen weitergibt. Im Gegensatz dazu sind Access-Provider und Netz-Provider Diensteanbieter im Sinne des § 3 TDG. Mehr dazu ist unten in Abschnitt 7.3.1.3 und 7.3.1.4 nachzulesen.

Für alle Inhalte gelten die „normalen" oder allgemeinen Gesetze wie z.B. das Strafgesetzbuch. Wer auf seiner Homepage gewaltverherrlichende Darstellungen anbietet oder zum Rassenhass aufruft, macht sich strafbar. Dies gilt nicht nur für das Internet, sondern die beiden genannten Tatbestände sind in der Bundesrepublik grundsätzlich strafbar, unabhängig davon, welche Medien für derartige Aktionen genutzt werden.

Der Betreiber einer Homepage haftet uneingeschränkt für den Inhalt seiner Seite. Darunter versteht man die eigenen Inhalte. Eingeschränkt haftet der Betreiber für fremde bereitgehaltene Inhalte, soweit Kenntnis über diese Inhalte besteht.

Verschiedene Gerichte haben entschieden, dass durch das Setzen eines Links eine Verantwortlichkeit für fremde Seiteninhalte in Betracht kommt. Dies kann nur verhindert werden, wenn der Seiteninhaber sich ausdrücklich von fremden Inhalten distanziert. Dies kann durch einen Haftungsausschluss (oder Disclaimer) geschehen, der wie folgt lauten könnte: *Ich/Wir weisen Sie darauf hin, dass wir für die Inhalte der Seiten, auf die wir verlinken, nicht verantwortlich sind, sondern die jeweiligen Autoren. Ich/Wir distanzieren uns ausdrücklich von den Inhalten Dritter und machen uns deren Inhalte nicht zu eigen.*

Ein derartiger Disclaimer, so wird häufig interpretiert, entbinde den Linksetzer von der Verantwortung. Dem ist nicht immer so. So sagt der Bundesgerichtshof, dass eine Haftung für rechtswidrige Inhalte einer verlinkten Seite dann in Betracht kommt, wenn sich der rechtswidrige Inhalt geradezu aufdrängt. Die Haftung für Links muss, so der BGH nach den allgemeinen Grundsätzen des Zivilrechts und nicht nach den Regelungen von TDG und MDStV behandelt werden. An die Überwachungspflicht sollte man, so der BGH, im Hinblick auf die Besonderheiten des Internets keine „überspannten" Anforderungen stellen. Es ist derzeit zu erwarten, dass es zum Thema „Haftung für Links" und den darauf folgenden Inhalten noch zu einer Reihe von weiteren Urteilen kommen wird, die dann zu beachten und zu bewerten sind.

Die Inhaltsverantwortung des Homepage-Betreibers bezieht sich vor allem auf die folgenden Bereiche:

- Pornografie (§184 StGB)
- Kinderpornografie (hier ist bereits der Besitz kinderpornografischer Darstellungen strafbar)
- Bildung krimineller Vereinigungen (§129 StGB)
- Bildung terroristischer Vereinigungen (§129 a StGB)
- Volksverhetzung (§130 StGB)
- Gewaltdarstellung (§131 StGB)
- Beleidigung (§185 StGB)
- Üble Nachrede (§186 StGB)
- Verleumdung (§187 StGB)

Verwendete Abkürzungen:

StGB = Strafgesetzbuch

BDSG = Bundesdatenschutzgesetz

TDG = Teledienstegesetz

UWG = Gesetz gegen den unlauteren Wettbewerb

BGB = Bürgerliches Gesetzbuch

KunstUrhG = Gesetz betreffend das Urheberrecht an Werken der bildenden Künste und der Photografie

UrhG = Urheberrechtsgesetz

MarkenG = Gesetz über den Schutz von Marken und sonstigen Kennzeichen

MDStV = Mediendienstestaatsvertrag

- Datenveränderung (§303 a StGB); damit wird der bewusste Einbau von Computerviren z.B. in Mails strafbar.
- Computersabotage (§303 b StGB); so werden z.B. Hackerzugriffe strafbar.
- Verletzung des Datenschutzes (§43 BDSG); das versteckte Speichern personenbezogener Daten z.B. mit Hilfe von Cookies ist strafbar.
- Der Verrat von Betriebsgeheimnissen (§ 17 UWG) wird in schweren Fällen mit Freiheitsstrafen bis zu fünf Jahren bestraft.
- Die Verbreitung von unwahren und vor allem kreditgefährdeten Behauptungen führt zu zivilrechtlichen Ansprüchen eines Geschädigten (§ 824 BGB).
- Die Benutzung eines fremden Namens als Domain-Name ist eine Verletzung des Namensrechts (§ 12 BGB).
- Auf einer Website dürfen keine Bilder oder Filmaufnahmen ohne die Genehmigung der abgebildeten Person gezeigt werden (§ 12 KunstUrhG).
- Die Veröffentlichung digitaler Collagen bedürfen einer Genehmigung durch die betroffenen Personen (§ 33 KunstUrhG).
- Die unberechtigte Verwendung eines Markennamens oder -zeichens oder eines Domain-Namens führt zu Schadensersatzansprüchen (§ 14,15,143 ff MarkenG).
- Ein Copyright-Vermerk oder ©-Zeichen ist nach dem deutschen Urheberrecht nicht erforderlich, es schadet aber auch nicht.
- Impressumspflicht besteht insofern, als dass für jeden Nutzer schnell erkennbar sein muss, wer für den Inhalt der Seite verantwortlich ist. Das Impressum muss schnell und klar auffindbar und als Impressum erkennbar sein.

Musterimpressum
Das folgende Impressum zeigt den Aufbau einer Anbieterkennzeichnung.

Medialand Tübingen
Wilhelmstraße 12*
72074 Tübingen
Telefon: 07071/458211
Telefax*: 07071/458222
E-Mail: info@Medialand.com
Internet: www.medialand-Tue.com

Vertretungsberechtigter Vorstand**:
Hanspeter Krause, Roland Neumann (Vorsitzender), Paul Paulsen
Registergericht: Amtsgericht Tübingen
Registernummer: VR 2004-145

Inhaltlich Verantwortlicher nach § 10 Absatz 3 MDStV: Heinz Mayer (Anschrift wie oben) ***
Haftungshinweis: Trotz sorgfältiger inhaltlicher Kontrolle übernehmen wir keine Haftung für die Inhalte externer Links. Für den Inhalt der verlinkten Seiten sind ausschließlich deren Betreiber verantwortlich.

Anmerkungen zum Impressum
* Die Angabe eines Postfachs ist nicht ausreichend. Die Angabe einer Faxnummer ist gesetzlich nicht vorgeschrieben.

**** Empfehlungen**
Bei mehreren vertretungsberechtigten Personen ist die Nennung aller Personen empfehlenswert. Ob auch die Nennung eines anderen Vertreters als des gesetzlichen Vertreters zulässig ist, wurde noch nicht abschließend geklärt.

Bei Anstalten des Öffentlichen Rechts und Körperschaften des Öffentlichen Rechts wird die Nennung der Rechtsform empfohlen, da sich aus der Gesetzesbegründung dafür eine Pflicht ableiten lässt.

Impressum

Das Impressum bzw. die Anbieterkennzeichnung der Firma Daimler Chrysler entspricht den gängigen Vorgaben.

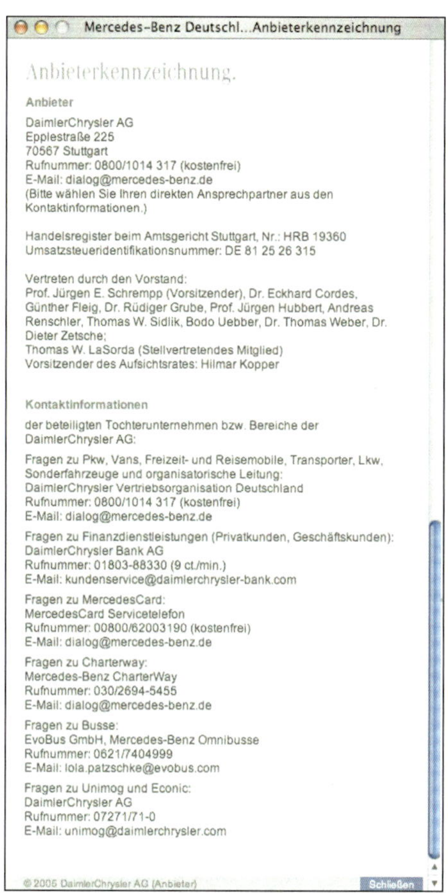

Mercedes-Benz Deutschl...Anbieterkennzeichnung

Anbieterkennzeichnung.

Anbieter

DaimlerChrysler AG
Epplestraße 225
70567 Stuttgart
Rufnummer: 0800/1014 317 (kostenfrei)
E-Mail: dialog@mercedes-benz.de
(Bitte wählen Sie Ihren direkten Ansprechpartner aus den Kontaktinformationen.)

Handelsregister beim Amtsgericht Stuttgart, Nr.: HRB 19360
Umsatzsteueridentifikationsnummer: DE 81 25 26 315

Vertreten durch den Vorstand:
Prof. Jürgen E. Schrempp (Vorsitzender), Dr. Eckhard Cordes, Günther Fleig, Dr. Rüdiger Grube, Prof. Jürgen Hubbert, Andreas Renschler, Thomas W. Sidlik, Bodo Uebber, Dr. Thomas Weber, Dr. Dieter Zetsche;
Thomas W. LaSorda (Stellvertretendes Mitglied)
Vorsitzender des Aufsichtsrates: Hilmar Kopper

Kontaktinformationen

der beteiligten Tochterunternehmen bzw. Bereiche der DaimlerChrysler AG:

Fragen zu Pkw, Vans, Freizeit- und Reisemobile, Transporter, Lkw, Sonderfahrzeuge und organisatorische Leitung:
DaimlerChrysler Vertriebsorganisation Deutschland
Rufnummer: 0800/1014 317 (kostenfrei)
E-Mail: dialog@mercedes-benz.de

Fragen zu Finanzdienstleistungen (Privatkunden, Geschäftskunden):
DaimlerChrysler Bank AG
Rufnummer: 01803-88330 (9 ct./min.)
E-Mail: kundenservice@daimlerchrysler-bank.com

Fragen zu MercedesCard:
MercedesCard Servicetelefon
Rufnummer: 00800/62003190 (kostenfrei)
E-Mail: dialog@mercedes-benz.de

Fragen zu Charterway:
Mercedes-Benz CharterWay
Rufnummer: 030/2694-5455
E-Mail: dialog@mercedes-benz.de

Fragen zu Busse:
EvoBus GmbH, Mercedes-Benz Omnibusse
Rufnummer: 0621/7404999
E-Mail: lola.patzschke@evobus.com

Fragen zu Unimog und Econic:
DaimlerChrysler AG
Rufnummer: 07271/71-0
E-Mail: unimog@daimlerchrysler.com

© 2005 DaimlerChrysler AG (Anbieter)   Schließen

Die Pflicht zur Nennung weiterer untergeordneter Firmengruppen kann sich aus der Gesetzesbegründung heraus ergeben.

Die Pflicht zur Nennung der Gesellschafter bei Kapitalgesellschaften und GmbH & Co. KGs ist umstritten – sie wird allgemein empfohlen.
*** Bei abweichender Anschrift ist diese hier anzugeben.

Impressum – wo stehts?
§6 des Teledienstgesetzes fordert, dass die Informationen eines Diensteanbieters für geschäftsmäßige Teledienste für jeden Nutzer unmittelbar erreichbar und ständig verfügbar zu halten sind. Wo das Impressum genau zu stehen hat, ist im Gesetz nicht ausdrücklich festgelegt. Es empfiehlt sich aber, von jeder Seite einer Internetpräsentation, mindestens aber von der Start- bzw. Hauptnavigationsseite einen Link zum Impressum gemäß § 6 TDG anzulegen.

Wer ein Impressum nicht vollständig angibt oder darin falsche Angaben macht, dem droht das Teledienstegesetz in § 12 heftige Sanktionen an. § 12 (1) sagt: Ordnungswidrig handelt, wer vorsätzlich oder fahrlässig entgegen § 6 Satz 1 eine Information nicht, nicht richtig oder nicht vollständig verfügbar hält. Nach § 12 (2) bedeutet dies, dass die Ordnungswidrigkeit mit einer Geldbuße von bis zu fünfzigtausend Euro geahndet werden kann. Darüber hinaus sind insbesondere Abmahnungen, die auf Versäumnisse im Sinne des geltenden Rechts hinweisen, üblicherweise kostenpflichtig.

§ 4 TDG Herkunftslandprinzip
In der Bundesrepublik Deutschland niedergelassene Diensteanbieter und ihre Teledienste unterliegen den Vorschriften des deutschen Rechts auch dann, wenn die Teledienste in einem anderen Staat innerhalb der Europäischen Gemeinschaft geschäftsmäßig angeboten oder erbracht werden.

§ 7 TDG Besondere Pflichten
Bei kommerziellen Kommunikations- und Diensteanbietern im Internet müssen mindestens die nachfolgenden Voraussetzungen beachtet werden:

- Kommerzielle Kommunikationsangebote müssen klar und eindeutig als solche zu erkennen sein.
- Die natürliche oder juristische Person, in deren Auftrag und für deren Nutzen die kommerzielle Kommuni-

kation erfolgt, muss kar identifizierbar und erreichbar sein.

- Angebote zur Verkaufsförderung wie Preisnachlässe, Zugaben und Geschenke müssen eindeutig als solche erkennbar sein. Die Bedingungen für ihre Inanspruchnahme müssen leicht zugänglich sein sowie unzweideutig angegeben werden.
- Preisausschreiben oder Gewinnspiele mit Werbecharakter müssen eindeutig als solche erkennbar sein. Die Teilnahmebedingungen müssen leicht zugänglich sein sowie klar und unzweideutig angegeben werden.
- Alle Vorschriften des Gesetzes gegen den unlauteren Wettbewerb bleiben unberührt.

Personenbezogene Daten

Eine Erhebung personenbezogener Daten im Rahmen von Internetdiensten beginnt immer dann, wenn der Nutzer ein Web-Angebot aufruft. Dabei werden die IP-Adresse des vom Nutzer verwendeten PCs und weitere technische Angaben automatisch an den Anbieter weitergeleitet.

Spätestens wenn ein Dienstenutzer zur Angabe persönlicher Daten aufgefordert wird oder wenn Dateien mit Personenbezug von seinem Rechner abgerufen werden, muss der Diensteanbieter den Nutzer unterrichten. Dies gilt auch, wenn durch Cookies gespeicherte Informationen übertragen werden sollen.

Sofern Daten des Nutzers in Ländern außerhalb der EU-Staaten verarbeitet werden, ist darauf gesondert hinzuweisen. Neben der Information über die zur Anwendung kommende Verfahrensweise muss ein Hinweis auf Namen und Sitz des betreffenden Verarbeiters außerhalb der EU gegeben werden.

Die Unterrichtung muss vollständig und verständlich sein. Die Unterrichtung bzw. der Hinweis auf die Unterrichtung ist so anzubringen, dass der Nutzer sie üblicherweise zur Kenntnis nimmt, wenn er das entsprechende Angebot aufruft. Das bedeutet, dass diese Information

- in ausreichend großer Schriftgröße erfolgt,
- im oberen, normalerweise immer sichtbaren Bereich einer Seite ohne Blättern oder Scrollen des Bildschirminhalts untergebracht wird,
- deutlich und auffällig gestaltet wird. Diese Forderung kann dadurch erfüllt werden, dass die Information z.B. farblich hervorgehoben ist oder durch einen fetten Schriftschnitt gut zu erkennen ist.

7.3.1.3 Access-Provider

Bei Access- und Netz-Providern handelt es sich um Diensteanbieter nach § 3 Teledienstgesetz TDG.

Access-Provider liefern dem Nutzer die Inhalte auf seinen PC nach Hause. Sie bieten gegen Entgelt (oder kostenlos) einen zeitweisen oder dauerhaften Zugang zum Internet an. Netz-Provider stellen das physikalische Netz zur Verfügung. Content-Provider sind die Urheber, Autoren oder Inhaltsanbieter. Spätestens bei der juristischen Beurteilung, wer für rassistische Äußerungen oder pornografische Bilder auf einer Webseite verantwortlich ist, wird die Unterscheidung zwischen Content-Provider (Urheber/Autor des Materials/Inhaltsanbieter), Access-Provider (stellt Platz im Internet zur Publikation zur Verfügung) und Netz-Provider (stellt das physikalische Netz zur Verfügung) relevant.

Diese Dienstleister müssen im Rahmen von Verträgen die folgenden Pflichten übernehmen:

- Die inhaltliche Auswahl und Prüfung der von ihnen zur Verfügung gestellten Seiten. Allerdings sind Diensteanbieter für fremde Inhalte nur dann verantwortlich, wenn sie von den Inhalten der vorgehaltenen Seiten Kenntnis haben. Für Inhalte, zu denen sie nur den Zugang zur Nutzung vermitteln, sind sie nicht verantwortlich zu machen, ebenso wenig für Inhalte, die automatisch und nur kurzfristig z.B. aus Datenbanken zur Verfügung gestellt werden.
- Die technische Systemabsicherung für den dauerhaften Betrieb eines Internet-Servers muss gewährleistet sein.
- Verpflichtung zur Sperrung rechtswidriger Inhalte nach den allgemeinen Gesetzen. Dies gilt, wenn der Provider von Seiten auf seinem Server mit entsprechenden Inhalten Kenntnis bekommt und eine Sperrung technisch möglich und zumutbar ist (§ 5TDG). Dies bezieht sich z.B. auf Seiten mit rassistischem Inhalt oder Seiten, die Gewalt verherrlichen.

Als Diensteanbieter im Sinne eines Access-Providers gelten z.B. AOL, T-Online oder Strato.

7.3.1.4 Netz-Provider

Netz-Provider stellen das physikalische Leitungsnetz zur Verfügung. Weiter betreiben Netz-Provider Router-Rechner und so genannte Backbone-Netze, um den Datenverkehr schnell und sicher zu bewältigen. Die wichtigsten Netz-Provider in der Bundesrepublik sind die Deutsche Telekom AG und die Deutsche Bahn AG. Netz-Provider haften für den Inhalt der eigenen Seiten mit einer uneingeschränkten oder privilegierten Haftung für die eigenen Inhalte.

Die Haftung ist eingeschränkt für alle fremden, bereitgehaltenen Inhalte. Nur bei Kenntnis der fremden Seiteninhalte kann (theoretisch) eine uneingeschränkte Haftung abgeleitet werden. Nur: Welcher Provider kennt alle Seiten seiner Kunden – in der Praxis ist dies nicht möglich und kommt daher nahezu einem Haftungsausschluss gleich!

7.3.1.5 Internetnutzer

Ein Nutzer des Internets ist gleichzeitig Betroffener und Verarbeiter personenbezogener Daten. Er verarbeitet personenbezogene Daten bereits dadurch, indem Mails versendet oder empfangen werden. Dabei sind personenbezogene Informationen auf einem PC gespeichert und werden verarbeitet. So ist z.B. die Anlage eines Adressbuches mit weiter gehenden Angaben zu mehreren Personen bereits eindeutig eine Verarbeitung personenbezogener Dateien.

Der Besitz und die Nutzung von Daten mit strafrechtlich relevanten Inhalten (z.B. Kinderpornografie) ist Internetnutzern untersagt und damit strafbar.

Internet-Provider

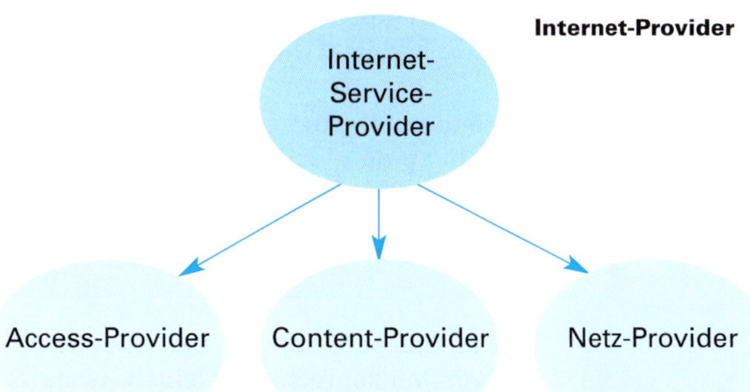

Rechtliche Zuordnung

Internetdienste, deren Funktionen und die Zuordnung zu verschiedenen Rechtsgebieten.

Überblick über die Dienste und deren rechtliche Zuordnung		
Dienste	Funktion	Rechtliche Zuordnung
Betrieb von Verbindungs- oder Teilnehmernetzen	Nachrichtenübertragung	Telekommunikationsdienst
Betrieb von Teilnehmernetzen, Backbone, Router, Gateway	Nachrichtenübertragung	Telekommunikationsdienst
Angebot von Sprach-/ Datenkommunikation	Nachrichtenübertragung	Telekommunikationsdienst
Internet-Access	Nachrichtenübertragung	Telekommunikationsdienst
Angebot von Mailboxen Voice Mail	Speicherung von Inhalten Anbieten von Inhalten Übertragen von Inhalten Übertragen von Sprache	Teledienst Telekommunikationsdienst
Internetportale Suchdienst/-maschinen	Angebot von Inhalten Übertragung im Netz	Teledienst Telekommunikationsdienst
E-Mail	Inhalte, E-Mail-Listen Netzübertragung	Teledienst Telekommunikationsdienst
WWW-Seiten	Bereitstellung von Inhalten, HTTP-Protokoll	Teledienst, Mediendienste
Newsgroups	Bereitstellung und Übertragung von Inhalten	Teledienst, Mediendienste Telekommunikationsdienst
Internetdienste wie z.B. FTP (File Transfer)	Bereitstellung und Übertragung von Inhalten	Teledienst, Mediendienste Telekommunikationsdienst
Internetangebote wie Shopping, Auktionen, Online-Banking, Nachrichtenseiten, Video- und Sound-Streaming	Angebote von Inhalten Übertragung im Netz	Teledienst Telekommunikationsdienst

Für eine vertiefende Beschäftigung mit dem Medienrecht empfehlen wir Ihnen die im Anhang genannte Literatur.

7.3.2 Aufgaben „Internetrecht"

Aufgabe 7.3.2.1
Rechtsgebiete des Internets kennen

Nennen Sie mindestens drei für das Online-Recht relevante Gesetze und deren Rechtswirkung für das Internet.

Aufgabe 7.3.2.2
Rechtsgebiete des Internets kennen

Das Online-Recht unterscheidet zwischen Inhalts- und Diensteanbieter. Erklären Sie den Unterschied.

Aufgabe 7.3.2.3
Inhaltsverantwortung kennen

Der Betreiber einer Homepage haftet für den Inhalt seiner Seite. Dies gilt im Prinzip auch für die Links auf der Seite. Wie kann man sich von den Inhalten der verlinkten Seiten distanzieren?

Aufgabe 7.3.2.4
Disclaimer formulieren

Erstellen Sie eine Formulierung für den Haftungsausschluss (Disclaimer) auf einer Homepage.

Aufgabe 7.3.2.5
Inhaltsverantwortung für WWW-Seiten

Nennen Sie drei Bereiche, auf die sich die Inhaltsverantwortung eines Homepage-Betreibers beziehen kann.

Aufgabe 7.3.2.6
Medienrechtliche Begriffe

Nennen Sie die Bedeutung der folgenden Abkürzungen:

a. BDSG
b. TDG
c. UrhG
d. MDStV

Aufgabe 7.3.2.7
Web-Impressum formulieren

Formulieren Sie für die Homepage Ihres Betriebes ein korrektes Impressum. Beachten Sie dabei die Benennung der Verantwortlichkeiten.

Aufgabe 7.3.2.8
Web-Impressum verwenden

Wo muss das Impressum auf einer Homepage positioniert werden, damit es dem § 6 TDG entspricht?

Aufgabe 7.3.2.9
Personenbezogene Daten ermitteln

Wenn personenbezogene Daten von einem Diensteanbieter erhoben werden, muss ein Hinweis erfolgen. Wie hat dieser Hinweis gestalterisch zu erfolgen?

Medienkalkulation

8.1 Kalkulationsgrundlagen

8.1.1 Einführung in die Medienkalkulation

8.1.1.1 Betriebliche Kostenrechnung

Vor einer Auftragserteilung an einen Medienbetrieb möchte der Kunde in aller Regel wissen, zu welchen Kosten das Medienprodukt erstellt werden kann. Er lässt dazu von mehreren Betrieben Angebote ausarbeiten, um dann den Betrieb auszusuchen, der für das geplante Produkt von der Kosten- und Leistungsseite am besten geeignet ist. Der Betrieb muss zur Angebotserstellung den Preis des gewünschten Produktes möglichst genau kalkulieren. Dies ist erforderlich, da er mit günstigen Preisen am Wettbewerb teilnehmen möchte, andererseits darf er nicht unter den eigenen Herstellungskosten produzieren und verkaufen.

Zur Kalkulation gehören sehr gute Kenntnisse der technischen Fertigung, da jeder einzelne Produktionsschritt berücksichtigt werden muss. Für jeden Produktionsschritt muss die Fertigungszeit eingeschätzt und der Materialverbrauch berücksichtigt werden.

Eine Kalkulation kann nicht erstellt werden, wenn die *Selbstkosten einer Arbeitsstunde* in den verschiedenen Fertigungsstufen nicht bekannt sind. Nur mit Hilfe der Selbstkosten ist es möglich, durch die Multiplikation des Stundensatzes mit der Fertigungszeit die Fertigungskosten eines Auftrages zu errechnen.

Beispiel: Der Zeitbedarf für den Satz eines Formulars auf einem PC beträgt 5,5 Stunden, der Stundensatz beträgt 41,25 €. Ergebnis: 226,87 € Fertigungskosten für die Formularherstellung.

Die Berechnung der Selbstkosten für eine Fertigungsstunde ist die Aufgabe der betrieblichen Kostenrechnung. Der Betrieb wird dazu in Kostenstellen aufgeteilt. Dies sind zum Beispiel Arbeitsstationen wie Workstations, Macintosh-Konfigurationen, digitale Foto- und Videoaufzeichnung, Scanner-Operating, Druckformherstellung, Druckmaschinen, Buchbindereimaschinen usw.

Die Kosten der Abteilungen, die keine Produkte erstellen, müssen auf die Fertigungskostenstellen umgelegt werden. Solche unproduktiven Abteilungen sind zum Beispiel die Buchhaltung, Geschäftsleitung, Telefonzentrale, Hausmeister, Kalkulationsabteilung, Werbeabteilung, Materialverwaltung und

Schema der betrieblichen Kostenrechnung

Schema der betrieblichen Kostenrechnung

Die Abteilung Statistik erfasst die Anzahl der Fertigungsstunden, die Hilfszeiten und die Leistungen aus den Aufschrieben der Tageszettel oder aus digitalen Workflow-Systemen.

Die Abteilung Buchhaltung erfasst die Höhe aller Kosten, die einem Betrieb entstehen.

Angaben über Fertigungszeiten

Kostensummen, geordnet nach Arten

Die betriebliche Kostenrechnung verteilt die Kosten auf die einzelnen Kostenstellen.

Durch die Division

$$\frac{\textbf{Gesamtkosten pro Jahr/Stelle}}{\textbf{Zahl der jährl. Fertigungsstunden}}$$

ergibt sich der **Stundensatz**

Versand. Die Umlegung der Kosten der unproduktiven Kostenstellen auf die Fertigungskostenstellen geschieht durch die so genannten Gemeinkostenzuschläge.

Die Buchhaltung eines Betriebes erfasst die Kosten und gliedert sie nach Kostenarten wie Löhne, Heizung, Strom und Wasser, Miete, Verbrauchsmaterial, Versicherungen u.a. In der betrieblichen Kostenrechnung werden nun die von der Buchhaltung ausgewiesenen Kostensummen entsprechend dem tatsächlichen Verbrauch und Anteil auf die produzierenden Kostenstellen umgelegt.

Beispiel: Die Kostenstelle Heidelberger T-Offset DIN A3 hat einen geringeren Stromverbrauch als eine 5-Farben-Speedmaster-Druckmaschine. Ebenso ist der Platzbedarf sehr verschieden. Stromkosten und Miete müssen deswegen nach errechneten oder geschätzten Größen unterschiedlich auf die Stundensätze verteilt werden.

Durch diese Verteilungsrechnung ermittelt man die Gesamtkosten, die dem Betrieb an den verschiedenen Kostenstellen entstehen. Dazu zwei Beispiele nach Platzkostenrechnungen vieler Betriebe:

Ein Arbeitsplatz zur elektronischen Bildverarbeitung (EBV) kostet jährlich 71.400,– €, ein Arbeitsplatz zur elektronischen Seitenmontage 75.750,– €. Zur Kalkulation müssen die Stundensätze, das heißt die Selbstkosten pro Fertigungsstunde, für die Produktionsstellen bekannt sein.

Die Fertigungsstunden, die Hilfszeiten (z. B. Wartung, Programme installieren) sowie Leistungen der einzelnen Kostenstellen für die einzelnen Aufträge ergeben sich aus den Aufzeichnungen in den Tageszetteln der Mitarbeiter.

Für die oben angegebenen Arbeitsplätze ergeben sich folgende Stundensätze, wenn für den EBV-Arbeitsplatz 1.200 Fertigungstunden pro Jahr angenommen werden und für die Seitenmontage 1.500 Fertigungsstunden:

- EBV = 59,50 €/Std.
- Montage = 50,50 €/Std.

8.1.1.2 Abschreibung

Alle Maschinen, Geräte und Einrichtungen eines Unternehmens verlieren durch Gebrauch an Wert. Neben diesem Wertverlust kommt noch eine Wertminderung durch den technischen Fortschritt. Eine ältere Computeranlage ist für die Produktion nicht mehr so wertvoll wie eine neue, schnellere und besser arbeitende. Diese Wertminderung der Anlagegüter wird als Abschreibung bezeichnet. Die jährlichen Abschreibungsbeträge sind sowohl für die Buchhaltung wichtig, weil jede Abschreibung den Betriebsgewinn vermindert, aus dem die Einkommens- und Körperschaftssteuer errechnet wird, wie auch für die Ermittlung der Selbstkosten einer Kostenstelle.

Die Wertminderung der Betriebseinrichtung wird nämlich durch Einrechnen der Abschreibung in die Selbstkosten über die verkaufte Ware wieder „hereingeholt". Auf diese Weise sollen sich während der Nutzungsdauer einer Ma-

$$\text{Selbstkosten pro Fertigungsstunde} = \frac{\text{Gesamtkosten pro Jahr}}{\text{Zahl der jährlichen Fertigungsstunden}}$$

Berechnung der Selbstkosten pro Fertigungsstunde

schine die finanziellen Mittel für eine Neuanschaffung ansammeln. Das materielle Geschäftsvermögen wird durch die Abschreibung nicht kleiner, sondern nur in Geldmittel umgewandelt.

Die steuerlichen Abschreibungssätze für Maschinen und Geräte sind von den Finanzbehörden festgelegt und richten sich nach der voraussichtlichen Nutzungsdauer. Für Maschinen und Geräte der Druck- und Medienindustrie wird die Gebrauchsdauer sehr unterschiedlich angesetzt und ist im Einzelfall mit dem Finanzamt abzuklären.

Folgende Nutzungszeiten sind von der Finanzverwaltung vorgegeben: Computer sind mit einer Nutzungsdauer zwischen zwei und fünf Jahren anzusetzen, Monitore in bildverarbeitenden Betrieben mit 2 Jahren und Druckmaschinen zwischen 8 und 12 Jahren. Rotationsmaschinen können höhere Abschreibungszeiten aufweisen.

Beispiel: Ein Plattenbelichter im Format DIN A2+ kostet mit Fracht, Aufstellung und Personaleinweisung 55.000,– €. Die Wertminderung, gleichmäßig auf die Gebrauchsdauer von 5 Jahren verteilt (so genannte lineare Abschreibung), ergibt den Abschreibungssatz.

Abschreibungssätze

Ab dem 01.01.2002 sind die Abschreibungssätze für Produktionsgüter verlängert worden. Die in der folgenden Auflistung genannten Abschreibungszeiträume beziehen sich auf Anschaffungen nach diesem Datum. Bei Anschaffungen vor dem 01.01.2002 gelten in der Regel günstigere Abschreibungszeiträume.

- Alarmanlagen 11 Jahre
- Audiogeräte 7 Jahre
- Ätzmaschinen 13 Jahre
- Autotelefon 5 Jahre
- Bildschirme (Büro) 3 Jahre
- Bildschirme (Bildverarbeitung) 2 Jahre
- Büromaschinen 13 Jahre
- Büromöbel 13 Jahre
- CD-Player 7 Jahre
- Computer (PC) 3 Jahre
- Drucker (PC) 3 Jahre
- Druckmaschinen 13 Jahre
- Etikettiermaschinen 13 Jahre
- Falzmaschinen 13 Jahre
- Faxgeräte 6 Jahre
- Großrechner 7 Jahre
- Zug (ICE) 25 Jahre
- Kameras 7 Jahre
- Kopiergeräte 7 Jahre
- Laptops/Notebooks 3 Jahre
- Scanner 3 Jahre
- Schneidemaschinen 8 Jahre

Berechnung des Abschreibungssatzes und des Restwertes (Buchwertes)

Neuwert in Prozent : **Nutzungsdauer** = **Abschreibungssatz** in Prozent

100 % : 5 Jahre = 20 %

Die jährliche Abschreibung beträgt 20 % des Anschaffungswertes des Plattenbelichters: 55.000,– € x 20 % = 11.000.– €

Ist der Plattenbelichter zwei Jahre in Betrieb, ergibt sich folgender Buchwert:

Neuwert – **Abschreibung** = **Buchwert** (Restwert)

55.000.– € – 22.000.– € = 33.000.– €

8.1.1.3 Kalkulatorische Zinsen

Wer über Kapital verfügt, versucht es rentabel anzulegen. Im oft zitierten „Sparstrumpf" arbeitet Geld nicht, wird es dagegen auf ein Bankkonto eingezahlt, in Sparverträgen oder Wertpapieren angelegt, erbringt es Zinsen.

Beispiel 1: Frau Maier kauft sich ein Auto für 20.000,– €. Durch diese Kapitalanlage in eine unproduktive Maschine entgehen ihr Zinsen, die sie bekommen würde, wenn sie den Betrag gewinnbringend angelegt hätte. Bei einem Zinssatz von 5 % sind dies in einem Jahr 1000,– € entgangene Zinsen.

Beispiel 2: Herr Müller kauft das gleiche Fahrzeug ganz oder teilweise auf Kredit. Er muss daher über die Tilgungsbeiträge hinaus Zinsen bezahlen.

In beiden Beispielen fallen durch den Autokauf Kosten an, die als kalkulatorische Zinsen bezeichnet werden. In Beispiel 1, beim Kauf aus den vorhandenen Eigenmitteln, sind sie weniger spürbar, weil nichts zu zahlen ist, sondern ein kalkulatorischer Gewinn entgeht. Deswegen werden diese Kosten gerne übersehen. Beim Kauf mit Fremdkapital in Beispiel 2 sind die Kosten für einen Käufer deutlich spürbar, da sie seinen Etat zusätzlich belasten.

Aus den beiden angeführten Beispielen wird ersichtlich, dass es notwendig ist, bei der Kostenrechnung so genannte kalkulatorische Zinsen einzurechnen, gleichgültig, ob es sich um Eigenmittel oder um aufgenommenes Geld handelt.

Wer sein Kapital in ein Unternehmen investiert, tut dies in der Absicht, daraus eine größere Rendite als bei der Anlage auf ein Bankkonto zu erwirtschaften. Diese Spekulation erfüllt sich nicht, wenn der Betrieb keinen oder nur einen geringen Gewinn abwirft. Diese Spekulation auf einen Gewinn ist Teil des unternehmerischen Risikos.

Außer dem Eigenkapital muss zur Finanzierung von Betriebseinrichtungen in aller Regel auch Fremdkapital aufgewendet werden. In die Selbstkosten werden kalkulatorische Zinsen eingerechnet, um so den entgangenen Zins aus dem Eigenkapital bzw. die entstehenden Schuldzinsen für das Fremdkapital über die verkaufte Ware wieder „hereinzuholen".

Die Berechnungsmethode ist hier anders als bei den obigen Beispielen: Eine Maschine verdient im Laufe ihrer Nutzungsdauer ihren Anschaffungspreis über die Abschreibung. Der Betrieb kann das dadurch hereingekommene Geld auf ein Konto stellen oder erneut investieren. Aus diesem Grunde ist es richtig, die kalkulatorischen Zinsen nur aus dem jeweiligen Restwert zu berechnen. Bei der Neuanschaffung einer Maschine sind die Beträge hoch, bei einer verbrauchten Maschine niedrig. Damit die Selbstkosten jedoch mit einem gleichmäßigen Betrag belastet werden und ein Vergleich der Kosten mit anderen Betrieben gut möglich ist, nimmt man daher stets den halben Neuwert einer Maschine und den gleich bleibenden Zinssatz von 6,5 %.

Bei den beiden Beispielen mit dem Autokauf war diese Berechnungsart nicht angebracht, da die Wertminderung zumindest bei privatem Gebrauch nicht über die verkaufte Ware hereinkommt. Das privat genutzte Auto ist vom finanziellen Standpunkt aus eine völlig unrentable Kapitalanlage, ein Verlustgeschäft ersten Ranges.

8.1.1.4 Fertigungszeit – Hilfszeit

Die wesentliche Tätigkeit eines Mediengestalters z. B. in der Fachrichtung Medienoperating ist die technische Herstellung eines Medienproduktes mit Hilfe eines Personal Computers und der angeschlossenen Peripheriegeräte. Die für die Herstellung direkt verwendete Zeit dient unmittelbar der Produktion – deshalb spricht man von produktiven Stunden oder von Fertigungsstunden.

Fertigungszeit

Fertigungsstunden dienen unmittelbar der Erstellung eines Medienproduktes. Die dafür aufgewendeten Zeiten können dem Kunden bzw. einem Auftraggeber direkt in Rechnung gestellt werden.

Neben der eigentlichen Produktionstätigkeit muss ein Mediengestalter einen Teil seiner Arbeitszeit für die Wartung seines Arbeitsplatzes aufwenden. Darunter fällt z. B. das Installieren neuer Programme, das Defragmentieren der Festplatte oder die Wartung eines Filmbelichters. In diesen Zeiten wird nicht produktiv gearbeitet – man spricht hier von unproduktiven Stunden, Hilfsstunden oder Hilfszeiten.

Hilfszeit

Hilfsstunden dienen der allgemeinen Betriebsbereitschaft. Sie werden nicht durch einen bestimmten Auftrag verursacht und können deshalb nicht direkt auf einzelne Aufträge verrechnet werden.

Beispiele für Fertigungs- und Hilfszeiten verschiedener Kostenstellen (KS) eines Medienbetriebes sind auf der Tabelle der nächsten Seite dargestellt.

Für einen Auftrag werden nur die Fertigungsstunden verrechnet. Durch die kalkulierten Stundensätze müssen jedoch die gesamten Kosten, also auch die Kosten für die Hilfsstunden, abgedeckt werden.

Die Ermittlung der Selbstkosten pro Fertigungsstunde ist Ihnen aus Abschnitt 8.1.1.1 bekannt. Diese Selbstkosten pro Fertigungsstunde werden auch Stundensatz genannt.

Wird nun der Stundensatz ermittelt, ist das Verhältnis zwischen Fertigungszeit und Hilfszeit entscheidend. Bei gleichen Gesamtkosten zweier Kostenstellen wird der Stundensatz umso niedriger sein, je größer die Zahl der Fertigungsstunden ist.

Kostenstellen mit einem hohen Anteil an Hilfsstunden in mehrstufigen

Beispiele für Fertigungszeiten und Hilfszeiten

bei verschiedenen Kostenstellen (KS) einer Druckerei

Kostenstelle Text	KS Bild	KS Montage	KS Druck
Fertigungszeiten sind zum Beispiel:			
Texterfassung	Bilder scannen	Digitale Montage	Drucken
Hilfszeiten sind zum Beispiel:			
Schriftinstallation	Auswechseln und Reinigen von Scannertrommeln	Reinigungsarbeiten	Reinigungsarbeiten und Wartung

Druckereibetrieben sind z.B. Druckmaschinen oder Maschinen zur Weiterverarbeitung in der Buchbinderei.

Beispiel: In einer Druckerei stehen zwei PC-Systeme, die im Jahr pro System Gesamtkosten von 30.000,– € verursachen. Darin enthalten sind alle Löhne, Abschreibungen, Miete, Strom, Heizung und Verwaltungskosten. Bei einer betriebswirtschaftlichen Überprüfung wurde folgende Verteilung der Fertigungs- und Hilfszeiten für die beiden Systeme ermittelt:

Ermittlung des Stundensatzes

bei unterschiedlichen Fertigungs- und Hilfszeiten

	PC-System 1	PC-System 2
Gesamtarbeitszeit pro Jahr	1.800 Stunden	1.800 Stunden
davon Fertigungszeiten	1.400 Stunden	1.600 Stunden
Hilfszeiten	400 Stunden	200 Stunden
Errechneter Stundensatz	21,42 €	18,75 €

8.1.1.5 Nutzungsgrad

Den Anteil der Fertigungsstunden an der Gesamtarbeitszeit bezeichnet man als Nutzungsgrad. Der Nutzungsgrad gibt an, zu welchem Prozentsatz die gesamte Arbeitszeit direkt für die Produktion genutzt wurde.

$$\text{Nutzungsgrad} = \frac{\text{Fertigungsstunden} \times 100}{\text{Gesamtarbeitszeit}}$$

Errechnen Sie für die beiden Beispiele mit den PC-Arbeitsplätzen auf der vorherigen Seite den prozentualen Nutzungsgrad.

Die folgende Tabelle gibt Ihnen einen Einblick in die Höhe des Nutzungsgrades verschiedener Kostenstellen:

(Quelle: Kalkulationshandbuch Druck- und Medienindustrie, Bundesverband Druck + Medien Wiesbaden)

Kostenstelle	Nutzungsgrad
Computersatz	80 – 85 %
Offsetdruckmaschinen	83 – 86 %
PC-Videoschnittplatz	60 – 70 %
Bogenmontage	85 – 88 %
Scanner	75 – 80 %

Die Höhe des Nutzungsgrades hängt von verschiedenen Faktoren ab. Hier sind einmal die ergonomischen Bedingungen zu nennen, die einen Arbeitsablauf erleichtern und beschleunigen können. Da bei vielen digitalen Arbeitsplätzen der Nutzungsgrad vom Durchsatz der Daten abhängt, kommt der Organisation des so genannten Workflows eine entscheidende Bedeutung zu. Daneben spielt die Leistungsfähigkeit, Motivation und der Ausbildungsstand der eingesetzten Mitarbeiter eine große Rolle beim Verhältnis Fertigungs- zu Hilfszeiten.

8.1.1.6 Nutzungszeit

Die theoretisch denkbare Maximalnutzungszeit eines Arbeitsplatzes wird naturgemäß nie erreicht werden können, da immer Ausfallzeiten unterschiedlicher Art auftreten werden.

Die Höhe eines Maschinenstundensatzes wird beeinflusst von der Planung der Nutzungszeit für einen Arbeitsplatz. Die Nutzungszeit setzt sich aus folgenden Zeiten zusammen:

- Lastlaufzeit:
  In dieser Zeit wird tatsächlich produziert
- Leerlaufzeit:
  Unproduktive Zeit ohne Auftrag
- Hilfszeit:
  Wartungsarbeiten u.Ä.

Die erreichbare jährliche Nutzungszeit kann bei der einschichtigen Nutzung eines Arbeitsplatzes wie folgt bestimmt werden:

Beispiel:

	52 Wochen zu 37,5 h	1.950 h
–	10 Feiertage zu 7,5 h	75 h
–	Urlaub zu 25 Tage	188 h
–	Reinigen zu 1 h/Wo	50 h
–	Ausfallzeit 7 %	137 h
=	Jährliche Nutzungszeit	1.500 h

Der Nutzungsgrad für diesen Arbeitsplatz ergibt sich durch Division der jährlichen Nutzungszeit von 1.500 h durch die Gesamtstundenzahl 1.950 h zu 77 %.

8.1.2 Aufgaben „Kalkulationsgrundlagen"

Aufgabe 8.1.2.1
Kalkulatorische Kenngrößen berechnen

Bearbeiten Sie die folgenden Fragestellungen:
Eine Mittelklassewagen für den Kontakter einer Agentur kostet 25.000,– €. Die Gebrauchsdauer bei ca. 20.000 km pro Jahr beträgt sechs Jahre.

a. Errechnen Sie den Abschreibungssatz.
b. Errechnen Sie die jährliche Wertminderung des PKW.
c. Wie hoch ist die Wertminderung in 2,5 Jahren?
d. Wie hoch ist der Buchwert nach 3,5 Jahren?

Aufgabe 8.1.2.2
Kalkulatorische Kenngrößen berechnen

Für eine leistungsfähige Druckmaschine beträgt der jährliche Abschreibungssatz 12,5 % und die jährliche Abschreibung 39.375,– €.

a. Errechnen Sie den Anschaffungswert.
b. Errechnen Sie die geschätzte Gebrauchsdauer.
c. Errechnen Sie, welcher Betrag auf die Fertigungsstunde entfällt, wenn jährlich 2.900 Fertigungsstunden an der Maschine geleistet werden.

Aufgabe 8.1.2.3
Kalkulatorische Kenngrößen berechnen

Der Abschreibungssatz für Schriften beträgt 16 %. Errechnen Sie die geschätzte Gebrauchsdauer!

Aufgabe 8.1.2.4
Kalkulatorische Zinsen berechnen

Errechnen Sie die kalkulatorischen Zinsen (6 %) für folgende Anschaffungen in einem Druckereibetrieb:

a. Computerarbeitsplatz 7.500,– €
b. Trommelscanner 22.500,– €
c. Laminiergerät 650,– €
d. Flachbettscanner 1.500,– €

Aufgabe 8.1.2.5
Kalkulatorische Zinsen berechnen

Errechnen Sie für die aufgeführten Arbeitsplätze die kalkulatorischen Zinsen pro Jahr. Die genannten Summen sind die Kosten der Neuanschaffung.

a. Plattenbelichter 55.000,– €
b. PC-Arbeitsplatz mit Flachbettscanner 9.500,– €.

Aufgabe 8.1.2.6
Nutzungsgrad eines Arbeitsplatzes kennen

Erkundigen Sie sich nach der Höhe des kalkulatorischen Nutzungsgrades für Ihren Arbeitsplatz.
Hinweis: Dies wird nicht immer möglich sein, da in manchen Betrieben derartige Grunddaten nicht an Mitarbeiter gegeben werden.

8.2 Platzkostenrechnung

8.2.1 Einführung in die Platzkostenrechnung

Aufgaben der Platzkostenrechnung

Die Platzkostenrechnung ist eine besondere Form der Kostenstellenrechnung. Diese Form der Kostenstellenrechnung verwendet einzelne Maschinen, Maschinengruppen oder einzelne Arbeitsplätze als eigene Kostenstelle.

Solche Kostenstellen können beispielsweise Druckmaschinen, ein Scannerarbeitsplatz, PC-Texterfassungsstationen, ein Layoutarbeitsplatz oder eine Maschinengruppe in der Buchbinderei sein. Die Summe aller Kosten einer solchen Kostenstelle bezeichnet man als Platzkosten.

Der Sinn einer solchen Kostenberechnung liegt in der Verfeinerung der Kostentransparenz und in der genauen Zuordnung der Gemeinkostenverrechnung auf die einzelnen Kostenstellen eines Medienbetriebes. Mit Hilfe der Platzkostenrechnung ist die Zurechnung der Kosten nach der Verursachung genauer durchzuführen als mit einem allgemeinen Zuschlag für einen Fertigungsbereich wie z.B. der Druckvorstufe. Die höhere Genauigkeit der Kosten wird allerdings durch die komplexere Berechnungsmethode erkauft. Das bedeutet, dass sich eine Platzkostenrechnung nur dort lohnt, wo diese Kostentransparenz wirtschaftlich sinnvoll ist.

Literaturhinweis:

Kalkulationshandbuch Druck- und Medienindustrie

Bundesverband Druck + Medien Wiesbaden

Berechnung des Stundensatzes

Das Anwendungsgebiet der Platzkostenrechnung liegt vor allem dort, wo Arbeitsplätze und Maschinen nicht immer gleichmäßig beansprucht sind. Weiter ist die Platzkostenrechnung dort sinnvoll, wo eine auftragsbezogene Fertigung durchgeführt wird. Hier wird durch die zeitlich unterschiedliche Beanspruchung eines Arbeitsplatzes pro Auftrag eine unterschiedliche Kostensituation pro Auftrag entstehen, die berücksichtigt werden muss. Man errechnet daher den Stundensatz eines Arbeitsplatzes. Das ist der Betrag an Fertigungsgemeinkosten, der sich aus der Division der für eine Maschine ermittelten Gemeinkostensumme und der Laufzeit der Maschine ergibt. Die Fertigungslöhne für die eingesetzten Mitarbeiter werden in den Maschinenstundensatz mit einbezogen.

Die Methoden der Durchführung einer Platzkostenrechnung sind je nach den konkreten Situationen eines Betriebes unterschiedlich. In den wenigsten Fällen erfolgt eine Aufteilung eines ganzen Betriebs in Platzkostenstellen. Üblicherweise werden nur die produktiven Fertigungsstellen bis hin zu den einzelnen Arbeitsplätzen der Produktion mit konkreten Stundensätzen aus der Platzkostenrechnung belegt. Andere Bereiche wie z.B. Kreativarbeitsplätze, Texter oder Fotografen werden mit Pauschalsätzen abgerechnet. Die jeweilige Gliederung und Aufteilung in Fertigungsarbeitsplätze und Pauschalarbeitsplätze ist von Betrieb zu Betrieb zu bewerten und zu lösen.

Stundenlohn und Stundensatz

Der Stundenlohn eines jungen Druckers an einer Fünf-Farben-Offsetdruckmaschine beträgt etwa 14,– €, der Stundensatz an der gleichen Maschine liegt bei etwa 180,– €. Der junge Drucker, der diese Stundensätze erfährt, fragt sich unwillkürlich, warum diese Diskrepanz zwischen seinem Lohn und dem verrechneten Stundensatz für den Kunden besteht. Bekommt die Differenz zwischen dem Lohn des Druckers und dem Preis, den der Kunde bezahlt, der Chef?

Mit der Aufstellung einer Muster-Platzkostenrechnung soll diese Diskrepanz in den Summen geklärt und auf den folgenden Seiten exemplarisch dargestellt werden.

Tageszettel										
Personal-nummer	Datum: Tag	Monat	Jahr	Arbeitszeit Beginn	Ende	Gesamtzeit ohne Pause	Gut-Std.	Fehl-Std.	Soll	Ist
Name:				Überstunden: ❑ auszahlen ❑ gutschreiben		Ausfallstunden: von bis Anlass:		Abteilungs-leiter:		

Kosten-stelle	**Arbeits-vorgang**	**Zeit**	**Auftrags-nummer**	**Auftrag**	**Menge**
			Gesamtstunden		

Muster eines Tageszettels

Ein Tageszettel zur Erfassung der Produktionszeiten einzelner Kostenstellen innerhalb des Betriebes. Außerdem ist er Grundlage für die Lohnerfassung für jeden Mitarbeiter, der hier seine geleistete Arbeit einträgt. Die Kostenkontrolle der einzelnen Kostenstellen mit Hilfe des Tageszettels ist die Grundlage für die Nachkalkulation eines Auftrages, da die geplanten Soll-Zeiten mit den tatsächlich benötigten Ist-Zeiten verglichen werden können. Ähnliche Tageszettel werden auch in digitaler Form in Workflow-Systemen bei einem betriebswirtschaftlichen Workflow bei gleicher Funktionalität verwendet.

8.2.2 Schema einer Platzkostenrechnung

8.2.2.1 Kostengruppen

Auf einen Arbeitsplatz anfallende Kosten:

Kostengruppe 1

Lohnkosten	der Arbeitsplatzbesetzung (Fachkraft + Hilfskraft)
Sonstige Löhne	Kostenanteil für Abteilungsleiter, Korrektor, Materiallager, Sekretariat u. Ä.
Urlaubslohn	tarifvertraglich vereinbarte Lohnzuschläge
Feiertagslohn	im Jahr durchschnittlich 10 – 12 bezahlte Feiertage
Lohnfortzahlung	im Krankheitsfall
Sozialkosten	Arbeitgeberanteil zur Sozialversicherung
Freiwillige Sozialkosten	Weihnachtsgeld, Essenzuschüsse, Prämien, Zusatzversicherungen u. Ä.

Die Summe der Kostengruppe 1 sind die **Personalkosten**.

Kostengruppe 2

Wasch-, Putz- und Schmiermittel	
Kleinmaterial	Werkzeuge, Klebebänder, Kleinteile
Strom, Gas	Die Stromkosten werden nach einem Verteilerschlüssel umgelegt. Dieser berücksichtigt die Anschlusswerte der Maschinen, Geräte, Beleuchtung und die Einschaltzeit.
Instandhaltung	Kosten für Reparaturen, Ersatzteile, Kundendienst usw.

Die Summe der Kostengruppe 2 sind die **Fertigungsgemeinkosten**.

Kostengruppe 3

Miete, Heizung	Die Kosten werden nach dem anteiligen Flächenbedarf des einzelnen Arbeitsplatzes auf die Kostenstellen umgelegt.

Abschreibung	Je nach geplanter Nutzungsdauer
Kalkulatorische Zinsen	6,5 % auf halben Neuwert

Die Summe der Kostengruppe 3 sind die **Miet- und kalkulatorischen Kosten**.

Die Summe der Kostengruppen 1 bis 3 sind die **Fertigungskosten**.

Kostengruppe 4

VV-Kosten	Anteilige Kosten für Verwaltung (Buchhaltung, Lohnabrechnung, Kalkulation, Telefon, Geschäftsleitung usw.) und anteilige Kosten für Vertrieb (Fuhrpark, Versand, Werbung).

Die Kostenumlage erfolgt mit einem Prozentanteil*) auf die Fertigungskosten.

*) Der Prozentanteil variiert von Betrieb zu Betrieb und ist abhängig von der Größe der Verwaltung, des Vertriebs usw.

Die Summe der Kostengruppen 1 bis 4 sind die **Selbstkosten**.

8.2.2.2 Erklärungen zur Platzkostenrechnung

Miete und Heizung

Die Berechnung der Miete und Heizung erfolgt nach der Gesamtfläche des Betriebes. Wir nehmen beispielhaft an, dass der Betrieb eine Fläche von 1.500 m^2 aufweist.

Die Ausgaben für die Miete belaufen sich auf 4750,– € pro Monat. Die jährlichen Heizungskosten betragen 14.250,– €. Daraus lassen sich die Miet- und Heizkosten pro Quadratmeter Nutzfläche im Jahr errechnen.

Die Kosten für die Miete betragen bei 4750,– €/Monat : 1500 m^2 = 3,16 € pro Quadratmeter im Monat. Die Miete/Quadratmeter beträgt dann 3,16 € x 12 Monate = 37,92 € pro Quadratmeter im Jahr.

Die Kosten für die Heizung und das Warmwasser belaufen sich bei 14.250,– €/Jahr : 1500 m^2 auf 9,50 € pro Quadratmeter im Jahr.

Kalkulatorische Zinsen

Die Investitionskosten für eine Druckmaschine betragen z. B. 250.000,– €. Zur Berechnung wird der halbe Wert der Maschine genommen. Dies sind 125.000,– €. Davon 6,5 % ergeben kalkulatorische Zinsen von 8.125,– €.

Kalkulatorische Abschreibung

Der Anschaffungswert der Beispielmaschine beträgt 250.000,– €. Der Abschreibungssatz beträgt 10 %. Dies ergibt eine jährliche Abschreibung von 25.000,– €, verteilt auf die Nutzungsdauer von 10 Jahren.

Verwaltungs- und Vertriebskostenanteil (VV-Kosten)

Der angesetzte Prozentsatz ergibt sich aus dem Verhältnis von produzierendem zu verwaltendem Personal. Bei einem angenommenen Prozentsatz von 33 % bedeutet dies, dass ein Unternehmen 33 % verwaltendes Personal und 67 % produzierendes Personal aufweist.

8.2.3 Beispiele einer Platzkostenrechnung

8.2.3.1 Offsetdruckmaschine

Arbeitsplatz-besetzung	1 Drucker	Stundenlohn	€ 17,50
	1 Hilfskraft	Stundenlohn	€ 8,50
		Platzbedarf	100 m^2
		Stromanschlusswert	40 kW
		Investitionshöhe	€ 250.000,–

Platzkostenrechnung für eine Offsetdruckmaschine

Kosten des Arbeitsplatzes bei einer Jahres-Arbeitszeit von 1.800 Stunden (inkl. 300 Hilfsstunden):		
1. **Lohnkosten** (17,50 € + 8,50 €) x 1.800 Stunden =	€ 46.800,–	
2. **Sonstige Lohnkosten** (z. B. Abteilungsleiter anteilig bei 10 Mitarbeitern)	€ 4.650,–	
3. **Zuschlag** für freiwillige und gesetzliche Sozialleistungen, Urlaubsgeld, Feiertagslohn, Lohnfortzahlung im Krankheitsfall (45 % der Zeile 1 und 2)	€ 23.152,50	
4. **Summe der Personalkosten**		€ 74.602,50,–
5. **Fertigungsgemeinkosten** (Wasch-, Putz- und Schmiermittel, Kleinteile u. Ä.)	€ 5.000,–	
6. **Strom** (40 kW + Deckenbeleuchtung 700 Watt + Abstimmlampe 400 Watt = 41,1 kW x –,11 €/kW ergibt 4,52 € pro Stunde x 1.800 Std =	€ 8.136,–	
7. **Wasser**	€ 300,–	
8. **Instandhaltung** (geschätzt)	€ 5.000,–	
9. **Summe der Fertigungsgemeinkosten**		€ 18.436,–
10. **Miete** (siehe Punkt 11)		
11. **Heizung** (Miet- und Heizkosten belaufen sich auf 47,50 €/m^2. Flächenbedarf der Maschine ist 100 m^2)	€ 4.750,–	
12. **Kalkulatorische Abschreibung**	€ 25.000,–	nächste Seite...

13. **Kalkulatorische Verzinsung**	€ 8.125,–	
14. **Summe der Miet- und kalkulatorischen Kosten** (Ziffer 10 - 13)		€ 37.875,–
15. **Summe der Fertigungskosten** (Ziffer 4 + 9 + 14)		€ 130.913,50
16. **VV-Kosten** (33 % auf die Summe der Fertigungskosten von Ziffer 15)		€ 43.201,45
17. **Gesamtkosten des Arbeitsplatzes** (Ziffer 15 + Ziffer 16)		**€ 174.114,95**

Berechnung des Stundensatzes

Gesamtstunden:	1.800 Stunden/Jahr
– Hilfsstunden:	300 Stunden/Jahr
= Fertigungsstunden:	1.500 Stunden/Jahr

Stundensatz = Gesamtkosten / Fertigungsstunden

Stundensatz = 174.114,95 € / 1500 Stunden
= 116,07 € / Std.

8.2.3.2 Computer-Arbeitsplatz

Arbeitsplatz-besetzung	1 Designer	Stundenlohn	€ 20,–
	1 Hilfskraft	Stundenlohn	€ 9,–
		Platzbedarf	30 m²
		Stromanschlusswert	10 kWh
		Preis pro kW =	€ 0,10
		Investitionshöhe	€ 20.000,–
		Nutzungsdauer	4 Jahre

Kosten des Arbeitsplatzes bei einer Jahresarbeitszeit von 1.800 Stunden im Ein-Schichtbetrieb inklusive 300 Hilfsstunden:

1.	**Lohnkosten** (20,– € + 9,– €) x 1.800 Stunden	€ 52.200,–	
2.	**Sonstige Lohnkosten** (z.B. Abteilungsleiter € 4.500,– anteilig bei 10 Kostenstellen/Mitarbeitern)	€ 450,–	
3.	**Zuschlag** für freiwillige und gesetzliche Sozialleistungen, Urlaubsgeld, Feiertagslohn, Lohnfortzahlung im Krankheitsfall (45 % der Zeile 1 und 2)	€ 23.692,50	
4.	**Summe der Personalkosten** (Zeile 1 + 2 + 3)		€ 76.342,50
5.	**Fertigungsgemeinkosten** (Reinigungsmittel, Putzmittel, Kleinteile usw.)	€ 5.000,–	
6.	**Strom** (10 kW + Raumbeleuchtung 350 Watt + Anteile Dunkelkammer-Beleuchtung 400 Watt) 10,75 kW x –,10 € = 1,07 €/h x 1.800 Stunden	€ 1.926,–	
7.	**Wasser** (geschätzt)	€ 600,–	
8.	**Instandhaltung** (geschätzt)	€ 2.000,–	nächste Seite…

9. **Miete** siehe Zeile 10		
10. **Heizung** (Miete und Heizung belaufen sich auf 50.- €/m². Flächenbedarf des Arbeitsplatzes liegt bei 30 m²)	€ 1.500,–	
11. **Kalkulatorische Abschreibung**	€ 5.000,–	
12. **Kalkulatorische Verzinsung** (Halbe Investitionskosten x 6,5 %)	€ 650,–	
14. **Summe der Miet- und kalkulatorischen Kosten** (Zeile 5 bis Zeile 12)		€ 16.676,–
15. **Summe der Fertigungskosten** (Summe Zeile 4 und Zeile 13)		€ 93.018,50
16. **VV-Kosten** (33 % auf die Summe der Fertigungskosten)		€ 30.696,10
17. **Gesamtkosten des Arbeitsplatzes** (Ziffer 15 + 16)		**€ 123.714,60**

Berechnung des Stundensatzes

Gesamtstunden:	1.800 Stunden/Jahr
– Hilfsstunden:	300 Stunden/Jahr
= Fertigungsstunden:	1.500 Stunden/Jahr

Stundensatz = Gesamtkosten / Fertigungsstunden

Stundensatz = 123.714,60 € / 1500 Stunden
= 82,47 €/Stunde

8.2.3.3 Bedeutung des Stundensatzes

Der Stundensatz, der sich aus der Platzkostenrechnung ergibt, stellt die Kosten eines Arbeitsplatzes bzw. einer betrieblichen Kostenstelle dar.

Die Platzkostenrechnung erstellt die Stundensätze für Maschinen, Maschinengruppen und Arbeitsplätze für jeweils eine eigene Kostenstelle. Die nach vorstehendem Schema errechnete Summe der Kosten einer solchen Kostenstelle bezeichnet man als Platzkosten oder als Arbeitsplatzkosten.

Sinn dieser sehr differenzierten Berechnung der Stundensätze für jede betriebliche Kostenstelle ist die Erhöhung der Genauigkeit der Gemeinkostenverrechnung.

Im Stundensatz für einen Arbeitsplatz sind nur solche Kostenarten erfasst, die unmittelbar und maßgeblich die Höhe des Maschinen- oder Arbeitsplatz-Stundensatzes beeinflussen und die pro Kostenstelle ohne Schwierigkeiten geplant und überwacht werden können.

Die Stundensatzkalkulation ist vor allem in mittleren und größeren Betrieben unserer Branche anzutreffen. Die Fertigungsstunde als Kostengrundlage hat eine Reihe von Vorteilen in der Kalkulation. Die Höhe der Fertigungsstundensätze hängt nicht so stark von den Veränderungen der Lohnhöhe ab, sondern es werden Kapitalkosten, Gemeinkosten ebenso berücksichtigt wie Abschreibungen, Verzinsungen usw.

So schlägt z.B. die Lohnerhöhung eines Druckers in der kapitalintensiven Gesamtrechnung eines Arbeitsplatzes 5-Farben-Offsetdruckmaschine prozentual kaum ins Gewicht, da Kapitalkosten, Energiekosten usw. den größeren Teil der Kostenbelastung verursachen.

8.2.3.4 Kostenverteilung im Betrieb

Kostenart	Verteilung auf Kostenstelle
Fertigungslöhne	Direkt auf Kostenstelle (oder Kostenträger)
Lohnnebenkosten/ Urlaubslöhne	Nach Köpfen oder nach Lohnsumme. Gesamtbetrag wird gleichmäßig auf die Kostenstellen verteilt.
Löhne der Auszubildenden	Direkt auf Kostenstelle oder auf Kostenstelle Ausbildung
Gesetzliche Sozialabgaben	Nach Lohnsumme auf Kostenstelle
Rohstoffe (z.B. Papier)	Direkt auf Kostenstelle (Druckmaschine)
Gemeinkostenlöhne (z.B. Abteilungsleiter)	Lohnaufteilung auf mehrere Kostenstellen
Strom, Gas Wasser	Auf Kostenstellen nach Verbrauch
Reparaturen	Auf Kostenstellen oder gleichmäßig verteilen
Abschreibungen	Auf Kostenstellen, für Material auf Materialkostenstelle, Vertriebskosten auf alle Kostenstellen z.B. nach Umsatzschlüssel
Werbekosten	Kostenstelle Vertrieb oder direkte Kosten stellenzuordnung

8.2.4 Aufgaben „Platzkostenrechnung"

Aufgabe 8.2.4.1
Stundensatz ermitteln

Erkundigen Sie sich nach der Berechnungsgrundlage und nach der Höhe des Stundensatzes für Ihren Arbeitsplatz.

Aufgabe 8.2.4.2
Funktion eines Tageszettels kennen

Nennen Sie die Aufgabe bzw. Funktion des „Tageszettels", den jeder Mitarbeiter im Betrieb – analog oder digital – täglich ausfüllen muss.

Aufgabe 8.2.4.3
Funktion eines Tageszettels kennen

Welche innerbetriebliche Funktion hat das Ausfüllen eines Tageszettels
a. für den Betrieb,
b. für den Mitarbeiter?

Aufgabe 8.2.4.4
Kostengruppe 1 kennen

Das Schema einer Platzkostenrechnung weist verschiedene Kostengruppen auf. Nennen und erläutern Sie alle Kosten der Kostengruppe 1.

Aufgabe 8.2.4.5
Kostengruppe 2 kennen

Das Schema einer Platzkostenrechnung weist verschiedene Kostengruppen auf. Nennen und erläutern Sie alle Kosten der Kostengruppe 2.

Aufgabe 8.2.4.6
Kostengruppe 3 kennen

Das Schema einer Platzkostenrechnung weist verschiedene Kostengruppen auf. Nennen und erläutern Sie alle Kosten der Kostengruppe 3.

Aufgabe 8.2.4.7
Kostengruppe 4 kennen

Das Schema einer Platzkostenrechnung weist verschiedene Kostengruppen auf. Nennen und erläutern Sie alle Kosten der Kostengruppe 4.

Aufgabe 8.2.4.8
Kostengruppen kennen

Wie wird die Summe der Kostengruppe 1 bis 4 betriebswirtschaftlich genannt?

8.3 Kalkulation

8.3.1 Einführung in die Print-Kalkulation

8.3.1.1 Vor- und Nachkalkulation

Vorkalkulation oder Angebotskalkulation

Nachkalkulation
Berechnung der tatsächlichen Kosten eines ausgeführten Auftrages. Sie dient unter anderem der Schwachstellenanalyse im Fertigungsprozess. Nur durch die exakte Nachkalkulation werden die tatsächlichen Leistungen eines Betriebes transparent.

In der Kalkulation unterscheidet man zwei Kalkulationsbegriffe, die vor allem durch den Zeitpunkt der Kalkulationserstellung definiert werden: die Vor- und Nachkalkulation. Die Vorkalkulation wird auch als Angebotskalkulation bezeichnet.

Die Vorkalkulation errechnet den Preis für ein gewünschtes Medienprodukt. Auf der Basis dieser Berechnungen wird dem Kunden ein Angebot unterbreitet. Als Berechnungsgrundlagen liegen häufig nur eine Beschreibung des Auftrages, Skizzen oder unfertige Entwürfe bzw. Screenshots vor. Mit Hilfe dieser wenigen Unterlagen muss der Kalkulator jeden Arbeitsgang, der für die Produktion eines Auftrages notwendig ist, berücksichtigen und die benötigte Herstellungszeit schätzen. Es muss festgestellt werden, wie viel Zeit z. B. für Texterfassung, Scannen, Bildbearbeitung, Drucke oder die buchbinderische Weiterverarbeitung aufgewendet wird. Ebenso wird eingeschätzt und berechnet, welche Materialien und Werkstoffe für die Auftragsabwicklung notwendig sind.

Kenntnisse über die Zusammenhänge der Medienproduktion und Kalkulationsgrundlagen der verschiedenen Verbände der Druck- und Medienindustrie helfen dem Kalkulator bei dieser verantwortlichen Tätigkeit.

Die Vorkalkulation muss außerordentlich sorgfältig ermittelt werden. Dies gilt für die Vollständigkeit aller notwendigen Produktionsschritte, die Berücksichtigung der optimalen Produktionsabläufe und für die rechnerische Richtigkeit. Werden durch Fehler in der Angebotskalkulation zu hohe Preise ermittelt, ist ein Betrieb am Markt nicht wettbewerbsfähig. Zu niedrig kalkulierte Preise führen zu Verlusten und gefährden letztlich die Existenz eines Betriebes.

Nach der Fertigstellung eines Medienproduktes wird durch die Nachkalkulation des Auftrages die tatsächlich benötigte Zeit- und Materialaufwendung aus den Tageszetteln der einzelnen Mitarbeiter und den angegebenen Materialverbräuchen berechnet. Durch den Vergleich der Vorkalkulation mit der Nachkalkulation werden Gewinn oder Verlust eines Auftrages ermittelt.

Die Ergebnisse der Nachkalkulation dienen nicht nur zur Ermittlung der Gewinne und Verluste des Auftrages, sie sind gleichzeitig Grundlage für zukünftige Angebote an die Kunden. Daneben kann durch exakte Nachkalkulation jede Kostenstelle im Fertigungsablauf überprüft werden. Dauert an einer bestimmten Fertigungsstelle im Betrieb ein geplanter Arbeitsvorgang immer länger als kalkuliert, so kann der Kalkulator diese Schwachstelle im gesamten Fertigungsablauf analysieren. Dies kann dazu führen, dass ein Fertigungsablauf optimiert, eine technische Verbesserung geplant oder eine personelle Veränderung durchgeführt werden muss.

8.3.1.2 Kostenarten

Die *Fertigungskosten* ergeben sich aus der Summe aller Kosten, die in der Produktion entstehen. Darunter fallen alle Fertigungsstunden an den verschiedenen Maschinen und Geräten eines Medienbetriebes. Hierzu gehören zum Beispiel Fertigungsstunden in der Texterfassung und -verarbeitung, Bilderfassung und -verarbeitung, digitale Montage und Ausschießen, Film- oder Plattenbelichtung, Druck und Druckweiterverarbeitung.

Der Kalkulator muss neben der Zeiterfassung an den einzelnen Kostenstellen noch die *Materialkosten*, d.h. die verbrauchten Materialien und deren Preis, berechnen. Dazu zählen z. B. folgende Materialien: Plotter- und Ausdruckpapiere, Filme, Druckplatten, Papier mit notwendigem Zuschuss, Druckfarben, Materialien der Weiterverarbeitung usw.

Unter *Fremdleistungskosten* versteht man alle Teilleistungen der Fertigung, die an einen anderen Produktionsbetrieb vergeben werden. Dies können Teilleistungen wie Ausbelichten von Dateien, Druck einer Auflage oder buchbinderische Arbeiten sein.

Alle für einen Auftrag notwendigen Materialien und Fremdleistungen müssen termingerecht geordert und bezahlt werden. Durch diese Tätigkeiten der betrieblichen Materialwirtschaft entstehen Beschaffungs-, Finanzierungs-, Lagerungs- und Transportkosten. Diese Kosten werden durch den *Materialgemeinkostenzuschlag* auf jeden Auftrag zugeschlagen. Abhängig von der Höhe der entstandenen Materialkosten werden hier unterschiedliche Sätze zwischen 5 % und 30 % verrechnet.

Die Summe der Fertigungs- und Materialkosten sind die *Herstellungskosten*. Diese Kosten stellen den finanziellen Aufwand dar, mit dem ein Betrieb einen kalkulierten Auftrag ohne Gewinn produzieren kann.

Auf die Herstellungskosten wird ein *Gewinnzuschlag* berechnet, der vom Unternehmer frei festgelegt werden kann. Der Gewinnzuschlag ist stark abhängig von der Konkurrenzsituation und liegt in der Medienbranche meist zwischen 5 % und 10 %. Der daraus resultierende Preis ist der so genannte *Nettopreis*.

Bei einer Reihe von Medienprodukten erhöht sich der kalkulierte Nettopreis durch hohe *Verwaltungs- und Vertriebskosten* (so genannte VV-Kosten). Dies ist zum Beispiel bei hochwertigen Druckprodukten wie Katalogen oder Bildbänden der Fall. Ebenso können z. B. CD-ROM-Kataloge hohe Vertriebskosten verursachen, wenn weltweite Portokosten für das Versenden eines solchen Auftrages mitkalkuliert werden müssen.

In die Kalkulation muss die *Mehrwertsteuer* mit eingerechnet werden. Dies ergibt in der Addition aller Kalkulationsbestandteile den *Endpreis*, den der Kunde nach der Abwicklung des Auftrages bezahlen muss.

Bei den meisten Aufträgen enthält ein Angebot neben dem Endpreis für das angefragte Produkt noch den *1000-Stück-Preis*. Oft wird noch der Preis für weitere 1000 Exemplare eines Produktes angegeben. Dieser Preis ist meistens relativ günstig, um dem Kunden einen Anreiz für eine höhere Bestellmenge zu geben.

8.3.1.3 Zuschlagskalkulation

Kalkulationsverfahren bei verschieden strukturierten Produkten, bei dem Einzel- und Gemeinkosten getrennt verrechnet werden. Einzelkosten werden dem Objekt direkt zugerechnet, Gemeinkosten werden über Zuschlagssätze verrechnet, die Proportionalität zu bestimmten Einzelkosten annehmen. Der Zuschlagssatz soll die Beanspruchung der jeweiligen Gemeinkostenart durch das Objekt angemessen und gerecht abbilden.

Es werden zwei Arten der Zuschlagskalkulation verwendet: die summarische (einstufige) und die differenzierte (mehrstufige) Zuschlagskalkulation.

Bei der summarischen Zuschlagskalkulation werden sämtliche Gemeinkosten in einer Summe erfasst und mit einem „summarischen" Zuschlag dem Kalkulationsobjekt zugerechnet.

Die differenzierte Zuschlagskalkulation errechnet die Gemeinkosten am jeweiligen Ort der Entstehung und es werden differenzierte Zuschlagssätze gebildet. Dies sieht in der Rechenmethode wie folgt aus:

	Fertigungsmaterial
+	Materialgemeinkosten
=	**Materialkosten**

	Fertigungslöhne
+	Fertigungsgemeinkosten
+	Sondereinzelkosten der Fertigung
=	**Fertigungskosten**

	Materialkosten
+	Fertigungskosten
=	**Herstellungskosten**

+	Verwaltungsgemeinkosten
+	Vertriebsgemeinkosten
+	Sondereinzelkosten des Vertriebs
=	**Selbstkosten**

Die Selbstkostenkalkulation kann durch eine Absatzkalkulation ergänzt werden, um den gewünschten Angebotspreis zu ermitteln. Der Angebotspreis ist aber häufig nicht der Verkaufspreis:

	Selbstkosten
+	Gewinnaufschlag
=	Barverkaufspreis
+	Kundenskonto (in Prozent)
=	Zielverkaufspreis
+	Kundenrabatt (in Prozent)
=	Listenverkaufspreis netto
+	Mehrwertsteuer
=	**Angebotspreis** brutto

Für unsere Zwecke der Kalkulationsdarstellung reicht die einstufige Zuschlagskalkulation aus. Hierbei werden die zuvor dargestellten Schritte in einem Kalkulationsschema wie folgt zusammengefasst:

	Fertigungskosten
+	Materialkosten
+	Fremdleistungskosten
+	Materialgemeinkosten
=	**Herstellungskosten**
+	Gewinnzuschlag in %
=	**Nettopreis**
+	Verwaltungs- und Vertriebskosten (VV-Kosten)
+	Mehrwertsteuer (MwSt)
=	**Endpreis** (Bruttopreis)

Die Zuschlagskalkulation ist Grundlage der meisten in der Medienindustrie verwendeten Kalkulationsmethoden. Dabei ist das Problem nicht zu übersehen, dass die Ermittlung der Gemeinkosten und Gemeinkostenzuschläge aufwändig und kostenintensiv ist.

8.3.2.1 Technische Einzelheiten

Zum besseren Verständnis der einzelnen Kalkulationsschritte werden in den folgenden Ausführungen die wichtigsten Operationen für jede Zeile der auf Seite 928 dargestellten Kalkulation erläutert, so dass es mit den entsprechenden Informationen möglich sein sollte, eine eigene Kalkulation für ein Medienprodukt zu erstellen.

Das zu kalkulierende Produkt ist ein einfarbiger Flyer im Format DIN A4, der auf einem verfügbaren Papier im Format 353 x 500 mm in einer Auflage von 10.000 Exemplaren gedruckt werden soll.

- *Zeile Kunde:* Hier ist der Kunde erfasst, der Ansprechpartner, die Kurzbeschreibung des Auftrages und der vorgegebene Liefertermin.
- *Zeile Papier:* Es wird mit dem Papierformat 61 x 86 cm in zwei Nutzen zum Umschlagen gedruckt. Die Angabe Schön- und Widerdruck zu zwei Nutzen gedruckt bedeutet, dass nach dem Druck auf dem Druckbogen zwei Exemplare der Kalkulationsbeschreibung vorhanden sind (siehe Abbildung auf dieser Seite unten). Nach dem Druck muss der Druckbogen beschnitten werden, um die beiden Exemplare zu trennen. Zusätzlich zu dem Trennschnitt sind noch die Formatschnitte auszuführen, um vorhandene Formatzeichen, Passkreuze und Ziehmarken zu entfernen. Der Arbeitsaufwand hierfür ist in Zeile 8 mit 0,5 Stunden angesetzt worden.
- *Zeile Auflage:* Es müssen 10.000 Exemplare gedruckt werden. Da zu zwei Nutzen gedruckt wird, müssen

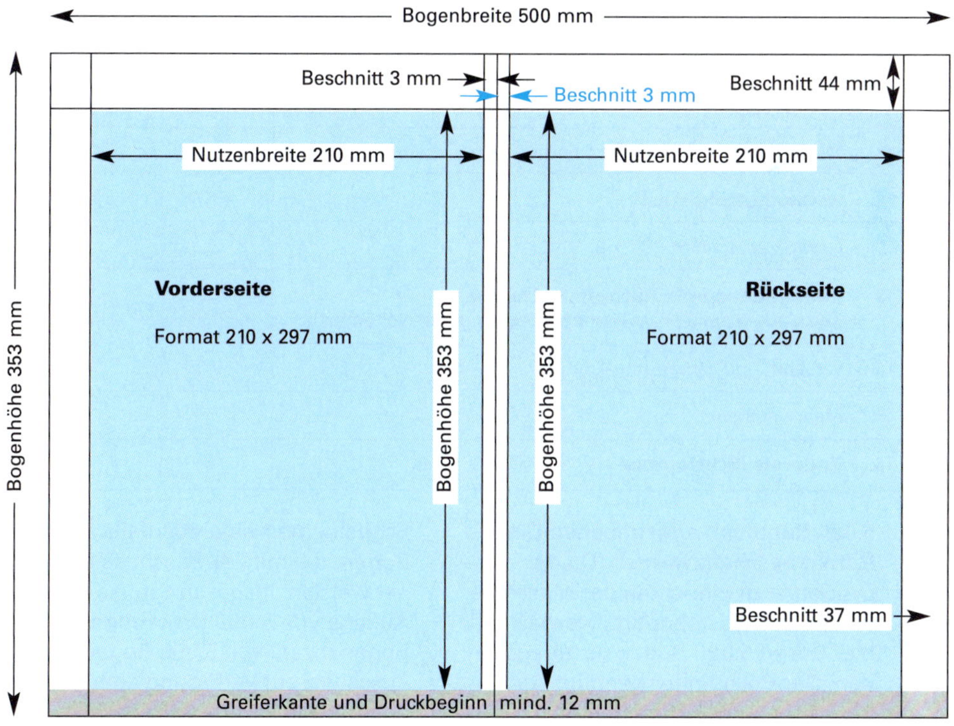

Kunde: Springer-Verlag Heidelberg Herr Müller 07134/77 32 71 Termin: Buchmesse Frankfurt	Auftragsbeschreibung: Flyer Kalkulationsbeschreibung, zweiseitig, einfarbig schwarz gedruckt, Format 21 x 29,7 cm	
Papier: 80 g/qm SM-Weiß	Papierformat: 35,3 x 50 cm	Preis: 35,– € pro 1000 Bogen
Farbe: Schön: 1 Wider: 1 Wenden: Umschlagen	Druckformat: 35,3 x 50 cm Nutzen: 2	

Auflage:				Auftrag	1000 x
Stückzahl:				10.000	1.000
Bogenanzahl ohne Zuschuss				5.000	500
Bogenanzahl für Auftrag Druck 5 % + Bubi 2 % = 7 %				350	
Zuschuss für Auflage 1000 weitere Druck 4 % + Bubi 2 % = 6 %					30
Bogenanzahl mit Zuschuss				5.350	530
Fertigung/Kostenstellen	Kosten pro Stunde in €	Leistung pro Stunde	Σ Std.	€	€
1. Satzherstellung	60.–	Texterfassung	2	120,–	
2. Bildherstellung	75.–	Scan/Retusche	1	75,–	
3. Text-/Bild-Integration	60.–	Umbruch	1,5	90,–	
4. Filmherstellung	50.–	Belichten	0,5	25,–	
5. Montage	40.–	Montage	0,5	20,–	
6. Plattenkopie	50.–	Plattenkopie	0,5	25,–	
7. Einrichten und Druck	100.–	Druck	0,5	50,–	10,–
8. Weiterverarbeitung	75.–	Schneiden u.Ä.	0,5	37,50	7,50
9. = **Fertigungskosten**				442,50	17,50
10. + Materialkosten (Film, Papier, Farbe, Platten, Fremdleistungen)				57,–	11,–
11. = **Herstellungskosten**				499,50	28,50
12. + Gewinn in Hundert	z.B. 10 %			49,95	2,85
13. = **Kalkulationspreis Auftrag (Nettopreis)**				549,45	
= Kalkulationspreis pro weitere 1000 Exemplare (Nettopreis)					31,35
14. + Versand- und Verpackungskosten				0,00	0,00
15. + Mehrwertsteuer	16 %			87,91	5,01
16. = **Endpreis (Bruttopreis)**				637,36	36,36

5.000 Bogen im angegebenen Druckformat beschafft werden. Da der Drucker zum Einrichten der Maschine einen Zuschuss benötigt, werden hier 5 % zu 5.000 Bogen dazugegeben. Der Buchbinder benötigt zum Einrichten und Vorbereiten der Schneidemaschine ebenfalls einige Bogen, die mit 2 % Zuschuss berechnet werden. Insgesamt muss für die Auflage von 5.000 Druckbogen eine Bogenanzahl von 5.350 Bogen (mit Zuschuss) zur Verfügung stehen, um den Auftrag sachgerecht abwickeln zu können. Für das Angebot von 1.000 weiteren Drucken muss die zusätzliche Bogenanzahl vorhanden sein.

- *Zeile Satzherstellung bis Zeile Weiterverarbeitung:* Hier werden die Leistungen der einzelnen Kostenstellen erfasst. Dabei werden die Kosten pro Stunde angegeben, die erbrachte Leistung für den Kunden wird in Kurzform dargestellt und die für den Auftrag geschätzte Zeit wird festgehalten. In der Auftragsspalte erscheinen dann die für den Kunden errechneten Kostensätze der jeweiligen Kostenstelle.
- *Zeile Fertigungskosten:* Die errechnete Summe aller Kostenstellen von 1 bis 8 ergeben die Fertigungskosten eines Auftrages ohne Materialien. Zu diesen Fertigungskosten kommen noch folgende Kosten hinzu:
- *Zeile Materialkosten:* Hier werden die benötigten Materialien hinzugerechnet. Dazu zählen alle für einen Auftrag verwendeten Materialien wie Filme, Druckplatten, Papier, Farbe und Fremdleistungen wie z.B. Buchbindereiarbeiten. Diese müssen an jeder Kostenstelle erfasst und dem Auftrag zugeordnet werden.
- *Zeile Herstellungskosten:* Die Summe der Fertigungs- und der Materialkosten ergibt die Herstellungskosten.
- *Zeile Gewinn:* Hier wird der Gewinnzuschlag in Hundert eingerechnet. Ab der Zeile Fertigungskosten wird jeweils in der Auftragsspalte und in der Spalte für 1000 weitere Drucke das Angebot für den Kunden errechnet.
- *Zeile Kalkulationspreis:* Es werden zwei kalkulierte Preise angezeigt. Zuerst wird der Auftragspreis dargestellt. Dieser Preis erscheint beim Kunden im Angebot als Nettopreis. Daneben ist der Kalkulationspreis für weitere 1000 Drucke angegeben. Dieser Preis wird dem Kunden für weitere Drucke angeboten. Da der Stückpreis hier niedriger liegt, wird der eine oder andere Kunde vielleicht für eine geplante Marketingmaßnahme eine höhere Auflage herstellen lassen.

In den *folgenden Zeilen* werden eventuell notwendige Versand- und Verpackungskosten sowie die Mehrwertsteuer zugeschlagen, um dem Kunden einen Netto- und Bruttopreis im Angebot auszuweisen.

8.3.2.2 Angebot

Aus der innerbetrieblichen Vorkalkulation erstellt der Kalkulator für den Kunden ein Angebot, aus dem der Kunde ersehen kann, welchen Preis er für sein geplantes Medienprodukt bezahlen muss. Aus dem Angebot darf nicht nur der Preis hervorgehen, sondern es sollte dem Kunden deutlich gemacht werden, wie sein Auftrag abgewickelt wird und welche Dienstleistungen er von seinem Medienbetrieb im Zusammenhang mit einem Auftrag noch erwarten kann. Ein Angebot ist immer auch eine Marketingmaßnahme mit erheblicher Wirkung nach außen, auch wenn einmal aus einem Angebot kein Auftrag wird. Deshalb darf ein Angebot – trotz neuer Rechtschreibung – keine Schreibfehler enthalten!

8.3.3 Einführung in die Multimedia-Kalkulation

8.3.3.1 Grundüberlegungen

Die große Anzahl der ähnlich wirkenden Multimedia-Produkte, die derzeit auf dem Markt anzutreffen ist, lässt folgenden Schluss zu: Bei gleichartig erscheinenden Produkten muss der Produktionsaufwand vergleichbar und damit pauschal abschätzbar sein.

Dies ist falsch! Jedes Multimedia-Produkt ist eine Einzelfertigung, dessen Funktionalität, dessen Aussehen, Größe und Einsatz völlig unterschiedlich ist. Einem solchen Medium ist nicht anzusehen, welche Ausgangsmaterialien vorhanden waren, welche didaktische Konzeption erarbeitet werden musste und wie die Pflege etwaiger Updates vorgenommen wird.

Multimedia-Projekte können oftmals erst nach der Herstellung eines Prototyps oder sogar erst nach der Fertigstellung exakt beurteilt und kalkuliert werden. Dies erschwert die Erstellung eines Angebots ungemein, vor allem wenn es sich um einen mit Multimedia unerfahrenen Kunden handelt.

8.3.3.2 Neukunden ohne Multimedia-Erfahrung

Ein neuer Kunde, der sich erstmals mit dem Gedanken vertraut macht, seine Produkte oder Dienstleistungen mit Hilfe moderner Kommunikationsmedien anzubieten, benötigt eine situationsgerechte Beratung durch den Multimedia-Dienstleister. Dies bedeutet, dass eine auf den Kunden angepasste Markt- und Bedarfsanalyse zu erstellen ist. Dabei muss ein Vorschlag für den zukünftigen Kunden entwickelt werden, wie dessen Kommunikation bzw. Marketing durch multimediale Medien wirkungsvoll unterstützt werden kann. Für diesen Neukunden sollte ein Einstiegsangebot in die Multimediawelt erstellt werden, das durch Module und Funktionen Erweiterungen erfahren kann. Hat der Kunde Erfolg durch die neuen Kommunikationsmedien, kann das bestehende Einstiegsmodul durch geeignete weitere Module im Sinne des Kunden ergänzt werden.

Der Multimedia-Dienstleister muss sich bei einem Neukunden einen umfassenden Überblick über die Marktsituation des zukünftigen Auftraggebers verschaffen. Danach gibt er dem Kunden einen umfassenden und verständlichen Einblick in die Möglichkeiten moderner Kommunikationsmedien. Damit verbunden ist ein Angebot für eine erste Multimedia-Dienstleistung, zugeschnitten auf den Bedarf des Kunden. Mögliche Erweiterungen, deren Funktion und Wirkung für den Kunden interessant sind, werden aufgezeigt. Unabdingbar ist für den Multimedia-Anbieter, dass er für seinen Neukunden bereits in dieser Phase eine Vorstellung gibt, wie sich ein Werbebudget z. B. für einen ständig zu betreuenden Internetauftritt entwickeln kann.

8.3.3.3 Kunden mit Multimedia-Erfahrung

Ein Unternehmen, das bereits auf Erfahrungen mit modernen Kommunikationsmedien zurückblicken kann, ist häufig von der Notwendigkeit zu überzeugen, ein Update eines bestehenden Altprojektes durchzuführen. Dies kann durch den technischen Fortschritt bedingt werden, durch veränderte oder erweiterte Angebote des Kunden oder durch ein neues Erscheinungsbild. Die von der Medienagentur zu leistende Überzeugungsarbeit ist umso leichter,

MEDIENSERVICE GMBH

Frankfurter Allee 18
72764 Reutlingen
FON (0 71 21) 465-211
FAX (0 71 21) 465-210
www.medienservice.com
E-Mail: medienservice@aol.com

Medienservice GmbH • Postfach 2143 • 72764 Reutlingen

Becker-Druck
Lahrer Weg 12
72741 Reutlingen-Reicheneck

Geschäftsbereiche:
Text-/Bildverarbeitung
Database-Publishing
Software-Entwicklung
Digitaldruck
Interaktive Medien

29. August 2006 • Sch/Ki

Angebot CD-Herstellung

Sehr geehrte Frau Becker,

wir bedanken uns für Ihre Anfrage, für Sie CDs herzustellen. Wir bieten Ihnen wie mündlich bereits besprochen Folgendes an (Bruttopreise):

MASTER-CD-ROM Erstellen einer Master-CD-ROM im Hybrid-Format (Macintosh HFS + ISO 9660) von Ihren gelieferten Daten, die für das Mastering benötigt werden:	€ 85,–
MASTERING Erstellen eines Glasfasermasters für Pressvorgang	€ 600,–
KOSTEN Vorbereitung	€ **685,–**
Die Kosten für die Vorbereitung entstehen in jedem Fall und sie sind unabhängig von der CD-Menge, die gepresst wird.	
CDs pressen, verpacken in Jewelbox inklusive 2-farbigem Labeldruck (Filme werden von Ihnen gestellt) Auflage 200 Stück – je CD 1 2,25	€ **450,–**
CDs pressen, verpacken in Jewelbox inklusive 2-farbigem Labeldruck (Filme werden von Ihnen gestellt) Auflage 500 Stück – je CD 1 1,65	€ **825,–**

Nachauflagen zu einem späteren Zeitpunkt bieten wir Ihnen ebenfalls gerne an.

Ebenso kann der Label-Druck auch in mehr als 2 Farben erfolgen. Sollte Ihnen der im Preis enthaltene 2-farbige Labeldruck nicht genügen, würden wir Ihnen dies noch gerne separat anbieten.

Die Lieferzeit beträgt ca. 10–14 Tage ab Eingang der Daten. Sollte eine schnellere Auftragsabwicklung notwendig sein, kann dies gegen einen Aufpreis von 20% gerne durchgeführt werden.

Für Rückfragen stehen wir jederzeit gerne zur Verfügung.

Mit freundlichen Grüßen

Caroline Schwabe
Medienservice GmbH

Angebotsschreiben

Nahezu jedem Auftrag geht ein Angebotsschreiben voraus, das in Form und Aufmachung eine Visitenkarte der Firma sein muss.

je besser der Erfolg eines bisherigen Multimedia-Projektes als Marketinginstrument nachgewiesen werden kann. Ist dieser Nachweis gelungen, ist es sinnvoll, gemeinsam mit dem Kunden eine Marketingpolitik zu entwickeln, die auf eine Verbindung zwischen Multimedia und konventionellen Medien zielt.

Im Unterschied zum Neukunden hat man beim Kunden mit Multimedia-Erfahrung die Möglichkeit, individuelle Problemlösungen anzubieten. Diese Angebote, passend zur Branche, zu den Marketingproblemen und zur Zielgruppe des Kunden, legen häufig die Grundlage für eine längerfristige Zusammenarbeit.

Bereits in der Angebotsphase der Multimedia-Produktion können einem Kunden Kosten entstehen.

Dem Kunden muss zu Beginn eines Projektes deutlich gemacht werden, dass in der Multimedia-Produktion bereits während der Angebotsphase Kosten entstehen, die je nach Aufwand sehr erheblich sein können und die dem Kunden berechnet werden.

8.3.3.4 Vorleistungen der Multimedia-Agentur

Vorleistungen für ein Multimedia-Projekt:
- Idee wird konzipiert
- Idee wird visualisiert
- Bilder gescannt und bearbeitet
- Texte erfasst
- Prototyp erstellt
- Kosten müssen erfasst und kalkuliert werden.
- Eine Honorarforderung an den Kunden ist entstanden. Kann diese angefordert werden oder nicht?

Nach den ersten Kundengesprächen wird eine Agentur die Idee eines Kunden für ein Multimedia-Projekt bearbeiten und ausformulieren. Dies kann bis zur Erstellung eines Prototyps gehen und ist dann bereits mit einem erheblichen Aufwand verbunden. Die Multimedia-Agentur muss sich daher während der Angebotsphase mit der Frage auseinander setzen, welche Vorleistungen einem Kunden in Rechnung gestellt und welche als kostenfreier Service eingestuft werden.

Wird eine Kundenidee entwickelt, Bilder gescannt, Texte erfasst, Schaltpläne entworfen und umgesetzt, so ist damit ein realer Aufwand verbunden, der zu bezahlen ist. Immer wieder ist die schwierige Fragen zu stellen, ab wann die Umsetzung eines Auftrags so kundenspezifisch ist, dass dafür ein Honorar verlangt werden kann. Dies ist sicherlich dann der Fall, wenn individuelle Analysen und Recherchen angestellt und kundenspezifische Prototypen oder Musterscreens produziert werden.

Für eine schnelle Kostenempfehlung oder einen unverbindlichen Kostenvoranschlag, die manchmal innerhalb eines Tages abgegeben werden müssen, sollte die MM-Agentur einige Angaben im Hintergrund haben:

Projekte können innerhalb eines Betriebes nach bestimmten Standards klassifiziert werden. Die Standards werden durch bereits realisierte Projekte gesetzt, bei denen der Kostenrahmen bekannt ist. Zur Orientierung und für den Kunden könnte ein Preis-Leistungsverhältnis wie folgt entwickelt werden:

Kostenrahmen Web-Auftritt
- Einfacher Web-Auftritt mit 30 Seiten, einfaches und klares Screen-Design, Text wird geliefert, keine Sonderfunktionen, wenig Bilder: Preisrahmen 8.000,– bis 20.000,– €.
- Web-Auftritt mit ca. 50 Seiten, anspruchsvolles Screen-Design mit kleineren Effekten ohne Animationen, komplexere Navigationsstruktur und einfache Datenbank- bzw. Shopanbindung. Preisrahmen: 25.000,– bis 40.000,– €.
- Web-Auftritt mit bis zu 150 Seiten, komplexes und animiertes Screen-Design, komplexe Navigationsstruktur, Sondermodule für Chat, Animationen, Datenbankanbindung: 60.000,– bis 90.000,– €.

Kostenrahmen interaktive CD-ROM
Ähnliche Richtsätze wie für Web-Auftritte können auch für die Herstellung interaktiver CD-ROMs genannt werden:

- Für die Produktion einer Seite bzw. eines Screens in einem Autorensystem wird im Durchschnitt mit einem Zeitaufwand von fünf Stunden gerechnet. Dies ist eine für erste Berechnungen geeignete Richtzeit, die mit dem betriebsindividuellen Stundensatz verrechnet werden kann.
- Eine grobe Erstkalkulation ohne genaue Grundlage des Daten-, Text- und Bildmaterials ist auf der Basis der gewünschten Screens möglich. Dies kann aber nur eine grobe Kalkulation sein, da die Herstellung von Animationen, Videos, Datenbankanbindungen, Soundverwendung und anderes die Herstellungskosten in die Höhe treiben.

Ein schneller Kostenvoranschlag wird oft auch als so genannte Investitionsempfehlung an den Kunden weitergegeben. Der Begriff „Investitionsempfehlung" erklärt dem Kunden, welchen Betrag er in geplante Werbemaßnahmen investieren sollte.

8.3.3.5 Angebot

Ein auf den Kunden abgestimmtes Angebot für ein Multimedia-Produkt kann nur nach einem persönlichen Gespräch erfolgen. Dieses Gespräch wird nach einem Briefing stattfinden, bei dem mit Hilfe von Fragebogen oder gezielten Fragestellungen eine genaue inhaltliche Definition für das geplante Projekt erfasst wird. Danach sollte feststehen, welche Funktionen, Datenbankanbindungen, Texte, Bilder, Videos, Sounds und Animationen in dem Projekt enthalten sein sollen. Außerdem können zum jetzigen Zeitpunkt Vorschläge für die Screen-Gestaltung nach den Vorstellungen des Kunden entwickelt werden.

Mit diesen grundlegenden Informationen, die eine Funktionsbeschreibung, einen ersten Schalt- bzw. Verzweigungsplan, eine Mengendefinition für Bild- und Textscreens und eine Planung für eventuell weiter gehende Animationen enthalten, kann eine erste konkrete Kalkulation erstellt werden.

Die Basis für diese Kalkulation ist das Pflichtenheft, in welchem alle oben beschriebenen Funktionalitäten enthalten sind. Mit ihm lassen sich zwei kalkulatorische Leistungen errechnen:

- Grundkosten des MM-Projektes bis zur Funktionsreife
- Modulkosten für die Herstellung weiterer Einzelbausteine

Ein Pflichtenheft kann ein außerordentlich umfangreiches Dokument sein. Es ist Grundlage für Produktion und Abrechnung des Projekts.

Ein wichtiger Punkt bei der Multimedia-Produktion ist der „Faktor Kunde". Darunter versteht die Agentur den Aufwand, der durch zusätzliche und schwer planbare Kundenwünsche entsteht. Die Spanne der Zusatzkosten liegt zwischen 0 % und 30 % und erreicht bei größeren Aufträgen oft den oberen Wert.

Zusatzkosten der Multimedia-Produktion:

- Meeting und zusätzliche Präsentationen beim Kunden (Geschäftsleitung, Vorstand, Aufsichtsrat)
- Lauffähige Vorabversionen für Messen und Kunden.
- Unvorhergesehene Korrektur- und Testläufe
- Änderungen an der geplanten Navigationsstruktur
- Nachträgliche Autorenkorrekturen und Änderungen an genehmigten Daten
- Änderungen am Pflichtenheft
- Zu viele unvorhergesehene Entscheidungsträger bei der Freigabe durch den Kunden

8.3.3.6 Auftragsvergabe

Schema Auftragsvergabe

Schematischer Ablauf einer Multimedia-Auftragsvergabe vom ersten Kundenkontakt bis zum Produktionsbeginn.
Aus dem Ablauf wird deutlich, dass bis zur ersten Angebotskalkulation bereits eine Reihe von informativen Gesprächen zwischen dem Kunden und der Multimedia-Agentur stattfinden müssen, um ein konkretes Angebot kalkulieren zu können. Grundsätzlich gilt, dass bei der Produktion interaktiver Medien nicht nur die Agentur bei der Planung und Durchführung einen hohen Arbeitsaufwand betreibt. Auch der Kunde ist in einem weit höheren Maß gefordert, als dies bei einer Printproduktion üblich ist. Der Kunde beurteilt Screens, Schaltpläne und Navigationsstruktur. Er begutachtet und beurteilt, muss Korrektur lesen, Animationen, Digitalvideos und Sounds bewerten und freigeben. Der Kunde selbst hat also einen hohen Zeitaufwand für sein späteres Medienprodukt einzuplanen.

Erster Kundenkontakt
- Fragen an den Kunden
- Ideen und Vorstellungen
- Checkliste und Budget

↓

Investitionsempfehlung
- Budgetrahmen für die Ideenumsetzung
- Eingehen auf die Ideen des Kunden

Kurze und knappe Empfehlung an den Kunden mit erläutertem Kostenrahmen.

↓

Feedback auf die Investitionsempfehlung einholen.
Schriftliches **Briefing** und Aufforderung an Agentur, ein **Angebot** zu erstellen.

Kundenbeziehungen vertiefen und Vertrauensverhältnis aufbauen durch Kompetenz und Ideen.

↓

Projektanalyse
Brainstorming
Workshop

Ausarbeitung eines Vorschlages für den Kunden auf der Basis der ersten Briefing-Daten.

↓

Auftragskalkulation
Re-Briefing
Workshop

Abklärung der Kundenwünsche und volles Verständnis für das Projekt entwickeln.

↓

Kostenvoranschlag
- Kosten
- Zeit
- Betreuung/Pflege

→ **Präsentation**
Angebot und erste Umsetzungen werden dem Kunden präsentiert.

↓

Auftragsvergabe
durch den Kunden

→ **Auftragsbestätigung, Produktionsbeginn**

8.3.4 Struktur einer Multimedia-Kalkulation

8.3.4.1 Erläuterung

Die auf den folgenden Seiten dargestellte Struktur einer Multimedia-Kalkulation bedarf noch folgender Erläuterungen:

Die Multimedia-Kalkulation gliedert sich grundsätzlich in verschiedene Prozesse und Aktivitäten. Unter dem Begriff „Prozess" versteht man eine Kette von Aktivitäten gleicher oder ähnlicher Zielsetzung. „Aktivitäten" sind Handlungen oder Vorgänge im Rahmen der Herstellung eines Multimedia-Produktes. Sie sind die kleinsten bewertbaren Einheiten und bilden in ihrer Summe einen Teil eines Gesamtprozesses.

Der Gesamtprozess ist die Herstellung eines Multimedia-Produktes. Diese Herstellung ist durch verschiedenartige Prozesse wie Projektmanagement, Konzeption oder Produktion gekennzeichnet. Innerhalb der Produktion gibt es Aktivitäten verschiedener Kostenstellen, welche bestimmte Teilaufgaben wie Screen-Design, Videobearbeitung oder Programmierung erledigen. Die Summe aller Aktivitäten ergibt den Gesamtprozess der Herstellung. Wie häufig ein Teil dieses Gesamtprozesses erforderlich wird, ist abhängig von der Aufgabenstellung und kann nicht pauschal beantwortet werden. Bestimmte Aktivitäten ziehen sich durch ein komplettes Produkt hindurch. Ein Beispiel wäre die Aktivität Projektcontrolling. Diese Aktivität ist vom Projektverantwortlichen permanent durchzuführen, damit der Zeit- und Kostenplan eingehalten wird. Andererseits ist die Aktivität Storyboard-Erstellung nur einmal innerhalb eines Projektes notwendig und taucht daher im Kalkulationsschema in der Häufigkeit auch nur als einmal zu berechnen auf.

Die verwendete Verrechnungseinheit ist abhängig von der Aktivität. Viele Aktivitäten werden nach der derzeit gängigen Praxis pauschal berechnet. So werden die gesamten Aktivitäten, die zur

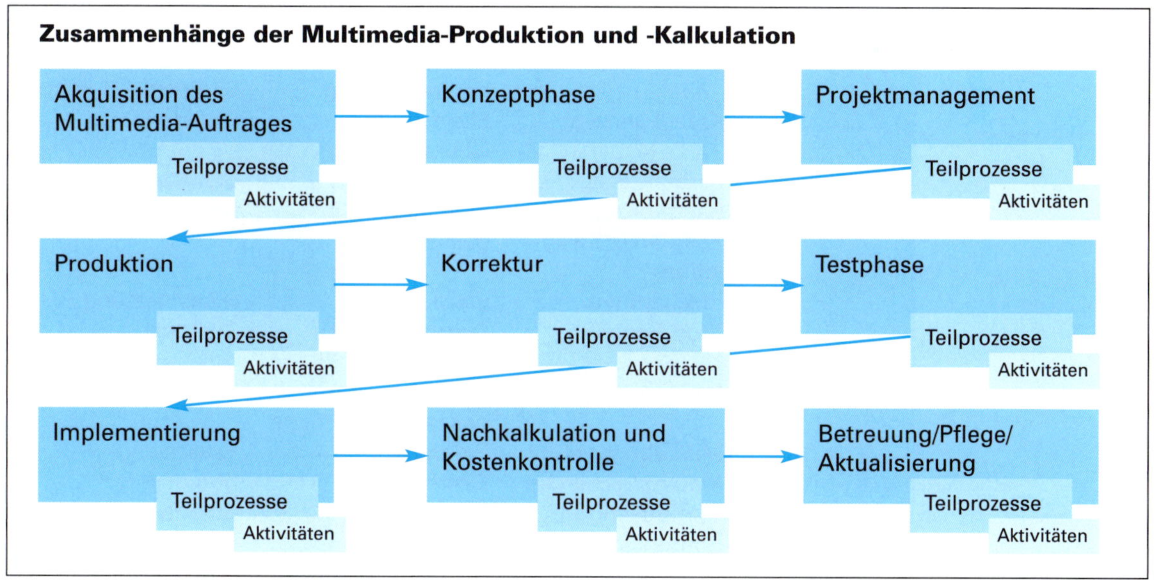

Kundenakquisition gehören, mit einem Pauschalbetrag abgegolten. Dies kann ebenso für Video- oder Soundbearbeitungen gelten, deren Kosten häufig mit Pauschalbeträgen in die Produktionskalkulation einfließen. Die Abbildung auf der vorherigen Seite verdeutlicht den Zusammenhang zwischen den einzelnen Produktionsschritten.

Für jede Phase der Herstellung müssen die einzelnen Prozesse und Aktivitäten sorgfältig geplant und kalkuliert werden. Dabei werden von der so bezeichneten prozessbasierten Kalkulation die Kosten in einer Vor- oder Angebotskalkulation ermittelt und mit Hilfe der Nachkalkulation auf ein – möglichst positives – Ergebnis hin überprüft. Daneben muss noch die gesamte Ressourcen- und Terminplanung für die Produktion erstellt werden. Während der Produktion ist diese Planung durch das Projektmanagement permanent auf ihre Richtigkeit zu überprüfen. Bei Abweichungen sind die Planungen gegebenenfalls zu korrigieren und diese neuen Pläne allen Beteiligten bekannt zu geben. Die Planungskorrekturen betreffen in den meisten Fällen die Terminplanung.

Prozesse	Aktivitäten	Häufigkeit	Übliche Rechnungseinheit*)
Projektmanagement	Projektplanung	Projektübergreifend	Pauschale/Tage/Stunden
	Konzeptvorschlag	Einmalig mit Anpassung und Pflege	Pauschale
	Präsentation	Ein- bis mehrmalig	Pauschale
	Projektcontrolling	Projektübergreifend	Pauschale
	Briefing	Ein- bis mehrmalig	Pauschale
Konzeption	Grobkonzept	Einmalig mit laufender Anpassung	Pauschale/Tage/Stunden
	Kreativkonzept	Einmalig mit Überarbeitung	Pauschale
	Screen-Design	Einmalig	Stunden
	Basiskonzept mit Zeitplan u. Kalkulation	Einmalig mit Anpassung	Dienstleistung
	Pflichtenheft	Einmalig	Dienstleistung
	Storyboard	Einmalig mit Anpassung und Pflege	Stunden
	Navigationskonzept	Einmalig mit Anpassung und Pflege	Stunden
	Marketingkonzept	Einmalig	Pauschale
	Materialrecherche	Einmalig	Stunden
	Textredaktion	Einmalig	Stunden
	Bildredaktion	Einmalig	Pauschale/Tage/Stunden

Prozesse	Aktivitäten	Häufigkeit	Übliche Rechnungseinheit
Produktion	Screen-Design	Mengenabhängig	Pauschale/Tage/ Stunden
	Bildbearbeitung	Mengenabhängig	Stunden
	Videobearbeitung	Mengenabhängig	Pauschale
	Audiobearbeitung	Mengenabhängig	Pauschale
	Animation 3D	Mengenabhängig	Pauschale
	Animation 2D	Mengenabhängig	Pauschale
	Texte	Mengenabhängig	Stunden
	Daten(-bank)	Mengenabhängig	Stunden
	Medienintegration	Mengenabhängig	Stunden
	Programmierung	Konzeptabhängig	Stunden
Testphase	Inhouse-Testing	Projektabhängig	Pauschale/Tage/ Stunden
	Feldtest	Projektabhängig	
	Serverintegration	Projektabhängig	
Gebühren, Rechte, Lizenzen	z.B. GEMA Musik- und Bildrechte	Projektabhängig	Individuelle Abrechnung
Fremdleistungen	CD-ROM-Mastering	Einmalig	Pauschale
	DVD-Mastering	Einmalig	Pauschale
	Pressen	Mengenabhängig	Pauschale/Stück
	Verpackung	Mengenabhängig	Pauschale/Stück
	Booklet/	Einmalig	Pauschale
	Konfektionierung	Mengenabhängig	Pauschale/Stück
Materialkosten	Datenträger	Mengenabhängig	Pauschale/Stück
	Verpackungsbox	Mengenabhängig	Pauschale/Stück
	Booklet/Inlaycard	Mengenabhängig	Pauschale/Stück
Sonstiges	Nutzung von Servern	Mengenabhängig	Pauschale
	Produktwartung	Aufwandsabhängig	Pauschale

*) Je nach Prozess bzw. Aktivität werden als Verrechnungseinheit Pauschalsätze, Tagessätze oder Stundensätze zur Kostenkalkulation verwendet.

8.3.4.2 Zusatzkosten bei WWW-Produktionen

Bei der Kalkulation von WWW-Produktionen sind zusätzliche Kosten zu berücksichtigen, die mit dem laufenden Betrieb und der Pflege von Internetauftritten zusammenhängen und das Werbebudget eines Auftraggebers regelmäßig belasten. Die Kostenhöhe kann sehr unterschiedlich ausfallen – je nach Wahl des Internet-Service-Providers. Für die Ermittlung der Betriebskosten eines Internetauftrittes sollte eine Checkliste angelegt werden:

Server-Standort

- Deutschland (Zielgruppe in Deutschland)
- Deutschland und gespiegelt in USA (Zielgruppe in Deutschland und internationale Zielgruppe)
- USA und Kanada (Internationale Zielgruppe)

Internet-Service-Provider

- Modell 1: Monatlicher Pauschaltarif für den verbrauchten Plattenplatz. Keine Beschränkung hinsichtlich des Datenverkehrs (Data-Traffics).
- Modell 2: Abrechnung nach Data-Traffic. Eine bestimmte Datenmenge pro Monat ist frei. Nach Überschreiten der Höchst-Megabyte-Grenze können hohe Zusatzkosten entstehen, wenn der Internetauftritt bei der Zielgruppe gut angenommen wird.

Modell 1 wird vor allem in den USA genutzt. Der Kunde hat damit einen festen Kostensatz und wird nicht dafür „bestraft", wenn seine Seite gut angenommen wird. Modell 2 findet sich häufig in Europa. Diese Art der Abrechnung kann zu recht hohen Zusatzkosten führen, wenn die Höchst-Megabyte-Grenze im Datenverkehr überschritten wird. Die Kosten pro überschrittenes Megabyte übertreffen den Grundbetrag für die

*) Die mengenbezogenen Kosten beziehen sich auf den Datendurchsatz einer Webseite. Dies wird auch als megabytebezogener Kostenansatz bezeichnet.

Prozesse	Einmalig anfallende Kosten	Monatliche/ jährliche Kosten	Mengenbezogene Kosten*)
Monatlicher Basistarif		•	•
Registrierung, Einrichtung, Unterhalt eines Domain-Namens z. B. „com", „de"	•	•	
FTP-Zugang zur Pflege der Webseite	•		•
Mail-Verwaltung und Prüfung	•	•	•
Anmeldung bei Suchmaschinen/Online-Submitting	•		
Auswertungen	•	•	

Speicherplatzmiete oft um ein Vielfaches und verteuern den Internetauftritt erheblich. Auf diese zwei Arten der Abrechnung sollte eine Medienagentur hinweisen und möglichst aktuelle Angebote für den Betrieb eines Internetauftritts vorlegen können.

Die Tabelle auf der linken Seite gibt einen Überblick über die zu ermittelnden Kosten.

Es wird allgemein empfohlen, dass die Verträge mit Internet-Service-Providern die Möglichkeit zulassen, die Kosten an die Nachfrage nach einer Seite durch Rabatte anzupassen.

8.3.4.3 Angebotskalkulation CD-ROM

Um eine vollständige Angebotskalkulation zu veranschaulichen, soll im Folgenden ein Projekt beschrieben und die dazugehörige Kalkulation auf Seite 940 dargestellt werden.

Projektbeschreibung

Für eine CD-ROM mit einer Auflage von 10.000 Stück soll eine Angebotskalkulation erstellt werden. Die Programmierung erfolgt auf HTML-Basis und das Projekt soll mit jedem üblichen Browser gelesen werden können. Eingebunden in das Projekt sind zwölf Fotoserien, sechs 3D-Animationen, 20 Buttons und zwölf Videoclips mit Interaktionsmöglichkeiten.

Die Akquise gestaltet sich außerordentlich aufwändig, da der Kunde noch keine Multimedia-Erfahrung besitzt. Der gesamte Bereich der Konzeption muss daher ausführlich aufbereitet und dokumentiert werden. Für das Projektmanagement bedeutet dies eine schwierige Planung, da Kunden oftmals vereinbarte Termine (Abstimmungen, Korrekturen usw.) nicht einhalten. Daher ist die Planung mit Unsicherheitsfaktoren verknüpft, die das Projektmanagement häufig deutlich erschweren.

Die Produktion ist für den Betrieb als normal einzustufen, da derartige Projekte schon mehrmals umgesetzt wurden. Musikrechte bzw. GEMA-Gebühren werden pauschal kalkuliert. Schwierig wird die Testphase, da die fertige Arbeit auf unterschiedlichen Betriebssystemen und unterschiedlichen Browsern zu prüfen und gegebenenfalls zu korrigieren bzw. anzupassen ist.

Nach dem Brennen der Ausgangs- bzw. Master-CD wird für die Herstellung der Auflage eine Fremdfirma in Anspruch genommen. Die dafür anfallenden Kosten werden nach deren Angebot pauschal unter dem Punkt Fremdleistungen verrechnet. Dazu gehören auch die anfallenden Kosten für CD-ROMs, der Druck von Inlaycard und Booklet sowie die notwendigen Verpackungsmaterialien.

Der Gewinnzuschlag ist von Betrieb zu Betrieb verschieden. Die hier angenommenen 10 % sind nicht unbedingt branchentypisch. Ebenso verhält es sich bei den Provisionen. Diese sind vor allem abhängig von den Verträgen der einzelnen freien Mitarbeiter und den innerbetrieblichen Provisionstabellen für die Außendienstmitarbeiter.

Zeile	Prozesse	Kosten in €
01	Akquisition	5.000,00
02	Konzeption	792,70
03	Projektmanagement	1.395,25
04	Produktion	7.746,40
05	Testphase	7.465,15
06	Rechte/Lizenzen	5.500,00
07	**Summe Prozesskosten**	**27.899,50**
08	Fremdleistungskosten	9.550,00
09	**Summe Prozess- und Fremdleistungskosten**	**37.449,50**
10	Verwaltungskosten (30% von Ziffer 09)	11.234,85
11	Materialkosten	1.500,00
12	Materialgemeinkostenzuschlag (7% von Ziffer 11)	105,00
13	**Summe Herstellkosten**	**50.289,35**
14	Vertriebskosten (18,5% von Ziffer 9)	6.928,15
15	**Summe Selbstkosten**	**57.217,50**
16	Gewinnzuschlag (10% von Ziffer 15)	5.721,75
17	Zwischensumme	62.939,25
18	Provisionen (2% von Ziffer 17)	1.258,78
19	Versandkosten	00,00
20	Sonstige Vertriebseinzelkosten (Pauschale)	2.000,00
21	Zwischensumme	66.198,03
22	Erlösschmälerungen (3% von Ziffer 21)	1.985,94
23	Endsumme ergibt die Ziffer 24	68.183,97
24	**Kalkulierte Preisvorgabe (ohne MwSt)**	**68.183,97**
25	**Kalkulierter Preis mit 16 % Mehrwertsteuer**	**79.093,40**

Das oben dargestellte Kalkulationsschema basiert auf dem Prinzip einer Zuschlagskalkulation. Voraussetzung, um eine derartige Kalkulation durchführen zu können, sind Kenntnisse über alle Fertigungsabläufe, die notwendig sind, um ein Multimedia-Produkt zu erstellen. Daneben müssen alle Zuschlagssätze bekannt sein, die zum korrekten Kalkulationsaufbau notwendig sind.

8.3.5 Aufgaben „Kalkulation“

Aufgabe 8.3.5.1
Betriebliche Kalkulation kennen lernen

Informieren Sie sich über die Kalkulationspraxis in Ihrem Betrieb. Versuchen Sie Gemeinsamkeiten und Unterschiede der traditionellen Kalkulation und der rechnergestützten Kalkulation herauszufinden.

Aufgabe 8.3.5.2
Grundbegriffe kennen

Erklären Sie die beiden Begriffe und deren betriebliche Funktion:
a. Vorkalkulation
b. Nachkalkulation

Aufgabe 8.3.5.3
Grundbegriffe kennen

Verdeutlichen Sie folgende Fachbegriffe:
a. Gemeinkosten
b. VV-Kosten
c. Materialkosten
d. Fertigungskosten

Aufgabe 8.3.5.4
Zuschlagskalkulation darstellen

Stellen Sie das Schema einer einstufigen Zuschlagskalkulation korrekt dar.

Aufgabe 8.3.5.5
Angebotsschreiben beurteilen

Welche Informationen muss ein Angebotsschreiben für einen möglichen Kunden enthalten?

Aufgabe 8.3.5.6
Multimedia-Kalkulationen einschätzen

Wodurch wird die Durchführung eines Angebotes bei Multimedia-Produktionen erschwert?

Aufgabe 8.3.5.7
Die Kategorien bei Web-Auftritten kennen

Web-Auftritte werden kalkulatorisch in drei Kategorien eingeteilt. Definieren Sie die drei Kategorien über die Seitenanzahl, Inhalte und Funktionen.

Aufgabe 8.3.5.8
Zusatzkosten Multimedia ermitteln

Relativ schwierig ist die Beherrschung der Zusatzkosten bei der Multimedia-Produktion. Wodurch können diese Zusatzkosten entstehen?

Aufgabe 8.3.5.9
Fachbegriffe erklären

Was versteht man in der Multimedia-Kalkulation unter
- Prozessen,
- Aktivitäten?

Präsentation

9.1 Konzeption und Ablauf

9.1.1 Präsentieren und Visualisieren

Behaltensquote von Information

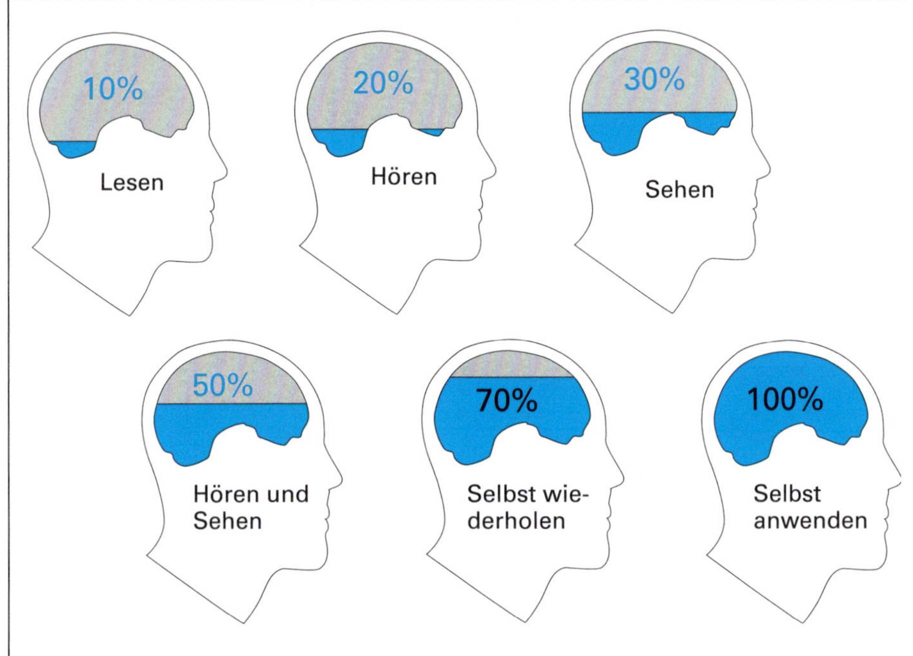

In der heutigen Informationsgesellschaft müssen Dienstleistungs- und Produktionsunternehmen stärker denn je am Markt „präsent" sein und ihre Dienstleistungen bzw. Produkte in geeigneter Form präsentieren. Denn die Konkurrenz schläft bekanntlich nicht! Dieser Tatsache wird auch in der beruflichen Ausbildung Rechnung getragen – das Thema „Präsentation" fehlt in keinem neueren Bildungsplan.

Eine Präsentation muss nicht zwingend als Multimedia-Show mit 500 Zuschauern stattfinden: So kann es notwendig sein, seine Mitarbeiter über eine neue Werbestrategie zu informieren, einen wichtigen Kunden für ein neues Produkt zu gewinnen oder die Geschäftsleitung von der Entlassung eines Mitarbeiters abzubringen.

Präsentationen sind immer dann erforderlich, wenn eine Zielgruppe über bestimmte Inhalte informiert oder von einem bestimmten Ziel überzeugt werden soll. Im ersten Fall spricht man von Informations-, im zweiten Fall von einer Überzeugungspräsentation. Präsentieren bedeutet in der wörtlichen Übersetzung darstellen, vorlegen, vorzeigen. Dies verdeutlicht, was unter einer Präsentation *nicht* zu verstehen ist: eine sich auf Worte beschränkende Rede.

Eine Präsentation schließt immer eine bildhafte Darstellung der Inhalte ein. Diese Visualisierung unterstützt das gesprochene Wort, außerdem steigt die so genannte Behaltensquote von 20 % bei nur gehörten auf 50 % bei gehörten und gesehenen Informationen an (vgl. Grafik oben). Noch besser wird diese Quote lediglich, wenn sich die Teilnehmer aktiv einbringen können, wie dies bei Workshops der Fall ist.

Das nächste Kapitel beschäftigt sich zunächst mit der umfassenden Vorbereitung einer Präsentation.

9.1.2 Vorbereitung einer Präsentation

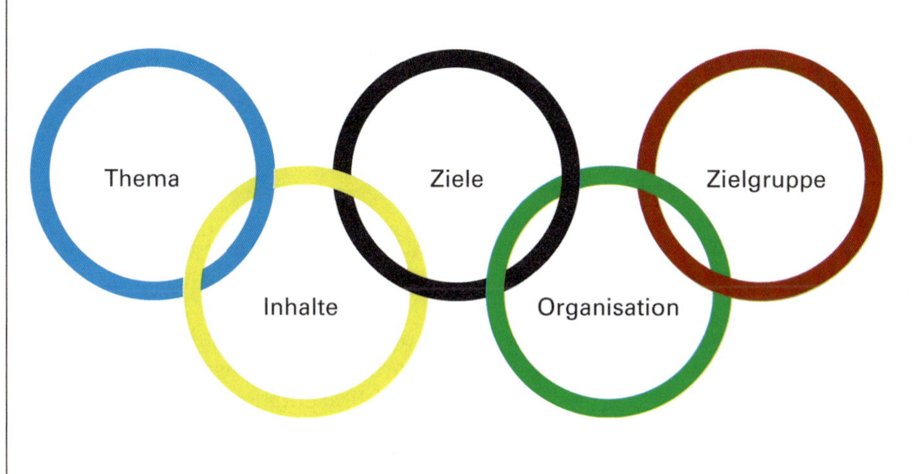

Fünf „Disziplinen" für die Konzeption einer Präsentation

Der Erfolg einer Präsentation hängt entscheidend von ihrer Vorbereitung ab. Anders ausgedrückt: Wer sich nicht die Mühe macht, eine gewisse Zeit in Vorüberlegungen und Vorbereitungen zu investieren, wird sich möglicherweise blamieren oder das gesetzte Ziel nicht erreichen. Wie würde ein Vortrag vor Herzspezialisten wirken, bei dem der Redner damit beginnt, die grundlegenden Funktionen des Herzens zu erklären? Wie viel würde Ihnen von einer zweistündigen Informationspräsentation von 13 bis 15 Uhr ohne Pause im Gedächtnis bleiben? Oder können Sie sich eine Computerpräsentation in einem Raum ohne Steckdose vorstellen?

Um diese grundlegenden Fehler zu vermeiden, sollten Sie die fünf „Disziplinen" einer Präsentation unbedingt beachten.

9.1.2.1 Thema: Interesse wecken

Nach welchen Gesichtspunkten wählen Sie die Artikel Ihrer morgendlichen Zeitungslektüre aus? Sind es nicht oft die Überschriften, die Ihr Interesse wecken und Sie zum Lesen des Artikels bewegen? In der Werbelehre wird der Teil, der die Aufmerksamkeit des Betrachters auf die Anzeige lenken soll, sehr bildlich als „Eyecatcher" bezeichnet. Dies gelingt durch optische Hervorhebung zum Beispiel durch Auswahl der Schrift, Schriftgröße und -farbe. Bestes Beispiel hierfür ist die „BILD"-Zeitung, die ihre Überschriften riesengroß und fett druckt. Neben der Gestaltung spielt die Formulierung und Aussage der Headlines eine wichtige Rolle. Auch hier liefert besagte Zeitung täglich genügend provokative Beispiele.

Nicht bei jeder Präsentation ist die Formulierung des Themas von entscheidender Bedeutung. Dennoch sollte vor allem im Bereich der Überzeugungspräsentationen bereits durch die Überschrift Neugier und Interesse geweckt werden. Dies könnte beispielsweise in Form einer Frage oder durch eine sloganartige Aussage geschehen. Als Beispiel möge folgende Handlungssituation dienen: Sie möchten Ihren Chef überzeugen, dass der Kauf einer Software A besser ist als der Kauf einer Software B. Er bittet Sie, ihm beide

Produkte kurz zu präsentieren. Beurteilen Sie selbst, welches Thema Ihre Interessen besser formuliert: „Software A und Software B im Vergleich" oder „Zehn gute Gründe für Software A". Das Beispiel zeigt, dass eine Überschrift wertneutral oder wertend formuliert werden kann. Dabei ist besonders auf die Wortwahl zu achten, denn Polemik ist in jedem Fall unangebracht.

9.1.2.2 Ziele: Informieren oder überzeugen?

Nachdem das Thema einer Präsentation festgelegt ist, sollten die konkreten Ziele formuliert werden. Dabei ist festzustellen, ob die Präsentation der Information oder der Überzeugung dienen soll. Im ersten Fall könnten die konkreten Ziele das Kennenlernen einer neuen Technologie, das Verdeutlichen eines komplizierten Zusammenhangs oder das Vorstellen einer neuen PR-Kampagne sein. Im zweiten Fall sind als Ziele das Kaufen eines Produktes, eine bestimmte Verhaltensweise bei einer bevorstehenden Abstimmung oder das Sich-Einsetzen der Teilnehmer für eine bestimmte Vorgehensweise denkbar.

Der schriftlichen Auseinandersetzung mit den Zielen einer Präsentation kommt eine wichtige Funktion zu. Vergleichbar mit einer Reise muss die erste Frage lauten: „Wohin will ich?". Erst wenn die Antwort auf diese Frage gegeben ist, schließt sich die Frage nach den Inhalten an: „Wie komme ich zu diesem Ziel?".

Die Trennung von Zielen und Inhalten findet sich übrigens in den Lehr- und Bildungsplänen sämtlicher Schularten wieder: Zunächst werden die Lernziele genannt, bevor die Lerninhalte beschrieben werden.

Für das Beispiel des vorherigen Abschnitts wäre das Ziel der Präsentation: „Mein Chef soll durch die Präsentation zur Überzeugung gelangen, dass Software A für die Firma das bessere Produkt ist."

9.1.2.3 Zielgruppe: Kenntnisse sind wertvoll

Je genauer Ihre Kenntnisse über die Zielgruppe sind, umso besser können Sie die Präsentation vorbereiten. Nicht ohne Grund geben Firmen sehr viel Geld für Marktforschung und Zielgruppenanalysen aus. Denn letztlich wird das produziert, was der Kunde dann auch kauft. Insofern ist der Kunde tatsächlich König.

Übertragen auf den Bereich der Präsentationen ist mit obigen Worten nicht gemeint, dass Sie nur Dinge sagen sollen, die das Publikum hören will. Dennoch liefern Informationen über Ihre Zuhörer wertvolle Hinweise für die Auswahl der Inhalte und die Gestaltung der Präsentation. Sie vermeiden hier-

Checkliste „Zielgruppe"
• Wer sind die Teilnehmer? • Wer soll, wer muss dabei sein? • Mit wie viel Teilnehmern ist zu rechnen? • Welches Alter und Geschlecht besitzen die Teilnehmer? • Welches Vorwissen bringen sie mit? • Welche Funktion, Ausbildung, Stellung haben sie? • Weshalb sind die Teilnehmer gekommen? • Welche Erwartungen haben sie? • Welchen Stellenwert besitzt die Präsentation für die Teilnehmer? • Welche Konsequenzen hat die Präsentation für sie? • Welche Einstellung haben die Teilnehmer zum Ziel der Präsentation? • Welche Einstellung haben die Teilnehmer zum Präsentator?

durch Frustration durch Überforderung beziehungsweise Langeweile durch Unterforderung Ihres Publikums. Besonders die Berufsgruppe der Lehrer muss sich täglich neu auf diese Gradwanderung begeben.

Zur Vorbereitung einer Präsentation bezüglich der zu erwartenden Zielgruppe können Sie die „Checkliste“ auf der vorherigen Seite verwenden.

Im Beispiel der Software-Präsentation ist die Zielperson Ihr Chef. Kenntnisse über seine Charakterstärken und -schwächen können Sie sich zunutze machen. Handelt es sich bei Ihrem Chef beispielsweise um einen rationalen, emotionslosen und sachlichen Menschen, dann müssen Ihre Argumente entsprechend sachlich und nüchtern vorgetragen werden. Ist der Chef hingegen jemand, der spontan, begeisterungsfähig und emotional ist, dann muss es Ihr Anliegen sein, durch geeigneten sprachlichen und körpersprachlichen Auftritt Begeisterung zu erzeugen. Auswahl und Inhalt der Argumente für die eine und gegen die andere Software sind im Fall einer zu erwartenden „Kopf“-Entscheidung des Chefs von großer Bedeutung. Im Fall einer potenziellen „Bauch“-Entscheidung ist eine sachlogisch richtige Argumentation eher nebensächlich.

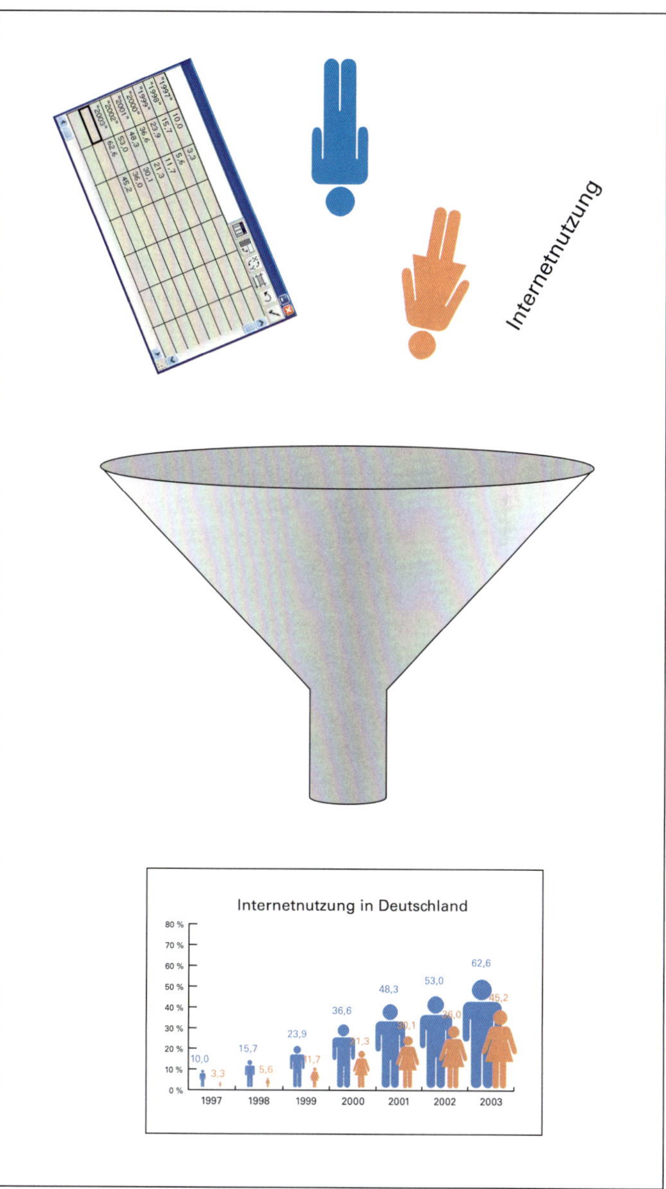

9.1.2.4 Inhalte: Sammeln, gewichten, darstellen

Für die inhaltliche Vorbereitung einer Präsentation wird normalerweise der größte Zeitaufwand notwendig sein. Dabei ist folgende dreistufige Vorgehensweise empfehlenswert:

- Informationen sammeln
- Informationen auswerten und gewichten
- Informationen aufbereiten und visualisieren

Visualisieren von Information

Während das Beschaffen von Informationen infolge heutiger Medienvielfalt – man denke an Bücher, Fachzeitschriften, Internet, Videos, CD-ROM, ... – oft unproblematisch ist, kommt einer geeigneten Auswahl und Reduktion eine erheblich größere Bedeutung zu. Hierbei sind nicht nur die zur Verfügung stehende Vortragszeit, sondern auch die Aufnahmefähigkeit und Vorkenntnisse der Teilnehmer zu berücksichtigen. Auch das Ziel der Präsentation darf nicht aus den Augen verloren werden.

Im dritten Schritt erfolgt die prägnante, sachlogisch richtige und dennoch optisch ansprechende Aufbereitung (Visualisierung) der Informationen. Dies ist keine leichte Aufgabe, denn „Standard"-PowerPoint kann wirklich niemand mehr sehen ... Die hierbei zur Verfügung stehenden medialen Möglichkeiten kommen im nächsten Kapitel zur Sprache.

Für alle vorzutragenden Inhalte sollten „Spickzettel" in Form von DIN-A6- oder Moderationskarten angefertigt werden. Diese ermöglichen einerseits freies Sprechen, geben aber dennoch Sicherheit bei eventuellen „Hängern". Bei wichtigen Präsentationen empfiehlt es sich im Übrigen, den Vortrag vorab zu üben – idealerweise vor laufender Videokamera. Denn wer sich einmal aus anderer Perspektive sieht und hört, stellt schnell fest, an welchen Punkten eine Verbesserung wünschenswert und notwendig ist. Neben sprachlichen Unsauberkeiten, zum Beispiel dem bekannten „Äh" als Gedankenpause, sind es oft körpersprachliche Verhaltensweisen, die bei einer Präsentation störend wirken. Dies könnte beispielsweise das Spielen mit einem Kugelschreiber, nervöses Hin- und Hergehen oder ein ständiges Kratzen am Kopf sein. Da es sich oft um unbewusste und damit unbemerkte Tätigkeiten handelt, ist hier die Videoaufnahme äußerst hilfreich.

9.1.2.5 Organisation: Vorsicht vor bösen Überraschungen

Der letzte Punkt der Vorbereitung einer Präsentation betrifft organisatorische Dinge. Um der bereits erwähnten Peinlichkeit zu entgehen, dass eine perfekt vorbereitete Bildschirmpräsentation an einem fehlenden Verlängerungskabel oder an der mangelnden Verdunklungsmöglichkeit des Vortragsraumes scheitert, muss diesbezüglich *vor* dem eigentlichen Präsentationstermin Klarheit geschaffen werden. Zu diesem Zweck möge wiederum ein kurzer Fragenkatalog dienen:

Checkliste „Organisation"

- Wann und wo findet die Veranstaltung statt?
- Wie lange soll die Präsentation dauern?
- Wer muss eingeladen werden?
- Wie erfolgen die Einladungen (Aushang, E-Mail, Brief, Zeitungsanzeige, ...)
- Wie viele Teilnehmer werden erwartet?
- Wie viel Plätze sind im Vortragsraum vorhanden? Welche Bestuhlung ist vorgesehen?
- Lässt sich der Raum ausreichend verdunkeln? Ältere Daten- oder Overheadprojektoren sind oft lichtschwach.
- Ist eine Leinwand oder Projektionsfläche vorhanden?
- Ist in der Nähe des Projektors eine Steckdose vorhanden? Sind Verlängerungskabel notwendig?
- Ist eventuell ein Ersatzprojektor oder zumindest eine Austauschlampe vorhanden?
- Welche Medien (Tafel, Flipchart, Whiteboard, OH-Projektor, Beamer) stehen zur Verfügung? Sind die benötigten Schreibwerkzeuge vorhanden?
- Wann sollen Pausen stattfinden? (Spätestens alle 45 Minuten sollte eine Pause eingelegt werden.)
- Was muss in den Pausen zum Beispiel an Getränken angeboten werden?

9.1.3 Ablauf einer Präsentation

Wie jeder gute Deutschaufsatz ist auch eine Präsentation gewöhnlich in drei Abschnitte gegliedert:

- Eröffnung (ca. 15 % der Vortragszeit)
- Hauptteil (ca. 75 % der Vortragszeit)
- Schluss (ca. 10 % der Vortragszeit)

Eröffnung

Die Eröffnung beginnt mit der Begrüßung der Zuhörer sowie einer Kurzvorstellung der eigenen Person. Im Folgenden sollten in einigen Sätzen Anlass, Thema und Ziel der Präsentation formuliert werden. Schließlich möchte das Publikum darüber informiert werden, wie der zeitliche und organisatorische Ablauf der Präsentation geplant ist. Dazu gehört auch, dass Pausen angekündigt werden.

Gerade am Anfang wird das Auftreten und Sprechen vor Publikum noch von Lampenfieber begleitet sein. Andererseits ist es gerade dieser erste Auftritt, der eine große Bedeutung hat. Die Psychologie spricht vom so genannten Primacy Effect, wonach der erste Eindruck von einer Person besser in Erinnerung bleibt als spätere Eindrücke. Die Eröffnung der Präsentation sollte also besonders gut eingeübt werden.

Hauptteil

Der Hauptteil enthält die eigentliche Präsentation. Wenn eine Vorbereitung gemäß vorherigem Kapitel stattgefunden hat, dann werden vermutlich keine größeren Pannen dabei entstehen. Beim Sprechen darf nicht abgelesen werden, idealerweise ist Blickkontakt zum Publikum zu suchen. Weiterhin ist darauf zu achten, dass nicht zu schnell gesprochen wird, sondern sprachliche Pausen gemacht werden. Es ist immer zu bedenken, dass für die Zuhörer genügend Zeit bleiben muss, das Gesagte aufzunehmen. Durch Rückfragen wie „Haben Sie Fragen?" oder „Habe ich mich verständlich ausgedrückt?" kann ein Feedback vom Publikum eingefordert werden.

Gegen das Sprechen im eigenen Dialekt ist nichts einzuwenden, solange dieser von den Zuhörern verstanden wird. Bei manchem Vortrag macht sich der Redner dadurch lächerlich, dass er krampfhaft versucht, seine Rede in Hochdeutsch zu halten.

Auf die Notwendigkeit, negative körpersprachliche Signale zu vermeiden, wurde bereits hingewiesen. Dazu gehört einerseits die Gesichtsmimik, mit der ohne jedes Wort (nonverbal) Gefühle wie Freude, Staunen, Wut und Ärger zum Ausdruck gebracht werden können. Andererseits ist es die Körpergestik, mit deren Hilfe wir Menschen in der Lage sind, wortlos zu kommunizieren. Der Psychologe Paul Watzlawick beschrieb dies eindrucksvoll durch seinen berühmten Satz: „Man kann nicht nicht kommunizieren!". Bereits das erste Auftreten eines Menschen führt zu Sympathie oder Antipathie und oft wird dieser erste Eindruck im Nachhinein bestätigt.

Der richtige Umgang mit Mimik und Gestik erfordert viel Übung und Erfahrung. Dabei kann von den „Profis" des öffentlichen Lebens wie Politikern oder Fernseh-Moderatoren jede Menge gelernt und abgeschaut werden.

Nach Sprache und Körpersprache ist drittens auf eine geeignete Auswahl der Präsentationsmedien zu achten. Vor- und Nachteile von Tafel, Pinnwand, Flipchart, Overhead-, Dia- oder Datenprojektor werden deshalb im nächsten Kapitel ausführlich zur Sprache kommen.

Die wahre Kunst des Präsentierens besteht darin, das Publikum über längere Zeit zu motivieren und zu fesseln.

Dies kann nur gelingen, wenn neben den bereits oben erwähnten Gesichtspunkten die Inhalte der Präsentation verständlich, nachvollziehbar und ansprechend visualisiert werden. Sie dürfen den einzelnen Zuhörer weder über- noch unterfordern, da er in beiden Fällen „abschalten" und nicht mehr zuhören wird. Bei längeren Präsentationen sollte das Präsentationsmedium gelegentlich gewechselt werden, um die Präsentation kurzweilig und interessant zu machen.

Schluss

Im Schlussteil der Präsentation sollte eine kurze Zusammenfassung der Kernaussagen enthalten sein. Auf diese folgt möglicherweise ein Appell, in dem erneut das Ziel der Präsentation zum Ausdruck gebracht wird. Nach dem obligatorischen Dank an die Teilnehmer für Interesse und Aufmerksamkeit bietet es sich an, den Zuhörern erneut die Möglichkeit zu Fragen beziehungsweise zur Diskussion zu geben.

Beurteilungsbogen für Präsentationen

Im Schulbereich müssen Präsentationen oft benotet werden. Der Bogen zeigt, wie eine Präsentation nach verschiedenen Aspekten beurteilt werden kann. Der „Faktor" gibt an, welchen Anteil der jeweilige Bereich an der Gesamtnote hat (Faktor 4 entspricht beispielsweise 40%).

Beurteilungsbogen für Präsentationen

Name, Vorname

Thema

Datum, Zeit, Ort

Bewertungskriterium	Note (1- 6)	Faktor	Gesamt
Sprache / Ausdrucksfähigkeit Stimme (Modulation, Pausen), Argumentation, Überzeugungskraft, Dialogfähigkeit		x 1	
Nonverbale Mittel Blickkontakt, Mimik, Gestik, Körperhaltung, Auftreten		x 1	
Veranschaulichung Medieneinsatz (Tafel, OH-Projektor, Datenprojektor, Flipchart, Pinnwand), Medienwechsel		x 2	
Ablauf der Präsentation Motivation des Vortragenden, Motivation der Zuhörer, Informationsgehalt, Richtigkeit, Logik, Zeiteinteilung		x 4	
Beantwortung von Fragen Prägnanz, Anschaulichkeit, Fachliche Richtigkeit		x 1	
Sonstiges		x 1	
		Summe	
		Summe / 10 = Endnote	

9.1.4 Aufgaben „Konzeption und Ablauf“

Aufgabe 9.1.4.1
Eine Präsentation vorbereiten

Nennen Sie die fünf „Disziplinen“ der Vorbereitung einer Präsentation.

Aufgabe 9.1.4.2
Die Bedeutung der „Visualisierung“ verstehen

Erläutern Sie, weshalb die „Visualisierung“ bei Präsentationen eine wesentliche Rolle spielt.

Aufgabe 9.1.4.3
Eine Präsentation durchführen

Erstellen Sie sich eine Checkliste für die Durchführung einer Präsentation.

9.2 Präsentationsmedien

9.2.1 Whiteboard

Checkliste „Whiteboard"	
Teilnehmerzahl	• Bis etwa 100 Teilnehmer
Materialien	• Whiteboard • Wasserlösliche Filzstifte („Boardmarker"), weiches Tuch
Laufende Kosten	• Geringe Kosten für Filzstifte
Vorteile	• Tafelbild ist nachvollziehbar, da es nach und nach entsteht • Spontane Einfälle und Anmerkungen der Teilnehmer sind umsetzbar • Einfache Handhabung • Geringer Aufwand
Nachteile	• Nur Handschrift möglich, evtl. schlecht lesbar • Keine Vervielfältigung für Teilnehmer möglich • Schlechte oder keine Transportmöglichkeit • Schreiben mit Rücken zum Publikum
Zusammenfassung	Whiteboards eignen sich nur dann, wenn eine Präsentation schnell und ohne großen Aufwand erfolgen muss. Eine Vorbereitung ist nicht möglich und durch die Handschrift ist die Gefahr schlechter Lesbarkeit hoch. Whiteboards eignen sich gut für Moderationen, bei denen das Publikum einbezogen werden soll.

Ein Whiteboard ist eine Tafel, die mit einer glatten, weißen Kunststoffoberfläche beschichtet ist. Es lässt sich mit speziellen wasserlöslichen Filzstiften („Boardmarkern") beschreiben. Diese sind in verschiedenen Farben und Strichstärken erhältlich und können mit Hilfe eines weichen, trockenen Tuches gereinigt werden.

Whiteboards wie auch die bekannten grünen Schultafeln eignen sich hervorragend zur schrittweisen Visualisierung eines Gedankengangs, da ein Tafelbild nach und nach entsteht und deshalb nachvollzogen werden kann. Problemlos sind spontane Ideen oder Einwürfe des Publikums ergänzbar. Die Handhabung eines Whiteboards ist denkbar einfach und erfordert weder Vorbereitungszeit noch technische Vorkenntnisse.

Zum Verhängnis wird das Medium „Whiteboard" dann, wenn die Zuhörer wegen der miserablen Schrift des Vortragenden die meiste Zeit mit dem Entziffern des Tafelbildes verbringen müssen. Wegen ihrer sehr glatten Oberfläche ist die Beschriftung – insbesondere mit grafischen Elementen wie Linien, Rechtecken oder Kreisen – nicht einfach und erfordert einige Übung. Vorbereitend können hier vor der Präsentation einige Hilfspunkte eingezeichnet werden. Die Anzahl der Zuhörer beziehungsweise Zuschauer ist beim Whiteboard auch bei leserlicher Schrift auf maximal hundert Personen beschränkt. Problematisch ist ebenfalls, dass ein Tafelbild nicht vervielfältigt und so den Teilnehmern als Unterlage („Handout") zur Verfügung gestellt werden kann. Einzige Ausnahme stellen elektronische Whiteboards dar, bei denen das Tafelbild ausgedruckt werden kann.

Zusammenfassend kann gesagt werden, dass das Whiteboard eher als Moderations- denn als Präsentationsmedium geeignet ist, da es bei Moderationen wichtig ist, spontane Äußerungen aus dem Publikum zu notieren.

9.2.2 Flipchart

Checkliste „Flipchart“	
Teilnehmerzahl	• Bis etwa 30 Teilnehmer
Materialien	• Flipchart-Block auf -Ständer • Filzstifte („Edding“)
Laufende Kosten	• Geringe Kosten für Filzstifte bzw. Papier
Vorteile	• Tafelbild kann nach und nach entwickelt werden • Spontane Einfälle und Anmerkungen der Teilnehmer sind umsetzbar • Einfache Handhabung • Vorbereitung der Flipchart-Blätter möglich • Transport in anderen Raum ist möglich
Nachteile	• Nur Handschrift möglich, evtl. schlecht lesbar • Vervielfältigung für Teilnehmer umständlich • Sehr geringe Teilnehmerzahl • Keine Korrekturmöglichkeit • Relativ kleine Schreibfläche
Zusammenfassung	Das Flipchart eignet sich bedingt für Präsentationen in kleinen Gruppen. Sein Vorteil ist, dass Flipchart-Blätter wahlweise vorbereitet oder spontan entwickelt werden können. Wegen der handschriftlichen Bearbeitung ist eine professionelle Visualisierung jedoch nicht möglich, weiterhin lassen sich die Ergebnisse nur sehr schlecht vervielfältigen.

Für Präsentationen in kleinen Gruppen ist der Einsatz eines Flipcharts denkbar. Dabei handelt es sich um eine Haltevorrichtung mit einem Papierblock im Format 70 x 100 Zentimeter. Die einzelnen Seiten des Blockes werden mit Filzstiften beschrieben. Diese sind in verschiedenen Stärken und Farben erhältlich. Im Unterschied zum Whiteboard lassen sich auf Flipchart-Blätter auch ausgedruckte Texte oder Grafiken aufkleben.

Der Hauptvorteil des Flipcharts ist die Möglichkeit, wahlweise vorbereitet oder situativ zu arbeiten. Im Unterschied zu Tafel oder Whiteboard ist hierbei ein „Zurückblättern“ möglich, was vor allem bei längeren Präsentationen oder bei Rückfragen aus dem Publikum erforderlich sein kann. Ein weiterer Vorteil ist, dass ein Flipchart-Ständer bei Bedarf relativ einfach – zum Beispiel in einen anderen Raum – transportiert werden kann.

Ein großer Nachteil des Flipcharts ist wie bei Whiteboards, dass sie nur handschriftlich beschreibbar sind. Dies hat eine wesentliche Einschränkung der Gestaltungsmöglichkeiten der Präsentation zur Folge. Außerdem müssen die „Charts“ mittels Digitalkamera abfotografiert und ausgedruckt werden, falls sie für die weitere Arbeit benötigt bzw. den Teilnehmern zur Verfügung gestellt werden sollen. Diese Vorgehensweise ist umständlich und aufwändig und stellt deshalb nur eine Notlösung dar. Wer die Verteilung seiner Präsentation ermöglichen möchte, sollte besser auf digitale Medien zurückgreifen.

9.2.3 Pinnwand (Metaplan)

Checkliste „Pinnwand"	
Teilnehmerzahl	• Bis etwa 30 Teilnehmer
Materialien	• Pinnwand • Pinn-Nägel, vorbereitetes Papier, Filzstifte
Laufende Kosten	• Geringe Kosten für Filzstifte bzw. Papier
Vorteile	• Einbeziehung des Publikums ist sehr gut möglich • Spontane Einfälle sind umsetzbar • Einfache Handhabung • Vorbereitetes Material kann eingesetzt werden
Nachteile	• Nur Handschrift möglich, evtl. schlecht lesbar • Gefahr eines „chaotischen" Ergebnisses • Vervielfältigung für Teilnehmer nicht möglich • Beschränkte Teilnehmerzahl
Zusammenfassung	Die Pinnwand eignet sich weniger für Präsentationen als für Moderationen, da sich die Teilnehmer hervorragend einbeziehen lassen. Das Medium dient aus diesem Grund vor allem zur Ideenfindung (Brainstorming) und weniger zur Präsentation fertiger Ergebnisse.

Eine Pinn- oder Metaplanwand besteht aus einer Weichfaser- oder mit Filz bespannten Platte und ist vor allem bei Moderationen ein wichtiges Hilfsmittel. Mit Stecknadeln oder speziellen Pinnwand-Nadeln können an der Pinnwand vorgeschnittene Papier- oder Pappstücke befestigt werden, die vorher mit einem Filzstift beschrieben wurden.

Eine Pinnwand ermöglicht demnach den Einsatz bereits vorbereiteter Materialien sowie spontanes Agieren, wobei das Publikum in idealer Weise einbezogen werden kann. Letzteres geschieht zum Beispiel im Rahmen eines so genannten Brainstormings. Hierbei notieren alle Zuhörer ein, zwei spontane Einfälle zu einer Aussage oder Frage jeweils auf einem Blatt Papier. Aufgabe des Moderators ist es anschließend, aus den abgegebenen Statements unter Einbeziehung der Teilnehmer ein Schaubild zu entwickeln. Die aktive Beteiligung des Publikums wertet dieses auf und beugt Langeweile vor.

Für reine Präsentationen eignet sich das Medium Pinnwand eher nicht. Mit Filzstiften beschriebenes Papier verleiht dem Medium eine eher provisorische als professionelle Anmutung, so dass eine ansprechende Visualisierung nicht möglich ist. Ebenso wie bei Whiteboard und Flipchart lassen sich auch bei Pinnwänden die Ergebnisse schlecht vervielfältigen. Eine Möglichkeit besteht allenfalls darin, die Pinnwand mit Hilfe einer Digitalkamera abzufotografieren und die digitalen Bilder hinterher auszudrucken.

Wegen der geringen Abmessungen einer Pinnwand ist die maximale Teilnehmerzahl stark begrenzt und liegt bei etwa dreißig Personen. Bei „Workshops" werden aus diesem Grund häufig kleinere Gruppen gebildet, für die jeweils eine eigene Pinnwand zur Verfügung steht. Im Plenum können die Pinnwände dann wie bei einer Ausstellung zusammengestellt werden.

9.2.4 Overheadprojektor

Checkliste „Overheadprojektor“	
Teilnehmerzahl	• Bis etwa 300 Teilnehmer
Materialien	• Overheadprojektor, Leinwand • OH-Folien und -Stifte
Laufende Kosten	• Geringe Kosten für Folien bzw. Stifte • Evtl. Kosten für Ersatzlampe
Vorteile	• Professionelle Vorbereitung am Computer möglich • Spontane Einfälle sind umsetzbar • Einfache Kopiermöglichkeit für Teilnehmer („Hand-out“) • Einfache Transportmöglichkeit
Nachteile	• Raum muss i.d.R. verdunkelbar sein • Oft verwendet, deshalb nicht sonderlich „spannend“ • Häufig perspektivisch verzerrte Darstellung
Zusammenfassung	Der Overheadprojektor ist ein beliebtes und häufig verwendetes Präsentationsmedium. Aus diesem Grund ist sein Einsatz nicht besonders spektakulär und überzeugt nur, wenn die Folien entsprechend gut gestaltet sind.

Aufgrund seines allgegenwärtigen Einsatzes dürften Funktion und Anwendung eines Overheadprojektors (OH-Projektor) den Leserinnen und Lesern bestens vertraut sein. Mit Hilfe dieses Mediums sind Präsentationen vor deutlich mehr Zuschauern möglich als bei den bisher besprochenen. Je nach Projektionsfläche und Lichtstärke des Projektors sind durchaus 200 oder mehr Personen erreichbar.

Overheadfolien lassen sich ideal mittels Computer vorbereiten und durch einen Desktop-Drucker bedrucken. Dabei ist zu beachten, dass für Tintenstrahl- und Laserdrucker unterschiedliche Folien verwendet werden müssen. Ursache hierfür ist die hohe Wärmeentwicklung eines Laserdruckers. Außerdem wird für die Haftung der Tinte eine aufgeraute Folie benötigt, was die Folien für Tintenstrahldrucker teurer macht als die glatten Folien für Laserdrucker oder Kopierer. Alternativ können die Folien auch handschriftlich mit Hilfe von speziellen Folienschreibern beschrieben werden. Diese sind entweder wasserlöslich und damit abwischbar oder wasserfest in allen Farben erhältlich. Neben der Möglichkeit, bereits vorbereitete Folien zu verwenden, lassen sich damit am Overheadprojektor auch spontane Ideen notieren oder Schaubilder entwickeln. Des Weiteren ist durch Ausdrucken und Kopieren der Folien ein Verteilen von Unterlagen an das Publikum möglich.

Als Minuspunkte bei Overheadprojektoren sind zu nennen, dass sich im Vortragsraum eine Projektionswand oder -fläche befinden muss. Auch sollte der Raum zumindest teilweise abgedunkelt werden können, da nur teure Projektoren bei Tageslicht Ergebnisse liefern, die sich – im wahrsten Sinne des Wortes – sehen lassen können. Letzter Punkt ist, dass Overheadfolien, wenn sie nicht ausgesprochen gut gestaltet sind, nicht besonders ansprechend wirken.

9.2.5 Datenprojektor (Beamer)

Checkliste „Datenprojektor"	
Teilnehmerzahl	• Bis etwa 500 Teilnehmer
Materialien	• Datenprojektor, Laptop • Projektionswand
Laufende Kosten	• Hohe Kosten für Ersatzlampe
Vorteile	• Professionelle Vorbereitung am Computer möglich • Einbinden multimedialer Komponenten (Sound, Video, Animation) • Einfache Kopiermöglichkeit für Teilnehmer („Hand-out") • Einfache Transportmöglichkeit
Nachteile	• Hoher Aufwand zur Einarbeitung und Vorbereitung • Nicht ansprechend, wenn „Standard"-PowerPoint verwendet wird • Häufig perspektivisch verzerrte Darstellung • Gefahr der Reizüberflutung
Zusammenfassung	Datenprojektoren sind mittlerweile so kostengünstig, dass sie bei einer professionellen Präsentation fast nicht mehr fehlen dürfen. Wegen des häufigen Einsatzes sind die Anforderungen an die Qualität mittlerweile angestiegen – schlecht gestaltete „Folien" wirken sich eher negativ auf das Image aus!

Datenprojektor

(Quelle: Canon)

Datenprojektoren – umgangssprachlich, aber nicht ganz richtig auch als „Beamer" bezeichnet – waren bis vor wenigen Jahren relativ teuer und meistens äußerst lichtschwach. Heutige Datenprojektoren sind bereits ab etwa 1000 Euro erhältlich. Bessere Geräte besitzen eine exzellente Bildqualität und eine hohe Lichtstärke, die Tendenz geht zunehmend zur Projektion bei Tageslicht ohne Notwendigkeit der Verdunkelung des Raumes. Beim Vergleich der unterschiedlichen Modelle sollte neben dem Kaufpreis auf folgende Kriterien geachtet werden:

- Abmessungen und Gewicht
- Auflösung z.B. XGA (1024 x 768 Pixel)
- Lichstärke z.B. 1000 ANSI-Lumen
- Lebensdauer der Lampe in Stunden
- Preis einer Ersatzlampe!

Beachten Sie insbesondere den letzten Punkt, da die Lampen oft teuer sind!

Bei einer Präsentation mittels Datenprojektor darf nicht vergessen werden, dass zusätzlich ein Computer erforderlich ist. Wegen der guten Transportmöglichkeit liegt hierbei die Verwendung eines Laptops nahe. Der Datenprojektor muss dabei mit dem Monitorausgang des Laptops verbunden werden. Spezielle Fernbedienungen übernehmen die Funktion der Computermaus und ermöglichen das Mausklicken auf der Projektionsfläche.

Die Stärke einer Bildschirmpräsentation liegt in ihren multimedialen Möglichkeiten. So lassen sich neben Texten und Bildern problemlos 2D- oder 3D-Animationen, Sounds und Videos einbinden. Diese lockern die Präsentation auf und „fesseln" die Zuschauer an die Präsentation.

Die große Gefahr besteht in der Reizüberflutung der Zuschauer durch eine Vielfalt an Effekten, Sounds, Übergängen. Beachten Sie den Grundsatz: Keep it small and simple (KISS)!

9.2.6 Aufgaben „Präsentationsmedien“

Aufgabe 9.2.6.1
Präsentationsmedium zielgerichtet wählen

Nennen Sie geeignete Präsentationsmedien, um

a. ein großes Publikum zu erreichen,
b. die Teilnehmer einbeziehen zu können,
c. die Visualisierung am Computer vorbereiten zu können,
d. den Teilnehmern die Ergebnisse der Präsentation als „Hand-out“ zur Verfügung stellen zu können,
e. möglichst spontan agieren zu können,
f. möglichst flexibel zu sein, z.B. den Raum wechseln zu können.

Aufgabe 9.2.6.2
Präsentationsmedium zielgerichtet wählen

Bringen Sie die fünf Präsentationsmedien in eine Reihenfolge von gut geeignet bis ungeeignet hinsichtlich der unten genannten Aspekte.

1. Whiteboard
2. Flipchart
3. Pinnwand
4. OH-Projektor
5. Datenprojektor

a. geringer Vorbereitungsaufwand
b. gute Möglichkeit der Ergebnissicherung als Hand-out
c. hohe Teilnehmerzahl möglich
d. professionelle Visualisierung möglich

Anhang

10.1 Korrekturzeichen

10.1.1 Korrekturzeichen Text (DIN 16 511)

10.1.1.1 Zweck der Norm

Mit dieser DIN-Norm wird angestrebt, die Korrekturzeichen und ihre Verwendung zu vereinheitlichen. Sie dienen im Wesentlichen der Verständigung zwischen Medienbetrieben und deren Auftraggebern, aber auch der Korrektur im Rahmen der Ausbildung an Schulen und Hochschulen.

10.1.1.2 Regeln

Alle Korrekturen sind immer so vorzunehmen, dass kein Irrtum entstehen kann und eindeutige Korrekturanweisungen enstehen.

Jedes im Text eingetragene Korrekturzeichen ist am Papierrand zu wiederholen. Die notwendige Änderung ist rechts neben das wiederholende Korrekturzeichen zu schreiben, sofern das Zeichen nicht für sich selbst spricht (dies ist z.B. beim Umstellungszeichen der Fall).

Das Einzeichnen von Korrekturen in den Text ohne den dazugehörenden Randvermerk ist unbedingt zu vermeiden. Die am Rand notierte Korrekturanweisung muss unbedingt in ihrer Reihenfolge mit den innerhalb einer Zeile angebrachten Korrekturzeichen übereinstimmen.

Bei mehreren Korrekturen innerhalb einer Zeile sind unbedingt unterschiedliche Korrekturzeichen zu verwenden. Ergeben sich durch umfangreiche Korrekturen Unübersichtlichkeiten, wird das Neuschreiben des Absatzes empfohlen.

Erklärungen zu den Korrekturen sind immer in Doppelklamern zu schreiben.

Korrekturen sind farbig anzuzeichnen. Korrekturen müssen vom Korrektor unterzeichnet werden. Wurden die Korrekturen ausgeführt, ist dies vom Ausführenden zu vermerken.

Anwendung

1. Falsche Buchstaben oder Wörter wurden durchgestrichen und am Papierrand mit die richtigen ersetzt; versehentlich uugedreute Buchstaben werden in gleicher Weise angezeichnet. | e | durch | m | k

Kommen in eener Zaile mehrere sulcher Feller ver; so erhalten sie ihrer Reihenfolge nach unterschiedliche Zeichen. | m | i | e | o | h | o,

2. Überflüssige Buchstaben oder Wörter werdenn durchgestrichen durchgestrichen und am Papierrand durch ₰ (Abkürzung für deleatur = „es werde getilgt") angezeichnet. | ₰ | ₰

3. Fehlende Buchstaben werden angezeichnet, indem der vorangeende oder der folgende uchstabe durchgestrichen und am Rand zusammen mit dem fehlenden Buchstaben wiederholt wird. Es kann auch das ganze Wort der die Silbe durchgeschen und am Rand berichtigt werden. | eh | Bu | oder | stri

4. Fehlende oder überflüssige Satzzeichen werden wie fehlende oder überflüssige Buchstaben angezeichnet.

Beispiele: Satzzeichen beispielsweise Komma oder Punk
„Die Ehre ist das äußere Gewissen heißt es bei Schopenhauer „und das Gewissen, die innere Ehre." | n, | t. | ", | r, | ₰

5. Beschädigte Buchstaben werden durchgestrichen und am Rand einmal unterstrichen. | e

Fälschlich **aus anderer Schrift gesetzte Buchstaben** werden am Rand zweimal unterstrichen. | a

Verschmutzte Buchstaben und zu stark erscheinende Stellen werden umringelt. Dieses Zeichen wird am Rand wiederholt.

Neu zu setzende Zeilen. Zeilen mit porösen oder beschädigten Stellen erhalten einen waagerechten Strich. Ist eine solche Stelle nicht mehr lesbar, wird sie durchgestrichen und deutlich an den Rand geschrieben. | deutlich

6. Wird nach **Streichung eines Bindestriches oder Buchstabens** die Getrennt- oder Zusammenschreibung der verbleibenden Teile zweifelhaft, so ist wie folgt zu verfahren:

Beispiele: Ein blendend-weißes Kleid, der Schnee war blendendweiß; la couronne | ₰⌢ | ₰ | ₰⌢

7. Ligaturen (zusammengegossene Buchstaben) werden verlangt, indem man die fälschlich einzeln gesetzten Buchstaben durchstreicht und am Rand mit einem darunter befindlichen Bogen wiederholt. | fi

Fälschlich gesetzte Ligaturen werden durchgestrichen, am Rand wiederholt und durch einen Strich getrennt.

Beispiel: Auflage | f|l

8. Verstellte Buchstaben werdne durchgestrichen und am Rand richtig angebegen. | en | geb

Verstellte Wörter werden das durch Umstellungszeichen berichtigt.

Die Wörter werden bei größeren Umstellungen beziffert. | d | B 1–7

Verstellte Zahlen sind immer ganz durchzustreichen und in der richtigen Ziffernfolge an den Rand zu schreiben.

Beispiel: 1694 | 1964

9. Fehlende Wörter sind in der Lücke durch Winkelzeichen kenntlich zu machen und am anzugeben. | Papierrand

Bei größeren Auslassungen wird auf die Manuskriptseite verwiesen. Die Stelle ist auf dem Manuskript zu markieren.

Beispiel: Die Erfindung Gutenbergs ist Entwicklung. | s. Ms. S. 12

10. Falsche Trennungen werden am Zeilenschluß und am folgenden Zei-enanfang angezeichnet. | ₰ | le

11. Fehlender Wortzwischenraum wird durch ⌊ , zu enger Zwischenraum durch ⋎, zu weiter Zwischenraum durch ⌒ angezeichnet.

Beispiel: Soweit du gehst, die Füße laufen mit.

Ein Doppelbogen gibt an, daß der Zwischenraum ganz weg fallen soll.

12. Andere Schrift wird verlangt, indem man die betreffende Stelle unterstreicht und die gewünschte Schrift am Rand vermerkt.

kursiv
halbfett Grundschrift

13. Die Sperrung oder Aufhebung einer Sperrung wird — wie beim Verlangen einer a n d e r e n Schrift — durch Unterstreichen angezeichnet.

sperren
nicht sperren

14. Nicht Linie haltende Stellen werden durch parallele Striche angezeichnet.

15. Unerwünscht mitdruckende Stellen (z. B. Spieße) werden unterstrichen und am Rand mit Doppelkreuz angezeichnet.

16. Ein Absatz wird durch das Zeichen ⌐ im Text und am Rand verlangt.

Beispiel: *Die ältesten Drucke sind so gleichmäßig schön ausgeführt, daß sie die schönste Handschrift übertreffen. Die älteste Druckerpresse scheint von der, die uns Jost Amman im Jahre 1568 im Bilde vorführt, nicht wesentlich verschieden gewesen zu sein.*

17. Das Anhängen eines Absatzes wird durch eine verbindende Schleife verlangt.

Beispiel: *Diese Presse bestand aus zwei Säulen, die durch ein Gesims verbunden waren.*
In halber Mannshöhe war auf einem verschiebbaren Karren die Druckform befestigt.

18. Zu tilgender oder zu verringernder Einzug erhält das Zeichen ⊢.

Beispiel: ⊢ *Das Auge an die Beurteilung guter Verhältnisse zu gewöhnen erfordert jahrelange Übung.*

19. Fehlender oder zu erweiternder Einzug erhält das Zeichen ⊏.

Beispiel: *Der Einzug bleibt im ganzen Buch gleich groß, auch wenn einzelne Absätze oder Anmerkungen in kleinerem Schriftgrad gesetzt sind.*

20. Verstellte (versteckte) Zeilen werden mit waagerechten Randstrichen versehen und in der richtigen Reihenfolge numeriert.

Beispiel: *Sah ein Knab' ein Röslein stehn,* — 1
lief er schnell, es nah zu sehn, — 4
war so jung und morgenschön, — 3
Röslein auf der Heiden, — 2
sah's mit vielen Freuden. Goethe. — 5

21. Fehlender Durchschuß wird durch einen zwischen die Zeilen gezogenen Strich mit nach außen offenem Bogen angezeichnet.

Zu großer Durchschuß wird durch einen zwischen die Zeilen gezogenen Strich mit einem nach innen offenen Bogen angezeichnet.

22. Erklärende Vermerke zu einer Korrektur sind durch Doppelklammer zu kennzeichnen.

Beispiel: *Die Vorstufen der Buchstabenschriften waren die Bilderschriften. Alphabet als der Stammutter aller abendländischen Schriften schufen die Griechen.*

⌐ ((hier fehlt Ms.-Anschluß))

23. Für unleserliche oder zweifelhafte Manuskriptstellen, die noch nicht blockiert sind, wird vom Korrektor eine Blockade verlangt (⊠).

Beispiel: *H~~yladen~~ sind Insekten mit unbeweglichem Prothorax (s. S. .).*

24. Irrtümlich Angezeichnetes wird unterpunktiert. Die Korrektur am Rand ist durchzustreichen.

~~auf dem~~

10.1.2 Korrekturzeichen Bild (DIN 16 549)

Zeichen	Bedeutung	Zeichen	Bedeutung
+	Verstärken, Pluskorrektur	⇆↓↑	Verschieben, Pfeilrichtung
./.	Verringern, Minuskorrektur	↶↷	Rotieren
~	Angleichen, z.B. Tonwert	U	Umkehren, Tonwertumkehr
	Schärfen, z.B. Kontur	K	Kontern, Seitenumkehr
P	Passer (Druck)	|← →|	Größenänderung
	Wegnehmen		Unter-/Überfüllung

Korrekturzeichen nach DIN 16 549 für die Reproduktionstechnik

10.2 Lösungen

Konzeption und Gestaltung

1.1 Wahrnehmung

Lösung 1.1.8.1

Sinnesorgan	Wahrnehmungssinn
Auge	Sehen
Ohr	Hören
Nase	Riechen
Haut	Fühlen
Zunge	Schmecken

Lösung 1.1.8.2

Auf der Netzhaut des menschlichen Auges befinden sich Fotorezeptoren, die das ins Auge einfallende Licht in Nervenreize umwandeln. Wir unterscheiden zwei Arten von Rezeptoren. Die Stäbchen für das Hell-Dunkel-Sehen und die Zapfen für das Farbsehen. Ein Drittel der Zapfen ist jeweils für rotes, grünes und blaues Licht empfindlich. Wir sehen also nur drei Farben: Rot, Grün und Blau. Die Reize werden über den Sehnerv ins Sehzentrum des Gehirns weitergeleitet und dort interpretiert.

Lösung 1.1.8.3

Die visuelle Wahrnehmung wird nicht nur durch die von den Fotorezeptoren über den Sehnerv gelieferten Reize bestimmt. Im Gehirn werden die Reize zusammen mit den Meldungen anderer Sinnesorgane, ist es warm oder kalt, fühle ich mich wohl, bin ich müde usw., ausgewertet. Hinzu kommt die gespeicherte Erfahrung und die vorhandenen Vor-Bilder.

Die visuelle Wahrnehmung wird somit nicht nur durch das auf der Netzhaut abgebildete Reizmuster bestimmt, vielmehr ist die Wahrnehmung das Ergebnis der Interpretation der jeweils verfügbaren Daten. Wahrnehmung ist also nicht wirklich wahr. Was Sie wie wahrnehmen, ist nicht nur das Ergebnis der Physiologie des Sehvorgangs. Ihre Wahrnehmung wird ebenfalls stark durch die Psychologie und Ihr subjektives Empfinden bestimmt. Das Auge sieht, aber das Gehirn nimmt wahr.

Lösung 1.1.8.4

Das menschliche Gesichtsfeld erfasst in der Horizontalen einen Bereich von ca. 180°, in der Vertikalen von ca. 120°. Der tatsächlich scharf abgebildete Bildwinkel ist nur 1,5°.

Lösung 1.1.8.5

Das Auge richtet den Blick auf ein Detail, um es scharf zu sehen. Der Weg des Auges unterliegt großteils nicht dem bewussten Willen, sondern wird von dem knapp außerhalb des scharf abgebildeten Bereichs liegenden Element angezogen. Aus dem Zurückspringen auf das vorher Gesehene entsteht ein spannungsvolles Gleichgewicht. Ein weiterer Blickfang führt das Auge über das Format. Immer wenn das Auge einen bestimmten Punkt erreicht hat, muss ein neues dynamisches Spannungsfeld den Blick weiterleiten. Die unterschiedlichen visuellen Gewichte der Flächenelemente erzeugen ein Spannungsmuster, gleichwertige Elemente führen zu einem Patt, das Auge irrt über das Format.

Lösung 1.1.8.6

Die Gestaltpsychologie hat verschiedene Gesetze zur Wahrnehmungsorganisation formuliert. Diese so genannten Gestaltgesetze sollen die Ergebnisse der Wahrnehmung unterschiedlicher Formenkonfigurationen beschreiben.

Lösung 1.1.8.7

Das Gesetz von der einfachen Gestalt, oft auch als Gesetz von der guten Form bezeichnet, ist in der Gestaltpsychologie das Grundgesetz der menschlichen Wahrnehmung. Die Wahrnehmung wird danach grundlegend auf die Bewegung und einfache geometrische Gestalten wie Kreise, Quadrate, Rechtecke und Dreiecke zurückgeführt.

Lösung 1.1.8.8

Wahrnehmung ist nicht immer eindeutig. Abhängig vom Kontext werden Zeichen unterschiedlich interpretiert. Von links nach rechts: A, B, C, 12, 13, 14 Von oben nach unten: A, 12, 13, 13, C, 14. Je nach Leserichtung und damit Kontext wird das mittlere Zeichen einmal als Buchstabe B und einmal als die Zahl 13 interpretiert.

Lösung 1.1.8.9

a. Gesetz der Nähe

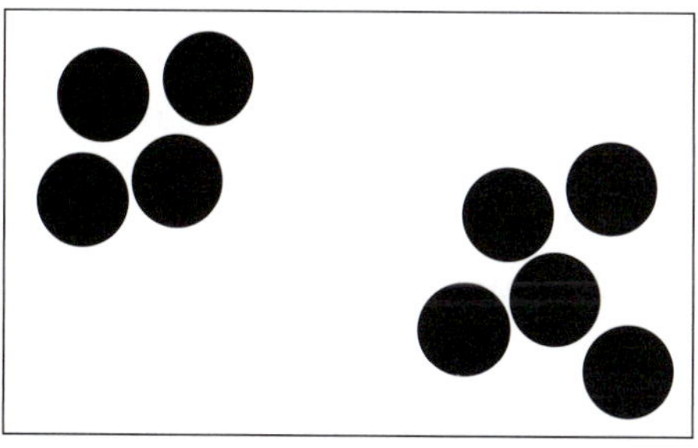

b. Gesetz der Figur-Grund-Trennung

Lösung 1.1.8.10

Lesen ist eine Interaktion zwischen der Formwahrnehmung und der Verbalisierung. Die Wahrnehmung, das Lesen einer Zeile, erfolgt nicht in einer kontinuierlichen Bewegung, sondern ruckartig. Das Auge springt von einer Fixation, festem Blickpunkt, mit einer ruckartigen Bewegung, der so genannten Saccade, zur nächsten Fixation. In einer Fixation können Sie bei normaler Schriftgröße neun Zeichen erfassen und als Schablone eines Buchstaben- bzw. Wortbildes analysieren. Wenn das Wortbild oder der Inhalt unverständlich ist, erfolgt ein Rücksprung, eine Regression. Der Zeilenwechsel ist wiederum eine Saccade.

Lösung 1.1.8.11

a. Komplementärkontrast
   Starker Kontrast zweier Farben, die sich im Farbkreis gegenüberliegen.
b. Simultankontrast
   Die Farbwahrnehmung im farbigen Umfeld beeinflusst den wahrgenommenen Farbton.

Lösung 1.1.8.12

a. Lautstärke
   Die Lautstärke beschreibt des Grad der Schallempfindung. Wir nehmen Geräusche in verschiedenen Situationen und Umgebungen unterschiedlich laut wahr.
b. Tonhöhe
   Die Tonhöhe wird durch die Frequenzen der Schallwellen bestimmt. Kinderstimmen enthalten mehr hochfrequente Schwingungen als die Stimmen Erwachsener. Sie klingen dadurch heller.

Lösung 1.1.8.13

- Starke Kontraste
- Unerwartete Reize
- Große Reizintensität
- Abweichung von der Norm
- Einstellung und Erwartung des Betrachters

1.2 Grundelemente

Lösung 1.2.12.1

Die Formate ergeben sich dadurch, dass man das Ausgangsformat DIN A0 (841 mm x 1189 mm = 1 qm mit dem Seitenverhältnis 1 : √ 2) immer wieder an der langen Seite halbiert. Ebenso können aus kleineren Formaten durch Verdoppeln der kurzen Seite jeweils die größeren Formate erstellt werden.

Lösung 1.2.12.2

A 3	297 mm x 420 mm
A 4	210 mm x 297 mm
A 5	148 mm x 210 mm

Lösung 1.2.12.3

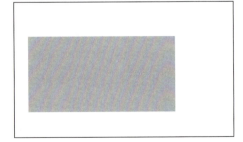

Lösung 1.2.12.4

- Größe
- Farbe
- Helligkeit
- Form
- Formatlage
- Wissen und Interesse

Lösung 1.2.12.5

Die bei uns übliche Leserichtung ist von links nach rechts und von oben nach unten. Eine Ausrichtung von links unten nach rechts oben wird allgemein als aufsteigend empfunden, von links oben nach rechts unten gilt als absteigend oder fallend.

Lösung 1.2.12.6

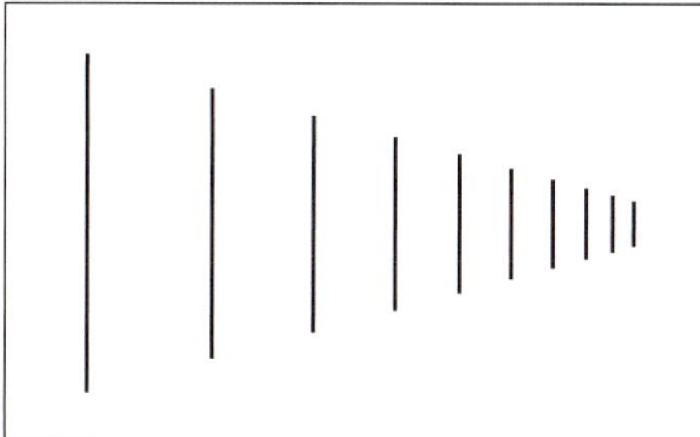

Lösung 1.2.12.7

Die optische Mitte liegt etwas oberhalb der horizontalen Symmetrieachse.

Die geometrische Mitte entspricht exakt der horizontalen Symmetrieachse. Die Objekte wirken etwas zu tief positioniert.

Lösung 1.2.12.8

Die Proportionsregel des goldenen Schnitts lautet: Das Verhältnis des kleineren Teils zum größeren ist wie der größere Teil zur Gesamtlänge der zu teilenden Strecke. Die Anwendung dieser Regel ergibt als Verhältniszahl 1,61803... Um die Anwendung in der Praxis zu vereinfachen, wurde daraus die gerundete Zahlenreihe 3 : 5, 5 : 8, 8 : 13, 13 : 21... abgeleitet.

Lösung 1.2.12.9

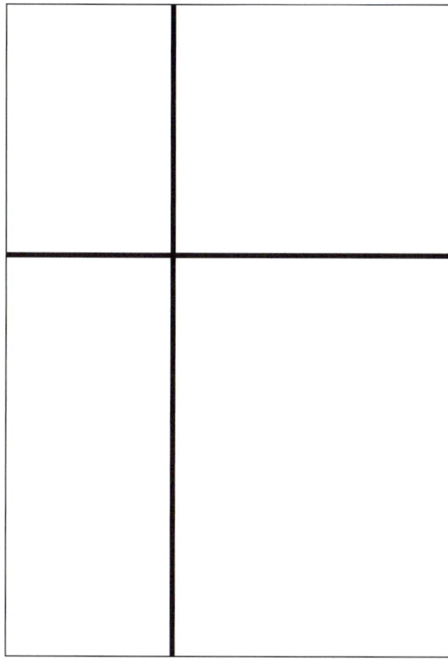

Lösung 1.2.12.9

a. arithmetische Folge
   $a; a + d; a + 2d; a + 3d; z = a + (n-1)d$
b. geometrische Folge
   $a; a \times q; a \times q^2; a \times q^3; z = a \times q^{n-1}$

Lösung 1.2.12.11

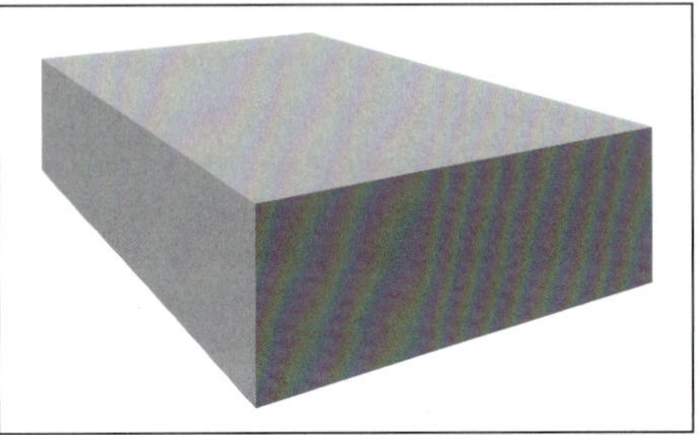

Lösung 1.2.12.12

Eva Heller unterscheidet in ihrem Buch „Wie Farben wirken" sechs verschiedene Arten der Farbwirkung:

- Psychologische Wirkung
- Symbolische Wirkung
- Kulturelle Wirkung
- Politische Wirkung
- Traditionelle Wirkung
- Kreative Wirkung

Lösung 1.2.12.13

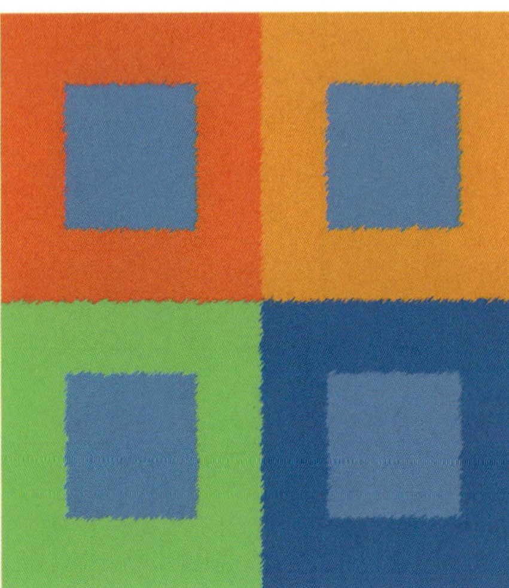

Lösung 1.2.12.14

Die Wirkung von Farben im Umfeld wird als Simultankontrast bezeichnet.

1.3 Typografie und Layout

Lösung 1.3.23.1

Phönizisches und griechisches Alphabet, Capitalis Monumentalis, Capitalis rustika, Majuskelkursive, Uniziale.

Lösung 1.3.23.2

Grundformen Dreieck, Quadrat, Kreis.

Lösung 1.3.23.3

Claude Garamond	Garamond
Erich Walbaum	Walbaum
Paul Renner	Futura
Stanley Morrison	Times
Hermann Zapf	Palatino
Adrian Frutiger	Univers

Lösung 1.3.23.4

Gruppe 1: Schneidler Antiqua
Gruppe 2: Garamond
Gruppe 3: Times
Gruppe 4: Walbaum
Gruppe 5: Clarendon
Gruppe 6: Univers
Gruppe 7: Boeklin
Gruppe 8: Künstler-Schreibschrift
Gruppe 9: Chancery
Gruppe 10: Fraktur
Gruppe 11: z.B. Arabisch

Lösung 1.3.23.5

1. Gebrochene Schriften (Gotisch, Rundgotisch, Schwabacher, Fraktur, Varianten, Dekorative).
2. Römische Schriften (Renaissance-, Barock-, Klassizismus-Antiqua, Varianten, Dekorative).
3. Lineare Schriften (Grotesk, Anglogrotesk, konstruierte Grotesk, geschriebene Grotesk, Varianten, Dekorative).
4. Serifenbetonte Schriften (Egyptienne, Clarendon, Italienne, Varianten, Dekorative).
5. Geschriebene Schriften (Flach-, Spitz-, Rundfederschrift, Pinselschrift, Varianten, Dekorative).

Lösung 1.3.23.6

Die Skizze muss enthalten: Gesamtschrifthöhe, Ober-, Mittel- und Unterlängen. Skizze siehe Seite 56.

Lösung 1.3.23.7

a. Fleisch auf dem Kegel vor und nach dem Schriftbild des Buchstabens.
b. Mittellänge + Oberlänge
c. Geschlossene und offene Räume innerhalb des Buchstabenbildes.
d. Buchstabenbreite mit Vor- und Nachbreite.
e. Feinste Linie eines Buchstabenbildes.
f. Grundlinie, an der alle Schriften eines Schriftgrades ausgerichtet sind.

Lösung 1.3.23.8

Eine Schriftfamilie umfasst alle Schnitte einer Schrift. Üblicherweise sind dies die folgenden Schnitte: Normal, kursiv, leicht, halbfett, fett, schmal, breit und extrabreit. Je nach Herkunft werden auch englische Begriffe verwendet.

Lösung 1.3.23.9

a. Großbuchstaben
b. Kleinbuchstaben
c. Interpunktion
d. Doppelbuchstaben z.B. fl, fi

Lösung 1.3.23.10

- Verringern der Buchstabenabstände
- Vergrößern der Buchstabenabstände

Lösung 1.3.23.11

1. Zur Vermeidung unschöner Trennungen erlaubt.
2. Kleine Schriftgrade = Erhöhung der Laufweite zur Leseverbesserung.
3. Titel und Headlines in großen Graden = Verringerung der Laufweite führt zu verbesserter Optik.

Lösung 1.3.23.12

Blocksatz, Flattersatz links- oder rechtsbündig, Rausatz, Mittelachsensatz.

Lösung 1.3.23.13

Rausatz: Taschenbücher, Zeitschriften, Bücher – wirkt modern und nicht so streng wie Blocksatz.
Flattersatz: Standard bei Websites, bei gut zu lesenden Drucksachen, die ansprechend und ästhetisch wirken sollen. Voraussetzung ist, dass der Flattersatz gut gesetzt wurde.

Lösung 1.3.23.14

Konsultationsgröße = Schriften unter 8 Punkt. Für viele Leser schwer erkennbar.
Lesegröße = Schriftgrade von 8 bis 12 Punkt; werden i.d.R. für Mengentexte verwendet.
Schaugröße = Schriftgrade zwischen 12 bis 48 Punkt; werden z.B. für Headlines und Kleinplakate genutzt.
Plakatgröße = Schriftgrade über 48 pt, die für Großplakate u.Ä. verwendet werden.

Lösung 1.3.23.15

Ein Grundschüler liest immer buchstabenweise und setzt die Buchstaben zu einzelnen Worten zusammen. Der Sinnzusammenhang erschließt sich erst mit zunehmender Lesekompetenz.

Lösung 1.3.23.16

Der geübte Leser erfasst ganze Wortgruppen und Zeilenteile und baut aus diesen einen Sinnzusammenhang auf. Dies kann durch die Wahl einer lesegeigneten Schrift, Schriftwahl, Schriftgröße und Zeilenlänge unterstützt werden.

Lösung 1.3.23.17

- Schriftgröße
- Zeilenabstand
- Zeilenlänge
- Schriftart

Lösung 1.3.23.18

20 % der verwendeten Schriftgröße sind als automatischer Zeilenabstand üblicherweise voreingestellt.

Lösung 1.3.23.19

- Schriften innerhalb einer Schriftfamilie können miteinander kombiniert werden.
- Schriften mit gleichartigem Duktus und ähnlichen Proportionen lassen sich gut mischen.
- Es sollten bei einer Schriftmischung deutliche Kontraste gesetzt werden. Dies erhöht die Aufmerksamkeit beim Leser.

Lösung 1.3.23.20

a. Schreibschrift + Grotesk-Schrift
b. Gebrochene + Grotesk-Schrift
c. Klassizistische + Gebrochene Schrift
d. Serifenlose + Handschriftliche Antiqua-Schrift

Lösung 1.3.23.21

Die Mitgabe und Installation einer Schrift nur zum Zweck der Ausgabe ist zulässig. Es muss sichergestellt sein, dass die Schrift nach der Ausgabe wieder vom Ausgabesystem gelöscht wird.

Lösung 1.3.23.22

Es lassen sich bestimmte Eigenschaften, Eigenarten und Anmutungen herausfinden. Nach der Profilerstellung lassen sich darüber Aussagen treffen, welche Empfindungen eine Schrift beim

Leser hervorruft und wofür sie sinnvollerweise verwendet wird.

Lösung 1.3.23.23

Als Vorbild für Ihren eigenen Fragebogen verwenden Sie das Polaritätsprofil für die Schrift „KuenstlerScript" auf Seite 74.

Lösung 1.3.23.24

e. Clarendon – Diese Schrift könnte den „optischen Kompromiss" verdeutlichen, den eine Oper zwischen den Werken der Klassik und der Moderne immer anzubieten hat. Beide Stilrichtungen könnten sich hier in dieser Schrift wiederfinden.

Lösung 1.3.23.25

Tageszeitungen, Bedienungsanleitungen, wissenschaftliche Bücher, Lehrbücher sind z.B. der informativen Typografie zuzuordnen.

Lösung 1.3.23.26

Schulbuch, Lehrbuch, Fachbuch, Lernsoftware, populärwissenschaftliche Literatur und Zeitschriften.

Lösung 1.3.23.27

Anmutende Typografie: Schöngeistige Typografie, klassische Buchausgaben, hochwertige Lexika, Gedichtbände u.Ä.

Lösung 1.3.23.28

Schriftmischungen, Kontraste, Farbe, Freiräume, Raumaufteilung, Bild, Grafik, Illustration usw.

Lösung 1.3.23.29

Provokative Typografie versucht durch die Wahl ungewöhnlicher, erschreckender und damit provozierender Bilder Aufmerksamkeit für ein Produkt zu wecken. Provokative, bildorientierte Typografie schockt, verletzt und bricht Tabus – sicherlich nicht jedermanns Typografie- und Werbeverständnis.

Lösung 1.3.23.30

- Die wesentliche Bildaussage darf nicht durch Schrift verdeckt werden.
- Kein Absoften von Schrift, da dies zu schlechter Lesbarkeit führt.
- Deutlicher Kontrast zwischen Text und Bild muss gegeben sein, um eine gute Lesbarkeit sicherzustellen.
- Text- und Bildstruktur müssen zueinanderpassen, damit kein unruhiger Leseeindruck entsteht.

Lösung 1.3.23.31

a. Fruchtbarkeit, Hoffnung, Ruhe, Zufriedenheit. Grün beruhigt, wirkt ausgleichend.
b. Wirkt aufbauend, leistungssteigernd, fröhlich und genussfördernd.
c. Weiß wirkt kühl und leicht, steht für Reinheit und Sauberkeit, Unschuld und Weite.
d. Rot wirkt stimulierend, unruhig, wärmend und lustvoll.

Lösung 1.3.23.32

a. Flüchtige Ideenskizze, die am Anfang eines Entwurfsprozesses erstellt wird.
b. Ideenscribble, Entwurfsscribble = Visualisierung einer Idee, keine Reinzeichnung in Farbe, keine exakte Schrift- und Bilddarstellung!

Lösung 1.3.23.33

a. Eine Papierfläche wird in neun senkrechte und waagerechte Felder unterteilt. Damit wird ein harmonischer Satzspiegel erstellt, der für verschiedene Anwendungen optimiert werden kann.
b. Satzspiegelkonstruktion durch Diagonalzug. Durch die sich ergebenden Schnittpunkte kann der Satzspiegel abgeleitet werden. Das Konstruktionsprinzip der so genannten Villardschen Figur ist auf Seite 93 abgebildet.

Lösung 1.3.23.34

Dreispaltige Gestaltungsraster sind außerordentlich vielseitig und variabel verwendbar. Headlines lassen sich über alle Spalten einsetzen, es können Marginalien gesetzt werden. Das Spiel mit bedruckten und unbedruckten Flächen lässt sich spannungsreich einsetzen, um abwechslungsreiche Seiten zu entwerfen. Bilder können in einfacher oder doppelter Spaltenbreite, aber auch mit halben Spaltenmaßen vielseitig positioniert werden. Die gleiche Gestaltungsvielfalt lässt sich auch bei Internetseiten oder CD-ROMs umsetzen, da in der Regel Spaltenbreiten entstehen, die eine gute Lesbarkeit unterstützen.

1.4 Interface-Design

Lösung 1.4.8.1

- Durchführung eines Briefings mit dem Kunden
- Festlegung der Zielgruppe
- Erstellen eines Projektplans
- Festlegen des Budgets/ Erstellen eines Kostenplans
- Anfertigen von Ideenskizzen/Entwürfen/Scribbles
- Erstellen eines Angebots (falls Auftrag noch nicht erteilt)
- Bestimmung des Projektteams
- Festlegung der notwendigen Hard- und Software
- Erstellen eines Pflichtenheftes
- Erstellen eines Navigationsplans
- Erstellen eines Drehbuchs

Lösung 1.4.8.2

- Zielgruppengerechtes Design
- Logische und klare Benutzerführung
- Aktualität der Inhalte
- Gute Performance mit verschiedenen Browsern und Betriebssystemen
- Kurze Ladezeiten auch bei „langsamem" Internetzugang
- Interaktionsmöglichkeiten mit Anbieter
- Barrierefreier Zugang

Lösung 1.4.8.3

- Wenig Text
- Ausreichend große und lesefreundliche Schrift
- Farbenfrohe, kontrastreiche Gestaltung
- Einfache und klare Benutzerführung,

bevorzugt mittels grafischer Navigationselemente
- „Hilfsfunktionen“ zur Erleichterung der Navigation, z.B. Hilfe-Button
- Ausreichende Größe der Navigationselemente

Lösung 1.4.8.4

Hinweis: Bitte beachten Sie, dass die unten auf der Seite dargestellte Struktur lediglich eine Lösungs*möglichkeit* darstellt. Auch andere Lösungen sind denkbar.

Lösung 1.4.8.5

- Einfache, selbsterklärende Benutzerführung
- Leicht verständliche Struktur, da wie beim Fachbuch
- Gute Möglichkeit der Gliederung von Informationen
- Guter Kompromiss zwischen strenger Benutzerführung (lineare Struktur) und völliger Navigationsfreiheit (Netzstruktur)

Lösung 1.4.8.6

- Anzeige des aktuellen Navigationspfades
- Ergänzen eines Eingabefeldes „Suchen“
- Realisation einer Sitemap

Lösung 1.4.8.7

a. Unter „Interaktivität“ versteht man die Möglichkeit der Kommunikation zwischen Anwender und Anbieter einer Webseite.
b. E-Mail-Button
   Formular
   Forum
   Gästebuch

Lösung 1.4.8.8

- Wenn möglich kurze Texte realisieren
- Den Text auch in einer druckbaren Version zur Verfügung stellen
- Die Texte in überschaubare Einheiten gliedern
- Eine bildschirmtaugliche Schrift und

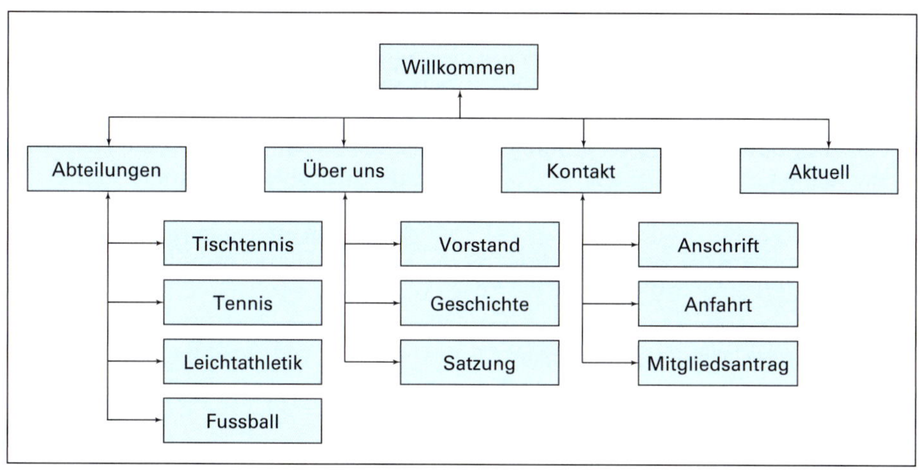

Schriftgröße wählen

- Längere Texte durch Teaser einleiten
- Auf kurze Zeilenlänge mit maximal 50 Zeichen achten
- Auf einen ausreichenden Kontrast zum Hintergrund achten

Lösung 1.4.8.9

a. Der Sound muss als Schleife (Loop) realisiert werden. Hierdurch kann der Sound beliebig oft wiederholt werden, ohne dass dies hörbar ist.

b. Dateiformate, die eine starke Reduktion der Datenmenge ermöglichen, z.B. MP3, WMA, RA

Lösung 1.4.8.10

Die Datenmenge bzw. Datenrate von Video ist erheblich höher als bei Sound. Für Video in ansprechender Qualität und Auflösung ist ein schneller DSL-Anschluss erforderlich.

Lösung 1.4.8.11

a. Die Nutzfläche reduziert sich um die Bereiche, die das Browserfenster benötigt.

b. Bevorzugt links oben, da dieser Bereich unabhängig von der gewählten Fenstergröße des Browsers immer sichtbar ist.

Lösung 1.4.8.12

a. Druckschriften sind nicht an das grobe Raster des Monitors angepasst und verlieren ihren Schriftcharakter.

b. HTML kann keine Schriften einbinden, so dass sie im System installiert sein müssen.

c. Arial, Courier, Verdana

d. Flash kann Schriften einbinden.

Lösung 1.4.8.13

a. Bei einer Bild-Metapher wird einer Grafik eine neue Bedeutung zugewiesen. Beispiel:
Warenkorb > Aufbewahrung von Produkten > Speicherplatz bei Web-Shops

b. Lösungsvorschlag:

Lösung 1.4.8.14

- Keine Layouttabellen verwenden
- Navigationsmöglichkeit per Tastatur ermöglichen
- Alternativtexte bei Bildern ergänzen
- HTML-Tags zur *semantischen* (inhaltlichen) Gliederung einsetzen – nicht zur Formatierung der Webseite
- CSS zur Formatierung der Webseite einsetzen
- Farben so wählen, dass die Webseite auch für Fehlsichtige (ohne Farbe) bedienbar ist.
- Sprachliche Besonderheiten wie Abkürzungen kenntlich machen

Lösung 1.4.8.15

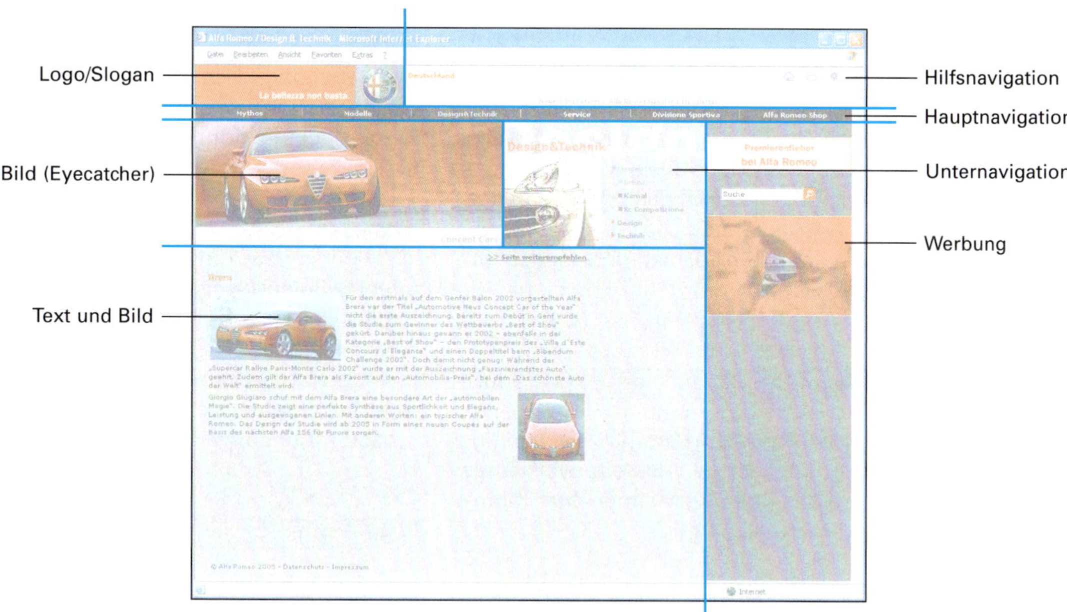

1.5 Bild- und Filmgestaltung

Lösung 1.5.15.1

Der Bildausschnitt beschneidet die Wirklichkeit. Das Wesentliche wird in den Mittelpunkt gerückt, das Unwesentliche wird ausgeblendet. Die Formatlage, Hoch- oder Querformat, unterstützt die Bildaussage.

Lösung 1.5.15.2

Das Hochformat unterstützt die Wirkung der Brunnenstatue. Als Seitenverhältnis wurde das Seitenverhältnis einer Kleinbildkamera gewählt.

Lösung 1.5.15.3

Der Aufnahmestandpunkt ist unterhalb des Aufnahmemotivs. Durch die Perspektive wird die Höhe der Statue und ihre Erhabenheit betont.

Lösung 1.5.15.4

a. Das untere Bild hat eine stärkere Raumwirkung.
b. Die Wirkung wird vor allem durch die Einbeziehung des Bildvordergrunds und die Linienführung erzielt.

Lösung 1.5.15.5

a. Unter Beleuchtung versteht man alles Licht, das auf ein Aufnahmemotiv einstrahlt.
b. Ausleuchtung ist die speziell und gezielt eingesetzte Beleuchtung, um bestimmte Bildwirkung zu erreichen.

Lösung 1.5.15.6

a. Frontlicht
   Frontlicht oder Vorderlicht strahlt in der Achse der Kamera auf das Motiv. Das frontal auftreffende Licht wirft keine Schatten, das Motiv wirkt flach.
b. Seitenlicht
   Seitenlicht ist die klassische Lichtrichtung. Der seitliche Lichteinfall bewirkt ausgeprägte Licht- und Schattenbereiche. Dadurch wird die Räumlichkeit und Tiefe der Szenerie betont.
c. Gegenlicht
   Üblicherweise steht die Sonne hinter der Kamera. Bei der Gegenlichtaufnahme befindet sich die Sonne direkt hinter dem Objekt. Dies führt meist zu Lichtsäumen um den Schattenriss des Motivs. Spezielle Effekte können Sie durch Ausleuchtung des Objekts durch Aufheller oder einen Aufhellblitz erzielen.

Lösung 1.5.15.7

a. Exposé
Erste schriftliche Ausarbeitung einer Filmidee, Ideenskizze.
b. Treatment
Das Treatment wird im Wesentlichen durch den Inhalt des Films bestimmt. Personen, Ort, Zeit und Handlung sind präzise festgelegt. Die filmische Umsetzung steht noch im Hintergrund.
c. Storyboard
Die einzelnen Einstellungen des Films sind zeichnerisch umgesetzt. Bildaufbau und -ausschnitte für den späteren Dreh werden dadurch präzisiert und schon im Vorfeld ergibt sich eine Vorstellung für Bildübergänge und die spätere Montage.

Lösung 1.5.15.8

a. Nahaufnahme
b. Einstellungsgrößen
   - Totale (long shot),
   - Halbtotale (medium long shot)
   - Amerikanische Einstellung (american shot)
   - Halbnahaufnahme (medium close-up)
   - Nahaufnahme (close-up)
   - Großaufnahme (very close-up)
   - Detailaufnahme (extreme close-up)

Lösung 1.5.15.9

a. Der langsame panoramierende Schwenk wirkt als erweiterte Totale. Er hat orientierende und hinführende Wirkung.
b. Beim geführten Schwenk folgt die Kamera dem Protagonisten.

Lösung 1.5.15.10

Zwei im Film aufeinander folgende Einstellungen werden zeitlich getrennt gedreht. Einer der Schauspieler hat beim zweiten Dreh nicht die gleiche Kleidung an oder eine andere Frisur.

Lösung 1.5.15.11

- Torten- oder Kreisdiagramm
- Balkendiagramm
- Linien- oder Streudiagramm

Lösung 1.5.15.12

Linien- oder Streudiagramm

Lösung 1.5.15.13

Regeln, die Sie bei der Gestaltung und Erstellung einer Infografik beachten sollten:

- Eine Infografik muss eigenständig und unabhängig von ihrem Umfeld verständlich sein.
- Jede Infografik braucht eine Überschrift.
- Der Inhalt muss klar strukturiert sein.
- Die Kernaussage muss erkennbar und verständlich visualisiert sein.
- Visuelle Metapher werden gezielt eingesetzt.
- Die Datenquelle muss angegeben werden.
- Die Infografik darf nicht manipulativ sein.
- Bei Mengendarstellungen müssen die Verhältnisse gewahrt werden.
- Form und Inhalt der Infografik bilden eine Einheit.
- Die Infografik passt zum Umfeld.

1.6 Werbelehre

Lösung 1.6.4.1

Werbung ist ein Instrument der Kommunikation zwischen einem Unternehmen, seinem Markt und den beteiligten Marktteilnehmern. Werbung ist ein absatzpolitisches Instrument der Betriebswirtschaftslehre, das die Menschen zu Kaufhandlungen veranlassen soll.

Lösung 1.6.4.2

Werbung ist ein Instrument, um Menschen zur freiwilligen Vornahme bestimmter Handlungen zu veranlassen. Dies kann der Kauf einer Ware sein, aber auch die Unterstützung der Zielsetzung einer politischen Partei oder einer Religionsgemeinschaft. Einem Unternehmen dient die Werbung zur möglichst objektiven Information potenzieller Kunden über ein bestimmtes Angebot. Allerdings wird damit von der Seite eines Unternehmens auch der Zweck verfolgt, eine Nachfrage nach einem Produkt zu schaffen, diese zu erhalten oder gar auszuweiten.

Lösung 1.6.4.3

Werbung verschafft Anbietern und Verbrauchern Markttransparenz. Beide Marktpartner erhalten dadurch einen besseren Überblick über das Marktgeschehen. Damit übernimmt die Werbung neben der betriebswirtschaftlichen Aufgabe der Absatzförderung auch noch eine volkswirtschaftliche Steuerungsfunktion.

Lösung 1.6.4.4

1. Einführungswerbung
2. Werbung zur Stabilisierung des eingeführten Produktes
3. Erhaltungswerbung
4. Expansionswerbung
5. Produktauslauf erfolgt ohne Werbung, es sei denn ein Nachfolgeprodukt kommt.

Genauere Definitionen siehe Seite 201.

Lösung 1.6.4.5

a. Die Erzeugung eines Mangelgefühls für eine Ware oder Dienstleistung führt zu einer Bedarfsweckung am Markt.
b. Werbung für weltanschauliche Ideen.
c. Durch ständige Wiederholungen und einen hohen Werbedruck wird versucht, eine nachhaltige Wirkung beim potenziellen Kunden zu erzeugen.
d. Genau definierte Personengruppe mit bestimmten Merkmalen wie Alter, Geschlecht, Schul-/Ausbildung, Einkommen, Wohnsituation usw.

Lösung 1.6.4.6

Werbung muss
- informativ,
- glaubwürdig,
- überzeugend,
- wirksam,
- wahrhaftig und
- wirtschaftlich

sein und daraufhin immer wieder überprüft werden.

Lösung 1.6.4.7

a. Wendet sich direkt an den einzelnen Kunden. Kann im Rahmen einer 1:1-Marketingaktion direkt angesprochen werden. Ziel ist immer eine langfristige Bindung zwischen dem Produzenten und dem Kunden.
b. Massenkommunikation spricht ein räumlich verstreutes und anonymes Publikum an, das in seinen soziodemografischen Ausprägungen definiert ist. Es wird ein Zielpersonenkreis angesprochen, der weitgehend gleiche Interessen und Verbrauchergewohnheiten aufweist.
c. Response = Antwort, Rücklauf

Lösung 1.6.4.8

1. Individuelle Kundenbehandlung
2. Response-Möglichkeit
3. Angebot einer individuellen Problemlösung, um auf direkte Kunden-, Käuferwünsche einzugehen.

Lösung 1.6.4.9

1. Personalisierter Werbebrief
2 Direct-Response-Werbung mit direkter Antwortmöglichkeit
3. Telefonkontakt

Lösung 1.6.4.10

Etwa 50 % der Online-Nutzer sind zwischen 20 und 40 Jahre alt, aufgeschlossen für neue Produkte und Technologien und verfügen über ein gutes Einkommen. Etwa die Hälfte verfügt über einen qualifizierten Schulabschluss (Abitur) und einen Hochschulabschluss.
Siehe auch auf Seite 209.

Lösung 1.6.4.11

A	Kognitive Ebene	Attention: Beobachten, Aufmerksamkeit, Wahrnehmung der Werbebotschaft
I	Affektive Ebene	Interest: Interesse an dem beworbenen Produkt
D		Desire: Wunsch nach dem beworbenen Produkt
A	Konative Ebene	Action: Handlung, Kauf des beworbenen Produktes

1.7 Briefing

Lösung 1.7.3.1

Briefing ist die Auftragserteilung für werbliche Arbeiten. Dabei kann es um die Entwicklung ganzer Kampagnen gehen, aber auch um die Ausarbeitung einzelner Aufträge.

Lösung 1.7.3.2

Briefing, Re-Briefing, De-Briefing, Brand Review Meeting.

Lösung 1.7.3.3

a. Re-Briefing = Nachbesprechnung des Auftrages mit dem Kunden nach der Auftragserteilung. Eventuelle Korrektur- und Abstimmungsmöglichkeiten für Auftraggeber und Auftragnehmer sind dabei gegeben.
b. De-Briefing = Feedback durch den Auftraggeber nach Abschluss der Auftragsarbeiten hinsichtlich Qualität und Auftragsdurchführung.
c. Brand Review Meeting = Alle am Werbe- und Kommunikationsprozess Beteiligten tauschen in regelmäßigen Abständen Meinungen und Informationen aus, um Prozesse zu verbessern und zu optimieren.

Lösung 1.7.3.4

- Angebotsumfeld
- Werbeziele
- Marketingstrategie
- Werbeobjekte
- Abgrenzung des Marktes
- Werbeetat
- Käuferverhalten
- Beurteilung der Werbung bei Konkurrenzprodukten

Lösung 1.7.3.5

- Markt
- Kommunikation
- Wettbewerber
- Beworbenes Angebot
- Zielgruppe (Abnehmer)
- Randbedingungen

Lösung 1.7.3.6

Genau definierte Personengruppe mit bestimmten Merkmalen wie Alter, Geschlecht, Schul-/Ausbildung, Einkommen, Wohnsituation u.Ä. Wichtige Informationen sind Kenntnisse über die Einstellungen zu einem beworbenen Produkt, Informations- und Entscheidungsverhalten beim Kauf, altersgerechte Zielgruppenansprache, Qualitätserwartungen und notwendiger Qualitätsanspruch an ein Produkt.

Lösung 1.7.3.7

a. Kundenberater und Außendienstmitarbeiter einer Werbeagentur.
b. Entwirft eigene Werbetexte, redigiert, korrigiert und vereinheitlicht Texte fremder Autoren, entwirft Sprachunterlegungen für Werbefilme, beurteilt die sprachliche Wirkung von Texten auf Zielgruppen gemeinsam mit Kunden und Agenturmitarbeitern wie z.B. Psychologen.
c. Entwirft und erstellt Seitenumbrüche für Broschüren und andere mehrseitige Printprodukte.
d. Erstellt, kalkuliert und überwacht den

Einsatz und die Wirkung verschiedener Medien (Mediamix) für einen größeren Auftrag.

e. Gestaltet, plant und kalkuliert Medienprodukte im Print- und Nonprintbereich.

f. Technischer Fachmann in einer Werbeagentur. Verantwortlich für die organisatorische und technische Herstellung der Medienprodukte.

Lösung 1.7.3.8

- Grundlagenphase
- Strategiephase
- Entwicklungsphase
- Gestaltungsphase
- Ausführungsphase
- Kontrollphase

Lösung 1.7.3.9

Es wird untersucht, welche Mitbewerber für ein Produkt am Markt sind, welche Marketing- und Werbestrategie von diesen mit welchem Erfolg angewendet werden. Weiter werden mögliche potentielle Mitbewerber, Substitutionsgutanbieter und deren denkbare werbliche Konzeptionen untersucht.

Lösung 1.7.3.10

Die einzelnen Phasen sind in der Lösung 1.7.3.8 genannt. Die ausführliche Beschreibung dazu finden Sie auf Seite 223.

Lösung 1.7.3.11

Werbeerfolgskontrolle durch den Nachweis der Umsatzsteigerung, Responsequote, Gewinnsteigerung, Publikumszulauf bei Veranstaltungen. Steigerung des Bekanntheitsgrades eines Produktes, Einstellungsveränderungen zu einer Marke u.Ä. können durch Umfragen nachgewiesen werden. Erfolgskontrolle geschieht auch durch die Überprüfung des vereinbarten Werbezieles durch Auftraggeber und Agentur. Man unterscheidet dabei eine ökonomische Werbeerfolgskontrolle und eine außerökonomische Wirkungskontrolle (Imagekontrolle).

Lösung 1.7.3.12

- Agentur-Präsentation
- Konkurrenz-Präsentation
- Etat-Präsentation
- Akquisitions-Präsentation

Lösung 1.7.3.13

Die ausführliche Erklärung zu diesen Präsentationsarten finden Sie auf den Seiten 225 und 226.

Lösung 1.7.3.13

Briefing
|
Re-Briefing
|
Entwicklung des Werbeauftrages
|
Entwicklung der Gestaltung
|
Präsentation
|
Technische Planung und Ausführung
|
De-Briefing
|
Werbeerfolgskontrolle

Medientechnik

2.1 Digitale Daten

Lösung 2.1.5.1

1. Schritt:
Abtastung des analogen Signals zu festen Zeiten.
Kennwert: Abtastfrequenz in Hertz

2. Schritt:
Digitalisierung des Abtastsignals durch Zuordnung jedes analogen Wertes zu einer digitalen „Stufe".
Kennwert: Stufenzahl in Bit

Lösung 2.1.5.2

Computer arbeiten mit Hilfe elektronischer Schalter. Diese können genau zwei Schaltzustände – Ein oder Aus – annehmen. Jedem Zustand wird eine Ziffer zugeordnet, z.B. „0" für Aus und „1" für Ein. Die Binärtechnik verwendet deshalb ein Zahlensystem mit genau diesen beiden Ziffern.

Lösung 2.1.5.3

a. 1000 b
   $1 \times 2^3 = 8$
b. 1100 1100 b
   $1 \times 2^2 + 1 \times 2^3 + 1 \times 2^6 + 1 \times 2^7 =$
   $4 + 8 + 64 + 128 =$
   204
c. 1000 0000 0000 0000 b
   $1 \times 2^{15} = 32.768$

Lösung 2.1.5.4

a. $64 = 2^6$
   100 0000 b
b. $255 = 2^0 + 2^1 + 2^2 + 2^3 + 2^4 + 2^5 + 2^6 + 2^7$
   1111 1111 b

Lösung 2.1.5.5

a. 1100 0001 1111 0000 b
   C 1 F 0 = C1F0 h
b. 1111 1010 0010 0100 b
   F A 2 4 = FA24 h

Lösung 2.1.5.6

a. ABCD h
   1010 1011 1100 1101 b
b. 1234 h
   0001 0010 0011 0100 b

Lösung 2.1.5.7

a. 101 0000 b
b. 011 1111 b

Lösung 2.1.5.8

a.	ASCII	128 Zeichen
b.	ANSI	256 Zeichen
c.	Unicode	65.536 Zeichen

Lösung 2.1.5.9

a. 8.192 Bit
   = 1024 Byte = 1 KB = 0,001 MB
b. 41.943.040 Bit
   = 5.242.880 Byte = 5120 KB = 5 MB

Lösung 2.1.5.10

4,7 GB = 4.812,8 MB
4812,8 / 650 = 7,4 CD-ROM

Lösung 2.1.5.11

a. 80 GB = 80 x 2^{30} Byte (Buchstaben)
b. 80 x 50 x 200 = 800.000 Buchstaben/ Buch

   Auf der Platte haben 107.374 Bücher Platz!

Lösung 2.1.5.12

1500 x 2,8 MB = 4.200 MB
4.200 / 650 = 6,5

Es sind 7 CDs notwendig!

2.2 Schrifttechnologie

Lösung 2.2.4.1

Bitmap-Fonts speichern alle Pixel der Schrift, während bei Outline-Fonts lediglich eine mathematische Beschreibung der Schriftkontur (Outline) gespeichert wird.

Lösung 2.2.4.2

Bitmap-Fonts sind nicht skalierbar: Für jede Schriftgröße muss ein eigener Zeichensatz vorliegen.

Lösung 2.2.4.3

a. Hinting: Vereinheitlichung der Schriftdarstellung z.B. gleiche Strichstärken
   Anti-Aliasing: Kantenglättung
b. Kerning: Unterschneiden zum optischen Ausgleich der Buchstabenabstände

Lösung 2.2.4.4

- Type-1-Fonts
- TrueType-Fonts
- OpenType-Fonts

Lösung 2.2.4.5

- Type-1-Schriften „rastern", so dass sie auf dem Bildschirm dargestellt werden (wenn dies das Betriebssystem nicht ermöglicht).
- Organisation der Schriften durch Aktivieren/Deaktivieren der Zeichensätze.

2.3 Farbenlehre

Lösung 2.3.8.1

Die Netzhaut des Auges enthält die Fotorezeptoren (Stäbchen und Zapfen) sowie verschiedenartige Nervenzellen, die sich schließlich zum Sehnerv vereinen.

Die Rezeptoren wandeln als Messfühler den Lichtreiz in Erregung um. Nur die Zapfen sind farbtüchtig. Es gibt drei verschiedene Zapfentypen, die je ein spezifisches Fotopigment besitzen, dessen Lichtabsorption in einem ganz bestimmten Wellenlängenbereich ein Maximum aufweist. Diese Maxima liegen im Rotbereich bei 600 – 610 nm (Rotrezeptor), im Grünbereich bei 550 – 570 nm (Grünrezeptor) und im Blaubereich bei 450 – 470 nm (Blaurezeptor). Jede Farbe wird durch ein für sie typisches Erregungsverhältnis der drei Rezeptorentypen bestimmt.

Lösung 2.3.8.2

Die Farbvalenz ist die Bewertung eines Farbreizes durch die drei Empfindlichkeitsfunktionen des Auges.

Lösung 2.3.8.3

Die Farbmetrik entwickelt Systeme zur quantitativen Erfassung und Kennzeichnung der Farbeindrücke (Farbvalenzen). Das menschliche Farbensehen wird dadurch messtechnisch erfassbar.

Lösung 2.3.8.4

a. Das Diagramm zeigt die Normspektralwertkurven. Sie beschreiben die spektrale Empfindlichkeit des Normalbeobachters, dem statistischen Mittel mehrerer Versuchspersonen.

b.

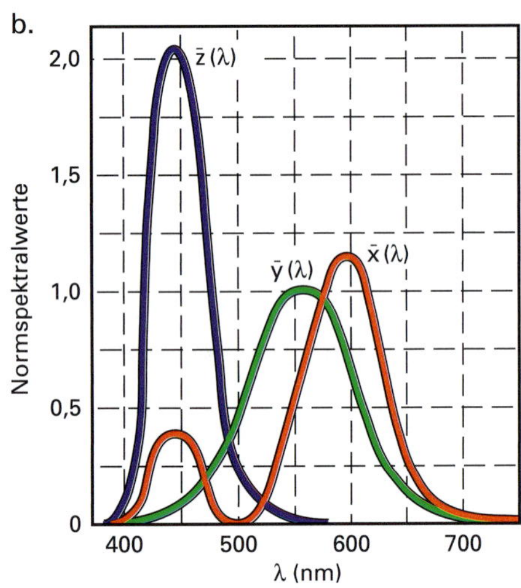

Lösung 2.3.8.5

a. Die additiven Grundfarben sind Rot, Grün und Blau.
b. Sie entsprechen den Empfindlichkeiten der drei Zapfentypen. Die additive Farbmischung heißt deshalb auch physiologische Farbmischung.

Lösung 2.3.8.6

a. Die subtraktiven Grundfarben sind Cyan, Magenta und Gelb.
b. Da die Mischung der Körperfarben unabhängig vom Farbensehen erfolgt, heißt diese Fabmischung auch physikalische Farbmischung.

Lösung 2.3.8.7

	Additive Farbmischung			Subtraktive Farbmischung		
Primärfarben	Rot	Grün	Blau	Cyan	Magenta	Gelb
Sekundärf.	Cyan	Magenta	Gelb	Rot	Grün	Blau
Tertiärfarben		Weiß			Schwarz	

Lösung 2.3.8.8

Die autotypische Farbmischung vereinigt die additive und die subtraktive Farbmischung. Voraussetzung ist allerdings, dass die Größe der gedruckten Farbflächen unterhalb des Auflösungsvermögens des menschlichen Auges liegt und die Druckfarben lasierend sind. Das remittierte Licht der nebeneinander liegenden Farbflächen mischt sich dann additiv im Auge (physiologisch), die übereinander gedruckten Flächenelemente mischen sich subtraktiv auf dem Bedruckstoff (physikalisch).

Lösung 2.3.8.9

Lösung 2.3.8.10

a. Komplementärfarben sind Farbenpaare, die in einer besonderen Beziehung zueinander stehen:
   - Komplementärfarben liegen sich im Farbkreis gegenüber.
   - Komplementärfarben ergänzen sich zu Unbunt. (Komplement: lat. Ergänzung)
   - Komplementärfarbe zu einer Grundfarbe ist immer die Mischfarbe der beiden anderen Grundfarben.

b. Bei der Farbtrennung in Digitalkameras und Scannern werden Komplementärfilter eingesetzt. In der Gestaltung ist der Komplementärkontrast einer der wichtigsten und häufig angewandten Kontraste.

Lösung 2.3.8.11

255 Rot, 255 Grün, 255 Blau

Lösung 2.3.8.12

100% Cyan, 100% Magenta, 100% Gelb (Y) und 100% Schwarz (K)

Lösung 2.3.8.13

Ein indiziertes Bild hat einen Farbkanal mit maximal 256 Farben.

Lösung 2.3.8.14

a. dezimal
   0, 51, 102, 153, 204, 255

b. hexadezimal
   00, 33, 66, 99, CC und FF

Lösung 2.3.8.15

CIE ist die Abkürzung von Commission Internationale de l´Eclairage, auf deutsch: Internationale Beleuchtungskommission.

Lösung 2.3.8.16

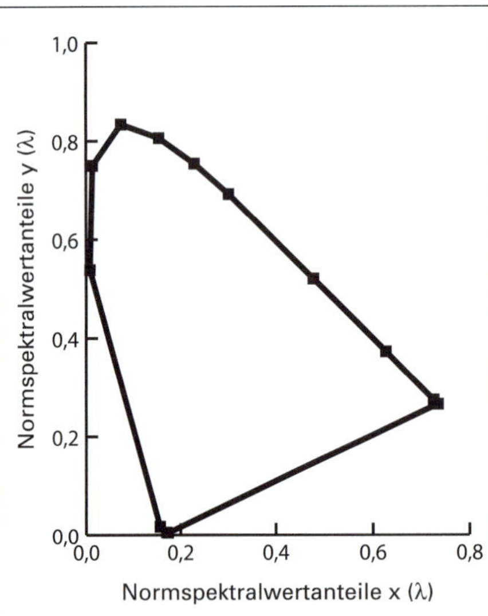

Lösung 2.3.8.17

Ein Farbort im CIE-Normvalenzssystem wird bestimmt durch:

- Farbton T
  Lage auf der Außenlinie
- Sättigung S
  Entfernung von der Außenlinie
- Helligkeit Y
  Ebene im Farbkörper

Lösung 2.3.8.18

Die Koordinaten des Unbuntpunktes E sind x = y = z = 0,33.

Lösung 2.3.8.19

Durch die MacAdam-Ellipsen wird die Tatsache veranschaulicht, dass der geometrische und der visuelle Farbabstand im CIE-Normvalenzsystem nicht in allen Farbbereichen gleich ist. So sind z.B. zwei im Farbraum nahe beieinander liegende Blautöne visuell einfacher zu unterscheiden als zwei Grüntöne mit vergleichbar großem geometrischem Abstand im Farbraum.

Lösung 2.3.8.20

Zur Bestimmung des Farbortes einer Farbe genügen drei Kenngrößen:

- Helligkeit L* (Luminanz)
  Ebene im Farbkörper
- Sättigung C* (Chroma)
  Entfernung vom Unbuntpunkt
- Farbton H* (Hue)
  Richtung vom Unbuntpunkt

H* und C* werden auf zweierlei Arten beschrieben:

- Durch die Koordinaten a* und b* in der Farbebene
- Durch den Bunttonbeitrag DH*ab (Bunttonwinkel h*, a* = 0°, mathematisch positive Richtung) und den Buntheitsbeitrag ΔC*ab

Lösung 2.3.8.21

a. a*-Achse
   Rot-Grün-Achse
b. b*-Achse
   Blau-Gelb-Achse

Lösung 2.3.8.22

Die Koordinaten der Unbuntachse sind a* = b* = 0

Lösung 2.3.8.23

Der Farbabstand ΔE* ist die Strecke zwischen zwei Farbörtern im Farbraum.

Lösung 2.3.8.24

$$\Delta E^* = \sqrt{(\Delta L^*)^2 + (\Delta a^*)^2 + (\Delta b^*)^2}$$

Lösung 2.3.8.25

a. Strahlungsverteilung der Emission einer Lichtquelle wird häufig mit der Farbtemperatur gekennzeichnet.
b. Die Farbtemperatur einer Lichtquelle entspricht der Temperatur eines schwarzen Strahlers, bei der er die gleiche Farbart abgibt wie die Lichtquelle. Mit der Farbtemperatur wird die Strahlungsleistung einer Lichtquelle in den verschiedenen Wellenlängen, nicht die Temperatur der Lichtquelle beschrieben.

Lösung 2.3.8.26

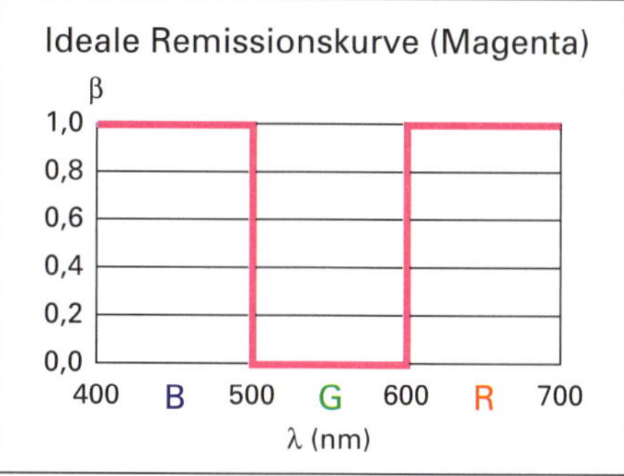

Lösung 2.3.8.27

a. Viertelton
   C 25%, M 19%, Y 19%
b. Mittelton
   C 50%, M 40%, Y 40%
c. Dreiviertelton
   C 75%, M 64%, Y 64%

Lösung 2.3.8.28

Die Metamerie beschreibt das Phänomen, dass spektral unterschiedliche Farbreize die gleiche Farbempfindung auslösen. Die Transmissions- bzw. Remissionskurven der beiden zu vergleichenden Farben sind nicht gleich. Die Produkte aus der spektralen Emissionsfunktion ($S\lambda$) einer bestimmten Lichtquelle und den Transmissions- bzw. Remissionsfunktionen ($T\lambda$, $P\lambda$ oder $\beta\lambda$) der Proben haben aber denselben Wert. Die Flächen unter den Farbreizkurven beider Proben sind deshalb gleich. Daraus ergibt sich die gleiche Farbvalenz. Die beiden Farben sind visuell nicht unterscheidbar, sie sehen gleich aus. Ändert sich der Faktor Licht ($S\lambda$), dann sind die Proben meist visuell wieder unterscheidbar.

Lösung 2.3.8.29

Unbedingt-gleiche Farben sind Farben mit identischen Spektralfunktionen. Unbedingt-gleiche Farben sind unabhängig von der Beleuchtung visuell nie unterscheidbar.

2.4 Optik

Lösung 2.4.8.1

a. Periode
   Zeitdauer, nach der sich der Schwingungsvorgang wiederholt.
b. Wellenlänge λ (m)
   Abstand zweier Perioden, Kenngröße für die Farbigkeit des Lichts
c. Frequenz ν (Hz)
   Kehrwert der Periode, Schwingungen pro Sekunde
d. Amplitude
   Auslenkung der Welle, Kenngröße für die Helligkeit des Lichts

Lösung 2.4.8.2

a. 300.000 km/s
b. Der Zusammenhang ist in der Formel $c = \nu \times \lambda$ dargestellt.

Lösung 2.4.8.3

380 nm bis 760 nm

Lösung 2.4.8.4

a. Die Wellen unpolarisierten Lichts schwingen in allen Winkeln zur Ausbreitungsrichtung. Polarisiertes Licht schwingt nur in einer Ebene.
b. Densitometer zur Druckfarbenmessung

Lösung 2.4.8.5

Der Einfallswinkel ist gleich dem Reflexions- oder Ausfallswinkel.

Lösung 2.4.8.6

a. Totalreflexion heißt, dass ein Lichtstrahl, der unter einem bestimmten Winkel auf die Grenzfläche eines Mediums trifft, sein Medium nicht verlassen kann.
b. Glasfaserkabel

Lösung 2.4.8.7

Der Brechungsindex n ist für Licht verschiedener Wellenlängen unterschiedlich hoch. Da n_{Blau} größer als n_{Rot} ist, wird das blaue Licht an jeder Grenzfläche stärker gebrochen als das rote Licht.

Lösung 2.4.8.8

a. Vorlage y
b. Reproduktion y´

Lösung 2.4.8.9

$v = y'/y = a'/a$

Lösung 2.4.8.10

$v = y'/y$

$v = 100\ \text{mm} / 24\ \text{mm}$
$v = 4{,}167$
$4{,}167 \times 100\% = \underline{416{,}7\ \%}$

Lösung 2.4.8.11

a. Sammellinsen sind konvexe Linsen.
b. Zerstreuungslinsen sind konkave Linsen.

Lösung 2.4.8.12

Sammellinsen

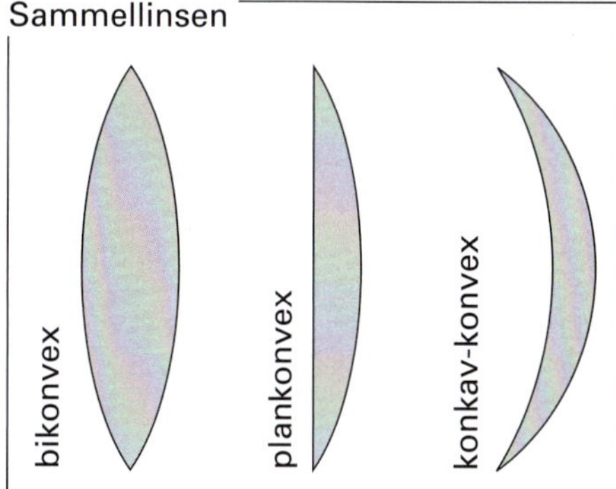

Zerstreuungslinsen

bikonkav
plankonkav
konvex-konkav

Lösung 2.4.8.13

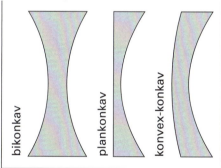

a. Der Bildwinkel ist der Winkel, unter dem eine Kamera das aufgenommene Motiv sieht.
b. Die Blende ist die verstellbare Öffnung des Objektivs, durch die Licht auf die Bildebene fällt.

Lösung 2.4.8.14

a. Lichtstärke I (cd, Candela)
   Die Lichtstärke ist eine der sieben Basis-SI-Einheiten. Sie beschreibt die von einer Lichtquelle emittierte fotometrische Strahlstärke bzw. Lichtenergie.
b. Beleuchtungsstärke E (lx, Lux)
   Die Beleuchtungsstärke ist die Lichtenergie, die auf eine Fläche auftrifft.
c. Belichtung H (lxs, Luxsekunden)
   Die Belichtung ist das Produkt aus Beleuchtungsstärke und Zeit. Aus ihr resultiert die fotochemische oder fotoelektrische Wirkung z.B. bei der Bilddatenerfassung in der Fotografie.

Lösung 2.4.8.15

Die Beleuchtungsstärke verhält sich umgekehrt proportional dem Quadrat der Entfernung zwischen Lichtquelle und Empfängerfläche. Oder anders ausgedrückt: Die Beleuchtungsstärke verändert sich im Quadrat der Entfernung.

Lösung 2.4.8.16

$r_1^2/r_2^2 = E_2/E_1$
$E_2 = (r_1^2 \times E_1)/r_2^2$
$E_2 = (4\ m^2 \times 1000\ lx)/16\ m^2$
$E_2 = \underline{250\ lx}$

Lösung 2.4.8.17

Laser ist die Abkürzung von „Light amplification by stimulated emission of radiation", auf deutsch „Lichtverstärkung durch stimulierte Strahlungsemission".

Lösung 2.4.8.18

In der Densitometrie wird die optische Dichte D von Vorlagen, Drucken und fotografischen Materialien gemessen.

Lösung 2.4.8.19

Bei der densitometrischen Messung von Halbtonvorlagen, z.B. Dias oder Fotos, muss zunächst das Densitometer kalibriert werden. Dies geschieht durch eine erste Messung ohne Probe. I1 wird damit gleich I0 und somit zu 100% gesetzt. Bei der folgenden Messung auf der Bildstelle wird die durch die optische Dichte reduzierte I1 gemessen. Die anschließende Berechnung im Densitometer ergibt die Bilddichte D.

Lösung 2.4.8.20

Die Rasterdichtemessung, auch integrale Dichtemessung, bestimmt als I1 den Mittelwert aus gedeckter und ungedeckter Fläche. Die Kalibrierung erfolgt auf einer nicht mit Rasterpunkten bedeckten blanken Filmstelle bzw. bei Aufsicht auf weißem Papier. Somit repräsentiert I1 bei der Messung nur die rasterfreien Flächenanteile. Die anschließende Berechnung im Densitometer ergibt die Bilddichte D.

Lösung 2.4.8.21

O = I0/I1, D = logO

a. O = 100%/75%
   O = 1,33
   D = log1,33
   D = <u>0.125</u>
b. O = 100%/50%
   O = 2
   D = log2
   D = <u>0.3</u>
c. O = 100%/5%
   O = 20
   D = log20
   D = <u>1.3</u>

2.5 Bildverarbeitung

Lösung 2.5.9.1

a. Tonwert
   Helligkeitswert im Bild
b. Kontrast
   Visuelle Differenz zwischen hellen und dunklen Bildstellen
c. Gradation
   Tonwertabstufung, Bildcharakteristik
d. Farbwert
   Farbigkeit einer Bildstelle, definiert als Anteile der Prozessfarben

Lösung 2.5.9.2

Pixel ist ein Kunstwort, zusammengesetzt aus den beiden englischen Wörtern „picture“ und „element“. Ein Pixel beschreibt die kleinste Flächeneinheit eines digitalisierten Bildes. Die Größe der Pixel ist von der gewählten Auflösung abhängig.

Lösung 2.5.9.3

a. Prescan
   Der Prescan erfolgt nach dem Einlegen der Vorlage in den Scanner mit geringer Auflösung. Er dient zur automatischen Bildanalyse und ermöglicht die Auswahl des Bildausschnitts und die Einstellungen der Bildparameter.
b. Feinscan
   Der Feinscan erfolgt entsprechend den Einstellungen nach dem Prescan mit hoher Auflösung.

Lösung 2.5.9.4

- Gradations- und Tonwertkorrektur
- Farbstichausgleich
- Schärfekorrektur
- Festlegen des Lichter- und Tiefenpunkts
- Bildausschnitt
- Auflösung
- Abbildungsmaßstab

Lösung 2.5.9.5

Da ein Strichscan als binäres System nur Schwarz oder Weiß enthält, wird über die Schwellen- bzw. Schwellwerteinstellung festgelegt, ob ein Pixel schwarz oder weiß gescannt wird.

Lösung 2.5.9.6

2048 Pixel × 1536 Pixel = 3145728 Pixel
3145728/1000000 = 3,1 Megapixel

Lösung 2.5.9.7

a. Die Schärfentiefe ist der Bereich des Motivs, der vor und hinter einer scharf eingestellten Ebene zusätzlich scharf abgebildet wird.
b.
   - Je kürzer die Brennweite, desto größer ist die Schärfentiefe.
   - Je kleiner die Blendenöffnung, desto größer ist die Schärfentiefe.

Lösung 2.5.9.8

- CompactFlash-Karte
- SD Memory Card
- Multimedia-Card
- Microdrive

Lösung 2.5.9.9

a. Rauschen
   Elektronische Verstärker rauschen umso stärker, je geringer das zu verstärkende Signal ist. Das so genannte Verstärkerrauschen ist deshalb in den dunklen Bildbereichen am größten. Bei Langzeitbelichtungen kommt zusätzlich noch das thermische Rauschen hinzu.
b. Blooming
   Mit dem Begriff Blooming wird beschrieben, dass Elektronen von einem CCD-Pixel auf ein benachbartes überlaufen. Da dies meist bei vollem Potenzial geschieht, wirkt sich dieser Effekt in den hellen Bildbereichen aus.
c. Farbsäume
   Farbsäume entstehen durch die Interpolation und Zuordnung der drei Farbsignale zu einem Pixel.
d. Moiré
   In der Digitalfotografie entsteht ein Moiré durch die Interferenz zwischen einer Motivstruktur und der Anordnungsstruktur der Elemente des Bildsensors.

Lösung 2.5.9.10

a. Auflösung
   Anzahl der Pixel pro Streckeneinheit
b. Datentiefe
   Datentiefe oder Farbtiefe bezeichnet die Anzahl der Tonwerte pro Pixel.

Lösung 2.5.9.11

Im RGB-Modus mit 24 Bit Farbtiefe (8 Bit x 3 Kanäle) kann jede der 256 Stufen eines Kanals mit jeder Stufe der anderen Kanäle kombiniert werden.
Daraus ergeben sich 256 x 256 x 256 = 16.777.216 Farben.

Lösung 2.5.9.12

Die Korrektur der Gradationskurve führt zur Tonwertverdichtung von den Lichtern über die Vierteltönen bis zu den Mitteltönen. Von den Mitteltönen über die Dreivierteltöne bis zu den Tiefen werden die Tonwerte gespreizt. Das Bild wird insgesamt heller.

Lösung 2.5.9.13

Unter Farbseparation versteht man die Umrechnung der digitalen Bilddaten aus einem gegebenen Farbraum, z.B. RGB, in den CMYK-Farbraum des Mehrfarbendrucks.

Lösung 2.5.9.14

a. UCR
   Under Color Removal, Buntaufbau
b. GCR
   Gray Component Replacement, Unbuntaufbau
c. DCS
   Desktop Color Separations ermöglicht das Speichern einer Farbseparation von CMYK- oder Mehrkanaldateien.

Lösung 2.5.9.15

Bei der In-RIP-Separation wird die Bilddatei nicht im Bildverarbeitungsprogramm, sondern erst im Raster Image Processor (RIP) separiert. Die Separation erfolgt entweder durch UCR- bzw. GCR-Einstellungen in der RIP-Software oder über ICC-Profile.

Lösung 2.5.9.16

Die Prozessfarben eines Bildes werden in den konventionellen Druckverfahren, wie Offset- oder Tiefdruck, von einzelnen Druckformen nacheinander auf den Bedruckstoff übertragen. Nebeneinander liegende Farbflächen müssen deshalb über- bzw. unterfüllt sein, damit keine Blitzer, d.h. weiße Kanten, entstehen.

Lösung 2.5.9.17

a. Echte Halbtöne
   Bei echten Halbtönen variiert die Farbschichtdicke zur Darstellung verschiedener Helligkeiten.
b. Unechte Halbtöne
   Bei unechten Halbtönen variiert nicht die Farbschichtdicke zur Darstellung verschiedener Helligkeiten, sondern nur die Fläche oder die Zahl der Rasterelemente.

Lösung 2.5.9.18

a. AM heißt amplitudenmoduliert. Alle AM-Rasterungen sind durch die folgenden drei Merkmale gekennzeichnet:
   - Die Mittelpunkte der Rasterelemente sind immer gleichabständig.

- Die Fläche der Rasterelemente variiert je nach Tonwert.
- Die Farbschichtdicke ist grundsätzlich in allen Tonwerten gleich.

b. Die frequenzmodulierte Rasterung (FM) stellt unterschiedliche Tonwerte ebenfalls durch die Flächendeckung dar. Es wird dabei aber nicht die Größe eines Rasterpunktes variiert, sondern die Zahl der Rasterpunkte, also die Frequenz der Punkte (Dots) im Basisquadrat.

Lösung 2.5.9.19

Bei Rastern mit Hauptachse muss die Winkeldifferenz zwischen Cyan, Magenta und Schwarz 60° betragen. Gelb muss einen Abstand von 15° zur nächsten Farbe haben. Die Winkelung der zeichnenden, dominanten Farbe sollte 45° oder 135° betragen, z.B. C 75°, M 45°, Y 0°, K 15°.

Lösung 2.5.9.20

Durch Masken, Alphakanäle oder Vektorformen können bestimmte Bildbereiche ausgewählt und mit der Option „gewichtete Optimierung" jeweils im optimalen Format komprimiert und gespeichert werden.

Lösung 2.5.9.21

Slices sind rechteckige Bildbereiche, die z.B. in Photoshop und ImageReady erzeugt werden können. Sie werden als eigene Bilddateien gespeichert und z.B. in einer Tabelle im Browser wieder zu einem Gesamtbild zusammengesetzt.

Lösung 2.5.9.22

60 L/cm = 120 px/cm
2560 px / 120 px/cm = 21,3 cm
1920 px / 120px/cm = 16 cm

Endformat: 21,3 cm x 16 cm

2.6 Dateiformate

Lösung 2.6.8.1

a. Textdatei	TXT, RTF
b. Sounddatei	WAV, MP3, AIF
c. Bilddatei	PSD, JPG, TIF, GIF, BMP
d. Videodatei	MOV, AVI

Lösung 2.6.8.2

a. Verwendung auf Webseiten: JPG, GIF, PNG
b. Verwendung für Printprodukte: TIF, EPS
c. Export in ein anderes Format notwendig: PSD, AI, RAW, CDR

Lösung 2.6.8.3

Skriptsprachen:
PHP, Perl, (JavaScript)

Lösung 2.6.8.4

a. INDD	Adobe InDesign
b. EPS	–
c. PSD	Adobe Photoshop
d. AI	Adobe Illustrator

e. HTML –
f. DIR Macromedia Director
g. TIF –

Lösung 2.6.8.5

a. Bildverarbeitung
   RAW Aufnahme mit Digitalkamera
   TIF Bildbearbeitung
   INDD Platzieren in InDesign
   PDF Ausgabe zur Belichtung
b. Texterfassung/-verarbeitung
   DOC Texterfassung in Word
   TXT Zwischenformat
   QXD Layout in QuarkXPress
   PS Ausgabe als PostScript-Datei
c. Grafikerstellung/-verarbeitung
   AI Grafikerstellung (Illustrator)
   EPS Zwischenformat
   PDF Ausgabe zur Belichtung

Lösung 2.6.8.6

a. Foto JPG
b. zweifarbiges Logo GIF
c. Cascading Stylesheets CSS
d. Flash-Film SWF
e. Text als Grafik GIF

Lösung 2.6.8.7

Betriebssystem:	a.	b.	c.	d.
Windows	✗			✗
Mac OS			✗	
Linux		✗		

Informationstechnik

3.1 Hardware

Lösung 3.1.8.1

a. Peripheriegeräte:
   Tastatur, Digitalkamera, Drucker
b. Mikrocomputer:
   Mikroprozessor, RAM, USB, FireWire
c. Externe Speicher:
   Festplatte,DVD

Lösung 3.1.8.2

Schnittstellen von oben nach unten:
- PS/2, z.B. Tastatur, Maus
- USB, z.B. Drucker, Scanner
- Seriell (RS232C), z.B. Maus, Modem
- Parallel (Centronics), z.B. Drucker
- VGA für Monitor (analog)
- RJ45 für Twisted-Pair-Netzwerkkabel
- FireWire, z.B. Camcorder
- DVI-D für Monitor (digital)

Lösung 3.1.8.3

a. ALU (Arithmetic Logic Unit)
   Rechenwerk zur Ausführung elementarer Operationen wie Addition
b. Cache
   Schneller Zwischenspeicher zwischen RAM und Register. Er dient zur Bereithaltung der Daten, die als Nächstes vom Mikroprozessor benötigt werden.
c. Register
   Speicherplätze des Mikroprozessors zur Aufnahme der aktuellen Befehle bzw. Operanden
d. Datenbus
   Parallele Anschlussleitungen zur Verbindung des Mikroprozessors mit dem Hauptspeicher (RAM)

Lösung 3.1.8.4

a. Geschwindigkeit
   Streamer – CD-R – DVD-R – Festplatte – RAM – Cache
b. Kosten
   Streamer – Festplatte – DVD-R – CD-R – RAM – Cache
c. Nichtflüchtige Speicher
   Festplatte, CD-R, DVD-R, Streamer
d. Halbleiterspeicher
   RAM, Cache

Lösung 3.1.8.5

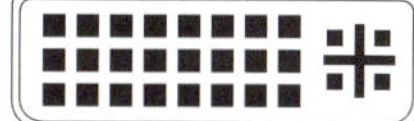

Die DVI-Schnittstelle links (DVI-I) ermöglicht den digitalen oder analogen Anschluss eines Monitors.
An die DVI-Schnittstelle rechts (DVI-D) können nur digital angesteuerte Monitore angeschlossen werden.

Lösung 3.1.8.6

- Geringerer Platzbedarf
- Geringerer Strombedarf
- Geringere Wärmeentwicklung
- Kontrastreicheres Bild
- Nahezu strahlungsfrei
- Schärferes Bild

Lösung 3.1.8.7

1.920 x 1.200 x 3 Byte
= 6.912.000 Byte
= 6.750 KB
= 6,6 MB

3.2 Netzwerktechnik

Lösung 3.2.9.1

- Gemeinsamer Zugriff auf Peripheriegeräte wie Drucker oder Belichter
- Gemeinsamer Zugriff auf Daten bzw. Dateien
- Gemeinsamer Zugriff auf Programme – die Installation muss nur auf einem Rechner erfolgen
- Kommunikation untereinander z.B. via E-Mail
- Zentraler Internetzugang
- Gute Möglichkeiten der Datensicherung z.B. über ein RAID-System

Lösung 3.2.9.2

Vorteile der Stern-Topologie:
- Flexible Netzstruktur, da neue Rechner per Stecker integriert werden.
- Gute Erweiterungsmöglichkeiten durch Hinzufügen eines weiteren Switches.
- Kollisionsfreies Netz durch Switch-Technologie
- Kostengünstiges Netz
- Hoher Datentransfer durch GBit- oder sogar 10-GBit-Technik
- Ein Sternnetz kann auch als logisches Ringnetz betrieben werden.

Lösung 3.2.9.3

	Peer-to-Peer-Netz	Client-Server-Netz
a.	Installation und Administration relativ einfach, da keine Kenntnisse über Server notwendig sind.	Installation und Administration erfordern gute Fachkenntnisse. Sind diese vorhanden, bietet die Verwaltung des Netzes bessere Möglichkeiten als bei Peer-to-Peer.
b.	Datenhandling umständlich, da die Daten auf viele Rechner verteilt sind.	Datenhandling einfach, da die Daten zentral verwaltet werden.
c.	Benutzerverwaltung ist nicht möglich, da diese zentral erfolgen muss.	Benutzerverwaltung mit Zuteilung von Zugriffsrechten zentral steuerbar.
d.	Backups umständlich, da sie von jedem Arbeitsplatz gemacht werden müssen.	Backups einfach, da Daten zentral gespeichert sind.

Lösung 3.2.9.4

a. Switch
b. Router
c. Repeater
d. Bridge
e. Netzwerkkarte/-controller

Lösung 3.2.9.5

Erläuterungen
- Die Integration der Rechner innerhalb eines Raumes erfolgt mit Hilfe von Switches. Diese arbeiten kollisionsfrei. Weiterhin ist das Hinzufügen oder Entfernen von Rechnern ist problemlos möglich.
- Für jeden Raum ist ein separater Switch vorzusehen. Dies hat den Vorteil, dass ein Raum auch genutzt werden kann, falls ein Switch aus-

fällt. Außerdem wird hierdurch der Verkabelungsaufwand geringer.

- Für die Verbindung der Switches zum Fileserver sollte eine schnelle Leitung (GBit) als Backbone genutzt werden, da hier der größte Datentransfer zu erwarten ist.

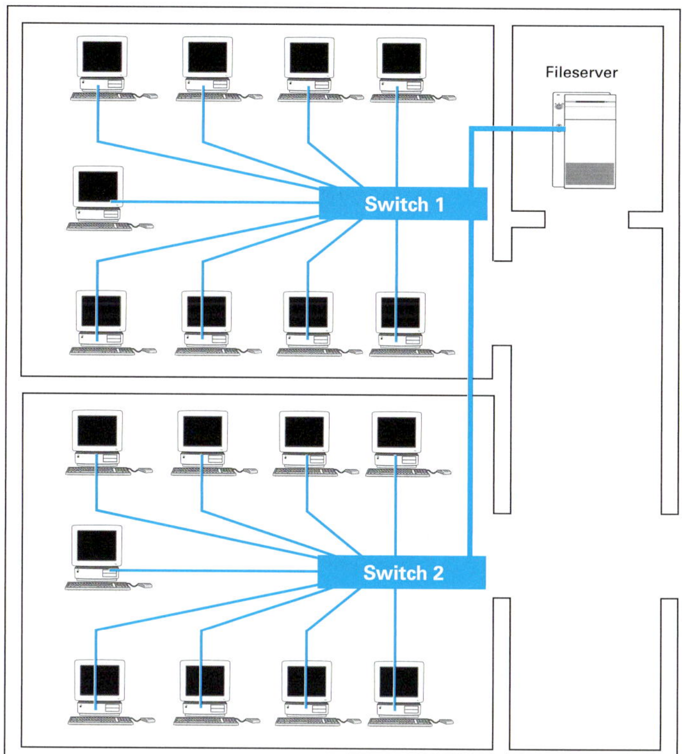

Lösung 3.2.9.6

a. Eine IPv4-Adresse besteht aus 4 x 8 Bit. In hexadezimaler Schreibweise ergibt sich:
   xx . xx . xx . xx
   (mit x aus: 0,...,9,A,B,C,D,E,F)

b. 4 x 8 Bit = 32 Bit
   2^{32} = 4,29 Mrd. Adressen

c. Durch die Aufteilung des Adressraumes in Adressklassen sind viele Adressen reserviert oder bleiben ungenutzt.

3.3 Internet

Lösung 3.3.8.1

- WWW (World Wide Web): Hypertextbasiertes Informations-system
- E-Mail: Elektronische Post
- FTP (File Transfer Protocol): Datenübertragung (Down-/Upload)
- Telnet: Fernzugriff auf Computer
- IRC (Internet Relay Chat): „Live"-Kommunikation
- News: Elektronisches „schwarzes Brett"
- VoIP (Voice over IP): Telefonieren via Internet

Lösung 3.3.8.2

a. Funktionen von IP
   - Zerlegung der Daten in kleinere Einheiten
   - Adressierung der Datenpakete (IP-Adresse)

b. Funktionen von TCP
   - Verbindungsaufbau
   - Datenübertragung in Segmenten
   - Fehlerprüfung und -korrektur

Lösung 3.3.8.3

a. Top-Level-Domain:	de
b. Protokoll:	http
c. Dateiname:	index.html
d. Second-Level-Domain:	springer
e. Servername:	www

Lösung 3.3.8.4

Gesuchte Größe: t (Zeit in Minuten)

Aufstellung einer Gleichung (alle Preis-angaben in Cent):

$$500 + 1 \times t = 1.000 + 0{,}5 \times t$$
$$0{,}5 \times t = 500$$
$$t = 1.000 \text{ (Minuten)}$$

Provider B wird nach 1.000 Minuten (ca. 16,7 Stunden) günstiger.

Lösung 3.3.8.5

10 MB = 10.240 KB = 10.485.760 B = 83.886.080 Bit

Hinweis:
Datenraten werden üblicherweise mit k = 1000 (statt: 1024) angegeben!

a. 64 kbps = 64.000 Bit/s
   83.886.080 Bit/64.000 Bit/s = 1310,7 s

b. 2000 kbps = 2.000.000 Bit/s
   83.886.080 Bit/2.000.000 Bit/s = 41,9 s

Lösung 3.3.8.6

a. 64 kbps x 60 = 3.840 kb/Minute
   0,8 / 3.840 = 0,000208 Cent/kb
   = 0,208 Cent/Mb

b. 1000 kbps x 60 = 60.000 kb/Minute
   4,8 / 60.000 = 0,00008 Cent/kb
   = 0,08 Cent/Mb

Der DSL-Anschluss ist günstiger!

3.4 Datenbanken

Lösung 3.4.5.1

a. Datensatz: jede Tabellenzeile
   Datenfeld: jede Tabellenzelle
   Schlüssel: einmalig vergebene und damit eindeutige Auftragsnummer
   Feldname: die Namen der Kopfzeile, z.B. Kunde, Datum, Produkt
b. Text (Kunde, Produkt)
   Datum
   Ganze Zahlen (ANr, Menge)

Lösung 3.4.5.2

a. Datenkonsistenz heißt, dass ein Datensatz eindeutig identifizierbar sein muss. Damit dies möglich ist, wird ihm ein (Identifikations-)Schlüssel zugeordnet.
b. Redundanzfreiheit heißt, dass alle Daten eines Datensatzes nur ein einziges Mal gespeichert werden.

Lösung 3.4.5.3

a. SQL: Standardisierte Abfragesprache, die das Erstellen von Datenbanken sowie das Eingeben, Ändern, Löschen und strukturierte Abfragen von Datensätzen ermöglicht.
b. ODBC: Softwareschnittstelle, die den Zugriff auf Datenbanken unterschiedlichen Typs ermöglicht.
c. DBMS (Datenbank-Managementsystem): Software zur Organisation und Verwaltung von Datenbanken, z.B. Microsoft Access.

Lösung 3.4.5.4

a. Datenbank ist nicht *konsistent*: Durch die unterschiedliche Eingabe des Namens ist keine eindeutige Identifikation möglich.
   Datenbank ist nicht *redundanzfrei*: Identische Telefonnummern und Mailadressen müssen mehrfach eingegeben werden.
b.

Tabelle „Mitarbeiter“

Mit-Nr	Name	Vorname	Abt-Nr
1	Müller	Bernd	1
2	Schwarz	Stefan	2
3	Maier	Petra	2
4	Stöckle	Bernd	3
5	Maier	Bert	3
6	Klinger	Beate	4

Tabelle „Abteilungen“

Abt-Nr	Abteilung	Telefon	Mail
1	Leitung	1701-0	mueller
2	Vertrieb	1701-10	vertrieb
3	Produktion	1701-11	technik
4	Kunden	1701-12	kunden

(Hinweis: Die Mailadressen wurden aus Platzgründen nicht komplett eingetragen)

Lösung 3.4.5.5

a. Die Datenbank ist nicht *konsistent*: Bei „Schulz“ handelt es sich um zwei unterschiedliche Kunden. Auch durch die Mehrfachnennung von Produkten in einer Datenzelle ist keine eindeutige Zuordnung möglich.
   Die Datenbank ist nicht *redundanzfrei*: Die Wohnorte und Postleitzahlen der Kunden müssen in jedem Datensatz angegeben werden.

b.

Tabelle „Artikel"

Art-Nr	Artikel
1	Ski
2	Schlittschuhe
3	Stöcke
4	Laufschuhe
5	Tennisschläger
6	Tennisschuhe
7	Golfschläger
8	Trikot

Tabelle „Kunden"

Kd-Nr	Kunde	Plz	Wohnort
1	Schulz	79104	Freiburg
2	Schmitt	77933	Lahr
3	Schulz	79312	Emmendingen
4	Maier	78224	Singen
5	Huber	77654	Offenburg
6	Wagner	79104	Freiburg

Tabelle „Auftraege"

Auf-Nr	Datum	Kd-Nr	Art-Nr
1	07.01.06	1	1
2	07.01.06	1	3
3	12.01.06	2	2
4	09.02.06	3	1
5	10.03.06	4	4
6	10.03.06	4	8
7	09.05.06	5	5
8	17.06.06	5	6
9	17.06.06	6	7
10	17.06.06	6	8

Drucktechnik

4.1 Konventioneller Druck

Lösung 4.1.8.1

flach - flach: Historischer Buchdruck
flach - rund: Hochdruck/Flachdruck
rund - rund: Offset-/Tief-/Flexodruck

Lösung 4.1.8.2

a. Druckverfahren mit konventionell eingefärbter Druckform und mechanischer Druckbildübertragung auf den Bedruckstoff.
b. Berührungslose Informationsübertragung ohne statische Druckform. Das Druckbild wird durch elektronisch gesteuerte Prozesse auf den Bedruckstoff übertragen. Dabei spielen Druckkräfte keine oder eine sehr geringe Rolle.

Lösung 4.1.8.3

Um 1397 in Mainz geboren, 1486 dort gestorben. Erfinder, besser Entwickler des Schriftgusses, des Satzes mit beweglichen Lettern und des dazugehörenden Druckens von diesen Lettern auf den Bedruckstoff Papier.

Lösung 4.1.8.4

- Hochdruck
  Quetschrand, Schattierung auf der Rückseite des Druckbogens, Ungleichmäßige Rasterpunktdeckung.
- Tiefdruck
  Sägezahneffekt bei feinen Linien und Schriften, echte Halbtöne, erkennbare Näpfchenformen.
- Offsetdruck
  Gleichmäßige Deckung aller Bild- und Schriftelemente, Schrift kann an den Rändern leicht ausgefranst sein. Gut gedeckte Vollflächen, Spitzlichter, also feinste Rasterpunkte in den hellsten Bildstellen, fehlen.
- Durchdruck/Siebdruck
  Kräftiger, matter bis glänzender, reliefartiger Farbauftrag, der deutlich stärker ist als bei anderen Druckverfahren. Farbauftrag kann, je nach Siebdicke und Farbe, fühlbar sein. Gleichmäßige Deckung der Flächen. An den Rändern kann die Siebstruktur erkennbar sein.

Lösung 4.1.8.5

Schematische Darstellung Flexodruck siehe Seite 493. Beachten Sie dabei die Erklärungen zur Verfahrenstechnik, die sich auf dieser Seite befinden.

Lösung 4.1.8.6

Flexodruckform mit Sleeve-Technologie auf Seite 494. Zur genaueren Erklärung der grundlegenden Funktionsweise der Sleeve-Technologie lesen Sie bitte die Seite 589 im Kapitel Druckformherstellung. Hier ist diese Technik mit schematischen Abbildungen erläutert – allerdings für den Tiefdruck. Diese Technik wird sowohl im Flexodruck wie auch im Tiefdruck verwendet.

Lösung 4.1.8.7

Dünnflüssige Tiefdruckfarbe und Rakel sind die charakteristischen Merkmale des modernen Tiefdruckverfahrens. Die Druckform dafür muss so beschaffen sein, dass in unterschiedlich tiefen Näpfchen die Farbe gehalten wird und dass die Rasterstege, die diese Vertiefungen begrenzen, eine Auflage für das Rakel bilden können, damit nicht zu viel Farbe aus den Näpfchen herausgenommen wird. Das Rakel sorgt dafür, dass überflüssige Farbe von den unterschiedlich tiefen Näpfchen abgestreift wird, dadurch gelangt immer die gleiche Farbmenge auf den Bedruckstoff. Der Aufbau einer Tiefdruckform ist auf Seite 498 dargestellt.

Lösung 4.1.8.8

Der Aufbau eines Tiefdruck-Druckwerkes mit Formzylinder, Rakel, Druckpresseur und Farbwanne ist auf Seite 498 zu finden.

Lösung 4.1.8.9

Illustrierte, Zeitschriften, Kataloge, Werbebeilagen, Dekordrucke, Tapeten, Verpackungen, Furniere, Folien – Drucksachen mit hohen Auflagen über 100.000 Stück. Durch die teure und zeitaufwändige Druckformherstellung lohnt sich der Einsatz des Tiefdrucks erst ab einer Auflage von ca. 100.000 Druck und mehr.

Lösung 4.1.8.10

a. Träger des Steg-Näpfchen-Systems
b. Arbeitet nach dem Druckprinzip rund – rund. Verdruckt endlose Papierbahnen, die nach dem Druck geschnitten, gefalzt und ausgelegt werden. Tiefdruckrollenmaschinen weisen eine Trocknungseinrichtung auf, um die bedruckte Papierbahn vor der Ausgabeverarbeitung zu trocknen. Ausgelegt werden die Fertigprodukte i.d.R. paketweise.

Lösung 4.1.8.11

- Druckprinzip rund – rund
- Hohe Druckgeschwindigkeiten sind möglich durch das Zusammenwirken von harter Metalldruckform und weichem (elastischem) Gummituch.
- Indirektes Druckverfahren, da über ein elastisches Gummituch gedruckt wird. Dadurch können auch Bedruckstoffe mit rauer Oberfläche bedruckt werden.

Lösung 4.1.8.12

a. Seite 507 ist das Druckwerksprinzip mit Platten-, Gummi- und Gegendruckzylinder schematisch dargestellt.
b. Die optimalen Bedingungen für den Druck und die anschließende Trocknung sind dann vorhanden, wenn der pH-Wert zwischen pH 5,5 und 6,5 im leicht sauren Bereich liegt. Innerhalb dieses Bereiches muss der pH-Wert noch auf den pH-Wert des verwendeten Papiers abgestimmt werden.
c. Die Fachbegriffe „Tonwertzunahme“ oder „Punktzuwachs“ bezeichnen den Unterschied zwischen der Rasterpunktgröße auf dem Endfilm (bei CtP in der Datei) und der Größe des Rasterpunktes auf dem Druckergebnis. Die so genannte „mechanische Punktverbreiterung“ in der Druckma-

schine führt zu einer Tonwertzunahme. In der Bildreproduktion muss dieser Punktverbreiterung oder Tonwertzunahme entgegengewirkt werden (siehe auch Seite 527).

4.2 Digitaler Druck

Lösung 4.2.8.1

Darunter wird die Fähigkeit digitaler Drucksysteme verstanden, bei jeder Zylinderumdrehung ein geändertes oder neues Druckbild zu erstellen und auf einen Bedruckstoff auszugeben.

Lösung 4.2.8.2

a. Bebilderung der Druckform in der Maschine (Direct Imaging).
b. Variable Bebilderung mit Fest- oder Flüssigtoner.
c. Direkter Druck auf den Bedruckstoff ohne Druckform.
d. Direkter Druck auf den Bedruckstoff mittels thermosensitiver Schicht.
e. Zumeist flächiger Inkjet-Druck auf Fotopapier.

Lösung 4.2.8.3

Elektrofotografischer Druck mit Festtoner oder Flüssigtoner.

Lösung 4.2.8.4

a. Druck eines vollständigen Exemplars, danach des zweiten, des dritten Exemplars usw.
b. Herstellen von Drucksachen mit Hilfe einer Datenbank. Jedes Exemplar erhält eine individuelle Ausprägung.
c. Druck auf Abruf, auf Bestellung.

Lösung 4.2.8.5

Auflagenhöhe 1, Drucken nach Bedarf, sequenzielles Drucken, Datenbankanwendung, digitale Drucktechnologie, dynamischer Druckzylinder usw.

Lösung 4.2.8.6

Siehe Seite 544, Abbildung „The Six Steps".

Lösung 4.2.8.7

a. Kontinuierlicher Tintenstrom, Tinte wird durch Elektroden vom Bedruckstoff weggelenkt, wenn kein Druck erfolgen soll.
b. Es wird nur Tinte durch den Druckkopf gelenkt, wenn ein Druckpunkt gesetzt werden muss.
c. Die Tintenübertragung erfolgt durch Hitze, Blasenentwicklung und Druck auf den Bedruckstoff. Langsames und teures Druckverfahren.
d. Tintenübertragung wird durch Piezokristall gesteuert. Schnelles Drop-on-Demand-Verfahren.

Lösung 4.2.8.8

Vorteile: Anschlagfreier Druck, kein mechanischer Kontakt zum Bedruckstoff, großer Farbumfang möglich.
Nachteile: Langsam, verlaufende Tinten, Lichtechtheit zum Teil niedrig.

Lösung 4.2.8.9

Vorteil: Hochwertige Drucke und Proofs.
Nachteile: Langsam, teuer.

Lösung 4.2.8.10

a. Ein Digitaldruckbetrieb führt die Weiterverarbeitung in Eigenregie durch.
b. Die Weiterverarbeitung wird direkt an die Ausgabeseite einer Digitaldruckmaschine angeschlossen.
c. Weiterverarbeitung in Buchbinderei.

4.3 Ausschießen

Lösung 4.3.3.1

Die Seiten einer Druckform müssen so zusammengestellt werden, dass der gedruckte und gefalzte Bogen die richtige Seitenfolge ergibt.

Lösung 4.3.3.2

Bogenformat, Falzschema, Falzanlage, Art des Bogensammelns, Art der Heftung, Wendeart des Druckbogens für Schön- und Widerdruck.

Lösung 4.3.3.3

a. Zusammenstellen einer standgerechten Druckform entsprechend dem Einteilungsbogen.
b. Passkreuze, Anlage-, Schnitt- und Falzzeichen.
c. Hier werden Bogenformat, Seitenformat, Satzspiegel, Passkreuze, Falz-, Schnitt- und Anlagezeichen ersichtlich. Der Einteilungsbogen ist die Basis zur Herstellung einer mehrseitigen Druckform.
d. Offsetplatte = seitenrichtiges Druckbild, da indirektes Druckverfahren. Tiefdruckform = seitenverkehrtes Druckbild, da direktes Druckverfahren.
e. Dient der Kontrolle des korrekten Zusammentragens der Druckbogen vor der Buchblockherstellung.
f. Anlagemarken kennzeichnen die Anlagekante des Druckbogens. Wir unterscheiden Vorder- und Seitenanlage.
g. Mit der Bezeichnung „abfallend", „randabfallend" oder „angeschnitten" werden Bilder auf einer Seite bezeichnet, die im fertigen Produkt angeschnitten sein sollen.

Lösung 4.3.3.4

Ein korrekter Einteilungsbogen ist auf Seite 563 abgebildet.

Lösung 4.3.3.5

Umschlagen: Vordermarken bleiben, Seitenmarke wechselt.
Umstülpen: Vordermarken wechseln, Seitenmarke bleibt.

Lösung 4.3.3.6

Die Ausschießregeln können Sie auf Seite 566 nacharbeiten.

Lösung 4.3.3.7

3	6	5	4
14	11	12	13
15	10	9	16
2	7	8	1

14	3	4	13
11	6	5	12
10	7	8	9
15	2	1	16

78	67	68	77
75	70	69	76
74	71	72	73
79	66	65	80

4.4 Druckformherstellung

Lösung 4.4.6.1

Negativkopie = Lichthärtendes Verfahren. Die durch das Licht gehärtete Schicht bildet die druckenden Elemente. Positivkopie = Lichtzersetzendes Verfahren. Die durch das Licht zersetzten Stellen werden löslich. Die unbelichteten Stellen bilden die druckenden Elemente.

Lösung 4.4.6.2

Kopierwirksames Licht, bewirkt eine Schichtzersetzung oder eine Schichthärtung, je nach Kopierverfahren.

Lösung 4.4.6.3

a. Auflage bis 350.000 Druck, Akzidenz- und Zeitungsdruck, hohe Qualität, für FM-Raster geeignet, kein UV-Druck.
b. Zeitungsdruck, Akzidenzdruck mittlere Qualität, da geringere Auflösung als bei a.
c. Hohe Auflösung, ermöglicht Qualitätsdrucke in Auflagen mit 1 Million und höher, FM-Raster möglich.
d. Hohe Auflösung, FM-Raster möglich, Druckbild mit hohem Kontrast, Platte in der Oberfläche sehr empfindlich. Für Bogen- und Rollendruck geeignet.

Lösung 4.4.6.4

Lösungsskizzen siehe Seite 580 im Bild Oberflächenstrukturen verschiedener Aluminiumdruckplatten.

Lösung 4.4.6.5

Direct Imaging = Computer-to-Plate-on-Press. Die Bebilderung der Druckform erfolgt direkt in der Druckmaschine, z.B. Heidelberg QuickMaster DI.

Lösung 4.4.6.6

a. Flachbettbelichter
b. Innentrommelbelichter
c. Außentrommelbelichter

Lösung 4.4.6.7

Rotlichtlaser, UV-Licht, Laserdioden, Nd:YAG-Laser, Violett-Laserdioden, IR-Laser u.a.

Lösung 4.4.6.8

Lösung siehe Seite 586 im Bild Tiefdruckformen

Lösung 4.4.6.9

Lösung siehe Seite 585 im Bild „Elektromechanische Zylindergravur".

Lösung 4.4.6.10

Gummi-, Kunststoff- oder elastische Fotopolymer-Druckplatten werden als so genannte Flexodruckplatte oder als Sleeve-Druckform eingesetzt.

Lösung 4.4.6.11

Konventionelle Formherstellung wird manuell durchgeführt, die digitale Formherstellung nach dem CtS-Prinzip.

4.5 Druckveredelung

Lösung 4.5.5.1

Drucklackierung, Prägen, Kaschieren, Strukturprägungen, Duftlack, Sonderlacke für Leuchteffekte, Pigmenteffekte.

Lösung 4.5.5.2

Schutz und Veredelung von Zeitschriften und Einzeldrucken, Unterstützung des CI eines Unternehmens, Ansprache von Emotionen durch Duftlacke, Leuchteffekte durch Sonder- und Pigmentlacke. Prägungen unterstützen den Tastsinn und ergeben in Verbindung z.B. mit Spotlacken eine besondere Haptik.

Lösung 4.5.5.3

Relieflacke erzeugen eine glänzende, mit einer Blindprägung vergleichbare fühlbare Schicht auf dem Bedruckstoff. Können auch für den Druck von Blindenschrift verwendet werden.

Lösung 4.5.5.4

Duftlacke enthalten Mikrokapseln, die sich durch Druck öffnen und z.B. Parfümduft über einer Anzeige austreten lassen. Siehe Bild Seite 595.

Lösung 4.5.5.5

Zusätzliches Lackwerk zum Lackauftrag und spezielle Trocknungseinrichtungen, um den aufgetragenen Lack schnell zu verfestigen.

Lösung 4.5.5.6

a. Lackierung innerhalb einer Druckmaschine nach erfolgtem Offsetdruck.
b. Veredelung der Drucke mit speziellen Lackiermaschinen mit optimierten Lackierwerken.

Lösung 4.5.5.7

Partieller Auftrag eines Lackes.

Lösung 4.5.5.8

Dispersionslacke, können in der Druckmaschine direkt ohne Zusatzeinrichtungen verarbeitet werden.
UV-Lacke basieren auf polymerisierbaren Bindemitteln, die nur durch UV-Trocknungsanlagen gehärtet werden.

Lösung 4.5.5.9

Berufsgenossenschaft Druck + Papier
www.bgdp.de

Lösung 4.5.5.10

Siehe Tabelle auf Seite 599.

Lösung 4.5.5.11

Das Kaschieren erfolgt, indem Folien von einer Rolle flächig auf Druckbogen aufkaschiert werden. Danach werden die Bogen durch Druck und Wärme mit der Folie verbunden.

4.6 Weiterverarbeitung

Lösung 4.6.5.1

Wesentliche Kennzeichen eines Buches sind:

- Der Buchblock ist durch Vorsätze mit der Buchdecke des Einbandes verbunden.
- Die Buchdecke steht dreiseitig über den Buchblock hinaus.
- Bücher haben einen Fälzel- oder Gazestreifen.
- Der Buchblock wird nach dem Fügen, vor der Verbindung mit der Buchdecke dreiseitig beschnitten.

Lösung 4.6.5.2

In der Art der Zusammenführung. Einlagenbroschuren bestehen aus einem einzigen Falzbogen. Mehrlagenbroschuren bestehen aus mehreren Falzbogen.

Lösung 4.6.5.3

a. Bei der Klebebindung muss der Rücken des Blocks abgefräst werden, damit jedes Blatt mit dem Kleber Kontakt hat.
b. Üblicherweise ist der Fräsrand 3 mm groß.

Lösung 4.6.5.4

a. Randabfallend bedeutet, dass Bilder oder Farbflächen bis zum Seitenrand gehen. Um Blitzer beim Beschitt zu vermeiden, wird 3 mm Beschnittzugabe gegeben.

b. Skizze

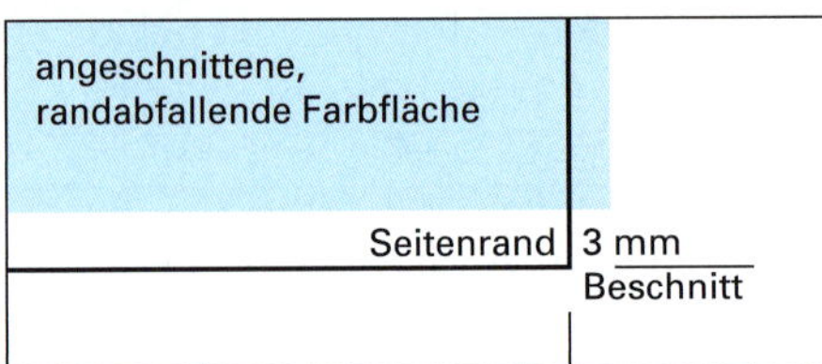

Lösung 4.6.5.5

Ein Trennschnitt ist notwendig um nach dem Druck, vor allem auf großformatigen Bogenmaschinen, die Planobogen in das Format zur weiteren Verarbeitung zu schneiden. Gemeinsam gedruckte Nutzen werden ebenfalls mit einem Trennschnitt voneinander getrennt.

Lösung 4.6.5.6

a. Beim Messer- oder Schwertfalz wird der Bogen über Transportbänder gegen einen vorderen und seitlichen Anschlag geführt. Das oszillierende Falzmesser schlägt den Bogen zwischen die beiden gegenläufig rotierenden Falzwalzen. Durch die Reibung der geriffelten oder gummierten Walzen wird der Bogen von den Falzwalzen mitgenommen und so gefalzt.
b. Schrägwalzen lenken beim Taschen- oder Stauchfalz den Bogen gegen den seitlichen Anschlag. Durch die Einführwalzen wird der Bogen weiter in die Falztasche bis zum einstellbaren Anschlag geführt. Die entstehende Stauchfalte wird von den beiden Falzwalzen erfasst und durch die Reibung durch den Walzenspalt mitgenommen und der Bogen so gefalzt.

Lösung 4.6.5.7

- Mittelfalz
- Zickzackfalz
- Wickelfalz
- Fensterfalz

Lösung 4.6.5.8

a. Beim Sammeln werden die Falzlagen ineinander gesteckt.
b. Beim Zusammentragen werden die Falzlagen aufeinander gelegt.

Lösung 4.6.5.9

Flattermarken dienen der Kontrolle, ob die Falzlagen in der richtigen Reihenfolge zusammengetragen wurden.

Lösung 4.6.5.10

- Klebebinden
- Fadenheften
- Fadensiegeln
- Drahtrückstichheftung

4.7 Papier

Lösung 4.7.6.1

a. Holzschliff ist das Ergebnis des mechanischen Aufschlusses von Holz. Er enthält alle Bestandteile des Holzes. Faserstoff in holzhaltigen Papieren.
b. Zellstoff wurde chemisch aufgeschlossen. Alle nichtfasrigen Holzbestandteile sind herausgelöst. Faserstoff in holzfreien Papieren.

Lösung 4.7.6.2

Holzhaltiges Papier enthält als Faserstoff Holzschliff. Die im Holzschliff enthaltenen Harze und das Lignin vergilben unter Lichteinfluss.

Lösung 4.7.6.3

Optische Aufheller absorbieren UV-Licht und emittieren Licht im sichtbaren Bereich des Spektrums. Dadurch wird die Weiße des Papiers gesteigert.

Lösung 4.7.6.4

Durch die Filtrationswirkung der Fasern auf dem Sieb der Papiermaschine ist der Füllstoffanteil auf der Oberseite höher als auf der Unterseite der Papierbahn.

Lösung 4.7.6.5

a. Die auf dem Sieb aufliegende Papierseite wird als Siebseite bezeichnet.
b. Die Papieroberseite heißt Filzseite.

Lösung 4.7.6.6

a. In speziellen Streichmaschinen wird auf das Rohpapier eine Streichfarbe aufgetragen.
b. Beim Satinieren im Kalander erhalten die Papiere ihre endgültige Oberflächeneigenschaft. Im Walzenspalt zwischen den Walzen des Kalanders wird die Papieroberfläche der Bahn durch Reibung, Hitze und Druck geglättet.

Lösung 4.7.6.7

a. Verdruckbarkeit (runability) bezeichnet das Verhalten bei der Verarbeitung, z.B. Lauf in der Druckmaschine.
b. Bedruckbarkeit (printability) beschreibt die Wechselwirkung zwischen Druckfarbe und Papier.

Lösung 4.7.6.8

a. Naturpapier
   Alle nicht gestrichenen Papiere, unabhängig von der Stoffzusammensetzung heißen Naturpapiere.
b. maschinenglatt
   Die Papieroberfläche wurde nach der Papiermaschine nicht weiter bearbeitet.
c. satiniert
   Das Papier wurde im Kalander satiniert. Satinierte Naturpapiere sind dichter und glatter als maschinenglatte Naturpapiere.
d. gestrichen
   Das Papier ist mit einem speziellen Oberflächenstrich, glänzend oder matt, versehen.

Lösung 4.7.6.9

Das echte Wasserzeichen wird auf dem Sieb der Papiermaschine durch den Egoutteur erzeugt. Die Fasern werden verdrängt oder angehäuft.

Lösung 4.7.6.10

a. Die Laufrichtung des Papier entsteht bei der Blattbildung auf dem Sieb der Papiermaschine. Durch die Strömung der Fasersuspension auf dem endlos umlaufenden Sieb richten

sich die Fasern mehrheitlich in diese Richtung aus.
b. Ein Bogen ist Schmalbahn, wenn die Fasern parallel zur langen Bogenseite verlaufen.
c. Bei Breitbahn verläuft die Laufrichtung parallel zur kurzen Bogenseite.

Lösung 4.7.6.11

Dicke = (Masse x Volumen)/1000
Dicke = (100 x 1,5)/1000
Dicke = 0,15 mm

Das Papier hat eine Dicke von 0,15 mm.

4.8 Druckfarbe

Lösung 4.8.4.1

- Farbpigmente
- Bindemittel und Lösemittel
- Hilfsstoffe, Additive

Lösung 4.8.4.2

Binde- und Lösemittel haben die Aufgabe, die Farbe in eine verdruckbare Form zu bringen. Nach der Farbübertragung auf den Bedruckstoff sorgt das Bindemittel dafür, dass die Farbpigmente auf dem Bedruckstoff haften bleiben.

Lösung 4.8.4.3

Druckverfahren und Trocknungsmechanismus bestimmen wesentlich die Zusammensetzung der Druckfarbe.

Lösung 4.8.4.4

a. Zur Anpassung an spezifische Anforderungen, z.B. hohe Scheuerfestigkeit.
b. Trockenstoff, Scheuerschutzpaste

Lösung 4.8.4.5

Bei der Dispersion auf dem Dreiwalzenstuhl oder in der Rührwerkskugelmühle werden die PIgmente im Bindemittel dispergiert, d.h. feinst verteilt. Idealerweise ist danach jedes Pigment einzeln vom Bindemittel umschlossen.

Lösung 4.8.4.6

a. 6 µm bis 8 µm
b. 2 µm bis 3 µm
c. 1 µm bis 2 µm

Lösung 4.8.4.7

a. Die Verdruckbarkeit beschreibt die Verarbeitung der Druckfarbe in der Druckmaschine. Dazu gehört z.B. das Verhalten der Druckfarbe im Farbkasten und Farbwerk der Druckmaschine.
b. Der Begriff Bedruckbarkeit kennzeichnet die Wechselwirkung zwischen Bedruckstoff und Druckfarbe.

Lösung 4.8.4.8

Die physikalischen Trocknungsmechanismen bewirken eine Veränderung des Aggregatzustandes der Druckfarbe, ohne wie bei der chemischen Trocknung die molekulare Struktur des Druckfarbenbindemittels zu verändern.

Lösung 4.8.4.9

Die dünnflüssigen Bestandteile des Bindemittels dringen in die Kapillare des Bedruckstoffs ein. Die auf der Oberfläche verbleibenden Harze verankern die Farbpigmente auf dem Bedruckstoff.

Lösung 4.8.4.10

Rheologie ist die Lehre vom Fließen. Sie beschreibt die Eigenschaften flüssiger Druckfarben, die mit dem Begriff Konsistenz zusammengefasst werden.

Lösung 4.8.4.11

a. Die Viskosität ist das Maß für die innere Reibung von Flüssigkeiten
b. Zügigkeit oder Tack beschreibt den Widerstand, den die Farbe ihrer Spaltung entgegensetzt. Eine zügige Farbe ist eine Farbe, bei deren Farbspaltung hohe Kräfte wirken (Rupfneigung).
c. In thixotropen Flüssigkeiten wird die Viskosität durch mechanische Einflüsse, z.B. Verreiben im Farbwerk der Druckmaschine, herabgesetzt.

Lösung 4.8.4.12

a. Die Lichtechtheit wird nach den acht Stufen der „Wollskala" (WS) bewertet.
b. WS 8

Printmedien

5.1 Arbeitsvorbereitung

Lösung 5.1.4.1

Planung, Herstellung, Überwachung und Controlling eines Produktionsarbeitsablaufes zur Herstellung eines Medienproduktes.

Lösung 5.1.4.2

Vor- und Nachkalkulation, Kostenkontrolle, Termindisposition, AV für Text, Bild, Layout, Druck, Weiterverarbeitung und Versand.

Lösung 5.1.4.3

Lektor, Hersteller, Disponent, Mediengestalter Fachrichtung Medienberatung, Meister, Ingenieur, Produktioner u.Ä.

Lösung 5.1.4.4

Gestaltung, Gestaltungsraster, Satzspiegel, Spaltenzahl, Schriftart, -größe, Auszeichnungen, Zeilenabstand, Fußnoten, Bildunterschriften, -anordnung usw.

Lösung 5.1.4.5

Ein-, mehrfarbig, Bildausschnitt, Auflösung für Scan und Druck, Skalierung, Beschnitt, Rasterung, Dateiformat und -ablage, Sonderfarben u.Ä.

Lösung 5.1.4.6

- Erste Korrektur nach dem Seitenumbruch auf Kosten der Herstellung.
- Korrektur eines erstellten Medienproduktes durch den Auftraggeber.
- Druckfreigabe durch den Kunden.

Lösung 5.1.4.7

Auflage, Bogenanzahl, Materialanforderungen, Druckzeit, Maschinensystem, Weiterverarbeitung, Hilfszeichen, Zuschuss.

Lösung 5.1.4.8

Schneiden, Falzen, Heften, Kleben, Material- und Zeitdisposition.

Lösung 5.1.4.9

AMS werden zum Planen, Überwachen und Auswerten genutzt. Sie erlauben eine Kosten-, Zeit- und Produktionsfortschrittsüberwachung. Nach Auftragsabwicklung kann eine betriebswirtschaftliche Datenauswertung zur Schwachstellenanalyse durchgeführt werden.

Lösung 5.1.4.10

Produktionsplanung, -steuerung, Auftragsbearbeitung, Terminsteuerung.

Lösung 5.1.4.11

Um während einer Auftragsproduktion immer auf dem aktuellen Sachstand zu sein, ist eine zentrale Vernetzung zu jedem Produktionsarbeitsplatz hilfreich. Dadurch lässt sich der Auftragsstatus jederzeit abrufen.

Lösung 5.1.4.12

Eigentümer der Produktionsdaten ist der produzierende Medienbetrieb, wenn nichts anderes vereinbart wurde.

5.2 Color Management

Lösung 5.2.15.1

In einem Color-Management-System, CMS, werden die einzelnen Systemkomponenten des Farbworkflows von der Bilddatenerfassung über die Farbverarbeitung bis hin zur Ausgabe in einem einheitlichen Standard erfasst, kontrolliert und abgestimmt.

Lösung 5.2.15.2

Das ICC, International Color Consortium, ist ein Zusammenschluss führender Soft- und Hardwarehersteller unter der Federführung der FOGRA, das die allgmeinen Regelungen für das Color Management festgelegt hat.

Lösung 5.2.15.3

Die Beleuchtung beeinflusst die Farbigkeit des Motivs und damit der Aufnahme. Verschiedene Beleuchtungssituationen mit unterschiedlicher Lichtart bedingen deshalb einen speziellen Weißabgleich und eigene Profilierung.

Lösung 5.2.15.4

a.
- Testvorlage scannen
- ICC-Scanprofil berechnen
- ICC-Profil speichern
- ICC-Profil einbinden

b. Die Farbcharakteristik und Dichteumfänge der Vorlagen unterscheiden sich nach Hersteller, aber auch nach Aufsicht oder Durchsicht.

Lösung 5.2.15.5

- Der Monitor soll wenigstens eine halbe Stunde in Betrieb sein.
- Kontrast und Helligkeit müssen auf die Basiswerte eingestellt sein.
- Die Monitorwerte dürfen nach der Messung und anschließender Profilierung nicht mehr verändert werden.
- Bildschirmschoner und Energiesparmodus müssen deaktiviert sein.

Lösung 5.2.15.6

- Ausdrucken der Testform
- Farbmetrisches Ausmessen des Testdrucks
- Generieren des ICC-Profils
- Speichern des Profils

Lösung 5.2.15.7

Die Separation erfolgt im CM-Workflow durch die Farbraumtransformation vom RGB-Farbraum in den CMYK-Ausgabefarbraum. Die Separation muss deshalb im Profil festgelegt sein.

Lösung 5.2.15.8

ECI, European Color Initiative, neben dem ICC die Organisation zur Definition der CM-Richtlinien.

Lösung 5.2.15.9

a. Papiertyp 1 und 2, Bilderdruck, matt oder glänzend gestrichen, Bogenoffset
b. Papiertyp 3, LWC, glänzend gestrichen, Rollenoffset
c. Papiertyp 4, Naturpapier, ungestrichen weiß, Bogenoffset
d. Papiertyp 5, Naturpapier, ungestrichen leicht gelblich, Bogenoffset

Lösung 5.2.15.10

Der Arbeitsfarbraum ist der Farbraum, in dem die Bearbeitung von Bildern, z.B. Ton- und Farbwertretuschen, vorgenommen wird.

Lösung 5.2.15.11

- Der Arbeitsfarbraum umfasst alle Prozessfarbräume.
- Der Arbeitsfarbraum ist nicht wesentlich größer als der größte Druckfarbraum, um möglichst wenig Farben zu verlieren.
- Die Farbwerte der Primärfarben sind definiert.
- Der Gammawert ist festgelegt.
- Der Weißpunkt entspricht der Norm von D50, 5000K.
- Der Arbeitsfarbraum ist geräte- und prozessunabhängig.
- Die Beziehung der Primärfarben ist linear, d.h., gleiche Farbwerte ergeben ein neutrales Grau.
- Der Farbraum ist gleichabständig, d.h., geometrische und visuelle Farbabstände entsprechen sich.

Lösung 5.2.15.12

PCS, Profile Connection Space, ist der prozessunabhängige Farbraum, in dem das Gamut-Mapping stattfindet.

Lösung 5.2.15.13

a. Ein Rendering Intent ist ein Umrechnungsalgorithmus der Farbraumtransformation
b. • perzeptiv, perceptual, fotografisch, wahrnehmungsorientiert
   • Sättigung, saturation
   • relativ farbmetrisch, relative colorimetric
   • absolut farbmetrisch, absolute colorimetric

Lösung 5.2.15.14

a. perzeptiv
b. absolut farbmetrisch

Lösung 5.2.15.15

a. Der Ugra/FOGRA-Medienkeil ist ein digitales Kontrollmittel, das zusammen mit der Seite ausgegeben wird. Er dient zur Kontrolle der Farbverbindlichkeit von Proof und Druck.
b. ISO 12642 und ISO 12647

Lösung 5.2.15.16

Die Farbmanagement-Richtlinien bestimmen, wie das Programm, z.B. Photoshop, bei fehlerhaften, fehlenden oder von Ihrer Arbeitsfarbraumeinstellung abweichenden Profilen reagiert.

Lösung 5.2.15.17

a. Bei Modul legen Sie das CMM, Color Matching Modul, fest mit dem das Gamut-Mapping durchgeführt wird.
b. Die Priorität bestimmt das Rendering Intent der Konvertierung.

5.3 PDF

Lösung 5.3.13.1

Portable Document Format

Lösung 5.3.13.2

a. Der Acrobat Reader erlaubt nur die Betrachtung und meist auch den Ausdruck von PDF-Dokumenten.
b. Mit dem Acrobat können PDF-Dokumente bearbeitet, editiert und z.B Zugriffsrechte vergeben werden.
c. Der Distiller ist das professionelle Programm zur Erstellung von PDF-Dokumenten aus PostScript-Dateien. Die vielfältigen Einstellungsoptionen ermöglichen eine auf den jeweiligen Anwendungsbereich optimierte Konvertierung.

Lösung 5.3.13.3

a. Die PostScript-Datei wird analysiert, Kontrollstrukturen, Angaben über Transparenzen oder Verläufe werden zu Anweisungen für die Erstellung der Display-Liste.
b. Die PostScript-Programmanweisungen werden in ein objektorientiertes Datenformat umgerechnet.
c. Beim Rendern wird aus der Display-Liste eine Bytemap erstellt. Alle Objekte der Seite werden in Pixel umgewandelt. Dabei wird die Pixelgröße an die spätere Ausgabeauflösung angepasst.
d. Die Bytemap wird in diesem letzten Schritt in eine Bitmap umgerechnet. Aus den Halbtonpixeln werden entsprechend der gewählten Rasterkonfiguration frequenz- oder amplitudenmodulierte Rasterpunkte.

Lösung 5.3.13.4

- Trim-Box (Endformat-Rahmen)
- Bleed-Box (Anschnitt-Rahmen)
- Art-Box (Objekt-Rahmen)
- Crop-Box (Masken-Rahmen)

Lösung 5.3.13.5

PDF-/X-3 wurde gemeinsam von der ECI, European Color Initiative, und dem bvdm, Bundesverband Druck und Medien, entwickelt.

Lösung 5.3.13.6

- PDF-Version 1.3
- Die PDF/X-3-Datei muss alle benötigten Ressourcen enthalten. Sie darf nicht auf die Ressourcen des Rechners zurückgreifen.
- Die Bildauflösung muss für die Ausgabe ausreichend hoch sein.
- LZW-Komprimierung ist nicht zulässig.
- Transferfunktionen dürfen nicht enthalten sein.
- Die Seitenboxen müssen definiert sein.
- Rastereinstellungen sind erlaubt, aber nicht zwingend.
- Es muss ein Output-Intent definiert sein.
- RGB-Farben nur mit Farbprofil
- Der Überfüllungsschlüssel muss gesetzt sein.
- Kommentare sind nur außerhalb der Bleed-Box zulässig.
- Die Datei darf kein Transparenzen enthalten.
- Schriften müssen eingebettet sein.
- Keine OPI-Kommentare, die Bilder müssen in der Datei sein.
- JavaScript, Hyperlinks usw. sind nicht zulässig.
- Nur Composite, keine vorseparierten Dateien
- Verschlüsselung ist unzulässig.
- Die Namenskonvention sollte „name_x3.pdf“ sein.

Lösung 5.3.13.7

a. Settings sind Voreinstellungen zur Erzeugung spezieller PDF-Dateien.
b. Menü *Voreinstellungen> AdobePDF-Einstellungen bearbeiten...*

Lösung 5.3.13.8

508 cm x 508 cm

Lösung 5.3.13.9

Wennn sich eine Schrift nicht einbetten lässt, erhalten Sie mit dieser Option trotzdem ein PDF.

Lösung 5.3.13.10

Mit überwachten Ordnern kann die PDF-Erstellung automatisiert werden. Jeder In-Ordner erhält ein eigenes Setting. Nach dem Distillern wird die PDF-Datei automatisch in den zugehörigen Out-Ordner gelegt.

Lösung 5.3.13.11

Preflight ist die Überprüfung der Datei auf Fehler, die bei der Generierung entstanden sind oder schon aus den vorherigen Applikationen mitgebracht wurden.

Lösung 5.3.13.12

- Vorschaubilder im Seitenfenster
- Lesezeichen
- Verknüpfungen/Hyperlinks
- Buttons

5.4 Workflow

Lösung 5.4.6.1

Unter einem Workflow verstehen wir ein Verfahren zur computergestützten Organisation von Arbeitsabläufen. Das Verfahren besteht darin, Dokumente i.d.R. mittels Netzwerk in geordneter und fest strukturierter Art und Weise von einer Arbeits- bzw. Produktionsstufe zur nächsten zu bewegen.

Lösung 5.4.6.2

- Vernetzung
- Daten und Dokumente müssen zentral erfasst, verwaltet und bereitgestellt werden.

Lösung 5.4.6.3

Der technische Herstellungsweg für die Produktion eines Druckauftrages ist geprägt von den Tätigkeiten in der Druckvorstufe, dem Druck und der Weiterverarbeitung. Dem entspricht der so genannte technische Workfow.

Lösung 5.4.6.4

Umfasst die Auftragsanlage, Kalkulation, Produktionssteuerung, Nachkalkulation und Betriebsabrechnung. Die Daten dafür werden zentral angelegt, verwaltet und entsprechenden Produktionsstellen zur Verfügung gestellt.

Lösung 5.4.6.5

a. Cooperation for Integration of Prepress, Press and Postpress
b. Print Production Format
c. Druckvorstufe
d. Druck
e. Weiterverarbeitung
f. Portable Job Ticket Format

Lösung 5.4.6.6

a. Angebotskalkulation, Angebot, Produktionsplanung ...
b. Layoutdaten, Bilddaten, Daten für Color Management ...

Lösung 5.4.6.7

a. Print Production Format
b. Job Definition Format
c. Portable Document Format
d. Extensible Markup Language

Lösung 5.4.6.8

1. Auftragsbeschreibung
2. Farbraumdefinition
3. Farbseparation
4. Farbprofile für Farbwerksvoreinstellung an der Druckmaschine

Lösung 5.4.6.9

Einstellungen für Schneidemaschine (CutBlock-Definition) und Falzmaschine.

Lösung 5.4.6.10

a. Auftragsbeschreibung
b. Farbverarbeitung
c. Farbseparation

d. Weiterverarbeitungsinformation
e. Definition der Auftragseinstellungen (Ist-Daten) nach Ende der Produktion

Lösung 5.4.6.11

a. PDF-Bogen: Der ausgeschossene Bogen enthält alle inhaltlichen und technischen Informationen, die zum Proofen oder Ausbelichten erforderlich sind.
b. Der META-Rechner greift zur Berechnung der Belichtungsdaten auf die Server-Festplatte zu und verwendet die dort liegenden Original-PDF-Dateien. Diese werden in den Ausschießbogen mit Hilfe der Job-Ticket-Information mittels OPI eingelesen.

Lösung 5.4.6.12

Das RIP erstellt die vier Bitmap-Dateien, die an ein CtP- oder an eine Druckmaschine zur Ausgabe übertragen werden. Die vier Dateien ergeben die CYMK-Farbauszüge bzw. Druckformen.

Lösung 5.4.6.13

a. Sind in der Regel PDF-Dateien aus unterschiedlichen Quellen wie Agentur, Druckvorstufe, Office-Bereich.
b. Kunden- und Auftragsdaten
c. Alle Informationen über einen Auftrag. Sie enthalten eine komplette Auftragsbeschreibung in der Reihenfolge der Auftragsabwicklung
d. Werden in der Arbeitsvorbereitung und in der Druckvorstufe erstellt und an die nachfolgenden Produktionsstufen weitergegeben. Mit dem Produktionsformat PPF können in der Druckvorstufe viele Parameter für ein Druckprodukt beschrieben werden, die später für unterschiedliche Voreinstellungen in Druck- und Weiterverarbeitung abrufbar sind.
e. Werden z. T. während der Produktion erzeugt und stellen Maschinen ein. Bekanntestes Beispiel ist die Farbzonenvoreinstellung an einer Druckmaschine. Die Information wird am RIP erzeugt und weitergegeben.
f. Diese Daten geben Auskunft über den aktuellen Stand eines Auftrages, die Auslastung und die freien Kapazitäten der Produktionsanlagen.
g. Darunter verstehen wir die Daten und Informationen, die erforderlich sind, um einen gleichbleibenden, festgelegten Qualitätsstandard in der Produktion zu erreichen.

Lösung 5.4.6.14

- E-Business
- Auftrags- oder Arbeitsvorbereitung
- Maschinenvoreinstellung
- Produktionsplanung und -steuerung
- Farbmanagement
- Nachkalkulation

Lösung 5.4.6.15

Dieser Zusammenhang ist auf Seite 740 exemplarisch dargestellt.

Lösung 5.4.6.16

Die JDF Baumstruktur ist exemplarisch auf Seite 746 abgebildet und beschrieben.

5.5 Database Publishing

Lösung 5.5.5.1

Kataloge, Prospekte und Drucksachen, die mit gleichbleibenden Datenstrukturen befüllt werden können, sind die idealen Produkte, um mit Hilfe eines DPS schnell und effektiv erstellt zu werden. Netzbasierte CMS ermöglichen die Aufbereitung von E-Commerce, also Internetshops. Auch hier sind gleichartig aufbereitete Datensätze Grundlage für die Funktionalität eines Shops.

Lösung 5.5.5.2

FileMaker, Cumulus, DB2, Access, Excel.

Lösung 5.5.5.3

Reisekatalog mit gleichbleibenden Seitentemplates, Produktkatalog, Produktion von Ausweisen z.B. für Clubreiseveranstalter, datenbankgestützte Internetseiten, die mit Content-Management-Systemen aufgebaut werden.

Lösung 5.5.5.4

Eine eindeutige Namens- oder Nummernstruktur muss in einer aufbereiteten Datenbank gegeben sein, um die Zuordnung zu den einzelnen virtuellen Feldern im Layoutprogramm sicher zu ermöglichen.

Lösung 5.5.5.5

Hoffentlich hatten Sie bei der Durchführung dieser Aufgabenstellung Erfolg und etwas Spaß.

Lösung 5.5.5.6

Da Layoutprogramme die Erstellung von Stilvorlagen oder Zeichenformaten erlauben, sollten Sie dies üben, da dies eine Grundvoraussetzung für die Nutzung von Datenbanken ist. Die Datenbankinformationen werden jeweils mit einem Stil bzw. Format belegt. Dadurch erhalten die eingespielten Texte Ihre Schriftformatierung. Ohne diese Stil- oder Zeichenformate geht dies nicht. machen Sie sich daher mit dieser Arbeitstechnik vertraut.

Lösung 5.5.5.7

Der schematische Arbeitsablauf des Database Publishing ist auf Seite 757 dargestellt. Schlagen Sie dort nach und vergleichen Sie Ihre Lösung damit.

Lösung 5.5.5.8

a. Datenbasis (Datenbank)
b. Digitale Daten, i.d.R. vom Kunden geliefert in Form einer Datenbank.
c. Daten werden für mehrere Medienarten aufbereitet und genutzt. Ein ähnlicher Fachbegriff ist Cross-Media-Nutzung von Daten (Cross-Media-Publishing).
d. Datenbank, die alle gängigen Medienformate und Typen aufnehmen kann (Beispiel Canto Cumulus).
e. Text- oder Bildrahmen, der in einem Layoutprogramm so definiert wird, dass er Daten aus einer Datenbank einlesen kann.
f. Vorbereitete Datei mit feststehendem Layout. In die Felder des Templates werden die einzelnen Datensätze eingelesen.

Digitalmedien

6.1 Webseiten

Lösung 6.1.14.1

```
<html>
   <head>
      <title>Titel der Webseite</title>
      ... Meta-Angaben ...
   </head>
   <body>
   ... Elemente der Webseite ...
   </body>
</html>
```

Lösung 6.1.14.2

a. Der <title> erscheint in der oberen blauen bzw. grauen Leiste des Webbrowsers.
b. Meta-Tags liefern (unsichtbare) Zusatzinformationen, die u.a. zur Aufnahme der Seite in Suchmaschinen dienen. Beispiele: Erstellungsdatum, Autor der Seite, Kurzbeschreibung der Seite, Stichworte zum Inhalt
c. Damit die Seite auch in Ländern außerhalb des deutschsprachigen Raumes korrekt dargestellt wird.
d. Um sie international darstellbar zu machen. Die deutschen Umlaute ä,ü,ö sind beispielsweise in Amerika unbekannt.
e. Webserver unter Unix bzw. Linux unterscheiden zwischen Groß- und Kleinschreibung, Mac OS und Windows nicht.

Lösung 6.1.14.3

```
<html>
<head>
<title>Texte strukturieren</title>
</head>
<body>
<h3>Texte mit HTML strukturieren</h3>
<p>Viel bietet HTML nicht, wenn es um
die Strukturierung<br />von Texten
geht. Die oberste Zeile ist eine Head-
line,<br />danach folgt ein Absatz.</p>
<p>Text kann <b>fett</b> oder <i>kur-
siv</i> gesetzt werden.<br /> Man kann
ihn <u>unterstreichen</u> oder
<s>durchstreichen</s>,<br />
<sup>hochstellen</sup> oder
<sub>tiefstellen </sub>.
</p><br />
Eine Liste kann
<ul><li>aus</li><li>vielen</li>
<li>Punkten</li>
</ul>
oder
<ol><li>aus</li><li>lauter</li>
<li>Ziffern</li>
</ol>
bestehen.
<hr />
</body>
</html>
```

Lösung 6.1.14.4

a. Schwarz
b. Grün
c. Dunkelgrau
d. Hellgrau
e. Magenta

Lösung 6.1.14.5

GIF: a., c., d., f.
JPG: b., e.

Lösung 6.1.14.6

```
<table border="1">
<tr>
<td colspan="2">Kopfzeile</td>
</tr>
<tr>
<td>Button 1</td>
<td rowspan="3">Inhaltsbereich</td>
</tr>
<tr>
<td>Button 2</td>
</tr>
<tr>
<td>Button 3</td>
</tr>
```

Lösung 6.1.14.7

a. `<a href="http://www.amazon.de">Amazon</a>`
b. `<a href="kontakt.htm">Kontakte</a>`
c. `<a href="sites/help.htm">Hilfe</a>`
d. `<a href="mailto:donald@web.de">Mail an Donald</a>`
e. `<a href="pdf/text.pdf">Text als PDF</a>`

Lösung 6.1.14.8

```
<style type="text/css">
<!--
h1 {font-family: Verdana; font-size: 13px;
   color: #CC6600; font-weight: bold}
p  {font-family: Verdana; font-size: 11px;
   color: #000000}
td {font-family: Verdana; font-size: 10px;
   color: #FFFFFF; background-color:
   #669966; padding:5px}
body {margin: 20px;background-color:
   #ECF6DD}
-->
</style>
```

Hinweis:
Die Stylesheets sind im Dateikopf zu ergänzen. Der Quellcode der restlichen Datei ist nicht angegeben.

Lösung 6.1.14.9

```
<p>Rechnungsanschrift:</p>
<form action="rechnung.php"
method="get">
<input type="radio" name="anrede"
value="Herr" checked="checked">Herr
<input type="radio" name="anrede"
value="Frau">Frau<br />
Vorname:<br />
<input type="text" name="vname"
size=30><br />
Nachname:<br />
<input type="text" name="nname"
size=30><br />
Stra&szlig;e:<br />
<input type="text" name="str"
size=30><br />
Plz/Ort:<br />
<input type="text" name="plz" size=5>
<input type="text" name="ort"
size=22><br />
<p>Zahlungsart:</p>
<select name="zahlung">
<option>Kreditkarte</option>
<option>Nachnahme</option>
<option>Rechnung</option>
</select><br />
<input type="submit" value="senden">
<input type="reset"
value="l&ouml;schen">
```

Hinweis: Der Quellcode der restlichen Datei ist nicht angegeben.

6.2 Soundproduktion

Lösung 6.2.7.1

a. Wahr
b. Wahr
c. Falsch, als Infraschall
d. Falsch, es ist umgekehrt
e. Wahr
f. Wahr
g. Wahr
h. Falsch, sie ergeben ein charakteristisches „Klangbild“

Lösung 6.2.7.2

a. Die Abtastfrequenz gibt die Anzahl an Messwerten an, die pro Sekunde ermittelt werden. Sie wird in Hertz (Hz bzw. kHz) angegeben.
b. Die Abtastfequenz muss mindestens doppelt so hoch sein wie die höchste Signalfrequenz.
c. Die Auflösung gibt die Anzahl an Stufen an, denen die (analogen) Abtastwerte zugeordnet werden. Sie wird in der Speichereinheit Bit angegeben.
d. Abtastfrequenzen: 44,1 kHz, 96 kHz
Auflösungen: 16 Bit, 24 Bit

Lösung 6.2.7.3

a. D = 2 Byte x 1800 s x 44.100 Hz x 2
= 317.520.000 Byte
= 302,8 MB
b. 302,9 MB : 30 min = 10,09 MB/min
700 MB : 10,09 MB/min = 69,35 min

Lösung 6.2.7.4

a. D = 3,78 MB = 3870,7 KB
= 3.963.617 B = 31.708.938 Bit (b)
d = 31.708,9 kb / 240 s = 132,1 kb/s
(Hinweis: mit k = 1000 gerechnet!)
b. Nein, da 128 kb/s < 132,1 kb/s

Lösung 6.2.7.5

Datenmenge:
150 MB = 153.600 KB = 157.286.400 B
= 1.258.291.200 Bit

Datenstrom (mit k = 1000):
1.258.291,2 kb : 10800 s = 116,5 kpbs

Die MP3s müssen mit 96 kbps erzeugt werden.

Lösung 6.2.7.6

a. WAV, AIF
b. MP3
c. RA, WMA

Lösung 6.2.7.7

a. Normalisieren ist eine Anhebung aller Pegel, so dass der höchste Pegel gerade die Aussteuergrenze erreicht. Die Dynamik des Sounds wird hierdurch verbessert.
b. Schneiden heißt, die Länge (Dauer) eines Sounds zu verändern.
c. Loopen bedeutet, Anfang und Ende des Sounds aneinander anzupassen, so dass ein Abspielen als Schleife (Loop) möglich wird.
d. Faden heißt, den Anfang bzw. das Ende eines Sounds ein- bzw. auszublenden.

6.3 Videoproduktion

Lösung 6.3.7.1

Beim Fernseher kommt das Interlaced-Verfahren zum Einsatz: Hierbei werden abwechselnd alle geraden und ungeraden Bildzeilen geschrieben, um eine (scheinbare) Verdopplung der Bildwiederholfrequenz (50 Hz bei PAL) zu erzielen.
Bei Computermonitoren werden stets alle Zeilen geschrieben (Progressive Scan). Die Bildwiederholfrequenz ist deutlich höher (> 70 Hz), so dass ein flimmerfreies Bild erreicht wird.

Lösung 6.3.7.2

a. 25 Hz (Vollbild) bzw. 50i (Halbbild)
b. 4 : 3
c. 720 x 576 Pixel

Lösung 6.3.7.3

a. Das Fernsehbild zeigt oben und unten schwarze Balken (Letterbox).
b. Links und rechts wird ein Teil des Bildes abgeschnitten.
c. Das Bild wird verzerrt dargestellt („Eierkopf").

Lösung 6.3.7.4

Datenrate:	25 MBit/s = 3,125 MB/s
Dauer:	30 min = 1.800 s
Datenmenge:	1.800 s x 3,125 MB/s
	= 5.625 MB
	= 5,49 GB

Lösung 6.3.7.5

Videos werden im Farbraum YCbCr beschrieben, wobei Y für die Helligkeit und Cr, Cb für die Farbanteile steht. Bei der Digitalisierung werden von jeweils vier Pixeln alle Helligkeitswerte (4), aber nur zwei Farbwerte Cr (2) und Cb (2) gespeichert. Kurzschreibweise: 4:2:2.

Lösung 6.3.7.6

a. Framerate (Bildwiederholfrequenz): Anzahl an Einzelbildern pro Sekunde, z.B. 25 Vollbilder bei PAL
b. Timecode: Standardisierte Zeitangabe in der Form Stunde:Minute:Sekunde:Frame
c. Codec: Kompressionsalgorithmus zur Reduktion der Datenmenge, z.B. MPEG-2, Sorenson, Motion-JPEG
d. Datenrate: Datenmenge, die pro Sekunde Video anfällt. Einheit: MBit/s

Lösung 6.3.7.7

a. I-Frames speichern die Bildinformationen des gesamten Bildes.
b. P-Frames speichern lediglich die geänderten Bildbereiche im Vergleich zum vorherigen Bild.
c. B-Frames speichern noch weniger Informationen als P-Frames. Zusätzlich zum vorherigen wird auch das nachfolgende Bild zur Berechnung der Änderungen herangezogen.

Lösung 6.3.7.8

a. 6 Lautsprecher (davon 1 Subwoofer)
b. Vorne links, vorne Mitte, vorne rechts, hinten links, hinten rechts, Platzierung des Subwoofers beliebig

Medienrecht

7.1 Urheberrecht

Lösung 7.1.6.1

Geschützt sind Sprachwerke, Musikwerke, Werke der Kunst, Lichtbildwerke, wissenschaftliche oder technische Darstellungen, Sammelwerke, Übersetzungen, Datenbanken (siehe auch Überblick Seite 861).

Lösung 7.1.6.2

Wer ein Werke als urheberrechtlich geschützt kennzeichnen möchte, der kann dies mit dem „©" versehen. Das Zeichen macht nach deutschem Recht und überall dort, wo das „Revidierte Berner Übereinkommen" (RBÜ) gilt – also in den meisten Staaten Europas – jedoch keinen rechten Sinn: Entweder handelt es sich von Haus aus um ein urheberrechtlich geschütztes Werk oder aber das erstellte Dokument besitzt keine Werkqualität, genießt also keinen Urheberrechtsschutz – dann verhilft auch das Copyright-Zeichen nicht zum Schutz. Grundsätzlich muss ein Werk in Europa nirgendwo registriert werden, um urheberrechtlich geschützt zu sein.

Lösung 7.1.6.3

Immatrieller Rechtsschutz = Rechtsschutz an einer Idee (z.B. Komposition). Matrieller Rechtsschutz = Rechtsschutz an einer Sache (z.B. Gemälde, Plastik).

Lösung 7.1.6.4

Prinzipiell sind interaktive CDs u.Ä. vergleichbar mit Filmwerken und so genannten Laufbildern. Die Schutzdauer liegt bei 50 Jahren. Bei Filmwerken beträgt die Schutzdauer 70 Jahre.

Lösung 7.1.6.5

Wenn bei der Grafik von einem Werk der angewandten Kunst gesprochen wird, ist sie schützenswert. Voraussetzung ist eine hohe Gestaltungsqualität – dies denkt jeder Grafiker bei seiner Arbeit. Zutreffend ist dies nur, wenn die Grafik besonders originell und komplex in der Herstellung ist. Ansonsten gilt nur der Schutz vor unlauterer Nachahmung und vor Verwendung durch andere nach dem Wettbewerbsrecht.

Lösung 7.1.6.6

Eine vollständige Tabelle aller Fristen des Urheberrechts ist auf Seite 868.

Lösung 7.1.6.7

Z.B. Konstruktionszeichnungen, Stadtpläne, Landkarten, statistische Daten, Modeentwürfe, Lehrmaterialien u.Ä.

Lösung 7.1.6.8

Fotografien und normale Lichtbilder von Fotografen sind geschützt. Digitale Aufnahmen werden den Lichtbildern gleichgesetzt. Wenn aus mehreren eingescannten Bildern bzw. Bildvorlagen ein neues Bild elektronisch kombiniert und retuschiert wird, entsteht ein neues lichtbildähnliches Erzeugnis, das den Charakter eines Lichtbildwerkes mit dem entsprechenden Urheberrechtsschutz beanspruchen kann.

Lösung 7.1.6.9

Körperliche, unkörperliche Verwertung.

Lösung 7.1.6.10

Wenn Sie kopiergeschützte CDs an einem Rechner mit Macintosh- oder Linux-Betriebssystem brennen, ist dies deswegen möglich, da diese Betriebssysteme den Windows-PC-Kopierschutz ignorieren. Dies ist nach § 95 a UrhG **nicht** gestattet. Allerdings liegt hier kein „Knacken" des Kopierschutzes vor, sondern ein „Ignorieren" durch das Betriebssystem. Darin sehen einige Juristen keine Umgehung technischer Schutzmaßnahmen. Urteile dazu bleiben abzuwarten.

Lösung 7.1.6.11

Eine Datenbank als Ganzes wird geschützt, nicht die einzeln vorhandenen Datensätze der Datenbank. Geschützt werden die Rechte dessen, der die Daten verwaltet und aufbereitet, nicht dessen Daten gespeichert werden. Die Datenschutzgesetze des Bundes und der Länder schützen personenbezogene Datenbanken vor dem unberechtigten Zugriff auf Datenbankinhalte und deren Auswertung.

7.2 Verwertungsrecht

Lösung 7.2.3.1

Die GEMA nimmt die urheberrechtlichen Interessen der meisten Musikautoren wahr. Der Urheber (Komponist) soll angemessen am wirtschaftlichen Erfolg seiner Werke beteiligt werden.

Lösung 7.2.3.2

Das Werkangebot der FastTrack-Kooperation umfasst etwa 14 Mio. Musiktitel von derzeit 8 Gesellschaften (Stand Sommer 2005).

Lösung 7.2.3.3

Hierbei handelt es sich um ein technisches System zur Unterstützung der Lizenzierung von Musikangeboten durch das Internet oder andere zugriffsberechtigte Netze sowie zur automatischen Abwicklung der Tonträgerlizenzierung via Internet.

Lösung 7.2.3.4

Hauptaufgabe von Verwertungsgesellschaften ist es, optimale Erträge für Autoren und Verlage von den privaten oder gewerblichen Nutzern von Texten, Musiktiteln oder Filmwerken einzuziehen. Weiter gehört zu den Aufgaben einer VG, neue urheberrechtliche Verwertungsmöglichkeiten, die sich infolge gesellschaftlicher oder technischer Entwicklungen ergeben, zu erfassen und für die Urheber entsprechend zu nutzen. Die Beratung des Gesetzgebers zur

Weiterentwicklung der Verwertungsrechte gehört zu wichtigen Nebenaufgaben.

Lösung 7.2.3.5

VG WORT, VG Bild-Kunst, VG Musikedition. Finden Sie weitere Gesellschaften mit Hilfe des Internets.

Lösung 7.2.3.6

Auf Seite 868 sind die Internetanschriften verschiedener Gesellschaften. Suchen Sie die Preislisten und machen Sie sich ein Bild über die Kosten der angebotenen Dienstleistungen.

7.3 Internetrecht

Lösung 7.3.2.1

- BGB:
  Vertragsrecht, Handel, E-Commerce, Gewährleistung, Haftung.
- UrhG:
  Urheberschutz, Verwertungsrecht, Bildrecht, Tauschbörsen
- Namens- und Markenrecht:
  Domaine-Registrierung, -Nutzung.

Lösung 7.3.2.2

Der Inhaltsanbieter ist für den Inhalt seines Internetauftritts verantwortlich.

Der Diensteanbieter betreibt einen Server, auf dem Internetseiten gespeichert sind. Er vergibt den Account, also den Netzzugang für den Nutzer.

Lösung 7.3.2.3

Dies kann durch einen so genannten Haftungsausschluss (Disclaimer) geschehen.

Lösung 7.3.2.4

Ich/Wir weisen Sie darauf hin, dass wir für die Inhalte der Seiten, auf die wir verlinken, nicht verantwortlich sind, sondern die jeweiligen Autoren. Ich/Wir distanzieren uns ausdrücklich von den Inhalten Dritter und machen uns deren Inhalte nicht zu eigen.

Lösung 7.3.2.5

- Kinderpornografie
- Volksverhetzung
- Gewaltdarstellung – etwa weitere 20 Punkte werden auf Seite 891 genannt.

Lösung 7.3.2.6

a. Bundesdatenschutzgesetz
b. Teledienstgesetz
c. Urheberrechtsgesetz
d. Mediendienstestaatsvertrag

Lösung 7.3.2.7

Ein Muster für ein korrektes Impressum finden Sie auf Seite 892. Formulieren Sie dieses Impressum so um, dass es für die Homepage Ihres Ausbildungsbetriebes nutzbar ist.

Lösung 7.3.2.8

Wo das Impressum genau zu stehen hat, ist im Gesetz nicht ausdrücklich festgelegt. Es empfiehlt sich aber, von jeder Seite einer Internetpräsentation, mindestens aber von der Start- bzw. Hauptnavigationsseite einen Link zum Impressum gemäß § 6TDG anzulegen.

Lösung 7.3.2.9

Die Unterrichtung über die Erhebung personenbezogener Daten muss vollständig und verständlich sein. Der Hinweis auf die Unterrichtung ist so anzubringen, dass der Nutzer sie üblicherweise zur Kenntnis nimmt, wenn er das entsprechende Angebot aufruft. Das bedeutet, dass die Unterrichtung

- in ausreichend großer Schrift,
- im oberen, normalerweise immer sichtbaren Bereich einer Seite, erreichbar ohne Blättern oder Scrollen,
- deutlich und auffällig gestaltet wird.

Medienkalkulation

8.1 Kalkulationsgrundlagen

Lösung 8.1.2.1

a. Abschreibungssatz berechnen:
   100 % ÷ 6 Jahre Nutzungsdauer = 16,66 % Abschreibungssatz/Jahr.
b. Wertminderung des Autos/Jahr berechnen: Jährliche Abschreibung beträgt 16,66 % vom Anschaffungspreis des Autos.
   16,66 % von 25.000,– € = 4.165,– € Abschreibung pro Jahr.
c. Wertminderung des Autos nach 2,5 Jahren berechnen:
   4.165.– € x 2,5 = 10.412,50 € Wertminderung nach 2,5 Jahren.
d. Buchwert des Autos nach 3,5 Jahren:
   4.165.– € x 3,5 = 14.577,50 € Wertverlust des Autos nach 3,5 Jahren.

Neuwert:	25.000,–
– Wertverlust:	14.577,50
= Buchwert:	10.422,50

Lösung 8.1.2.2

a. Anschaffungswert berechnen:
   100 % ÷ 12,5 = 8 Jahre Nutzung
   8 Jahre x 39.375,– € = 315.000,– € Anschaffungswert der Druckmaschine.
b. 100 % ÷ 12,5 = 8 Jahre Nutzungsdauer.
c. Selbstkosten pro Fertigungsstunde:
   39.375,– € Gesamtkosten/Jahr ÷ 2900 Fertigungsstunden/Jahr = 13,57 € Selbstkosten/Fertigungsstunde.

Lösung 8.1.2.3

Gebrauchsdauer für Schriften ermitteln:
Nutzungsdauer = 100 %
Abrechnungssatz = 16 %
100 % ÷ 16 = 6,25 Jahre Nutzungsdauer

Lösung 8.1.2.4

Kalkulatorische Zinsen pro Jahr berechnen:

a. 7.500 € x 6 % = 450,– € Kalk. Zins
b. 22.500 € x 6 % = 1.350,– € Kalk. Zins
c. 650 € x 6 % = 39,– € Kalk. Zins
d. 1.500 € x 6 % = 90,– € Kalk. Zins

Lösung 8.1.2.5

Kalkulatorische Zinsen nach 50%-Regel berechnen:

a. Neuwert Plattenbelichter = 55.000.– €
   55.000.– € ÷ 2 = 27.500.- €
   27.500.- € x 6,5 % = 1.787,50 €/Jahr
b. Neuwert PC + Scanner = 9.500.-
   9.500.– € ÷ 2 = 4.750.- €
   4.750.– € x 6,5 % = 308,75 €/Jahr

Lösung 8.1.2.6

Das Ergebnis dieser Aufgabe müssen Sie in Ihrem Betrieb ermitteln. Dies wird nicht immer möglich sein, da in manchen Betrieben derartige Informationen nicht an Mitarbeiter gegeben werden.

8.2 Platzkostenrechnung

Lösung 8.2.4.1

Das Ergebnis dieser Aufgabe müssen Sie in Ihrem Betrieb ermitteln. Dies wird nicht immer möglich sein, da in manchen Betrieben derartige Informationen nicht an Mitarbeiter gegeben werden.

Lösung 8.2.4.2

- Dient der Erfassung der Produktionszeiten einzelner Kostenstellen innerhalb des Betriebes.
- Grundlage für die Lohnerfassung jeden Mitarbeiters, der hier seine geleistete Arbeitzeit einträgt.
- Grundlage für die Nachkalkulation eines Auftrages, da die geplanten Soll-Zeiten mit den tatsächlich benötigten Ist-Zeiten verglichen werden können.

Lösung 8.2.4.3

a. Vergleich Vor-/Nachkalkulation hinsichtlich Zeit- und Kostenschätzung.
b. Grundlage Lohnabrechnung.

Lösung 8.2.4.4

Lohnkosten des Arbeitsplatzes (Fachkraft + Hilfskraft)
Sonstige Löhne: Kostenanteil für Abteilungsleiter, Korrektor, Materiallager, Sekretariat u. Ä.
Urlaubslohn: tarifvertraglich vereinbarte Lohnzuschläge.
Feiertagslohn: im Jahr durchschnittlich 10–12 bezahlte Feiertage.
Lohnfortzahlung: im Krankheitsfall
Sozialkosten: Arbeitgeberanteil zur Sozialversicherung.
Freiwillige Sozialkosten: Weihnachtsgeld, Essenzuschüsse, Prämien, Zusatzversicherungen u. Ä.

Lösung 8.2.4.5

Wasch-, Putz- und Schmiermittel
Kleinmaterial: Werkzeuge, Klebebänder, Kleinteile usw.
Strom, Gas: Stromkosten werden nach einem Verteilerschlüssel umgelegt. Dieser berücksichtigt die Anschlusswerte der Maschinen, Geräte, Beleuchtung und die Einschaltzeiten.
Instandhaltung: Kosten für Reparaturen, Ersatzteile, Kundendienst usw.

Lösung 8.2.4.6

Miete, Heizung: Diese Kosten werden nach dem anteiligen Flächenbedarf ermittelt.
Abschreibung: Je nach Nutzungsdauer.
Kalkulatorische Zinsen: 6,5 % auf halben Neuwert.

Lösung 8.2.4.7

VV-Kosten: Anteilige Kosten für Verwaltung (Buchhaltung, Lohnabrechnung, Kalkulation, Telefon, Geschäftsleitung usw.) Anteilige Kosten für Vertrieb.

Lösung 8.2.4.8

Die Summe der Kostengruppen 1 bis 4 sind die Selbstkosten.

8.3 Kalkulation

Lösung 8.3.5.1

Das Ergebnis dieser Aufgabe müssen Sie in Ihrem Betrieb ermitteln.

Lösung 8.3.5.2

a. Die Vorkalkulation errechnet den Preis für ein gewünschtes Medienprodukt. Auf der Basis dieser Berechnungen wird dem Kunden ein Angebot unterbreitet.
b. Nachkalkulation: Berechnung der tatsächlichen Kosten eines ausgeführten Auftrages. Die Nachkalkulation dient unter anderem der Schwachstellenanalyse im Fertigungsprozess. Nur durch die exakte Nachkalkulation werden die tatsächlichen Leistungen eines Betriebes transparent.

Lösung 8.3.5.3

a. Alle Kosten, die nicht direkt einem Träger zuordenbar sind, werden als Gemeinkosten bezeichnet.
b. Verwaltungs- und Vertriebskosten
c. Kosten der verbrauchten Materialien für einen Auftrag und eventuell anfallende Fremdleistungskosten.
d. Fertigungslöhne
   + Fertigungsgemeinkosten
   + Sondereinzelkosten der Fertigung
   – **Fertigungskosten**

Lösung 8.3.5.4

Fertigungkosten
\+ Materialkosten
\+ Fremdleistungskosten
\+ Materialgemeinkostenzuschlag
= **Herstellungskosten**
\+ Gewinnzuschlag in %
= **Nettopreis**
\+ Versand- und Verpackungskosten (VV-Kosten)
\+ Mehrwertsteuer (MwSt)
= **Endpreis** (Bruttopreis)

Lösung 8.3.5.5

Produktbeschreibung, Nettopreis, Endpreis, 1000-Stück-Preis bei Druckaufträgen

Lösung 8.3.5.6

Multimedia-Projekte können oftmals erst nach der Herstellung eines Prototyps weitgehend exakt beurteilt und kalkuliert werden. Dies erschwert die Erstellung eines Angebots.

Lösung 8.3.5.7

- Einfacher Web-Auftritt mit ca. 30 Seiten, einfache Struktur, textlastig, wenig Bilder
- Web-Auftritte mit ca. 50 Seiten, aufwändigeres Screen-Design, kleine Effekte, Datenbankanbindung
- Web-Auftritte mit ca. 150 Seiten, komplexes und animiertes Screen-Design, komplexe Navigationsstruktur, Datenbankanbindung

Lösung 8.3.5.8

Zusatzkosten der Multimedia-Produktion:

- Meeting und zusätzliche Präsentationen beim Kunden (Geschäftsleitung, Vorstand, Aufsichtsrat)
- Lauffähige Vorabversionen für Messen und Kunden
- Unvorhergesehene Korrektur- und Testläufe
- Änderungen an der geplanten Navigationsstruktur
- Nachträgliche Autorenkorrekturen und Änderungen an genehmigten Daten
- Änderungen am Pflichtenheft
- Zu viele unvorhergesehene Entscheidungsträger bei der Freigabe durch den Kunden

Lösung 8.3.5.9

Die Multimedia-Kalkulation gliedert sich grundsätzlich in verschiedene Prozesse und Aktivitäten. Der Gesamtprozess ist die Herstellung eines Multimedia-Produktes. Unter dem Begriff „Prozess" selbst versteht man eine Kette von Aktivitäten gleicher oder ähnlicher Zielsetzung. „Aktivitäten" sind Handlungen oder Vorgänge im Rahmen der Herstellung eines Multimedia-Produktes. Sie sind die kleinsten bewertbaren Einheiten und bilden in ihrer Summe einen Teil eines Gesamtprozesses.

Innerhalb der Produktion gibt es Aktivitäten verschiedener Kostenstellen, welche bestimmte Teilaufgaben wie z.B. Screen-Design, Videobearbeitung oder Programmierung erledigen. Die Summe aller Aktivitäten ergibt den Gesamtprozess der Herstellung.

Präsentation

9.1 Konzeption und Ablauf

Lösung 9.1.4.1

1. Thema formulieren
2. Ziele festlegen
3. Zielgruppe bestimmen
4. Inhalte sammeln, gewichten und darstellen
5. Organisatorische Vorbereitungen treffen

Lösung 9.1.4.2

- Visualisierungen unterstützen das gesprochene Wort – die „Behaltensquote" steigt hierdurch an.
- Visualisierungen machen eine Präsentation kurzweilig und abwechslungsreich.
- „Ein Bild sagt mehr als 1000 Worte" – Fakten lassen sich oft besser mit Hilfe einer Tabelle, eines Diagramms oder einer Grafik darstellen als in Worten beschreiben.

Lösung 9.1.4.3

- Eröffnung gut planen („Primacy Effect")
- Frei Sprechen
- Langsam sprechen, Sprechpausen einlegen
- „Spickzettel" auf Moderationskarten anfertigen
- Blickkontakt zum Publikum suchen
- Auf Mimik und Gestik achten
- Rückfragen ermöglichen
- Am Schluss die Möglichkeit zur Diskussion/zu Fragen geben

9.2 Präsentationsmedien

Lösung 9.2.6.1

a. Datenprojektor, OH-Projektor
b. Pinnwand, Whiteboard, Flipchart, OH-Projektor
c. Datenprojektor, OH-Projektor
d. Datenprojektor, OH-Projektor
e. Pinnwand, Whiteboard, Flipchart
f. Flipchart, Pinnwand (OH- und Datenprojektor erfordern eine Projektionsfläche)

Lösung 9.2.6.2

1. Whiteboard
2. Flipchart
3. Pinnwand
4. OH-Projektor
5. Datenprojektor

a. 1 – 3 – 2 – 4 – 5
b. 5 – 4 – 2 – 3 – 1
c. 5 – 4 – 1 – 3 – 2
d. 5 – 4 – 2 – 3 – 1

Hinweis:
Eine geringfügig andere Reihenfolge ist auch denkbar.

10.3 Literaturverzeichnis

Konzeption und Gestaltung

Thomas Armbrüster
QuarkXPress 6
Galileo Design 2004
ISBN 3-89842-378-6

Rudolf Arnheim
Anschauliches Denken
Dumont 1996
ISBN 3-7701-3724-8

Rudolf Arnheim
Kunst und Sehen – Eine Psychologie des schöpferischen Auges
De Gruyter 2000
ISBN 3-11-016892-8

Rainer Baginski
Über Werber und Werbung
Carl Hanser 2000
ISBN 3-446-19828-6

Michael Baumgardt
Web Design kreativ!
Springer 2000
ISBN 3-540-66742-3

Markus Beier, Vittoria von Gizycki
Usability
Spinger 2002
ISBN 3-540-41914-4

Joachim Blum, Hans-Jürgen Bucher:
Die Zeitung: Ein Multimedium
UVK Medien 1998
ISBN 3-9669-219-4

Gui Bonsiepe
Interface
Bollmann 1996
ISBN 3-927901-84-9

Peter Brielmaier, Eberhard Wolf
Zeitungs- und Zeitschriftenlayout
UVK Medien 2000
ISBN 3-89669-308-5

Fridhelm Büchele
Digitales Filmen
Galileo Design 2002
ISBN 3-89842-652-1

Emil Dovifat, Jürgen Wilke
Zeitungslehre
De Gruyter 1976
ISBN 3-110068222

Samuel Y. Edferton
Die Entdeckung der Perspektive
Fink 2002
ISBN 3-7705-3556-1

Martina Eipper
Sehen, Erkennen, Wissen
Expert 1998
ISBN 3-8169-1553-1

Andreas Feininger
Große Fotolehre
Heyne 2001
ISBN 3-453-17975-7

Jürgen Gansweid
Symmetrie und Gestaltung
Callway 1987
ISBN 3-7667-0844-9

Rainer Guski
Wahrnehmen – ein Lehrbuch
Kohlhammer 1996
ISBN 3-17-011845-5

Rainer Guski
Wahrnehmung
Kohlhammer 2000
ISBN 3-17-016662-X

Joachim Hasebrook
Multimediapsychologie
Spektrum 1995
ISBN 3-86025-286-9

Eva Heller
Wie Farben wirken
rororo 2002
ISBN 3-499-61429-4

Donald D. Hoffman
Visuelle Intelligenz
dtv 2003
ISBN 3-423-33088-1

Samuel Hügli
Insiderbuch Quark XPress
Midas 1997
ISBN 3-907020-38-3

Johannes Itten
Bildanalysen
Ravensburger 1988
ISBN 3-473-48343-5

Angela Jansen, Wolfgang Scharfe
Handbuch der Infografik
Springer 1999
ISBN 3-540-64919-0

Holger Jung, Jean-Remy von Matt
Momentum
Lardon Media AG 2002
ISBN 3-89769-031-4

André Jute
Arbeiten mit Gestaltungsrastern
Hermann Schmidt 1998
ISBN 3-87439-435-2

Stefan Katz
Shot by Shot – Die richtige Einstellung
Zweitausendeins 1999
ISBN 3-86150-229-1

Cyrus D. Khazaeli
Crashkurs Typo und Layout
rororo 1995
ISBN 3-499-19815-0

Ralf Köhler
Typo & Design
MITP- 2002
ISBN 3-8266-0827-5

Gregor Krisztian, Nesrin Schlempp-Ülker
Ideen visualisieren
Hermann Schmidt 1998
ISBN 3-87439-442-5

Thomas Kuchenbuch
Filmanalyse
Prometh 1978
ISBN 3-8798-0071

Genie Z. Laborde
Mehr sehen, mehr hören, mehr fühlen
Junfermann 1997
ISBN 3-87387-301-X

Martin Liebig
Die Infografik
UVK Medien 1999
ISBN 3-89669-251-8

Philipp Luidl
Typografie Basiswissen
Deutscher Drucker Edition 1995
ISBN 3-920226-75-5

Making of ...
Kino Verlag 1996
ISBN 3-89324-127-2

J. Michael Matthaei
Grundfragen des Grafik-Design
Augustus 1993
ISBN 3-8043-0107-X

Andreas und Regina Maxbauer
Praxishandbuch Gestaltungsraster
Hermann Schmidt 2002
ISBN 3-87439-571-5

James Monaco
Film verstehen
rororo 1995
ISBN 3-499-16514-7

Arnold Heinrich Müller
Geheimnisse der Filmgestaltung
Schiele & Schön 2003
ISBN 3-7949-0711-6

Josef Müller-Brockmann
Rastersysteme für die visuelle Gestaltung
Niggli 1996
ISBN 3-72120-145-0

Ulli Neutzling
Typo und Layout im Web
rororo 2002
ISBN 3-499-61211-9

Ursula Pidun
Internet ohne Ausgrenzung
ct-Magazin, 2004 Hefte 18/19

Wolfgang Ratzek
Wenn ich nur wüsste, ob meine Botschaft angekommen ist?
Dinges & Frick 2005
ISBN 3-934997-12-0

Hanno Schimmel (Hrsg.)
Gestalt
Anabas 2000
ISBN 3-87038-315-1

Ulrich Schnabel, Andreas Sentker
Wie kommt die Welt in den Kopf?
rororo 1999
ISBN 3-499-60256-3
Karl Schneider (Hrsg.)

Werbung
M & S 1997
ISBN 3-930465-00-0

Scholz & Friends (Hrsg.)
Werbisch
Überreuter 2004
ISBN 3-636-01180-4

Manfred Siemoneit
Typografisches Gestalten
Polygraph 1989
ISBN 3-87641-253-6

Frank Thissen
Kompendium Screen-Design
Springer 2003
ISBN 3-540-43552-2

Ralf Turtschi
Mediendesign
Niggli 1998
ISBN 3-7212-0327-5

Ralf Turtschi
Praktische Typografie
Niggli 2000
ISBN 3-7212-0292-9

Magdalen D. Vernon
Wahrnehmung und Erfahrung
Klotz 1997
ISBN 3-88074-204-9

Jürgen Weber
Das Urteil des Auges
Springer 2002
ISBN 3-211-83767

Dario Zuffo
Die Grundlagen der visuellen Gestaltung
Polygraph 1998
ISBN 3-85545-039-0

Medientechnik

Günther Born
Referenzhandbuch Dateiformate
Addison-Wesley 1999
ISBN 3-8273-1241-8

Peter Bühler
MediaFarbe – analog und digital
Springer-2004
ISBN 3-540-40688-3

David S. Falk
Ein Blick ins Licht
Springer 1990
ISBN 3-7643-2401-5

Sven Fischer
Grafikformate GEPACKT
MITP 2002
ISBN 3-8266-0774-0

Pierre Marie Granger
Die Optik in der Bildgestaltung
Vogel 1989
ISBN 3-8023-0228-1

Arne Heyna u.a.
Datenformate im Medienbereich
Fachbuchverlag Leipzig 2003
ISBN 3-446-22542-0

Norbert Jiptner
Digitale Fotopraxis
Umschau 2002
ISBN 3-8295-6500-3

Holger Jung, Jean-Remy von Matt
Momentum
Lardon Media 2002
ISBN 3-89769-031-4

Helmut Kraus
Digitales Fotografieren
Addison-Wesley 1998
ISBN 3-8273-1399-6

Helmut Kraus
Scannen
Addison-Wesley 1999
ISBN 3-8273-1492-5

Helmut Kraus
Scans, Prints & Proofs
Galilieo Press 2001
ISBN 3-934359-89-6

Helmut Kraus, Romano Padeste
Digitale Highend-Fotografie
dpunkt 2003
ISBN 3-89864-239-9

Hansl Loos
Farbmessung
Beruf + Schule 1989
ISBN 3-88013-380-8

Margit Ludwig und Klaus Jupe (Hrsg.)
Schwingungen, Wellen, Optik
Diesterweg 1996
ISBN 3-425-05053-2

Jost J. Marchesi
Digital Photokollegium, 3 Bände
Verlag Photographie 2003
ISBN 3-933131-73-1

Michael Matzer, Hartwig Lohse
Dateiformate
DTV 2000
ISBN 3-423-50300-9

Hans E. J. Neugebauer
Zur Theorie des Mehrfarbendrucks
ZA-Reprint Verlag 1989,
ISBN 3-7463-0158-0

José-Phillipe Pérez
Optik
Spektrum 1996
ISBN 3-86025-389-1

Christine Peyton
Dateiformate
Sybex-Verlag, 2002,
ISBN 3-8155-7326-2

Gottfried Schröder
Technische Optik
Vogel 1987
ISBN 3-8023-0067-X

Hennig Wargalla
Farbkorrektur
MIPT 2003
ISBN 3-8266-0970-0

Informationstechnik

Klaus Dieter Bach u. a.
Tabellenbuch Computertechnik
Europa 1995
ISBN 3-8085-3421-4

J. Böhringer u.a.
Kompendium der Mediengestaltung
Springer 2003
ISBN 3-540-43558-1

Helmut Jarosch
Datenbankentwurf
Vieweg 2003
ISBN 3-528-15800-X

Sascha Kersken
Kompendium der Informationstechnik
Galileo Computing 2003
ISBN 3-89842-355-7

Helmut Kraus
Digitales Fotografieren
Addison-Wesley 1998
ISBN 3-8273-1399-6

Helmut Kraus
Scannen
Addison-Wesley 1999
ISBN 3-8273-1492-5

Thomas Schneider
Prüfungsbuch IT-Berufe
Holland + Josenhans 2003
ISBN 3-7782-6010-3

Rene Steiner
Grundkurs Relationale Datenbanken
Vieweg 2003
ISBN 3-528-15127-X

Andreas Voss
Das große PC-Lexikon 2004
Data Becker 2004
ISBN 3-8158-2331-5

Drucktechnik

Armin Baumstark u.a.
Fachbegriffe für Mediengestalter
Holland + Josenhans 2002
ISBN 3-7782-6061-8

Bundesverband Druck und Medien e.V.
FOGRA
Prozess-Standard Offsetdruck
Wiesbaden/München 2002

Gerd Goldmann
Das Druckerbuch
Océ Printing Systems GmbH, Poing
2000
ISBN 3-00-001019-x

Lothar Göttsching (Hrsg.)
Papier in unserer Welt
Econ 1990
ISBN 3-430-13252-5

Thomas Hoffman-Walbeck
Lehrbuch Digitale Druckformherstellung
dpunkt 2004
ISBN 3-89864-182-1

Franz Jungwirth, Gunter Jungwirth
Medienarbeitsplatz Computer
Holland + Josenhans 2004
ISBN 3-7782-6090-1

KBA
Illustrationsrollentiefdruck
König & Bauer AG, Werk Frankenthal
2000

Helmut Kipphan
Handbuch Printmedien
Springer 2000
ISBN 3-540-66941-8

Dieter Liebau, Inés Heinze
Industrielle Buchbinderei
Beruf + Schule 2001
ISBN 3-88013-596-7

Ute Nöth
Die Individualisierung von Inhalten mittels PoD als Chance für den Buchverlag
Holger Ehling Publishing 2002
ISBN 3-88939-671-2

Dieter Rausendorff, Roger Starke
Digitales Drucken
Beruf + Schule 2002
ISBN 3-88013-624-6

Constance Sidles
Digitaldruck und Druckvorstufe
MIPT 2002
ISBN 3-8266-0862-3

Helmut Teschner u.a.
Druck & Medientechnik
Fachschriften-Verlag 2003
ISBN 3-931436-88-8

Heinrich Wadle, Dietrich Blum
Einführung in die Rastertechnologie
Heidelberger Druckmaschinen AG 2001

Wolfgang Walenski
Das Papierbuch
Beruf + Schule 1994
ISBN 3-88013-525-8

Wolfgang Walenski
Der Rollenoffsetdruck
Fachschriften-Verlag 2002
ISBN 3-931436-01-2

Printmedien

Adobe
Acrobat 6.0 Classroom in an Book
Markt + Technik 2004
ISBN 3-8272-6635-1

Carsten Belling
4C DTP
Beruf + Schule 1998
ISBN 3-88013-555-X

Hartmut F. Binner
Prozessorientierte Arbeitsvorbereitung
Carl Hanser 2004
ISBN 4-446-22703-2

J. Böhringer, P. Bühler, P. Schlaich
Projekte zur Mediengestaltung
Springer 2004
ISBN 3-540-44092-5

Peter Bühler
MediaFarbe – analog und digital
Springer 2004
ISBN 3-540-40688-3

Jan-Peter Homann
Digitales Colormanagement
Springer 2000
ISBN 3-54-66274-X

Ingo Klöckl
PostScript
Carl Hanser 1997
ISBN 3-446-18381-7

Wolfgang Kühn, Martin Grell
JDF – Prozessintegration, Technologie, Produktdarstellung
Springer 2004
ISBN 3-54020-893-3

Filipe Pereira Martins, Anna Kobylinska
Adobe Acrobat 6
Springer 2004
ISBN 3-540-40487-2

Thomas Merz, Olaf Drümmer
Die PostScript @ + pdf-Bibel
dpunkt 2002
ISBN 3-93532-001-9

Thomas Merz
Mit Acrobat ins World Wide Web
t/m 1998
ISBN 3-9804943-1-4

Ute Nöth
Die Individualisierung von Inhalten mittels PoD als Chance für den Buchverlag
Holger Ehling Publishing 2002
ISBN 3-88939-671-2

Hermann Sauer
Relationale Datenbanken
Addison-Wesley 2002
ISBN 3-8273-2060-7

Hans Peter Schneeberger
PDF 1.5 & Acrobat 6 in der Druckvorstufe
Galileo Design 2003
ISBN 3-89842-390-5

Arbeitsvorbereitung in der Druckindustrie
Verband der Bayerischen Druckindustrie, München
Lehrgangsunterlagen

Digitalmedien

Frank Biet
Multimedia-Programmierung
Addison-Wesley 2001
ISBN 3-8273-1846-7

J. Böhringer, P. Bühler, P. Schlaich
Projekte zur Mediengestaltung
Springer 2004
ISBN 3-540-44092-5

Friedhelm Büchele, Frank Kastenholz
QuickTime 5 und QuickTime VR
Galileo Press 2002
ISBN: 3-8984-2127-9

Cool Mac Quicktime Multimedia
Wolframs 1998
ISBN 3-540-59144-3

Philip De Lancie, Mark Ely
DVD-Produktion
Edition Filmwerkstatt 2001
ISBN 3-9807175-1-8

Martin Doucette
Digital-Video für Dummies
MITP 2000
ISBN 3-8266-2895-0

H-P. Förster, M. Zwernermann
Multimedia – Die Evolution der Sinne
Luchterhand
ISBN 3-472-01578-0

Philip Greenspun
Datenbankgestützte Web-Sites
Carl Hanser 1998
ISBN 3-446-19341-3

Handbuch der Film- und Videotechnik
Franzis 2000
ISBN 3-7723-7114-0

Jim Held
HTML & Web Publishing secrets
Franzis 1997
ISBN 3-7723-7624

Peter Henning
Taschenbuch Multimedia
Fachbuch-Verlag Leipzig 2002
ISBN 3-446-21751-7

H. Hofmüller, M. Seiwert
Digital Audio/Video
Addison-Wesley 1998
ISBN 3-8273-1473-9

G. Kuhlmann, F. Müllmerstedt
SQL
rororo1999
ISBN 3-499-60063-3

Markus Lusti
Dateien und Datenbanken
Springer 1989
ISBN 3-540-51035-4

Stefan Münz
SelfHTML
www.teamone.org
(auch als Buch erhältlich)

Ash Pahwa, Jan-Gerd Frerichs
CDs selbst gemacht
Addison-Wesley 1998
ISBN 3-89319-805-9

Detlef Randerath, Christian Neumann
Streaming Media
Galileo Press 2001
ISBN 3-89842-136-8

R. Riempp, A. Schlotterbeck
Digitales Video in interaktiven Medien
Springer 1995
ISBN 3-540-59355-1

Michael Seeboerger-Weichselbaum
XML
bhv-2000
ISBN 3-8287-4018-2

Lynda Weinman
WebDesign
Midas 1998
ISBN 3-907020-33-2

Medienrecht

Urheber- und Verlagsrecht
Beck-Texte im dtv
DTV 2003
ISBN 3-423-05538-3

Volker Boehme-Neßler
www.internetrecht.com
Beck Rechtsberater im dtv
DTV 2003
ISBN 3-423-05689-0

Yvonne Kleinke
Pressedatenbanken und Urheberrecht
Heymanns 1999
ISBN 3-4522-4456-3

Europa Lehrmittel
Internetrecht, E-commerce
Europa-Lehrmittel 2001
ISBN 3-8085-7332-5

Michael Plener
Praktisches ABC Werberecht
Creativ Collection 2000
ISBN 3-929709-08-2

Tobias H. Strömer
Online-§Recht
dpunkt 2002
ISBN 3-89864-146-5

Arthur Wandke, Winfried Bullinger
Fallsammlung zum Urheberrecht
Lehrbuch für Studenten und Auszubildende in den Medienberufen
CH. Beck 2005
ISBN 3-527-29753-7

Sabine Zentek
Designschutz
Pyramideverlag 2003
ISBN 3-934482-05-8

Sabine Zentek, Thomas Meinke
Das neue Urheberrecht
Rudolf Haufe 2003
ISBN 3-448-05940-4

Sabine Zentek, Thomas Meinke
Urheberrechtsreform 2002
Rudolf Haufe 2002
ISBN 3-448-05208-6

Medienkalkulation

Klaus Bellenberg
Kalkulation in Klein- und Mittelbetrieben
VDE 2002
ISBN 3-8007-2691-2

Blank, Hahn, Meyer u.a.
Rechnungswesen für Medienberufe Kosten- und Leistungsrechnung
Bildungsverlag Eins 2005
ISBN 3-427-32502-4

Goetz Buchholz
Ratgeber Freie – Kunst und Medien Vereinigte Dienstleistungsgewerkschaft
ver.di 2002
ISBN 3-932349-06-7

Lutz Delp
Der Verlagsvertrag
Franz Rehm 1990
ISBN 3-8073-0791-5

Dmmv-Kalkulationssystematik
Leitfaden zur Kalkulation von Multimedia-Projekten
HighText 2003
ISBN 3-933269-76-8

Andreas Frank
Wieviel kostet Werbung?
ROTSTIFT
Etats kalkulieren – Angebote überprüfen
Agentur Consult, Ellwangen 2002

Gerhard Gairung
Kosten- und Leistungsrechnung in der Druckindustrie
Beruf + Schule 2000
ISBN 3-88013-533-9

MultiMedia Honorarleitfaden 01/02
HighText 2001

Helmuth Jost
Kosten- und Leistungsrechnug
Gabler 1988
ISBN 3-409-21054-7

Guido Leidig et al.
Multimedia Kalkulations Systematik
Bundesverband Druck e.V. 1997
ISBN 3-88701-207-0

Werner Pepels
Kommunikations-Management
Schäfer/Poeschel 1999
ISBN 3-7910-1503-6

Ulrich Stiehl
Die Buchkalkulation
Otto Harrassowitz 2002
ISBN 3-447-02908-0

VSD-Platzkosten Kalkulationsprogramm
Verband der Schweizer Druckindustrie

A. Vichr, T. Lehman
Die Angebotsphase in der MM-Produktion
HighText 1999
ISBN 3-933269-22-9

Präsentation

Shakti Gawain
Stell dir vor – Kreativ visualisieren
rororo 2004
ISBN 3-499-61684-X

M. Hartmann, R. Funk, H. Niemann
Präsentieren
Beltz 1995
ISBN 3-407-36319-2

Margit Hertlein
Präsentieren – Vom Text zum Bild
rororo 2003
ISBN 3-499-61571-1

Heinz Klippert
Kommunikationstraining
Beltz 2002
ISBN 3-407-6246-3

Wilhelm H. Peterßen
Kleines Methoden-Lexikon
Oldenbourg 2001
ISBN 3-486-03443-X

Josef Seifert
Visualisieren, Präsentieren, Moderieren
Gabal 2003
ISBN 3-89749-397-7

Walter Simon
GABALs großer Methodenkoffer Grundlagen der Kommunikation
Gabal 2004
ISBN 3-89749-434-5

Hermann Will
Overheadprojektor und Folien
Beltz 1994
ISBN 3-407-36018-5

10.4 Stichwortverzeichnis

D

G

H

I

J

K

L

N

O

P

Q

R

S

T

Z